KB041724

민법전 제정자료 집성

총칙 · 물권 · 채권

양창수 편

박영사

편자 머리말

여기에 민법의 제정과 관련된 자료들을 모아서 편집한 책자를 내놓는다. 이들 자료를 가능한 한 모두 한 자리에 놓고 통관할 수 있도록 하려고 애썼다.

사실 민법에 관한 입법자료는 그것이 공포된 1958년 2월부터 몇 년 사이에는 발간되었어야 했을 것이다. 그러나 이제 그 공포로부터 65년이 지나서야 그나마 이를 이루게 되었다. 부족한 점이 적지 않을 것이다. 많이 지적하여 주기 바란다.

내가 1985년 6월에 법원에서 학교로 자리를 옮겨 민법 교수로서 새출발하면서 우리의 연구 환경을 살펴보았을 때, 우선 눈에 띄는 것 중의 하나가 민법전의 제정과정을 종합적으로 쉽사리 알게 하는 자료집이 없다는 사실이었다. 민법전 제정의 전체적 경과도 물론이지만, 실제로는 오히려 그보다도 각 규정마다 ―그리고 제안 내지 검토되었으나 종국에는 채택되지 아니한 것을 포함하여― 입법의 이유를 엿볼 수 있다면 공부에 크게 도움이 되었을 것이었다.

그리하여 나는 연구생활의 초입에서, 특히 1990년대 초까지 민법의 제정과정에 관심을 가지고 그에 관한 글을 여러 편 발표하였다(이들은 민법연구, 제1권과 제3권에 수록되어 있다). 그 마지막을 이루는 것이 2005년 6월에 발표된 「민법전 제정과정에 관한 잔편」이다. 그 과정에서 많은 민법 제정자료를 연구실에 두게 되었다. 그리하여 2007년에 서울대학교 규장각에서 연구비 보조를 받아 그 편찬 작업에 본격적으로 착수하여서 2008년 여름까지는 자료들 상당수를 컴퓨터에 입력할 수 있었다. 그러나 그 해 9월에 대법원으로 가게 되는 바람에 그 작업을 멈추지 않을 수 없었다. 학교로 돌아온 것이 2014년 9월인데, 이제는 밀려드는 일들 그리고 무엇보다도 나의 게으름으로 작업은 지지부진하였다. 그

원고를 박영사에 넘길 수 있었던 것이 금년 2월 초인데, 교정 과정에서 또 몇 가지 어려움에 부딪쳐 이를 극복하여야 했다. 이번 입법자료 편집 작업의 어려움 또는 성가심은 막상 출판 단계가 되어 보니 애초의 예상보다 훨씬 더한 것이었다.

이 책을 들추면 한자가 매우 많다 혹은 지나치게 많다는 느낌을 받기가 쉬울 것이다. 그것이 그에 대한 접근 또는 애호를 제약하지 않을까 걱정이 되기도 한다. 그러나 생각을 굴린 끝에 결국 이를 그대로 감수하기로 했다. 한글로 변환하는 것은 적지 않은 노력을 요구한다. 나아가 원자료의 모습을 그대로 전할 필요도 있을 듯하다. 무엇보다도 민법 자체가 한자어를 쓸 수 있는 한 조금의 예외도 없이 쓰고 있으므로, 제정자료에 대하여서도 이를 익히는 것은 말하자면 민법 공부의 일환이 되지 않을까?

이 자리에서 무엇보다 앞서 말한 컴퓨터 입력 작업을 도와 준, 아니 도맡아 해 주었던 이준형 교수(현재 한양대)에게 깊은 감사를 표하고 싶다. 그리고 편자의 변덕스러운 요청을 아무런 불평 없이 받아 준 박영사의 조성호, 김선민 두 이사님에게도 고마움의 뜻을 전한다.

나는 금년 2월 말에 대학을 아주 물러나왔다. 이 '편자 머리말'을 적으면서 연구생활에 들어가면서부터 지금까지의 일을 되새겨 보면 감회를 막기 어렵다. 가던 길을 앞으로도 꾸준히 가고자 한다.

2023년 7월 5일

양 창 수

자료 출처 및 약어

Ⅰ. 法編委 ← 법전편찬위원회

1. 의사록 ← 法典編纂委員總會 議事錄

출처 : 梁彰洙, "[資料]「法典編纂委員總會議事錄(抄)", 동, 民法研究 제3권 (1995), 97면 ~ 115면.

** 위 '의사록'은 그 전에 이미 梁彰洙, 민법연구 제1권(1991), 97면 ~ 99면에서 그 존재가 이미 소개된 바 있다.

** 원래 위 '의사록'은 法律評論 제1권 제1호(창간호, 1949년 4월) 35면 ~ 36면, 제2호(동년 6월) 37면 ~ 38면 및 제3호(동년 제10호) 36면 ~ 40면에 수록되어 있었다. 구체적으로 보면, 위 제1호는 "1월 8일"에 열렸던 제5회, 동월 22일의 제6회, 2월 19일의 제7회 및 3월 12일의 제8회, 위 제2호는 4월 16일의 제9회, 위 제3호는 5월 14일의 제10회, 6월 11일의 제11회 및 7월 9일의 제12회의 각 의사록을 싣고 있다(그 장소는 모두 '大法院會議室'이다. 또한 그 연도는 모두 1949년임이 분명한데, 그 이유에 대하여는 앞의 민법연구 제1권, 98면 참조). 이 중 제11회 및 제12회는 친족편에 관한 것으로서, 이『자료 집성』에 실려 있지 않다.

2. 編纂要綱 ← 民法典編纂要綱

출처 : 梁彰洙, "[附錄] 民法典編纂要綱", 동, 民法研究 제1권(1991), 100면 ~ 110면.

** 위 자료는 동, "民法典의 成立過程에 관한 小考", 서울대학교 法學 제30권 3·4호(1989.12), 186면 이하(후에 위의 民法研究 제1권, 61면 ~ 97면

에 다시 수록되었다. 아래에서는 이에 의하여 인용한다)의 [附錄]으로 실렸다.

　　** 원래는 張厚永, 現行民法總論(1950[刊記에 의하면 1950년 5월 15일], 同硏社 간)의 '附錄 一'('부록 2'는 朝鮮民事令)로서 그 307면부터 327면에 수록되었다. 이 자료의 진정성에 대하여는 위 글, 72면 이하 참조.

　　** 법전편찬위원회의 前身(아직 미군정 아래서 같은 역할을 담당하였다는 의미에서)에 해당하는 '法典起草委員會'1)(또는 '朝鮮法制編纂委員會'. 이 위원회의 법적 기초, 구성 및 활동 등에 대하여는 위 글, 70면 ~ 72면 참조)에서 마련한 「朝鮮臨時民法典編纂要綱」(이는 위 글, 68면 ~ 70면에 수록되어 있다. 이하 '기초요강'이라고 부른다)은 법편위의 편찬요강을 선취한 것으로서(법편위 편찬요강의 '原案') 정부 수립 후 법전편찬위원회에서의 편찬요강심의는 이를 바탕으로 한다. 그런데 이 요강은 총칙편 전부와 물권편 총칙에 대한 것만이 알려져 있다. 그리고 내용적으로는 거의 법편위 편찬요강과 일치하나, 몇 개의 항목에서는 서로 다르다.2) 이 『자료 집성』에서는 필요한 경우에는, 특히 법편위 편찬요강과 다른 부분에 대하여는 이를 각주에서 지적하였다.3)

Ⅱ. 案　←　민법안

　　『第二十六回 國會定期會議 速記錄 第四十二號(附錄)』, 1면 상단 ~ 57면 하단

---

1) 미군정법령의 정문은 영어로 되어 있고 우리말은 그 번역이다. 그 원문은 Code Drafting Commission이다(1947년 4월 30일 남조선과도정부 행정명령 제3호). 그 위원은 적어도 애초에는 김용우, 김병로, 이인의 3인이었다(동 명령 제6조).

2) 그 다른 점을 여기서 한꺼번에 제시하면 다음과 같다. (i) '준금치산자'(의용민법 제11조 이하 참조)에 관한 총칙편 제3항의 후단에서 기초요강은 "그 保佐機關을 법정대리인으로 할 것"이라고 하는데, 편찬요강은 "그 보좌인에 대하여 취소권을 인정할 것"이라고 한다. (ii) 기초요강 총칙편 제10항은 폭리행위를 무효라고 하는 데 대하여 편찬요강은 이를 취소할 수 있는 것으로 한다. (iii) "법률행위의 총칙적 규정으로서 법률행위의 해석은 신의성실의 원칙에 의하여 할 것을 規定 宣明할 것"이라고 하는 기초요강 총칙편 제11항을 편찬요강은 이어받지 않았다(그리하여 기초요강의 총칙편이 모두 15개의 항목인 데 대하여 편찬요강은 모두 14항목으로 되어 있다). (iv) 기초요강의 물권편 제2 (一) (3)은 "부동산에 관한 물권의 득실변경을 목적으로 하는 법률행위는 서면으로 함을 요함. 단 유언에 의할 시는 此限에 있지 아니함"이라고 하는데, 편찬요강은 이러한 항목이 없다.

3) 뒤의 본문 106면, 226면, 228면 및 327면.

　　　** 위 자료, 1면 상단의 '總目次'에는 그 제목이 "民法 (草案) (政府)"라
고 되어 있다.

　　　** 여기서는 띄어쓰기, 마침표가 전혀 없다. 한 문장에 다른 문장이 이
어질 때에는 한 자가 떠어져 있다(쉼표도 한 자를 차지한다). 한자로 쓸 수 있
는 것은 숫자를 포함하여 모두 한자로 되어 있다. 각 號 또는 目의 숫자 다음에
는 마침표가 아니라 쉼표가 찍혀 있다.

　　　** 관보에 공포된 민법에서 항이 원문자로 표시되어 있는 것(①, ② …)
과는 다르게 여기에는 그와 같은 항 표시가 전혀 없고 항이 나누어지는 경우에
는 단지 단락을 새로 하여 한 문장을 시작할 뿐이다.

Ⅲ. 審議錄　←　民法案審議錄, 上卷

　　民議院 法制司法委員會 民法案審議小委員會(이하 단지 「소위원회」라고 부
른다), 民法案審議錄 上卷 : 總則編 物權編 債權編(1957)

　　　** 다만 부칙에 대한 것은 소위원회, 民法案審議錄 下卷 : 親族編 相續
編(1957)에 의하였다.

　　　** 위 『심의록』, 하권의 말미에 (i) 附則에 대한 심의경과(225면 내지
231면), 이어서 바로 「민법안심의소위원회 위원장 장경근」의 「법제사법위원회
朴世俓」 앞으로의 1957년 10월 14일자 '民法案審査報告의 건'과 위 박세경의 「민
의원 의장 이기붕」 앞으로의 동월 15일자 '민법안 심사보고서 제출의 건'(232면
내지 238면)이 각 수록되어 있다.

　　　** 위 민법안심의록이 실제로 언제 발간되었는지는 그 상권 및 하권의
각 간기가 없는 등으로 반드시 명확하지 아니하다. 그러나 1957년 11월 5일 국
회 본회의에서의 민법안에 대한 최초의 심의과정('제1독회'의 개시)에서 법제사
법위원회 위원장인 朴世俓이, 또한 위 민법안심의소위원회(이하 단지 '소위원
회'라고 한다)의 위원장인 張暻根이 소위원회의 심의결과를 담은 『민법안심의
록』이 발간되었다는 취지의 각 발언이 있다(제26회 국회정기회의 속기록 제29
호, 2면 중단 이하4) 및 14면 상단).

---

　　4) "○ 법제사법위원장(朴世俓) : […] 이러한 심의내용의 중요부분은 소위원회의 심//의록에
　　기재되었는바 그 심의록의 원고가 재산편에 있어서는 3천2백여매, 친족상속편에 있어서는

    ** 그 상권, 1면 및 하권, 5면에 있는 「凡例」는 다음과 같이 위 심의록을 구성하는 자료 등에 대하여 밝히고 있다.

1. 외국 입법례의 譯文에 관하여서는 소위원회로서는 상당한 의견이 있었으나 법무부 발행 法務資料[5]의 譯文을 그대로 수록하였다.

2. 당초의 계획으로서는 국내 입법의견을 매 조문마다 기재할 예정이었으나 意見書[6]가 소위원회의 심사가 끝날 무렵에 가서 제출되어 이를 자세히 조문마다 기재할 시간적 여유를 가지지 못하였다. 따라서 이러한 의견서는 민법안공청회 기록, 각종 간행물에 발표된 개인의 의견과 함께 별책 民法案審議資料集에 수록하였다.[7]

3. 이 심의록에서 사용한 약칭은 다음과 같다.

    獨 民[8] ··· 1896년 공포 1900년 1월 1일 시행된 독일민법

    1천5백여매에 달한다는 사실만으로도 이 법안의 심사가 얼마나 철저하였고 힘이 들었는가를 가히 추측할 수 있습니다. [···] 이러한 제안이유, 그에 대한 외국입법례, 학설, 수정사항 그 수정 이유 등은 따로 배부해 드린 심의록에 상세히 기재되어 가지고 있습니다. [···]"

5) 1948년 8월 정부가 수립된 후에 「법무부 調査局」은 이미 동년 12월에 「법무자료」라는 이름 아래 일정한 입법 관련 자료를 발간하였다. 그 第1輯이 『獨逸民法典』, 제2집이 『瑞西民法 및 瑞西債務法典』, 제3집이 『蘇聯 中國 및 滿洲 民法典』(이상은 모두 1948년 12월 발간), 제4집이 『佛蘭西民法典』(1949년 7월 발간)이다(이들의 각각에 대하여는 아래 주 8 이하 참조). 한편 1949년 7월에는 법무자료 제12집으로 『瑞西債務法典(商事에 관한 規定)』이 출간되었다.

    주목되는 것은 위 제1집 『독일민법전』의 "卷末에 첨부한 各國 民法典 項目 一覽表"이다. 이는 "本輯의 姉妹編인 瑞西國民法 동 채무법 중국민법 만주민법 소련방민법 및 불국민법의 조문을 항목에 따라 분류하여"(序文, 2면) 작성된 것으로서, 가로 25센티미터 세로 1.2미터 정도의 크기의 종이 한 장에 인쇄되어 있다. 그 가로로는 "(현행민법), 중국, (만주), 독일, 서서, 소련, 불란서"의 「國別」로, 세로로는 "통칙 권리능력 행위능력 인격보호 신분등기 주소"로부터 시작하여 "유언 유류분 상속계약 상속증서 상속재산의 매매"로 끝나는 1백 개 정도의 「項目別」로 위 각 민법전의 관련 조문이 정리되어 있다. 이는 명백히 민법전의 기초를 위한 참고자료로 만들어진 것으로서 정부 수립 직후부터 이미 그 작업이 중요한 과제로 의식되었음을 웅변으로 말하여 준다. '민법 제정과정의 기초자료로서의 법무부의 『法務資料』'에 대하여는 우선 梁彰洙, "民法典 制定過程에 관한 殘片", 동, 민법연구 제8권(2005), 27면 이하(위 논문은 원래 저스티스 제85호(2005.6), 83면 이하에 발표되었다) 참조.

6) 이는 민사법연구회의 『민법안의견서』를 가리키는 것으로 여겨진다.

7) 그런데 소위원회에서 발간한 『민법안심의자료집』은 「민사법연구회」가 제출한 "민법안에 대한 의견서"로부터 그 각 항목의 결론을 기재한 부분, 즉 168개 항목의 결론만을 기재하고 있다(동 자료집, 32면 ~ 38면).

8) 주 5에서 본 『독일민법전』에 관하여 그 서문은 "이 독일민법을 번역하는 데는 일본어로 번

  佛　民[9] … 1804년 3월부터 1805년 3월까지에 공포된 불란서민법 일명 「나
　　　　　　포레온」 법전

  瑞　民 … 1907년 12월 10일 공포 1912년 1월 1일 시행된 瑞西民法

  瑞　債[10] … 1881년 시행되어 1911년 및 1937년 大改正된 瑞西債務法

  英　民[11] … Edward Jenks; A Digest of English Civil Law 3rd ed 법무자료
　　　　　　第16, 24, 26輯

  中　民[12] … 1929년 1930년 공포, 1929년~1931년 시행된 중화민국민법

역된 東季彦 씨의 全譯 獨逸民法과 荒波正隆 씨의 日本民法 鼇頭對比 獨逸民法을 주로 참
고로 하였다"고 한다(동, 2면)(여기서 '오두대비'의 의미에 대하여는 梁彰洙(주 5), 4면 주
9 참조). 한편 이들 일본어 번역의 잘못이 우리 민법의 입법에 심상하지 않은 영향을 미쳤
다고 생각되는 조항인 민법 제713조(민법안 제705조. 이는 의용민법에는 없는 '신설 조문'
이다)와 관련하여서는 梁彰洙(위 주 5), 2면 이하 참조(독일민법 제735조 제2문의 '위와 같
은 비율[즉 동조 제1문에서 정하는 '손실 부담의 비율']에 따라(nach dem gleichen
Verhältnisse)'가 일본어로 '평등한 비율로'로 잘못 번역되고 그것이 『심의록』에 같은 취지
의 '외국 민법례'로 인용되고 있는 것이다(심의록, 417면 하단 ~ 418면 상단). 참고로 같은
사항을 규율하는 만주국민법 제695조는 "조합원 중에 변제할 자력이 없는 자가 있을 때에
는 그 변제할 수 없는 부분은 다른 조합원이 연대하여 그를 변제하여야 한다"고 하여 우리
민법 제712조와는 다른 태도를 취한다).

 9) 동 서문, 2면 이하 : "이 불란서민법전을 번역하는 데는 주로 現代外國法典叢書 중의 谷口
知平 씨의 불란서민법 人事法, 實方正雄 씨의 물권법, 川上太郎 木村健助 柳瀨兼助 田中周
友 씨 등의 재산취득법에 의한 것이며, 또한 該 총서 중에도 미발행 또는 일부 흠결로써
제3편 재산취득의 諸方法 중 제842조 내지 제1100조, 제1168조 내지 제1581조, 제1873조
내지 제1874조 및 제2082조 내지 제2281조의 조문은 箕作麟祥 씨의 서기 1883년에 번역한
불란서민법서에 의하지 않을 수밖에 없었다. 이 兩者의 일본어역은 [일본어역 중?] 後者는
그 일본어역이 대단히 불충분한 것이며 따라서 그것을 原本으로 한 이 國文飜譯도 만족할
것이 아닌 것을 自認하는 바다." 여기서의 「현대외국법전총서」 중의 프랑스민법 번역서는
1938년부터 1942년 사이에 발간된 것이다.

10) 동 서문, 3면 : "이 瑞西民法 同債務法을 번역하는 데는 주로 일본 司法省 調査課 간행인
司法資料 제261호 스이스債務法, 水口吉藏 씨의 日本民法商法 對比 瑞西債權法 및 瑞西民
法을 참고로 하였다." 여기서의 「사법자료 제261호」는 1939년 12월에 발간된 것으로, 그
번역자는 佐藤莊一郎이다. 水口吉藏의 『瑞西債務法』은 1914년에 출간되었다.

11) 이는 젠크스英國民法彙纂(一)(二)(三)의 제목으로 「법무자료」에 포함되었다. 그 번역자는
제1권(총칙 · 계약총론) 김증한, 제2권(계약각론 · 준계약) 주재황, 제3권(불법행위) 주재황
이고, 제1권은 1948년, 제2권은 1954년에, 제3권은 1955년에 발간되었다. 제3권의 '역자
서'에 의하면 "실은 「불법행위」의 部 전부를 本輯에 실을 예정이었으나, 역자의 부득이한
사정으로 그 전반부만을 실[신]게 되어, 결국 그 후반부는 다음에 別輯으로 내게 된 것을
법무부 당국에 대하여 사과하는 바이다." 제4권은 법무자료 제27집으로 간행되었다.

12) 동 序, 4면 이하 : "이 중화민국민법을 번역하는 데는 주로 일본어로 번역된 失頤年 씨 監
修의 中日對譯 中華民國新六法을 참고로 하였다." 그런데 여기서의 「중일대역 중화민국신

　　滿　民13)14) … 1939년 6월 공포된 구 만주국민법

　　日　民 … 제2차 대전 종결 후 개정된 일본민법

　　舊　日 … 제2차 대전 종결 전의 일본민법

　　審議要綱 … 단기 4289년 9월 5일 민법안심의소위원회에서 결정한 민법안 친
　　　　　　　　족상속편의 심의요강, 이 요강의 원칙에 따라 친족편 상속편이
　　　　　　　　수정되었다.

　　** 민법안심의록에 수록·표현된 소위원회의 심의결과는 거의 예외 없
이 뒤의 Ⅳ.에서 보는 「법사위 수정안」에 반영되어 있다. 그러나 위 심의결과
중에는 내용에 관계 없는 字句修正 등과 같이 국회 심의의 마지막 단계15)에서
반영되어 민법의 내용으로 공포된 것이 존재한다. 이에 대하여는 이 『자료 집
성』에서 별도로 각주에서 '나중의 자구수정단계' 등으로 표시하여 나타내기로
한다.

육법」은 中華法令編印館 編譯, 朱頤年 감수로 같은 중화법령편인관에서 1939년에 北京에
서 발간된 매우 희귀한 자료이다. 한편 서울대학교 도서관에는 1930년에 '滿鐵 調査課'에
서 발간된 中日 對譯의 『國民政府 制定 中華民國民法對譯 — 總則編·債編·物權編』(滿鐵
調査資料 第137編)이 소장되어 있는데, 그 '凡例'에 의하면 "본서의 편찬은 課員 山田弘之
의 담당이다."

13) 동 序, 6면 : "이 만주민법을 번역하는 데는 주로 滿洲司法協會 편찬인 新制定滿洲帝國六
法을 臺本으로 하였다." 한편 서울대학교 도서관에는 1940년에 名古屋高等商業學校興亞會
편의 『日本民商法 條數對照 滿洲帝國民商法典(日文)』이 소장되어 있다(대역이 아니다). 그
'序文'에 의하면 "본서의 편찬은 본교 中川一郎 선생의 지도 아래 岡本·平田·細野의 3사
람 및 회원이 이를 담당하였다."

14) 한편 앞의 주 5에서 본 대로 1948년 12월의 「법무자료」 제3집에는 「소련민법전」도 번역되
어, 중화민국민법 및 만주국민법에 앞서서 실려 있다. 그리고 그 권말의 「各國 民法典 項
目 一覽表」에는 소련민법의 조문에 대한 언급도 포함되어 있다. 위 법무자료 제3집의 서
문, 3면에 의하면 "이 소련민법을 번역하는 데는 주로 일본어로 번역된 일본 사법성 조사
과 간행인 사법자료 제145호, 제146호 쏘베트露西亞민법(前後編)을 참고로 하였다." 『심의
록』 또는 『의견서』 중에는 소련민법의 조항을 '외국 입법례'로 인용하는 것도 있다(84면,
93면, 228면, 263면 등 참조).

15) 제26회 국회정기회의 속기록 제62호, 11면 상단 : "○ 副議長(李在鶴) : […] 이 제3독회를
생략하고 법제사법위원회에 일임하되 자구수정 … 각 조문의 제목 붙이는 것 또는 조문의
배열 정리하는 것 또 제763조에 누락된 것 이러한 것을 전부 법제사법위원회에 일임하고
본회의에서는 완전 통과된 것으로 하자는 것입니다. […] // (거수 표결) 在席員數 108인,
可에 92표, 否에 한 표로 가결되었습니다."

Ⅳ. **법사위 수정안** ← 민법안에 대한 수정안(법제사법위원회)

『第二十六回 國會定期會議 速記錄 第四十二號(附錄)』, 85면 상단 ~ 92면 하단

　　** 위 부록, 1면 상단의 '總目次'에 그 제목이 "民法案에 對한 修正案(法制司法委員會)"라고 되어 있다.

　　** 민법안과 마찬가지로 여기서도 띄어쓰기, 마침표가 전혀 없다. 한 문장에 다른 문장이 이어질 때에는 한 자가 띄어져 있다(쉼표도 한 자를 차지한다). 한자로 쓸 수 있는 것은 숫자를 포함하여 모두 한자로 되어 있다. 각 호 또는 목의 숫자 다음에는 마침표가 아니라 쉼표가 찍혀 있다.

　　** 다만 여기서는 관보에 공포된 민법에서 항이 원문자로 표시되어 있는 것(①, ② …)과 같이 수정안이 여러 항에 걸치는 경우에는 원문자로 항이 표시되어 있다. 예를 들면 민법안 제37조에 대한 법사위 수정안 (8) 등 참조.

　　** 민법안 부칙에 대한 법사위 수정안은 그 일련번호가 (1)로부터 다시 시작하여 (20)에까지 이른다.

Ⅴ. **意見書** ← 민법안의견서

民事法硏究會, 民法案意見書(1957)

　　** 이 자료는 맨 앞에 「민사법연구회」[16] 대표 高秉國, 李熙鳳 공동 명의의 '서문'이 있고, 그 다음에 '공동연구 참여자' 명단이 가나다 순으로 올라 있다. 그 다음의 1면부터 17면까지에 李恒寧의 "民法案 全體(財産編)에 대한 總評"이 있고, 이어서 개별적으로 민법안에 대하여 의견이 제시되어 있다(본문 19

---

16) 이 모임은 애초 그 이름이 「민법초안연구회」이었다. 민법안에 대한 의견을 집약·제출한 후에 그 모임은 현재의 「한국민사법학회」로 발전적으로 이어졌다. 「민사법연구회」에 대하여는 우선 梁彰洙, "民法典의 制定過程에 관한 硏究 — 國會本會議의 審議", 서울대학교 法學 제33권 2호(1992.9), 143면 이하(후에 "民法案에 대한 國會의 審議 (Ⅱ) — 國會本會議의 審議"로 제목을 바꾸어 동, 民法硏究 제3권(1999), 33면 ~ 85면에 수록되었다. 同書에는 "民法案에 대한 國會의 審議 (Ⅰ) — 法制司法委員會의 審議", 1면 ~ 32면[원래는 韓國法史學論叢 : 朴秉濠 교수 환갑 기념 논문집(1991), 461면 이하]도 그에 앞서 실려 있다) 참조.

면 ~ 201면). 여기서 각 의견항목은 결론을 내세운 다음 이에 이유를 붙이는 방식으로 작성되어 있다. 이 『자료 집성』에서 전자는 앞의 '총론' VI.로 따로 수록하였다.

　　그리고 그 부록으로 '민법초안과 수정안과의 대조'라는 이름 아래 각 면 위쪽에 민법안 조문, 아래쪽에 민법안의견서의 각 수정안 결론이 대조적으로 실려 있다(부록 1면 ~ 110면).[17]

VI. 현석호 수정안 　← 　민법안에 대한 수정안(현석호 의원 외 19인)

　　『第二十六回 國會定期會議 速記錄 第四十二號(附錄)』, 102면 하단 ~ 105면 상단

　　　　** 위 자료, 1면 상단의 '總目次'에 그 제목이 "民法案에 對한 修正案(玄錫虎 議員 外 19人)"이라고 되어 있다. 이 수정안은 앞의 『민법안의견서』에서 채택된 의견 중 중요한 것들을 담고 있다.[18]
　　　　** 한편 민법안 제264조에 대한 '李泳熙 議員 외 21인'의 수정안(이 수정안은 종중에 대한 규정을 두자는 데 주안이 있다)은 위 부록, 109면 하단에 수록되어 있다.
　　　　** 민법안과 마찬가지로 여기서도 띄어쓰기, 마침표가 전혀 없다. 한 문장에 다른 문장이 이어질 때에는 한 자가 띄어져 있다(콤마도 한 자를 차지한다). 한자로 쓸 수 있는 것은 숫자를 포함하여 모두 한자로 되어 있다. 각 目의 숫자 다음에는 마침표가 아니라 콤마가 찍혀 있다.
　　　　** 관보에 공포된 민법에서 항이 원문자로 표시되어 있는 것(①, ② …)과는 다르게 여기에는 민법안의 경우와 같이 그와 같은 항 표시가 전혀 없고 항이 나누어지는 경우에는 단지 단락을 새로 하여 한 문장을 시작할 뿐이다.
　　다만 여기서는 관보에 공포된 민법에서 항이 원문자로 표시되어 있는 것(①, ② …)과 같이 수정안이 여러 항에 걸치는 경우에는 원문자로 항이 표시되

---

17) 다만 여기서는 그 수정안 번호가 제126항 이후에는 하나씩 더하여져 있다는 점에 대하여는 이 『자료 집성』, 830면 주 97[? 요 사후 확인] 참조.

18) 이 점에 대하여는 우선 梁彰洙, "民法案에 대한 國會의 審議(II)", 民法研究, 제3권(1995), 39면 이하 참조.

어 있다. 예를 들면 민법안 제37조에 대한 법사위 수정안 (8) 등 참조.

Ⅶ. 공청회 ← 民法案公聽會
辯協 ← 大韓辯護士協會, 草案에 대한 意見書

　　** 여기서도 아래 두 자료 중 하나만을 수록하는 경우에는 꼬리번호를 붙이지 않고 그냥 Ⅶ.라고만 하였다.

Ⅶ-1. 공청회 ← 民法案公聽會
출처 : 民議院 法制司法委員會 民法案審議小委員會, 民法案審議資料集 (1957?), 74면 ~ 99면

　　** 위 공청회는 1957년 4월 6일 및 7일 국회의사당에서 개최되었는데, 그중 앞의 3편에 대하여는 6일에 행하여졌다. 위 자료집에 수록된 「공청회 속 기록」에 의하면, 공청사항은 모두 12항목이다(1. 한정치산제도, 2. 법인의 설립 등기를 성립요건으로 한 것의 득실, 3. 재단법인의 목적 기타 정관 변경에 대한 완화, 4. 외국법인, 5. 물권변동에 있어서의 형식주의 채택, 6. 물권의 일종으로서의 전세권제도, 7. 선취특권제도의 불설치, 8. 양도담보제도의 불설치, 9. 稧에 관한 규정 불설치, 10. 임차권의 강화, 11. 저당권에 관한 척제제도 폐지, 12. 불법행위에 있어서의 過失主義).

　　그리고 이항녕, 안이준, 김증한, 현승종이 각 항목을 맡아 발언하고 있는데, 이들은 모두 『민법안연구회』의 구성원으로서 그 발언은 모두 『민법안의견서』에서 개진된 의견을 조술하는 것이다.[19] 따라서 『자료 집성』에는 그들의 발언은 특별한 언급이 없는 한 이를 다루지 않기로 한다.

　　** 한편 위의 『민법안심의자료집』에는 주로 친족편·상속편에 대한 여러 가지 입법의견이 수집·제시되어 있다.[20] 그리고 앞의 총칙편·물권편·채

---

19) 이는 『민법안의견서』에서 다루어진 항목의 집필자인지 아닌지 다를 바 없다.

20) 친족편·상속편에 관한 입법의견에 대하여는 우선 鄭光鉉, 韓國家族法研究(1967), 附錄編("친족상속법 입법자료"), 141면 ~ 161면(대한변호사협회의 "친족상속편 심의요강에 관한 의견서"와 "여성단체의 친족상속법 제정에 관한 건의서 및 의견서"가 수록되어 있다)

권편에 대하여는 ―이『자료 집성』에 실려 있는 자료들을 제외하면― 김기선·
이병호·김증한의 각 의견이 연이어 수록되어 있다(각 66면 상단 ~ 73면 상
단). 그런데 이들의 글은『민법안의견서』에 각자가 담당한 항목에 대한 것으로
서, 1957년 11월 5일자의『대학신문』, 제165호에 실려 있는 위 각 교수의 글(뒤
의 본문 62면 참조)을 그대로 옮겨 실은 것이다. 따라서 이 부분은 이『자료 집
성』에 수록하지 않았다.

VII-2. 辯協 ← 大韓辯護士協會, 草案에 대한 意見書

　　출처 : 民議院 法制司法委員會 民法案審議小委員會, 民法案審議資料集
(1957?), 74면 ~ 99면

　　　　** 위 자료집에는 "民法總則 物權法 債權法 草案에 對한 意見書"라고
되어 있다.

　　　　** 위 자료집, 39면 상단은 "본 협회에서 위원을 선임하여 신중히 토의
한 후 동 초안 중 수정을 요할 것으로 사료하는 조문에 대하여" 의견을 밝힌다
고 前置한다.

　　　　** 한편 앞의 VII-1.에서 본 공청회에는 韓世復 변호사가 그 공청사항
제5항(물권변동) 및 제7항(선취특권)에 대하여 발언하고 있다. 그는 앞머리에
"이것은 변호사회로서 이미 서면으로서 심의회의에 제출하였습니다"라고 발언
한다(87면 상단). 이『자료 집성』에서는 공청회 발언보다 대한변호사협회의 "草
案에 대한 意見書"를 수록하였다.

VIII. 속기록 ← [제3대 국회] 제26회 국회정기회의 속기록

　　　　** 제1독회 및 제2독회에서의 발언을 모두 수록하는 경우에는 이를 VIII-1.
및 VIII-2로 구분하나, 그렇지 아니한 경우에는 단지 VIII.이라고만 하고 이어서 제
1독회인지, 제2독회인지를 밝힌다.

―――――――――――――
　　참조.

Ⅷ-1. **제1독회** ← 국회 본회의의 '민법안 제1독회' 심의

『[제3대 국회] 第二十六回 國會定期會議 速記錄 第二十九號』, 1면 하단 ~
『同 第三十四號』, 16면 하단

Ⅷ-2. **제2독회**[21] ← 국회 본회의의 '민법안 제2독회' 심의

『第二十六回 國會定期會議 速記錄 第四十二號』, 9면 상단 ~ 『同 第四十八
號』, 17면 상단;『同 第六十二號』, 4면 상단

　　** 동 제49호, 4면 중단부터 제62호까지 친족편·상속편에 대한 축조심
의가 이어진다. 그리고 그것이 종료된 후 부칙에 대한 축조심사가 제62호 4면
상단에 이어진다.

---

21) 이는 민법안 및 그에 대한 여러 수정안에 대한 '축조심의'의 단계이다. 그에 앞선 '민법안
　　제1독회'에서는 민법안 전체에 대한 大體討論이 행하여졌는데, 이 부분은 이『자료 집성』
　　의 '총론'에 다루어졌다. 이에 대하여는 제1독회에서의 국회 부의장 趙瓊奎의 발언 참조
　　(『同 第三十號』, 12면 상단 이하) : "○ 부의장(趙瓊奎) : […] 아시다시피 이 민법안은 광
　　범한 조문으로 되어 있는데 각편을 나누어서 이렇게 할 수도 있겠습니다마는 너무 그렇게
　　되면 시일이 오래 걸릴 것 같고 그래서 질의는 대충 전체를 털어서 … 민법안 전체를 털어
　　서 질의를 하고 또 토론도 그런 입장에서 전체를 통 털어서 토론하고 난 다음에 그 다음에
　　各條에 대해서 혹 심의하는 방법에 대하여 逐條 … 제2독회에 들어가서 심의하는 방법에
　　대해서는 또 그때에 가//서 말씀드리기로 하겠습니다."

편집 방침

A. 일 반

1. 원래의 자료를 가급적 그 모습대로 유지하는 것을 원칙으로 한다. 그러므로 띄어쓰기 등이 되어 있지 않은 것도 일반적으로 그대로 두었다.

이는 단락 구분에서도 마찬가지이어서, 원 자료에서 단락이 나누어진 것은 여기서도 단락을 나누었다.

2. 다만 맞춤법, 어색한 문장부호는 현행의 그것에 맞추어 수정하였다. 경우에 따라서 수정 전의 원문을 보일 필요가 있다고 여겨지는 때에는 수정 후의 것을 꺾음괄호 안에 표시하였다. 더욱 드물기는 하지만 '[원문대로]'라는 표시로써 수정 없이 원문 그대로를 들기도 하였다.

또한 법률규정 등이 법명에 붙여 쓰인 것도 법명/조/항 등으로 띄어서 썼다.

3. 숫자는 원칙적으로 한자로 쓰인 것을 아라비아숫자로 바꾸었다. 또한 編, 章, 節, 款 등의 법률 편성단위의 표시는 모두 한글로 바꾸었고, 법조항의 표시로 '第○○○條', '第○項' 또는 '第○號' 등으로 쓰인 것은 '제○○○조', '제○항' 또는 '제○호' 등으로 바꾸었다.

또한 민법안이나 공포된 민법에서 '호' 또는 '목'을 나타내는 숫자 다음에 찍힌 쉼표는 마침표로 처리하였다.

4. 민법안의 각 표제(編·章·節·款의 구분 및 그 제목)가 그 후 수정된 것은 전혀 없고 그것은 제정·공포된 민법과 전적으로 같다. 그러므로 이에 대하여는 이 자료집에서는 일절 다루지 않는다.

5. 생략한 부분은 일괄적으로 [···]로 표시하였다. 한편 자료에서 ···로 되어 있는 것은 원문 그대로이고, 편집자가 생략한 것과는 무관하다.

6. 각 자료에서 페이지가 바뀌는 곳에 새로 시작하는 면수를 꺾음괄호 안에 넣었다. 그리고 한 면이 두 개의 단락(상단·하단) 또는 세 개의 단락(상단·중단·하단)으로 나뉘어져 있는 경우에는 그 단락이 바뀌는 곳을 //로 표시하였다.

7. 그 외에 편집자가 특별히 언급하여야 할 사항은 일절 꺾음괄호([ ]) 안에 적었다.
색인은 민법규정등을 보이는 아래 목차로써 갈음하기로 하여 따로 넣지 않았다.

8. 민법 제1편, 제2편 및 제3편의 正文은 1958년 2월 22일의 관보 제1983호, 1면 ~ 35면에 수록된 것을 기준으로 하였다.

B. 개별 자료

Ⅰ. 『법전편찬위원회 의사록』

1. 『법전편찬위원회 의사록』은 앞의 「자료 출처 및 약어」(iii면)의 Ⅰ. 1.에서 적었듯이 도합 제10회까지를 파악할 수 있고, 이들은 총칙편 및 물권편을 다룬다. 그 담당 기초위원이 총칙편은 高秉國, 물권편은 姜柄順으로서, 이들이 제의한 편찬요강의 개별 항목에 대하여 논의가 행하여지고 있다.

2. 그런데 법전편찬위원회(이하 '법편위'라고 한다)는 각 회기마다 여러 입법사항을 다루고 있으므로, 그 다루어진 사항마다 그것이 언제 어디서 열린 몇 번째의 회의에서 처리되었는가를 밝혀야 할지도 모른다. 그러나 이는 번잡하기

도 하고 그 필요에도 의문이 있는 점 등을 고려하여 각 회기의 맨 처음(또는 비교적 초기) 심의사항을 다루는 곳에서 이를 적시하되 대부분에서는 이를 반복하지 않기로 하였다.

　3. 한편 심의에 참여한 법편위 위원 각자의 인적 사항에 대하여는 梁彰洙, "[資料]「法典編纂委員總會議事錄(抄)", 동, 民法硏究 제3권(1995), 97면 이하의 각주를 참고하라.

Ⅱ. 민법안

　1. 국회사무처에서 펴낸 제3대 국회의 「제26회 국회정기회의속기록 제42호(부록)」, 1면 내지 57면 하단에 수록된 「民法(草案)」에 의하였다. 이 자료는 1면 상단부터 3면 하단까지 '목차'를 수록하고 있다.

　2. 제정·시행된 민법과 동일한 민법안 조항은 그 내용을 따로 들지 않았다. 다만 표제는 민법안 조항에는 애초 없었고, 국회심의의 자구수정단계에서 부가된 것이다.

Ⅲ. 『民法案審議錄』

　1. 이는 민법안의 각 조를 인용한 다음 그 각 조마다 7개의 항목으로 되어 있다. 그 항목의 제목은 1 제안이유, 2 현행법 및 판례, 학설, 3 외국 입법례, 4 국내 입법의견, 5 비판, 6 심의경과, 7 결론이 그것이다. 원문에는 항목 숫자 다음에 마침표가 없으나 여기서는 이를 넣었다.

　2. 이 『자료 집성』에는 그러한 항목 아래 그 내용이 있는 것은 모두 옮겨 적었다. 그러나 그것이 없는 경우에는 그 항목 자체를 표시하지 아니하였다. 그리하여 1의 '제안이유', 4의 '국내 입법이유' 및 5 '비판'(민법안심의록, 상권, 1면, 하단에 의하면, "이상 각 호[제1호의 제안이유부터 제4호의 국내 비판의견]

에 대한" 비판이다)도 마찬가지의 이유로 매우 드문 예외의 경우에만 표시되어
있다.

  3. 그런데 민법안심의소위원회는 민법안에 포함되지 아니한 사항, 즉 민법
의 기초·발의 또는 제정의 과정에서 검토될 수 있는 또는 검토되어야 할 다양
한 법적 사항(예를 들면 의용민법에 정함이 있는 제도가 민법안에서 채택되지
아니한 경우, 어떤 규정이 민법안에 포함되었어야 하지 않는가가 검토될 만한
다고 여겨지는 경우 등)에 대하여도 입법적 검토를 가하는 경우가 드물지 않게
존재한다. 이들도 관련되는 민법안의 조항에 이어서 **로 표시한 단락에서 빠
짐없이 수록하였다.

  4. '3. 외국 입법례'의 내용으로 인용된 외국 민법 등의 조항은 띄어쓰기가
전혀 되어 있지 않다. 또 항이나 전단·후단 등의 구분도 정확하지 아니한 경우
가 없지 않고, 심지어는 조항의 일부라는 것이 표시되지 아니한 경우도 있다.
또한 한자로 쓸 수 있는 것은 모두 한자로 쓰여 있다. 이들에 대하여는 원칙적
으로 손대지 않았고, 이는 인용부호로 사용되고 있는 「 」에 대하여도 마찬가지
이다. 다만 각 조항의 '호' 또는 '목'에 해당하는 것에는 숫자 다음에 쉼표가 찍
혀 있으나 이 『자료 집성』에서는 마침표로 바꾸었다. 또한 '7. 결론'에서 그 제
목과 내용을 연결하는 …… 부호는 : 부호로 바꾸었다.
  한편 '2 현행법 및 판례, 학설', '4 국내입법의견', '5 비판' 및 '6 심의경과'
에는 일반적으로 띄어쓰기가 채택되어 있지만, 그것이 부정확한 경우도 없지
않아서 이에는 가능한 한 손을 댔다(그러나 한자는 다른 특별한 사정이 없는
한 그대로 두었다). 또한 문장 말미에 마침표가 없는 곳에는 마침표를 넣었다.
그 외에 의문이 있는 사항은 꺾음괄호([ ]) 안에서 밝혔다.
  나아가 이상의 7개 항목에서는 모두 제목 또는 세부 항목의 번호 다음에는
행을 바꾸어 내용을 적는 것이 일반이나, 이 『자료 집성』에서는 통상적으로 행
을 바꾸지 아니하였다.

  5. 『민법안심의록』은 세로쓰기로 되어 있고, 한 면을 상단과 하단으로 나누
고 있다. 그 면수 및 상단·하단은 […면] 및 // 기호를 넣어서 구분하여 표시

하였다.

V. 민법안의견서

1. 세로쓰기로 되어 있는 이 자료는 각 항목마다 맨 앞에 그 주요 내용을 정리하여 적고, 이어서 별단으로 'ㅇ 이유'라는 항목을 두고, 마지막으로 그 항목의 집필자를 표시하고 있다. 이『자료 집성』에서는 그 각 항목의 면수를 적은 다음 바로 이어서 집필자 이름을 괄호 안에 밝힌다.

2. 하나의 사항에 대하여 다른 두 개의 의견이 제기된 경우도 없지 않다. 아마도 다수 의견을 얻은 의견이 앞서고, 그 외의 의견이 "[○○]에 대한 附見"으로 같은 형식으로 바로 이어진다. 이『자료 집성』에서는 이들을 모두 수록하였다.

3. 드물게는 외국의 관련 법조항을 '外國 法制 參考'라는 제목 아래 일일이 열거하는 경우도 있다(특히 총칙편 제5장 법률행위에 관한 [32]항에서 [38]항까지). 이들은『민법안심의록』에 '외국 입법례'로 인용되어 있는 한에서는 중복하여 인용하지 아니하고, 그 조항만을 알 수 있도록 하였다.

VI. 현석호 수정안

이는 앞의 I. 1.에서 든 「제26회 국회정기회의속기록 제42호(부록)」, 102면 하단부터 105면 상단까지에 수록된 모두 37개 항의 「民法案에對한修正案(提案者 玄錫虎 議員 外 19人)」에 의하였다.

VII. 국회 속기록

1. 1957년 당시의 국회 속기록은 이『자료 집성』에 수록된 것을 포함하여 한 면이 3단으로 되어 있었다. 페이지가 새로 바뀌는 부분은 꺾음괄호 안에 표

시하고, 같은 페이지에서 단락이 바뀌는 부분을 //로 표시하였다.

2. 각 문장의 끝에 마침표를 넣었다. 그런데 속기록이 정확하다고 할 수 없는 부분이 특히 전문용어나 외국어 등의 경우에 드물지만 존재한다. 이 부분은 꺾음괄호 안에 그 정정 등을 적어 보았다.

3. 속기록은 국회의원이 말하는 것을 그대로 옮겨 적은 것이므로, 우리의 일상 언술이 항용 그러하듯이 반복이 적지 않고, 때로는 문법에 맞지 않는 경우도 없지 않다. 이러한 경우는 특히 이해가 되지 아니하는 경우를 제외하고 그대로 두었다.

목 차

제 2 편　物 權

제3편 債 權

총 론

총 론

I. **金炳魯 法典編纂委員會 委員長의 民法案에 對한 立法趣旨 說明**, [제3대
국회] 제26회 國會定期會議速記錄 제30호, 4면 중단 ~ 7면 상단1)

　○ 法典編纂委員會 委員長(金炳魯)　　오늘, 어젯날 院議로써 本人의 出
頭를 命하신 데 대해서 議長으로부터 通知를 받고 이 자리에 서게 되었습니다.
그 內容에 있어서 民法案에 대한 起草한 趣旨를 說明하라는 말씀이 있었습니다.
　여기에 있어서 먼저 내가 議員 各位에게 말씀드리자고 하는 것은 원래에
起草者로서 法典編纂委員會가 各 條項에 따라서 또는 章別款項에라도 따라서
立法의 趣旨와 거기에 대한 解明을 起草해서 草案과 같이 政府에 廻付하였더라
면 그것이 議員 各位의 손에 돌아서 審議하시기에 대단한 參考가 되었으리라고
생각합니다마는 그렇게 못 된 것을 遺憾스럽게 생각하는 동시에 여기서는 그렇
게 되지 못한 事由를 간단히 먼저 말씀드리겠습니다.
　우리 法典編纂委員會는 發足은 4281年에 發足했다고 하지만 事實은 不可抗
力으로 몇 달 안 되어서 거기 責任者인 내가 病으로서 한 半年 동안을 病院에
있었습니다. 그 뒤로 또다시 病院에서 나와서 着手를 할[하]려고 했지만 不過
몇 … 얼마 안 되어서 곧 6·25 事變이 났습니다. 그래서 그 前에 大略 發足을
했다고 그러한 刑法에 대한 草案의 要領과 … 要領 그것이고 刑事訴訟法이 大
略 起案이 되었던 것입니다. 民法이나 其他 法律에 있어서는 그저 나중에 變更
할 수 있고 또는 다시 몇 차례라도 會議를 거//듭해서 檢討할 餘裕를 둔 要綱이
라는 몇 가지만이 論議되었고 그 外에는 事實上으로 條文이라든지 모든 編纂의
順序에 있어서도 着手가 되지 못했었습니다. 그러다가 6·25 動亂에 釜山을 내
려갔습니다. 그때에 行政府에서나 立法府로서나 또 在野 法曹界로서나 뭐 그뿐

---

　1) 김병로의 이 입법취지 설명은 그 후에도 12면 상단까지 이어진다. 그런데 그 全文은 정광
　　현, 한국가족법연구, 1967, 부록 270면부터 282면까지에 수록되어 있다. 그리고 위의 이어
　　지는 부분은 친족편·상속편에 대한 것이므로, 이 『자료집성』에서는 옮기지 않았다.

만이 아니라 大韓民國 國民 된 者의 良心上에 있어서 拙速 … 좀 拙劣하더라도 迅速한 主義를 取해서 남의 나라 것을 大略 飜譯이라도 하더라도 日本法이라는 그것은 一掃하고 大韓民國 法律로서 우리가 制定을 아니 하면 안 되겠다는 이러한 輿論이 높았습니다. 그러나 그때에 다 알으[아]시는 바와 같이 法曹界의 사람도 많이 저 共産逆徒의 손에 殺傷 또는 拉致를 當하고 司法府 自體의 運營에 있어서도 人員의 不足이라고 말하는 것보다도 가위 事務를 執行하기에 可能치 못한 地境에까지 이르렀습니다. 그래서 事實은 本人으로서는 거기에 法典編纂委員會의 責任者의 한 사람입니다. 또는 或은 多幸일는지도 몰라요. 이 다리가 不具가 되어서 어디 出入이라는 것은 전연히 없습니다. 그저 法院에 나갔다 오는 그 外의 時間, 日曜日이나 밤이나 아침이나 무슨 다른 데는 한 時間도 빌릴 새 없이 그 時間을 利用해서 불식한 … 불식한 … 不息之工으로 참 起案을 始作했습니다. [5면] 또 그 가운데서 한 몇 個 法案을 或은 우리 委員 中에 或은 審査委員 가운데에 起案을 委囑해 본 때도 있습니다마는, 그네들도 自己의 本務가 바빠서 겨를을 얻을 수 없는 데다가 이 어려운 難關의 結果 基礎事務를 擔當하라고 하는 것부터 無理이고 또는 잘 할 수도 없게 되었습니다. 그래서 대개 몇 가지를 받아본즉 日本法 그 自體를 그대로 飜譯하는 것에 지나지 않았습니다. 實로 우리 大韓民國의 由來한 歷史나 또는 우리나라 文化의 傳統 여러 가지 方面을 考察하고 또 外國 法律 가운데에도 或은 英美系統 或은 大陸系 어느 것이 우리에게 該當하는 것을 取捨選擇한 그러한 點이 보이지 않고, 日本法을 그대로를 飜譯한 것도 … 또 그 飜譯이라는 것이 그렇게 容易한 것이 아닙니다. 文字도 그저 倉卒間에 하며는 퍽 體系가 되지 않는 그러한 飜譯이 많이 있습니다. 그래서 아무리 拙速主義를 쓴다 하더라도 日本法 그것을 그대로 飜譯해다가 하기는 어렵다 또는 或은 節次法 같으면 或 여간 文字나 修正해서 내놓을 수도 있지만 이 實際[體]法에 있어서도 결단코 그와 같이 해서는 안 된다는 것이 本人의 생각입니다. 그래서 새로 各國 法律과 또는 우리나라의 歷史的 傳統 우리나라의 實相 참 看取하기 어려운 一般的 慣習法 이라고 認定할 만한 유래의 慣例, 이런 것을 뭐 參考書類라는 것이 그렇게 많지 못합니다 若干 書類를 參考하면서 내가 또 早年부터 오늘날까지 한 40年 동안 // 머리 속에 恒常 떠나지 않고 있던 그 觀念을 冷澈하게 생각해서 이 法案을 起案에 着手하게 되었습니다. 여기에서 … 그렇기 때문에 그러한 事情을 알으셔서 그 尨大한 理由書,

起草理由書 같은 것, 한 著述과 같은 그런 것을 이 提出 못했다는 것을 諒解해 주시기를 바랍니다. 또 이것이 그렇습니다. 꼭 單行法이 되었든지 或은 實際 [體]法이나 節次法 가운데에서도 어떠한 한 가지 것, 或은 物權이면 物權, 規[契]約이면 規[契]約, 或은 各則이면 各則, 무슨 이러한 한 가지 것에 관한 것이라면 或 모르지만, 이것은 憲法을 除外한 4大 法典을 全般的으로 一時에 이것을 起案하는 이 마당에 있어서는 特殊한 機構와 特殊한 참 專業的 機構가 아니고 사람이 아니고는 뭘 그것을 理由를 陳述한다고 큰 尨大한 著述과 같은 것을 쓰고 앉일[을] 수는 絶對 不可能한 事實을 諒解해 주시기 바랍니다.

　　여기에는 그 말씀을 여기에 그치고 내가 대강 立法의 첫 번 起案한 나의 생각 밑에 생각한 槪要를 簡單히 말씀드리겠습니다.

　　民法에 있어서는 첫째 지금 머리에다가 權利를 濫用해서는 아니 되는 것과 또 사람과 사람 사이에 이 當事者 사이에는 誠實信義의 原則을 지켜야 한다는 것을 머리에 내세웠습니다. 그것은 실상 말씀하신 法條文으로 내놓지 않더라도 基本法則입니다. 우리가 人類社會가 法을 必要하다고 하는 것도 어느 點으로는 우리 人類生活이 精神的으로 退步되었기 때문에 法을 必要하다고 하는 것입니다. // 法이 없어도 우리가 人類답게 참말로 行動을 하고 人類답게 生活을 繼續할 수가 있다고 하면, 基本法則을 갖고도 넉넉합니다. 或은 學者들은 自然法則이라고도 하지만 그것 갖고도 넉넉해요. 다시 이렇게 複雜한 法을 制定할 必要까지도 認定 아니할는지 모르겠어요. 그러나 人類 … 참으로 根本되는 人類生活이 退步되니까, 即 말하자면 나빠지기 때문에 … 때문에 이 法의 制定을 必要로 하게 되었다는 것은 두말할 餘地도 없는 것입니다. 그러면 우리가 權利를 濫用해서는 안 된다 그것은, 우리나라 … 우리뿐만이 아니라 오늘날 國際憲章, 人權憲章에도 있는 것과 같이 남의 權利를 侵害한다 제가 權利가 있다고 해서 그 權利를 濫用해서 남에게 害毒을 끼치는 이런 것은 基本으로 안 되는 것이요. 또 사람이 사람 사이에 서로서로 信義와 誠實한 뜻이 없다면 人類共同生活은 벌써 … 都大體 向上될 수 없고 發展될 수가 없는 것입니다. 그렇기 때문에 그러한 것은 法文에다가 내세웠지마는 法條文이 없더라도 基本法則으로 넉넉히 運用할 수 있습니다마는, 이왕 法을 編纂하는 지금에 있어서 그러한 警告的 文句로 내놓은 데에 지나지 않습니다.

　　그 다음에 이 民法에 있어서는 或은 草案을 읽어보신 이가 이러한 생각을 하실는지 모르겠습니다. 어째 日本法에 共通되는 똑같은 條文이 많다 或은 이러한 생각을 하실는지 모릅니다마는, 그것은 결단코 처음 起案할 때에 日本法이라는 [6면] 것은 덮어놓고 사실은 그것도 한 다른 나라 法과 같이 參考로밖에는 보지 않았습니다. 그러나 日本法이라는 法 自體가 民法이, 佛蘭西法, 獨逸法 그것을 殆半히 갖다가 그대로 飜譯한 것이라 말이에요. 또 近來에 參考로 하는 第一 가깝게 制定되었다는 中國法 또는 滿洲國法 이것도 全部 日本 사람이 가서 다 起案하고 日本 사람이 한 것이라 그 말이에요. 그럼 인제 여기서 獨逸 것이나, 佛蘭西 것[이]나, 설혹 中國 것이나, 滿洲國法이나 어느 것을 가서 參考하고서 우리나라에 이와 같은 條文이 適當하다고 생각할 수 있는 그것이 自然的으로 日本 것하고 普通에 있어서는 合致되는 條文이 많습니다. 그 外에 어느 나라 法이 되었던 우리나라에는 適當하지 못하다 우리나라 現事態에 있어서 現實에 있어서 우리나라 歷史的 發展에 있어서 여러 가지로 文化的 傳統에 있어서 이것은 우리가 이걸 隨從할 수 없다고 한 것은 하나도 隨從하지 안 했다. 또 설혹 가차운 나라가 아니고 저 먼 데 나라라도 어느 나라 것 되든지 말이지 그 條文條文이 우리나라 지금의 立法에 現實에 適當하다고 보는 條文은 어디서든지 끌어왔습니다. 그래서 結局은 이걸 어느 點으로는 獨自的 立場에서 編纂되었다고 하는 것이 지금 여기서 말씀드리는 나의 根本法이에요.

　　그 가운데에 債權에 있어서나 무슨 法律行使든지 이런 點에 있어서는 別로 여기서 특별히 드릴 말씀이 없고, 物權이라는 데에 가서 或//은 日本法을 보시고 또는 佛蘭西法 같은 데를 보신 이는 그 무슨 形式主義를 써 가지고 登記를 해야 物權이 移動된다는 그런 것 할 必要가 없지 않은가, 一部 … 또 在來의 많은 日本法이 意思主義를 佛蘭西法 系統을 받아서 意思主義를 採用했기 때문에 日本法을 많이 보신 이는 그거 무슨 必要로 그걸 登記 같은 것을 갖다가 物權成立의 與[要]件으로 했다 이런 말씀을 或 하실 이가 있을는지 모릅니다마는, 그것이 本來에 獨逸은 形式的 主義를 取했고 佛蘭西는 意思主義를 取해서 日本法은 佛蘭西主義를 가져온 것입니다. 근데 지금 나로서 보기엔 둘 다가 弊害가 있다고 봤어요. 이것은 오늘날 내가 法을 立法 … 起案할 때의 생각이 아니라, 自初至終 내가 法律을 研究할 때에 너무나 絶對的으로 形式만 가지고 物權的 效力을 준다는 것은 안 될 말이다, 또 當事者 意思表示로만 物權的 契約을 物權的 成立을 認定한다고 하면 말이야 … 하면 債權契約과 混同이 돼요. 그러기 때문에 債權契約과 物權契約이라는 그 分界가 分明치 못해 그래서 따라서 거기에 對한 效果論에 있어서도 그 法律效果論에 있어서도 까딱 잘못하면 混同하고 또 여러 사람들이 거기에 迷惑하기가 쉽다. 그러나 이 物權的 關係에 있어서는 될 수 있으면 一般 取引界를 安定시키고 確信을 주게 하기 爲해서는 形式主義가 長點이 있다. 그래서 우리의 民法에 取한 것은 形式主義를 取하는 同時에 그렇다고 해서 그 原因이 無效의 … 아//주 原因이 效力 없는 當事者에 對해서 全然히 效力 없는 이런 境遇에는 거기에 아무리 形式主義라도 信憑力을 주지 아니한다. 이런 卽 折衝的 意味가 이 속에 되어 있습니다. 그래서 事實上으로 이 우리 民法에 取한 主義가 佛蘭西主義 卽 日本의 民法이나 또는 獨逸의 絶對的 形式主義나 그보다 오히려 優秀하다고 나는 혼자 믿기 때문에, 이 法案이 그와 같이 編纂을 하게 된 것입니다.

그리고 그 다음에 物權에 가서 몇 가지 말씀하면 거기에 特別히 傳貰權이라는 것을 우리나라에 坊坊曲曲이 널리 施行된 것이 아니었는데 그것을 特定物權으로서 냈나 이런 或 생각을 하시는 이가 계실 것입니다만, 傳貰라는 制度가 이 京城이 第一 오래 또 널리 實施되어 왔고 있어 왔고 其他의 지금 近來의 傾向을 보면 各 地方에도 都市에는 많이 이 制度가 차차 자꾸 施行이 되어 갑니다. 各 地方에도 各 都市生活하는 사람들은 … 그런 必要가 있을 뿐더러, 이것이 外國法을 갖다 또 거기에 比較해서 보면 外國의 用益權이라는 것이 여러 나라 法에 있는데 그 物權의 卽 말하자면 使用收益한[할] 權利 —所有權이 아니고— 使用收益한[할] 權利를 갖는 契約입니다. 이런 用益物權이라는 것이 많이 있는데 그 가운데에는 또 複雜한 性質도 있고 다른 우리나라 立法하려고 하는 다른 契約과 或은 二重 되는 境遇도 많이 있어요. 다른 나라 法制와 … 하고 [7면] 또 中國의 이것은 中國 古有부터 내려오는 것인데 典權이라는 權利가 있어요. 民法 가운데에 典權이라는 權利가 있는데 그것의 內容인즉 우리나라 傳貰하고 비슷한 것이에요 … 하고 또 우리나라의 傳貰라는 것을 過去에 보면 어떻게 取扱해 왔느냐 하면 傳貰하는 게 무슨 한 個의 物權이 아니니까 한쪽으로는 賃貸借契約을 形式이라고 하고 해 가지고 한쪽으로는 抵當權이라는 物權을 갖다가 거기다가 混同해서 傳貰라는 效果를 버젓이 維持해 내려왔단 말이에요. 그런 것보다 앞으로도 많이 利用되는 그런 것이라고 認定된 以上에는 完全히 傳貰權이라는 한 物權的 完全한 效果를 주는 것이 좋겠다, 이래서 傳貰權이라는 것을 한 特定의 物權으로 立案하게 된 것입니다.

　그 外에 永小作權 같은 것은 오늘날까지 日本法이 있고 外國法에도 많이
作成되어 있습니다마는, 事實上으로 過去에 우리가 우리나라에 可謂 없어요. 그
可謂 뭐 全然히 없다고 해도 可할 만한 그러한 空文이 되고 말았습니다. 그래서
그런 것은 다 빼버리고 그저 우리나라 現實에 適應하고 또 從前에 내려오던 慣
例에 鑑해서 가장 適切하다는 것을 갖다가 編纂 立案하게 된 것입니다. […]

Ⅱ. 康明玉 法制室長의 民法案 說明(民法案公聽會), 民法案審議資料集, 74면 하단 ~ 76면 하단

　○ 法制室長 (康明玉)　　民法草案이 國會에 提案되게 된 經過를 簡略히
說明하겠습니다. 아시다시피 우리나라의 現行民法은 朝鮮民事令에 依해서 利
[依]用된 日本民法입니다. 뿐만 아니라 親族相續法에 있어서는 元來 우리나라
慣習法에 依하여 成文法이 制定되고 있지 않습니다. 그래서 이것은 國家의 體
面으로 보거나 우리 國民의 私生活에 있어서 가장 基本的인 統一的인 規律이
없는 것은 大端히 遺感된 일이어서 이것을 早速히 成文法으로 制定한다는 것은
國家로 보아서 가장 緊急하고도 重大한 事實입니다. 따라서 法典編纂委員會에
서는 早速히 이 法案을 成案하기 爲해서 過去 오랫동안 努力을 해 왔던 것입니다.

　[75면] 그 經過를 말씀드리면 이 草案을 起草하기 始作한 것이 檀紀 4281
年 12月 15日입니다. 그래서 起草를 完了한 것이 4285年 7月 4日입니다. 그래
서 그 동안 所要된 時間이 無慮 4年 7個月 間이고 그동안 會議를 거듭한 것이
審査分科委員會에서 75回에 亘해서 審査를 했고 그 다음 審査總會 回數가 54回
입니다. 그래서 그 동안 이 法案이 起草完了될 때까지 여러 가지 責任委員과 起
草委員들이 애를 썼습니다.

　于先 大法院長 金 大法院長을 비롯해서 各 委員들이 責任을 맡아서 起草를
하게 되었는데 總則 財産編에 있어서는 責任委員으로서 高秉山[國] 氏, 物權에
姜炳[柄]順 氏, 債權에 權承烈 氏, 財産編에 金甲洙 氏, 一般委員에 金用茂 氏,
梁大卿 氏, 趙鎭滿 氏, 張厚永 氏, 玉璿珍 氏, 崔丙柱 氏, 白漢成 氏, 尹吉重 氏,

그 다음에 身分編에 責任委員에 張暻根 氏, 張承斗 氏, 또 一般委員으로서 閔瞳植 氏, 金瓚泳 氏, 高秉國 氏, 崔奎東 氏, 李天祥 氏, 金甲洙 氏, 李根詳 氏, 朴承俊 氏, 安潤出 氏 이와 같이 委員들이 起草를 해 오다가 不幸히도 4283年 6·25事變이 일어나게 되었습니다.

그래서 그 后 그때 人的으로서는 金用茂 氏, 崔丙柱 氏, 姜炳[柄]順 氏, 玉璿珍 氏, 張承斗 氏, 崔奎東 氏, 朴承俊 氏 諸委員이 拉致 當하게 되어서 이 人的으로 큰 損失을 보았을 뿐만 아니라 其 外에 起草要綱 … 그동안 모두 準備했던 起草要綱이며 參考資料가 全部 없어지게 되었습니다. 그래서 釜山에 避難하게 된 后로 亦是 이 事業은 繼續하게 되었습니다마는 여//러 가지 關係로 順調롭게 進行이 못 되었던 것입니다. 그러나 그 동안 法典編纂委員會에서 無限히 애를 쓴 關係로 아까 말씀드린 바와 같이 起草가 完了되어서 政府에 移送하게 된 것이 4286年 9月 30日입니다.

그래서 政府 法制室에서 이 草案을 大略 各 專門家들이 數年 동안 硏究해서 起草된 것이니만큼 그 骨子에 있어서는 大槪 그대로 認定을 한 것입니다. 單只 이 用語의 統一 其他 條文整理 이런 程度로 政府에서는 審査해서 國務會議를 通過한 것이 4287年 9月 30日입니다.

그래서 大統領 閣下의 裁可를 4287年 10月 13日에 얻어서 國會에 보내게 된 것입니다. 이러한 經過에 依해서 이 民法草案이 提出된 것입니다.

이 草案의 特色이라고 할까를 特別히 여기서 말씀드리려고 하는 것은 如何間 이 草案은 條文으로 보아서 1118條, 附則 32條 이와 같은 아주 尨大한 法典입니다.

그리고 大略 이 法案에 있어서는 大陸法 系統의 原理에 立脚하면서 財産編에 있어서는 大體로 現行民法과 거의 그 理念을 같이하면서 우리나라의 憲法理念을 具顯하도록 努力함과 同時에 우리나라 固有의 慣習과 國情 새로운 이 民法理論을 參酌해서 必要한 限度 內에서 條項을 加減하게 된 것입니다.

그 다음에 親族相續編에 있어서는 첫째로 在來의 慣習을 整理해서 成文化함과 同時에 둘째로는 親族相續法에 關한 新舊思想을 어느 程度의 線에서 이것을 調節하느냐에[의] 相當히 困//難한 問題가 있고 또 많이 힘을 쓰고 있는 것입니다.

좀 더 具體的으로 이 草案의 特色을 말씀드리면 于先 總則에 있어서는 慣

習法과 條理의 補充的 效力을 認定하게 해 가지고서 또 信義誠實의 原則과 權
利濫用의 法理를 成文化한 것이 特色입니다.

　　그 다음에 能力 問題에 있어서 未成年者, 禁治産者, 限定治産者 이런 3種으
로서 規定을 하고, 또 法人에 關한 것인데 法人의 設立登記를 法人成立要件으
로 한 것이 從前과 다른 것이며 또 財團法人의 定款變更方法과 其他 目的變更
可能性을 規定하는 同時에 法人의 理事가 法人에 對한 連帶責任을 規定한 것
또는 外國法人에 對해서는 지금 認許制度를 쓰고 있는 것을 法人格을 賦與하는
方向으로 고친 것이 特色의 하나입니다.

　　그 다음에 法律行爲에 있어서도 結局 現在 社會實情에 비추어서 他人의 窮
迫, 輕率 또는 그 無經驗으로 因하여 顯著하게 不公正한 法律行爲를 한 境遇에
는 이것을 無效로 한다는 點과 重大한 錯誤에 基因하는 意思表示를 取消할 수
있는 길을 연 點이 또 特色이라고 볼 수 있습니다.

　　그 다음에 物權編에 있어서는 가장 重要한 特色이 從來에는 所謂 意思主義
와 對抗主義를 採擇했는데 이번에는 獨逸式으로 形式主義를 採擇을 했으며 그
다음에 占有權에 있어서 客觀主義를 採擇을 해서 事實上 占有 支配하는 것을
要件으로 하는 點이 또 特色입니다.

　　그 다음 所有權에 있어서도 이것은 우리나라 [76면] 憲法 제15조의 情神에
비추어서 所有權은 法律의 範圍 內에서 行使케 하고 또 그 限界를 可及的 明白
히 함과 同時에 社會的 그 義務性을 强調하는 點이 한 가지 特色입니다.

　　그 다음에 이 所有權에 基한 物上請求權에 對해서는 이를 明白히 함과 同
時에 여러 가지 그 所有物返還請求權, 除去請求權을 其他 社會實情에 비추어서
認定하게 했습니다.

　　그 다음에 이 永小作權에 對해서는 이것을 削除했습니다.

　　그 다음에 地役權[傳貰權]에 있어서 이것은 우리나라의 特別한 過去부터
내려오는 權利, 社會에 있어 가지고 實質的 權利이기 까닭에 이것을 傳貰權을
用益物[權]의 一件으로서 新設함과 同時에 그 傳貰權者와 傳貰權設定者와 양쪽
을 될 수 있는 대로 保護하도록 이렇게 規定이 되어 있습니다.

　　그 다음에 抵當權에 있어서도 이제 [根]抵當에 關한 規定을 明文으로서 規
定함과 同時에 그 抵當權이 擔保한 債權과 分離해서 讓渡하거나 또는 債權이
[의] 擔保로 하지 못하게 하는 點 等은 한 가지 特色이라고 할 수 있습니다.

그 다음에 債權에 있어서도 債權의 效力에 關해서 可及的 問題된 點을 解決할 수 있도록 規定함과 同時에 이 保證債權[務]에 關한 것은 實質的으로다가 이 債權編成에 비추어서 保證債權에 關한 새로운 여러 가지 規定을 하고 있습니다.

그 다음 契約에 있어서도 消費貸借에 있어서나 使用貸借에 있어서 諾成契約으로 한 點 그런 點이 한 가지 特色입니다. //

그 다음 이 가장 重要하다고 보는 것은 不當한 利得에 關한 規定을 새로 新設한 點과 不法行爲에 對해서 그 範圍를 擴大해서 原來는 權利侵害를 그 用件[要件]으로 하는 것을 이번에는 違法行爲로 範圍를 擴大한 것입니다. […]

Ⅲ. **政府側 民法案提案說明**, [제3대 국회] 第26回 國會定期會議速記錄 제29호, 14면 중단 ~ 16면 상단2)

○ 法務部次官(裵泳鎬) 于先 原案에 대해서 提案說明을 말씀드리겠습니다.

....

民法案 提案 說明

一. 序 言

우리의 生活은 여러 角度로 區分할 수 있을 것이나, 國家團體를 組織하고 또 이를 維持하기 爲한 國家生活과, 種族의 生存 및 繼續을 爲한 社會生活로 大別할 수 있을 것입니다. 官吏가 되고, 租稅를 納付하고, 兵役을 치루고, 訴訟을 提起하고 또는 刑罰을 받는 것 等은 前者에 屬하는 것이고, 夫婦, 親子, 戶主, 家族 等의 共同生活 및 衣食住의 經濟生活關係는 後者에 屬하는 것입니다. 民法은 後者 卽 國民의 身分關係 및 經濟生活關係를 規律하는 基本的 法規입니

---

2) 배영호 법무부차관의 이 제안 설명은 그 후에도 17면 상단까지 이어진다. 그런데 그 全文은 앞의 각주 1에서 본 정광현, 한국가족법연구, 부록 266면부터 270면에 수록되어 있다. 또한 이 이어지는 부분은 친족편·상속편(혹은 합하여 '신분편')에 대한 것이므로, 이『자료집성』에서는 옮기지 않았다.

다. 무릇 人類文化의 進步에 따라서 우리의 社會生活은 其 內容이 漸次로 豊當
하여지고 特히 私有財產制度의 確立과 財貨去來의 膨脹은 個人間의 利害關係가
相衝되는 部面이 擴大되며 이에 因한 紛糾와 混亂의 原因 結果는 國民의 日常
生活과 國家社會의 秩序에 直結되는 것이므로, 이의 모든 紛爭을 解決하고 混
亂을 防止하고 나아가서 國民으로 하여금 日常生活의 安定을 期할 수 있도록
一定한 基本準則의 創設//이 要請됨은 極히 自然스러운 것이고 其 重要性은 贅
言을 不要할 것입니다. 이 準則이 道德, 宗敎, 習俗 等으로부터 「法」으로 止揚
發展된 것은 國家權力이 强大한 後이었으며, 法形式의 準則이라 하여도 이것이
現代的 體制를 갖춘 것은 19世紀 初頭에 된 佛蘭西의 「나포레온 法典」이었습니
다. 其後 이 法典을 模範으로 하고 또는 이에 刺戟을 받아서 各國의 民法典이
完成되었습니다마는, 其中에서도 歐洲 民法典의 雙璧이라고 할 것은 1896年의
獨逸民法입니다. 前者는 18世紀 末葉의 自由思想의 結晶이고 後者는 19世紀의
法律思想의 總決算입니다. 20世紀에 들어와서 1907年에 瑞西民法이 完成되었
고, 其間 日本서도 佛民法을 基礎로 하여 1893年에 所謂 舊民法典을 만들고 同
1898年에는 獨民法系의 現行民法을 完成하였습니다. 우리나라의 法制史上 舊韓
國에 이르기까지 民法典의 編修事業은 없었고(日政下에서는) 우리는 朝鮮民事
令 第1條에 依하여 日本民法의 財産編은 그대로 依用하였고 身分法關係는 原則
的으로 우리 在來의 慣習에 따랐으나, 大體가 우리 民族의 固有한 國情에 副應
치 않는 것이 不少할 뿐 아니라 法律思想의 時代的 變遷에 依하여 不完全한 것
을 不免한 것이었습니다. 解放이 되어 國權을 回復하자 卽時 우리는 우리의 國
政에 맞는 最上의 民法典을 만들자는 念願을 가졌으나, 10餘年이 지난 오늘날
아직도 日本民法을 그대로 쓰고 있고 特히 親族相續의 分野에 있어서 在來의
封建主義的 慣習에 [15면] 依存하고 있는 形便이올시다. 우리가 우리 固有의 民
法典을 制定하는 事業은 主權國家의 體面으로나 또는 民族文化의 宣揚을 爲하
여서나 實로 現下 時急하고도 重大한 國家的 事業이라 아니할 수 없는 것입니
다. 돌이켜 볼 때, 政府는 民法典編纂事業의 重大性을 痛感하고 4281年 政府樹
立 卽時로 法典編纂委員會로 하여금 民法草案의 起草에 着手케 하고 同 委員會
는 이 活大한 事業의 完遂를 爲하야 專力을 다하고 있는 中 不意의 6·25事變
을 當하여 或은 起草委員들이 拉致되고 或은 起草資料가 紛失되는 等 許多한
難關을 겪으면서 4286年 7月 4日에 겨우 起草를 完了하고 翌87年 10月에 國會

에 提出한 것으로서 至今까지 實로 10年이라는 歲月을 所要한 우리나라 法制史
上 劃期的인 事業이올시다. 이제 本 法典이 制定될 最終 段階로서 法制司法委
員會에서 草案의 豫備的 審議를 마치고 今日 드디어 國會 本會議에 上程되게
된 것은 議員 여러분과 더불어 同慶하여 마지않는 바입니다. 이 機會에 本草案
을 起草하신 法典編纂委員 各位와 豫備審議를 擔當하신 議員 여러분에게 深甚
한 感謝를 드리는 바입니다. 議員 여러분! 以上 本 法案의 本質과 制定經緯를
諒察하시와 早速한 時日 內에 審議通過시켜 주시기를 特히 付託드리는 바이올
시다.

　二. 立法方針
　다음에 政府에서 提案한 本民法案이 大體 어//떠한 基本原則에 立脚한 것
이며 또 現行法과 比較하여 어떠한 特色을 가졌느냐에 對하여 말씀드려야 하겠
습니다마는, 只今 仔細한 말씀을 드릴 겨를이 없으므로 極히 概括的 說明을 드
리기로 하겠습니다.
　總體的으로 말씀드리면 本 法案은 우리들의 崇高한 國民思想을 端的으로
表現하고 있는 憲法에 忠實하고 또 悠久한 우리 國民의 醇風美俗을 維持하며
새로운 世界的 法律思潮에 適應시키려고 努力한 것입니다 이것을 財産編과 身
分編에 나누어서 分說하면
　財産編에 있어서
　첫째, 本 法案은 所謂 大陸法系의 體系를 採用하였습니다. 이것은 現代 兩
大 法體系의 一인 所謂 英美法系에 따르지 않았다는 것을 말씀드린[리는] 것입
니다. 解放 後 우리나라는 英美法的 體系를 많이 流入하였으나, 公法面과 달라
서 私法面에 있어서는 急激한 法秩序의 變革이 容易하지 아니할 뿐더러 現行
大陸法系가 아직 우리의 實情에 맞는 것을 認定한 까닭입니다.
　둘째, 極端한 個人主義 思想의 止揚發展입니다. 무릇 法律도 社會的 産物로
서 其 社會의 思想, 經濟, 道德, 其他 制度의 影響을 받는 것이고, 또 法律이 其
社會를 뒷받침하며 存在하는 것은 누구나 다 是認할 것입니다. 近代 社會思想
의 核心은 여러분도 다 아시다시피 自由主義, 個人主義 思想입니다. 이 思想은
個人의 自由, 平等//을 中心으로 하는 만큼, 人類를 封建的 身分社會로부터 解
放하고 새로운 市民社會를 創設하고 經濟的으로는 産業革命과 結付되어 資本主

義制度를 發展시켰던 것입니다. 이것은 人類史上 劃期的 事實이었으나 資本主義經濟社會의 高度의 發達은 少數 資本家에 依하여 莫大한 富가 獨占되고 資本없는 大多數의 國民은 資本家가 經營하는 大企業體에 勞動者로서 其 恣意的 條件으로 雇傭되고 支配當하여 經濟的 弱者로서 悲慘한 生活을 할 現象이 出現되었습니다. 이것이 비록 豫想外의 結果이라고 하나 重大한 社會問題로서 國民으로 하여금 各各「사람다운 生活」을 保障하여야 할 高貴한 人類思想에 비추어 볼 때 其 不合理性은 明白한 것입니다. 따라서 從來 이의 是正을 爲한 努力이 思想的으로, 政策的으로 或은 法律的으로 活潑히 論議되었고, 一便 이것을 憑藉하야 社會革命을 圖謀하는 共産主義가 登場한 것은 우리의 周知의 事實입니다. 그러면 이 個人主義的 乃至 資本主義的 經濟社會를 뒷받침하는 近代私法制度는 어떠하였는가. 이것은 所有權의 絶對性, 契約의 自由, 過失責任主義를 徹底히 具顯한 權利 本位의 制度에 있습니다. 이 法制度의 是正事業은 從來 社會協調 乃至 社會福祉的 見地에서 立法的으로 또는 法解釋으로써 試圖되고, 其 根本內容을 말씀드리면, 從來의 所有權 絶對의 原則을 權利濫用의 思想으로써 制限하고, 契約自由의 原則을 信義誠實의 原則으로 換置하고, 過失責任의 原則을 [16면] 原因責任의 原則으로 補充하려는 것입니다. 우리 憲法은 第18條에 國民經濟秩序에 關한 基本原則을 國民에게 基本生活을 充足하는 社會正義의 實現과 均衡있는 國民經濟의 發展에 두고, 제15조에 財産權의 保障을 明示하고 其 行使는 公共福利에 適合하도록 命하고 있는 것을 생각할 때, 우리의 經濟生活秩序의 根本을 規定하는 本 法案의 基本立場은 前述 世界法律思潮에 立脚하여 個人主義를 止揚發展시키고 公共福利라는 國民의 經濟道義에 適應시킴에 있음은 勿論입니다.

셋째, 本 法案은 現行法制度를 再檢討하여 우리 現實에 符合하도록 修正함과 아울러, 從來 學說上 問題가 되는 點 또는 뚜렷한 慣習 等을 或은 解決하고 或은 成文上 根據를 附與하였습니다. 이것은 法發展의 當然한 處事입니다. […] // […]

三. 內 容 //

다음에 本 法案 重要內容을 略說하면

1. 本 法案 編別은 總則, 物權, 債權, 親族, 相續의 5編으로 되어 있습니다.

2. 總則編에서 民法 全體를 通한 基本原則으로서 제1조에 慣習法과 條理의

補充的 效力을 認定하고 제2조에 信義誠實의 原則과 權利濫用禁止의 宣言을 하고 있습니다.

3. 物權編에 있어서

첫째, 物權變動에 關하여 從來의 意思主義, 對抗主義를 버리고 形式主義를 採用하여 去來의 動的 安全을 期하였고(177, 178, 179~181조)

둘째, 從來 賃借權의 一種으로 取扱되던 傳貰權을 用益物權의 一種으로 新設하여 傳貰權者와 傳貰權設定者의 雙方保護를 期하였고(290~309[조])

셋째, 根抵當에 關하여 成文法的 根據를 주었고(草 348[조])

넷째, 從來 實效 없던 永小作權, 先取特權, 不動産質權, 滌除 各 制度를 廢止하였습니다.

4. 債權編에 있어서

첫째, 消費貸借, 使用貸借에 있어서 從來의 用[要]物契約을 諾成契約으로 하고(587, 598[조])

둘째, 賃貸借에 있어서 關係人의 利益調節을 爲하여 留意하였고

셋째, 不法行爲原因을 「權利侵害」로부터 「違法」으로 範圍를 擴大하여 過失主義를 止揚하고 現實問題 解決에 適應시켰습니다. […] [17면] […]

....

以上 本 法案 提案說明을 마치겠습니다.

Ⅳ. 法制司法委員會 民法案審議小委員會, 民法案審査報告(1957년 10월 11일자), 民法案審議錄, 下卷, 232면 상단 ~ 235면 하단, 238면 상단 ~ 하단

1. 民法案審議小委員會(委員長 張暻根)의 民法案 審査報告

民法案 審査 報告의 件

一.

現行 民法은 日帝時 朝鮮民事令에 依하여 日本民法 中 財産編 卽 제1편 總則, 제2편 物權, 제3편 債權이 依用되고 身分法 卽 親族, 相續에 關하여는 習俗

이 判異한 것을 無視할 수 없어 原則的으로 慣習法에 依據하도록 하였던바 其後 漸次 日本民法 中 婚姻年齡, 裁判上의 離婚, 認知, 裁//判上의 離緣, 後見, 保佐人, 親族會, 相續의 承認 및 財産의 分離 等에 關한 規定과 乃終에는 氏制度에 關한 規定까지를 依用하도록하였던 것입니다.

民法은 六法 中에서도 가장 厖大한 法典인 關係로 4281年 9月 15日字 職制公布로 發足한 法典編纂委員會에서 우리 民法案을 起草하기 爲하여 오랜 歲月을 盡力하였으나 6·25事變 其他 關係로 4287年 10月 26日에 이르러서야 政府案으로서 國會에 提出되게[기에] 이르렀던 것입니다.[3]

이렇게 提案된 民法案의 民議院에서의 審議經過 中 重要한 것을 年代順으로 말씀드리면

4287年 10月 26日	政府案으로서 國會에 提案
同年 10月 28日	法制司法委員會에 廻付
同年 11月 6日	民法案審議小委員會를 構成(張暻根 議員(委員長) 金聲浩 議員, 申泰權 議員, 李泰俊 專門委員, 劉敏相 專門委員, 4288年 3月부터 6個月 間은 小委員으로 尹亨南 委員이 專門委員으로 張庚鶴 囑託이 各 就任하였었다)
4288年 8月 5日 ~ 18日	제1차 合宿審議 (海雲臺國際호텔)
4289年 8月 19日 ~ 9月 5日	제2차 合宿審議 (海雲臺鐵道호텔)
4290年 4月 6, 7日	公聽會 開催
同年 5月 3日	제24회 臨時會議 會期 滿了로 廢案(民法案審議小委員會 構成 後 廢案까지의 사이에 會議回數 52回이며 財産編의 逐條審議와 親族編, 相續編의 審議要綱 作成 完了)
同年 7月 2日	民法案審議小委員會 再構成(張暻根議員(委員長) 金聲浩 議員, 申泰權 議員, 李泰俊 專門委員, 劉敏相 專門委員)

---

[3] 이와 관련하여 장경근은 뒤의 Ⅳ.에서 보는 국회 본회의에서의 민법안 심사보고에서는 "… 法典編纂委員會는 檀紀 4281年 12月 15日에 私法關係에 關한 基本法이 될 民法典의 起草에 着手하여 檀紀 4285年 7月 4日 一旦 그 起草를 完了하였는 바 그 間 4年 7個月이라는 時日을 要하였으며 …"(6면 상단)라고 덧붙이고 있다

同年 8月 15日~9月 2日	제3차 合宿審議(서울特別市 敦岩洞 465 劉 敏相 專門委員 宅)
同年 9月 11日	法制司法委員會 本會議에서 民法案審議小委員會가 決定한 民法案修正案 第一編 乃至 第五編을 無修正 通過
[233면] 同年 9月 12日	本會議에 廻付

이 동안 小委員會는 이 審査를 爲하여 合計 65回의 會議를 가졌습니다.

二.

法制司法委員會와 同 民法案審議小委員會에서의 民法案 豫備審査의 經過에 있어서 몇 가지 重要한 點을 말씀드리면

첫째로 政府 提出의 民法案에 提案理由書와 起草에 關한 會議錄이 全然 없었기 때문에 우리 民議院에서의 審査에 커다란 困難과 時間의 消費가 많았다는 것입니다. 勿論 6·25事變으로 避難 中에 있음에도 不拘하고 起草에 當하였던 起草委員들이 孜孜勤勉하여 起草 完成에 心血을 傾注한 데에 對하여 敬意를 禁하지 못하는 바입니다마는 國會에서의 審議에는 各 條文의 起草理由와 이에 參考된 外國 立法例, 判例, 學說 等을 全然히 알 수 없었기 때문에 豫備審査에 二重的으로 勞力을 傾注하지 않을 수 없는 不可避한 事情에 놓였었습니다.

둘째로 民法案을 確定하여 國會에 提出하기 前에 第1草案, 第2草案 等 學界와 民間에 그 試案을 公表하여 批判을 받지 않았던 點입니다. 外國에 있어서의 大法典 編纂의 例를 보면 거의 例外없이 第1草案, 第2草案 等 數次에 亘한 試案을 學界와 民間에 公表하여 各 方面의 批判을 反映시켜 最終 確定的인 法案을 國會에 내놓음으로써 大法典 起草의 萬全을 期하는 것인바 法典編纂委員會에서는 上記한 바와 같이 6·25事變 其他 困難한 事情으로 말미암아 이러한 節次를 省略하지 않을 수 없었고 따라서 政府에서 民法案을 民議院에 提出함으로써 비로소 그 內容이 一般에게 알려지게 된 것입니다. 따라서 民法과 같은 大法典을 立法함에 있어서 法制司法委員會로서는 이와 같은 起草節次上에 있어서의 缺陷을 審議過程에 있어서라도 조금이라도 이를 補完하기 위하여 民法案을 學界, 言論界, 教育界 其他 社會 各 方面에 印刷配布하여 이에 對한 各 方面의

立法意見을 要請하는 同時에4) 審議經過에 있어서 提出된 各界의 立法意見을
一一히 參酌하며 4290年 4月 6, 7日 兩日에는 公聽會를 國會議事堂에서 開催하
여 各界의 忌憚 없는 立法意見을 民議院議員 參席 下에 最終的으로 聽取하였
던 것입니다.

　　審議方針으로서는 //

　　첫째로 民法案 各 條文을 逐次的으로 빠짐없이 起草理由를 檢討하는 同時
에 獨逸民法(西紀 1899年 公布 西紀 1900年 1月 1日 施行), 瑞西民法(西紀 1907年 公布,
西紀 1912年 施行), 瑞西債務法(西紀 1881年 施行, 西紀 1911年 및 1937年 大改正), 佛蘭西
民法(西紀 1804年 公布), 英美法(慣習이므로 主로 Edward Jenks a Digest of English civil
Law, 3rd. ed. 1938 — 法務部 發行, 法務資料 제16, 24, 26집 『英國民法彙纂』을 參考), 中華
民國民法(西紀 1929, 1930年 公布, 西紀 1929~1931年 施行), 舊滿洲國民法(西紀 1937年 6
月 公布) 等을 爲始한 外國의 立法例와 判例, 學說을 參酌하는 同時에 現行法과
우리나라에 있어서의 現代의 社會政勢와의 符合性 等을 考察하여 審議를 한 것
입니다.

---

4) 민법안심의록, 1면 하단부터 2면 상단에 의하면, "그러나 遺憾하게도 이 要請에 對한 反應
　　은 別로 없었으며 다만 各 大學敎授로 構成된 民事//法硏究會, 大韓辯護士會, 女性問題硏
　　究院, 儒道會 等으로부터 意見書가 提出되었으나 그것도 小委員會가 民法案의 審議를 거
　　이[거의] 完了할 무렵의 일이었다."
　　　여기서 구체적으로 언급된 단체들 중 앞의 3개 단체의 의견서는 각기 『민법안심의자료
　　집』, 32면부터 38면, 39면부터 43면 상단, 43면 상단부터 49면 하단까지에 수록되어 있다
　　(다만 「여성문제연구원」이 아니라 「전국여성단체연합회」 명의인데, 동 49면 하단에 의하
　　면, 이 연합회는 여성문제연구원 외에도 대한부인회, 대한여자청년단, 대한여자국민당, 대
　　한조산원회, 國防婦女會 및 愛隣宣敎團의 도합 7개 단체로 구성되어 있다). 그리고 "여성
　　문제연구원 張和順 선생"이 민법안공청회에서 친족편·상속편을 다룬 그 제2일(1957년 4
　　월 7일)에 "공청사항 제11 양자제도의 개혁, 특히 養嗣子제도와 병행하여 異姓養子·婿養
　　子제도의 채택에 대하여" 발언하고 있다(자료집, 109면 하단 ~ 111면 중단).
　　　한편 「儒道會」와 관련하여서는 위의 민법안공청회에서 "유도회의 崔燦翊 선생"이 "要綱
　　제12항", 즉 "同姓同本者 간의 婚姻禁止規定의 不設置에 관하여" 발언하고 있다(위 자료
　　집, 108면 상단 ~ 109면 하단). 여기서 「요강」이란 민법안심의소위원회가 심의·결정하
　　여 1956년 9월 5일에 "요강 작성 완료"(민법안심의록, 하권, 1면 상단 참조)하였다는 「親族
　　編의 심의요강」 제12항(심의록, 7면 상단에 의하면, "同姓不婚(同姓不娶)의 관습법은 폐하
　　고 친족 또는 친족이었던 자 간의 혼인만을 금지할 것. 단 배우자이었던 자는 그러하지 아
　　니하다")을 가리키는 것으로 여겨진다.
　　　이상 중에서 민사법연구회 및 대한변호사회의 각 『의견서』는 이 『자료집성』에 반영되었
　　다. 그러나 '여성문제연구원'과 유도회의 그것은 친족편·상속편에 대한 것이어서 제외하
　　였다.

둘째로 法典의 審議는 法典의 起草와는 달라서 起草된 草案을 一應 是認하고 이를 基本으로 하여 特히 修正하여야 되겠다는 點에 限하여 손을 대는 것이 妥當한 것이며 換言하면 "내가 起草者이라면 이렇게 起草하였으리라"하는 생각에 좇아 審議를 하자면 起草의 거의 全條文에 걸쳐 修正하지 아니할 수 없게 이를 것이므로 이것은 大法典의 審議者의 立場으로 妥當한 態度가 아닐 뿐 아니라 또 거의 不可能한 일입니다. 그러므로 民法案審議小委員會에서는 特히 修正하여야 할 積極的 理由가 있는 點에 限하여 修正하고 이럴 수도 있고 저럴 수도 있는 點에 關하여는 原案에 따라가는 態度를 取한 것이고 法制司法委員會를[로]서도 이를 全的으로 是認한 것입니다.

셋째로는 上記한 바와 같이 民法案 各 條文의 順序에 따라 審議時에 資料로 參酌한 現行法, 外國 立法例, 判例, 學說 등과 審議結論에 이르기까지의 民法案審議小委員會 各 委員의 個別的 發言 要旨 또는 綜合的 意見을 收錄하여 審議錄으로 編纂印刷함으로써 審議 諸位의 審議資料로서 提供하는 同時에 學界 其他 各 方面과 後世의 參考文獻으로 남기고자 하는 바입니다. 國內 立法意見은 印刷의 事情에 依하여 別途로 印刷配布할 豫定입니다.5)

三.

前述한 바와 같이 現行 民法은 身分法 卽 親族相續法의 大部分이 우리 慣習法에 依據하는 外에는 日本民法을 依用하여 今日에 이르렀는바 日本民法 財産編은 獨逸民法 第1草案(西紀 1888年)을 母法으로 한 것이며 獨[234면]逸民法 第1草案은 羅馬法을 繼受한 것입니다. 獨逸民法 第1草案에 對하여는 Otto Gierke로부터 게루만法的 見地에서 反對批判이 있었고 Anton Menger로부터 社會主義的見地에서 그 經濟自由主義的 規定을 痛擊한 바 있었으므로 이러한 批判을 反映시켜 第2草案 等을 거쳐서 獨逸民法이 西紀 1896年에 公布 1900年 1月 1日부터 施行된 것입니다.

이와 같이 現行 民法 財産編은 이미 60餘年 前에 制定된 것으로서 現時代에 適合하지 않게 된 點이 많을 뿐더러 日本의 制度와 習俗이 介在된 點이 不少하므로 韓國의 國情과 現今의 社會制度에 符合하는 우리의 民法을 迅速히 制定할 必要가 생겼고 特히 大韓民國憲法의 民主主義, 男女平等主義 等의 採擇에

---

5) 이것이 바로 민법안심의소위원회에서 펴낸 『민법안심의자료집』이라고 여겨진다.

隨伴하여 이에 竝行하는 法體系의 一環으로서 우리 民法典의 制定이 緊急히 要請되는 것입니다. 또 現行民法 制定 後 獨逸民法, 瑞西民法, 瑞西債務法, 中華民國民法 등 世界 各國에있어서의 時勢의 變遷에 따르는 民法典 編纂의 進步가 있었으므로 우리 새 民法이 이를 參酌할 必要가 또한 緊切한 것입니다.

四.

다음에 民法案 豫備審査 結果는 民法案 修正案대로입니다마는 그 骨子를 말씀드리겠습니다.

첫째로 財産編에 關하여 말씀드리면

제1편 總則 中

① 民法 全體를 通한 原則으로서

(1) 民事에 關하여 法律에 規定이없는 境遇에는 慣習法에 依하고 慣習法이없으면 條理에 依하도록 明文의 規定을 設한것(제1조)

(2) 權利의 行使와 義務의 履行에 있어서의 信義誠實의 原則과 權利濫用禁止의 法理를 成文化한것(제2조)

② 行爲能力

(1) 妻의 無能力에 關한 從來의 規定을 一掃한것

(2) 限定治産(準禁治産)宣告의 要件을 加重하는 同時에 未成年者에 準하여 保佐人制度代身에 後見人制度를 採用한것(제8, 9조)

③ 失踪 //

數人이 同一한 危難으로 死亡한 境遇에 同時死亡推定의 規定을 設함으로써이에 關한 規定이없는 現行法下에서 事實上利益을 占한者가 保護되는 不當한 結果를 除去한것(제29조)

④ 法人

(1) 法人의 設立登記를 對抗要件(現行民法제45조)으로하지않고 成立要件으로한것(제32조)

(2) 財團法人의 定款(寄附行爲)變更方法과 目的其他(理事任免에 關한定款規定等)의 變更을 可能케한것(제42조, 제43조)

(3) 外國法人의 認許制度(現行法제36조)를 廢止하여 法人格賦與方法을 一元化한同時에 外國法人의 慈善, 文化, 厚生等을 目的으로하는 法人의 活

動을可能케한것

⑤ 法律行爲

   (1) 當事者의窮迫, 輕率또는無經驗으로因하여顯著하게公正을失한法律行爲의無效를成文化한것(제99조)

   (2) 錯誤로因한意思表示를無效(現行法제95조)로하지않고取消할수있는것으로한것(제104조)

⑥ 取得時效에關한規定을物權編에옮긴것(제235조以下)

제2편 物權 中

① 物權變動에關하여從來의意思主義(現行法제176조)對抗要件主義(現行法제177조, 제178조)를버리고形式主義를採擇하여不動産에있어서서는登記를(제177조)動産에있어서는引渡(제179조)를그效力發生要件으로함으로써法律關係의錯雜을止揚하는同時에去來의安全을期한것

② 物上請求權을成文化한것(제201조, 제202조)

③ 從來의永小作權制度(現行法제270조以下)를廢止한것

④ 傳貰權을物權으로서新設하여(제290조以下)登記를하면傳貰不動産의所有者가變更되더라도新所有者에對하여傳貰權의效力을미치게하고傳貰金返還請求權에關하여傳貰不動産競賣請求權을傳貰權者에게賦與함으로써當事者의保護를期한것

⑤ 先取特權制度(現行法제306조以下)를廢止함으로써一般債權者에[235면]對한不測의損失을미치는弊害를防止하는同時에特種債權의優先辨濟權을特히認定할必要가있는個別的境遇에法定質權(제638조, 제640조等)法定抵當權(제639조等)을認定한것

⑥ 不動産에對한質權制度(現行法제325조以下)를廢止한것

⑦ 根抵當制度를成文化한것(제346조)

⑧ 抵當權에關한滌除制度(現行法제378조以下)를廢止함으로써抵當權者의保護를期한것(價値權의保護)

제3편 債權 中

① 總則

   (1) 履行補助者의故意, 過失을債務者本人의故意, 過失로본것(제382조)

(2) 履行遲滯中의 損害에 對한 債務者의 無過失賠償責任을 成文化한것(제 383조)

(3) 將來의 債務에 對한 保證制度를 成文化한것(제419조제2항)

(4) 債務引受에 關한 規定을 新設한것(제444조乃至제450조)

(5) 指示債權(제499조乃至제513조)및 無記名債權(제514조乃至제516조)에 關한 規定을 新設한것

② 契約

(1) 消費貸借, 使用貸借, 任置(寄託)가 從來에 要物契約으로되어있던것을 (現行法제587조, 제593[조], 제657조)諾成契約으로한것(제587조, 제 598조, 제685조)

(2) 賃借人의 登記請求權을 認定하는等(제610조)그 地位保護를 期한것

(3) 和解와 錯誤와의 關係에 關한 規定을 新說한것(제726조)

③ 不法行爲

(1) 不法行爲를「權利侵害」(現行法제709조)로부터「違法行爲」로 範圍를 擴大 함으로써 違法行爲로 他人에게 損害를 加한 境遇即「利益侵害」의 境遇全 般에 亘하여 不法行爲를 認定한것(제743조)

(2) 財産以外의 損害에 對한 賠償方法으로서 法院은 定期金債務로 支給을 命 할수있도록한것(제744조) //

(3) 賠償義務者의 賠償額減輕請求制度를 新說한것(제759조)입니다.

둘째로 身分編에 관하여 말씀드리면,

元來 法은 하나의 社會規範인 까닭에 法의 基礎를 社會의 道德, 風俗, 慣 習, 文化 等에 두지 아니하면 아니되는 것입니다. 法 中에서도 特히 親族相續法 은 그 民族의 傳統的 倫理觀에서 오는 固有의 風俗·文化·慣習 等과 그 社會 의 現實的 經濟生活로부터 너무 遊離되면 法의 施行力이 無力化하여지는 것입 니다. 그러나 法은 一方 當爲를 意味하는 것이므로 現實에만 基礎를 둘 것이 아 니라 어느 程度 一步 社會에 앞서야 할 것입니다.

돌이켜 우리 現行 親族相續慣習法을 볼 때에 封建社會的 儒敎倫理思想이 尙今 너무 強大하기 때문에 現實的 共同生活보다 廣範圍한「家」를 中心으로 하 는 東洋 特有의「家族制度」를 保有하고 있어서 一面 先祖崇拜라는 儒敎의 禮敎 思想에 忠實한 點에 있어서 古來의 醇風美俗을 維持하고 있읍니다마는 封鎖的

家內經濟時代 封建時代로부터 지금 資本主義 分業時代로의 移行에 따라 親族共
同生活體가 生産 또는 官職의 主體인 大團體로부터 消費의 主體인 小團體에,
또 民主主義 發展과 同時에 個人의 隸屬으로부터 個人의 覺醒에 變遷한 現實에
뒤떨어진 事實을 否定할 수 없으며 따라서 家族制度的 統制와 制肘는 個人의
伸長에 對한 支障이 되는 因襲으로 化한 것도 否定할 수 없는 事實이 된 것입
니다.

　　따라서 우리의 親族法 相續法 審議에 있어서도 現行 親族相續慣習法 中 古
來의 醇風美俗은 弊風이 되지 않는 限度內에서 維持助長하고 時勢에 이미 맞지
않는 因襲은 揚棄함으로써 世界의 進運에 뒤떨어지지 않으며 民族의 發展과 國
運의 隆盛을 期하는 一便 現今의 個人主義, 自由主義, 民主主義의 理念에도 適
應하도록 努力한 것입니다.

　　上述한 바와 같이 舊來에 慣習 傳統과 革新을 調和토록 審議한 結果의 骨
子는 다음과 같습니다. 保守的인 見解를 가진 側과 革新的인 見解를 가진 側에
서 모두 折衷的인 이 審議結果에 대해서 不滿을 表示하고 反對가 있을 줄 믿습
니다마는 法制司法委員會와 同 民法案審議小委員會는 우리 親族共同生活의 實
態와 各界의 輿論을 愼重 檢討한 結果 아래와 같은 結論을 妥當한 立法이라고
생각한 바입니다. […]6)

　　[238면] […] 마지막으로 本 民法案 全體를 通하여 本 審議小委員會에서 審
査한 結果 修正, 新設, 削除 等 條文數는 如左합니다.

　　1. 草案 條文數　　　　　　　　1,150
　　2. 原案可決 條文數　　　　　　840
　　3. 修正可決 條文數　　　　　　269
　　4. 削除 條文數　　　　　　　　38
　　5. 新設 條文數　　　　　　　　18
　　6. 採擇 條文數　　　　　　　　1,130

　　以上과 같이 小委員會 審査 結果로 報告합니다.

檀紀 4290년 10월 14일

---

6) 이어 238면 상단까지 친족편 · 상속편의 개별 제도 또는 조항에 대한 심사보고가 이어진다.
　　이 『자료집성』에서 이 부분은 생략한다.

民法案審議小委員會
　　委員長　　　張暻根
　　委　員　　　金聲浩
　　委　員　　　申泰權
　　專門委員　　李泰俊
　　專門委員　　劉敏相

　　2. 法制司法委員長(朴世俓)은 民議院 議長(李起鵬)에게 보내는 1957년 10월 15일자의 「民法案審議報告書」를 앞의 1.에서 본 民法案審議小委員會의 그 전날(1957년 10월 14일)자의 審査報告를 提出하는 것으로 갈음하고 있다.7)

Ⅴ. 民法案 審査報告, [제3회 국회] 第26回 國會定期會議速記錄 제29호, 1면 하단 ~ 2면 하단

　　○ 副議長(李在鶴)　　　다음에 議事日程 제3항 민법안을 상정합니다. 이 민법은 우리 국회에서 가장 重大한 특히 이 제3대 국회로서 가장 중대한 법안의 하납니다. 이것을 하기 위해서는 관계 위원회 또 기타 여러 기관에서 數年을 두고 노력해 온 결과가 오늘 이 본회의에 나타났습니다. 그러기 때문에 이것을 審議하는 데는 가장 우리들이 愼重한 態度로 심의하지 않으면 안 될 것입니다. … 그러면 법제사법위원장 나오셔서 심사결과를 해 주시기 바랍니다.
　　[2면] ―(民法案 제1독회)―
　　○ 法制司法委員長(朴世俓)　　　민법전이 우리 손으로 제정되어야 한다는 것은 8·15해방 이후의 민족적 과업의 하나일 것입니다.
　　주지하는 바와 같이 현행민법 재산편은 구일본민법을 의용하고 있고 친족, 상속편은 일부 일본민법 의용을 제외하고 이조 이래의 구관습을 그대로 적용하고 있었던 것입니다.
　　구민법은 … 일본민법은 19세기 후반기의 독일민법 제1초안을 본딴 것으로

---

7) 민법안심의록, 하권, 232면 상단.

20세기 후반기인 오늘에는 시대적인 거리가 현저하고 특히 친족, 상속에 관한 관습법은 이미 구시대의 유물인 것으로 그 대부분의 내용이 우리 헌법정신과 모순되므로 친족, 상속법의 제정을 시급히 필요했던 것입니다.

　이러한 목적을 달성하기 위하여 정부는 단기 4281년 9월 15일 法典編纂委員會職制를 공포시행하고 대법원에 법전편찬위원회를 설치하여 그 위원장에 현 대법원장이신 金炳魯 대법원장과 그 부위원장에는 우리 국회의 李仁 위원이 취임하여 꾸준히 민법안 기초에 노력하여 왔던 것입니다. […]8) //

　이러한 심의내용의 중요부분은 소위원회의 심//의록에 기재되었는바 그 심의록의 원고가 재산편에 있어서는 3천2백여 매 친족상속편에 있어서는 1천5백여 매에 달하였다는 사실만으로도 이 법안의 심사가 얼마나 철저하였고 힘이 들었는가를 가히 추측할 수 있습니다.

　전술한 바와 같이 민법의 제정은 우리 국가의 위신을 위하여 또 그 유물인 관습법의 헌법과의 관계상 이상 더 적용될 수 없다는 법률적 사정에 鑑하여 시급을 요하는 것으로 생각이 되는 것입니다. 불행하게도 민법안 원고는 구체적인 제안 이유 설명이 없어서 그 심의에 막대한 지장이 있었는바 이러한 제안이유, 그에 대한 외국입법례, 학설, 수정사항 그 수정이유 등은 따로 배부해 드린 심의록9)에 상세히 기재되어 가지고 있습니다.

　세간에서 [제]3대 국회의 의사 처리 능률에 관하여 간혹 비난이 있는 이때에 이 민법안의 통과만은 3대 국회의 최대 공적이 될 것이라고 생각할 뿐 아니라 그것은 긴 대한민국 법제사에 찬란한 기록을 남기게 될 것으로 생각하는 것입니다. […]

---

8) 앞의 I. 내지 III.에서 수록된 바에 좇아 법전편찬위원회의 민법안 기초, 국회에의 민법안 제출 및 국회 법제사법위원회에서 민법안심의소위원회를 통한 민법안 심의 등의 외적인 경과를 설명하고 있다.

9) 이 법제사법위원회 위원장의 발언에 바로 이어 발언을 신청한 蘇宣奎 의원은 "그런데 실상은 저 역시도 그 심의록을 여태까지 손에 넣지 못하고 있어요"라고 말하고 있다(3면 상단).

Ⅵ. 法制司法委員長 代理 張暻根 議員의 民法案 審議 관련 발언

1. 民法案 審議 結果報告, [제3회 국회] 第26回 國會定期會議速記錄 제29
   호, 5면 하단 ~ 6면 상단

   ○ 法制司法委員長 代理 (張暻根)   民法案審議를 實際로 擔任한 民法案
審議小委員會의 委員長으로서 民法案審議結果를 報告드리겠습니다.

   解放 後에 12年, 4281年 法典編纂委員會가 發足이 되어서 民法案立法事業
에 着手한 지가 10年, 또 우리 國會에 政府案으로서 民法案이 提案된 지가 3年,
實際로 民法案審議小委員會에서 豫備審査에 所要된 期間이 2年 半입니다. 이만
한 長期間을 걸쳐서 우리 大韓民國樹立 後에 가장 尨大하고 緻密한 民法案이
이번 本會議의 審議에 上程케 된 것은 感慨無量한 바가 있습니다. [6면]

   지금부터 말씀드리는 審査報告는 이런 尨大한 것을 各 逐條的으로 詳細히
말씀드릴 수는 到底히 時間上 困難합니다. 그렇기 때문에 詳細한 것은 나중에
民法案審議錄 上卷, 下卷에 昭詳히 적혀 있고 또 나중에 2讀會에 있어서 逐條
로 審議할 때에 各 條文別로 말씀드릴 幾會가 있으리라고 생각합니다.

   다못 지금 말씀드리는 것은 여기에 通한 精神과 重要한 骨子를 여기서 말
씀드릴까 합니다.10)

2. 民法案公聽會에서의 民法案小委員會 審議經過 關聯 發言, 民法案審議資
   料集, 76면 하단 ~ 80면 상단

   ○ 民法[案]審議小委員會 委員長 (張暻根)
   民法審議에 있어서 豫備審査의 責任을 맡은 民法審議小委員會의 委員長인
張暻根이올시다.

   오늘 이 公聽會는 이제 今後에 最終的 段階에 들어가는 民法審議에 있어서
參考로 할 學界나 社會 各方面의 여러분들의 高見을 듣고자 하는 것이 主目的

---

10) 이하 張暻根 議員의 보고는 앞의 Ⅲ.에서 본 민법안심의소위원회의 『民法案 審査報告』를
   그대로 따르고 있다. 이 『자료집성』에서는 기본적으로 생략하되, 국회 본회의에서의 발언
   에서 추가된 것 기타는 여기 Ⅴ.에서 각주에서 덧붙이기로 한다.

이올시다. 따라서 그 동안에 審議한 것 이러한 것에 對해서는 詳細히 들어간다고 할 것 같으면 時間이 많이 걸릴 것이므로 될 수 있는 대로 여러분께서 좋은 意見을 이 民法小委員會나 法制司法委員會 委員 또 우리 國會議員, 最終的으로 決定하는 全 民議院 議員 이러한 분들의 意見을 많이 듣는 機會[77면]를 얻고자 하는 것이 主目的이기 때문에 簡單히 그 동안의 審議經過만 報告해 드리겠습니다.

4287年 10月 26日에 政府로부터 結局에 民法案이 提案되었습니다. 그 前에 法典編纂委員會에서 이것을 만들어 가지고 政府의 案으로서 나온 經路에 對해서는 지금 法制室長께서 말씀했으니까 여기에서는 다시 말씀 거듭 안 하겠습니다. 그런데 한 가지 처음에 國會에서 받아 가지고 困難하였던 것은 이 條文만 나오고 여기에 對해서는 提案理由書, 이 條文을 어떻게 해서 만들고 어째서 지금 現行條文과 다르게 만들었는가 하는 데 對해서는 何等의 提案理由書가 없었고 또 審議錄 같은 것이 法典編纂委員會의 審議錄 같은 것이 없었습니다. 어느 나라에서나 이러한 歷史的인 大法典을 審議, 起草할 때에는 그 起草하는 法典編纂委員會에서 詳細한 審議錄을 公布하고 또 이것을 國會에 낼 적에는 各 條文마다 새로운 提案理由書를 내는 것입니다.

勿論 여기에 對해서는 또 法典編纂委員會에서 6·25事變 當時에 이것을 만들은 것입니다. 釜山에 내려가서 法典編纂委員會의 委員長이신 大法院長 金炳魯 氏 以下 여러분의 委員들이 避難生活을 하면서 만들었기 때문에 모든 時間과 여러 가지 制約에 끌려서 이 審議錄도 못 만드시고 民法案提案理由書도 못 만든 그 事情을 잘 압니다마는, 이 國會側으로서는 大法典을 責任 있는 審議를 한다는 立場에 있어서는 大端히 立場이 困難했습니다. 그래서 이 民法 … 이러한 大法典을 逐條로 審議하려//고 하면 到底히 法制司法委員會의 全體會議에서 꼭 할 수는 없습니다. 詳細한 法理的 檢討를 거치려고 하면 小人數의 專門家로서 小委員會를 만들 수밖에는 없다고 해서 民法審議小委員會를 만들어서 저희들이 뽑혔는데 最初에는 저하고 그 다음에 尹亨南 委員하고 金聲浩 委員하고 뽑혔습니다.

그러나 昨年 2月달의 法制司法委員會의 所屬委員會의 變更에 따라서 尹亨南 委員이 다른 委員會로 가셨기 때문에 그 代身 申泰權 委員이 代置가 되었습니다. 그래서 지금 내려왔고 거기에다가 專門委員으로는 李泰俊 委員, 劉敏相

委員이 여기에서 助力을 해 줍니다. 그런데 그 前에 張庚鶴 延禧大學 教授가 囑託으로서 專門委員의 任務를 맡아 주셨는데 外遊했기 때문에 그 분은 여기와는 關係를 끊게 되었습니다. 大略 이러한 民法審議小委員會에서 이것을 맡아서 始作을 했는데 여기에 對해서 大法典이라고 할 것 같으면 첫째로 逐條로 審議할 뿐만 아니라 各 條文마다 外國의 立法例를 比較法學的으로 이것을 檢討해야 된다, 여기에 對해서는 外國의 立法例는 先進國家의 立法例는 어떻게 되었느냐, 또 先進國家와 우리 大韓民國과의 社會實情이 어떻게 되었느냐, 또 社會實情이 꼭 같아서 그대로 가져올 條文도 있고 社會實情이 맞지 않아서 좀 修正을 해야 할 條文도 있고 또 그냥 參酌할 수 있는 여러 가지를 이제 檢討해야 된다고 해서 이것을 外國立法例에 大體로 여섯 가지 立法例를 參酌하기로 되었습니다.

여러분[도] 아시다시피 우리 民法이라고 하는 것//은 即 日本民法이 그대로 應用[依用]되어 있습니다. 日本民法은 그러면 어떻게 된 것인가? 이것은 여러분도 아시다시피 1888年에 公表된 獨逸民法의 母體가 되는 第1草案 「에루스테 엔트브르프[Erster Entwurf]」 第1草案을 본보기로 해서 그것을 母法으로 해서 日本民法이 생겼습니다. 第1編 乃至 第3編 財産編은 主로 그것이 되었습니다. 그러나 獨逸民法은 그 後에 2次 草案, 3次 草案을 거쳐 가지고 그 第1次 草案이 公表된 後 14年 後인 1896年에 民法典이 公布되었습니다. 公布되어 가지고 4年 後인 1900年 1月 1日부터 所謂 獨逸民法大系[?]라고 하는 것이 實施되었는데 그 第1草案, 第3草案이 相當히 나중에 變更되었습니다. 여러분 學界에 계시는 분은 다 아시리라고 생각합니다마는, 그것은 그 後에 「옷토 기루케[Otto Gierke]」라는 사람의 辛辣한 批判이 있었고 第1草案에 對해서 … 그 다음에 「안톤 멩가—[Anton Menger]」라는 獨逸 民法學者가 社會主義的 立場에 있어서 이 契約自由에 對해서 制限을 해야 된다, 이런 것으로 해서 社會主義的 立場을 加味해야 된다는 그러한 批判이 되어 가지고 結局 獨逸民法典은 日本民法이 본보기로 한 第1草案과는 相當히 進步된 그러한 民法이 되었습니다.

그러니까 正確히 말하면 지금 이 民法이라고 하는 것은 日本民法이라고 하는 것이 獨逸民法典이 母法이라는 것보다도 獨逸民法典의 前身인 母體가 되는 第1草案이 母體라고 해도 過言이 아닙니다. 그 後에 여러 가지로 瑞西民法이라든지 各國에 民法에 새로운 法典이 많이 났습니다.

[78면] 그러기 때문에 이번에 이것을 할 적에는 最小限度로, 여러 나라의

法典을 많이 參酌하고 싶었습니다마는 最小限度로, 現行法과의 差異와 그 結果 어떻게 된다, 새 民法을 發表하면 어떠한 結果가 생기고 利害得失이 어떤가, 現行法과의 對照에 첫째로 重點을 둔 外에 外國立法例로서는 이제 獨逸民法을 參酌하게 되었습니다. 參酌하기로 하고, 둘째로는 所謂 「나포레온[Napoléon]」民法典이라는 佛蘭西民法을 參酌했습니다. 셋째로는 佛蘭西民法 다음에 瑞西民法, 獨逸民法, 그 다음에 英美法의 所謂 「코몬・러우[common law]」慣習法, 그 다음에 中華民國民法, 滿洲民法. 이것이 東洋 것이기 때문에 많이 參酌되었습니다. 그런 것을 參酌해서 大槪 그러한 여섯 가지 民法에 對해서는 한 條文마다 나갈 때마다 하나式[씩] 번짐[빠짐?]이 없이 檢討를 하고 對照를 해 보았습니다. 그 外에 必要할 때에는 딴 나라 民法도 參酌을 했습니다마는 그것은 必要할 때만 하고 이제 그 여섯까지 일일이 參照를 하고 對照를 해 보았다고 하고 하는 것을 말씀드립니다. 그리고 원래 大法典을 立法하는 過程을 보면 外國에서는 法典編纂委員會에서 法案으로 만들 때까지 이제 獨逸民法에서도 說明을 했습니다마는 法典編纂委員會에서 完成案을 만들기 前에 草案을 第1次 草案, 第2次 草案, 第3次 草案 이렇게 내 가지고 나중에 最終案이 나옵니다. 여기에는 第1次 草案, 第2次 草案, 第3次 草案 이런 것을 公表를 해 가지고 學界와 社會 各方面의 批判을 듣는 것입니다. 이것을 우리 法典編纂委員會에서 草案을 만들 적에 그러한 過程을 거치지 못했기 때문에 國會의 審//議過程에서 늦었으나마 여기에서라도 거쳐야 되겠다는 생각을 가지고 이번에 各國의 立法例를 參酌함과 同時에 이러한 公聽會를 열어 가지고 여러분에게 이 草案의 各 條文이 어떻게 되었다고 하는 것을 學界와 言論界, 社會 各方面에다가 이것을 印刷를 해서 돌렸습니다. 이것이 元來 政府案이 만들어질 적에 이것을 草案을 돌려 가지고 印刷를 돌려 가지고 여러분에게 알려 가지고 批判을 받아야 되겠는데 이제 말씀드린 바와 같이 6・25事變 外에 여러 가지 困難한 事情으로서 못했기 때문에 國會에 올라온 뒤에 이것을 全部 印刷를 해서 各界에 보내드리고 여기에 對해서 意見을 提出해 달라 그리고 또 公聽會를 열도록 作定을 진 것입니다. 그 동안에 大端히 審議가 늦었습니다. 4287年 10月 달에 政府로부터 回附가 되어 가지고 3月 달부터야 審議를 始作했습니다. 그것은 各 條文에 審議錄을 [제출하지] 못한다고 하더라도 條文에 對한 提案理由書라도 내 달라고 해서 이것을 要請을 해서 그것을 기다리느라고 5個月 지났습니다. 그 동안에 法制室에서 簡單한 提案

說明書를 보냈습니다마는 普通 大法典에 맞을 만큼 昭詳한 것은 못 됩니다.

　　여기에 있어서 再昨年 봄부터 本格的인 審議를 했는데 이것이 休會나 閉會 中에는 委員들이 서울에 같이 있기 않기 때문에 여러 가지 支障이 있어서 못 하고 開會 中에 時間을 짜서 밤이나 이러한 때를 利用해서 하기 때문에 그러한 짬짬을 利用하고 昨年 여름에 合宿으로서 審議한 것이 大端히 審議에 進捗를 招來//했습니다. 다시 말하면 再昨年 여름에 約 2週日 동안 海雲臺에 가서 合宿 審議를 했고 또 昨年 여름에 다시 昨年 여름에 海雲臺에 가서 約 3週日 동안 合宿審議를 한 結果 지금까지 52回의 全體會議를 거쳐 가지고 大略 第1編, 2編, 3編 財産編 760條를 全部 審議를 完了했습니다.

　　條文까지 全部 完了했습니다. 그러니까 民法審議小委員會에서 仔細히 審議 할 것은 다 完了가 되었습니다. 이제부터는 그 審議한 結果를 法制司法委員會 全體會議에 부쳐서 거기에 決定을 짓고 最後에는 民議院 全體會議에서 決定을 질 것입니다. 그러나 親族相續編에 關해서는 여러분이 다 아시다시피 意見이 많이 區區합니다. 財産編에 對해서는 그렇게 意見의 差異도 많습니다마는 大略 向하는 方向은 비슷비슷합니다.

　　지금 現行法에 對해서는 歐羅巴, 東洋의 諸國의 立法例를 參照해 가지고 좀 더 進步的인 것을 만든다 이런 생각에 對해서는 方向이 一致되지만 이 親族 相續編에 對해서는 意見이 極端에서 極端으로 正反對的 意見으로 나누어져 있 습니다. 하나는 아시다시피 우리나라의 淳風美俗 家族制度를 그대로 고스란히 保存해 가지고 나가야 東洋道義之國家를 維持할 수 있다는 保守的인 생각이 있 고, 또 하나는 우리 憲法 第8條, 第20條에 性別에 依해서 區別의 差等을 지어서 는 안 된다, 男女平等이어야 한다, 이러한 憲法 第8條, 第20條 그대로 가지고 이 點에는 個人의 隷屬으로부터 個人이 覺醒을 해 가지고 個人의 尊嚴을 認定 하[79면]는 것이 民主主義의 基礎이다, 다시 말하면 自由主義, 民主主義에 基礎 를 두어 가지고 國家, 民族의 發展을 期한다, 家族制度에만 依存해서는 안 된 다, 또 우리 慣習이 成長한 根本 社會的 基盤은 그 當時에는 封建主義 時代고 또 家內生産을 해 가지고 우리 한 大家族에서 生産品을 만들어 가지고 消費하 는 大家族主義의 그런 때에는 大家族主義를 가지고 維持하고 그 다음에 家長權 다시 말하면 戸主權의 權力이 强해 가지고 戸主權의 强力한 權力 下에 한 家族 全體가 支配를 받고 隷屬이 되는 것이 必要했지만 그 後에 資本主義 分業이 發

達해 가지고 家族制度가 小家族으로 分散되어 가지고 小家族制度로 살게 된 以上에는 大家族制度를 維持할 수 없다, 따라서 戶主權의 權限도 줄이고 또 女性의 覺醒에 依해서 女子의 地位도 올려야 우리 3,000萬 中에 1,500萬이라는 것은 人間 以下의 奴隷的 生活로부터 脫殼해 가지고 獨立된 人間으로서 올바른 人口의 機能을 發揮할 수 있다, 이러한 立場을 强調하는 編[便]에서 勿論 戶主制度 같은 것은, 家族制度는 維持를 하지만 그 家族制度가 現實과 맞지 않는 大家族制度를 이것은 止揚해야 된다, 다시 말하면 時代의 變遷에 따르는 男女平等이라든지 小家族制度라든지 이런 方向으로 指向해 나간다, 다시 말하면 淳風美俗 古來로부터 내려오는 淳風美俗 中에 弊風이 되지 않는 新時代에 있어서 國家, 民族의 發展에 支障이 없는 限度에 있어서는 淳風美俗으로서 保存하지만 弊風이 되는 것은 當然 改革해야 한//다는 新進派的인 두 思想이 兩立되어 있습니다. 이래 가지고 이것이 大端히 우리 民法小委員會에서 一定한 方針 없이 이것을 決定할 수가 없어서 우리 小委員會로서는 一應의 民法審議小委員會로서의 이러한 程度로서 하자는 것을 審議要綱이라는 것을 만들어서 條文까지는 作定 못 하고 만들어 가지고 이것을 法制司法委員會에서 그 基本方針을 딱 作定해 가지고 基本方針이 作定된 바에 依해서 條文審理를 하자, 이렇게 하는 것이 良策이라 해서 이렇게 作定을 했습니다.

그리고 여기에 立法審議의 要綱은 만들어 놓았습니다. 이 審議의 要綱을 最終的으로 決定하는 것은 여러분들의 各界의 公聽會를 거친 뒤에 法制司法委員會 全體會議에서 決定짓고 그 決定된 바에 依해서 民法審議小委員會에서 다시 逐條審議로 들어가리라고 생각합니다. 여기에 對해서는 原則만 決定되면 날짜는 많이 걸리지 않으리라고 생각합니다.

대략 이러한 程度로써 民法案의 審議는 進行이 되었습니다. 그런데 그 동안에 이만큼 厖大한 일이니까 날짜도 2年 가량 걸렸습니다만 여기에 對해서 그동안에 2年 걸린 데 對해서 未安하게 생각하는 同時에 또 한 가지 有利한 點도 많았습니다.

그것은 그동안에 2年이라는 期間이 있었기 때문에 學界나 言論界나 社會團體의 反應이 많고, 많은 좋은 意見이 具體的으로 나타나게 되었습니다. 이번에 市內 各 大學校 民法 其他 關係 敎授들로 構成된 民事法硏究會에서 民法案 意見[書]이라는 民法草案에 對한 批//判을 組織的인 意見書를 냈습니다. 이것이

大端히 좋은 參考書類에[의] 하나이고, 또 하나는 大韓辯護士協會에서도 여기에 對한 民法案 全般에 對한 意見書를 냈습니다.

大學教授들이 모이신 民事法研究會에서는 이제 말씀드린 바와 같이 우리 審議機關에서 가지고 있는 苦衷과 마찬가지로 親族相續編에 對해서는 結論에 到達 못 하신 모양입니다. 양쪽 意見이 너무나 相衝이 되기 때문에 結論에 到達 못 하고 다만 財産編에 對해서만 意見書를 낸 것 같습니다.

大韓辯護士協會에서 낸 것 外에 오래 前입니다마는 韓國女性團體聯合會에서는 親族相續編에 對해서 重要한 意見을 내 주었습니다. 여기에 對해서는 女性地位의 向上이라는 것이 骨字[子]로 되어 있는데 이것이 重要한 것의 하나입니다.

이와 같이 그동안 2年 동안에 이러한 좋은 貴重한 意見을 얻게 되고 또 여기에 있어서 오늘과 來日에 亘하는 이런 公聽會까지 가지고 된 것은 이런 大法典을 編纂하는 데 있어서 愼重을 期하고 또 우리 社會實情에 맞고 또 國民大衆에 專門家들의 意見을 反映시키는 大法典을 만드는 過程에 있어서 大端히 幸福스러운 것이라고 생각합니다.

다못 우리가 倭帝에서 解放이 되어 가지고 새 民法을 만든다는 것이 딴 나라와 달리 초조하기는 합니다. 그러나 아까 獨逸民法만 생각하더라도 1888年에 第1草案이 생겨 가지고 그 다음에 民法典이 公布되도록까지 1896年 14年이 걸렸고 公布된 後에 4年 間 있다가 實施된 것을 생각하고 草案이 세[80면] 번이나 나왔고 나중에 最終案까지 해서 네 번이나 나왔다는 것을 생각할 때 우리도 거기에 比하면 도리어 燥急하게 하는 것 같은 느낌을 가지고 있습니다.

그러나 저희들 民法小委員會, 法制司法委員會 全體意見이나 또 民議院 全體意見은 이 3代 民議院에서 6法 中에 가장 重要한 民法을 今 會期 內에 어떻게라도 이것을 完成할까 하는 생각을 가지고 있습니다. 여러분께서 오늘과 來日에 亘해서 좋은 意見을 많이 發表해 주시면 感謝하겠습니다.

이 審議한 內容에 對해서는 대략 審議한 結果 달라진 點은 있습니다만 政府側을 代表해서 法制室長께서 말씀한 바가 있으니까 여기 重複을 避하는 意味에서 대략 學界에서나 言論界에서는 이것을 보내 드린 바가 있기 때문에 대략 內容을 알 것으로 豫測하고 時間을 節約하는 意味에서 되풀이 안 하겠습니다. 다만 來日 親族相續編, 問題가 많은 身分法에 關해서는 來日 開會할 적에 먼저

제가 좀 여기에 對한 審議要綱에 對해서 一應의 立場을 闡明해 드릴까 하고 그
點은 來日 아침으로 미루고 대략 이만한 程度로써 經過報告를 드리겠습니다.

3. 蘇宣奎 의원의 질의에 대한 답변, [제3회 국회] 第26回 國會定期會議速
記錄 제31호, 6면 상단 ~ 7면 상단

○ 法制司法委員長 代理(張暻根)

어제 蘇宣奎 議員께서 質問하신 데 대해서 民法案審議小委員會를 代表해서
答辯 말씀 드리겠습니다. 첫째로 民法[案]公聽會에 대해서 한 사람에게 … 以前
에 公聽會를 했는데 한 사람에게 20分씩이라는 짧은 時間만 주어 가지고 이러
한 不充分//한 公聽會를 열었다 하는 말씀이 계셨고, 또 하나는 公聽會의 結果
에 대해서 여기 審議에 있어서의 反映을 한 點이 全無하다, 이 두 가지 말씀을
하셨는데 첫째로 이 民法公聽會라는 것은 한 사람에 20分으로 制限했습니다.
왜 그런고 하니, 이틀이라는 相當한 長時日에 걸쳐서 公聽會를 했습니다마는
문제가 많고 또 여러 사람의 意見을 可及的 公聽하는 것이 좋기 때문에 될 수
있는 대로 各界 各方面의 意見을 듣기 위해서 20分이라는 時間을 制限했습니
다. 20分이라는 것이 이 專門的으로 말씀할 것 같으면 相當한 專門的 知識을
말씀할 수가 있습니다. 그러나 또 그 20分 中에도 事實 制限했지마는 어떤 분
은 20分이 아니라 30餘分을 超過해서 하시는 분을 그대로 許容한 例가 많이 있
습니다. 또 이것만 가지고 우리 國內 立法意見을 定한 것이 아닙니다. 3年 前에
우리 國會에 이 民法案이 廻付되었을 때에 곧 이 民法案을 많이 여러 部數를
印刷를 해 가지고 言論機關 또 學界 各 方面, 社會 各 方面, 輿論機關 이런 데
印刷해서 配付하면서 동시에 그 立法意見에 대해서 여기에서 意見의 草案에 대
해서 意見을 보내 달라 해서 要請한 바가 있습니다. 그래서 우리가 期待한 바와
같이 많은 立法意見이 오지는 않았습니다마는, 女性團體聯合會라든지, 또는 大
學敎授들이 各種 大學敎授들이 모여가지고 民事法硏究會라는 것을 만들어가지
고 // 民法案意見書같은 이 冊字로 만들어 가지고 이 意見을 學門的 意見을 提
示하고, 또 大韓辯護士[協]會에서 이 學門的 意見을 提示한 바가 있습니다. 이
렇기 때문에 충분히 3年 가까운 時期의 이 時間에 亘해서 意見을 提出할 機會
를 一般에게 드리고 또 公聽會까지 열었던 것입니다. 이만 했으면 저로서는 滿

足치는 못하다 하더라도 왼[웬]만치 했다고 생각이 됩니다. 또 反映을 안 시켰다 이런 말씀을 하시지마는 例를 들면 親族相續 要綱 제5항에 제2호 같은 것은 그때에 좋은 意見이 나왔기 때문에 이것을 反映을 시켰습니다. [⋯] [7면] [⋯] 또 한 가지 문제가 많이 된 것은 物權變動에 있어서의 形式主義를 쓴 데 대해서 이 形式主義가 좋다는 意見과 또 이것은 나쁘니까 以前 從前대로 意思主義를 쓰자 하는 見解가 있었습니다. 여기에 있어서도 그때의 兩論이 다 對立이 되었는데 여기 대해서도 새로운 特別한 우리가 參考한 以外의 무엇이 事實이 나타나지를 않았습니다. 그래서 이것은 物權變動에 있어서는 變更에 있어서는 形式主義를 쓰는 것으로 그대로 採擇한 것입니다. 이만치 우리는 신중히 考慮했다고 생각이 됩니다.11)

VII. 民法案에 대한 玄錫虎 의원의 討論

1. 제1독회에서의 大體討論, [제3회 국회] 第26回 國會定期會議速記錄 제
   32호, 12면 중단 ~ 20면 하단, 21면 하단

○ 玄錫虎 議員   먼저 저의 討論에 臨하는 立場을 말씀드리겠습니다. 本 議員은 現在 法制司法委員會에 所屬해 가지고 있습니다. 이 民法案의 審議가 法制司法委員會에서 되었고 또 法制司法委員會에서 修正案이 나온 이 마당에서 本 議員이 여기에 對한 討論에 參加하는 것이 適當치 않다고 생각이 될 것입니다마는 事實은 이 民法案이 法制司法委員會에서 2年 間에 걸쳐서 審議하는 동안에는 本 議員이 法制司法委員會에 所屬되지 않았기 때문에 그 審議에 參加할 機會를 얻지 못했고 따라서 오늘 // 이 자리에서 다시 한 번 그 討論에 參加하는 理由를 삼겠습니다.

여러 가지 이 民法案은 私法의 憲法이라고 할 만큼 가장 重大한 法案인 것입니다. 이 法案을 審議하는 데 있어서는 그야말로 愼重에 愼重을 加해서 充分히 檢討해야 될 것은 다시 더 말할 必要가 없습니다. 그러나 이 法案이 起案에

---

11) 이하 법률행위로 인한 부동산 물권변동에 관하여 형식주의를 취한 것에 관한 장경근의 발언에 대하여는 뒤의 민법 제186조 VIII-2.(364면 이하) 참조.

서부터 審議에 이른 그 過程에 있어서 大端히 洽足하지 못했다는 것을 먼저 말
씀드리지 않을 수 없습니다. 이 法案이 法典編纂委員會에서 起草를 했는데 그
法典編纂委員會가 처음에 되어 가지고 그 間에 10年이 가까운 時日을 보냈다는
그런 點에 있어서는 매우 愼重을 期했다고 할 것입니다.

그러나 時間이 많이 감으로써만 이 愼重을 期했다고는 할 수가 없고 또 그
起案에 있어 이러한 法案이며는 적어도 起案에 있어서 起案理由를 充分히 國民
앞에 내놓고 國民의 興論을 充分히 들은 後에 이것이 審議의 資料가 되어야 될
것인데도 不拘하고 그러한 過程이 全然히 밝아지지 않았습니다. 그 點에 對해
서는 먼저 法典編纂委員會 委員長인 金 大法院長께서도 이 자리에 나오셔서 그
經緯를 말씀할 때에 大端히 잘못되었다는 그러한 趣旨로 말씀이 계셨습니다.
뿐만 아니라 이 分科委員會에서 審議하는 데 있어서도 좀 더 그 審議의 回數가
많았다 時日이 많이 걸렸다 이런 것만 가지고서 愼重을 期한 것처럼 印象을 주
었습니다마는, 事實에 있어서는 그 審議하는[13면] 態度에 있어서 그렇게 充分
하지 못했다는 것을 말할 수 있습니다.

이러한 法案에 對해서는 그 起案理由와 新舊法의 比較라든지 이런 것을 充
分히 國民앞에 내놓고 國民의 各級의 興論을 들어서 그것을 審議의 材料로 해
야 할 것인데도 不拘하고 그러한 것이 되지 못했다는 것을 먼저 遺憾으로 생각합니다.

그 例로 말하면 一般興論에 對해서는 그것을 充分히 聽取하지 못했던 것입
니다. 學界나 或은 法曹界의 意見을 聽取했다는 이러한 程度에 지나지 않았고
또 그 興論을 듣는 데 있어서도 特殊한 專門分野에 亘해서는 學者나 法曹界의
그러한 意見이 必要하겠지마는 그렇지 않고 一般的인 普通慣習에 關한 問題라
든지 이런 問題에 對해서는 좀 더 廣範한 國民의 興論을 들었어야 하는데도 不
拘하고 그러한 手續이 밟아지지 않았습니다. 또 뿐만 아니라 學者의 意見이 나
왔다고 하지만 그 意見조차 이 本法 審議에 있어서는 많이 採擇이나 或은 그것
을 尊重한 것이 대단히 적습니다. 뿐만 아니라 이 法을 審議하는 데 있어서 公
聽會를 開催한 일이 있었다지만 그 公聽會라고 하는 것도 事實에 있어서는 法
制司法委員會에서 다 修正案까지 만들어 놓은 後에 公聽會를 開催해 가지고 그
公聽會에서 여러 가지 意見이 나왔는데 그것은 別로 採擇이 되지 않고 그대로
公聽會는 公聽會대로 法制司法委員會 修正案은 修正案대로 아무 關聯性이 //
없을 만큼 이렇게 何等의 意義를 갖지 못한 것을 대단히 遺憾으로 생각합니다.

또 그리고 이 法案을 法制司法分科委員會에서 審議하는 態度에 있어서도 本 議員은 대단히 不滿으로 생각합니다. 普通의 單純한 簡單한 法案이라든지 이러한 案件일 것 같으면 그 所屬 分科委員會에서 小委員會를 構成을 한다든지 이런 方法으로써 審議하는 것도 妥當할 것입니다마는 적어도 民法典이라는 이런 큰 法典에 있어서는 이 院內에서만 하더라도 各 分科에 걸린 거기에 대한 意見과 또 거기에 대한 專門知識이라든지 이런 사람을 좀 더 廣範圍하게 그야말로 民法審議特別委員會 같은 것이라도 만들어 가지고 좀 더 時日을 걸려서 愼重히 했더라면 이보다는 나은 案이 되지 않았을까 이런 생각을 갖는 것입니다. 또 이 議案이 本會議에 나와서 지금 審議하는 이 마당에 있지만 本會議에서 審議하는 態度에 있어서도 지금 鄭濬 議員이 指摘하신 바와 마찬가지로 너무나 이 民法案에 대해서 關心의 度가 우리가 적은 것 같이 이러한 印象을 갖는 것은 대단히 우리 國會로서 대단히 遺憾이라 하는 것을 말하지 않을 수 없습니다.

그러면 지금으로부터 이 本法案에 대한 大體意見을 말씀드리겠습니다. 本 議員은 이 民法案의 原案과 修正案에 대해서 大體로 贊成하는 句節이 많습니다마는 個中에는 몇 個에 대해서는 反對하는 意見을 가지고 있습니다.

첫째로 이 法案에 대한 커다란 原則 문제에 있//어서 여기에 대해서는 몇 가지 點에 대해서 먼저 贊成을 하고자 합니다. 假令 말하면 이 民法 즉 私權에 關係되는 이 문제에 있어서 이 公正한 分配라는 이런 것을 指向하는 우리 憲法 精神을 많이 이 民法案에다가 採擇했다는 이러한 點, 即 말하면 이 私權을 그 純全한 그 個人의 權利로서의 社會化한 이러한 傾向을 民法案에서 많이 엿볼 수가 있습니다. 이런 點이든지 또는 이 男女 性의 平等 문제 이것이 우리 憲法의 精神에 비추어서 이 民法案에 많이 採擇이 되었다는 이러한 點이라든지 또는 各國의 先進國의 民法 … 特別히 最近에 있어서 그야말로 많이 이 進步的으로 된 이러한 그 民法案을 여러분이 參酌을 해서 그것을 우리나라의 慣習과 實情에 適合하도록 많이 調整해서 이 民法案이 採擇되었다는 이러한 서너 가지의 大原則에 對해서는 많은 贊成을 가지는 바입니다.

그 다음에 具體的으로 全體面에 있어서 第1編 總則編에 있어서 第1編 財産編 總則編과 그 外에 物權編, 債權編, 身分編이 네 가지로 나누어서 順次的으로 大體的으로만 말씀을 드리겠습니다. 本 議員 自身이 亦是 이 法律에 對해서 가진 知識이라고 하는 것은 극히 淺薄할 뿐 아니라 여기에 對한 充分한 硏究를

할 時間이 없었고 大略的인 말씀을 充分치 못한 말씀으로써 드리는 것을 未安하게 생각합니다마는, 本 議員은 主로 이 民事法研究會에서 내어놓은 이 意見 이것을 主로 많이 參酌해서 本 議員이 가지고 있는 些少한 淺見을 여기서 보태서 말씀을 드리려고 합니다. 大[14면]體로 아까도 말씀을 드렸습니다마는 公聽會라든지 或은 이러한 各界에서 意見書를 聽取했음에도 不拘하고 이 意見이 充分히 —勿論 意見 自體에서 그 原案이나 修正案에 贊成하는 句節이 많습니다마는— 좀 더 이것을 더 많이 尊重하고 採擇치 못한 것을 遺憾으로 생각하면서 이 民事法研究會라는 學會는 各 大學의 法科大學의 敎授로 있는 學者들이 20餘名이 이 研究會를 組織해서 4個月이라는 時日을 걸쳐서 相當히 많은 研究와 좋은 意見이 많이 여기에 表現되었다고 봅니다. 本 議員은 이 意見을 大體로 이러한 意見이 여기에 充分히 反映되지 못했다는 것을 변변치 못하지만 이러한 분들의 意見을 제가 代辯하는 意味에서 여기에 紹介 兼 제가 말씀을 드리려고 합니다.

첫째, 總則論에 있어서 이 總則論에 있어서 通則으로써 제1조와 2조를 새로 從前에 없던 規定을 넣어서 말하자면 이 權利의 行使와 義務의 履行은 信義에 좇아 誠實히 하여야 한다 權利는 濫用하지 못한다 이런 것으로써 그야말로 信義誠實의 原則과 權利濫用 禁止의 原則, 이 두 個의 大原則을 民法 冒頭에다가서 宣言한 것은 대단히 좋은 것이라고 생각합니다.

또 그리고 第1條에 있어서는 民法의 法源으로서 法律과 慣習法과 條理의 3個를 認定한 것도 이것이 대단히 過去에 있어서 이러한 것이 // 없어서 많은 學說이 구구하던 것을 이 宣言으로 明示해서 規定한 것이 대단히 좋다고 생각합니다. 그러나 여기에 對해서는 學者의 意見으로서 이런 것이 있습니다. 그 우리 1條에 있어서는 民事에 關하여 法律의 規定이 없으면 慣習法에 의하고 慣習法이 없으면 條理에 의한다 이렇게 되어서, 그 法源으로써 法律과 慣習法과 條理 세 個를 認定을 했지만 그 效力에 있어서 慣習法이나 條理를 어디까지나 그 補充的인 特別히 그 慣習法에 對해서 補充的 效力만을 認定했다는 卽 말하자면 法律이 없을 때 成文法이 없을 때 慣習法에 의한다. 그러나 여기에 對해서는 學者들의 意見으로서 慣習法과 法하고 그 法源으로 認定하는 以上에 있어서는 慣習法과 法律을 同格으로 같은 效力을 認定해라 이러한 意味입니다. 이것이 慣習法에 對한 —勿論 여기에 對해서 充分한 檢討는 되었을 줄 압니다마는 旣往

이 慣習法을 갖다가 이 明文에다가 넣어서 이렇게 할 바에는— 亦是 法律과 同格인 效力을 갖도록 하는 것이 마땅하다고 저는 생각합니다. 여기에 對해서 이 學說이라든지 여기에 對한 것을 얘기하려면는 時間이 많이 걸리기 때문에 大體的으로 結論만 제가 말씀을 드립니다.

그리고 第2條에 있어서 그 信義誠實의 原則과 權利濫用을 禁止하는 그 原則을 表示한 것은 대단히 좋습니다마는 이 原則 外에 또 한 가지의 原則을 無//視했다 이 點을 대단히 유감으로 생각합니다. 이것은 무엇이냐 하면 이 私權에 대해서 公共福利에 따라야 된다는 이러한 原則이 뚜렷이 여기에 明示되어야 할 것입니다. 적어도 이 民法의 原則으로 보아서 公共福利의 原則과 信義誠實의 原則과 權利의 濫用 禁止의 原則, 이 세 가지만은 뚜렷이 이 民法典에다가 나타내야만 비로소 이 民法典을 宣言한 그야말로 社會化하고 進步시킨다는 이러한 그 主觀이 貫徹될 것이라고 생각합니다. 이 점에 대해서는 學者의 共通한 見解일 뿐만 아니라 또 이 法律의 形式으로 보아도. 아마 여기에 대해서는 張暻根 議員 생각 같아서는 그 公共福利의 原則에 대해서는 우리나라 憲法에 아마 있으니까 넣지 않았다 이렇게 혹 생각할는지 모르지만 우리나라 憲法에는 이렇게 되어 있습니다. 우리나라 憲法의 제15조에 「財産權은 保障된다. 그 內容과 限界는 法律로서 定한다」 이렇게 되고, 그 다음에 제3항에 가서 「財産權의 行使는 公共福利에 適合하도록 하여야 한다」 卽 말하자면 財産權의 行使에 있어서 公共福利에 따라야 된다는 이러한 原則 이것이 우리 憲法에서 分明히 宣言한 것입니다. 그러면 이 憲法에 宣言한 것을 다시 한번 이 民法典에 있어서 거기다가 더 明示해 두어야만 妥當하다고 생각하겠습니다. [15면] 이것은 지금 改正 日本憲法과 改正 日本民法을 비교해 보더라도 마찬가지로 되어 있습니다. 改正 日本憲法에 있어서는 日本憲法 29조에 「財産權은 이를 侵害할 수 없다. 財産權의 內容은 公共福祉에 適合하도록 法律로서 이를 定한다」 이것이 우리나라 지금 憲法規定과 꼭 마찬가지입니다. 그것과 마찬가지로 改正된 日本民法에 있어서도 우리나라에 지금 새로운 民法案에 있어서 信義誠實의 原則과 權利濫用禁止의 原則을 마찬가지로 그대로 되어 있습니다. 거기에다가 改正日本民法에 있어서는 改正日本民法 제1조에 있어서 「私權은 公共福利에 따른다」 分明히 밝혔습니다. 그것을 먼저 밝혀 놓고 그 다음에 있어서 2항에 있어서 「權利의 行使 및 義務의 履行은 信義에 따라 誠實히 이를 行하여야 한다」 그리고 제3항에 있어

서 「權利의 濫用은 이를 許하지 아니한다」 卽 말하자면 우리나라 民法案 第2條
의 規定이 日本 改正民法 제1조와 그 글자는 다르지만 그 內容은 꼭 마찬가지
로 되어 있습니다. 그럼에도 불구하고 日本의 憲法과 民法이 符合되어서 公共
福利의 原則을 明示한데도 불구하고 우리나라에 있어서는 憲法에 公共福利의
原則을 明示한데도 불구하고 民法에서만은 하필 이 原則만을 뺀 것이 무슨 이
유인가 이것 도무지 理解하기 어렵다는 것입니다. 적어도 이 民法을 … 總則에
다가 우리 大民法의 大原則을 宣言한데 있어서 이 私權의 行使에 있어서는 公
共福利에 맞도록 한다는 이것이 오늘날 가장 社會的 이러한 모든 實情//에 비
추어서 마땅한 것이라고 생각하기 때문에 이 點을 제가 強調하는 것입니다.

　　이 點에 대해서는 張暻根 議員이 가장 잘 아시는 「와이말」憲法에 있어서도
물론 그 所有權은 義務를 가진다 이렇게까지 되어서 어쨌든 現代에 모든 그 法
律에 있어서는 그 私權이라는 것이 그 私權을 위해서 있는 私權이 權利가 아니
라는 것입니다. 그 私權이라는 것은 물론 個人의 權利이겠지만 그 個人의 權利
는 어디까지나 그 社會의 福利에 맞도록 行使가 되어야 된다는 것이에요. 社會
의 福利에 맞지 않는 個人의 權利行使는 그것은 認定 잘 되지 않는다 이것이에
요. 社會의 한 一員으로서 社會의 福利에 맞기 때문에 그 사람에게 個人의 權限
을 … 權利를 주는 것이라는 말이야 … 이렇게 過去에 資本主義, 個人主義의 그
時代에 있던 그 思想은 오늘날에 있어서 그 社會的인, 社會下에서 그 資本主義
에 修正되는 그런 理念으로 法律의 思想이 많이 變遷이 되어 온 것이다. 그 變
遷이 되어 온 것이 오늘날 各 最近에 이르러서 改正된 各國 憲法이나 民法에서
다 나타나고 있는 것입니다. 그렇기 때문에 우리도 이번 이 民法을 改正하는 이
마당에 있어서 이 한 가지 原則은 더 뚜렷하게 明示하는 것이 가장 옳다고 저
는 생각하는 것입니다.

　　그 다음에 제2장 이 自然人이라든지 法人이//라든지 이 第2章 以下에 있어
서는 特別히 이 自然人에 있어서 妻의 無能力制度를 갖다가서 廢止한 것이라든
지 이런 것은 대단히 잘 된 것이라고 생각합니다. 元來가 이 즉 無能力制度를
認定한 것이 그야말로 男女의 不平[等]으로 이것을 露骨的으로 表示한 것인데,
오늘날에 있어서 憲法의 精神도 물론이려니와 이 民法에 있어서 妻의 無能力制
度를 廢止했다는 이것은 가장 잘 된 것으로 贊成하는 것입니다. 또 뿐만 아니라
法律行使[行爲]에 있어서 錯誤로 인한 意思表示를 … 無效로 하지 않고 取消할

수 있다는 이런 것이라든지 또 法人에 있어서 그 法人의 設立 … 登記를 對抗
要件으로 하지 않고 設立要件으로 한다든지 이것은 本 議員이 가장 贊成하는
것으로 되어 가지고 있습니다.

그 다음에 가장 문제가 … 論議의 集中이 되는 것이 物權編에 있어서 문제
가 있는 것입니다. 먼저 이 物權編에 있어서 個別的으로 자세히 말씀 안 드리고
大體的으로 말씀드립니다마는, 첫째로 本 議員의 생각으로서는 이 物權編을 總
括해서 보아서 物上請求權이 成文化를 했다는 것이든지 혹은 永小作權制度를
廢止한 것이라든지 또는 先取特權行使制度를 廢止한 것이라든지 또 不動産에
대한 質權制度를 廢止한 것이라든지 根抵當制度를 成文化시킨 것이라든지 抵當
權에 대한 滌除制度를 [16면] 廢止한 것이라든지 이런 等等은 대단히 잘 된 것
이라고 贊成합니다. 그러나 다만 이 物權變動에 있어서의 形式主義를 採擇했다
는 이 點과 傳貰權을 物權으로써 規定한다는 이 點에 대해서는 本 議員은 이
學者들의 意見과 마찬가지로 反對하는 것입니다. 이 點이 아마 이번 이 民法審
議에 있어서 가장 論議의 中心이 되고 … 물론 이 親族編에 있어서 婚姻關係
문제도 있습니다마는 이 財産編에 있어서는 가장 문제 되는 것이 이 物權變動
에 있어서 意思主義를 하느냐 形式主義를 하느냐 이 點이라고 생각합니다. 먼
저 이 公聽會 席上에서도 이 點이 가장 활발히 意思主義와 … 즉 말하면 意思
主義와 對抗要件主義라고 할까요. 어떠한 物權이 變動되었을 때 그것이 意思表
示로서[써]만 말하자면 賣買면 賣買한다는 그 契約으로서만의[으로써만] 法律
[變動]의 效力이 난다는 그 말이요. 그러나 그것은 登記하지 않으면 … 즉 第3
者에 대해서는 對抗할 수 없다. 여기에 대해서 즉 말하면 그 法律行爲의 效力은
意思表示로서만 效力이 나고 登記한다는 것은 第3者에 대한 對抗要件으로 되는
것이다. 이것이 意思主義 乃至 對抗要件主義라고 말하는 것입니다. 그런데 이번
民法에 있어서는 제177조에 가서 「不動産에關한法律行爲로因한物權의得失變更
은登記하여야그效力이생긴다」 이 177조가 卽 말하면 이것이 形式主義를 分明히
規定한 한 個의 條項입니다. 이 條項이 문제 되는 것입//니다. 그러면 이 意思
主義와 形式主義에 있어서 長點, 短點이 다 있는 것입니다. 물론 있는 것인데,
첫째 形式主義로 여기에 대한 것을 자세히 말씀드리자면 이것은 너무나 張皇하
니까 간단히 말씀을 드립니다마는, 이 形式主義를 먼저 말하면 形式主義 卽 말
하면 지금은 不動 … 物件이 있으면 動産과 不動産이 있습니다마는 動産에 대

해서는 事實에 있어서 占有라는 이 點이 事實에 있어서는 不備하기 때문에 크게 문제가 되지 않습니다. 하고 문제는 不動産에 있어서 문제가 되는데 이 不動産에 卽 말하면 變動에 있어서 形式主義를 取하면 어떻게 되느냐 하면 이 不動産을 가령 家屋이나 土地를 가령 팔려면 讓渡를 했다 賣買했다 이러더라도 賣買했다는 그 事實만 가지고서는 그것이 法律[變動]의 效力이 없다 이것을 裁判所에 가서 登記를 해야만 반드시 그것은 效力이 난다 이런 것입니다. 한데 그것이 過去에는 말하면 그 賣買했다는 契約만 成立되면 그것은 賣買가 된 것이고 登記한다는 것은 해도 좋고 안 해도 좋고 다만 登記를 하지 않으면 다른 사람에 第3者에 對抗할 수 없다 이 程度니까, 이것은 말하자면 反對로 된다고 해도 過言이 아닐 만큼 커다란 變革이 되는 것입니다. 여기에 대해서 물론 다른 나라 各國의 民法에 있어서도 形式主義를 採擇한 데도 있고 意思主義를 採擇한 데도 물론 있습니다. 허나 우리나라에 있어서는 舊民法에 있어서 이것을 意思主義로 採擇해 왔고 또 오//늘날 日本에 있어서도 日本 改正民法에 있어서도 역시 從來와 같이 意思主義를 踏襲하고 있는 것입니다. 그러면 形式主義에 있어서 長點이 무엇이냐 왜 그렇게 고치느냐. 過去의 意思主義를 왜 形式主義로 고치느냐 여기의 理由에 있어서 첫째 第一 드는 것은 物權變動에 있어서 그 割一性 또 明瞭性, 明確하다는 것 이 두 가지가 形式主義의 特徵일 것입니다. 왜 그러냐 하면 어떠한 法律行爲가 特權變動에 있는 法律行爲가 한 가지로 되어 버린다 말하면 當事者 間에 있어서와 第3者 間에 있어서나 그것은 똑같이 되어 버린다. 또 그런 變動이 되었다는 事實이 當事者 間이나 或은 第3者 間에 있어서나 똑같다 이 말입니다. 그런데 過去의 意思主義에 있어서는 그것이 같지 않았습니다. 말하자면 當事者 間에는 法律效力이 있는데 第3者에 對해서는 登記를 하지 않으면 對抗 못한다, 그러니까 第3者나 當事者 間의 效力이 다르다 말이요. 다른데, 이번에 있어서 登記[를] 效力發生의 要件으로 하게 되면 그것은 當事者 間이나 第3者 間이나 똑같이 되어서 대단히 간단하다 이 말씀입니다. 또뿐만 아니라 物權變動의 그 時期가 대단히 明瞭하다. 왜 그러냐 하면 普通 이 意思主義라고 하면 物權變動이 當事者 間에는 契約이 成立되었으니까 그날부터 알지만 다른 사람이 볼 때 그것이 變動이 되었는지 안 [17면] 되었는지 모릅니다. 그 時期가 … 그러나 이것은 登記라는 그 事實 하나만을 가지고 判斷을 하게 되면 그 變動할 時期가 分明해서 대단히 明確하다. 이러한 두 가지가 形式主

義의 가장 取할려고 하는 長點인 것입니다. 그러나 이것을 그 長點을 完全히 發揮를 할려고 하면, 첫째 이 登記라고 하는데 있어서 公信力이 賦與하여야 하는 것입니다. 登記라는 것이 굉장히 重要한 要件이 됩니다. 그러면 우리나라의 現在에 있어서 그러한 登記가 어떻게 되어 가지고 있느냐 이 實情을 우리가 알아야 되는 것입니다. 勿論 法律의 理想은 좋습니다마는 그 理想은 恒常 現實을 土臺로 해서 그 現實에 符合되지 않고 現實과 많이 떨어진 … 理想을 크게 앞서서 내세워서는 이 法律의 效力이 發生되지 않고 오히려 弊端이 많이 생깁니다. 이런 意味에서 우리나라의 現實을 보면 이 登記가 完全히 지금 勵行되고 있느냐 또한 完全히 勵行될 수 있느냐 이런 것이 大端히 憂慮가 되는 것입니다. 事實에 있어서 이 都市에는 都市에서는 가령 家屋賣買라든지 이런 데에 있어서는 賣買가 되면 금방 登記를 합니다마는 이 農村에 있어서는 事實에 있어서 土地賣買라든지 이런 경우에 登記하는 것이 卽時로 되지 않고 그냥 서로 믿는 자리고 해서 어떻게 하면 登記를 // 안 하고 그대로 내버려 둔다든지 그래서 登記라는 것이 그다지 完全히 勵行되지 않고 있습니다. 또한 萬若에 이 登記라는 것이 이렇게 法律[變動]의 效力發生[要件]처럼 되면 이 登記라는 自體가 그것은 完全한 公信力을 가져야만 되는 것입니다. 그 公信力이 무엇이냐 이것은 다시 말하자면 登記所에 가서 登記만 보고, 가령 말하자면 土地를 산다든지 家屋을 살 때에는 登記만 보고 사면 된다 그 말이에요. 登記가 絕對的으로 公信力이 있어야 됩니다. 그런데 가령 말하자면 이 形式主義에 있어서는 이 登記를 보고 사면 아무 문제가 없으니까 卽 말하자면 이것은 動的 安全이라고할까, 法律에 있어서 … 法律用語로서 動的 安全 卽 去來의 安全, 物件을 사고 파는 데 있어서 산 사람이라든지 第3者에 對해서 아주 安全하다 安全感을 준다 卽 去來에 있어서의 安全感 이 動的인 安全感을 준다는 것이 形式主義의 目標인데, 그 反面에 萬若에 登記의 公信力이 不足하거나 登記가 完全히 勵行되지 않는 現實에 있어서는 그 動的 安全을 保護하는 나머지 그 正反對되는 靜的 安全 … 靜的 安全에 對해서는 커다란 犧牲이 생기는 것입니다. 卽 말하자면 어떤 物件의 所有者가 그 所有者가 恒常 不安을 느끼게 됩니다. 그 登記가 完全히 되어 가지고 있는가 없는가 여기에 對해서 恒常 不安을 느끼게 되는 것입//니다. 物件을 賣買해서 移動했을 때에는 좋지만 移動되지 않고 있는 靜的인 所有者가 이 權利者에 대해서는 恒常 不安感을 가지는 그런 犧牲을 가져오게 됩니다. 또 그뿐만 아니라 萬

若 登記가 公信力이 不足해 가지고 登記를 하는 데 있어서 그 事實과 符合되고 있는가, 또 그 登記가 分明한가 안 한가, 또 事實 登記라는 것이 正確한가 안 한가, 또 그 登記하는 데 있어서 그야말로 그 節次에 있어서 그것이 完全히 公正히 할 수 있느냐 없느냐 그 登記 自體에 萬若 가령 말하자면 挾雜이 생긴다 不正登記가 생긴다고 豫測할 때에는 이것은 대단히 크게 危險한 것입니다. 어떤 말하자면 登記官吏가 登記不正을 하기 爲하여 어떤 사람의 이름으로 딴 사람의 이름을 갖다가 登記를 해 왔을 때에는 그 登記錄을 보고 다른 사람이 物件을 샀다든지 또 그 登記가 잘못되어서 自己의 所有權이 없어져 버렸다든지 이렇게 해서 靜的인 所有者에게 不安感과 그 犧牲은 이것은 도저히 막을 수가 없을 것입니다. 그러니까 이것은 登記가 完全히 그냥 物權이 變動하는 대로 금방 卽刻으로 登記가 勵行이 되고, 그 登記 自體가 아주 公正하고 毫釐의 差異도 없이 正確하고 分明하고 事實과 符合되는 이런 公信力이 完全히 符合되지 않고 … 合致되지 않는 限에 있어서는 이 形式主義[18면]를 擇하는 것은 動的인 安全의 保護보다도 靜的인 安全의 犧牲이 훨씬 크다는 것을 우리는 잊을 수가 없는 것입니다. 또 그뿐만 아니라 그 外에 있어서는 다른 裁判에 依한 것이라든지 判決에 依한 것이라든지, 競賣에 依한 것이라든지, 이런 때의 物權變動에 있어서도 若干의 矛盾이 생깁니다마는 그것은 이 자리에서 避하기로 하고. 要컨데 이 形式主義에 있어서는 오늘날 우리나라의 現實에 있어서는 이 登記勵行의 現實이라든지 또는 그런 登記의 慣例라고 할까 그 登記의 公正性이라고 할까 이런 것이 … 이것은 現實이라든지 或은 事實에 있어서 이런 登記를 쓰게 되면 이 莫大한 登記官吏가 相當히 많은 事務를 봐야 될 것입니다. 이런 意味에서 우리나라 지금 現在 政治機構라든지 財政力이라든지 이런 習慣이라든지 모든 面으로 보아서 도저히 이것이 登記가 公信力을 충분히 가질 수 없다는 지금 判定은 學界에서도 一致하는 見解이고 實務面에 있는 사람들도 대개 다 이렇게 보는 것입니다. 그렇기 때문에 우리가 去來의 安全, 動的의 安全이라는 이것을 理想과 그 目標를 너무나 앞섰기 때문에 이런 法을 만들었다는 것은, 現實에 符合되지 않는 많은 犧牲이 날 것이다. 이런 意味에서도 法律을 定하는 데 있어서는 항상 安全感을 … 理想에 너무 좋아서 不安한 것보다는 그 理想을 차차 차차 걸어가면서 이 現實에 卽 그 法律行爲에 모든 事實을 安定//化시키는 이 點에 置重해야겠다는 意味에서 本 議員도 역시 一般 學者의 意見과 같이 이 物權 또

는 物權變動에 있어서 形式主義를 採擇하는 것은 反對하는 것입니다. 이 더구나 … 빠졌습니다마는 이 形式主義를 採擇하는 데 있어서는 이러한 그 法律的인 理由보다도 立法政策面으로 보아서도 이것이 좋지 않다 이렇게 생각합니다. 말하자면 이것이 過去에 있어서 40年 동안이나 벌써 이것을 意思主義로 採擇해서 거기에 대해서 벌써 그것이 慣習化되었어요 거의 … 즉 말하자면 이것이 慣習化되었는데 이 慣習化된 것을 갑자기 이렇게 正反對로 고친다는 것이 立法政策으로 보아서 대단히 어려울 것 같습니다. 그렇기 때문에 日本의 改正民法을 보더라도 역시 그 사람들이 70, 80年 써오던 그 民法… 옛날 이 意思主義 그대로 역시 그대로 踏襲하지 않을 수 없었던 것입니다. 또 그뿐만 아니라 우리가 特히 不動産 —結局 말하자면 物權에 있어서는 不動産에 對한 문제인데— 不動産 대개는 이것이 家屋과 土地인데, 農村에 있어서의 土地 문제를 생각하더라도 말이에요. 이 動的 安全 즉 말하자면 土地가 늘 이렇게 팔리고 사고 해서 하는 이런 動的 安全보다는 靜的 安全 … 土地를 가지고 있는 사람에 安定感을 주는 것이 우리 立法精神 政策으로 보아서 또 우리나라의 土地改革했다는 그 精神으로 보아서 될 수 있는 대로 土地는 變動하지 않는다 土//地를 變動하지 않는 것을 勸獎하는 意味에 있어서도 그 安全을 保障하는 것을 좀 삼가해야할 것이다, 이런 意味에서 立法政策論으로 보아서도 이것은 安當치 않다 이렇게 보는 것입니다. 그 다음에 物權論에 있어서 傳貰權을 物權으로 했다 傳貰權을 … 이것은 傳貰權 … 傳貰라는 것이 우리나라의 古有의 한 가지 特異의 習慣인 것입니다. 이 傳貰라는 것이 또 이것이 우리나라의 實情… 慣習이지만 全國的으로 다 있는 것도 아니고 主로 이 서울에서 있는 한 가지의 말하자면 特殊한 것이고 이 근자에 있어서는 또 이 傳貰라는 自體가 서울에 있어서도 또 過去의 벌써 몇 해 前의 慣習보다도 또 많이 變遷되고 또 오늘날 現在도 또 變遷되고 있어요. 이 傳貰를 이것은 過去에 말하자면 우리나라이[의] 判例라든지 法曹界의 解釋으로 보아서는 역시 一種의 賃貸借契約이다 이렇게 보는 것입니다. 一種의 賃貸借契約인데 이것은 特殊한 賃貸借契約으로서, 恒常 判例로서[써] 이것을 좀 어려운 것은 解決해 나왔던 것입니다. 그런데 그런 判例로서[써] 解決하기 어려웠으니까 차라리 이것을 物權으로 해 가지고서 傳貰權者를 완전히 保護해 주자, 이런 趣旨에서 나온 것은 그 意圖는 잘 알 수가 있어요. 그러나 구태여 이것을 말하자면 物權으로 하지 않아도, 이 債權으로 認定하면서도 그 傳貰

權者를 保護할 수가 얼마든지 있지 않느냐. 그 法性質上으로 보아서는 [19면] 말하자면 傳貰라는 그 性質上으로 보아서는, 法律性質로 보아서는 어디까지나 이것은 말하자면 賃貸借契約이라 그 말이에요. 賃貸借契約 … 즉 말하면 債權의 性質이에요. 그 債權의 그 本質로 보아서는, 그 債權의 性質을 그 權利者를 擁護하기 위해서 구태어 法律의 本質을 고쳐가면서 物權으로 規定할 必要는 없지 않은가. 즉 말하자면 이것을 이 學者의 意見과 마찬가지로 차라리 그렇다면 一種의 有名契約으로 … 債權에 있어서 한 가지 債權으로 規定하고 賃貸借契約과 別道로 말하자면 傳貰契約이란 한 가지의 말하자면 有名契約 … 有名債權으로 해서 認定을 해야 되고, 그 不動産에 대한 —말하면 債權으로서 不動産에 起因한 債權으로 이렇게 認定해 주어서— 그 不動産에 대한 留置權을 認定한다든지 이런 方法으로 하면 얼마든지 할 수 있다는 것이에요. 또 그뿐만 아니라 좀 手續이 거북할는지 모르지만 그렇지 않더라도 가령 이 賃貸借契約 … 傳貰를 낸 사람이 그 傳貰文에 대해서 차라리 抵當權을 設定할 수 있는 것이라 그 말이에요. 그렇기 때문에 이것은 구태어 그 法律의 本質에 벗어나가면서 物權으로 規定할 必要는 없고, 한 가지의 特殊한 轉用債權으로서 債權契約을 債權編에다 넣어두는 것이 좋지 않을까 이렇게 생각하는 것입니다. 또 뿐만 아니라 現在에 있어서 傳貰의 慣習이 말이야 慣習이 많이 달러진 것입니다. 지금은 … 過去에 있어서는 傳貰로 하려면 집 한 채라든지 或 한 집을 통채로 한다든지 或은 말하자면 舍//廊채는 舍廊채로 한다든지 이렇게 해서 傳貰로 하는 것이 많이 있었고요. 또 過去에 있어서는 傳貰면 傳貰 정말 그 집값에 원 半이라든지 6割이라든지 이렇게 傳貰를 주고 그 利子도 서로 안 물고 나중에 그 집이[을] 비워줄 때에 그 元金을 찾아가고 이것이 원 傳貰의 元來의 本質인데, 오늘날에 와서는 多少 그 말이 달러요. 집 房 한 間 가지고도 傳貰 놓는다 말입니다. 이래가지고 그 傳貰라는 것이 그러면 傳貰의 돈을 百萬圜이면 百萬圜, 五十萬圜이면 五十萬圜을 낼 때 그것을 나중에 찾어 가지만 그 동안에 그 利子 비슷하게 해가지고 까먹는 사람이 있에요. 假令 五十萬圜 傳貰로 들었다 하고 實地에 있어서 한달에 원 二萬圜이나 一萬圜式[씩] 이렇게 까서 들어가는 이러한 여러 가지의 變形되는 傳貰가 지금 많이 流行이 되고 있는 것입니다. 그렇기 때문에 이것을 우리나라에 全般的인 全國的인 慣行도 아닐 뿐 아니라 서울에서만 있는 特殊한 性質의 것이고 또 뿐만 아니라 그것조차 많이 慣行이 變質되어 간다. 이것을 구태어 이 法律 本質上에 그 規定에 性質에 違反해 가면서 物權으로 規定할 必要는 없지 않는가. 債權編에 있어서 한 個 有名契約으로 存置하면서 救護할 길이 救濟할 길이 얼마든지 있지 않는가. 이런 點에 있어서 이것을 反對하는 것입니다. //

그 다음에 이 債權編에 있어서는 多少間 그 些少한 條文에 있어서는 意見이 있습니다마는, 全體的으로 보아서 이 債權編에 있어서 債務者 保護, 債務者의 地位를 더 强化시켜서 債務者를 保護해야겠다는 그런 精神 이것이 많이 採擇이 되어 있습니다. 그래서 여기에 대해서 主로 말하면 權利濫用을 禁止하는 原則이라든지 信義誠實의 原則이 그 精神이 이번 民法案에 있어서나 或은 修正案에 있어서 많이 採擇이 된 것은 대단히 좋은 일로 贊成합니다. […]

[21면 하단] 大槪 以上 程度로 大體로 마치고 나중에 必要 있으면 逐條해서 다시 말씀을 드리겠습니다마는, 要컨데는 이 民法案을 大法典을 이렇게 처음에 起草한 분이나 또 그 審議한 분의 그 努力에 대해서는 敬意를 表합니다. 아닌 게 아니라 大端히 이 大法典을 審議하는 데 많은 努力으로 하신데 대해서는 敬意를 表하고, 다만 이 一般 學者의 學界의 理論이라든지 그 一般의 慣習에 대해서 좀 더 우리가 時日을 가지고 좀 더 … 一時日은 우리가 勿論 많히 가졌지요 가졌지만, 그 時日을 利用하지 않았어요— 좀 더 廣範하게 좀 더 愼重하게 했더라며는 좋았다 하는 意味에서 내가 몇 가지 部分에 있어서 反對意見을 말씀드리고 審議에 參考할까 합니다.

2. 제2독회에서의 討論, [제3회 국회] 第26回 國會定期會議速記錄 제42호, 12면 상단 ~ 13면 중단

○ 玄錫虎 議員　　　　　　　　　　[…] 먼저 修正案을 낸 理由와 또 이 修正案을 審査하는 데 參考드리기 위해서 몇 말씀을 먼저 드리겠습니다.

첫째 이 民法案을 審議하는 데 있어서는 이 法案이 얼마나 重大하다는 것을 우리가 먼저 認識을 하지 않으면 아니 될 것입니다.

私法 中의 憲法이라고 할 만한 이 民法案을 基礎[草]나 審査하는 데 있어서 愼重한 態度를 取할 것은 勿論인데도 不拘하고 이번에 나온 이 民法案이라는 것이요 얼마 前에 大體討論 때에도 말씀드렸습니다마는 相當한 時日은 걸쳤지

만 事實에 있어서 그 草案이 퍽이나 不完全하다고 할까 그 起草한 過程에 있어
서 대단히 完璧을 期하지 못했다는 이러한 點이 없지 않아 있습니다.

大體로 이런 民法案 같은 것을 起草를 하려면 다른 나라에 있어서는 소위
제1草案 제2草案 이렇게 여러 번 草案을 내는 것입니다. 무엇이냐 하면 처음에
그 委員이 起草를 해가지고 그것을 世上에 公布해서 그 公布해서 거기에 따른
學者라든지 實務者라든지 或은 一般 國民의 輿論을 거기다가 參酌해 가지고 다
시 그것을 또 고쳐서 그 다음에 제2草案을 내는 것입니다. // 이러한 것은 어느
나라 民法典을 作定하는 데 있어서도 다같이 期하는 方式인데도 不拘하고 이번
民法案은 그러한 形式과 經過를 밟지 못했습니다. 그렇기 때문에 이 法制司法委
員會에서도 이것을 審議하는 데에 相當히 困難을 느꼈으리라고 보는 것입니다.

또 이 審議하는 過程에 있어서도 亦是 좀더 愼重을 期하기 위해서는 一般
學界라든지 實務界라든지 一般國民의 輿論을 좀더 많이 吸收하는 이러한 過程
을 밟았어야 할 것인데도 不拘하고 事實 여러 가지 困難한 事情도 있었겠지마
는 그렇게 되지 못하고 또 그 後에 學者의 意見書라든지 또 各 方面의 公聽會
이런 것도 開催는 했지마는 事實에 있어서는 그 意見이 이 審議에 充分히 反映
이 되지 못하고 形式에 그쳤다는 이러한 것으로 보아서 대단히 여러 모에 있어
서 不滿한 點이 없지 않았습니다

大體로 이런 民法案 大法典일 것 같으면 여러 번 그 起草 過程에 있어서
審議過程에 있어서 다 끝을 내고 이 國會 本會議에 내놓으며는 이제는 그야말로
原案대로 通過되는 것이 原則일 것입니다.

이러한 尨大한 法條文을 여기에서 한 條文 한 條文 修正案 原案해 가지고
서 表決한다는 것은 대단히 어려운 일일 뿐이 아니라 事實에 있어서는 危險한
일이기도 한 것입니다

그렇기 때문에 될 수 있으며는 이러한 修正案을 내지 않으려고 했습니다마
는 이러한 經過와 또 // 一般 學者의 意見 이런 것을 들어볼 때에 대단히 不備
한 點이 몇 가지 있기 때문에 이 點을 제가 修正案으로 내는 것입니다. 本 議員
이 내는 修正案은 제 自身이 이 修正案을 作成했다기보다는 大體로 이 民事法
에 관한 權威者들로 된 各 學界의 學者들이 오랫동안 硏究한 結果 意見書로 提
出한 그 意見을 … 여러 가지 意見이 많습니다마는 그 中에서도 많은 取捨選擇
을 해서 가장 適切하다고 생각하는 것을 擇해서 學界의 意見을 代辯하는 意味

로서 제가 不足하지만 이 修正案을 내놓은 것입니다.

또 이 修正案에 있어서는 이 法案 自體에 있어서 勿論 잘 아시다시피 여기
에는 勿論 이 … 어떠한 무슨 偏見이라든지 이런 것이 아니고 純全히 참 法律
的 見地에서 이러한 案을 낸 것이 되었고 또 이 修正案을 내논 後에 法制司法
委員會의 小委員會와 또 여기에 관한 學者 여러분들과 數次에 亘해서 修正案을
本 議員과 合席해서 數次에 亘해서 意見交換을 해서 어느 程度에 있어서는 法
制司法委員會의 修正案과 … 原案과 本 議員이 내놓은 修正案 이 세 가지를 놓
고서 많은 그 妥協點이라고 할까 그 解決하는 點도 본 것이 많이 있습니다. 그
러나 어떤 部分에 있어서는 亦是 完全히 意見의 合致를 보지 못한 點도 있기
때문에 그런 點에 亘해서 特別히 제가 强調해서 말씀드리려고 합니다.

[13면] 또 이 審議하는 데 있어서는 아닌게 아니라 지금 議長도 말씀이 계
셨습니다마는 이 한 條文 한 條文이 가장 重要한 內容을 包含한 것이 많은데
이런 點에 있어서는 事實에 있어서 이 說明할 때는 成員이 못 되고 表決할 때
만 成員을 만들어가지고서 表決한다고 하는 것은 대단히 不合理하다고 생각합
니다. 왜냐하면 그 두 가지의 見解가 있을 때에 그 見解를 完全히 比較해 보아
서 이래서 그 意見에 따라서 우리가 여기에서 表決해야 할 것입니다.

이 民法案의 審議야말로 이것은 完全히 우리가 政治的인 何等의 關係도 없
는 것이고 純全히 그 法律的인 그런 見解에서 表決을 해야 될 이러한 關係로
해서 우리가 우리 國會議員 全部가 미리 다 그 各 條文에 對한 充分한 檢討가
있기는 … 아닌게 아니라 事實 대단히 어려운 일이고 하기 때문에 이 2독회에
있어서 討論을 通해서 여러분이 여기서 判斷을 내리실 이러한 充分한 機會를
가져야 될 줄 압니다. 그렇기 때문에 대단히 이 民法案을 審議하는 데 있어서는
우리 國會에서 特別한 措置가 없이는 이 表決이 完全히 되지 않을 줄로 생각합
니다. 지금 제가 보기에도 지금 여기서 … 아까는 成員이 될 것 같다고 했지마
는 지금 보기에는 成員이 大端히 모자라는 것 같습니다. 이런 成員이 大端히 모
자라는 이 자리에서 討論을 해서 … 그 表決할 때에는 무엇을 가지고 判斷해서
表決에 參加할 수가 있겠습니까? 이 점을 // 大端히 憂慮하는 것입니다.

Ⅷ. 李恒寧, 草案 全體(財産編)의 總評, 民法案意見書, 2면 ～ 17면

　(一) 體裁

　　草案이 于先 大陸法系의 體系를 取하였다는 것은 贊成이다. 解放 後에 英美法系가 많이 流入되었지만 公法生活과 달라서 私法生活에 있어서는 그 急激한 變化를 避한다는 意味에 있어서도 現行 民法의 體系를 尊重한다는 것은 妥當한 일이다. 元來 現行 民法은 主로 獨逸民法에 依據한 것인데 草案이 現行 民法을 基礎로 하면서 瑞西民法 等 現下 世界 文明 各國의 立法과 學說을 參酌하고 우리나라의 實情을 考慮하여 이루어진 것은 無難하다고 할 수 있다.

　(二) 根本原理

　　草案은 個人的 自由에 立脚하면서도 社會的 平等을 期하고저 하는 方向에 서 있는 것 같다. 이것은 이미 우리나라의 憲法의 根本原理로 되어 있는 것인데 憲法이 所謂 政治的 民主主義와 經濟的 民主主義를 同時에 達成하고저 하는 것과 같이 草案도 私法生活에 있어서 生産의 昻進과 分配의 公正을 同時에 期하고저 하는 것 같다. 憲法 前文에 「各人의 機會를 均等히 하고 能力을 最高度로 發揮케」하는 이른바 自由的 精神과 「國民生活의 均等한 向上을 期」하는 이른바 平等的 精神이 草案에도 看取되고 憲法 第15條에 「財産權은 保障된다」는 이른바 私有財産[3면]制度와 「財産權의 行使는 公共福利에 適合하도록 하여야 한다」는 이른바 公共福利 思想을 調整하려고 草案은 매우 苦心한 것 같다. 이리하여 草案에는 「去來의 安全」이라는 理想과 「弱者의 保護」라는 理想을 兩主軸으로 하고 있는데 이 二律背反的인 두 理念을 어느 程度 調和시키느냐하는 問題는 何必 立法에 있어서 뿐만이 아니라 民法典이 制定된 後에 있어서 그 解釋에 있어서도 또한 重要한 課題의 하나가 될 것이다.

　　草案이 第1編 總則編 冒頭에 第1章으로 通則을 두고 信義誠實의 原則과 權利濫用禁止의 原則을 宣言한 것도 이러한 意味가 있을 것이며 이러한 理想을 達成하기 爲하여 草案이 보여주는 規定을 몇 가지 摘記하여 보면

　　첫째로 靜的 安全보다 動的 安全에 置重하기 爲하여 從來 意思表示에 있어서 自由主義이던 것이 形式主義로 轉化된 것이 많다. 法人의 成立(草案 第32

條), 物權變動(草案 第177條), 指示債權의 讓渡(草案 第499條) 等에서 이 傾向을 보여 준다. 그러나 形式主義는 모든 條件이 完備하지 않으면 오히려 去來의 安全보다도 去來의 遲滯를 가져오게 되는 일이 많으므로 形式主義의 採擇은 愼重을 要한다.

둘째로 經濟的 弱者를 保護하기 爲하여 用益權을 強化하는 傾向이다. 物權에 있어서 地上權을 強化하고 傳貰權을 新設하고 債權에 있어서 賃借權을 強化시킨 것이 이것이다. 그러나 用益權 그 自體만을 너무 強化시켜 놓으면 用益權을 設定하기가 甚히 困難해질 것이므로 結果的으로 用益權 그 自體가 活用이 되지 않을 憂慮도 있다. 이 點에 對한 考慮가 또한 必要할 것이다.

세째로는 具體的 正義를 實現하고저 하는 傾向이다. 事情變更 또는 經濟狀態에 따라서 法律과 契約의 固定性을 어느 程度 緩和시키어 當事者에게 變更請求權과 法院에게는 形成權을 賦與한 것이 이것이다. 損害賠償豫定額에 對한 法院의 減額權(草案 第389條). 地料와 借貰의 增減請求權(草案 第274條, 第617條), 不法行[4면]爲로 因한 損害賠償에 있어서의 法院의 無責任者에 對한 賠償命令權과 當事者의 輕減請求權(草案 第750條, 第759條) 等에서 볼 수 있다. 이것은 恰似히 英美에 있어서 普通法에 對한 衡平法의 片鱗을 보여주는 것 같아서 이 制度가 잘만 運用되면 大端히 좋은 結果가 날 것이나 法院과 當事者가 이 權利를 濫用하면 法的 安全性이라는 見地에서 憂慮되는 바도 없지 않다.

네째는 社會生活에 있어서의 協同性과 權利와 義務의 相關性을 強調한 點이다. 所有權의 相隣關係를 擴大하고 債權者遲滯에 關한 規定을 詳細히 하고 無過失責任에 關한 規定을 增加한 것이 이것이다. 이 點은 草案의 進步的 色彩를 보인 것으로 將次 法律이 나아갈 길을 指示하는 것으로 보여진다.

이와 같이 草案이 그 根本原理를 冒頭에 揭記하고 또 그 根本原理를 具顯시킨 듯한 規定을 여기저기에서 볼 수 있다 하지만, 그러나 아직도 그 根本原理가 不透明하고 그 具體的인 規定이 不徹底한 感이 不無하다. 私法生活의 急激한 變化를 避한다는 見地에서 그 體裁에 있어서 現行民法을 土臺로 한다는 것은 勿論 妥當하겠지만, 그렇다고 하여 現行民法의 精神을 그대로 無批判的으로 繼承한다는 것은 時代錯誤라 아니할 수 없다. 現行民法이 封建主義에서 資本主義로 推移된 初期의 生活規範이라는 것을 認識하면 資本主義의 修正期에 들어간 今日에 있어서는 새로운 生活理念이 좀 더 鮮明하게 들어나 있어야 할 것이다.

大體 民法이라는 것은 私法의 原則法이라고 한다. 近代資本主義에 있어서는 모든 사람이 理性的 經濟人으로서 自由스러운 生産競爭을 하는 것을 原則으로 하고 이것을 「人格平等의 原則」과 「契約自由의 原則」으로 法律上 表現하였다. 그러나 今日에 있어서는 「人格平等의 原則」과 「契約自由의 原則」은 한낱 허울 좋은 美名에 不過하고 經濟的 强者와 經濟的 弱者의 區別이 뚜렷해지고 生産을 擔當하는 사람보다도 分配에 參與하는 사람이 많게 된 實情[5면]과는 너무나 距離가 멀게 되었다. 말하자면 過去의 民法은 「보이지 않는 손」의 힘을 믿고 自由放任해 두어도 「生産」의 昻進을 期할 수 있었으나 今日의 民法은 「보이지 않는 손」의 힘을 믿고 自由放任해 두었다가는「生活」의 破綻을 가져오게 할 憂慮도 적지 않다. 卽 過去의 民法은 生産者를 保護하는 것이 곧 市民의 生活을 保護하는 結果를 가져왔지만 今日과 같이 生産과 分配가 乖離된 結果 生産者를 保護한다는 것이 곧 市民의 生活을 保護하는 結果는 가져오지 않게 되었다. 새로운 民法은 이와 같은 經濟的 實情을 無視할 수는 없는 것이다.

지금까지 民法이 私法의 原則法이라고 한 것은 私法의 特別法으로 商法이라는 것이 있다는 것을 前提로 하고 있다. 民法이 一般市民生活을 規律하는데 商法은 特히 商人生活을 規律한다고 생각되었기 때문에 民法은 私法의 原則法이라고 일컬어졌다. 그러나 現代의 商法이라는 것은 決코 商人이라는 特殊階級의 生活을 規律하는 것이 아니라 企業에 關한 生活을 規律하는 것으로 되어 있다. 말하자면 市民의 生産分野를 主로 規律하는 것이 商法이다. 그렇다고 하면 市民의 經濟生活의 2大分野인 生産生活과 分配生活에 있어서 主로 그 生産分野에 關한 規律이 商法이라고 한다면 民法은 主로 그 分配分野에 關한 規律이 되고 말 것이다. 換言하면 民法과 商法이 同一한 事項에 關하여 原則과 特別의 關係에 있다 하기보다는 그 規律對象의 領域이 各異하다고 볼 수밖에 없다. 이렇게 되고 보면 民法이 商法에 對한 原則法이라는 觀念은 無意味하게 되고 商法은 主로 生産分野를 擔當하는 法이요 民法은 主로 分配分野를 擔當하는 法으로 되고 마는 것이다.

이렇게 생각한다면 草案에 있어서의 調和하기 어려운 「自由」와 「平等」의 二律背反的인 兩原理는 어느 程度 純化시킬 수 있다고 생각된다. 私法의 原則法이기 때문에 「生産의 自由」와 「分配의 平等」을 同時에 考慮하지 않을 수 없는 論理的 宿命에 떠러지지 않을 수 없지만 그 中에서 「生産의 自由」에 關한

部分을 어느 程度 商法에 轉嫁[6면]시키면 民法은 좀 더 「分配의 平等」을 期할 수가 있다고 생각된다.

　　이러한 見地에서 보면 草案의 根本原理와 各 規定은 別다른 進步가 없다고 할 수밖에 없다. 새로운 民法은 「分配의 公正」이라는 指導原理를 標榜하는데 좀 더 勇敢하였어야 할 것이다. 生産을 保護하고 企業을 維持시키는 것은 商法에게 一任하고 民法은 分配를 保護하고 「人間다운 生活을 保障」시키는데 좀 더 積極的인 熱意를 가져야 할 것이다. 草案은 人間다운 生活을 保障하는 것과는 相當한 距離가 있는데 이러한 意味에서 草案의 根本原理는 아직도 保守的 色彩가 濃厚하다고 斷定할 수밖에 없다.

　　(三) 用　語

　　法律의 大衆化의 見地에서 보면 草案의 用語도 現行民法의 用語와 같이 너무 難澁한 嫌疑가 있다. 民法은 勿論 窮極에 가서는 法官의 裁判規範이지만 그것보다도 먼저 一般民衆의 生活規範이 되어야 할 것이다. 이러한 意味에서 民法은 누구라도 理解할 수 있는 平易한 用語로 制定되어야 될 것이다. 이러한 意味에서 法律的으로만 獨特한 意味를 갖는 用語는 될 수 있는 대로 避하여서 可能한 限 一般的 意味와 法律的 意味가 同一하도록 하는 것이 좋겠고 또 넉넉히 「한글」로써 表現할 수 있는 말은 구태여 어려운 漢字를 使用할 必要가 없다고 생각된다.

　　또 지금까지의 慣用되어오던 用語를 生硬한 新造語로 代置하는 것도 될 수 있으면 避하는 것이 좋을 것 같다.

　　(四) 第1編 總　則

　　草案 總則編에서 現行民法과 다른 重要한 點은 通則을 新設한 것과, 無能力者制度中에서 妻를 削除한 것과, 法[7면]人을 非營利法人과 營利法人으로 區別한 것과, 登記를 法人의 成立要件으로 한 것과 時效制度에 있어서 消滅時效만 總則編에 規定하고 取得時效는 物權編에 移讓한 것 等이다. 大體로 보아서 異議가 없다.

　　第1章으로서 「通則」을 둔 것은 立法의 體裁로도 좋고 그 內容에 있어서도 贊成이다. 그러나 第1條의 法源에 있어서는 慣習法의 補充的 効力을 認定하는

데에 그치지 않고, 그 對等的 效力까지도 認定되는 것이오, 第2條의 根本原理의 闡明에 있어서는 너무나 抽象的인 嫌疑가 있고 좀 더 時代的 感覺과 社會的 要請에 適合한 具體性이 缺如되어 있는 것 같다.

　第2章에 「人」에 關하여서는 아직도 有産者를 保護하는 無能力者制度에 置重한 것 같고, 無産者를 保護하고 人間다운 生活을 保障하는 것에 對하여서는 全혀 無關心이다.

　第3章 「法人」에 關한 規定은 相當한 進步를 보여주고 있다. 現代에 있어서 團體生活이 占하고 있는 比重을 直觀하여 法人의 管理, 法人의 對外的 責任 等을 明白히 한 것은 時勢에 適合한 일이다. 草案이 民法上의 法人에게 非營利만 要求하고 公益性은 要求하지 않기 때문에 法人의 設立이 容易하게 되리라고 생각하는데 現行民法의 拘碍를 받아 民法上의 法人이 될 수 없어 特別法上으로 設立된 法人(例를 들면 勞動組合・協同組合)도 民法上의 法人과 같게 되는데 民法은 여기에 對한 配慮가 全혀 없으며 또 法人이 아닌 社團과 財團에 關하여서도 民法은 關心을 갖지 않고 있다.

　第4章 「物件」에 關하여서는 物件의 槪念을 擴張시키고 無記名債權에 關한 規定을 債權編에 가져간 것(民法 第86條 第3項, 草案 第514條) 以外에는 現行民法과 비슷한데 今日의 經濟事情에 비추어 이 2規定이 甚히 不充分한 것 같다.

　[8면] 第5章 「法律行爲」에 關하여서는 意思主義에서 表示主義로 轉換되어 去來의 安全을 圖謀하고저 하는 傾向을 認定할 수 있으나(草案 第102條 第2項, 第104條), 法律行爲의 社會的 正當性을 評價하는 基準으로서는 草案 第99條가 新設되었을 뿐인데 이 點에 關하여 좀 더 具體的 規定을 두는 親切을 베푸러 주었으면 좋았을 것이다.

　또 第4節에서 「無效와 取消」를 規定하고 있는데 現行民法에서는 法文上 取消와 撤回를 區別하지 않고 있으나 草案에서는 「撤回」라는 用語가 나오는 以上 이에 關한 一般的인 規定을 두는 것이 좋았을 것이다.

　第6章 「期間」에 關하여서는 年齡計算에 關한 規定이 挿入되었을 뿐(草案 第151條)이오 現行民法과 비슷하나 時效와 往往히 混同하기 쉬운 「除斥期間」에 關한 規定도 適當한 場所에 挿入이 되었으면 便利할 것 같다.

　第7章 「消滅時效」에 關하여서는 「取得時效」에 關한 것이 物權編의 「所有權의 取得」 下에 移替되었다면 차라리 「消滅時效」도 瑞西民法과 같이 債權編

의 「債權의 消滅」下에 移替되었으면 實際로 理解하기는 容易할 것 같다. 그러
나 消滅時效는 債權 外에는 所有權 以外의 財産權에도 關係되므로 理論上으로
는 草案과 같이 總則編에 두는 것이 可할 것이다.

草案이 時效制度를 二元的으로 取扱한 點과 또 消滅時效의 援用制度를 削
除한 것은 理論構成上으로 보아 安當하다.

(五) 第2編 物　權

草案 物權編에서 現行民法과 다른 重要한 點은 物權變動에 있어서 意思主
義에서 形式主義로 轉換한 것과, 占有權에 있어서 主觀主義에서 客觀主義로 轉
換한 것과, 所有權의 社會性을 强調한 것과, 用益權을 强化한 것과, 擔[9면]保
權을 弱化시킨 點이다. 現行物權編에서 認定되던 永小作權과 先取特權과 不動
産質權을 削除하고 새로이 傳貰權을 認定한 것이 特色이다.

草案에서는 在來의 不備를 補充하고저 努力한 자취가 많은데 가령 所有權
에도 明文으로 物上請求權을 認定하고 이것을 地上權, 地役權, 傳貰權, 留置權
까지에도 準用한 것이 그것이다(草案 第201條, 第202條, 第277條, 第288條, 第
309條, 第332條). 그러나 質權과 抵當權에도 可能한 範圍에 있어서 認定하였으
면 좋았을 것 같다.

民法 財産編 中에서 物權編은 普遍的 傾向보다도 特殊的 傾向이 濃厚하기
때문에 그 規定에 있어서 가장 愼重을 要하거니와 草案은 先進國의 制度를 採
擇하려는 데에 너무 燥急하여 韓國의 實情을 無視한 嫌疑가 없지 않다.

第1章 總則에서 物權變動에 있어서 形式主義를 取하였는데 去來安全을 圖
謀코저 하는 意圖는 좋으나 韓國의 實情으로 보아 時機尙早한 感이 있다.

第2章 占有權에 關하여서는 客觀說을 取하고 用語를 整備하고(代理占有를
間接占有로, 占有訴權을 請求權으로) 卽時取得의 規定이 所有權章 下에 移替되
었는데 安當한 일이다(民法 第192條, 草案 第239條).

第3章 所有權에 關하여서는 草案이 相當히 進步的 色彩를 띠려고 努力한
자취가 歷然하다. 첫째 現行民法 第206條에 該當하는 草案 第199條에서 「自由」
라는 두 글자가 削除된 것은 法律思想史上에 있어서 特記할 일이다. 憲法에 있
어서의 「公共福利의 思想」 民法通則에 있어서의 信義誠實의 「原則」과 權利濫用
禁止의 「原則」에 所有權이라는 權利의 內容을 規定함에 있어서 이와 같은 結果

를 내게 한 것이다. 所有權은 非但 民法의 中心點일 뿐 아니라 全法律體系의 中
心點이므로 所有權에 關한 草案의 이와 같은 態度는 앞으로의 法學의 方向에
있어서 하나[10면]의 示唆가 아닐 수 없다.

　　草案은 相隣關係에 關하여 相當히 많은 條文을 新設한 것은 國民共同生活의
圓滿을 期하는 意味에서 原則的으로서는 贊成하는 바이나 그 相隣關係의 規定
中에는 特別法으로 하는 것이 좋을 듯한 것도 있고 또 國民의 道義的 常識으로
當然하다고 認定되는 點도 不無하여 個中에는 不必要하다고 認定되는 條文도
있다. 元來 立法을 함에 있어서는 詳細하게 規定하는 것이 法律生活의 安定을
圖謀하는 立場에서 좋은 일이나 모든 國民이 道義的 常識으로서 當然한 것으로
알고 있는 것(例를 들면 草案 第217條의 餘水給與請求權 같은 것)까지를 規定하
여 놓으면 一方에서는 道義心을 減殺해 버릴 憂慮도 없고[있고] 一方에서는 그
와 비슷한 境遇에 있어서 法律에 規定이 없다는 것을 理由로 하여 反對解釋을
하게 하는 일이 많아서 오히려 共同生活이 圓滑치 않게 될 憂慮도 不無하다. 相
隣關係에 있어서 그 規定을 大幅的으로 擴張한 意圖는 充分히 諒解하는 바이나
立法의 限界라는 點에서 보면 이 部分에는 檢討를 加할 點이 相當히 많다.

　　草案이「相隣關係」에 關하여 相當히 細心한 配慮를 한데 對하여「共同所有
關係」에 關하여서는 너무 等閑視하여 均衡을 잃은 感이 있다. 勿論 資本主義的
所有權의 立場에서 보면 共同所有形態는 一時的이고 畸形的인 存在이어서 그렇
게 過大評價할 必要가 없다고도 할 것이다. 그러나 共同所有形態는 現在에도
相當히 많을 뿐 아니라 將來에도 相當히 늘어가리라고 豫想되는데 草案이 이에
對하여 共有 外에 다만「合有」에 關한 몇 條文(草案 第262條, 第263條, 第264
條)을 新設한데 그친 것은 賢明한 態度라고는 할 수 없다. 적어도「總有」에 關
하여서도 規定을 두는 것이 當然하다.

　　第4章 地上權에 關하여서는 이것을 大幅 强化하였다. 用益權의 强化라는
趨勢에 따른 것으로서 贊成은 하면서[11면]도 이리 되면 地上權을 設定하기가
困難하게 되어 오히려 結果的으로 보아 地上權의 制度가 死文化되지 않을가 憂
慮되는 바도 없지 않다.

　　第5章 地役權에 關한 規定은 現行民法과 大差 없는 것 같다.

　　第6章 傳貫權에 關하여서는 草案의 努力을 嘉賞하는 바이나 그러나 이것을
物權의 形態로 하는 것과 債權의 形態로 하는 것과는 어느 便이 可한지는 速斷

하기 어렵다. 地上權制度가 있기는 하지만 事實上은 別로 活用되지를 않고 大部分 賃貸借契約을 하는 것이 實情인데 傳貰權도 物權으로 하여 놓았다가 이와 같은 現象이 나타나지 않을가 憂慮된다. 차라리 傳貰契約이라는 有名契約類型을 新設하여 두는 것이 適當할 것 같다.

第7章 以下의 擔保物權에 關하여서는 金融의 擔保라는 것이 資本主義經濟制度 下에서 얼마나 必要한 것인가는 두말할 것도 없다. 企業을 旺盛하게 하려면 金融의 便宜를 圖謀하여 주어야 하고 金融의 便宜를 圖謀하려면은 擔保物權을 强化하여 주어야 할 것이다. 그러나 이러한 擔保權의 强化는 必然的으로 用益權의 弱化를 가져오게 된다. 이 두 가지 權利를 어떻게 調和하느냐 하는 것이 擔保物權의 主眼點인데 草案은 이 點에 있어서 多少 用益權에 置重한 感이 있다. 資本主義의 世界的 發展段階로 보아서 金融獨占資本의 橫暴下에 놓여 있는 現今의 情勢로 보아 妥當하기는 하다 할지라도 資本主義의 成長이 아직도 微弱한 韓國의 實情으로 보아서 擔保權의 弱化가 오히려 農民들에게 金融의 길을 杜塞시키지 않을가 憂慮되는 바도 없지 않다.

第7章의 留置權에 關하여서는 留置權의 目的物 속에 有價證券을 包含시키고(草案 第310條) 또 留置權者에게는 原則的으로 競賣權을 認定하지 않고 다만 果實의 競賣權만 認定하였는데(草案 第312條) 前者는 用語上의 問題이고 後者는 一般競賣權도 認定하는 것이 留置權의 制度上 目的을 達成할 수 있을 것 같다.

[12면] 第8章 質權에 關하여서는 事實上 別로 利用되지 않던 不動産質權이 削除되고 權利質權 特히 債權質權에 關하여 規定을 詳細히 한 것은 立法이 時運에 따른 것으로 妥當하다. 또 草案이 質權의 一般財産에서의 辨濟權을 明文으로 認定한 것(草案 第329條)도 贊成이다.

第9章 抵當權[에] 關하여서는 現行民法에 明文은 없었으나 學說判例가 다 認定하여 오던 根抵當制度를 認定한 것은 贊成이고(草案 第346條) 그 代身 從來 抵當權者를 害친다고 하여 論議가 많았던 滌除制度와 代價辨濟制度를 廢止하였는데 이 點도 贊成이다. 그러나 現行民法이 抵當權만의 處分을 認定한데 反하여 草案은 이것을 禁止하였으며(民法 第375條, 草案 第350條), 또 現行民法에서는 認定하던 流抵當을 草案에서는 禁止하였다(草案 第351條). 前者는 抵當權의 附從性을 지나치게 强化하여 抵當權을 弱化시켰고 後者는 流質特約을 禁한 趣旨를 抵當權에도 擴張한 것인데 質權에 있어서는 細窮民을 保護하는 意味

가 있다 할 수 있거니와 抵當權에 있어서는 讓渡擔保가 公公然히 認定되고 있는 이 때에(草案 第338條) 이로 因하여 抵當金融을 阻害하지 않을가 念慮이다. 또 法定地上權을 强化하였는데(草案 第356條) 이리 되면 土地의 抵當價値가 低落될 憂慮가 있으며 또 短期賃貸借의 保護規定(民法 第395條)이 削除된 것은 그 理由를 알 수가 없다.

結果的으로 抵當權이 弱化된 것 같은데 그렇다고 하여 그만큼 用益權이 强化되었는지는 疑問이다.

草案이 讓渡擔保制度에 關하여서 沈默을 지키고 있는 것은 親切한 態度는 아니다.

(六) 第3編 債 權
草案 債權編에서 現行民法과 다른 重要한 點은 總則編에 있어서 債務의 引受에 關한 規定과 指示債權과 無記名[13면]債權에 關한 規定을 新設한 것이고 各論編에 있어서 現行民法이 契約總則에서 取扱하였던 懸賞廣告를 契約各論에서 有名契約의 하나로 取扱한 點이다.

債權編 全體에 흐르고 있는 傾向은 債務者의 地位를 强化하여 經濟的 弱者를 保護하고 「平等」의 理念에로 志向하고저 하는 것이다. 草案이 그 冒頭에 信義誠實의 原則과 權利濫用의 禁止의 原則을 내세우고 이것이 物權編에 있어서는 用益權의 强化의 形態로 具現되고 債權에 있어서는 債務者의 保護라는 形態로 具現되게 되었다. 法律이 決코 權利者의 權利行使만을 保障하여주는 것이 아니라 人間의 共同生活의 圓滿이라는 點에 留意하여 權利者와 義務者와의 相互 協力關係를 重視하게 된 것은 法律의 進化現象이라고 볼 수밖에 없다. 이런 意味에서 草案이 債權者에게 相當히 重한 負擔을 課한 것은 當然한 立法이라고 생각된다.

草案은 債權者遲滯에 關하여 相當히 詳細한 規定을 두었고 賃借權을 强化하였으며 當事者와 法院에게 相當히 廣範圍한 契約變更權을 認定한 것은 主로 經濟的 弱者를 救出하고저 함이 分明하다. 그러나 元來 債權이라는 것이 債權者 自身만을 爲하는 것이 아니라 債權者와 債務者는 勿論 一般社會를 爲하여 있다는 點을 法律이 좀 더 明確히 하여 주었으면 좋았을 것 같다. 債權關係에 있어서 義務를 진 사람은 債務者뿐이오 債權者는 權利는 있으나 義務는 없다는

在來의 觀念을 是正하는 意味에 있어서도 債權者의 受領義務와 債權者가 受領義務에 違反될 때에는 債務不履行이 된다는 것을 明言할 必要가 있지 않을까 생각한다.

草案이 所有權의 槪念 中에서 「自由」라는 觀念을 削除하여 所謂 所有權絶對의 原則을 止揚한 것과 같이 契約에 있어서도 「自由」라는 觀念보다 「公正」이라는 觀念이 뚜렷이 엿보인다. 이 點에 있어서도 民法의 重點이 「生産의 昂進」보다도 「分配의 公正」에 轉移하고 있는 것을 이 곳에서도 짐작할 수가 있다.

[14면] 이러한 觀點에서 볼 때에 草案의 不法行爲의 規定도 現行民法보다 進步한 자취가 顯著하기는 하나 「分配의 公正」이라는 理念을 達成하기에는 아직도 前途遼遠하다.

第1章 總則 第1節 債權의 目的에 關하여서는 金錢債權에 있어서 今後 많이 있으리라고 豫想되는 外國通貨로 指定된 것에 對하여 좀 더 詳細한 規定이 必要할 것이라고 생각된다(草案 第369條).

第2節 債權의 效力에 關하여서는 履行補助者의 過失과 履行遲滯中의 損害에 對하여서도 債務者에게 無過失責任을 課한 것은 좋으나(草案 第382條, 第383條) 이러한 精神은 何必 債務者뿐 아니라 債權者에게도 擴張할 必要가 있을 것이다. 또 損害賠償의 豫定額에 關하여 法院에게 減額請求權을 認定한 것은 進步的 規定이나(草案 第389條) 債權者의 受領遲滯에 關하여 좀 더 債權者의 義務性을 明白히 하지 못한 것은 아직도 傳統的 債權觀念에서 解脫하지 못한 感이 있다(草案 第391條).

第3節 數人의 債權者와 債務者에 關하여서는 그 規定이 甚히 不透明하다. 卽 可分債務와 不可分債權에 關한 規定과 連帶債務와 保證債務에 關한 規定을 單純히 數人의 債權者와 債務者가 있다는 理由만으로 一括하여 規定하였는데 그 中에서 可分債務와 不可分債務는 所有權의 共同所有形態와 같아서 그들 相互間의 關係를 圓滿하게 調整하는 것이 主目的이나 連帶債務와 保證債務는 오히려 債權의 擔保라는 點에서 規律되어야 할 것이다.

第4節 債權의 讓渡와 第5節 債務의 引受에 關하여서는 이것을 統括하는 規定이 必要할 것 같다.

第6節 債權의 消滅에 關하여서는 大體的으로 贊成이나 草案이 이왕 「供託」을 「辨濟」에서 獨立시킨 바에는 「代物辨濟」도 「辨濟」에서 獨立시켜 規定하는

것이 理解에 便利할 것 같고 免除도 單獨行爲로 하지 말고 契約으로 하는 것이 可할 것이다.

[15면] 第7節 指示債權과 第8節 無記名債權은 이것을 一括하여 證券債權으로 하는 것이 可할 것이고 그 位置에 關하여서도 草案의 位置는 不適當하며 第1節 債權의 目的 다음에 가는 것이 適當할 것 같다.

第2章 契約 第1節 總則에 關하여서는 要請(請約)의 拘束力을 强化하고 危險負擔에 있어서 債務者主義로 一貫한 것과 遡及效없는 「解止」에 關하여 規定을 分明히 한 點 等 모두 妥當하다(草案 第518條, 第527條, 第539條). 그러나 契約締結上의 過失에 關하여 草案이 沈默하고 있는 것은 信義誠實을 標榜하는 草案치고는 重大한 過失이라 아니할 수 없다. 또 買主에 對하여서는 目的物受領義務도 認定하여야 할 것이다.

第2節 贈與에 關하여서는 特別解除原因을 認定한 것은 具體的 定義를 實現하고저 하는 點에서 妥當한 일이다(草案 第545條, 第546條).

第3節 賣買에 關하여서는 手附에 關한 規定을 整備한 것과 賣主(賣渡人)과 [와] 買主(買受人)의 義務를 分明히 한 것과 賣主의 擔保責任을 擴張한 것 等은 妥當한 일이다(草案 第554條, 第557條, 第566條, 第570條, 第571條). 또 還買에 關하여서 規定을 둔 것은 좋으나 讓渡擔保에 關하여서도 規定이 있었으면 좋을 것 같다.

第4節 交換은 現行民法과 同一하고 第5節 消費貸借와 第6節 使用貸借는 現行民法의 要物契約을 草案은 모두 諾成契約으로 修正하였는데 妥當한 일이다. 또 草案은 消費貸借에 있어서 金錢貸借에 關한 規定을 詳細히 한 것과 使用貸借에 있어서 共同借用에 關한 規定을 新設한 것은 모두 時勢에 適合한 일이다(草案 第589條, 第590條, 第595條, 第596條, 第597條, 第600條).

第7節 賃貸借에 關하여서는 賃借權을 大幅的으로 强化한 것은 贊成이나 賃借人의 登記請求權은 行使하기가 容[16면]易할 것 같지 않으므로 短期賃貸借에 關하여서는 登記없이도 占有에 公示力을 認定하도록 하는 것이 可할 것이다(草案 第610條). 또 賃貸借에 있어서는 何必 賃借人만 保護하는 것보다도 賃貸物 그 自體의 用益性을 保護하는 데에 留意하여 附屬物에 對하여서는 賃借人에게만 買取請求權을 認定하는 데에 그치지 않고 賃貸人에게도 賣渡請求權을 認定하도록 하여야 할 것이다(草案 第636條).

第8節 雇傭에 關하여서 勞動法과의 關契와 身元保證에 關한 規定이 있었으면 좋았을 것 같다.

第9節 都給에 關하여서는 受給人의 抵當權設定請求權을 認定한 것은 安當하나(草案 第658條) 나아가서는 都給人에게 目的物受領義務도 認定하여야 할 것이다.

第10節 懸賞廣告에 關하여서는 廣告 있음을 알지 못하고 廣告에 定한 行爲를 完了한 者에게도 報酬請求權을 認定하고(草案 第669條) 廣告에 指定行爲의 完了期間을 定한 때에는 다만 撤回權을 抛棄한 것으로 推定하지 않고 그 期間 滿了前에는 撤回를 하지 못하도록 한 것은 贊成이나(民法 第530條 第3項, 草案 第671條 第1項) 所有權의 歸屬問題에 關한 規定이 없는 것은 不備하다.

第11節 委任에 關하여서는 準委任制度를 廢止하고 復委任을 禁한 것은 安當하다(草案 第672條, 第674條).

第12節 任置에 關하여서는 從來의 要物契約이 諾成契約으로 修正되었는데 贊成하는 바이다.

第13節 組合에 關하여서는 業務執行者의 選定方法과 業務執行組合員의 業務執行代理權 推定 等 組合의 運營에 留意한 것은 贊成이오(草案 第698條, 第701條) 또 組合員의 平分辨濟責任을 規定하고 持分의 處分을 制限하여 組合財産의 團體財産性을 強調한 것도 安當하다(草案 第698條, 第705條, 第706條, 第707[17면]條).

第14節 終身定期金은 現行法과 같고 第15節 和解에 關하여서 錯誤와의 關係를 新設한 것은 贊成이다(草案 第726條).

第3章 事務管理에 關하여서는 事務管理의 公共利益性을 強調한 것은 民法의 새로운 動向을 보이는 것으로 注目할 만하다(草案 第727條 第3項 但書).

第4章 不當利得에 關하여서는 法과 道義觀念과의 一致를 꾀하고저 하는 意圖가 나타나 있어 여기에도 民法의 새로운 方向이 나타나 있다(草案 第737條).

第5章 不法行爲에 關하여서는 「權利侵害」의 境遇뿐만 아니라 「利益侵害」의 境遇까지 包含시켜서 「違法行爲」로서 不法行爲를 成立시킨 것은 安當하고 또 無過失責任을 擴大시킨 것도 贊成이다(草案 第743條, 第750條). 또 精神的 損害에 對한 賠償制度도 擴大시켰는데 아직도 不充分한 感이 있다(草案 第744條). 또 經濟狀態를 考慮하여 賠償額輕減請求權을 認定한 것도 安當하다(草案 第759條).

大體로 보아 草案의 不法行爲의 規定은 現行法에 比하여 一大 前進을 하였다고 할 수 있다. 그러나 不意의 損害를 입은 사람에게 生活의 威脅을 除去하여 주는 意味에 있어서는 아직도 草案은 消極的이다. 勿論 그와 같은 것은 社會保險이나 社會保障制度의 實現에 期待하여야 하겠지만은 民法의 領域에 있어서도 그 目標는 均等한 生活을 保障하는데 두어야 할 것이다. 「生産의 昂進」보다도 「分配의 公正」을 期할 必要가 가장 切實히 느껴지는 部分이 바로 이 「不法行爲」이다. 그러한 意味에 있어서 「不法行爲」라는 말 그 自體가 이에 時代錯誤的이라고도 할 수 있을 것이다.

附: 民法의 制定過程과 관련한 文獻 目錄*

1. 張暻根, "朝鮮親族相續法", 法政 2권 3호(47.3) 6면.

2. 朱宰璜, "쏘-베트 露西亞 民法의 輪廓", 法政 2권 3호(47.3) 11면.

3. 金炳魯, "親族相續에 관한 慣習의 批判", 法政 2권 4호(47.4) 4면.

4. 金甲洙, "民法典의 編別과 朝鮮의 立法", 法政 2권 9호(47.9) 17면.

5. "法制編纂委員會 分委 設置", 法政 뉴-스, 法政 2권 11호(47.11) 36면.

6. 曉堂學人[崔大鎔 변호사?], "法典編纂에 대하여", 法政 3권 6호(48.6) 10면.

7. "金大法院長 對談話", 法政 3권 6호(48.6) 31면.

8. 張厚永, "國會構成에 관련하여", 法政 3권 6호(48.6) 30면.

9. "朝鮮臨時民法典編纂要綱(總則)", 法政 3권 8호(48.8) 41면.

10. 張厚永, "우리 民法의 새 理念", 法政 4권 9호(49.9) 14면.

11. "遲遲不進의 立法", 法政新聞 252호(52.9.13) 1면.

12. 兪鎭午, "韓國法學界의 回顧와 展望", 高大新報 60호(54.11.24) 3면.

13. 李丙浩, "新民法草案槪說(1) ― 民法總則編(1)", 法政 10권 3호(55.3) 15면.

14. 鄭熙喆, "物權으로 등장한 傳貰權", 法政 10권 5호(55.5) 10면.

15. 鄭熙喆, "民法草案 제1조의 境遇", 法政 10권 6호(55.6) 8면.

16. 金基善, "民法改正에 관하여", 大學新聞 116호(55.6.13) 2면.

17. 張庚鶴, "民法典編纂의 現代的 意義", 大學新聞 118호(55.6.27) 2면; 119호(55.7.4) 2면.

18. 새 民法 制定에 대한 意見, 法政 10권 9호(55.9).

    (1) 金基善, "民法典의 沿革과 관련하여", 3면.

    (2) 李丙浩, "草案에 나타난 民法總則編의 總則性", 8면.

    (3) 李英燮, "특히 身分法을 중심으로", 13면.

    (4) 李熙鳳, "民法草案 親族編 相續編에 대한 管見", 17면.

    (5) 朴商鎰, "民法草案 중의 訴訟的 規定에 관한 일고찰", 22면.

    (6) 張庚鶴, "民法草案 審議에 있어서의 諸問題", 29면.

19. "民法草案研究會", 大學新聞 (56.10.1).

20. 李恒寧, "慣習法의 法的 位置", 法政 10권 10호(55.10) 3면.

21. "民法草案의 修正案 審議要綱 總批判", 高大新報 122호(56.10.29) 2, 3면.

---

* 현재 수집 가능한 범위의 것으로서 완벽과는 거리가 있다.

(1) 李恒寧, "全體와 總則編"

(2) 金振雄, "物權編"

(3) 朱宰璜, "債權編" 이상 2면.

(4) 李熙鳳, "親族相續編", 3면.

22. 特輯 民法草案批判, 大學新聞 165호(56.11.5) 2면.

(1) 李丙浩, "總則"12)

(2) 金曾漢, "物權"13)

(3) 金基善, "債權"14)

(4) 鄭光鉉, "親族相續"

23. "서울辯護士會에서 民法案研究委 改編 — 草案研究 本段階로", 法律新聞 224호 (56.10.29).

24. 特輯 新民法案總批判, 法政 11권 11호(56.11).

(1) 金基善, "民法案 제2조의 究明에 관하여", 4면.

(2) 朱宰璜, "不動産物權의 登記主義에 관하여", 8면.

(3) 李丙璘, "物權으로서의 傳貰權의 創設에 관하여", 12면.

(4) 劉敏相, "不法行爲에 관하여", 14면.

(5) 金顯泰, "民法草案에 대한 檢討", 18면.

25. "民法草案模擬公聽會", 大學新聞(56.11.26).

26. "民事法研究會서 意見書를 作成", 法律新聞 238호(57.2.25) 2면.

27. "民法草案을 계속 검토한 辯協 — 12개 項目에 異見", 法律新聞 242호(57.3.25) 2, 3면.

28. 鄭光鉉, "親族相續法 制定의 目的과 立法方針에 대한 管見(上)", 大學新聞 179호 (57.4.15) 2면.

29. "개정될 民法案은 이렇다", 高大新報 137호(57.4.22) 3면.

30. "民法案 公聽會 閉幕", 法律新聞 246호(57.4.22) 1면 이하.

31. 方順元, "民法案總則編에 대한 意見", 法制 1권 5호(57.5) 6면.

---

12) 이는 그 제목을 '불명확점 약간 내포 / 법인, 법률행위, 시효 등의 규정은 명확 / 처의 지위 발전은 시대사조'라고 하였다. 후에 민의원 법제사법위원회 민법안소위원회가 편집·발 간한 『民法案審議資料集』(1957), 67면 이하에 다시 실렸다.

13) 이는 그 제목을 '형식주의는 등기의 공신력과 함께 / 선취특권, 척제의 폐지는 지당 / 합유 와 총유의 혼동 저당권 약화는 부당'이라고 하였다. 후에 민의원 법제사법위원회 민법안소 위원회가 편집·발간한 『民法案審議資料集』(1957), 70면 이하에 다시 실렸다.

14) 이는 그 제목을 '채무자 지위를 강화 / 신의성실 원칙 성문화는 세계 경향'이라고 하였다. 후에 민의원 법제사법위원회 민법안소위원회가 편집·발간한 『民法案審議資料集』(1957), 66면 이하에 다시 실렸다.

32. "民法案 등 71개 廢棄法案 …", 法律新聞 251호(57.6.3) 1면.

33. "金大法院長 在任 中 商法起草完了", 法律新聞 252호(57.6.10) 1면.

34. "民事法研究會 創立總會", 大學新聞 57.6.?

35. 金曾漢, "民法案上程에 대한 異議", 法政 12권 10호(57.10) 18면.
    = 金曾漢, "民法案의 本會議上程을 앞두고", 大學新聞 195호(57.9.23) 2면.

36. "民法草案豫審을 완료", 法律新聞 265호(57.9.23) 2면.

37. 鄭光鉉, "民法案 중 修正案에 대한 검토 ― 親族相續編을 중심으로", 大學新聞 198
    호(57.10.14) 2면.

38. 金曾漢, "民法案 財産編 修正提議", 大學新聞 203호(57.11.18) 3면.

39. "民法案 本會議서 審議 開始", 法律新聞 273호(57.11.18) 1면.

40. "당면한 法曹問題를 말하는 座談會", 法律新聞 274호(57.11.25) 4면.

41. 玄勝鍾, "民法案審議에 한 마디 한다", 高大新報 162호(57.12.9) 1면.

42. 鄭熙喆, "傳貰制度 規制의 一方案", 法政 12권 12호(57.12) 8면.

43. 張庚鶴, "民法草案에 대한 批判(1)－(7)", 法政 10권(57) 3호 내지 10호(9호 缺).

44. 張庚鶴, "物權法草案의 批判(1)－(7)", 法政 10권 12호 내지 11권 10호(3－5호, 9
    호 缺).

제 1 편

總　則

제 1 편   總   則

** 민법전의 편성 체계에 대하여

Ⅰ. 法編委   1. 의사록   제7회 [1949년] 2月19日 於大法院會議室

○ 高秉國 起草委員 : 우리는 大陸法系의 시스템을 取하여 主로 獨逸民法에 依據한 現行 民法 總則篇의 規定을 基礎로 하되[1] 爲先 必要한 限度에 있어서 從來의[2] 規定을 改定 又는 新設함이 必要할 것이다. 그러면 以下 民法總則要綱을 朗讀하기로 한다.

2. 編纂要綱   總 則   民法典을 制定함에 있어서는 大陸法系의 씨스템을 取하며, 主로 獨逸民法에 依據한 現行 民法 總則篇의 規定을 基礎로 하되, 現下 世界文明各國의 立法 及 學說과 우리나라의 實情에 鑑하여 爲先 必要한 限度에 있어서 左와 如히 規定을 改正 又는 新設함을 要함.

Ⅱ. 案   제1편   總 則

Ⅷ-2. 제2독회, 속기록 제42호, 14면 중단 ~ 17면 하단

○ 李忠煥 議員 : [⋯] 그런데 民法案에 對한 質疑와 大體討論이 끝났지만 이 逐條審議하는 過程에 있어서 原案과 修正案이 있을 적에는 여기에 對해서 質問할 수 있다고 國會法에 規定되어 있다고 보기 때문에 이 小委員會의 張暻根 議員에게 質疑하겠습니다

첫째로 아까 議長께서 방망이를 치시지 않았는데 제1편 總則 이 總則에 對해서 修正案이 없습니다마는 이 民法의 總則이라고 하는 것은 그야말로 親族相續法까지 全般的인 이 條文에 該當하는 또 全般的인 條文에 適用될 수 있는 이러한 意味의 總則은 아닐 것입니다. 親族相續과 같은 身分法에는 제1편 總則은

---

[1] 「朝鮮臨時民法典編纂要綱」에는 이 다음에 "現下 世界文明各國의 立法 及 學說과 우리나라의 實情에 鑑하여"라는 文句가 들어 있고, 이는 「民法典編纂要綱」에도 마찬가지이다.

[2] 「朝鮮臨時民法典編纂要綱」에는 "從來의"가 아니라 "左와 如히"라고 되어 있고, 이는 「民法典編纂要綱」이도 마찬가지이다.

適用되지 않는 境遇가 許多히 있는데 이것을 從前의 日本民法과 마찬가지로 總
則이라고 하는 文字를 그대로 여기다가 쓰셨는데 이 總則이라고 하는 말은 좀
어떻게 딴 方向으로 이것을 研究해 보신 일이 없는가? 本議員 自身도 여기에
對해서 如何튼 總則이라고 할 것 같으면 親族相續法까지 一括的으로 適用될 수
있는 이러한 그 意味를 內包하지 않았나 이렇게 생각이 되기 때문에 實際에 있
어서는 그렇지 않은 경우가 많이 있습니다. 그래서 本 議員 自身도 여기에 대한
이 文句를 用語를 發見하지 못했습니다마는 이 民法의 大//家이신 張暻根 議員
께서는 여기에 대해서 좀 研究해 보신 일이 있는가 […] [15면]

　　○ 法制司法委員長 代理(張暻根) :　李忠煥 議員께서 一//部 물으신 점은
제1편 總則은 身分法이 適用되지 않는 것이 많은데 왜 이것을 總則으로 했느냐
이것 대단히 重要한 質問이올시다. 이것 事實上 이것은 學者가 다 認定하는 바
와 마찬가지입니다. 1편 總則에 規定된 條文 中에는 性質上 身分法 다시 말하
면 親族法 相續法은 適用될수 없는 것이 事實입니다 그러나 … 그렇기 때문에
어떤 立法例에 있어서는 財産法과 身分法을 全部 갈라가지고 여기에 있는 제1
편 … 物權 債權을 딴 法律로 하고 또 身分法 親族相續을 딴 法律로 하는 法律
도 있습니다마는 이것은 지금 우리가 이것 하는 것은 獨逸民法이나 그러한 所
謂 偏僻된[판덱텐] 法典編纂의 그 한 方式인데 여기에 지금 우리가 便宜에 따
른 것은 例를 들어 말하면 1조 2조 3조 4조나 이런 또 여러 가지 條文이 原則
上으로 親族編에도 適用되는 條文도 또 많습니다.

　　性質上 이 親族編에는 適用 못 되는 것도 있는데 이것은 대개 學者들이 解
釋上으로써 이것을 定할 수가 있는 것입니다. 그래서 多少間 無理는 하지마는
이것을 總則編을 두는 것이 좋다 하는 이것 世界潮流라고 할까 이러한 偏僻된
[판덱텐] 民法編纂方法에 依據한 것이 本 原案의 方針입니다.

　　이것이 여기 대해서는 勿論 學者들로서는 論難할 수가 있는 것이에요 그러
나 여기 審査하는 사람의 立場으로는 요前에 審査報告에서도 말씀드렸습니다마
는 이러한 根本的인 것을 고친다고 하는 것은 起草者의 立場에서는 이런 것을
할 수 있지마는 이런 것을 이럴 수도 있고 저럴 수//도 있는 것을 이것을 全部
처음부터 編別부터도 뜯어 고칠 수는 없는 것입니다. 이것을 全部 뜯어고치지
않으면 全部 잘못이라 이런 것은 立法例도 없다 할 것 같으면 勿論 그것이라도
뜯어 고쳐야 하겠지마는 이러한 編別法에 의하는 것이 많기 때문에 또 거기에

따른 이 草案이기 때문에 審査 우리 審査委員會로서는 거기에는 손을 대지 않았습니다. 이것을 諒解해 주시기를 바랍니다

제1장 通 則

제1조 (法源) 民事에關하여法律에規定이없으면慣習法에依하고慣習法이없으면條理에依한다

I. 法編委　　1. 의사록　　民法總則 要綱　　○ 高秉國 起草委員

(一) 民法 全體를 通한 大原則으로서

　　(A) 慣習法 及 條理의 補充的 效力을 規定하고(法例 제2조 參照) […]

　　○ 鄭文模 委員 : 法例3) 제2조4)와 같은 內容은 民法에 限한 것이 아니고 全般的인 것인데 이것을 民法總則에 規定하고 全般을 支配할 수 있을까가 疑問이다

　　○ 姜柄順 委員 : 民事에 關한 範圍에서 法例 제2조의 內容을 民法總則에 規定함은 可能하며 何等 支障이 없을 것이다.

　　全 委員 異議 없으므로 原案을 成文 後 檢討하기로 可決하다

　　2. 編纂要綱　　總 則　　[…]　　一. 民法 全體를 通한 大原則(通則)으로서

　　　1. 慣習法 及 條理의 補充的 效力을 規定하고(法例 제2조 參照)

III. 審議錄, 3면 상단 ~ 하단　　　　　　　　　　　　다만 法

　　2. 現行法 및 判例, 學說　　現行法에는 法源의 明示規

例 제2조는 慣習法이 法源이 됨을 規定하고 있다

　　3. 外國 立法例　　① 瑞西民法 제1조

定이있는法律問題에關하여서는이法律을適用한다되어 2007년 1월 1일부터 시

---

3) '法例'는 1898년(明治 31년) 6월 21일 법률 ᄍ하는 관습은 법령의 규정에 의하
　다. 이 법률은 2006년(平成 18년) 6월 2안하여 법률과 동일한 효력을 가진다."
　행된 「법의 적용에 관한 통칙법」으

4) 법례 제2조 : "公의 질서 또는 성
　여 인정된 것 및 법령에 규정

習法에따르며慣習法도또한없을경우에는自己가立法者라면法規로써設定하였을바
에따라裁判하여야한다.

        前項의規定에있어서裁判官은確定의學說및先例에準據하여야 한다.

    ② 瑞西民法 제4조   이法律上裁量또는狀況의判斷또는重要한原因의有無
의認定을裁判官에게一任한境遇에는裁判官은法理및衡平에基하여裁判하여야한다

    ③ 中國民法 제1조   民事에關하여法律에規定하지않는것은慣習에依하고
慣習없는것은法理에의한다

    ④ 滿洲民法 제1조   草案과 同一하다 //

    6. 審議經過   法源 中 條理를 包含시킨 데 대하여서는 若干의 異議도
있으나 裁判官은 法律 또는 慣習法이 없다고 하여 裁判을 拒否할 수 없으므로
裁判의 基準이 되어야 할 法源의 하나로서 條理를 認定함이 妥當하며 이것을
法文上 明示한 草案의 態度는 可하다

    7. 結 論 : 原案에 合意

V. 意見書, 20면 ~ 21면 (方順元)

    [1] 草案 제1조를 「民事에 關하여 法律 또는 慣習法이 없으면 條理에 依한
다」로 修正한다.

    [이 유]   草案 제1조는 「民事에 關하여 法律에 規定이 없으면 慣習法에
依하고 慣習法이 없으면 條理에 依한다」라고 規定하여, 民法의 法源으로 法律
慣習法 및 條理의 3者가 있음을 宣明함과 同時에, 그 3者 適用의 順位를 法律,
慣習法, 條理의 順序로 適用할 것을 規定함과 同時에, 學說上 問題되어 있는 判
3者 法源性을 否認하였다. 草案이 民法의 法源으로 法律, 慣習法 및 條理의
律을 下하고 있음은 異議가 있을 수 없는 바이나, 그 適用順位에 있어서 法
에 놓아다 優位에 둔 點이 妥當치 않다. 草案이 慣習法을 法律보다 下位
從來의 法明定이 없을 때에 限하여 慣習法의 補充的 效力을 認定한 것은
이 法例의 規   文理解釋의 結論을 그대로 是認한 것에 지나지 않으며,
派에 依한 慣習   에 있어서의 從來의 自然法思想을 克服하고 歷史法學
規範 形成에 있어   意味하나, 이는 아직 成文法萬能思想 換言하면 法
        現行 法制와 같   絶對의 思想을 脫却치 못한 規定이라 할 것이다.
                    存在하고 不斷히 特別民法法規를 包含하는

單行法을 制定하는 成文法主義를 採擇하더라도 制定法으로써 流動하는 千態萬象의 現象을 全部 規定할 수 없을 뿐 아니라, 成文法의 慣習法의 存在와 內容을 明瞭하게 하기 爲하여 制定되는 境遇도 許多히 있는 것이다. 이와 같이 成文法主義를 採擇하는 나라에 있어서도 法規의 發生이 人間生活의 固有當然한 것으로 豫定하는 一般的 抽象的 規範으로서 成立되는 境遇와(法의 自然法的인 成立過程), 社會生活의 實際的 必要에 依하여 同一한 慣行의 反覆과 社會的인 法的 確信에 依하여 法規가 成立하는 境遇가 있다(이는 歷史法的인 法規成立過程). 그런 故로 民法의 形成에 있어서도 成文法과 慣習法이 提携融合하여 있다고 볼 수 있으며, 歷史法的인 것과 自然法的인 [21면] 것이 微妙하게 融合하여 있다고 볼 수 있는 것이다.

　　現行 民法 제175조가 「物權은 本法 其他의 法律에 定하는 것 外에는 이를 創設할 수 없다」는 規定을 두어 物權의 種類와 內容을 法律로써 固定하고 當事者의 意思에 依한 物權의 創設 乃至 內容變更을 不許하는 物權法定主義를 採擇하였으나, 灌漑의 必要를 充足하는 限度 內에서의 公有河川의 流水使用權과(大正7年 7月 10日, 大正10年 7月 12日 [朝鮮]高等法院 判決 參照), 他人의 土地上에 墳墓를 設置한 때의 地上權 類似의 物權(墳墓權, 昭和2年 3月 8日 高等法院 判決 參照)이 慣習法上 發生됨을 制御치 못할 것이다. 이러한 實例를 보더라도, 慣習法에 成文法의 補充的 效力만을 認定할 수 없고, 오히려 對等한 效力이 있음을 立證할 수 있을 뿐 아니라, 近時의 法思想은 一層 慣習法의 地位를 重要視하여 補充的 效力에서 進一步하여 對等한 效力을 認定하려고 한다. 그러므로 叙上한 바와 같은 理論上의 根據와 實際上의 必要에 副應키 爲하여, 法律(成文法)과 慣習法을 同一 平面에 規定하여 그 對等한 效力을 認定하기 爲하여 草案 제1조를 冒頭와 같이 修正할 것을 決議한 것이며, 草案 제176조도 上記 修正案에 步調를 맞추어 「物權은 法律 또는 慣習法에 依하는 外에 任意로 創設하지 못한다」라고 修正할 것을 決議하게 이르게 된 것이다.

Ⅵ. 현석호 수정안　　(1) 제1조를 다음과 같이 修正한다

　　「民事에 關하여 法律 또는 慣習法이 없으면 條正[條理에 依]한다」

Ⅷ. 제2독회, 속기록 제42호, 11면 상단 ~ 17면 하단

　　○ 法制司法委員長 代理(張暻根) : 「제1편 總則」 // 「제1장 通則」

[민법안 제1조 및 현석호 수정안 (1) 낭독] 여기에 對해서는 法制司法委員會의 修正案은 없습니다. […] 政府原案과 玄錫虎 議員의 修正案과의 差異는 어디에 있는고 하니 政府原案은 첫째로 成文法이 없는데 民法이나 이런 데에 條文이 없는 境遇에 慣習法을 適用한다는 뜻이고 玄錫虎 議員의 修正案에 依하면 慣習法과 成文法과 同等한 地位에 두는 것입니다. 法制司法委員會에서 原案을 支持한 理由는 같은 事項에 成文法과 慣習法이 抵觸되는 境遇에 어떻게 하느냐. 이것은 아무리 하더라도 成文法을 먼저 適用하고 成文法이 없는 境遇에 慣習法을 하자. 成文法이 없는 境遇에 慣習法을 適用하는 데 대해서는 政府原案이나 玄錫虎 議員의 修正案이나 다름이 없습니다.

다못 成文法과 慣習法이 抵觸되는 같은 事項에 대해서 抵觸되는 境遇에는 同等하게 하자 그것은 어떠한 結果가 생기는고 하니 지금 이번에 이것이 法律이 생기니까 從前에 있든 慣習이 있다고 하면 成文法에 依하여 改廢되는 것은 어떤 面에 있어서나 마찬가지일 것입니다. 그러나 이제 나중에 午[追]後에 있어서 成文法과 // 抵觸되는 慣習法이 생기는 境遇에 後法은 先法에 優先한다 나중에 되는 이것은 그것과 마찬가지로 成文法과 同等한 地位를 준다고 할 것 같으면 慣習法에 依하고 成文法의 規定에 있음에도 不拘하고 이것이 改廢가 되는 것입니다. 여기에 있어서는 여러 學者 間에 두 가지의 法思想의 潮流가 있습니다.

그 하나는 이제 自然法學派 獨逸에 있어서의 有名한 「지보―」라는 學者가 提唱한 自然法學界는 그 成文法을 尊重하는 것입니다. 成文法이 慣習法보다 앞서야 된다는 것이고 여기에 反對해서 獨逸의 「나란리」[사배?]라는 有名한 歷史法學者는 이것은 그 慣習法으로서 生生한 그 法이 重要한 것이로다 成文法보다 못지않는 것이니까 慣習法이 나중에 생겨 가지고 成文法에 抵觸이 된다면 나중에 생긴 慣習法이 이긴다 이러한 學說을 했습니다. 그렇기 때문에 獨逸民法에서는 이것을 學說에 맡기고 規定하지 않았습니다 成文法과 慣習法의 優劣을 規定하지 않았습니다.

그러나 瑞西民法 제1조와 中國民法 제1조 또 日本 法例 제2조 이런 것에 의하면 成文法에 規定이 있는 限에는 成文法을 適用한다 여기 抵觸되는 慣習法을 適用할 수 없는 成文法에 없는 境遇에 限해서 慣習法으로 한다 그렇게 順位 … 適用의 順位를 定했습니다.

이것을 明瞭히 法律關係를 明瞭히 하기 위해서 法制司法委員會에서는 原案

이 좋다고 해서 支持를 했습니다. 說明은 이것밖에 없습니다.

　　[12면] ○ 副議長(趙瓊奎) :　玄錫虎 議員 나와서 說明하시겠습니까? […]

　　○ 玄錫虎 議員 :　[…] 먼저 修正案을 낸 理由와 또 이 修正案을 審査하는
데 參考드리기 위해서 몇 말씀을 먼저 드리겠습니다. […]5) [13면] […] //

　　[13면 중단] 그리고 지금 제1조에 있어서 지금 張暻根 議員의 대충 說明이
계셨습니다. 말하자면 이 慣習法에 對해서 過去의 現行 民法에 있어서는 慣習
法에 對한 그 規定이 없었습니다. 다만 法律에 依해서 그 慣習法 … 法律이 없
을때에는 慣習法이 適用이 된다는 이러한 程度의 法令은 있었는데 이번에 民法
에다가서 分明히 成文法과 慣習法과 條理 세 가지를 民法의 法源으로 定했다는
이것은 一大 進展이라고 할 수가 있습니다. 그러나 그 成文法과 慣習法의 效力
에 關해서는 成文法이 優先한다 卽 成文法이 上位에 있고 慣習法이 下位에 있
다 이러한 것을 제1조에 分明히 했는데 이 點에 對해서 아까 說明이 있는 것과
마찬가지로 勿論 學說에 있어서도 두 가지가 있습니다. 成文法 優先主義와 成
文法과 慣習法이 같은 效力을 가진다는 … 同等하다는 이러한 學說이 두 가지
있습니다마는 現在 그 實情으로 봐서 卽 成文法이 … 慣習法이 그 補充的인 效
力밖에는 없다 成文法이 없을 때에 限해서만 慣習法을 適用한다 이러해서 慣習
法을 그 法源으로는 認定하면서도 그 補充的인 效力만을 認定할 必要가 어디
있는가 이 點에 對해서 한 가지의 疑問이 없지 않아 있습니다.

　　그뿐만 아니라 事實上에 있어서 우리나라에 있어서도 慣習法上으로서 物權
같은 重要한 權利가 認定되어 가지고 있는 것이 相當한 數에 있는 것입니다. 다
만 이 成文法과 慣習法이 抵觸되었을 때에 어떤 것이 優先하느냐 이 點에 對//
해서는 아까 張暻根 議員이 말씀이 있었지마는 勿論 그런 것이 抵觸되는 것이
많이 있지는 않습니다. 現在 이 民法을 지금 施行하게 되며는 過去에 … 지금
現 當場에 있어서는 慣習法과 成文法이 抵觸할 까닭이 없습니다. 過去의 慣習
法이 이번에 成文法으로 採擇이 되었기 때문에 지금 이 成文法과 다른 慣習法
은 여기서 兩立이 되지 않습니다 하나 이 將來에 있어서 앞으로의 2年이든지 3
年이든지 가는 동안에는 現在의 成文法과 다른 慣習이 차츰 차츰 생겨가지고

---

5) 이어지는 현석호의 발언은 민법의 기초과정 일반에 대한 평가 내지 감상을 앞세운 다음에,
　그러한 점에 비추어 국회의원들의 신중한 심의를 촉구하는 내용으로서 속기록 제42호, 12
　면 상단부터 13면 중단에 이른다(앞의 46면 이하 수록).

그것이 法的 確信을 가질 때에는 그것이 慣習法이 되는 것입니다.

그때에 있어서는 이 成文法과 다른 慣習法이 생겼을 때에 그러면 어떤 것을 採擇하느냐? 그때에는 亦是 法律의 大原則에 의해서 新法이 舊法을 優先한다는 그런 原則에 따라서 그 成文이 죽어지고 慣習法이 優先的으로 適用이 된다 이러한 것이 가장 適當한 것이다 이렇게 생각합니다. 그래서 獨逸民法 같은 데에서는 勿論 成文法優先主義를 하셨습니다마는 近代의 이 法律의 全世界的인 傾向으로 보아서 이 慣習法을 大端히 尊重하고 이 慣習法이 적어도 成文法과 同等한 效力을 가지도록 하는 이러한 法的 傾向이 있다고 합니다. 들은 바에 의하면 最近의 1946年의 民法典으로써 … 가장 새로운 法律 大體로 獨逸民法案 佛蘭西民法案 모두 말입니다마는 이것 大體로 1890年代에 다 된 것입니다. 1890年代에 된 것이고 1900年代 以後로서는 지금 1946年에 [14면] 公布되었다는 希臘의 民法이라고 하는 것이 가장 最近의 新法이라고 합니다. 이러한 希臘의 民法에 있어서도 여기에 分明히 慣習法과 成文法은 同等의 效力을 가진다는 明文化되어 있습니다.

그런데 現代의 法思潮로 보든지 또는 實例로 보든지 이러한 意味로 보아서 成文法과 慣習法을 同等한 效力을 賦與하자는 것은 가장 適切한 것이다, 그러한 생각으로 이것을 提案한 것입니다

이러한 點에 있어서 萬若 이러한 것을 우리 民法 제1조에다가 過去보다 進一步해서 成文法 慣習法 條理를 認定한다 여기에 다시 1步를 더해서 다시 慣習法과 成文法이 同等하게 效力을 가진다고 認定한다면 이렇게 法案을 내게 되면 이것은 아마도 世界法曹[制]史上에 있어서 相當히 그야말로 革新的이라고 할까 進步的이라고 할까

이러한 것을 宣布한 것이 될 것이고 日本民法에 있어서 아직 이러한 것이 되지 못한 것을 우리가 한걸음 더 나아가서 革新을 … 앞을 보는 法律이 되지 않을까 이런 意味에 있어서 學者들은 이 點을 대단히 力說하고 … 한번 참 그야말로 大韓民國 民法에있어서 본때 있게 이런 것을 한번 내어주었으면 하는 것을 많이 希望하고 있습니다. 現在에 있어서는 原案과 修正案에 있어서 금방 重要한 顯著한 差異는 없는 것입니다. 우리가 한번 法律의 思想을 하나 前進// 시킨다는 이러한 意味에 있어서 이 修正案대로 꼭 해 주셨으면 하는 希望을 드립니다.

○ 副議長(趙瓊奎) :　李忠煥 議員 말씀하세요

○ 李忠煥 議員 :　本 議員 亦是 玄錫虎 議員의 修正案에 贊成합니다. […] // 또 한 가지 지금 玄錫虎 議員의 修正案을 贊成하면서 質問하겠는데 제1조와 제101조와 100조는 直接 관계가 없습니다마는 제1조와 제101조와의 관계 여기에 대해서 제1조를 政府原案대로 規定한다고 할 것 같으면 法律解釋面에 있어서나 運用에 있어서 矛盾撞着이 오지 않을까 이렇게 本 議員은 생각하고 있는 것입니다. 왜 그러냐 할 것 같으면 民法이라고 하는 것은 여러분이 잘 아시다시피 強行規定보다는 任意規定을 民法에다가 羅列한 것입니다. 그러하기 때문에 제101조에 있어서는 「法令中의善良한風俗其他社會秩序에關係없는規定과다른慣習이있는境遇에行爲當事者의意思가明確하지아니한때에는그慣習에依한다」 이렇다고 할 것 같으면 이 成文法이 設使 있다고 하더라도 慣習法이 優先하는 境遇가 101조에 規定되어 있는 것입니다. 그렇다고 할 것같으면 成文法을 上位로 하고 慣習法을 下位로 한다고 하는 절대적인 原則을 總則에다가 規定한다고 할 것 같으면 總則 自體에 있어서 제1조와 제101조와의 관계에 있어서 좀 거북한 이러한 境遇가 나지 않느냐 저는 이렇게 생각하고 있습니다 萬若 그렇지 않다고 할 것 같으면 그렇지 않다고 하는 그러한 法理論을 提示해 주시기를 바랍니다. 또 지금 이 慣習法이라고 하는 것이 여기서 확실히 뚜렷하게 [15면] 條文에 挿入을 해 있는데 이 日本民法을 볼 것 같으면 日本民法은 從前에 日本法律에 法[條]理라고 하는 것이 그대로 살아 있기 때문에 이 法[條]理에 慣習法에 대한 規定이 있는 것입니다. 그러하기 때문에 慣習法이라고 해서 그렇게 規定을 해도 相關이 없지만 우리나라에 있어서 새로히 民法을 制定하는 데 있어서 제1조에 다짜고짜로 慣習法이다 이렇게 해 가지고 慣習法에 대한 法律의 效果를 賦與한다고 할 것 같으면 이 慣習法이 法源이 되는 것인데 이 法源의 法源 무엇인가 하니 法源의 法源은 근원 源字를 얘기하는 것입니다 法源의 法源은 아무래도 日本의 法理를 이것을 또다시 準用하지 않으면 아니 될 것이라고 보는데 이렇게 된다고 할 것 같으면 우리나라 民法을 日本色彩 … 日本的인 色彩를 脫皮를 해가지고 우리나라 固有한 民法典을 制定하려고 하는 데 있어서 또다시 日本의 法理를 準用하지 않으면 안될 이러한 苟且한 짓을 한다고 할 것 같으면 이것 대단히 우리가 所期의 目的을 達成했다고는 보기 어려운데 이 日本 法例와 제1조 慣習法과의 관계 이것을 좀 말씀해 주시기 바랍니다. […]

○ 副議長(趙瓊奎) : 張 議員 答辯해 주세요

○ 法制司法委員長 代理(張暻根) : // […] // 그 다음에 이것 제1조와 101
조의 關係는 玄錫虎 議員에게 質問하신 것입니까? 저에게 … 이것은 誤解하신
것 같은데 제101조는요 이것은 慣習法이 아닙니다. 法인 慣習이 아니고 法的
確信을까지 가지고 하면 그것은 法과 같은 效力이 있습니다마는 이것은 事實인
慣習입니다. 이것 事實인 慣習인 이것은 法으로서는 法的 確信을 가지고 있는
것이 아니고 事實上의 그 慣習인데 그때에는 强行法規가 없는 境遇에는 結局
그 事實인 慣習에 의하는 … 以前에는 條文이 「의할意思가있다고認定할때에는
그事實인慣習대로한다」 그렇게 契約이라든지 法律이라든지 이런 것으로서 認定
한다 그런 것을 너무 主觀的이기 때문에 이것을 條文을 좀 고쳐서 이렇게 새
條文이 되었습니다. 그런 慣習이 있는 境遇에는 行爲者 當事者의 意思가 明確
치 않다 할 때에도 그 慣習에 의한 것으로 한다 이것이지 이 제1조와는 조금도
關係가 없습니다. 하나는 제1조는 法인 慣習이고 101조는 事實인 慣習입니다.

[16면] 그 다음에 셋째로 물으시기는 제1조에는 이것은 結局 法源 「렛치퀘
—렌」[Rechtsquellen]을 말하는 것인데 法이라는 것이 무엇이냐 成文法 慣習法 條
理 이 세 가지를 말씀했는데 그 慣習法이라는 것이 또 무엇이냐 慣習法을 取해
나갈 것이라 할 것 같으면 무엇이 되느냐 이것은 참 말할수 없습니다 慣習法이
라는 것은 客觀的으로 存在하는 것인데 慣習으로써 存在해 있고 이것을… 그럴
뿐만 아니라 이것이 國民이 이것은 法이로다 하는 法的 確信을 가질 만한 것에
到達하면 慣習法으로서 存在하는데 그 存在를 누가 認定하느냐 이것은 結局에
는 裁判에서 認定하는 것입니다

裁判所에서 認定하는 것이지 여기 와서 무슨 딴 法律에 의해서 가는 것이
아니라고 생각합니다. 客觀的 事實을 公正하게 認定해서 이것이 그러한 法인
卽 慣習이 있고 거기에 대해서 國民이 그것은 法이라는 것을 法으로써 지켜나
가야 하겠다는 것을 所謂 法的 確信이라는 것이 있다고 裁判所가 認定될 적에
는 그 慣習法을 認定한다는 것입니다.

그만큼 結局에 있어서는 成文法과 다른 것은 成文法은 미리부터 規定이 있
으니까 명확히 國民이 아는 것이고 慣習法은 結局 客觀的으로 存在는 하고 있
다고 할 수 있지만 結局 裁判所에서 認定해서 비로소 이것이 분명히 裁判規範
으로서 適用이 되는 것입니다. (「議長」 하는 이 있음)

○ 副議長(趙瓊奎) : 네! 金 議員 나와서 말씀하세요. //

○ 金達鎬 議員 : 이렇게 하시지요. 法典編纂委員會案이 있고 또 法制司法 委員會에서 낸 것이 있고 또 修正案이 나와 있습니다. 그러면 그 差異點에 대해 가지고 얘기를 해야 되지 거기에 대한 起草[基礎]概念부텀 여기에서 質疑가 되고 應答이 되면 이것 限이 없습니다. 하니까 그러한 문제는 著書를 通한다든지 其他 方式으로 해 가지고 硏究하시게 하고 主로 이 壇上에서 이 厖大한 法案을 審議하는 데 있어 가지고는 法典編纂委員會案이라는것이 政府의 原案입니다. 우리들이 거기에 包含되어서 만든 法입니다. 그 案이 하나 있고 또 이제 法制司 法委員會 또 修正案 있으니까 그 差異點에 있어가지고 서로 意見을 討論하셔야 지 法의 起草[基礎]概念 慣習이 무엇이냐 慣習法이 무엇이냐 이렇게 따져 나가 다가는 厖大한 法條를 언제 審議를 하겠읍니까? 하니까 그러한 點을 配慮하셔 가지고 長點 되는 것만 여기에서 討議하는 것이 좋을 것입니다. 意見으로 제가 말씀을 올리는 것입니다.

○ 副議長(趙瓊奎) : […] 아까 1조 들어가기 前에 제1編 總則 제1章 通則 이라는 것을 形式的이나마 通過시키지를 않았습니다. 그 理由로서는 總則이라 든지 通則이라고 하는 것은 法條文 羅列하는 形式 한 文句라고 이렇게 보아서 또 內容이 무슨 달라지거나 그런 影響力이 없기 때문에 그대로 朗讀만 하고 넘 겼는데 아까 또 마침 李忠煥 議員으로부터 總則이라든지 或은 通則에 대한 것 을 아까 // 決定을 지우지 않았다고 이런 말씀도 있고 이러기 때문에 1조 表決 하기 前에 제1편 總則 제1장 通則 하는 것도 決定지우겠습니다.

異議 없으시면 그대로 決定 … (「議長」 하는 이 있음) 異議 있으시면 말씀 하세요. 邊鎭甲 議員 나와서 말씀하세요.

○ 邊鎭甲 議員 : 簡單한 것을 한 말씀 여쭈어 보려고 합니다. 그리고 제 意見을 또 말씀을 하려고 합니다. 여기 草案에 … 草案에는 제1조에 「民事에關 하여法律에規定이없으면慣習法에依하고慣習法이없으면條理에依한다」   玄錫虎 議員 修正案에 「民事에關하여法律또는慣習法이없으면條理에依한다」 이렇게 되 어 가지고 있어서 상당히 重大한 여기 修正案이 나와 가지고 있습니다. 한데 本 議員은 草案에 贊成하는 것입니다. 지금 말하자고 하면 法律과 成文法과 慣習 法의 同格化라는 것은 모든 點에 큰 混亂을 일으킬 憂慮도 있는 것이고 事實上 그것은 混亂되리라고 봅니다. 그렇기 때문에 法律이 … 法律이 앞서고 法律이

없는 境遇에 慣習에 따라가고 慣習이 없다고 할 것 같으면 마 條理에 따라간다 이것을 저는 생각을 하고 있기 때문에 草案에 贊成을 합니다. 그런데 여기에 있어서 草案이나 或은 修正案에 다 그렇게 慣習法이라고하는 말을 썼는데 慣習法이라고 하는 말은 우리가 學問上 用語로써 慣習法이라고 할 수가 있지 이 法規에다가 慣習法이라고 쓸 수가 있는 것이냐, 이것이 疑心스럽습니다. 慣習이[17면]지만 裁判所에서 이것을 引用을 해가지고 그 慣習으로 그 慣習을 引用을 해서 判決例를 내렸다던지 하면 或 慣習法이 된다고 或 이런 論法이 있는가 싶습니다마는 그것은 어디까지나 判決例이올시다. 判決例로서 나오는 것이고 이 慣習에 따른다 이것이 우리가 그 慣習이 國民이 다 法律과 같이 遵行하고 있는 그 慣習이라고 하면 法과 같다고 해서 우리가 慣習法이라고 할망정 여기에다가 法律과 같이 慣習法이라는 글자를 … 꼭 法字를 넣지 않으면 안 되겠는가, 이것을 잠간 說明해주시면 좋겠습니다. 萬若 그것을 그대로 擴大해 간다면 그 밑에 가서 條理에 依한다는 것도 條理法에 依한다 이렇게 될 것입니다. 그렇기 때문에 이 點을 좀 說明해 주셨으면 좋겠습니다.

本 議員은 제1조에 있어서는 政府提案인 草案을 贊成을 하고 하나 거기에 所謂 慣習法이라고 하는 法字는 없어도 좋지 않느냐 하는 이것을 이 法制司法委員會에 여쭈어 보는 것입니다. 說明해 주시기 바랍니다.

○ 副議長(趙瓊奎) : 나와서 答辯해 주세요

○ 法制司法委員長 代理(張暻根) : 이 慣習과 慣習法과 이것을 區別해서 쓰지 않으면 대단히 困難합니다. 아까도 말씀했지만 事實인 慣習 그런 때에는 이제 强行法規가 없는 때에는 이 事實인 法規에 依해서 意思表示를 하고 法律行爲를 했다고 認定할 수 있는 때 慣習法이라는 것은 成文化만 안 했지 이것은 法으로서 存在하는 것입니다.

例를 들면 英國 같은 나라에는 民法에 대한 한 // 가지 成文法 條文이 없습니다. 그러나 그것이 法律로서 慣習法으로 되어 있는 것입니다. 그러니까 이것은 法的 確信 아까도 말씀했지만 단순한 慣習으로 存在하는 것만 아니라 國民이 이것을 한 法律로써 이것이 存在한다, 이런 構成力입니다. 이것은 法的 構成力을 確信해 가지고 國民이 遵行한다는 그런 確信이 된 程度는 그것을 慣習法으로 생각합니다. 그렇기 때문에 이 學者가 여기에 대해서는 事實인 慣習과 慣習法과를 區別해서 法人[법인] 慣習을 認定하는데 異論이 없는 까닭입니다.

그러니까 그 條理法이라는 것을 이제 말씀하셨는데 條理가 물론 法源으로
서는 됩니다. 法源으로 한 法과같이 이제 裁判에 이것이 … 뭐 法源이라는 것은
무엇인고 하니 裁判所에서 나중에 裁判할 때 法律이나 成文法이나 慣習法이 없
으니까 우리 法이 없으니 우리 裁判 못 하겠소 裁判을 拒絶할수 없습니다. 어떻
게라도 決定해야 되는데 그러면 法 成文法에도 慣習法에도 없을 적에는 裁判에
그 標準은 무엇이냐 「노름」[Norm]이 무엇이냐 이것은 裁判規範이라고 하는데
이 「노름」 … 獨逸말로 「노름」이 되는 것인데 이 「노름」이라는 것은 무엇이냐.
그것은 結局 成文法 慣習法이 없는 境遇에는 條理에 의해서 한다, 이것입니다.
自然의 法規에 의해서 한다는 것이 이것은 무슨 事實上 慣習으로서 그 民族 안
에서 그것이 盛行이 되고 遵行되어 있는 것은 아닙니다.

그러나 慣習法에도 없고 그럴 때에는 條理에 의해서 한다 이렇게 되어 있
습니다. 그래서 이것//은 우리가 普通法이라고 안 그러고 裁判規範의 한 種類라
고 말을 하는 것이 적당하다고 생각합니다

○ 副議長(趙瓊奎) : 討論 더 없으시지요? (「없소」 하는 이 있음) 그러면
아까 말씀한 제1편의 名稱과 제1장의 名稱은 通過시킵니다. 그리고 제1조 表決
합니다. […] 1조 原案이 있고 修正案 … 玄錫虎 議員의 修正案이 있습니다. 玄
錫虎 議員의 修正案에 可하신 분 擧手해 주세요. (擧手 表決) 表決結果를 發表
합니다. 在席 105人 可에 27票 否에 한票도 없습니다마는 未決입니다.

그러면 原案 묻겠습니다. (擧手 表決) 表決結果를 發表합니다. 在席 105人
可에 64票 否에 한票도 없이 제1조는 原案이 可決되었습니다

제2조 (信義誠實) ①權利의行使와義務의履行은信義에좇아誠實히하여야한다 ②權利는濫用하지못한다

Ⅰ. **法編委**   1. 의사록   民法總則 要綱   (一) 民法 全體를 通한 大
原則으로서 […]

(B) 權利의 行使에 關하여 權利濫用의 法理를 成文化하며 同時에 義務의
履行에 關하여 信義誠實의 原則을 一般的으로 宣明하는 規定을 세울 것 […]
全 委員 異議 없으므로 原案을 成文 後 檢討하기로 可決하다 […]

(一) 法律行爲의 總則的 規定으로서 法律行爲의 解釋은 信義誠實의 原則에 의하여 할 것을 規定 宣明할 것

全員의 發議로 原案을 削除하다

2. 編纂要綱   總 則   一. 民法 全體를 通한 大原則(通則)으로서 […] 2. 權利의 行使에 關하여 權利濫用의 法理를 成文化하며, 同時에 義務의 履行에 關하여 信義誠實의 原則을 一般的으로 宣明하는 規定을 세울 것

Ⅱ. 案   제2조

Ⅲ. 審議錄, 3면 하단 ~ 4면 하단

2. 現行法 및 判例, 學說   現行法에는 明文規定도 없고(但 憲法 15조[6] 參照) 判例, 學說에 의하여 그 原則이 認定되고 있다

3. 外國 立法例

※ 信義誠實의 原則에 關하여

① 獨逸民法 제157조   契約은去來上의慣習에依하여信義誠實의原則에依하여解釋하여야한다

② 獨逸民法 제242조   債務者는誠實히또한去來慣習에따라給付를할 義務를진다

③ 瑞西民法 제2조   自己의權利를行使하며自己의義務를履行함에는誠實및善意로써行爲하지[4면]않으면안된다

④ 滿洲民法 제2조   ⑤ 日本民法 제2조   權利의行使와義務의履行은信義에따라誠實히行하여야한다

※ 權利濫用 禁止의 原則에 關하여

① 獨逸民法 제226조   他人에게損害를加하는것만을目的으로하는權利의行使는이를許容하지않는다

② 瑞西民法 제2조 제2항   權利의明白한濫用은法律의保護를받을수없다

4. 國內立法意見   (憲法 제15조 와이말憲法 제153조[7] 參照)

---

6) 제헌 헌법 제15조: "① 재산권은 보장된다. 그 내용과 한계는 법률로써 정한다. ② 재산권의 행사는 공공복리에 적합하도록 하여야 한다. ③ 공공필요에 의하여 국민의 재산권을 수용, 사용 또는 제한함은 법률의 정하는 바에 의하여 상당한 보상을 지급함으로써 행한다."

7) 바이마르헌법 제153조: "① 소유권은 헌법에 의하여 보장된다. 그 내용과 한계는 법률로 정한다. ② 공용징수는 공중의 복리를 위하여서만 그리고 법률에 기하여서만 행하여질 수

6. 審議經過　　① 權利의 行使가 信義誠實에 反하는 때에는 그것은 權利의 濫用인 것으로서 信義誠實의 原則에 權利濫用 禁止의 趣旨도 當然히 包含되어 있는 것이다. 따라서 제2항 權利濫用 禁止 規定은 重複된 感이 있는 것으로 不必要하다는 意見도 있었다.

그러나 從來 立法例에 있어서 信義誠實의 原則은 債務法上의, 權利濫用의 原則은 物權法上의 原則이었던 것을 瑞民은 一步前進하여 그것을 總則에 一括 規定함으로써 一般化하였으며 草案도 또한 이를 繼承한 것 같다. 따라서 本條에 대한 草案의 態度는 進步的인 것으로 妥當하다고 하겠다.

② 獨民 제226조가 權利濫用의 要件으로 主觀的 要件을 擧한 것은 不可하며 本 草案이 瑞民 제2조 제2항과 같이 이를 排除한 것은 // 妥當하다.

7. 結 論 : 原案에 合意

V. 意見書[8]

1. 21면 ～ 23면 (金基善)

[2] 草案 제2조 제1항 앞에 다음과 같은 항을 新設한다.

「私權은 公共의 福利에 따른다」

[이 유]　　個人本位의 思想에 依하여 이루어진 現行 民法은 所有權의 絶對性, 契約自由의 原則, 過失責任主義를 3大原則으로 하였다. 이들 3大原則은 日帝時를 通하여서 今日에 이르는 동안 判例, 慣習 及 條理에 依하여서 必然的으로 相當히 變更과 修正을 받게 되었다. 卽 資本主義가 發達하고 高度化하여 감에 따라서 共同生活 本位 卽 社會 本位의 思想으로 變化하여 갔었다. 信義誠實의 原則, 權利濫用禁止의 原則, 無過失賠償의 原則을 判例上으로 認定함으로써 個人本位를 社會本位로 變化시키기도 하[22면]고 或은 立法으로써 個人本位를 社會本位로 變化시키기도 하였다. 今般 從來에 判例로 認定하였던 信義誠實

있다. 그것은 제국법률이 달리 정하지 아니하는 한 적정한 보상을 대가로 하여서만 행하여질 수 있다. 보상액에 다툼이 있는 경우에는 제국법률에 달리 정하여지지 아니한 한 통상법원에 쟁송을 할 수 있다. 제국이 주, 지방자치체 및 공공단체에 대하여 하는 공용징수는 보상을 대가로 하여서만 행할 수 있다. ③ 소유권은 의무를 부담한다. 그 행사는 동시에 공동체를 위하여 최선이 되도록 하여야 한다(Eigentum verpflichtet. Sein Gebrauch soll zugleich Dienst sein für das Gemeine Beste)."

8) 민법안 제2조에 대한 『의견서』의 두 의견은 현석호 수정안에 채용되지 아니하였다. 그러나 뒤의 Ⅷ-1.에서 보는 현석호 의원의 제1독회 발언에 반영되어 있다.

의 原則과 權利濫用 禁止의 原則을 民法草案에 있어서 民法最高原則으로 成文化시킨 것은 實로 그 意義가 큰 바 있다.

私權은 于先 權利者 個人을 爲하여서 認定된다. 그러나 그 個人은 決코 社會的 共同生活로부터 分離되어서 있는 孤立的 存在는 아니다. 本來부터 人間은 社會的 動物이므로 社會의 一員으로서만 비로소 個人은 存在하는 것이다. 따라서 私權이 個人을 爲하여서 存在한다 하더라도 그것은 社會의 一員으로서만 生存할 수 있는 個人을 爲하여서 存在한다고 하지 않으면 안된다. 個人이 社會의 一員으로서 生活하려면 社會를 無視하기커녕 오히려 社會秩序의 維持에 努力하여 社會 一般의 幸福利益을 尊重히 하여야 한다. 그렇다면 個人이 保有하는 權利도 亦是 結局에는 社會秩序를 保持하여 社會 一般의 幸福利益의 增進에 所用이 되어야 하며 적어도 그에 反하여서는 안되는 것이다. 要컨대 私權을 認定하는 것은 權利者 個人만을 爲하는 것이 아니고 權利者에게 權利를 付與하는 것이 公共의 幸福利益을 增進하는 데 必要하기 때문이다. 와이말憲法 제153조 3항 前段에 「所有權은 義務를 지운다」 또는 改正 日本民法 제1조 1항에 「私權은 公共의 福祉에 따른다」 等의 規定은 모두 權利의 公共性을 成文化한 것이다.

社會的 要請에 依하여서 認定한 財産權의 公共性을 無制限으로 社會의 利益을 爲하여서 奉仕할 義務의 一形式으로 認定하면 「財産權은 保障된다」는 大韓民國憲法 제15조 1항 前文은 그 存在價値를 喪失하게 되므로 國家는 同條 同項 後段에 依하여 法律로써 그 內容과 限界를 定할 수가 있다 하더라도 超個人主義 卽 全體主義로 離脫轉向하지 않는 範圍 內에서 하여야 함이 緊要하다. 그러므로 財産權의 保障과 그 公共性을 如何히 調和시키느냐가 重大한 問題가 아닐 수 없다. 이러한 關係로서 公共性의 意義를 判斷하는데 있어서는 愼重을 期하여야 할 것이다.

그러나 民法草案 제2조에 改正 日本民法 「私權은 公共의 福祉에 따른다」와 같은 조항을 規定하지 않고 곧 「權利의 行使와 義務의 履行은 信義에 좇아 誠實히 하여야 한다. 權利는 濫用하지 못한다」고만 規定하였을 뿐이다. 要컨대 改正 日本民法과 달리하여 公共福利의 原則을 除外하고 信義誠實의 原則과 權利濫用禁止의 原則만을 規定한 데 不過하다. 무엇 때문에 公共福利의 原則을 除外하였을까가 疑問이다.

私權은 本質上 公共性이 있으므로 새삼스러이 이를 民法草案에 明記할 必

要가 없다는 것이 그 理由일는지 모르겠다. 오히려 이것을 明文化하면 全體主義의 疑惑을 받을 憂慮도 없지 않으리라는 것이다. 公共福利의 原則이 信義誠實의 原則과 權利[23면]濫用禁止의 原則 兩者와 全혀 同一한 것이 아닌 以上 私權의 公共性을 全國民에게 再確認시키는 意味에서도 民法草案에 明記하는 것이 上策이 아닐까!! 公共福利의 原則은 私權의 公共性에 關한 것이고 後兩原則은 公共性이 있는 私權의 行使에 關한 것인 만큼 後兩原則은 公共福利의 原則을 前提로 하여야만 그 存在意義가 있는 것이다. 그러므로 公共福利의 原則을 規定하지 않고 곧 後兩原則만을 規定하는 것은 立法上 飛躍的 論法이라 아니 할 수 없다.

民法草案에다가 私權의 公共性을 規定하여도 大韓民國憲法 제15조 「財産權은 保障된다. 그 內容과 限界는 法律로써 定한다」는 것과 조금도 矛盾됨이 없다. 公共福利의 原則은 私權에 公共性이 內在하고 있음을 一般的으로 表現한 것에 不過하므로 이 原則 自體로부터는 私權을 어떻게 行使하여야만 私權의 公共性에 適合시킬 것이냐를 誘導할 수 없는 것이다. 그러므로 이와 別途로 權利의 行使에 對하여서 規定할 必要가 있다. 이에 依하여 와이말憲法 제153조 3항 後段 「그 行使는 同時에 社會公共의 福利를 爲하여서 하여야 한다」 또는 우리 大韓民國憲法 제15조 2항 「財産權의 行使는 公共福利에 適合하도록 하여야 한다」 等의 規定은 모두 權利의 行使가 私權의 社會性 乃至 公共性에 適合할 것을 强調하고 있다. 公共性이 있는 私權의 行使를 民法草案上으로는 그 제2조에 「權利의 行使와 義務의 履行은 信義에 좇아 誠實히 하여야 한다」 即 所謂 信義誠實의 原則을 規定하였다.

信義誠實의 原則에 符合하는 權利의 行使라야만 權利의 公共性에 適合하기 때문에 信義則은 私權의 公共性의 內容을 이루는 것이다. 信義誠實의 原則에 反하여서 權利를 行使하면 이는 權利濫用이 된다. 權利濫用禁止의 原則은 權利行使의 限界에 屬하는 問題이다.

前述한 바에 依하여 信義誠實의 原則과 權利濫用禁止의 原則은 公共福利의 原則을 前提로 하여야만 그 存在意義가 있으므로 마땅히 草案 제2조1항 앞에 「私權은 公共福利에 따른다」는 規定을 新設함이 可하다고 생각한다.

2. 23면 ~ 24면 (金基善)

[3] 草案 제2조 제2항을 「權利의 濫用은 이를 許하지 아니한다」로 修正한다.

[이 유]   個人主義思想이 强한 時代에 있어서는 權利의 行使는 自由로 웠으나 法律思潮가 社會本位로 變하여 가자 漸次 이를 制限하[24면]게 되었다. 權利는 그 權利가 認定된 社會的 目的에 違反하지 않는 限度에서 行使를 하여야 한다. 이 限度를 超越하여서 權利를 行使할 것 같으면 이것은 權利의 濫用으로서 違法이 된다. 19世紀 中葉에 佛蘭西, 白耳義의 判例로서 權利의 濫用이 認定되어 그것에 對하여서 權利行使의 效果의 發生을 否認하였다.

權利濫用에 關한 諸國의 法規를 一瞥할 것 같으면 1907年의 瑞西民法 제2조 2항에서는 前記보다도 權利濫用의 範圍를 擴張하여 「權利의 明白한 濫用은 法律의 保護를 받지 않는다」고 規定하였다. 1916年의 墺地利民法 제1295조 2항은 「善良한 風俗에 反하는 方法으로 故意로서 損害를 加한 자는 그것에 對하여서 賠償責任을 負擔한다. 오직 그것이 權利의 行使에 있어서 發生한 境遇에는 權利의 行使가 明白히 他人을 害하는 目的을 가지고 있는 때에만 責任을 負擔한다」로 規定함은 大體로 獨逸民法의 精神과 同一하다. 또 特히 蘇聯民法 제1조는 前記 諸國의 法規와 달리 「私權은 그 社會的 經濟的 目的에 反하여서 行使되는 境遇를 除外하고 法的 保護를 받는다」는 異彩的인 規定을 하고 있다. 그리고 世界 제2차大戰 後 改正 日本民法은 제1조 3항에 「權利의 濫用은 이를 許하지 않는다」고 規定하였다. 民法草案에 있어서 權利의 濫用에 對하여 獨逸, 瑞西, 日本 모양으로 「法律의 保護를 받지 않는다」「許可되지 않는다」「許하지 않는다」의 用語를 使用하지 않고 「못한다」의 用語를 使用하면 私有財産을 無視하는 全體主義 國家인 蘇聯의 民法과 그 趣旨가 同一할 憂慮가 없지 않다. 오히려 前記 3者 中에서 擇一하여 私權의 公共性을 緩和함이 民主主義 法律로서 適合하므로 마땅히 「못한다」라 하지 말고 「이를 許하지 않는다」로 修正하여야 할 것이다.

Ⅷ-1. 제1독회, 속기록 제32호, 13면 중단 ~ 15면 중단

○ 玄錫虎 議員 : [⋯] 첫째로 이 法案에 대한 커다란 原則 문제에 있//어서 여기에 대해서는 몇 가지 點에 대해서 먼저 贊成을 하고자 합니다. 假令 말하면 이 民法 즉 私權에 關係되는 이 문제에 있어서 이 公正한 分配라는 이런 것을 指向하는 우리 憲法 精神을 많이 이 民法案에다가 採擇했다는 이러한 點 卽 말하면 이 私權을 그 純全한 그 個人의 權利로서의 社會化한 이러한 傾向을

民法案에서 많이 엿볼 수가 있습니다.

　　이런 點이든지 또는 이 男女性의 平等문제 이것이 우리 憲法의 精神에 비추어서 이 民法案에 많이 採擇이 되었다는 이러한 點이라든지 또는 各國의 先進國의 民法 … 特別히 最近에 있어서 그야말로 많이 이 進步的으로 된 이러한 그 民法案을 여러분이 參酌을 해서 그것을 우리나라의 慣習과 實情에 適合하도록 많이 調整해서 이 民法案이 採擇되었다는 이러한 서너 가지의 大原則에 對해서는 많은 贊成을 가지는 바입니다. […] [14면] […]

　　첫째 總則論에 있어서 이 總則論에 있어서 通則으로서 제1조와 2조를 새로 從前에 없던 規定을 넣어서 말하자면 이 權利의 行使와 義務의 履行은 信義에 좇아 誠實히 하여야 한다 權利는 濫用하지 못한다, 이런 것으로써 그야말로 信義誠實의 原則과 權利濫用禁止의 原則이 두 個의 大原則을 民法冒頭에다가서 宣言한 것은 대단히 좋은 것이라고 생각합니다. // […] 이 原則 外에 또 한 가지의 原則을 無//視했다, 이 點을 대단히 유감으로 생각합니다.

　　이것은 무엇이냐 하면 이 私權에 대해서 公共福利에 따라야 된다는 이러한 原則이 뚜렷이 여기에 明示되어야 할 것입니다. 적어도 이 民法의 原則으로 보아서 公共福利의 原則과 信義誠實의 原則과 權利의 濫用禁止의 原則 이 세 가지만은 뚜렷이 이 民法典에다가 나타내야만 비로소 이 民法典을 宣言한 그야말로 社會化하고 進步시킨다는 이러한 그 主觀이 貫徹될 것이라고 생각합니다. 이 점에 대해서는 學者의 共通한 見解일 뿐만 아니라 또 이 法律의 形式으로 보아도 아마 여기에 대해서는 張暻根 議員 생각 같아서는 그 公共福利의 原則에 대해서는 우리나라 憲法에 아마 있으니까 넣지 않았다 이렇게 혹 생각할는지 모르지만 우리나라 憲法에는 이렇게 되어 있습니다. 우리나라 憲法의 제15조에 「財産權은 保障된다 그 內容과 限界는 法律로써 定한다」 이렇게 되고 그 다음에 제3항에 가서 「財産權의 行使는 公共福利에 適合하도록 하여야 한다」 卽 말하자면 財産權의 行使에 있어서 公共福利에 따라야 된다는 이러한 原則 이것이 우리 憲法에서 分明히 宣言한 것입니다. 그러면 이 憲法에 宣言한 것을 다시 한 번 이 民法典에 있어서 거기다가 더 明示해 두어야만 安當하다고 생각하겠습니다.

　　[15면] 이것은 지금 改正 日本憲法과 改正 日本民法을 비교해보더라도 마찬가지로 되어 있습니다. 改正 日本憲法에 있어서는 日本憲法 29조에 「財産權은 이를 侵害할 수 없다 財産權의 內容은 公共福祉에 適合하도록 法律로써 이

를 定한다」 이것이 우리나라 지금 憲法規定과 꼭 마찬가지입니다. 그것과 마찬가지로 改正된 日本民法에 있어서도 우리나라에 지금 새로운 民法案에 있어서 信義誠實의 原則과 權利濫用禁止의 原則을 마찬가지로 그대로 되어 있습니다. 거기에다가 改正 日本民法에 있어서는 改正 日本民法 제1조에 있어서 「私權은 公共福利에 따른다」 分明히 밝혔습니다. 그것을 먼저 밝혀놓고 그 다음에 있어서 2항에 있어서 「權利의 行使 및 義務의 履行은 信義에 따라 誠實히 이를 行하여야한다」 그리고 제3항에 있어서 「權利의 濫用은 이를 許하지 아니한다」 卽 말하자면 우리나라 民法案 제2조의 規定이 日本改正民法 제1조와 그 글자는 다르지만 그 內容은 꼭 마찬가지로 되어 있습니다. 그럼에도 불구하고 日本의 憲法과 民法이 符合되어서 公共福利의 原則을 明示한데도 불구하고 우리나라에 있어서는 憲法에 公共福利의 原則을 明示한데도 불구하고 民法에서만은 하필 이 原則만을 뺀 것이 무슨 이유인가 이것 도무지 理解하기 어렵다는 것입니다. 적어도 이 民法을 … 總則에다가 우리 大民法의 大原則을 宣言한 데 있어서 이 私權의 行使에 있어서는 公共福利에 맞도록 한다는 이것이 오늘날 가장 社會的 이러한 모든 實情//에 비추어서 마땅한 것이라고 생각하기 때문에 이 點을 제가 强調하는 것입니다.

이 點에 대해서는 張暻根 議員이 가장 잘 아시는 「와이말」憲法에 있어서도 물론 그 所有權은 義務를 가진다 이렇게까지 되어서 어쨌든 現代에 모든 그 法律에 있어서는 그 私權이라는 것이 그 私權을 위해서 있는 私權이 權利가 아니라는 것입니다.

그 私權이라는 것은 물론 個人의 權利이겠지만 그 個人의 權利는 어디까지나 그 社會의 福利에 맞도록 行使가 되어야 된다는 것이에요. 社會의 福利에 맞지 않는 個人의 權利行使는 그것은 認定 잘 되지 않는다 이것이에요. 社會에 한 一員으로서 社會의 福利에 맞기 때문에 그 사람에게 個人의 權限을 … 權利를 주는 것이라는 말이야 … 이렇게 過去에 資本主義 個人主義의 그 時代에 있던 그 思想은 오늘날에 있어서 그 社會的인 社會下에서 그 資本主義에 修正되는 그런 理念으로 法律의 思想이 많이 變遷이 되어 온 것이다. 그 變遷이 되어 온 것이 오늘날 各 最近에 이르러서 改正된 各國 憲法이나 民法에서 다 나타나고 있는 것입니다.

그렇기 때문에 우리도 이번 이 民法을 改正하는 이 마당에 있어서 이 한가

지 原則은 더 뚜렷하게 明示하는 것이 가장 옳다고 저는 생각하는 것입니다. […]

Ⅷ-2. 제2독회, 속기록 제42호, 17면 하단 ~ 18면 상단

○ 法制司法委員長 代理(張暻根) :　[민법안 제2조 낭독] [18면] 이것은 現行法에는 없는 것입니다. 進步된 立法인데 獨逸의 民法이나 瑞西民法의 進步된 民法에 「모델」한 것입니다. 여기에 대해서는 修正案이 없습니다. (「異議 없소」 하는 이 있음)

○ 副議長(趙瓊奎) :　修正案이 없습니다. 異議 없으시지요? (「異議 없소」 하는 이 多數 있음) 네 그러면 通過되었습니다.

제2장　人

Ⅴ. 意見書, 25면 (李恒寧)

[4] 제2장의 章名 「人」을 「自然人」으로 修正한다.

[이 유]　　우리의 語感에 있어서 그냥 「人」이라고만 하는 것은 어색한 느낌이 있다. 本章의 「人」은 「自然人」에 關한 規定이므로 이것을 「自然人」이라고 明言하는 것이 첫째는 語感도 좋고 둘째는 本章의 內容도 좀더 適當하게 表現하는 것이라 할 수 있다.

Ⅵ. 현석호 수정안　　(2) 제1편제2장의 章名 「人」을 「自然人」으로 修正한다

Ⅷ-1. 제1독회

1. 속기록 제33호, 16면 하단 ~ 17면 상단

○ 孫文璟 議員 :　[…] 그 다음에 이것은 조그마한 문제입니다마는 제1장 그냥 그 人이라 했습니다, 사람이다. 이것도 學者들도 말씀하고 있습니다마는 人이라고 하는 것보담도 [17면] 自然人이라 이렇게 해 버리는 것이 좋지 않는가 이렇게 생각합니다. 왜냐하면 言句 自體도 人이라 그러는 것보담도 自然人이라 이것은 法律上으로 法人에 대한 自然人 이렇게 확연히 말이야 이렇게 하는 것이 좋지 않는가 생각하는 것입니다. 옛날에는 사람도 奴隷와 같은것은 法律的으로 認定 안 할 것 같으면 그것이 한 개의 사람이라고 規定을 지었다 말

이에요. 하기 때문에 自然人이라 이렇게 딱 規定을 내리는 것이 法人에 대한 한 개의 對照的인 語句가 아닌가 이렇게 생각하는 것입니다.

2. 속기록 제34호, 9면 하단 ~ 10면 상단

○ 邊鎭甲 議員 : [⋯] 그 다음에 이것은 이 討論에서 말씀할 것도 아닐 것 같습니다마는 用語에 대해서 우리 民法뿐이 아니라 모든 法典에 共通되는 얘기가 많이 있습니다.

헌데 ⋯ 이 總則을 보면 人이라고 그럽니다 사람 인字 하나를 딱 빼쓰고 人이라 人이라 그랬는데 우리말에 果然 우리나라 말에 人이라는 말이 있습니까? 나는 우리나라 말에 人이라는 말은 없다고 생각을 합니다.

或 漢字로 부칠 적에 人이라는 말을 일컬을 수 있을 것입니다. 스무 사람이라는 것을 20人이라고 한다든지 이런 境遇가 있을 것이라고 봅니다. 하지만 우리나라에서는 漢文글자를 音으로 읽지 않으면 안 된다 하는 이러한 不文의 法則鐵則이 있어서 이것을 音으로 읽는다 또 意思表示는 漢文글자로 하는 것이 高尙하고 우리 國文으로 하는 것은 가장 賤하다 하는 觀念이 아직까지도 이 社會에는 支配的인 것 같습니다.

그렇기 때문에 俗談을 들어서 좀 어쩐가 모르겠습니다마는 말하는것을 漢文글자 文字로 하며는 아주 高貴한 사람이 하는 말로 알고 말이요 그냥 우리말로 前부터 있던 우리말로 말을 하며는 가장 野卑하고 賤하다. 쉽게 말하며는 국밥이라고 하며는 湯飯이라 해야만 高尙한 것으로 알고 국밥이라고 하며는 賤한 것으로 안다 이것입니다. 이러한 實例가 많은 것입니다. 그래서 人이라 해야만 이것이 되는 것이고 사람이라고 해서는 안 된다 한 것이란 말이에요.

[10면] 그래 우리 國文으로써 사람이라고 써도 좋다고 생각합니다. 萬不得已한 境遇에는 人이라고도 쓰지 않으면 안될 境遇도 있겠지요. 하지만 題目에다 人이라 해놓고 인이라고 읽으면 누가 알 사람이 누가 있겠어요? 이러한 것 等 結局 우리말로 表現할 수 있는 것은 우리말로 表現을 하자, 그렇게 해서 法律用語의 用字대로 차근차근 만들어가자, 이러한 것입니다

Ⅷ-2. **제2독회**, 속기록 제42호, 18면 상단 ~ 하단

○ 法制司法委員長 代理(張暻根) : 「제2장 人」   「제1절 能力」

제2장 「人」에 對해서는 「自然人」으로 한다는 玄錫虎 議員의 修正案이 있습

니다. 이것은 제3章 法人에 對한 … 法人이 아닌 人이니까 自然人으로 해도 좋습니다. 이것은 法制司法委員會의 修正案은 없지만 玄錫虎 議員의 修正案이 좋다고 생각합니다. (「議長」 하는 이 있음)

○ 副議長(趙瓊奎) : 邊鎭甲 議員 말씀하세요

○ 邊鎭甲 議員 : 이 玄錫虎 議員의 修正案에 自然人이 있는데 이것은 法人이라고 하는 데에 相對해 가지고 한 말씀으로 알고 있습니다. 그러하나 本 議員이 생각하기에는 그렇지 않다고 봅니다.

사람이라고 하는 것은 이 自然人을 말하는 것입니다. 사람 아닌 어느 組織體에 對해 가지고 사람으로서의 人格을 붙여 주는 데 對해 가지고 이것을 法人이라고 해요, 사람 아닌 것을 法人이//라고 했다 이 말이에요. 그러니까 사람이라고 하는 말은 元來 이것은 고칠 수 없는 것이 아닌가 거기에다가 사람이 아닌 것에 對해 가지고 法人이라고 하는 資格을 주었다는 것입니다.

그런데 일부러 여기에 自然人이라고 부칠 것은 없다고 생각합니다. 自然人으로 부칠 必要는 없다고 봅니다. 그것은 왜 그런고 하니 元來 이 法人이라고 하는 말이 없으면 처음부터 問題가 안 되는 것입니다 問題가 안 되는 것이지만 法人이라고 하는 말에 相對해 가지고 自然人으로 한다 그것보다도 理由가 다른 데에 있다고 생각합니다. 人이라고 하면 읽기가 나쁘다는 것입니다. 人이라고 하면 읽기가 나쁘다. 그러지 않고 사람이라고 하면 그런 말이 안 나왔을 것입니다. 人이라고 하면 말이 읽기가 사나우니까 읽기 便宜하게 하기 爲해서 自然人으로 붙이는 것이라고 봅니다. 그렇기 때문에 人이라고 하는 것은 홀쳐서 읽기가 어렵습니다마는 이것을 사람이라고 해서 우리기 읽으면 되지 않습니까? 우리가 어려서 小學이란다든지를 읽을 때에 人이라는 것을 人이라 안 했어요. 읽기는 우리가 다 사람이라고 했어요. 法律을 쓰는데 이런 데에만 그 音으로 읽지 않으면 안 된다는 그 根據가 어디 있는가 하는 것을 發見을 못 합니다. 特히 最近에 와서 國語를 專用하자 또 漢文을 쓰지 말고 글자를 國文으로 專用하자 이러한 것을 法으로 定해 놓고 그것 읽는데 있어서 漢文은 반드시 音으로 읽어야 한다는 理論은 서지 않을 것입니다. 제2장 … 音으로 人이라고 하지만 읽기는 사람이라고 읽어야 될 // 것으로 생각해서 일부러 自然人이라고 궁색하게 부칠 必要는 없다고 봅니다.

그러므로 原案을 贊成하면서 이 앞으로 쭉 해나가는데 우리말로써 쓰도록

… 반드시 漢文으로 쓰지 않으면 안 된다는 … 픕으로 읽지 않으면 안 된다는
이러한 理論은 서지 않을 것입니다. 앞으로 그런 것이 많을 것으로 생각합니다.
그렇기 때문에 이 草案을 贊成하면서 읽기는 이것을 사람으로 이렇게 삭여서
읽는 것이 좋지 않겠는가 이것입니다.

　　○ 副議長(趙瓊奎) ： […] 그러면 表決하겠습니다 제2장 人을 玄錫虎 議員
의 修正案 … 自然人입니다 自然人으로 고치자는 것입니다. (擧手 表決) 表決한
結果를 發表합니다. 在席員數 111人 可에 18票 否에 한 票도 없습니다마는 未
決입니다.

　　그러면 政府原案을 묻겠습니다. (擧手 表決) 在席員數 109人 可에 65票 否
에 한票도 없이 제2장 名稱은 全部 原案이 可決되었습니다.

제1절　能　力

제3조 (權利能力의存續期間) 사람은生存한동안權利와義務의主體가된다

Ⅱ. 案　　　제3조

Ⅲ. 審議錄, 4면 하단 ~ 6면 상단
　　2. 現行法 및 判例, 學說　　　現行法 제1조는 人格 卽 權利能力의 始期만
을 規定하고 있다.
　　外國人의 法的 地位에 關하여서는 國際條約의 範圍 內에서 保障된다.(憲法
제7조 제2항 參照)
　　3. 外國 立法例　　　① 獨民 제1조　　　사람의 權利能力은 出生의 完了와 함
께 始作된다
　　② 瑞民 제31조　　　人格은 生兒의 出生完了에 始作하여 死亡으로써 終了한다
　　③ 中民 제6조　　　사람의 權利能力은 出生에 始作하여 死亡에 終了한다
　　④ 滿民 제3조　　　中國民法 제6조와 同一
　　⑤ 日民 제1조의3　　　私權의 享有는 出生에서부터 始作한다
　　―胎兒의 權利能力에 관한 立法例―
　　⑥ 瑞民 제31조 제2항 [5면]　　　出生前의 胎兒는 살아서 出生하는것을 條件

으로權利能力을가진다

　⑦　中民　제7조　　　　胎兒는將來死産하지않는限그個人의利益의保護에關하여서는이미出生한것으로看做한다

　⑧　젠크스　英民　제1조　　　　사람의法律上의能力은出生時로부터始作된다但胎兒는어떠한關係에있어서는이미出生한것으로取扱된다法律上의能力은成年에達하기前에는完全하지못하다

　⑨　滿民　제742조　　　　胎兒는損害賠償請求權에關하여서는이미出生한것으로看做한다.

　—外國人의　法的　地位—

　外國人의　法的　地位에　關한　立法例로서는　獨逸民法과　瑞西民法은　그　規定이　없고　佛蘭西民法(제2조)은　條約上　相互主義를　取하였고　墺民(제32조)은　法律上　相互主義를　取하였고　和蘭民法(1829年)　伊太利民法(1865年)　日本民法은　平等主義를　取하였고　英國은　特別히　取扱을　하고　있다(젠크스　英民　제3조).

　5.　批判　　　　權利能力의　始期만을　規定한　現行法에　比하여　草案은　한　걸음　進步된　것으로　原案에　異議　없다.

　6.　審議經過　　　　現行法이　權利能力의　始期만을　規定한　데　對하여　草案이　能力의　存續期間을　定한　것은　一步　前進한　것이라　하겠다.

　①　胎兒의　權利能力　問題　　　　胎兒의　能力에　關하여　이를　綜合하여　總則編에　一般的으로　規定하는　데　比하여　個別的으로　規定하는　것이　適用의　範圍를　明瞭히　하는　長點이　있다.　그러나　그　反面　一般規定으로　規定하지　아//니하면　困難한　境遇도　있는　것으로　例컨대　遺贈　認知請求權　等에　關하여　草案에는　그　規定이　漏落되어　있다.

　胎兒의　能力에　關하여　草案에는　제998조에서　相續에　關하여　各　規定이　있는바　前記　遺贈과　認知請求權에　關하여서는　新設　條項을　設定하여야　할　것이다.　그러므로　萬一　漏落만　防止할　수　있다면　一般規定化하지　않고　各各　必要한　조항에　包含시키기로　한　草案의　態度는　可하다　하겠다.

　②　外國人의　權利能力　問題　　　　現行法(제2조)은　「外國人은　法令　또는　條約의　禁止　있는　境遇를　除外하고　私權을　享有한다」라고　하여　平等主義를　取하고　있는바　外國人의　權利能力에　關하여서는　特定의　法律에　依하여　特定의　權利享有를　外國人에　대하여　制限하면　그만인　것으로서　一般原則으로　그　規定을　民

法에 設定할 必要는 없을 것이다. 또 外國人에 對하여 相互主義로부터 平等主義로 移行하고 있는 今日 外國人의 權利能力 制限의 原則을 民法에 規定한다는 것은 不可한 것이다. 그러므로 우리 憲法 제7조 제2항의 精神으로 보나 또 外資 導入의 길을 열은 憲法의 經濟條項 改定으로 보나 憲法 제7조의 規定 外에 民法에 特別한 制限規定을 두지 않는 草案의 態度는 妥當한 것이라 하겠다.

(參考)

※ 憲法 제7조 제2항   外國人의 法的 地位는 國際法과 國際條約의 範圍 內에서 保障된다.

젠크스 英民 제3조   法律上의 無能力者

　　1. 反逆罪 또는 重罪로 有罪宣告 받고 服役 中인 者

　　2. 法益剝奪者   3. 未成年者   4. 精神異狀者 [6면]

　　5. 破産宣告를 받고 免責되지 않는 者   6. 妻   7. 外國人

※ 外國人 能力에 關하여 一般的 規定을 設定하지 않기로 合意

③ 出生證明   權利能力의 始期에 關聯하여 出生證明에 關한 規定을 新設(瑞民 제33조)함이 可하다는 意見이 있었으나 瑞民 佛民 等에 그 規定이 있는 것은 그러한 國家에는 戶籍이 없는 까닭일 것이므로 그러한 點은 戶籍法 審議時에 一任하기로 하고 그 밖에 能力의 終期에 關聯하여 同死者의 境遇에 관한 規定을 失踪에 關한 部分에 包含할 것이 아니라 本 條項에 揷入함이 可하다는 意見이 있었으나 草案대로 두기로 하였다

7. 結 論 : 原案에 合意

V. 意見書

1. 25면 (李恒寧)

[5] 草案 제3조에 贊成한다.

[이 유]   現行 民法 제1조에 該當하는 草案 제3조는 權利能力에 關한 規定인데 現行 民法은 權利能力의 始期에 關하여서만 言明하고 그 終期에 關하여 言明이 없다. 勿論 自然人의 權利能力이 死亡에 依하여 消滅하는 것은 解釋上 當然하더라도 瑞西民法의 例를 따라서 權利能力의 終期까지도 分明히 한 草案의 規定이 妥當하다.

2. 31면 (李恒寧)

[14] 外國人에 關한 規定을 削除한 것에 贊成한다.

[이 유]　　現行 民法 제2조에는 外國人의 權利能力에 關한 規定이 있으나 內外人平等의 原則은 現代의 公理로 되어 있는데 이것을 새삼스럽게 民法에 規定할 必要는 없다.

** 무능력자 제도 일반에 관하여

Ⅰ. **法編委**　　1. 의사록　　民法總則 要綱　　[…]　　(2) 行爲無能力者로서는 未成年者 禁治産者 準禁治産者의 3者만을 認定하고 妻는 無能力者에 關한 總則의 規定에서 分離하여 그에 대한 適切한 能力制限은 婚姻의 效果로서 親族篇에 適當히 規定할 것

全 委員 異議 없으므로 右 原案대로 可決하다

2. 編纂要綱　　總則　　[내용은 1. (2)]

제4조 (成年期) 滿20歲로成年이된다

Ⅱ. **案**　　제4조

Ⅲ. **審議錄**, 6면 상단 ~ 7면 상단

2. 現行法 및 判例, 學說　　現行法 제3조와 同一하다.

3. 外國 立法例　　① 成年期에 關하여서는 漸次 그 年齡을 低下시키는 것이 現在의 立法傾向인 것으로 그 立法例는 다음과 같다.

羅馬法　25歲	普魯西民法　24歲
佛民(제388조)　21歲	獨民(제2조)　21歲
瑞民(제14조) 日民(제3조)　20歲	蘇民(제7조)　18歲
中民(제12조)　20歲	滿民(제4조)　20歲

1. 瑞民 제14조　　20歲滿了한者는成年者로한다 // 婚姻한者는成年者로한다.

2. 쩬크스 英民 제2조　　第21回誕生日의前日의開始로써成年에達한다

② 年齡에 依하여 段階를 設定하는 立法例

  1. 獨民(제104조, 제106조)　　　7歲 未滿은 絶對無能力

                            7歲 以上은 制限無能力

③ 未成年者에게 法定代理人을 두는 것은 各國 立法例가 一致하다.

④ 未成年緩和制度

  1. 成年宣告制度　　　　獨民 제3 조以下 瑞民 제15조

  2. 自治産制度　　　　　佛民 제477조 以下

  3. 婚姻成年制度　　　　瑞民 제14조 제2항, 佛民 제476조, 日民 제753조

  4. 營業許可制　　　　　現行法 제6조, 草案 제7조

  5. 批判　　　一般的으로 成年年齡 低下의 傾向이 있으나 滿20歲는 外國例에 비추어 適切하다고 認定되므로 異議 없다.

  6. 審議經過　　　法律上 未成年이라도 婚姻하여 家族을 가질 수 있는 이상 그것을 未成年者와 同一하게 無能力者로 取扱함은 矛盾이므로 瑞民 제14조의 例에 따라 婚姻한 者를 成年者로 함이 可하다는 意見이 있었으나 本來 未成年者를 無能力者로 規定함은 그 本人의 利益을 爲한 것인바 아무리 婚姻하였다 하더라도 未成年者에게는 그 財産管理에 危險性이 [7면] 있고 또 成年이 되기 爲하여 婚姻하는 不自然한 事例가 發生하여 未成年者 保護에 異狀이 發生할 수 있을 뿐만 아니라 婚姻 解消時에는 다시 未成年者로 되돌아가야 할 것인바 이를 防止하자면 論理上 거북한 立法을 하지 않으면 안 될 것이므로 劃一的인 未成年制의 緩和制度로서의 婚姻成年制, 自治産制, 成年宣告制 等은 이를 採擇하지 않고 現行法과 草案의 營業許可制 程度가 現實에 符合하는 것이라 하겠다

  7. 結 論 : 原案에 合意

Ⅴ. 意見書, 26면 (李恒寧)

  [6] 草案 제4조에 贊成한다.

  [이 유]　　　成年者를 定하는 데 있어서 一定한 年齡을 標準으로 하여 劃1的으로 定하는 것은 實情에 맞지 않는 感도 不無하다. 그렇[다]고 하여 獨逸民法이나 瑞西民法과 같은 成年宣告制度나 佛蘭西民法과 같은 自治産制度나 瑞西民法에 있어서의 婚姻成年制度를 取하는 것이 甚히 번거스러우므로 年齡에 依하여 劃一的으로 定하는 것이 便利할 것 같다. 그 年齡에 있어서는 各國이 滿18

年으로 引下하는 傾向도 있으나 이리되면 私法生活에 急激한 變化가 올 것이므로 當分間은 現行法대로 滿20年으로 해두는 것이 無妨할 것 같다.

제5조 (未成年者의能力) ①未成年者가法律行爲를함에는法定代理人의同意를 얻어야한다 그러나權利만을얻거나義務만을免하는行爲는그러하지아니하다 ②前項의規定에違反한行爲는取消할수있다

Ⅱ. 案   제5조

Ⅲ. 審議錄, 7면 상단 ~ 하단

　　2. 現行法 및 判例, 學說   現行法 제4조와 同一한 趣旨이다.

　　3. 外國 立法例   ① 獨民 제107조   未成年者가意思表示를함에는單只法律上의利益을얻는境遇外에는그法定代理人의同意를얻어야한다

　　② 獨民 제19조   判斷能力이있는未成年者또는禁治産者는法定代理人의同意를얻은境遇에限하여自己의行爲에依하여義務를負擔한다.

　　　　未成年者또는禁治産者가無償의利益을取得하거나또는一身에專屬하는權利를行使함에는前項의同意를要하지아니한다

　　③ 쨴크스 英民 제50조 내지 제58조(參照)

　　④ 日民 제4조, 滿民 제5조는 草案과 同一하다 //

　　6. 審議經過   瑞民 제19조와 比較하여 若干의 論議도 있었으나 原案은 現在 各國에 있어서 一般的인 原則이 되고 있으므로 原案에 異議 없다.

　　「그러하지 아니하다」를 「但 例外로 한다」로 字句修正하자는 意見이 있었으나 草案대로 두기로 하였다.

　　7. 結 論 : 原案에 合意

제6조 (處分을許諾한財産) 法定代理人이範圍를定하여處分을許諾한財産은未成年者가任意로處分할수있다

Ⅱ. 案   제6조

Ⅲ. **審議錄**, 7면 하단 ~ 8면 하단

2. 現行法 및 判例, 學說   現行法 제6조는 法定代理人이 目的을 定하여 處分을 許諾하는 境遇와 目的을 定하지 않고 範圍만을 定하는 境遇로 區分하고 있으나 草案은 範圍만을 定하도록 規定하였다.

3. 外國 立法例   ① 獨民 제20조   未成年者가法定代理人의同意를얻지않고맺은契約은未成年者가契約上의그給付를하기爲하여또는任意處分을爲하여 法定代理人으로부터맡았거나또는法定代理人의同意를얻어第3者로부터맡은財産 으로써契約의給付를한때에는처음부터有效하였던것으로看做한다.

② 獨民 제108조 제1항 [8면]   未成年者가그法定代理人의同意를얻지않 고한 契約은法定代理人의追認에依하여그效力을發生한다.

③ 日民 제5조   法定代理人이目的을定하여處分을許諾한財産은그目的의 範圍內에서未成年者隨意로이를處分할수있다目的을定하지않고處分을許諾한財産 을處分할때에도또한같다

④ 滿民 제6조   日民 제5조와 同一하다.

5. 批判   目的과 範圍를 定하는 現行法에 比하여 客觀性을 尊重함으로 써 實效 없는 目的主義를 廢止한 것은 若干의 進步이다.

6. 審議經過   草案이 現行法의 「目的을 定하여」를 「財産의 範圍를 定 하여」라고 規定한 것은 客觀性을 띄운 것으로서 去來의 相對方에 對하여도 明 確性을 期하는 것으로 第3者 保護에 있어서 立法上 進步라 하겠다. 範圍만을 定하고 目的을 度外視함은 第3者 保護에 置重하는 나머지 未成年者 保護의 目 的에는 違背될 憂慮가 있다는 意見도 있었으나 本來 現行法과 같이 目的을 定 한다는 것은 主觀的인 것이므로 取引[원문대로] 相對方에 對하여 苛酷한 感이 있는 것으로서 例컨대 未成年者에 現金을 交付한 後 일일이 目的에 違反되었다 하여 問題가 된다면 그것은 甚히 苛酷한 것이라 하겠다. 그러므로 主觀的 要素 를 排除하고 客觀性에 置重하는 意味에서 草案의 態度는 妥當하다 할 것이다.

　　―處分의 概念 如何―

使用, 收益, 處分 中 處分만을 意味하는 것인가 使用 收益도 包含하는 것인 가에 關하여 異見이 있을 것이나 本條의 處分은 使用, 收益, 處分을 包含하는 것으로 解釋함이 可할 것이다.

7. 結論 : 原案에 合意

제7조 （同意와許諾의取消）　法定代理人은未成年者가아직法律行爲를하기前에 는前2조의同意와許諾을取消할수있다

Ⅲ. 審議錄, 8면 하단

　　—法定代理人의 未成年者에 對한 事前同意의 取消에 關한 問題—

　　(立法例, 獨民 제183조)

　　① 獨民 제183조의 例에 準하여 法定代理人이 未成年者에 對하여 行한 同意와 許諾은 法律行爲를 하기 前에는 이를 取消할 수 있도록 新設 條文을 設置하는 것이 可하다는 意見이 提出되었다.

　　營業의 許諾은 撤回할 수 있도록 規定되어 있으나(草案 제7조) 個個의 法律行爲의 許諾을 事前에 撤回할 수 있는가에 관하여서는 現行法이나 草案에 規定이 없다.

　　그러나 現行法에 있어서와 같이 未成年者가 行爲를 하기 前에는 許諾을 撤回할 수 있다고 解釋하는 것이 未成年者 保護의 見地에서 安當하다고 할 수 있고 또 이를 禁할 必要도 없다는 것이 學說인 것이다. 萬一 行爲 前의 許諾의 撤回가 있을 수 없다고 본다면 차라리 獨民 제183조와 같이 法律行爲 前에는 撤回할 수 없다고 規定하여 解釋上의 疑問을 一掃함이 可할 것이다. 그러나 草案은 제7조에서 營業許諾에 對한 法定代理人의 取消權을 規定하였는바 第3者와의 關係에 있어서나 또는 本人의 利益을 爲해서나 이 제7조의 境遇보다 그 比重이 더 輕한 제5조 제6조의 境遇에 이를 事前에 撤回할 수 없다고 한다면 이는 矛盾이 아닐 수 없는 것이다. 그러므로 法定代理人의 未成年者에 對한 事前同意의 取消에 關한 規定은 이를 新設함이 可하다.

　　現行法上 이에 관한 明文規定은 없으나 從來 解釋上 法律行爲 前에는 法定代理人이 그 同意를 取消할 수 있는 것으로 解釋되고 있다.

　　② 제6조 다음에 다음의 條文을 新設한다.

　　제○조 (同意와 許諾의 取消)「法定代理人은 未成年者가 아직 法律行爲를 하기 前에는 前2조의 同意와 許諾을 取消할 수 있다」

Ⅳ. **법사위 수정안**   (1) 제6조다음에다음의條文을新設한다 [내용은 앞의
Ⅲ. ②]

Ⅴ. **意見書**, 27면 (李恒寧)

[8] [법사위] 修正案 (1)을 新設하는 것에 反對한다.

[이 유]   修正案은「法定代理人은 未成年者가 아직 法律行爲를 하기 前
에는 前2조의 同意와 許諾을 撤回할 수 있다」는 規定을 新設하자는 것인데 이
것은 두 가지 點에서 反對한다.

첫째 未成年者가 法律行爲를 한 뒤에는 法定代理人이 同意와 許諾의 撤回
權이 없는 것이 當然하듯이 未成年者가 法律行爲를 하기 前에는 相對方에게 何
等의 被害가 없으므로 法定代理人이 撤回를 할 수 있는 것은 또한 當然하다고
할 수 있으니 規定의 必要가 없다. 둘째로는 그 同意와 許諾의 撤回가 相對方에
게 影響을 미치게 될 때에 本條를 新設하면 그 撤回로서 善意의 第3者에게도
對抗할 수 있다고 解釋되므로 이와 같이 善意의 第3者까지도 損害를 미치게 하
는 것은 未成年者의 保護에 너무 置重한 感이 있다. 그러므로 本條를 新設하지
않으면 撤回의 有效無效를 具體的 境遇에 卽應하여 解決할 수 있을 것이니 구
태여 本條를 新設할 必要가 없다. 本條는 獨逸民法 제183조를 參酌한 듯하나
規定하지 않음이 可할 듯하다.

Ⅷ. **제2독회**, 속기록 제43호, 1면 하단

○ 張暻根 議員 : [법사위 수정안 (1) 낭독]   이것은 未成年者에 대해서
法定代理人이 먼저 事前에 法律行爲를 同意했거나 營業을 許可를 했다 할지라
도 그것을 하기 前에는 … 實際 하기 前에는 이것이 取消하는 것이 좋다 해서
이것을 取消하는 것이 좋다고 생각할 때에는 이것을 取消하는 길을 열어주자.
이것은 獨逸民法 제183조의 立法例에 따른 것입니다. 여기에 대해서는 딴 修正
案은 없습니다.

제8조 (營業의許諾) ①未成年者가法定代理人으로부터許諾을얻은特定한營業
에關하여는成年者와同一한行爲能力이있다

②法定代理人은前項의許諾을取消또는制限할수있다 그러나善意의第3者에

게對抗하지못한다

Ⅱ. 案   제7조

Ⅲ. 審議錄, 8면 하단 ~ 10면 상단

[9면] 1. 提案理由   法定代理人으로부터 許諾을 받은 營業에 관한 未成年者의 能力이다

2. 現行法 및 判例, 學說   現行法에 依하면 제1항의 許諾할 營業을 一種 또는 數種의 營業이라고 規定하였고 제2항에서는 「親族編의 規定에 따라」 그 許諾을 取消한다고 規定하였다.

3. 外國 立法例   ① 獨民 제112조   法定代理人이後見裁判所의認許를언어未成年者에對하여어떤營業을經營하는權能을준때에는未成年者는그營業에關한法律行爲에關하여는完全한能力이있다   但法定代理人이後見裁判所의認可를要하는法律行爲는그러하지않다

法定代理人은後見裁判所의認可를얻어그授權을撤回할수있다

② 獨民 제113조(제1항, 제2항, 제3항9)) 法定代理人이未成年者에게勤務[원문대로]또는勞務에從事하는權能을주었을때에는未成年者는그許可된種類의勤務또는勞務의關係의締結또는廢棄或은그러한關係에서發生하는義務의履行에關한法律行爲에있어서는完全한能力이있다   但法定代理人이後見裁判所의認可를要하는契約은그렇지않다

法定代理人은授權을撤回하거나또는制限할수있다

③ 中民 제85조   法定代理人이制限行爲能力者에게獨立營業을許可한때에는制限行爲能力者는그營業에關하여行爲能力이있다

制限行爲能力者가그營業에對하여任務를堪當치못할事情이있을때에는法定代理人은그許可를取消또는制限할수있다

④ 日民 제6조   一種또는數種의營業을許諾받은未成年者는그營業에關하여서는成年者와同一한能力을가진다 //

前項의境遇에있어서未成年者가아직그營業을堪當할수없는事跡이있는때에는그法定代理人은親族編의規定에따라그許可를取消또는制限할수있다

⑤ 滿民 제7조   一種또는數種의營業이許可된未成年者는그營業에關하여

---

9) 그러나 독일민법 제113조 제3항은 인용되어 있지 않다.

서는成年者와同一한行爲能力이있다

前項의境遇에있어서未成年者가아직그營業을堪當하지못할事跡이있을때에는그法定代理人은그許可를取消하며또는이를制限할수있다 但그取消또는制限은이로써善意의第3者에게對抗할수없다

⑥ 잰크스 英民 제50조 乃至 제58조(參照)

5. 批判 現行法과 日民 滿民에는 許可된 營業에 관하여 一種 또는 數種으로 規定하고 있는바, 獨民, 中民은 그러한 規定이 없고 또 事實上 一種 또는 數種이란 草案이 規定한 特別한 營業 속에 包含되는 것이고 제2항 但書에 關하여는 獨民 日民 中民에는 그 規定이 없으나 滿民에는 그 規定이 있는바 이 但書는 第3者 利益 保護와 去來의 安定性을 爲하여 草案의 意圖하는 바가 妥當할 것이다. 또 日民, 中民, 滿民은 營業許可를 取消하는 境遇 未成年者가 그 營業을 堪當할 수 없다는 것을 要件으로 規定하고 있는바 草案이 第3者 保護를 爲하여 이를 削除한 것은 妥當하다고 하겠다.

6. 審議經過 草案은 第3者 保護를 爲한 나머지 未成年者 保護의 目的을 離脫한 것 같고 特히 제2항 但書는 不必要한 것이 아니냐는 意見이 있었으나 萬一 但書가 없으면 第3者의 利益을 過度히 侵害하며 또 제7조에 依한 營業行爲를 過度히 不安全狀態에 두게 됨으로써 草案이 意圖하는 바는 設使 惡意의 第3者가 있다 하더라도 제7조에 依한 營業行爲를 일단 線을 그어서 安定을 圖謀하자는 것으로서 紛爭의 原因을 오[10면]랫동안 繼續시키지 않도록 한다는 點에 但書는 그 意義가 있다.

7. 結 論 : 原案에 合意

제9조(限定治産의宣告) 心神이薄弱하거나財産의浪費로自己나家族의生活을窮迫하게할念慮가있는者에對하여는法院은本人, 配偶者, 四寸以內의親族, 戶主, 後見人또는檢事의請求에依하여限定治産을宣告하여야한다

Ⅱ. **案** 제8조 [다만 "心神이薄弱하거나身體에重大한缺陷이있거나財産의浪費로…"라고 한다]

Ⅲ. **審議錄**, 10면 상단 ~ 11면 하단

1. 提案理由   限定治産의 宣告이다.

2. 現行法 및 判例, 學說   現行法이 「聾者, 啞者, 盲者」라고 한 것을 草案은 「重大한 缺陷이 있는」 者로 規定하였고, 浪費者에 대하여도 草案은 다시 要件으로 「家族의 生活을 窮迫하게 할 念慮」를 揷入하고 있다.

3. 外國 立法例

① 獨民 제6조   左에 揭載한者는이를禁治産者로할수있다

1. 精神病또는心神耗弱으로말미암아自己의事務를處理할수없는者

2. 浪費로말미암아自己또는家族을窮迫에빠지게할念慮있는者

3. 飮酒癖으로말미암아自己의事務를處理할수없거나또는自己또는家族을窮迫에빠지게할念慮가있거나또는他人의安寧을害할念慮있는者

② 獨民 제24조   心神耗弱浪費또는飮酒癖으로말미암아禁治産의宣告를받은者또는제1906조에따라假後見에부친者는滿7年에達한未成年者와同一한行爲能力이있는것으로한다

③ 瑞民 제369조 제1항   精神病또는精神耗弱으로因하여그事務를處理할수없거나그保護를爲하여繼續하여保佐監護를要하거나또는他人의安寧을害할危險이있는成年//者는後見에附한다

④ 瑞民 제370조   浪費酒癖또는不行跡으로因하여또는財産管理의方法에過誤가있음으로써自己또는家族을窮迫한狀態또는困難한狀態에빠지게할危險이있어서그保護를爲하여繼續的保佐監護가必要하거나또는他人의安寧을害할危險이있는成年者는後見에附한다

⑤ 瑞民 제374조   浪費酒癖또는不行跡으로因하여또는財産의管理法으로因하여禁治産을宣告함에는미리本人을訊問하여야 한다 (瑞民 제17조, 제19조 參照)

⑥ 英民 제69조   情神異狀者의單獨行爲는그것이一時的正常時에行하여진것이아닌限無效이다   그러나情神異狀者의契約行爲는그行爲의無效를主張하는者가去來의相對方이情神異狀임을알고있었음을證明하지못하는한有效이다.

但生來的心神喪失者또는審決精神異狀者의捺印證書는그心神狀態를相對方이알았고몰랐고를不問하고無效일것이다   精神病者는自己가行한不法行爲에對하여는적어도그不法行爲가特定의意思의存在를要件으로하지않는限責任을진다

⑦ 英民 제70조   어떤사람이特定의去來에關하여情神異狀者냐아니냐는各個의境遇에있어서事實問題이다.

⑧　獨民　제1910조		後見에服從하지않는成年者가身體의不具에因하여特히盲또는啞에因하여그事務를處理할수없는때에는心身및財産에關하여이에監護人을附할수있다

⑨　滿民　제8조		心神耗弱者또는浪費로말미암아自己또는家族을窮迫에빠지게할念慮있는者에對하여는法院은本人配偶者4親等內의親族家長後見人또는檢察官의請求에依하여準禁治産의宣告를하여야한다 [11면]

⑩　日民　제11조		心神耗弱者聾者啞者盲者및浪費者는準禁治産者로서保佐人을附할수있다.

5.　批判		獨民, 瑞民에 있어서는 禁治産者 準禁治産者를 合하여 單一性格의 것으로 規定하고 있는바 草案은 別個로 取扱하고 있다

6.　審議經過		獨民, 瑞民에 있어서는 禁治産 準禁治産을 合하여 單一化하였는바 草案은 日民에 따라 分離하였고 能力面에 있어서 未成年者와의 差異는 營業의 許可에 있다.

①　禁治産者와 限定禁治産者의 分離問題		草案과 같이 分離함이 妥當하다. 完全한 無能力者와 制限된 無能力者는 當然히 區別하여야 한다.

②　保佐人 代身에 後見人을 두는 것의 妥當性 與否		限定治産者에 對하여 保佐人을 두지 않고 後見人을 두는 것은 妥當한가에 關하여 異見이 있을 수 있으나 그러나 保佐人은 監督的인 立場에서 同意權을 行使할 뿐이지만은 後見人은 法定代理人으로서 代理權을 가지는 것이다. 日民은 그것을 避하기 爲하여 保佐人制度를 採擇하여 保佐人이 程度를 넘어서 代理權까지 行使하는 것은 防止하고 있다. 그러나 草案은 限定治産의 要件을 加重하였으므로 後見人을 附하여 그 法定代理權까지 行使하게 하자는 것이므로 妥當한 것이다.

③　現行法 제12조 (要同意事項의 限定的 列擧主義)의 必要性 與否

限定治産의 條件이 加重되었으므로 要同意事項의 限定的 列擧主義를 止揚하고 未成年者에 準하도록 한 草案이 妥當하다.

④　字句修正 問題 (身體에 重大한 缺陷)		身體에 重大한 缺陷이라는 것은 도리어 範圍를 緩和하는 듯하다. // 身體의 缺陷만으로는 不足하고, 同時에 心神에 弱點이 있어야 한다고 解釋한다면, 이는 心神薄弱 속에 包含되는 것이고, 또 心神薄弱의 必要 없이 身體의 重大缺陷만으로 足하다고 解釋한다면, 그것은 도리어 現行法보다도 範圍를 擴大시키게 되는 것이다. 뿐만 아니라 限定

治産者 設定의 立法精神을 생각할 때 身體에 重大한 缺陷이 있다 하더라도 心神의 薄弱에 이르지 아니한 사람을 限定治産者로 할 必要는 없으므로 「身體에 重大한 缺陷」云云을 따로히 規定한 草案은 不當하다.

⑤ 現行法의 「聾者, 啞者, 盲者」를 削除한 問題 — 現行法은 「聾者, 啞者, 盲者」도 對象者로 하였으나 「헤렌 케라」 女史는 差置하고서라도 精神能力에 있어서 普通人에게 못지않는 사람이 많으므로 本 草案이 이를 削除하고 設使 「聾者, 啞者, 盲者」라 할지라도 心神薄弱이 없을 때에는 이를 限定治産의 對象에서 削除한 草案의 態度는 妥當한 것이라 하겠다. 또 「浪費」만을 要件으로 한 現行法의 規定에 「自己나 家族의 生活을 窮乏」을 要件으로 加重한 것은 妥當한 것이다.

7. 結 論 : 「身體에 重大한 缺陷 있거나」를 削除하고 原案에 合意

Ⅳ. **법사위 수정안**   (2) 제8조中「身體에重大한缺陷이있거나」를削除한다

Ⅴ. **意見書**, 27면 ~ 29면 (李恒寧)[10]

[9] 限定治産制度는 이를 廢止하는 것이 可하다.

[이 유]   무릇 無能力者制度는 精神能力의 不完全한 者의 財産을 保護하여 주자는 것이나 그로 因하여 一般社會의 去來安全을 害치는 것이므로 無能力者制度를 認定함에 있어서는 無能力者의 保護와 一般社會의 去來安全과의 均衡을 考慮하여야 한다. 資本主義 初期에 있어서는 富의 蓄積을 奬勵하는 意味에서 法律은 靜的 安全을 重要視하여 일단 獲得한 財産이 本人 또는 그 子女의 精神能力의 不完全으로 말미암아 散逸되는 것을 防止하고저 하여 無能力者의 範圍를 擴大하였던 것이다.

말하자면 無能力者制度는 精神能力이 不充分한 有産者를 保護하자는 것이었다. 그러나 資本主義 後期에 있어서는 富의 蓄積[28면]보다도 富의 分配가 더 重要한 社會的 課題가 되었으며 法律도 靜的 安全보다는 動的 安全을 重要視하지 않으면 안 되게 되었다. 그러므로 去來의 安全을 害치는 無能力者制度는 그 範圍가 縮少되어야 할 것이다. 이런 意味에서 草案이 無能力者로서는 未成年者

---

10) 이항녕은 민법안공청회에서 한정치산제도의 도입을 반대하고 처의 무능력규정을 폐지하는 데 찬성하는 등 『의견서』에서 피력된 바에 좇아 행위무능력제도 전반에 의견을 개진하고 있다. 민법안심의자료집, 80면 중단 ~ 82면 상단 참조.

와 禁治産者만을 認定하면 足한 것이요 따로 限定治産者를 認定할 必要는 없다고 생각한다.

　　草案 제8조, 제9조, 제10조가 規定하는 限定治産者는 民法 제11조가 規定하는 準禁治産者보다도 그 能力範圍를 더욱 縮少하여 未成年者와 同一하게 取扱하고 있다. 卽 現行法에서는 準禁治産者에게 保佐人을 부치고 그 保佐人의 同意를 얻는 行爲는 列擧的으로 規定되어 있고 其餘의 行爲는 準禁治産者가 單獨으로 하여도 有效하도록 되어 있는데 草案에서는 限定治産者가 單獨으로 할 수 있는 行爲를 列擧的으로 規定하고 其餘의 行爲는 모두 法定代理人의 同意를 얻도록 하였는데 이와 같은 規定은 限定治産者의 保護에 너무 치우친 感이 있다.

　　大體 限定治産宣告에 該當하는 사람으로서는 「心神耗弱者, 身體에 重大한 缺陷이 있는 者, 財産의 浪費者」의 3者가 있는데 이 3者들이 果然 限定治産者로서 適當한가를 살펴보자.

　　첫째 「心神耗弱者」는 精神障碍의 程度가 「心神喪失」과 같이 全然 意思能力을 喪失함에 이르지는 않고 不完全하지만 判斷力을 가진 者이다. 그런데 心神喪失과 心神耗弱者는 畢竟 程度의 差에 不過하고 確然한 區別을 하기가 困難하므로 이것에 對하여 구태여 두 가지 制度를 둘 必要는 없고 하나로 統1하여 버려서 治産能力이 없는 者는 禁治産宣告를 받게 하는 것으로 一元化하여도 無妨할 것이다. 立法例로서는 瑞西民法이 이 兩者를 同一하게 取扱하고 있다.

　　둘째로 「身體에 重大한 缺陷이 있는 者」라는 것은 現行 民法에 이른바 「聾者, 啞者, 盲者」 等을 말하는 것인데 身體에 重大한 缺陷이 있다고 하여 반드시 治産能力이 없는 것은 아니며 이러한 사람들이 治産能力이 없게되는 것은 그로 因하여 心神喪失이나 心神耗弱 等의 精神障碍를 惹起한 境遇에만 限할 것이니 이 境遇에는 心神喪失者나 心神耗弱者로 取扱하여 禁治産者로 할 수 있을 것이다. 그러므로 身體에 重大한 缺陷이 있다는 點만으로 限定治産者로 할 必要는 없다.

　　셋째로 「浪費者」라는 것은 前後의 考慮 없이 財産을 蕩盡하는 性癖이 있는 者인데 草案은 現行 民法보다 要件을 加重하여 「財産의 浪費로 自己나 家族의 生活을 窮迫하게 할 念慮가 있는 者」라고 하였다. 이것은 財産을 얼마나 浪費하여야 浪費가 되느냐를 判定하기도 困難하고 또 이것은 不必要하게 本人의 意思를 拘束할뿐 아니라 第3者를 害치는 境遇가 甚히 많을 것이다. 이와 같이 重

大한 犧牲을 무릅쓰고 浪費者를 保護할 必要는 없다고 생각한다. 浪費로 因하여 自己나 家族의 生活을 窮[29면]迫하게 할 念慮가 있는 者는 浪費者라기보다도 一種의 心神喪失이나 心神耗弱의 狀態에 있는 者이므로 그것을 條件으로 하여 禁治産宣告를 받도록 하면 足할 것이다. 그러므로 草案의 限定治産制度는 廢止하는 것이 可하다.

Ⅷ-1. 제1독회, 속기록 제34호, 9면 하단 ～ 10면 상단

　　○ 邊鎭甲 議員 : [⋯] 그 다음에 이것은 이 討論에서 말씀할 것도 아닐 것 같습니다마는 用語에 대해서 우리 民法뿐이 아니라 모든 法典에 共通되는 얘기가 많이 있습니다. [⋯] [10면] 이러한 것 等 結局 우리말로 表現할 수 있는 것은 우리말로 表現을 하자, 그렇게 해서 法律用語의 用字대로 차근차근 만들어가자 이러한 것입니다. 그 다음에 民法에 뭐지 명료하게 있습니다마는 精神 ⋯ 心神薄弱 이러한 말이 있습니다. 心神薄弱은 다른 것으로도 表現할 말이 있을 것입니다.

　　있을 것이겠지만 우리나라에서는 ⋯ 日本서는 그 前에 心神耗弱 或은 虛弱이라고도 했습니다마는 耗弱이라고 했던 것을 心神薄弱이라고 했는데 마 그러한 程度는 좋다고 생각을 합니다.

Ⅷ-2. 제2독회, 속기록 제43호, 2면 상단 ～ 중단

　　○ 法制司法委員長 代理(張暻根) : [민법안 제8조 및 법사위 수정안 (2) 낭독] 이것은 왜 이런고 하니 여기에 限定治産으로 宣告하는 데 있어서 心神이 薄弱할 때에는 限定治産을 하는 것이 좋지만 身體에 重大한 缺陷이 있다 하더라도 「헬렌 케라」 女史와 마찬가지로 普通사람 以上으로 눈을 못 보고 귀를 못 듣고 말을 못 하더라도 普通사람 以上으로 훌륭한 사람이 있//습니다. 이런 것을 身體에 缺陷이 있다고 해서 限定治産을 해서는 아니 될 것입니다.

　　身體에 缺陷이 있음으로 말미암아서 精神의 薄弱까지에 이른 경우에는 精神의 薄弱을 理由로 하지만 精神의 薄弱은 없는데 身體의 缺陷이 있더라도 이것을 限定治産을 할 수 있도록 되어 있는 原本草案은 좀 問題가 되지 않는가 이제 傷痍軍人이라든지 이런 사람들도 팔다리 없는 사람이라도 훌륭한 사람이 있습니다. 이렇기 때문에 이것을 빼자는 修正案이올시다

제10조 (限定治産者의能力) 제5조乃至제8조의規定은限定治産者에準用한다[11]

Ⅰ. **法編委**   1. 의사록   民法總則 要綱   […]   (3) 準禁治産者의
行爲能力의 範圍를 適當히 考慮하며 그 保佐機關을 法定代理人으로 할 것

○ 梁元一 委員 : 準禁治産者에 대한 制度는 現行法대로 두고 다만 保佐人
에 대하여 取消權만을 주게 하도록 改議한다

○ 元擇[澤]淵 委員 : 準禁治産者의 利益을 適當히 考慮하는 것도 좋으나
그보다도 去來의 安全性 즉 第3者의 利益도 考慮되어야 할 것이므로 그런 角度
에서 法定代理人制度나 取消權賦與問題는 愼重히 考慮하여야 한 것이다

表決에 붙인 結果 改議가 絶對多數로 可決通過되다

2. 編纂要綱   總則   3. 準禁治産者의 行爲能力의 範圍를 適當히
考慮하며, 그 保佐人에 對하여 取消權을 認定할 것

Ⅱ. **案**   제9조   제5조와제6조의規定은限定治産者에準用한다

Ⅲ. **審議錄**, 11면 하단 ~ 12면 상단

2. 現行法 및 判例, 學說   現行法 제2조, 제12조와 同一한 趣旨이다.

3. 外國 立法例   제8조에 對한 外國 立法例 參照

6. 審議經過   「제5조와 제6조」를 「제5조 내지 제7조」로 修正하기로 合意

7. 結 論 : 字句修正 外에 原案에 合意

Ⅳ. **법사위 수정안**   (3) 제9조中「제5조와제6조」를「제5조乃至제7조」로修正
한다

---

11) 민법을 공포하는 관보에는, 한정치산자의 능력에 관한 제10조에서 미성년자의 능력에 관
한 '제5조 내지 제8조'를 준용하고 있다. 그러나 그 중 영업의 허락에 관한 민법 제8조를
한정치산자에 준용하는 부분에 대하여는 그것이 제안되거나 나아가 이를 심의한 흔적을
찾아볼 수 없다. 이 『자료집성』에서 보는 대로 민법안 제9조는 민법안 제5조와 제6조를 준
용하자는 것이었고, 법사위 수정안은 여기에다가 신설되는 것으로 제안된 제7조(동의와
허락의 취소)도 같이 준용하는 것으로 하자는 내용일 뿐이었다. 그리고 『심의록』은 한정치
산자의 능력에 관하여 논하면서 앞의 본문 102면(민법 제9조의 Ⅲ. 6. 맨 앞부분)에서 본
대로 "미성년자와의 차이는 영업의 허가에 있다"고 명확하게 말하고 있다. 그럼에도 민법
제10조는 제8조가 한정치산자에 준용된다고 정하는 것으로 공포되었다.

Ⅷ. **제2독회**, 속기록 제43호, 2면 중단

　　○ 法制司法委員長 代理(張暻根) : [민법안 제9조 및 법사위 수정안 (3) 낭독]　　그것은 字句修正인데 제5조와 제6조, 5조 점 찍은 代身에 제5조와 6조를「제5조乃至제7조」로 修正하기로 했습니다.

　　그것은 왜 그런고 하니 아까 말씀드린 바와 마찬가지로 제7조를 新設했습니다. 그러니까 未成年者에 관한 것 이것을 따라서 新設 條文이 늘었으므로 그 新設 條文 늘은 것까지 引用하여야 되는 結果가 된 것입니다. 當然한 結果올시다.

제11조 (限定治産宣告의取消) 限定治産의原因이消滅한때에는法院은제9조에 規定한者의請求에依하여그宣告를取消하여야한다

Ⅱ. **案**　　　제10조

Ⅲ. **審議錄**, 12면 상단

　　1. 提案理由　　　限定治産의 取消이다

　　2. 現行法 및 判例, 學說　　　現行法 제13조, 제10조와 同一한 趣旨이다

　　3. 外國 立法例　　　滿民 제10조　　　草案과 同一한 趣旨이다

　　7. 結 論 : 原案에 合意

제12조 (禁治産의宣告) 心神喪失의常態에있는者에對하여는法院은제9조에規 定한者의請求에依하여禁治産을宣告하여야한다

Ⅱ. **案**　　　제11조　　　[다만 "心神喪失의常態인者에…"라고 한다]

Ⅲ. **審議錄**, 12면 상단 ~ 13면 상단

　　1. 提案理由　　　禁治産宣告이다 //

　　2. 現行法 및 判例, 學說　　　現行法 제7조와 同一한 趣旨이다.

　　3. 外國 立法例　　　① 獨民 제6조　　　左에揭記한者는이를禁治産者로할 수있다.

　　1. 精神病또는心神耗弱으로말미암은[아]自己의事務를處理할수없는者

2. 浪費로말미암아自己또는家族을窮迫에빠지게할念慮가있는者

3. 飮酒癖으로말미암아自己의事務를處理할수없거나또는自己또는家族을窮
迫에빠지게할念慮있거나또는他人의安寧을害할念慮있는者

禁治産의原因이消滅한때는禁治産宣告를取消하여야한다

② 獨民 제1906조 (假後見制) 參照

③ 瑞民 제369조   精神病또는精神耗弱에依하여그事務를處理할수없거나
그保護를爲하여繼續하여保佐監護를要하거나또는他人의安寧을害할危險있는成年
者는後見에附한다

④ 瑞民 제370조   浪費酒癖또는不行跡으로因하여또는財産管理方法에過
誤가있음으로써自己또는그家族을窮迫한狀態또는貧困한狀態에빠지게할危險이있
어서그保護를爲하여繼續的保佐監督을要하거나또는他人의安寧을害할危險이있는
成年者는後見에附한다

⑤ 獨民 제114조   心神耗弱浪費또는飮酒癖으로말미암아禁治産의宣告를
받은者또는제1906조에따라假後見에부친者는滿7年에達한未成年者와同一한行爲
能力이있는것으로한다.

[13면] 6. 審議經過   ① 禁治産宣告 申請의 境遇의 假後見人制度와 如
히 成年者에 對한 禁治産宣告의 申請이 있는 境遇, 本人의 心身 또는 財産에 危
急한 事態가 일어날 憂慮 있는 때에 假後見人을 附할 수 있도록 함이 如何라는
意見이 있었다. 그 問題는 假處分으로도 救濟될 수 없는 것으로서 確實히 硏究
할 必要가 있는 問題이기는 하나 本條에서는 取扱하지 않기로 하였다.

(參考) ② 獨民 제1906조   「成年者에 對한 禁治産宣告의 申請이 있었을
때에 後見裁判所가 成年者의 心身 또는 財産에 關한 甚한 危險을 豫防하기 爲
하여 必要하다고 認定하는 때에는 이를 假後見에 附할 수 있다」

③ 「常態인 者」를 「常態에 있는 者」로 字句修正한다.

7. 結 論 : 字句修正[12] 外에 原案에 合意

V. 意見書, 29면 (李恒寧)

[10] 草案 제11조의 禁治産宣告를 必然的으로 한 것에 贊成한다.

[이 유]   現行 民法 제7조는 禁治産宣告를 「할 수 있다」로 規定되어 있

---

12) 이는 나중의 조문정리과정에서 반영되었다.

으나 解釋上 通說로는 法院은 法定請求者의 請求가 있고 또 心神喪失의 常態인 者가 分明한 때에는 반드시 禁治産宣告를 하여야 하도록 되어 있다. 草案이 宣告「하여야 한다」로 한 것은 妥當하다.

제13조 (禁治産者의能力) 禁治産者의法律行爲는取消할수있다

Ⅱ. 案   제12조

Ⅲ. 審議錄, 13면 상단 ~ 하단

  1. 提案理由   禁治産者의 能力(草案 제926조[13] 參照)이다.

  2. 現行法 및 判例, 學說   제9조 參照

  3. 外國 立法例   ① 瑞民 제18조   判斷無能力者의行爲法律上의效果를發하지않는다 但法律에다른規定이있을때에는그러하지아니한다

  (瑞民 제19조 제3항 不法行爲에 對한 損害賠償義務)

  ② 獨民 제114조   心身耗弱浪費또는飮酒癖으로말미암아禁治産의宣告를받은者와또는제1906조에따라假後見에붙인者는滿7年에達한未成年者와同一한行爲能//力을가진다

  ③ 滿民 제12조는 草案과 同一하다

  7. 結 論 : 原案에 合意

제14조 (禁治産宣告의取消) 제11조의規定은禁治産者에準用한다

Ⅱ. 案   제13조

Ⅲ. 審議錄, 13면 하단 ~ 14면 상단

  1. 提案理由   禁治産宣告의 取消이다 //

  7. 結 論 : 原案에 合意

---

13) 민법안 제926조(민법 제929조) : "금치산 또는 한정치산의 선고가 있는 때에는 그 선고를 받은 자의 후견인을 두어야 한다."

** 처의 행위무능력에 관한 규정(의용민법 제14조[14] 등)에 관한 문제

Ⅰ. 法編委[15]

Ⅲ. 審議錄, 14면 상단

　―現行法 제14조 削除―

　現行法 제14조는 妻의 無能力을 規定한 것으로 이는 우리 憲法 제8조에 비추어 削除됨이 當然하다.

Ⅴ. 意見書, 26면 (李恒寧)

　[7] 妻의 無能力者制度를 廢止한 것에 贊成한다.

　[이 유]　　妻의 無能力者制度는 現行 民法 下에 있어서도 우리나라 憲法의 民主主義的 精神의 男女平等의 原則에 違背된다고 하여 이미 大法院에서 判示한 바도 있으므로[16] 草案에서 이것을 廢止하는 것은 當然하다. 그러나 家庭生活의 平和를 期하는 點에서 民議院 法制司法委員會 民法審議小委員會에서 作成한 親族編 要綱 제18항에서 妻의 行爲能力을 어느 程度 制限하려는 것까지도 不必要한 것인지는 速斷할 수 없다. 女子 그 自體가 그 能力이 男子에 미치지 못한다는 前提 下에서 妻를 無能力者로 하는 制度와 男女平等을 前提로 하면서도 婚姻共同生活의 圓滿을 維持하는 데 必要한 範圍에 限하여 그 能力을 制限하는 것은 그 立法精神이 判異하기 때문이다.

Ⅷ. 제1독회, 속기록 제32호, 15면 하단

　○ 玄錫虎 議員 : [⋯] 그 다음에 제2장 이 自然人이라든지 法人이라든지 이 제2장 以下에 있어서는 特別히 이 自然人에 있어서 妻의 無能力制度를 갖다가서 廢止한 것이라든지 이런 것은 대단히 잘된 것이라고 생각합니다.

　　14) 의용민법 제14조 : "원본 영수 또는 이용 행위, 차재 또는 보증행위, 부동산 또는 중요한 동산에 관한 권리의 득실을 목적으로 하는 행위, 소송행위, 증여, 화해, 중재 계약의 체결 행위, 상속의 승인 또는 포기 행위, 증여 또는 유증의 수락 또는 거절 행위, 신체에 구속 받을 계약을 맺는 행위 등)를 하는 경우 남편의 허가를 얻어야 한다".

　　15) 이에 대하여는 앞의 93면 소재의 법편위 의사록 및 편찬요강도 참조.

　　16) 이는 대법원 1947년 9월 2일 판결 1947민상제88호사건(法政 제13호(1947. 10), 49면)을 가리킨다. 이 판결에 대하여는 우선 양창수, "우리나라 최초의 헌법재판논의 ― 처의 행위능력 제한에 관한 1947년 대법원판결에 대하여", 서울대학교 법학 제40권 2호(1999), 125면 이하(후에 동, 민법연구, 제6권(2001), 37면 이하에 재록) 참조.

元來가 이 즉 無能力制度를 認定한 것이 그야말로 男女의 不平으로 이것을 露骨的으로 表示한 것인데 오늘날에 있어서 憲法의 精神도 물론이려니와 이 民法에 있어서 妻의 無能力制度를 廢止했다는 이것은 가장 잘 된 것으로 贊成하는 것입니다. […]

제15조 (無能力者의相對方의催告權) ①無能力者의相對方은無能力者가能力者가된後에이에對하여1月以上의期間을定하여그取消할수있는行爲의追認與否의確答을催告할수있다　能力者로된者가그期間內에確答을發하지아니한때에는그行爲를追認한것으로본다

**　②無能力者가아직能力者가되지못한때에는그法定代理人에對하여前項의催告를할수있고法定代理人이그期間內에確答을發하지아니한때에는그行爲를追認한것으로본다**

**　③特別한節次를要하는行爲에關하여는그期間內에그節次를밟은確答을發하지아니하면取消한것으로본다**

Ⅱ. **案**　　제14조

Ⅲ. **審議錄**, 14면 上단 ~ 下단

1. 提案理由　　無能力者의 相對方의 催告權(不確定한 狀態를 終了시킴으로써 相對方의 保護를 基함)이다

2. 現行法 및 判例, 學說　　現行法 제19조와 同一하나 제4항을 草案은 削除하였다

3. 外國 立法例

① 獨民 제108조　　未成[年]者가그法定代理人의同意를얻지않고한契約은法定代理人의追跡[追認]에依하여그效力을發生한다　相對者가法定代理人에게對하여追認할것을催告한때는追認은相對方에게對하여서만이를할수있다　追認의催告前未成年者에對하여한追認또는拒絶은無效로한다　追認은催告를받은後2週日內에있어서만이를할수있다　右期間內에追認하지않을때는이를拒絶한것으로看做한다　未成年者가完全한能力者로된後에한未成年者의追認은그法定代理人//의追認에代身한다

② 滿民 제14조 (草案과 同一 ― 限定治産者에 保佐人制를 採擇치 아니하
였으므로 日民 제19조 제4항과 같은 規定을 두지 아니하였다)

③ 日民 제19조 제1항 제2항 제3항   草案과 同一

④ 日民 제19조 제4항   禁治産者에對하여서는제1항의期間內에保佐人의
同意를얻어그行爲를追認하는것을催告할수있다 禁治産者가그期間內에前記同意
를얻었다는通知를發하지아니할때에는이를取消한것으로看做한다

5. 批判   催告期間에 關하여 異論이 있으나 一方 取消權의 短期消滅時
效는 短縮되는 傾向에 있고 草案은 제139조에서 現行法의 「追認할 수 있는 날
부터 5年」을 「3年」으로 「行爲時로부터 20年」을 「10年」으로 短縮하고 있다.

6. 審議經過   ① 日民 제19조 제4항은 日本民法이 保佐人制度를 두었
기 때문에 必要한 것이나 草案은 後見人制度이기 때문에 同項을 둘 必要가 없
다. 제3항 中「特別한 節次」라는 字句 中「節次」라는 用語는 現行法대로 「方式」
이 좋지 않으냐는 意見이 있었으나 方式과 節次는 槪念에 相異點이 있는바 이
境遇는 親族會의 同意를 要하는 境遇(草案 제942조 參照)를 말하므로 「節次」가
妥當하다.

② 제1항 中「能力者 된」을 「能力者로 된」으로 修正合意

7. 結 論 : 前記 字句修正[17] 外에 原案에 合意

제16조 (無能力者의相對方의撤回權과拒絶權) ①無能力者의契約은追認있을때
까지相對方이그意思表示를撤回할수있다 그러나相對方이契約當時에無能力
者임을알았을때에는그러하지아니하다

②無能力者의單獨行爲는追認있을때까지相對方이拒絶할수있다

③前2項의撤回나拒絶의意思表示는無能力者에對하여도할수있다

Ⅰ. **法編委**   1. 의사록   […]   (4) 無能力者가 한 契約은 그 追認이
있을 때까지는 相對方이 撤回할 수 있도록 할 것

全 委員 異議 없이 原案을 成文 後 檢討하기로 可決하다

2. 編纂要綱   總則   4. 無能力者의 契約은 그 追認이 있을 때
까지는 相對方이 이를 撤回할 수 있도록 할 것

---

17) 이는 나중의 조문정리과정에서 반영되었다.

Ⅱ. 案   제15조

Ⅲ. 審議錄, 14면 하단 ~ 15면 상단

  1. 提案理由   無能力者의 相對方의 撤回權과 拒絶權(不確定한 狀態를 終了시킴으로써 相對方의 保護를 期함)

  2. 現行法 및 判例, 學說   現行法에 該當 規定이 없고 新設 條文이다

  3. 外國 立法例

  ① 獨民 제109조   契約은追認이있을때까지는相對方에있어서撤回할수 있다 撤回는未成年者에對해서도이를表示할수있다 相對者가未成年인것을知得하였을때에있어서는未成年者가眞實에違反하여法定代理人의同意를主張한때에限하여撤回할수있다   但契約의締結에際하여相對者가同意없는것을知得하였을때는그렇지않다

  ② 滿民 제15조는 草案과 同一하다.

  7. 結 論 : 原案에 合意

Ⅳ. 意見書, 29면 ~ 30면 (李恒寧)

  [11] 草案 제15조를 新設한 것에 贊成한다.

  [이 유]   無能力者制度는 그 相對方에게 相當한 犧牲을 주는 것이므로 이 制度를 運營함에 있어서는 相對方의 保護에 留意하지 않을 수 없다. 이 點에 關하여 現行 民法은 相對方에게 催告權을 賦與하고 詐術을 쓴 無能力者에게 그 取消權을 排除하는 데에 그쳤으나 이것만으로 不充分한 것은 두말할 것도 없다. 草案이 無能力者와의 契約은 追認 있을 때까지 相對方에게 撤回權을 認定하고 無能力者의 單獨行爲는 追認있을 때까지 相對方에게 拒絶權을 認定하였는데 無能力者의 相對方의 保護에 있어서 一步를 前進한 것이라고 할 수 있다. 無能力者와 去來를 한 者는 그 無能力者 편에서 언제 取消權을 行使할지도 모르므로 恒常 不確實한 法律狀態에 있게 되므로 이것을 救濟하기 爲하여 撤回權과 拒絶權을 認定하였는데 衡平을 期한 立法이다. [30면]

  [12] 草案 제15조 제1항 但書 中「알은 때」 다음에 「또는 알 수 있었을 때」를 挿入한다.

  [이 유]   如何한 境遇에 있어서도 惡意의 行爲者가 保護를 받지 못하는

것은 法律上 原則이다. 그런데 無能力者의 相對方을 保護하기 爲하여 相對方에게 撤回權을 認定하는 것은 相對方이 無能力者인 것을 모르고 있는 境遇에 限할 것이요 相對方이 이에 無能力者임을 알고 있을 때에는 그 相對方을 保護할 必要가 없다. 그러나 그 相對方이 無能力者인 것을 이미 「알은 때」뿐 아니라 한 걸음 더 나아가 그 相對方이 相當한 注意를 하였으면 無能力者임을 能히 「알 수 있었을 때」라도 그 撤回權을 排除하여야 할 것이다. 우리가 社會生活을 함에 있어서는 應當 서로 相當한 注意를 할 義務를 지는 것이오 過失로 因하여 이와같은 注意義務를 懈怠하면 이로 因한 損害는 그 過失者가 負擔하는 것이 當然한 것이다. 그러므로 本條 제1항 但書를 相對方의 故意의 境遇뿐만 아니라 過失의 境遇에도 擴張시키는 것이 法律生活의 趨勢에 合當한 것이다.

V . 현석호 수정안   (3) 제15조제1항但書中「알은때」를「알았을때또는알수있었을때」로修正한다

Ⅷ. 제2독회

1. 속기록 제43호, 3면 상단 ~ 4면 상단

○ 法制司法委員長 代理(張暻根) : [민법안 제15조 낭독] 여기에 대하여는 현석호 의원의 수정안이 있습니다. 玄錫虎 議員의 修正案은 제15조 제1항 但書 中「알은 때」, 그 契約 當時에 無能力者임을 「알은 때」라는 것, 「알은 때」를 「알았을 때」 또는 「알 // 수 있었을때」로 修正하자는 것입니다. 이것은 무엇인고 하니 無能力者인 相對方이 無能力者임을 알은 때도 保護할 必要가 없거니와 알지 못했다 하더라도 過失로 因해서 알 수 있었는데 몰랐다 이런 때도 保護할 수 없다, 이렇게 그런 趣旨로서 이 修正案이 나왔는데 法制司法委員會의 審査小委員會로서는 여기에 대해서 反對意見을 가지고 있습니다.

그것은 무엇인고 하니 相對方을 無能力者의 相對方을 너무 輕視하고 無能力者 保護에 置重한다는 것은 지금 近代 民法에 있어서 去來의 安全을 保護하기 위해서 無能力者의 保護보다는 相對方의 保護에 置重하자 하는 趣旨에 있어서는 이것은 影響이 된다 하는 意味에서 民法案審議小委員會에서는 反對意見을 가지고 있습니다

○ 副議長(李在鶴) : 玄錫虎 議員 말씀하세요.

○ 玄錫虎 議員 : 제15조 제1항에 있어서 지금 修正案을 내놓았습니다. 그

것은 무엇이냐 하면 結局은 이것은 無能力者의 契約에 대한 그 相對方을 어떻게 保護하느냐 그 保護하는 程度에 關한 問題인 것입니다. 여기에 있어서는 이 原案으로 보며는 그 無能力者의 契約을 했을 때에 그 相對方이 그 意思表示을 撤回할 수 있다, 卽 無能力者의 契約者가 追認이 있을 때까지는 意思表示를 撤回할 수 있다, 이것 卽 말하면 無能力者의 契約相對方을 保護하는 規定인 것입니다.

　　그러나 그 保護하는 데 있어서 但書에 가서 相對方이 契約 當時에 그 無能力者임을 알았을 때//에는 그러하지 못하다, 卽 相對方이 契約할 때에 無能力者라는 것을 알면서 契約했다고 하면 그러한 事後에 撤回權을 주지 않는다, 그것은 保護하지 않는다, 이런 정도인데 여기에 대해서 修正案의 趣旨는 相對方이 몰랐을 때에는 勿論이지만 그 모른 것이 自己의 過失에 起因했다 卽 말하면 알았을 때에나 혹은 알 수 있었을 때에도 이것을 그 相對方을 갖다가 그만큼 더 保護할수 없다, 이런 얘기입니다. 왜냐하면 여기에 대해서는 勿論 無能力者를 더 保護하느냐 無能力者의 相對方을 더 保護하느냐 그 保護의 見解에 관한 問題일 것입니다.

　　여기에 있어서는 原案에 있어서는 相對方이 卽 故意일 때 알았을 때 다시 말하면 惡意 故意일 때에 限해서만은 撤回權을 주지 않지만 몰랐을 때에는 無條件하고 撤回權을 준다, 이런데 그 相對方이 몰랐을 때에도 自己가 조금 注意를 했으면 알 수 있었는데 몰랐다 이런 때에는 相對方을 保護할 必要가 없지 않느냐, 勿論 去來의 安全을 위해서 이런 것이 必要하다고 하지만 原則上으로 보아서 이 惡意行爲者를 卽 말하자면 保護하지 않는다는 原則과 또 그 惡意뿐만 아니라 自己가 注意의 義務를 怠慢한 者 이것도 保護할 必要가 없는 것입니다. 그러니까 無能力者와 그 相對方을 保護하는 데 있어서 [4면] 均衡을 取하기 위해서는 相對方이 故意거나 또는 過失이 있을 때에는 保護할 必要가 없다 이런 것입니다. 이렇게 해야만 無能力者와 無能力者의 相對方을 保護하는 데 있어서 均衡이 맞지 않는가 이렇게 생각해서 이것은 이렇게 修正하는 것이 옳다고 보는 것입니다. 이 點에 대해서는 여러분의 判斷에 맡기겠습니다마는 그 保護의 均衡문제와 去來의 安全문제 이것을 어떤 데에다 置重하느냐 이런 것은 勿論 두 가지의 見解일 것입니다.

　　그러나 去來의 安全이라는 이것보다도 오히려 이런 點에 있어서는 恒常 無能力者와 그 契約相對方이 있을 때에 無能力者라는 制度를 두는 것은 벌써 無

能力者를 많이 保護하자는 이런 趣旨인데 이렇게 相對方이 故意인 때에만 그것을 責任을 묻지 않고 한다면 亦是 無能力者 保護가 덜 되게 되는 것입니다.

　　그렇기 때문에 이것은 相對方의 過失이 있을 때에도 그 責任을 묻는다 이렇게 가야만 無能力者를 保護한다는 元來 趣旨가 徹底히 되는 것이고 또 元來가 이 民法典 全體의 精神을 보더라도 過失이 있으면 責任을 진다 이러한 原則을 貫徹하기 위해서라도 이 修正案이 저는 絶對로 適當한 것이라고 생각해서 낸 것입니다. 많이 贊成해 주시기 바랍니다.

　　2. 속기록 제44호, 1면 하단 ～ 2면 상단

　　○ 副議長(趙瓊奎) : […] 그런데 15조 … 昨 43次 本會議에서 15조 表決이 남았습니다.

　　[…] 15조에 玄錫虎 議員의 修正案이 있는데 玄錫虎 議員의 修正案은 제1항 但書 中「알은 때」를「알았을 때 또는 알 수 있을 때」로 修正한다는 이것입니다. 玄錫虎 議員의 修正案을 묻습니다. (擧手 表決) 表決結果를 發表합니다. [2면] 在席 107人 可에 35票 否에 한 票도 없습니다마는 未決입니다.

　　原案을 묻습니다. (擧手 表決) 表決結果를 發表합니다. 在席 109人 可에 55票 否에 한 票도 없이 15조는 原案이 可決되었습니다.

제17조 (無能力者의詐術) ①無能力者가詐術로써能力者로믿게한때에는그行爲를取消하지못한다

**　②未成年者나限定治産者가詐術로써法定代理人의同意있는것으로믿게한때에도前項과같다**

Ⅱ. **案**　　　제16조

Ⅲ. **審議錄**, 15면 상단 ～ 16면 상단

　// 1. 提案理由　　　無能力者의 詐術이다

　　2. 現行法 및 判例, 學說　　　現行法 제20조와 同一하나 제2항을 新設하였다. 詐術로써 法定代理人의 同意 있는 것으로 믿게 한 때에도 亦是 本條에 該當하는 것으로 解釋하는 것이 學說上 通說이며 判例도 그러하다.

　　3. 外國 立法例　　① 滿民 제16조　　　無能力者가 能力者인 것을 믿게

하기 위하여 詐術을 썼을 때는 그 行爲를 取消할 수 있다.

　　　　未成年者 또는 禁治産者가 그 法定代理人의 同意 있는 것을 믿게 하기
爲하야 詐術을 썼을 때에도 또한 같다.

　　② 佛民 제1307조　　幼者로부터 한 成年이라 하는 單一의 申述은 그 回
復의 障碍가 되지 않는 것으로 한다.

　　6. 審議經過　　無能力者가 自己가 能力 있는 것으로 誤信시키기 爲하여
詐術을 쓴 境遇에는 無能力者를 保護할 價値가 없는바 相對方의 救濟方法으로
서 相對方도 詐術로 因한 意思表示를 理由로 自己의 行爲를 取消할 수 있고(現
行法 제96조, 草案 제105조), 境遇에 따라서는 不法行爲를 理由로 損害賠償도
請求할 수 있겠으나 兩者가 모두 相對方의 保護로서는 充分하지 못한 것이다.
그러므로 無能力者의 行爲를 取[16면]消하지 못한다고 하여 相對方의 豫期한
대로 完全 有效한 行爲를 成立시키는 것이 平明圓滑한 解決이라 하겠다. 草案
은 現行法과 같은 趣旨이다. 滿民 제16조와 같이 제2항을 新設하여 解釋上의
疑問을 解消하였다.

　　7. 結 論 : 原案에 合意

Ⅳ. 意見書, 30면 (李恒寧)

　　[13] 草案 제16조에 제2항을 新設한 것에 贊成한다.

　　[이 유]　　無能力者의 取消權을 排除하는 要件으로서의 「詐術」에 關하여
서는 그것을 狹義로 解釋하느냐 또는 廣義로 解釋하느냐에 따라서 無能力者가
「法定代理人의 同意 있는 것으로 믿게」한 行爲가 本條에 該當하는지가 問題되
어 왔다. 그러나 通說은 廣義로 解釋하여 이 境遇도 包含시키고 있었으므로 이
것을 立法化한 草案의 規定은 安當하다.

제2절　住　所

제18조 (住所) ①生活의 根據되는 곳을 住所로한다
　　②住所는 同時에 두곳 以上 있을 수 있다

Ⅱ. 案　　　제17조 [제2항은 없다]

Ⅲ. **審議錄**, 16면 상단 ~ 17면 하단

　2. 現行法 및 判例, 學說　　現行法과 同一함.

　3. 外國 立法例　　① 瑞民 제23조　　사람이 永住의 意思로써 居住하는 場所를 그 住所로 한다 누구라도 數個所에 있어서 同時에 住所를 갖일 수 없다 商工業上 營業所는 이 規定에 依하여 支配되지 않는다

　② 獨民 제7조　　어떤 地域에 定住하는 者는 그 地域에 住所를 設定한다 住所는 同時에 數地에 存在할 수 있다 居住를 廢止할 意思로써 이를 廢止하였을 때에는 住所를 廢止한 것으로 한다

　③ 獨民 제8조　　行爲能力이 없는 者 또는 行爲能力이 制限된 者는 法定代理人의 意思 없이 住所를 設定하거나 또는 이를 廢止할 수 없다

　④ 獨民 제9조　　軍人軍屬은 衛戍地로써 住所로 한다 內國에 衛戍地가 없는 軍隊에 所屬한 軍人軍屬은 內國에 있어서의 最後衛戍地로써 그 住所로 한다

　⑤ 獨民 제10조　　妻는 夫와 住所를 같이 한다 夫가 外國에 住所를 設定한 境遇에 妻가 그 地에 隨行//하지 않고 또는 隨行할 義務를 負擔하지 않을 때에는 그렇지 않다

　　　　夫가 住所를 갖지 않거나 또는 妻가 夫와 住所를 같이 하지 않는 때는 妻는 獨立하여 住所를 가질 수 있다

　⑥ 獨民 제11조　　嫡出子는 住所를 같이 하고 私生兒는 母와 住所를 같이 하며 養子는 養親과 住所를 같이 한다 자는 有效히 廢止할 때까지는 그 住所를 保有한다

　⑦ 中民 제20조(제1항)　　永住의 意思로써 一定한 地域에 居住할 때에는 그 住所를 그 地에 設定한 것으로 한다

　⑧ 中民 제21조　　行爲無能力者 및 制限行爲能力者는 그 法定代理人의 住所로써 住所로 한다

　⑨ 佛民 제102조　　모든 佛蘭西人의 住所는 그 私權의 行使에 關하여는 生活의 本據를 갖인 地에 存在한다

　⑩ 佛民 제103조　　住所變更의 事實

　⑪ 佛民 제104조　　住所變更意思의 市邑面에 屆出

　⑫ 佛民 제106조　　公職者의 住所

　⑬ 佛民 제108조　　妻는 夫의 住所外에 住所를 가지지 않는다 親權이 解除되지 못한 成年者는 父母 또는 後見人의 住所를 가진다 禁治産宣告를 받은 者는 後見人의

住所를 가진다.

⑭ 英民 제4조   完全한法律上의能力者로써「컨트리」[카운티?]를常住地로삼을意思를가지고그「컨트리」에住所를有한다고稱한다 英法上何[17면]人을不問하고住所를아니가질수없으며또同時에2個以上의住所를가질수없다

⑮ 英民 제5조   住所變更代身에他住所를受得함이없이이미取得하였든住所를抛棄할때에는出生時의住所를回復한다

⑯ 英民 제6조   嫡出의未成年者의住所는夫의住所 ─父없는때에는父母中最後生存者의 住所─

⑰ 英民 제8조   精神異常者는自身의行爲로써그住所를變更할수없다

⑱ 英民 제9조   未成年者는自身의行爲로써그住所를變更할수없다

⑲ 英民 제10조   妻의住所는夫와同一하다 妻가事實上夫와別居할때에도또한같다

⑳ 滿民 제17조   草案과 同一하다

5. 批判   客觀主義를 더 明確하게 表現하였으면 좋을 것이나 그 方法에 좋은 案이 없고 外國 立法例도 大同小異하다.

6. 審議經過   ① 住所에 關한 主觀主義, 客觀主義

※ 客觀主義의 長點

1. 定住의 意思는 恒常 存在한다고 할 수 없으므로 住所의 實質을 가춘 境遇에도 住所로 認定 못하는 境遇가 생긴다.

2. 住所의 意思는 外部로부터 認識하기 困難하므로 第3者에 不意의 損害를 끼칠 念慮가 있다. //

3. 意思主義에 있어서는 意思無能力者를 爲한 所謂 法定住所를 設定할 必要가 있다(佛民 제108조, 獨民 제8조, 제11조, 瑞民 제25조, 中民 제21조, 英民 제6조, 제10조).

※ 複數說의 長點

1. 어떠한 生活關係에 關하여서는 場所的 中心 卽 住所를 定하는 것이 合理的이다. 例컨대 幼兒의 養育을 받고 있는 場所(生母의 住所)와 財産이 存在하고 法定代理人이 그 名義로써 營業을 하는 場所가 다른 境遇에는 日常生活에 있어서는 前者를, 營業에 있어서는 後者를 各各 住所로 함이 妥當한 것이다.

2. 要컨대 客觀主義를 徹底히 하면 複數說을 取하게 된다.

② 제17조 제2항을 다음과 같이 新設함에 合意하였다.

「住所는 同時에 두 곳 以上 있을 수 있다」

7. 結 論 : 前記 修正 外에는 原案에 合意

Ⅳ. **법사위 수정안**   (4) 제17조제2항을다음과같이新設한다

「住所는同時에두곳以上있을수있다」

Ⅴ. **意見書**, 31면 (李恒寧)

[15] 修正案 (4)를 新設하는 것에 反對한다.

[이 유]   修正案은 草案 제17조 제2항에 「住所는 同時에 두 곳 以上 있을 수 있다」는 規定을 新設하자는 것이다. 住所의 個數에 關하여 從來에 學說이 區區하던 것을 立法的으로 解決하여 複數說을 取하자는 것인데 이點에 關하여서는 立法例도 區區하다(獨逸民法은 複數說을 明言하고 瑞西民法은 單數說을 明言한다). 住所에 關하여서는 何必 그 個數만 問題가 아니라 形式主義와 實質主義, 意思主義와 客觀主義 等이 對立되고 있는데 個數에 對하여 立法을 할 바에는 이런 問題에 對하여서도 좀더 明確한 立法을 必要로 할 것이다. 都大體 草案이 「生活의 根據」라고 住所를 規定한 것은 너무나 抽象的이어서 生活이란 무엇을 意味하는 것이며 根據라는 것은 「定住의 事實」만으로 足한 것인지 또는 「定住의 意思」도 必要한 것인지 不[分]明하지 않아 차라리 이와 같이 不分明한 用語를 明確히 할 必要가 切實하다.

Ⅷ. **제2독회**, 속기록 제44호, 5면 상단 ~ 중단

○ 法制司法委員長 代理(張暻根) : [민법안 제17조 및 법사위 수정안 (4) 낭독] 이것은 이번에 17조 1항의 明文에 의해서 그 住所를 定하는 데에는 從來에 主觀說과 客觀說이 있었는데 이 文句를 보아도 아시겠지만 이번 新民法에는 客觀說을 取하게 되었습니다. 客觀說을 取하게 되면 이것은 必然的으로 住所가 두 個 以上 있는 것을 認定하게 됩니다. 例를 들 것 같으면 軍人軍屬은 住所가 둘이 있게 됩니다. 卽 衛戍地에 軍人으로서 駐屯하고 있는 곳에 // 住所를 가지고 있을 것이고 自己 原집에도 住所를 가지고 있을 것입니다. 그러니까 그 軍人生活에 關係되어서 法律關係가 생할 때에는 衛戍地를 住所로 할 것이고 自己의 本故鄕에서 自己 집에서 무슨 理髮營業을 사람을 시켜서 한다든지 무슨

雜貨商을 한다든지 그런데 關係되어서 하는 때에는 그 法律關係에 關해서는 住所가 自己 있는 집일 것입니다.

  이와 같이 한다는 것은 이것은 저 獨逸民法 7조가 이러한 趣旨로 되어 있습니다. 그러나 瑞西民法 23조에는 明文으로 여기에 대해서 두 개 以上은 認定 안 한다 이렇게 되어 있습니다. 立法例로 둘로 갈라져 있습니다.

제19조 (居所) 住所를알수없으면居所를住所로본다

Ⅱ. 案   제18조

Ⅲ. 審議錄, 17면 하단 ~ 18면 상단

  2. 現行法 및 判例, 學說   現行法 제22조와 同一하다.
  3. 外國 立法例   ① 中民 제22조   左記事情의一이있을때에는그居所를住所로看做한다
  1. 住所로서 認定할 만한 것이 없을 때
  2. 中國에住所가없을때 但法律上住所地法에依하지않아도될때에는그렇지
    않다[18]
  ② 瑞民 제24조   一次設立한住所는新住所가設立될때까지存續한다從前의住所가證明할수없게되거나外國에있어서住所가抛棄되고또瑞西에있어서新住所가創設되지않는境遇에는現住所로써住所로한다
  ③ 滿民 제18조   草案과 同一하다.
  7. 結 論 : 原案에 合意

제20조 (居所) 國內에住所없는者에對하여는國內에있는居所를住所로본다

Ⅱ. 案   제19조

Ⅲ. 審議錄, 18면 상단 ~ 하단

---

18) 중화민국민법 제22조 제2호 단서는 "다만 법률에 의하여 주소지법에 의하여야 할 때에는 그러하지 아니하다(但依法須依住所地法者不在此限)"라고 정한다.

2. 現行法 및 判例, 學說   現行法 제23조와 同一하나 그 但書는 削除하였다

3. 外國 立法例   ① 滿民 제19조   草案과 同一하다.

② 中民 제22조   前示

③ 日民 제23조   前段은 草案과 同一하다. 但 法例의定하는바에 依하여 그住所地의法律에依하는境遇에는例外로한다 //

5. 批判   但書를 削除하였음은 法例에 規定이 있다고 하여 그렇게 한 것으로 생각되나 若干의 異議는 있을 수 있다.

6. 審議經過   ─現行法의 但書 削除 問題─

現行法 但書는 國際私法的 規定인 것으로 例컨대 어떤 外國에 住所를 가진 債務者에 對한 債權을 讓渡하는 行爲의 第3者에 對한 效力은 債務者의 住所地法에 依하는 것인바(法例 제12조) 이 境遇에 假令 債務者가 韓國에 居所를 가지고 있어도 韓國法에 依하지 않고 그 住所地法인 外國法에 依하는 것을 規定한 것이다. 그러므로 但書 削除는 若干 問題가 있다고 하겠으나 解釋上 또한 그렇게 될 것 같고 뿐만 아니라 將次는 法例를 廢止하고 國際私法的인 것을 새로 立法할 때 硏究하는 것이 妥當하므로 草案의 態度는 妥當하다.

7. 結 論 : 原案에 合意

제21조 (假住所) 어느行爲에있어서假住所를定한때에는그行爲에關하여는이를 住所로본다

Ⅱ. 案   제21조   어느行爲에關하여假住所를定한때에는그行爲에는이를住所로본다

Ⅲ. 審議錄, 18면 하단 ～ 19면 상단

2. 現行法 및 判例, 學說   現行法 제24조와 同一(民訴法 제527조[19]) 參照)하다

---

19) 의용민사소송법 제527조 : "채권자는 집행을 할 곳을 관할하는 지방재판소의 소재지에 주거도 사무소도 가지지 아니하는 때에는 그 소재지에 假住所를 선정하고 그 뜻을 재판소에 屆出할 수 있다." 위 규정은 일본에서 1979년 법률 제4호 「민사집행법」에 의하여 폐기되었다.

3. 外國 立法例　　① 中民 제23조　　特定한行爲를爲하여居所를選定한 때에는그行爲에關하여서는이를住所로看做한다

② 滿民法 제20조는 草案과 同一하다 [19면]

6. 審議經過　　①「그 行爲에는」이라는 表現이 若干 異常하므로 條文 全體를「어느 行爲에 있어서 假住所를 定한 때에는 그 行爲에 關하여는 이를 住所로 본다」로 字句修正함이 可하다

②「어느 行爲에 關하여」를「어느 行爲에 있어서」로「그 行爲에는」을「그 行爲에 關하여는」으로 各各 修正키로 合意

7. 結 論 : 前記 修正 外에 原案에 合意20)

제3절　不在와失踪

제22조 (不在者의財産의管理) ①從來의住所나居所를떠난者가財産管理人을定하지아니한때에는法院은利害關係人이나檢事의請求에依하여財産管理에關하여必要한處分을命하여야한다　本人의不在中財産管理人의權限이消滅한때에도같다

②本人이그後에財産管理人을定한때에는法院은本人,財産管理人,利害關係人또는檢事의請求에依하여前項의命令을取消하여야한다

Ⅱ. 案　　제21조

Ⅲ. 審議錄, 19면 하단 ~ 20면 하단

2. 現行法 및 判例, 學說　　現行法 제25조와 同旨이다.

3. 外國 立法例　　① 獨民 제192조　　居所不明한不在成年者의財産에關한事務에對하여이에保護가必要할때에는그事務에關하여이에不在者의監護人을附한다　特히不在者가委任또는代理權의授與에依하여管理를하였을境遇에있어서委任또는代理權의撤回를하여야할事情이發生하였을때에도이에不在者의監護人을附하여야 한다 居所가分明하여도歸宅하여그財産에關한事務를處理함을妨害된不在者에關하여서도亦是같다

---

20) 법사위 수정안 등이 되지 못하였으나, 후의 조문정리과정에서 그와 같이 되었다.

② 瑞民 제393조　　어느財産의 必要한 管理가 缺한때에는 後見主務官廳은 必要한 處分을하며 特히 다음의 境遇에는 保佐人을 選任한다.

1. 어느者가 長期間 不在하여 行方不明인때(2, 3, 4, 5호 略) [20면]

③ 佛民 제112조　　不在者라고 推定하고 또 아무런 授權된 代理人을 갖지 않는 者의 남긴 財産의 全部또는 一部의 管理를 할 必要가 있는 境遇에는 利害關係人의 請求에 依하여 第一審判例[원문대로]가 그 處分을 命한다

④ 佛民 제114조　　檢察廳은 不在者라고 推定된 者의 利益을 監視하는 責任을 特히진다

不在者에 關한 모든 請求에 關하여 檢事의 意見을 들어야 한다

⑤ 日民 제25조　　草案과 同一하다.

⑥ 滿民 제21조　　草案과 同一하다.

⑦ 中民 제10조　　失踪者, 失踪한 後 아직 死亡宣告를 받지 않은 以前에는[21] 그 財産의 管理는 非訟事件法의 規定에 依한다.

6. 審議經過　　① 不在와 失踪을 제3절의 題目으로 하고 있는바 不在와 失踪을 分離하여 節을 別途로 하자는 것이 如何한가 라는 意見이 있었으나 不在의 境遇에서 失踪의 境遇로 넘어가는 境遇도 많으니 草案이 妥當한 것이라고 하겠다.

6조 審議時 「處分」의 槪念規定을 한 일이 있는바 本條의 「處分의」 槪念을 그것과 相異하게 解釋하여야 한다면 用語를 變更함이 妥當하다는 意見이 있었다. 그러나 이 條文의 뜻이 不在者의 財産에 對한 管理保護의 措置를 取하기 爲한 司法處分을 하는 點에 있기 때문에 6조의 處分과는 根本的으로 特質이 다른 것이다. //

不在者의 財産의 賣渡賃借 等의 處分도 必要한 處分에 包含될 것인가에 對하여 異見이 있었으나 그 問題는 第二次的인 것이고, 이 條文은 財産管理를 爲하여 法院이 干涉할 第一次的인 措置를 말하는 것으로서 賣渡賃借 等의 處分에 關하여서는 제24조에 依한 法院의 許可가 必要하게 되는 것이다. 그 밖에 6・25事變 後 發生한 拉致人에 關하여서도 問題가 많은 것으로 생각되나 그러한 問題는 特別法으로 制定하는 것이 妥當할 것 같다. 「必要한 處分을 命할 수 있

---

21) 중화민국민법 제10조는 "실종자가 실종 후 아직 사망의 선고를 받기 전에는(失踪人失踪後 未受死亡宣告前)…"이라고 정한다.

다」함은 學說과 또 제8조의 禁治産의 境遇의 例에 따라 「命하여야 한다」로 하는 것이 可하므로 이를 修正함에 合意하였다.

② 제1항 中 「命할 수 있다」를 「命하여야 한다」로 修正하였다.

7. 結 論 : 前記 字句修正 外에 原案에 合意

Ⅳ. 법사위 수정안　　(5) 제21조제1항中「命할수있다」를「命하여야한다」로修正한다

Ⅴ. 意見書, 32면 (李恒寧)

[16] 修正案 (5)가 제21조 제1항 中 「命할 수 있다」를 「命하여야 한다」로 修正한 것에 贊成한다.

[이 유]　　法定請求人이 不在者의 財産管理에 關하여 必要한 處分을 請求할 때에는 法院은 處分을 命할 수 있는 自由裁量權이 있는 것은 아니고 必然的으로 命하여야만 不在者의 財産管理를 期할 수 있다. 現行 民法 제25조의 「命할 수 있다」의 解釋도 「命하여야 한다」고 하는 것이 通說이다.

Ⅷ. 제2독회, 제44호, 5면 하단

○ 法制司法委員長 代理(張暻根) : [민법안 제21조 및 법사위 수정안 (5) 낭독] 從前에도 이런 文句로 되어 있는데 「命할수있다」 하는 것은 裁判所의 權限을 表示하는 意味로 規定했는데 이것은 반드시 이러한 要件이 있을 적에는 命하여야 된다는 것으로서 解釋上으로도 그런 結論에 到達한 것입니다. 이것을 分明히 하기 爲해서 文句를 이렇게 고치자는 修正案이올시다.

제23조 (管理人의改任) 不在者가財産管理人을定한境遇에不在者의生死가分明하지아니한때에는法院은財産管理人,利害關係人또는檢事의請求에依하여財産管理人을改任할수있다

Ⅱ. 案　　제22조

Ⅲ. 審議錄, 20면 하단 ~ 21면 상단

2. 現行法 및 判例, 學說　　現行法 제26조와 同旨이다.

3. 外國 立法例　　前條에 對한 外國 立法例 參照

日民 제26조 滿民 제22조   草案과 同一하다

[21면] 6. 審議經過   現行法에 依하면 管理人 改任의 請求權者 中에 財産管理人이 包含되어 있지 않으나 草案이 그것을 包含시킨 것은 妥當하다. 本條의 境遇에도「改任하여야 한다」로 함이 可하다는 意見이 있었으나 반드시 改任하여야 한다고 하면 惡意로 改任을 圖謀할 수도 있으므로 그것을 防止하기 爲하여는 草案의 態度가 妥當할 것 같다.

7. 結 論 : 原案에 合意

Ⅴ. 意見書, 33면 (李恒寧)

[19] 不在者의 財産管理人의 改任請求權者에「財産管理人」이 揷入되고 失踪宣告의 請求權者에「檢事」가 揷入된 것은 贊成이다.

[이 유]   不在者의 管財人을 改任하는 請求權者 中에 現 管財人이 들어가는 것은 便利할 것 같고 또 失踪宣告의 請求權者 中에 檢事가 들어가는 것은 失踪宣告制度의 公益性으로 보아 妥當하다(草案 제26조).

제24조 (管理人의職務) ①法院이選任한財産管理人은管理할財産目錄을作成하여야한다

②法院은그選任한財産管理人에對하여不在者의財産을保存하기爲하여必要한處分을命할수있다

③不在者의生死가分明하지아니한境遇에利害關係人이나檢事의請求가있는때에는法院은不在者가定한財産管理人에게前2항의處分을命할수있다

④前3항의境遇에그費用은不在者의財産으로써支給한다

Ⅱ. 案   제23조

Ⅲ. 審議錄, 21면 상단 ~ 하단

2. 現行法 및 判例, 學說   現行法 제27조와 同旨이다.

3. 外國 立法例   ① 瑞民 제418조   保佐人이事務를委任받은境遇에는後見主務官廳의指揮에따라이를하여야한다

② 瑞民 제419조   保佐人이어느財産의管理또는看守를委任받은境遇에는

그財産의保存에必//要한管理만을할수있다

    前項以外의行爲는被代理人自身또는被代理人이이를賦與하지않을때는後見主務官廳이賦與한特別한委任에依하여서만이이를할수있다

    ③ 獨民 제192조 參照

    ④ 滿民 제23조　　草案과 同一하다

    6. 審議經過　　제4항 「財産으로」를 「財産으로써」로 字句修正한다

    7. 結 論 : 前記 字句修正22) 外에 原案에 合意

제25조 (管理人의權限) 法院이選任한財産管理人이제108조에規定한權限을넘는行爲를함에는法院의許可를얻어야한다　不在者의生死가分明하지아니한境遇에不在者가定한財産管理人이權限을넘는行爲를할때에도같다

Ⅱ. **案**　　제24조 [다만 제1항은 "…제103조에定한權限을넘은行爲…"라고 한다]

Ⅲ. **審議錄**, 21면 하단 ～ 22면 상단

    2. 現行法 및 判例, 學說　　現行法 제28조는 草案과 同旨이나 草案은 「法院이 選任한」을 揷入하였다.

    3. 外國 立法例　　① 瑞民 제418조　　前示하였다

    ② 瑞民 제419조　　前示하였다

    ③ 日民 제28조　④ 滿民 제24조　　草案과 同一하다

    6. 審議經過　　本條 中 「權限을 넘은」을 「權限을 넘는」으로 修正하였다

    7. 結 論 : 前記 字句修正23) 外에 原案에 合意

제26조 (管理人의擔保提供, 報酬) ①法院은그選任한財産管理人으로하여금財産의管理및返還에關하여相當한擔保를提供하게할수있다

    ②法院은그選任한財産管理人에對하여不在者의財産으로相當한報酬를支給할수있다

---

22) 이는 법사위 수정안으로는 채택되지 아니하고 나중의 조문정리과정에서 반영되었다.

23) 전주와 같다.

③前2항의規定은不在者의生死가分明하지아니한境遇에不在者가定한財産管理人에準用한다

Ⅱ. 案   제25조

Ⅲ. 審議錄, 22면 상단 ~ 하단
  2. 現行法   現行法 제29조와 同一하다.
  3. 外國 立法例   ① 日民 제29조 ② 滿民 제25조   草案과 同一하다.
  // 7. 結 論 : 原案에 合意

제27조 (失踪의宣告) ①不在者의生死가5年間分明하지아니한때에는法院은利害關係人이나檢事의請求에依하여失踪宣告를하여야한다
    ②戰地에臨한者, 沈沒한船舶中에있던者, 其他死亡의原因이될危難을當한者의生死가戰爭終止後, 船舶의沈沒또는其他危難이終了한後3年間分明하지아니한때에도前項과같다

Ⅱ. 案   제26조 [다만 제1항은 "…不在者의生死가7年間分明하지아니한때…"라고 한다]

Ⅲ. 審議錄, 22면 하단 ~ 24면 상단
  2. 現行法 및 判例, 學說   現行法 제30조는 草案과 同一하나 「失踪宣告를 할 수 있다」로 되어 있다.
  3. 外國 立法例
  ※ 失踪期間에 關한 立法例

	普通失踪	特別失踪(危難失踪, 戰爭失踪, 船舶失踪)
① 獨民(제14조 以下)	10年	—
② 瑞民(제36조)	5年	1年
③ 中民(제8조)	10年, 5年(70歲 以上)	3年
④ 滿民(제26조)	7年	3年
⑤ 佛民(제112조 乃至 제142조 參照)	失踪宣告制度 不採擇 [23면]	
⑥ 獨民 제14조	失踪者의生存에關하여10年間音信이없는때는死亡宣告	

를할수있다 死亡宣告는失踪者가滿31年이된해의修[終]了前에이를할수없다

　　　　滿7年이된失踪者는그生存에5年間音信이없는때는死亡의宣告를할수있다 10年또는5年의期間은失踪者의音信에依하면아직生存하였던最後의年이終了한때부터始作한다

　　⑦　同法　제15조(軍隊隷屬者의失踪)

　　⑧　同法　제16조(沈沒한船舶中에있던者의失踪)

　　⑨　同法　제17조(其他危難失踪)

　　⑩　同法　제18조(死亡宣告의效力및死亡時)

　　⑪　同法　제19조(死亡宣告를하지않은때의失踪者의存命推定)

　　⑫　瑞民　제14조　　　어떠한者가死亡의原因이될危難에遭遇하여行方不明이되거나또는不在하여오래音信이없음으로因하여其他死亡이確實하다고認定될때는裁判官은其者의死亡으로因하여權利를取得할者의申請에依하여失踪의宣告를할수있다　이境遇에있어서는失踪者가瑞西에있어서의最後의住所地의裁判所失踪者가瑞西에住居한일이없을때는本籍地의裁判所가各各其管轄權을가진다

　　⑬　同法　제316조(前條危難失踪의期間및裁判官이하는公告)

　　⑭　同法　제317조(危難失踪宣告申請의效力喪失)

　　⑮　同法　제318조(失踪宣告의效力및效力發生時期)

　　⑯　同法　제319조(身分의公證및이登記方法및届出義務에關한聯邦參議院의命令發付權限)

　　⑰　中民　제8조　　　失踪者失踪滿10年後에法院은利害關係人의申請에依하여死亡의宣告를할수있다

　　　　失踪者가70歲以上인때에는失踪滿了5年後에死亡의宣告를할수있다

　　　　失踪者가特別한災難에遭遇한者일때는失踪滿3年後에死亡한것으로推定한다[24]

　　⑱　同法　제9조 //　　　死亡宣告를받은者는判決에確定된死亡의時에死亡한것으로推定한다

　　　　前項의死亡의時는前條各項에定한最終의日이終了한때로하여야한다　　但

---

24) 중화민국민법 제8조 제3항은 제1항 및 제2항에서와 마찬가지로 "… 사망의 선고를 할 수 있다"고 정한다. 이어지는 제9조가 "① 사망선고를 받은 자는 판결에서 확정한 사망시에 사망한 것으로 추정한다. ② 전항의 사망시는 전조의 각 항에 정하여진 기간의 최후의 날이 종료한 때로 하여야 한다. 다만 반증이 있는 때에는 그러하지 아니하다"라고 정한다.

反證이있을때는그러하지아니하다

⑲ 滿民 제216조   不在者의生死가7年間分明하지않을때에는法院은利害
關係人의請求에依하여失踪의宣告를하여야한다   戰地에臨한者,沈沒한船舶中에있
던者其他死亡의原因이될危難에遭遇한者의生死가戰爭의終了,船舶의沈沒後또는
其他의危難이없어진後3年間分明하지않은때도또한前項과같다(同法 제27조, 제28
조 參照)

⑳ 佛民 제115조   從來의住所또는居所를떠난者가4年間音信이없을때는
利害關係人은不在宣告를하게하기爲하여裁判所에提訴할수있다

6. 審議經過   ① 失踪에 있어서는 看做主義(滿民 제27조, 現行法 제31
조)와 推定主義(獨民 제18조, 瑞民 제38조, 英民 제12조, 中民 제9조) 等이 있
고 普通失踪期間의 最終 發信[年]의 最終日主義(獨民 제14조 3항)가 있고 死亡
認定의 時期에 關하여서는 宣告時主義(獨民 제1草案, 墺地利民 舊規定), 最後音
信 또는 危難發生時主義(瑞民 제38조 2항, 獨民 제18조 2항), 失踪期間滿了時主
義(獨民 제18조 2항, 日民 제31조, 中民 제9조, 滿民 제27조) 等이 있는바 이러
한 各 立法例에는 各其 一長一短이 있는 것이다.

② 草案은 普通失踪에 있어서 「7年」, 特別失踪에 있어서 「3年」을 規定하였
으나 現在의 交通, 通信, 施設 等의 發達을 參酌하여 失踪期間은 이를 長期化할
必要는 없으므로 普通失踪에 있어서는 5年으로 하고 特別失踪에 있어서는 2年
으로 함이 適切할 것이다.

③ 認定死亡에 關한 規定의 必要 與否에 關하여 規定을 新設함이 可하다는
意見이 있었으나 이에 關해서는 戶籍令 제101조에 規定이 있으므로 民法에는
規定하지 않는 것이 可할 것이다.

④ 제1항 中 「7年」을 「5年」으로 제2항 中 「3年」을 「2年」으로 修正하기로
合意하였다

7. 結 論 : 前記 修正 外에 原案에 合意

Ⅳ. **법사위 수정안**   (6) 제26조제1항中「7年」을「5年」으로同제2항中「3年」을
「2年」으로各修正한다

Ⅴ. **意見書**, 32면 ~ 33면 (李恒寧)

[17] 修正案 (6)이 失踪期間을 短縮한 것에 贊成한다.

[이 유]   草案 제26조는 失踪期間을 普通失踪에 있어서는 7年, 特別失踪에 있어서는 3年이라는 現行 民法 제3조의 規定을 그대로 踏襲하고 있는데 交通機關이 發達한 今日에 있어서 이 期間은 너무 길은 感이 있다. 그러므로 修正案이 普通失踪을 5年, 特別失踪을 2年으로 短縮한 것은 妥當하다.

[18] 草案 제26조가 失踪宣告를 「하여야 한다」로 規定한 것에 賛成한다.

[이 유]   現行 民法에는 失踪宣告를 「할 수 있다」로 되어 있으나 失踪宣告制度의 目的에 비추어 「하여야 한다」고 解釋이 되어 왔으[33면]므로 草案의 規定은 妥當하다.

Ⅷ-1. 제1독회, 속기록 제34호, 11면 중단 ~ 12면 중단

○ 李泳熙 議員 : [⋯] 本 議員이 討論하고자 하는 몇 가지 조항은 제1편 總則에 있어서 「不在와失踪」, 제3편 親族에 있어서 「婚姻의成立」과 「養子制度」, 또 親族에 관한 조항의 揷入 等입니다.

첫째 제1편 總則 제2항 제3절 失踪의 宣告에 대해서 政府의 案에 나타나 가지고 있는 제//26조를 볼 것 같으면, [⋯] 그런데 이 法案에 있어서 法制司法委員會의 修正案을 보면 普通失踪은 政府案 7年을 5年으로 했고 特別失踪에 있어서는 政府案 3年을 2年으로 되어 있습니다. 本 議員은 이 法制司法委員會의 修正案을 反對하고 政府의 案을 賛成하는 데에서 討論의 말씀을 드리겠습니다.

그 理由는 審議要領에서 보았습니다마는 外國의 立法例에 있어서도 普通失踪 獨逸은 10年 瑞西 5年 中華民國 3年으로 되어 있고 特別失踪에 있어서 獨逸은 없지만 瑞西 1年 中華民國이 3年으로 되어 있습니다.

이 失踪의 審議에 대한 要領을 본다며는, 지금은 過去와 달라서 交通이 便利하고 通信網이 發達이 되어서 生死를 速히 알 수가 있다는 이런 見地에서 이 年限을 本 政府案보다 短縮했다는 말씀이 記載되어 있습니다. 그러나 이 失踪事實에 있어서는 확실히 死亡을 하였을 때에는 此限에 不在한 것이올시다. 말하자면 1年이 되어도 좋고 3年이 되어도 좋고 1年 半이 되어도 좋고 이 期限에 拘碍를 받을 必要가 없지만 萬一에 이 失踪된 이 事實을 우리는 宣告하고 난 [12면] 뒤에 살아있다고 하는 그런 境遇에 우리는 그 結果가 가장 危險하다고 하는 말씀이올시다.

萬若에 自己가 5年 以後에 살아 있는 것이 判明되었을 때에 本人은 이미

戶籍에서 削除가 되고 또 憲法 21조 乃至 22조, 不在者 財産 權利에 관한 規定에 의해 가지고 自己가 가지고 있는 財産이 모두가 消滅되었을 때에 그 사람의 處地는 어찌 될 것인가 하는 것을 생각할 때에 이 年限이 짧으면 짧을수록 損害를 가져오는 것이 많다고 하는 것이올시다

　　本 議員이 여기에 대한 하나의 實例를 들어보면 事變 前 일입니다마는 日本이 말하는 所謂 大東亞戰爭 때에 徵用을 갔다가 南洋孤島에서 動物을 잡아먹으면서 10年동안 辛苦를 하다가 解放이 된 줄을 알고 지나가는 漁船에 救護를 當해서 우리 韓國을 찾아온 趙炳幾라는 사람이 記憶되는 것입니다. 이 사람이 10年이 된 뒤에 自己의 情든 故鄕에 돌아왔을 때에 自己의 사랑하는 아내는 남의 집에 出嫁를 해서 이미 子息까지 낳아가지고 있고 自己가 가지고 있던 집이라든지 財産은 송두리째 없어져서 自己가 生活할 居處조차 찾지를 못하는 이런 環境에 處했을 때에 그 사람의 心情은 어떠할 것이며 이런 期限이 短縮된 法이 制定되어 가지고 이것을 施行할 때에 이런 일이 하나둘이 發生되지 아니하리라고 하는 것은 여러 議員들도 잘 아실 것입니다.

　　特히 며칠 前 新聞을 본다고 하면 所謂 倭政 때에 大東亞戰爭이라고 할 때에 徵用 갔다가 强制//收容을 當해서 蘇聯에 가 있다가 樺太에서 우리 韓國을 찾아온 同胞가 數拾名 記錄되어 가지고 있는 것을 봤습니다. 이런 境遇에 萬若에 7年을 5年으로 고치고 3年을 1年으로 고쳐서 短縮이 되는 이 結果가 아까 내가 말씀한 바와 같이 趙炳幾 같은 이런 여러 가지 問題를 招來했을 때에 우리 이 法으로 말미암아서 社會에 끼치는 悲慘한 環境이 많이 생길 것이 아닌가 이런 생각을 해서 本 議員은 法司委員會에서 修正한 5年[을] 2年보다도 政府案의 7年 3年에대한 法案을 贊成하는 것이올시다. […]

VIII-2. 제2독회, 속기록 제44호, 6면 중단 ~ 9면 중단

　　○ 法制司法委員長 代理(張暻根) : [민법안 제26조 및 법사위 수정안 (6) 낭독]　　이것은 立法例로 보더라도 또 以前 옛적과 달라서 지금 이것이 모든 것이 速度가 참 빨라진 世上이니까 이것을 短縮하는 것이 좋다는 것입니다. 獨逸民法은 이보다도 더 깁니다. 普通失踪에 對해서 10年으로 했습니다. 그러나 瑞西民法은 普通失踪에 對해서 5年, 特別失踪에 對해서는 1年으로 했습니다. 이보다도 더 짧습니다. 中國民法은 普通失踪에 對해서는 年令에 따라서 10年, 5

年으로 되었습니다. 普通은 10年이지마는 나이 일흔 살 以上된 사람에게는 5年으로, 5年만 있으면 失踪한다. 나이 많은 사람은 죽기가 쉬우니까 그렇고, 特別 失踪에 對해서 3年으로 했습니다. 英國民法은 7年입니다. 佛蘭西民法은 아시다 싶이 이 失踪制度가 없습니다. 그리고 草案은 現行法과 같이 7年, 3//年으로 되어 있는데 이것을 좀 短縮해서 5年, 2年으로 하자 하는 것이 法制司法委員會의 修正案이올시다.

○ 副議長(趙瓊奎) : 李泳熙 議員 나와서 말씀하세요

○ 李泳熙 議員 : 지난번 討論 때에서도 本 議員이 充分히 말씀을 드렸습니다마는 이 政府案 7年을 5年으로 3年은 2年으로 하는데 대해서 法司修正案을 나는 5年 2年으로 修正이 되어 나와 있습니다.

저는 이 修正案에 있어서 먼저도 말씀드린 바와 같이 이 年限이 짧으면 짧을수록 그 失踪者가 實地 失踪 안 된 者로 있어서 그 失踪된 宣告를 받고난 후에 萬若에 이런 사람이 살아 있다 할 때 오는 被害는 큰 것입니다. 왜 그러냐 하면 먼저도 내가 말씀드린 바와 같이 日本 … 소위 大東亞戰爭이라고 해서 우리 國民을 徵用으로 또 徵兵으로 데리고 가서 저 … 南海 孤島에서 혼자 있다가 버러지를 잡아먹고 배암을 잡아먹고 이러한 悽慘한 生活을 하다가 7年 後에 돌아온 趙炳畿라는 사람을 나는 또 記憶합니다. 그때에 自己 집에 돌아올 때 自己 사랑하는 妻는 시집을 가서 남의 집에 가서 아들딸을 낳고 있고 自己가 가지고 있던 財産은 다 없어져서 흩어져 버렸을 때 그 趙炳畿라는 사람은 그곳에서 살 수 없어서 그 流浪의 길을 떠나서 서울에 와[7면]서 우리 京鄕 新聞 各界에 記載된 事實을 저는 記憶하고 있습니다.

이렇다고 하면 萬若에 이러한 民法으로 있어서 自己 財産도 5年의 宣告를 받고난 뒤에는 自己 財産이 自己 財産으로 안 되게 되고 自己의 妻도 시집을 가도 말 한 마디 못하고 自己 마음대로 할 수 없고 이런 境遇가 온다고 하면 나는 7年을 5年으로 하는 것보담은 이 年限을 한 1年이라도 더 늘려서 이러한 形便에 있는 사람을 救해 주는 것이 좋지 않을까 생각이 됩니다.

特히 오늘날 社會는 이러한 失踪된 사람이 있을 때에 어떠한 不良者라든지 어떠한 仲介 謀利輩는 시집을 가라고 本人에게 强要할 境遇도 있을 것이고 또한 그 財産을 貪을 내가지고서는 宣告를 받도록 해가지고서 그 財産을 處理할려고 하는 이러한 惡質的인 사람이 없다고도 할 수 없을 것입니다.

그런 關係로 있어서 이런 문제도 極히 稀少한 문제입니다마는 오늘날 國會報에서 먼저 번에 紙上에 發表한 바와 같이 數十名의 失踪되었던 사람이 自己 故鄕으로 돌아왔을 때 아직 紙上에 發表도 못 받고 들어보지도 못했지만 지금 이런 年限 關係로 있어서 이러한 法이 없다는 오늘날에 있어서도 이러한 處地가 趙炳幾와 같은 處地가 많이 일어나지 않겠는가 이런 老婆心에서 나도 本法 政府에서 提出한 7年 3年을 贊成하면서 法司 5年 2年을 反對하는 것입니다. //

○ 副議長(趙瓊奎) : […] 그러면 法制司法委員會의 修正案을 묻습니다. (擧手 表決) […] 在席 105人, 可에 44票, 否에 한票도 없습니다마는 未決입니다. 政府原案을 묻겠습니다. (擧手 表決) […] 在席 107人, 可에 31票, 否에 한票도 없습니다마는 未決입니다. 1次 未決입니다. // (「議長 하는 이」 있음) 예.

○ 蘇宣奎 議員 : 1次 未決이 된 까닭에 잠깐 討論의 機會를 얻으려고 올라왔습니다. 이 失踪期間에 있어서 도대체 몇 년을 失踪한 것을 그것을 死亡으로 보느냐 이런 문제에 있어서 各國 立法이 다 다른 것으로 보고 있습니다. 그러나 從前에 지금 政府 原案으로 나온것은 大略 아마 日本 法律 或은 其他 獨逸 大陸法 이것이 定한 것을 그대로 가지고 나온 것으로 알고 있습니다. 그래서 不在者가 生死가 7年 동안 分明치 못하면 一定한 手續을 거쳐 가지고 失踪宣告를 하면 死亡한 사람으로 看做가 되는 것입니다. 또 戰時 遭難 船舶의 遭難 그런 等等의 原因으로 말미암아서 生死가 不明하기를 2年이 經過할 것 같으면 그것은 亦是 一定한 手續을 밟아서 失踪宣告를 해가지고 死亡者로 看做한다, 이런 것이 亦是 政府의 原案입니다. 그런데 여기에 대해서 法司委員會에서는 7年을 5年으로 하고 이것은 普通 平常時에 不在者의 期間입니다. 이 期間은 7年을 5年으로 하고 또 戰時 其他 沈沒된 船舶 等等 이런 데의 原因으로 말미암은 生死不分明한 것은 3年을 2年으로 한다, 다시 말씀하면 7年을 2年을 短縮하고 3年을 1年을 短縮하는 이런 것으로 修正案이 나온 것이올시다. 그런데 물론 이런 不在者의 관계를 不確定한 法律關係를 어디까지나 相當한 期間을 存續시키는 것은 이것이 社會의 여러 가지 取得 去來 이[8면]런 等等을 安定시키기 위해서 또한 거기에 관계되는 身分 여러 가지를 빨리 이것을 解決 安定시키기 위해서 期間을 短縮시킨다. 이것도 一理가 없는 바는 아니올시다.

그러나 特히 이 戰時에 다달은 者 또는 沈沒된 船舶에 의해가지고 行方이 不明한 사람 또 其他 危難 危急하고 險難한 이런 것을 當한 者의 生死는 戰爭

이 그친 뒤 혹은 船舶의 沈沒 其他 그 危難이 그친 뒤에 3年間 分明치 않을 때에도 前項과 같다. 이것은 생각컨대는 3年을 이대로 했다고 해서 그렇게 짧은 時間은 아닐 것입니다. 그 戰爭이 끝났다 혹은 船舶 沈沒 其他 危難이 끝난 뒤 3年間 그러나 特히 우리나라에 있어서는 6·25動亂을 겪어가지고 여러 가지로 戰爭事態로 말미암은 行方不明者가 많이 있는 것입니다. 그래 가지고 特히 여기에 拉致人士 문제가 이 近來 많이 論難되고 있습니다마는 이문제가 여기 戰時에 臨한 이 가운데에 包含이 되느냐 안 되느냐 이것도 여러 가지 論難이 있을 것입니다. 勿論 안 된다고 보는 便이 많을 것으로 보고 있습니다마는 여하간 우리는 6·25動亂을 겪은 사람으로서 이러한 生死不明者의 관계가 이에 많이 우리나라 社會에서는 實地로 있는 것입니다. 이런 것을 생각해본다고 하더라도 이 3年을 갖다가 이태로 短縮한다고 하는 것은 너무도 좀 짧은 期間이 아닌가. 또는 우리 普通 이 우리가 지금 慣習에 의한다고 하더라도 3年 以上이라고 하는 말을 많이 하고 있는데 3年 以上이라고 하면 이//것이 말로 따지면 이태 … 이태면 3年이 되는 것입니다. 그러나 3年喪을 나고 1年동안 좀 기다려 볼 必要가 있지 않을까. 이것을 얼른 쉽게 말하면 이런 境遇가 이러한 딱한 事情이 많이 있을 것입니다. 戰時라든지 이러한 行方不明이 되어가지고 結局 이런 期間을 短縮시킨다고 하면 마 短縮시킴으로 말미암아서 거기에 利益을 보는 사람이 있고 또 短縮시킴으로써 또 損害를 받는 사람이 依例히 나오는 것입니다. 그런데 이것을 이를테면 마 살아서 한 얼마동안 生死가 不分明하던 사람이 3年 後에 나타났다 … 3年 동안만에 나타났다 거기에 와서 볼 때에는 벌써 短縮시킴으로 말미암아서 이를테면 婚姻관계가 全部가 解消가 되었을 것이고 相續관계가 … 等等도 全部가 亦是 決定이 났을 것이고 이런 境遇가 있을 것입니다. 그러면 失踪宣告를 當한 사람으로 볼 적에는 물론 期間이 짧은 것보담 긴 것이 물론 失踪宣告 … 被失踪宣告者로서는 이 法利得이 될 것이고 또 그 代身에 길면 길수록 거기에 利害關係를 맺은 사람 失踪宣告가 失踪宣告에 의해서 利害關係가 있는 사람은 또한 역시 그 만큼 法利得을 받지 못할 結果가 될 것입니다.

그런 까닭에 이 期間을 定한다는것이 대단히 어려운 문제지만 적어도 나는 여기에서 말씀드리고 싶은 것은 普通 境遇에 있어서는 生死不明한 境遇 7年을 5年으로 한다는 데 대해서는 굳이 反對할 意思는 없습니다마는 戰地 // 或은 沈沒된 船舶 等等 이러한 境遇 3年을 2年으로 短縮한다고 하는 것은 이것은 좀

짧은 感이 있다, 나는 이렇게 생각하고 있습니다

그렇기 까닭에 事實上 이것은 一括表決이 아니고 個別表決을 했으면 第一 나로서는 좋겠는데 이 點 아마 議事進行으로서 넉넉히 될 수 있다고 생각합니다. 이것을 普通 제1항 2항을 나누어 가지고 個別的으로 期間을 물어 주었으면 하는 意味에서 저는 말씀을 드리는 것입니다.

○ 法制司法委員長 代理(張暻根) : 이제 蘇宣奎 議員께서 26조의 2항에 對해서 말씀했는데 조금 誤解가 계신 것 같아서 解明해 드리겠습니다. 여기에 저 26조 2항을 보시면 戰爭에 휩쓸린 者라고 그렇게 되어 있지 않고 戰時에 臨한 者입니다. 지금 銃砲擊으로 거기에 이제 軍人으로 있었다가 所在 不明한데 이런 때에 말하는 것이지 도저히 저 以北에 拉致된 사람은 이 2항에 들지를 않습니다. 拉致當한 사람은 지금 우리 法院에서 하는 것을 보더라도 拉致當한 사람에 對해서는 失踪宣告를 原則으로 하지 않습니다. 不在者 財産 管理人을 選定해서 그것을 管理하고 있습니다. 이제 그 拉致當했어도 大略 죽은 것이 틀림이 없다고 하는 所聞을 들었다든지 이러면 生死不分明이다 해가지고 26조가 그럴 때에는 비로소 26조 1항에 7年 … 原案에 依하면 [9면] 7年이고 修正案에 依하면 5年 그것입니다. 도저히 제2항은 이 拉致者에 對해서는 關係가 없습니다. 제1항도 原則으로 拉致者에 對해서는 全般的으로 제1항은 適用되지 않습니다. 不在者의 財産管理方法에 依해서 하게 될 것입니다. 여기에 生死가 分明하지 않다고 하면 여기에 美國이라든지 歐羅巴에 가가지고 隱身했다고 하면 이것이 生死不分明이 아닙니다. 隱身해서 꼭 어디에 살아 있다는 것이 積極的으로 證明 안 되는 경우 다 生死不分明인가 하면 그렇게 解釋이 되지 않습니다 드디어 積極的으로 生産[死]不分明이라 죽었는지 살았는지 잘 모르겠다, 그러면 所在가 없다, 이렇게 積極的으로 그럴 때야 비로소 失踪宣告가 問題가 됩니다. 이것은 誤解가 없으시기를 바랍니다

○ 副議長(趙瓊奎) : […] 그러면 26조 1次 表決이 끝나고 2次 表決입니다. 지금 蘇宣奎 議員 要請에 依하여 分離表決을 하겠습니다. 7年을 5年으로 하는 것과 3年을 2年으로 하는 것 먼저 그러면 제1항, 26조 제1항부터 먼저 表決하고 다음에 제2항을 하겠습니다. […] 法制司法委員會 修正案에 可하시 분 擧手해 주세요. 7年을 5年으로 하자는 거에는 2次 表決입니다. // […] (擧手 表決) […] 在席員數 103人, 可에 54票, 否에 한票도 없이 26조 제1항은 法制司法委

員會 修正案이 可決되었습니다.

　제2항 「3年」을 「2年」으로 하자는 것입니다. 法制司法委員會의 修正案 2次 表決입니다. (擧手 表決) […] 在席 103人, 可에 39票, 否에 한票도 없습니다마는 未決입니다.

　그러면 原案밖에 남지 않았습니다. […] (擧手 表決) […] 在席 106人, 可에 79票, 否에 한票도 없이 26조 제2항은 原案이 可決되었습니다.

제28조 (失踪宣告의效果) 失踪宣告를받은者는前條의期間이滿了한때에死亡한 것으로본다

Ⅱ. 案　　　제27조

Ⅲ. 審議錄, 27면 상단 ～ 하단

　2. 現行法 및 判例, 學說　　　現行法 제3조와 同一하다.

　3. 外國 立法例　　① 獨民 제18조　　死亡宣告는이를言渡한判決中에確定한時期에失踪者가死亡한것이라는推定을生한다

　다음에揭記한時期를死亡時로看做할것으로한다　但調書로因하여다른結果가生한때에는그러하지아니하다

　　1. 제14조의境遇에는死亡宣告를할수있을때

　　2. 제15조의境遇에는講和를締結할때또는戰爭이終止한해의終了한때

　　3. 제6조의境遇에는船舶이沈沒한때또는沈沒한것으로推定되는때

　　4. 제7조의境遇에는事變이發生한때

　死亡의時가날만이確定이되어있을때에는그날의終末으로써死亡의時로한다

　② 英民 제12조　　　前示 //

　③ 瑞民 제38조 제2항　　　失踪宣告의效力은死亡의原因이될危難또는最後의音信의때에遡及한다

　④ 中民 제9조　　　死亡宣告를받은者는判決內에確定된死亡의時에死亡한것으로推定한다.

　前項의死亡의時는前條各項에定한期間의最終의日이終了한때로하여야한

다 但反證이있을때는그러하지않다

　　⑤ 日民 제31조　⑥ 滿民 제27조　　　草案과 同一하다.

　　6. 審議經過　　　死亡認定時期에 對하여 異見이 있을 수 있으나 草案에 合
意하였다

　　7. 結 論 : 原案에 合意

제29조 (失踪宣告의取消) ①失踪者의生存한事實또는前條의規定과相異한때에
死亡한事實의證明이있으면法院은本人, 利害關係人또는檢事의請求에依하여
失踪宣告를取消하여야한다　그러나失踪宣告後그取消前에善意로한行爲의效
力에影響을미치지아니한다

　　②失踪宣告의取消가있을때에失踪의宣告를直接原因으로하여財産을取得한
者가善意인境遇에는그받은利益이現存하는限度에서返還할義務가있고惡意인
境遇에는그받은利益에利子를붙여서返還하고損害가있으면이를賠償하여야
한다

Ⅱ. **案**　　　제28조 [다만 제1항 단서는 "…行爲의效力에影響이없다", 제2항은
"失踪宣告로直接財産을取得한者는善意인境遇에도宣告가取消되면利益이現
存하는限度에서返還할義務가있다"라고 한다]

Ⅲ. **審議錄**, 24면 하단 ~ 26면 상단

　　2. 現行法 및 判例, 學說　　　現行法 제32조와 同一하나 草案은 請求權者
中「檢事」를 追加하였다 [25면]

　　3. 外國 立法例　　① 獨民 제1348조　　　配偶者의一方이死亡宣告를받은
後配偶者의他方이새로이婚姻을한때는그新婚은死亡宣告를받은者가아직生存함으
로因하여無效로되지않는다　但死亡宣告를받은者가死亡宣告後까지生存한事實을
新婚의兩者가婚姻을締結한때[알고]있었을때는그러하지않다

　　② 獨民 제1349조　　　配偶者의一方의死亡을宣告한判決이訴의方法에依하
여取消된境遇에는配偶者의他方은訴訟의終結前에새로婚姻을할수없다　但取消의
訴가判決言渡後10年을지나고提起된境遇에는그러하지않다

　　③ 獨民 제1350조　　　新婚의配偶者는死亡宣告를받은者가아직生存하는境

遇에는 新婚을取消할수있다 但婚姻을締結할때그生存하는것을안者는그러하지않다 取消는이를하려하는者가死亡宣告를받은者의生存을안6個月以內에限하여이를할수있다 取消權이있는配偶者가死亡宣告를받은者의生存을안後新婚을追認한때또는新婚이그配偶者의一方의死亡으로因하여解消할수없다

④ 獨民 제1351조   婚姻이제1035조의規定에따라前婚의配偶者이었던者에依하여取消된境遇에는이者는配偶者의他方에對하여離婚에關한제1578조乃至제1582조의規定에따라扶養을하여야한다 但死亡宣告를받은者가死亡宣告後아직生存한것을配偶者의他方이婚姻을締結한때알지못한境遇에限한다

⑤ 獨民 제1352조   前婚이제1348조제2항의規定에依하여解消한때는妻가夫에對하여該婚姻所生의子의扶養料의支辯으로一定한金額을支辯할義務는離婚의效果에關하여제1585조의規定에따라이를定한다

⑥ 獨民 제2024조   相續財産占有者는相續財産의占有의當時善意아닌때는相續人의請求權이이때에있어權利拘束[訴訟繫屬 Rechtshängigkeit]이아닌境遇와같이責任을진다相續財産占有者가後에//이르러相續人이아닌것을안때부터같이責任을진다遲滯에因한其他의責任은影響을받지않는다

⑦ 獨民 제2031조   死亡宣告를받은者가死亡의時期라看做된때以後에生存한때는相續財産請求權에對하여適用한規定에依한그財産의返還을請求할수있다死亡宣告를받은者가아직生存한때는그者의請求權의消滅時效는死亡宣告를안때부터以後1年의經過前에는完了치않는다

⑧ 獨民 제546조   어떠한者가失踪宣告를받을境遇에는그相續人또는受遺者는相續財産의引渡를받기前에優先權利者또는失踪者自身에對한財産의返還에關하여擔保를提供하여야한다

⑨ 瑞民 제547조   失踪者가歸來하거나또는優先權利者가그權利를行使한境遇에는假相續人은占有의規定에따라相續財産을引渡하여야한다假相續人이善意인境遇에는相續回復의訴의期間內에만優先權利者에對하여返還의責任을진다.

⑩ 瑞民 제550조   行方不明者의財産또는그相續分이10年間官廳에있어서管理되고또는行方不明者의年令이100歲에達한境遇에는管理官廳의請求에依하여職權으로써失踪宣告를한다

⑪ 瑞民 제28조 제1항   草案과 同一하다.

⑫ 滿民 제28조 제2항   失踪의宣告의取消가있을때에는失踪의宣告에依

하여財産을얻은者는利益이있는限度에있어서이를返還할義務를진다　但惡意의受益者는그의받은利益에利子를붙여서返還하고또損害가있을때에는그賠償의責任을진다

⑬ 日民 제32조　　　草案과 同一하다 [26면]

5. 批判　　① 滿民 제28조 2항 但書와 같은 規定 代身에 草案 제2항과 같이 規定함으로써 解釋上 同一한 結果(現行法 제74[704]조를 惡意의 受益者에 適用함으로써)에 歸着한다

② 제2항의 失踪宣告를 直接原因으로 하여 取消한 財産의 返還에 關한 規定에 있어서 善意인 境遇만을 規定하고 惡意의 境遇에 關하여서는 不當利得(草案 제741조)에 關한 規定에 一任한 것은 體制上 均衡을 失한다

6. 審議經過　　① 滿民 제28조 제2항의 例에 準하여 失踪宣告 取消 後의 失踪者의 財産返還에 關하여 善意의 境遇와 惡意의 境遇를 區別 規定함이 可하다는 意見이 있었다. 前記와 같이(批判) 草案이 善意인 境遇만 規定하였다 하더라도 實質的으로는 滿民 제28조와 同一한 것이다. 그러나 不當利得에 關한 規定 中 現行法 제74[704]조나 滿民 規定이나 草案 제741조가 모두 善意의 境遇와 惡意의 境遇만을 規定하고 惡意의 境遇는 제741조를 準用하게 한다는 것은 不均衡하다고 아니할 수 없다.25) 그러므로 兩 境遇를 本 條文에서 明示하는 것이 親切한 立法措置일 것으로 생각되므로 本條 제2항은 이를 修正함이 可하다

③[②] 本條 제2항을 다음과 같이 修正하기로 合意 「失踪宣告의 取消가 있을 때에 失踪의 宣告를 直接原因으로 하여 財産을 取得한 者가 善意인 境遇에는 그 받은 利益이 現存하는 限度에서 返還할 義務가 있고 惡意인 境遇에는 그 받은 利益에 利子를 붙여서 返還하고 損害가 있으면 이를 賠償하여야 한다」

7. 結 論 : 제2항에 對한 前記 修正 外에는 原案에 合意

Ⅳ. **법사위 수정안**　　(7)　제28조제2항을다음과같이修正한다 [내용은 앞의 Ⅲ. 6. ③]

---

25) 이는 아마도 "부당이득에 관한 규정 중 현행법 제704조나 滿民 규정이나 초안 제741조가 모두 선의의 경우와 악의의 경우를 **아울러 규정하고 있는데 민법안 제28조에서는 선의의 경우**만을 규정하고 악의의 경우는 제741조를 준용하게 한다는 것은 불균형하다고 아니할 수 없다"의 잘못이 아닌가 여겨진다.

Ⅴ. **意見書**, 33면 (李恒寧)

[20] 修正案 (7)이 제28조 제2항을 修正한 것에 贊成한다.

[이 유]   草案 제28조 제2항에는 失踪宣告의 取消의 效果를 規定하였는데 財産取得者의 善意와 惡意를 區別하지 않은 現行 民法 제32조 제2항보다는 若干 進步하였지만 아직도 不分明하므로 이것을 善意와 惡意의 境遇를 分明히 區別하여 規定한 修正案이 親切한 立法이라 할 수 있다.

現行 民法의 解釋에 있어서도 善意와 惡意에 따라서 不當利得에 關한 民法 제703조, 제704조를 準用하는 學說도 있으나 反對說도 있으므로 修正案과 같이 立法的으로 解決하는 것이 可하다. 修正案은 財産取得者가 善意인 境遇에는 利益이 現存하는 限度에서 返還義務가 있고 惡意인 境遇에는 그 받은 利益에 利子를 붙여서 返還하고 損害가 있으면 이를 賠償하도록 되어 있다.

Ⅷ. **제2독회**, 속기록 제44호, 9면 중단 ~ 하단

○ 法制司法委員長 代理(張暻根) : [민법안 제28조 및 법사위 수정안 (7) 낭독] // 이것은 제2항에 대해서 原案과 이 修正案과 다른 點은 原案은 善意取得者에 대해서만 規定했는데 惡意取得者에 대해서는 規定을 안 했습니다. 그 規定은 안 했다고 하더라도 解釋上으로는 이 修正案과 같은 結果에 到達하는데 善意에 대해서만은 直接 規定하고 惡意에 대해서는 規定 안 한다는 것은 民法 技術上도 均衡을 失합니다. 안 하려면 善意에 대해서 全然히 안해 놓는 것이 낫습니다. 안 하더라도 結局 不當利得의 原則에 의해서 이런 結果를 제2항의 結果에 到達하는데, 할 것 같으면 善意惡意 다 規定하고 안 할 것 같으면 다 안해야지 하나만 規定하고 惡意인 境遇에만 一般原則인 不當利得에 規定한다 하는 것은 조금 均衡이 失했기 때문에 修正案을 냈습니다.

제30조 (同時死亡) 2人以上이同一한危難으로死亡한境遇에는同時에死亡한것으로推定한다

Ⅰ. **法編委**   1. 의사록   民法總則 要綱   [⋯]   (5) 同死의 境遇에 있어서[26] 同時死亡推定의 規定을 둘 것

---

26) 「조선임시민법전편찬요강」에는 "同死의 境遇에 있어서"가 "共同의 危難에 遭遇하여 死亡

○ 鄭文模 委員 : 年長者가 먼저 사망하였다고 보는 것도 相續關係에 있어서는 좋을 것이다

絶對多數로 原案대로 可決하다

2. 編纂要綱　　　　總則　　　[…]　　　5. 共同의 危難에 遭遇하여 死亡한 境遇에 있어서 同時死亡의 推定의 規定을 둘 것

Ⅱ. 案　　　제29조

Ⅲ. 審議錄, 26면 상단 ~ 27면 상단

// 2. 現行法 및 判例, 學說　　　現行法에는 該當規定이 없고 草案은 新設 條文이다

3. 外國 立法例　　① 英民 제13조　　數人이그들의死亡順序를分明하지 않게한事情下에서死亡하였을때에는그들은各人의年令의順序에따라年長者가年少者보다먼저死亡하였다고推定된다　但이推定이財産에關한權利에影響을줄때에限한다.

② 瑞民 제32조 제2항　　死亡한數人中1人이他人보다길게生存하였다는것을證明할수없는境遇에는모두同時에死亡한것으로推定한다

③ 滿民 제29조　　草案과 同一하다.

④ 佛民 제720조　　萬若各者相互의財産相續에招喚當한數人이同一한事故로써死亡하여그中어느者가먼저死亡하였음을認定할수없는때는事實의情況에依하여그生殘의思量을定하거나萬若事實의情況이없는때는年令또는性의別로써이를定할것이다

⑤ 佛民 제721조　　같이死亡된者가15歲以下일때는最年長者로써最後에死亡한것으로推定한다

같이死亡한者가全部6歲以上될때는最年少者가最後에死亡한것으로推定한다

萬若或者는15歲以下이며或者는6歲以上일때는15歲以下의者를後에死亡한것으로推定한다

⑥ 佛民 제722조　　같이死亡한者가滿5歲以上6歲以下될때에는그年令이 서로같고또는그存在한差가1年에不過한때에있어서는恒常男子로써後에死亡한 것

───────────────

한 境遇에 있어서"로 되어 있었다. 이는 「민법전편찬요강」의 경우도 마찬가지이다.

으로 [27면] 推定한다

　　같이 死亡한者가 同性인때는 自然의 順序에 따라 財産相續을 開始한것으로 推定한다 故로 年少者는 年長者보다 後에 死亡한것으로 推定한다

　　5. 批判　　本條는 權利能力의 終期로서의 死亡에 關係되는 規定이므로 제3조에 包含시키는 것이 妥當하다는 意見도 있었으나 戰爭失踪, 危難失踪, 船舶失踪과도 關係가 있으므로 草案에 合意하였다

　　6. 審議經過　　① 本條에 關한 立法例로서는 ① 生殘推定主義(佛民 제720조~제722조, 年令, 性別 等에 依하여 一方이 生殘한 것으로 推定), (英民 쨍크스 제13조), ② 同時死亡推定主義(獨民 제20조, 瑞民 제32조 제2항, 中民 제11조, 滿民 제29조), ③ 無規定(現行 民法~事實上 利益을 占한 者가 保護된다는 不當한 結果가 生한다) 等이 있는바 草案은 同時死亡推定主義를 擇한 것이다

　　② 本條는 權利能力의 終期로서의 死亡에 關한 規定에 該當하는 것이므로 體制上 草案 제3조 제2항에 規定함이 妥當하다고 하겠으나 戰爭失踪, 危難失踪, 船舶失踪 等과도 事實上 關係가 있는 것이므로 草案의 序列을 修正까지 할 必要는 없는 것 같다.

　　7. 結論 : 原案에 合意

Ⅳ. 意見書, 34면 (李恒寧)

　　[21] 草案 제29조에 贊成한다.

　　[이 유]　　草案 제29조는 同時死亡의 推定規定인데 數人이 同一한 危難으로 死亡한 境遇에 그 死亡의 前後를 證明하기가 困難하여 事實上 먼저 利益을 占한 者가 保護되는 不當한 結果가 되기 쉽다. 그러므로 各國의 法律은 이에 關한 推定規定을 두는데 그 態度는 一定하지 않다. 草案이 獨逸民法과 瑞西民法의 例에 따라 同時推定主義를 取한 것은 妥當하다.

제3장   法   人

제1절   總   則

제31조 (法人成立의準則) 法人은法律의規定에依함이아니면成立하지못한다

II. 案   제30조

III. 審議錄, 28면 상단 ~ 하단

　　// 2. 現行法 및 判例, 學說   現行法 제33조와 同旨이다.

　　3. 外國 立法例

　　※ 各國의 經緯   1. 佛蘭西 ― 西紀 1697年 會社에 關하여 準則主義를 採擇하고 同 1901年 다른 非營利法人에 擴張하였다.

　　2. 獨逸 ― 西紀 1860年代 末期로부터 各邦에서 또 1870年의 帝國商法에서부터 會社 및 營利組合에 準則主義를 採擇하였다

　　3. 日本 ― 舊商法(1890年)의 許可主義를 現行 商法(1899年)에서 準則主義로 고쳤고 他方 現行法은 公益法人에 關하여서는 許可主義를 取하고 있다

　　4. 瑞西 ― 債務法(西紀 1901年) 제60조 1항은 非營利法人에 關하여 自由設立主義를 採擇하였다

　　① 英民 제16조(前段)   法人은 明示的인 또는 暗默的인 國皇의 承認에 依하여서만 設立될 수 있다

　　② 獨民 제21조   同 제54조 參照

　　③ 日民 ④ 滿民 ⑤ 中民   草案과 同一하다 (本法 其他 法律)

　　7. 結 論 : 原案에 合意

제32조 (非營利法人의設立과許可) 學術,宗敎,慈善,技藝,社交其他營利아닌事業을目的으로하는社團또는財團은主務官廳의許可를얻어이를法人으로할수있다

I. 法編委   1. 의사록   제7회 [1949년] 2월 19일 於大法院會議室

○ 高秉國 起草委員   [⋯]   民法總則 要綱   [⋯]

(6) 社團法人을 營利法人, 非營利法人으로 分類하여 營利도 公益도 目的으로 하지 않는 團體를 民法上 法人으로서 成立할 수 있게 할 것

全員 贊成으로 各 原案대로 可決하다

2. 編纂要綱   總則   6. [내용은 1. (6)]

Ⅱ. 案   제31조

Ⅲ. 審議錄, 28면 상단 ~ 하단

2. 現行法 및 判例, 學說   現行法 제34조와 同旨이다.

3. 外國 立法例   ① 獨民 제21조   營利를目的으로하지않는社團은管轄區裁判所의社團登記簿에登記함으로因하여權利能力을取得한다

② 獨民 제22조   營利를目的으로하는社團은帝國法律에다른規定이없는때는聯邦參議院의議決에依하여權利能力을取得한다.

③ 瑞民 제60조   政治, 宗敎, 學藝, 技藝, 慈善, 社交, 其他非經濟的事業을目的으로하는社團은團體로서成立할意思가定款에나타난때부터人格을取得한다

④ 中民 제46조   公益을目的으로하는社團은登記前에主務官署의許可를얻어야한다

⑤ 滿民 제31조   學術, 宗敎, 慈善, 技藝, 社交, 其他의非營利事業을 目的으로하는社團또는財團은主務官署의許可를얻어이를法人으로할수있다

⑥ 獨民 제61조 //   區裁判所가申請을受理한때에는이를主務官廳에通知하여야한다.

社團이公的인社團法에依하여許可를할수없을것인때또는禁할수있을것인때또는政治上社會政策上또는宗敎上의目的을가질때는行政官廳은登記에對하여異議를提出할수있다

⑦ 獨民 제62조   行政官廳이異議를提出한때는區裁判所는이를理事團에通知하여야한다

異議는行政訴訟手續의方法에依하고萬一그手續이없는때는營業條例제20조, 제21조에規定한訴願의方法으로이를取消할수있다

⑧ 滿民 제31조   本 草案과 同一하다

6. 審議經過   ① 公益法人 設立에 있어서는 許可主義와 準則主義, 自由

放任主義 等이 있는바 公益事業을 標榜하면서 實은 惡質行爲를 敢行하는 實例가 許多한 韓國의 現實로 보아서는 許可主義를 採擇한 草案의 態度가 妥當하다.

② 現行 民法 제34조에서는 「公益」에 限하고 있는바 이로 因하여 公益도 아니고 또 營利도 아닌 中間的인 事業을 目的으로 하는 團體는 所謂 「權利能力 없는 團體(社團)」로 되어 이는 現行法上 하나의 重大한 缺陷이 되어 있었다. 獨民, 瑞民, 中民, 滿民 等의 立法例에 따라 草案이 「非營利」와 「營利」로 區分하여 規定한 것은 立法上 進步라 할 것이다. 그러나 草案 下에 있어서도 許可를 얻지 못한 團體는 權利能力 없는 社團이 되는 수밖에 없는 것이다.

7. 結 論 : 原案에 合意

Ⅴ. **意見書**, 35면 ~ 37면 (安二濬)

[22] 草案이 法人을 非營利法人과 營利法人으로 區別하는 前提에서 規定하고 있음에 贊成한다.

[이 유]　　現行法上 民法上의 法人이기 爲하여는, 積極的으로 「祭祀, 宗敎, 慈善, 學術, 技藝 其他 公益에 關한」 事業을 目的으로 할 뿐더러, 消極的으로 「營利를 目的으로 하지 아니하는 것」이어야 함은 周知의 事實이다(現 34條). 그런데 案은 이 點을 改正하여 現行法上 法人이기 爲하여는 반드시 「公益」을 目的으로 하여야 한다고 하는 積極的, 加重的인 要件을 必要로 하지 아니하고, 單只, 「學術, 宗敎, 慈善, 技藝 社交 其他 營利 아닌 事業을 目的으로 하는 社團 또는 財團」이라고만 規定하여(案 31條, 傍點 筆者), 消極的으로 營利 아닌 事業을 目的으로 하면 充分하다는 趣旨를 規定하고 있다. 이것은 法人法의 分野에 있어서의 가장 重要한 改正點의 하나임은 贅言을 要하지 아니한다.

그런데 現行法과 같이, 社團 또는 財團이 法人格을 取得함에는, 반드시 「公益」을 目的으로 하여야 한다는 積極的인 要件을 固執하면 그 結果 어떠한 事態가 惹起되느냐는 分明하다. 卽, 現實의 社會生活에 있어서 無數히 存在할 수 있는 公益도 目的으로 하지 아니하며, 그렇다고 해서 營利도 目的으로 하지 아니하는 이른바 中間的인 社團(團體) 또는 財團에 對하여는 特別法에 依하여 法人格을 賦與하지 아니하는 以上 民法上 法人格을 取得시킬 方途가 杜絶되어 있는 것이다. 그러므로 그 目的 事業이 公益도 營利도 아닌 社團 또는 財團이 지닌 固有의 社會的 作用 乃至 機能을 法律上 充分히 發揮시키지 못하게 되고, 이른

바 權利能力 없는 社團(權利能力 없는 財團도 그 例는 드물겠으나 存在할 餘地
는 있다)은 主로 그 때문에 發生하며 이것이 現行法의 重大한 缺陷의 하나라는
것은 이미 多數의 學者에 依하여 指摘되고 있는 바이다. 그래서 從來 民法 및
商法[36면]上의 法人의 目的에 依한 區別을 公益과 營利로 하지 아니하고 中間
的인 것에 對하여도 法人格을 取得시켜서 그 社會的 機能을 다하게 할 수 있도
록 營利와 非營利로 區別하여야 한다고 主張되어 온바, 案은 이 懸案의 問題를
解決한 것이라고 할 수 있으며, 正鵠을 잃지 아니한 立法態度라고 評하여도 좋
을 것이다. 元來 法人의 目的에 依한 區別을 公益과 營利로 하는 立法例는 現行
法 및 그것이 依據하고 있는 日本民法이라고 할 수 있으며(中國民法도 이 點에
關하여는 現行法과 大體로 같다—同法 45條, 46條 參照), 獨逸民法(同法 21條는
非營利(非經濟的)社團 nichtwirtschaftliche Vereine—講學上 이것을 精神的 傾向 있는
社團 Vereine mit idealen Tendenzen 또는 精神的 社團 Idealvereine이라고도 한다—에
關하여 22條는 營利(經濟的) 社團 wirtschaftliche Vereine—現行法 35條, 修正案 ⑧
에 該當한다—에 關하여 規定한다), 瑞西民法(同法 60條 1項) 및 舊滿洲民法(同
法 31條)은 그 制定 當初부터 法人의 目的에 依한 區別을 營利와 非營利로 하
여, 案과 같이 規定하는 데 關한 立法上의 範例를 남기고 있는 것이다. 다만 案
과 같은 立法例에 屬하는 것도 따지고 보면 저마다 若干의 뉘앙스를 지니고 있
는 것은 否定할 수 없다. 卽, 案의 規定은 舊滿洲民法과 가장 類似하며, 獨瑞
兩民法의 規定은 이와는 若干 다르다. 獨瑞 兩民法은 다만 社團에 關하여만 營
利와 非營利로 區別하고 있을 뿐, 財團에 關하여는 아무런 言明을 하지 아니한
다. 아마 獨瑞 兩民法은 財團은 營利를 目的으로 하는 것은 當然히 存在할 수
없다는 前提下에서, 財團의 設立에 關하여는 구태여 그 目的을 言明할 必要도
없다는 데서 그렇게 規定하였으리라고 생각된다. 左右間 이 點은 그다지 重要
한 것이라고는 볼 수 없으며 結果的으로도 아무런 差異가 생기는 것이 아니라
고 생각되지만, 已往이면 財團의 設立에 關하여도 그 目的을 明示하고 있는 案
이나 滿洲民法의 態度가 보다 훌륭하지 않을까라고 생각된다.

　　끝으로 本號와 關聯하여 考慮하지 않으면 안 될 問題가 하나 있다. 그것은
案과 같은 主義를 取하드라도 非營利法人의 設立에 主務官廳의 許可를 要한다
고 할 것 같으면 果然 從來의 「權利能力 없는 社團(또는 財團)」의 問題가 解決
되느냐의 問題이다. 이 點에 關하여는 後述 [25]에서 詳論하겠지만, 案과 같이

許可主義를 取하고 있는 限, 法人의 設立에 參與하는 者(發起人 等)가 許可의
節次를 履踐하지 아니하는 境遇 等에는 如前히 「權利能力 없는 社團」이 發生할
餘地가 있는 것은 말할 것도 없다(다만 現行法下에서보다는 그 發生할 餘地는
훨씬 減少되지만). 이것은 오로지 瑞西民法처럼 自由設立主義를 取할 때에만
비로소 解決될 수 있는 問題인데(그러나 同法下에서도 아직 社團이 團體로서
成立할 意思가 定款에 나타나 있지 아니하는 限 亦是 「權利能力 없는 社團」은
存在할 餘地가 있다—同法 62條 參照. 그리고 獨逸民法은 非營利社團의 設立에
關하여 準則主[37면]義를 取하고 있으므로(同法 21條 參照), 案보다도 「權利能
力 없는 社團」이 생길 餘地가 더욱 적겠다고 하겠으나, 이것이 存在할 수 있는
點은 亦是 案과 마찬가지이다). 우리나라와 같이 後進性을 띈 不安定한 社會的
經濟的 環境下에서는 急作스럽게 自由設立主義를 取할 수 없는 것인즉, 立法의
理想과는 어느 程度의 距離가 있음을 率直히 是認하면서도 現實을 考慮하여 案
이 規定하는 그 程度의 것이 가장 適切하지 않을까라고 생각된다.

제33조 (法人設立의登記) 法人은그主된事務所의所在地에서設立登記를함으로 써成立한다

I. **法編委**   1. 의사록   ○ 高秉國 起草委員   […]   民法總則
要綱   […]   (7) 法人의 設立登記를 對抗要件으로 하지 않고 成立
要件으로 할 것

2. 編纂要綱   總則   7. [내용은 1. (7)]

II. **案**   제32조

III. **審議錄**, 29면 상단 ~ 하단

1. 提案理由   法人의 成立에 있어서 形式主義를 採擇하였다

2. 現行法 및 判例, 學說   現行法에 規定 없고 新設 條文이다(現行法
제45조 參照—對抗要件主義)

3. 外國 立法例   ① 獨民 제21조   營利를目的으로하지않는社團은管
轄區裁判所의社團登記簿에登記함으로因하여權利能力을取得한다

② 獨民 제55조   제21조에揭記한種類의社團의登記는社團所在地의區裁判所에서이를하여야한다

③ 瑞民 제52조   團體的으로組織된人的結合및特別한目的을가지는獨立의營造物은商業登記簿에登記됨으로因하여人格을取得한다

④ 瑞民 제52조   政治, 宗敎, 學術, 技藝, 慈善, 社交, 其他非經濟的事業을目的으로하는社團은團體로서成立할意思가定款에나타난때부터人格을取得한다.

⑤ 瑞民 제61조   社團의定款이決定되고또其理事가設置되는때는社團은商業登記簿에登記될수있다

社團의目的때문에商業類似의營利行爲를할境遇에는前項의登記를할義務가있다

登記의申請에는定款및理事名簿를添附하여야한다

⑥ 中民 제30조   法人은主務官署에對하여[主務官署에]登記를하지아니하면成立할수없다

⑦ 滿民 제32조   草案과 同一하다 //

⑧ 日民 제45조   法人은其設立의日부터主되는事務所의所在地에있어서는2週間其他의事務所의所在地에있어서는3週間內에登記를하여야한다 法人의設立은其主되는事務所의所在地에서登記를하지않으면他人에게對抗할수가없다

法人設立後새로事務所를둘때는其事務所의所在地에있어서는3週間內에登記를하여야한다

6. 審議經過   登記의 效力에 關하여 對抗要件主義는 法律關係의 不安定(登記 前의 法人에 對한 法律關係의 錯雜)을 招來하므로 이를 避하고 成立要件主義를 取함이 妥當하다. 物權에 關하여서도 意思主義는 當事者의 便宜를 圖謀하는 意味에 있어서는 意義가 있으나 形式主義가 結局 去來의 安全을 期하는 同時에 法律關係를 錯雜化하지 않고 簡單明瞭化하기 爲하여는 絶對 必要한 것으로 생각한다. 뿐만 아니라 會社法은 이미 成立要件主義를 取하고 있기 때문에 法體系의 均衡上으로 보더라도 成立要件主義가 妥當한 것이다.

※ 獨民 ― 營利目的 아닌 때에 成立要件主義

日民 ― (제45조 제2항) 對抗要件主義

滿民 ― (제32조)   成立要件主義

中民 ─ (제30조)   成立要件主義

瑞民 ─ 營利社團인 境遇에만 登記義務

7. 結 論 : 原案에 合意

Ⅴ. 意見書, 40면 ~ 42면 (安二濬)[27]

[26] 草案이 登記를 法人의 成立要件으로 한 點에 贊成한다.

[이 유]   草案 제32조는 「法人은 그 主된 事務所의 所在地에서 設立登記를 함으로써 成立한다」고 規定하여, 現行法(45조 2항)이 登記를 法人 成立의 第3者에 對한 對抗要件에 지나지 아니한 것으로 規定하고 있는 것을 改正하여 登記를 法人의 成立要件[41면]으로 하려 한다. 草案이 法人의 分野에 있어서 試圖한 改正 中 前述 [22]와 더불어 가장 重要한 것이라고 할 수 있다.

우리가 草案의 態度를 適切한 것으로서 贊成하는 理由는 다음과 같다. 첫째로 登記를 對抗要件으로 하는 立法主義 自體가 成立要件으로 하는 立法主義에 比하여 缺陷이 있다. 即, 去來의 安全을 圖謀하고 法律關係의 明確을 期하기 爲하여는, 法人 成立의 公示手段인 登記가 갖추어졌을 때 비로소 法人 自體도 成立한다고 하는 ─法人 自體의 成立時期와 그 成立의 對外的 主張을 할 수 있게 되는 時期가 登記에 依하여 劃一的으로 確定되는─ 成立要件主義가, 法人은 主務官廳의 許可(許可主義를 取하지 아니할 때에는 定款 作成 其他의 設立行爲의 完了時로 될 것이다)만 있으면 登記가 없더라도 一旦 完全히 成立하고 登記는 다만 法人의 成立을 對外的으로 主張할 수 있는 契機가 됨에 지나지 아니한다고 하는 ─法人 自體의 成立時期와 그 成立의 對外的 主張을 할 수 있게 되는 時期가 時間的으로 分裂되고, 許可와 登記의 時間的 距離가 멀면 멀수록 法人의 對內對外에 있어서의 法律關係는 極히 錯雜한 것으로 되기 쉬운─ 對抗要件主義보다 越等한 것이라고 하지 않으면 안 된다. 草案은 物權變動에 있어서도 現行法의 意思主義를 버리고 形式主義를 採擇하여 登記를 物權變動의 成立要件으로 하려고 하는데, 여기에서도 理論的으로는 形式主義가 좋다는 것은 是認하면서도, 우리는 現行法대로 意思主義를 踏襲하기로 決定하였다. 그러나 이 問題와 登記를 法人의 成立要件으로 하는 問題와는 스스로 다른 平面에 놓여 있는 것이라고 생각한다. 即, 物權變動에 있어서는 急作스럽게 形式主義를 採擇

---

27) 安二濬은 「민법안공청회」에서 같은 취지로 민법안 제32조의 이른바 성립요건주의에 찬성하는 발언을 하고 있다. 민법안심의자료집, 82면 상단 ~ 84면 상단 참조.

하게 되면, 從來의 意思主義에 立脚한 去來의 慣行이 一朝에 動搖하게 되고, 거기에 收拾할 수 없는 法律生活의 混亂이 惹起될 것이 可見되는 것과, 形式主義를 採擇하는 데 隨伴하는 登記技術 其他의 立法技術的 解決이 困難하다는 制約을 받게 되는 것이 必至的이라는 憂慮가 있기 때문에 不得已 意思主義를 踏襲하자는 結論에 到達한 것이지만, 法人登記에 있어서는 그것을 成立要件으로 하다고 할지라도 그러한 混亂 乃至 困難이 豫見되는 바가 毫無하기 때문에 草案의 態度는 支持될 수밖에 없을 것이다.

둘째로, 現行法制上 上述한 바와 같이 民法上의 公益法人에 關하여는 登記를 對抗要件으로 하고 있지만, 이 主義는 모든 種類의 法人에 對하여 貫徹되어 있지는 아니하고, 商法上의 會社에 關하여는 登記를 成立要件으로 하고 있어서, 立法의 體裁上 甚한 不均衡을 露呈하고 있는데 草案과 같이 規定할 것 같으면 不均衡이 除去된다. 理論的으로 觀察하여도 現行法制와 같이 할 何等의 理由도 없는 것이며, 公益法人도 營利法人도 다같이 自然發生的으로 設立되는 것이 아니라 사람의 意思에 依하여 特히 設立되는 目的社會인 以上 그 公示手段인 登記에다가 一에는 對抗要件으로서의 法律效果를 他에는 成立要件으[42면]로서의 法律效果를 賦與하는 따위로 相異하게 取扱할 것은 아니기 때문이다.

셋째로, 오늘날 立法의 傾向에 照鑑하여 볼 때에도 草案의 態度는 妥當하다. 卽, 登記를 非營利法人의 成立要件으로 하는 立法의 先例로는 獨逸民法 제21조, 瑞西民法 제52조 1항 및 舊滿洲民法 제32조 等이 있으며, 또한 民法上의 公益法人에 對하여는 如前히 登記를 對抗要件으로 하고 있으면서도, 近來의 特別法에 依하여 設立되는 諸種 非營利法人(學校法人, 宗敎法人, 勞動組合 等)에 對하여는 登記를 成立要件으로 하고 있는 日本의 立法傾向을 보더라도 將來할 [원문대로] 우리 民法만이 唯獨 對抗要件主義를 固執할 理由는 없는 것이다.

以上의 세 가지 理由로써 우리는 草案의 態度를 支持하였는데, 여기에 若干의 附言을 할 必要가 있다. 그것은 草案이 現行法의 態度를 고쳐서 登記를 法人의 成立要件으로 한 結果, 이것과 關聯하여 寄附財産(出捐財産)의 歸屬에 關한 現行法 제42조를 고쳐서, 生前處分으로 財團法人을 設立하는 때에는 出捐財産은 法人이 成立된 때로부터 法人의 財産이 된다(草 45조 1항)고 規定한 點이다. 이것 亦是 當然한 것이지만 適切한 改正이라고 할 수 있다. 그리고 草案에 있어서도 設立登記 以外의 登記事項은 現行 商法 제12조와 마찬가지로, 그 登

記 後가 아니면 第三者에게 對抗하지 못한다(草 51조)고 規定하여, 如前히 對抗
要件主義를 取한다는 것을 밝히고 있는데 이것에 關하여는 더 說明할 必要조차
없을 것이다.

** 외국법인에 관한 문제

Ⅲ. **審議錄**, 29면 하단 ～ 30면 하단

※ (草案이 外國法人에 關한 現行法 제36조를 削[30면]除한 問題)

1. 現行法 제36조　　外國法人은 國, 國의 行政區劃 及 商事會社를 除外
하고는 認可하지 않는다. 但 法律 또는 條約에 依한 것은 例外로 한다

2. 外國 立法例　　① 獨民 제23조　　聯邦內에住所를갖지아니하는社團
은帝國法律에다른規定이없는때는聯邦參議院의議決에依하여權利能力을附與할수
있다

② 獨民 제80조　　權利能力이없는社團의設立에는寄附行爲外에財團이그
領域內에住所를가져야할聯邦의許可가必要하다　聯邦內에住所를갖지않는財團은
聯邦參議院의許可가必要하다財團은別般의規定이없는때는그事務執行地를住所로
한다

③ 獨民(民施) 제10조 參照

④ 英民 제20조　　그住所를「잉그랜드」에가지지않는法人을英國私法上外
國法人으로한다

⑤ 英民 제21조　　外國法人은英國船舶에關한規定을保留하고는「잉그랜드」
內에서財産을取得할수있으며國內法人과同一의範圍內에서且同一의手續에依하여
英國裁判所에出訴또는應訴할수있다

⑥ 日民 제36조　　外國法人은國,國의行政區劃及商事會社를除外하고는認
可치 않는다 但法律과條約으로許可한것은例外로한다

⑦ 日民 제49조　　제45조제3항,제46조및前條의規定은外國法人이日本에
事務所를둘때도亦是適用한다　但外國에있어發生한事項에對하여서는其通知가//
到達했을때부터登記의期間을起算한다

3. 審議經過　　草案에서 現行法 제36조를 削除한 것은 이미 權利能力規

定에서 自然人에 關하여 內國民待遇原則에 立脚하여 外國人에 關한 規定(제2
조)를 削除하였으므로 이와 步調를 맞추기 爲하여 法人에 關하여서도 削除한
것이며 또 군이 外國法人 許可制度를 採擇한다면 慈善, 文化, 厚生 等을 目的으
로 하는 團體的 活動이 國際的 性格을 띠우게 된 今日의 實情에도 符合되지 않
으므로 草案이 이 外國法人 認可制度를 廢止한 것은 妥當한 것이다.

Ｖ. 意見書, 37면 ~ 38면 (黃山德)[28]

[23] 草案 제37조의 다음에 다음의 條文을 新設한다.

「外國의 法律의 規定에 依하여 成立된 法人이 國內에서 그 事務를 하기
爲하여는 主務官廳의 認許를 얻어야 한다.

前項의 規定에 依하여 認許된 法人은 法律 또는 條約에 特別한 規定이
있는 境遇를 除外하고 國內에서 成立된 同種의 法人과 同一한 私權을 가진다.

國內에서 成立된 法人일지라도 外國人 또는 外國人의 出資가 過半數이
거나 議決權이 過半數인 때에는 그 法人이 享有할 수 있는 私權의 範圍를 法律
로써 制限할 수 있다」

[이 유]　　外國法人의 定義에 關하여는 從來에 ①設立準據法說 ②主된
事務所所在地說 ③法人의 實質로써 區別하자는 說 等이 對立되어 있었으나 여
기에서는 제1설을 取하여 「外國의 法律의 規定에 依하여 成立된 法人」을 外國
法人으로 보기로 하였다. 學說上의 混亂을 防止하기 爲하여 必要하기 때문이다.

外國法人의 認許의 範圍에 關하여는 現行法에 ①外國 및 行政區劃 ②商事
會社 ③法律 또는 條約에 依하여 認許되는 法人의 셋을 規定하고 있었으나 實
際上의 範圍設定은 國際情勢의 變動을 따라 달라질 수도 있는 것이므로 여기에
서는 意識的으로 그 [38면] 範圍에 言及하지 않았다.

그리고 비록 內國法人일지라도 그 法人의 實質의 過半數 以上이 外國的일
때에는 이것을 外國法人에 準해서 取扱하여 特히 그것이 享有할 수 있는 私權
의 範圍를 制限할 必要가 있으므로 法律로써 그 範圍를 制限하도록 規定을 두
기로 하였다. 이것은 지금까지 鑛業法 水産業法 商標法 等의 法律이 實際로 하
고 있는 것을 그대로 承認한 것이 된다.

---

28) 「민법안공청회」에서 安二濬은 『민법안의견서』에서의 의견에 좋아 외국법인에 관한 규정을
　　둘 것을 주장하고 있다. 민법안심의자료집, 86면 상단 ~ 87면 상단 참조. 그러나 외국법인
　　에 관한 『민법안의견서』의 의견은 현석호 수정안 기타 입법과정에 반영되지 않았다.

Ⅷ. **제1독회**, 속기록 제33호, 16면 중단 ~ 하단

○ 孫文璟 議員 : 여러 議員 先輩께서 民法案에 對해서는 말씀이 많이 계셨기 때문에 簡單히 제가 贊成하지 않는 곳만 말씀 드리겠습니다. […] // 이 草案과 修正案을 볼 때에 그 中에 여러 가지 疑訝스러움이 많이 있고 그러나 제가 생각컨댄 그 中에서 이 法人問題에 있어서 우리나라가 지금 外國과 여러 가지 重大한 關係가 있다 말합니다. 함에도 不拘하고 外國法人 이 문제에 대해서는 單一化시키기 위해서 조금도 規定이 없습니다. 이것을 別途로 認許制度를 採擇해 가지고 別途로 이것을 이 法人을 만드는 조항을 規定해야 되리라고 저는 생각합니다.

간단히 해가지고 이것을 한다고 하지마는 法律에는 어디까지나 確然한 線을 그어 가지고 이것을 制定 아니할 것 같으면 困難하다고 생각합니다. 이 外國法人은 우리나라에 있어서 慈善事業이나 文化 事業이나 敎育事業이나 其他 여러 가지 重大한 役割을 하고 있는 것입니다. 하기 때문에 外國法人을 認定해 가지고 우리나라에 여러 가지 公益事業에 많은 도움이 되도록 이렇게 우리 法律에다가 制定하는 것이 가장 좋지 않는가 이렇게 생각한 것입니다. 함에도 不拘하고 이것을 單一化시키기 위해서 한 個의 조항에다가 어물어물 해 버렸다는 것은 대단히 困難한 것입니다.

第34條 (法人의 權利能力) 法人은 法律의 規定에 좇아 定款으로 定한 目的의 範圍內에서 權利와 義務의 主體가 된다

Ⅱ. **案**   제33조

Ⅲ. **審議錄**, 30면 하단 ~ 31면 상단

2. 現行法 및 判例, 學說   現行法 제43조와 同一한 趣旨이나 現行法에 「法令의 規定에 좇아」로 되어 있음을 草案은 「法律의 規定에 좇아」로 規定하였다. 또 現行法에 「寄附行爲」로 되어 있는 것을 草案에서는 財團法人에 關하여도 「定款」이라 呼稱하였다.

3. 外國 立法例   ① 日民 제43조 ② 滿民 제33조   草案과 同一

但 日民, 滿民은「法令의 規定에 따라」라 함을 草案은「法律의 規定에 따라」
로 規定하였다

③ 中民 第26조   法人은法令의制限內에있어서權利를享受하고義務를負
擔하는能力을가진다 但自然人에게만專屬하는權利義務는그러하지아니하다 [31면]

④ 瑞民 第53조   法人은性,年令또는親族關係와같은自然人의天然의性質
을要件으로하지않는모든權利義務를享有할수있다

⑤ 英民 第26조   法人設立文書及第27조,第29조에別異의規則이없는限
法人은原則的으로自然人의모든權利와義務를有한다 但그權利가性質上法人에게
屬할수없는境遇에는此限에不在한다

　　　그러나議會制定法에밝혀진設立目的에依하여制限된다

⑥ 獨民 第21조   營利를目的으로하지않는社團은管轄區域裁判所의社團
登記簿에登記함으로因하여權利能力을取得한다.

⑦ 獨民 第22조   營利를目的으로하는社團은帝國法律에다른規定이없는
때는聯邦參議院의議決에依하여權利能力을附與할수있다

⑧ 獨民 第42조 (破産에 因한 權利能力 喪失) 參照

⑨ 獨民 第43조 (權利能力의 剝奪) 參照

6. 審議經過   ① 現行法의「法令」을「法律」로 修正한 것은 自然人에 대
한 權利義務 制限과 同一하게 取扱하는 것이므로 可하고

② 權利能力의 剝奪에 關하여 規定을 둘 必要性에 關하여서는 意見이 있었
으나 草案 第37조의 規定이 있으므로 그 必要가 없다.

7. 結 論 : 原案에 合意

제35조 (法人의不法行爲能力) ①法人은理事其他代表者가그職務에關하여他人
　에게加한損害를賠償할責任이있다 理事其他代表者는이로因하여自己의損害
　賠償責任을免하지못한다

　　②法人의目的範圍外의行爲로因하여他人에게損害를加한때에는그事項의議
　決에贊成하거나그議決을執行한社員,理事및其他代表者가連帶하여賠償하여
　야한다

Ⅱ. 案　　　　제34조

Ⅲ. **審議錄**, 31면 하단 ~ 32면 상단

　　2. 現行法 및 判例, 學說 　　現行法 제44조에는 草案 제1항 後段과 같은
規定이 없고 現行法 「代理人」을 「代表者」로 修正하였다

　　3. 外國 立法例 　　① 獨民 제31조 　　社團은 理事團의 一員또는 定款其他
의規定에依하여選任된다른代理人이그權限에屬하는事務의執行에關하여損害賠償
의義務를負擔하여야할行爲에依하여第3者에게加한損害에關하여그責任을진다

　　② 獨民 제53조

　　③ 瑞民 제55조 　　法人의意思는其機關에依하여表示된다

　　　　機關은其法律行爲또는其他의行爲에依하여法人에義務를負擔케한다 法人
의責任에돌아갈事項에關하여는行爲者自身도亦是責任을진다

　　④ 中民 제35조 　　法人의財産이債務를完濟하지못하는때는理事는直時法院
에對하여破産을申請하여야한다

　　　　前項의申請을하지아니하고法人의債權者로하여금損害를받게한때는그過
[32면]失이있는理事는賠償責任을져야한다

　　⑤ 滿民 제34조 　⑥ 日民 제44조 　　草案과 同一하다

　　6. 審議經過 　　① 中民 제35조「法人의 破産의 境遇에 있어서의 理事의
賠償責任」과 獨民 제53조「淸算의 境遇의 淸算人의 賠償의 責任」等과 같은 規
定을 新設할 必要 與否에 關하여 意見이 있었으나 그러한 問題는 一般原則과
各 該當 法規에 一任하기로 하였다.

　　② 제1항 後段에 代表者 自身의 責任規定을 新設한 것은 그 規定이 없더라
도 當然히 그렇게 解釋되는 것이나(通說, 判例) 더욱 그 趣旨를 明白히 하는 意
味에서 草案의 規定은 妥當하다.

　　7. 結 論 : 原案에 合意

제36조 (法人의住所) 法人의住所는그主된事務所의所在地에있는것으로한다

Ⅱ. **案** 　　제35조

Ⅲ. **審議錄**, 32면 상단 ~ 하단

2. 現行法 및 判例, 學說   現行法 제50조와 同一하다.

3. 外國 立法例

① 獨民 제24조   社團의住所는別段의規定이없는때는그業務를執行하는
地에있는것으로한//다

② 英民 제19조   法人의住所는營利法人에있어서는그經營事務가行하여
지는場所이고其他의法人에있어서는그活動이行하여지는場所이다

③ 瑞民 제56조   定款에別段의規定을하지않는限은其事務를執行하는場
所로써法人의住所로한다

④ 滿民 제35조 ⑤ 日民 제50조 ⑥ 中民 제29조   草案과 同一하다.

7. 結 論 : 原案에 合意

제37조 (法人의事務의檢査, 監督) 法人의事務는主務官廳이檢査, 監督한다

Ⅱ. 案   제36조 [다만 쉼표가 없다]

Ⅲ. 審議錄, 32면 하단~33면 상단

2. 現行法 및 判例, 學說   現行法 제67조를 簡略化하였다.

3. 外國 立法例   ① 瑞民 제84조 (市邑面에 依한 監督)

[33면] ② 瑞民 제85조   管轄州廳또는財團法人이聯邦의監督下에있는境
遇에는聯邦參議院은監督官廳의申立에依하여財團法人의最高機關에諮問한後財團
法人의組織을變更할수있다 但財團法人의財産또는目的의維持上其變更이極히必
要한境遇에依한다

③ 中民 제32조(前段)   設立許可를받은法人의業務는主管官署의監督에
屬한다

④ 滿民 제36조   法人의業務는主管官署의監督에屬한다

7. 結 論 : 原案에 合意

제38조 (法人의設立許可의取消) 法人이目的以外의事業을하거나設立許可의條件에違反하거나其他公益을害하는行爲를한때에는主務官廳은그許可를取消할수있다

Ⅱ. 案   제37조

Ⅲ. 審議錄, 33면 상단 ~ 하단

  2. 現行法 및 判例, 學說   現行法 제71조와 同一(民施令 제15조―解散命令―參照)하다

  3. 外國 立法例   ① 獨民 제43조   社團이 社員總會의 違法의 決議또는 理事團의 違法의 行爲로因하여 公益을 害할念慮가 있을때는 그 權利能力을 剝奪할수 있다

    ② 中民 제34조   法人이 設立許可의條件에 違反한때는 主務官署는 그 許可를 取消할수있다

    ③ 滿民 제37조   法人이 그目的以外의事業을 하거나 設立許可를 얻은條件에 違反하거나또는 其他公益을 害할行爲를 한때는 主管官署는 그 許可를取消할수있다

    7. 結 論 : 原案에 合意

제39조 (營利法人) ①營利를 目的으로 하는 社團은 商事會社設立의條件에 좇아이 를 法人으로할수있다

  ②前項의 社團法人에는 모두 商事會社에 關한 規定을 準用한다

Ⅲ. 審議錄, 33면 하단 ~ 34면 상단

  ※ 營利法人에 關한 規定을 新設하는 問題

  (1) 外國 立法例   ① 中民 제45조   營利를 目的으로 하는 社團이 法人의 資格을 取得하려면 特別法의 規定에 依한다

    ② 日民 제35조   營利를 目的으로 하는 社團은 商事會社設立의 條件에 따라 이것을 法人으로 본다

    (2) 審議經過   ① 法人에는 非營利法人 商事法人 民事法人 等이 있는바 民事法人(民事會社)은 商行爲를 目的으로 하지 않고 營利를 目的으로 하는 法人인 것이다(鑛業, 漁業 等을 經營하는 會社 等). 商法 제52조 제2항에 依하면 民事法人의 成立의 根據가 必要한 것이다.

    [34면] 勿論 將次는 新商法 制定을 通하여 是正될 問題이지만 民法案에서 只今 現行法 제35조의 規定을 削除하고 만다면 新商法에 依하여 이 問題가 解

決될 때까지는 民事會社의 成立의 法的 根據가 없게 되고 마는 것이다.

　　　卽 商法 제52조는 現行 民法 제35조를 받은 것이[기] 때문에 現行法 제35조를 削除한다면 結果的으로 空白期間을 招來하게 된다.

② 제37조 다음에 다음의 條文을 新設하기로 合意하였다.

第　　條(營利法人)

「營利를目的으로하는社團은商事會社設立의條件에좇아이를法人으로할수있다
前項의社團法人에는모두商事會社에關한規定을準用한다」(現行法 제35조와 同一하다)

Ⅳ. 법사위 수정안　　(8) 제37조다음에다음의條文을新設한다　[내용은 Ⅲ. (2) ②]

Ⅴ. 意見書, 38면 ～ 40면 (安二濬)

[24] 修正案 (8)이 草案 제37조 다음에 新設하기로 한 條文은 不必要하다.

[이 유]　　本是 案에서는 現行法의 「營利法人(民事會社)의 設立」에 關한 제35조에 該當하는 規定을 削除하였는데, 修正案 (8)은 案의 態度를 飜覆하고, 다시 現行法과 같은 態度로 復歸하려고 하고 있다. 그 理由를 考覈推測하건대, 오늘날 商法上의 社團(商事會社)은 그 固有의 意味에 있어서는 商行爲를 함을 業으로 할 目的으로 設立된 것에 限하고, 營利를 目的으로 하지만 商行爲 以外의 營利, 例컨대 農業, 漁業, 鑛業 等을 目的으로 하는 社團은 嚴格한 意味에 있어서는 商法上의 社團이 아닌 以上 特히 이것에 關한 原則規定만은 法人에 關한 一般法인 民法 속에 두는 것이 妥當하다고 하는 데서 그렇게 하였으리라고 생각된다.

그런데 民事會社에 關한 規定을 修正案 (8)이 豫想하는 대로 할 것 같으면, 現行法 같이 必然的으로 民法에서는 民事會社는 그 設立의 條件 其他 모든 點에 關하여 商法의 商事會社의 規定을 準用한다고 規定하고, 商法에서는 이와 같은 民事會社는 商事會社로 본다고 規定하게 되어(現商[法] 52조 2항, 523조 參照. 商法의 會社編 草案이 完成되지 아니하였으므로 仔細는 알 수 없으나, 修正案 (8)을 新民法이 採擇하는 與否를 묻지 아니하고 新商法에서도 現行 商法 52조 2항이나 523조[29])와 같은 規定을 두는 것만은 確實하다), 同一한 對象에

_____
29) 의용상법 제52조 제1항은 2011년 개정 전의 우리 상법 제169조와 같은 내용을 규정하고,

關하여 同一한 內容의 것을 不必要하게 民法과 商法에 二元的으로 規定하는 弊
端이 생기게 되는 것은 明確한 事實이다. 더욱이나 案이나 現行法의 法人의 章
의 規定은 적어도 直接的으로는 非營利法人 乃至 [39면] 公益法人을 爲하여서
만 適用할 것을 目的으로 하여 이루어진 것이고, 現行法 제35조를 보더라도 알
수 있다시피, 修正案이 新民法의 제3장 제1절의 한구석에 規定될 것 같으면, 제
3장 全體와의 權衡上 어딘가 어색한 點이 있고, 또 理論的으로 말하여도 民事
會社는 그 目的으로 하는 營利事業이 商行爲가 아닐 뿐이고 營利를 目的으로
한다는 根本目的에 있어서는 商事會社나 조금도 다른 點이 없고, 兩者의 法律
的인 規律面에 있어서는 꼭 같이 할 必要가 있는 以上 이 民事會社에 關한 規
定은 本是 案이 豫想한 대로 新商法 속에 現行 商法 제52조 2항 또는 제523조
와 같은 規定을 두기로 하고, 民法 속에는 重複的으로 두지 아니함으로써 問題
를 一元的으로 取扱하는 것이 좋다고 생각된다. 그리고 우리나라 現行의 有限
會社法에 依하면 有限會社는 商行爲에 限하지 아니하고 營利를 目的으로 하면
設立할 수 있다고 되어 있는데(同法 1조 參照), 이것은 民事會社에 關한 規定은
商法에 一任하면 足하다고 하는 우리의 理論을 側面的으로 補強해 주는 認識資
料가 될 줄로 안다.

　　이 點에 關한 獨逸民法의 態度를 보면, 前述 [22][30]에서 이미 一言한 바와
같이 同法은 營利社團의 設立에 關하여 그 제22조에서 規定하고 있다. 그러나
同法의 이 規定은 修正案 (8)이나 우리 現行法 제35조와는 그 性格上 若干의
差異가 있다. 卽 同法 제22조는 「經濟的 事業을 目的으로 하는 社團은 國法에
依한 特別規定이 없을 때에는 州의 賦與로 因하여 權利能力을 取得한다」고 規
定하여 國法上의 特別規定(商法, 株式法 其他의 特別法에 依한)이 있는 社團인
株式會社, 株式合資會社, 有限會社, 登錄組合 等이 大體로 準則主義에 依하여
權利能力을 取得하는 데 反하여(勿論 國法上의 特別規定이 있는 營利社團 中에
도 許可主義에 依하여 權利能力이 賦與되는 수도 있기는 하다), 同條의 規律을
받는 營利社團은 許可主義에 依하여 權利能力을 取得한다고 하고 있으므로 同

　　동조 제2항은 "영리를 목적으로 하는 사단으로서 본편[제2편 회사]의 규정에 의하여 설립
　　된 것은 상행위를 하는 것을 업으로 하지 아니하여도 이를 회사로 간주한다"고 정한다. 또
　　한 동 제523조는 "제52조 제2항에 정하여진 회사의 행위에는 상행위에 관한 규정을 준용
　　한다"고 정한다.
　30) 앞의 146면 이하 참조.

法下에 있어서는 民法 以外의 國法上의 特別規定이 있는 社團과 그러한 特別規定이 없는 社團은 그 設立의 條件이 相異할 수 있다는 것을 前提로 하고 있으므로, 民法속에 營利社團의 設立에 關한 同條를 둘 意義가 있지만, 修正案 (8)이나 現行法 제35조와 같이 「營利를 目的으로 하는 社團은 商事會社 設立의 條件에 좇아 이를 法人으로 할 수 있다」고 規定하여 그 設立의 條件을 商事會社와 꼭 같이 準則主義로 하고 있는 以上, 이것을 民法에 規定할 必要는 없으며 商法에 一元的으로 規定하는 것만으로 充分하다고 생각한다. 그리고 瑞西民法의 態度를 瞥見하면, 同法 亦是 修正案 (8)이나 우리 現行法과 같이 民法典의 法人에 關한 總則規定 속에 「經濟的인 目的을 가지는 人的 結合은 會社 및 組合에 關한 規定에 좇는다」고 規定하고(同法 59조 2항), 債務法典의 商事에 關한 規定 속에서 어떠한 會社가 商人의 方法에 依하여 行하는 營業을 하지 아니할 때에도 그 會社가 自己를 商業登記簿에 登記함으로써 各其 該當하는 商事會社로서 成立하는 뜻을 規定하고 [40면] 있으나(同法 553조, 593조 等 參照), 이것은 瑞西法이 民商2法을 統一的으로 規定하는 데서 招來된 結果라고 할 수 있으므로 이 點에 關한 瑞西法의 態度를 採用하여서 修正案 (8)을 新民法 속에 두려는 主張의 根據로 할 수는 없다고 생각한다. 要컨대 이러한 여러 가지 點을 綜合하여서 結論的으로 말하면, 修正案 (8)은 理由 없으며 不必要한 것이라고 하여야 할 것이다.

** 권리능력 없는 사단 또는 재단의 문제

Ⅴ. 意見書, 40면 및 96면 내지 106면 (金曾漢)

　　[25] 權利能力 없는 社團 및 財團에 關하여 草案 제37조 다음에 다음의 條文을 新設한다.

　　「法人이 아닌 社團 또는 財團에 關하여는 本章의 規定을 準用한다」

　　[이 유]　　　後出 [66]의 理由[31]를 보라.

Ⅵ. 현석호 수정안　　　(4) 제37조다음에다음의條文을新設한다

　　제○조　　法人이아닌社團또는財團에關하여는本章의規定을準用한다

---

31) 뒤의 475면 이하.

Ⅷ. **제2독회**, 속기록 제44호, 10면 하단 ~ 12면 상단

○ 法制司法委員長 代理(張暻根) : 그 다음에 玄錫虎 議員의 修正案이 있습니다. […] [11면] 여기에 대해서는 法制司法委員會에서 檢討를 해 보았는데요, 이것을 準用을 한다 하면 이 準用의 範圍가 이렇게 漠然하게 하면 대단히 問題가 됩니다. 例를 들어 말하면 이런 條文을 만들어 놓으면 例를 들면 社團 財團의 設立에 關한 規定까지도 規定되느냐, 아마 이것은 法人 아닌 社團 財團에 대해서는 學說上으로도 그렇게 되었습니다마는 그것은 準用해서는 안 될 텐데 準用할 적에 좀 條文을 明白히 해야지 그 準用의 範圍를 漠然하게 해 가지고 準用한다 하는 것이 좀 法律에 混雜을 招來하지 않을까 하는 그런 意見을 가지고 있습니다.

○ 副議長(趙瓊奎) : 玄錫虎 議員의[이] 修正案에 대한 說明을 해 주세요.

○ 玄錫虎 議員 : 지금 그 37조 다음에 이러한 條文을 하나 더 넣자고 하는 것입니다. [수정안 (4) 낭독]

이렇게 해서 法人에 관한 章에 관한 規定을 準用하는것이 좋겠다, 이런 얘기입니다. 여기에 對해서는 過去 事實에 있어서도 所謂 그 權利能力 없는 社團이라든지 財團에 對해서는 法의 規定이 없습니다. 그러나 實際에 있어서는 學說로나 또는 判例로써 이런 것을 어느 程度 다 認定해서 이 法에 對한 規定을 準用하고 있는 것이 事實입니다. 가령 말하면 實質的으로는 그 社團法人이나 마찬가지의 人的 結合體가 많이 있는 것입니다. 그러나 이것을 社團法人이나 같은 人的 結合體를 왜 法人으로 하지 않느냐, 여기에 對해서는 우리나라 民法典에 있어서 法//人은 許可主義로 하고 있습니다. 許可를 맡게 되어 있습니다. 그러니까 許可를 맡아 가지고서 할 必要는 없고 또 許可를 맡으면 登記를 낸다든지 여러 가지 拘束되는 것이 많으니까 拘束까지 받을 必要는 없으면서도 事實에 있어서는 社團法人的인 性質을 가진 것이 相當히 많이 있습니다. 가령 實例로 굉장히 많이 볼 수 있습니다. 가령 學會라든지 研究會라든지 同窓會라든지 俱樂部라든지 이러한 等等의 그 社會團體가 굉장히 많이 있는 것입니다. 이런 것이 실상에 있어서는 法人과 마찬가지로 行勢를 하는데 여기에對한 法律의 規定이 없는 것입니다. 그러니까 여기에 對해서는 學說이나 判例로써 거의 그 規定이 準用될 만한 規定은 다 準用시키고 있는 이런 形便에 있습니다. 그러기

때문에 여기에 對한 것을 張暻根 議員은 法人의 左에 關한 規定을 準用한다. 이러니까 어떤 條文은 準用되고 어떤 條文은 準用이 안 되느냐 이런 것이 明確하지 못하니까 困難하다, 이러한 말씀인데 準用이라는 것은 그 性質上 自然히 그런 것입니다. 애당초부터 어느 조 어느 조로 할 것 같으면 適用이라고 해 버릴 것이지 이 準用이라고 하는 말을 쓰는 것은 그 全體 中에서 이것은 性質上 適用할 수 없다, 이것은 性質이 비슷하니까 이것은 適用할 수 있다 이럴 때에 準用이라는 말을 쓰는 것이에요. 그렇기 때문에 이 法人에 關한 章 中에도 設立에 關한 것 가령 그 許可를 맡아야 한다, 반드시 登記를 해야 된다, 이러한 等等은 자연히 性質上으로 準用이 안 되는 것이요. 안 되는 것이고 主로 準用이 될 수 있는 問題가 對內的이라든지 對//外的인 그 法律行爲에 있어서 이런 것을 準用할 必要가 많이 생길 것입니다.

　對內的 責任問題 或은 對外的 責任問題 이런 等等에 가서는 法人과 비슷한 行爲가 많이 있다 말이에요. 그러니까 여기에 대한 것을 亦是 法律에 이런 根據를 두어야지 恒常 學說에 맡기거나 判例에 맡길 수는 없다, 이런 이야기에요. 그러니까 우리가 豫測 못 하는 것 같으면 다시 學說이 나와서 學說로서 認定이 되고 或은 判例로서 認定이 될 수 있지만 이왕 우리가 다 알고 있는 事實 더구나 우리 民事訴訟法이라든지 不動産登記令 같은 데에 있어서는 벌써 이러한 權利能力 없는 社團法人에 대해서 當事者能力을 賦與하고 있는 것이에요. 이렇기 때문에 이런 訴訟手續法 中에 있어서 벌써 認定하는 이런 데에 대해서 이런 實體法인 民法典에 이러한 準用하는 原則을 明示하지 않는다는 것은 대단히 法의 不備라고 보는 것입니다.

　이렇기 때문에 이 點에 대해서는 外國의 立法例로 보더라도 獨逸民法 같은 데에서는 이러한 權利能力이 없는 社團에 대해서는 組合에 關한 規定을 準用한다, 이러한 것이 다른 法律에도 없지 않아 있는 것입니다.

　그렇기 때문에 이 條文을 여기에다가 넣어서 何等의 해로운 것이 없다고 보는 것입니다. 하기 때문에 적어도 이 民法典이라는 大法典을 만드는 데에 있어서는 이러한 程度의 原則은 明示해 두는 것이 옳다. 이러한 意味에서 이 案을 낸 것입니다.

　○ 副議長(趙瓊奎) : 表決하겠습니다. […] [12면] 玄錫虎 議員의 新設 條項입니다. (擧手 表決) 在席員數 106人, 可에 23票, 否에 한 票도 없지만 未決

입니다. 다시 한 번 表決합니다. 玄錫虎 議員의 新設條項을 묻겠습니다. (擧手
表決) 在席員數 106人, 可에 23票, 否에 한票도 없이 未決입니다. 兩次 未決로
玄錫虎議員의 新設 조항은 廢棄되었습니다.

제2절 設 立

**제40조 (社團法人의定款) 社團法人의設立者는다음各號의事項을記載한定款을
作成하여記名捺印하여야한다**

　　1. 目的
　　2. 名稱
　　3. 事務所의所在地
　　4. 資産에關한規定
　　5. 理事의任免에關한規定
　　6. 社員資格의得失에關한規定
　　7. 存立時期나解散事由를定하는때에는그時期또는事由

Ⅱ. 案　　제38조

Ⅲ. 審議錄, 34면 상단 ～ 35면 하단
　　2. 現行法 및 判例, 學說　　現行法 제37조와 同旨이나 必要的 定款記載
事項 中 제7호「存立時期나 // 解散事由를 定하는 때에는 그 時期 또는事由」를
草案에서 新設하고 있으며 또 記名捺印을 要하게 하였다
　　3. 外國 立法例　　① 獨民 제57조　　定款에는社團의目的名稱및事務所
를揭記하고또登記를하여야한다는趣旨를記載하여야한다
　　　　名稱은同一또는同一市町村에成立하였거나이미登記한다른社團의名稱과
分明히區別할수있는것이라야한다
　　② 獨民 제58조　　定款에는다음의事項에關한規定을揭載하여야한다
　　1. 社員의入社및退社　　　　2. 社員의出資의有無및그種類
　　3. 理事團의組織　　　　　4. 社員總會의召集要件方法및決議錄의作成
　　③ 瑞民 제60조 제2항　　定款은書面으로作成하고그社團의目的資産및組

織에關하여 必要한 規定을 具備한다

④ 中民 제47조 社團을設立하는때에는定款을作成하여야하며그記載할事項은다음과같다

1. 目的 　　　2. 名稱 　　　3. 理事의任免

4. 總會召集의條件手續및決議證明의方法 　　　5. 社員의出資

6. 社員資格의取得과喪失

⑤ 滿民 제38조 ⑥ 日民 제37조 草案과 同一하나「存立時期나解散事由를定하는때에는그時期또는事由」라는 제7호가 없다 [35면]

6. 審議經過 　① 제7호 新設의 必要性 與否 — 제7호는 社團法人의 存命期에 關한 重要事項이고 또 登記에 있어서도 必要要件으로 하고 있으므로 法律關係를 明白히 하기爲하여 定款記載事項으로 規定하는 것이 可하다.

② 定款 作成에 關하여「記名捺印하여야 한다」고 規定하고 있는바「記名捺印」云云까지를 規定할 必要性 有無 — 定款의 作成과 그 內容의 正確性은 法人에 있어서는 至極히 重大한 것이므로 法律上의 形式要件으로 明確히 規定하는 것이 可하다

③ 法人 成立 當初의 理事 姓名을 定款의 必要的 記載事項으로 規定할 必要性 有無 — 最初의 理事를 具體的으로 定하지 않으면 法人 成立 後는 제56조에 依하여 假理事를 選任하여야 하게 되니 不便하고 따라서 定款의 必要的 記載事項 中에 最初의 理事의 姓名도 揭記하는 것이 妥當할 것이라는 意見이 있었으나 草案 제46조 제8호에 依하면 設立登記에는 理事의 姓名을 記載하여야 하고 草案은 登記를 法人의 成立要件으로 하고 있으므로 事實上 理事를 具體的으로 定하기 前에 法人이 成立되어 日民 제56조(假理事)를 援用할 必要性이 있게 되리라고 想定할 수는 없는 것이다. 그러므로 그것은 必要的 記載事項으로 하지 않고 任意事項으로 하여 두어도 自然 解決되는 問題인 것이다. 最初의 理事 姓名에 關한 規定을 新設 않기로 合意하였다.

④ 總會召集方法과 決議錄作成證明方法에 關한 事項을 定款의 必要的 記載//事項으로 할 必要性 有無(獨民 제58조 제4호, 中民 제47조 제4호) — 그 內容 自體가 明確하고 仔細한 點까지를 記載하기까지는 困難하며 法人 運營에 關한 것까지 定할 必要는 없을 것이므로 新設하지 않는 것이 可하다.

※ 新設하지 않기로 合意

⑤ 設立者의 數(獨民 제56조)를 規定할 必要性 與否 ― 그 必要性은 없는 것으로 合意하였다

7. 結 論 : 原案에 合意

제41조 (理事의代表權에對한制限) 理事의代表權에對한制限은이를定款에記載하 지아니하면그效力이없다

Ⅲ. 審議錄

1. 35면 하단

―理事의 代表權에 對한 制限에 關하여 條文을 新設하는 問題―

※ 제46조 修正理由 參照

제38조 다음에 다음의 條文을新設한다

제   조 (理事의代表權에對한制限)

「理事의代表權에對한制限은이를定款에記載하지아니하면그效力이없다」

2. 42면 상단 ~ 하단

6. 審議經過   ① 理事의 代表權 制限을 必要的 登記事項과 定款의 記載 事項으로 하는 問題 ―

代表權 制限에 對하여는 獨民 제26조 제64조는 定款의 記載事項으로 하 는 同時에 登記事項으로 하고 있다.

草案 제56조나 現行法은 代理權 制限은 善意의 第3者에 對하여 // 對抗 할 수 없게 規定하고 있으나, 이것은 第3者에 對하여 不測의 不利益을 招來할 것을 防止하는 데 그치고 多數의 理事를 擁護하는 等의 事由로 그 代表權의 制 限을 必要로 하는 法人의 便益을 充足시키지는 못하므로 法人 運營에 支障이 많다. 中民 제48조 제61조도 또한 理事의 代表權에 對한 制限을 登記事項으로 하고 있다. 그러므로 代表權 制限은 定款上으로는 任意的 記載事項으로 하고 登記에 있어서는 必要的 記載事項으로 하는 것이 좋은 것이다.

② 이 點에 關하여는 第3者 保護와 去來의 敏速과 安全을 期하기 爲하여 代表權 制限을 廣範圍로 許容함은 不可하다고 主張하는 見解도 成立이 되나, 登記는 新時代의 發達된 制度이고 이 制度를 活用함으로써(草案 제51조 參照)

第3者의 不測의 不利益을 豫防하는 同時에 法人의 利益을 充足하여 運營의 妙를 期할 수 있다면 그 制度를 新設함이 適切한 것이다. 뿐만 아니라 이렇게 하는 것이 現行 商法이 제188조 제2항 제9호에서 株式會社 取締役의 代表權에 對한 制限을 登記事項으로 한 것과도 步調가 맞는 것이다.

③ 以上과 같은 趣旨를 本條 제9호로 新設한다면 當然히 理事의 代表權에 對한 制限은 定款의 任意的 記載事項으로 되어야 하는 것이다.(獨民 제26조, 中民 제48조 同 제61조 參照)

④ 理事의 代理權 制限에 關하여 다음과 같이 草案을 修正하기로 合意하였다.

　1. 제38조 다음에 다음의 條文을 新設한다.

　　제　　조 (理事의代表權에對한制限)　　「理事의 代表權에 對한 制限은 이를 定款에 記載하지 않으면 그 效力이 없다」

　2. 제46조 제2항 제9호를 다음과 같이 新設한다.

　　「9. 理事의 代表權을 制限한 때에는 그 制限」(草案 제51조 參照)

Ⅳ. 법사위 수정안　　(9) 제38조다음에다음의條文을新設한다

「理事의代表權에對한制限은이를定款에記載하지아니하면그效力이없다」

Ⅷ. 제2독회, 속기록 제44호, 12면 중단 ～ 하단

○ 法制司法委員長 代理(張暻根) : 그 다음에 38조 다음에 條文을 新設하자는 法制司法委員會의 修正案이 나와 있습니다. 이것은 다음에 46조 제9호를 新設하자는 것하고 關聯이 있습니다

이 設立登記가 있는 以上에는 그 設立登記에 대해서 例를 들면 한 사람만을 … 理事 中에 한 사람만을 代表權이 있도록 하자든지 또는 이 理事 全部가 共同하여야 비로소 代表權이 있는 共同代表라든지 이런 制限을 規定할 때에는 善意의 第3者의 效力을 한다[원문대로] 이런 것보다도 그런다면 善意의 第3者만 保護가 됩니다. 會社가 이제 그러한 共同代表나 또는 代表理事인 한 사람에게만 주고 싶을 때에 그러한 便宜를 이 法人에게도 圖謀해야 됩니다.

그러면 지금 原來 이 登記制度가 있는 以上에는 定款에 그것을 記載하고 또는 登記에다가 登記事項으로 해 놓으면 한쪽으로는 共同代表라든지 이제 一人代表라든지 이러한 制限 있는 것을 그대로 그 法人의 便宜대로 보아줄 수 있고 同//時에 이것을 閱覽을 하니까 第3者가 거기에 대해서 意外의 損害를 第3

者는 받지 않습니다. 모든 것이 登記制度라고 하는 것이 그렇기 때문에 만든 것이니까 이 登記制度가 있는 以上에는 이대로 하는 것이 좋다는 것입니다. 이것은 立法例가 그렇게 되어 있고 딴 立法例도 그렇게 되어 있습니다.

제42조 （社團法人의 定款의 變更） ①社團法人의 定款은 總社員3分의2以上의 同意가있는때에限하여이를變更할수있다　그러나定數에關하여定款에다른規定이있는때에는그規定에依한다

②定款의變更은主務官廳의許可를얻지아니하면그效力이없다

Ⅱ. **案**　　　제39조 [다만 제1항 단서는 "그러나定款에다른規定이…"라고 한다]

Ⅲ. **審議錄**, 35면 하단 ～ 36면 하단

　　2. 現行法 및 判例, 學說　　　現行法 제38조는 定款變更에 關한 定足數를 社員總數의 4分의3으로 規定하였는바 그것을 草案에서는 3分의2로 修正하였다.

　　3. 外國 立法例　　① 獨民 제33조　　　定款變更의決議는出席社員의4分之3以上의多數決에依하여야한다社團의目的變更에는總社員의同意가있어야한다出席하지아니한社員은書面으로同意하여야한다

　　[36면]　　社團의權利能力이國家의賦與에依한境遇에는定款의變更이있을때마다國家의許可를받아야하고聯邦參議院의賦與에依한때에는聯邦參議院의認可를얻어야한다

　　② 中民 제53조　　　社團의定款을變更하는決議는總社員의過半數의出席이있고出席社員의4分之3의同意가있든가또는總社員이3分의2以上의書面同意가있어야한다　設立許可를받은社團이定款을變更하는境遇에는다시主務官署의許可를얻어야한다

　　③ 滿民 제30조　　　(定款變更에는 總社員의 4分之3의 同意 要) 其他 草案과 同一하다

　　④ 日民 제38조　　　滿民과 同一하다(4分之3)

　　6. 審議經過　　① 定足數를 4分의3으로 부터 3分의2로 緩和한 點 — 中民, 獨民 等 4分의3으로 嚴하게 規定하는 例도 있으나 大體로 3分의2 程度면 適當할 것으로 合意하였다.

② 目的 變更의 境遇를 一般條項의 定款 變更과 區別하여 全員의 同意를 要求한 獨民 제33조의 例를 參考할 必要性 與否 — 商法 제72조에 依하면 合名 會社의 目的 變更에는 全員 同意가 必要하도록 하고 있으나 合名會社는 本來 商 法學上으로도 嚴格한 意味의 法人으로는 取扱하지 않고 一種의 組合과 같이 取 扱하고 있으므로 合名會社와 民法의 法人과를 같이 論할 수는 없다. 따라서 從 來의 // 法人實在說에 立脚하여 一般 定款 變更과 同一하게 取扱함이 妥當하다.

③ 제1항 中 但書 「그러나定款에다른規定이있는때에는」을 「그러나定款[定 數]에關하여定款에다른規定이있는때에는」으로 修正하는 問題 — 草案대로 한다 면 定款 變更에 關하여 定數 以外에 다른 어떠한 規定 例컨대 理事會 評議會 等의 決議로써 定款을 變更할 수 있다 等의 規定도 있을 수 있는 것 같은 印象 을 줄 憂慮가 있으므로 明白히 定數에 關하여서만 定款에 特別規定을 할 수 있 다는 것을 明白히 하는 것이 좋다. 現行法의 解釋에 있어서도 이와 같이 解釋하 는 것이 通說이다.

④ 제1항 「그러나」의 다음에 「定數에關하여」를 揷入하기로 合意하였다.

7. 結 論 : 前記 修正 以外에는 原案에合意

Ⅳ. **법사위 수정안**　　　(16) 제39조제1항중「그러나」다음에「定數에 關하여」를 揷入한다

Ⅷ. **제2독회**, 속기록 제44호, 12면 하단

○ 張暻根 : [案 제39조] 여기에 대해서는 39조 1항 中「그러나」다음에 「定數에 關하여」를 揷入하자는 法制司法委員會의 修正案이 있습니다. 이것은 字句의 修正인데 이 「定數에 關하여」라는 것이 없으면 解釋上 異議가 생기기 때문에 字句修正을 하는 것입니다.

제43조 (財團法人의定款) 財團法人의設立者는一定한財産을出捐하고제4조제 1호乃至제5호의事項을記載한定款을作成하여記名捺印하여야한다

Ⅱ. **案**　　　제40조

Ⅲ. **審議錄**, 36면 하단 ~ 37면 상단

2. 現行法 및 判例, 學說   現行法 제39조와 同一한趣旨이다

3. 外國 立法例   ① 日民 제39조   草案과 同一하다

② 滿民 제40조   제1항은 草案과 同一하다 제2항은 遺言에 依한 境遇이다

③ 中民 제60조   財團을設立할때에는寄附行爲에關한定款을作成하여야한다32) 但遺言으로寄附行爲를한때에는그러하지아니하다

寄附行爲에關한定款에는法人의目的및寄附財産을明定하여야한다 [37면]

④ 中民 제62조   財團의組織및그管理方法은寄附行爲者에있어서寄附行爲에關한定款으로이를定한다   寄附行爲에關한定款에定한組織이不完全하든가또는重要한管理方法이具備하지않는데[때]는法院은利害關係人의申請에依하여必要한處分을할수있다

6. 審議經過   ①「寄附行爲」를「定款」으로 修正한 것은 可하다(中民, 滿民도 同一하다).

② 出捐이라는 用語에 關하여 草案 416조 제432조 제435조에는 債務에 關하여 '出財'라는 用語를 使用하고 있다 하여 一部 異見도 있었으나「捐」에는 無償出捐을 意味하는 뜻이 있으므로 出財와는 意味의 差異가 있다 하여 原案의 用語에 合意하였다

7. 結 論 : 原案에 合意

V. 意見書, 42면 ~ 43면 (安二濬)

[27] 草案이 現行法上의「寄附行爲」라는 用語를「定款」이라고 한 點에 贊成한다.

[이 유]   現行法上 社團法人의 根本規則은「定款」이라고 하고 財團法人의 根本規則은「寄附行爲」라고 하고 있는데, 草案은 이것을 改正하여 兩種의 法人의 根本規則의 名稱을 統一的으로 把握하여 그것을「定款」이라는 用語로 單一化하였다. 이 點에 關하여도 草案과 같은 態度로써 臨하는 立法例로서 舊滿洲民法이 있다고 할 수 있는데, 草案이 現行法뿐만 아니라, 獨瑞 兩民法에서도 社團法人의 根本規則은 Satzung, 財團法人의 근본규칙은 Stiftung이라고 하여 嚴然히 區別하여 呼稱하고 있는데도 불구하고, 兩種의 法人의 根本規則을 單一

---

32) 중화민국민법 제60조 제1항 본문은 "재단 설립자는 기부정관[捐助章程]을 작성할 것을 要한다"이라고 정한다.

한 用語인 「定款」이라는 表現으로 統一化하려는 實益과 理由는 무엇인가.

　　[43면] 첫째로, 從來 「寄附行爲」라는 用語法은 우리의 法律感情 乃至는 言語感情에 甚히 거슬린 것이었다. 卽 우리가 日常生活에서 혼히 使用하는 「寄附」라는 말과 이 「寄附行爲」라는 말은 그 法律的 意味가 다름에도 不拘하고, 그 表現의 類似性 때문에 一般民衆에게는 混同되어서 理解되는 일이 많았다. 거기에다가 이 「寄附行爲」라는 말은 우리 固有의 말이 아니고 日本人들이 그들의 새 法律의 制定에 지음하여서 만든 新造 法律語이니만큼, 이것을 그대로 우리말로 옮긴 境遇의 어색한 느낌은 누구나 否定하지 못할 것이다. 그러므로 從來의 法律用語로서의 「寄附行爲」를 그대로 우리의 自主的인 新民法에 溫存시키느니보다도, 차라리 財團의 根本規則도 「定款」이라고 불러서 法律用語의 整序 및 多少라도 法의 民衆化에 寄與하겠다는 意圖를 가진 草案의 態度는 支持되어도 좋을 것이다. 둘째로, 理論的으로 보더라도 社團은 多數人의 結合으로 이루어지는 團體이며, 財團은 一定한 目的을 爲하여 提供된 財産이라고 하는 點이 다를 뿐이고, 그 根本組織 自體는 社員에 關한 것을 除外하고는 大體로 같은 것이며, 따라서 그 社會的 機能도 類似한 것이므로, 兩種의 法人의 根本規則을 一은 「定款」이라고 부르고, 他는 「寄附行爲」라고 부를 何等의 實益도 없는 것이며, 오히려 區別하여서 呼稱하면 그만큼 用語上의 錯雜을 招來할 따름이라고 생각한다.

　　끝으로 從來 財團法人에 關하여는 設立行爲 및 根本規則은 함께 「寄附行爲」라고 불렀는데, 草案과 같이 財團의 根本規則도 「定款」이라고 부르게 될 것 같으면, 그 結果 財團法人에 關하여도 社團法人과 마찬가지로 設立行爲―定款作成行爲―와 根本規則인 定款 그 自體와는 다르게 불리어지게 된다는 것을 附言하여 둔다.

제44조 (財團法人의定款의補充) 財團法人의設立者가그名稱, 事務所所在地또는理事任免의方法을定하지아니하고死亡한때에는利害關係人또는檢事의請求에依하여法院이이를定한다

Ⅱ. **案**　　　제41조

Ⅲ. **審議錄**, 37면 상단 ～ 하단

2. 現行法 및 判例, 學說　　現行法 제30조는 草案과 同一하다

3. 外國 立法例　① 瑞民 제83조 제2항　　作定된組織이不完全한境遇에는監督官廳은必要한處分을하여야한다

② 中民 제62조　　財團의組織및그管理方法은寄附行爲者에있어서寄附行爲에關한定款으로이를定한다　寄附行爲에關한組織의不完全하든가또는重要한管理方法이具備되지않은때에는法院은利害干[關]係人의申請에依하여必要한處分을할수있다

③ 日民 제40조　④ 滿民 제40조　　草案과 同一하다

6. 審議經過　　① 獨民 제81조의 例에 準하여 許可 前의 寄附行爲의 撤回에 關하여 規定을 新設할 必要性에 對하여 意見이 있었으나 그 問題는 法律行爲 撤回에 關한 一般原則에 맡기기로 合意하였다.

② 請求權者에 檢事를 包含시킬 必要가 없지 않느냐의 意見이 있었으나 原案대로 合意하였다.

7. 結 論 : 原案에 合意

제45조 (財團法人의定款變更) ①財團法人의定款은그變更方法을定款에定한때에限하여變更할수있다

②財團法人의目的達成또는그財産의保全을爲하여適當한때에는前項의規定에不拘하고名稱또는事務所의所在地를變更할수있다

③제42조제2항의規定은前2項의境遇에準用한다

Ⅰ. 法編委　　1. 의사록　　○ 高秉國 起草委員　　[…]　　民法總則 要綱　　[…]　　(9) 財團法人의 寄附行爲의 變更方法을 規定할 것

2. 編纂要綱　　總則　　9. [내용은 1. (9)]

Ⅱ. 案　　제42조　[제1항은 같다]　제39조제2항의規定은前項의境遇에準用한다

Ⅲ. 審議錄, 37면 하단 ～ 38면 하단

[38면] 2. 現行法 및 判例, 學說　　該當 條文 없고 從來 學說上 認定되

고 있던 것을 草案은 明文으로 新設하였다.

3. 外國 立法例　　① 獨民 제87조 제2항　　　目的의變更에關하여는設立
者의意思에가장斟酌을하여야한다　特히財團財産의收益은設立者의意思에따라이
를收取할사람에게歸屬시키도록힘써야한다　官廳은目的의變更에必要한限財團의
寄附行爲其他의規定을變更할수있다

② 瑞民 제85조　　　管轄區廳또는財團法人의聯邦의監視下에있는境遇에는
聯邦參議院은監督官廳의申立에依하여財團法人의最高機關에諮問한後財團法人의
組織을變更할수있다

③ 中民 제63조　　　財團의目的을維持하고또는그財産을保存하기爲하여法
院은寄附行爲者理事또는利害關係人의申請에依하여그組織을變更할수있다

④ 滿民　제32조　　　財團法人의定款은定款에變更方法을定한때에限하여이
를變更할수있다

財團法人의目的을維持하거나또는其財産을保存하기爲하여必要있는때에
는主管官署는前項의規定에不拘하고設立者理事또는利害關係人의請求에依하여定
款의規定을變更할수있다

6. 審議經過　　　① 제1항에 關하여 ― 本條에서 「定款에 定한 때」에만 定
款을 變更할수 있다고 되어 있는바 // 그렇다면 定款에 定款變更規定이 없는
때에 目的 變更과 같은 重要事項은 제43조에 依하여 變更되고 오히려 名稱, 事
務所와 같은 重大하지 않은 것이 도로혀 變更할 수 없게 된다는 矛盾이 생기는
것이다. 그러나 그렇다고 變更範圍를 너무 擴大시키는 것은 財團法人의 同一性
問題와 또 設立者 尊重의 原則에도 矛盾되는 것이므로 本條에 제2항을 다음과
같이 新設하는 것이 可할 것이다.

「財團法人의 目的達成 또는 그 財産保全을 爲하여 適當한 때에는 前項
의 規定에 不拘하고 名稱 또는 事務所의 所在를 變更할 수 있다」

② 제42조 제2항을 다음과 같이 新設하고 제2항을 제3항으로 한다.

「財團法人의 目的 達成 또는 그 財産의 保全을 爲하여 適當한 때에는
前項의 規定에 不拘하고 또는 事務所의 所在地를 變更할 수 있다」

7. 結 論 : 前記 修正 外에 原案에 合意

Ⅳ. **법사위 수정안**　　　(11) 제42조제2항을제3항으로하고제2항을다음과같이新

設한다 [그 內容은 앞의 Ⅲ. 6. ②]

V. 意見書, 43면 ～ 44면 (安二濬)33)

[28] 草案 제42조 및 修正案 (11)의 新設에 贊成한다.

[이 유]　　社團法人은 自律的이고 彈力性 있는 法人임에 反하여 財團法人은 他律的이고 固定的인 法人이다. 卽 財團法人은 社團法人과 같이 그 活動을 自主自律的으로 決定하는 機關—社員總會—를 가지지 아니하고, 다만 設立者가 決定한 根本規則에 좇아서 理事가 現實的으로 活動할 따름이다. 그러므로 現行法下에 있어서는 財團法人의 寄附行爲(定款)는 이를 變更할 수 없[44면]는 것으로 되어 있다. 그러나 現行法 下에 있어서도 비록 明文은 없으나, 寄附行爲에 그 變更方法을 規定하고 있는 境遇에는 이에 基하여 變更할 수 있다는 것은 解釋上 一般的으로 認定되어 있는 바이다. 草案 제42조 1항은 「財團法人의 定款은 그 變更方法을 定款에 定한 때에 限하여 變更할 수 있다」고 規定하여 이것을 明文化한 것이다. 草案의 이 規定은 비록 創造的이고 積極的인 것은 아니고 單只 確認的이고 消極的인 것이기는 하지만, 現行法의 이 點에 關하여 法의 規定 밖으로 放置하고 다만 解釋에 一任하는 態度보다는 한층 더 親切하고 適切한 것이라고 할 수 있다. 그러나 草案의 規定은 理論的으로 考察하면 眞正한 意味에 있어서의 定款(寄附行爲)의 變更에 關한 明文規定은 아니고, 單只 定款의 實行方法에 關한 規定이라는 것을 銘心하여야 할 것이다. 眞正한 意味에 있어서의 定款의 變更에 關하여는 修正案 (11) 및 草案 제43조가 新設規定을 두고 있는바 이 點은 後述한다.

修正案 (11)은 草案 제42조 1항을 제3항으로 하고 제2항으로서 「財團法人의 目的達成 또는 그 財産의 保存을 爲하여 適當한 때에는 前項의 規定에 不拘하고 名稱 또는 事務所의 所在地를 變更할 수 있다」는 規定을 新設할 것을 提議하고 있는데 이 點도 贊成한다. 現行法의 解釋에 있어서도, 寄附行爲에 그 變更方法을 定하고 있지 아니한 境遇라 할지라도 名稱이라든가 事務所와 같은 財團法人의 本質과 關係가 稀薄한 것은 現行法 제40조의 趣旨를 類推하여 法院에 그 變更을 請求할 수 있다고 主張하는 學者가 많은데, 修正案 (11)은 이 解釋論에다 若干의 變更을 加하여 明文化한 것이라고 볼 수 있다. 卽,現行法의 解釋論

33) 안이준은 같은 취지를 민법안공청회에서 밝히고 있다. 민법안심의자료집, 84면 상단 ～ 85면 중단 참조.

으로서는 名稱이나 事務所를 變更하는 寄附行爲의 變更을 法院에 請求할 수 있다고 하는데, 修正案 (11)은 法院에 請求할 必要 없이 「財團法人의 目的達成 또는 그 財産의 保存을 爲하여 適當한 때에는」라는 制約下에 財團法人이 自律的으로 變更方法이 定款에 定하여져 있지 아니하더라도 그 名稱 또는 事務所의 所在地도 이를 變更할 수 있는 뜻을 規定하고 있다. 左右間 이 點을 明文化함으로써 從來의 解釋上의 紛糾를 止揚하고 財團法人으로 하여금 社會的, 經濟的 變遷에 順應하여서 活動할 수 있게 하는 便利를 提供할 수 있다는 點에서 修正案 (11)의 態度는 至當한 것이라고 하여야 할 것이다.

그리고 草案 제42조 2항은 定款의 變更은 主務官廳의 許可를 얻어야 한다는 草案 제39조 2항의 規定을 財團法人의 定款의 變更의 境遇에 準用한다는 뜻을 規定하고 있는데, 이것은 寄附行爲의 變更은 本來 主務官廳의 許可를 얻은 事項의 變更이 되므로 當然한 規定이라고 보아야 할 것이다.

Ⅷ. 제2독회, 속기록 제44호, 13면 상단 ~ 중단

○ 法制司法委員長 代理(張暻根) : 이것은 財團法人은 이제 寄附行爲한 사람이 하//나 定해 놓고 그 다음에 財團法人이 생긴 다음에는 될 수 있는 대로 變更 못하는 것이 從來의 方針이 되어 있습니다. 그것은 왜 그런고 하니 寄附한 사람의 趣旨와 다른 것으로서 財團法人이 變更되는 것이 옳지 못하기 때문에 그렇습니다. 그러나 그 目的에 違反되지 않은 때에는 이쪽에[이] 存續하기 爲해서는 名稱을 바꾸는 것이 그 目的存續上 必要할 때에 또는 事務所를 바꿀 때에는 이러한 必要치 않은 것은 특별히 變更할 수 있다는 定款에 規定이 없더라도 옛적에는 財團法人의 定款을 寄附行爲라고 하던 것을 이번에 定款라는 名稱으로 고쳤습니다. 때로는 이것은 고칠 수 있도록 하는 것이 좋다는 것입니다.

제46조 (財團法人의目的其他의變更) 財團法人의目的을達成할수없는때에는設立者나理事는主務官廳의許可를얻어設立의趣旨를參酌하여그目的其他定款의規定을變更할수있다

Ⅰ. 法編委[34]

---

34) 앞의 민법 제45조 Ⅰ. 참조.

Ⅱ. **案**   제43조 財團法人의目的을達하기不能한때에는設立者나理事는主務
官廳의許可를얻어設立의趣旨를參酌하여그目的을類似한것으로變更할수있다

Ⅲ. **審議錄**, 38면 하단 ~ 39면 상단

  2. 現行法 및 判例, 學說   現行法에는 規定이 없고 新設 條文이다

  3. 外國 立法例   ① 獨民 제87조   草案 제42조 外國 立法例 參照

  ② 瑞民 제86조

  ③ 瑞民 제88조   財團法人이그目的을達成하지못하게된때에는法律上解
産되어야할것으로한다   財團法人의目的이違法또는善良한風俗에違反하는것이된
境遇에는裁判官이이를解散한다

  [39면] ④ 中民 제63조   財團의目的을維持하고또는그財産을保存하기爲
하여法院은寄附行爲者理事또는利害關係人의申請에依하여그組織을變更할수있다

  ⑤ 中民 제65조   事情의變更에依하여財團의目的을達成하지못할때는主
管官署는寄附行爲者의意思를斟酌하여그目的및그必要한組織을變更하거나또는解
散할수있다

  ⑥ 滿民 제43조   事情의變更에依하여財團法人의目的을達하지못하게되
는境遇에있어서必要가있는때는主管官署는設立者의意思를斟酌하여目的其他定款
의規定을變更할수있다

  6. 審議經過   ① 現行法에서는 目的達成 不能인 境遇에 解散하는 外에
別 方途가 없었으나(現行 民法 제68조 제2호), 草案은 設立의 趣旨를 參酌하여
定款을 變更하여 存續할 길을 마련한 點에 있어서 進步的이라 하겠다.

  ② 제43조 中「그 目的을 類似한 것으로」를 「그 目的 其他 定款의 規定을」
으로 修正하였다.

  7. 結 論 : 前記 修正 外에 原案에 合意

Ⅳ. **법사위 수정안**   (12) 제43조中「그目的을類似한것으로」를「그目的其他
定款의規定을」으로修正한다.

Ⅴ. **意見書**, 45면 ~ 46면 (安二濬)[35]

  [29] 草案 제43조의 新設 및 修正案 (12)에 依한 그 一部修正을 贊成한다.

---

35) 안이준은 같은 취지를 민법안공청회에서 밝히고 있다. 민법안심의자료집, 85면 하단 ~ 86
   면 상단 참조.

　　[이 유]　　　前述의 理由 說明[36]의 冒頭에서도 이미 一言한 바와 같이, 財團法人은 그 本質上 他律的이고 固定的인 法人인데다가 一定한 目的을 達成하기 爲하여 設立되는 하나의 目的을 가진 法人格者이다. 그러므로 原則的으로는 財團法人이 그 目的을 達하기 不能하게 된 때에는 解散하고 淸算節次를 밟은 뒤에 法人格을 消滅시켜야 할 것이다(이 點 社團法人에 있어서도 그 理致는 같다. 現 68조 1항 2호 參照 — 그리고 草案의 解散事由를 規定한 71조 1항은 이것을 明言하지 아니하나, 修正案 (20)은 이것을 明言한다). 그러나 財團法人의 目的을 達하기 不能하게 된 모든 境遇에 法人은 卽時로 解散하여야 한다는 理論을 固執할 것 같으면 때로는 妥當하지 아니한 結果가 생길 수도 있을 것이다. 그것은 財團法人의 設立者는 境遇에 따라서는 自己가 當初에 企圖한 財團의 目的이 後日 惹起되는 社會的, 經濟的 事情의 變遷으로 因하여 꼭 그대로의 모습대로 達成되지 아니하게 될 때에는 本來 企圖한 目的 自體와는 若干 다른 目的을 가지게 되더라도 좋으니까 左右間 自己가 設立한 財團이 恒久的으로 存續만 하면 좋다고 생각하는 때도 있을 것이고, 또 客觀的인 社會經濟的 要請의 點에서 보아도 —設立者 個人의 意思를 떠나서— 어떻게 해서든지 그 財團을 存續시킬 必要가 있을 때도 있기 때문이다. 實로 草案 제43조의 新設은 이러한 點에서 그 意義를 發見할 수 있을 것이다.

　　다음에 草案 제43조는「財團法人의 目的을 達하기 不能한 때에는 設立者나 理事는 主務官廳의 許可를 얻어 設立의 趣旨를 參酌하여 그 目的을 類似한 것으로 變更할 수 있다」로 規定되어 있는데, 修正案 (12)는 그 中「그 目的을 類似한 것으로」를「그 目的 其他 定款의 規定을」으로(傍點 筆者) 代置・修正할 것을 提議하고 있다. 草案의 表現대로 存置시켜 두어도 無妨하다고 생각되지만, 修正案의 提議에 좇는 것이 더욱 좋으리라고 생각된다. 그것은 草案 제43조에 依하면 目的을 變更하는 境遇에는 반드시 類似한 것으로만 變更할 수 있다는 것이 나타나 있고, 修正案에 依하면「類似한 것」이라는 制限 없이, 例컨대「公益」을 버리고 營利를 爲하여도 그 目的을 變更할 수 있는 듯한 印象을 주지만, 이 點은「主務官廳의 許可」및「設立의 趣旨를 參酌」하여야 한다는 두 가지의 制約下에서 비로소 그 目的을 變更할 수 있다는 法文의 前後關係를 吟味하면 조금도 念慮 없기 때문이다. 더욱이나 草案에 依하면 目的을 變更할 수 있는 것

---

36) 앞의 민법 제45조 V.

만을 定하고, 定款의 다른 事項의 變更 可否 如何에 對하여는 아무런 言及이 없
는데, 法人의 生命이라고도 할 수 있는 目的을 變更하면, 그에 隨伴하여, 例컨
대 理事의 任免에 關한 [46면] 定款의 規定과 같은 것도 必然的으로 變更할 必
要가 생길 터이므로, 修正案과 같이 伸縮性 있게 「그 目的 其他 定款의 規定」을
變更할 수 있다고 規定하는 것이 妥當하다고 생각되기 때문이다. 이러한 理由
에서 우리는 草案 제43조에다가 修正案 (12)에 依한 改定이 이루어진 그러한
規定이 新民法에 採擇되기를 希望하는 바이다.

Ⅷ. 제2독회, 속기록 제44호, 13면 중단 ~ 하단

　　○ 法制司法委員長 代理(張暻根)： […] 이것은 法制司法委員會의 修正案
이 있습니다. [법사위 수정안 (12)항 낭독] 그것은 무엇인고 하니 지금까지는
從前에 法律에 볼 것 같으면 그 目的 같은 것은 變更할 수가 없습니다. 目的을
變更하지 않을 수 없는 境遇에는 結局 目的達成 不能으로서 解散해 버리는 수
밖//에 없습니다. 그러나 엊그저께 생긴 財團法人을 原 本來의 設立趣旨에 違反
되지 않는 限에는 그 비슷한 目的으로서 바꿔가지고 存續시키는 것도 좋다는
그러한 近代의 立法例의 趣旨에 따라 가지고 이것을 고치자는 것입니다. 그런
데 여기에 대해서 目的만 고칠 수 있게 되고 例를 들면 理事 任免의 方法 같은
것도 고칠 必要가 있는 境遇가 생깁니다. 그런 것도 이것을 裁判所의 許可를 받
는 때에는 할 수 있다. 理事들을[은] 任意로 고치지 못하게 됩니다. 이 目的變
更이나 理事任免方法 같은 것도 고치려면 裁判所의 許可를 받아서 裁判所가 妥
當하다고 할 적에 하는 것, 그렇다 할 것 같으면 이것은 이러한 所謂 「후렉씨비
리티」… 融通性을 주기 爲해서 좋다는 見地에서 이것을 고치자는 것입니다.

**제47조 (贈與・[37]遺贈에關한規定의準用) 生前處分으로財團法人을設立하는때
에贈與에關한規定을準用한다**
**　　遺言으로財團法人을設立하는때에는遺贈에關한規定을準用한다**

Ⅱ. 案　　　제44조

---

37) 민법을 공포하는 단기 4291년 2월 22일 관보, 3면 상단에 있는 제47조의 표제에는 이러한
　　전각의 중간점(・)이 의젓하게 찍혀 있다. 법률의 正文에 이 부호가 쓰인 드문 예이다. 예
　　를 들어 사원권의 양도・상속을 금지하는 제56조의 표제는 ‘讓渡,相續’으로 되어 있다.

Ⅲ. **審議錄**, 39면 상단 ~ 40면 상단

// 2. 現行法 및 判例, 學說   現行法 제41조와 同一하다. 但 現行法이「寄附行爲를 하는 때에는」으로 規定한 것을 草案은「財團法人을 設立하는 때에는」으로 하였다.

3. 外國 立法例   ① 獨民 제81조   生前의寄附行爲는書面으로이를하여야한다 設立者는設立의許可가있을때까지는寄附行爲를撤回할수있다 主務官廳의許可를申立하였을때는撤回의意思表示는主務官廳에對하여서만이를하여야한다 設立者의相續人은設立者가許可申請書를主務官廳에提出하였을때또는裁判所或은公證人이寄附行爲의證書의作成을하는境遇에있어서는證書作成의當時또는其後에있어서設立者가許可申請書의提出을裁判所或은公證人에依託하였을때는許可의申請을撤回할수없다

② 獨民 83조

③ 瑞民 81조   設立은公正證書또는死後處分의方式에依하여이를한다

④ 瑞民 82조   寄附行爲는贈與의境遇와같이寄附者의相續人또는債權者에있어서이를取消할수있다

⑤ 滿民 제44조   本 草案과 同一하다

5. 批判   本 準用規定 結果 贈與의 撤回에 關한 草案 제544조 제546조 (現行[40면]法 550조)및 遺贈의 撤回에 關한 草案 제1115조가 準用된다.

6. 審議經過   原案에 異議 없다.

7. 結 論 : 原案에 合意

제48조 (出捐財産의歸屬時期) ①生前處分으로財團法人을設立하는때에는出捐財産은法人이成立된때로부터法人의財産이된다

②遺言으로財團法人을設立하는때에는出捐財産은遺言의效力이發生한때로부터法人에歸屬한것으로본다

Ⅱ. **案**   제45조

Ⅲ. **審議錄**, 40면 상단 ~ 하단

2. 現行法 및 判例, 學說　　　現行法 제42조는 出捐財産의 歸屬時期를 法人 設立의 許可가 있을 때로 되어 있는바 草案은 그것을 法人이 成立된 때로 修正한 것이다. 이것은 草案이 法人 設立에 關하여 形式主義를 擇하고 있기 때문에 當然한 일이다.

3. 外國 立法例　　　① 獨民 제82조　　　財團이許可되었을때는設立者는寄附行爲中에約束한財産을財團에移轉하여야한다　讓渡契約으로서[써]만移轉할수있는權利는設立者가寄附行爲로써別般의意思를表示하지않는限許可와同時에財團에歸屬한다

③ 獨民　제83조　　　死因處分으로寄附行爲를한境遇에相續人또는遺言執行者가許可를申請하지않을때는遺産裁判所가이를申請하여야한다

③ 獨民　제84조　　　財團이設立者의死後에이르러許可되었을때는設立者의 出捐에對하여는그死亡前에設立된것으로看做한다

④ 滿民　제45조　　　生前處分으로財團法人을設立하는때는其出捐한財産은 法人成立의때로부//터法人의財産을組成한다　遺言으로財團法人을設立하는때는 其出捐한財産은遺言이效力을發生한때로부터法人에歸屬한것으로看做한다

⑤ 日民　제42조　　　生前處分을가지고寄附行爲를하였을때는寄附財産은法人設立의許可를얻었을때부터法人의財産을組成함[한다]

遺言으로서寄附行爲를하였을때의寄附財産은遺言이效力을發生할時로부터法人에歸屬한것으로看做한다

6. 審議經過　　　原案에 異議 없다.

7. 結 論 : 原案에 合意

Ⅳ. 意見書, 40면 ~ 42면 (安二濬)

[26] 草案이 登記를 法人의 成立要件으로 한 點에 贊成한다.

[이 유]　　　[민법안 제32조(민법 제33조)가 등기를 법인의 성립요건으로 하는 것에 대하여 논한38) 후] [42면] […] 以上의 세 가지 理由로써 우리는 草案의 態度를 支持하였는데, 여기에 若干의 附言을 할 必要가 있다. 그것은 草案이 現行法의 態度를 고쳐서 登記를 法人의 成立要件으로 한 結果, 이것과 關聯하여 寄附財産(出捐財産)의 歸屬에 關한 現行法 제42조를 고쳐서 生前處分으로

---

38) 앞의 150면 이하.

財團法人을 設立하는 때에는 出捐財産은 法人이 成立된 때로부터 法人의 財産이 된다(草 45조 1항)고 規定한 點이다. 이것 亦是 當然한 것이지만 適切한 改正이라고 할 수 있다. […]

제49조 (法人의登記事項) ①法人設立의許可가있는때에는3週間內에主된事務所所在地에서設立登記를하여야한다

　　②前項의登記事項은다음과같다

　　1. 目的

　　2. 名稱

　　3. 事務所

　　4. 設立許可의年月日

　　5. 存立時期나解散事由를定한때에는그時期또는事由

　　6. 資産의總額

　　7. 出資의方法을定한때에는그方法

　　8. 理事의姓名,住所

　　9. 理事의代表權을制限한때에는그制限

Ⅱ. **案**　　제46조 [다만 제2항 제9호가 없다]

Ⅲ. **審議錄**, 40면 하단 ~ 42면 하단

　　[41면] 2. 現行法 및 判例, 學說　　現行法과 그 內容은 同一하나 草案은 現行法과 달리 登記義務를 제1항에서 明示하였고 또 現行法 제2항에 關한 事項을 草案 제49조로 別途 新設 規定하였다.

　　3. 外國 立法例　　① 獨民 제59조　　理事團은社團의登記를申請하여야한다

申請에다음의書類를添附하여야한다

　　1. 定款의原本및謄本　　　2. 理事의選任에關한書面의謄本

　　定款은적어도7人의社員이이에署名또는社團設立의日附를記載하여야한다

　　② 獨民 제64조　　登記는社團登記簿에社團의名稱그住所定款作成의年月日及理事團員의姓名을記載하여이를하여야한다　　理事團의代理權의範圍를制限하

거나또는제28조제1항의規定과相異한理事團의決議에關한規定은同時에이를登記
하여야한다

③ 獨民 제26조   社團에는理事團을두어야한다 理事團은數人으로成立할
수있다

　　　　理事團은裁判上및裁判外에있어서法人을代表하고法定代理人의地位를가
진다 理事團의代理權의範圍에는定款으로第3者에對抗할수있는制限을加할수있다

④ 中民 제48조   社團을設立한때登記할事項은다음과같다

1. 目的   2. 名稱   3. 主事務所및分事務所 //

4. 理事의姓名및住所   5. 財産의總額

6. 設立의許可를얻은것인때는그許可年月日

7. 出資方法을定하여있을때는그方法

8. 理事의代表權을制限한때는그制限

9. 存立期間을定하였을때는그期間

　　　　社團의登記는理事에있어서그主事務및分事務所所在地의主管官署에對하
여이를行하고定款을添附하여申告하여야한다

⑤ 中民 제61조   財團設立의登記하여야할事項은다음과같다

1. 目的   2. 名稱   3. 主務事務所및分事務所

4. 財産의總額   5. 許可를얻은年月日

6. 理事의姓名및住所   7. 理事의代表權을制限한때는그制限

8. 存立期間의作定이있을때는그期間

　　　　財團의登記는理事에있어서그主事務所및分事務所의所在地의主管官署에
對하여이를行하고아울러寄附行爲에關한定款을添附하여申告하여야한다

⑥ 滿民 제46조   法人設立의許可가있는때3週間以內에主事務所所在地에
있어서設立의登記를하여야한다 前項의登記에있어서는다음事項을登記하여야한다

1. 目的   2. 名稱   3. 事務所   4. 設立許可年月日

5. 存立時期또는解散事由를定한때는그時期또는事由

6. 資産의總額 [42면]   7. 出資의方法을定한때는其方法

8. 理事의姓名및住所

　　　　法人은設立登記를한後2週間以內에分事務所所在地에있어서前項의揭記한
事項을登記하여야한다

⑦ 日民 제46조　　　登記할事項左와如함

1. 目的　　　2. 名稱　　　3. 事務所　　　4. 設立許可의年月日

5. 存立時期를定한때는그時期　　　6. 資産의總額

7. 出資의方法을定한때는그方法　　　8. 理事의氏名 住所

　　　前項의揭記한事項中에變更이生하였을時는主되는事務所의所在地에있어서는2週間其他의事務所의所在地에있어서는3週間內에登記를하여야한다　登記前에있어서는其變更으로서他人에對抗할수없다

　　6. 審議經過[39]

V. 법사위 수정안　　　(13) 제46조제2항제9호를다음과같이新設한다.

「9. 理事의代表權을制限한때에는그制限」

VIII. 제2독회, 속기록 제44호, 14면 상단 ~ 중단

○ 張暻根 : [민법안 46조 및 법사위 수정안 (13) 낭독]　　　아까 說明 드려서[40] 重複을 避하겠습니다. 이것은 다 趣旨가 獨逸民法 66조 中國民法 // 48조 8호라든지 61조 7호 日本商法 188조 2호에도 다 그렇게 되어 있습니다.

제50조（分事務所設置의登記）①法人이分事務所를設置한때에는主事務所所在地에서는3週間內에分事務所를設置한것을登記하고그分事務所所在地에서는同期間內에前條제2항의事項을登記하고다른分事務所所在地에서는同期間內에그分事務所를設置한것을登記하여야한다

　　②主事務所또는分事務所의所在地를管轄하는登記所의管轄區域內에分事務所를設置한때에는前項의期間內에그事務所를設置한것을登記하면된다

II. 案　　　제47조

III. 審議錄, 43면 상단 ~ 하단

　2. 現行法 및 判例, 學說　　　現行法 제45조 제1항 제3항과 제46조 제2항을 綜合하여 한 條文으로 規定한 것이다.

---

39) 앞의 민법 제41조 III. 2.의 '6. 審議經過'(166면 이하).

40) 앞의 민법 제41조 VIII.

3. 外國 立法例   ① 滿民 제47조   法人의設立後새로分事務所를設置한때는主事務所所在地에있어서는2週間以內에其뜻을登記하고其分事務所所在地에있어서는3週間以內에前條제2항에揭記한事項을登記하고다른分事務所所在地에있어서는同期間內에其事務所를設置한것을登記하여야한다

主事務所또는分事務所의所在地를管轄하는登記處의管轄區域內에있어서새로分事務所를設立한때는其事務所를設置한것을登記함으로써足하다

② 日民 제45조 제1항 제3항   (제1항)法人은其設立한日부터主되는事務所所在地에있어서는2週間其他의事務所所在地에있어서는3週間內에登記를하여야한다

(제3항)法人設立後에새로事務所를設立한때도其事務所所在地에있어서는3週間內에登記를하여야한다

③ 日民 제46조 제2항   前項에揭記한事項中變更이生하였을때는主事務所所在地에있어서는2週//間其他事務所所在地에있어서는3週間內에其登記를하여야한다 登記前에있어서는其變更을가지고他人에對抗할수없다

7. 結 論 : 原案에 合意

제51조 (事務所移轉의登記) ①法人이그事務所를移轉하는때에는舊所在地에서는3週間內에移轉登記를하고新所在地에서는同期間內에제49조제2항에揭記한事項을登記하여야한다

②同一한登記所의管轄區域內에서事務所를移轉한때에는그移轉한것을登記하면된다

Ⅱ. 案   제48조

Ⅲ. 審議錄, 43면 하단 ~ 44면 상단

2. 現行法 및 判例, 學說   現行法 제48조는 主事務所와 分事務所를 區別하여 規定하였는데 草案은 一轄하여 規定하였다.

3. 外國 立法例   ① 滿民 제48조   法人이其事務所를移轉하는때는舊所在地에있어서는2週間以內에移轉登記를하고新所在地에있어서는3週間以內에제46조제2항에揭記한事項을登記하여야한다 同一한登記處의管轄區域內에있어서事

務所를 移轉한때는 其移轉만의 登記로써 足하다

　7. 結 論 : 原案에 合意

제52조 (變更登記) 제49조제2항의 事項中에 變更이 있는때에는 3週間內에 變更 登記를 하여야한다

Ⅱ. 案　　　제49조

Ⅲ. 審議錄, 44면 상단 ~ 하단

　2. 現行法 및 判例, 學說　　　現行法 제46조 제2항과 同旨이다

　3. 外國 立法例　　① 獨民 제67조　　理事團은 理事團의 變更및 理事團員 의 改任의 登記를 申請하여야한다

　　　이 申請에는 變更및 改任에 關한 書類의 謄本을 添附하여야한다　裁判上選任한 理事團의 登記는 裁判所가 職權으로이를한다

　② 獨民　제71조　　定款의 變更은 社團登記簿에 登記함으로 因하여 그 效力을 發生한다

　　　變更의 登記는 理事團이 이를 申請하여야한다　申請에는 變更에 間[關]한 決議 의 原本및 謄本을 添附하여야한다

　③ 中民 제31조　　法人이 登記한後 登記할 事實있는데 不拘하고 登記를 하지 아니하거나또는 이의[이미] 登記한 事項의 變更이 있는데도 不拘하고 變更登記를 하지 아니하는때는 其事項을 第3者에게 對抗할수없다 //

　④ 滿民 제49조　　제46조제2항에 揭記한 事項中에 變更을 生한때는 主事務所 의 所在地에 있어서는 2週間 分事務所의 所在地에 있어서는 3週間以內에 變更登記를 하 여야한다

　⑤ 日民 제46조 제2항 제3항　　前項에 揭記한 事項中變更이 生하였을時主 事務所所在地에 있어서는 2週間其他의 事務所所在地에서는 3週間內에 其登記를하여 야한다

　　　登記前에 있어서의 其變更을 가지고 他人에게 對抗할수없다

　6. 審議經過　　變更登記를 主事務所 分事務所 共히 登記할 것이냐가 問 題인바 當然히 그렇게 解稱[釋]되므로 原案에 合意하였다.

7. 結論 : 原案에 合意

제53조 (登記期間의起算) 前3조의規定에依하여登記할事項으로官廳의許可를 要하는것은그許可書가到着한날로부터登記의期間을起算한다

Ⅱ. 案   제50조

Ⅲ. 審議錄, 44면 하단 ~ 45면 상단

2. 現行法 및 判例, 學說   現行法 제47조와 同一하다

3. 外國 立法例   ① 滿民 제50조   前3항의規定에依하여登記를하여 야할事項으로서官署의許可를要하는[45면]것은其許可書가到達한때로부터登記의 期間을起算한다.

② 日民 제47조   제45조제1항及前條의規定에依하여登記하여야할事項으 로서官廳의許可를要하는것은其許可書의到達한때로부터登記의期間을起算한다

7. 結論 : 原案에合意

제54조 (設立登記以外의登記의效力과登記事項의公告) ①設立登記以外의本節 의登記事項은그登記後가아니면第3者에게對抗하지못한다
②登記한事項은法院이遲滯없이公告하여야한다

Ⅱ. 案   제51조

Ⅲ. 審議錄, 45면 상단 ~ 하단

2. 現行法 및 判例, 學說   現行法 제46조 제1항 제2항 後段, 제48조 제 1항과 同一한 內容이다

3. 外國 立法例   ① 獨民 제68조   舊理事團員이第3者와法律行爲를 한境遇에있어서行爲當時理事團變更의登記가있었을때또는第3者가理事團變更을 하였을때는理事團變更을第3者에對抗할수있다   變更의登記後라도第3者가變更을 하지못하고또그알지못한것이過失에基因한것이아닐때는第3者는그變更을否認할 수있다 //

② 中民 제31조   法人이登記한後登記할事實있는데도不拘하고登記를하
지아니하거나또는이의[이미]登記한事項의變更이있는데도不拘하고變更登記를하
지아니하는때는其事項을第3者에게對抗할수없다

③ 滿民 제51조   本節의規定에따라登記하여야할事項은其登記後가아니
면이로써第3者에게對抗할수없다登記한事項은法院에있어서遲滯없이이를公告하
여야한다

④ 日民 제46조 제2항   前項에揭記한事項中變更이生하였을時主事務所
所在地에서는2週間其他事務所所在地에서는3週間內에登記를하여야한다 登記前
에는其變更을가지고他人에게對抗할수없다

    6. 審議經過   제2항의 公告에 關한 規定은 現行法에 있어서는 民法施
行法 제24조에 規定하고 있다. 그러나 이 登記事項의 公告는 一種의 經過規定
인 民法施行法에 規定할 것이 아니라 非訟事件手續法이나 民法 自體에 規定할
性質의 것이다. 新 非訟事件手續法은 아직 制定되지 않고 있고 그 時期도 아직
漠然하므로 此際에 民法에 規定하는 것은 妥當하다. 會社登記의 公告에 關하여
서도 商法은 제11조, 제12조에 規定하고 있고 그 公告의 新聞紙 等 細目에 關
하여는 非訟手續法(제144조~제146조)에 規定하고 있다.

    7. 結 論 : 原案에合意

V. 意見書, 40면 ~ 42면 (安二濬)[41]

    [26] 草案이 登記를 法人의 成立要件으로 한 點에 贊成한다.

    [이 유]   […]   [42면] […] 以上의 세 가지 理由로써 우리는 草案의
態度를 支持하였는데, 여기에 若干의 附言을 할 必要가 있다. […] 그리고 草案
에 있어서도 設立登記 以外의 登記事項은 現行 商法 제12조와 마찬가지로 그
登記 後가 아니면 第3者에게 對抗하지 못한다(草 51조)고 規定하여, 如前히 對
抗要件主義를 取한다는 것을 밝히고 있는데 이것에 關하여는 더 說明할 必要조
차 없을 것이다.

제55조 (財産目錄과社員名簿) ①法人은成立한때및每年3月內에財産目錄을作
    成하여事務所에備置하여야한다 事業年度를定한法人은成立한때및그年度末

---

41) 앞의 150면 이하.

에이를 作成하여야한다

　②社團法人은 社員名簿를 備置하고 社員의 變更이 있는 때에는 이를 記載하여야
한다

Ⅱ. 案　　　제52조　[다만 제1항 전단은 "法人은 成立한 날로부터 3月 以內 및 每年
　　3月內에 …"라고 한다]

Ⅲ. 審議錄, 46면 상단 ~ 하단

　2. 現行法 및 判例, 學說　　　現行法 제51조는 法人 成立한 때에 財産目錄
을 作成備置토록 規定하고 있는바 草案은 法人 成立한 날로부터 3月 以內로 하
도록 規定하였다

　3. 外國 立法例　　①滿民 제52조　　　法人은 成立한 時 및 每年初의 3月 以
內의 財産目錄을 作成하여 이를 事務所에 備置하여야한다　　但 事業年度를 定한것은 設
立의 때 및 其年度末에 있어서 이를 作成하여야한다　　社團法人은 社員名簿를 備置하고
社員의 變更이 있을때마다 이를 訂正하여야한다

　②日民 제51조　　　法人은 成立의 時와 每年初 3月內에 財産目錄을 作成하여 事
務所에 備置하여야한다　　但 特히 事業年度를 定한것은 設立의 때 및 其年度末에 있어서
이를 作成하여야한다　　社團法人은 社員名簿를 備置하고 社員의 變更이 있을때마다 이
를 訂正하여야한다 //

　6. 審議經過　　　財産目錄 作成期間 中 「成立한 날로부터 3月 以內」란 不
必要하므로 제1항 中 「成立한 날로부터 3月 以內」를 「成立한 때」로 修正하기로
合意하였다

　7. 結論 : 前記 修正 以外에 原案에 合意

Ⅳ. 법사위 수정안　　　(14) 제52조제1항中 「成立한날로부터3月以內」를 「成立한
　　때」로 修正한다

Ⅷ. 제2독회, 속기록 제44호, 15면 상단

　○ 法制司法委員長 代理(張暻根) : [민법안 제52조와 법사위 수정안을 낭
독한 후] 이것은 法人이 成立되면 곧 財産目錄을 作成하는 것이 좋기 때문에
… 萬一 財産目錄을 作成하기 때문에 準備期間이 必要하다 하면 그때에 다 만
들어 가진 然後에 設立登記를 하면 좋을 것입니다.

제56조 （社員權의讓渡,相續禁止）　社團法人의社員의地位는讓渡또는相續할수없다

Ⅲ. **審議錄**, 46면 하단

제3절 前에 左記 新設 條文을 設置하는 문제

제52조 다음에 다음의 條文을 新設한다

　　제　　조 (社員權의 讓渡相續禁止) 「社團法人의社員의地位는讓渡또는相續할수없다」

　　(參考) 獨民 제38조　　「社員의地位는讓渡또는相續할수없다 社員의地位에依하여發生한權利의行使는이를他人에게委託할수없다」

　　(理由) 株式會社의 株主權은 讓渡 相續할 수 있으나 合名會社의 社員의 地位는 讓渡할 수 없다(商法 제73조). 自益權보다 共益權의 色彩가 濃厚한 社團法人의 社員의 地位는 本質上 讓渡 또는 相續할 수 없다고 解釋하는 것이 通說이기도 하나 獨民 제38조와 같이 이를 明文으로 規定하는 것이 可한 것이다. 但 獨民 제38조 後段과같은 規定을 新設치 않는 것은 草案 제69조 제2항에서 代理人으로서 社員의決議權을 行使할 수 있게 하였고(現行法 제55조도 同一) 決議權 以外의 社員의 權利를 委任할 수 있느냐의 問題는 解釋에 맡기는 것이 可하기 때문이다.

Ⅳ. **법사위 수정안**　　(15) 제52조다음에다음의條文을新設한다 [내용은 Ⅲ.]

Ⅷ. **제2독회**, 속기록 제44호, 15면 상단 ~ 중단

　　○ 法制司法委員長 代理(張暻根) : 제52조 다음에 新設 條文에 대한 提案이 있습니다. [법사위 수정안 (15) 낭독]　　이것은 獨逸民法 38조와 같은 條文을 新設하자는 것입니다. 株式會社에 대해서는 株主權을 讓渡 相續할 수 있습니다마는 合名會社에 있어서의 社員權은 讓渡할 수 없게 되어 있습니다. 이번에 이것은 이 法人은 自益權보다도 公益權이 色彩가 强한 社團法人의 社員이라는 地位는 本質上 讓渡 또는 相續할 수 없는 것으로 // 解釋이 됩니다마는 이것을 좀더 명백히 하기 위해서 獨逸民法 38조와 같이 명백히 規定하는 것이 좋다고 해서 提案한 것입니다.

제3절 機 關

제57조 (理事) 法人은理事를두어야한다

Ⅱ. 案   제53조

Ⅲ. 審議錄, 46면 하단 ~ 47면 상단

2. 現行法   제52조는 理事의 數에 關하여 1人 또는 數人이라고 規定하고 있으나 草案은 이를 削除하였다. 그러나 草案은 제54조 제2항에서 理事가 數人인 境遇를 規定하고 있으므로 結局은 現行法과 同一한 內容이 된다.

3. 外國 立法例 [47면]   ① 獨民 제26조   社團에는理事團을두어야한다 理事團은數人으로成立할수있다

② 中民 제27조(제1항)   法人은理事를두어야한다

③ 滿民 제53조   日民 제52조   草案과 同一하다

7. 結 論 : 原案에 合意

제58조 (理事의事務執行) ①理事는法人의事務를執行한다
      ②理事가數人인境遇에는定款에다른規定이없으면法人의事務執行은理事의 過半數로써決定한다

Ⅱ. 案   제54조

Ⅲ. 審議錄, 47면 상단 ~ 중단

2. 現行法 및 判例, 學說   現行法 제52조 제2항과 表現에는 相違가 있으나 結局은 同一한 內容이다.

3. 外國 立法例   ① 獨民 제28조   理事團이數人으로成立하는때는그 決議는社團의社員決議에關한제32조제34조의規定에따라이를한다 社團에關한意 思表示는理事團의一員에對하여이를하는것으로足하다 //

② 中民 제54조, ③ 日民 제52조 제2항   草案과同一하다

7. 結 論 : 原案에 合意

Ⅳ. 意見書, 46면 ~ 47면 (安二濬)

[30] 草案의 理事의 事務執行(權)에 關한 제54조의 規定에 贊成한다.

[이 유]　　　法人의 理事의 職務權限은 對外的으로 法人을 代表하는 面과 對內的으로 法人의 事務 一般을 處理 執行하는 面의 두 가지로 나누어진다. 그런데 現行法에서는 對外的으로 法人을 代表하는 權限에 關해서만 明文으로 規定하고(現 52조), 對內的으로 法人의 事務를 執行하는 權限에 關해서는 直接的인 明文이 缺如되고 있으며, 다만 제52조 2항의 規定이 이것을 間接的으로 示唆하고 있음에 不過하므로 立法上의 심메트리가 取하여져 있지 아니하다. 草案은 이 點에 着眼하고 그 제54조 1항을 新設하여「理事는 法人의 事務를 執行한다」고 規定하였다(獨民 27조, 瑞民 69조 參照). 上述의 理由에 依하여 妥當한 規定이라고 생각한다.

그리고 草案 제54조 2항은 現行法 제52조 2항에 該當하는 規定을 두고 있는데, 亦是 妥當한 法條文의 排列態度라고 하여야 할 것이다. 現行法 제52조는 그 1항에서는 理事가 常置的 必須機關이라는 것과 理事의 人員數에 關하여 規定하고, 2항에서는 事務執行의 原則的 方法에 關하여 規定하고 있는데, 이것은 全然히 性質이 다른 規定을 同一 條文 속에 羅列하고 있는 셈으로 되고, 規定의 體裁上 그다지 탐탁한 것이라고는 할 수 없다. 그러므로 草案에서는 現行法 제52조 1항에 該當하는 規定은 그 제53조로서 獨立시키고, 現行法 제52조 2항에 該當하[47면]는 規定은 新設한 제54조 1항 다음에 그 2항으로서 規定하고 있다. 이와 같이 草案 제54조가 理事의 事務執行에 關한 權限을 그 1항에서 宣明하고 2항으로서 事務執行의 方法을 規定하고 있는 것은 論理的으로나 立法技術的으로나 現行法의 그것보다는 훨씬 洗練된 規定方式이라고 하지 않으면 안 될 것이다.

제59조 (理事의 代表權) ①理事는法人의事務에關하여各自法人을代表한다 그러나定款에規定한趣旨에違反할수없고特히社團法人은總會의議決에依하여야 한다

②法人의代表에關하여는代理에關한規定을準用한다

Ⅱ. **案**   제55조

Ⅲ. **審議錄**, 47면 하단 ~ 48면 하단

　2. 現行法 및 判例, 學說   제53조와 同一한 趣旨이나 草案은 法人의 代表에 關[하여는 代理에 관]한 規定을 準用한다는 제2항을 新設하였다.

　3. 外國 立法例   ① 獨民 제26조 제2항

　② 獨民 제28조 제2항

　③ 中民 제27조 제2항

　④ 滿民 제55조   草案과 同一함

　⑤ 日民 제53조   草案과 同一하다 제2항은 없다 [48면]

　6. 審議經過   제2항 新設에 關하여서는 從來 解釋上 그렇게 되어 있었으므로 제2항 新設에 異議 없다.

　7. 結 論 : 原案에 合意

Ⅳ. **意見書**, 47면 ~ 48면 (安二濬)

　[31] 草案의 理事의 法人代表(權)에 關한 제55조의 規定에 贊成한다.

　[이 유]   理事의 代表權에 關한 草案 제55조 1항의 規定은 現行法 제53조에 該當하는 것이고, 同條 2항의 規定은 新設된 것이다.

　草案 제55조 1항의 規定을 現行法 제53조의 規定과 比較해서 發見할 수 있는 嶄新한 것은 理事의 法人 代表權은 單獨代表를 原則으로 한다는 뜻을 밝히기 爲하여 「各自」라는 表現을 特히 揷入하여서, 「理事는 法人의 事務에 關하여 各自 法人을 代表한다」라고 規定한 點이다. 勿論 現行法의 解釋論으로서도 單獨代表를 原則으로 한다는 것은 通說로 되어 있기는 하지만 이 뜻을 明言하지 아니하는 現行法의 態度보다는 草案의 態度가 親切한 것이라고 할 수 있다.

　草案 제55조 2항은 「法人의 代表에 關하여는 代理에 關한 規定을 準用한다」라는 規定을 新設하였는데, 이에 對하여도 贊成하는 바이다. 周知하는 바와 같이 團體法上의 法人의 代表機關과 法人과의 關係는 個人法上의 代理人과 本人과의 關係보다도 모든 點에 있어서 훨씬 密接한 것이다. 卽, 代理에 있어서는 本人과 代理人이라고 하는 서로 對立하는 主體가 있어서 代理人이 代理意思를 가지고 本人을 爲하여 어떠한 法律行爲—그것은 어디까지나 代理人의 行爲이며

本人의 行爲는 아니다─를 하였을 때에 그 效果가 直接 本人에게 歸屬하는 것임에 反하여 代表에 있어서는 法人과 代表機關은 서로 對立하는 地位를 가지지 아니하며 代表機關이 그 資格에 있어서 行한 行爲는 곧 法人 自身의 行爲로 생각되는 點에 本質的인 特色이 있[48면]는 것이다. 이러한 關係를 表現하기 爲하여 草案은 一貫하여 理事 其他의 法人의 機關은 法人을 代表한다고 하고 있다 (34조·55조·56조·60조 等. 現行法에 있어서의 代理와 代表의 用語例는 正確하지 아니하다─現行法 53조의 「代表」는 正確하지만, 44조·54조의 「代理」는 不當하다. 現行法의 이러한 亂脈相은 學者들에 依하여 非難되고 있는 바이다). 그러나 代表와 代理가 이와 같이 本質的으로 다른 平面에 놓여 있는 槪念일망정, 實際上의 問題로서 特히 代表關係 中 法律行爲의 代表에 關하여는 그 形式·要件 等 모두 代理와 무슨 特異한 差異가 있는 것도 아니다. 現行法이 代表의 形式·要件 等에 關하여 아무런 規定을 두지 아니한 것은 오로지 이러한 點에서만 首肯할 수 있을 것이다. 이와 같은 現行法의 態度는 代理行爲의 形式·要件 等은 모두 代表行爲에도 準用되어야 하며, 나아가서는 表見代理·無權代理 等에 關한 代理의 規定도 代表에 準用되어야 한다는 解釋論의 擡頭를 齎來시킨바, 이것을 法條文에 規定하지 아니하고 그저 漫然히 解釋에 一任하고 있는 것은 亦是 穩當한 것이라고는 할 수 없다. 이러한 點에서 從來의 解釋論上의 結論을 明文化한 草案 제55조 2항은 그 存在를 主張할 수 있을 것이다.

제60조 (理事의代表權에對한制限의對抗要件) 理事의代表權에對한制限은登記하지아니하면第3者에게對抗하지못한다

Ⅱ. 案　　　제56조 理事의代表權에對한制限은善意의第3者에게對抗하지못한다

Ⅲ. 審議錄, 48면 상단 ~ 하단

2. 現行法 및 判例, 學說　　　現行法 제54조와 同一하다. 同條는 全的으로 善意의 第3者에 對抗할 수 없다고 規定하고 있다. 그러나 小委員會는 제38조 다음의 新設 條文과 제46조에서 理事의 代表權에 對한 制限을 任意的 定款記載事項으로 하는 同時에 必要的 登記事項으로 하였기 때문에 이 草案에는 當然히 修正이 必要하다.

3. 外國 立法例　　① 獨民 제26조 (獨民 제64조 參照)　　社團에는理事團을두어야한다　理事團은數人으로成立할수있다　理事團은裁判上및裁判外에있어서法人을代表하고法定代理人의地位를가진다　　理事團의代理權의範圍에는定款으로第3者에對抗할수있는制限을可할수있다

② 獨民 제68조

③ 獨民 제70조

④ 中民 제27조 제3항　　理事의代表權에對하여可한制限은善意의第3者에對[抗]할수없다

⑤ 中民 제31조

⑥ 滿民 제56조　　草案과 同一하다

⑦ 日民 제54조　　草案과 同一하다

6. 審議經過　　① 草案은 理事의 代表權에 對한 制限이 全的으로 善意의 第3者에 對抗할 수 없다고 規定하고 있다. 그러나 本 小委員會는 草案 제38조 다음의 新設 條文과 제46조의 修正案에서 理事의 代表權에 對한 制限을 任意的 定款記載事項으로 하는 同時에 이를 必要的 登記事項으로 하였기 때문에 本條도 이에 따라 當然히 修正되어야 하는 것이다.

② 本條 中「善意의」를「登記하지 아니하면」으로 修正한다

7. 結 論 : 前記와 같이 修正하기로 合意하였다

Ⅳ. **법사위 수정안**　　(16)제56조中「善意의」를「登記하지아니하면」으로修正한다

Ⅷ. **제2독회**, 속기록 44호, 15면 하단

○ 法制司法委員長 代理(張暻根) : [민법안 제56조 낭독] 이것은 아까 말씀드린 바와 마찬가지로 法制司法委員會에서 修正案을 냈습니다. [법사위 수정안 (16) 낭독] 아까 說明 올렸습니다.42)

제61조 (理事의注意義務) 理事는善良한管理者의注意로그職務를行하여야한다

Ⅱ. **案**　　제57조

---

42) 앞의 민법 제41조 Ⅷ.(167면).

Ⅲ. **審議錄**, 48면 하단 ~ 49면 상단

2. 現行法　　　現行法에는 規定이 없고 新設條文이다.

3. 外國 立法例　　① 滿民 제57조　　理事는善良한管理者의注意로其職務를行하여야한다 [49면]

6. 審議經過　　① 委託[任]에 關한 規定인 現行法 제644조의 趣旨에 準하여 왔으므로 草案이 本條를 新設한 것은 妥當하다.

② 本條의 注意義務에 違反하는 境遇에 關하여는 草案 제61조에 規定이 있다.

7. 結論 : 原案에 合意

제62조 (理事의代理人選任) 理事는定款또는總會의決議로禁止하지아니한事項에限하여他人으로하여금特定한行爲를代理하게할수있다

Ⅱ. **案**　　제58조

Ⅲ. **審議錄**, 49면 상단 ~ 하단

2. 現行法 및 判例, 學說　　現行法 제55조와 同一하다.

3. 外國 立法例　　① 獨民 제30조　　定款으로理事團以外에特定한事務에關하여特別代理人을選任할수있다

特別代理人의代理權은分明하지아니한때는特別代理人에게指示된事務의範圍로부터通常發生할一切의法律行爲에미치는것으로한다

② 滿民 제58조　　理事는定款또는總會의決議에依하여禁止되지않은때에限하여他人으로하여금特定한行爲를代理하게할수있다

③ 日民 제55조　　理事는定款寄附行爲又는總會의決議에依하여禁止되지않은때에限하여特定의行爲의代理를他人에게委任할수있다 //

6. 審議經過　　① 現行法의 「代理를委任할수있다」를 本條에서 「代理하게할수있다」로 修正한 것은 代理權의 授權行爲는 委任契約 以外에도 있을 수 있다는 것이 學說上 밝혀진 今日에 있어서는 立法技術上 進步라고 볼 수 있다.

② 本條는 復代理(現行法 제104조, 제106조. 草案 제115조~제117조)에 對한 特例이다.

　7. 結 論 : 原案에 合意

제63조 (臨時理事의選任) 理事가없거나缺員이있는境遇에이로因하여損害가생
　길念慮있는때에는法院은利害關係人이나檢事의請求에依하여臨時理事를選任
　하여야한다

Ⅱ. 案　　　제59조

Ⅲ. 審議錄, 49면 하단 ~ 50면 하단

　2. 現行法 및 判例, 學說　　① 現行法 제56조와 同一하나 다만 現行法은
「理事가缺하였을때」라고 規定한 것을 草案은 理事 全員이 없는 境遇와 理事 定
員에 缺員이 생긴 境遇를 合하여 規定함으로써 더 明確히 되었다.

　　② 非訟法 제35조[43) 參照

　3. 外國 立法例　　① 獨民 제29조　　理事團이 必要한構成員을缺할境遇
에있어서缺員을補充할때까지急迫한事情이있는때는利害關係人의申請에依하여社
團의住所를轄하는區裁判所[50면]가이를選任한다

　　② 滿民 제59조　　理事의缺位가있는境遇에있어서遲滯로因하여損害가生
할憂慮가있는때는法院은利害關係人또는檢察官의請求에依하여假理事를選任한다

　6. 審議經過　　① 草案이 「理事가 없거나 缺員이 있는 境遇」라고 規定한
것은 現行法의 用語에 比하여 全員 缺員 또는 定員 不足의 兩 境遇를 包含하는
것을 明白히 한다는 意味에서 立法技術上 進步이다.

　　② 草案이 「이로 因하여 損害가 생길 念慮가 있는 때에」라고 規定한 問題
　　※ 理事가 없거나 缺員이 있더라도 이로 因하여 損害가 생길 念慮가 있는
때에 限하여 理事 補充을 할 수 있게 한 것은 法院이 單純한 利害關係人의 申
請에 依하여 法人의 意思에 反하여 理事 選任을 할 憂慮가 있음을 防止하기 爲
한 것이겠으나 이것만으로도 充分치 못하다.

　　檢事나 利害關係人의 申請만으로 法院이 一方的으로 臨時理事를 選任하는

---

43) 의용비송사건절차법 제35조 : "① 假理事 또는 특별대리인의 선임은 법인의 주된 사무소
　소재지의 지방재판소의 관할로 한다. ② 법인의 해산 및 청산의 감독은 그 주된 사무소 소
　재지의 지방재판소의 관할로 한다."

것은 惡弊가 發生할 憂慮가 있으므로 그러한 申請이 있으면 原選任機關(即 理事會 等)에 通告하여 그 意見을 들을 機會를 가지도록 하거나 그렇지 않으면 現行法 또는 獨民法과 같이 理事 缺員의 境遇 遲滯로 因하여 損害를 生할 念慮가 있는 境遇에 限하여 裁判所에 依한 臨時理事 選任의 特例를 認定함이 좋을 것이다.

　　뿐만 아니라 臨時理事를 容易하게 選任할 수 있게 함은 第3者가 理事 補任을 할 本來의 機關을 排除하고 自己에게 便한 臨時理事를 裁判所로 하여금 選任시켜 策動할 機會를 주는 것이므로 좋지 못하다.

　　張暻根 委員 外 몇 委員의 以上과 같은 主張에 對하여 損害가 生할 念//慮가 있을 때는 原則的으로 臨時理事를 選任해 주는 것이 安當하다고 草案을 그대로 支持하는 意見이 있어 兩論이 對立되었으나[44] 結局 原案을 그대로 通過하기로 하였다.

　　7. 結 論 : 原案에 合意

제64조 (特別代理人의選任) 法人과理事의利益이相反하는事項에關하여는理事는代表權이없다 이境遇에는前條의規定에依하여特別代理人을選任하여야한다

Ⅱ. 案　　　제60조

Ⅲ. 審議錄, 50면 하단 ~ 51면 상단

　　2. 現行法 및 判例, 學說　　　現行法 제57조와 同一하다

　　3. 外國 立法例　　① 獨民 제30조

　　② 獨民 제34조　　　社團과어느社員間의法律行爲의締結或은訴訟의開始또는終結에關한決議에關하여그社員은表決權을갖지아니한다

　　③ 瑞民 제68조　　　各社員은自己其配偶者또는其直系親族과社團法人과의法律行爲또는訴訟에關한議決에있어서는法律上議決權을가지지않은것으로한다

　　④ 滿民 제60조　⑤ 日民 제57조　　　草案과 同一하다 [51면]

　　7. 結 論 : 原案에合意

---

44) 민법안심의소위원회 내부에서 그 위원 사이의 의견대립이 노출된 혼치 않은 예이다. 또한 장경근 위원장의 의견이 채택되지 아니한 점에서도 흥미롭다.

제65조 (理事의 任務懈怠) 理事가 그 任務를 懈怠한 때에는 그 理事는 法人에 對하여 連帶하여 損害賠償의 責任이 있다

I. **法編委**   1. 의사록   ○ 高秉國 起草委員   [⋯]   民法總則
要綱   [⋯]   (8) 理事의 法人에 對한 連帶責任을 規定할 것

  2. 編纂要綱   總則   8. [내용은 1. (8)]

II. **案**   제61조

III. **審議錄**, 51면 상단

  2. 現行法 및 判例, 學說   現行法에는 規定 없고 草案은 新設 條文이다.

  3. 外國 立法例   ① 滿民 제61조   草案과 同一하다

  6. 審議經過   ① 本條는 草案 제57조 規定의 注意義務에 違反하여 그 職務를 遂行치 못한 境遇에 있어서의 責任規定이다.

  ② 連帶하여 損害賠償責任을 지우는 것은 不當하다는 意見이 있었으나 法人의 財産 保護를 爲하여서는 嚴格한 連帶責任을 加하는 것이 좋고 特히 特別한 信任과 權限을 가지고 法人의 運命을 左右할 수 있는 理事는 加重責任을 지는 것이 當然하다.

  7. 結 論 : 原案에 合意

제66조 (監事) 法人은 定款 또는 總會의 決議로 監事를 둘 수 있다

II. **案**   제62조 [다만 "前項의 監事中 적어도 一人은 辯護士이어야 한다"라는 제2항이 있다]

III. **審議錄**, 51면 상단 ~ 하단

  2. 現行法 및 判例, 學說   現行法 제58조와 同一한 趣旨이나 제2항은 新設이다

  3. 外國 立法例   ① 滿民 제62조   法人에는 定款 또는 總會의 決議로 監事를 둘 수 있다

  ② 日民 제58조   法人에는 定款 또는 寄附行爲 또는 總會의 決議로 1人 또는 數

人의 監事를 둘 수 있다.

5. 批判　　제2항은 事實上 施行키 어려운 境遇가 있고 不便한 結果를 나타낸다

6. 審議經過　　① 제2항 新設이 不可하다는 問題 — 監事는 一人만을 둘 수 있는데 이 境遇에 반드시 辯護士로 하여야 한다면 그 法人에 特殊關係로 監事가 되어야 할 人士 其他 設立者가 指目하는 人士를 監事로 選任할 수가 없어 法人의 事業에 支障을 주게 되고 또 境遇에 따라서는 辯護士보다 計理에 밝은 人士를 採擇하는 것이 法에 有益할 것이고 辯護士만을 監事로 하게 하면 小規模 法人에게 不必要한 人件費를 負擔시키게 된다.

② 제2항은 削除하기로 合意하였다.

7. 結論 : 前記 修正 外에 原案에 合意

Ⅳ. **법사위 수정안**　　(17) 제62조제2항을 削除한다

Ⅷ. **제2독회**, 속기록 제44호, 16면 상단 ~ 중단

○ 法制司法委員長 代理(張暻根) : [민법안 제62조 낭독] 여기에 대해서 法制司法委員會 修正案이 있습니다. 제2항을 削除하자는 것입니다. 이것 監事 中에는 반드시 辯護士를 하나 두어야 된다 그랬는데 이 法人 中에는 監事를 한 사람으로 規定하는 경우가 있습니다. 그러면 반드시 辯護士를 두어야 되는데 그런 경우에 辯護士보다도 計理에 밝은 사람을 두어야 되는 경우도 있고 또 財團法人 같은 데 寄//附行爲한 사람이 自己가 信任하는 사람을 指名해 가지고 監事로 시키는 경우가 있을 때에 辯護士가 아니면 아니된다 하는 그 制限을 받으면 그 寄附者의 設立趣旨에도 위반이 되는 것이므로 이것은 이런 制限은 하지 않는 것이 좋다고 해서 削除하자는 것입니다.

제67조 (監事의職務) 監事의職務는 다음과 같다

　1. 法人의 財産狀況을 監査하는 일

　2. 理事의 業務執行의狀況을 監査하는 일

　3. 財産狀況 또는 業務執行에關하여 不正, 不備한 것이 있음을 發見한 때에는 이를 總會 또는 主務官廳에 報告하는 일

　4. 前號의 報告를 하기 爲하여 必要있는 때에는 總會를 召集하는일

Ⅱ. **案**　제63조

Ⅲ. **審議錄**, 51면 하단 ~ 52면 상단

　[52면] 2. 現行法 및 判例, 學說　　現行法 제59조와 同一한 趣旨이다.

　3. 外國 立法例

　① 滿民 제63조 ② 日民 제59조　　草案과 同一한 趣旨이다

　7. 結 論 : 原案에 合意

**제68조 (總會의權限) 社團法人의事務는定款으로理事또는其他任員에게委任한
事項外에는總會의決議에依하여야한다**

Ⅱ. **案**　제64조

Ⅲ. **審議錄**, 52면 상단 ~ 하단

　2. 現行法 및 判例, 學說 //　　現行法 제63조와 同一하다.

　3. 外國 立法例　　① 滿民 제64조　　草案과 同一하다

　② 日民 제63조　　草案과 同一하다

　7. 結 論 : 原案에 合意

제69조 (通常總會) 社團法人의理事는每年一回以上通常總會를召集하여야한다

Ⅱ. **案**　제65조

Ⅲ. **審議錄**, 52면 하단 ~ 53면 상단

　2. 現行法 및 判例, 學說　　제60조와 同一하다

　3. 外國 立法例　　① 滿民 제65조 ② 日民 제60조　　草案과 同一하다
(但 「招集」의 用語 사용) [53면]

　7. 結 論 : 原案에 合意

제70조 (臨時總會) ①社團法人의理事는必要하다고認定한때에는臨時總會를召集할수있다

②總社員의5分의1以上으로부터會議의目的事項을提示하여請求한때에는理事는臨時總會를召集하여야한다 이定數는定款으로增減할수있다

③前項의請求있는後2週間內에理事가總會召集의節次를밟지아니한때에는請求한社員은法院의許可를얻어이를召集할수있다

Ⅱ. 案   제66조

Ⅲ. 審議錄, 53면 상단 ~ 하단

2. 現行法 및 判例, 學說   제61조와 同一한 趣旨이나 제3항은 新設이다.

3. 外國 立法例   ① 獨民 제37조   總會는定款에規定한一定數의社員또는定款에別段의規定이없는때는總社員의10分之1로부터目的및事由를提示하고書面에依하여請求를할때는이를招集하여야한다

前項의請求에應하지아니하는때는社團의所在地를管轄하는區裁判所는請求를한社員에게總會招集의權限을附與하고또總會에있어서의議長의職務를執行하라는指定을할수있다 이權限의附與는總會의招集通知에이를引用하여야한다

② 滿民 제66조 // 社團法人의理事는必要있다고認定하는때는어느때든지臨時總會를招集할수있다

③ 滿民 제67조   總社員의5分之1以上에該當하는社員은理事에對하여會議의目的事項을提示하고臨時總會의招集을請求할수있다 但이定數는定款으로이를增減할수있다 前項의請求가있은後2週間以內에理事가總會招集의手續을하지아니하는때請求를한社員은法院의許可를얻어其招集을할수있다

④ 日民 제61조   社團法人의理事는必要할時는何時든지臨時總會를招集할수있다

總社員의5分之1以上으로會議의目的事項을提示하고請求를하였을때는理事는臨時總會를招集할수있다 但此定數는定款으로써增減할수있다

6. 審議經過   ① 商法 제236조는 總會의 召集을 請求한 株主가 法院의 許可를 얻어 이를 召集할 수 있게 하였으나 現行 民法에는 이러한 規定이 없는 關係로 社員의 要求에도 不拘하고 理事가 總會를 召集하지 않는 境遇에는 總會를 召集할 것의 判決을 얻어 가지고 이 判決에 基하여 總會를 召集할 수밖에

없어서 그 節次가 甚히 煩雜한 것이었다. 그러므로 草案이 3항을 新設한 것은
商法과도 均衡이 맞는 妥當한 措置이다.

    7. 結 論 : 原案에 合意

제71조 (總會의召集) 總會의召集은一週間前에그會議의目的事項을記載한通知 를發하고其他定款에定한方法에依하여야한다

Ⅱ. 案   제67조

Ⅲ. 審議錄, 53면 하단 ~ 54면 상단

    [54면] 2. 現行法 및 判例, 學說   現行法 제62조와 同一한趣旨이나 會
議 召集 通知期間을 草案은 召集日 前 7日로 延長하였다.

    3. 外國 立法例   ① 滿民 제68조 ② 日民 제61조   草案과 同一한
趣旨이다

    7. 結 論 : 原案에合意

제72조 (總會의決議事項) 總會는前條의規定에依하여通知한事項에關하여서만 決議할수있다 그러나定款에다른規定이있는때에는그規定에依한다

Ⅱ. 案   제68조

Ⅲ. 審議錄, 54면 상단 ~ 하단

    2. 現行法 및 判例, 學說   제64조와 同一하다

    3. 外國 立法例   ① 滿民 제68조 ② 日民 제64조   草案과 同一하다

    // 7. 結 論 : 原案에 合意

제73조 (社員의決議權) ①各社員의決議權은平等으로한다
    ②社員은書面이나代理人으로決議權을行使할수있다
    ③前2항의規定은定款에다른規定이있는때에는適用하지아니한다

Ⅱ. 案   제69조

Ⅲ. 審議錄, 54면 하단 ~ 55면 상단

2. 現行法 및 判例, 學說   제65조와 同一한 趣旨이다. 제2항에 있어서 現行法의 「出席치 않은 社員」을 草案에서는 그냥 「社員」으로 하였다.

3. 外國 立法例   ① 滿民 제70조 ② 日民 제65조   草案과 同一하다.

6. 審議經過   ① 獨民 제35조와 같은 社員의 特有權 保障에 關한 問題 — 本來 特有權을 認定함은 우리 民法에 있어서는 定款에 規定하는 것이기 때문에 獨民 제35조와 같은 規定을 設置할 必要 없이 定款 變更에 맡겨 두는 것이 可하다.

② 現行法은 제2항에서 「出席치 않는 社員」이라고 規定하였는데 草案[55면]이 「出席치 않는」을 削除한 것은 解釋上으로나 論理上으로나 當然한 일이다.

7. 結 論 : 原案에 合意

제74조 (社員이決議權없는境遇) 社團法人과어느社員과의關係事項을議決하는 境遇에는그社員은決議權이없다

Ⅱ. 案   제70조

Ⅲ. 審議錄, 55면 상단

2. 現行法 및 判例, 學說   現行法 제66조와 同一하다

3. 外國 立法例   ① 滿民 제71조 ② 日民 제66조   草案과 同一하다

7. 結 論 : 原案에 合意

제75조 (總會의決議方法) ①總會의決議는本法또는定款에다른規定이없으면社員過半數의出席과出席社員의決議權의過半數로써한다

②제73조제2항의境遇에는當該社員은出席한것으로한다

제76조 (總會의議事錄) ①總會의議事에關하여는議事錄을作成하여야한다

②議事錄에는議事의經過,要領및結果를記載하고議長및出席한理事가記名捺印하여야한다

③理事는議事錄을主된事務所에備置하여야한다

Ⅱ. 案   제71조 總會의決議는本法또는定款에다른規定이없으면社員過半數의
決議權行使와行使한決議權의過半數로한다

　　　總會議事에關하여는議事錄을作成하여야한다

　　　議事錄에는議事의經過, 要領및結果를記載하고議長및出席한理事가記名捺
印하여야한다

　　　理事는議事錄을主事務所에備置하여야한다

Ⅲ. 審議錄, 71면 상단 ~ 72면 상단

　　　// 2. 現行法 및 判例, 學說   現行法에는 規定이 없고 草案은 新設 條
文이다(商法 제239조 參照).

　　　3. 外國 立法例   ① 滿民 제72조   總會의決議는本法또는定款에다른
規定이있는境遇를除外하고行使된表決權의過半數로이를한다

　　　② 滿民 제73조   總會의議事에關하여는議事錄을作成하여야한다 議事錄
에는議事의經過要領및其結果를記載하여議長및出席한理事가이에署名하여야한다
理事는議事錄을主事務所에備置하여야한다

　　　6. 審議經過   ① 草案은 제1항에서 決議方法으로「社員 過半數의 決議
權 行使와 行使한 決議權의 過半數」라고 規定하고 있다. 이는 제69조에 依한
書面 또는 代理人에 依한 表決權 行使의 境遇를 包含시키는 趣旨이나, 그렇다
면 出席 또는 代理出席하고도 棄權하는 者는「行使한 決議權」에 包含되지 않는
것으로 解釋될 念慮가 있으며 그렇게 되면 不當한 結果가 생기므로 本條를 다
음과 같이 修正함이 可하다.

　　　(i) 總會의 決議는 本法 또는 定款에 다른 規定이 없으면 社員 過半數의
出席과 出席社員의 決議權의 過半數로써 한다

　　　(ii) 제69조 제2항의 境遇에는 該當 社員은 出席한 것으로 한다

　　　② 제71조 제2항, 제3항, 제4항을 제71조 다음의 條文으로 新設하기로 合
意하였다.

　　　7. 結 論 : 前記 修正案대로 合意

Ⅳ. 법사위 수정안   (18) 제71조를다음과같이修正한다 [내용은 Ⅲ. 6. ①]

　　　(19) 제71조다음에다음의條文을新設한다

①總會議事에 關하여는 議事錄을 作成하여야한다

②議事錄에는 議事의 經過,要領및 結果를 記載하고議長및 出席한理事가記名捺印하여야한다

③理事는 議事錄을 主事務所에 備置하여야한다

Ⅷ. **제2독회**, 속기록 제44호, 17면 상단 ~ 중단

○ 法制司法委員長 代理(張暻根) : [민법안 제71조 낭독] 여기에 대해서는 法制司法委員會의 修正案이 있습니다. 그것은 무엇인고 하니 제71조를 다음과 같이 修正한다는 것입니다. 그 2항 以下는 議事錄에 관한 것이기 때문에 1항과 같은 條文에 두는 것이 어색하기 때문에 이것을 두 條文으로 가르는 것입니다. 나중에 그래서 이 2항 以下는 新設 條文으로 하도록 하였습니다. 그래서 그 一項만을 이렇게 고칩니다.

[법사위 수정안 (18) 낭독] // 요거 왜 그런고 하니 제1항대로만 하라고 할 것 같으면 좀 疑問의 餘地가 생깁니다. 그것은 왜 그런고 하니 이 草案 用語에 의하며는 出席 또는 委任出席하는 境遇도 있는데 委任出席하고도 棄權한 者를 包含하지 않는 것으로 解釋될 念慮가 있습니다.

그런데 이것은 전趣旨[원문대로]로 말하면 出席이나 또는 委任出席하고도 棄權한 것도 이 定數에는 計算을 해야 됩니다. 그래서 요것을 분명히 하기 위해서 제1항을 이렇게 고치는 것이구요.

제2항은 이것은 무엇인고 하니, 社員은 書面이나 代理人으로 決議權을 行使할 수 있다. 이러니깐 그런 委任書面으로 한 때 또는 代理人으로 委任出席한 때에도 이것은 出席한 사람으로 넣어 가지고 定足數가 到達되었다 하는 것으로 計算하자, 이것을 분명히 解釋的으로 밝히는 것입니다.

○ 副議長(趙瓊奎) : 그러면 71조 法制司法委員會의 修正案과 法制司法委員會의 新設 條項에 대해서 異議 없으시지요? (「異議 없소」 하는 이 있음) 네, 異議 없으시면 通過합니다.

제4절 解 散

제77조 (解散事由) ①法人은 存立期間의 滿了,法人의 目的의 達成 또는 達成의 不

能其他定款에定한解散事由의發生,破産또는設立許可의取消로解散한다
②社團法人은社員이없게되거나總會의決議로도解散한다

Ⅱ. 案   제72조 [다만 제1항에서 '法人의目的의達成또는達成의不能'은 없다]

Ⅲ. 審議錄, 56면 상단 ~ 57면 상단

2. 現行法 및 判例, 學說   제68조와 同一한 趣旨이나「法人의 目的인
事業의 成功 又는 成功不能」의 境遇를 解散事由에서 削除하였다.

3. 外國 立法例   ① 獨民 제87조   財團의目的이成功不能이되었거나
또는公益을害할念慮가있을때는主務官廳은다른目的의指定을하거나또는財團을廢
止할수있다 目的의變更에關하여는設立者의意思에가장適合한斟酌을하여야한다
特히財團財産의收益을設立者의意思에따라이를收取할사람에게歸屬시키
도록힘써야한다
官廳은目的의變更에必要한限財團의寄附行爲其他의規定을變更할수있다
目的및寄附行爲其他의規定을變更하기前에財團의理事團의意見을물어야
한다

② 瑞民 제88조   財團法人이其目的을達하지못하게된때는法律上解散되
어야할것으로한다   財團法人의目的이違法또는善良한風俗에違反하는것이된境遇
에는裁判官이이를解散한다

③ 中民 제65조   事情의變更에因하여財團의目的을達成하지못할때는主
管官署는寄附行爲//者의意思를斟酌하여그目的및그必要한組織을變更하거나또는
解散할수있다

④ 滿民 제74조   法人은다음事由에依하여解散한다
1. 存立時期의滿了其他定款에依한解散理由의發生   2. 破産
3. 設立許可의取消
社團法人은前項에揭記한境遇以外에다음의事由에依하여解散한다
1. 總會의決議   2. 社員의缺乏

⑤ 日民 제68조   法人은左의事由에依하여解散한다
1. 定款又는寄附行爲를가지고定하여진解散事由의發生
2. 法人의目的인事業의成功又는其成功의不能
3. 破産   4. 設立許可의取消

社團法人은前項에揭記한以外에左의事由에因하여解散한다

　　1. 總會의決議　　　2. 社員의缺亡

　　6. 審議經過　　　①「目的 達成 不能」의 境遇를 解散事由에서 削除하였음
은 目的 變更에 依한 法人의 存續을 規定한 제43조와 關係가 있는 것 같으나
제34조가 強行規定이 아닌 以上 即 目的을 變更하지 않는 境遇에는 解散할 수
있도록 하여야 하므로 解散事由로 列擧할 必要가 있다.

　　② 제1항 中 [57면] 「存立期間의 滿了」의 다음에 「法人의 目的의 達成 또
는 達成의 不能」을 揷入하기로 合意하였다.

　　7. 結 論 : 前記 修正案 外에 原案에 合意

Ⅳ. **법사위 수정안**　　　(20)　제72조제1항中「存立期間의滿了」의다음에「法人의
　　目的의達成또는達成의不能」을揷入한다

Ⅷ. **제2독회**, 속기록 제45호, 3면 상단

　　○ 法制司法委員長 代理(張暻根) : 　[민법안 제72조 낭독] 여기에 對해서
法制司法委員會의 修正案이 있읍니다. 1항 中「存立期間의滿了」라고 한 그 다음
에 「法人의目的達成또는達成不能」 이것을 揷入하자는 것입니다.

　　○ 副議長(趙瓊奎) : 　修正案에 異議 없으시지요? (「네」 하는 이 있음) 異
議 없으시면 通過됩니다.

제78조 (社團法人의解散決議)　社團法人은總社員4分의3以上의同意가없으면 解散을決議하지못한다 그러나定款에다른規定이있는때에는그規定에依한다

Ⅱ. **案**　　　제73조

Ⅲ. **審議錄**, 57면 상단 ~ 하단

　　2. 現行法 및 判例, 學說　　　現行法 제69조와 同一하다.

　　3. 外國 立法例　　　① 獨民 제41조　　　社團은社員總會의決議에依하여解
散을할수있다 이決議는定款에別段의作定이없을때는出席社員의4分之3의多數決
에依하여야한다

　　② 中民 제57조　　　社團은언제든지總社員의3分之2以上의可決로써이를解

散할수있다

③ 滿民 第75조   社團法人은總社員의4分之3以上의同意者가있지아니하면解散決議를할수없다 但定款에다른規定이있는때는그러하지아니하다

④ 日民 第69조   社團法人은總社員의4分之3以上의承諾없이는解散의決議를못한다 但定款에別段의規定이있을때는此限에不在한다 //

7. 結論 : 原案에 合意

제79조 (破産申請) 法人이債務를完濟하지못하게된때에는理事는遲滯없이破産申請을하여야한다

Ⅱ. 案   제74조

Ⅲ. 審議錄, 57면 하단 ~ 58면 상단

2. 現行法 및 判例, 學說   現行法 제70조 제2항과 同一하나 內容에 있어서는 제70조 全體와 同一한 趣旨이다

3. 外國 立法例   ① 獨民 제42조 제2항   理事團은負債超過의境遇에는破産의開始를申請하여야한다   申請에關하여遲滯가있을때는過失있는理事團員은그遲滯로因하여생긴損害를債權者에게賠償할責任이있다   이境遇에理事團員은遲滯責任者로서責任을진다

② 瑞民 제76조

③ 中民 제35조   法人의財産이債務를完濟하지못하는때는理事는直時法院에對하여破産을申請하여야한다

        前項의申請을하지아니하고法人의債權者로하여금損害를받게한때는過失이있는理事도賠償의責任을저야한다

④ 滿民 제76조   法人이其債務를完濟하지못하는境遇에이를때는理事는直時破産申立을하여야한다

[58면] 6. 審議經過   ① 現行法 제70조나 草案이 共히 「債務 超過」를 法人의 破産要件으로 規定하고 있는바, 이는 破産法 제127조에 規定이 있으므로 重複된 感이 있으나 理事의 申請義務를 明示하는 意味에서 本條의 規定이 妥當하다.

② 現行法은 債權者를 申請者 中에 包含시켰으나 이는 亦是 破産法 제132조45)에 그 規定이 있으므로 草案에는 이를 削除하였다.

7. 結 論 : 原案에 合意

제80조 (殘餘財産의歸屬) ①解散한法人의財産은定款으로指定한者에게歸屬한다

②定款으로歸屬權利者를指定하지아니하거나이를指定하는方法을定하지아니한때에는理事또는淸算人은主務官廳의許可를얻어그法人의目的에類似한目的을爲하여그財産을處分할수있다　그러나社團法人에있어서는總會의決議가있어야한다

③前2항의規定에依하여處分되지아니한財産은國庫에歸屬한다

Ⅱ. 案　　제75조

Ⅲ. 審議錄, 58면 상단 ~ 하단

2. 現行法 및 判例, 學說　　現行法 제72조와 同一하다 (但「또는 淸算人」이 없음)

3. 外國 立法例　　① 獨民 제45조　　社團의解散또는權利能力의剝奪이있었을때부터그財産은定款中에指定한사람에게歸屬한다

總會또는社團의他의機關의決定으로써歸屬權利者를定할것을定款에規定할수있다　社團이營利를目的으로하지않는境遇에는總會는定款의規定이없을때라도그財産을公的인財團또는營造物에寄贈할수있다　歸屬權利者//의指定이없는境遇에있어서定款에依하면그社團이社員의利益만을爲한것일때에는그財産은解散또는權利能力의剝奪이있었을때에現存하는社員에均分히歸屬한다　其他의境遇에있어서는社團이其住所를갖는聯邦의國庫에歸屬한다

② 英民 제36조　　法人이解散되면農役的不動産物權은當該物權設定者또는그의相續人에게復歸되고人的財産은國王에게歸屬된다　解散된法人이受託者인境遇에는그資産의新受託者가任命될것이다

---

45) 의용파산법 제132조 : "① 채권자 또는 채무자는 파산의 신청을 할 수 있다. ② 채권자가 파산의 신청을 하는 때에는 채권의 존재 및 파산의 원인인 사실을 소명할 것을 요한다."

③ 中民   第44조   法人이解散한後債務의辨濟를除外하고그殘餘재산의歸
屬은그定款의規定또는總會의決議에依하여야한다
    前項의定款의規定또는總會의決議가없는때는그殘餘財産은法人의住所所
在地의地方自治團體에屬한다
④ 滿民   第77조   解散한法人의財産은定款으로서指定한者에게歸屬한다
    定款으로써歸屬權利者를指定하지아니하거나또이를指定하는方法을定하
지아니한때는理事또는淸算人의主務官署의許可를얻어其法人의目的에類似한目的
을爲하여其財産을處分할수있다   但社團法人에있어서는總會의決議를거쳐야한다
    前2항의規定에依하여處分되지아니한財産은國庫에歸屬한다
    7. 結 論 : 原案에 合意

제81조 (淸算法人) 解散한法人은淸算의目的範圍內에서만權利가있고義務를負擔한다

Ⅱ. 案   제76조

Ⅲ. 審議錄, 59면   상단

    2. 現行法 및 判例, 學說   現行法 제73조와 同一한 趣旨이다.
    3. 外國 立法例   ① 獨民 제49조 제3항   社團은淸算의目的에必要한
範圍內에있어서는淸算이決了할때까지存續하는것으로看做한다
    ② 滿民 제78조   解散한法人은淸算의目的範圍內에있어서만權利를가지
고義務를진다
    7. 結 論 : 原案에 合意

제82조 (淸算人) 法人이解散한때에는破産의境遇를除하고는理事가淸算人이된다 그러나定款또는總會의決議로달리定한바가있으면그에依한다

Ⅱ. 案   제77조 [다만 단서는 "…달리定한바이있으면…"이라고 한다]

Ⅲ. 審議錄, 59면   상단 ~ 하단

// 2. 現行法 및 判例, 學說   現行法 제74조와 同一한 趣旨이다.

3. 外國 立法例   ① 獨民 제48조   淸算은理事團이이를行한다 理事團以外의者를淸算人에選任할수있다

淸算人의選任에關하여는理事團의選任에關한規定에따른다 淸算人은淸算의目的으로因하여別段의結果를生하지않는限理事團의法律上의地位를가진다 數人의淸算人이있을때에있어서別段의作定이없는限淸算人全員의一致가있어야한다

② 中民 제37조   法人이解散한後그財産의淸算은理事가이를한다 但그定款에따른規定이있거나또는總會의다른決議가있을때는그러하지아니한다

③ 滿民 제79조   草案과 同一하다

6. 審議經過   「달리定한바이」를「달리定한바가」로 字句修正한다

7. 結 論 : 前記 字句修正 外에 原案에 合意

제83조 (法院에依한淸算人의選任) 前條의規定에依하여淸算人이될者가없거나 淸算人의缺員으로因하여損害가생길念慮있는때에는法院은職權또는利害關係人이나檢事의請求에依하여淸算人을選任할수있다

Ⅱ. **案**   제78조

Ⅲ. **審議錄**, 59면 하단 ~ 60면 상단

[60면] 2. 現行法 및 判例, 學說   現行法 제75조와 同一한趣旨이다.

3. 外國 立法例   ① 獨民 제48조 제1항   淸算은理事團이이를行한다 理事團以外의者를淸算人에選任할수있다

淸算人의選任에關하여理事團의選任에關한規定에따른다

② 中民 제38조   前條의規定에依하여그淸算人을定하지못하는法院은利害關係人의申請에依하여淸算人을選任할수있다

③ 滿民 제80조   草案과 同一하다

7. 結 論 : 原案에 合意

제84조 (法院에依한淸算人의解任) 重要한事由가있는때에는法院은職權또는利害關係人이나檢事의請求에依하여淸算人을解任할 수 있다

Ⅱ. **案**   제79조

Ⅲ. **審議錄**, 60면 상단 ~ 하단

　　//['3 외국 입법례']　　　① 中民 제39조　　　淸算人은法院이必要가있다
고認定한때는그任務를解除할수있다

　　② 滿民 제81조　　　草案과 同一함

　　7. 結 論 : 原案에 合意

**제85조 （解散登記）①淸算人은破産의境遇를除하고는그就任後3週間內에解散
의事由및年月日,淸算人의姓名및住所와淸算人의代表權을制限한때에는그制
限을主된事務所및分事務所所在地에서登記하여야한다
②제52조의規定은前項의登記에準用한다**

Ⅱ. **案**   제80조 다만 [제1항은 "…住所를主된事務所…"라고 한다]

Ⅲ. **審議錄**, 60면 하단 ~ 61면 상단

　　2. 現行法 및 判例, 學說　　　現行法 제77조 제1항과 同一한 趣旨이다.

　　3. 外國 立法例　　　① 獨民 제76조　　　淸算人은社團登記簿에이를登記하
여야한다 제48조제2항의規定에違反하여서하는淸算人의決議에關한規定亦是같다

　　② 滿民 제82조 [61면]　　　草案과 同一하다

　　6. 審議經過　　　① 淸算人의 代表權에 對한 制限에 關하여 ― 淸算人의
代表權은 理事에 있어서와 마찬가지로 制限할 수 있어야 하고 (草案 제38조 다
음의 新設 條文 草案 38조 제9호와 제56조는 草案 제91조에 依하여 準用) 이를
登記하면 第3者에 對抗할 수 있도록 하여야 한다.

　　② 本條 中「姓名 및 住所」의 다음에 「와 淸算人의 代表權을 制限한 때에
는 그 制限」을 揷入하기로 修正한다

　　7. 結 論 : 修正案에 合意

Ⅳ. **법사위 수정안**　　　(21) 제80조제1항中「姓名및住所」의다음에「와淸算人의
代表權을制限한때에는그制限」을揷入한다

Ⅷ. **제2독회**, 속기록 제45호, 3면 하단

○ 法制司法委員長 代理(張暻根) : [민법안 제80조 및 법사위 수정안 (21)을 낭독]　그것[법사위 수정안]은 요전에 法人의 意思[理事]에 관하여서 그 代表權에 대해서 制限이 있을 때에 登記를 함으로써 第3者에 對抗할 수 있는 그 制度를 만든 것과 꼭 같은 趣旨올시다.

제86조 (解散申告) ①淸算人은破産의境遇를除하고는그就任後三週間內에前條第一項의事項을主務官廳에申告하여야한다

②淸算中에就任한淸算人은그姓名및住所를申告하면된다

Ⅱ. **案**　　제81조

Ⅲ. **審議錄**, 61면 상단 ~ 하단

2. 現行法 및 判例, 學說　　現行法 제77조 제1항 後段 및 제2항 後段과 同一한 趣旨(但 申告期間 除外)이다.

3. 外國 立法例　　① 滿民 제83조　　草案과 同一하다(但 申告期間은 2週間) //

7. 結 論 : 原案에 合意

제87조 (淸算人의職務) ①淸算人의職務는다음과같다

1. 現存事務의終結
2. 債權의推尋및債務의辨濟
3. 殘餘財産의引渡

②淸算人은前項의職務를行하기爲하여必要한모든行爲를할수있다

Ⅱ. **案**　　제82조

Ⅲ. **審議錄**, 61면 하단 ~ 62면 상단

2. 現行法 및 判例, 學說　　現行法 제77조와 同旨이다

3. 外國 立法例　　① 中民 제40조　　淸算人의職務는다음과같다

1. 現務의結了　　2. 債權의收捧債務의辨濟

3. 殘餘財産은이를取得할者에게引渡할것

法人은淸算이完結할때까지는淸算의必要範圍內에있어서存續하는것으로看做한다

② 滿民 제84조   草案과 同一하다 [62면]

6. 審議經過   ① 「推尋」이라는 用語는 難解하여 異議가 있으나 適合한 用語가 없으므로 原案에 合意(日本은 取立, 中民은 收捧, 滿民은 取尋이라 하였다).

7. 結 論 : 原案에 合意

제88조 (債權申告의公告) ①淸算人은就任한날로부터2月內에3回以上의公告로債權者에對하여一定한期間內에그債權을申告할것을催告하여야한다   그期間은2月以上이어야한다

②前項의公告에는債權者가期間內에申告하지아니하면淸算으로부터除外될것을表示하여야한다

③제1항의公告는法院의登記事項의公告와同一한方法으로하여야한다

Ⅱ. 案   제83조

Ⅲ. 審議錄, 62면 상단 ～ 하단

2. 現行法 및 判例, 學說   現行法 제79조와 同一한 趣旨이나 2항 但書 및 제3항(債權申告의催告)을 草案은 제84조에서 規定하고 있다.

3. 外國 立法例   ① 獨民 제50조   社團의解散또는權利能力의剝奪은淸算人이이를公告하여야한다 公告에는債權者에게對하여그請求의申出을하라는뜻을催告하여야한다 公告는//定款에公告를爲하여定한新聞紙에依하여하고萬一이러한作定이없는때는社團의住所所在地의區裁判所가公示를爲하여指定한新聞에依하여야한다 公告는揭載한後2日을經過한때그效力을生한다 제1回揭載를한後2日을經過한때도같다

淸算人은判明된債權者에게는各別의通知로써그申出을催告하여야한다

② 獨民 제88조   前記 獨民 50조를 財團에 準用

③ 滿民 제85조   草案과 同一하다

7. 結 論 : 原案에 合意

제89조 (債權申告의催告) 清算人은알고있는[46]債權者에게對하여는各各그債權申告를催告하여야한다[47]알고있는債權者는清算으로부터除外하지못한다

Ⅱ. **案**　　제84조

Ⅲ. **審議錄**, 62면 하단 ~ 63면 상단

　2. 現行法 및 判例, 學說　　現行法 제79조 제2항 但書 및 제3항과 同一한 趣旨이다.

　3. 外國 立法例　　① 獨民 제50조 (前條에 揭記)

　[63면] ② 滿民 제86조　　清算人은判明된債權者에對하여는各各따로其債權者申出을催告하여야한다　判明된債權者는이를清算으로부터除斥할수없다

　7. 結 論 : 原案에 合意

제90조 (債權申告期間內의辨濟禁止) 清算人은제88조제1항의債權申告期間內에는債權者에對하여辨濟하지못한다　그러나法人은債權者에對한遲延損害賠償의義務를免하지못한다

Ⅱ. **案**　　제85조

Ⅲ. **審議錄**, 63면 상단 ~ 하단

　2. 現行法 및 判例, 學說　　現行法에는 規定 없고 新設 條文이다(株式會社에 關하여 草案과 同 趣旨의 商法 제423조 제1항의 規定이 있다).

　3. 外國 立法例　　① 滿民 제87조　　草案과 同一하다 //

　6. 審議經過　　① 從來는 商法 제423조 제1항에서만 이러한 原則이 適用되었으나 草案은 民法上으로도 이 原則을 適用케 하자는 것이다.

　② 商法 423조는 日本서도 昭和 13年에 追加規定된 것으로서 除斥期間을 設立하는 制度를 取하는 한 公平을 期하기 위한 草案은 妥當하다. 特히 一般解

---

46) 민법안 제84조는 여기서의 '알고 있는'을 '알은'으로 하고 있다. 국회 본회의에서 통과될 때 권한을 위임받아 행하여진 조문정리과정(이에 대하여는 앞의 → 참조)에서 수정된 것으로 여겨진다.

47) 관보에 공포된 민법에서 다른 경우에는 문장과 문장 사이를 띄고 있으나 이 경우에는 붙이고 있다.

散淸算의 段階에 들어간 後 中途에서 債權超過가 判明된 때에는 더욱 本條와
같은 規定이 必要하게 될 것이다.

　　7. 結 論 : 原案에 合意

Ⅷ. **제2독회**, 속기록 제45호, 4면 중단

　　○ 法制司法委員長 代理(張暻根) : ［민법안 제85조 낭독］ 이것은 現行法에
없는 新設 條文입니다

제91조 (債權辨濟의特例) ①淸算中의法人은辨濟期에이르지아니한債權에對하
여도辨濟할수있다
　　②前項의境遇에는條件있는債權, 存續期間의不確定한債權其他價額의不確
定한債權에關하여는法院이選任한鑑定人의評價에依하여辨濟하여야한다

Ⅱ. **案**　　　　제86조 ［다만 제2항은 "…其他價格의不確定한債權…"라고 한다］

Ⅲ. **審議錄**, 63면 하단 ~ 64면 상단

　　2. 現行法 및 判例, 學說

　　3. 外國 立法例　　① 滿民 제88조　　法人은辨濟期에이르지아니한債權
이라도이를辨濟할수있다

　　　　前項의境遇에있어서는條件附債權存續期間의不確定한債權其他價格의不
確定한債權에關하여는法院이選任한鑑定人의評價에依하여이를辨濟하여야한다

　　② 日民 제930조, 제947조 제3항 ［64면］

　　6. 審議經過　　本條는 商法 제125조 제1항, 제4항과 同一한 內容이다.
　　商法·제125조 제2항48)에 對應하는 規定을 두지 않는 理由는 期限前 辨濟에
는 商法上의 「호프만」式에 依한 利息 該當額 減額을 하지 않고 民法 제136조에
의하여 期限의 利益을 抛棄하여야 한다는 民法 原則에 依據하자는 데 있다.

　　7. 結 論 : 原案에 合意

---

48) 의용상법 제125조 : "② 전항의 경우에 무이자채권에 대하여는 변제기에 이르기까지의 법
　　정이자를 가산하면 그 채권액에 달하게 되는 금액을 변제할 것을 요한다. ③ 전항의 규정
　　은 이자부 채권에서 그 이율이 법정이율에 달하지 아니하는 것에 이를 준용한다."

제92조 (淸算으로부터除外된債權) 淸算으로부터除外된債權者는法人의債務를 完濟한後歸屬權利者에게引渡하지아니한財産에對하여서만辨濟를請求할수 있다

Ⅱ. **案**   제87조

Ⅲ. **審議錄**, 64면 상단 ~ 하단

2. 現行法 및 判例, 學說   現行法 제80조와 同一한 趣旨이나 現行法은 「期限 後에 申告한 債權者」라고 規定한 것을 草案은 「淸算으로부터 除外된 債權者」라고 規定하였다.

3. 外國 立法例   ① 滿民 제89조   草案과 同一하다 //

6. 審議經過   現行法이 「期間 後에 申告한 債權者」라고 規定한 것을 草案이 「淸算으로부터 除外된 債權者」라고 規定한 것은 除斥期間 後라도 申告하지 아니한 債權者를 다른 方法으로 알게 된 境遇에도 本條의 適用을 받을 것을 分明히 한다는 意味에서 草案은 進步的이다.

7. 結 論 : 原案에 合意

제93조 (淸算中의破産) ①淸算中法人의財産이그債務를完濟하기에不足한것이 分明하게된때에는淸算人은遲滯없이破産宣告를申請하고이를公告하여야한다 ②淸算人은破産管財人에게그事務를引繼함으로써그任務가終了한다 ③제88조제3항의規定은제1항의公告에準用한다

Ⅱ. **案**   제88조

Ⅲ. **審議錄**, 64면 하단 ~ 65면 상단

2. 現行法 및 判例, 學說   現行法 제80조[제81조]와 同一한 趣旨이나 現行法 제3항[49]은 破産法에 規定이 있으므로 草案에서는 削除하였다.

3. 外國 立法例   ① 滿民 제90조   草案과 同一하다 [65면]

6. 審議經過   ① 現行法 제81조 제3항 削除의 當否 ― 草案이 現行法

---

49) 의용민법 제81조 제3항 : "본조의 경우에 이미 채권자에게 지급하거나 귀속권리자에게 인도한 것이 있는 때에는 파산관재인은 이를 환취[원어는 取戻]할 수 있다."

제81조 제3항과 같은 規定을 하지 아니한 것은 草案 제85조에 依하여 除斥期間
中에 辨濟禁止를 하였으므로 除斥公告 前에 辨濟한 少數의 例外를 除外하고는
「이미 支拂」한 것은 稀少할 뿐더러 破産法 제72조 제2항에 特例를 둘 必要가
없고 또 現行法 제81조 제3항의 「이미 辨濟」는 「破産의 請求」 또는 「支拂停止
前의」 支拂까지도 包含하는 것으로 解釋된다면 그것은 至極히 困難하므로 現行
法 제3항을 削除한 것은 妥當하다.

　　　　제1항 中 「分明한 때에는」을 「分明하게 된 때는」으로 字句修正하기로
合意하였다[50]

　　7. 結 論 : 原案에 合意

제94조 (淸算終結의登記와申告) 淸算이終結한때에는淸算人은3週間內에이를 登記하고主務官廳에申告하여야한다

Ⅱ. 案　　제89조

Ⅲ. 審議錄, 65면 상단 ~ 하단

　　2. 現行法 및 判例, 學說　　　現行法 제83조와 同一한 趣旨이다(但 登記義
務의 規定이 없다).

　　3. 外國 立法例　　① 滿民 제91조　　　淸算이終結한때는淸算人은2週間
내에이를主務官廳에屆出하고또主事務所所在地에있어서는2週間分事務所所在地
에있어서는3週間以內에淸算結了의登記를하여야한다 //

　　7. 結 論 : 原案에 合意

제95조 (解散,淸算의檢査,監督) 法人의解散및淸算은法院이檢査,監督한다

Ⅱ. 案　　제90조

Ⅲ. 審議錄, 65면 하단

　　2. 現行法 및 判例, 學說　　　現行法 제82조와 同一한 趣旨이다.

---

50) 이 점은 나중의 조문정리과정에서 민법전에 반영되었다.

3. 外國 立法例   ① 滿民 제92조   法人의解散및淸算은法院의監督에 屬한다

　　法院은어느때든지前項의監督에必要한檢査를할수있다.

6. 審議經過   監督에 關하여는 現行法 제2항과 같이 詳細히 規定하는 것이 더 낫다고 思料되나 草案과 같은 規定으로도 無妨하다.

7. 結 論 : 原案에 合意

제96조 (準用規定) 제58조제2항, 제59조乃至제62조[51] 제64조, 제65조및제 7조의規定은淸算人에이를準用한다

Ⅱ. 案   제91조

Ⅲ. 審議錄, 65면 하단 ~ 66면 상단

2. 現行法 및 判例, 學說   現行法에는 規定 없고 新設 條文이다

7. 結 論 : 原案에 合意

Ⅷ. 제2독회, 속기록 제45호, 5면 상단

　　○ 法制司法委員長 代理(張暻根) :   제91조도 이것 現行法에는 없습니다. [민법안 제91조 낭독]

제5절 罰 則

제97조 (罰則) 法人의理事, 監事또는淸算人은다음各號의境遇에는5萬圜以下 의過怠料에處한다
　　1. 本章에規定한登記를懈怠한때
　　2. 제55조의規定에違反하거나財産目錄또는社員名簿에不正記載를한때
　　3. 제37조, 제95조에規定한檢査, 監督을妨害한때
　　4. 主務官廳또는總會에對하여事實아닌申告를하거나事實을隱蔽한때
　　5. 제76조와제9조의規定에違反한때

---

51) 여기에는 쉼표가 빠져 있다.

    6. 제79조,제93조의規定에違反하여破産宣告의申請을懈怠한때

    7. 제88조,제93조에定한公告를懈怠하거나不正한公告를한때

Ⅱ. 案   제92조

Ⅲ. 審議錄, 66면 상단 ~ 하단

    // 2. 現行法 및 判例, 學說   現行法 제84조와 同一 趣旨이나 5호는 草案의 新設 條文(草案 71조 제2항 乃至 제4항 및 제85조)에 따라 新設된 것이다.

    3. 外國 立法例   ① 滿民 제94조   草案과 同一하다

    6. 審議經過   草案 제5호의 新設은 草案 제71조 제2항, 제3항, 제4항, 제85조의 新設에 따른 것이다

    7. 結 論 : 原案에 合意

제4장 物 件

제98조 (物件의定義) 本法에서物件이라함은有體物및電氣其他管理할수있는自然力을말한다

Ⅱ. 案   제93조 [다만 "…自然力을이른다[52]"라고 한다]

Ⅲ. 審議錄, 67면 상단

    2. 現行法 및 判例, 學說   現行法 제85조와 同一한 趣旨이다(刑法 제346조[53] 參照)

    3. 外國 立法例   ① 獨民 제90조   本法에있어서物이라함은有體的目的物만을말한다

    ② 佛民 제517조 以下

    ③ 瑞民 제713조   그性質上可動的인有體物및法律上의支配를할수있는自然力으로서土地에屬하지않는것은動産所有權의目的物이된다

---

52) 민법안 제93조 말미의 "…을이른다"는 "…을말한다"라고 후의 조문정리과정에서 수정되었다.

53) 형법 조항이 인용된 드문 예이다. 절도죄 및 강도죄에 관한 형법 제346조 : "本章의 죄에 있어서 관리할 수 있는 動力은 財物로 간주한다."

④ 滿民 제95조   本法에있어서物이라함은有體物을말한다

7. 結 論 : 原案에 合意

제99조 (不動産, 動産) ①土地및그定着物은不動産이다
②不動産以外의物件은動産이다

Ⅱ. **案**   제94조

Ⅲ. **審議錄**, 67면 하단 ~ 68면 상단

2. 現行法 및 判例, 學說   現行法 제86조와 同一한 趣旨이나 現行法 제3항 無記名債權을 動産으로 보는 規定이 削除되었다.

3. 外國 立法例   ① 中民 제67조   動産이라稱함은前條에不動産이라稱한以外의物件을말한다

② 滿民 제96조   草案과 同一하다

6. 審議經過   ① 現行法 제86조 제3항을 削除한 問題(無記名債權) — 現行法 제86조 제3항은 無記名債權을 動産으로 規定한 結果 動産占有에 關한 規定이 適用되고 따라서 現行法 제162조(取得時效), 제178조(對抗要件), 제192조(即時取得) 等이 適用되는 것이 重要한 것인바 이에 對置하기 爲하여 제517조 以下의 無記名債權에 對한 特別規定을 設置하였다. 그러나 現行 民法 제178조에 對應한 規定으로서는 草案 제514조의 規定이 있으나 民 제612조[제162조], 同 제192조에 對應하는 規定은 없으므로 草案에서 無記名債權은 動産으로 보지 않는 結果 即時取得(手形法 제16조 제2항 參照)[54]과 取得時效에 [68면] 關한 規定은 適用을 받지 않는 結果를 生한다.

7. 結 論 : 原案에 合意

제100조 (主物, 從物) ①物件의所有者가그物件의常用에供하기爲하여自己所有인다른物件을이에附屬하게한때에는그附屬物은從物이다

---

54) 그러나 무기명채권의 선의취득에 대하여는 민법 제524조, 제514조(민법안 제515조, 제505조)에서 규율되고 있다. 이들 규정은 의용민법에는 없던 것으로, 민법안 심의자의 '시야'를 추측하게 하는 사정의 하나라고 하겠다.

②從物은主物의處分에따르다⁵⁵⁾

Ⅱ. 案	제95조 [다만 제1항은 "…그物件常用의便宜를爲하여…"라고 한다]

Ⅲ. 審議錄, 68면 상단 ~ 하단

2. 現行法 및 判例, 學說	現行法 제87조와 同一하다.

3. 外國 立法例	① 獨民 제97조	物의構成部分이되지않고그物의辨濟上의目的에供用하며또이目的에適應한場所的關係가있는動産은이를從物로한다 但去來上從物로看做하지못할物은그러하지않다

物을一時他物의經濟上의目的을達하기위하여使用하더라도從物性을生하지않는다 또從物을一時主物로부터分離하더라도從物性은消滅하지않는다

② 瑞民 제644조	物件의處分은그從物에미친다 但例外의作定이있을때는그러하지않다

從物이란것은地方慣行의見解上또는主物의所有者의明示의意示에依하여繼續하여그물건의利用또는保存을爲하여供用할것으로되고또連絡適合또는其他의方法에依하여主物에對하여供用될關係에있는動産을말한다

物件의從物인境遇에는그物件의[이]一時主物과分離되는일이있더라도그性質을잃지않는다

③ 瑞民 제645조	單只一時的使用또는消費의目的으로서主物占有者에供用되거나또는主物의特質과아무런關係가없이또는다만保管賣却또는賃貸때문에主物과結合//되어있는動産은從物이아니다

④ 中民 제68조	主物의性分이아니고恒常主物의效用을도웁고[돕고]同一人에屬하는것은從物로한다 但去來上特別한慣習이있을때는그慣習에의한다 主物의處分은從物에미친다

⑤ 滿民 제97조	草案과 同一하다.

6. 審議過過	① 獨民 제97조, 瑞民 제644조는 草案과 달리 (1) 所有者의 同一을 從物의 要件으로 하였고 (2) 從物은 動産에 限하기로 하였다.

② 主物, 從物에 關하여 瑞民 제644조, 中民 제68조와 如히 慣習에 依據하는 길을 여는 것이 如何하냐의 意見이 있었으나, 本條는 任意規定이므로 事實인 慣習이 있는 때에는 草案 제101조가 適用될 것이므로 不必要하다.

---

55) '따른다'의 인쇄상 잘못으로 여겨진다.

③「常用의便宜를爲하여」라고 規定한다면 便宜를 爲하지 않는 物件이라는 理由로 從物이 되느냐 아니되는냐의 紛爭이 생길 憂慮가 있으므로 字句修正함이 可하다.

④「그物件常用의便宜를」을「그物件의常用에供하기」로 字句修正한다.

7. 結論 : 前記 修正案에 合意

Ⅳ. **법사위 수정안**   (22) 제95조제1항中「그物件常用의便宜를」을「그物件의 常用에供하기」로修正한다

Ⅷ. **제2독회**, 속기록 제45호, 7면 상단

○ 法制司法委員長 代理(張暻根) : [민법안 제95조 및 법사위 수정안 (22) 낭독]   이것은 字句의 修正입니다. 이렇게 해야 알기가 쉽다고 해서 이것을 字句를 修正한 것입니다.

제101조 (天然果實, 法定果實) ①物件의用法에依하여收取하는産出物은天然果實이다
②物件의使用對價로받는金錢其他의物件은法定果實로한다

Ⅱ. **案**   제96조

Ⅲ. **審議錄**, 68면 하단 ~ 69면 하단

[69면] 2. 現行法 및 判例, 學說   現行法 제58조와 同一하다.

3. 外國 立法例   ① 獨民 제99조   物의果實이라함은物의産出物其他物의用法에따라서收得한收獲物을말한다

權利의果實이라함은權利用法에따라서收取한收益特히土地의構成部分을取得하는것을目的으로하는權利에關하여서는그取得한構成部分을말한다 法律關係로因하여生하는物또는權利의收益亦是이를果實로한다

② 瑞民 제643조   物件의所有者는그物件의自然果實에對하여도또한所有權을갖는다

自然果實이라는것은定期産出物및普通見解上어떤物件에서그用法에따라收取되는것을말한다

自然果實은그分離한때까지는物件의成分이다

③ 中民 第69조   天然果實이라稱함은果實動物의産物및其他物件의用法
에의하여收獲되는産出物을말한다   法定果實이라稱함은利息賃貸借料및其他法律
關係로因하여所得하는收益을말한다

④ 滿民 제98조   草案과 同一하다 //

7. 結 論 : 原案에 合意

제102조 (果實의取得) ①天然果實은그元物로부터分離하는때에이를收取할權利者에게屬한다
②法定果實은收取할權利의存續期間日數의比率로取得한다

Ⅱ. 案   제97조

Ⅲ. 審議錄, 69면 하단 ~ 70면 상단

2. 現行法 및 判例, 學說   現行法 제89조와 同一하다.

3. 外國 立法例   ① 獨民 제101조   物또는權利의果實을一定한時期
까지또는一定한時期로부터收取하는權利를가진者는別段의作定이없는때는다음의
區別에따라서이를取得한다

1. 제99조제1항에揭記한出産物및構成部分은權利의果實로서收取할수있을때
라도權利의存續中元物로부터分離한것에限한다

2. 其他의果實은權利의存續中에滿期가된것에限한다但果實이使用또는收益
의對價利子利益의配當其他의定期의收益인때는權利의存續期間에相當한
率로써이를取得한다

② 瑞民 제643조   物件의所有者는그物件의自然果實에對하여도또는所有
權을갖는다

自然果實이라는것은定期産出物및普通見解上에어떤物件에서그用法에따
라收取되는것을말한다

自然果實은그分離한때까지는物件의成分이다

③ 中民 제70조   滿民 제79조   草案과 同一하다

7. 結 論 : 原案에 合意

제5장　法律行爲

제1절　總　則

제103조（反社會秩序의法律行爲） 善良한風俗其他社會秩序에違反한事項을內容으로하는法律行爲는無效로한다

Ⅱ. **案**　　　제98조　　善良한風俗其他社會秩序에違反한法律行爲는無效로한다

Ⅲ. **審議錄**, 70면 上段 ~ 下段

2. 現行法 및 判例, 學說　　現行法 제90조와 同一한 趣旨이다(現行法 「公共의秩序」를 「社會秩序」로 修正).

3. 外國 立法例　　① 獨民 제138조(前段)　　善良한風俗에違反하는行爲는無效로한다

② 瑞西債權法 제20조(前段)　　實行不純또는違法의內容을가지며또는善良한風俗에反한契約은이를無效로한다

③ 佛民 제1131조

④ 佛民 제1133조

⑤ 中民 제72조

⑥ 滿民 제100조　　現行法과 同一하다 //

6. 審議經過　　① 現行法대로 用語를 「公共秩序」로 하고 그 順序에 있어서 「社會秩序」를 위로 함이 如何 ― 公共秩序보다는 社會秩序가 用語上 妥當하고 또 順序에 있어서는 善良한 風俗은 社會秩序의 한 例示이기 때문에 草案의 順序가 妥當하다.

客觀的으로 보아서 要素的으로 社會秩序에 違反하여야만 本條를 適用토록 하기 爲하여서는 本條를 「社會秩序에 違反하는 事項을 內容으로 하는 法律行爲」로 字句修正함이 可할 것이다.

草案은 「社會秩序에違反한法律行爲는無效로한다」고 規定하고 있는바 無效로 함에는 具體的 內容이 있어야 하므로 이를 「社會秩序에 違反한 事項을 內容으로 하는 法律行爲는 無效로 한다」고 修正함이 可한 것이다.

② 「違反한」의 다음에 「事項을內容으로하는」을 揷入하기로 合意하였다.

7. 結 論 : 前記 修正案에 合意

Ⅳ. **법사위 수정안**　　(23)　제98조中「違反한」이[원문대로]다음에「事項을內容으로하는」을揷入한다

Ⅷ. **제2독회**, 속기록 제45호, 7면 상단

○ 法制司法委員長 代理(張暻根) : [민법안 제98조 및 법사위 수정안 (23) 낭독]　　學說上 이러한 結果 解釋으로 이렇게 되어 있습니다. 이것을 좀더 分明히 內容을 밝히자는 것입니다. 字句修正에 不過합니다.

제104조 (不公正한法律行爲) 當事者의窮迫, 輕率또는無經驗으로因하여顯著히公正을잃은法律行爲는無效로한다.

Ⅰ. **法編委**　　1. 의사록　　제7회 (1949년) 2월 19일 於大法院會議室

○ 高秉國 起草委員　　[…]　　(10) "他人의 窮迫 輕卒 無經驗을 移用한 暴利行爲는 無效로 할 것"을 全委員의 發議로 原案 中 「無效로 할 것」을 「取消할 수 있도록 할 것」으로 修改하여 可決하다

2. 編纂要綱　　總則　　10. 他人의 窮迫, 輕率, 無經驗을 利用한 暴利行爲는 取消할 수 있도록 할 것

Ⅱ. **案**　　제99조

Ⅲ. **審議錄**, 70면 하단 ~ 71면 상단

2. 現行法 및 判例, 學說　　現行法에는 規定이 없고 新設 條文인바 從來 判例로써 認定되어 왔던 바이다.

3. 外國 立法例　　① 獨民 제138조(後段) [71면]　　相對者의窮迫輕率 또는無經驗을利用하여自己또는他人이한給付에對하여財産的利益을約束또는供與 하게하는法律行爲는그財産的利益이그當時의事情에따라過히權衡을잃을程度로그 給付의價格을超過하는때는이를無效로한다

② 瑞民債務法 제21조　　當事者의一方이相對方의窮迫無經驗또는輕率에

따라契約을締結하게하여이를위하여給付와反對給付間의明白한不權衡을發生한때
는被害者는1年의期間內에右契約을履行하지않을뜻을宣言하여또이미給付한것의
返還을請求할수있다

　　　1年의期間은契約의締結과같이그의進行을開始한다

　　③ 中民　제74조　　　法律行爲가他人의急迫輕率또는無經驗을타서그사람으
로하여금財産上의給付를하게하고또는給付의約定을하게한것으로서當時의事情에
依하여顯著히公平을잃은것인때에는法院은利害關係人의申請에依하여그法律行爲
를取消하고또는그給付를輕減할수있다

　　　前項의申請은法律行爲가있은後1年內에이를하여야한다

　6. 審議經過　　　① 公正이라는 用語　　　權衡이라 함이 可하다는 意見이
있었으나 原案에 合意하였다.

　7. 結 論 : 原案에 合意

Ⅳ. 意見書, 49면 ~ 50면 (李丙浩)

　[32] 草案 제99조를 新設한 것에 贊成한다.

　[이 유]　　　案 제99조는 法律行爲의 當事者가 窮迫한 環境에 있었든가,
輕率하였든가 또는 經驗 없는 것으로 因하여 行한 法律行爲의 效果가 顯著하게
公正치 못하게 된 境遇에 그 法律行爲를 無效로 하게 한 것이다. 이것은 主로
相對方의 窮迫·輕率·無經驗을 利用하여 暴利 其他 自己에게 有利한 法律行爲
를 하였을 境遇에 그 結果가 社會觀念上 顯著하게 公正을 잃었을 때에 이로 因
하여 損害 其他 不利한 結果를 얻은 當事者를 救濟하여 주기 爲한 制度로서 그
立法趣旨에 贊成하는 것이다.

　　그러나 이 規定의 趣旨는 草案이 創設한 것은 아니다. 이 規定이 없는 現行
民法下에서도 公序良俗 違反으로 救濟되어 있는 것과 같이(昭5·11·7. 高法[56])
判決, 昭9·5·1 日大審 判決) 救濟될 수 있는 것이나 特히 이것을 獨立한 規定
으로서 成文化시키는 것은 一般 國民을 警戒시키는 政策上의 意義에 더 置重한
點을 贊成한다.

　　「外國法制 參考」[57] […] [50면] […]

---

56) 이는 조선고등법원을 가리킨다.

57) 심의록에 인용되어 있는 독일민법 제138조(그 제1항도), 瑞西債務法 제21조, 중화민국민법
　　제74조가 여기서 전문 그대로 인용되고 있다. 그리고 그 다음에 본문에서 보는 소련민법 제

蘇聯民法 제33조   甚한 困窮으로 因하여 分明히 不利한 法律行爲를 締結한 사람이 있을 때는 裁判所는 被害當事者 또는 管轄國家機關 및 町村組織의 請求에 依하여 該 行爲의 無效宣告를 하고 或은 그 將來에 對한 効力을 取消할 수 있다

제105조 (任意規定) 法律行爲의當事者가法令中의善良한風俗其他社會秩序에 關係없는規定과다른意思를表示한때에는그意思에依한다

Ⅱ. 案   제100조

Ⅲ. 審議錄, 71면 상단 ~ 하단

// 2. 現行法 및 判例, 學說   現行法 제91조와 同一趣旨이다.

3. 外國 立法例   ① 獨民 제134조   法律上의禁止에違反하는法律行爲는無效로한다 但法律에別段의規定이있는때에는그러하지아니하다

② 中民 제71조   法律行爲로써强制또는禁止規定에違反하는것은無效로한다 但그規定이何等이를無效로하지않을때는그러하지않다

③ 滿民 제101조   法律行爲의當事者가法令中의公共의秩序에關係되지않는規定과다른意思를表示한때는其意思에따른다

7. 結 論 : 原案에 合意

** 법률행위의 해석을 신의성실의 원칙에 의할 것을 정하는 문제

Ⅰ. 法編委   1. 의사록   ○ 高秉國 起草委員   […]   (11) 法律行爲의 總則的 規定으로서 法律行爲의 解釋은 信義誠實의 原則에 의하여 할 것을 規定 宣明할 것

全員의 發議로 原案을 削除하다

33조가 온다. 이하 「外國法制 參考」는 審議錄에 수록되어 있는 한 이 『자료집성』에 싣지 않는다.

제106조 (事實인慣習) 法令中의善良한風俗其他社會秩序에關係없는規定과 다른慣習이있는境遇에當事者의意思가明確하지아니한때에는그慣習에依 한다

Ⅱ. **案**　　제101조

Ⅲ. **審議錄**, 71면 하단 ~ 72면 상단

　　[72면] 2. 現行法 및 判例, 學說　　現行法 제92조와 類似한 趣旨이다. 現 行法 제92조(參照)에는 「當事者가이에따를意思가있다고認定될때에」라고 規定한 것을 草案은「當事者의意思가明確하지아니한때에는」으로 規定하였다([朝鮮]民事 令 제10조 參照).

　　3. 外國 立法例　　① 滿民 제102조　　法令中의公共의秩序에關係되지 않는規定과다른慣習이있는境遇에있어서法律行爲의當事者의意思가明確하지않는 때는其慣習에따른다

　　6. 審議經過　　[朝鮮]民事令 제10조는 强行規定이 아닌 限 當事者의 意 思에 關係 없이 慣習에 依한다고 規定하고 있다.

　　7. 結 論 : 原案에 合意

Ⅳ. **意見書**, 50면 ~ 51면 (李丙浩)

　　[33] 草案 제101조를 民法에 規定한 것에 贊成한다.

　　[이 유]　　案 제101조는 所謂 「事實인 慣習」에 關한 規定으로서 任意規 定과 相異되는 慣習이 있는 境遇에 當事者의 意思가 分明치 아니한 때에 이 慣習이 그 法律行爲의 解釋에 있어서 補充的인 使命을 한다는 것을 規定한 것 으로서 이것은 朝鮮民事令 제10조와 同一한 趣旨의 規定을 民法典을 制定 하는 機會에 民法典 안에 옮기는 것으로서 當然한 構想이라 아니할 수 없다. [51면]

　　元來 「事實인 慣習」에 關한 朝鮮民事令 제10조의 規定은 日本民法 제92조 와 同一事項의 規定이었으나 同條가 「任意法規에 相異되는 慣習이 있는 境遇에 當事者가 이에 따를 意思를 가졌을 境遇」에만 그 慣習에 따르게 한 탓으로 結 局 [依用]民法 제91조와 重複되는 規定이 되었을 뿐 아니라 「事實인 慣習」을 意思表示 解釋의 基準으로 하려고 하였던 立法者의 意思와 相反되는 規定이 되

었던 關係는[로] 朝鮮民事令 制定 當時에 이 立法의 不備를 是正하기 爲하여 同令 제10조에 日本民法 제92조를 排斥하는 規定을 하였던 것이다.

「外國法制 參考」

제2절 意思表示

제107조 (眞意아닌意思表示) ①意思表示는表意者가眞意아님을알고한것이라 도그效力이있다 그러나相對方이表意者의眞意아님을알았거나이를알수있었 을境遇에는無效로한다

②前項의意思表示의無效는善意의第3者에게對抗하지못한다

Ⅱ. 案   제102조

Ⅲ. 審議錄, 72면 상단 ~ 73면 상단

2. 現行法 및 判例, 學說 //   現行法 제93조와 同一한 趣旨이나 제2항 은 新設 條文이다.

3. 外國 立法例   ① 獨民 제118조   非眞意의意思表示는眞意가誤認 되지않았음을豫期하여한때에는이를無效로한다

② 獨民 제122조   意思表示가제118조에의하여無效로되거나또는제119 조,제120조에依하여取消된境遇에있어서相對方또는第3者가意思表示를有效로信 賴하기때문에損害를받았을때에는表意者는相對方또는第3者에게對하여그損害를 賠償하여야한다 但賠償額은意思表示가有效한境遇에相對方또는第3者가取得할利 益額을超過할수없다被害者가無效또는取消의原因을안때또는過失로말미암아알지 못한때(알수있었을때)는損害賠償의責任이發生하지않는다

③ 中民 제86조   意思表示者가그意思表示에拘束되려는意思表示를하여 도그意思表示는이로인하여無效로아니된다 但그事情을相對方이明知한바인때에 는그러하지아니하다

④ 滿民 제103조   意思表示는表意者가그眞意아님을알고이를한때에는그 效力을妨害되지아니한다 但相對方이表意者의眞意를알았거나또는이를알수있었 을때에는그意思表示는無效로한다

前項의意思表示의無效는이로써善意의第3者에對抗할수없다

6. 審議經過 [73면]   從來 이 問題에 對하여서는 學說上 異議가 있는 것인바 이를 損害賠償으로 救濟하는 것보다 오히려 草案과 같이 規定한 것이 妥當하다

7. 結論 : 原案에 合意

제108조 (通情한虛僞의意思表示) ①相對方과通情한虛僞의意思表示는無效로 한다

②前項의意思表示의無效는善意의第3者에게對抗하지못한다

Ⅱ. 案   제103조

Ⅲ. 審議錄, 73면 상단 ~ 하단

2. 現行法 및 判例, 學說   現行法 제94조와 同一한 趣旨이다.

3. 外國 立法例   ① 獨民 제117조   相對方과通하여虛僞로相對方에 對하여한意思表示는無效로한다

虛僞의意思表示가다른法律行爲를隱匿하였을때에는그意思表示의效力에 관하여는隱匿된法律行爲의效力에關한規定을適用한다

② 中民 제87조   意思表示者와相對方이通謀하여虛僞의意思表示를한 때에는그意思表示는無效이다 但그無效로써善意의第3者에對抗할수없다 虛構의 意思表表示가他種의法律行爲를隱藏하는때에는該種法律行爲에關한規定은適用 한다

③ 滿民 제104조   草案과 同一하다 //

7. 結論 : 原案에 合意

제109조 (錯誤로因한意思表示) ①意思表示는法律行爲의內容의重要部分에錯 誤가있는때에는取消할수있다 그러나그錯誤가表意者의重大한過失로因한때 에는取消하지못한다

②前項의意思表示의取消는善意의第3者에게對抗하지못한다

Ⅰ. **法編委**   1. 의사록   ○ 高秉國 起草委員   […]   (12) 意思表示에 있어서는 表示主義에 置重하여 相對方의 利益을 保護하기 爲하여 錯誤에 의한 意思表示를 取消할 수 있도록 할 것 […]

全員 贊成으로 各 原案대로 可決하다

2. 編纂要綱   總則   11. [내용은 1. (12)]

Ⅱ. **案**   제104조   意思表示는法律行爲에重大한錯誤가있는때에는取消할수있다 그러나그錯誤가表意者의重大한過失에因한때에는取消하지못한다

前項意思表示의取消는善意의第3者에게對抗하지못한다

Ⅲ. **審議錄**, 73면 하단 ~ 74면 하단

2. 現行法 및 判例, 學說   現行法 제95조와 同一한 趣旨이다.[58]

3. 外國 立法例   ① 獨民 제119조   意思表示는表意者가意思表示의當時內容에關하여錯誤가있었거나또는그內容의表示는全然이를하려하지않았을境遇에表意者가事情을알고또그境遇를合理的으로判斷하였더라면意思表示를하지않았을것으로認定되는때에는이를取消할수있다

去來上重要하다고認定되는사람또는物의性質에關한錯誤는意思表示의內容에關한錯誤로看做한다

② 獨民   제122조   意思表示가제118조에無效로되거나또는제119조,제120조에依하여取消된境遇에 있어서相對方또는第3者가意思表示를有效로信賴하기때문에損害를받았을때에는表意者는相對方또는第3者에對하여그損害를賠償하여야한다 但賠償額은意思表示가有效한境遇에相對方또는第3者가取得할利益額을超過할수없다 被害者가無效또는取消의原因은取消의原因을안때또는過失로말미암아알지못한때(알수있었을때)는損害賠償의責任이發生하지않는다

③ 瑞債 제23조 [74면]   契約은締結當時重大한錯誤있는者에對하여는그拘束力이없다

④ 瑞債 제24조   錯誤는特히다음의境遇에있어이를重大한錯誤로한다

1. 錯誤者가同意를表示하는契約이그締結할것을願한契約과相異한때

2. 錯誤者의意思가그의表示한것과相異한것이있을때또는契約이어면特定人

---

58) 그러나 의용민법 제95조는 착오의 법률효과를 무효로 정하고 있으며, 취소할 수 있다는 것이 아니다.

을考慮하여締結된境遇에있어서本人의意思가그의表示한사람과相異한사람에있을때

3. 錯誤者가그意思의存在함보다甚히큰給付를約束한때또는甚히적은反對給付의約束을받은때

4. 錯誤者가去來에있어서信義誠實에따라契約의必要한基礎로認定한一定의事情에錯誤가存在할때

이에反하여錯誤가單純히契約締結의動機에關함에지나지않을때그錯誤는이를重大한錯誤가아닌것으로한다　單純한計算上의過誤는契約의拘束力을妨害치않는다　但이를訂正하여야한다

⑤ 中民 제88조　　意思表示의內容에錯誤가있었거나또는意思表示者가萬一그事情을알았더라면意思表示를하지않았을것인때에는意思表示者는그意思를取消할수있다　但그錯誤가또는그事情을알지못하였음이意思表示者自身의過失에依하지아니한境遇에限한다　當事者의資格또는物의性質이去來上重要하다고認定되는境遇에는그錯誤는意思表示의內容의錯誤로看做한다

⑥ 滿民 제105조　　草案과 同一하다

6. 審議經過 //　① 제1항 中 「法律行爲에重大한錯誤」를 「法律行爲의內容의重要部分에錯誤」라고 修正함이 가할 것이다. 卽 重要部分 外의 錯誤를 ──히 無效로 할 必要는 없고 또 單純히 重大한 錯誤라고 規定하는 것보다 더 明白하게 「重要部分에 關한 錯誤」라고 規定함이 可할 것이다.

② 表示機關에 依한 錯誤(使者의 錯誤)는 그 意思表示 없는 것으로 看做하자는 學說도 있고 獨民 제120조, 中民 제89조와 如히 一般의 錯誤와 同一하게 取扱하자는 學說도 있다.

이러한 解釋上의 異見을 解決하기 爲하여 제3항으로 다음과 같이 新設함이 一策이나 그렇게 하면 表示機關의 錯誤 아닌 表意者 自身의 表示上의 錯誤에 關하여도 立法하여야 하지 아니할까 한다.

③「意思表示의 重要部分이 傳達者에 依하여 不實히 傳達되었을 때에는 前2항의 規定을 準用한다」라는 항을 新設하는 問題 ─

(外國 立法例) ㊀ 獨民 제120조　　意思表示는이를傳達하기爲하여使用된者또는營造物이不正히傳達한때에는제119조에따라錯誤에말미암아한意思表示와同一한要件에依하여이를取消할수있다

　　　㊂ 中民 제89조　　意思表示가傳達者또는傳達機關에依하여不實히傳達
되였을때에는前條의規定외에比照하여이를取消할수있다

　　　以上의 修正意見에 對하여서는 解釋上 그렇게 될 것으로 생각되므로 別
途 修正은 하지 않기로 合意.

　　　④「法律行爲에重大한錯誤」를「法律行爲의內容의重要部分에錯誤」로 修正
하기로 合意하였다.

　　7. 結 論 : 前記 修正(用語修正) 外에 原案에 合意

Ⅳ. **법사위 수정안**　　(24)　제104조제1항中「法律行爲에重大한」을「法律行爲
　　의內容의重要部分에」로修正한다

Ⅳ. **意見書**, 51면 ～ 53면 (李丙浩)

　　[34] 草案 제104조에 제3항으로 다음과 같은 1항을 加할 것을 希望한다.

　　「法律行爲가 錯誤로 因하여 取消되었을 境遇에 表意者에게 輕過失이 있을
때에도 그 法律行爲를 有效하다고 믿음으로써 損害를 받은 者에게 그 損害를
賠償하여야 한다. 그러나 損害는 그 法律行爲가 有效함으로써 가질 利益을 超
過할 수 없다.」

　　[이 유]　　먼저 案이 法律行爲의 重大한 錯誤에 對하여 現行法의 無效主
義를 取消할 수 있는 것으로 變更한 것에 對하여 贊成한다. 元來 現行法이 採擇
한 無效主義도「錯誤者에게는 意思 없다」는 羅馬法의 法格言에 胚胎한 것이 所
謂 註釋學派가「錯誤처럼 合[52면]意의 障害가 되는 것은 없다」또는 所謂 寺
院法의「錯誤는 合意를 排除한다」等의 法格言的인 規定에 表現되었던 것이 近
世의「싸뷔니」에 이르러 大成된 것이 獨逸民法 제1草案의 基礎가 되어 現行 民
法이 이를 따른 것이었다. 그러나 이러한 要素에 錯誤 있는 法律行爲의 效果를
絶對無效로 하는 것의 可否에 對하여서는 이미 羅馬法 안에서부터 論議되었던
것이며 이 無效를 絶對無效로 解釋할 것이 아니라 오히려 取消할 수 있는 것으
로 하여야 할 것이라고 主張하는 學者도 있었던 것이다. 如何間 錯誤의 效果를
無效로 함으로써 法律行爲에 있어서 意思主義에 偏重하였고 이로 因하여 去來
의 安全을 阻害하며 따라서 財産法에 있어서 動的 安全을 白眼視하게 된 結果
를 招來하였던 것을 案이 構想한 것과 같이 取消할 수 있는 法律行爲의 範疇에
넣음으로써 將來의 弊端을 是正할 수 있게 된 것에 贊意를 表하는 바이다.

다음 錯誤에 關하여 添加하여야 할 것으로서 錯誤로 因한 表意者에게 輕過
失이 있는 境遇에 相對方 또는 第3者에게 對한 信賴利益의 賠償에 關한 規定이
다. 錯誤로 因한 意思表示의 境遇에 그 表意者의 責任條件을 檢討하면 (1)過失
없는 境遇, (2)輕過失 있는 境遇, (3)重大한 過失 있는 境遇의 세 가지 態樣으로
區別할 수 있다. 이 세 境遇에 (3)의 境遇는 表意者가 이를 取消할 수 없어 所
期대로의 法律效果가 發生하므로 다른 問題가 生할 餘地가 없고, 또 (1)의 境遇
에 表意者에게 道義的으로 可責할 만한 不注意가 없을 境遇에 이에 對하여 損
害를 賠償시킬 理由가 있지 않으나 그러나 表意者에게도 不注意가 있었고, 그
不注意가 重大한 過失의 範疇에 들어가지 않을 때에는 一應 錯誤에 關한 原則
에 依하여 이를 取消할 수 있게 하는 同時에 그 相對方으로 하여금 그 法律行
爲가 有效하게 成立되었더라면 얻을 수 있었던 利益, 換言하면 그 法律行爲의
有效한 것을 信賴하였음으로써 얻은 損害에 對하여 重大한 過失에 이르지 않은
程度의 過失 있는 表意者에게 損害를 請求할 수 있게 함으로써 錯誤로 因한 法
律行爲의 取消에 있어서 取消權者에게 彼此의 利害關係를 比較較量케 하여, 可
能한 限 損害의 合理的인 分擔과 法律行爲의 確定을 꾀하는 것이 財産法에 있
어서의 動的安全의 理想을 더 한層 指向하는 것이 아닌가 한다. 이 點에 對하여
는 瑞西債務法, 獨逸民法 및 中國民法 等에 先進的인 立法例도 있는 것이다.

「外國法制 參考」 […] [53면] […]

瑞西債務法 제26조 제1항　　錯誤者가 契約을 自己에 對하여 有效하게
하지 않을 境遇에 있어 그 錯誤를 自己의 過失로 歸屬치 아니할 때는 契約의
消滅에 因하여 發生한 損害를 賠償할 義務를 진다. 但 相對方이 錯誤를 알 때
또는 當然히 알지못할 때는 그렇지 않다.

제2항 公平에 適合할 때는 判事는 其他의 損害의 賠償을 宣告할 수 있다.

中國民法 제91조(抄)　　제88조의 規定에 依하여 意思表示를 取消한 때에
는 그 意思表示는 그 意思表示를 有效라고 信賴하여 損害를 받은 相對方 또는
第3者에 對하여 賠償의 責任을 져야한다. 但 그 取消의 原因을 損害를 받은 者
에 있어서 明知하였거나 또는 알 수 있었을 때에는 그러하지 않다.

Ⅵ. 현석호 수정안　　(5) 제104조제3항을다음과같이新設한다

法律行爲가錯誤로因하여取消되었을境遇에表意者에게輕過失이있을때에도그

法律行爲를 有效하다고믿음으로써 損害를받은者에게그損害를賠償하여야한다 그
러나그損害는그法律行爲가有效함으로써가질利益을超過할수없다

VIII. **제2독회**, 속기록 제45호, 7면 중단 ~ 11면 중단

○ 法制司法委員長 代理(張暻根) : [민법안 제104조 및 법사위 수정안
(24) 낭독]

이것[법사위 수정안 (24)]도 字句修正입니다. 學說上으로는 이렇게 解釋이
되어 있습니다. 法律行爲의 內容이 重大한 部分에 錯誤가 있다는 것, 이것은 現
行法은 要所[要素], 要所[要素]에 錯誤가 있다고 그랬는데 그 要所[要素]의 錯
誤라고 하는 것이 그렇게 解釋이 되어 있습니다. 學說上 法律行爲의 內容의 重
要部分에 錯誤라고 解釋되어 있는데 이것을 더 分明히 밝히자는 것입니다.

○ 副議長(趙瓊奎) : […] 法制司法委員會의 修正案만 먼저 表決하겠습니
다. 法制司法委員會의 修正案에 대해서 異議 없으시//지요? (「異議 없소」 하는
이 있음) 異議 없으시면 法制司法委員會의 修正案이 104조 通過되었습니다.

○ 法制司法委員長 代理(張暻根) : 그 다음에 玄錫虎 議員의 修正案이 있
습니다. [현석호 수정안 (5) 낭독] 이렇게 제3항을 新設한다고 그랬는데 여기에
는 立法例가 이와 같은 立法例가 있습니다. 修正案과 같이 … 瑞西民法 제23조
에 이와 같은 立法例가 있습니다. 그러나 獨逸民法이라든지 希臘民法이라든지
이런 法에는 이러한 條文이 없습니다. 이것은 結局에 있어서는 두 가지 見解가
있을 수 있는데 우리나라와 같은 草案은 어떤 것이 있는가 하면 現行法이 錯誤
가 있을 때에는 無條件 無效로 했습니다. 이것은 法律行爲을 할 때 錯誤가 있어
서 普通 말을 例를 들으면 競馬하는 말인 줄, 宏壯히 훌륭한 말인 줄 알고 이것
을 샀다, 賣買契約을 했다 이랬을 적에 錯誤가 있을 적에는 現行法에 依하면 無
條件으로 無效로 했습니다. [8면] 아주 意思表示한 사람을 保護하고 여기에 판
사람 그 相對方, 相對方은 그 相對方에 대해서는 아무 考慮를 안 했습니다. 이
런 것을 그래 가지고는 去來의 安全을 圖謀하는 데 充分하지 못하다 해서 獨逸
民法에 따라서 좀 進步된 立法을 하자 하는 것이 本 草案의 立場이올시다. 그것
은 무엇인고 하니 그냥 無條件하고 有效[無效]로 하지 말고 다못 取消할 수 있
다 그렇게 規定하자 그랬습니다.

그렇게 一步 進步했는데 이 玄錫虎 議員의 修正案은 더 한 걸음 더 나간

것입니다. 이것은 인제 그렇게 錯誤者를 좀더 保護 안 하고 相對方을 保護하는 立場으로서 進步한 … 草案에 있는데 그 草案보다도 한걸음 더 나아가서 그 表意者가 取消를 하는 境遇라도 거기에 輕過失이 있는 境遇에는 그 錯誤된 意思表示를 할 적에 그것이 過失에 의해서 그런 것을 한 境遇에는 損害賠償을 相對方에게 請求할 수있다. 이것은 어떤 것인고 하니 去來의 安全을 保護하는 데는 아주 좋습니다. 錯誤된 意思表示를 한 相對方을 保護하는 데에는 아주 充分하지만 그 代身에 이 錯誤된 錯誤로 因해서 意思表示한 사람에게 너무 苛酷하지 않은가.

　　그래서 우리는 아주 卽 尖端을 걷는 大進步的인 立法보다도 中間的인 進步的 立法을 한 이 草案의 立場이 좋지 않을까 하는 것이 法制司法委員會의 意見이올시다. 그것이 獨逸民法과 「히랍」民法의 立法例가 지금 草案과 같고 … 玄//錫虎 議員의 立法例와 같은 것이 瑞西民法 24조가 取한 態度올시다. 이 두 가지 立法例가 있습니다.

　　○ 副議長(趙瓊奎) :　玄錫虎 議員, 이 修正案에 대한 說明 해 주세요.

　　○ 玄錫虎 議員 :　[…] 意思表示하는 法律行爲에 지금 法制司法委員會의 修正案대로 하면 法律行爲에 內容에 重要한 部分의 錯誤가 있을 때에는 取消할 수 있다. 그러나 그 錯誤가 表意者의 重大한 過失에 인한 때에는 取消하지 못한다. 이렇게 되어 있습니다. 이렇게 되어 있는데 여기에 대해서는 外國의 立法例로 여러 가지가 있습니다마는 要컨대 지금 이 法律行爲의 所謂 말하자면 要素의 錯誤라는 法律用語로 要素의 錯誤가 있을 때에는 過去 지금 現行 民法으로는 有[無]效로 되어 가지고 있습니다. 有[無]效로 되어 가지고 있는 것을 이번에는 有[無]效로 되지 않고 取消할 수 있다는 程度로 많이 修正이 되어 있습니다.

　　이 點에 대해서는 贊成하는 바입니다. 그러나 大體로 볼 때에 이 法律行爲의 錯誤로 因해서 取消한 때에 있어서의 相對方을 어떻게 保護하느냐, 亦是 恒常 法律에는 表意者와 相對方을 어떻게 保護하느냐 그 保護를 均等히 할 수 있느냐. 그래서 恒常 問題가 되는 것입니다. 이것 亦是 거기에 대한 原則問題가 되는데 여기에 대해서는 대체로 이런 境遇가 될 것입니다.

　　그 表意者가 그 責任을 물을 때에 있어서 세 // 가지 境遇가 되는 것입니다. 첫째는 全然 그 要素의 錯誤 卽 法律의 內容에 대해서 重大한 部分의 錯誤가 있는 때에 있어서 그 表意한, 意思表示한 사람이 全然 過失이 없을 境遇, 全

然 過失이 없는 境遇가 있습니다. 이런 境遇에는 이 案으로 볼 것 같으면 勿論
그야 取消할 수가 있고 또 相對方에 대해서 全然 賠償할 責任이 없습니다. 없고
그 다음에 重過失이 있을 때에 이 意思表示한 사람이 重大한 過失이 있을 때에
이럴 때에는 取消를 할 수 있습니다.

　　取消를 할 수 있고 … 아! 取消를 할 수 있는 것이 아니라 그 反對입니다.
重大한 過失이 있을 때에는 그것을 取消 못합니다. 이것은 말이 안 되고 다만
그 輕微한 過失이 있을 때에 意思를 表示한 사람이 過失이 있기는 있으되 그렇
게 重大한 過失이 아니고 輕微한 程度의 過失이라 卽 말하자면 이런 程度에 있
어서 제2항에 보면 取消할 수 있습니다. 取消할 수 있는데 여기 原案에 보며는
取消는 하지만 取消를 하고 그 賠償할 責任은 없다 이것입니다. 그러나 지금 내
가 修正案을 내자고 하는 것은 이 意思表示한 사람이 重大한 過失이 아니고 輕
微한 過失이 있을 때에 取消를 하지만 同時에 그때에 있어서는 自己도 過失이
있었으니까 相對方에 對해서 賠償을 해 주자 그 損害를 물어주어야 된다 … 이
런 뜻입니다. 卽 말하자면 그 輕過失이 있는 境遇에 있[9면]어서 相對方을 保護
하자 이것이 意義인데 이것에 對해서 卽 말하자면 어디든지 우리 民法典을 통
틀어서 본 原則으로서 過失이 있는 사람은 責任을 진다 이것입니다.

　　過失이 있는 사람은 責任을 져야 된다 … 이 어떤 조항에 있어서는 우리
民法制定案에 있어서 過失이 없는 사람도 責任을 진다, 亦是 無過失責任者다
이까지 가야만 去來의 安全이라든지 動的 安全을 保護할 수 있다, 이러한 原則
을 우리가 늘 가지고 있는데 이러한 境遇에 있어서 過失이 있으면서도 責任을
지지 않고 相對方의 保護 다시 말하면 相對方의 損害를 물어 주지 않는다, 이것
은 損害를 兩쪽으로 負擔하는 데 있어서 均衡을 잃어버린 것이다, 이러한 趣旨
입니다. 卽 말하자면 이러한 意味로서 적어도 意思表示를 한 사람이 輕過失이
있을 때에는 그 取消를 하는 것만 해도 벌써 內容의 錯誤에 依해서 表意者를
保護하는 것만큼 그 程度에 있어서 意思表示를 取消할 만한 權限을 주어서 保
護하면서 相對方에 있어서 損害 있는 사람을 損害를 賠償해 주지 않는다면 이
것은 그 負擔의 均衡이 맞지 않다, 이것입니다. 그러니까 다시 말하면 이 相對
方이 그 法律行爲가 有效했다고 信賴했던 그 믿었던 까닭으로 因한 利益 그 反
對로 말하면 損害가 됩니다마는 그 利益은 亦是 保護를 해 주어야 된다, 이것입
니다. 그런데 保護를 해 주되 지금 修正案을 提起한 것처럼 그 // 利益이 있을

때에 有效하다고 認定될 때에 얻을 수 있는 利益보다 보다 더 많은 利益은 認定하지 않는다, 이것입니다.

　그러니까 지금 相對方이 믿었음으로 因해서 自己가 損害 보는것 만큼은 적어도 負擔을 해 주어야 된다, 이것입니다. 이것이 가장 그 合理的이 아닌가 이렇게 생각합니다. 이런 意味에서 立法例를 보더라도 지금 張暻根 議員은 獨逸民法에는 立法例가 아니라고 하지만 제가 알기에는 獨逸民法에도 이러한 立法例로 됩니다. 立法例에 있어서도 獨逸民法 제119조라든지 또 112조 라든지, 瑞西債務法 제26조라든지, 中國民法 제96조라든지 대개 이와 같은 趣旨로 저는 알고 있습니다.

　○ 副議長(趙瓊奎) ：　委員長 나와서 말씀하세요

　○ 法制司法委員長 代理(張暻根) ：　한 가지 말씀드리는 것을 빠친[빠뜨린] 것이 있어서 잠깐 補充해 드리겠습니다. 이제 104조는 草案의 立場을 取할 수도 있고 玄錫虎 議員의 立場을 取할 수도 있습니다. 立法例도 갈려져 있습니다. 長短得失은 제가 말씀드린 바인데 다못 玄錫虎 議員 修正案처럼 修正을 하면 딴 條文과의 均衡을 失하게 됩니다. 본 草案을 다 그 式으로 고쳐야 됩니다. 이 쪽의 例를 들면 이번에 要素의 錯誤가 있을 때에는 取消를 할 수 있지만 萬一 錯誤者에게도 過失이 있는 경우에는 또 相對方으로부터 그 取消하는 사람에게 損害賠償을 要請할 수 있다는 것//이 玄錫虎 議員의 修正案인데 이런 修正案을 通過시키려면 거기에 關聯된 것을 다 修正해야 되게 됩니다. 例를 들어 말하면 그 다음에 오는 條文 95조 詐欺와 强迫 … 詐欺 또는 强迫에 의한 또는 詐欺에 의한 意思表示는 取消할 수 있다 그럴 때에도 取消權을 주는 同時에 萬一 詐欺 같은 것을 할 때 錯誤에 의해서 … 좀더 精神을 차려 가지고 똑똑했으면 詐欺를 안 當했을텐데 詐欺를 當했다 過失에 의한 詐欺를 當했다, 이런 때 경우에는 取消를 할 수 있지만 相對方이 그 取消한 사람에 대해서 이쪽 玄錫虎 議員의 主張과 마찬가지로 損害賠償을 請求할 수 있는 그런 制度를 … 이런 경우가 많이 있는데 그것을 다 規定을 해야 均衡的으로 됩니다. 그러니까 大法典에 關聯될 … 大法典이 한 條文 딱 獨立해서 고쳐서는 안 되는 경우가 있습니다. 똑같이 均衡的으로 하면 다른 것도 그 비슷한 것은 전부 그런 條文을 넣어야 되는데 이것이 대단히 錯雜하게 되는데 이것을 考慮해 주시고 萬一 이것을 한다면 여러 가지 거기와 비슷한 경우와 같은 것을 또 이런 制度를 採擇해야 될 경우

가 到達해야 된다는 것을 미리 諒解해 주시면 좋겠습니다

○ 副議長(趙瓊奎) : 表決하겠습니다. [10면] […] // 이제 成員이 되었습니다. 104조 玄錫虎 議員의 新設 條項 表決합니다. 이 修正案을 묻습니다. (擧手 表決) 表決結果를 發表합니다. 在席員數 115人, 可에 28票, 否에 한 票도 없습니다마는 未決입니다. 다시 한 번 表決하겠습니다

(「議長」 하는 이 있음) 말씀하세요

○ 金善太 議員 : 지금 玄錫虎 議員 修正案에 대해서 제가 말씀을 더 한다고 해 가지고 自由黨 議席에 계신 여러분이 손 들으실 理 萬無하다고 하는 것도 제가 압니다마는 먼저 번에 말씀하신 張暻根 議員께서 說明하신 그것이 나도 法制司法委員會의 한 사람으로써 民法小委員은 아닙니다마는 民法에 대해서 案에 대한 생각도 해보고 한 일이 있어서 말씀드립니다.

만일 104조 錯誤가 表意者의 輕過失이 있을 境遇에는 相對方이 입은 被害에 대해 補償을 // 해주어야 한다, 損害賠償權을 주어야 한다는 그것은 우리 民法精神의 利益 均霑, 損害의 均衡 한 便만을 保護하고 한 便을 保護하지 아니해서는 안 된다, 그 利益과 損害를 적당하게 損害된 사람도 없고 利益될 사람도 없이 하는 것이 私法의 總精神인 것입니다.

그런데 104조의 錯誤라고 하는 것은 表意者가 제 스스로 … 제 스스로 錯覺을 했다든지 誤認했다든지 그런 것이에요. 어떤 사람이 詐欺를 했다든지 强迫을 했다든지 어떤 사람이 그 사람으로 하여금 錯覺에 이르도록 하는 그런 것이 아니라 萬一 그런 것도 있을 것이에요. 그러나 그것은 詐欺를 했다든지 强迫을 했다든지 그런 것이 아니고 이 104조에 있는 錯誤라고 하는 것은 다른 데서 何等의 影響力을 받지를 아니하고 제 스스로가 自動的으로 錯覺하고 誤認했다 그런 것이에요.

그런 故로 제 스스로가 錯覺을 하고 誤認하는데 過失이 있다고 하며는 그 過失로 말미암아 가지고 다른 사람한테 損害가 미쳤다고 하며는 所謂 그것이 輕過失이라고 하더라도 대량 責任을 물어야 된다, 그런 것이 이 均衡의 原則에 맞다 그런 얘기입니다.

그것과 反對로 張 委員長이 하신 말씀을 萬一 104조를 그렇게 修正을 한다고 하며는 105조 詐欺와 强迫의 境遇에도 그러한 條文[11면]으로 修正치 아니하고는 안 된다는 이런 말씀을 하셨는데 104조가 이런 것과는 反對로 105조라

고 하는 것은 내가 或은 第3者가 다른 사람의 利益을 위해서 暴言을 했다든지 暴力을 加했다든지 해 가지고 强迫을 한다 … 네가 이렇게 이렇게 하지 아니하면 안 된다 하는 그런 强迫을 해 가지고 意思表示를 시켰다든지 그렇지 않으면 表意者나 當事者나 그렇지 않으면 第3者가 詐欺를 해가지고 詐術을 弄해 가지고 相對方으로 하여금 錯覺을 일으켰다든지 말하자고 하며는 지금 錯誤의 相對者는 가만히 있는 사람한테니까 損害를 줘야 한다 損害賠償請求權을 줘야 한다. 하지만 强迫을 한 놈, 詐欺를 한 놈, 그런 놈들이 相對方에게 多少의 過失이 있어 가지고 詐欺를 當했다 多少의 沈着치 못한 輕率한 點이 있어서 强迫을 當했다 해 가지고 損害賠償權을 준다고 하는 것은 그것은 104조하고는 精神도 틀리고 事理가 틀리는 것이에요.

내가 詐欺를 했는데 … 이놈아 내가 詐欺를 했지만 네가 이놈아 輕率했으니까 내 詐欺에 떨어지지 않았어. 그러니 너 輕率에 대해서 너도 責任을 져야 할 것이 아니냐. 그런 얘기는 되지 않아요. 내가 이놈아 脅迫을 했지만 强迫을 했지마는 네가 조금 낫게 우락부락하게 氣運도 쓰고 그랬으면 네가 强迫을 안 當했을 것이 아니야, 그러니 네가 그렇지 못한 것에 대해서 責任을 져야 한다고 하는 것은 그것은 法理에 있을 수 없는 일이에요. //

그런 故로 自己 自身이 스스로 錯覺을 해가지고 아무런 다른 사람한테 影響을 받지도 아니하고 錯誤를 일으킨 데에 대해서 거기에 輕過失이 있다든지 한다고 하며는 그것은 相對方에 대해서 責任을 져야 하지마는, 詐欺나 强迫을 한 놈이 네가 輕率했다 네가 조금 過失이 있다 그래 가지고 그 過失 … 그 輕率에 대해서 責任을 져라 한다고 하는 것은 그것은 104조하고는 根本的으로 틀리는 얘기입니다.

그런 故로 104조를 玄錫虎 議員 修正案대로 고친다 하더라도 105조를 그렇게 修正치 아니하면 안 된다고 하는 理論은 法理上으로 서지 아니한다는 것을 여러분에게 말씀드리는 것입니다.

○ 副議長(趙瓊奎) :　다시 表決하겠습니다. […] 104조의 玄錫虎 議員의 修正案 2次 表決입니다. […] (擧手表決) 表決結果를 發表합니다 在席 106人, 可에 28票, 否에 한 票도 없습니다마는 未決입니다. 玄錫虎 議員의 修正案은 兩次 未決로 廢棄되었습니다.

제110조 （詐欺,强迫에依한意思表示） ①詐欺나强迫에依한意思表示는取消할
수있다

②相對方있는意思表示에關하여第3者가詐欺나强迫을行한境遇에는相對方
이그事實을알았거나알수있었을境遇에限하여그意思表示를取消할수있다

③前2항의意思表示의取消는善意의第3者에게對抗하지못한다

Ⅱ. 案 제105조

Ⅲ. 審議錄, 74면 하단 ~ 75면 하단

[75면] 2. 現行法 및 判例, 學說 現行法 제96조와 同一한 趣旨이다.

3. 外國 立法例 ① 獨民 제123조 詐欺또는不法한强迫에因하여意
思表示를決定한자는그意思表示를取消할수있다

어떤사람에對한意思表示에關하여第3者가詐欺를한때에는相對方이詐欺를알
았거나또는이를알수있었을境遇에限하여그意思表示를取消할수있다 相對方以外
의者가意思表示에因하여直接權利를얻었을때에는取得者가詐欺를알았거나또는이
를알수있었을境遇에限하여이에對하여意思表示를取消할수있다

② 中民 제92조 規[現]行法과 同一하다
③ 滿民 제106조 草案과 同一하다

6. 審議經過 取消의 效果에 있어 詐欺, 强迫 兩者의 差異를 두지 않는
點과 第3者의 詐欺, 强迫의 境遇 相對方의 知, 不知에 關하여 同一하게 取扱한
것은 立法上 進步的이다. //

7. 結論 : 原案에 合意

제111조（意思表示의效力發生時期）①相對方있는意思表示는그通知가相對方
에到達한때로부터그效力이생긴다

②表意者가그通知를發한後死亡하거나行爲能力을喪失하여도意思表示의效
力에影響을미치지아니한다[59]

---

59) 민법 제111조 제2항에 대한 입법과정에서의 심의와 관련하여서는, 민법안이 의용민법 제
525조(의용민법 제97조 제2항과 관련하여서, 계약의 성립에 있어서는 일정한 경우, 즉 청
약자가 반대의 의사를 표시하거나 상대방이 사망 또는 능력 상실의 사실을 안 경우에는
위 규정의 적용이 배제된다고 한다)와 같은 규정을 두지 아니하기로 한 것도 아울러 고려

Ⅱ. **案**   제106조

Ⅲ. **審議錄**, 75면 하단 ~ 76면 상단

2. 現行法 및 判例, 學說   現行法 제97조와 同一한 趣旨이다(但 「隔地者에對한…」을 削除하였다).

契約에 關한 特則 → 現行法 제526조(草案 제522조)(承諾의 發信主義).

3. 外國 立法例   ① 獨民 제130조   隔地者에對한意思表示는그通知가相對方에到達한때부터그效力을發生한다   意思表示가相對方에到達하기前또는이와同時에撤回의通知가到達한때에는意思表示는效力을發生하지않는다

表意者가通知를發送한後에死亡하거나또는能力을喪失한때도意思表示의效力에影響을미치지않는다

本條의規定은官廳에對한意思表示에이를適用한다

② 瑞債 제10조   隔地者間에있어成立된契約의效力은承諾의表示가發送에附한때부터發生한다

明示의承諾를必要하지않을때는契約의效力은申込의受領과같이發生한다

③ 中民 제95조   對話가아니고意思表示를한때에는그意思表示는通知가相對方에到達한때로부터效力을發生한다   但撤回의通知가同時에또는먼저到達한때는그러하지아니하다   意思表示者가通知를發送한後에死亡하였거나또는行爲能力을喪失하였거나또는그行爲能力에制限을받은때에는그意思表示는이로因하[76면]여그效力을잃지아니한다

④ 滿民 제107조   隔地者에對한意思表示는그通知가相對方에到達한때부터그效力을生한다   意思表示는表意者가그通知를發한후死亡하거나또는行爲能力을喪失하여도이로因하여그效力을妨害됨이없다

6. 審議經過   現行法의 「隔地者」라는 用語를 避한 草案은 槪念의 正確을 期하는 意味에서 妥當하다. 契約에 關하여서는 現行法 제526조(草案 제522조)의 規定이 있다.

7. 結論 : 原案에 合意

할 필요가 있다. 이에 대하여는 뒤의 782면 이하 참조.

제112조 (意思表示의受領能力) 意思表示의相對方이이를받은때에無能力者인
境遇에는그意思表示로써對抗하지못한다 그러나法定代理人이그到達을안後
에는그러하지아니하다

Ⅱ. **案**   제107조 [다만 본문은 "…그意思表示로相對方에對抗…"라고 한다]

Ⅲ. **審議錄**, 76면 상단 ~ 하단

　　2. 現行法 및 判例, 學說   現行法 제98조와 同一한 趣旨이다(但「未成
年者 또는 禁治産者」를「無能力者」로 修正).

　　3. 外國 立法例   ① 獨民 제131조   無能力者에對한意思表示는그通
知가法定代理人에到達하기前에그效力이//發生하지아니한다

　　　　限定能力者에對하여서한意思表示에關하여도같다 但意思表示가限定能力
者에對하여단지法律上의利益을줄때또는法定代理人이그同意를준때에는意思表示
는그通知가限定能力者에到達한때부터그效力이發生한다

　　② 中民 제96조   行爲無能力者또는制限行爲能力者에對하여意思表示를
하였을때에는그通知가그法定代理人에到達한때에效力을發生한다

　　③ 滿民 제108조   草案과 同一하다

　　6. 審議經過   「그意思表示로相對方에」를「그意思表示로써」로 字句修正
하기로 合意하였다.

　　7. 結論 : 前記 修正 外에 原案에 合意

Ⅳ. **법사위 수정안**   (25) 제107조中「意思表示로相對方에」를「意思表示로써」
　　로修正한다

Ⅷ. **제2독회**, 속기록 제45호, 11면 하단

　　○ 法制司法委員長 代理(張暻根) :   [민법안 제107조 및 법사위 수정안
(25) 낭독] 이것은 字句修正에 不過한 것입니다.

제113조 (意思表示의公示送達) 表意者가過失없이相對方을알지못하거나相對
方의所在를알지못하는境遇에는意思表示는民事訴訟法公示送達의規定에依하
여送達할 수 있다

Ⅱ. **案**　　제108조

Ⅲ. **審議錄**, 76면 하단 ~ 77면 상단

2. 現行法 및 判例, 學說　　現行法 제97조의2와 同一한 趣旨이나 草案은 過失 없는 境遇에 公示送達하게 하였다. 現行法 제2항 以下는 內容에 若干의 差異가 있으나 [77면] 民訴 제178조~제180조에 規定이 있으므로 不必要하다.

3. 外國 立法例　　① 獨民 제132조　　意思表示는 執達吏에 依하여 送達된 때에相對方에到達한것으로看做한다이送達은民事訴訟法의規定에依하여이를한다

　　　表意者가過失없이相對方을알지못하거나또는相對方의居所가不明한때에는召喚狀의公示送達에關한民事訴訟法의規定에따라送達할수있다　右의送達의許可는제1의境遇에는表意者의住所또는內國에住所없을때에는그居所의所在地의區裁判所가이를管轄하며제2의境遇에送達을받을자의最後의住所또는內國에住所없을때에는最後의居所의所在地의區裁判所가이를管轄한다

② 中民 제97조　　意思表示者가自己의過失에依하지아니하고相對方의姓名居所를알지못하였을때에는民事訴訟法의公示送達의規定에依하여公示送達로써意思表示의通知를할수있다

③ 滿民 제109조　　本 草案과 同一하다

6. 審議經過　　現行法에서 民事訴訟法의 公示送達과 大同小異한 規定을 한 것보다도 草案이 그 節次에 있어서 民訴法 規定에 依據하도록 한 것은 賢明하다.

7. 結 論 : 原案에 合意

Ⅶ. **辯協**, 자료집, 39면 상단

草案, 108조 […]　右 條文을 다음과 같이 修正한다.　「表意者가過失없이相對方을알지못하거나相對方의住所를알지못하는境遇에는意思表示는民事訴訟法公示送達에關한規定에依한다」

[理 由]　　草案 제108조 原文은 意思表示를 公示로써 하는 送達方法은 規法하였으나 其 送達의 效力發生에 對하여서는 何等의 規定이 없으므로 公示送達하는 卽時로 送達의 效力이 生하는 것으로 解釋이 되는바 如此히 하면 公示送達의 立法趣旨에 違反하며 公示送達의 使命을 達할 수 없으므로 公示方法 公示期間 送達의 效力發生 等에 關하여서는 民事訴訟法 公示送達에 關한 規定에 依함이 妥當하다고 思料하므로 修正함

제3절 　 代 　 理

제114조（代理行爲의效力） ①代理人이그權限內에서本人을爲한것임을表示한
意思表示는直接本人에게對하여效力이생긴다
　 ②前項의規定은代理人에게對한第3者의意思表示에準用한다

Ⅱ．**案** 　 제109조

Ⅲ．**審議錄**，77면 상단 ～ 78면 상단

// 2．現行法 및 判例，學說 　 現行法 제99조와 同一한 趣旨이다(特則
→ 商法 제504조).

3．外國 立法例 　 ① 獨民 제164조 제1항 　 代理人이그權限內에서本
人의이름으로한意思表示는直接本人을爲하여또는本人에對하여그效力을發生한다
이境遇에는本人의이름을名示하고意思表示를한것과또는本人의이름으로한것이事
情에依하여明白한것과區別하지않는다

② 瑞債 제32조 제1항 　 他人의代理人인權限있는자本人의名義로써契約
을締結한때는權利를가지고義務를지는者는本人이며代理人이아니다

③ 中民 제103조 　 代理人이代理權限內에서本人의名義로써한意思表示는
直接本人에對하여效力을發生한다

前項의規定은本人에對하여意思表示를하여야할때그代理人에對하여이를
한境遇에이를準用한다

④ 滿民 제111조 　 草案과 同旨이다

[78면] 7．結 　 論 : 原案에 合意

제115조（本人을爲한것임을表示하지아니한行爲） 代理人이本人을爲한것임을
表示하지아니한때에는그意思表示는自己를爲한것으로본다[60]그러나相對方이
代理人으로서한것임을알았거나알수있었을때에는前條제1항의規定을準用
한다

---

60) 관보 원문에는 다른 경우와는 달리 여기서 본문과 단서 사이에 띄어쓰기가 없다.

Ⅱ. 案   제110조

Ⅲ. 審議錄, 78면 상단 ~ 하단

　　2. 現行法 및 判例, 學說   現行法 제100조와 同一한 趣旨이다(參照 商法 제504조).

　　3. 外國 立法例   ① 獨民 제164조 제2항   他人의이름으로하는意思不明한때는自己의이름으로한것으로看做하다

　　② 瑞債 제32조 제2항   代理人이契約締結에있어그의代理人인것을表示하지않을때에는相對方이事情에依하여代理關係를推知할境遇또는그가어떠한사람과契約을締結함을不問하는境遇에限하여本人은直接權利를가지며義務를진다 그러하지않은境遇에있어서는各各에對하여適用되는原則에따라債權의讓渡또는債權引受를하여야한다

　　③ 滿民 제111조   草案과 同旨이다 //

　　7. 結 論 : 原案에 合意

제116조 (代理行爲의瑕疵) ①意思表示의效力이意思의欠缺, 詐欺, 强迫또는어느事情을알았거나過失로알지못한것으로因하여影響을받을境遇에그事實의有無는代理人을標準하여決定한다

　　②特定한法律行爲를委任한境遇에代理人이本人의指示에좇아그行爲를한때에는本人은自己가안事情또는過失로因하여알지못한事情에關하여代理人의不知를主張하지못한다

Ⅱ. 案   제111조

Ⅲ. 審議錄, 78면 하단 ~ 79면 상단

　　2. 現行法 및 判例, 學說   現行法 제101조와同一하다.

　　3. 外國 立法例   ① 獨民 제166조   意思表示의法律上의效力이意思의欠缺또는어느事情을안것또는이를알수없었음에依하여影響을얻을境遇에그事情의有無는代理人에있어서이를定한다 代理權이法律行爲에依하여授與된境遇에代理人이授權者의指導에따라그行爲를한때에는授權者는스스로안事情에關하여代

理人의不知를主張할수없다 알수있었을것을안것으로同一히看做할境遇에는授權
者가알수있었던事情에關하여도그러하다

　　② 中民 제105조　　　代理人의意思表示가그意思에欠缺한것詐欺된것또는그
事情을明知한것또는그事情을알수있었을것에依하여그效力에影響을받을境遇에그
事實의有無는代理人의[에]있어서이를決定하여야한다 但代理人의代理權이法的行
爲로써授與된境遇에그意思表示가本人이指示한意思에依照하여된때에는그事實의
有無는本人에있어서이를確定하여야한다

　　③ 滿民 제112조　　　草案과 同旨이다

　　[79면] 7. 結 論 : 原案에 合意

제117조 (代理人의行爲能力) 代理人은行爲能力者임을要하지아니한다

Ⅱ. 案　　　제112조

Ⅲ. 審議錄, 79면 상단 ～ 하단

　　2. 現行法 및 判例, 學說　　　現行法 제102조와 同一하다.

　　3. 外國 立法例　　① 獨民 제165조　　　代理人이하였거나또는代理人에
對하여한意思表示는代理人의行爲能力의權限에依하여그效力을妨害됨이없다

　　② 中民 제104조　　　代理人이한또는받은意思表示의效力은그制限行爲能力
者이므로말미암아影響을받지않는다

　　③ 滿民 제113조　　　草案과 同一하다 //

　　7. 結 論 : 原案에 合意

제118조 (代理權의範圍) 權限을定하지아니한代理人은다음各號의行爲만을할 수있다

　　1. 保存行爲
　　2. 代理의目的인物件이나權利의性質을變하지아니하는範圍에서그利用또
　　　는改良하는行爲

Ⅱ. 案　　　제113조

Ⅲ. **審議錄**, 79면 하단 ~ 80면 상단

2. 現行法 및 判例, 學說　　現行法 제113조와 同一하다.

3. 外國 立法例　　① 滿民 제113조　　權限의 作定이없는代理人은左의 行爲만을할權限을갖는다　　　　　　1. 保存行爲

2. 物또는權利의性質을變치않는範圍에서그利用또는改良을目的으로하는行爲

[80면] 7. 結論 : 原案에 合意

제119조 (各者[61]代理)　代理人이數人인때에는各自가本人을代理한다　그러나 法律또는授權行爲에다른定한바가있는때에는그러하지아니하다

Ⅰ. **法編委**　　1. 의사록　　○ 高秉國 起草委員　　[…]　　(13) 數人의 代理人이 있을 때의 各自代理의 原則을 宣明할 것 […]

全員 贊成으로 各 原案대로 可決하다

2. 編纂要綱　　總則　　12. [내용은 앞의 1. (13)]

Ⅱ. **案**　　제114조

Ⅲ. **審議錄**, 80면 상단 ~ 하단

2. 現行法 및 判例, 學說　　現行法에는 規定 없고 新設 條文이다. (草案 제55조 參照)

3. 外國 立法例　　① 中民 제168조　　代理人이數名인때에는그代理行 爲는共同하여이를하여야한다　　但法律에別段의規定이있거나또는本人에別段의意 思表示있는때는그러하지않다

② 滿民 제115조　　草案과 同一하다(但「法令」)

6. 審議經過　　「定한바이」를 「定한바가」로 字句修正한다.[62]

// 7. 結論 : 前記 字句修正 外에 原案에 合意

Ⅳ. **意見書**, 54면 (李丙浩)

[35] 草案 제114조의 規定에 贊成한다.

---

61) '各自'라고 되어 있지 않다.

62) 이는 나중의 조문정리과정에서 반영되었다.

[이 유]   代理人이 數人 있는 境遇에 그 數人의 地位가 共同代理냐 單獨代理냐 하는 것은 授權行爲로써 決定하여야 할 性質의 것인 것은 贅言을 要치 않는 것이나, 授權行爲로써 이것이 解決되지 않았을 境遇에 어떻게 規律하느냐 하는 問題에 關하여 法律關係의 簡單明確을 期하기 爲하여 從前의 判例의 立場과 多數의 學說에 따라 이것을 立法的으로 解決한 點에 對하여 贊意를 表하는 것이다.

「外國法制 參考」 [⋯]

제120조 (任意代理人의復任權) 代理權이法律行爲에依하여付與된境遇에는代理人은本人의承諾이있거나不得已한事由있는때가아니면復代理人을選任하지못한다

Ⅱ. 案   제115조

Ⅲ. 審議錄, 80면 하단

　　2. 現行法 및 判例, 學說   現行法 제114조와 同一한 趣旨이다. 그러나 現行法에 「委任된 代理人」이라 함을 草案은 「法律行爲에依하여付與된代理權」이라고 規定하였는바 이는 代理權의 授與가 恒常 委任行爲에만 依하는것이 아니므로 草案의 規定이 進步的이다.

　　3. 外國 立法例   ① 滿民 제116조   草案과 同一하다

　　6. 審議經過   復代理人에 있어서 「復」字를 使用함이 可하다. 「複」字를 「復」으로 修正한다.

　　7. 結 論 : 字句修正 外에 原案에 合意

Ⅳ. 법사위 수정안   (26) 제115조中「複代理人」을「復代理人」으로修正한다 (以下本案中同一하다)

Ⅷ. 제2독회, 속기록 제45호, 11면 하단

　　○ 法制司法委員長 代理(張暻根) : [민법안 제115조 낭독] 이 「複代理人」이라는 文句가 字句가 조금 잘못 되었습니다. 그래서 字句修正으로서 이 「複代理人」은 두人변에 쓰는 復代理人으로 고치자는 것입니다.

제121조 (任意代理人의復代理人選任의責任) ①前條의規定에依하여代理人이 復代理人을選任한때에는本人에게對하여그選任監督에關한責任이있다

②代理人이本人의指名에依하여復代理人을選任한境遇에는그不適任또는不 誠實함을알고本人에게對한通知나그解任을怠慢한때가아니면責任이없다

Ⅱ. **案**   제116조

Ⅲ. **審議錄**, 80면 하단 ~ 81면 상단

[81면] 2. 現行法 및 判例, 學說   現行法 제105조와 同一하다.

3. 外國 立法例   ① 滿民 제117조   草案과 同一하다

6. 審議經過   「複代理人」을 「復代理人」으로 字句修正하였다.

7. 結論 : 字句修正 外에 原案에 合意

제122조 (法定代理人의復任權과그責任) 法定代理人은그責任으로復代理人을 選任할수있다   그러나不得已한事由로因한때에는前條제1항에定한責任만이 있다

Ⅱ. **案**   제117조

Ⅲ. **審議錄**, 81면 상단 ~ 하단

2. 現行法 및 判例, 學說 //   現行法 제106조와 同一한 趣旨이다.

3. 外國 立法例   ① 滿民 제117조   草案과同一하다

6. 審議經過   ① 「事由에因하여」를 「事由로因하여」로 字句修正 (草案 제59조, 제124조 參照).

② 「複代理人」을 「復代理人」으로 字句修正한다.

7. 結論 : 字句修正 外에 原案에 合意

제123조 (復代理人의權限) ①復代理人은그權限內에서本人을代理한다

②復代理人은本人이나第3者에對하여代理人과同一한權利義務가있다

Ⅱ. 案 　제118조

Ⅲ. 審議錄, 81면 하단 ~ 82면 상단

2. 現行法 및 判例, 學說 　現行法 제107조와 同一한 趣旨이다. 現行法은「本人을代表한다」라고 規定하였음을 草案이「本人을代理한다」고 規定하였다.

3. 外國 立法例 　① 滿民 제119조 　草案과 同一하다

6. 審議經過 　「複代理人」을「復代理人」으로 字句修正하였다.

[82면] 7. 結 論 : 字句修正 外에 原案에 合意

제124조 (自己契約, 雙方代理) 代理人은本人의許諾이없으면本人을爲하여自己와法律行爲를하거나同一한法律行爲에關하여當事者雙方을代理하지못한다 그러나債務의履行은할수있다

Ⅱ. 案 　제119조

Ⅲ. 審議錄, 82면 상단 ~ 하단

2. 現行法 및 判例, 學說 　現行法 제108조는 草案과 同一한 趣旨이나 本人의 許諾이 없는 境遇에 限하여 自己契約, 雙方代理를 不許한다는 趣旨가 나타나 있지 않다.

3. 外國 立法例 　① 獨民 제181조 　代理人은別段의許可없는때에는 本人의이름으로自己와法律行爲를하거나또는本人의이름으로第3者의代理人으로써法律行爲를할수없다 但法律行爲가單只債務의履行인때에는그러하지않다

② 中民 제106조 　代理人은本人의許諾을얻지않으면本人과自己와의사이의法的行爲를할수없다 　또이미第3者의代理人이된境遇에本人과第3者와의사이에法的行爲를할수없다 　但그法的行爲가오로지債務의履行만에關한때에는그러하지않다 //

③ 滿民 제120조 　草案과 同一하다

6. 審議經過 　草案에「本人의 許諾이 없으면」이라는 現行法에 없던 文句를 揷入한 것은 從來에 解釋上 到達한 結果를 法文으로 明白히 하는 意味에서 妥當하다.

7. 結 論 : 原案에 合意

제125조 (代理權授與의表示에依한表見代理) 第3者에對하여他人에게代理權을授與함을表示한者는그代理權의範圍內에서行한그他人과그第3者間의法律行爲에對하여責任이있다 그러나第3者가代理權없음을알았거나알수있었을때에는그러하지아니하다

Ⅱ. 案　　　제120조

Ⅲ. **審議錄**, 82면 下段 ~ 83면 上段

2. 現行法 및 判例, 學說　　　現行法 제109조와 同一한 趣旨이나 但書는 新設 規定이다. 그러나 從來 解釋上 그렇게 認定되어 왔기 때문에 新設 但書는 安當하다.

3. 外國 立法例　　① 獨民法 제171조　　第3者에對하여特別한通知또는公告에의하여어떤사람에게代理權을준뜻을表示한때는제1의境遇에는그第3者에對하여또는제2의境遇에는모든第3者에對하여代理를行할수있다

　　　　前項의境遇에는代理權은이를부여한通知와同一한方法으로서撤回할때까 [83면]지는存續한다

② 獨民 제172조　　受[授]權者가代理人에게委任狀을交付하고代理人에이를第3者에提示한때에는受[授]權者가한代理權수여의特別한通知와같이看做한다

　　　　前項의境遇에代理權은委任狀을本人에返還하거나또는그無效宣告를할때까지는그效力을存續한다

③ 獨民 제173조　　第3者가法律行爲締結當時代理權의消滅을알았거나또는알수있었을때에는제170조제171조제2항및제172조제2항의規定은이를適用치않는다

④ 滿民 제121조　　草案과 同一하다

6. 審議經過　　「그러하지아니한다」를 「그러하지아니하다」로 字句修正하였다.

7. 結 論 : 字句修正[63] 外 原案에 合意

---

63) 이는 나중의 조문정리과정에서 반영되었다.

제126조 (權限을넘은表見代理) 代理人이그權限外의法律行爲를한境遇에第3者가그權限이있다고믿을만한正當한理由가있는때에는本人은그行爲에對하여 責任이있다

Ⅱ. **案**   제121조

Ⅲ. **審議錄**, 83면 상단 ~ 하단

　2. 現行法 및 判例, 學說   現行法 제110조와 同一한 趣旨이다(參照 商法 제7조 제2항, 제38//조 제3항, 제714조[64])).

　3. 外國 立法例   ① 滿民 제122조   草案과同一하다

　7. 結 論 : 原合[案]에 合意

제127조 (代理權의消滅事由) 代理權은다음各號의事由로消滅한다

1. 本人의死亡

2. 代理人의死亡, 禁治産또는破産

Ⅱ. **案**   제122조

Ⅲ. **審議錄**, 83면 하단 ~ 84면 상단

　2. 現行法 및 判例, 學說   現行法 제111조와 同一한 趣旨이나 그 제2항은 草案 제123조에서 規定하였다.

　3. 外國 立法例   ① 滿民 제123조   草案과 同一하다

　[84면] 7. 結 論 : 原案에 合意

제128조 (任意代理의終了) 法律行爲에依하여授與된代理權은前條의境遇外에그原因된法律關係의終了에依하여消滅한다   法律關係의終了前에本人이授權行爲를撤回한境遇에도같다

---

64) 의용상법 제7조 제2항 : "[상인을 위한] 후견인의 대리권에 가하여진 제한은 이로써 선의의 제3자에게 대항할 수 없다." 그 제38조 제3항은 지배인의 대리권에 대하여, 제714조는 선장의 대리권에 대하여 전적으로 같은 내용을 정하고 있다.

Ⅱ. **案**   제123조

Ⅲ. **審議錄**, 84면 상단 ~ 하단

2. 現行法 및 判例, 學說   現行法 제111조 제2항과 同一한 趣旨를 別條
文으로 規定한 것이다.

3. 外國 立法例   ① 獨民 제168조   代理權의消滅은그授與의原因인
法律關係에따라이를定한다   또이法律關係에의하여別段의結果를發生하지않은限
授權行爲는法律關係의繼續中이를撤回할수있다   撤回의意思表示에關하여서는제
167조제1항의規定을準用한다

② 獨民 제169조 제2항 제3항[65]   瑞債 제33조 제2항 제3항   授權이法
律行爲에依하여하게된때는그의범위는法律行爲의內容에따라이를判斷한다

授權이授權者로부터제3자에對하여하게된때는제3자에對한授權의範圍는
授權者의[가]한表示에따라이를判斷한다

③ 瑞民 제340조   家産共有에關한事項은各共有者共同하여이를處理한다
各共有者는他共有者와共同하지普通의管理行爲를할수있다

④ 中民 제108조 //   代理權의消滅은그授與가由來하는法律關係에의하여이
를定한다   代理權은그授與가由來하는法律關係存續中에있어서는이를取消할수있
다 但그法律關係의性質에의하여取消할수없는것일때에는그러하지않다

⑤ 滿民 제124조   草案과 同一하다

7. 結 論 : 原案에 合意

제129조 (代理權消滅後의表見代理) 代理權의消滅은善意의第3者에게對抗하
지못한다   그러나第3者가過失로因하여그事實을알지못한때에는그러하지아니
하다

Ⅱ. **案**   제124조

---

65) 독일민법 제169조 : "제674조 및 제729조에 의하여 수임인 또는 업무집행조합원의 소멸한
임의대리권이 존속하는 것으로 간주되는 경우에도, 그 대리권은 법률행위를 함에 있어서
그 소멸을 알거나 알아야 했던 제3자의 이익으로는 효력을 가지지 아니한다." 동조에는 제
2항, 제3항이 없다.

Ⅲ. **審議錄**, 84면 하단 ~ 85면 상단

2. 現行法 및 判例, 學說　　現行法 제112조와 同一한 趣旨이다.

3. 外國 立法例　　① 獨民 제170조　　第3者에對한意思表示에의하여授與된代理權은授與者가그消滅을通知할때까지는第3者에對하여그效力을存續한다

② 獨民 제173조　　第3者가法律行爲締結當時代理權의消滅을알았거나또는알수있었을때에[85면]는제170조제171조제2항및제172조제2항의規定은이를適用치않는다

③ 瑞債法 제37조　　代理權者가代理權의消滅을알지못하는사이는代理權이아직存續하는것과같이授權者또는그權利承繼人에對하여權利를가지며義務를진다　　第3者가代理權의消滅을안境遇에는그러하지않다

④ 中民 제107조 ⑤ 滿民 제125조　　草案과 同一하다

7. 結 論 : 原案에 合意

제130조 (無權代理) 代理權없는者가他人의代理人으로한契約은本人이이를追認하지아니하면本人에對하여效力이없다

Ⅱ. **案**　　제125조

Ⅲ. **審議錄**, 85면 상단 ~ 하단

2. 現行法 및 判例, 學說　　現行法 제113조 제1항과 同一 趣旨이다(同條 제2항의 趣旨는 草案 제127조로 規定하였다).

3. 外國 立法例　　① 獨民 제177조 제1항　　代理權을갖지않은者가他人의이름으로締結한契約은本人의追認에依하여本人을爲하여또本人에對하여追認//의意思表示를할것을催告한때에는追認의意思表示는相對方에對하여서만이를할수있다 이催告前에代理人에對하여하追認또는그拒絕은無效로한다

② 瑞債 제38조 제1항　　權限을갖지않은者가代理人으로서契約을締結한때는契約을追認한境遇에限하여本人이債權者또는債務者로되는것으로한다

③ 中民 제170조제1항 ④ 滿民 제126조　　草案과 同一하다

7. 結 論 : 原案에 合意

제131조 (相對方의催告權) 代理權없는者가他人의代理人으로契約을한境遇에
相對方은相當한期間을定하여本人에게그追認與否의確答을催告할수있다 本
人이그期間內에確答을發하지아니한때에는追認을拒絶한것으로본다

Ⅱ. **案**   제126조

Ⅲ. **審議錄**, 85면 下段 ~ 86면 上段
　　2. 現行法 및 判例, 學說   現行法 제114조와 同一하다.
　　3. 外國 立法例 [86면]   ① 獨民 177조 前段   草案 제125조 審議錄
外國 立法例 參照.
　　② 瑞債 제38조 제2항   契約의相對方은本人에對하여相當한期間內에追
認에關한意思表示를할것을請求할 수있다
　　③ 中民 제170조   代理權없는者가代理人의名義로써한法律行爲는本人의
追認을하지않으면本人에對하여效力을生치않는다
　　　　前項의境遇에法律行爲의相對方은相當한期間을定하여本人에對하여追認
하느냐않느냐를確答할것을催告할수있다
　　　　本人이期限을넘어도確答을하지않는때에도追認을拒絶한것으로看做한다
　　④ 滿民 제127조   草案과 同一하다
　　7. 結 論 : 原案에 合意

제132조 (追認, 拒絶의相對方) 追認또는拒絶의意思表示는相對方에對하여하
지아니하면그相對方에對抗하지못한다 그러나相對方이그事實을안때에는그
러하지아니하다

Ⅱ. **案**   제127조

Ⅲ. **審議錄**, 86면 上段 ~ 下段
　// 2. 現行法 및 判例, 學說   現行法 제113조 제2항과 同一하다
　　3. 外國 立法例   ① 獨民 제177조   代理權을갖지않은者가他人의이
름으로締結한契約은本人의追認에依하여本人을爲하여또는本人에對하여追認의意
思表示를할것을催告한때에는追認의意思表示는相對方에對하여서만이를할수있다

그催告前에代理人에對하여한追認또는그拒絶은無效로한다

　　　追認은催告를받은後2週間內에만이를할수있다 이期間內에追認을하지않는때에는이를拒絶한것으로看做한다

　　② 瑞債 제38조 제3항　　　本人이그期間內에追認의意思를表示하지않을때는爾後約束되지않는다

　　③ 滿民 제128조　　　草案과 同一하다

　　7. 結 論 : 原案에 合意

제133조 (追認의效力) 追認은다른意思表示가없는때에는契約時에遡及하여그效力이생긴다 그러나第3者의權利를害하지못한다

Ⅱ. 案　　　제128조

Ⅲ. 審議錄, 86면 하단 ~ 87면 상단

　　[87면] 2. 現行法 및 判例, 學說　　　現行法 제116조와 同一하다.

　　3. 外國 立法例　　① 獨民 제184조　　　事後의同意는別段의約定이없는때는法律行爲締結時에遡及하여그效力을發生한다

　　　追認者가追認前에法律行爲의目的에關하여行한處分혹은强制執行또는假差押의方法에의하여또는破産管財人이한處分은追認의遡及效로因하여其效力을喪失하지아니한다

　　② 中民 제115조　　　追認을거친法律行爲는特別한約定이없는때는法律行爲를한때에遡及하여效力을發生한다

　　③ 滿民 제129조　　　草案과 同一하다

　　7. 結 論 : 原案에 合意

제134조 (相對方의撤回權) 代理權없는者가한契約은本人의追認이있을때까지相對方은本人이나그代理人에對하여이를撤回할수있다 그러나契約當時에相對方이代理權없음을안때에는그러하지아니하다

Ⅱ. 案　　　제129조

Ⅲ. **審議錄**, 87면 상단 ~ 하단

// 2. 現行法 및 判例, 學說　　現行法 제115조와 同一한 趣旨이나 草案이 「本人이나그代理人에對하여撤回할수있다」고 明規하였음은 進步的이다.

3. 外國 立法例　　① 獨民 제178조　　契約은本人의追認있는때까지는相對方에있어서이를撤回할수있다　但契約締結의當時相對方에代理權없음을안때에는그러하지않다　撤回는代理人에對하여도이를表示할수있다

② 中民 제171조　　代理權없는者가한法律行爲는그相對方은本人의追認前에있어서이를取消할수있다　但法律行爲를할때에는그代理權없음을明知한때에는그러하지않다

③ 滿民 제130조　　現行法과 同一하다

7. 結 論 : 原案에 合意

제135조 (無權代理人의相對方에對한責任) ①他人의代理人으로契約을한者가그代理權을證明하지못하고또本人의追認을얻지못한때에는相對方의選擇에좇아契約의履行또는損害賠償의責任이있다

②相對方이代理權없음을알았거나알수있었을때또는代理人으로契約한者가行爲能力이없는때에는前項의規定을適用하지아니한다

Ⅱ. **案**　　제130조

Ⅲ. **審議錄**, 87면 하단 ~ 88면 하단

[88면] 2. 現行法 및 判例, 學說　　現行法 제117조와 同一한 趣旨이나 제2항 중 現行法은 「過失로因하여」代理權 없는 것을 不知한 때라고 規定하고있는바 草案은 「過失로因하여」를 削除하였다.

3. 外國 立法例　　① 獨民 제179조　　他人의代理人으로서契約을한者가그代理權을證明할수없고또本人이追認을拒絶한때는相對方의選擇에따라이에對하여履行또는損害賠償의責任을진다

代理人이代理權의欠缺을알지못한때에는相對方이이代理權을信賴한때문에받은損害의賠償에있어서만그責任을진다　但그額은契約이有效한境遇에相對方이取得할利益額을超過할수없다　相對方이代理權의欠缺을알았거나또는알수있었을때에는代理人은그責任을진다　代理人의行爲能力이制限된때도그러하다　但法定

代理人의同意를얻어行爲를한때에는그러하지않다

　　② 瑞債 제39조　　追認이明示的또는默示的으로(제1조제2항)拒絶된때는 代理人으로서行爲한者는相對方이代理權의欠缺을알며또는알지못할것을證明하지 않는限契約의消滅에依하여發生한損害의賠償(제41조以下[제26조제1항])를請求 할것으로한다

　　　　　代理人에過失있는境遇에있어서는判事는公平에適合한限其他의損害의賠 償(제97조以下)을宣告할수있다　모든境遇에있어서不當利得(제62조以上[以下])에 依한債權은이를保留한다

　　③ 中民 제110조　　代理權없는者는他人의代理人名義로써한法律行爲에關 하여善意의相對方에對하여損害賠償의責任을진다

　　④ 滿民 제131조 //　　草案과 同一하다

　6. 審議經過　　草案이「過失로因하여」를 削除한 것은 進步的이다.

　7. 結 論 : 原案에 合意

제136조 （單獨行爲와無權代理） 單獨行爲에는그行爲當時에相對方이代理人이라稱하는者의代理權없는行爲에同意하거나그代理權을다투지아니한때에限하여前6조의規定을準用한다 代理權없는者에對하여그同意를얻어單獨行爲를한때에도같다

Ⅱ. 案　　　제131조

Ⅲ. 審議錄, 88면 하단 ~ 89면 상단

　2. 現行法 및 判例, 學說　　現行法 제118조와 同一하다.

　3. 外國 立法例　　① 獨民 제180조　　單獨行爲에關하여는代理權없는 代理를許容치않는다 但單獨行爲의相對方이그行爲의當時代理人이主張한代理權 을다투지않고또는代理人이代理權없이行爲를한것에同意한때에는契約에關한規定 을準用한다

　　　　　代理權없는者에對하여그同意를얻어單獨行爲를한때도그러하다

　　② 滿民 제118조　　草案과 同一하다 [89면]

　7. 結 論 : 原案에 合意

제4절 無效와取消

제137조 (法律行爲의 一部無效) 法律行爲의一部分이無效인때는그全部를無效로한다 그러나無效部分이없더라도法律行爲를하였을것이라고認定될때에는나머지部分은無效가되지아니한다

제138조 (無效行爲의轉換) 無效의法律行爲가다른法律行爲의要件을具備하고當事者가그無效을알았더라면다른法律行爲를하는것을意慾하였으리라고認定될때에는다른法律行爲로서效力을가진다

Ⅲ. 審議錄, 89면 상단 ~ 하단

—제4절 [민법안] 제132조를 審議하기 前의 新設 條文—

※ 제132조 앞에 一部無效에 關한 條文과 無效行爲의 轉換에 關한 條文을 新設함이 如何(獨民 제139조, 제140조, 瑞債 제20조, 中民 제111조, 제112조 參照).

※ 제132조 앞에 다음의 2個 條文을 新設한다

제 조 (法律行爲의 一部無效)

「法律行爲의 一部分이 無效인 때는 그 全部를 無效로 한다. 그러나 無效部分이 없더라도 法律行爲를 하였을 것이라고 認定될 때에는 나머지 部分은 無效가 되지 아니한다」

① 獨民 제139조   法律行爲가無效인때는그全部無效로한다 但그無效部分이없더라도法律行爲를行하였을것이라고認定되는때는그러하지아니하다

② 瑞債 제20조   實行不能또는違法의內容을가지며또는善良한風俗에反한契約은이를無效로한다 但瑕疵가單純한契約의個個의部分안에關하는때는이에部分에限하여이를無效로한다 但이無效한部分없으면契約을締結하지않었을것으로認定되는때는그렇지않다

③ 中民 제111조   法律行爲의一部分이無效인때는全部를모다無效로한다 但該部分을除去하더라도成立할수있는것인때는其他의部分은有效로한다

④ 獨民 제140조 //   無效한法律行爲가다른法律行爲의要件의適應하는境遇에있어서當事者가그無效임을알고다른法律行無의效果를意慾하였다고認定될때는法律行爲는그效力을가진다

⑤ 中民 제112조   無效의 法律行爲가 다른 法律行爲의 要件을 具備하고 또 그 事情에 依하여 當事者가 萬若 그 無效를 알았더라면 다른 法律行爲를 하는 것을 意慾하였을 것을 認定할 수 있는 때는 다른 法律行爲는 有效로 한다

제 조 (無效行爲의 轉換)

「無效의 法律行爲가 다른 法律行爲의 要件을 具備하고 當事者가 그 無效를 알았더라면 다른 法律行爲를 하는 것을 意慾하였으리라고 認定될 때에는 다른 法律行爲로서 效力을 가진다」

※ 新設 理由

法律行爲의 一部가 不能, 不法, 反社會性 其他의 理由로 無效인 때에는 그 法律行爲 全部를 無效로 할 것인가?

個人意思 絶對의 理論에 依하면 當事者가 그 無效의 部分을 除外하고도 그 法律行爲를 하였으리라고 認定될 때 以外에는 原則的으로 全部를 無效로 할 것으로 될 것이다(獨民 제139조, 瑞債 제20조 參照).

그러나 法律行爲는 法律이 個人의 意思를 한 개의 要素로서 個人間의 私法關係를 規律하려고 하는 制度라고 생각하고 그 內容은 表示가 가진 客觀的인 合理的 意義인 것이라는 理論을 取할 때에는 右記 態度는 너무나 偏狹한 것이다. 그러므로 먼저 無效部分을 法律의 規定 慣習 條理 等에 依하여 補充하여 合理的인 內容으로 改造하여 然後에 그 合理的인 內容을 强制하는 것이 當事者의 目的에 明白히 反하는 境遇에만 全部를 無效로 하는 것이 좋다고 생각되는 것이다.

Ⅳ. **법사위 수정안**   (27) 제132조 앞에 다음의 2個條文을 新設한다 [내용은 앞의 Ⅲ. 참조]

Ⅴ. **意見書**, 54면 ~ 56면 (李丙浩)

[36] 修正案이 法律行爲의 一部無效와 無效行爲의 轉換에 關한 規定을 成文化한 것에 贊成한다.

[이 유]   法律行爲의 一部가 無效인 境遇에 全部의 法律行爲가 無效가 되느냐의 與否에 關한 規定과 어떠한 法律行爲가 그 當初 意圖[55면]한 形式으로서는 無效인 境遇에 이와 類似한 다른 法律行爲의 要件의 全部—特히 方式의 要件까지도—를 具備하였을 때에는 그 無效行爲를 다른 行爲로서 그 行爲의 效

力을 認定하는 것에 關한 一般的인 規定을 두지 않았다. 그러나 獨逸民法이나 瑞西債務法 等은 이 點에 關한 一般的인 規定을 두고 있으며 이러한 一般的인 規定을 두지 않은 現行 民法下에서도 可能한 限 當事者가 意圖한 目的의 實現에 協力하는 것이 法律行爲制度의 理想이므로 判例나 學說이 이것을 容認하고 있는 것이다. 故로 새로운 民法 制定에 있어서는 判例나 學說이 一般的으로 容認하고 또 그와 같이 一般的으로 施行되고 있는 制度를 成文化하여 成文法으로서의 體裁下에 明白히 規定하여 두는 것이 더 좋은 立法이라 할 것이다.

　　一部無效에 關한 外國法制를 檢討하여 보면 獨逸民法(139[조])은 無效한 部分이 없었더라도 그러한 行爲가 行하여졌을 것이라고 認定되지 않는 限 全體의 法律行爲는 無效가 된다고 하였는데 瑞西債務法(20[조])은 이와 反對로 無效한 部分을 빼어 놓고는 그 行爲를 하지 않았으리라고 認定되는 境遇에 限하여 全部의 行爲를 無效로 하고 있는 것인데 理論上 瑞西債務法이 妥當하다고 할 것이다.

　　「外國法制 參考」[66]

　　蘇聯民法 제37조　　　法律行爲의 無效部分은 다른 部分에 關係함이 없다. 故로 法律行爲는 無效部分의 許可가 없더라도 이를 締結할 수 있는 것으로 看做할 수 있다. […] [56면] […]

Ⅷ. 제2독회, 속기록 제45호, 11면 하단 ~ 12면 하단

　　○ 法制司法委員長 代理(張暻根) : 제132조 앞에 다음의 2個 條文을 新設하자는 것입니다, 即「無效와 取消」맨 위에다가 하는 것인데 한 條文은 一部無效의 境遇를 規定하자는 것이고 또 한 條文은 無效行爲의 轉換이라는 것을 規定하자는 것입니다. 이것은 學者의 學說上 다 이러한 條文이 없는 現行法 下에서도 [12면] 이렇게 대개 解釋이 되어 있고 獨逸에서도 通說로 되어 있습니다마는 이렇게 되는 學說의 歸結 學說上 歸結된 것을 明文化하는것이 좋겠다 해서 이 2個 條文을 新設하자는 것입니다.

　　[법사위 수정안 (27) 앞부분 낭독] 이것이 이러한 學說上 歸結을 規定한 것이 瑞西民法 2조 中華民國民法 111조는 이렇게 規定을 했습니다. 이것은 다 새

---

[66] 여기서도 독일민법 제139조, 제140조, 瑞西債務法 제20조를, 그리고 본문에서 보는 소련민법 제37조 다음에 중국민법 제111조, 제112조를 각기 전문 인용하고 있다. 이들은 앞에서 보는 대로 『심의록』에 인용된 바 있다

로운 法律은 이렇게 規定했는데 좀 옛적 法律에 屬하는 獨逸民法 139조는 個人 意思 絶對의 原則에 의해서 全部냐 無냐 이것입니다. 全部를 無效로 하느냐 그렇지 않으면 無로 하느냐 立法者의 意思로 말할 것 같으면 그 全體를 有效로 하기 위해서 했는데 그것이 無効라고 하면 全部 無効지 왜 一部分 나머지 경우에는 有效로 하는 경우를 認定하느냐, 個人意思를 絶對로 尊重하는 立場이라고 할 것 같으면 그 歸結이 獨逸民法과 같은 歸結이 생깁니다. 그러나 지금 우리는 그 去來關係의 安全을 圖謀하는 意味에서 그 本人이 意圖했다는 意思보다도 그 本人의 意思表示가 意味하는 客觀的 意味 이것을 重要視하는 것입니다. 그렇기 때문에 그 去來의 安全을 圖謀하는데도 本人 自體가 무슨 同意해서 그런 얘기를 했느냐 그것보다도 무슨 價値가 있느냐 무슨 差異가 있느냐 하는 것을 第3者가 // 그것을 解釋하는 이것을 內容으로 한다고 할 것 같으면 이렇게 解釋이 될 수가 있습니다. 卽 全部 그 無效部分이 없더라도 그 나머지 部分만이라도 當事者가 그런 것을 했으리라고 認定되는 경우에는 意思表示한 本人에게도 損害가 없는 것입니다.

또 第3者에게는 勿論 그것을 … 效力을 期待했던 第3者에게는 效力을 認定함으로써 去來의 安全을 圖謀하는 것입니다. 이것이 進步된 學說이고 또 立法例이기 때문에 이것을 規定하자 하는 것입니다. [⋯]

○ 法制司法委員長 代理(張暻根) : 그러면 둘째 條文도 같이 하겠습니다. 이것은 無效行爲의 轉換인데 이것도 비슷한 것입니다. [법사위 수정안 (27) 뒷부분 낭독] 이것은 獨逸民法 104조 中華民國民法 제112조가 그렇게 規定이 되어 있습니다. 그것은 무엇인고 하니 例를 들어서 말하면 어떤 行爲를 例를 들면 … 이 自己 아들로 생각을 하고 庶子로서 認知를 했다, 그 認知行爲에는 要件이 좀 // 具備가 되어서 그것이 無效가 된 境遇에 그러면 그 養子의 要件을 具備했다 養子緣組 … 入養하는 條件을 具備했다 할 적에는 아무래도 自己 아들로 만들려고 하는 意思가 있었으니까 庶子로 한다는 것이 無效라 할 것 같으면 養子라도 했을 意思가 있었으리라 本人이 … 推測될 때에는 그것을 아주 전연히 無效라고 하지 말고 入養으로서 取扱할 수 있지 않으냐? 勿論 入籍要件이 具備된 境遇에 또 하나는 本人이 그 無效란 境遇에는 이것이라도 有效로 했을 意思가 있었으리라고 斷定될 때에는 이렇게 하자는 것입니다. 無效行爲 轉換으로서 學說이 다 認定하는 것입니다

제139조 (無效行爲의追認) 無效인法律行爲는追認하여도그效力이생기지아니한다 그러나當事者가그無效임을알고追認한때에는새로운法律行爲로본다

Ⅱ. 案　　　제132조

Ⅲ. 審議錄, 89면 하단 ~ 90면 하단

　　[90면] 2. 現行法 및 判例, 學說　　現行法 제119조와 同一하다.

　　3. 外國 立法例[67]　　① 獨民 139조　　[…]

　　② 獨民 제140조　　[…]

　　③ 獨民 제141조　　無效인法律行爲는行爲者가이를追認한때는그追認을새로운法律行爲의締結로判定하여야한다

　　　　當事者雙方이無效契約을追認한때는分明하지아니한때도當事者는契約이처음으로부터有效하였더라면取得하였을것을서로給付할義務를진다

　　④ 瑞債 제20조　　[…]

　　⑤ 中民 제111조　　[…]

　　⑥ 中民 제112조　　[…] //

　　⑦ 中民 제115조　　追認을거친法律行爲는特別한約定이없는때는法律行爲를한때에遡及하여效力을發生한다.

　　⑧ 滿民 제133조　　草案과 同一하다

　　7. 結 論 : 原案에 合意

제140조 (法律行爲의取消權者) 取消할수있는法律行爲는無能力者, 瑕疵있는意思表示를한者, 그代理人또는承繼人에限하여取消할 수 있다

Ⅱ. 案　　　제133조

Ⅲ. 審議錄, 90면 하단 ~ 91면 상단

　　2. 現行法 및 判例, 學說　　現行法 제120조 同一한 趣旨이다.

　　3. 外國 立法例　　① 滿民 제134조　　草案과 同一하다 [91면]

---

67) 독일민법 제139조, 제140조, 스위스채무법 제20조, 중화민국민법 제111조 및 제112조는 앞의 261면 이하 所載.

6. 審議經過   「그 承繼人」의 「그」를 削除하였다.

7. 結 論 : 字句修正[68] 外에 原案에 合意

제141조 (取消의效果) 取消한法律行爲는처음부터無效인것으로본다 그러나 無能力者는그行爲로因하여받은利益이現存하는限度에서償還할責任이있다

Ⅱ. 案   제134조

Ⅲ. 審議錄, 91면 상단 ~ 하단

2. 現行法 및 判例, 學說   現行法 제121조와 同一한 趣旨이다

3. 外國 立法例   ① 獨民 제142조 前段   取消할수있는法律行爲를取消한때는처음으로부터無效이었던것으로看做한다

② 中民 제114조   法律行爲가取消되었을때는始初부터無效이었던것으로看做한다 當事者가그取消할수있는것을알았거나또는알수있었을境遇에있어서그法律行爲가取消되었을때는前條의規定을準用한다

③ 滿民 제136조   草案과 同一하다 //

6. 審議經過   ①「無效인것으로한다」고 規定한 것을 「본다」로 하는 것이 如何 ― 遡及效는 取消의 本質上 必然的인 것은 아니다. 따라서 遡及效는 擬制的인 것이라는 點을 밝히기 爲하여 「본다」라고 하는 것이 妥當할 것이다.

②「無效인것으로한다」를 「無效인것으로본다」고 字句修正하기로 合意. (草案 제27조 參照)

7. 結 論 : 字句修正 外에 原案에 合意

Ⅳ. 법사위 수정안   (28) 제134조중「無效인것으로한다」를「無效인것으로본다」로修正한다

Ⅷ. 제2독회, 속기록, 12면 하단 ~ 13면 상단

○ 法制司法委員長 代理(張暻根) : [민법안 제134조 및 법사위 수정안 [28] 낭독] 이것은 좀 意味가 있습니다. 字句修正에 不過한 것 같지만 원체 이 遡及效라는 것은 取消의 本質로서 당연히 나오는 것은 아닙니다. 그러니까 당연히

―――――――――――

68) 이는 나중의 조문정리과정에 반영되었다.

나오지 않는 것을 이것을 遡及效로 規定하자는 것이니까 擬制的입니다. 당연히
나오는데 그 擬制的이라고 하는 境遇에는 法律上 用語로「으로 한다」는 것보다
도「본다」, 아니지만 하는 것 같이 본다는 意味로서 옛적 用語로는 法律用語로
는「看做한다」는 그 뜻에 該當하는 것입니다. 看做한다는 用語 代身에「본다」
는 것입니다. 당연히 한다는 것은 性質上 그것이 나오는 때에는「한다」고로 하고
性質上 이것이 나오지 않는 때에 法律上으로 擬制的으로 그것과 같은 效力이
생긴다 할 때에는「본다」即 옛적 말로 看做한다는 用語를 쓰는 것이 더욱 正
確하다 해서 이 字句修正을 提議한 것입니다.

제142조 (取消의相對方) 取消할수있는法律行爲의相對方이確定한境遇에는그 取消는그相對方에對한意思表示로하여야한다

Ⅱ. **案**　　　제135조

Ⅲ. **審議錄**, 91면 하단 ~ 92면 상단

　　2. 現行法 및 判例, 學說　　　現行法 제123조와 同一한 趣旨이나 追認에
關한 部分은 草案 제136조에 規定하였다.

　　3. 外國 立法例　　① 獨民 제143조　　取消는取消의相對方에對한意思
表示에依하여이를한다

　　　　② 中民 제116조 제1항　　取消및追認은意思表示로써이를하여야한다

　　　　相對方이確定된境遇에는前項의意思表示는相對方에對하여이를하여야
한다

　　　　③ 滿民 제135조　　草案과 同一하다 [92면]

　　7. 結 論 : 原案에 合意

제143조 (追認의方法,效果) ①取消할수있는法律行爲는제104조에規定한者 가追認할수있고追認後에는取消하지못한다 ②前條의規定은前項의境遇에準用한다

Ⅱ. **案**　　　제136조

Ⅲ. **審議錄**, 92면 상단 ~ 하단

　2. 現行法 및 判例, 學說　　現行法 제122조[69]와 類似한 趣旨인바 現行法
但書는 學說上 그 適用될 境遇가 事實上 想定할 수 없는 것이라는 것이 一般的
見解이므로 草案이 이를 削除하였음은 安當하다. 또 現行法은 追認한 後는 始
初부터 有效한 것으로 본다라고 規定하였는데 이것은 追認할 때까지도 有效하
였던 것이므로(이 點 無權代理의 追認의 境遇와 다르다. 草案 제128조 參照) 草
案은 解釋上 當然한 것이라 하여 이를 削除하였다.

　3. 外國 立法例　　① 獨民 제144조　　　取消할수있는法律行爲는取消權
者가追認한때는이를取消할수없다

　　　追認은取消할수있는法律行爲에關하여定한方式을要하지아니한다

　② 中民 제115조　　　追認을거친法律行爲는特別한約定이없는때는法律行爲
를한때에遡及하여效力을發生한다

　③ 滿民 제137조 //　　　草案과 同一하다

　6. 審議經過　　① 追認의 效力이 始初부터 效力을 發生한다는 規定을 削
除한 問題 ― 解釋上 當然하고 또 學說上도 追認될 때까지는 有效이었으므로
새로이 有效規定을 할 必要 없는 것으로 認定되고 있다.

　② 追認의 催告에 關하여 無能力者의 行爲에 對하여서는 그 規定이 (草案
제14조 제15조) 있고 그 外의 境遇에는 規定이 없는바 이 點에 對하여 如何한
가의 意見이 있었으나, 瑕疵 있는 行爲에 對하여 必要 以上의 保護規定을 둘 必
要가 없으므로 草案은 安當하다.

　③ 追認 後에는 取消할 수 없다는 規定을 新設한 點은 그 趣旨를 明白히
하는 點에서 異議 없다.

　7. 結 論 : 原案에 合意

제144조 (追認의要件) ①追認은取消의原因이終了한後에하지아니하면效力이 없다

②前項의規定은法定代理人이追認하는境遇에는適用하지아니한다

---

69) 의용민법 제122조 : "취소할 수 있는 행위는 제120조에 든 자가 이를 추인한 때에는 처음
부터 유효한 것으로 간주한다. 다만 제3자의 권리를 해하지 못한다."

Ⅱ. **案**   제137조

Ⅲ. **審議錄**, 92면 하단 ~ 93면 상단

　　2. 現行法 및 判例, 學說　　現行法 제124조와 同一한 趣旨이나 그 제2항은 削除하였다. […][70] [93면]

　　3. 外國 立法例　　① 滿民 제138조　　草案과 同一하다

　　6. 審議經過　　現行法 제2항은 禁治産者의 境遇에만 規定하였으나 다른 無能力者의 境遇에도 같이 하여야 할 것이므로 現行法 제2항을 存置하면 裏面解釋에 依하여 誤解를 招來할 우려가 있는 것이다. 그러므로 이를 削除한 草案이 妥當하다 할 것이다.

　　7. 結 論 : 原案에 合意

제145조 (法定追認) 取消할수있는法律行爲에關하여前條의規定에依하여追認할수있은後에다음各號의事由가있으면追認한것으로본다　그러나異議를保留한때에는그러하지아니하다

　　1. 全部나一部의履行

　　2. 履行의請求

　　3. 更改

　　4. 擔保의提供

　　5. 取消할수있는行爲로取得한權利의全部나一部의讓渡

　　6. 强制執行

Ⅱ. **案**   제138조

Ⅲ. **審議錄**, 93면 상단 ~ 하단

　　// 2. 現行法 및 判例, 學說　　現行法 제125조와 同一하다.

　　3. 外國 立法例　　① 滿民 제139조　　草案과 同一하다

　　7. 結 論 : 原案에 合意

---

70) 이어서 아래 6. 심의경과에서 보는 내용이 그대로 여기에서 반복되고 있다. 그 드문 예로서 이 『자료집성』에서는 생략한다.

제146조 (取消權의消滅) 取消權은追認할수있는날로부터3年內에法律行爲를 한날로부터10年內에行使하여야한다

Ⅱ. 案   제139조

Ⅲ. 審議錄, 93면 하단 ~ 94면 상단

2. 現行法 및 判例, 學說   現行法 제126조와 同一한 趣旨이나 現行法은 追認할 수 있는 때로부터 5年, 行爲時로부터 20年으로 規定한 것을 草案은 各 3年, 10年으로 修正하였다.

3. 外國 立法例   ① 滿民 제140조   取消權은追認을할수있는때부터1 年法律行爲時부터5年以內에이를行使하여야 한다 [94면]

6. 審議經過   本條의 期間은 時效이냐 除斥期間이냐에 關하여 現行法 은 本條의 期間을 時效로 規定하였으나 그러나 形成權의 一種인 取消權의 消滅 에 關한 期間은 性質上 除斥期間이어야 하므로 草案에서 「時效로 因하여」를 削 除한 것은 妥當한 것이다.

7. 結 論 : 原案에 合意

Ⅴ. 意見書, 56면 (李丙浩)

[37] 草案 제139조가 取消權의 短期消滅時效期間71)을 短縮시킨 것에 贊成 한다.

[이 유]   取消할 수 있는 法律行爲에 對하여 取消權 行使의 短期消滅時 效期間이 現行法이 「追認할 수 있을 時부터 5年, 行爲時부터 2年」으로 한 것을 追認할 수 있는 날로부터 3年, 行爲時로부터 10年으로 短縮하여 不安定한 法律 狀態를 보다 더 早速한 期間 內에 安定시키는 것을 꾀한 것은 去來의 迅速과 安定을 爲하여 좋은 構想이라 할 것이다.

「外國法制 參考」[…]

---

71) 의용민법 제126조의 '시효로 인하여'를 민법안 제129조에서 삭제한 것과는 관계없이 이 규 정에서의 권리행사기간을 여전히 소멸시효기간으로 이해하고 있다. 앞의 Ⅲ. 6. 참조.

제5절   條件과期限

제147조 (條件成就의效果) ①停止條件있는法律行爲는條件이成就한때로부터
그效力이생긴다
　　②解除條件있는法律行爲는條件이成就한때로부터그效力을잃는다
　　③當事者가條件成就의效力을그成就前에遡及하게할意思를表示한때에는그
意思에依한다

Ⅱ. 案　　　제140조

Ⅲ. 審議錄, 94면 상단 ~ 하단
　　2. 現行法 및 判例, 學說　　　現行法 제127조와 同一(但 제3항「效果」를「效
力」으로 修正)하다.
　　3. 外國 立法例　　① 獨民 제158조 제1항(草案 제1항 該當)　　　停止條
件附法律行爲의條件에걸린效力은條件이成就한때로부터發生한다
　　② 中民 제99조 //　　　停止條件을붙인法律行爲는條件이成就한때에效力을
發生한다　解除條件을붙인法律行爲는條件이成就한때에그效力을喪失한다　當事者
의特約에依하여條件成就의效果로하여금條件이成就하는때에發生하지아니하게하
는때에는그特約에依한다
　　③ 滿民 제141조　　　草案과 同一하다
　　④ 獨民 제158조 제2항(草案 제2항 該當)　　　解除條件附法律行爲의效力
은條件이成就한때에消滅한다　이時期와同時에以前의法律狀態가다시始作된다
　　⑤ 瑞債 제154조(草案 제2항 該當)　　　契約의解除가어떤條件의成就에달
릴때는契約은條件이成就한때로부터그效力을 喪失한다
　　　　遡及效는原則으로發生하지않는다
　　⑥ 獨民 제159조(草案 제3항 該當)　　　法律行爲의內容에따라條件成就의
效果를旣往에遡及시킬境遇에있어서條件이 成就한때는各當事者는그效果가그以
前에發生하였더라면가졌으리라고認定할것을서로供與할義務를진다
　　7. 結 論 : 原案에 合意

제148조 (條件附權利의侵害禁止) 條件있는法律行爲의當事者는條件의成否가 未定한동안에條件의成就로因하여생길相對方의利益을害하지못한다

Ⅱ. **案**　　제141조

Ⅲ. **審議錄**, 94면 하단 ～ 95면 하단

[95면] 2. 現行法 및 判例, 學說　　現行法 제128조와 同一한 趣旨이다.

3. 外國 立法例　　① 獨民 제160조　　停止條件附權利者는條件成就의 境遇에있어서는相對方이條件의成否가未定한동안에있어서條件附權利를過失에依 하여無效케하거나또는이를侵害한때는相對方에對하여損害賠償을請求할수있다

解除條件附로한法律行爲의境遇에는以前의法律上의狀態의回復에依하여 利益을 받을者는前項과同一한要件에依하여同一한請求를行할수있다

② 獨民 제161조　　停止條件附로어느目的을處分한者가條件의成否未定한 동안에이目的에關하여한다른處分은條件成就의境遇에있어서條件에걸린效果를無 效로하거나또는侵害한限度에있어서그效力을喪失한다　條件의成否가未定한동안 에있어서强制執行或은假差押의方法에依하여또는破産管財人에依하여한處分에關 하여도그러하다

前項의規定은解除條件의境遇에있어서條件의成就에依하여效力을喪失한 權利를가진者의處分에關하여도이를適用한다　無權利者로부터權利를取得한者의 利益을 爲하여設定한規定은本條의境遇에이를準用한다

③ 中民 제100조　　條件을붙인法律行爲의當事者는條件의成就前에相對方 이條件의成就에依하여 얻을利益을損害하는行爲가있었을때는損害賠償의責任을 진다

④ 滿民 제142조　　草案과 同一하다 //

6. 審議經過　　草案은 現行法의 用語에 따라「相對方의 利益을 害할 수 없다」로 規定하였는바 通說의 解釋的 結果를 明白히 하기 爲하여 條件附權利 侵害(不法行爲)로 因한 損害賠償請求權과 侵害의 處分行爲 自體의 無效를 明文 으로 規定하는 것이 좋았을는지 모른다.

7. 結 論 : 原案에 合意

제149조 (條件附權利의處分等) 條件의成就가未定한權利義務는一般規定에依하여處分, 相續, 保存또는擔保로할 수 있다

Ⅱ. 案   제142조

Ⅲ. 審議錄, 95면 하단 ~ 96면 상단

  2. 現行法 및 判例, 學說   現行法 제123조와 同一하다.

  3. 外國 立法例   ① 獨民 제161조   草案 제141조에 對한 立法例 參照

  ② 滿民 제143조   草案과 同一하다 [96면]

  7. 結 論 : 原案에 合意

제150조 (條件成就,不成就에對한反信義行爲) ①條件의成就로因하여不利益을받을當事者가信義誠實에反하여條件의成就를妨害한때에는相對方은그條件이成就한것으로主張할수있다

  ②條件의成就로因하여利益을받을當事者가信義誠實에反하여條件을成就시킨때에는相對方은그條件이成就하지아니한것으로主張할 수 있다

Ⅱ. 案   제143조   條件의成就에依하여不利益을받을當事者가故意로條件의成就를妨害한때에는相對方은그條件이成就한것으로主張할수있다

Ⅲ. 審議錄, 96면 상단 ~ 하단

  2. 現行法 및 判例, 學說   現行法 제130조와 同一하다. 但「成就한 것으로 할 수 있다」를「主張할 수 있다」로 修正.

  3. 外國 立法例   ① 獨民 제162조   條件의成就로因하여不利益을받을當事者가信義誠實에違反하여條件의成就를 妨害한때는條件은成就한것으로看做한다

      條件의成就로因하여利益을받을當事者가信義誠實에違反하여條件을成就시킨 때는條件은成就하지않은것으로看做한다

  ② 佛民 제1178조

  ③ 瑞債 제156조   當事者의一方이信義誠實에反하여條件의成就를妨害한때는이를成就한것으로看做한다

④ 中民 제101조   條件의成就에因하여不利益을받을當事者가正當하지아
니한行爲로그條件의成就를妨害한때는條件은이미成就한것으로看做한다 條件의
成就에因하여利益을받을當事者가正當하지아니한行爲로그條件의成就를促進시킨
때는條件은成就하지 아니한것으로看做한다

⑤ 滿民 제144조 제1항   草案과 同一 //

⑥ 瑞民[滿民] 제144조 제2항   條件의成就에依하여利益을받을當事者가
不當히그條件成就시켰을때는相對方은그條件을成就하지않은것으로看做할수있다

6. 審議經過   ① 「成就에依하여」를 「成就로因하여」로 字句修正(草案
제141조 參照).

② 草案은 現行法의 用語에따라 「故意로」로 規定하였으나 獨民 제162조,
瑞債權法[원문대로] 제156조 等의 例에 依하면 「信義誠實에 反하여」로 되어 있
고, 中民은 「正當하지 아니한 行爲로」로 되어 있고, 滿民은 「不當히」로 되어 있
다. 이것은 亦是 「故意로」보다는 「信義誠實에反하여」로 修正하는 것이 좋을 것
이다.

③ 「故意로」를 「信義誠實에反하여」로 修正함에 合意하였다.

④ 利益을 받을 者의 條件成就 妨害에 關한 項 新設 問題 ―

※ 獨民 제162조 제2항, 中民 제101조 後段, 滿民 제144조 제2항에도 例
가 있고, 또 從來 學說上 認定되어 온 것이므로 新設 條文을 두는 것이 可할 것
이다.

⑤ 本條 제2항을 다음과 같이 新設한다

「條件의成就로因하여利益을받을當事者가信義誠實에反하여條件을成就시
킨때에는相對方은그條件이成就하지아니한것으로主張할수있다」

7. 結 論 : 前記 修正 外에 原案에 合意

Ⅳ. **법사위 수정안**   (29) 제143조中「에依하여」를「로因하여」로「故意로」를
「信義誠實에 反하여」로 修正한다

(30) 제143조제2항을다음과같이新設한다 [내용은 Ⅲ. 6. ⑤]

Ⅷ. **제2독회**, 속기록 제45호, 13면 상단 ~ 중단

○ 法制司法委員長 代理(張暻根) : [민법안 제143조 낭독] 여기에 대해서
는 法制司法委員會에서 제2항을 新設하자는 것입니다. 그것은 뭣인고 하니 아

까 저 제1항은 條件을 成就하는 것을 妨害한 때의 規定인데 그것은 또 自己 利益을 위해서 條件을 成就시킬 때는 어떻게 하느냐? 그 反對方向을 規定하는 것이 좋겠다는 것입니다. 이것은 學術上으로도 이와 같은 結論에 到達되었는데 [법사위 수정안 (30) 낭독] // 이것이 이와 같은 趣旨로서 獨逸民法 제162조 2항 中國民法 제101조 後段에 이러한 立法例가 있습니다. 이것은 이 法律條文이 없더라도 당연히 이렇게 解釋되는 것인데 이것을 明文化하는 것이 立法均衡上 條件을 成就시키는 것을 妨害한 때를 規定하면 또 條件 成就를 억지로 시킨 때를 規定하는 것이 옳다고 해서 이것을 提議한 것입니다. […]

　　[법사위 수정안 (29)에 대하여]　　　그것 하나 있고 제1항의 字句修正이 있습니다. 잘못 되었습니다. 이것은 「故意로」라는 것보다도 信義誠實에 違反한다는 것이 이것이 立法趣旨에 맞는 까닭입니다. 또 딴 立法例에서는 故意라는 文句를 안 쓰고 무엇인고 하니 信義誠實에 反한다는 文句를 쓰고 있습니다. 例를 들어 말하면 獨逸民法 162조 瑞西債務法 156조 中國民法 101조도 그렇게 되어 있습니다.

제151조 (不法條件, 旣成條件) ①條件이善良한風俗其他社會秩序에違反한것인때에는그法律行爲는無效로한다

　　②條件이法律行爲의當時이미成就한것인境遇에는그條件이停止條件이면條件없는法律行爲로하고解除條件이면그法律行爲는無效로한다

　　③條件이法律行爲의當時에이미成就할수없는것인境遇에는그條件이解除條件이면條件없는法律行爲로하고停止條件이면그法律行爲는無效로한다

Ⅱ. 案　　　제144조

Ⅲ. 審議錄, 96면 하단 ~ 97면 하단

　[97면] 2. 現行法 및 判例, 學說　　　現行法 제131조 제132조를 合하여 草案은 한 條文으로 하였다.

　3. 外國 立法例　①獨民 제134조　　法律上의禁止에違反하는法律行爲는無效로한다 但法律에別段에規定이있는때는그러하지아니하다

　②獨民 제138조 제1항　　　善良한風俗에違反하는法律行爲는無效로한다

③ 佛民 제1172조 제1173조

④ 瑞債 제157조   違法또는善良한風俗에反하는行爲또는不作爲를助長할
目的으로條件을붙였을때는그條件附請求權은無效로한다

6. 審議經過 //   ① 제1항에 있어서 現行法의「不法의 條件」을「善良한
風俗 社會秩序에 違反」으로 한 것은 進步的이다. 卽「不法한條件」이라고 하면
强行規定 違反의 條件만을 指稱한 것으로 誤解되기 쉬운바 本條의 立法趣旨는
强行規定 違反뿐만 아니라 草案 제98조(現行法 제90조) 違反의 境遇도 널리 包
含되기 때문이다. 現行法 제132조 後段[72)]을 削除한 것은 當然한 것이다.

② 現行法 제131조 제3항[73)]은 無意味한 空文이므로 草案이 이를 削除한 것
은 妥當하다.

③ 現行法 제132조 제1항 後段은 不要規定이므로 草案에 規定하지 않았다
고 생각된다.

7. 結 論 : 原案에 合意

** 불능조건 및 수의조건에 관한 규정을 두는 문제

Ⅲ. 審議錄, 97면 하단

① 現行法 제133조(不能의停止條件을附한法律行爲)를 削除한 問題 —
理論上 當然히 그렇게 되므로 草案이 이를 削除한 것으로 생각된다. 外
國 立法例 또한 그렇다.

② 現行法 제134조(隨意條件을附한法律行爲)를 削除한 問題 —
本條도 理論上 當然히 그렇게 되는 것이고 다른 外國 立法例에도 그 例
를 發見할 수 없으므로 草案이 이를 削除한 것으로 생각된다.

---

72) 의용민법 제132조 : "불법의 조건을 붙인 법률행위는 무효로 한다. 불법행위를 하지 아니
하는 것으로 조건으로 하는 것도 마찬가지이다." 그러므로 뒤의 ③에서 운위되는 의용민법
제132조 '제1항'은 존재하지 아니한다.

73) 의용민법 제131조는 이른바 기성조건에 관한 것으로, 그 제1항 및 제2항은 민법 제151조
제2항 및 제3항과 같은 내용이다. 한편 그 제3항은 "전 2항의 경우에 당사자가 조건의 성
취 또는 불성취를 알지 못하는 동안에는 [민법 제148조 및 제149조에 상응하는] 제128조
및 제129조의 규정을 준용한다"고 정한다.

제152조 (期限到來의效果) ①始期있는法律行爲는期限이到來한때로부터그效力이생긴다

②終期있는法律行爲는期限이到來한때로부터그效力을잃는다

Ⅱ. **案**   제145조

Ⅲ. **審議錄**, 97면 하단 ~ 98면 상단

2. 現行法 및 判例, 學說   現行法 제135조와 同一한 趣旨이다. 現行法에는 「始期가 到來할 때까지는 請求할 수 없다」로 規定한 것을 草案은 「期間이 到來한 때로부터 그 效力이 생긴다」라고 規定하였다. [98면]

3. 外國 立法例   ① 獨民 제163조   法律行爲締結의當時其效力에始期또는終期를붙인때는제1의境遇는停止條件제2의境遇는解除條件에關한제158조제60[160]조제161조의規定을準用한다

② 中民 제102조   始期를붙인法律行爲는期限이到來한때로부터效力을發生한다

終期를붙인法律行爲는期限이滿了한때에있어서그效力을喪失한다 제100조의規定은前2항의境遇에이를準用한다

③ 滿民 제145조   草案과 同一하다

7. 結 論 : 原案에 合意

제153조 (期限의利益과그抛棄) ①期限은債務者의利益을爲한것으로推定한다

②期限의利益은이를抛棄할수있다 그러나相對方의利益을害하지못한다

Ⅱ. **案**   제146조

Ⅲ. **審議錄**, 98면 상단 ~ 하단

2. 現行法 및 判例, 學說   現行法 제136조와 同一하다.(特則 ― 手形法 제40조 제2항) //

3. 外國 立法例   ① 佛民 제1187조   期間은恒常반드시負債者의利益에서約權[원문대로]한것으로思量한다 但契約또는景狀에의하여債主의利益을爲하여亦是그期限을合意한것으로推知할수있는때는格別하다

7. 結 論 : 原案에 合意

** 기한이익의 상실에 관한 문제(의용민법 제137조 참조)

Ⅲ. 審議錄, 98면 하단

① 現行法 제137조(期限의利益의喪失)에 對應하는 條文을 削除한 問題 ─

❶ 本條에 對應하는 條文은 滿民 제288조 外에는 外國 立法例에도 없다.

❷ 現行法 同條 제1호(破産의 境遇)에 關하여서는 日民 制定 後에 制定된
破産法 제17조[74])에 規定이 있으므로 重複되어 不必要하다.

❸ 제2호와 제3호의 境遇에 關하여서는 債權法의 一般原則(草案 제379조)
에 그 解決을 移讓한 것으로 본다.

❹ 佛民 제1188조 「負債者의家資分散을한때또는契約에依하여그債主에 附
與한것의擔保를自己의所爲에依하여減少한때는그負債者는이미期限의利益을主張
할수없다」

❺ 結論 ─ 現行法 제137조에 對應하는 規定을 하지 아니한 本 草案을 그
대로 두기로 合意하였다.

제154조 (期限附權利와準用規定) 제148조와제149조의規定은期限있는法律
行爲에準用한다

Ⅱ. 案   제147조

Ⅲ. 審議錄, 98면 하단 ~ 99면 상단

[99면] 2. 現行法 및 判例, 學說   現行法에는 規定 없고 新設 條文이다

3. 外國 立法例   ① 獨民 제163조   (草案 제145조 立法例 參照)

② 滿民 제146조   제142조및제143조의規定은期限을붙인法律行爲에이를
準用한다

7. 結 論 : 原案에 合意

---

74) 의용파산법 제17조에 대하여는 뒤의 민법 제388조(653면 주 9) 참조.

제6장　期　間

제155조 (本章의適用範圍) 期間의計算은法令, 裁判上의處分또는法律行爲에
　다른定한바가없으면本章의規定에依한다

Ⅱ. **案**　　　제148조　[다만 "…裁判上의命令또는…"이라고 한다]

Ⅲ. **審議錄**, 99면 상단 ~ 하단

　　2. 現行法 및 判例, 學說

　　3. 外國 立法例　　① 獨民 제186조　　法令裁判上의處分또는法律行爲
에依하여定한期間및期日의指定에關하여는제187조乃至193조의解釋規定을適用
한다

　　② 中民 제119조　　法令審判또는法律行爲에定한期日은特別한約定이있는
境遇를除外하고그計算은本章의規定에依한다

　　③ 滿民 제147조　　(草案과 同一하다)

　　6. 審議經過　　①「定한바이」를「定한바가」로 字句修正함.

　　②「裁判上의命令」은 이른바「判決」,「決定」,「法令」等 全部를 包含하는
것이기 때문에 이를「裁判上의處分」으로 修正함이 可하다.

　　7. 結論 : 前記 字句修正 外에 原案에 合意

Ⅳ. **법사위 수정안**　　(31) 제148조中「命令」을「處分」으로修正한다

Ⅷ. **제2독회**, 속기록 제45호, 13면 하단

　　○ 法制司法委員長 代理(張暻根) : [민법안 제148조 낭독] 여기에 裁判上
의「命令」으로 한 것을「處分」으로 修正하자는 것이 法制司法委員會에서 提案
하는 것입니다. 그것은 왜 그런고 하니 이 前에도 現行 民法의 用語를 그대로
땄는데 이것 正確치 못합니다. 裁判上의 裁判所에서 措置하는 方法은 세 가지
가 있습니다. 判決 … 裁判所의 判決 決定 命令 이 세 가지인데 여기에 裁判所
의 命令이라 하면 곧 세째번의 命令을 意味하는 것 같이 생각이 됩니다. 그것이
아니라 여기의 意味는 무엇인고 하니 裁判所에서 하는 判決 決定 命令 세 가지
를 다 包含하는 意味니까「命令」이라는 文句 代身에「處分」이라는 文句를 써야

세 가지를 包含시키는 것이 疑問 없이 解決이 되는 것입니다.

제156조 (期間의起算點) 期間을時,分,秒로定한때에는即時로부터起算한다

Ⅱ. **案**   제149조   期間을時로定한때에는即時로부터起算한다

Ⅲ. **審議錄**, 99면 하단 ~ 100면 상단

  2. 現行法 및 判例, 學說   現行法 제139조와 同一하다

  [100면] 3. 外國 立法例   ① 中民 제120조 제1항   時를가지고期間을定한때는即時起算한다

  ② 滿民 제148조   (草案과 同一하다)

  6. 審議經過   ①「時」를「時, 分, 秒」로 修正하는 問題 ―「時」라고만 規定하면「時」以下의 分, 秒의 境遇는 不然하다는 誤解를 生하기 쉽기 때문에 分, 秒를 挿入하는 것이 可하다. 現行法 解釋에 있어 學說上도 그렇게 되어 있다.

  ②「時」를「時, 分, 秒」로 修正하기로 合意하였다.

  7. 結 論 : 前記 修正 外에 原案에 合意

Ⅳ. **법사위 수정안**   (32) 제149조中「時」를「時, 分, 秒」로修正한다

Ⅷ. **제2독회**, 속기록 제45호, 13면 하단 ~ 14면 상단

  ○ 法制司法委員長 代理(張暻根) : [민법안 제149조 낭독] 여기에 對해서는 字句修正을 提案한 것입니다. 時라는 것을「時, 分, 秒」로 修正하자는 것입니다. 이것은 解釋上으로도 時分秒로 解釋이 되어 있습니다. 時間을 오늘 午後 3時 25分 15秒에서부터 期間을 始作한다고 할 적에는 15秒에서부터 計[14면]算하는 것이 解釋上 當然한데 이것을 明白히 하자는 것입니다. 學說上에는 아무 關係가 없는 것입니다.

제157조 (期間의起算點) 期間을日, 週, 月또는年으로定한때에는期間의初日은算入하지아니한다   그러나그期間이午前零時로부터始作하는때에는그러하지아니하다

Ⅱ. **案**　　제150조

Ⅲ. **審議錄**, 101면 상단 ~ 하단

　2. 現行法 및 判例, 學說　　現行法 제140조와 同一하다

　3. 外國 立法例　　① 獨民 제187조　　期間의 始期를 定하는데關하여事件또는1日의經過中에到來할時點으로써//한때期間의計算에關하여는事件또는時點의當日은이를算入하지아니한다

　　　　　어느날의始初를期間의起算點으로定한때에는그날은이를算入한다

　　　　　年齡의計算의境遇에出生日에關하여도그러하다

　　② 瑞債 제76조　　時期를月初또는月末로定하였을때는이를同月제1일또는末日로解釋하여야한다

　　　　　時期를其月中으로定하였을때에는同月제15일을그時期로看做한다

　　③ 英民 제160조　　1日未滿의端數時間은期間計算에있어서는考慮되지않는다　但2個月以上의行爲또는事件이同一日에生起하였을때에는國王의請求權에抗辯하기爲한것이아닌한그生起의順序를證明할수있다

　　④ 中民 제121조　　日週日또는年을가지고期間을定한때는期間末日의終了로서時間의終了로한다　期間이週日또는年의初日로서起算되지아니한때는最後의週日또는年의起算日에相當하는날의前日로서期間의末日로한다　但月또는年으로期間을定한境遇에있어서最後의달에相當日이없는때는그달의末日을期間의末日로한다

　　⑤ 滿民 제149조　　草案과 同一하다

　7. 結 論 : 原案에 合意

제158조 (年齡의 起算點) 年齡計算에는出生日을算入한다

Ⅱ. **案**　　제151조

Ⅲ. **審議錄**, 101면 상단

　2. 現行法 및 判例, 學說　　現行法에는 規定 없고 新設 條文이다 (但「年齡計算에關한法律」이라는 單行法으로 되어 있다).

3. 外國 立法例　① 獨民 제187조 제3항　　年齡의計算의境遇에出生
日에關하여도그러하다

② 中民 제124조　　年齡은出生日로부터起算한다

出生日을確定할수없는때에는7月1日出生한것으로推定한다 그出生한月을
알아도出生한日을모르는때는그달의15日에出生한것으로推定한다

③ 滿民 제150조　　草案과 同一하다

6. 審議經過　　本條를 新設함으로써 附則에서 「年齡計算에關한法律」을
廢止하여야 한다.

7. 結 論 : 原案에 合意

Ⅳ. 意見書, 57면 (李丙浩)

[38] 案 제151조가 年齡 計算에 關한 規定을 新設한 것에 贊成한다.

[이 유]　　사람의 年齡 計算에 있어서 出生日부터 起算하는 것은 「年齡
計算에 關한 法律」에 依하여 起算되는 것인데 이것은 모든 自然人의 境遇에 該
當되는 것이므로 新民法을 制定함에 있어서 特別法에 規定된 이 規定을 民法典
안에 規定하는 것은 妥當하다.

「外國法制 參考」75)

제159조 (期間의滿了點) 期間을日,週,月또는年으로定한때에는期間末日의終了로期間이滿了한다

Ⅱ. 案　　제152조

Ⅲ. 審議錄, 101면 상단 ~ 하단

// 2. 現行法 및 判例, 學說　　現行法 제141조와 同一하다(特則 ― 商法
제520조).

3. 外國 立法例　① 獨民 제188조　　날로써定한期間은其末日의終了
로서滿了한다

② 瑞民 제77조　　債務의履行其他의法律行爲를契約의締結後一定한期日

---

75) 독일민법 제187조 제2항, 제3항, 중화민국민법 제124조 제1항, 제2항, 만주국민법 제150조
를 전문 인용하고 있다. 이들에 대하여는 앞의 민법 제150조, 제151조의 각 Ⅲ. 3. 참조.

의經過와同時에行하여야한때는그時期는다음과같이滿了한다

1. 日數로써期間을定하였을때는期間의最終日
2. 週日로써期間을定하였을때는最終의週에있어서그各稱에依하여契約締結한
   當日에該當하는日字
3. 月또는數月包含한時間(年半年4半年)으로서期間을定하였을때에는最終日
   에있어서그數에依하여契約締結한當日에該當하는日로하고最終日에右記
   의日字가없을때에는同月의末日로한다

③ 中民 第121조(前段)   1週月또는年을가지고期間을定한때는期間末日
의終了로써期間의終了로한다

④ 滿民 제151조   草案과 同一하다

7. 結 論 : 原案에 合意

제160조 (曆에依한計算) ①期間을週, 月또는年으로定한때에는曆에依하여計
算한다

②週, 月또는年의처음으로부터期間을起算하지아니하는때에는最後의週, 月
또는年에서그起算日에該當한날의前日로期間이滿了한다

③月또는年으로定한境遇에最終의月에該當日이없는때에는그月의末日로期
間이滿了한다

Ⅱ. 案   제153조

Ⅲ. 審議錄, 102면 상단 ~ 하단

2. 現行法 및 判例, 學說   現行法 제143조와 同一하다

3. 外國 立法例   ① 獨民 제188조   날로써定한期間은其末日의終了
로써滿了한다

週, 月또는數月을包含한時間의1年半年4分之1年으로써定한期間은前條의
제1항의境遇에있어서는各稱또는指數에依하여最後의週또는月에있어서其事件또
는時點의當日에應當하는日의終了로써滿了한다

제2항의境遇에있어서는命稱또는指數에依하여最後의週또는月에있어서그
起算日에應當하는날의前日의終了로써滿了한다

月로써期間을定한境遇에있어서最後의月에應當日없는때는其月의末日의 終了로써期間은滿了한다

② 中民 제121조　　1週月또는年을가지고期間을定한때는期間末日의終了 로써期間의終了로한다　期間이週月또는年의初日로써起算되지아니하는때는最後 의週月또는年의起算日에相當하는날의前日로써期間의末日로한다　但月또는年으 로期間을定한境遇에있어서最後의달에相當日이없는때는그달의末日을期間의末日 로한다

③ 中民 제122조 //　　一定의期日또는期間內에意思表示또는給付를하여 야할境遇에있어서그期日또는그期間의末日이日曜日記念日또는其他의休息日인때 는그休息日의翌日로써이에代身한다

④ 滿民 제152조　　草案과 同一하다

7. 結 論 : 原案에 合意

제161조 (公休日과期間의滿了點) 期間의末日이公休日에該當한때에는期間은 그翌日로滿了한다

Ⅱ. 案　　제154조

Ⅲ. 審議錄, 102면 하단 ~ 103면 상단

2. 現行法 및 判例, 學說　　現行法 제142조와 同一 趣旨이다. 現行法에 는「去來를안하는慣習있는때」를 包含시키고 있으나 草案은 削除하였다.

3. 外國 立法例　① 獨民 제193조　　一定의日또는어느期間內에意思 表示를하거나또는어느給付를하여야할境遇에있어서그一定한日또는期間의末日이 日曜日에該當하거나或은表示地또는給付地에있어서의公正한一般祭日에該當하는 때는다음의平日로써日曜日또는祭日을代身한다

[103면] ② 瑞債 제78조　　債務履行의時期또는期間의最終日이日曜日이 거나또는履行地에있어서國家的으로認定된休日에該當할때에는그後의去來日을履 行期日또는期間의最終日로看做한다　但別段의合意는無妨하다

③ 中民 제122조　　一定의期日또는期間內에意思表示또는給付를하여야할 境遇에있어서그期間또는　그期間의末日이日曜日記念日또는其他의休息日인때에

는그休息日의翌日로써이에代身한다

④ 滿民 제153조   草案과 同一하다

6. 審議經過   ① 現行法의 「去來를안하는慣習있는때」를 削除하였으나 이는 草案 제101조의 慣習에 關한 規定에 依하여 同一하게 解決된다

7. 結 論 : 原案에 合意

제7장   消滅時效

Ⅰ. **法編委**   1. 의사록   제7회 [1949년] 2월 19일 於大法院會議室

○ 高秉國 起草委員   民法總則 要綱   […]   (15) 取得時效의 規定은 總則篇[編]에서 除外하고 物權篇[編] 所有權取得에 規定할 것

全員 贊成으로 各 原案대로 可決하다

2. 編纂要綱   [앞의 1. (15)]

Ⅲ. **審議錄**, 103면 상단

① 取得時效를 物權編에 揷入한 問題 ― 現行法은 消滅時效, 取得時效 共히 總則에 規定하고 있는바 草案이 取得時效를 物權編에 規定한 點에 關하여서는 獨民, 瑞民, 中民, 滿民 等의 外國 立法例에 따른 것으로서 總則에서 消滅時效만을 規定하고 取得時效를 物權編에 規定한 것은 妥當하다(佛民만은 統一的으로 規定하고 있다)

Ⅵ. **意見書**, 58면 (方順元)

[39] 草案이 消滅時效만을 總則에서 規定[…]한 點을 贊成한다.

[이 유]   草案은 時效에 關한 規定을 함에 있어서 獨逸民法의 規定하는 方式에 좇아 總則編에 消滅時效에 關한 規定을 두고 物權編에 取得時效에 關한 規定을 두었다. 이렇게 規定한 點에 對하여서는 一定한 期間 繼續하는 事實狀態가 權利義務關係에 變動을 가져오는 時效制度는 그것이 消滅時效에 屬하거나 또는 取得時效에 屬하거나 間에 現行 民法과 같이 이를 統一的으로 總則編에 規定하는 것이 妥當하다는 反對論도 있을 수 있으나 債權 및 所有權 以外의 物權에(草案 155조 2항, 283조 參照) 共通的으로 適用될 消滅時效는 總則編에서

規定할 合理的 理由가 있으나 取得時效는 債權에 適用될 餘地가 없고 物權 特히 所有權에 適用될 것인 까닭에 이를 總則編에 規定함보다는 物權編 所有權 取得의 節 下에 規定하고 이 規定을 다른 物權의 時效取得에 準用하기로 한 것으로 推測되나 그보다도 獨逸民法의 Verjährung라는 語는 消滅時效만을 意味하고 取得時效를 包含하지 아니함을 考慮한 것이 아닌가 한다. […]

Ⅷ-1. 제1독회

1. 속기록 제30호, 25면 중단 ~ 26면 상단

○ 蘇宣奎 議員 : […] 그 外에 한 가지 말씀을 드리고 싶습니다마는 이것은 政府에 關聯이 된 것 같은데 時效라고 하는 章을 만들어 가지고 … 그 日本 法律을 보며는 … 아마 日本 法律뿐만이 아니라 아마 大陸法에도 그럴 것이에요 時效라고 해 가지고 거기에 總則 그 다음에 取得時效 消滅時效 이렇게 되어 가지고 아마 時效編이 되었을 것입니다. 그런데 이번 나온 것을 보며는 時效編이라고 하는 것보다도 그냥 消滅時效 이렇게 해가지고서 나와 있어요. 그래 總則이 달아나 버렸단 말이에요. 總則이 어디로 달아났어. 그래 가지고 消滅時效에 있어서도 이를테면 時效遡及原則을 또 規定을 하고 또 取得原則[時效]에 가서도 또 遡及原則을 또 規定을 했습니다. 그것은 무엇인고 하니 아마 總則이 없어지기 까닭에 아마 그렇게 時效側에 消滅時效에도 넣고 取得時效에도 넣는 것으로 보고 있어요.

이와 같이 重複된 일을 했다 그게에요. 그래 가지고서 소위 取得時效는 아마 대부분 物權에 關係되는 것이라고 해 가지고 아마 物權에다 집어넣어버린 모양이에요. 그런 結果가 지금 指摘한 // 것과 같이 여러 가지 時效에 관계되는 原則問題가 여기에도 規定되고 저기에도 規定되지 않으면 안 될 이런 關係가 되어 있어요. 그래 가지고 이제 심지어는 보며는 時效援用原則, 時效는 當事者가 援用하지 않으면 裁判所가 裁判들[을] 않는다 하는 그런 總則的인 規定 그런 것이 어디로 없어진 것 같이 되고 그렇습니다. 그런데 이런 時效라고 하는 것을 어째서 그렇게 여기저기다 分散시켜서만 꼭 해야 할 必要가 어디 있었던가? 그냥 그 前 모양으로 總則에다 두며는 總則的인 조항을 몇 조항 넣고 그 다음에 取得時效 消滅時效 이렇게 나갔으면 좋았을 것으로 보고 있는데 이것을 特別히 그렇게 해 놓는 … 分散시킨 그런 意味 내지는 總則的인 그런 規定이 여기저기 다 規定되고 또는 없어지기도 한 그런 理由가 무엇인가 하는 것을 묻습니다. […] [26면] […]

　　○ 副議長(趙瓊奎) : 　答辯은 다음 會議에 해 주시기 바랍니다 […]

　2. 속기록 제31호, 11면 중단

　　○ 法制司法委員長 代理(張暻根) : 　[…] 그 다음에 時効에 대해서 물으셨는데 取得時效를 物權論에 옮겼다는 것은 이것도 佛蘭西 … 從前에는 佛蘭西民法이었던 것을 佛蘭西民法主義던 것을 이번에 獨逸民法 瑞西民法과 같이 物權論[編]에 옮겼습니다.

　그것은 왜 그러냐? 取得時效를 總則에 할 것이 없습니다. 왜 그러냐? 債權이나 딴 데다가 關係를 하고 모든 各篇[編]에다가 關聯이 되는 總則이라고 할 것 같으면 넣겠는데 이 取得時效는 完全히 物權에만 關係가 되는 것입니다. 物權取得原因이 되는 것입니다.

　그렇기 때문에 이것은 他篇[編]에 關係가 없이 物權에 關係되는 것이니까 物權取得의 原因으로서 規定하는 것이고 消滅時效는 딴 篇에도 關係되기 때문에 그대로 두었습니다.

*** 시효 원용권(의용민법 제145조 등)의 문제

Ⅰ. **法編委**　　1. 의사록　　民法總則 要綱　　(14) 消滅時效 完成의 效果는 權利를 消滅시킬 수 있는 一種의 抗辯權을 發生하도록 할 것 […]
全員 贊成으로 各 原案대로 可決하다
　2. 編纂要綱　　總則　[내용은 1. (14)]

Ⅲ. **審議錄**, 103면 하단

　② 現行法 제145조 「時效의 援用」에 關한 規定을 削除한 問題 — 現行法에는 一面 時效의 結果로서 權利의 得喪을 생한다고 規定하고 (現行法 제162조, 제163조, 제167조) 同時에 時效의 採[援]用을 要한다는 旨를 規定한 結果(現行法 제145조) 從來 時效의 援用에 關하여 各種의 學說이 發生하였는바 草案은 이를 整理하여 援用에 關한 規定을 削除함으로써 時效에 關하여서는 今後 絶對的 消滅說이 確定되고 따라서 援用은 하나의 抗辯權으로 化하게 한 것이다.

Ⅴ. 意見書

1. 58면 ~ 59면 (方順元)

[39] 草案이 消滅時效만을 總則에서 規定하고 現行 民法의 消滅時效에 關한 規定을 整序한 點을 贊成한다.

[이 유]   […] 다만 消滅時效에 關한 規定 中에 現行 民法과 趣旨를 달리하는 點을 列擧하여 그 合理的 理由를 說明하고자 한다.

(1) 現行 民法은 時效援用에 關한 145조의 規定을 둔 結果 時效의 效果發生에 關하여 數多의 學說이 對立하였으며 이에 關聯된 判例의 見解도 區區하여 時效의 法律的 效果에 關하여 不分明한 點이 許多하였었다. 從來에는 時效完成에 依하여 權利得喪이 當然히 發生하느냐 또는 時效의 不援用으로 一旦 發生하였던 效果가 消滅하느냐 그렇지 않고 時效에 依하여 利益을 取得하는 當事者가 時效를 援用하였을 때 비로소 時效의 效果가 發生하느냐에 關하여 見解가 區區하였던 것이다. 草案은 [59면] 이러한 複雜한 見解의 對立이 있을 것을 避하기 爲하여 時效援用에 關한 規定을 除外한 것이 아닌가 한다. 換言하면 草案은 獨逸民法의 趣旨에 따라 請求權만이 消滅時效에 걸리며 請求權이 消滅時效에 걸린 境遇에도 請求權 自體는 存續하되 다만 永久的 抗辯으로 對抗된다는 理論을 採擇한 것에 歸着되며 法律關係의 簡明한 解決을 爲하여 妥當한 立法이라 할 수 있다. […]

2. 60면 ~ 63면 (安二濬)

[40] 草案 제173조 다음에 다음의 條文을 新設한다.

「權利의 消滅時效가 完成한 때에는 그 權利의 消滅로 因하여 利益을 받는 當事者는 權利의 消滅을 主張할 수 있다」

[이 유]   草案 제1편 제7장의 「消滅時效」에 關한 規定을 통틀어서 훑어보아도 어디에도 消滅時效의 效果로서 權利關係에 어떠한 影響을 미치느냐에 關하여는 一言半句의 言及이 없다. 卽, 草案 제155조, 제156조, 제157조 等은 다만 「… 行使하지 아니하면 消滅時效가 完成한다」라고만 規定하고, 消滅時效가 完成하고 난 뒤에 消滅時效에 걸린 權利의 運命이 어떻게 되느냐에 關하여는 아무런 規定도 두지 아니하였다. 또 修正案도 이 點을 看過하고 아무런 措置를 講究하지 아니한바 이것은 疑心할 바 없이 草案 및 修正案의 重大한 缺陷의

하나로서 指摘되지 않으면 안 될 것이다.

　周知하는 바와 같이, 消滅時效의 效果로서 權利關係에 어떠한 影響을 미치느냐 하는 問題는 時效制度의 根本問題와도 關聯이 있는 것이며, 이 點에 關한 各國 立法例의 態度는 一致를 缺如하고 있다. 爲先 이 點에 관한 各國 立法例의 態度를 槪言하면 다음과 같다. 現行 民法은 한편에 있어서는 消滅時效의 完成으로 말미암아 權利 自體의 消滅을 招來하고(現民 167조·168조 等 參照), 다른 한편에 있어서는 援用을 條件으로 한다(現民 145조). 佛蘭西民法은 特殊의 短期消滅時效에 걸리는 權利에 關하여는 消滅時效의 完成은 權利消滅의 强力한 推定을 일으키고, 一定한 强力한 證據에 依해서만 이를 깨뜨릴 수 있다고 하고(同法 2271조~2275조 參照), 或은 法文의 文字는 반드시 分明하지 아니하지만 多數說은 權利 自體의 運命 如何에는 탓치 아니하고 다만 訴權만이 消滅한다고 解釋하고 있는데(同法 1234조 末段·2219조·2271조 等 參照), 亦是 우리 現行 民法과 마찬가지로 援用을 條件으로 하고 있다(同法 2233조 參照). 그리고 瑞西債務法의 態度는 우리 [61면] 現行 民法과 大體로 같다(同法 127조·142조 參照). 그런데 獨逸民法은 消滅時效의 完成으로 말미암아 權利 自體가 消滅한다고도 規定하지 아니하고, 또한 援用을 條件으로 한다고도 하지 아니한다. 卽, 獨逸民法은 偉大한 獨逸普通法學者 Bernhard Windscheid의 理論에 좇아서, 消滅時效의 完成으로 말미암아 請求權(Anspruch)만이 時效에 걸린다고 規定하고(同法 194조 1항), 또한 그 請求權의 消滅이 援用을 條件으로 한다는 式으로는 規定하지 아니하고 債務者에게 永久的 抗辯權이 發生한다고 規定하였다(同法 224조).

　以上의 立法例를 一瞥하여 느낄 수 있는 共通點은, 어떠한 形式에 있어서든지 時效의 利益을 받게 되는 者의 主張을 要件으로 하여 權利 또는 權利로부터 發生하는 請求權 消滅의 效果가 생기는 點뿐이고, 그 優劣을 抽象的·一般的으로 斷定하는 것은 매우 困難하고 어떠한 意味에 있어서는 거의 不可能하기도 하다. 다만 理論的으로 追窮하여서 얻어지는 하나의 明確한 答辯은, 現行 民法이나 瑞西債務法과 같이 消滅時效의 完成으로 말미암아, 한편에 있어서는 權利 自體가 消滅한다고 規定하고(現行法 167조 等은 다만 「… 消滅한다」라고 規定하고 있으나, 그것을 文理대로 解釋하면 權利가 絶對的으로 消滅한다는 結論에 到達하지 않을 수 없다), 다른 한편에 있어서는 援用을 條件으로 한다고 規

定하고 있으므로(이 援用에 關한 規定의 反對解釋으로서 援用할 때까지는 아직 權利가 消滅하지 아니한 것 같은 印象을 준다), 法文의 規定 相互間에 二律背反的인 矛盾이 潛在하고 있는 것 같이 보인다. 現行 民法이나 瑞西債務法의 이와 같은 規定方式은 及其也는 時效의 援用에 關한 理論的 解明 乃至 展開에 一大 難點을 提起하고 있으며, 周知하는 바와 같이 어떻게 보면 一種의「槪念의 遊戱」로 생각할 수밖에 없는, 定說이 確立되지 아니하고 갈피를 잡을 수 없는 學說의 多樣性(訴訟上의 防禦方法說, 解除條件說, 停止條件說 等)을 露呈하는 結果를 招來하였다는 것이다. 이것을 考慮할 때, 獨逸民法의 態度가 훨씬 論理의 要請에도 適合하고, 따라서 學說의 紛糾도 止揚할 수 있다는 것을 發見할 수 있을 것이다. 이와 같은 見解에 立脚하여서 考察할 때, 우리 新民法도 이 點에 關하여는 現行 民法보다도 獨逸民法의 態度를 參酌하여 立法措置를 取하는 편이 賢明하지 않을까 생각한다. 그러나 우리가 注意하여야 할 것은 獨逸民法에 있어서는 消滅時效의 對象이 되는 權利는 請求權, 卽「他人에게 作爲 또는 不作爲를 要求하는 權利」(Das Recht, von einem anderen ein Tun oder ein Unterlassen zu verlangen)이라고 하고 있으므로, 例컨대 抵當權과 같은 制限物權은 그 自體가 請求權은 아니므로(그것은 請求權의 源泉이 權利 自體이다) 消滅時效에 걸리지 아니하고, 다만 그 制限物權에서 流出하는 請求權(物權的)만이 消滅時效에 걸린다고 하고 있음에 反하여, 草案에 있어서는 消滅時效의 對象[62면]이 되는 權利는 請求權만이 아니고 請求權의 源泉이 되는 權利도 包含되고 있다는 點이다(債權에 關하여는 異說이 있으나 大體로 請求權 그 自體라고 생각하여도 좋으나, 所有權 以外의 財産權이라고 하는 表現 가운데는 制限物權 그 自體와 같이 請求權의 源泉이 되는 權利도 包含됨은 말할 것도 없다). 그러므로 우리 新民法이 消滅時效 效果에 關한 規定을 獨逸民法의 그것에 類似·接近시킨다 할지라도 同法 제222조의「消滅時效가 完成한 때에는 義務者는 給付를 拒絶할 수 있다」(Nach der Vollendung der Verjährung ist der Verpflichtete berechtigt, die Leistung zu verweigern)(傍點 및 傍線 筆者)라고 規定함과 같이 請求權에 對應하는 觀念인 給付(給與)라는 用語를 使用하는 것은 不適當할 것이다. 이러한 點을 考慮하여서 本項의 主文의 表現을「權利의 消滅時效가 完成한 때에는 …」라는 式으로(傍點 筆者) 하는 것이 좋다고 생각한다. 다음에 獨逸民法은「… 義務者는 給付를 拒絶할 수 있다」라고 하여 義務者(權利의 消滅로 因하여 利益을 받는 當事者)에게 抗辯權이 있

다는 趣旨를 消極的으로 規定하고 있음에 反하여, 本項 主文은 「… 그 權利의
消滅로 因하여 利益을 받는 當事者는 權利의 消滅을 主張할 수 있다」라고 規定
하여 權利의 消滅로 因하여 利益을 받는 當事者에게 抗辯權이 있다는 趣旨를
積極的으로 規定하였는데, 이것은 어느 方式으로 規定하던 大差 없는 結果로
된다고 생각하는바, 消滅時效의 對象이 되는 權利를 新民法이 指向하는 바와
같이 할 것 같으면, 消滅時效의 效果에 關한 規定은 本項 主文과 같이 하는 것
이 좋다고 생각하며, 또한 立法技術的으로 보아도 그렇게 밖에 規定할 수 없을
것이다(舊滿洲民法 173조 參照).

끝으로 本項 主文과 같은 規定을 新民法 속에 揷入하는 境遇에 그 規定을
어떠한 場所에 두어야 하는 것이 좋으냐 하는 點에 關하여 一言하려고 한다. 草
案은 消滅時效와 取得時效에 關한 規定을 全혀 獨立的인 場所에서 두고 있다.
그러므로 新民法에서는 現行 民法과 같이 그 제1편 제6장 「時效」의 제1절로서
「總則」을 두어서, 그 첫머리에 두 가지 時效制度에 共通하는 效果(現民 144
조・145조・146조 等. 그러나 消滅時效에 關하여는 167조 以下에서도 「… 權利
가 消滅한다」라고 하여 時效完成의 效果에 關하여 規定하고 있으므로, 效果規
定에 關한 場所的 分裂相을 示現하고 있다)에 關한 規定을 두지 아니할 것이
豫想되는 以上, 消滅時效의 效果에 關한 規定을 現行 民法과 같이 時效規定의
總則으로서는 둘 수 없으며, 따라서 時效規定의 冒頭에 規定하는 것도 不適當
하다고 생각한다. 그런데 草案에서는 그 제174조・제175조에 消滅時效의 效果
와 關聯되는 規定을 두고 있는바, 消滅時效의 效果에 關한 原則規定이 된다고
할 수 있는 本項 主文의 規定은 이러한 規定과 相關的으로 把握하며, 그 바로
앞에 두는 것이 가장 妥當하다고 생각한다. 그것이 또한 우리가 參酌한 立法例
(獨民・舊[63면]滿民)의 態度이기도 한 것이다.

VI. 현석호 수정안　　　(6) 제173조다음에다음의條文을新設한다

제○조　權利의消滅時效가完成한때에는그權利의消滅로因하여利益을받는當
事者는權利의消滅을主張할 수 있다

VIII-1. 제1독회, 속기록 제31호, 11면 하단[76]

　　○ 法制司法委員長 代理(張暻根)：　[…] 그 다음에 또 한 가지 물으신 것

---

76) 이는 앞선 蘇宣奎 議員의 질의(앞의 286면)에 대한 답변으로 행하여진 것이다.

은 時效援用制度가 있었는데 時效援用制度를 왜 어쨌느냐 이것은 저 … 아마 民法을 硏究하신 분은 잘 아시겠습니다마는 여기에 저 … 審議錄 上卷 103「페이지」下段에도 그 理由를 詳細히 썼습니다. 이것은 무엇인고 하니 現行法에서는 援用制度가 있습니다. 한편은 時效의 結果로서 權利의 得喪을 … 權利를 얻게 되고 잃게 되는 權利의 得喪을 招來한다, 그렇게 한 個 規定하고, 또 時效는 援用해야 된다 이렇게 두 가지 矛盾되는 비슷한 것을 써 있기 때문에 그러면 어떻게 되느냐 或은 援用과의 關係에 있어서 時效는 援用 안 하려고 할 것 같으면 또 發生 못하는 것 같고 또 發生한다고 해 놓고 援用을 必要한다 하니까 여기에 대해서 여러 가지 學說이 있습니다. 效力發生時에 있어 發生에 대해서 所謂 아시다시피 停止條件附效力發生說 또 解除條件附效力發生說 絶對效力發生說 이런 적어도 서너 너덧가지 學說이 있어 가지고서 이것이 錯雜한 關係를 生하는 것입니다.

그렇기 때문에 이것을 立法的으로 解決하자, 아주 絶對效力發生說로 하자 이것이 그것입니다. 援用을 要하지 않는다. 그러니까 裁判할 적에 時效에 걸려서 다 消滅이 된다, 이렇게 하면 됩니다. 다못 裁判所에서 抗議로만 하면 되기로 만들어 왔습니다.

이것이 法律關係의 錯雜한 것을 簡素化하기 위해서 取한 措置이고 이것도 草案 그대로입니다. […]

Ⅷ-2. 제2독회, 속기록 제45호, 16면 중단 ～ 18면 중단

○ 法制司法委員長 代理(張暻根) : 그 다음 173조에 玄錫虎 議員으로부터 修正案이 나왔습니다. // [현석호 수정안 (6) 낭독] 여기에 對해서는 이것은 좀 相當히 큰 問題올시다. 이것은 무엇인고 하니 지금 草案은 이제 現行法부터 말씀드리겠습니다. 現行法은 이제 消滅時效가 完成되면 權利가 消滅한다 한쪽은 規定을 하고 거기에는 時效의 消滅時效를 援用해야 된다 이제 이렇게 되어 있습니다. 學說은 消滅한다고 그리고 또 時效의 援用이 必要한 것으로서 되어 있습니다. 그래서 여기 學說上 별의별 學說이 다 생기고 참 錯雜한 關係가 생깁니다.

하나는 絶對로 消滅時效가 完成되면 그 自體로서 그 權利는 아주 完全히 消滅된다, 이것이 絶對消滅說이라는 學說이 나오고. 아 그러면 援用이 必要하다고 그랬으니까 援用의 條件으로 停止條件으로 援用이 있어서 비로소 權利消滅

이 생긴다, 援用이 있어야 된다, 이것 停止條件附 消滅說입니다

　　그 다음에는 一應 消滅時效 完成으로서 權利가 消滅이 되지마는 萬一 援用을 하지 않으면 그러면 消滅이 되지 않는다. 이것은 解除條件說 消滅說입니다. 이렇게 學說上으로 大端히 錯雜한 關係가 있기 때문에 草案은 이것을 한번 簡素化하자 해서 一應 消滅時效만 完成될 것 같으면 그 自體로써 絶對 消滅된다 하는 그런 學說을 取하는 意味에서 이런 援用의 必要로 [17면] 하는 規定을 다 없애 버렸습니다. 그래 民法案審議小委員會에서는 이 立場이 大端히 좋다고 해서 이 政府의 草案을 支持했습니다마는, 이제 玄錫虎 議員께서는 從前과 같이 여기 權利의 消滅을 主張할 수 있다 해서 이 援用과 같을 것입니다. 援用을 하는 制度를 그대로 從前과 같이 하자 하는 이 修正案이올시다.

　　○ 副議長(趙瓊奎) :　玄錫虎 議員 修正案에 對한 說明해 주세요.

　　○ 玄錫虎 議員 :　이 消滅時效에 關해서 아닌게 아니라 過去에 여러 가지 學說이 있고 相當히 어려운 問題가 많이 있습니다. 그래서 지금 現行 우리民法으로 보며는 現行 民法을 말씀드리기 前에 이번 草案을 보며는 消滅時效가 完成된 때에는 어떻게 된 것이 없습니다. 그냥 그저 消滅時效라는 말을 가지고서 消滅時效가 몇 해 지나면 完成된다, 어떤데 얼마면 完成된다, 이렇게 完成한다 完成한다로만 되어가지고 있지 消滅時效가 完成된 때에 그 權利 自體가 어떻게 되느냐 하는 것을 分明한 그 明示가 없습니다. 없고 다만 消滅時效하는 그 글자를 가지고서 消滅時效가 完成되면 權利가 消滅되는 것이다, 이러한 말하면 判斷을 내렸습니다. 그러나 普通 學者들이 말하기는 이 消滅時效라는 것은 한 가지의 制度다 制度에 不過한 것이지 그 制度 自體로서 權利가 根本的으로 消滅되는 것이 아니다 그러니까 적어도 權利가 消滅이 되든 안 되든지 間에 如何한 規定이 있어야 되는 것이다. 그런데 이번 草案에는 그런 規定이 없다, 그런 이야기입니다. 그런데 // 過去에 現行 民法으로 보며는 그것이 分明히 168조에 가서 이렇게 되어 가지고 있습니다. 債權을 10年間 이를 行使하지 아니하므로 因하여 消滅한다. 이렇게 인제 現行 民法에는 分明히 어떠한 期間을 지나면 그 權利가 消滅한다는것을 分明히 말했고 그 反對로 그러는 同時에 145조에 가서는 그와 지금 다르게 時效는 當事者가 이를 援用하지 않으면 裁判所는 例[이]에 依하여 裁判할 수 없다. 卽 말하면 그 時效라는 것은 時效로 因해서 利益을 받는 사람이 그 利益을 高唱하지 않으면 거기에 對해서 裁判을 하지 못한다, 卽

말하면 이것이 다시 말하자면 援用制度라는 것입니다

　　그러니까 여기에 대해서 지금 張暻根 議員이 指摘하시다시피 한便에는 權
利가 消滅한다고 그래 놓고, 또 다른 한便은 그 援用하지 않으면 그 裁判을 하
지 않는다, 이렇게 되어서 여기에 좀 矛盾이 있다. 그래서 여기에서 學說이 이
런 學說 저런 學說이 생겼으니까 이번에는 그 學說을 그냥그냥 過去에 여러 가
지 복잡하던 學說을 없애버리고 權利가 消滅時效로 말미암아서 權利 自體가 絶
對的으로 消滅해 버린다, 援用이고 限定이고 할 것 없다, 아주 그저 單純하게
해 버렸다, 이런 趣旨로 지금 立法이 되었습니다.

　　그러나 여기에 대해서는 많은 學者들의 意見은 그와 다른 것입니다. 첫째
이 消滅時效에 대해서 權利가 消滅한다 云云하는 것은 元來//가 그 佛蘭西民法
이라든지 이런 다른 民法에서 本來 發生되기가 이 消滅時效로 인해서 權利 自
體는 그 말하자면 根本原因되는 原權利 이것은 消滅되는 것이 아니다, 다만 原
權利에 依한 出訴權 말하면 訴訟權 이것만이 消滅되는 것이다, 이것이 元來의
消滅時效制度에 根本趣旨라고 그럽니다. 또 뿐만 아니라 그런 것을 오늘날까지
에 모든 多數의 學說은 그것을 取해 왔다고 합니다. 그렇기 때문에 이번에도 이
制度를 갖다가서 이렇게 權利絶對消滅을 取하는 것보다는 亦是 이것을 明示해
서 抗辯權을 주는 程度로 그 權利 … 비록 消滅時效가 完成되었더라도 그 時效
로 因해서 利益을 받는 사람이 그 利益을 主唱할 수 있는 權利만을 주자 이렇
게 된 것입니다. 그렇게 해서 權利 自體는 絶對的으로 消滅하는 것이 아니고 그
相對方이 그 主唱權을 抗辯權을 주어서 그 消滅時效에 效果를 거두도록 하자,
이 것이 修正案의 趣旨인 것입니다

　　여기에 대해서는 實質的인 問題에서 보더라도 이런 것이 생깁니다 가령 말
하면 어떠한 債權債務間에 債權이 3年間에서 … 一例를 들면 醫師에 대한 治療
費 醫師에 대한 治療費로 보면 지금 規定을 보면 3年間을 그 醫師가 治療費를
請求하지 않고 期間이 넘어가면 그야말로 고만 債權이 消滅時效에 걸려서 消滅
된다고 합니다. 그러나 그럴 경우도 가령 醫師가 그 患者에 대해서 아마 돈 주
겠지 주겠지 하고 그냥 그렇게 과히 督促을 안하고 또 治療한 사람도 돈이 모
[18면]자라서 또는 못 생기든지 해서 돈이 생기면 갚을 생각으로 있었는데도
不拘하고 그럭저럭 하다 보니까 3年 지나갔더라 이 말이에요. 그래 3年 지나가
면 지금 現行 卽 말하면 이 草案대로 갈 것 같으면 그 權利는 다시 없어가지고

서 그 治療費 다 줄려고 하던 사람이 治療費로서는 줄 수가 없게 됩니다. 없고 그때에 가서 만약 本人이 好意를 가지고 말이야 가지고서 역서 治療를 했으니까 治療費를 주어야겠다 해서 그 돈을 준다고 하면 그때에 가서 아무 債務 없이 그야말로 非債辨濟라고 해 가지고서 債務 없는 辨濟가 되어서 할 수가 없게 됩니다. 그래서 그때 萬若 돈을 준다고 하면 다시 다른 形式의 法律行爲로서 贈與하는 形式으로밖에는 줄 수가 없게 됩니다.

그러니까 이러한 것도 實質問題를 보더라도 이러한 矛盾이 생기고 하니 역시 이것은 抗辯權을 주는 程度로서 現行 民法에서 認定해서 해오던 그 程度로 두는 것이 모든 사람의 모든 學者의 學說이라든지 或은 元來의 消滅時效를 認定하는 그 制度를 根本原因에 遡及해서 適當하지 않을까, 이런 意味에서 많은 學者들은 이것은 絶對로 이렇게 하는 것이 좋으리라는 이런 意見이 많습니다. 많이 參考해 주시기 바랍니다.

○ 副議長(趙瓊奎) : 討論하실 분 없으면 表決하겠습니다. 表決합니다. // […] 173조 玄錫虎 議員의 新設 條項을 묻습니다. 玄錫虎 議員의 修正案을 묻습니다. (擧手 表決) 表決結果를 發表합니다. 在席 104人, 可에 31票, 否에 한 票도 없습니다마는 未決입니다.

다시 한 번 表決하겠습니다. 玄錫虎 議員의 修正案에 대해서 2次 表決입니다. (擧手 表決) 在席員數 104人, 可 32票, 否에 한 票도 없이 未決입니다. 兩次 未決로 玄錫虎 議員의 修正案은 廢棄되었습니다.

제162조 (債權, 財産權의 消滅時效) ①債權은十年間行使하지아니하면消滅時效가完成한다
②債權및所有權以外의財産權은2年間行使하지아니하면消滅時效가完成한다

Ⅱ. 案   제155조

Ⅲ. 審議錄, 103면 하단 ~ 104면 상단

  2. 現行法및 判例, 學說   現行法 제167조와 同一趣旨이다

  3. 外國 立法例   ① 獨民 제194조   他人에對하여作爲또는不作爲를

要求하는權利請求權은時效로消滅한다

　　　　親族法上의關係에因한請求權은그關係에適應한狀態를將來에向하여設定할것을目的으로하는때에는時效로消滅치않는다

　　② 獨民 제195조　　普通消滅時效期間은3年으로한다

　　③ 瑞債 제127조　　聯邦民法이이에對하여別段의規定을制定하지않은債權은十年의滿了와같이時效에因하여消滅한다

　　④ 中民 제125조　　請求權은15年間行使하지않음으로因하여消滅한다　但法律에定한期間[104면]이이보다도짜른[짧은]때에는그規定에依한다

　　⑤ 滿民 제154조　　債權은2年間이를行使하지않음으로因하여그消滅時效가完成된다

　　　　債權또는所有權이아닌財産權은3年間이를行使하지않음으로因하여그消滅時效가完成된다

　　7. 結 論 : 原案에 合意

제163조 (3年의短期消滅時效) 다음各號의債權은3年間行使하지아니하면消滅時效가完成한다

　1. 利子, 扶養料, 給料, 使用料,[쉼표는 원문대로]其他1年以內의期間으로定한金錢또는物件의支給을目的으로한債權
　2. 醫師, 助産員, 看護員및藥師의治療, 勤勞및調劑에關한債權
　3. 都給받은者, 技師,[쉼표는 원문대로]其他工事의設計또는監督에從事하는者의工事에關한債權
　4. 辯護士, 辨理士, 公證人, 計理士및司法書士에對한職務上保管한書類의返還을請求하는債權
　5. 辯護士, 辨理士, 公證人, 計理士및司法書士의職務에關하[원문대로]債權
　6. 生産者및商人이販賣한生産物및商品의代價
　7. 手工業者및製造者의業務에關한債權

Ⅱ. 案　　　제156조 [아래 제2호를 제외하고는 민법 제163조와 같음]

2. 醫師, 産婆, 看護員및藥劑師의治療, 勤勞및調劑에關한債權

Ⅲ. 審議錄, 104면 상단 ~ 105면 하단

// 2. 現行法 및 判例, 學說　　現行法 제170조, 제171조, 제172조, 제173조를 合하여 單一條文한 것이다. 但 제4호, 제5호, 제6호, 제7호는 現行法은 消滅時效 2年인 것을 草案은 3年으로 하였다.

3. 外國 立法例　　① 獨民 제196조　　아래에揭記한請求權은2年의時效로消滅한다

1. 商人, 製造業者手工業者및美術營業者가物品의供給勞務의實行및他人의業務의管理및代佛金에關하여가진請求權　但給付者의營業을爲하여되었을때는그렇지않다

2. 農業또는林業이營業者의農産物또는林産物을債務者의家事用에供給한것으로發生한請求權

3. 鐵道業者運送人船長貸馬車의車夫및使者의運送賃使賃및그代佛金에關한請求權

4. 旅店主人및飮食物을營業으로供給者의宿泊또는飮食其他客의需要에供給한給付및代佛金에關한請求權

5. 富籤營業者의營業上의請求權　但富籤轉賣를爲하여供給한것은그렇지않다

6. 動産의賃借를營業으로하는사람賃貸料의請求權

7. 他人의營業을管理하거나또는勞力의供給을營業으로하는사람으로서제1호에屬하지않는者의營業上의報酬및代佛金에關한請求權

8. 私役에從事하는者의給料賃金其他職務上의收入과그代佛金에關한請求權및이런請求權을基礎로한前拂金에關한使用者의請求權

9. 職人, 助手從弟工場勞動者와같은工業勞動者日傭人및手工業者의賃金其他賃金代身또는賃金의一部로서約束한給付및그代佛金에關한請求權및이런請求權을基礎로한前拂金에關한雇主의請求權

10. 授業料其他授業契約으로約束한給付및從弟때문에支拂한代佛金에關한授業者및師匠의請求權 [105면]

11. 敎授敎育養育또는治療에提供하는公共營造物과同權의私設營造物所有者의敎育養育또는治療및附隨費用의請求權

12. 養育또는 敎育을 爲하여 사람을 收容하는 사람이 제11호에 揭示한 種類의 給付 및 費用에 關하여서가진 請求權

13. 公私의 敎師가그 報酬에 關하여가진 請求權　但公的 敎師의 請求權에 關하여 特別한 制度에 依하여 拂渡猶豫의 規定이 있는 境遇에는 그렇지않다

14. 醫師特히外科醫齒科醫및獸醫의 請求權및助産婦의 勞務給付및代拂金에 關한 請求權

15. 辯護士公證人및執達吏와 어느事務의 管理 때문에 公的으로 任命되거나 또는 認可된 사람이 國庫의 收入이되지않은 手數料및 代拂金에 關하여가진 請求權

16. 辯護士에 支拂한 前拂金에 關한 當事者의 請求權

17. 證人및鑑定人의 手數料및代拂金에 關한 請求權

　　　　제1항제1호제2호제5호에 揭示한 請求權은 2年의 時效로 消滅하지않는 때는 4年의 時效로 消滅한다[심의록 원문에는 제17호와 바로 연결되어 있다]

② 獨民 제197조　　利子및元本의 遞差消却을 爲하여 利子와같이 支拂하고 金額의 延滯部分의 請求權제196조제1항제6호에 該當하지않은 使用賃貸借및用益賃貸借의 借賃의 延滯額에 對한 請求權및定期金控除給付金料待命恩給扶養料其他모든 定期給付의 請求權은 4年의 時效로 消滅한다

③ 瑞民 제128조　　다음의 債權은 5年滿了와같이 時效에 因하여 消滅한다

1. 使用賃貸料用益賃貸料및資本利子에 對한 債權과 其他의 定期的 給付에 關한 債權　　2. 食料品의 供給에 基因하는 債權賄債權및旅店宿泊債權

3. 手工勞動物品小賣醫療手當辯護士法律代理人支配權을가진代理人및公證人의職務에 基因하는 債權使用人僕婢日傭人및勞動者의 勞務에 基因하는 債權

④ 中民 제126조 //　　利息의利益配當金賃貸借料扶養料退職金其他1年또는1年이 못되는定期給付의 債權에 關하여서는 그各期의 給付請求權은 5年間行使하지않음으로因하여 消滅한다

⑤ 中民 제127조　　아래各號의 請求權은 2年間行使하지않음으로因하여 消滅한다

1. 旅館飮食店과娛樂場의 宿泊料飮食費席料消費物의 代價와그代拂

2. 運送賃과運送人이代拂한金錢

3. 動産의 賃貸를營業으로하는 이의賃貸料

4. 醫師藥劑師看護人의 診察料藥代金報酬와그代拂金

　5. 辯護士會計公證人의 報酬와 그 代拂金

　6. 辯護士會計公證人이 受納한 當事者의 物件의 返還

　7. 技師請負人의 報酬와 그 代拂金

　8. 商人製造者手工業者의 供給한 商品과 産物의 代價

⑥ 滿民 제155조, 제156조　　　草案과 同旨이다

　6. 審議經過　　「産婆」를「助産員」으로「藥劑師」를「藥師」로 字句修正한다.

　7. 結 論 : 前記 字句修正 外에 原案에 合意

Ⅳ. **법사위 수정안**　　(33) 제156조中「産婆」를「助産員」으로「藥劑師」를「藥師」로 修正한다

Ⅴ. **意見書**, 58면 ~ 59면 (方順元)

[39] 草案이 消滅時效만을 總則에서 規定하고 現行 民法의 消滅時效에 關한 規定을 整序한 點을 贊成한다.

[이 유]　　[…] 다만 消滅時效에 關한 規定 中에 現行 民法과 趣旨를 달리하는 點을 列擧하여 그 合理的 理由를 說明하고자 한다. […] [59면]

(二) 消滅時效의 個別的 規定에 있어서 現行法과 相異한 點은

(1) 現行法은 短期時效期間으로 5年(169조) 3年(171조) 2年(173조) 1年(174조)의 4種으로 區別하였으나 草案은 3年(156조) 1年(157조)의 2種으로 整理하여 現行法이 5年의 消滅時效로 한 것을(169조) 3年의 時效인 草案 156조 1호에 規定하고 現行法이 2年의 消滅時效로 한 173조 1호 2호를 3年의 時效인 草案 156조 6호 7호에 規定하고 現行法이 2年의 消滅時效로 한 173조 3호를 1年 時效인 草案 157조 4호에 規定하였다. 草案이 短期消滅時效를 3年과 1年의 2種으로 하고 上記와 같이 現行法을 3年과 1年의 短期時效로 整理한 것은 規定의 簡明과 短期間의 法律關係 整理의 必要上 妥當한 態度라고 볼 수 있다. […]

Ⅷ. **제2독회**, 속기록 제45호, 14면 상단

○ 法制司法委員長 代理(張暻根) :　그 다음에 제156조입니다. [민법안 제156조 낭독] 여기에 제156조 中의 産婆를 助産員으로 藥劑師를 藥師로 修正하자는 것이 法制司法委員會의 修正提案이올시다. 이것은 지금 現行에서 옛적에

産婆라고 부르던 것이 助産員이 되었고 藥劑師가 藥師로 法令上 用語가 그렇게
되었기 때문에 거기에 符合시키기 爲한 字句修正이올시다.

제164조 (1年의短期消滅時效) 다음各號의債權은1年間行使하지아니하면消滅
時效가完成한다

　　1. 旅舘, 飮食店, 貸席, 娛樂場의宿泊料, 飮食料, 貸席料, 入場料, 消費物
　　　의代價및替當金의債權
　　2. 衣服, 寢具, 葬具其他動産의使用料의債權
　　3. 勞役人, 演藝人의賃金및그에供給한物件의代金債權
　　4. 學生및修業者의敎育, 衣食및留宿에關한校主, 塾主, 敎師의債權

Ⅱ. **案**　　제157조

Ⅲ. **審議錄**, 105면 하단 ~ 106면 상단

　　[106면] 2. 現行法 및 判例, 學說　　제173조, 제174조의 一部를 規定한
것이다

　　3. 外國 立法例　　前條에 對한 立法例 參照
　　7. 結 論 : 原案에 合意

Ⅳ. **意見書**, 58면 ~ 59면 (方順元)[77]

제165조 (判決等에依하여確定된債權의消滅時效) ①判決에依하여確定된債權
은短期의消滅時效에該當한것이라도그消滅時效는10年으로한다

　　②破産節次에依하여確定된債權및裁判上의和解, 調停其他判決과同一한效
力이있는것에依하여確定된債權도前項과같다

　　③前2항의規定은判決確定當時에辨濟期가到來하지아니한債權에適用하지
아니한다

Ⅱ. **案**　　제158조

---

77) 前條 Ⅴ.(299면) 참조.

Ⅲ. 審議錄, 106면 상단 ~ 하단

// 2. 現行法 및 判例, 學說　　現行法 제174조의2와 同一하다

3. 外國 立法例　　① 滿民 제157조　　確定判決에衣하여確定된債權은 短期消滅時效를定한것이라도2年間이를行使하지않으므로서그消滅時效는完成한다　破産手續에依하여確定한債權및裁判上의和解調停및公正證書에依據한債權에對하여서도또한같다　利息扶養料給料賃貸料其他1年內의期限으로定한定期給付의債權으로서아직그給付의時期가到來하지않은것에對하여는前項의規定을適用하지않는다

6. 審議經過　　判決에 依하여 確定된 債權의 消滅時效의 起算에 關하여서는 草案 제199조 參照.

7. 結 論 : 原案에 合意

제166조 (消滅時效의起算點) ①消滅時效는權利를行使할수있는때로부터進行한다

②不作爲를目的으로하는債權의消滅時效는違反行爲를한때로부터進行한다

Ⅱ. 案　　제159조

Ⅲ. 審議錄, 106면 하단 ~ 107면 상단

2. 現行法 및 判例, 學說　　草案 제1항은 現行法 제166조 제1항과 同一하나 現行法 同條 제2항에 該[107면]當하는 조항은 이를 두지 아니하였다.

3. 外國 立法例　　① 獨民 제198조　　消滅時效는請求權이成立한때부터進行한다　不作爲請求權의消滅時效는違反行爲를한때부터進行한다

② 瑞債 제130조　　消滅時效는債權의辨濟期의到來와같이進行을開始한다 債權이告知에基因하는때는消滅時效는告知할수있는日부터進行을開始한다

③ 中民 제128조　　草案과 同一하다

④ 滿民 제158조　　草案과 同一하다

6. 審議經過　　現行法 제166조 제2항78)을 削除한 問題 — 現行法 同條

---

78) 의용민법 제166조 제2항 : "전항의 규정["소멸시효는 권리를 행사할 수 있는 때로부터 진행한다"]은 始期附 또는 停止條件附 권리의 목적물을 점유하는 제3자를 위하여 그 점유시

는 特別히 規定할 必要가 없는 조항이다. 始期附 또는 停止條件附 權利를 가진 者에 對하여 期限의 到來, 條件의 成就까지 消滅時效가 進行되지 않는다는 것은 當然한 일인 것이다.

　7. 結　論 : 原案에 合意

Ⅴ. 意見書, 58면 ~ 59면 (方順元)

　[39] 草案이 消滅時效만을 總則에서 規定하고 現行 民法의 消滅時效에 關한 規定을 整序한 點을 贊成한다.

　[이 유]　　消滅時效에 關한 規定 中에 現行 民法과 趣旨를 달리하는 點을 列擧하여 그 合理的 理由를 說明하고저 한다. [⋯] [59면] [⋯]

　(2) 草案 159條 2項에 「不作爲를 目的으로하는 債權의 消滅時效는 違反行爲를 한 때로부터 進行한다」는 規定은 新設된 規定이나 從來 學說, 判例上 認定되어 있는 法理를 規定한 것이며 [⋯]

제167조 (消滅時效의遡及效) 消滅時效는그起算日에遡及하여效力이생긴다

Ⅲ. 審議錄, 107면 상단 ~ 하단

　—時效 遡及效에 關한 規定 新設의 問題—

　① 現行法 제144조에 對應하는 規定을 草案은 削除하였고

　② 取得時效에 關하여서는 제237조에 그 遡及效力을 規定하였고

　③ 또 消滅時效 完成 後의 債權에 對한 그 時效 完成 前의 相殺에 關하여 제486조의 規定을 둠으로써 消滅時效의 遡及效力 發生을 前提로 하고 있는 것이다. 그러나 이 遡及效를 明白히 하기 爲하여 제159조 다음에 다음의 條文을 新設함에 合意

　제　조(消滅時效의遡及效)「消滅時效는그起算日에遡及하여效力이생긴다」

Ⅳ. 법사위 수정안　　(34) 제159조다음에다음의條文을新設한다

　「消滅時效는그起算日에遡及하여效力이生긴다」

　　로부터 취득시효가 進行하는 것을 방해하지 아니한다. 다만 권리자는 그 시효를 중단하기 위하여 언제라도 점유자의 승낙을 구할 수 있다."

Ⅴ. 意見書, 63면 (安二濬)

[41] 修正案 (34)를 草案 제174조 앞에([40]의 다음) 規定하기로 한다.

[이 유]　　　修正案 (34)는 消滅時效의 效果에 關한 規定이라고 생각하는 바(現民 144조에 該當), 消滅時效의 效果에 關한 規定의 統一性을 確保한다는 見地에서 볼진대, 이것을 消滅時效의 進行開始의 時期를 定한 草案 제159조 다음에 規定하는 것은 適當하지 아니하다고 생각한다. 이러한 理由에서 修正案 (34)는 前項 [40]에서 新設하기로 한 規定과 草案 제174조 사이에 挿入하는 것이 可하다고 생각한다. 이 點에 關하여는 前項 末尾의 說明과 相互聯關的으로 考察하면 容易하게 理解할 수 있을 것이다.

그런데 여기에서 言及하여야 할 또 하나는, 草案 제174조가 있는 以上 修正案 (34)는 無用의 規定이 아닌가라고 하는 點이다. 卽, 消滅時效의 完成으로 因하여 主된 權利가 消滅하면 從屬된 權利에도 그 效力이 미친다고 하는 것은 時效의 遡及效(消滅時效에 있어서는 例컨대 債務를 免한 者는 時效期間 中의 利息을 支拂할 必要가 없다고 하는 效力)에 關한 修正案 (34)의 內容과 實質的으로 다른 點이 없으므로, 修正案 (34)와 草案 제174조는 重複되는 規定이 아니냐고 하는 憂慮이다. 그러나 例컨대 時效期間 中에 權利者—時效로 因하여 權利를 잃는 者—가 時效期間 中에 한 處分이 無效로 된다고 하는 따위는 草案 제174조의 規定으로써는 規律할 수 없을 것이며, 修正案 (34)와 같은 規定이 있는 境遇에 비로소 妥當하게 規律할 수 있을 것이다. 이러한 意味에서 修正案 (34)는 그 레이종·데에뜨르를 發見할 수 있을 것이다(다만, 獨民, 舊滿民 等에는 修正案 (34)에 該當하는 規定을 缺한다).

Ⅷ. 제2독회, 속기록 제45호, 14면 중단

○ 法制司法委員長 代理(張暻根) : [법사위 수정안 (34) 낭독] 이것은 왜 그런고 하니 원체 消滅時效는 完成가운데[完成한 후]에 그 債權에 관해서 그 完成 前에, 消滅[時效] 完成 前에 相殺 지금은 그것을 草案에서 相殺을 相計라고 名稱을 고쳤습니다마는 그 相殺을 本 草案 486조에서 벌써 許容한 것이 있습니다. 그런 것이므로 그것으로써 推測을 해 오면 結局 遡及效를 認定 … 前提로 한 것이 틀림없습니다마는 이 消滅時效에서 草案 안에다가 이 遡及效가 있다는 것을 明文으로 박아놓는 것이 立法體制에 옳다고 생각해서 이것을 分明히

規定하자는 것입니다. 學說上에는 아무 影響이 없습니다. 取得時效에 관해서는 이 草案 237조에서 遡及效를 한便에서는 規定해 주었습니다. 消滅時效에서는 이것을 規定하는 것을 잊어 버렸어요. 그래서 이것은 있는 것이 좋다고 생각합니다.

제168조 (消滅時效의 中斷事由) 消滅時效는 다음 各號의 事由로因하여 中斷된다

    1. 請求
    2. 押留 또는 假押留, 假處分
    3. 承認

Ⅱ. 案   제160조 [다만 제2호는 "2. 執留또는假執留, 假處分"이라고 한다]

Ⅲ. 審議錄, 107면 하단 ～ 108면 상단

    2. 現行法및 判例, 學說   現行法 제149조와 同一하다.

    3. 外國 立法例   ① 獨民 제208조   消滅時效는 債務者가一部辨濟利子支拂擔保供與또는다른方法으로請求權을承認함으로中斷한다

        ② 獨民 제209조   消滅時效는權利者가請求權의履行또는確認執行文의付與또는執行判決을求하기爲하여訴訟을提起함으로中斷한다 아래의揭示한事項은訴訟의提起와同一한效를갖는다

        1. 督促手續에있어서의支拂命令의送達
          (1) 區裁判所또는民事訴訟法제494조제1항제1호에揭示한調停所에서하는 調停申立의提出로因한請求權의實行
        2. 破産手續에있어서의請求의申立
        3. 訴訟에있어서의請求權의相殺의採用
        4. 請求權의訴訟의結果로決定되는境遇에있어서그訴訟中에訴訟公告를하는것
        5. 執行行爲의着手와强制執行의裁判所또는다른官廳에指定된限에있어[108면]서强制執行의申請을할것

        ③ 中民 제129조   消滅時效는左記事由로因하여中斷한다
        1. 請求   2. 承認   3. 訴訟提起
          左記事項은起訴와同一한效力을가진다

1. 督促手續에依한支拂命令의送達　　　2. 和解하기爲하여하는呼出

3. 破産財權의申出　　　　　　　　　　4. 訴訟의告知

5. 執行行爲의開始또는强制執行의申請

④ 滿民 제159조　　草案과 同一하다

6. 審議經過　　① 執留라는 用語에 關한 問題 ― 新刑法 제140조 제1항79)에 依하면 刑訴上의 差押을 押留, 假差押을 假押留라는 用語로 使用하고 있는바 이와 用語統一을 期할 必要가 있다.

② 「執留」를 「押留」로 「假執留」를 「假押留」로 修正함에 合意하였다.

7. 結 論 : 字句修正外에 原案에 合意

Ⅳ. **법사위 수정안**　　(35)　제160조中「執留」를「押留」로「假執留」를「假押留」로修正한다 (本案中以下同一하다)

Ⅷ. **제2독회**, 속기록 제45호, 14면 하단

○ 法制司法委員長 代理(張暻根) : [민법안 제160조 낭독] 여기에 對해서 法制司法委員會의 修正案은「執留 또는 假執留」를「執留」를「押留」로「假執留」를「假押留」로 고치자는 것입니다. 用語입니다. 이것은 差押 이야기인데 지금은 差押이라는 것을 이제 … 草案에는「執留」라고 하고 또 假差押을 假執留라고 그랬는데 그것을 押留 假押留로 修正하자는 理由는 이미 우리가 우리 法律로 되어 있는 新刑法 新刑事訴訟法 여기에 그렇게 用語가 벌써 그렇게 되어 있습니다. 差押 代身에 押留로 되고 以前의 假差押 代身에 假押留로 되어 있으니까 그 法律을 딴 法律과의 用語를 統一하기 爲해서 그렇게 하자는 것입니다. 新刑法 140조 1항 같은 것을 보면 아실 것입니다.

제169조 (時效中斷의效力) 時效의中斷은當事者및그承繼人間에만效力이있다

---

79) 형법 제140조 제1항은 공무상비밀표시무효죄를 규정한다("公務員이그職務에關하여實施한 封印또는押留其他强制處分의標示를損傷 …"). 그 외에 방화죄 및 실화죄에서, 자기 소유의 물건이라도 압류 등으로 타인 권리의 목적물이 된 것은 타인의 물건으로 본다는 형법 제176조에서도 '押留'라는 용어를 사용한다. 한편 Ⅷ.에서 보는 대로 장경근은 형법 외에 '新刑事訴訟法'에서도 그러한 말을 쓴다고 하지만, 1954년 법률 제341호의 형사소송법에서는 그 용어가 발견되지 아니한다.

Ⅱ. 案		제161조

Ⅲ. 審議錄, 108면 상단 ~ 하단

// 2. 現行法 및 判例, 學說		現行法 제148조와 同一하다(特則—現行法 제434조, 제457조, 제284조)

3. 外國 立法例		① 中民 제138조		時效의 中斷은 當事者承繼人讓受人사이에限하여비로소效力을가진다

② 滿民 제160조		前條의時效中斷은當事者및그承繼人사이에있어서만그效力을갖는다

7. 結 論 : 原案에 合意

제170조 (裁判上의請求와時效中斷) ①裁判上의請求는訴訟의却下[콤마가 없다]棄却또는取下의境遇에는時效中斷의效力이없다

②前項의境遇에6月 內에裁判上의請求, 破産節次參加, 押留또는假押留, 假處分을한때에는時效는最初의裁判上請求로因하여中斷된것으로본다

Ⅱ. 案		제162조

Ⅲ. 審議錄, 108면 하단 ~ 109면 하단

2. 現行法 및 判例, 學說 [109면]		現行法 제149조와 同一 趣旨이나 제2항은 新設 條文이다

3. 外國 立法例		① 獨民 제212조		訴訟의提起로因한中斷은訴訟이取下된때또는訴訟事件自體를決定하는것이아닌判決로却下되고또確定한때는中斷이없었다고看做한다 權利者가6個月안에다시訴訟을提起한때는時效는最初의訴訟의提起로中斷하였다고看做한다 이期間에關하여는제203조제206조제207조의規定을準用한다

② 中民 제131조		時效가訴訟提起로因하여中斷한境遇에있어서는그訴訟을取下하거나또는合法이아님으로因하여却下의判決을받어그判決이確定하였을때는中斷하지않는것으로看做한다

③ 中民 제135조		時效가訴訟의告知로因하여中斷한境遇에있어서는訴訟

終結後6個月안에 訴訟을 提起하지않을때는 中斷되지않은것으로 看做한다

④ 滿民 제161조　　　草案과 同一하다

6. 審議經過　　① 제2항을 新設한 것은 例컨대 和解 其他 方法으로 解決하기 爲하여 訴訟을 取下하였다가 다시 再提起 또는 執留하는 境遇 等을 考慮하였기 때문에 草案 제2항의 新設은 安當하다.

② 제1항 中「訴訟의」다음에「却下」를 挿入한다 //

③「執留」를「押留」로「假執留」를「假押留」로 字句修正한다

7. 結論 : 字句修正 外에 原案에 合意

Ⅳ. 법사위 수정안　　(36) 제162조제1항中「訴訟의」의다음에「却下」를挿入한다

Ⅷ. 제2독회, 속기록 제45호, 14면 하단 ~ 15면 상단

○ 法制司法委員長 代理(張暻根) : [민법안 제162조 낭독]　여기에 對해서 法制司法委員會의 修正案은 그 執留 假執留를 고친 것은 字句修正이고 아까 했 [15면]으니까 되풀이 안 하겠습니다. 여기에 訴訟의 棄却이라고 했는데, 이 訴訟의 棄却 곁에 却下라는 것을「訴訟의」의 다음에「却下」를 挿入한다, 卽 訴訟의 棄却이라는 것을 訴訟의 却下 棄却 또는 取下라 이랬습니다. 왜 그런고 하니 이것은 學說上 當然한 것이고 却下받았을 때에, 管轄이 달라 가지고 다른 裁判所에, 서울地方裁判所에 訴訟을 提起할 것을 大田地方法院에다 提起했을 때 그때에는 却下라고 합니다, 棄却이 아니고 … 그런 境遇에도 勿論 時效中斷의 效力이 생하지 않는다는 것을 分明히 밝혀야 되는데 이 棄却 안에는 아마 却下도 드는 意味로서 規定했을 것으로 생각이 됩니다마는 棄却과 却下를 法律上 用語로 다르게 取扱하는 以上 明白히 却下로 … 却下의 文句를 넣는 것이 正確하다고 봅니다.

제171조 (破産節次參加와時效中斷) 破産節次參加는債權者가이를取消하거나 그請求가却下된때에는時效中斷의效力이없다

Ⅱ. 案　　제163조

Ⅲ. 審議錄, 109면 하단 ~ 110면 상단

2. 現行法 및 判例, 學說　　現行法 제152조와 同一하다

3. 外國 立法例　　① 獨民 제214조　　破産手續에있어서의屆出로因한 中斷은破産手續이終了하는때까지繼續한다　屆出을撤回한때에는中斷이없다고看做한다　債權調査하는때申立한異議로因하여訴訟에걸린債權에對하여破産終結때 어느金額을保留한境遇에있어서는中斷은破産終結後에도亦是繼續한다　이中斷의 終了에關하여서는제211조의規定에依하여이를定한다

② 中民 제134조　　時效가破産債權의申請으로因하여中斷한境遇에있어서 는債權者가그申請을取消하였을때는中斷하지않는것으로看做한다

③ 滿民 제162조　　草案과 同一하다　[110면]

7. 結 論 : 原案에 合意

제172조 (支給命令과時效中斷) 支給命令은債權者가法定期間內에假執行申請 을하지아니함으로因하여그效力을잃은때에는時效中斷의效力이없다

Ⅱ. 案　　제164조

Ⅲ. 審議錄, 110면 상단

2. 現行法 및 判例, 學說　　現行法 제150조와 同一하다

3. 外國 立法例　　① 獨民 제213조　　督促手續에있어서의支拂命令은 送達에因한中斷에關하여서는제212조이[의]規定을準用한다　支拂命令이그效力을 喪失하는때는中斷이없는것으로看做한다

② 中民 제132조　　時效가支拂命令의送達로因하여中斷한境遇에있어서는 訴訟繫屬이그效力을잃었을때는中斷하지않는것으로看做한다

③ 滿民 제613조　　草案과 同一하다

7. 結 論 : 原案에 合意

제173조 (和解를爲한召喚) 和解를爲한召喚은相對方이出席하지아니하거나和 解가成立되지아니한때에는1月以內에訴를提起하지아니하면時效中斷의效力 이없다任意出席의境遇에和解가成立되지아니한때에도그러하다

Ⅲ. **審議錄**, 110면 상단 ~ 하단

　─現行法 제151조에 對應하는 規定에 關한 問題─ //

　(立法例)　　① 中民 제133조　　時效가 和解를 하기 爲한 呼出로 因하여 中斷한 境遇에 있어서는 相對方이 出頭치 않거나 또는 和解가 成立되지 않을 때는 中斷하지 않는 것으로 看做한다

　　② 日民 제151조　　和解를 爲하여 한 呼出은 相對方이 出頭치 않거나 又는 和解가 成立되지 않을 때는 1個月 內에 訴訟을 提起치 않을 때는 時效中斷의 效力을 發生치 않는다. 任意出頭의 時는 和解가 成立되지 않은 때와 亦是 같다.

　　③ 滿民　　滿洲國 民事訴訟條例에는 和解申立 任意出席의 制度가 없으므로 滿民에 이것을 時效中斷事由로 하지 아니한 것이다

　　理由 ─ 現行 民訴法 제354조, 제356조에 和解申立 任意出席의 制度가 있는 以上 權利의 實行行爲인 이 2種에 時效中斷의 效力을 認定하는 것이 當然하다. 萬一 그렇지 않으면 催告(草案 제166조)에는 時效中斷의 效力을 認定하고 이보다 强力한 權利의 實行行爲에는 이를 認定치 아니하는 不均衡을 招來한다.

　　滿洲에서는 民訴法에 和解申立 任意出席制度가 없으므로 滿民法에도 이에 對應하는 時效中斷 規定을 두지 아니한 것을 草案은 모르고 盲從한 것 같다.

　　※ 제164조 다음에 다음의 條文을 新設한다

　제　조 (和解를爲한召喚任意出席과時效中斷)

　　「和解를 爲한 召喚은 相對方이 出席하지 아니하거나 和解가 成立되지 아니한 때에는 1月 以內에 訴를 提起하지 아니하면 時效中斷의 效力이 없다 任意出席의 境遇에는 和解가 成立되지 아니한 때에도 그러하다」

Ⅳ. **법사위 수정안**　　(37) 제164조의다음에다음의條件을新設한다 [내용은 Ⅲ. 말미]

Ⅷ. **제2독회**, 속기록 제45호, 15면 상단 ~ 중단

　○ 法制司法委員長 代理(張暻根)： 다음 法制司法委員會의 修正案으로서 164조 다음에 한 條文을 新設하자는 것입니다. [법사위 수정안 (37) 낭독] 그런데 여기에 草案 166조를 보면 催告는 그냥 催告를 하는데 裁判所에 請求 안 하

고 債權者로부터 債務者에게 돈을 빨리 주시요 하는 催告만 하더라도 時效中斷이 되는 것으로 // 되어 있습니다. 그런데에도 不拘하고 이 草案에 보면 和解를 爲한 召喚, 和解를 爲해서 裁判所에서 불러내는 이것은 現行 民事訴訟法 354조에 있습니다.

그 다음에 任意出席 … 이거 일본말로는 任意出頭라고 하는 것인데 이거 民事訴訟法 356조입니다. 이것은 債權者로부터 債務者에게 私私로이 돈을 빨리 내시오 하는 催告하는 것보다도 더 簡單한 請求方法입니다. 裁判所를 거쳐서 하는데 거기에 對해서는 時效中斷의 效力이 생한다는 規定이 없어요. 催告에 對해서는 時效中斷의 效力이 있는 것으로 規定하고 이것은 이런 制度가 民事訴訟法上에 있는 以上 여기에도 時效中斷의 效力을 미치게 하는 것이 立法上 均衡된 措置라고 생각해서 이 條文을 넣자는 것입니다.

제174조 (催告와時效中斷) 催告는6月內에裁判上의請求, 破産節次參加, 和解를爲한召喚, 任意出席, 押留, 또는假押留, 假處分을하지아니하면時效中斷의效力이없다

Ⅱ. 案   제166조   催告는6月以內에裁判上의請求, 破産節次參加, 執留또는 假執留, 假處分을하지아니하면時效中斷의效力이없다

Ⅲ. 審議錄, 111면 하단 ~ 112면 상단

2. 現行法 및 判例, 學說   現行法 제153조와 同一 趣旨이나 現行法에는 「和解를 爲한 召喚 또는 任意出席」을 中斷事由로 包含시켰는데 草案에는 削除하였다.

3. 外國 立法例   ① 中民 제130조   時效가請求로因하여中斷한境遇에있어서請求後6個月안에訴訟을提起하지않을때는中斷하지아니한것으로看做한다

② 滿民 제164조   草案과 同一하다

※ 獨民 瑞民 佛民은 裁判外의 何等의 形式을 發하지 않는 催告를 時效中斷事由에 넣지 않고 있다 [112면]

6. 審議經過   ①「執留또는假執留」를「押留또는假押留」로 字句修正하고

② 「破産節次參加」의 다음에 「和解를爲한召喚, 任意出席」을 揷入한다.

7. 結論 : 前記 修正案 外에 原案에 合意

Ⅳ. 법사위 수정안　　(39)　제166조中「破産節次參加」의 다음에「和解를爲한召喚, 任意出席」을 揷入한다

Ⅷ. 제2독회, 속기록 제45호, 15면 하단

○ 法制司法委員長 代理(張暻根) : 그 다음에 제166조를 이제 配列로 고쳤습니다마는 그 內容에 또 修正案이 法制司法委員會의 修正案으로 나와 있습니다. [민법안 제166조 낭독] 이것 執留가 아니면 用語 고칠 것은 決定하신 바에 依해서 當然히 됩니다, 字句修正으로 … 이것이 「破産節次 參加」의 다음에 「和解를 爲한 召喚 任意出席」을 揷入하자는 것입니다. 이것은 아까 說明 말씀 드렸습니다. 그냥 단순한 催告에 대해서도 時效中斷의 效力을 生하는 以上 이것은 規定해야 當然히 옳을 것입니다.

제175조 (押留, 假押留, 假處分과時效中斷) 押留, 假押留및假處分은權利者의 請求에依하여또는法律의規定에따르지아니함으로因하여取消된때에는時效中斷의效力이없다

Ⅱ. 案　　제165조　執留, 假執留및假處分은權利者의請求에依하여또는法律의規定에違背함으로因하여取消된때에는時效中斷의效力이없다

Ⅲ. 審議錄, 110면 하단 ~ 111면 하단

[111면] 2. 現行法및 判例, 學說　　現行法 제154조와 同一한 趣旨이나 現行法에 「法律의 規定에 좇지 않음으로 因하여 取消된」 때라고 規定한 것을 草案은 「法律의 規定에 違背함으로 因하여」로 規定하였다.

3. 外國 立法例　　① 獨民 제216조　　執行行爲의着手로因한時效의中斷은執行處分이權利者의申請또는法律上의要件의欠缺로取消된때에는中斷이없었다고看做한다　强制執行申立의提起로因한中斷은申立이許諾되지않거나또는申立이執行行爲着手前取下되었거나또는實行한執行處分이前項의規定에依하여取消된때에는中斷이없었다고看做한다

② 中民 제136조   時效가執行行爲의開始로因하여中斷한境遇에있어서는
權利者의申請또는法律上의要件의欠缺로因하여그執行處分을取消하였을때는中斷
되지않은것으로看做한다   時效가强制執行으로因하여中斷한境遇에있어서는그申
請을取消하거나또는그申請이却下되었을때는中斷되지않은것으로看做한다

③ 滿民 제165조   草案과 同一하다

6. 審議經過   ① 「法律上의規定에違背함으로因하여」를 「法律의規定에
따르지아니함으로因하여」로 字句修正함에 合意하였다.[80] //

② 「執留」를 「押留」로, 「假執留」를 「假押留」로 各各 修正(新刑法 제140조
參照)하였다.

③ 제165조를 제166조로, 제166조를 제165조로 各各 條文配列을 修正한다.

(理由 ― 時效中斷事由로 草案 제160조에 「請求」 다음에 押留, 假押留, 假
處分을 揭記하였는바 請求의 一種인 催告에 關한 제166조가 押留, 假押留, 假處
分에 關한 제165조에 前置되어야 條文의 配列이 맞을 것임에 不拘하고 後置되
었으므로 이를 是正할 必要가 있다)

7. 結 論 : 前記 字句修正 外에 原案이 合意

Ⅳ. **법사위 수정안**   (38) 제165조를제166조로제166조를제165조로條文配列
   을修正한다

Ⅷ. **제2독회**, 속기록 제45호, 15면 중단 ~ 하단

○ 法制司法委員長 代理(張暻根) : […] 제165조를 제166조로 하고, 제166
조를 제165조로 條文配列을 修正하자는 法制司法委員會의 修正案올시다 그것
은 條文上 좀 잘못된 것 같습니다. 이 催告權이 제166조가 催告라는 데에 關한
規定인데 催告까지는 그 제160조에 適應[規定?]한 바와 마찬가지로 請求의 한
種類입니다. 그러면 請求에 關한 것이 있는데 한 묶음 그런 規//定을 해서 위에
있어야 되고 그 다음에는 제165조 執留 假執留 이것은 押留 假押留로 고쳤습니
다마는 그것은 제160조에 보면 그것은 催告 다음에 오는 「가테고리」에 듭니다.
그러면 그것은 이제 催告 다음에 卽 새 「가테고리」에 드니까 나중에 해야 될
것입니다. 條文의 配列이 明確히 잘못 된 것 같아서 이것은 고치자는 것입니다.

---

80) 이는 나중의 조문정리단계에서 반영되었다.

제176조 (押留, 假押留, 假處分과時效中斷) 押留, 假押留및假處分은時效의利益을받은者에對하여하지아니한때에는이를그에게通知한後가아니면時效中斷의效力이없다

Ⅱ. 案　　제167조

Ⅲ. 審議錄, 112면 상단

　　2. 現行法 및 判例, 學說　　現行法 제155조와 同一하다.
　　3. 外國 立法例　　① 滿民 제166조　　草案과 同一하다
　　6. 審議經過　　「執留, 假執留」를 「押留, 假押留」로 字句修正하였다.
　　7. 結 論 : 原案에 合意

제177조 (承認과時效中斷) 時效中斷의效力있는承認에는相對方의權利에關한處分의能力이나權限있음을要하지아니한다

Ⅱ. 案　　제168조

Ⅲ. 審議錄, 112면 상단 ~ 하단

　// 2. 現行法 및 判例, 學說　　現行法 제156조와 同一하다
　　3. 外國 立法例　　滿民 제167조　　草案과 同一하다
　　7. 結 論 : 原案에 合意

제178조 (中斷後에[81]時效進行) ①時效가中斷된때에는中斷까지에經過한時效期間은이를算入하지아니하고中斷事由가終了한때로부터새로히[82]進行한다
　②裁判上의請求로因하여中斷한時效는前項의規定에依하여裁判이確定된때로부터새로히進行한다

Ⅱ. 案　　제169조　　中斷한時效는그中斷事由가終了한때로부터다시進行한다
　　裁判上의請求로因하여中斷한時效는裁判이確定된때로부터다시進行한다

---

81) 민법을 공포하는 관보에는 '의'가 아니라 '에'로 되어 있다.
82) 민법을 공포하는 관보에 '새로이'라고 되어 있지 않다.

Ⅲ. **審議錄**, 112면 하단 ~ 113면 상단

　　2. 現行法 및 判例, 學說　　現行法 제157조와 同一하다.

　　3. 外國 立法例　　① 獨民 제217조　　時效가中斷된때에는中斷까지에
經過된期間은이것을算入하지않는다　이境遇에있어서는새로운時效는中斷이終了
한때부터다시그進行을始作한다

　　② 獨民 제211조 제1항 [113면]　　訴訟의提起로因한中斷은訴訟의確定判
決또는其他方法으로終結하는때까지繼續한다

　　③ 中民 제137조　　時效가中斷하였을때는中斷의事由가終了하였을때부터
거듭起算한다　訴訟의提起로因하여中斷한時效는確定判決을받거나,또는其他方法
으로因하여訴訟이終結한때부터거듭起算한다

　　④ 滿民 제168조　　草案과 同一하다

　　6. 審議經過　　① 草案과 같이 「다시 進行한다」라 하여서는 이미 經過한
時效期間이 無效가 되는 것을 明白히 하였다 할 수 없으므로 修正이 必要하다.

　　② 제169조를 다음과 같이 修正한다

　　　　「時效가中斷된때에는中斷까지에經過한時效期間은이를算入하지아니하고
中斷事由가終了한때로부터새로히進行한다　裁判上의請求로因하여中斷한時效는
前項의規定에依하여裁判이確立[定]된때로부터새로히進行한다」

　　7. 結 論 : 前記 修正案에 合意

Ⅳ. **법사위 수정안**　　(40) 제169조를다음과같이修正한다 [내용은 Ⅲ. 6. ②]

Ⅷ. **제2독회**, 속기록 제45호, 16면 상단 ~ 중단

　　○ 法制司法委員長 代理(張暻根) :　[민법안 제169조 및 법사위 수정안
(40) 낭독] 이것은 어째서 이것을 고치자고 하는고 하니 學說上은 당연히 이렇
게 歸結이 되었습니다. 지금 이 草案대로 할 것 같으면 文句上 말이지요 中斷事
由가 終了한 때로부터 다시 進行한다, 그러면 時效中斷이 된다면 다시 進行하
면 요전에 이 3年이면 3年이라는 消滅時效가 中斷事由가 생기기 前에 3年 지낸
것두 時效에 다시 計算하고 넣느냐 안 넣느냐 이러한 問題가 생깁니다. 學說上
中斷은 時效의 停止와 달라서 한번 中斷되면 요전에 時效進行했던 것, 채 못 차
는 것 3年이면 3年 이것은 아주 다 無效로 되고 새로 中斷事由가 끝난 다음에

새로 10年이면 10年이라는 時效期間이 가야 됩니다. 이것이 中斷이 時效의 停止와 다릅니다.

停止는 暫間 停止했다가 다시 始作하는데에 // 요전에 지내간 時效期間도 合해서 計算을 합니다. 이것이 다른 것인데 요것을 분명히 하기 爲해서 이 修正案을 냈습니다. 卽 中斷인 경우에는 그 前의 中斷事由가 생기기 前에 지내간 期間은 時效에 다시 計算에 넣지 않는다. 이제 이런 意味로 밝히기 爲해서 修正하자는 것입니다.

제179조 (無能力者와時效停止) 消滅時效의期間滿了前6月內에無能力者의法定代理人이없는때에는그가能力者가되거나法定代理人이就任한때로부터6月內에는時效가完成하지아니한다

II. 案   제170조

III. 審議錄, 115면 상단 ~ 하단

2. 現行法 및 判例, 學說 //   現行法 제158조와 同一하다. 草案은 準禁治産者를 限定治産者로 하고, 保佐人을 法定代理人으로 한 까닭에 本條 條文表現에 若干 差異가 생긴다.

3. 外國 立法例   ① 獨民 제206조   法定代理人을갖지않은無能力者또는限定能力者에對하여進行하는消滅時效는이러한사람이完全한能力者가되거나또는代理人이就任한때부터6個月안은完成하지않는다 時效의期間이6個月보다짧은때에는消滅時效에關하여定한期間으로서6個月에代身한다 前項의規定은限定能力者가訴訟能力을가진境遇에있어서는이를適用하지않는다

② 中民 제141조   行爲無能力者또는制限行爲能力者의權利는消滅時效期間終了前6個月안에法定代理人이없는때는그가行爲能力者가되었을때또는그法定代理人이就任한때부터6個月안에는그時效는完成되지않는다

③ 滿民 제169조   草案과 同一하다.

7. 結 論 : 原案에 合意

제180조 (財産管理者에對한無能力者의權利, 夫婦間의權利와時效停止) ①財産을管理하는父, 母또는後見人에對한無能力者의權利는그가能力者가되거나後任의法定代理人이就任한때로부터6月內에는消滅時效가完成하지아니한다

②夫婦의一方의他方에對한權利는婚姻關係의終了한때부터6月內에는消滅時效가完成하지아니한다

Ⅱ. **案** 제171조 [다만 제2항은 "夫의妻에對한權利또는妻의夫에對한權利는…"라고 한다]

Ⅲ. **審議錄**, 113면 하단 ~ 114면 상단

[114면] 2. 現行法 및 判例, 學說 現行法 제159조와 同一한 趣旨이며 제2항은 現行法 제159조의2와 同一한 趣旨이다.

3. 外國 立法例 ① 獨民 제204조 夫婦사이의請求權에關하여서는婚姻이存續하는동안은消滅時效는停止한다 아들이未成年인동안에있어서의父母間의請求權및後見關係의繼續하는동안에있어서의後見人및被後見人사이의請求權에關하여서도亦是같다

② 中民 제142조 行爲無能力者또는制限行爲無能力者의그法定代理人에對한權利는代理關係消滅後1年안에는그時效는完成되지않는다

③ 中民 제143조 家長의妻에對한또는妻의家長에對한權利는婚姻關係消滅後1年안에는그時效는完成되지않는다

④ 滿民 제170조 草案과 同一하다

6. 審議經過 제2항 中「夫의妻에對한權利또는妻의夫에對한」을「夫婦의一方의他方에對한」으로 字句修正함에 合意하였다.

7. 結 論 : 前記 字句修正 外에 原案에 合意

Ⅳ. **법사위 수정안** (41) 제171조제2항中「夫의妻에對한權利또는妻의夫에對한」을「夫婦의一方의他方에對한」으로 修正한다

Ⅴ. **意見書**, 58면 ~ 59면 (方順元)

[39] 草案이 消滅時效만을 總則에서 規定하고 現行 民法의 消滅時效에 關한 規定을 整序한 點을 贊成한다.

[이 유] […] 다만 消滅時效에 關한 規定 中에 現行 民法과 趣旨를 달

리하는 點을 列擧하여 그 合理的 理由를 說明하고자 한다. […] [59면] […]

(2) […] 草案 171조 2항에 「夫의 妻에 對한 權利 또는 妻의 夫에 對한 權利는 婚姻關係의 終了한 때부터 6個月 以內에는 消滅時效가 完成하지 않는다」라고 規定하여 現行 民法 159조 2항이 「妻의 夫에 對하여 가진 權利에 關하여는 婚姻 解消時부터 6個月 內도 또한 같다」라 하여 消滅時效의 停止를 規定한 것을 夫妻 相互的인 權利關係로 修正하였음은 妥當하다. 現行 民法 159조 2항이 妻의 夫에 對한 權利만에 停止事由를 認定하고 夫의 妻에 對한 것을 規定치 않았음은 元來 妻는 夫에게 支配되는 까닭에 婚姻 繼續中에는 妻는 夫에 對한 權利에 對하여 時效中斷節次를 取하기 困難하나 夫의 妻에 對한 權利는 婚姻 繼續 中이라도 中斷節次를 取하기 困難하지 않으리라 하여 一方的으로 規定한 것으로 보이나 元來 夫妻間의 權利는 婚姻關係 繼續 中 法律問題化하여 中斷節次를 取하는 것이 夫婦協同生活의 實質에서나 夫婦間의 情義上으로나 甚히 困難할 것이며 이러한 理由는 夫婦 雙方에 對하여 同一하겠으므로 夫妻 相互間의 權利에 對하여 時效停止事由를 規定한 것이다.

Ⅷ. **제2독회**, 속기록 제45호, 16면 중단

○ 張暻根 : [민법안 제171조 및 법사위 수정안 (41) 낭독] 이것은 字句 修正입니다. 간단히 …

제181조 (相續財産에關한權利와時效停止) 相續財産에屬한權利나相續財産에 對한權利는相續人의確定, 管理人의選任또는破産宣告가있는때로부터6月內 에는消滅時效가完成하지아니한다

Ⅱ. **案**   제172조

Ⅲ. **審議錄**, 114면 하단

2. 現行法 및 判例, 學說   現行法 제160조와 同一하나 「相續財産에關한權利」를 草案은 「相續財産에屬한權利나相續財産에對한權利」로 分類해 規定하였다.

3. 外國 立法例   ① 獨民 제207조   遺産에對한請求權또는이에對한

請求權은相續이相續人에依하여承認되느냐[承認된때]또는破産[相續財産]에關하여破産이開始된때또는代理人부터또는代理人에對하여請求權을實行할수있는때부터6個月만[동안]은時效는完成하지않는다　時效의期間이6個月보다짧은때에는消滅時效에關하여定한期間으로서6個月에代身한다

　　② 中民 제140조, 滿民 제171조는 草案과 同一하다.

　　7. 結 論 : 原案에 合意

제182조 (天災其他事變과時效停止) 天災其他事變으로因하여消滅時效를中斷할수없을때에는그事由가終了한때로부터1月內에는時效가完成하지아니한다

Ⅱ. 案　　　제173조

Ⅲ. 審議錄, 114면 하단 ~ 115면 상단

　　[115면] 2. 現行法 및 判例, 學說　　現行法 제160조와 同一한 趣旨이다.

　　3. 外國 立法例　　① 中民 제173조[83]　　管理者가管理를開始한때는通知할수있는境遇에限하여直時本人에通知하여야한다　急迫한事情이없을때는本人의指示를받아야한다　제154조乃至제152조[제540조乃至제542조]의委任에關한規定은事務管理에이를準用한다

　　② 滿民 제172조　　消滅時效의期間이滿了하는때에天災其他避할수없는事變으로말미암아時效를中斷할수없을때에는그妨害가끝인[그친]때부터1個月以內는時效는完成하지않는다

　　6. 審議經過　　現行 法條文 中「時效의 期間 滿了의 時에 當하여」라 함은 不正確하므로 이를 削除하였음은 進步的이다

　　7. 結 論 : 原案에 合意

---

83) 중화민국민법 제173조는 사무관리에 관한 규정으로서 소멸시효와 무관하다. 오히려 동법 제139조는 "시효의 기간이 종지한 때에 天災 또는 기타의 피할 수 없는 사변으로 인하여 그 시효를 중단할 수 없었던 경우에는 그 妨礙[방해]의 사유가 소멸한 때로부터 1개월 내에는 그 시효는 완성하지 아니한다"고 정하여, 민법안 제173조와 관련되는 '외국 입법례'가 될 것이다.

제183조（從屬된權利에對한消滅時效의效力）　主된權利의消滅時效가完成한때 에는從屬된權利에그效力이미친다

Ⅱ. **案**　　제174조

Ⅲ. **審議錄**, 115면 상단 ～ 하단

　// 2. 現行法 및 判例, 學說　　現行法에는 條文이 없고 新設 條文이다.

　3. 外國 立法例　　① 獨民 제223조　　抵當權또는質權이있는請求權의 消滅時效는權利者가擔保의目的에對하여　濟를請求하는것을妨害하지않는다

　　　　請求權을保全하기爲하여權利를讓渡한때에는請求權이時效로消滅한것을 理由로하여그返還을請求할수있다　前2항[원래대로]의規定은利子와其他定期給付 의延滯額에對하여請求權의消滅時效에이를適用하지않는다

　　　　② 獨民 제224조　　主된請求權에附隨하는從된給付에對한請求權은이에對 한適用할特別時效가아직完成되지않은때라하더라도主된請求權과같이時效로消滅 한다

　　　　③ 中民 제146조　　主된權利가時效로因하여消滅하였을때는그效力은從된 權利에미친다　但法律에 特別한規定이있는때에는그러하지않다

　　　　④ 滿民 제174조 (本 草案과 同一)

　6. 審議經過　　現行法에 있어서도 解釋上 그렇게 되어 있고 또 草案은 時效援用制度를 廢止하였으므로 草案이 妥當하다.

　7. 結 論 : 原案에 合意

제184조（時效의利益의抛棄其他）①消滅時效의利益은미리抛棄하지못한다 　②消滅時效는法律行爲에依하여이를排除, 延長또는加重할수없으나이를短 縮또는輕減할 수 있다

Ⅱ. **案**　　제175조　[제2항은 없다]

Ⅲ. **審議錄**, 116면 상단 ～ 하단

　2. 現行法 및 判例, 學說　　現行法 제146조와 同一하다.

　3. 外國 立法例　　① 獨民 제225조　　消滅時效는法律行爲로이것을排

斥또는加重할수가없다　時效의輕減特히消滅時效의短縮은이를할수가있다

　　② 瑞債 제141조　　　消滅時效는미리이를抛棄할수없다　連帶債務者의한사람의抛棄는이로서剩餘의連帶債務者에對抗할수가없다　　主된債務者의抛棄의境遇에있어서不可分給付의多數債務者間과保證人에對하여서도亦是같다

　　③ 中民 제147조　　　時效와期間은法律行爲로서이를延長하거나또는短縮할수없으며또미리時效의 利益을抛棄할수없다

　　④ 滿民 제175조　　　草案과 同一하다

　　6. 審議經過　　　① 時效의 期間을 法律行爲로써 延長 또는 短縮할 수 없다는 것을 規定하는 問題(中民 제147조) //

　　② 消滅時效의 期間 條件을 輕減할 수 있게 하는 問題

　　※ 獨民 제225조의 例에 準하여 제2항을 다음과 같이 新設함이 可하다.

　　「消滅時效는 法律行爲에 依하여 이를 排除, 延長 또는 加重할 수 없으나 이를 短縮 또는 輕減할 수 있다」

　　7. 結 論 : 前記 修正 外에 原案에 合意

Ⅳ. 법사위 수정안　　　(42) 제175조제2항을다음과같이新設한다 [내용은 앞의 Ⅲ. 6. ②]

Ⅶ. 辯協, 자료집, 39면 상단 ~ 40면 상단

　　[법사위 수정안에 신설이 제안된] 同條 제2항을 削除할 것으로 思料한다.

　　// [理 由]　　　同條 제1항의 規定에 依하여 消滅時效의 利益은 미리 抛棄할 수 없지만은 完成된 時效의 利益은 此를 抛棄할 수 있음은 異論이 없는 바이다. 그런데 이제 제2항을 解釋하여 보면 消滅時效 完成 前 當事者의 法律行爲로써 時效를 排除한다면 此는 時效의 利益을 미리 抛棄하는 것에 該當하는 것으로서 제1항 規定에 違反되며 消滅時效의 期間을 延長한다 함은 法定期間의 利益을 미리 抛棄하는 것으로서 亦是 제1항에 違反되는 바이다.

　　그리고 加重한다 함은 期間에 關한 것이아니고 實質的 利益에 關한 것으로서 解釋되는바 例컨대 消滅時效의 對象債權은 金10萬圜인데 時效完成 後 其의 利益을 加重하기 爲하여 金5萬圜을 加算支拂하기로 約定(時效完成 前)하였다 假定한 境遇에 此亦 時效利益 卽 金5萬圜의 債權消滅의 利益을 미리 抛棄하는 것이므로 此亦 제1항 規定에 違反하는 바이다. 故로 時效完成 前의 排除延長

또는 加重은 當然할 수 없는 것이다.

그리고 時效完成 後에 있어서 法律行爲로써 消滅時效의 排除를 約定함은 此는 時效利益을 抛棄하는 것에 該當하는바 此를 禁할 必要가 無하며 萬一에 한다면 此는 제1항 規定의 反對解釋에 違反하는 바이다. 時效完成 後의 加重契約은 結局 完成된 時效의 利益을 抛棄함과 同時에 一種의 自然債務를 新契約에 依하여 負擔하는 것이 되는바 此는 契約自由의 原則에 依하여 禁할 必要가 無하며 此를 禁함은 結局 消滅時效가 完成한 利益을 抛棄할 수 있는 제1항의 反對解釋에 違反하는 바이다.

그리고 時效完成 前 그의 期間을 短縮한다 함은 法定期間의 利益을 미리 抛棄하는 것에 該當하므로 제1항 規定에 違反되며 法定時效期間의 强行規定에 違反되는 것이므로 短縮約定은 當然히 있을 수 없으며 時效完成 前 輕減約定은 該 輕減된 部分에 對하여서는 結局 時效의 利益을 미리 抛棄하는 것에 該當하며[여] 제1항 規定에 違反하며 完成 後의 輕減約定은 契約自由의 原則에 依한 것인바 此를 禁할 必要가 全無한 것이다. 以上 理由에 依하여 同條 제2항은 제1항과 抵觸되는 바도 有하며 契[40면]約自由의 原則에 違反되는 바가 有하므로 削除함이 妥當하다고 思料하는 바이다.

Ⅷ. 제2독회, 속기록 제45호, 18면 중단

○ 張暻根 : [민법안 제175조, 법사위 수정안 (42) 낭독]　이것은 獨逸民法 225조에도 이렇게 規定되어 있습니다. 學說上으로도 대개 이렇게 하는 것이 좋다는 結論입니다.

제 2 편

物　權

제2편　物　權

제1장　總　則

제185조 (物權의種類) 物權은法律또는慣習法에依하는外에는任意로創設하지 못한다

Ⅰ. **法編委**　　1. 의사록　　　제8회 [1949년] 3월 12일 於大法院會議室
　　○ 姜柄順 起草委員　　　以下 物權法要綱을 朗讀하기로 한다.
　　　物權法要綱　　　제1장　　　　總則
　　　　1. 物權法定主義　　　物權은 本法 기타의 法律에 規定한 것 以外에 이
를 創設할 수 없음
　　　原案대로 可決하다
　　　2. 編纂要綱　　　物權法要綱　　　1. 物權法定主義
　　　物權은 本法 其他의 法律에 規定한 것 以外에 이를 創設할 수 없음

Ⅱ. **案**　　　제176조 物權은法律에定한것外에任意로創設하지못한다

Ⅲ. **審議錄**, 117면 상단
　　　2. 現行法 및 判例, 學說　　　現行法 제175조와 同旨이다.
　　　3. 外國 立法例　　① 中民 제757조 ② 滿民 제176조　　　草案과 同一
　　　6. 審議經過　　　物權은 要件과 能[態]樣이 不確定하면 表象 其他 原因으
로 因한 困難한 事態가 있으므로 物權法定主義를 採擇한 草案이 安當하다.
　　　7. 結 論 : 原案에 合意

Ⅴ. **意見書**, 66면 ~ 67면 (金曾漢)
　　　[42] 草案 제176조를 다음과 같이 規定한다.
　　　　「物權은 法律 또는 慣習法에 依하는 外에 任意로 創設하지 못한다」
　　　[이　유]　　　現行 民法 제175조는 「物權은 本法 其他의 法律에 定한 것

外에는 이를 創設할 수 없다」고 하였고, 日本의 近來의 通說은 同條의 「法律」에는 慣習法을 包含한다고 解釋하고 있다. 그러나 그것은 「法律」이라는 用語의 通常의 意義와 다를 뿐만 아니라, 同條의 沿革에 비추어 보나, 民法施行法 제35조가 民法 施行 前에 慣習上 認定되었던 物權을 民法 施行 後에는 成文의 法律에 定하여진 것 以外에는 認定하지 않으려는 趣旨에 비추어 보나, 現行 民法 제177조가 不動産에 關한 「모든」 物權의 得喪變更이 登記를 對抗要件으로 하는 것이라고 解釋되는 點에 비추어 보나, 同條의 本來의 立法精神이 物權의 種類를 成文法律이 認定하는 것에 限定하려는 데에 있었음은 明白하다. 따라서 同條에 이른바 「法律」이 慣習法을 包含한다고 解釋하는 것은 無理한 解釋이다. 그럼에도 不拘하고 그러한 無理한 解釋이 通說로 되어 있는 것은 物權의 種類를 成文의 法律이 認定하는 것에 限定하는 것이 不可能하다 함을 말하여 주는 것이다. 朝鮮民事令 제12조는 「不動産에 關한 物權의 種類 및 效力에 關하여는 제1조의 法律(民法)에 依한 物權을 除한 外에 慣習에 依한다」라고 規定하여 — 勿論 그 主된 理由는 民事令 施行 當時에 韓國의 慣習이 調査가 不充分하였기 때문에 餘裕를 남겨 두려는 데에 있었겠지만— 適切하게도 慣習法上의 物權을 明文으로 認定하였다.

草案은 民事令의 態度를 버리고 現行 民法 제175조와 같은 線을 좇아 物權의 種類를 「法律」이 定하는 것에 限定하려고 한다. 그러나 慣習法上의 物權을 否認할 수 없다 함은 嚴然한 事實이다. 그렇다면 또 草案 제176조에 이른바 「法律」에는 慣習法을 包含한다는 無理한 解釋을 하는 것이 不可避하게 될 것이다. 무슨 까닭으로 適切한 民事令의 態度를 버리고, 無理한 解釋을 不可避하게 할 것이 明白한 現行 民法 제175조의 線을 좇으려고 하는가. 그것은 不合理한 態度이며, 民事令과 [67면] 마찬가지로 慣習法上의 物權을 明文으로써 認定하는 것이 妥當하다.

그러면 法律과 慣習法 사이에 優劣을 둘 것이냐. 이 點은 제1조의 境遇(前出 [1] 參照)와 같은 理由로 優劣을 두지 아니함이 可하다.

Ⅵ. 현석호 수정안 　　(7) 제176조를 다음과 같이 修正한다

「物權은 法律 또는 慣習法에 依하는 外에는 任意로 創設하지 못한다」

VIII. 제2독회, 속기록 제45호, 18면 하단

○ 法制司法委員長 代理(張暻根) : [민법안 제176조 및 현석호 수정안 (7) 낭독] 여기에 「法律」이라는 데에다가 「慣習法」이라는 것을 하나 더 넣자는 것입니다. 여기에는 法制司法委員會로서도 民法案審議小委員會로서도 反對意見을 가지고 있지 않습니다. 이것은 왜 그러냐 하면 法律과 同等한 慣習法에 依해서도 物權이 發生한다고 解釋하기 때문입니다. 現行法에 저촉되지 않는 限에는 發生한다고 認定하기 때문입니다. 여기에 대해서 지금 判例로 보아서도 남의 땅에다가 墳墓를 쓴 경우에 그 墳墓의 所有者는 그 墳墓를 保有하기 위해서 地上權 類似의 物權을 가진다는 것이 慣習法으로 되어 있고 또 流水使用權에 대해서도 그러한 慣習法이 判例上 認定되어 있습니다. 이것을 草案을 法制司法委員會에서 修正하지 않은 것은 이 法律이라 하는 안에는 당연히 慣習法이 들어 있는 것으로 解釋하기 때문에 修正하지 않았습니다마는 玄錫虎 議員이 그것을 분명히 밝히자 한다고 할 것 같으면 거기에 대해서는 異議가 없습니다.

제186조 (不動産物權變動의效力) 不動産에關한法律行爲로因한物權의得失變更은登記하여야그效力이생긴다

Ⅰ. 法編委　　1. 의사록1)　　二. 物權行爲　　(一) 不動産에 관하여

(1) 不動産에 관한 物權의 法律行爲에 인한 得失變更은 登記를 함으로써 其 效力을 發生함　　[…]

(3) 不動産에 관한 物權의 得失變更을 目的으로 하는 法律行爲는 書面으로 함을 要함. 但 遺言에 의할 時는 그리하지 않다

○ 崔丙柱 委員 : 從來의 實情에서 볼 때에 法律關係는 迅速을 要하며 書面去來도 있고 口頭去來도 있으며 또 形式主義에는 登記所 設置의 完備를 要하는바 이는 現下의 實際에 適合되지 않으므로 善意 惡意를 莫論하고 現行대로 意思主義를 採用함이 可하며 不法登記者에 對하여서는 登記가 있더라도 對抗치 못하게 하였으면 可할 것이다

○ 盧鎭高 委員 : 亦是 公的 明確性과 實際의 紛爭防止를 圖하는 觀點에서

---

1) 앞의 민법 제185조 I. 1.의 제8회 의사록에 이어진다.

登記로써 效力을 發生케 함이 可하므로 原案에 贊同한다

　　○ 議長 (金炳魯 委員長)：從前 意思主義에 있어서 對抗要件에 關하여 善意의 第3者를 如何히 規定하느냐에 論議가 많았으므로 이런 點에 關하여 論議하여 주기를 바란다

　　○ 金準枰 委員：意思主義는 代金 支拂 如何를 莫論하고 物件을 取得케 하는 데서 問題가 생겼으므로 代金 支拂이 完了되지 못한 때에는 意思表示를 取消할 수 있도록 하면 可할 것이다

　　○ 金泰瑛 委員：結論은 形式主義의[에] 反對인데 우리의 社會實情은 아직 形式主義를 採用함에는 멀다고 본다. 例示하면 아직 山間草屋에 이르러서는 家屋台帳이 完備되어 있지 않은 것 같은데 實際에 있어서는 이들이 意思表示만으로 物權行爲를 하여 完全히 去來가 履行되어 있는데 이를 形式主義에 依據하여 效力을 發生치 못하게 함은 矛盾이며 實際에 適合지 않으므로 意思主義가 可할 것이다.

　　表決한 結果 原案을 通過시키다　　　[…]

　　原案 (3)은 全員의 意見으로 이를 削除키로 決定하다 […]

　　○ 姜 起草委員

　　保留事項　　登記簿에 記載된 權利關係는 그 權利에 關하여 法律行爲를 한 者의 利益을 爲하여 眞正한 것으로 看做함. 但 그 眞正함에 異議가 있다는 登記가 있을 때 또는 眞正치 않음을 알거나 또는 알 수 있었을 때에는 그리하지 아니함

　　全員의 意見으로 右 保留事項을 削除하기로 決定하다

　　2. 編纂要綱　　物權法要綱　　二. 物權行爲　　1. 不動産에 關하여

　　　ㄱ. 不動産에 關한 物權의 法律行爲에 因한 得喪變更은 登記를 함으로써 그 效力을 發生함

Ⅱ. 案　　제177조

Ⅲ. 審議錄, 117면 상단 ~ 118면 하단

　　// 2. 現行法 및 判例, 學說　　朝鮮民事令 제13조에 該當하는 規定이나 現行法은 對抗要件主義임에 對하여 草案은 成立要件主義를 採擇한 劃期的인 것이다(日民 제177조 參照).

3. 外國 立法例　　① 佛民 제1138조 제711조

② 佛民 제873조　　土地의所有權을讓渡하거나또는權利로서土地의負擔을加하거나또는이러한權利를讓渡하거나이에負擔을加하려면權利變更에關한權利者및相對方의合意및權利變更을土地登記簿에登記하여야한다　但法律에別段의規定이이있을때는그러하지않다　登記前에있어서는意思表示에關하여裁判上또는公證上의證書의作成이있고또는不動産登記所에서意思表示를하거나또는不動産登記所에서意思表示를提出하거나또는不動産登記法의規定에따라登記許諾證書를相對方에交付하였을때에限하여當事者는合意에依하여拘束된다

③ 瑞民 제656조　　土地所有者의取得에는土地登記簿에登記를하여야한다 先占相續公用徵收强制執行또는裁判判決의境遇에있어서는取得者는登記前이미所有權을取得한다　但土地登記簿上에있어서登記를한後가아니면그土地에關한處分을할수없다

④ 佛民 제138조 제1항 제71조

⑤ 中民 제758조　⑥ 滿民 제177조　　　草案과 同一

※ 動産에 關한 立法例

① 獨民 제929조　　動産所有權의讓渡에는所有者가物件을取得者에게引渡하여또는雙方이所有權의移轉에關하여合意하여야한다　取得者가物件을占有하는때는所有[118면]權의移轉合意만으로써足하다

② 瑞民 제714조　　動産所有權의移轉에는取得者에게占有가移轉하여야한다　善意로써動産을自己의所有로옮긴者는讓渡人에所有權移轉의權利를갖지않았을境遇라도占有에規定에依하여그物의占有를保護되는同時에그物의所有者로된다

③ 中民 제761조　　動産物件의讓渡는動産을交付하지않으면效力을發生치않는다　但讓受人이이미動産을占有하였을境遇에는讓渡의合意時에卽時効力을發生한다　動産物權을讓渡하여도讓渡人이아직動産의占有를繼續할때도讓渡人과讓受人사이에契約을締結하여讓受人으로하여금이에依한間接占有를取得시키어서交付에代身할수있다　動産物權의讓渡에關하여그動産이第3者가占有하는것일때도讓渡人은第3者에對한返還請求權을讓受人에讓渡하여交付에代身할수있다

④ 滿民 제181조　　動産에關한物權의讓渡는그動産의引渡를하지않으면그效力이發生하지않는다　但讓渡人이이미그動産을占有할때는讓渡의意思表示만으로써足하다

⑤ 佛民 제711조 제1583조

6. 審議經過

—◇意思主義와 形式主義의 長點을 要約하면 아래와 같다◇—

① 意思主義의 長點

　　1. 當事者의 便宜에 따른 것

　　2. 個人意思 自由의 原則에 符合 //

　　3. 動産에 關한 物權變動에 있어서는 簡易引渡, 占有改定, 指示에 依한 占有權 讓渡 等 抽象的 觀念인 引渡方式을 取하고 있기 때문에 形式主義를 採擇하여도 依然히 物權變動時期가 外部에 明瞭히 認識되기 어려움[렵]다.

② 意思主義의 短點

　　1. 物權變動으로 發生하는 意思表示의 存否가 不明瞭하다.

　　2. 法律關係가 錯雜하다.

③ 形式主義의 長點

　　1. 意思主義에 依하면 物權變動의 存否와 그 時期가 不明瞭하나 形式主義에 있어서는 明瞭하다. 따라서 去來의 安全을 期하기에 便利하다.

　　2. 意思主義에 依하면 物權變動에 있어서 當事者間과 對第3者와의 關係를 다르게 하게 되므로 法律關係가 錯雜해진다. 特히 意思主義에 隨伴하여 對抗要件主義를 쓰면 所謂 第3者의 範圍를 立法上 明確히 劃定하기 困難하고 또 第3者의 範圍를 學說上 確定하기도 어렵다.

④ 形式主義 採擇의 難點

　　1. 現行 制度에 依한 登記의 節次와 이에 要하는 費用 時間 等을 考慮할 때 當事者에게 不便하다.

　　2. 動産에 있어서는 對第3者關係가 意思主義와 同一하다.

　　3. 動産에 있어서 當事者間에서의 物權變動의 時期가 明瞭하지 못하다.

⑤ 以上의 各 意見에 立脚하여 本條에 對한 贊否가 對立하였으나 物權變動의 存否와 時期를 明瞭히 함으로써 去來의 安全을 期하고 當事者間의 關係와 對第3者에 對한 關係를 다르게 取扱함으로써 法律關係를 錯雜化함을 避하기 爲하여도 形式主義가 可하다. 意思主義를 取한다 하더라도 적어도 對抗要件主義는 採擇하지 아니할 수 없는바 그렇다면 結局에 있

어서 物權을 取得한 者는 登記를 하지 않으면 안 된다. 따라서 形式主義
의 登記의 費用 等의 短點은 意思主義 下에서도 같다.

7. 結 論 : 原案에 合意

V. 意見書, 67면 ~ 74면 (金曾漢)2)

[43] 物權變動에 있어서 形式主義를 採擇함에는 贊成할 수 없으며, 現行
民法대로 意思主義를 踏襲함이 可하다.

[이 유] 一. 序言

物權變動에 關하여 現行 民法은 意思主義를 取하고 있음에 反하여 草案은
不動産에 關해서나 動産에 關해서나 모두 形式主義를 取하고 있다. 그러나 動
産物權에 關해서는 意思主義와 形式主義의 어느 것을 取하거나 占有가 觀念化
된 今日에 있어서는 實際에 있어서 大差가 없는 것이므로 여기서는 主로 不動
産物權의 得喪變更이 登記를 하여야 效力이 생긴다는 主義를 現在 우리나라에
서 採用하는 것이 果然 適當하겠느냐를 檢討하여 보려고 한다.

二. 形式主義의 長點

一般的으로 形式主義의 長點은 무엇이며 草案은 이 主義를 採用함으로써
어떠한 利點을 얻으려고 하는 것일까. 大體로 다음의 諸點을 들 수 있을 것이다.

(1) 當事者間과 對第3者間에 따라서 法律關係가 分裂하는 일이 없기 때문
에 法律關係가 劃一的으로 된다.

(2) 物權의 變動이 일어났느냐의 與否가 至極히 明瞭하므로, 物權變動의 時
期가 明瞭하게 되고, 따라서 物權이 이미 移轉되었느냐의 與否에 關하여 紛糾
가 일어날 餘地가 없다.

(3) 登記가 됨으로써 비로소 物權變動의 效力이 發生하므로, 登記와 眞正한
權利關係와의 符合의 度를 높인다.

그러면 形式主義를 採用하면 果然 이러한 利點이 있겠느냐, 또 그 利點이
어느 程度의 價値가 있는 것이냐를 다음에 檢討[68면]하기로 한다.

三. 法律關係의 劃一化 自體는 絶對的 價値를 가진 것이 아니다

意思主義에 있어서는 甲이 不動産을 乙에게 賣渡하고 登記의 移轉을 하지
않고 있으면, 甲乙間에 있어서는 乙이 所有者로 取扱되고, 第3者에 對한 關係에

---

2) 김증한은 『의견서』에서 이와 같이 펼치고 있는 민법안 제177조에 대한 의견을 「민법안공
　청회」에서도 피력하고 있다. 민법안심의자료집, 90면 상단 ~ 93면 하단.

있어서는 甲이 所有者로 取扱된다. 그러나 形式主義에 있어서는 이러한 일은 絶對로 일어날 수 없고, 누가 所有者냐는 어떠한 關係에 있어서나 劃一的이다. 또 意思主義에 있어서는 登記의 移轉이 없이도 所有權이 甲으로부터 乙로 移轉된다면, 甲은 이미 無權利者가 되었을 터인데 甲이 丙에게 二重으로 讓渡하여 丙이 登記의 移轉을 받았을 때에 어떻게 丙이 所有權을 取得할 수 있느냐—無權利者로부터 權利를 承繼하는 것이 되지 않느냐(더구나 登記에 公信力도 認定하지 않으면서)—를 說明하는 데 理論的으로 困難이 있다. 形式主義를 取하면 이러한 困難은 自然히 解消된다.

　　그러나, 그럼에도 不拘하고, 筆者는 이른바「法律關係의 劃一化」가 그 自體로서는 絶對的 價値를 가진 것이 아니라고 믿는다.

　　元來 法律關係의 關係的 分裂은 法의 世界에 있어서 必然的 普遍的 現象인 것이다. 法典의 到處에「對抗할 수 없다」는 規定이 있는 것은 무엇을 意味하는가. 바로 法律關係가 甲乙間과 甲丙間에 따라서 다르게 取扱된다는 것을 意味하는 것이다. 이와 같이 法律關係의 關係的 分裂은 法의 各 領域에 許多하게 볼 수 있는 것인데, 어찌하여 何必 物權關係의 分裂만을 問題삼는가. 그것은 大陸法의 物權關係의 單純化의 理想때문이다. 卽 近世 大陸法은 所有權에 絶對的 內容을 附與하고, 따라서 所有權에 階層을 認定하지 않음으로써, 物權關係의 單純化를 꾀하였다.

　　그러나 近世 大陸法의 이 理想은 論理的 必然도 아니고, 또 時代의 變遷에도 不拘하고 언제까지나 維持될 수 있는 것도 아니다. 그것이 論理的 必然이 아님은 中世「게르만」法까지 들추지 않더라도, 英法上 所有權에 無數의 階層이 있고, 또 所有權이 title과 use로 分裂될 수 있다는 法制가 今日까지 數世紀間 維持되어 왔음을 보더라도 알 수 있다. 또 그것이 時代의 變遷에도 不拘하고 維持될 수 있는 것이 아니라 함도 오늘날 다음과 같은 諸現象이 있는 것을 생각할 때에 首肯하지 않을 수 없을 것이다.

　　(1) 數人 共有의 不動産을 共有者의 1人 또는 數人의 名義로 登記하는 일이 많다. 例컨대 甲乙丙 共有의 不動産을 甲의 單獨名義로 登記하는 境遇. 이境遇에는 乙丙의 持分에 關하여는 名義와 實質的 權利와의 分裂이 생긴다. [69면]

　　(2) 讓渡擔保에 있어서는 所有權이 어떠한 形態로 讓渡擔保設定者와 讓渡擔保權者 사이에 分屬한다고 보아야 할 것이다.

　(3) 歸屬財産에 對한 權利나 農地改革法에 依하여 分配받은 農地의 所有權은 代金完納 또는 償還完了 前에는 讓渡할 수 없을 것으로 되어 있으나, 實際로는 讓渡가 많이 行하여지고 있다. 이 境遇에는 名義는 讓渡人에게 남고 實質的 權利는 讓受人에게 移轉되므로, 여기서도 名義와 實質的 權利의 分屬이라는 現象이 일어난다.

　(4) 所有權의 絶對性을 緩和 乃至 否定하고 그 社會性을 强調하는 思想은 所有權이 個人과 國家(또는 社會)에 分屬한다는 理論을 誘致하고 있다(Hedemann이 그 一例이거니와, 蘇聯의 物權法理論도 또한 그와 같은 路線을 取하고 있는 것 같다).

　이렇게 보아 오면, 大陸法의 前記의 理想은 結局 그대로 維持되기는 어려운 것이고, 오히려 所有權의 分屬, 特히 名義와 實質的 權利와의 分裂이라는 現象을 率直하게 是認하고, 이에 關한 理論을 세우는 것이 正道가 아닐까. 그렇게 생각한다면 意思主義 乃至 對抗要件主義에 있어서 權利關係가 分裂하는 것을 구태여 排斥하려고 할 必要도 없을 것이다.

　또 [無]權利者로부터 權利를 承繼한다는 理論的 矛盾을 어떻게 解決하느냐. 이 點에 對하여는 從來에 있어서도 學者들이 一應 解決을 짓고 있었던 것이지만, 萬若에 所有權分屬의 理論을 取한다면 그 說明은 一層 容易하게 될 것이다.

　四. 形式主義 採用의 可否는 現在 登記가 어느 程度로 勵行되고 있느냐에 달려 있다

　形式主義를 取하면, 物權의 變動이 일어났느냐의 與否가 至極히 明瞭하므로 物權變動의 時期가 明瞭하게 되고 따라서 物權이 이미 移轉되었느냐의 與否에 關하여 紛糾가 일어날 餘地가 없게 된다는 것은 確實히 形式主義의 長點이다. 從來에도 意思主義를 取하면서, 이 問題에 關한 判例法이 어느 程度 確立하였고, 또 物權行爲의 獨自性을 認定하는 解釋論을 取함으로써 이 問題에 關한 紛糾를 어느 程度 減少시킬 수 있다 하더라도, 到底히 形式主義를 取함과 比할 수 없다 함은 다툴 수 없는 事實이다. 그러나 이 明瞭性이라는 長點도, 意思主義를 取하고 있는 現在에 있어서 이미 登記가 相當히 잘 勵行되고 있어야만, 形式主義를 採用할 때에 發揮될 수 있는 것이다. 왜냐하면 萬若에 現在 登記가 그다지 잘 勵行되지 못하고 있다면,

　(1) 形式主義를 採用한다고 急作히 登記가 잘 勵行되리라고 期待하기 어

렵고,

(2) 登記가 잘 勵行되지 않을 때의 弊端은 意思主義에 있어서보다도 形式主義에 있어서 더욱 크기 때문이다.

(1) 現在 登記가 相當히 勵行되고 있지 아니하면, 形式主義를 取한다고 急作히 登記가 勵行되리라고 期待하기 어렵다. [70면]

一般的으로 새로운 法이 制定된다고 社會의 實際가 얼마나 이것을 따르는 것인가. 이 問題에 答하여 주는 尺度로 두 가지를 提示할 수 있다. 첫째로는 法分野에 따라서 다르다. 公法의 領域에서는 새로운 法의 導入이 比較的 容易하지만, 私法의 領域에서는 그것이 大端히 困難한 것이라 함을 우리는 많은 例를 通하여 알 수 있다. 멀리는 「랑고바르트」(Langobard)人의 「로마」法 撲滅 政策이 公法의 領域에서는 成功하였지만, 私法의 領域에서는 거의 奏效하지 못하였던 例가 있고, 近世에 들어와서는 南阿聯邦에서 아직까지도 英法이 「로마」＝和蘭法을 排斥하지 못하고 있다든가, 美國에서 그 美國法의 形成期에 徹底한 反英感情이 모든 英國的인 것을 排斥케 하였음에도 不拘하고 結局 英法의 繼受를 막지 못하였다는 것이 그 좋은 例일 것이다. 같은 私法의 領域에서는, 技術的 要素가 짙은 法分野에서는 新法의 導入이나 新法의 發生發達이 容易하지만, 倫理的 傳統的 要素가 짙은 法分野에 있어서는 그것이 困難하다. 大體로 身分法은 財産法보다 倫理的 要素가 짙으므로 新法의 導入이 困難하고 傳統에 執着하는 힘이 강하다. 財産法의 分野에서는 商法 그 中에서도 特히 高度로 技術的인 手形・小切手法에 있어서는 新法의 導入이나 法의 統一이 容易하고, 物權法은 그것이 가장 困難하다. 그러한 意味로 意思主義로부터 形式主義로의 轉換이라는 問題는 新法의 導入이 매우 困難한 領域에 屬하고 있는 것임을 알 수 있다.

둘째로, 新法의 導入의 難易는 그것이 經濟的 需要 其他의 社會事情에 얼마나 適合하냐에 따라서 다르다. 立法이 經濟的 需要나 社會實情을 無視한다면, 아무리 效力을 否認하고, 甚至於는 處罰規定을 가지고 臨하드라도, 到底히 行하여질 수 없는 것이다. 그러한 例는 우리의 周圍에 얼마든지 볼 수 있다. 前述한 歸屬財産에 對한 權利나, 分配農地의 所有權을 讓渡하는 것도 그 例이고, 數十年間 形式婚主義가 行하여져 왔음에도 不拘하고 아직껏 婚姻申告를 하지 아니한 夫婦가 적지 않은 것도 그 例이다. 그러면 登記에 있어서는 어떠할까. 登錄

稅가 相當히 高率인 關係로, 兩當事者가 서로 믿을 수 있는 處地인 경우에는, 形式主義를 取하더라도 登記移轉을 하지 않고 두어 두는 일이 如前히 있지나 않을까.

結局 現在에 있어서도 이미 登記가 相當히 勵行되고 있으면 別問題이고, 萬若에 그렇지 못하다면 形式主義의 採用이 그것을 督勵하는 힘이 그리 强하리라고 期待하기는 어려울 것이다.

(2) 登記가 잘 勵行되지 않을 때의 弊端은 意思主義에 있어서보다도 形式主義에 있어서 더욱 크다.

法이란 定하여 놓기만 하면 곧 民衆이 그것을 따르는 것은 아니다. 前述한 바와 같이 物權法은 特히 傳統에 執着하는 힘이 强하다. 그것은, 法이 民衆의 法的 確信의 支持를 받아야 하는 것인데, 民衆의 法的確信이란 一朝一夕에 變化하는 것이 아니[71면]기 때문이다. 그러면 果然 登記 없이는 物權의 移轉을 認定하지 않는다는 것이 우리의 法的 確信의 支持를 받을 수 있을까.

이 主義를 따르면, 代金을 完拂하고 目的不動産의 明渡를 받았으나 登記移轉을 받지 않은 者(以下 無登記讓受人이라고 假稱한다)는, 몇 年을 經過하여도 所有者로서의 保護는 누구에 對한 關係에 있어서나 全的으로 拒否된다. 그러면 그는 그 不動産에 對하여 어떠한 權利를 가지며 그 侵害를 받는 境遇에 이를 排除하기 爲하여 어떠한 길이 있느냐. 그가 目的不動産을 占有하고 있으면 占有權을 가지게 될 뿐이고 그 以外에는 何等의 物權을 가지지 못한다. 그러면 所有者(登記名義人)에 對하여 어떠한 權利를 가지겠느냐. 所有權移轉請求權이 있을 뿐이고, 當場에 目的物을 使用收益할 것을 內容으로 하는 權利는 없다고 하지 않을 수 없다. 換言하면 對人的 請求權이 있을 뿐이고 目的物에 對한 支配權은 없다고 하지 않을 수 없다. 따라서 第3者로부터 侵害를 받더라도, 占有者로서 占有訴權을 行使할 수 있는 外에는 그 侵害를 排除할 수 있는 아무런 本權도 없음은 勿論, 所有者(登記名義人)의 本權에 基한 物權的 請求權을 代位行使할 수도 없다. 無登記讓受人이 所有者로서의 모든 權能을 行使할 것을 登記名義人(所有者)이 承諾한다는 默示的인 債權的 契約이 兩 當事者間에 있었던 것이라고나 說明하면, 所有者의 物權的 請求權의 代位行使가 可能하게 되겠지만, 그러한 說明은 形式主義를 否認하고 意思主義로 되돌아가는 것이 되기 때문에 ―卽 第3者에 對한 關係에 있어서는 所有權의 移轉이 없었으나, 當事者間에서는 그것이 있었던 것과 같이 생각하는 것이니까— 許容될 수 없을 것이다.

　當事者間에서도 所有權의 移轉이 있었던 것으로 取扱될 수 없다면, 巨額의 代金을 受領한 登記名義人 自身도 그 代金을 支拂한 無登記讓受人에 對하여 所有權에 基한 物權的 請求權을 가질 것이 아닌가. 例컨대, 無登記讓受人이 밭을 논으로 改造한 後에 登記名義人이 原狀回復을 請求하면 —無登記讓受人이 이제부터 所有權의 移轉을 請求하거나 그 支拂한 代金을 不當利得으로 返還請求할 수 있는 것은 別問題이지만— 이 請求 自體를 막을 수는 없지 않을까.

　이 모든 것이 우리의 法的 確信과 얼마나 乖離되는가는 말할 必要도 없을 것이다. 萬若에 法이 民衆의 法的 確信과 乖離되는 바를 强行한다면 法은 社會와 民衆으로부터 乖離하고, 法이 正義의 顯現이 아니라 不正義의 魔手로 化할 것이다. 다만 事實上 登記가 잘 勵行되고 있어서, 모두가 다 登記를 하는데 自己만 안 했다면 그러한 不利益을 입어도 마땅하다고 判斷하는 것이 法的 確信인 境遇에만 前記의 結果들이 首肯될 수 있을 것이다.

　그렇다면 結局 形式主義를 採用하는 것이 可냐 否냐를 決定하는 關鍵은, 意思主義 乃至 對抗要件主義를 取하고 있는 現在에 [72면] 있어서 登記가 얼마나 勵行되고 있느냐에 달려 있다. 現在 잘 勵行되고 있다면, 形式主義의 採用에 依하여 登記는 督勵되기를 새삼스러이 期待할 必要도 없고, 모두가 登記를 잘 勵行하고 있는데 어쩌다 한 사람이 無登記讓受를 하여 法의 保護를 拒否 當하더라도 當然하다고 생각될 것이다. 그리고 形式主義의 採用은 權利關係의 明瞭性이라는 빛나는 長點만을 가져오게 될 것이다.

　그러면 現在 登記는 어느 程度로 勵行되고 있을까. 正確한 統計的 數字가 없어서 알 수 없으나, 土地에 關하여는 京鄕間에 相當히 잘 勵行되고 있으리라고 짐작되지만, 建物에 關하여는 서울을 除外하고는 賣買의 登記는 姑捨하고 保存登記도 되어 있지 아니한 것이 오히려 大部分이 아닌가 생각된다. 그러나 形式主義를 取한다면 土地에 關해서만 取한다고 할 수 없고 不動産 全般에 關해서 取해야 할 것인즉, 建物登記의 實情이 前述과 같다면, 위에 說明한 理由로 形式主義를 採用함으로써 도리어 莫甚한 弊端을 招來하게 될 것이다. 그 弊端은 決코 一時的인 것이라고 참을 수 있는 程度의 것이 아니라, 實로 法生活을 甚히 破壞하는 것이 될 것이다.

五. 形式主義를 採用하려면 登記에 公債[信]力을 認定하여야 한다

登記는 權利關係를 正確하게 反映하고 따라서 그것을 信賴할 수 있게 될 것을 理想으로 한다. 形式主義에 있어서는 登記가 됨으로써 비로소 物權變動의 效力이 發生하므로 登記와 權利關係와의 符合의 度를 높이리라고 一應 期待할 수 있다.

그러면 形式主義를 取하기만 하면 이 符合이 完全히 이루어지느냐. 그렇지는 않다. 다음과 같은 境遇에는 權利關係와 登記와의 不一致는 不可避하다.

(1) 物權變動이 法律上 일어날 때. 登記를 하여야 物權變動의 效力이 發生한다는 原則은 法律行爲로 因한 境遇에 限하여 可能한 것이다. 따라서 草案 제178조가 規定하는 바와 같이 相續·公用徵收·判決·競賣 等 法律의 規定에 따라서 乃至는 一方的 決定 또는 宣言으로 物權變動이 일어나는 境遇에는, 必然的으로 例外를 認定하지 않을 수 없다. 이 點 獨逸民法도 또한 마찬가지이다. 이러한 境遇에는 權利는 이미 移轉하였으나 登記는 前主에게 남게 된다.

(2) 「物權變動이 法律上 일어날 때」의 一態樣이지만, 物權이 消滅하는 境遇에는 더욱 登記와 權利關係의 不一致가 일어날 可能性이 많다. 草案도 現行 民法과 마찬가지로, 物權이 混同으로 因하여 消滅한다는 原則(民法 179조 草案 182조)과 抵當權의 附從性의 原則(草案 360조 參照)을 取하고 있기 때문이다. 特히 典型的인 것은 被擔保債權의 消滅로 因하여 抵當權[73면]이 消滅하는 境遇이다. 이러한 境遇에는 物權은 消滅하였으나 登記는 殘存하게 된다.

(3) 物權行爲의 瑕疵로 —物權行爲의 有因性을 認定하면 原因行爲의 瑕疵로도— 登記가 無效로 되든가 取消되는 境遇. 物權行爲의 無因性을 認定하는 獨逸에 있어서도 이러한 境遇가 일어나는 것이 不可避하니, 萬若에 物權行爲의 無因性을 認定하지 않는다면 이러한 境遇가 생기는 일이 더욱 많을 것이다.

이와 같이 形式主義를 取하더라도 登記가 眞正한 權利關係와 符合하지 않는 境遇가 많이 생긴다는 것은 不可避하다. 이러한 境遇에 아무 權利 없는 登記名義人으로부터 讓渡를 받으면 어떻게 되느냐.

獨逸民法은 이 境遇에는 公信의 原則에 依하여 無權利者로부터의 讓受人을 保護한다. 우리의 現行 民法은 登記에 公信力을 認定하지 않지만 —卽, 그 登記名義人이 처음부터 權利 없이 登記를 가지고 있었다는 境遇는 除外되지만 그 以外의 境遇에는— 登記를 對抗要件으로 하는 現行 民法下에서도 獨逸民法에

있어서와 같은 結果로 된다.

이에 反하여 草案에 依하면 어떻게 되느냐. 草案은 登記에 公信力을 認定하지 아니한다(公信力을 認定한다면 民法典에 明定하여야 할 것이고, 그 規定이 없는 것은 現在와 마찬가지로 이것을 認定하지 않는 趣旨라고 解釋된다). 그러면 甲 名義의 不動産을 乙이 競買·判決 等으로 取得한 境遇에 甲이 아직 自己의 名義로 있는 것을 奇貨로 이것을 丙에게 賣渡하면 어떻게 되느냐. 乙은 登記 없이도 完全한 所有權을 取得하고(形式主義 下에서는 完全한 物權이냐, 全然히 無權利냐의 兩者 中의 一이 있을 뿐, 物權은 物權이지만 對抗할 수 없는 物權이라는 것은 있을 수 없다) 甲은 全然히 無權利이므로, 丙은 아무런 權利를 取得하지 못하고 비록 登記의 移轉을 받더라도 登記 없는 權利者 乙에게 對抗하지 못한다. 이것은 去來의 安全을 甚히 害할 뿐만 아니라, 形式主義가 한 便으로는 —아무리 代金을 完拂하고 明渡를 받았드라도 登記의 移轉 없이는 全然히 아무런 權利도 取得하지 못한다는 意味에서— 登記의 威力을 極度로 强化시키면서, 他面으로는 —登記의 移轉을 받아도 아무런 權利를 取得하지 못한다는 意味에서— 登記를 徹底히 無力化하는 것이다. 意思主義는, 法律行爲로 因한 變動뿐만 아니라 法律의 規定에 依한 變動도 登記 없이는 對抗하지 못한다고 解釋함으로써 오히려 草案이 取하는 形式主義보다 物權去來의 安全을 保護하는 程度가 크다고 할 수 있다.

形式主義의 이러한 矛盾을 救濟하기 爲하여는 必然的으로 登記에 公信力을 認定하지 않으면 안 된다. 獨·瑞도 그렇고, 滿洲國民法도 그랬었다. [74면]

그러면 現在 우리나라의 實情으로 登記에 公信力을 認定하는 것이 果然 妥當하겠느냐. 元來 登記의 公信力은 動的 安全을 保護하는 利益이 있는 反面에 靜的 安全을 犧牲시키는 弊端이 있다. 그러므로 이 靜的 安全의 犧牲을 最小限度로 막을 수 있게 하여 놓은 後에 公信力을 賦與하는 것이 아니면 그 弊害는 實로 참을 수 없는 程度에 達할 것이다. 靜的 安全을 犧牲시키는 일이 없도록 하려면, 첫째로, 現在 登記簿의 記載가 明瞭 正確하고 그것이 眞實과 符合하여야 하며, 둘째로, 節次上 不實한 記載가 行하여질 수 있는 可能性이 封鎖되어야 한다. 그러나 現在로서는 —아무리 登記法을 大幅的으로 改正한다 하더라도— 이 두 가지 中의 어느 것도 早速한 實現을 期待할 수 없으리라는 點에 對하여는 거의 異論이 없을 것이다. 또 登記에 公信力을 認定하기 爲하여는 單純히 登

記法의 改正뿐만 아니라 國家豫算上 莫大한 財政的 負擔을 不可避하게 하리라는 點을 생각지 않을 수 없으며, 그 點을 생각할 때에는 다시 한번 登記에 公信力을 認定하는 것을 躊躇치 않을 수 없을 것이다.

六. 結 語

以上 論한 바로부터 現在의 登記履行의 實情으로 보아서는 形式主義의 採用은 도리어 莫甚한 弊害를 招來하리라고 생각되며, 또 形式主義의 採用에는 登記의 公信力이 따라야 하는데 現在의 實情으로는 到底히 登記에 公信力을 認定할 수 없다는 結論을 얻었다. 그러므로 차라리 數十年間 우리가 그 밑에서 살아 왔으며, 그동안에 判例法이나 解釋理論도 어느 程度 確立된 意思主義를 踏襲하는 것이 賢策일 것이다. 또 近時의 物權法의 傾向은 「所有」 中心으로부터 다시 「利用」 中心으로 逆轉하고 있으며, 이에 따라 不動産利用權의 强化를 꾀하기 爲하여, 單純한 占有에 對抗力을 賦與하려고 하는 趨勢에 있음(草案 제612조 제1항·本 意見書 [143] 後段·日本의 借地法, 借家法 參照)을 考慮할 때, 主로 去來의 安全을 꾀함으로써 土地의 商品化를 促進할 것을 理想으로 삼았던 形式主義는 近來의 ―그리고 將來 一層 促進될 것으로 豫想되는― 物權法의 趨勢와 調和되기 어려운 것이라 아니할 수 없다.

Ⅵ. 현석호 수정안　　　(8) 제177조를다음과같이修正한다

物權의設定및移轉은當事者의意思表示만으로그效力이생긴다

Ⅶ-1. 공청회, 자료집, 93면 상단 ～ 하단

○ 서울대학교 법과대학 교수 (金曾漢)[3] ： […] 여기에 한 마디 附言하고 싶은 것은 法的 分野에 따라서 法의 改正이 비교적 容易하게 이루어질 수 있는 部門과 그것이 매우 힘든 부문이 있습니다. 내일 공청회에서 상당히 문제가 될 줄 압니다마는, 親族法 相續法 분야에 있어서는 법의 개정이라는 것이 대단히 힘든 것이고, 財産法의 分野에서는 어떠냐 할 것 같으면 物權法, 그 중에서도 土地不動産法 … 不動産法이라는 것이 법의 개정이라는 것이 매우 힘든 분야입니다. 법의 개정이 힘든다는 것은 무슨 의미냐 하며//는 백성이들 가지고 있는 法的 確信이라고 하는 것이 얼른 變更이 되지 못한다, 傳統的인 힘을 執着하고

---

3) 민법안공청회에서 김증한은 민법안 제177조에 대하여 『의견서』에서 개진한 바를 먼저 설명하고 있다(자료집, 89면 하단 ～ 93면 상단). 이어서 그 마지막에 여기서 드는 바와 같은 부동산법 개정의 어려움을 '附言'하고 있다.

이 전통이 지배하는 힘이라는 것이 특별히 크다는 그러한 의미이에요, 그렇다며는 지금 부동산 거래에 관해서 이러한 革新的인 變革을 기도한다는 것은 상당한 自信이 없이 해서는 안 될 것입니다. [⋯] // [시행 150년 이상을 기념하여 3년 전에 미국의 뉴욕에서 열린 학술대회에서 프랑스의 「안그레一딴」[앙드레 튕크 André Tunc?]이라는 학자가 말하기를] 佛蘭西民法典이 成功한 것은 낡은 것과 새로운 것의 巧妙한 巧妙適切한 安協에 그 성공의 가장 重大한 原因이 있었다 ⋯ 이러한 말을 한 것을 제가 읽었습니다마는 사실 土地去來法의 分野에 있어서 결코 確實한 自信이 없이 이러한 重大한 革新的인 改正을 우리가 企圖해서는 안 된다는 것이 저희 實例[?]입니다.

VII-2. 辯協, 자료집, 40면 상단 ~ 하단4)

前記 草案은 不動産의 調表[?]變更에 關하여 獨逸의 形式主義 卽 登記主義를 採擇한 듯한바 萬一에 如此한 形式主義에 依한다 하면 同條文만으로써는 아직 足하지 못하다 함을 左記와 如히 指摘하고저 한다.

(가) 이제 獨逸民法 제873조 제1항을 보면 土地 所有權의 權利變更에 關하여서는 當事者 卽 權利者 및 相對方의 合意와 倂하여 其의 登記를 行하도록 規定하였고 同條 제2항에 依하면 該 登記 前에 있어서 當事者의 合意를 認定함에는 意思表示에 關하여 裁判上 또는 公認上의 證書의 作成이 有하며 또는 不動産登記所에서 意思表示를 行하거나 또는 提出하거나 또는 不動産登記法의 規定에 따라 登記許諾證書를 相對方에 交付하였을 때에는 當事者는 該 合意에 依하여 拘束을 받는 것을 規定하였다. 如上 獨逸民法은 但只 登記에만 重點을 置한 것은 아니오 當事者의 合意 즉 意思主義에도 亦是 置重하여 如何히 하면 客觀的으로 當事者의 合意가 成立된 것이라고 認定할 것인가를 規定하였다.

目下 我國 內 現行民法의 運用에 있어서 賣主의 賣渡證書 또는 借用證書 委任狀 및 印鑑證明書 等 書類만 有하면 其의 所持하게 된 經緯의 如何를 莫論하고 登記所에서는 形式上 具備된 登記申請書를 接受하여 登記가 可能하도록 되어 있어서 其 結果 以外의 問題와 紛爭이 生하는 境遇가 許多하므로 如此한 問題와 紛爭을 防止하기 爲하여서는 其 如何한 境遇에 있어서 當事者의 合意가

---

4) 민법안공청회에서 韓世復 변호사가 법률행위로 인한 물권변동에 관하여 형식주의의 채택에 반대하는 취지를 발언하고 있다(사회자에 의하면, 한 변호사가 행한 '발언통지'를 받아들인 것이다). 민법안심의자료집, 87면 상단 ~ 88면 상단 참조.

成立된 것이라고 認定할 것인가 하는 点에 關하여 其 무엇이 要求됨을 考慮하여 規定할 것이다.

(나) 그리고 當事者의 正確한 合意에 依하여 遂行된 登記에 對하여서는 「公信力」을 賦與하는 規定이 要求되는 바이다. 現行民法의 意思主義에 있어서는 登記는 「推定力」이 有할 뿐이고 「公信力」은 // 없다. 法律上 登記에 對하여 其 眞實性을 賦與하는 原則으로서 近世法에 있어서 2個의 主義가 有한바 形式的 效力主義와 公信主義가 이것이다. 前者는 實體法上 權利의 有無 또는 其의 正當한 節次 與否를 莫論하고 登記만 有하면 其를 恒常 正當한 것으로 認定하는 主義인 데 反하여 後者는 「公簿를 信賴한 者에게는 權利를 賦與하라」는 原理에 基하여 善意의 第三者에는 公簿가 標準이 되고 其 記載를 信賴하고 去來한 者를 保護하는 主義를 云한다. 登記의 「公信力」은 後者의 主義에 依한 것이다. 登記簿의 內容에 關하여 一定한 範圍에 있어서 其의 記載가 眞實하고 또 完全한 것이라고 法律이 保護하여 登記簿의 內容을 信賴한 境遇에는 其에 一致하는 法律上의 保護를 받는다는 것이 卽 「公信力」의 原則이다. 故로 登記簿의 內容을 信賴하고 物權行爲를 하고 其의 登記를 얻은 者는 設使 登記名義人이 實體法上 其 權利가 存在치 아니한 境遇이었다 치더라도 善意의 第三者는 法律의 規定에 衣하여 原則的으로 其 物權을 取得하는 것이다.

獨逸民法 제892조 제893조는 「登記公信力」을 規定하였다. 故로 形式主義에 依하고자 하면 「公信力」에 關한 規定이 要求되는 바이다.

(다) 그리고 登記의 公信力을 是認함에는 現行 登記法과 如히 形式的 適法主義(登記法 제49조 參照)에 依할 것이 아니오 登記官吏의 實質的 審査主義가 採擇됨으로써 其의 實效를 完收할 것이다. 如此한 點을 考慮하여 登記法의 改定이 要求되는 바이다.

以上 所記에 依하여 物權變動에 關한 形式主義를 採擇하기 爲하여서는 當事者의 合意에 關한 嚴格한 規定 登記簿의 公信力에 關한 規定 等의 制定이 要求되는 바이므로 此等 諸點에 關한 規定을 制定치 못하는 限 姑息的이나마 現行民法의 意思主義를 採擇함이 反히 好便일까 思料하는 바임.

Ⅷ-1. 제1독회

1. 속기록 제30호, 21면 하단 ~ 23면 상단

○ 蘇宣奎 議員 : [⋯] 그 다음 物權編에 있어서 物權을 變動하는 데 있어서 從前의 意思主義를 採擇하고 있었습니다. 그것은 아마 日本 法律에도 그렇습니다. 그런데 日本法律이 저 이 나라 所謂 降服 以後에 여러 번 變動[22면]에 있어서 그래 가지고 많이 改定이 되었습니다. 그러나 現行 日本法律에도 物權變動을 意思主義를 그냥 採擇하고 있습니다. 卽 말하자면 賣買는 物件의 賣買는 當事者 賣主 買主의 意思로써 賣買가 成立한다, 그러나 다만 第3者에 對抗하는 境遇에 있어서는 登記를 要해야 한다, 그것은 뒤바꾸어 말하면 對抗要件主義를 그냥 쓰고 있다는 것입니다. 日本 社會가 나는 여기에 關心을 가지기를 日本 法律을 그대로 稱讚하는 것은 아니올시다. 그러나 내가 보건대는 여러분이 만들어놓은 法律 法制編纂委員會가 내놓은 것을 또는 여러분이 修正하려고 내놓은 것 이것이 거의 日本 法律을 그대로 反映한 것에 지나지 않아요. 日本 法律을 뜯어보면 그것이에요. 그러면 우리나라 아무리 생각하더라도 日本 法律 乃至 日本의 社會的인 基礎條件을 우리가 參考 안할 道理가 없어요. 그러면 여기에 지금 나온 物權變動에 있어서는 意思主義를 抛棄하고 所謂 登記主義 登記를 함으로써 비로소 賣買契約의 効力이 發生한다, 이것이에요. 그러면 果然 우리나라 社會實情에 맞는 것이냐 안 맞는 것이냐 가히 疑心을 안 할 수가 없어요. 그런데 여러분 무엇을 써놨느냐 하면 ⋯ 政府案도 같은 것이 아닌가 생각이 되는데 여기에 쓰기를 物權變動에 關해서 從來의 意思主義를 對抗要件主義를 버리고 形式主義를 採擇하여 不動産에 있어서는 登記 動産에 있어서는 引渡로써 그 効力發生要件으로 함으로써 法律關//係의 錯雜을 止揚하는 同時에 去來의 安定을 期한다고 하는 말씀이 써 있어요.

아닌게 아니라 이 物權變動에 있어서 登記主義 이것을 쓴다고 하며는 아마 去來 安定은 될지 몰라요. 그러나 그 反面에 去來의 圓滑을 大端히 阻害하는 部分이 나는 더 크다고 보고 있습니다. 이것은 왜 그러냐하면 오늘날 우리가 지금 이 現制度 밑에 있어서 登記를 우리가 한 번을 해 본다고 합시다. 登記를 하여 본다고 해 보아요. 登記를 하는 데에 있어서는 첫째에 印鑑證明이 아마 必要할 것입니다. 賣主의 파는 사람에게 印鑑證明이 必要할 것이에요. 그런다고 하면 오늘날 印鑑證明을 한 장 내는데 이것 돈이나 權勢가 없으면 그 卽席에서는 받기 어려울 것입니다.

이 實態를 여러분은 어떻게 보셨는지 이 實情을 어떻게 보는 것인지 그뿐

만 아니라 그 以外에 까닥 잘못하면 居住證明이 必要할 것이고 또 其外에 同一
人 證明이 必要할 것이고 여러 가지가 必要할 것이에요. 그런데 그런 證明 한
장을 얻는 것이 지극히 간단한 問題가 아니야요. 이것도 돈이 없거나 權力이 없
으면 그 卽席에서 얻을 수 없고 아마 심지어는 1週日 2週日까지 가는 것을 우
리가 알고 있다 말이에요. 또 뿐만 아니라 登記所에 간다고 하더라도 登記所는
一定한 司法代書所人을 通해 가지고 아마 며칠 걸려서 登記가 될 것입니다.

　모르겠어요 … 내가 듣건대는 아마 登記主義를 // 說明이 계셨습니다마는
元來 獨逸에서 登記主義가 나왔을 것입니다. 이 登記主義를 하자면 벌써 社會
實情이 迅速하게 모든 것이 進行이 안 되고는 이를테면 登記手續 乃至 여러 가
지 登記 手續하는 데 대해 가지고 補助的인 條件 여러 가지 條件이 迅速하게
進行이 안 되는 그 社會에 있어서는 아마 去來의 圓滑을 阻害하는 弊端이 많이
있고 여러분이 企圖하고 있는 그 去來를 安定시켜 가지고 이 社會에 寄與하는
利益보다 나는 弊端이 더 많다 이렇게 보고 있다 말씀이에요. 그렇기 까닭에 아
마 日本에서는 아직까지도 意思主義 對抗要件主義를 採擇하고 있는 理由가 日
本 社會에도 아직 西洋사람 모양으로 바로 登記所 가서 서로 맞「싸잉」해 가지
고 그래 가지고 끝내지 못하는 實情이 있기 까닭에 아직도 對抗要件主義로 두
는 것은 그래도 去來의 圓滑을 阻害하지 않는 方向이 아닌가 하는 意味에서 보
았다면 하물며 우리나라에 있어서는 더욱 그렇지 않는가. 그런 데에 對해서 萬
若 答辯이 그렇게 나왔을지 모르는 것입니다마는, 그러면 今後에 있어서 우리
나라에 있어서도 登記하는 데에 必要한 여러 가지 手續節次를 簡易하게 하면
되지 않느냐 하는 말씀이 나올 것이에요.

　그러나 아무리 簡易하게 한다고 하더라도 우리나라 現行 習性이나 制度上
으로 보아서 印鑑證明이 必要할 것이요 또 설사 그런 것이 眞實로 迅速하게 된
다고 假定합시다 그러나 우리나라의 [23면] 實地 社會現狀으로 보아서 모든 手
續節次를 簡易하고 簡便하게 함으로 해가지고 登記를 한다고 하며는 登記가 된
다고 하며는 아마 第3者에 대해서 생각치 못한 불측한 測量하지 못한 損害를
더 끼칠 念慮가 많이 있다 이런 點에있어서 나는 아직도 이 우리 社會의 基本
的인 條件이 今後에 100年이 될지 200年이 될지 몰라도 今後에 여러 가지 社會
的 條件 여러 가지 여러 가지 條件이 그러한 登記主義를 要求할 때까지는 이것
이 時期尙早라고 보는데 어떻게 보고 계신가 하는 點을 묻습니다. […]

2. 속기록 제31호, 6면 상단, 7면 상단 ~ 8면 하단, 12면 중단 ~ 13면 상단, 14면 상단 ~ 하단

○ 法制司法委員長 代理(張暻根) : 어제 蘇宣奎 議員께서 質問하신 데 대해서 民法案審議小委員會를 代表해서 答辯말씀 드리겠습니다. […] [7면] 또 한가지 문제가 많이 된 것은 物權變動에 있어서의 形式主義를 쓴 데 대해서 이 形式主義가 좋다는 意見과 또 이것은 나쁘니까 以前 從前대로 意思主義를 쓰자 하는 見解가 있었습니다. 여기에 있어서도 그때의 兩論이 다 對立이 되었는데 여기 대해서도 새로운 特別한 우리가 參考한 以外의 무엇이 事實이 나타나지를 않았습니다. 그래서 이것은 物權變動에 있어서는 變更에 있어서는 形式主義를 쓰는 것으로 그대로 採擇한 것입니다. 그만치 우리는 신중히 考慮했다고 생각이 됩니다.

또 이 物權變動의 形式主義에 대해서는 蘇宣奎 議員께서 特히 質問하신 바가 있기 때문에 이 順次에 따라서 答辯말씀 올리겠습니다.

이 物權變動의 形式主義 이것은 卽 賣買를 해서 이 物權을 土地나 建物이나 不動産을 판다든지 動産을 판다든지 할 적에 所有權 移轉이라는 것이 어느 때 되느냐. 이것은 所有權 移轉한다는 當事者間에 意思表示만으로써 所有權 移轉한다 하는 것이 所謂 意思主義이고 佛蘭西民法이 採擇한 主義올시다. 이것을 日本 民法이 採擇해 가지고 우리가 그대로 使用해 왔는데 獨逸民法은 어떻게 했는고 하니 그 所有 그 物權變動을 意思主義에 의해서 物權變動을 意思主義// 에 의해서 當事者間에 산 사람 판 사람 讓渡한 사람 讓受한 사람이 사람끼리 物權을 變動한다 하는 意思表示가 어느 때 되었는지 이것이 確的히 證據로써 분명히 定하기가 어렵다, 어느 때 定했다고 … 이것 여러 가지 그 時期的인 그 時期가 문제가 되는 境遇가 많은데 그것보다는 도리어 그 意思表示로만 되는 것이 아닙니다. 登記까지 所有權이면 所有權移轉登記 地上權이면 地上權移轉登記 이런 것을 登記한 때에 비로소 物權은 變動이 된다 所有權이나 地上權이 移轉이 된다 이렇게 하는 것이 法律關係를 明確히 한다 이래서 이것을 所謂 登記主義라고도 그리고 形式主義라고도 일컬었습니다.

이것은 獨逸民法主義인데 여기에 대해서는 一長一短이 있습니다. 意思主義는 當事者의 意思대로 移轉하자 所有權을 移轉한다 … 所有權을 移轉한다 할 적에 아 그것 移轉시키면 좋지 않느냐 왜 法律이 干涉해서 반드시 登記한 다음

에야 登記한 때야 비로소 所有權 移轉한다고 그러느냐? 이런 意思主義라는 것은 大端히 當事者에게 便합니다. 그러나 物權이라는 것은 아시다시피 排他性이 있습니다. 第3者에게까지도 그 所有權이면 所有權 地上權이면 地上權을 主張하는 것입니다. 債權과 다른 點이 排他性이 있다는 것인데 排他性이 있는, 即 다시 말하면 第3者에게 對抗權이 있습니다. 第3者에 對해서//는 내가 所有者이다 산 사람이 … 그렇게 얘기해야 되는데 그러면 아무리 이것이 當事者間에 있어서는 物權이 意思表示에 依해서 效力이 生했다 物權移動이 생겼다고 하더라도 第3者關係에 있어서는 아무리 登記를 해야 對抗要件을 갖추게 됩니다. 그러면 어떠한 結果가 생기는고 하니 當事者間에는 산 사람에게 … 讓受를 받은 사람에게 이미 所有權이 移轉되었지만 第3者間에 대해서는 내가 所有權의 移轉을 받았다고 主張을 못 하게 됩니다.

　　그러면 第3者와의 關係와 當事者와의 關係가 그 關係가 서로 相馳가 되는 경우가 생깁니다. 이것이 여러 가지로 錯雜한 關係가 생깁니다. 왜 錯雜한 關係가 생기느냐 그러면 第3者에게 對抗할수 없다 그러나 모든 … 當事者 以外의 모든 사람을 第3者라고 할 것 같으면 이것은 第3者에게 … 어떤 第3者에게는 不當한 利得을 주는 경우가 많이 생깁니다. 이것은 學者가 다 認定하는데 그러기 때문에 第3者를 制限하기 爲해서 第3者의 意義가 무엇이냐 民法 177조라든지 朝鮮民事令 제13조에 第3者라는 것은 어떤 範圍로 策定하느냐. 여기에 學說 判例가 대단히 錯雜하게 일어나고 있습니다, 여러 가지로 … 이것이 即 當事者間의 關係와 對第3者와의 關係 … 이것이 이놈이 달라지게 되기 때문에 分裂이 생기기 때문에 第3者의 範圍를 策定하는 데 대단히 困難을 일[8면]으킵니다. 그럴 뿐만 아니라 事實 우리가 생각해 보더라도 物權이라면 第3者에게까지도 對抗할 수 있는 다시 말하면 換言하면 排他性이 있는 權利라야 비로소 物權이라 할 수 있는데 物權을 移轉했다고 하면 排他性은 없는데 當事者間에 完結되어 내게 所有權을 移轉했다 이것은 아무 意味가 없는 것입니다. 그러기 때문에 이것을 明白히 이것을 法律關係를 明確히 하기 爲해서는 도리어 오히려 形式主義를 쓰는 것이 그런 것만 같지 못하다 이런 結論에 到達했습니다. 여기에 대해서는 有力한 反對說이 있습니다. 이것은 學說로 … 世界 各國의 學說이 있는데 여기에도 가지고 왔습니다.

　　이제 말씀드린 바와 마찬가지로 各國의 … 여기에 全國的인 各大學 敎授들

法律教授들이 民事法研究會라는 것을 組織을 해가지고 民法案에 대한 意見書를 이렇게 한 冊子로 했습니다. 대단히 이것은 民法 制定에 있어서 意義 있는 일이라고 생각하는데 여기에서도 이 形式 … 意思主義가 … 意思主義를 그대로 옛 制度대로 하는 것이 좋겠다는 意見이 있습니다.

거기에 저도 자세히 읽어보고 檢討해 봤습니다마는 結局 學者들이 論議하는 意思主義의 短點 長點 形式主義의 短點 長點 그 外 別다른 새로운 것은 없습니다. 그런데 여기에 한 가지 무엇이 있는고 하니 萬一 이 草案과 같이 形式主義를 쓴다고 하면 登記의 公信力을 認定해야 된다. 나//는 여기에는 錯覺이 있다고 생각합니다. 여기 論이 … 그것은 반드시 形式主義를 쓴다고 하더라도 登記에 依해서 비로소 所有權이나 地上權이 移轉된다 物權變動 變動이 生한다 이런다고 해서 이 公信主義와는 全然 다른 것입니다. 公信主義를 안 써도 할 수 있는 것입니다.

獨逸에서는 한쪽으로는 그 登記에 依해서 物權變動이 效力을 生한다고 形式主義를 쓰면서 또 公信主義를 씁니다. 그러나 公信主義는 全然 다른 것입니다 그것은 무슨 말씀인고 하니 公信主義는 비록 그 登記의 所有權者 아닌 사람이 印章을 僞造해 가지고 그것을 딴 사람에게 팔아먹고 所有權이 移轉되었다고 하더라도 그 登記를 實用[信用]한 사람 … 새로운 가짜 所有權者지요 登記名義는 그 사람으로 되어 있는데 … 登記名으로 산 사람은 保護된다 登記簿를 봤다 … 그것은 公信力이에요 우리는 아직도 公信力을 認定하자는 것이 아닙니다. 그 公信力을 認定한다면 勿論 登記制度부터 고쳐야 됩니다. 登記 自體가 當事者의 申請에 依해서 形式的으로 登記하는 것 … 形式的 審査를 거쳐서 登記하는것이 아니라 事實 팔고 샀느냐 이것까지 實質的으로 審査한 然後에 登記해야 될 것입니다. 그런데 이것이 登記節次에 있어서 實質的 審査權과 關係가 될 것 같지만 여기 物權變動의 時期에 있어서 形式主義와는 조금도 關聯이 없습니다. 이것은 여기 이 學者들이 쓴 것에 對해서 … 쓴 點에 있//어서 조금 錯覺을 일으키지 않았나 생각이 됩니다. [⋯]

○ 蘇宣奎 議員(議席에서) : 내가 묻는 要點은 登記主義를 採擇하는 것이 去來의 安定을 期할 수 있지만 去來의 圓滑을 阻害할 憂慮가있는 것이 오늘날 우리 社會情勢로 생각해서 基礎條件이 거기에 있어요

○ 法制司法委員長 代理(張暻根)(계속) : 네! 그것은 나는 도리어 圓滿한

여기에 慣習만 되면 이 形式主義가 좋다고 생각합니다.

왜 그런고 하니 이런 境遇가 생겨요. 우리가 賣買를 하나 보더라 하더라도 오늘 우리가 사고 팔고 하면 大概 代金이 拾萬圓짜리 … 代金 拾萬圓이면 萬圓 10分의1이나 이것을 賣買契約金으로 줍니다. 그러나 지금 契約金으로 주었는데 아직도 10分之1밖에 받지 않았어요. 그러나 지금 意思主義로 하면 大概 賣買할 적에 所有權이 移轉되는 것입니다.

산 사람이 돈은 10分의1밖에 못 주었지만 산 사람에게 一應 移轉되어요. 그랬다가 나중에 이 契約不履行이 되는 境遇에는 또다시 돌아가고 그러는 것입니다. 이것은 도리어 複雜합니다.

大概 登記는 全額을 支拂할 적에 同時에 移轉됩니다. 그때에 所有權을 移轉시키는 것이 도리어 契約 不履行으로 因해서 解除가 되[9면]는 境遇같은 때에도 錯雜을 일으키지 않는 아주 單純한 문제로 化한다고 나는 생각이 됩니다 […] [12면 중단] (「議長! 補充質問하겠어요」 하는 이 있음)

○ 副議長(李在鶴) ： 네, 하세요.

○ 蘇宣奎 議員 ： 어제 質問한 가운데에 지금 張暻根 議員이 答辯을 하셨습니다. 全部 또 어저께 물은 것을 되풀이해서 補充質問할 생각은 없고 그 가운데에서 한두 가지 問題에 對해서 아무래도 다시 質問을 해가지고 說明을 들어야 納得이 될 것 같아서 올라온 것입니다.

그런데 제가 여러 가지 質問 가운데에서 지금 두 가지라고 한 것은 이 物權變動에 있어서 登記主義를 採擇한 데에 對해서 나는 우리나라의 지금 社會去來 여러 가지 條件이 登記主義를 그//대로 强行을 하고 볼 것 같으면 去來의 圓滑을 阻害할 念慮가 오히려 登記主義를 採擇함으로써 去來를 安定시킨다고 하는 利益보담도 弊害가 더 많다는 意味에서 그 質問을 한 것입니다. 例를 들면 지금 近來에 더구나 傳貰權이라고 하는 것이 한個의 物權으로 지금 確定이 된 것으로 草案 中에 올라왔습니다. 그러면 이 傳貰 … 傳貰라고 하는 것이 참 지극히 庶民層에서 利用하고 있는 그러한 制度올시다. 이러한 傳貰하는 마당에 있어서 일일이 登記를 해야만 效力을 發生한다 이렇게 된다고 할 것 같으면 아마 이것 대단히 어려울 것입니다 實地問題가 … 傳貰를 하는 사람들이 별안간에 傳貰를 求해서 나가지 않으면 안 될 이러한 急迫한 情勢가 많이 있는데 그런 데 있어서 이것을 登記를 내기 위해서 어저께도 여러 가지 말씀을 했습니다

마는 印鑑證明부터 萬若 그 外에 必要한 여러 가지 證明 等等을 얻자고 할 것
같으면 그래 가지고 그 證明을 얻어 가지고 登記所에 登記가 날 때까지 기다린
다고 할 것 같으면 相當한 時日을 要하는 것이다 그렇게 보고 있다 말씀이에요.
그러면 이와 같이 지금 登記主義를 貫徹하는 마당에 있어서 지금 方今 傳貰만
말씀한다고 하더라도 아마 우리 庶民들이 이것을 利用하고 去來하고 하는 마당
에 있어서 相當한 支障이 생긴다 나는 이렇게 보고 있어요.

[13면] 그래서 이것을 우리 社會的 現實이 지금 登記主義를 要하기가 대단
히 困難하다고 하는 마당에 있어서 이것을 强行한다고 할 것 같으면 그 利點보
다 害點이 많다고 보는데 여기에 대해서 어떻게 보시는가 하는 말씀을 제가 물
은 것이에요. 아마 外國에 登記主義를 採擇한 나라의 實例는 모릅니다마는 아
마 거기는 지극히 간단하게 되는 것으로 나는 보고 있습니다.

이를테면 婚姻만 하더라도 外國사람은 元來가 대부분 形式婚을 採擇한 理
由는 그 사람들은 一種의 婚姻이라고 하는 그 自體를 벌써 敎會 僧侶 이런 데
에서 다 管掌하고 있던 것이에요. 元來 習慣이 그렇기 때문에 두 사람이 가서
간단히 「싸인」을 하고 오면 끝나는 것이에요. 그렇기 까닭에 그 사람들은 社會
的 習慣 社會的 傳統 社會的 條件이 그렇게 하는 것이 지극히 容易하기 때문에
그렇게 한 것이지 社會的 條件 社會的 現實이 그렇게 못 되는데도 불고하고 이
것을 强行한다고 하는 것은 아닐 것입니다.

그와 마찬가지로 지금 物權變動에 있어서 특히 이 近來 傳貰權을 認定하고
있는 마당에 있어서 그 弊端이 아마 더욱 尤甚하다고 보는 이 點에 대해서 다
시 아마 말씀을 답변을 해주셔야 옳을 것으로 보고 있습니다. […]

○ 副議長(李在鶴) : 答辯하세요 [14면]

○ 法制司法委員長 代理(張暻根) : 蘇宣奎 議員께서 物權變動에 있어서 그
形式主義는 去來의 圓滑을 阻害할 念慮가 있다 이렇게 말씀하셨습니다. 그것은
왜 그런고 … 그 理由를 이렇게 밝히셨습니다.

왜 圓滑을 期하느냐 當事者의 意思 對 意思表示에 있어서 移轉하는 것은
좋은데 이 登記라는 것이 節次가 오래 걸리고 돈이 들고 이러니까 登記를 못하
는 境遇에 어떻게 하느냐 나는 이것이 도리어 이것이 形式主義를 해야 되겠다
는 理由의 난 資料가 되리라고 생각됩니다.

그것은 왜 그런고 하니 지금 土地를 산다 建物을 산다 할 때에 돈을 全額

을 다 치루고 登記 안하는 사람 어디에 있습니까? 登記 안 하면 事實 이제 意思主義로 한 사람에게 所有權이 移轉되었다 하지만 第3者에게다 對抗을 못 합니다. 판 사람이 登記 안한 것을 奇貨로 해 가지고 딴 第3者에게 팔았다 해 보세요. 그 집 다 뺏깁니다. 돈 百萬圓에 산 집 다 녹습니다. 그것은 왜 그런고 하니 物權은 반드시 第3者에게까지 主張할 수가 있어야 되요. 排他性이 있어서야 비로소 物權이라는 價値가 있는 것입니다. 排他性 없는 即 登記를 하지 못하는 登記를 안한 物權 왔다 하는 것 名色만 내가 所有者지 法的으로는 내가 所有者라고 하는 것을 主張 못합니다. 판 사람에게 대해서만 主張하는 것이에요 아무 所用 없습니다.

第3者의 二重賣買했을 적에 二重으로 산 사람//이 登記를 먼저 할 것 같으면 그쪽의[이] 집니다 아무리 먼저라도 … 이렇게 되지 않아요? 이것은 不得已 그렇게 하는 것이거든 그렇게 하라고 할 것 같으며는 아무리 登記 못한 … 登記가 하기 어려우니까 못 했다 그것은 말이 안 됩니다. 登記는 반드시 해야 됩니다.

적어도 그 物權을 自己가 가지고 싶은 생각이 있고 權利를 第3者에게 主張할 … 侵犯 못하게 主張할 생각이 있으면 이것은 아무래도 登記해야 되요. 이것은 아무리 돈이 많이 들고 뭣하더라도 이것은 登記를 합니다. 또 登記 안하는 바보라는 것은 그것은 아마 참 천치일 것입니다. 物件을 百萬圓 주고도 登記를 안 하고 무엇 하는 동안에 第3者가 사가지고 登記했다고 하면 … 그러니까 圓滑을 期하지 못한다는 것은 말이 아니에요.

왜 그런고 하니 第3者에게 對抗할 수 없는 다시 말하면 排他性이 없는 物權이라는 것은 이름이 物權이 왔다는 것이지 그것은 아무 所用이 없는 것입니다. 그렇기 때문에 完全한 物權이라고 할 때에 登記까지 갖출 때에 所有權이 移轉했다는 것이 낫습니다. 萬一에 이것을 면 어떻게 되노 하니 10分之1만 돈을 주고 賣買契約을 하면 되요. 賣買契約을 하면 지금 意思主義에 의하면 산 사람에게 所有權은 移轉된 것으로 됩니다, 當事者間에는. 그러나 第3者間과는 그것은 안 되요.

第3者의 … 산 사람의 所有權이라는 것은 … 그 다음에 나중에 또 賣買契約 解除가 된다. 그때에는 다시 所有權이 왔다갔다 합니다. 그것보다도 // 全額을 支拂할 때에 대개 登記를 해야 됩니다. 全額 支拂할 때에 登記할 적에 그때 비로소 所有權이 移轉했다 이것이 나는 아주 簡單明瞭한 法律關係를 만드는 것이라고 생각을 합니다.

그리고 이 去來의 圓滑을 阻害한다는 理論은 나는 서지 않는다고 생각하고 이것이 萬一 意思主義를 採擇한 때와 形式主義를 採擇한 때와 어떤 結果가 생기느냐 아까 말씀드린 바와 마찬가지로 形式主義를 採擇하면 所謂 第3者 對抗이라는 問題가 없습니다. 所有權은 移轉을 받았지마는 第3者의 登記에 對抗하려면 登記가 必要하다 第3者의 範圍가 무엇이냐 이런 問題가 第3者의 範圍에 대해서 學說慣例[判例]가 대단히 對立이 되고 錯雜합니다.

이런 머리꼴[골]을 앓을 必要가 없고 또 訴訟事件이 따라서 적어집니다. 아마 辯護士는 收入이 적어질 거에요. 그러나 우리가 立法하는 데는 될 수 있는 대로 訴訟 … 애매한 疑問의 餘地를 적게 하는 것이 立法의 理想이라고 생각합니다. 나는 그런 意味에 있어서 이 3者問題라든지 이런 것 訴訟事件이 많이 일어날 그 論爭點이 적게 하는 意味에 있어서도 이 立法이 좋다고 생각합니다. 나는 … 學者들도 從前의 意思主義 卽 佛蘭西法主義 또 辯護士會에서도 從前의 意思主義를 쓰는 것이 좋다고 생각하지만 우리의 立法 趨勢가 世界各國의 立法의 趨勢가 獨逸法 … 瑞西民法을 爲始해 가지고 全部 形式主義로 가고 있습니다. 우리도 이런 發展過程을 우리도 時勢趨移에 따라가야 되리라고 생각합니다. […]

3. 속기록 제32호, 13면 중단, 16면 상단 ~ 18면 하단

○ 玄錫虎 議員 : […] 本 議員은 이 民法案의 原案과 修正案에 대해서 大體로 贊成하는 句節이 많습니다마는 個中에는 몇 個에 대해서는 反對하는 意見을 가지고 있습니다. […] 그러나 다만 이 物權變動에 있어서의 形式主義를 採擇했다는 이 點과 傳貰權을 物權으로써 規定한다는 이 點에 대해서는 本 議員은 이 學者들의 意見과 마찬가지로 反對하는 것입니다.5)

4. 속기록 제33호, 17면 중단

○ 孫文璟 議員 : […] [17면 중단] 그 다음에 物權編에 있어서 物權變動 문제 이 문제는 상당히 學者들과 여러 가지 이 法案 草案 문제와 여러 가지 論難이 많이 있었습니다마는 생각컨댄 이것은 지금 이 經濟狀態가 이렇게 되어가고 여러 가지로 混亂한 이런 現段階에 있어서는 역시 이것은 形式主義를 쓰는

---

5) 이른바 형식주의에 반대하는 발언이 이어지는데, 이에 대하여는 앞의 40면 이하 참조.

것이 가장 確然한 法律關係가 나타나지 않았던가 이렇게 생각합니다 하기 때문에 意思主義와 形式主義의 여러 가지 長短關係가 있지만 저는 생각컨댄 그 現行 法律 卽 意思主義를 排擊하고 形式主義를 쓰는 것이 좀 進步되는 조항이라고 저는 생각하는 것입니다

5. 제1독회, 속기록 제34호, 1면 중단 ~ 하단

○ 邊鎭甲 議員 : […] 物權에 形式主義를 反對하는 데 있어서는 여러 議員들이 말씀을 다 많이 하셨습니다. 本 議員//이 仔細한것을 더 말씀할 必要는 없습니다마는 어떻든지 物權을 形式主義를 採擇해서 定한다고 하며는 莫大한 混亂이 오리라고 생각을 하고 앞으로 實現은 別로이 보지 못하고 混亂만을 많이 주는 것이 아니냐? 結局 그렇게 함으로 因緣해 가지고 私權의 保護가 아니라 私權의 많은 混亂을 일으키고 … 일으키는 結果가 되지 않느냐 해서 이것을 절대로 反對하는 것입니다.

Ⅷ-2. **제2독회**, 속기록 제45호, 19면 상단 ~ 하단

○ 法制司法委員長 代理(張暻根) : [민법안 제177조 및 현석호 수정안 (8) 낭독]　이것이 요전에 大體討論에 있어서도 많이 論議된 바가 있습니다마는 物權變動에 있어서 우리 從前의 民法은 意思主義를 取했습니다. 이것을 이번이 草案은 獨逸法 … 獨逸民法 瑞西民法의 進步된 法制에 따라서 形式主義를 取하자 卽 物權變動을 當事者의 意思表示로써만 移動이 되는 것이 아니라 登記까지 하여야 所有權이 되든지 地上權이 되든지 이런 것이 될 수 있다 이렇게 草案은 形式主義를 取한 것입니다.

法制司法委員會로서도 요전에 大體討論에서 말씀한 것과 마찬가지로 權利關係를 明確히 하고 또 權利의 移轉이라든지 設定이라든지 物權의 … 이것이 그 어느 때 設定이 되고 移轉이 되었는가 그 時期를 명확히 하는 것이 去來의 安全을 圖謀하는 意味로도 進步된 法制라고 생각했기 때문에 이 草案이 形式主義를 取한 것을 贊同해서 修正案을 내지 않았습니다.

그러나 玄錫虎 議員은 佛蘭西民法의 民法例나 從前의 우리 民法과 같이 意思主義를 取하자는 主張으로서 이 條文에 대한 修正案을 냈습니다. 요전에 잠간 大體討論에서 말씀 드린 바와 // 마찬가지로 이제 意思主義에 依하면 當事者間에 卽物件을 팔고 … 집을 팔고 산 사람들 간의 例를 들어 말하면 팔고 사

는 건 賣買契約과 同時에 所有權이 산 사람에게로 移轉이 됩니다. 그러나 이 草
案의 形式主義로 하면 그것으로만 所有權이 移轉되지 않고 移轉登記를한 때에
비로소 산 사람의 所有權이 됩니다.

　　이것은 어떠한 관계가 생기는고 하니 지금 萬一 意思主義에 의하면 登記하
기 前에는 어떠한 관계가 생기는고 하니 賣買 … 판 사람 사이에는 所有權이
산 사람에게도 移轉이 되어 있어요. 그러나 第3者에 對抗하는 意味에 있어서는
산 사람에게 所有權이 移轉 되었다고 對抗 못합니다 登記를 못하니까 … 그러
면 어떠한 관계가 생기는고 하니 對內관계 … 卽 산 사람 판 사람 이 사이에는
그 對內관계에 있어서는 所有權이 산 사람에게 移轉이 되고 對外關係 … 第3者
에 關해서는 산 사람에게 所有權이 移轉 되었다고 主張하지를 못합니다. 이것
이 錯雜한 關係를 生할 뿐만 아니라 그렇게 되면 이제 登記를 … 物權이라는것
은 排他性이 있는 것이 本質인데 債權과 다른 것 … 卽 第3者에도 내가 所有權
이 있다 내가 財産權이 있다 이렇게 主張하는 排他性 … 第3者에 대해서도 主
張할 수 있는 것이 本質的인데 이 物權에 대해서는 이 登記를 안한 것은 排他
性이 없는 것입니다. 第3者에 對抗을 못하니까… 그러면 排他性이 없는 所有權
을 認定해서 무엇하느냐 그거에요 나는 意味가 없다고 생각합니다. //

　　그렇기 때문에 또 한 가지는 實質的인 문제로도 이래요 賣買契約 같은 것
을 볼 적에 판 사람이 산 사람에게 대개 賣買契約할 적에 10分之1 程度의 契約
金을 받고 賣買契約을 합니다. 10分之1의 契約金을 받기때문에 登記도 하지 않
아요 登記해주지를 않습니다. 그런데 불구하고 所有權은 산 사람에게 갔다 나
중에 나머지 10分之9를 다 받아야 登記를 우리가 합니다. 그 登記한다는 것이
完全히 所有權이 된다는 뜻입니다. 그것이 왜 그때 所有權 認定한다는 것이 本
趣旨에 맞지 않느냐 더구나 10分之1의 契約金을 받아가지고 所有權은 산 사람
에게 갔다 했다가 나중에 契約不履行에 의해서 이것이 解除가 되는 境遇 한번
일단 산 사람에게 所有權이 갔다 했다가 또 돌아온다 이런 錯雜한 關係를 하게
됩니다. 나는 이러한 錯雜한 關係를 하는 것보다 우리가 돈을 다 받아야 登記를
해준다 하는 그 趣旨만 보더라도 完全히 所有權을 認定하는 것은 登記를 하는
데 排他權까지 주는데 비로소 그 所有權을 認定하는 意味가 있지 않은가 이러
한 意味로서 이 獨逸이나 瑞西民法에서 採擇한 이 發達된 形式主義를 採擇하는
것이 대단히 좋다고 생각합니다.

이거 어떤 學者들은 이 形式主義를 쓸 것 같으면 公信力을 認定해야 되는 것 같이 主張하는 분이 있는데 이것은 完全히 錯誤 같습니다. 公信力과는 관계가 없는 것입니다.

Ⅷ-2. **제2독회**, 속기록 제46호, 2면 상단 ~ 13면 중단

○ 玄錫虎 議員 : 物權變動에 있어서의 所謂 意思//主義를 擇하느냐 形式主義를 擇하느냐 이 問題는 우리民法典을 審議하는데있어서 가장 重要한 項目이라고 생각합니다.

지금까지 지나온 條目 中에서도 여러 가지의 修正案이 있어 가지고 거기에 대한 檢討를 해내려 왔습니다마는 이 物權變動에 대한 이 形式主義냐 意思主義냐를 擇하는 問題에 있어서는 이 民法典의 가장 그 劃期的인 것이고 이것이야말로 이번 이 民法을 審議하는 데 있어서의 가장 큰 項目이라고 생각합니다.

이 全體 草案에 대해서 볼 때에 總則 財産編에 있어서의 物權變動에대한 한 개의 變革이고 親族相續編에 있어서의 所謂同姓同本의 婚姻을 許容하느냐 안 하느냐 하는 이런 問題 이 두 가지 問題가 이 民法典의 두 가지의 큰 焦點이라고 할까 頂點이라고 할까 제일 큰 問題의 하나이올시다. 이 點에 關해서는 다른 조목보다도 特別한 意義를 가지고 여기에 대한 審査를 하는 것이 마땅하다고 생각합니다.

이 面에 있어서는 지금 제가 보기에도 이 成員은 되어가지고 開會는 되었지마는 現在 議席에 계시는 여러분의 數爻는 성원에 많이 未達되는 것 같습니다

이런 點에 대해서는 우리 議員 同志 여러분이 이 討論에 대해서 그 判斷을 充分히 한 後에 表決에 들어가야지 그렇지 않고 이 內容의 討論에 參加하지 않고 이 擧手로써 表決한다는것은 대단히 危險한 일이라고 생각합니다. // […] 萬若 그렇지 않고 이것을 說明은 說明대로 하고 나중에 가서 表決하게 되어서 成員을 시키면 어떤 것이 어떤 것인지 잘 알지 못하고 그야말로 까딱하며는 無條件하고 政府案이나 修正案이나 덮어놓고 表決할 이러한 念慮가 있기 때문에 이 點에 대해서는 처음부터 成員을 시켜가지고 이 說明을 여러분이 表決에 대한 充分한 材料가 되도록 이렇게 해주시기를 바랍니다.

○ 副議長(李在鶴) : 複道나 休憩室에 계신 議員 여러분은 速히 座席으로 돌아와 주시기 바랍니다. 아닌게아니라 이 조항은 큰 變革을 가져오는 … 從來

에 우리가 쓰던 法에 큰 變革을 가져오는 重大한 조항입니다. 그렇기 때문에 우리가 여기에 대해서는 充分히 討論해가지고 決定할 必要가 있다고 생각됩니다. […] 저 … 複道나 休憩室에 계신 분은 座席으로 돌아와 주시기 바랍니다. 그리고 여러분께서는 될 수 있는 대로 離席 안 하시도록 해주시기 바랍니다.

　　○ 玄錫虎 議員 : （계속）［…］［3면］［…］現行 民法은 그 意思表示만으로써 物權變動에 대한 法律行爲의 效力이 發生된다 이러고 지금 改正하려고 하는 것은 意思表示만 가지고는 안 되고 登記를 해야만 效力이 난다 이런 얘기입니다.

　　여기에 대해서 지금 本人의 修正案은 現行 民法을 그대로 두자 이것입니다 現行대로 하자 이것입니다 修正案이라고 해보았자 現行 民法과 같이 그대로 두자 하는 이런 意見입니다. 그러면 이 現行 民法과 改正案과의 差異가 무어냐 하면 이것을 普通 말하기를 現行 民法은 意思主義라 이러고 지금 改正案이 나온 것을 形式主義다 이러는 것입니다. 왜냐하면 그 現行 民法은 意思表示만으로써 效力이 發生하니까 이것은 意思主義라 그리고 改正案은 登記라는 形式을 取해야만 效力이 發生한다 하니까 이것을 形式主義라 이러는 것입니다.

　　그리고 또 한 가지 다른 面으로 보면 登記하는 面으로 볼 것 같으며는 現行 民法에 있어서는 이 條文을 列擧하는 그런 번잡을 避하겠습니다마는 現行 民法에 보면 登記를 하지 않으면 第3者에 對抗하지 못한다 이렇게 되어 있습니다. 意思表示만으로써 效力은 發生하지마는 그것을 登記로 하지 않으면 第3者에 대해서는 그 法律行爲//를 가지고서 對抗할 수 없다 이렇게 되었습니다. 그래서 그 登記側으로 보면 소위 對抗要件主義라 이러는 것입니다. 登記라는 것이 第3者에 대한 對抗要件이 되는 意味에서 對抗要件主義라 이렇게도 볼 수가 있고 또 形式主義를 取하는 面에서 보면 그 登記라는 것이 效力發生主義를 … 登記가 效力을 發生하는 要素가 되기 때문에 效力發生主義라 이렇게도 말할 수 있습니다.

　　그러면 이러한 것이 實質的으로 어떻게 差異가 나느냐 이點에 대해서 暫間 말씀을 드리면 이 法律行爲에 있어서 當事者間과 第3者가 恒常 이렇게 3角關係로 되는 것이 普通입니다. 그러면 甲, 乙, 丙 이렇게 해서 甲과 乙이 當事者가 되고 丙이라는 사람이 第3者로써 될 境遇에 있어서 意思主義에 있어서는 甲과 乙 間에 있어서의 賣買契約이라든지 이런 契約을 함으로써 效力이 發生되고 되

지마는 그것이 登記를 하지 않았을 때 境遇라든지 이런 때에는 丙이라는 第3者
에 대해서는 그 效力을 가지고서 對抗하지 못한다 이렇게 되어서 當事者間과
第3者間에 있어서 그 法律效力에 있어서 差異가 생기는 것입니다. 그러나 이
形式主義를 擇하게 되며는 반드시 登記를 해야 되니까 登記만 보고서 모든 法
律行爲가 卽 말하면 第3者에 關係가 되니까 그러면 當事者間이나 第3者間이나
第3者間이나의 合意에 差異가 없게 되는 것입니다.

　이만큼 한 것이 卽 意思主義와 形式主義의 커다란 差異點이 될 것입니다.
그러면 여기에 대해//서 그意思主義와 形式主義가 어떠한 長點短點이 있는가
먼저 거기에 대한 것을 말씀을 드리겠습니다.

　첫째 形式主義에 있어서 이 形式主義나 意思主義라고 하는 것은 벌써 오래
전부터 이 法律思想으로서의 두個의 說이 있어 내려온 것입니다. 그래서 意思
主義나 形式主義가 다 一長一短이 있다 이렇게 되는데 그러면 먼저 形式主義의
長點이 무엇이냐 長點으로 볼 것 같으면 세 가지의 長點이 있습니다

　첫째 한 가지는 法律關係의 劃一性이다 法律關係가 卽 말하면 한 가지로
一律的으로 되어 버린다 이것이에요. 卽 當事者間이나 對 第3者間이나 이것이
法律 … 卽 法律關係가 똑 같아진다 말이에요 이런 意味에서 대단히 좋다 이런
것입니다

　또 그 다음에도 物權變動의 時期가 … 物權變動의 時期가 明瞭해진다 이것
입니다 物權變動이라도 時期가 아주 대단히 明確해진다 이것입니다. 왜냐하면
이 登記를 함으로써 效力이 發生되니까 登記가 어느날 어느 時에 登記되었다는
것이 分明히 나니까 그 時間이 物權變動이 되었다 이런 時期가 되니까 대단히
그 時期가 明瞭해진다 이러는 것입니다.

　세째에 있어서도 登記와 그眞情한 權利者가 符合된다 이것입니다. 卽 말하
면 登記를 꼭 해야 되니까 登記한 사람과 眞情한 權利者가 꼭 一致된다 이것입
니다. [4면] 이것이 卽 말하면 그 形式主義 … 意思主義에 있어서는 실상은 自
己가 權利者가 아니지마는 登記名簿에는 反對로 登記名簿에는 自己가 아직 이
름이있지마는 事實은 丙에 팔았으면 벌써 權利는 넘어갔는데 그 登記가 있는
사람하고 實際權利者하고가 符合이 안 된다고 하는 것입니다. 그것이 말하자면
形式主義의 가장 좋은 長點인 것입니다 長點이고 同時에 이것은 意思主義의 短
點이 될 것입니다.

그리고 그 反面에 意思主義의 그러면 長點은 무엇이냐? 이것은 첫째는 法律行爲가 大端히 簡便하게 된다 그것입니다. 그러므로 契約하면 意思表示만 가지고 契約하면 그것이 法律行爲가 … 말하자면 契約이 成立되어 가지고 賣買를 한다면 그것이 賣買가 成立되어 버린다 말이에요.

그러니까 登記한다는 그 手續은 할 必要 없이 저절로 簡單하게 法律行爲가 되어 버린다 말이에요 일일이 登記所에 가서 登記하고 돈 주고 다 賣買해 가지고 登記所에 가서 登記해야만 이것이 賣買가 된다 이런 것이 아니고 賣買契約만 하면 그것은 벌써 法律行爲가 되어 버렸다 말이에요 즉 말하면 法律行爲가 大端히 簡便해진다 이것이 意思主義의 長點이고 그 다음에는 物權變動하는 去來가 대단히 迅速하다 이것입니다. 이것을 意思表示를 하면 決定이 되는 것이니까 이 登記를 하게 되면 그 賣買//契約을 다 한 뒤에 다시 登記所에 가서 그 卽時는 못할 것이지만 며칠이든지 몇 달 後에 登記를 할 터이니까 그때까지는 그 行爲가 決定이 되지 못하고 遲延이 된다 이 말이에요. 그러니까 迅速해진다 이런 것이 意思主義의 長點인 것입니다.

그 다음에는 意思表示主義의 原則에 符合이 된다 이런 것입니다. 大體로 意思表示의 原則 … 意思表示主義 意思를 表示함으로써 이 法律行爲가 된다는 것이 하나의 法律을 통틀어서 내려오는 한 가지 精神과 이것이 가장 符合된다 이것입니다.

그래서 意思表示主義와 契約自由의 原則에 이것이 合理的이고 가장 맞아들어간다 이것이 意思主義의 長點이 될 것입니다. 여러분 대단히 罪悚하지만 이것 좀 時間이 걸립니다 걸리고 걸리더라도 이것을 여러분이 잘 들어보시고 여기에서 判斷을 해주시기를 바랍니다.

이것이 왜냐하면 이 民法典에 있어서 一大變革입니다 이것은 重大한 變革을 가져오는 것입니다. 그리고 이 利害關係라는 것은 오랫동안에 그 法慣習이 되어가지고 그 慣習을 한번 變革을 시키는 것은 정말 이것은 重大한 問題입니다.

그러기 때문에 이것은 그냥 政府原案이다 修正案이다 해가지고서 이렇게 그냥 漠然하게 表決할 것이 아니라 정말 利害關係라든지 모//든 것을 … 우리가 적어도 民法이라고 하는 것 적어도 다른 法律과 달라서 單行法과 달라서 한 조 한조를 그때 그때 고칠 수는 없습니다 한번 大民法典을 定하면 적어도 이것은 50年 100年 가는 것입니다.

　이러기 때문에 이 點을 여기서 우리가 까딱 잘못 判斷해 가지고서 잘못 定하면 나중에 重大한 問題가 생깁니다. 하니까 이것은 정말 우리가 무슨 政治的인 立場이라든지 모든 것을 다 떠나서 정말 이 法律的見地에서 여러분이 判斷하시기 위해서는 끝끝내 제 說明을 들어주시고 그 다음에 꼭 表決해 주시기를 바라기 위해서 여러분이 될 수 있는 대로 자리를 떠나지 마시고 그대로 좀 참아주시기를 바랍니다. 그러면 形式主義와 意思主義에 있어서의 長點과 短點은 이러이러하다 이것은 다 누구든지 認定해 주는 것입니다

　그러나 … 그러면 그 主義에 대해서 無條件하고 어느 것이 나쁘다 옳다 이렇게는 判斷할 수가 없고 이 點에 대해서는 東西의 各 學者 間에 다 學說이 다른 것이니까 이 制度는 이만큼 말씀을 드리고 絕對的으로 形式主義가 옳다 이렇게 判斷을 내리기가 어렵습니다. 그러면 實地에 있어서 어느 主義를 採擇하는 것이 現實的으로 좋으냐 나쁘냐 여기에 判斷에의 基礎가 있을 것입니다.

　[5면] 그러면 지금 이 形式主義를 … 첫째 形式主義를 즉 말하면 政府의 原案에 形式主義를 採擇한다 이랬으니까 形式主義를 採擇하려면 첫째는 그 登記關係에 있어서 지금 登記가 우리나라 現實에 있어서 얼마만큼 勵行이 되고 있느냐? 잘 行하고 있느냐? 이 現實에 우리가 重點을 두지 않으면 안 될 것입니다.

　萬若에 이 形式主義로 말할 것 같으면 어떠한 物件을 賣買했을 때에 있어서 登記를 하지 않으면 그 賣買가 그 成立이 안 되는 것입니다 하며는 꼭 반드시 登記해야 되는데 그러면 登記 … 現在 우리나라에 있어서는 登記가 얼마나 勵行이 잘 되고 있느냐 이 點을 볼때 果然 이것이 妥當하냐 안하냐 普通 이 法律에 있어서는 어떤 法律은 한 時代 것보다는 勿論 어느 程度 앞서서 조금 앞을 내다보고서 法을 定하는 것입니다.

　그러나 現實을 아주 떠나서 너무 距離가 멀게 되면 그 法律이 法대로 施行이 되지 않습니다. 法律이 勿論 拘束力이 있고 强行되어야 하지만 그 現實과 너무나 距離가 멀면 强行시킬 수 없는 것입니다.

　그러나 法律 가운데에서도 假令 公法과 私法으로 우리가 論할 수 있는데 公法關係에 있어서는 이것이 容認이 되는 것입니다. 假令 우리가 選擧法을 고쳐서 選擧를 한다든지 무슨 行政法을 고친다든지 이런 것은 公法關係에 있어서는 그 法을 고치면 그대로 꼭 法을 施行하기 쉬운 것입니다. 하지만 이 私法關係에 있//어서는 그렇게 되지 않습니다.

　　이것은 모든 社會的 條件 經濟的 條件 이러한 모든 條件이 거기에 具備, 또 거기에 대한 法의 慣習 이것이 많이 參酌이 되기 때문에 이 點에 대해서는 普通 우리가 新法을 通過시킬 때에 있어서 그 社會的 情勢에 適應性이 있느냐 없느냐 이 點을 우리가 充分히 考慮하지 않으면 아니 되는 것입니다.

　　그렇기 때문에 이 法을 制定해서 登記를 要件으로 한다고 하더라도 그 登記가 勵行될 可能性이 大端히 어렵다 이러는 것입니다. 왜 그러냐 하면 지금 現在 우리가 實例를 본다고 하더라도 現在에 登記가 얼마나 되어 가지고 있느냐 하면 登記에 있어서 勿論 不動産이니까 土地, 建物인데 建物關係, 假令 都市에 있어서는 어느 程度 勵行이 … 都市에 있어서는 賣買가 되면 卽刻的으로 大體로 그야말로 第3者에 對抗하기 爲해서 卽刻的으로라든지 或은 많은 時日을 遲滯하지 않고 登記를 하는 것이 普通입니다마는 一般農村에 있어서는 이 登記가 그렇게 勵行이 되지 않고 있습니다.

　　그것은 왜냐하면 서로 賣買를 했으면서도 文書를 주고 받고 한다면 그것으로서 相對方을 믿는다 이 말이에요 信賴해, 信賴하기 때문에 그것을 구태어 登記까지 안 하더라도 아무 念慮가 없다 이러는 것입니다.

　　그런 意味에 있어서 農村에 있어서는 土地를 賣買하더라도 그다지 빨리 登記가 되지 않//고 더구나 建物關係에 있어서는 이 農村에 있는 建物은 그 保存登記조차 하지 안 하고 있는 … 거의가 다 保存登記조차 없는 이런 形便입니다.

　　그리고 勿論 賣買했다고 하더라도 卽刻的으로 登記한다 하는 것은 거의 없다고 하는 이러한 程度의 實態에 있는 것입니다. 그것과 마찬가지로 한 가지 登記關係에 있어서 參考될 것은 우리가 婚姻問題에 있어서 婚姻이라는 重大한 法律行爲를 하는 데 있어서 勿論 過去에 몇 10年 동안에 우리 法律이 所謂 形式婚主義로 되어 가지고 婚姻을 하면 申告를 해야만 그 婚姻이 法律的으로 成立이 되는 것입니다. 그러함에도 不拘하고 事實上에 있어서 婚姻을 하고 今方 그대로 申告를 하는 사람이 그렇게 많지 않습니다. 申告를 해야만 法律上에 婚姻된 것이다 하는 것을 다 알기는 알면서도 事實上에 있어서는 申告를 하지 않고 그 뒤에 참 어린애가 난 뒤에라든지 이러한 뒤에 하는 사람도 있고 相當 時日을 遷延하는 것이 事實입니다.

　　그래서 이런 것을 보더라도 그보다도 더 참 普通 土地賣買하는 것보다도 이 重大한 이 婚姻같은 法律行爲에 있어서도 오늘날 形式主義를 擇하고 있는

이 마당에 있어서 事實上에 있어서 그런 申告가 빨리 되지 않고 한다는 이러한 點을 보더라도 지금 한 物權行爲에 있어서 登記를 要件으로 해서 果然 [6면] 登記가 그날부터 잘 勵行이 잘 될 것인가 이 點에 대해서는 우리가 크게 疑問을 갖지 않을 수 없습니다. 물론 이 點에 대해서 이 法을 通過하더라도 금방 그날부터 되는 것은 아니다 或은 3年이다 몇 해 몇 해다 그런 有效期間이 있다고는 하지마는 이것이 오래 동안에 法慣習으로 인한 것이 몇 해 동안에 그렇게 도저히 될 可能性이 없는 것입니다.

그런 意味에서 이것은 登記가 勵行이 잘 되지 않으면 이 主義를 擇해서 아무 意味가 없게 되는 것입니다. 이 主義를 形式主義를 擇해서 한 以上에는 登記가 반드시 勵行이 되어야 된다는 것이 前提條件입니다. 그러면 登記를 그야말로 强要하다시피 하지 않으면 도저히 이것은 되지 않는 것입니다.

그리고 뿐만 아니라 그 登記에 勵行이 말하면 그 反面에 徹底치 못한 境遇에 있어서 상당한 弊害가 생기게 됩니다. 이렇게 要件으로 해 가지고서 登記를 안 하게 되면 登記 안 하는 사람이 있으면 물론 안 하는 사람이 法대로만 하는 사람은 保護할 必要 없다 이렇게 하면 그만이겠지만 事實에 있어서는 登記를 하지 못하는 境遇에 있어서 여러 가지로 弊端이 많이 생깁니다.

가령 一例를 들어 말하면 登記를 하든지 … 登記를 하지 않는데 있어서 自己 物件은 賣買해서 自己는 팔았다 또 登記는 하지 않았다 이럴 境遇에 있어서 상당한 말하면 서로 彼此//가 信賴를 하고 있는 이 마당이지만 登記가 없기 때문에 다른 데 權利를 行使할 수 없는 이러한 弊端이 생기고 이러기 때문에 이것은 登記勵行이라는 것은 絶對的인 條件이 되는데 오늘날 現實에서 … 現實을 볼 때에 登記가 잘 勵行이 잘 되지 않고 또 갑자기 그렇게 勵行될 수는 없다 이러한 見地에서 먼저 이것을 우리가 形式主義를 이 자리에서 採擇하는것은 대단한 一種의 冒險이라고 이렇게 저는 생각하는 것입니다.

그 다음에 가령 一步를 讓步해서 形式主義를 取해서 登記를 要件으로 한다 하면 여기에 있어서는 登記에 대한 公信力을 賦與해야 된다 이것입니다. 어제 張暻根 議員이 말씀한 이 形式主義를 擇하는 것과 公信力 賦與하는 것은 別個 문제다 말하면 이것과 관련을 시킨다는 것은 이것은 錯誤로 인한 것이다 이렇게 說明이 되었습니다마는 저는 그렇게 생각 안 합니다.

이것은 물론 形式上으로 보아서는 公信力을 賦與하는 것과 形式主義를 擇

하는 것과 그것은 別個 문제예요. 허나 적어도 形式主義를 擇한 以上에는 그 形式主義를 貫徹시키고 形式主義가 完璧이 … 期하기 위해서는 절대로 登記에 대한 公信力이 認定이 되어야 되는 것입니다. 이 點에 있어서는 獨逸民法에 있어서 물론 形式主義를 擇해 왔습니다마는 그 獨逸民法은 形//式主義를 擇하는 그날부터 같이 同時에 登記에 대한 公信力을 認定했다 이 말이에요. 그러면 登記에 대한 公信力이란 무엇인가 이것이 普通 얼른 알기 어려운 얘기입니다마는 要컨대는 登記가 우리나라에서는 지금 草案에서는 形式主義는 擇하지만 公信力은 認定하지 않는다 이것입니다. 그런데 獨逸民法에 있어서는 形式主義를 擇하는 同時에 公信力을 認定했다 이것입니다.

그러면 公信力은 무엇이냐 이것은 무엇이냐 하면 登記라는 것은 절대적인 公信力이 있다 이겁니다 登記簿에 이름이 있으면 그것은 그 登記한 行爲가 無效가 되거나 取消가 되거나 그 原因이 如何間에 또 그 사람이 眞正한 權利者가 아니건 기건 간에 登記簿에 있는 사람의 權利가 절대적으로 信用이 있다 信憑力이 있다 이 말입니다. 그러니깐 登記簿를 보고 物件을 假令 賣買했을 때에 絶對로 그 사람이 安心하고 살 수 있다 이런 말입니다.

그러나 公信力을 認定하지 않는 形式主義에 있어서는 登記簿에 비록 있다고 할지라도 그 登記 自體가 登記를 하는 法律 行爲가 無效로 되었거나 取消가 되었을 때에는 이 登記簿를 보고서 다른 사람이 샀더라도 結局 그것은 또 아무 所用이 없는 結果가 되는 것입니[7면]다. 그런 境遇가 또 法律案 自體에 있어서도 그런 것을 보아도 認定할 수 있습니다.

그러면 登記는 제대로 登記를 하느냐 하면 그것이 아니에요. 假令 法律上의 原因에 依한 境遇 가령 判決에 依했다든지 競賣에 依했다든지 或은 相續에 依했다든지 이런 境遇에는 登記를 안 해도 그것은 法律行爲의 效力을 發生한다 이렇게 例外를 벌써 認定해 놓았어요 하면 그런 法律上의 原因에 依해서라도 말하자면 그 登記를 안해도 賣買가 되었다 말하자면 權利가 왔다 이런 境遇에 있어서는 어떻게 하여야 하느냐 이런 境遇에 있어서는 亦是 第3者가 볼 때에는 그 登記簿만 보고서 法律行爲를 했을 때에 나중에 알아보니깐 그것은 벌써 登記는 없었지만 法律上의 原因으로 依해서 어떤 사람에게 權利가 갔더라 그런 境遇에 第3者가 大端히 危險한 境遇가 되고 또 그것을 保護할 길이 없는 것입니다. 이러한 것으로 볼 때에도 이 形式主義나 公信力 關係는 重大한 關聯性이

있는 것이고 公信力을 賦與하지 않으면 形式主義는 거의 無意味하게 되는 이런 形便으로 돌아간다고 보는 것입니다.

그러면 우리나라에 있어서 여기에서 그러면 形式主義를 擇하는 以上에는 公信力을 認定하자 // 公信力을 認定할 수 있느냐 이런 問題입니다.

이것은 到底히 우리나라 現實로 보아서는 公信力을 認定할 수 없는 것입니다 公信力을 認定할 形便이 못 되요. 왜냐하면 적어도 公信力을 賦與하자면 그 登記簿에 있어서 明瞭하여야 하고 正確하여야 하고 또 그것이 眞正한 權利者 事實인가 事實 아닌가 그 事實에 符合을 꼭 해야 하는 것입니다.

그러면 그 原因에 있어서 法律行爲가 效力이 있었느냐 없었느냐 取消할 것이냐 안 할 것이냐 이러한 그 法律 自體부터 對해서도 登記官吏가 審査할 權限까지 주어야 되는 것입니다. 이렇다고 하면 萬一 이렇다고 하면 登記官吏라는 것이 莫大한 權利를 가지고 이 登記官吏가 일일이 登記를 하려고 갈 때에 이것 정말 眞正으로 法律行爲가 옳게 되었으며 賣買가 바로 되었느냐 잘못 되었느냐 이러한 것을 다 檢討를 하여야 될 것이고 萬若에 登記에 不正確한 記載를 한다든지 或은 不正한行爲로서 어떤 登記에 … 갖다가 그야말로 挾雜이 생긴다든지 이렇게 한다면 이것은 重大한 問題가 생기는 것입니다.

그렇기 때문에 우리나라 오늘날 現實로 있어서는 到底히 登記官吏에 對해서 그런 審査權과 이러한 것을 認定할 수 없는 것입니다. 뿐만 아니라 國家財政 上의 見地로 보더라도 이것은 굉장한 數의 登記官吏가 많이 생겨야 할 것이고 굉장한 費用을 負擔을 많이 하여야 될 것입니다. //

이런 意味에서 보더라도 財政上의 立場에서 보더라도 相當히 施行하기 어려운 것이라고 … 또 事實上에 이것은 오늘 現實로 보아서는 登記官吏에 그런 重大한 權限을 주며 그런 法的 效果를 가져오는 그런 事務를 맡기기 어렵다는 것이 現段階에서 認定하지 않을 수 없는 것입니다. 그렇고 보면 이러한 것을 모두 다 綜合해 볼 때에 우리가 形式主義를 擇하려고 하면 첫째로 登記勵行이 된다는 것이 前提條件인데 勵行이 잘 될 수 없다 지금 아까도 말씀드렸습니다만 婚姻하는 것을 생각 해보세요 婚姻에도 婚姻이 形式婚主義로 지금 되어 있습니다.

現在 이번 民法의 改正案에 對해서 鄭一亨 議員이 말한 것과 마찬가지로 擧式主義를 하자 이런 이야기를 했지만 婚姻을 그러면 正確하게 하려면 婚姻의 形式을 取해서 申告를 해야 婚姻이 成立되는 것인데 그러니깐 結婚式場에서 結

婚式을 했거든 그 當場에서 그 直時로 말하자면 區廳에 가서 婚姻申告를 내야 된다 이와 마찬가지에요. 그런데 우리 普通 法慣習으로 보아서는 大體 우리가 婚姻式을 擧行하면 벌써 그것은 婚姻이 되었다 이렇게 보는 것입니다. 그러나 그것은 말하자면 申告는 하여야 된다 이렇게 되는데 이 程度를 보더라도 금방 賣買하고 그直時 登記를 하여야만 賣買効力이 난다 이것은 너무나 참 그야말로 形式에 置重하는 [8면] 것이지 事實을 無視하는 것이 아닌가 이렇게 생각합니다.

그러나 勿論 이 法律이라는 것을 定해 가지고 그렇게 해 오면 되는 것인데 다른 獨逸이라든지 이런 데에는 처음부터 그런 主義를 採擇해 가지고 그런 法慣習으로 내려왔다 이것입니다. 하지만 우리나라에 있어서는 이 말하자면 意思主義를 가지고서 對抗要件主義로 나온 것이 벌써 50餘年間 이렇게 나왔다 이 말입니다 나왔는데 이것을 오늘날에 있어서 갑자기 正反對로 變更하면 어떤 混亂이 오게 되느냐 그것입니다. 그法에 對한 慣習은 一朝一夕에 고쳐지는 것이 아닙니다.

卽 말하자면 日本에 있어서 日本에 있어서 日本民法이 大體로 大陸法에 … 大陸法系統에서는 大體로 形式主義를 택한 것입니다. 하나 그大陸法主義를 그대로 또 오늘날에 意思主義로 採擇을 하면서도 이 形式主義만은 採擇을 하지 못했다 이 말이에요.

그래서 오늘날도 아직도 意思主義로 그대로 貫徹하고 있는 것은 結局 그야말로 亞細亞的이라고 할까 東洋的인 이러한 特殊事情 … 登記라는 이러한 制度를 그렇게 迅速하게 잘 利用할 수 없고 잘 여기에 따라가지 못한다고 하는 이러한 點을 考慮했기 때문에 다른 法을 大陸法을 다 採擇해 오면서도 形式主義만은 採擇을 하지 못하였던 것입니다.

그리고 오늘날에 있어서 40餘年 近50年間이//라는 法慣習이 되고 法的確信을 가지고 있는 이 現實에 있어서 구태여 이렇게 變動을 하지 않아도 아무 弊害가 없지 않느냐? 現實에 있어서 오늘날 그러면 意思主義와 對抗要件主義를 採擇을 해서 어떠한 弊端이 그렇게 甚하냐 말이에요 오늘날 이것을 고치지 않으면 안 되겠다는 積極的인 理由가 어디에 있는가 이것도 우리가 잘 알기 어려운 것입니다.

勿論 法에 있어서는 이러한 것이 現在에 假令 이러한 法의 不備로 말미암아서 裁判의 事件이 많아진다든지 이런 일이 假令 있을는지 모르지만 그것은

어느 法이든지 언제든지 그 法의 判斷이라든지 이것은 裁判에 넘기지 않는 수가 없는 境遇가 許多히 많은 것입니다.

그러니까 이러한 것만 가지고도 구태여 오늘날에 있어서 過去의 50年間에 내려온 法慣習과 法的 確信 여기에 대한 것을 번복해서 法의 安全을 混亂한다는 이러한 必要는 없지 않은가 이렇게 생각을 합니다.

그래서 다시 한 번 結論을 말씀드리면 이 登記法의 履行이 稀薄한 이러한 點으로 보아서 도리어 이 去來의 安全을 圖謀한다는 唯一한 信条인 形式主義는 도리어 去來의 不安全이 될 憂慮가 있다 또 더구나 公信力을 認定하지 않는 이 마당에 있어서는 去來의 安全이 도리어 去來의 不安全을 招來할 수 있다 또 뿐만 아니라 이것이 主로 所謂 그 去來의 安全에 있어서도 去來의 安全 卽 말하자면 動的 安全을 主로 保護하자 이러는 것인데 이 動的 安全을 保護하는 나//머지에 말하자면 그 反對로 靜的 安全이 保護되지 못하는 이러한 關係가 있습니다. 卽 말하자면 第3者에 對해서는 動的 安全을 保護해주지만 當事者間에 있어서는 靜的 安全 當事者間의 意思表示 이것도 大端히 保護하자는 이러한 結果로 되는 것입니다.

그래서 통틀어서 말하자면 요컨대는 오늘날 이와 같은 現實로 別로 문제가 없던 것을 이러한 法的 確信 卽 말하자면 法의 安全을 이 자리에서 구태여 破壞하면서 이것을 더한층 混亂을 惹起할 憂慮가 있는 이러한 것으로 생각할 必要가 없지 않는가 이러한 點에 있어서 이것은 이 形式主義보다는 現在에도 修正案 自體가 現行 民法에 現行하고 있는 그대로입니다 絶對로 새로 만드는 것이 아닙니다 그러기 때문에 이것은 現行 民法대로 그대로 하는 것은 妥當하다 이렇게 생각하고 있습니다. 이 點에대해서는 이 條文까지 變革을 함으로 말미암아서 다른 데에도 影響이 미치는 것이 많고 또 이 民法을 審議하는 데 있어서 그야말로 제일 重要한 條文의 하나입니다.

이번에 이 民法案을 制定하는 데 있어서 그야말로 劃期的이고 가장 참 革新이라고 할까 이러한 그 자랑할 만하다고 보면 이 形式主義를 採擇했다고 하는 것과 이 物權變動에 있어서 傳貰權을 物權으로 認定하자는 이 두 가지가 가장 重要한 特色의 하나라고 봅니다. 그런데 이 傳貰權 문제에 있어서 다음에 다시 말씀드리겠습니다마는 이 物權變動 이 自體는 우리가 疎忽히 그대로 넘길 수 없[9면]는 것이고 또 原案 自體도 大端히 失禮의 말씀 같습니다마는 法典編

纂委員會에서 이렇게 오랜 時日을 걸려서 만들었다고 하지만 事實에 있어서 法典編纂委員들이 여러 번 討議 討議해 가지고 이렇게 만든 것이 아니라 不過 幾個人의 몇 분이 이렇게 原案을 만든 것에 不過하다고 저는 알고 있습니다.

그러니 이러한 法制度에 있어서 一大 變革을 가져올 수 있는 다른 條目에 있어서는 變革을 가져오는 것이 아니고 過去에 學說上으로 認定되던 것이라든지 判例로 認定되는 것을 補充的으로 만든 것이라든지 또 過去에 있어서 不必要한 것을 뺀다든지 이러한 程度로 修正이 되었지만 이 項目만은 過去의 法律制度를 一大 變革을 일으켜 온 이러한 重大한 것인 만큼 적어도 이러한 대목에 있어서는 各 學界라든지 一般輿論이라든지 慣習이라든지 모든 面에있어서 公聽會라든지 意見書라든지 좀더 여기에대해서는 檢討를 해서 해야 될 것인데도 不拘하고 그렇게 너무나 簡單히 생각하고 簡單히 나왔다고 하는 것입니다.

하니까 우리가 적어도 이 本會議때에 와서 이런 것을 討議하는 것이 時期를 잃어버렸습니다마는 적어도 審議過程 全過程에 있어서 充分히 이것은 무슨 方法으로든지 여기에 대해서는 많이 檢討를 해야 될 것이에요. //

그런데 오늘날 이 條文에 있어서 勿論 法學者 系統에서는 全部가 이것을 反對하는 것이고 또 實務者 系統인 在野法曹界 辯護士協會에서도 이것은 反對하는 것입니다. 이런 面으로 보아서도 이 點에 대해서는 여러분이 深甚히 檢討하셔서 이 變動에 대한 것을 여러분이 정말 이 民法의 이런 문제는 한번 定해 놓으면 다시 바꿀 수 없는 것입니다. 그러니까 愼重히 考慮해 주시기를 바랍니다.

○ 副議長(李在鶴) : 張暻根 議員 말씀하세요

○ 法制司法委員長 代理(張暻根) : 이 意思主義를 取하느냐 形式主義를 取하느냐 하는 문제에 대해서는 大體討論때에 있어서도 玄錫虎 議員과 제가 말씀드렸고 또 어제 제가 여기에 대해서 大略 말씀을 드린 바가 있습니다.

그러나 오늘 玄錫虎 議員께서 主로 서너 가지 點을 들어서 이 形式主義를 論駁을 하셨습니다. 왜 그런고 하니 하나는 意思主義를 取해야 되겠다는 理由로써 個人意思를 絶對 尊重하는것이 法律行爲 當事者의 便宜에 좋다는 意味 또 形式主義로 한다 할 것 같으면 混亂을 일으키고 오히려 去來의 不安全을 일으킨다 또 셋째 點으로는 公信主義를 쓰지 않고는 이 形式主義를 쓰지 못한다는 이 세 가지 點으로 主로 들어서 말씀하신 것입니다. 勿論 이것을 단 새로운 것은 말씀은 아닙니다마는 이것은 하도 重要하기 때문에 저로서 여기에 대해서

한 번 解明하지 않을 수가 없습니다. //

　이 지금 形式主義를 쓰느냐 意思主義를 쓰느냐 하는 것이 이번 이 民法案에 있어서는 民法案 財産編 中에 있어서 가장 重要한 條文에 하나입니다. 그렇기 때문에 暫間 제가 解明의 말씀을 드리겠습니다.

　個人 意思대로 賣買를 한 所有權을 移轉한다는 意思가 있으면 그때 移轉한다는 것은 當事者에게는 便하고 간단할 것입니다. 그러나 모든 것이 그렇게 간단히 안 되는 것입니다. 意思表示 當事者가 所有權 移轉하겠다 그대로 다 된다 이렇게만 가지고는 간단히 안 됩니다. 그러면 登記制를 다 없애고 그때에 다 移轉하고 그 다음에 또 둘째로 第3者에게 다시 또 팔아 버리는 境遇도 있어요.

　여기에 우리가 近代的인 法律行爲를 하려고 하면 登記制라고 하는 것을 만들어가지고 한 번 판다고 할 것 같으면 登記해 놓아가지고 딴 다시 두 번째 사는 사람이 登記簿를 보아가지고 이것이 누구에 所有인가 알아야지 이것을 알지 못하고 이것을 賣買했다 할 것 같으면 二重賣買인 境遇에 이 損失을 받는 경우가 있으니까 이 去來를 편안히 安心하고 去來를 할 수 없는 것이 된다.

　이렇기 때문에 登記制度를 만든다고 하면 登記할 것 같으면 登記받은 사람은 完全히 安心할 수 [10면] 있다 第3者에 두번째로 산 사람 또 먼저 샀더라도 登記 안 한 사람에게 이 사람이 主張을 못하게 이것 내가 먼저 샀다고 해서 이렇게 主張을 못 한다 登記하는 사람이 이기는 것이로다 이렇게 하는 것이지 이것이 우리가 近代的인 複雜한 法律行爲를 해야 된다 이 近代生活에 있어서 이러한 近代 制度가 必要한 것입니다. 그렇기 때문에 意思表示 以外에 이 登記라고 하는 것이 必要한 것입니다.

　그것이 다못 對抗要件만으로 하느냐 또 이것은 法律行爲의 成立要件만으로 하는 것은 이제 나중에 말씀 올리겠습니다마는 이 登記 自體도 個人意思 絶對 自由의 原則으로 하면 登記 自體도 必要 없는 것이고 婚姻에 있어서 提[屆]出 自體도 必要 없는 것입니다. 男女가 婚姻했다면 같이 살고 夫婦가 되겠다는 意思만 있다고 할 것 같으면 그 屆[屆]出이라든지 戶籍에 올릴 必要가 없습니다. 그러나 그것을 올리지 않는다고 하면 대단히 第3者에게 不測의 무엇을 끼칠 것입니다. 뭐 그런 것을 알 道理가 없는 女子는 그 男子와 다시 結婚할 수도 있는 것이에요. 二重結婚을 해서 一生을 亡치는 수도 있을 것입니다.

　그러기에 우리가 이 法律行爲라고 할 적에는 當事者만을 생각하는 것이 아님니다. 이 法律行爲란 것이 第3者에게 어떤 影響을 가져올 것이냐 第3者가 알아야 되지 않느냐 알아야 비로소 第//3者에게 不意의 豫測하지 않았던 損害를 끼치지 않도록 하는 이 制度가 必要하다.

이것이 公示의 方法입니다. 婚姻에 있어서는 戶籍簿에 籍을 얻는다든지 또는 不動産賣買에 있어서 登記簿에 登記를 한다든지 이것이 다 公示가 必要하다는 것입니다. 다못 이것을 第3者의 對抗要件으로 하느냐 이제 이것이 法律行爲의 成立要件으로 하느냐 이 法人의 設立도 마찬가지이에요 … 나 法人을 만들었으면 그만이지 무슨 登記가 必要하느냐 複雜한 것 … 그러나 第3者에게는 困難합니다. 그렇기 때문에 이것을 만들고 取消[就籍?]를 하도록 하고 이것 取消 못한 사람은 나 우리 會社가 設立되었다는것을 主張 못하게 해야 되는 것입니다.

그러기 때문에 이 登記가 必要한 것인데 이번에도 이 法人登記에 있어서 이것을 對抗要件으로 했던 것을 對內的으로는 設立이 되고 對外的으로는 設立되었다는 것을 主張 못 하는것은 意味가 없다 그러기 때문에 이것을 設立要件으로 한 것입니다.

그러니까 우리가 恒常 이번 草案도 그렇고 學者의 學說의 趨勢도 그렇습니다. 個人意思 絶對尊重 이것보담도 그 法律行爲를 第3者인 外部에서 認識해 가지고 이것을 不測의 損害를 받지 않는 制度가 必要하다 이것은 卽 다시 말하면 對外的 去來의 安全을 保護하는 所爲로다 이//래 가지고서 이러한 公示制度를 强化한다는 것이 이것이 우리의 六法의 趣旨이고 立法의 趨勢가 獨逸이나 瑞西民法도 그래서 그것을 만들[든] 것이고 또 學者들도 그런 方向으로 나가는 것입니다.

特히 요전에도 말씀을 했거니와 우리가 賣買를 했다 나는 意味가 없는 줄 알아요 賣買를 했다 百萬圜에 집을 사고 팔고 했는데 10萬圜이라도 契約金을 받고 팔았다 팔았다고 하지만 지금 意思主義에 依하면 그날 賣買契約한 날 판 사람에게 所有權을 移轉합니다 그러나 그것은 意味가 없는 줄 알아요.

所有權은 移轉을 했지만 나중에 契約不履行을 할 것 같으면 다시 또 契約 履行이 解除가 될 것 같으면 다시 또 돌아옵니다 이런 錯雜한 關係가 생깁니다. 그것보담도 그 10分之9 나머지 殘金을 치를 때에 우리가 登記의 書類를 받습니다 登記와 같이 같은 時期에 한다고 합니다. 그것 무슨 짓이냐? 그 自體로서 그 登記를 해야 정말 完全한 所有權을 가진다는 意味가 되는 것입니다.

　　그것은 무엇인고 하니까 物權이라고 하는 것이 所有權이라고 하는 것이 아무리 맡겨왔다 판 사람에 對해서는 내가 所有者로다 산 사람에 對해서는 내가 所有者로다 主張하더라도 第3[11면]者에게 主張 못하는 것은 그 所有權 아무 所用 없습니다 當事者에게만 主張한다는 것은 큰 意味가 없다는 것이에요. 第3者 이 사람이 판 사람이 또 그 前에 팔았다든지 또는 그 後에 팔았다든지 그 판 사람은 나한테 主張 못하는 것입니다. 나한테 登記를 해서 내가 所有者로다 이것을 하는 者라야 … 物權制度로써 意味가 있는 것입니다.

　　왜 그런고 하니까 物權이라고 하는 것은 債權과 달라서 뿐만 아니라 第3者에게 主張한다는 그 排他性이 있는 것이 本質입니다. 排他性 없는 物權 무엇입니까. 그런데 이것은 排他性 없는 物權을 物權移動을 認定한다는 것입니다. 當事者間에는 第3者에게 主張 못하는 또 當事者間의 판 사람 산 사람은 판 사람에게 돌아왔다 그러나 第3者에게는 내가 所有者라 主張 못한다 나 이것은 意味가 없을 뿐 아니라 우리 옛적 制度가 나는 이렇다고 생각합니다. 옛적에도 土地를 사더라도 文權[券]을 가지고 와야 진짜로 산 줄로 압니다. 지금에 있어서도 옛적 文權에 比하며는 지금 登記制度입니다.

　　登記가 끝났다는 … 登記簿에다가 登記를 하고 거기에다가 집 도장을 찍는 것인데 그것을 權利證書라는 것인데 登記證書를 찾아야 文權을 찾아야 이것이 비로소 完全한 것입니다. 完全한 所有權을 認定한 것으로 하는 것이 그 式을 完成시키는 것입니다. 또는 나중에 도중에 契約金만 받아서 賣買契約을 했다가 나중에 完成하도록까지 完全履行하도록까지 여러 가지 事故//가 많이 나서 解除가 되어서 解除되는 경우도 많이 있는데 이런 것을 경우할 적에 나는 아무런 當事者의 意思 賣買契約에 있어서 所有權이 認定된다 하는 … 나는 이것은 너무나 抽象的인 理論이라고 생각합니다. 나는 단순히 그것 하나만 가지고 지금 意思主義가 主張되고 있는데 意思主義의 長點이라고 하는 것은 그것 하나밖에 솔직히 말씀드려서 없는 것입니다. 아무리 學說을 찾아보아도 없는데 나는 그것 하나만 가지고서 한다는 것은 意味가 없다고 생각합니다.

　　또 한 가지는 이 第3者 관계입니다

　　意思主義대로 하면 當事者間에는 賣買契約에 의해서 산 사람에게 간다 그러나 登記를 하지 않으면 第3者에 對抗하지 못한다 이렇게 되어있습니다. 그런데 이 第3者가 누구냐 이 第3者에 대해서는 대단히 範圍가 複雜합니다. 當事者

판 사람 산 사람 以外의 모든 사람을 第3者로 하면 여러 가지 形便上 困難하게 됩니다.

그렇기 때문에 玄錫虎 議員도 다 잘 아시다시피 第3者의 範圍에 대해서는 굉장히 制限說 無制限說 學說에 대단히 錯雜한 異論을 일으킵니다. 그런데 왜 이렇게 混亂을 일으켜서 내가 第3者에 該當하느냐 않느냐 하는 것은 아직도 未確定한 狀態에 놓여 있는데 이것이야말로 去來의 安全을 害하는 것이지 去來의 安全을 圖謀하는것은 絶對로 아니라고 생각합니다.

또 한 가지 말씀하는데 내 요전에도 말씀을 했//지만 公信力은 이것을 萬一 形式主義를 쓰면 公信力을 認定해야 된다 그런 立法을 해야 한다 나 이것이 대단히 錯誤라고 생각합니다. 요전에도 말씀했지만 民法學者들이 쓴 데도 그런 것은 있지만 그것은 도무지 理論이 되지 않습니다. 나 어느 學說에도 찾아보지 못한 것인데 公信力이라는 것은 이런 것 獨逸이나 瑞西 民法에서 所謂 「푸린칩・오푸・데쓰웨펜드리앤・부라우벤스」[Prinzip des öffentlichen Glaubens]라고 하는 것인데 이것은 무엇인고 하니 우리가 이제 意思主義는 賣買契約을 했으면 登記를 안 했어도 所有權이 산 사람에게 간다 形式主義는 賣買만 했을 뿐만 아니라 意思表示만 했을 뿐만 아니라 登記까지 해야 비로소 所有權을 認定한다 이 公信主義는 전연 다른 것입니다.

그것은 무엇인고 하니 내 財産이 하나 있을 때에 不動産이 내 이름으로 있는데 내 아들이 망나니가 되어서 내 印章을 僞造해 가지고 남에게 팔아먹었다 말이에요 남에게 移轉登記를 했다 그 말이에요 移轉登記를 했다 이렇게 할 적에 이것이 또 그 사람이 산 사람이 또 다른 사람에게 팔았다 이러면 지금에 있어서는 公信主義를 안 쓰는 우리 大韓民國에 있어서는 이것은 靜的 安全을 할 수 없습니다 진짜 所有者인 張暻根이는 팔지 않았으니까 나는 그것을 다시 찾아 올 수 있습니다 文書僞造해서 딴 사람에게 移轉되어도 … 내 아들에게 돈 주고 산 사람이라도 [12면] 損害 나는 수밖에 없습니다 그 財産을 다 돌려보내 주어야 됩니다.

그러나 이 獨逸民法이나 瑞西民法 같은 公信主義에 있어서는 登記를 믿은 사람은 아주 保護된다 이렇게 해야 되겠다 그래야 去來 安全을 할 수 있지 않느냐 僞造에 의해서 印章僞造해 가지고 公正證書를 僞造해 가지고 판 사람은 안 된다 즉 다시 말하면 제 子息한테서 산 사람 그 사람이 … 그 사람한테서 다시 샀다고 하면 所有者는 제 子息한테 산 사람에게 所有 名義로 登記되어 있다 말이에요 그것을 다시 산 사람은 그것 참 억울할 것입니다 登記에는 그 사람 이름으로 있는 登記名義者에게 샀다는 것 말입니다 그런 사람을 保護하자는 것입니다.

그러나 지금 우리 公信主義를 안 쓰는 法體에서는 그 사람이 保護 안 됩니다 결국은 저한테 그 財産이 다시 돌아오게 됩니다 그럼 그것은 어떻게 하느냐 그것은 獨逸民法에서는 아까 玄錫虎 議員께서 말씀하신 바와 같이 獨逸이나 瑞西民法에서는 登記制度부터 다릅니다. 우리가 賣買했으니까 산 사람에게 登記 해주시요 하고 登記所에 내면 거기서는 登記官吏가 實質的 審査權이 있습니다.

정말 진짜로 팔고 샀느냐 완전히 … 이것을 調査해 가지고 登記하기 때문에 그 登記가 萬번에 한번이나 千萬번에 한번 僞造가 있다 하더라도 그 登記를 믿고 산사람이 保護됩니다.

그러나 우리나라에서 登記制度는 形式的 審査//밖에 못합니다. 登記官吏가 賣買 … 팔고 산 것이 證書가 같이 添付가 되어오면 그것이 僞造圖章을 가졌느냐 아니냐 이것까지 調査를 못 합니다 形式的 審査를 해가지고 登記합니다. 그러니까 이것이 形式審査만 하는 그 나라에서는 公信力을 認定할 수 없는 것이에요 진짜 所有者는 언제나 모르는 동안에 僞造 … 圖章 僞造해가지고 팔아먹으면 나 모르는 동안에 내 財産이 다 없어지는 수가 있으니까 그러니까 이것은 公信力制度를 하려면 登記制度에 있어서 登記官吏에 實質的 審査權으로 해야 된다 이것이 慣例로 되는 것입니다 그렇게 되어야 되는 것이지만 이 登記를 … 이 賣買했을 때에 이 時期가 … 所有權移轉되는 時期가 그냥 賣買契約한 때가 아니라 登記까지 한 때에 所有權이 移轉된다 이것과는 아무 관계가 없는 것입니다 이것만 하고 公信力制度는 採擇할 必要가 없는 것입니다 그것은 그것으로 하려면 따로이 登記官吏의 實質的 審査制度를 認定해야 되는 것입니다.

나는 이런 意味에 있어서 지금까지 이 모든 權利를 나는 時期가 아까 玄錫虎 議員께서 主로 意思主義를 써야 되겠다는 理由로서 말씀하셨는데 여기에다 反駁될 줄 압니다 個人 意思 絶對尊重을 해가지고 當事者이 便宜를 돕는다 글쎄 當事者의 便宜는 될 것 같습니다마는 그러나 그 當事者의 便宜에도 별것 없어요 나는 그//것보다 第3者의 關係 … 이 去來安全이라는 것을 더 尊重해야 된다는 것이 … 이것은 各國의 立法의 … 趨勢이고 學界의 動向이 되는 것입니

다. 또 한 가지 둘째로 混亂을 가져온다는 이것은 去來의 安全을 … 어느 時期에
어느 時間에 이 所有權이 移轉되었다는 것이 第3者에게 다 알려지는 것이에요.
登記할 적에 하는 것이니까 이것은 나는 公[動?]的 安全을 가하나 去來의 安全이
라는 것은 公的 安全인데 公的 安全을 가져오는 것이지 混亂을 가져오는 것이 아
니다 또 지금까지 하는 것이 나는 混亂이 많았다고 생각합니다 第3者에게 …

      그 다음에 인제 公信主義와 관련된 말씀을 하셨는데 나 여기에 대해서는
이것은 지금까지 … 이미 새로 지금부터 새로 생기는 各國의 立法例는 다 意思
主義로부터 公信主義로 갑니다 또 이 意思主義가 우리 大韓民國으로 보더라도
오히려 이전에 制度는 있었습니다마는 文權[文券] … 文權이라는 土地證券 같
은 證券을 가져야 파는 것 … 이런 것을 생각할 적에는 오히려 우리나라에서는
옛적 慣習에있어서는 오히려 形式主義입니다. 登記 代身에 文權이지만 形式主
義에 意思表示만으로서 하지 않았다고 생각합니다. 이것이 나중에 日本을 通해
가지고 佛蘭西民法의 意思主義 그때에는 個人主義 個人意思의 自體[自治]의 原
則이 絶對的으로 支配的 原理를 이루고 있는 그 佛蘭西民法에다가 日本民法을
通[13면]해서 佛蘭西民法의 그 制度를 따다가 가져다가 쓴 것이 이것이 原因이
되어서 … 나는 오히려 이것은 外來制度라고 생각합니다.

      意思制度에 … 우리가 가만히 생각해 볼 때라도 우리가 지금까지 佛蘭西民
法을 본딴 그 日本民法 171조 같은 것을 우리가 오래동안 한 30餘 年 썼기 때
문에 賣買할 때부터 … 賣買할 때 自由[所有]權이 移轉되는 것이지 산 사람에
게 … 登記하기 前에 移轉되는 것이지 그렇지마는 이것 가만히 생각해 볼 때에
우리가 지금 그렇게 가르침을 받으니까 그렇지 우리가 가만히 생각할 적에 무
엇보다도 殘金을 치루고 登記書類 받을 때가 제일 重要한 것입니다 누가 登記
書類 받지 않고 殘金치루는 사람은 … 얼간은 없습니다 왜 그러냐 할 것 같으
면 지금 制度에 있어서는 對抗條件으로만 되어 있는 지금 制度에 있어서도 登
記를 못하게 되면 所有權을 다 뺏기는 것이에요 이것도 다하고 있는 것입니다
이런 것을 생각할 때에 事實 潛在意識으로는 우리가 登記를 다해야 完全히 내
物件이 된다 하지 賣買契約만 해가지고 내 物件이 된다 이것은 나 潛在意識까
지도 파고 들어갈 것 같으면 當事者의 意思도 그렇게 하는 것이 無理하다고 생
각합니다. 나는 그렇기 때문에 各國의 立法例가 그렇고 또 法典編纂委員會에서
이토록 草案으로서 이런 措置를 만들어가지고 왔고 또 法制司法委員會에서도

한 사람 異議 없이 法典編纂委員會가 옳은 進步的인 좋은 賣買安全을 爲해서 좋은 制度라고 이것을 다 贊成해서 支持//해서 修正案을 안 내고 法典編纂委員會에서 政府案인 民法案의 條文을 支撑한 것입니다. 여러분께서 深甚 考慮해 주시기를 바랍니다.

　　○ 副議長(李在鶴) : 發言하실 분 안 계시면 表決하겠습니다. 지금 座席에 70餘名밖에 안 계십니다. 複道나 休憩室에 계신 분은 速히 와 주시기 바랍니다. 한 5分 더 기다려 보아서 成員이 안되면 散會하겠습니다. (「散會해요」 하는 이 있음) 지금 한 90名 됩니다. 速히 複道나 休憩室에 계신 분은 돌아와 주시기 바랍니다. 表決하겠습니다. 제177조 玄錫虎 議員의 案 意思主義입니다. 다 아시지요 이것을 묻습니다. (擧手 表決) 在席員數 104人 可에 40票 否에 한票도 없습니다. 未決입니다.

　　그러면 政府原案을 묻겠습니다. 政府原案이 可하신 분 擧手해 주시기 바랍니다. (擧手 表決) 在席 109人 可에 56票 否에 한票도 없습니다. 可決되었습니다.

제187조 (登記를要하지아니하는不動産物權取得) 相續,公用徵收,判決,競賣,[6] 其他法律의規定에依한不動産에關한物權의取得은登記를要하지아니한다　그러나登記를하지아니하면이를處分하지못한다

Ⅰ. 法編委　　1. 의사록[7]　　物權法要綱　　2. 物權行爲

　　(一) 不動産에 관하여 […]　　(2) 判決, 競賣, 公用徵收, 相續 其他 法律의 規定에 因한 不動産에 關한 物權의 取得은 登記를 하지 아니하여도 그 效力을 發生함. 但 그를 登記한 後가 아니면 第3者에 對抗할 수 없음

　　○ 盧鎭高 委員 : 原案 (2)에 있어서 「判決, 競賣, 公用徵收」를 削除하고 原案 (2)를 「相續 其他 法律의 規定에 依한 不動産에 關한 物權의 取得은 登記를 하지 아니하여도 그 效力을 發生함. 但 그를 登記한 後가 아니면 第3者에 對抗할 수가 없음」으로 修正할 것을 動議한다

　　絶對多數로 右 修正動議를 採擇하고 條文成案 後 다시 檢討하기로 한다

---

6) 민법을 공포하는 관보에는 '競賣' 다음에 쉼표가 들어가 있다. 그러나 국회 본회의에서 채택된 법사위 수정안에는 이것이 없다.

7) 앞의 민법 제186조 Ⅰ. 1.의 제8회 의사록에 이어진다.

2. 編纂要綱		物權法要綱		2. 物權行爲		1. 不動産에 關하여
		ㄴ. 相續 其他 法律의 規定에 因한 不動産에 關한 物權의 取得은 登記를 하지 아니하여도 그 效力을 發生함. 但 그를 登記한 後가 아니면 第3者에 對抗할 수가 없음

Ⅱ. 案		제178조 [본문은 "相續, 公用徵收其他法律의規定에依한…"이라고 한다]

Ⅲ. 審議錄, 118면 하단 ~ 119면 하단

[119면] 2. 現行法 및 判例, 學說		現行法에는 規定이 없고 新設 條文이다.

3. 外國 立法例		① 獨民 제873조		草案 제177조 立法例 參照
② 瑞民 제656조 제2항		草案 제177조 立法例 參照
③ 中民 제759조		繼承 强制執行 公用徵收또는法院의判決에依하여登記前에이미不動産所有權을 取得하였을때는登記를하지않으면그物件을處分할수없다
④ 滿民 제178조		判決 競賣 公用徵收 相續其他法律의規定에依한不動産에關한物件의取得은登錄을하지않아도그效力을發生한다		但그登錄을한後가아니면이를處分할수없다

6. 審議經過		① 相續을 包含시킨 理由

相續에 있어서 登記 없으면 物權의 相續人에 對한 承繼가 없다고 한다면 被相續人은 이미 死亡하였고 相續人은 아직 相續不動産에 關한 物權을 取得하지 못하고 하여 結局 하나의 空白狀態가 發生하기 때문에 // 當然히 相續의 境遇는 登記 없이 物權이 移動되어야 한다.

② 公用徵收 其他 法律의 規定에 依한 境遇를 包含시킨 理由

公用徵收는 國家가 法律에 依하여 收用徵發하는 것인바 이것을 登記 없으면 效力이 없다고 하[한]다면 國家가 所定 法的 또는 行政的 節次를 完了하여 使用하고 있는데 아직 物權 取得의 效力이 發生하지 아니한다고 하면 法律關係가 錯雜하여지고 不當하므로 이것은 本條에 包含시키는 것이 當然하다.

③ 法院의 判決 競賣에 依한 不動産物權變動을 本條에 包含시키는 問題

1. 瑞民, 中民, 滿民 모두 包含시키고 있는데 草案에서는 揷入하지 않았다
2. 判決 競賣 任意競賣 强制競賣 兩者 包含의 境遇 等은 草案의 「法律

의 規定에 依한 不動産에 關한 物權의 取得」 中에 包含되는 것이라고 解釋될 수도 있으나 이것을 明瞭히 하기 爲하여서는 包含시키는 것이 可하다.

※ 제178조 中 「公用徵收」의 다음에 「判決競賣」를 揷入한다

7. 結 論 : 前記 修正 外에 原案에 合意

Ⅳ. **법사위 수정안**　　(43) 제178조中 「公用徵收」의 다음에 「判決, 競賣」를 揷入한다

Ⅵ. **현석호 수정안**8)　　(9) 제178조를다음과같이 修正한다

「不動産에關한物權의得喪및變更은登記法의定하는바에依하여그登記를하지아니하면이를第3者에對抗할수없다」

Ⅷ. **제2독회**, 속기록 제46호, 13면 하단

○ 法制司法委員長 代理(張暻根) : 　[민법안 제178조 및 법사위 수정안 (43) 낭독] 　먼저 法制司法委員會 修正案은 「公用徵收」의 다음에 「判決」 「競賣」를 揷入하자는 것입니다. 이것은 왜 그러냐 하면 判決 競賣는 登記 안 하고 거기에 所有權이 생기니까 이것은 瑞西民法 656조 2항 中華民國民法 759조가 다 그렇게 되어 있습니다.

[현석호 수정안 낭독] 　이것은 意思主義에 依한 것이니까 이제 177조에 關한 玄錫虎 議員의 修正案은 否決되어서 당연히 이것은 否決되어야 될 것이라고 생각합니다.

○ 副議長(李在鶴) : 　玄錫虎 議員 異議 없으시지요? 이것은 自然히 없어집니다. (「네」 하는 이 있음)

제188조 (動産物權讓渡의效力, 簡易引渡) ①動産에關한物權의讓渡는그動産을引渡하여야效力이생긴다

②讓受人이이미그動産을占有한때에는當事者의意思表示만으로그效力이생

---

8) 『의견서』는 민법안 제178조에 대하여는 따로 의견을 제시하고 있지 않다. 그러나 법률행위에 기한 부동산물권변동에 관하여 의용민법의 이른바 의사주의를 유지하자는 입장이므로 (이에 대하여는 앞의 331면 이하 참조), 의용민법 제177조와 전적으로 동일한 수정안을 내는 것은 당연하다고 할 수 있겠다.

긴다

Ⅰ. **法編委**　　1. 의사록　　　物權法要綱　　　2. 物權行爲

　　(二) 動産에 관하여　　　(1) 動産에 관한 物權의 讓渡는 그 動産을 引渡함으로써 그 效力을 發生함 但 讓受人이 이미 그 動産을 占有하고 있을 때에는 讓渡의 意思表示만으로써 그 效力을 發生함

　　原案대로 可決通過하다

　　2. 編纂要綱　　　物權法要綱　　　二. 物權行爲　　　2. 動産에 關하여

　　　　ㄱ. 動産에 關한 物權의 讓渡는 그 動産을 引渡함으로써 그 效力을 發生함. 但 讓受人이 이미 그 動産을 占有하고 있을 때에는 讓渡의 意思表示만으로써 그 效力을 發生함

Ⅱ. **案**　　　제179조

Ⅲ. **審議錄**, 119면 하단 ~ 120면 하단

　　2. 現行法 및 判例, 學說　　　現行法 제178조가 本條 제1항에 對應하고 現行法 제182조 제2항이 本條 제2항에 對應한다.

　　3. 外國 立法例　　① 獨民 제929조 [120면]　　　動産所有權의 讓渡에는 所有者가物件을取得者에게引渡하여[며]또는雙方이所有權의移轉에關하여合意하여야한다 取得者가物件을占有하는때도[에는]所有權의移轉合意만으로足하다

　　② 獨民 제854조 [제2항]　　　占有取得者가物의우[원래대로]에實力을行使할수있는狀態에있을때는占有의取得은前占有者와占有取得全部와[점유취득자와의]合意로써된다.

　　③ 瑞民 제714조　　　動産所有權의移轉에는取得者의占有가移轉하여야한다 善意로써動産을自己의所有로옮긴者는讓渡人에所有權移轉의權利를갖지않았을境遇라도占有의規定에依하여그物의占有를保護되는同時에그物의所有者로된다.

　　④ 中民 제761조 제1항　　　動産物權의讓渡는動産을交付하지않으면效力을 發生치않는다　　但讓受人이이미動産을占有하였을境遇에는讓渡의合意時에卽時로 効力을發生한다.

　　⑤ 滿民 제181조　　　草案과 同一

　　⑥ 佛民 제1138조 제711조 제1538조 參照

6. 審議經過　　① 本條 제2항 簡易引渡에 關한 規定을 占有權에 關한 章에서 規定하지 않고 [物權編] 總則章에서 規定한 것은 中民 滿民에 先例가 있으므로 原案대로 두기로 한다

② 現行法에「讓受人, 그 代理人」으로 規定한 것을 草案이 代理人을 削除하고「讓受人」만으로 規定한 것은 草案은 總則의 法律行爲의 代理人과 性質이 判異함에도 不拘하고 占有에있어서 代理라는 用語를 使//用하는 것은 不當하다 하여 從來의 代理占有制度 代身에 獨民에 따라 間接占有의 制度(草案 제184조)를 採擇하였기 때문이다.

7. 結 論 : 原案에 合意

Ⅴ. 意見書, 75면 ~ 76면 (李宗洽)

[44] 草案 제179조 제2항 乃至 제181조의 規定을「占有權」의 章(제2편 제2장)에 規定함이 可하다.

[이 유]　　　草案 제179조 제2항 乃至 제181조는 動産物權讓渡에 關한 三種의 便宜方法에 關한 規定으로 現行 民法 제182조 제2항(簡易引渡) 乃至 제184조(占有改定, 指示引渡)의 占有權의 便宜引渡方法에 相應되는 規定이다. 이것을 제1장 總則(제179조 제2항 以下 2個條) 中에 規定하는 一便 草案 제185조 占有權의 讓渡에 關한 原則規定의 다음 제2항「間接占有의 讓渡는 目的物返還請求權의 讓渡로 그 效力이 생긴다」의 1個項으로서 現行 民法 제182조 제2항 以下의 占有權移轉에 關한 3種의 便宜方法을 統合規定하여 一擧에 解決하려고 하였다. 이에 對하여 修正案은 제185조 제2항을「前項의 占有權의 讓渡에는 제179조 제2항 제180조 제181조의 規定을 準用한다」라고 修正하였다.

생각컨대 修正案이 動産占有의 讓渡에서 認定되는 세 가지 簡易方法을 여기에 準用하기로 한 理由는, 첫째 草案 제185조 제2항이 現行 民法 제182조 제2항 以下 占有權 讓渡에 對한 3種의 便宜方法을 모두 包含시켜 規定하려는 것이 無理하다는 點, 特히 間接占有에 있어서 間接占有者와 直接占有者間에 基盤이 되는 一定한 代理 類似의 法律關係가 存在함을 前提로 하였으나 이 點에 對하여는 有力한 反對說이 있음을 考慮할 때 더욱이 草案의 態度를 肯定할 수 없다는 것, 둘째는 獨逸民法 제870조(舊滿洲民法도 거의 同一)의 解釋에 있어서도 返還請求關係가 있다고 하여 반드시 間接占有가 成立한다고는 볼 수 없다는

見解도 있음에도 不拘하고 그러한 立法例를 無批判 盲從하였다는 點에 있으리라고 생각된다.

　　以上 諸點에 立脚하여 볼 때 修正案의 態度는 最大限 草案을 尊重하려한 點은 充分히 窺知되거니와 此際에 차라리 現行 民法의 態度에 還元하여 總則 (物權 제1장)에는 不動産 및 動産物權 變動에 關한 原則規定만을 두고 前記 3種의 簡易移轉方法은 占有의 章 제185조(占有物 讓渡에 對한 原則規定) 제2항 以下 2個條의 新設 條文으로 다음과 같이 適宜 規定 揷入함이 一層 그 內容이 明確하고 立法體裁로 보아도 無難하지 않을까 한다.

　　제185조 제2항으로

　　「讓受人이 이미 그 占有物을 占有한 때는 占有權의 讓渡는 當事者의 意思 表示만으로 그 効力이 생긴다」//

　　다음 新設 條文으로

　　(1) 「占有權을 讓渡하는 境遇에 當事者의 契約으로 讓渡人이 그 占有物의 占有를 繼續하는 때에는 讓渡받은 것으로 한다」

　　(2) 「第3者가 占有하는 物의 占有權을 讓渡하는 境遇에는 讓渡人이 第3者에 對한 返還請求權을 讓渡함으로써 한다」

Ⅵ. 현석호 수정안[9]　　　(10) 제179조를 다음과 같이 修正한다

　　　動産에關한物權의讓渡는그動産의引渡를하지아니하면이를第3者에對抗할 수없다

Ⅷ. 제2독회, 속기록 제46호, 14면 상단

　　○ 法制司法委員長 代理(張暻根) :　　[민법안 제179조 및 현석호 수정안 (10) 낭독]　이것[현석호 수정안]은 意思主義에 依한 것입니다. 이것도 玄錫虎 議員께서 아까 그 決議에 依해서 撤回해 주시면 좋겠습니다.

제189조 (占有改定) 動産에關한物權을讓渡하는境遇에當事者의契約으로讓渡 人이그動産의占有를繼續하는때에는讓受人이引渡받은것으로본다

---

　　9) 「현석호 수정안」 (10)의 입법이유에 관한 『의견서』의 내용에 대하여는 민법 제186조 Ⅴ.의
　　　김증한 의견(331면 이하) 참조.

Ⅰ. **法編委**   1. 의사록   物權法要綱   2. 物權行爲

(二) 動産에 관하여 […]   (2) 動産에 관한 物權을 讓渡하는 경우에 있어서 讓渡人이 그 動産의 占有를 繼續할 때에는 讓受人이 間接占有權을 取得할 契約을 締結함으로써 動産의 引渡에 갈음할 수 있음 […]

原案대로 可決 通過하다

2. 編纂要綱   物權法要綱   二. 物權行爲   2. 動産에 關하여

ㄴ. [내용은 1. (二) (2)]

Ⅱ. **案**   제180조

Ⅲ. **審議錄**, 120면 下段 ~ 121면 上段

2. 現行法 및 判例, 學說   現行法 제183조와 同一한 趣旨이나 條文 表現이 極히 改良되었다.

3. 外國 立法例   ① 獨民 제868조   用益權者, 質權者, 使用賃借人, 用益賃借人, 保管者로서또는이와類似한關係로物을占有한者가그關係에依하여一時他人을爲하여物을占有할權利義務를가진境遇에는그者도이를占有[者]로한다(獨民 제930조 參照)

② 中民 제761조 제2항   (草案 제177조 外國 立法例 參照)

③ 滿民 제182조   動産에關한物權을讓渡하는境遇에있어서讓渡人이繼續하여그動産을占有할때도當事者間에讓受人이間接占有權을取得할占有契約을締結하여動産의引渡에代身할수있다

④ 滿民 제183조   第3者의占有하는動産에關하는物權을讓渡할境遇에있어서는讓渡人이그第3者에對하여가진返還請求權을讓渡하여動産의引渡에代身할수있다 [121면]

7. 結論 : 原案에 合意

Ⅴ. **意見書**, 75면 ~ 76면 (李宗洽)[10]

[44] 草案 제179조 제2항 乃至 제181조의 規定을 「占有權」의 章(제2편제2장)에 規定함이 可하다.

---

10) 앞의 375면 이하에 수록.

제190조 （目的物返還請求權의讓渡） 第3者가占有하고있는動産에關한物權을 讓渡하는境遇에는讓渡人이그第3者에對한返還請求權을讓受人에게讓渡함으 로써動産을引渡한것으로본다

Ⅰ. **法編委**　　1. 의사록　　　物權法要綱　　　　2. 物權行爲[11])

　　　（二）動産에 관하여 […]　　　（3）第3者가 占有하는 動産에 關한 物權을 讓 渡하는 경우에 있어서는 讓渡人이 그 第3者에 대하여 가진 返還請求權을 讓受 人에게 讓渡함으로써 動産의 引渡에 갈음할 수 있음

　　　原案대로 可決 通過하다

　　　2. 編纂要綱　　　物權法要綱　　　二. 物權行爲　　　2. 動産에 關하여
　　　　　ㄷ. [내용은 1. （二）（3）]

Ⅱ. **案**　　　제181조

Ⅲ. **審議錄**, 120면 하단 ～ 121면 상단

　　　2. 現行法 및 判例, 學說　　　現行法 제184조와 同一한 趣旨이다.

　　　3. 外國 立法例　　　① 獨民 제870조(參照)

　　　② 獨民 제986조 제2항(參照)

　　　③ 中民 제761조 제3항

　　　④ 滿民 제183조　　　草案과 同一

　　　[121면] 7. 結 論 : 原案에 合意

Ⅴ. **意見書**, 75면 ～ 76면 (李宗洽)[12])

　　　[44] 草案 제179조 제2항 乃至 제181조의 規定을 「占有權」의 章(제2편제2 장)에 規定함이 可하다.

제191조 （混同으로因한物權의消滅）①同一한物件에對한所有權과다른物權이 同一한사람에게歸屬한때에는다른物權은消滅한다 그러나그物權이第3者의權

---

11) 「朝鮮臨時民法典編纂要綱」에는 이에 이어서 「3. 混同」에 관한 항목이 있고, 이는 후에 확정 된 「民法典編纂要綱」에서도 마찬가지이다(379면 참조).

12) 앞의 375면 이하에 수록.

利의目的이된때에는消滅하지아니한다

②前項의規定은所有權以外의物權과그를目的으로하는다른權利가同一한사람에게歸屬한境遇에準用한다

③占有權에關하여는前2항의規定을適用하지아니한다

Ⅰ. **編纂要綱**　　　　物權法要綱　　　3. 混同

同一한 物件에 對한 所有權과 其他의 物權이 同一한 主體에 歸屬하였을 때는 其他의 物權은 消滅함. 但 그 物權의 存續에 關하여 所有者 또는 第3者가 法律上의 利益을 가진 때는 消滅치 아니함

前項의 規定은 所有權 以外의 物權과 그를 目的으로 하는 다른 權利가 同一한 主體에 歸屬한 境遇에 이를 準用함

Ⅱ. **案**　　　제182조

Ⅲ. **審議錄**, 121면 하단 ~ 122면 상단13)

2. 現行法 및 判例, 學說　　　現行法 제179조와 同一한 趣旨이다.

3. 外國 立法例　　① 獨民 제889조　　他人의土地上에있는權利는土地所有者가그權利를取消하거나또는土地上의權利를가진者가土地所有權을取得함으로써消滅치않는다

② 獨民 제1063조　　動産上의用益權은그所有權과같이同一人에게歸屬된때에는消滅한다　所有者가用益權의存續에對하여法律上의利益을가진때에는用益權을消滅하지않는것으로간주한다

③ 獨民 제1256조　　質權과所有權이同一人에歸屬하였을때에는質權은消滅한다　質權에依하여擔保된債權이第3者의權利로써負擔을附加하였을때에는質權을消滅치않는다　質權은所有者가質權의存續에對하여法律上의利益을가진限消滅하지않는것으로본다

④ 中民 제762조　　同一物의所有權및其他의物權이1人에歸屬하였을때는其他의物權은混同에依하여消滅한다　但其他物權의存續이所有者또는第3者에法律上의利益이있을때는그러하지않다

---

13) 심의록, 121면 하단에는 민법안 제182조로서 단지 그 제1항만이 수록되어 있다. 그러나 본래는 그렇지 아니하다.

⑤ 滿民 제184조 [122면]   同一物에關하여所有權및다른物權의同一人에
歸屬하였을때는그物權은消滅한다 但그物權의存續에關하여所有者또는第3者가法
律上의利益을가질때에는그렇지않다 前項의規定은所有權以外의物權및이를目的
으로한다른權利가同一人에게 歸屬하였을境遇에이를適用한다
    7. 結 論 : 原案에 合意

제2장 占有權

제192조 (占有權의取得과消滅) ①物件을事實上支配하는者는占有權이있다
②占有者가物件에對한事實上의支配를喪失한때에는占有權이消滅한다 그
러나제204조의規定에依하여占有를回收한때에는그러하지아니하다

Ⅰ. 法編委   1. 의사록   제9회 [1949년] 4月16日 於大法院會議室
    ○ 姜柄順 起草委員   제4. 占有權   (1)「有體物에 對하여 事
實上의 支配力을 갖는 者는 占有權을 取得한다14)」
    2. 編纂要綱   物權法要綱   4. 占有權
        原則으로 有體物에 對하여 事實上의 支配力을 가진 者는 占有者이다.
그러나 地上權, 質權, 賃貸借, 寄託 其他의 關係로 他人으로 하여금 有體物을
占有케 한 境遇에도 占有者이다.

Ⅱ. 案   제183조 [제2항은 "占有者가物件에對한事實上의支配를一時喪失하
여도제193조의規定에依하여占有를回收한때에는占有權은消滅하지아니한것
으로본다"라고 한다]

Ⅲ. 審議錄, 122면 상단 ~ 하단
    2. 現行法 및 判例, 學說   本條 제1항은 現行法 제180조에 對應하는 條
文이고 제2항은 現行法 제203조에 對應한다.
    3. 外國 立法例   ① 獨民 제854조제1항 //   物의占有는物의우[위]에
實力을取得함으로써이를取得한다

---
14) 이어지는 논의 및 그 결과로서의 2. 편찬요강 내용에 대하여는 뒤의 민법 제194조 Ⅰ.
    1.(386면 이하) 참조.

② 獨民 第856조   占有는占有者가物의위에加한實力을抛棄하거나또는其他의方法에依하여이를喪失함으로써消滅한다   實力의行使에關하여性質上一時的인故障이있어도占有는消滅하지않는다

③ 佛民 제2228조   占有라함은自己가스스로所有하면또는自己의名義로서他人으로하여금所持케하는1個의物有또는自己가스스로執行하며또는自己의名義로써他人으로하여금 行하게하는1個의權利의收益을말한다

④ 佛民 제2229조   取得時效는繼續하여間斷없이平穩公然또는無過失로또所有者의名義에있어占有를必要로한다

⑤ 瑞民 제919조 제1항   한物위에實力을가진者는그의占有者로한다

⑥ 中民 제940조   物에對하여事實上管領할힘을가진者는그의占有者로한다

⑦ 滿民 제185조   草案과 同一

6. 審議經過   ① 現行法의 意思主義를 抛棄하고 草案이 客觀主義를 取한 것은 妥當하다.

② 제1항에서 占有權의 取得을 規定하였으므로 제2항은 그 消滅에 關한 規定으로 하는 問題 ― 占有權은 事實上 支配의 喪失에 依하여 消滅하는 것은 形式主義下에서 當然한 것이다. 本條 제1항은 占有權의 原則을 規定하였으니까 本條의 占有權 消滅의 境遇도 正式으로 規定하였어야 할 것으로 본다. 卽 草案은 占有權 消滅에關한 正面規定(現行法 제203조 제204조)이 없는 것이다. 草案이 客觀主義를 採擇한 結果 條文이 現行法보다 極히 簡略해진 것이다. 取得에 關한 規定이 있으니까 體制上 消滅에 關한 規定이 있는 것도 좋은 것이다.

③ 제183조 제2항을 다음과 같이 修正한다

「占有者가物件에對한事實上의支配를喪失한때에는占有權이消滅한다 그러나제193조의規定에依하여占有를回收한때에는그러하지아니하다」

7. 結 論 : 前記 修正案에 合意

Ⅳ. **법사위 수정안**   (44) 제183조제2항을다음과같이修正한다 [그 內容은 Ⅲ. 6. ③]

Ⅴ. **意見書** (모두 李宗洽)

1. 77면 ~ 79면

[45] 占有의 要件에 關하여 現行 民法이 主觀說을 取하고 있음을 고쳐 客觀說을 取한 點에 贊成한다.

[이 유]   現行 民法 제180조에 「占有權은 自己를 爲하여 하는 意思를 가지고 所持함으로 因하여 이를 取得한다」고 規定한 데 反하여 草案은 제183조에 「物件을 事實上 支配하는 者는 占有權이 있다」로 規定한 것은 두말 할 것 없이 占有論에 있어서 從來의 主觀說을 止揚하고 客觀說 그 中에서도 純客觀說을 取擇한 것이라고 보겠다.

周知하는 바와 같이 占有理論에 있어서는 19世紀 初부터 20世紀에 이르는 사이에 主로 로마法의 「뽀세시오」(possessio)의 理論構成을 中心으로 해서 獨逸의 著名한 法學者들 間에 主觀說과 客觀說의 兩大 學說이 갈리어 論爭이 激烈하게 展開되었던 것이다.

첫째 主觀說에 있어서는 占有 成立에는 物件의 所持 즉 體素(corpus) 以外에 心素(animus)인 占有意思를 必要로 한다. 이 占有意思의 內容 解釋 如何에 따라 다시 (1) 所有者意思說. 즉 所有者로서 物件을 支配하려고 하는 意思를 要한다는 것으로 「사비니」(Savigny)의 主唱이다. 이 說에 依하면 盜人의 所持는 占有로 될 수 있으나 賃借人, 地上權者 等의 所持는 占有로 될 수 없게 된다. (2) 支配者 意思說. 이 說은 事實上 어떤 方向으로든지 全面的으로 物件을 支配하려는 意思를 要求하는 說로 「빈트샤이트」(Windscheid)가 提唱한 것이다. (3) 自己를 爲하여 所持하는 意思說. 이는 物件을 自己 利益을 爲하여 支配하는 意思가 있으면 足하다는 說로 「데른불히」(Dernburg)가 主張한 것으로 現行 民法 제180조는 이 說에 따라 規定한 것이다.

以上 主觀說의 3分派 中 가장 오랜 時日을 두고 支配的인 勢力을 持續한 것은 「사비니」의 主唱인 所有者意思說이다. 이 說에 따른 立法例는 佛民法(2228·2229조)과 墺民法(309조) 等이다. 이와 같이 占有에 있어서 所有의 意思를 强力히 [78면] 要求한 것은, 첫째 로마法에 있어서 所有權을 最高絶對的인 것으로 보아 왔기 때문에 他人을 爲하여 物件을 支配하는 것(所有의 意思 없이)은 法의 保護 對象에 넣을 價値가 없다는 點과, 둘째로 19世紀 以來의 「個人意思 尊重」의 思想的인 沿革에 緣由한 것이라고 解釋된다. 그러나 이 主觀說 特히 「所有者意思說」에 있어서와 같이 占有意思를 지나치게 要求한다면 첫째 所持者의 意思는 時時로 變할 수 있는 것이므로 아무리 所有者라 하더라도 그가

갖는 所有者로서의 意思는 斷絶되기 쉬운 것이요 따라서 占有關係의 複雜性을 惹起하게 될 것이다. 그뿐 아니라 如斯한 意思는 外部에서 이것을 認識할 수 없는 境遇 또는 占有者가 自己의 內心의 意思가 있다는 것을 스스로 積極的으로 證明할 수 없는 때에는 結局 占有를 取得할 수 없게 되는 結果를 招來하게 될 것이다. 그러므로 主觀說을 採擇하는 現代 民法의 占有意思 解釋에 있어서 學者들은 「自己를 爲하여 하는 意思」를 可能한 限 너그럽게 客觀性을 띄도록 解釋하고 있다. 즉 이 意思는 自己만의 利益을 獨占하려는 意思뿐만 아니라 他人의 利益 乃至 支配를 認定하여 가면서 同時에 自己도 爲하는 意思 —地上權者, 賃借權者 等— 外에 他人의 物件을 他人을 爲하여 保管하는 受寄者, 事務管理者, 運送人 等도 包含되는 것으로 解釋한다. 또 同時에 그 意思를 單獨的인 心理過程의 意味로 보지 않고 物件의 所持와의 關聯에 있어서 事實上의 利益을 享受하려는 意思를 具體的인 意思라 하기보다는 所持하게 된 事實에 依하여 客觀的으로 推斷할 수 있는 意思면 足하다고 解釋함으로써 客觀說에 近似한 結果를 거두려 하고 있다.

다음으로 客觀說은 主觀說에 있어서와 같은 占有意思인 心素를 必要로 하지 않는 것으로 「예링」(Rudolf von Jhering)이 그 占有意思論에서 主觀說에 反對하면서 強調한 것이다. 要約하면 物體의 所持 中에는 當然히 心素와 體素가 包含되어 있는 것이므로 主觀說과 같이 所持 以外에 또 다시 特別한 內容을 갖는 意思가 必要치 않다고 보는 것이다. 한걸음 더 나아가서 以上과 같은 意思(所持에 內包된 意思)까지도 必要치 않고 純全한 物件의 客觀的 外形的 支配만이 占有의 唯一한 要素라고 主唱한 것이 「벡커」다. 이것을 純客觀說이라 한다. 이 說에 따른 立法例는 19世紀 末에서부터 20世紀에 걸친 獨逸民法(854조) 瑞西民法(919조)과 그리고 우리 草案 等이다.

以上에서 보아온 바와 같이 兩說은 各各 時代的인 背景과 社會的인 潮流에도 깊은 根據를 두고 있어 過去의 歷史的인 評價에 對하여 速斷할 수는 없다. 그러나 現代法의 思潮에 立脚한 立法趨勢로 보아 또 占有制度의 社會的 作用面인 外形的 事實狀態를 保護하여 社會的 秩序維持와 共同生活의 安全을 圖謀하며 나아가서는 權利關係의 表象인 客觀的 事實을 信賴하여 去來하는 者를 保護함으로써 去來의 圓滑을 期하려는 데 있는 點에 비추어 보아 新民法을 制定함에 있어서 占有意思를 要素로 [79면] 하는 主觀說은 到底히 取擇할 바 못

되므로 草案이 主觀說을 버리고 客觀說을 取한 것은 가장 妥當한 立法態度라고
보겠다.

    2. 80면 ~ 81면

    [47] 修正案 (44)(45)(46)에는 모두 贊成한다.

    [이 유]   1. 修正案 (44)는 草案 제183조의 제2항으로「占有者가 物件
에 對한 事實上의 支配를 喪失한 때에는 占有權이 消滅한[81면]다. 그러나 제
193조의 規定에 依하여 占有를 回收한 때에는 그러하지 아니하다」를 新設하였
다. 現行 民法 제185조와 제203조에 걸쳐 規定한 것을 草案은 1個조로 統合하
였고 修正案은 다시 前揭와 같이 제2항을 新設하였다. 現行 民法이 占有에 主
觀說을 取하는 데서 占有權 消滅에 所持의 喪失 以外에 占有意思의 抛棄를 要
할 것으로 함에 對하여 占有 取得에 客觀說을 取하는 草案의 規定이 이와 相異
함은 自明한 理致다. 다만 草案이 占有權 消滅에 關하여 直接的인 表現方法을
避하고 占有回收의 訴에 依하여 勝訴回收한 때는 占有權은 消滅되지 않는다고
消極的인 規定을 하였다(瑞西民法 제921조 參照). 그러나 占有權의 消滅에 對
하여는 獨逸民法(856조 1항)의 立法例도 있는 것과 같이 이 點은 積極的인 明
文規定을 둘 必要가 있다고 보아 同條 제2항 前段에 占有權의 消滅 原則을 規
定하고 後段 但書로 例外를 規定한 것은 妥當하다고 보겠다.15) […]

Ⅷ. 제2독회, 속기록 제46호, 14면 상단

    ○ 法制司法委員長 代理(張暻根) :   [민법안 제183조 및 법사위 수정안
(44) 낭독] 이것은 事實上 支配를 喪失함으로써 일단 占有權이 消滅한다는 것
을 法文에 밝히는 것이 좋습니다. 勿論 草案대로 하더라도 그렇게 解釋上의 結
果는 되리라고 생각합니다마는 … 그래서 일단 消滅한다, 이렇게 하면 거기에
然後의 例外規定을 하는 것이 좋다고 해서「그러나 … 」以下로 하기로 했습니
다. 字句修正이라고도 할 수 있습니다.

제193조 (相續으로因한占有權의移轉) 占有權은相續人에移轉한다

Ⅲ. 審議錄, 123면 상단

────────────────

    15) 법사위 수정안 (45) 및 (46)에 대한 『민법안의견서』의 입장은 뒤의 385면 및 391면 이하 참조.

──◇相續과 占有權 承繼에 關한 問題◇──

① 立法例　　1. 獨民 제857조　　　占有는相續人에移轉한다

2. 瑞民 제560조　　　相續人은被相續人의死亡으로因하여相續財産의全部를取得한다

3. 獨民 제724조　　　摘出相續人및私生相續人은相續財産에對하여모든負擔을辨濟할義務下에死者의財産權利및訴權을當然히占有한다　生存配偶者및國은占有認可를얻어야한다

② 從來 學說上(相續法) 相續의 境遇는 占有權이 當然히 相續人에게 移轉된다고 解釋하고 있으나 明文으로 新設함이 可하다.

③ 제183조 다음에 다음의 條文을 新設한다

　　제 조(相續으로因한占有權의移轉)　　「占有權은相續人에게移轉한다」

Ⅳ. 법사위 수정안　　　(45) 제183조다음에다음의條文을新設한다

「占有權은相續人에移轉한다」

Ⅴ. 意見書, 80면 ~ 81면 (李宗洽)

[47] 修正案 (44)(45)(46)에는 모두 贊成한다.

[이 유]　　　[…] [81면] […]　　　2. 修正案 (45)는 現行 民法과 草案이 아무런 規定을 하지 않았던 占有權의 相續性에 對하여 修正案은 草案 제183조 다음에 「占有權은 相續人에 移轉한다」의 1個條를 新設한 것은 亦是 安當하다고 본다. 元來 占有權의 讓渡性 나아가서는 相續性 與否에 對하여 로마法과 獨逸 普通法 時代에는 占有는 事實이오 權利가 아니므로 讓渡 乃至 相續性을 否認한 일이 있었으나 一便 게르만法의 게웨ー레(Gewere)의 相續性이 認定됨과 아울러 그 後 獨逸民法(857조)을 비롯하여 瑞西民法(560조) 佛民法(724조)이 모두 占有權의 相續에 對하여 明文規定을 하였고 現行 民法 제182조 제1항은 「占有權의 讓渡는 … 」云云은 前揭 各 立法例와 同 趣旨로 占有權의 讓渡性을 認定할 뿐 그 相續性에 對하여는 何等 明示하지 않았으나 解釋上 占有權의 移轉性 또는 相續制度의 趣旨에 비추어보아 이를 肯定하는 것이 通說이다. 이와 같이 占有權의 相續性은 움직일 수 없는 法律關係이므로 修正案이 明文으로 이를 規定지은 것은 當然하다. […]

Ⅷ. 제2독회, 속기록 제46호, 14면 중단

○ 法制司法委員長 代理(張暻根) : [법사위 수정안 (45) 낭독]　이것은 왜 그런고 하니 相續人이 管理를 開始 … 被相續人이 이제 죽은 다음에 相續한 사람이 事實上 卽 海外에 가 있었다든지 이런 때에 事實上 支配를 하지 못해요. 占有를 못할 때에 占有權이 없다고 할 것 같으면 相續人은 大端히 損失을 보는 경우가 있습니다. 그래서 이것은 擬制的으로 이것은 아주 管理를 開始 않았다 하더라도 그 相續의 開始와 同時에 卽 被續人이 죽은 때와 同時에 當然히 占有權을 繼承한 것으로 해야 이것이 옳습니다.

이것이 지금 現行法下에도 學說上에도 異議가 없는 것이고 또 딴 例를 보더라도 獨逸民法 857조가 瑞西民法 56조 佛蘭西民法 724조가 다 이것을 明白히 規定했습니다. 이것은 異議가 없게 하기 爲해서 이 條文을 新設하자는 것입니다.

제194조 (間接占有) 地上權,傳貰權,質權,使用貸借,賃貸借,任置其他의關係로 他人으로하여금物件을占有하게한者는間接으로占有權이있다

I. 法編委　　1. 의사록　　제9회 [1950년] 4月16日 於大法院會議室

○ 姜柄順 起草委員 : 제4. 占有權

(2)「地上權, 質權, 賃貸借, 寄託, 其他의 關係로 他人으로 하여금 有權[體]物을 占有케 한 者는 間接占有者라 한다」

(3) 間接占有權을 가진 者에게도 占有訴權을 認定할 것

○ 崔丙柱 委員 : (2)(3)에 關하여 現在도 條文上 特히 間接占有라는 文句를 使用치 않았는데 特別히 이같이 할 必要가 있는지 疑問이다

○ 金炳魯 議長 : 地上權, 質權, 賃貸借, 寄託, 其他의 關係로 他人으로 하여금 有體物을 占有케 한 者도 또한 같다고 하는 것이 어떨까

○ 元澤淵 委員 : 原案 (1)(2)(3)을 合하여 原則으로 有體物에 對하여 事實上의 支配力을 가진 者는 占有者이다. 그러나 地上權, 質權賃貸借, 寄託, 其他의 關係로 他人으로 하여금 有體物을 占有케 한 境遇에도 占有者이다 라고 함이 可하다

○ 申泰益 委員 : 右 動議案에 再請한다

修正動議案 可決通過되다

2. 編纂要綱　　　物權法要綱　　4. 占有權

　　原則으로 有體物에 對하여 事實上의 支配力을 가진 者는 占有者이다. 그러나 地上權, 質權, 賃貸借, 寄託 其他의 關係로 他人으로 하여금 有體物을 占有케 한 境遇에도 占有者이다.

Ⅱ. 案　　　제184조 ["…他人으로하여금物件을占有하게한者는間接占有權이있다"라고 한다]

Ⅲ. 審議錄, 123면 상단 ~ 124면 상단

　　//　2. 現行法 및 判例, 學說　　現行法 제181조에 對應하는 規定인바 草案은 代理占有制度를 廢止하고 間接占有制를 採擇하였다.

　　3. 外國 立法例　　① 獨民 제855조　　어느者가다른사람을爲하여그家事上또는營業上의關係에있어서또는物에關하여他人의指示에따른類似의關係에있어實力을物의위에行使할때는그他人으로써占有者로한다

　　② 獨民 제868조　　　用益權者, 質權者, 使用賃借人, 保管者로서또는이와類似한關係로物을占有한者가그關係에依하여一時他人을爲하여物을占有할權利義務를가진境遇에는그 者도이를占有者로한다

　　③ 瑞民 제920조　　　占有者가制限物權또는對人權을設定하기爲하여物을他人에게引渡하였을境遇에는兩者를모다占有者로한다　所有者로써物을占有한者를獨立占有者라하여其他의者를從屬占有者라한다

　　④ 中民 제941조　　　質權者賃借人倂寄人또는其他類似의法律關係에依하여他人의物에對하여占有할 때는該他人은間接占有者로한다

　　⑤ 滿民 제188조　　　草案과 同一하다

　　6. 審議經過　　① [민법안] 제179조 審議經過[16] 參照

　　② 「間接占有權」을 「間接으로占有權」으로 修正하기로 合意하였다.

　　7. 結 論 : 前記 字句修正[17] 外에 原案에 合意

Ⅴ. 意見書, 79면 ~ 80면 (李宗洽)

　　[46] 代理占有라는 觀念을 間接占有로 代置한 것에 贊成한다.

---

16) 앞의 민법 제188조 Ⅲ.(374면) 참조.

17) 이는 나중에 자구수정 기타 편집과정에 반영되어 민법 제194조과 같이 되었다.

[이 유]   現行 民法 제181조의 「… '代理人'에 依하여」 云云에 있어서의 「代理」에 關한 法律上 性質에 對하여는 從來 學者間에 論議가 적지 않았다. 즉 그 「代理」는 總則(99조 以下)에 規定한 固有의 意味의 代理가 아님은 勿論 代理 類似關係도 아닌 占有에 獨特한 것이라고 보는 見解가 近者의 通說이다. 그 理由는 大略 다음과 같다. 占有는 事實上의 關係일 뿐이요 그 自體가 意思表示와는 何等 關係가 없다. 그리고 代理占有를 認定하는 實際的 境遇 例컨대 地上權, 質權, 賃借權 等에 미루어 보더라도 所有者나 貸主와 地上權者, 質權者, 賃借人 間에는 代理 類似의 關係도 介在됨을 볼 수 없다. 그럼에도 不拘하고 現行 民法(181조)이 「代理占有」라는 語句를 使用하였기 때문에 槪念上 不必要한 混亂을 招來하고 있다는 것은 學者間 共通된 見解다. 또 立法例에 있어서는 獨逸民法(868조)과 中國民法(941조) 最近의 舊滿洲民法(186조)은 모두 「代理占有」라는 用語를 따르지 않고 이에 對應하는 「間接占有」의 觀念을 採擇하여 明文規定을 하였다. 瑞西民法(920조)도 이와 相應하여 所有者의 占有를 「獨立占有」 그 外의 占有를 「從屬占有」라고 부르고 있으나 그 槪念에 있어서 本質的 相異는 없을 것이다.

以上에서 보아온 바와 이 法理論的으로나 各國의 立法例에 비추어 보더라도 草案이 現行 民法에서의 「代理占有」의 表現을 좇지 않고 「間接占有」의 觀念을 採擇한 것은 安當한 立法이라 하겠다.

다음에 草案은 代理占有의 消滅에 關한 現行 民法 제204조 該當 規定을 두지 않은 것은 從來 이것은 大體로 不必要한 것을 注意的으로 規定한 데 不過하다고 보았기 때문일 것이다. 다음 諸點을 究明함으로써 草案의 態度의 正當性을 首肯할 수 있다. (1)同條 제1항 제1호와 同 제2호의 規定은 모두 「代理人」(草案의 直接占有者)이 事實上 物體의 占有를 保有하고 있으면서 今後 占有媒介者로서의 關係를 斷絶시키는 境遇를 規定한 것이나 이 境遇에 있어서 「代理人」은 占有를 繼續하고 있는 만큼 [80면] 客觀說을 取하는 草案의 立場에서 볼 때 占有取得의 要素인 事實의 支配狀態에는 變함이 없다. 그럼에도 不拘하고 이것을 占有權의 喪失狀態로 認定하려고 함은 「本人」「代理人」間의 別個의 意思表示에 基因한 結果라고 보겠다. 그렇다면 그 意思表示 自體나 或은 다른 法律關係의 效果 如何에 對하여는 意思表示 或은 代理에 關한 一般的 理論에 依하여 解決될 問題요 間接占有의 消滅이라는 特有한 問題로 取扱할 必要가 없는 것이다. 둘째 同條 제3호(代理人이 占有物의 所持를 喪失한 境遇)도 不必要한 規定이라고 본다. 왜냐하면 草案이 採擇한 間接占有는 그 基盤되는 모든 法律關係와는 何等 關聯없는 「事實關係」이니만큼 間接占有의 有無는 「事實關係」의 存否에 있고 事實關係의 存否는 事實上 支配狀態의 存否에 따라 規定되어야 할 것이다. 그런데 如斯한 事實的 支配關係는 間接占有에 特有한 要件이 아니라 占有成立의 一般的 要件을 規定한 草案 제183조와 重複되는 規定이므로 削除한 것으로 본다.

끝으로 同條 제2항은 全然 無用의 規定이다. 代理占有論에 있어서 兩論(代理占有는 代理權 其他의 法律關係와는 關係없는 別個의 事實關係라고 보는 見解와 代理占有의 成立에는 그 基盤的 要件으로 本人과 代理人間에 特殊한 代理權에 類似한 法律關係—本人이 外形上 占有할 權利를 가지고 所持者가 이 權利에 基因하여 物件을 所持하기 때문에 所持者는 本人에 對하여 物件의 返還義務를 負擔하는 關係—가 있어야 한다고 보는 見解)이 있으나 事實的 支配關係가 存續되는 限 代理占有는 消滅되지 않는다는 意見은 一致한다. 그렇다면 本 規定은 代理占有의 本質上 當然한 事項을 注意的으로 明示한 데 不過한 何等 必要 없는 規定이라 보겠다. 獨逸民法, 中國民法에도 이에 該當하는 規定은 없다.

(張庚鶴 敎授 物權法 草案의 批判(5) 「法政 第11卷 제7호」, 金曾漢 安二濬 敎授 共編 物權法, 375面 同 408面 以下, 末川博 物權法 二, 18面 以下 參照)

제195조 (占有補助者) 家事上, 營業上,[18] 其他類似한關係에依하여他人의指示를받어物件에對한事實上의支配를하는때에는그他人만을占有者로한다

I. 法編委   1. 의사록

○ 姜柄順 起草委員 : (4)「家事上 又는 營業上 等의 關係에 있어서 他人의 指示下에 有體物을 所持하는 者는 占有補助者이며 그에 對한 占有權은 그 他人에 屬한다」

○ 閔瞳[瞳]植 委員 : 本項은 修正動議案[19]과 趣旨가 同一하므로 削除하기

---

18) 민법을 공포하는 관보상으로는 '營業上' 다음에 쉼표가 있다.

로 動議한다

削除動議案이 可決通過되다

Ⅲ. 審議錄, 124면 상단

—◇제184조 다음에 占有補助者에 關한 規定 新設 問題◇—

① 立法例   1. 獨民 제855조 어느者가다른사람을爲하여그家事上또는營業上의關係에있어서또는物에關하여他人의指示에따른類似의關係에있어實力을物의위에行使할때는그他人으로써占有者로한다

2. 中民 제942조   被用者從弟또는其他類似한關係에依하여他人의指示를받아物에對하여管領할힘을가진때는單只그他人만을占有者로한다

② 從來 學說上 占有補助者의 理論으로서 當然히 認定되는 것이지만은   明文으로 新設하는 것이 妥當하다

※제184조의 다음에 다음의 條文을新設한다

제 조(占有補助者) 「家事上營業上其他類似한關係에依하여他人의指示를받아物件에對한事實上의支配를하는때에는그他人만을占有者로한다」

Ⅳ. 법사위 수정안   (46) 제184조다음에다음의條文을新設한다

「家事上, 營業上其他類似한關係에依하여他人의指示를받어物件에對한事實上의支配를하는때에는그他人만을占有者로한다」

Ⅴ. 意見書, 80면 ~ 81면 (李宗洽)

[47] 修正案 (44)(45)(46)에는 모두 贊成한다.

[이 유]   […] [81면] […]   3. 修正案 (46)은 現行 民法과 草案이 占有補助者에 對하여 아무런 規定을 하지 않고 있는 데 反하여 草案 제184조 다음에 1個條를 新設하여 「家事上, 營業上 其他 類似한 關係에 依하여 他人의 指示를 받아 物件에 對한 事實上의 支配를 하는 때에는 그 他人만을 占有者로 한다」라고 規定하였다. 從來 現行 民法의 解釋에 있어서는 占有補助者의 觀念을 認定하여 왔음은 勿論 獨逸民法(855조)의 立法例에 비추어 보더라도 修正案이 妥當하다.

Ⅷ. 제2독회, 속기록 제46호, 14면 중단 ~ 하단

---

19) 앞의 민법 제194조 I. 1.(386면 이하) 참조.

○ 法制司法委員長 代理(張暻根) : [법사위 수정안 (46) 낭독] // 이것은 所謂 占有補助者에 관해서 學說上 이러한 理論에 到達했습니다마는 이러한 規定이 없어서 困難한데 이것은 獨逸民法 855조 中國民法 945조에 規定한 것과 마찬가지로 占有補助者는 占有者가 되지 않는다, 이것은 賃借人이나 이런 것과는 다르다. 이것은 賃借人 … 賃貸人도 占有者지만 이러한 심부름꾼 使童이라든지 이런 사람들은 占有者를 못 가진다 하는 것을 밝히기 爲해서 間接占有者와 이 占有代理者와의 區別을 하기 위해서 이 條文을 新設하자는 것입니다.

제196조（占有權의讓渡）①占有權의讓渡는占有物의引渡로그效力이생긴다 ②前項의占有權의讓渡에는제188조제2항,제189조,제190조의規定을準用한다

Ⅱ. 案　　　제185조 [제2항은 "間接占有權의讓渡는目的物返還請求權의讓渡로 그效力이생긴다"라고 한다]

Ⅲ. 審議錄, 124면 상단 ~ 하단

2. 現行法 및 判例, 學說　　　草案 제1항은 現行法 제182조 제1항에, 草案 제2항은 現行法 제181조에 各各 對應한 條文이다

3. 外國 立法例 //　　① 獨民 제870조　　間接占有는物의返還請求權을 讓渡함으로써이를他人에게移轉할수있다

② 中民 제946조　　占有의移轉은占有物의交付에依하여效力을發生한다 前項의移轉에는제761조의規定을準用한다

③ 滿民 제187조　　草案 제1항과 同一

④ 滿民 제188조　　草案 제2항과 同一

6. 審議經過　　① 物權讓渡의 效力이 發生하는 境遇로 4種類(草案제179조 以下), 卽 現實引渡 外에 簡易引渡, 占有改定, 返還請求權 讓渡를 規定하였음에도 不拘하고 占有權 讓渡에는 제185조만을 規定한 것은 體制上 均衡을 失하므로 本條는 修正이 必要하다

③ 제185조 제2항을 다음과 같이 修正함에 合意하였다

　　「前項의 占有權의 讓渡에는 제179조 제2항 제180조 제181조의 規定을 準用한다」

　　7. 結 論 : 前記 修正案에 合意

Ⅳ. 법사위 수정안 　　(47) 제185조제2항을다음과같이修正한다

　　「前項의占有權의讓渡에는제179조제2항, 제180조, 제181조의規定을準用한다」

Ⅴ. 意見書, 75면 ~ 76면 (李宗洽)

　　[44] 草案 제179조 제2항 乃至 제181조의 規定을 「占有權」의 章(제2편 제2장)에 規定함이 可하다.20)

Ⅵ. 현석호 수정안 　　(11) 제185조제3항을다음과같이新設한다

　　讓受人이이미그動産을占有한때에는當事者의意思表示만으로그效力이생긴다

Ⅷ. 제2독회, 속기록 제46호, 14면 하단 ~ 15면 상단

　　○ 法制司法委員長 代理(張暻根) : 　[민법안 세185조 및 법사위 수정안 (47) 낭독] 왜 그렇고 하니 이 草案에 좀 빠진 것이 있습니다. 185조 2항에 의하면 1항은 이제 現實의 引渡고 2항은 目的物返還請求權의 讓渡입니다. 占有移轉의 方法의 하나인데 옛적에는 이것을 指示에 依한 占有權의 移轉이라고 그랬습니다. 以外에 우리가 簡易引渡 例가 있고 그 다음에 占有改定이 있습니다. 이 條文은 引用을 하지 않았습니다. 引用[15면]을 하거나 해야 되겠는데. 그래서 占有移轉의 네 가지 方法을 다 이 185조에 의한 … 規定해야지 두 가지만 規定해 놓고 두 가지는 빠뜨려 났기 때문에 그것은 혹시 占有移轉의 方法이 아닌가 하는 疑問이 생깁니다. 그래서 이 빠진 것을 넣자는 것이 修正案의 趣旨올시다.

　　[현석호 수정안 (11) 낭독] 이것은 아마 우리 法制司法委員會와 같은 생각으로 이 簡易引渡가 빠졌으니까 이것을 넣자고 하는 것입니다. 이제 妥當한 말씀인데 法制司法委員會의 修正案이 이미 있으니까 이것이 重複이 됩니다 마찬가지가 됩니다. 그러니까 法制司法委員會案만 通過되면 이것은 必要 없이 됩

---

20) 그 상세한 내용은 앞의 민법 제188조 Ⅴ.(375면 이하) 참조.

니다.

제197조 （占有의態樣） ①占有者는所有의意思로善意,平穩및公然하게占有한
것으로推定한다

②善意의占有者라도本權에關한訴에敗訴한때에는그訴가提起된때로부터惡
意의占有者로본다

Ⅱ. **案**　　제186조

Ⅲ. **審議錄**, 124면 하단 ~ 125면 하단

[125면] 2. 現行法 및 判例, 學說　　現行法 제186조 제1항 제189조 제2
항과 同一한 趣旨이다

3. 外國 立法例　　① 瑞民 제938조　　善意로物을占有하는者는그物을
그推定權利에따라使用收益함에依하여權利者에對하여賠償義務를지지아니한다

前項의境遇에있어서消滅하거나또는損害를받은者에對하여占有者는賠償
하여야한다

② 中民 제944조 제1항　　占有者는所有의意志로善意平穩및公然히占有하
는것이라고推定한다

③ 滿民 제189조　　草案과 同一

6. 審議經過　　草案 제2항은 現行法 제189조 제2항에 對應하는 것인바
現行法 제189조 제2항은 同條 제1항의 果實取得者로서의 善意占有者이라는 特
定한 效果에 對한 反對인 惡意의 境遇를 規定하였던 것을 草案은 果實 取得에
關한 것만이 아니라 其他의 境遇에 있어서 卽 善意 一般에 對한 反對觀念인 惡
意에 關한 規定을 하는 趣旨에서 本條의 規定은 立法上 進步이다. 따라서 占有
繼續의 規定을 別條文(次條)으로 規定한 것도 妥//當하다.

7. 結 論 : 原案에 合意

제198조 （占有繼續의推定） 前後兩時에占有한事實이있는때에는그占有는繼續
한것으로推定한다

Ⅱ. **案**   제187조

Ⅲ. **審議錄**, 125면 하단

　　2. 現行法 및 判例, 學說   現行法 제186조 제2항과 同一하다.

　　3. 外國 立法例   ① 獨民 제944조 제2항   前後兩時에占有한것을證
明하였을때는前後兩時間繼續하여占有하는것으로推定한다

　　② 滿民 제190조   草案과 同一

　　6. 審議經過   前條 審議經過 參照

　　7. 結 論 : 原案에 合意

제199조 (占有의承繼의主張과그效果) ①占有者의承繼人은自己의占有만을主
張하거나自己의占有와前占有者의占有를아울러主張할수있다
　　②前占有者의占有를아울러主張하는境遇에는그瑕疵도繼承한다

Ⅱ. **案**   제188조

Ⅲ. **審議錄**, 125면 하단 ~ 126면 상단

　　[126면] 2. 現行法 및 判例, 學說   現行法 제187조와 同一하다.

　　3. 外國 立法例   ① 獨民 제858조 제2항   法이禁하는私力에依하여
取取한占有는瑕疵있는것으로한다   占有의承繼人이前占有者의相續人일때또는占
有取得의當時前者의占有의瑕疵를알았을때는自己에對하여그瑕疵를對抗될수있는
것으로본다

　　② 中民 제947조 ③ 滿民 제191조   草案과 同一

　　7. 結 論 : 原案에 合意

제200조 (權利의適法의推定) 占有者가占有物에對하여行使하는權利는適法하
게保有한것으로推定한다

Ⅱ. **案**   제189조

Ⅲ. **審議錄**, 126면 상단 ~ 하단

  2. 現行法 및 判例, 學說   第188조와 同一한 趣旨이다

  3. 外國 立法例

  ① 獨民 제891조(不動産) //   어느사람을爲하여어느權利를土地登記簿에 登記하였을때는그權利는그者에屬한것으로推定한다   土地登記簿에依하여登記한 權利를抹消하였을때는그權利는存在치않는다고推定한다

  ② 獨民 제106조(動産)   動産의占有者는그의利益을爲하여이를所有者로 推定한다 占有物이盜品遺失品, 其他所有者의意思에依하지않고占有를喪失한物品 일때에는前占有者에對하여이規定을適用하지않는다 但金錢또는無記名證券인때 는그러하지않다

       前占有者가占有를繼續하는동안은그의利益을爲하여占有物의所有者였던 것으로推定한다

       間接占有의境遇에있어서는間接占有者에關하여서도前제2항의推定이생 긴다

  ③ 瑞民 제930조   動産의占有者는그物의所有者로推定한다 舊占有者는 그占有의當時그物의所有者인者로推定한다

  ④ 中民 제943조 ⑤ 滿民 제192조   草案과 同一

  7. 結論 : 原案에 合意

제201조 (占有者와果實) ①善意의占有者는占有物의果實을取得한다

  ②惡意의占有者는收取한果實을返還하여야하며消費하였거나過失로因하여 毀損또는收取하지못한境遇에는그果實의代價를補償하여야한다

  ③前項의規定은暴力또는隱秘에依한占有者에準用한다

Ⅱ. **案**   제190조

Ⅲ. **審議錄**, 126면 하단 ~ 127면 상단

  [127면] 2. 現行法 및 判例, 學說   제189조 제1항 제19[190]조와 同一 한 內容이다.

3. 外國 立法例 ① 中民 제958조 惡意의占有者는果實을返還할義務를진다 그果實을이미消費하였거나또는그過失에의하여毁損하였거나또는收取를게을리하였을때는그果實의代價를返還할義務를진다

② 滿民 제193조 草案 제1항과 同一

③ 滿民 제194조 草案 제2항 제3항과 同一

6. 審議經過 現行法에는「强暴」이라는 用語를 使用하고 있고 草案은 暴力이라는 用語를 使用하고 있다.

7. 結 論 : 原案에 合意

제202조 (占有者의回復者에對한責任) 占有物이占有者의責任있는事由로因하여滅失또는毁損한때에는惡意의占有者는그損害의全部를賠償하여야하며善意의占有者는利益이現存하는限度에서賠償하여야한다 所有의意思가없는占有者는善意인境遇에도損害의全部를賠償하여야한다

Ⅱ. 案 제191조

Ⅲ. 審議錄, 127면 상단 ~ 128면 상단

2. 現行法 및 判例, 學說 現行法 제191조와 同一하다.

3. 外國 立法例 ① 獨民 제990조 占有者가占有取得의當時善意가아니었을때에는所有者에對하여占有取得한때부터제987조제989조에準하여그責任을진다 占有者가占有取得後占有할權利가없음을알았을때에는그때부터同一한責任을진다

遲滯로因한其後의占有者의責任은이로말미암아影響을받지않는다

② 獨民 제993조 제987조乃至제992조에揭示한要件이없을때에는占有者는收取한果實이普通의經營方法에좇아物件의收益으로인정할수없는限에서不當利得의返還에關한規定에準하여이를返還하여야한다 其他의境遇에는收益의返還또는損害賠償의責任을지지않는다 占有者가收益을取得하는期間에對하여는제101조의規定을適用한다.

③ 中民 제953조 善意의占有者는自己의責任에돌아갈事由에依하여占有物을滅失또는毁損하였을때는回復請求者에對하여單只滅失또는毁損에依하여받은

利益만으로써限度로하여賠償의責任을負擔한다

④ 中民 第956조　惡意의占有者또는所有의意思가없는占有者는自己의責任에歸屬할事由에依하여占有物을滅失또는毀損하였을때는回復請求에對하여損害賠償의責任을負擔한다

⑤ 滿民 제195조　現行法 제196조와 同一(即「惡意의 占有者」에 對하여만 期間 許與). [128면]

7. 結 論 : 原案에 合意

제203조 (占有者의償還請求權) ①占有者가占有物을返還할때에는回復者에對하여占有物을保存하기爲하여支出한金額其他必要費의償還을請求할수있다 그러나占有者가果實을取得한境遇에는通常의必要費는請求하지못한다

②占有者가占有物을改良하기爲하여支出한金額其他有益費에關하여는그價額의增加가現存한境遇에限하여回復者의選擇에좇아그支出金額이나增加額의償還을請求할수있다

③前項의境遇에法院은回復者의請求에依하여相當한償還期間을許與할수있다

Ⅱ. 案　제192조 [다만 제1항은 "占有者가占有物을返還한때에는…", 제2항은 "…그支出金額이나增加額을償還하게할수있다", 제3항은 "…償還期限을附與할수있다"라고 한다]

Ⅲ. 審議錄, 128면 상단 ~ 하단

2. 現行法 및 判例, 學說　現行法 제916조와 同一(但 제3항은 相異).

3. 外國 立法例　① 獨民 제996조　必要以外의費用에關하여서는占有者가이를訴의繫屬前또는제990조에定한責任의發生前에支出하고그費用으로因하여所有者가物件을回復한當//時物件의價格增加가現存하는限度에있어서만償還을請求할수있다

② 中民 제954조　善意의占有者가占有物의保存을爲하여支出한必要費用은回復請求者에對하여償還을請求할수있다　但이미占有物에對하여果實을取得하였때는償還을請求할수있다

③ 中民 제955조   善意의占有者가占有物의改良을爲하여支出한有益費用
은그占有物에現存하는增加價値의限度內에있다   回復請求者에對하여償還을請求
할수있다

④ 中民 제957조   惡意의占有者가占有物保存을爲하여支出한費用은回復
請求者에對하여事務管理에關한規定에依하여償還을請求할수있다

⑤ 滿民 제196조   草案과 同一

6. 審議經過   ① 現行法은 惡意의 占有者의 境遇에 限하여 償還의 猶豫
를 許與하고 있으나 草案은 善意의 占有者에 對한 償還에 關하여서도 이 制度
를 擴張하였다

② 제1항 中 「返還한때에는」을 「返還할때에는」으로 修正하고[21] 제1항 中
「償還하게할수있다」를 「償還을請求할수있다」로 字句修正한다(草案 제299조와
體制를 맞추기 爲한 것이다).

③ 제3항 中 「附與」를 「許與」로 字句修正한다.

7. 結 論 : 字句修正 外에 原案에 合意

Ⅳ. **법사위 수정안**   (48) 제192조제2항中「償還하게할수있다」를「償還을請求
할수있다」로제3항中「附與할수있다」를「許與할수있다」로修正한다

Ⅷ. **제2독회**, 속기록 제46호, 15면 중단

○ 法制司法委員長 代理(張暻根) : [민법안 제192조 및 법사위 수정안
(48) 각 낭독] 이것 字句修正에 不過합니다마는 여기에 現行法이 惡意의 占有
者의 境遇에 限하여서만 償還의 有效[猶豫]를 許容하고 있으나 草案 本條가 善
意의 占有者에 대한 償還에 關하여서도 이 制度를 擴張한 것은 이것은 妥當합
니다. 그런데 이것을 償還의 有效[猶豫]는 償還받는 者의 善意의 … 惡意에 의
해서 그 差別하는 것보다도 償還金額이나 償還金額이 많다거나 또는 償還하는
者의 經濟 其他 形便이 참 窮乏하다든지 하는 이런 것을 考慮해서 實情에 맞추
도록 해서 이 有效期間을 賦與할 수 있도록 하자는 것입니다. 이것은 字句修正
에 不過한 것입니다.

---

21) 이 점은 나중의 자구수정 기타 정리과정에서 반영되었다.

제204조 (占有의回收) ①占有者가占有의侵奪을當한때에는그物件의返還및損害의賠償을請求할수있다

②前項의請求權은侵奪者의特別承繼人에對하여는行使하지못한다　그러나承繼人이惡意인때에는그러하지아니하다

③제1항의請求權은侵奪을當한날로부터1年內에行使하여야한다

Ⅱ. **案**　　제193조

Ⅲ. **審議錄**, 129면 上段 ~ 下段

2. 現行法 및 判例, 學說　　現行法 제200조, 제201조 제3항과 同一한 趣旨이다.

3. 外國 立法例　　① 獨民 제861조　　占有者가法의禁하는私力에依하여占有를奪取되었을때는瑕疵있는占有者에對하여占有의回收를請求할수있다

奪取되었던占有者가現占有者또는그前者에對하여瑕疵를가졌거나또는侵奪時부터1年前에取得하였던것일때는前項의請求權이없다

② 獨民 제864조　　제861조,제862조에定한請求權은法의禁하는私力의實行後1年을經過하였을때는消滅한다　但그以前에起訴의方法으로써이를實行하였을때는그러하지않다

法이禁하는私力의實行後確定判決에依하여加害者가그物上에權利를갖고그權利에依하여加害行爲에相當하는占有狀態의回復을請求할수있음을確定하였을때도그러하다

③ 中民 제962조　　占有者는그占有가侵奪되었을때는그占有物의返還을請求할수있다　占有가妨害되었을때는그妨害의除去를請求할수있다　占有가妨害될念慮가있을때는그妨害의防止를請求할수있다

④ 中民 제963조　　前條의請求權은占有의侵奪또는妨害또는危險發生後1年行使하지않는때//는消滅한다

⑤ 滿民 제197조　　草案과 同一

6. 審議經過　　「侵奪를받은」을「侵奪을當한」으로 字句修正하였다.

7. 結論 : 字句修正[22] 外에 原案에 合意

---

22) 이는 자구수정 기타 정리단계에서 반영되었다.

Ⅴ. **意見書**, 82면 (李宗洽)

　　[48] 占有訴權이라는 用語를 쓰지 아니하고 請求權이라는 用語를 쓴 것에 贊成한다.

　　[이 유]　　現行 民法 제197조 以下에 規定되어 있는 「占有의 訴」 혹은 講學上 「占有訴權」이라 함은 訴訟을 前提로 한 表現이지만 이것을 實體法의 立場에서 考察할 때 一定한 法律要件下에서 占有權에 基因하여 發生하는 請求權인 一種의 物上請求權이다. 그런데 이에 對하여 前記한 바와 같이 「訴」 또는 「訴權」이라고 表現하는 것은 沿革에 基함에 不過하다. 그 本質은 占有權의 侵害를 排除하고 完全한 占有狀態로 回復시키는 權利 즉 私權이요, 이 私權에 基하여 訴權이 成立할 따름이다. 그러므로 草案이 「訴權」 또는 「訴」라는 表現을 避하고 「請求」 云云으로 바꾼 것은 適切하다고 본다.

　　(金曾漢 敎授 "物權的 請求權의 比較法的 硏究", 제3장 占有訴權 參照)

제205조 (占有의保有) ①占有者가占有의妨害를받은때에는그妨害의除去및損害의賠償을請求할수있다

　　②前項의請求權은妨害가終了한날로부터1年內에行使하여야한다

　　③工事로因하여占有의妨害를받은境遇에는工事着手後1年을經過하거나그工事가完成한때에는妨害의除去를請求하지못한다

Ⅱ. **案**　　제194조

Ⅲ. **審議錄**, 129면 下단 ~ 130면 상단

　　2. 現行法 및 判例, 學說　　現行法 제198조와 제201조 제1항 但書와 同一한 趣旨이다.

　　3. 外國 立法例　　① 獨民 제862조　　占有者가法이禁하는私力에依하여占有를妨害되었을때는加害者에對하여妨害의除去를請求할수있다　아직繼續하여妨害될念慮가있을때는占有者는그妨害의停止를請求할수있다

　　　　占有者가妨害또는그前者에對하여瑕疵있는占有를하고또한妨害時부터1年前에占有를取得하였을時는前項의請求權은없다[130면]

② 獨民 제864조　　　草案 193조 外國 立法例 參照

③ 瑞民 제928조　　　占有가不法한私力으로써妨害되는境遇에는占有者는妨害者에對하여訴를提起할수있다　　妨害者가權利를가진뜻을主張하는境遇에있어서도그러하다　占有妨害의訴는妨害의除去將來의不作爲및損害賠償을目的으로한다

④ 中民 제962조, 제963조　　　草案 제193조 外國 立法例 參照

⑤ 滿民 제198조　　草案과 同一

7. 結 論 : 原案에 合意

제206조 (占有의保全) ①占有者가占有의妨害를받을念慮가있는때에는그妨害의豫防또는損害賠償의擔保를請求할수있다

②工事로因하여占有의妨害를받을念慮가있는境遇에는前條제3항의規定을 準用한다

Ⅱ. 案　　　제195조

Ⅲ. 審議錄, 130면 상단 ~ 하단

2. 現行法 및 判例, 學說　　　現行法 제199조, 제201조 제2항과 同一한 趣旨이다. //

3. 外國 立法例　　① 中民 제962조, 제963조　　　草案 제193조 外國 立法例 參照

② 滿民 제199조　　草案과 同一

7. 結 論 : 原案에 合意

제207조 (間接占有의保護) ①前3조의請求權은제194조의規定에依한間接占有者도이를行使할수있다

②占有者가占有의侵奪을當한境遇에間接占有者는그物件을占有者에게返還할것을請求할수있고占有者가그物件의返還을받을수없거나이를願하지아니하는때에는自己에게返還할것을請求할수있다

Ⅱ. 案　　　제196조

Ⅲ. 審議錄, 130면 하단 ~ 131면 상단

2. 現行法 및 判例, 學說   現行法 제197조 後段은 草案 제1항에 對應하고 제2항은 新設이다.

3. 外國 立法例   ① 獨民 제869조(後段)   占有侵奪의 境遇에는 間接占有者는 前占有者에對하여 占有의 回收를 請求할[131면]수있다 前占有者가 占有의 返還을받을수없거나또는이를바라지않을때도 間接占有者는 自己에게이를引渡할것을 請求할수있다 間接占有者는 右와同一한要件을갖출때에도제867조의境遇에있어서 物의搜索또는引取의許容을請求할수있다

② 滿民 제200조   草案과 同一

6. 審議經過   「侵害를받은」을 「侵害를當한」으로 字句修正한다.

7. 結 論 : 字句修正23) 外에 原案에 合意

제208조 (占有의訴와本權의訴와의關係) ①占有權에基因한訴와本權에基因한訴는서로影響을미치지아니한다

②占有權에基因한訴는本權에關한理由로裁判하지못한다

Ⅱ. 案   제197조

Ⅲ. 審議錄, 131면 상단 ~ 하단

2. 現行法 및 判例, 學說   現行法 제202조와 同一.

3. 外國 立法例   ① 獨民 제861조   제862조에定한請求權에對하여는 目的物을占有하거나또는妨害行爲를하는權利는 占有의侵奪또는妨害가法의禁하는 私力이아니라는主張을理由있게하기爲하여만이를實行할수있다 //

② 滿民 제201조   草案과 同一

7. 結 論 : 原案에 合意

제209조 (自力救濟) ①占有者는그占有를不正히侵奪또는妨害하는行爲에對하여自力으로써이를防衛할수있다

---

23) 이는 앞의 민법 제203조, 제204조 등에서와 같이 나중의 정리과정에 반영되었다.

②占有物이侵奪되었을境遇에不動産일때에는占有者는侵奪後直時加害者를
排除하여이를奪還할수있고動産일때에는占有者는現場에서또는追跡하여加害
者로부터이를奪還할수있다

Ⅲ. **審議錄**, 131면 하단 ~ 132면 하단

　─自力救濟에 關한 規定 新設 問題─

　※外國 立法例　　① 獨民 제229조　　自助의目的으로써物件을收去破壞
또는毁損한사람또는逃走할疑心이있는義務者를檢束한사람또는認容義務있는行爲
에對한義務者의抵抗을除去한者의加害行爲는適當한時期에官에救助를求할수없고
또即時이를하지않으면請求權의實現을不能또는極히困難케할念慮가있을境遇에는
이를不法으로하지않는다

　② 獨民 제859조　　占有者는法의禁하는私力에對하여腕力으로써防禦할수
있다　法의禁하는私力으로써占有者로부터動産을奪取한者가있을때는占有者는卽
座에또는加害者를追跡하여腕力으로써이를取還할수있다　法이禁하는私力으로써
土地의占有者로부터占有를奪取한者가있을때는占有者는侵奪後곧行爲者를排除하
며占有를回收할수있다　占有者는제850조제2항에따라占有의瑕疵를對抗할수있는
者에對하여도同一의權利를가진다

　③ 瑞民 제926조　　占有者는實力으로써不法한私力에依한侵害를防禦할수
있다　物이暴力으[132면]로써또는隱秘하게占有者로부터빼[앗]긴때에는占有者는
不動産의境遇에는卽時侵害者를驅逐하고再次이를占有하며動産에있어서는現行의
때侵害者를잡고또는卽時이를追跡하여그物을取還할수있다　前項의境遇에있어서
形便上不當한實力을行事하지않아야한다

　④ 中民 제151조　　自己의權利를保護하기爲하여他人의自由또는財産에對
하여拘束搜索또는毁損을施行하였을때에는損害賠償의責任을지지않는다　但官署
의援助받을餘暇가없고또그때에이를하지않으면請求할수없거나또는實行이甚히困
難할境遇에限한다

　⑤ 中民 제960조　　占有者는그占有를侵奪또는妨害하는行爲에對하여自力
으로써이를防禦할수있다　占有物이侵奪되었을境遇에있어서不動産일때는占有者
는侵奪後卽時加害者를排除하여이를取還할수있다　動産일때는占有者는現場에있
어서또는追跡하여加害者에對하여이를取還할수있다

※ 理 由

① 自力救濟에 關하여서는 前記 各 立法例도 있고 學說도 自力救濟를 認定하는 것이 通說이므로 自力救濟規定 新設은 必要하다.

參照　日刑法　제36조(正當防衛)　제37조(緊急避難)　民法　제720조(正當防衛 緊急避難)

③[원래대로] 따라서 占有侵奪에 關하여 新設 規定을 두는 것이 妥當하다.

④ 獨民, 中民은 總則編에 權利의 行使 等으로써[서] 一般的으로 規定하고 있으나 瑞民과 같이 占有侵奪에 關하여서만 占有權 章에 規定하기로 合意하였다.

⑤ 占有 以外의 一般 權利의 侵害에 對한 自力救助와는 달라서 客觀的으로 明白한 事實上 支配狀態인 占有를 保護하기 爲한 自力救濟는「正當한 侵害」「卽時」「現場에서 또는 追跡하여」 等의 要件을 부침으로서[붙임으로써] 充分하다.

⑥ 權利 侵害를 防禦함에 있어서는 一般 權利者는 官의 保護 援助를 받음으로써 이를 實現할 것이나 占有 侵奪을 當한 者는 官의 保護 援助를 期//待릴[기다릴] 必要 없이 各自가 自力防衛하라는 것이 占有 侵奪에 對한 自力防衛의 根本趣旨인 것이다. 事實的 支配狀態인 占有를 保護함으로써 社會의 平和 秩序를 維持하자는 理念일 것이다. 그렇다면 官의 援助를 기다릴 餘裕가 없다는 制限은 必要 없는 것이다. 以上의 理由로 獨民 瑞民 中民의 占有 侵奪에 對한 自力防衛 規定의 立法例에 따라 다음과 같이 條文을 新設함에 合意하였다.

⑦ 제197조 다음에 條文을 新設한다.

제 조(自力救濟)　占有者는그占有를不正히侵奪또는妨害하는行爲에對하여自力으로써이를防衛할수있다　占有物이侵奪되었을境遇에不動産일때에는占有者는侵奪後卽時加害者를排除하여이를奪還할수있고動産일때에는占有者는現場에서또는追跡하여加害者로부터이를奪還할 수 있다

Ⅳ. 법사위 수정안　　　(49) 제197조다음에다음의條文을新設한다　[그 내용은 Ⅲ. 理由 ⑦. 각 문장은 별개의 항을 이룬다]

Ⅴ. 意見書, 82면 ~ 83면 (李宗洽)

[49] 修正案 (49)가 제197조 다음에 新設하기로 한 條文은 두지 아니함이 可하다.

[이 유]　　　法制度가 完備된 社會에서는 特히 民事法上 自力救濟는 一般

的으로 禁壓됨을 原則으로 하고 例外的으로 事情이 急迫하여 後日 國家公權의 保護를 期待할 수 없거나 或은 權利 確保가 至極히 困難하게 될 境遇에 局限하여 이것이 正當한 行爲(違法性 없다)로 容認되어야 한다는 點에 對하여는 現行法上에서도 아무런 異論이 없다. 그 理由로서는 現存하는 物件에 對한 支配狀態를 그대로 法律로 保護하여 社會秩序를 維持함을 基調로 삼는 占有制度의 趣旨로 미루어 보나 刑法上 正當防衛(刑 21조) 緊急避難(刑 22조) 自救行爲(刑 23조)를 認定한 法理에 照鑑하여 보더라도 民事上의 自力救濟도 最少限度 認定되어야 함은 解釋上으로도 正當하다는 데 있다. 그리하여 占有權 保護에 萬全을 期할 수 있다고 본다. 이에 對하여 獨逸民法(959조 以下)과 瑞西民法(926조)은 明文規定으로 占有者의 自力救濟가 容許되는 境遇와 그 範圍를 밝혔다. 草案은 이 點에 對[83면]하여 現行 民法(舊滿洲民法도 同樣)의 態度를 踏襲하여 그 認定되어야 할 境遇와 範圍는 從來와 같이 解釋에 一任하려는 意圖이었다고 보겠다.

　以上에서 보아온 바와 같이 立法例로 보거나 法感情에 비추어 보거나 最少限度의 範圍內에서 自力救濟가 認定되어야 한다는 것은 明白하므로 修正案이 自力救濟를 認定한 自體에 對한 安當性에 關하여는 아무런 異論을 介入시킬 餘地가 없음을 모르는 바 아니며, 特히 草案 全體에서 散見할 수 있는 바와 같이 從來 解釋技術을 通하여 解決하도록 되어 있던 點은 原則的으로 明文으로 規定하고 있는 點에 對한 法體裁나 均衡上으로 보더라도 修正案이 取하는 態度에 贊意를 表하기를 躊躇치 않는다. 그러나 오늘날 우리나라의 特殊한 社會的 實情(아직 一部 法秩序가 確立되지 못한 部分이 없지 않은 듯한 點과 따라서 社會의 混亂相을 完全히 拂拭하지 못하고 있는 一面은 否認할 수 없다)에 비추어 自力救濟의 制度를 明文으로 規定함은 도리어 占有權을 保護함으로써 社會의 秩序를 維持하려는 根本 意圖에 反하여 자칫하면 實力 對 實力의 私鬪가 頻繁하게 展開될 憂慮性을 多分히 內包하고 있음을 看過하여서는 안될 것이다. 所謂 矯角殺牛의 愚를 犯하기보다는 차라리 現行法이나 草案의 態度에 따라 公序良俗과 權利濫用의 法理에 基한 解釋에 一任함이 穩當할 것이요 社會實情과 環境을 달리하는 外國 立法例를 盲從할 바 못 되며 하물며 現行法에 있어서도 明文으로 規定되어 있지 않으므로 해서 이렇다 할 弊端이 있는 事例를 發見치 못함에 있어서랴.

Ⅷ. **제2독회**, 속기록 제46호, 15면 하단

　○ 法制司法委員長 代理(張暻根) : [법사위 수정안 (49) 낭독]　　이것은 소위 自力救濟라는 問題인데 이것은 이전에는 現行法에는 條文이 없었습니다. 그러나 學說上으로 이렇게 이것과 비슷한 結論에 到達했는데 이것을 成文하자는 것입니다. 이것은 다시 말하면 占有라는 그 事實狀態가 이것을 保護한다는 것이 法의 또한 理論입니다. 그래야지 社會秩序와 平和를 維持하는 것이니까 그것을 侵害했을 적에 不法侵害된 境遇에 이 社會의 平和와 秩序를 維持하기 위해서 이런 自力救濟를 認定하자는 것입니다

　　다시 말하면 現在 있는 狀態 卽 占有 … 占有라는 그 事實支配狀態 이것을 保護한다 있어야 할 狀態 … 그러니까 「자인」이라는 것을 定한다 있어야 할 狀態 … 「졸랜[렌]」이라는 것보다는 「자인」이라는 것을 一應 保護함으로써 社會의 秩序 平和를 維持하자 하는 占有制度의 本質에서 나온 것입니다

제210조 (準占有) 本章의 規定은 財産權을 事實上 行使하는 境遇에 準用한다

Ⅱ. **案**　　　제198조

Ⅲ. **審議錄**, 132면 하단 ～ 133면 상난

　2. 現行法 및 判例, 學說　　現行法 제205조와 同旨이다.

　3. 外國 立法例　　① 瑞民 제919조 제2항　　地役權및土地負擔의境遇에는權利의行使를物의占有와同一視한다

　　② 中民 제966조　　財産權이物의占有에依하지않고成立되는境遇에있어서는그財産權行使를하는者는準占有로한다　本章의規定은前項의準占有에이를準用한다

　　③ 滿民 제202조　　財産權을事實上行使하는者는이를準占有로한다
　　　本章의規定은 準占有者에이를準用한다 [133면]

　7. 結論 : 原案에 合意

제3장　所有權

제1절　所有權의限界

제211조 (所有權의內容) 所有者는法律의範圍內에서그所有物을使用,收益,處分할權利가있다

Ⅰ. 法編委　　1. 의사록[24]　　　○ 姜柄順 起草委員　　　제5. 所有權

(1)「所有者는 法令의 範圍 內에서 그 所有物을 使用, 受益, 處分할 權利를 가진다 所有權의 行使는 公共의 福利에 適合하도록 하여야 하며 所有權의 主張은 正當한 利益이 있는 範圍 內에서 行하여야 한다」

原案대로 可決 通過되다

2. 編纂要綱　　　　物權法要綱　　　五. 所有權

1. 所有權의 限界를 左와 如히 規定할 것

所有者는 法令의 範圍 內에서 그 所有物을 使用, 收益, 處分할 權利를 가진다.

所有權의 行使는 公共의 福利에 適合하도록 하여야 하며, 所有權의 主張은 正當한 利益이 있는 範圍 內에서 行하여야 한다.

Ⅱ. 案　　　제199조 所有者는法律의範圍內에서그所有物을使用,收益,處分할權利가있다

Ⅲ. 審議錄, 133면 상단 ~ 하단

2. 現行法 및 判例, 學說　　　現行法 제206조와 同一한 趣旨이다.

3. 外國 立法例　　　① 와이말憲法 제155조, 제153조 參照

② 憲法 제15조 參照

③ 獨民 제903조　　　物件의所有者는法律또는第3者의權利에違反되지않는範圍內에있어自由로物件을處分하며物件에對한他人의모든干涉을排除할수있다

④ 瑞民 제667조 제2항　　　前項의權利는法律에制限있는境遇外모든建築物植物및泉을包含한다 //

---

24) 앞의 민법 제192조 Ⅰ. 1.의 제9회 의사록이 이어진다.

⑤ 瑞民 제641조   物件의所有者는그物件의自然果實에對하여도또한所有權을갖는다   物件의成分이라는것은他方實行의見解上그物件을組織하고있는것으로看做되며그物件을破壞損傷또는變更시키지않고는分離할수없는것을말한다

⑥ 中民 제765조   所有者는法令의制限範圍內에있어서自由로그所有物을使用收益處分하며他人의干涉을排除할수있다

⑦ 佛民 제544조   所有權이라함은法律또는規則에依하여禁止된使用을하지않는限絶對無制限으로物의收益및處分을하는權利를말한다

⑧ 滿民 제203조   草案과 同一

7. 結 論 : 原案에 合意

Ⅳ. 意見書, 84면 (崔栻)

[50] 草案 제199조에 贊成한다.

[이 유]   現行法 제206조에 該當하는 草案 제199조는「所有者는 法律의 範圍 內에서 그 所有物을 使用, 收益, 處分할 權利가 있다」라고 規定하여 現行法의「法令의 制限」을「法律의 範圍 內」로 修正하여 여기에는 命令을 包含하지 않는다는 從來의 解釋을 明確히 하는 同時에「制限 內」를「範圍 內」로 함으로써 現行法 同條文의「自由로이」를 削除하는 것과 아울러, 所有權에 關한 法律思想에 對한 現今에 있어서의 進化를 더한층 明白히 하였다고 볼 수 있다. 佛民法(544조)이 所有權은 客體를 絶對的으로 利用하는 權利라고 規定한 데 對하여 獨民法(903조)은 其 제1草案에서 nach Willkür로 利用하는 權利라고 規定한 것을 고쳐서 nach Belieben으로 規定하고 瑞西民法(641조)도 이에 따랐는데 比하여 더 一層의 進展이라고 할 수 있다. 卽 明文에 의한 制限이 없을 경우에 所有權의 行使는 언제나 自由인가라는 問題에 對하여 最近의 情勢下에서는 이 自由는 本來 社會的인 制限을 內包하고 있다는 思想이 優勢하고 있으며 特히 權利濫用의 法理에 基하여 所有權의 濫用을 禁止해야 된다는 立場이 支配的이고 民法草案 제2조에도 權利의 行使는 信義에 좇아 誠實히 할 것, 權利는 濫用하지 못할 것을 規定하게 되었는데 草案 제199조는 이러한 思想을 表現하고 있는 것으로 본다.

제212조 (土地所有權의範圍) 土地의所有權은正當한利益있는範圍內에서土地
의上下에미친다

Ⅱ. **案**   제200조 [다만 "…地上地下에미친다"라고 한다]

Ⅲ. **審議錄**, 133면 下段 ~ 134면 下段

  2. 現行法 및 判例, 學說   現行法 제207조와 同旨이나 現行法에는「法
令의制限內에서」라 規定[134면]한 것을 草案은「正當한利益있는範圍內에서」로
規定하고 있다.

  3. 外國 立法例   ① 獨民 제905조   土地所有者의權利는地表上의空
間및地表下의地穀[원문대로]에미친다 所有者는何等의利益없는高長또는深高에
있어서의他人의干涉을禁止할수없다

  ② 佛民 제552조   土地의所有權은그土地의上下에미친다, 所有者는그地
上에自己가바라는諸般의植栽를하거나또는工作物을設置할수있다, 但地役權의章
에設置된例外의境遇에는그러하지아니하다 所有者는그地下에適當한諸般의工作
物을設置하고또發掘을하고그發掘에依하여獲得할모든産出物을採掘할수있다 但
鑛山에關한法律規則및警察法規에依한制限의境遇에는그러하지아니하다

  ③ 瑞民 제667조   土地의所有權은그行使에있어서利益이있는限度에있어
서空中및地下에미친다

  ④ 中民 제773조   土地의所有權은法令에制限이있는境遇를除外하고行使
에關하여利益을가진範圍內에있어서土地의上下에미친다 他人의干涉이그所有權
行使에妨害가없는때에는이를排除할수없다

  ⑤ 滿民 제206조   草案과 同一

  6. 審議經過   ① 土地所有權의 權利濫用에 關하여서는 憲法 제15조 草
案 제2조의 // 規定이 있으므로 다서 規定할 必要할 必要 없으므로 單純히「利
益있는範圍內에서」라고 規定한 것이다.

  ②「地上地下」를「土地의 上下」로 字句修正.

  7. 結 論 : 字句修正 外에 原案에 合意

Ⅳ. **법사위 수정안**   (50) 제200조中「地上地下」를「土地의上下」로修正한다

Ⅴ. **意見書**, 85면 (崔栻)

[51] 草案 제200조에 贊成한다.

[이 유]　　　 草案 200조는 現行法 제207조에 該當하는 것인데, 그 規定方法을 달리하고 있다. 元來 土地所有權은 無限히 「天空까지」(usque ad caelum) 또 「地核까지」(usque ad inferos)에 미친다는 解釋을 한 註釋學派에 由來하여 佛民法(552조)에서 「上下에 미친다」고 規定했으나 其後 法律思想의 進化에 따라 우리 現行法과 같이 「法令의 制限 內에서」라는 條件을 加하는 것으로부터 始作하여 獨民法(905조)의 「土地所有者는 이것을 禁止하는 데 何等의 利益이 없는 高所 또는 深所에 있어서의 侵害를 禁하지 못한다」라는 規定으로 轉移하였는데, 瑞西民法은 다시 觀念을 轉換하여 即 絕對的인 것을 豫定하고 制限하는 立場으로부터 一定의 制限된 範圍에서만 認定한다는 立場으로 進展하여 그의 667조에서 「土地所有權은 其 行使에 있어 利益이 存在하는 限度에서 空中 및 地下에 미친다」고 規定한다. 草案은 이 가장 進步한 瑞西民法과 立場을 같이하며 또 草案 제199조와도 步調가 맞는 것으로 適宜한 修正이라 하겠다.

Ⅷ. 제2독회, 속기록 제46호, 15면 하단

　　○ 法制司法委員長 代理(張暻根) : ［민법안 제200조 낭독］ 「地上地下에 미친다」를 土地의 「上下」로 修正하자는 字句修正입니다.

제213조 (所有物返還請求權) 所有者는 그 所有에 屬한 物件을 占有한 者에 對하여 返還을 請求할 수 있다　그러나 占有者가 그 物件을 占有할 權利가 있는 때에는 返還을 拒否할 수 있다

Ⅰ. 法編委　　1. 의사록　　○ 姜柄順 起草委員　　(1) 所有物返還請求權　　(2) 所有物妨害除去請求權　　(3) 所有物妨害豫防請求權 ［…］
右 原案을 可決通過하다

　2. 編纂要綱　　物權法要綱　　五. 所有權
　　2. 所有權에 依한 物上請求權에 關하여 左와 如히 規定할 것
　　　ㄱ. 所有物返還請求權　　　ㄴ. 所有物妨害除去請求權　　　ㄷ. 所有物妨害豫防請求權

Ⅱ. 案　　　제201조

Ⅲ. **審議錄**, 134면 하단 ~ 135면 하단

　2. 現行法 및 判例, 學說　　　現行法에는 規定이 없고 新設 條文이다.

　3. 外國 立法例　　① 獨民 제985조　　　所有者는物件의占有者에對하여 그返還을請求할수있다

　② 獨民 제986조 제2항　　　제931조에좇아返還請求權讓渡에依하여讓渡된 物件의占有者는讓渡된請求權에對한抗辯[辯]으로써新所有者에對抗할수있다

　③ 中民 제767조　　　所有者는그所有物을無權占有하며또는侵奪한者에對하 여이의返還을請求할수있다　그所有權의妨害에對하여는이의除去를請求할수있다 그所有權을妨害할念慮있는때에는이의防止를請求할수있다

　④ 滿民 제204조　　　草案과 同一

　6. 審議經過　　① 本條에[의] 請求權은 占有權의 境遇와 같이 從來 學說 上 널리 認定된 것으로서 新設은 妥當하다.

　② 所有物返還請求權에 關한 本條에 왜 損害賠償請求權에 關한 規定을 넣 지 않았느냐 하는 疑問이 있으나 그것은 一般原則에 依하게 한 것으로서 草案 이 妥當하다.

　7. 結 論 : 原案에 合意

Ⅴ. **意見書**, 85면 ~ 86면 (崔栻)

　[52] 所有權에 基한 物權的 請求權에 關한 規定을 둔 點에 贊成한다.

　[이 유]　　　草案 제201조, 제202조는 新設된 條文으로서 從來에 學說上 認定 되어 온 所謂 所有物返還請求權(rei vindicatio), 所有物妨害除去請求權(actio negatoria), 所有物妨害豫防請求權을 明文化한 規定이다. 物權의 內容을 完全히 實現하는 것이 어떤 事情에 의하여 妨害되고 있을 경우에는 그 妨害를 發生케 하는 地 位에 있는 者에게 對하여 그 妨害를 除去하고 物權 內容의 完全한 實現을 可 能케 할 수 있는 行爲를 請求할 수 있어야 할 理致이다. 羅馬法에 있어서의 物 的 訴權(actio in rem)은 物 自體에 對한 訴訟에 關해서 認定된 것이므로 應訴의 義務가 없고 따라서 사람의 行爲를 要求하는 請求權이라는 觀念과는 因緣[86 면]이 먼 것 같으나 近代의 物權的 請求權의 實質的 內容은 事實은 羅馬法을 基礎로 하고 있는 것으로서, 羅馬法에서도 그 實質的 內容을 認定하고 있었다 고 할 수 있다. 그런데 民法은, 沿革的인 理由에서라고 할까, 占有權에 關해서

만　占有回收의　訴(202조),占有保持의　訴(198조),　占有保全의　訴(199조)의　3個
의　請求權을　認定하고　있을　뿐으로,　가장　典型的인　物權인　所有權에　關해서는
何等의　規定도　두지　않았다.　그러나　學說上　이에　對應하는　所有權에　關한　物權
的　請求權이　當然한　것으로서　認定되어　있고,　羅馬法에　있어도　그의　實質的인
根據를　가지는　것이기도　하고,　또　獨民法은　이것을　所有權에　關하여　規定하고
(獨民 985조 以下)　있다.　이렇게　當然히　認定되어야　할　것임에도　不拘하고　規定
이　없던　것을　明文化하였다는　點에　있어서　草案의　規定은　適當한　것이라고　하
겠다.

제214조　(所有物妨害除去,　妨害豫防請求權)　所有者는所有權을妨害하는者에
對하여妨害의除去를請求할수있고所有權을妨害할念慮있는行爲를하는者에對
하여그豫防이나損害賠償의擔保를請求할　수　있다

Ⅰ. 法編委[25)]

Ⅱ. 案　　　　제202조

Ⅲ. 審議錄,　135면　상단 ～ 하단

2. 現行法 및 判例, 學說　　　現行法에는　規定이없고　新設　條文이다.

3. 外國　立法例　　① 獨民 제1004조　　　所有權이占有의侵奪또는留置以
外의方法에對하여侵害하였을때에는所有者는侵害者에對하여侵害의除去를청구
할수있다 더繼續하여侵害의念慮가있을때에는停止를請求할수있다

所有者가侵害를認[忍]容할義務가있는境遇에있어서는前項의請求權은除
外된다

② 中民 제767조　　草案 제201조 外國 立法例 參照

③ 滿民 제205조　　草案과 同一

7. 結論 : 原案에 合意

Ⅴ. 意見書　　　[앞의 민법 제213조 Ⅴ. 참조]

---

25) 앞의 민법 제213조 Ⅰ.(410면)을 보라.

제215조 (建物의 區分所有) ①數人이한채의建物을區分하여各各그一部分을所有한때에는建物과그附屬物中共用하는部分은그의共有로推定한다

②共用部分의保存에關한費用其他의負擔은各者[원래대로]의所有部分의價額에比例하여分擔한다

Ⅱ. 案　　제203조　[다만 제2항은 "…各自의所有部分의…"이라고 한다]

Ⅲ. 審議錄, 135면 하단 ~ 136면 상단

2. 現行法 및 判例, 學說　　現行法 제208조와 同一한 趣旨이다. 現行法 제249조 以下, 제257조 參照.

3. 外國 立法例　①獨民 제921조　2個의土地가中間地 畝畔 地角 溝渠 土壁 生籬 板壁 其他兩地의利益에提供하는設置物로因하여相互分割된때에는土地所有者는이設置을共同으로使用할權利있는것으로推定한다　但이設置物이相隣者一方에만屬함에關하여外見上의證跡있는때는그렇지않다

②獨民 제922조　相隣者가제921조에揭載한設置物이共同使用權을가지는때는各相隣者는그一方이共同使用權을害치않는範圍內에있어서設置物의性質에서生하는그一方이共同使用權을害치않는範圍內에있어서設置物의性質에서生하는目的에따라이를使用할수있다　設置物保存費用은相隣者平分하여이를負[136면]擔한다　相隣者一方이設置物의存續에關하여利益을가지는때는그사람의同意없이이를除去하며또는變更할수없다　其他相隣者間의權利關係는共同關係에關한規定에따라이를定한다

③中民 제799조　草案과 同旨

④滿民 제207조　草案과 同一

7. 結 論 : 原案에 合意

Ⅴ. 意見書, 86면 (金曾漢)

[53] 區分所有權에 關하여 詳細한 規定을 두지 않고 現行 民法 제208조와 同 趣旨의 草案 제203조를 두는 데 그친 點에 贊成한다.

[이 유]　元來 現行民法 제28조는 左右로 긴 建物을 縱的으로 分割하는 境遇를 豫想한 規定일 것이다. 그러나 第2次 大戰 後 日本이나 獨逸에서는 建物 不足 때문에 高層建物의 各室을 區分所有하는 일이 널리 行하여지고 있다.

그러한 境遇에는 現行 民法 제208조만으로는 適切한 規制를 할 수 없을 것이다. 獨逸에서는 「住居所有權 및 繼續的 居住權에 關한 法律」(Gesetz über das Wohnungseigentum und das Dauerwohnrecht vom 15. März 1951)에 依하여 그것을 規制하고 있고, 日本에서는 各室을 賣渡할 때의 契約에서 詳細히 定하고 있다. 우리나라에 있어서도 將來 그와 같은 現象이 發達할 可能性은 充分히 豫想된다. 그렇지만 아직은 그것의 立法的 規制가 切實히 要請되고 있는 것도 아니고, 또 앞으로 그러한 現象이 普及되게 된다 하더라도 그때에 일어날 여러 가지 問題를 어떻게 規律하는 것이 妥當하겠는지 豫想하기 어려운 點이 많다. 그러므로 그 問題의 立法的 規制는 그러한 現象이 普及되고 慣習에 依한 規制가 어느 程度 確立한 後에라도 늦지 않을 것이다.

제216조 (隣地使用請求權) ①土地所有者는境界나그近傍에서담또는建物을築造하거나修繕하기爲하여必要한範圍內에서이웃土地의使用을請求할수있다 그러나이웃사람의承諾이없으면그住居에들어가지못한다

②前項의境遇에이웃사람이損害를받은때에는補償을請求할 수 있다

I. 法編委[26]   1. 의사록   제5. 所有權 […]

   (3)「相隣者는 國民 共同生活의 圓滑한 經營을 爲하여 以下 數條의 權利를 享有하며 負擔과 義務를 다하여야 한다」 이것은 例를 들면 土地의 所有者가 故意 또는 重大한 過失 없이 彊界를 넘어 工作物을 築造한 境遇에 있어서 隣地의 所有者가 이를 認識하였음에도 不拘하고 直時로 異議를 하지 않았을 때에는 그 工作物의 除去 또는 變更을 請求하지 못하고 土地의 買上請求 또는 損害賠償의 請求만을 할 수 있게 하는 것 等이다

   右 原案을 可決通過하다

   2. 編纂要綱   物權法要綱   五. 所有權

      3. 相隣權에 關한 現行法을 國民 共同生活의 圓滑을 期하기에 一層 適切하도록 修正할 것

---

26) 그 내용은 상린관계에 관한 민법 제216조 이하의 규정에 간접적으로 영향을 주었을지 모르나(다만 경계선 부근의 건축에 관한 민법 제242조(민법안 제232조)에 대하여는 뒤의 449면 이하 참조), 명확하게 직접적으로 규정되지 아니하였다.

相隣者는 國民 共同生活의 圓滑한 經營을 爲하여 以下 數條의 權利를 享有하며 負擔과 義務를 다하여야 한다. 例 [그 內容은 1. (3)]

Ⅱ. **案**　　　제204조　[다만 제1항은 "…그近傍에서墻垣(장원)또는建物을…"이라고 한다]

Ⅲ. **審議錄**, 136면 상단 ~ 하단

　　2. 現行法 및 判例, 學說　　現行法 제209조와 同一하다.

　　3. 外國 立法例　　① 中民 제792조　　土地의所有者는隣地의所有者가 그疆界또는近傍에있어建築物을營造또는修繕하기爲하여그土地를使用할必要가있 는때는隣地所有者에대하여그土地의使用을許諾하여야한다　但그로因하여損害를 받을때는償還을請求할수있다

　　② 滿民 제208조　　草案과 同一

　　6. 審議經過　　「墻垣」을 「담당[담장]」으로 字句修正

　　7. 結 論 : 字句修正 外 原案에 合意

Ⅳ. **법사위 수정안**　　(51) 제204조中「墻垣」을「담장」으로修正한다(本案中以 下同一하다)

Ⅷ. **제2독회**, 속기록 제46호, 16면 상단

　　○ 法制司法委員長 代理(張暻根) : [민법안 제204조 낭독] 그런데 여기에 도 字句修正입니다. 204조에 「牆垣」이라는 것은 너무 漢文으로 도무지 알기 어 려운 字가 되어서 아주 「담장」으로 修正하자는 것입니다.[27]

＊＊ 월경건축에 관한 민법안 제205조

Ⅱ. **案**　　　제205조　土地所有者가故意나重大한過失없이境界를넘어工作物을築 造한境遇에隣地所有者가이를알고遲滯없이異議하지아니한때에는工作物의除 去나變更을請求하지못한다

　　　前項의境遇에隣地所有者는工作物所有者에對하여境界를넘은部分의土地 買取를請求할수있고損害賠償을請求할수있다

---

27) 나중의 정리과정에서 여기서의 '담장'은 '담'으로 되었다.

Ⅲ. **審議錄**, 136면 하단 ~ 137면 상단

2. 現行法 및 判例, 學說   現行法에는 없고 新設 條文이다.

3. 外國 立法例   ① 獨民 제919조   土地所有者가그責任에任할故意
또는重大한過失없이疆界線을蹂越하여建[137면]物을築造한때는隣地의所有者는
그侵害建造物을忍容하여야한다 但土地所有者가疆界線蹂越前또는直後에異議를
陳述한때는그렇지않다

隣地所有者는賠償으로써地代를支拂하여야한다 地代額에關하여는疆界線
蹂越時를基準으로한다

② 中民 제796조   土地所有者가家屋建築에關하여疆界를蹂越한境遇에있
어隣地所有者가그越界를알고卽時異議를提出하지않는때는그建築物의移去또는變
更을請求할수없다 但土地의所有者에對하여相當한價格으로서越界部分의土地購
買를請求할수있다 損害가있는때는아울러賠償을請求할수있다

③ 滿民 제221조   草案과 同一하다

6. 審議經過   相隣關係를 調節하는 意味에서 至極히 進步的인 規定이
라고 할 것이나 韓國의 實情에 비추어 權利의 濫用을 招來할 念慮가 있을 뿐
아니라 때에 따라서는 相隣關係를 惡化시키고 紛爭을 激化할 憂慮가 있으므로
削除함이 妥當하다.

7. 結 論 : 全文 削除하기로 合意

Ⅳ. **법사위 수정안**   (52) 제205조를 全文削除한다

Ⅴ. **意見書**, 87면 (崔栻)

[54] 草案 제205조를 削除한 修正案 (52)에 贊成한다.

[이 유]   草案 제205조는 獨民法의 所謂 侵界建築物(Grenzüberbau)에 關
한 規定을 模倣한 것이다. 境界線 附近의 工作物 建造에 關한 相隣關係를 規律
하는 民法 제234조(案 제232조)는 建物이 境界線을 넘은 경우에 關한 規定이
아닌 데 對하여, 案 제205조는 境界를 侵犯하여 建築된 工作物에 關한 規定이
다. 獨民法에서는 그 제912조 乃至 제916조에서 이에 對한 詳細한 規定을 하고
있는데, 要言하면 隣地 所有者는 곧 異議를 陳述치 않는 限 故意 또는 重大한
過失 없이 建設된 境界 蹂越의 建物을 除去케 할 수 없고 다만 償金을 請求 또

는 其 踰越部分의 土地의 買取를 請求할 수 있을 뿐이다. 元來 羅馬法에서는 侵
界建築은 絶對로 容認되지 않았고 우리 現行法에도 何等의 規定이 없으므로 마
찬가지로 解釋되고 있는데, 獨法은 社會經濟的인 立場에 重點을 두고 이것을
認定하고 있는 것이고 所有權에 對한 重大한 制限임이 明白하다. 建造된 工作
物을 除去한다는 것은 社會經濟上 重大한 損失임에는 틀림없으나, 現下 우리나
라의 社會實情에 鑑하여 생각컨대, 이러한 所有權에 對한 重大한 制限을 加함
으로써 惹起될 混亂은 明若觀火이고 또 우리 社會의 正義感에도 呼訴할 바 없
다고 할 것이다. 이러한 點으로보아 修正案 (52)가 案 제205조를 削除한 것은
安當하다고 본다.

Ⅷ. 제2독회, 속기록 제46호, 16면 상단 ~ 중단28)

　　○ 法制司法委員長 代理(張暻根) : [민법안 제205조 낭독] 이것은 法制司
法委員會의 修正案으로서는 이 條文을 削除하자는 것입니다. 全文 削除하자는
것입니다. 그것은 왜 그런고 하니 이것 소위 商人[相隣]關係인데 商人關係를 調
節하는 意味에서 進步的인 것과 같은 條文입니다만 이것을 韓國의 實情에 //
비추어서 볼 적에 權利濫用을 招來할 憂慮가 있습니다.

　　또 때에 따라서는 商人[相隣]關係를 惡化시키고 오히려 紛爭을 激化시키는
憂慮가 있습니다. 지금 옆집에서 … 옆집에 들어와서 일을 … 工事를 始作했을
적에 普通은 좀 善한 사람은 웬만하니까 간단한 것 같은 줄 알고 그대로 容認
했다가 한번 조금 가만히 서서 默認만 하더라도 나중에는 그것을 撤去하라든지
이런 請求도 할 수 없게 된다는 것은 이것은 너무나 損失을 받는 것을 强要하
는 것이 되기 때문에 이 條文은 너무 좀 過한 條文이 아닌가 해서 이것을 削除
하자는 것입니다.

제217조 (煤煙等에依한隣地에對한妨害禁止) ①土地所有者는煤煙,熱氣體,液
體,音響,振動,其他이에類似한것으로이웃土地의使用을妨害하거나이웃居住者
의生活에苦痛을주지아니하도록適當한措處를할義務가있다

　②이웃居住者는前項의事態가이웃土地의通常의用途에適當한것인때에는이

---

28) 민법안 제205조의 삭제에 대하여는 뒤의 민법 제218조 Ⅷ.의 제2독회 논의(421면 이하)도
　　참조.

를忍容할義務가있다

Ⅱ. **案**   제206조   土地所有者는煤煙,熱氣體,液體,音響,振動,其他이에類似한
것으로이웃居住者의生活에苦痛을주지아니하도록適切한措處를할義務가있다
[제2항은 민법과 같다]

Ⅲ. **審議錄**, 137면 상단 ~ 하단

   // 2. 現行法 및 判例, 學說   現行法에 規定 없고 新設 條文이다.

   3. 外國 立法例   ① 獨民 제906조   土地所有者는瓦斯,蒸汽,息氣煙,
媒熱,音響,振動의侵入其他他人의土地로부터오는類似한干涉이土地使用을妨害치
않으며또는妨害가僅少한때或은土地의場所的關係上他人의土地의通常의使用에其
因하여生한것인때는이를禁止할수없다 但 이러한侵入이特別의誘導로因한것인때
는그렇지않다

   ② 瑞民 제686조 제2항   煤煙不快한氣體音響또는震動에서생기는侵害로
써土地의位置및臭性質上또는隣人이認容하지아니하면안될範圍를넘은者는特히이
를禁한다

   ③ 中民 제793조   土地의所有者는他人의土地의瓦斯,蒸汽,臭氣,熱煙,熱
氣,灰屑,喧騷,振動및其他이와相類한것이侵入한때는이를禁止할수있다 但侵入이
輕微하거나또는土地의形狀地方慣習에의하여相當하다고認定되는때는그렇지
않다.

   6. 審議經過   ① 土地所有者를 土地建物所有者로 하는 問題 ― 本條는
土地所有者의 相隣權에 關한 것이기 때문에 草案대로 두는 것이 可하다.

   ② 이웃居住者의 生活에 苦痛을 주는 境遇만을 規定할 것이 아니라 이[138
면]웃土地에 損害를 주는 境遇도 規定함이 如何.

   ③ 제1항 中「類似한것으로」의 다음에「이웃土地의使用을妨害하거나」를 揷
入함에 合意한다.

   7. 結 論: 前記 修正 外에 原案에 合意

Ⅳ. **법사위 수정안**   (53) 제206조제1항중「類似한것으로」의다음에「이웃土
地의使用을妨害하거나」를揷入한다

Ⅷ. **제2독회**, 속기록 제46호, 16면 중단 ~ 하단

　　○ 法制司法委員長 代理(張暻根) : [민법안 제206조 낭독] 이것은 所謂 獨逸民法에 「이밋숀애리[Immission]」라는 문제인데 이 獨逸民法 906조 瑞西民法 684조 中國民法 793조 等에 있습니다. [법사위 수정안 (53) 낭독] // 그것은 왜 그런고 하니 이웃居住者의 生活에 苦痛을 주는 境遇만 規定할 것이 아니라 이웃 土地 自體 居住者만이 아니라 土地 自體에 損害를 주는 境遇도 이것을 規定하는 것이 옳다고 생각합니다. 또 獨逸民法 96조도 그렇게 規定이 되어 있습니다. 그렇기 때문에 이 좀 빠진 感이 있어서 이것을 넣자는 것입니다.

제218조 (水道等施設權) ①土地所有者는他人의土地를通過하지아니하면必要한水道,疏水管,까스管,電線等을施設할수없거나過多한費用을要하는境遇에는他人의土地를通過하여이를施設할수있다　그러나이로因한損害가가장적은場所와方法을選擇하여이를施設할것이며他土地의所有者의要請에依하여損害를補償하여야한다

　　②前項에依한施設을한後事情의變更이있는때에는他土地의所有者는그施設의變更을請求할수있다　施設變更의費用은土地所有者가負擔한다

Ⅱ. 案　　　제207조　土地所有者는公共生活에必要한水道,疏水管,까스管,電線等이그所有地를通過하여施設됨을忍容할義務가있다　그러나그施設이그土地를通過하지아니하면아니되거나過多한費用을要하는境遇에限한다

　　　前項의境遇에土地所有者는損害의補償을請求할수있다

Ⅲ. 審議錄, 138면 상단 ~ 139면 상단

　　2. 現行法 및 判例, 學說　　　現行法에는 規定이 없고 新設 條文이다.

　　3. 外國 立法例　　①瑞民 제691조　　土地의所有者는이로말미암아생길損害의充分한賠償의先拂을받았을境遇에는水道,疏水管,瓦斯管等또는地上管下의電線이그所有地를通過하여서敷設될[것]을忍容할義務를갖는다　但그敷設이그土地를通過하지않으면아니되거나또는過多한費用이드는境遇에限한다　相隣權에依한通過敷設權은州法또는聯邦法이公用徵收에依할뜻을定하였을境遇에는行使할수없다　本條의通過敷設은權利者가이를請求한때는그費用으로써土地登記簿에登記된다

② 中民 제786조　　　土地의所有者는他人의土地를通過하지않으면電線水管瓦斯또는其他筒管을敷設할것[수]없거나또는敷設[할수있더라도過分한費用을要하는때에는他人의土地를通過하여이를敷設할수있다. 但그損害가가장작은場所및]方法을選擇하여이를할것이며償金을支拂하여야한다

　　　前項의規定에依하여電線水管瓦斯管또는其他의筒管을敷設한後事情에變更이있는때는他土地의所有者는그敷設의變更을請求할수있다 //

　　　前項의敷設變更의費用은土地의所有者에있어서負擔한다　但다른慣習이있는때는그慣習에따른다

　6.　審議經過　　　①「公共生活의必要」를　要件으로　規定함은　不必要하다. 公共生活에　必要한　것만에　局限할　것이　아니라　私生活의　境遇도　認定하여야한다.

　　　② 他人의　所有地에　本條의　施設을　함에　있어서　損害가　最少한　場所 및　方法을　選擇하여　施設하여야　하도록　規定함이　可하다.(中民 제78[786]조　參照)

　　　③ 施設 後　事情變更된　境遇에도　施設變更請求權을　認定함이　可하다.(中民 제786조　參照)

　　　④ 損害補償을「미리」하도록　하는　問題에　關하여 ― (1) 土地所有者가「미리」損害를　補償하여야　한다는　것은　不當하다. 萬一「미리」補償한다면　民法案中 損害賠償 全部를「미리」補償하도록　하여야　할　것이며　그렇지　않다면　本條의境遇만은「미리」補償하도록　하므로　特例를　만드는　結果를　招來하여　不當하다.

　　　(2) 韓國의　實情에　비추어　立法政策上「미리」補償하도록　하여야　한다. 公共機關이　施設을　하는　境遇에는「미리」補償한다는　規定이　없으면　一般 國民은　補償問題를　中心으로　公共團體와　다투지　못할　것이다.

　　　以上의　兩 意見이　있었으나, 草案을　그대로　두기로　合意하였다.

　　　⑤ 本條를　다음과　같이　修正한다.

　　　「土地의所有者는他人의土地를通過하지아니하면必要한水道,疏水管,까스管,電線等을施設할수없거나過多한費用을要하는境遇에는他人의土地를通過하여이를施設할수있다　그러나이로因한損害가가장적은場所와方法을選擇하여이를施設할것이며他土地의所有者의要求에依하여損害를補[139면]償하여야 한다

　　　前項에依한施設을한後事情의變更이있는때에는他土地의所有者는그施設의變更을請求할수있다 施設變更의費用은土地所有者가負擔한다

7. 結 論 : 前記 修正案에 合意

Ⅳ. **법사위 수정안**   (54) 제207조를다음과같이修正한다 [그 내용은 앞의
Ⅲ. 6. ⑤]

Ⅴ. **意見書**, 87면 ~ 88면 (崔栻)

[55] 草案 제207조 제208조는 各各 修正案에 贊成한다.

[이 유]   (1) 案 제207조가 [민법안 제207조 옮겨 적음]라고 規定한 것
을 修正案에 上記의 兩者를 合하여 [법사위 수정안 (54) 옮겨 적음]라고 修正하
였는데, 大略 같은 趣旨이나 法文의 體裁上 修正案이 좋다고 할 수 있고 또 施
設場所와 方法에 關하여 公平한 指示를 한 것도 修正案 쪽이 適當하다고 할 수
있다.

또 제2항을 新設하여 「前項에 依한 施設을 한 後 事情의 變更이 있는 때에
는 他 土地의 所有者는 그 施設의 變更을 請求할 수 있다. 施設 變更의 費用은
土地所有者가 負擔한다」고 規定함으로써, 事情變更時에 兩者를 公平히 取扱하
여 必要한 最小限度에서 所有權을 制限한다는 相隣關係에 있어서의 精神을 나
타내고 있는 것도 妥當하다고 하겠다.

이 條文은 案 제206조(이것은 獨民法 제906조의 不可量物質의 侵入에 關한
規定에 따르는 것이다)와 같이 新設된 條文인데, 民法 制定時에 豫想치 못했던
現今의 社會生活의 實情下에 그 必要를 느끼게 된 것을 이 兩 條文이 規定한
것으로 時宜에 맞는 適當한 措置라고 하겠다. […]

Ⅷ. **제2독회**, 속기록 제46호, 16면 하단 ~ 20면 하단

○ 法制司法委員長 代理(張暻根) :   [민법안 제207조 및 법사위 수정안
(54) 낭독] 法制司法委員會 修正案은 이것은 結局 이것 水道 等 施設에 관한 權
利인데 […] [17면] 이것은 무엇인고 하니 이 草案에 「公共生活에 必要한」 水道
… 라는데 이것 좀 曖昧합니다, 意味가 … 왜 水道施設하는데 그 家族의 利益을
위해서 할 적에도 이것을 할 수 있는 것인데 「公共生活에 必要한」 이러한 文句
가 있어서 이것은 좀 誤解를 하시기가 쉽기 때문에 그 文句를 빼는 意味에서
이것을 修正하자는 것이고 또 하나는 이 修正文에 있으면 … 「이로 因한 損害
가 가장 적은 場所와 方法을 選擇하자」고 이 文句를 넣을 必要가 있습니다. 왜
그런고 하니 남의 집을 通過해서 水道를 놓는다 하더라도 놓을 權利가 있다 해

가지고 남에게 損害를 많이 끼치는 남의 뜰에 가장 重要한 데를 갖다가 通過시
키면 안 될 것입니다. 그 利用받는 그 土地所有者의 가장 便하고 損害가 적은
方法으로 해야 될 것입니다. 規定을 할 必要가 있기 때문에 이 條文에 이러한
文句를 넣어 주자는 意味에서 이 修正案을 提出한 것입니다. 中國民法 786조도
이런 文句가 있습니다. 이런 損害가 가장 적은 場所와 方法을 通해서 남의 땅에
그 水道를 놓으라는 것입니다.

　　○ 副議長(李在鶴) :　제207조 法制司法委員會의 修正案에 異議 없으세
요?　　　(「議長!」 하는 이 있음)　　　異議 있으세요?

　　○ 朴永鍾 議員 :　이 문제가 法律家의 領域에 屬하는 문제이고 또 彼此에
專門家가 아닐지라도 여기에서 생겨지는 疑念에 대해서 默過하고 갈 수 없는
것입니다. 여기에 207조 여기까지 있어서 前 或은 前前條 其他 關與된 이 여러
조항을 볼 때에 土地所有者와 그 使用者의 相互關//係에 있어서 여러 가지 規
定이 있는 것입니다. 아까 議長이 通過를 시키실 때에 異議가 없읍니까? 해가
지고 뒤에 앉은 사람이 도무지 말할 간방을 주지 않고 通過를 宣布해 버렸기
때문에 참 困難한 일이 있었습니다마는 어쨌든 여기에 있어서 이 土地의 所有
者의 權利와 或은 使用者의 不當한 惡意와 故意的인 或은 重大한 過失이 없는
境遇 그 正當한 權益에 대한 保障 이러한 關係의 그 精神은 조항은 다를지언정
그 精神은 公平的이고 均等해야 할 것입니다. 따라서 이 207조를 지금 通過시
킬려고 하는 무렵에 저는 여러분의 注意를 喚起하건대 205조의 境遇와 한번 對
照해서 생각해보아 주십사 그것입니다.

　　지금 보고 계시는 張暻根 議員에게 特히 그에 대한 解明을 付託드립니다마
는 지금 207조에 있어 가지고 그 公共生活에 必要한 施設의 境遇가 여기에 例
示되었습니다.

　　公共生活의 必要한 境遇에 있어 가지고 그 施設을 … 施設하는 그 機關 市
廳이든지 地方 或은 自治團體의 其他 官公廳이든지 莫論하고 何如튼 이것은
205조에 있어 가지고의 故意나 重大한 過失 없이 境界를 넘어 가지고 工作物을
築造하는 어떠한 市民 이 境遇와 나는 對等하게 考慮하는 바이올시다.

　　그런데 그 205조에 있어 가지고 故意나 重大한 過失 없이 境界를 넘어가지
고 工作物을 築造한 境遇에는 그 隣地所有者가 이를 알고 遲滯없이 異議하지
아니한 때에는 工作物의 除去나 變更을 請求하지 못한다, 이 精神이 果然 지금

// 正當한 것이라고 할진대는 207조에 있어서 지금 現在의 이 條文의 精神과 나는 均等하지 못하지 않는가 나는 이렇게 보아요. 왜 그러냐. 假令 垈地의 使用者 205조에 있어서 그 前者의 205조에 있어서 土地의 使用者의 境遇는 어떠한 지금 情密한 程度를 가지고 이 土地의 使用에 臨하고 있느냐 그 사람은 적어도 그 工作物을 施設할려고 하는데에 있어서 設計라고 하는 것을 作成하고 있습니다. 設計라고 하는 것을 作成하는 市民과 漠然하게 公開된 土地를 갖다가 自己가 文書上으로 이 土地는 내 것이다 繼續 所有權을 가지고 있는 것과는 그 知能의 支拂에 있어 가지고 精密度가 아주 天地의 差異가 있는 것입니다 뿐만 아니라 工作物을 施設하는 그 市民은 벌써 官廳에 來往하면서 建築許可를 얻게 됩니다.

따라서 그 다음은 모든 法規에 대해서까지 精神을 細密하게 支拂해 가면서 이 工作物을 施設해 가는 것입니다. 一方 그 土地所有者는 아무런 精密한 精神의 支拂이 없이 다만 漠然하게 이 土地는 이 面積은 내 것이다 하고 가지고 있고 安心하고 或은 때에 따라서는 放心狀態 때에 따라서는 旅行 或은 病으로 入院 때문에 妻子가 無識한 妻子가 집을 지키고 있을 수도 있고 父母가 다 外出하기 때문에 어린아이 혼자만 집을 지키고 있을 수도 있는 것입니다. 若干 期間 말입니다. 그러니까 이런 때에 있어 가지고까지라도 지금 이 使用者가 말입니다 故意나 重大한 過失 없을 境遇에 있어 가지고 그 權益이라고 하는 것이 必要 以上으로 保障되는 條文으로 이 205조[18면]는 그 議長의 速急한 通過宣布로써 落着되고 말았다 말씀이에요. 外樣으로 볼 때에는 207조의 土地所有者의 關係와 公共施設과의 이러한 關係에 있어 가지고 그 土地所有者의 權益을 保護하는 데에 있어서 前項의 境遇에 土地所有者는 損害의 補償을 請求할 수 있다 前項의… 207조 … 207조에는 지금 現在 原案에 前項의 境遇에 土地의 所有者는 損害補償을 請求할 수 있다, 207조에 이렇게 되어 있는데 이것과 똑같은 그 對照가 될 그러한 境遇에 있어 가지고 土地所有者의 權利를 갖다가 205조에서 아까 削除해 버렸다 그 말씀이에요.

205조에서 削除한 그 點에 대해서 저는 異議를 말할려고 했지마는 그대로 通過되었기 때문에 何如튼 저는 法의 專門家가 아니므로 여러분이 대강 異議가 없다고 넘어가시는 데에 있어서는 別로 再論하지 않으려고 보고 있었습니다마는 207조에 있어 가지고 前項의 境遇에 土地所有者는 損害의 補償을 請求할 수

있다 이렇게 되니 그 精神에 있어서 均等히 해갈려고 할 것 같으면 당연히 207
조인 前項의 境遇에 土地所有者는 損害의 補償을 請求할 수 있다, 이것을 削除해
야 될 것입니다.

왜 이 207조의 內容만 가지고 볼지라도 이것은 公共施設이기 때문에 異議
가 없는 것이요 또 그 土地에 반드시 通過해야만 할 그런 境遇이기 때문에 不
可避한 事情인 것입니다. 이러한 境遇에 있어가지고 어떻게 해서 損害賠償을
要求할 수가 있느냐 이러한 境遇에서까지라도 損//害賠償을 要求할 수가 있다
이렇게까지 土地所有者의 利益을 保障해주고 있는 이 精神은 205조라고 하는
것이 通過되었다고 할지언정 이것은 法의 均等上 當然히 飜覆되어 가지고 飜案
되어 가지고 여기에 있어서 이 但項에 있어 가지고 그 所有者의 權利라고 하는
것이 回復되어야 할 것이 아니겠는가. 따라서 張暻根 議員과 議長 및 議員 여러
분에게 제가 要請하고 싶은 것은 어느 一方을 斷定하는 것이 아니로되 되도록
이면 저는 所有者의 權益을 保護해주는 그 方向을 저는 主張하는 立場입니다마
는 如何間에 所有者의 權利를 205조에서 그렇게 制限하고 나간다고 할 것 같으
면 207조에서는 이것은 公共施設이기 때문에 自動的으로 制限되어야 할 것이
當然이에요.

207조에서 이 所有者의 이러한 賠償要求權에 대해 가지고 權利를 保障해준
다고 할 때에 가서는 당연히 通過된 205조라고 하는 것이 소홀히 되었다는 것
을 認定하셔서 가지고 이 適切한 時期에 安當한 方法으로써 이 權利를 回復해 주
어야 쓰겠다는 것을 여기에서 말씀드리는 것입니다.

○ 法制司法委員長 代理(張暻根) : 205조를 削除한 것은 오히려 所有者를
保護하기 爲한 것입니다. 땅 隣地所有者가 와가지고 왜 境界線을 넘어서 自己
집에다가 무슨 집을 하나 짓든지 便所 하나를 짓는 데 있어서 이런 것을 조곰
보[모?]르고 가만히 默認했다고 해서 그 다음에 다시 撤去해라 하는 請求를 할
수 없다 이런 規定은 205조로 規定하는 것은 원所有者 侵害받는 // 所有者를
너무 所有者를 너무 保護하는 데 疎忽하지 않느냐, 그래서 이렇게 한 것이고
207조는 비슷하지만 다르슙[다릅]니다.

207조는 이거 어떤 집의 어떤 土地所有者한데다 그리고 水道나 下水道나
이거 必要한 것입니다 電線이라든지 「까쓰」關係라든지 이것은 정말 참 必要한
것입니다 絶對 必要한 것을 가져와야 되겠는데 그 남의 땅을 通過하지 않으면

費用이 굉장히 많이 들거나 또는 가져올 수 없는 境遇에 이것은 아무리 내 所有權이라 해가지고 主張할 수 없습니다. 그것은 좀 引用[忍容]할 問題이다. 그러나 이것은 좀 다르습니다. 205조의 境遇에는 그렇게 絕對 必要不可缺한 것은 아닙니다.

이 옆집에서 境界線을 모르기는 했다고 하지만 조곰도 過失이 없고 故意가 없다고 하지만 境界線을 넘어와서 그런 때에는 원 所有者…남의 집의 境界線을 모르고 넘어 왔다고 하더라도 이것은 나중에 좀 撤去해 달라고 그런 權利가 있어야 합니다. 撤去해 달라고 하는 要求할 權限이 없다고 하는 것은 너무 隣地만 保護하고 隣地所有者의 便宜만 생각하고 이 진짜 所有者 이 땅所有者를 덜 保護하기 때문에 이것을 205조는 좀 過하니까 이것은 없이 하자 이것입니다. 그런 것 水道나 「까쓰」나 이런 때에는 全然 內容이 事情이 다르습[다릅]니다 境界線을 넘어서 집을 하나 짓는다든지 이것과는 다르습[다릅]니다

[19면] (「議長」 하는 이 있음)

○ 副議長(李在鶴) : 朴永鍾 議員 말씀하세요

○ 朴永鍾 議員 : 法이라고 하는 것이 事理에 立脚한 것이지 別것이 없는 것입니다. 專門家의 말이라고 해 가지고 張暻根 議員의 그 모호한 說明에 있어 가지고 여러분이 滿足하신다면 이것은 重大한 過失에 落着될까봐 念慮합니다. 제가 아까 몇번 指摘한 그 點에 對해서 張 議員의 答辯이 없었습니다. 제가 말하는 것이 무엇이냐 하면 어떠한 同一한 土地를 지금 가지고 말할 때에 있어서 그 土地 위에다가 工作物을 施設하려고 하는 사람은 그 土地의 使用에 있어 가지고 極度의 精密한 腦를 支拂하고 있다는 이 말이에요. 1, 設計에서 2, 建築許可 等等 있기 때문에 그 土地를 갖다가 雇用當하는 사람이 自己 土地가 雇用當하지 않을려고 그 24時間동안 精神을 뻐개가지고 이렇게 具體的인 담을 갖다가 놔서만이 아니라 精神的으로부터 담을 쌓드키 이렇게 防禦하고 있을 問題가 아니라 남의 土地를 侵犯하지 않도록 그 自身이 操心해야 한다는 것입니다.

그럴 것 같으면 그 사람에 對해서 훨씬 더 制限的인 法이 있거나 그렇지 아니하고 참 故意가 아니고 惡意가 아니기 때문에 事後에라도 원 所有者 원 그 土地所有者에 對해서 賠償의 要求權을 認定해 주어야 할 것이 아닙니까?

가령 例를 들어서 말할 때에 어느 戶主나 世帶主가 旅行을 해서 長期間 집을 비어 두었다 그럴 때에 未成年의 兄弟間만 집을 지켜 가지고 // 있었다 그러

나 亦是 이것은 반드시 그 이웃집 사람이 世帶主나 戶主가 外出하고 있다거나 그런 것을 알 까닭이 없거든요. 그렇게 아무리 惡意나 故意가 없이 工作物을 施設할 수가 있다 그러면 옆집에서는 父母도 없고 어린 사람들만 있으니까 그에 對해서 撤去를 要求한 바도 없고 그 工作物의 施設을 完了할 때까지 아무런 異議를 申立한 바도 없고 그대로 있고난 다음에 나중에 알아가지고 法的 手續할 때에 가서는 … 法이라고 하는 것은 귀에 걸면 귀걸이 코에 걸면 코걸이라 해 가지고 그 이 遲滯없이 遲滯없이 … 異議를 하지 아니한 때에는 이것을 갖다가 24時間 遲滯없이냐 한달이 遲滯없이냐 半年이 遲滯없이냐 이래 가지고 거기에 가서 참 交涉 잘 하는 사람은 지금 얼마든지 法을 이리저리 利用해서 다 土地 같은 것도 뺏어 쳐 먹고 甚至於는 남의 損害賠償要求 같은 것도 여기서 싹 削除해 버렸으니까 弱한 者는 結局 抑壓當하는 대로 法을 아는 사람들이 다 奸計를 써가지고 弄奸하는 대로 犧牲 當할 것이 아닙니까?

그런데 그에 反해서 그것도 善意이다 故意가 아니다 해 가지고 保護해 준다는 것으로 205조를 通過시켜 가지고 다음에 207조를 볼 것 같으며는 이것은 所有者가 百萬名이 그 자리에 精神을 쓰고 있거나 눈을 24時間 1秒도 쉬지 않고 또록또록 뜨고 있거나 相關없이 이것은 公共施設이기 때문에 不可避요 제 理論은 그 土地의 地下를 通過하지 않고는 그 施設이 不//可能하기 때문에 이 것도 不可避요 따라서 아무도 이에 對해서는 妨害하거나 拒否하거나 或은 그 使用을 갖다가 何如튼 拒否할 立場에 서지 못한다 말씀이야. 卽 그 土地를 使用하는 것이 自動的인 것이다 그 말이에요 거의 自動的인 것이다 그 말씀이에요. 다만 一般 그 土地所有者에 참 私有財産의 所有權이라고 하는 어떤 基本精神을 살려두기 爲해서 土地所有者가 이러저러한 말을 할 수가 있다든지 或은 不可避한 境遇 以外에는 使用하지 말라든지 다음에 가서는 損害賠償을 請求할 수가 있다든지 이러한 것을 認定해 주는 것뿐이지 根本的으로 이것이 不可避한 事情에 있는 境遇라 말씀이에요. 이런 때에 있어서도 不可避한 事情인 때에 있어서도 이 土地 원所有者에 對한 損害賠償의 權利를 認定해 주고 있지 않습니까.

따라서 그럴 것 같으면 아까 前述한 바와 같은 205조에 있어서 極히 善意의 所有者 極히 善意의 所有者에 참 어떠한 社會에서 알지 못하는 옆집에서 알지 못하는 家庭 內部에 事情으로 因해 가지고 遲滯없이 異議를 申立하지 못한

境遇 또 알지 못해 가지고 工作物이 施設되어 버린 이런 境遇에 있어 가지고 兩者의 平和的으로 救護하는 데 있어서는 當然히 損害賠償이라는 것이 保護되어야 할 것이 아니냐. 다시 한번 强調하건대 同一한 土地를 使用할 때에 있어서 원 所有者는 가만히 房안에 들어 있어 가지고 아무 일이 없는가[20면]보다 해서 自己들이 무어 測量도 할 줄 모르고 그러니까 옆집이 오직이나 잘 알아서 自己 土地에다 工作物 할라 보아 이렇게 알아 가지고 그저 土地가 隣接이 되어서는 멋도 모르고 가만히 있지마는 土地를 使用하는 그 사람은 設計書를 할 때 가서 精密하게 머리를 쓰고 建築許可를 낼 때 精密하게 머리를 쓰기 때문에 그 使用者 工作物施設者 그 사람이 어디까지나 남의 所有物을 侵犯하지 않고 法을 侵害하지 않는 그러한 操心性 있는 注意 깊은 市民生活를 해야 할 義務가 있다 그것이에요. 따라서 205조에 있어 가지고 原所有者의 土地所有者로서 損害賠償權은 더우기 더 保障돼야 한다 그것입니다.

　　그 點에 對해서 나는 張暻根 議員의 答辯에 對해서 本議員으로서뿐아니라 後日에 어떤 사람이 그 記錄을 읽어 볼지라도 속기록上에 남는 答辯으로서 不充分한 것으로 알기 때문에 이 表決을 決定하기 前에 採決은 決定하기 前에 다시 한 번 說明을 要求합니다.

　　○ 法制司法委員長 代理(張暻根) :　이제야 朴永鍾 議員이 물으시는 뜻을 잘 알았습니다. 이 저 205조가요 이것입니다. 205조의 제1항을 削除하는 데 對해서는 朴永鍾 議員이 贊成하시는 模樣인데 原所有者를 保護해야 된다 이제 그렇게 되는 것인데 조곰 몰랐다고 해서 自己네 隣地의 所有로부터 境界線을 넘어가지고 自己 터 안에다가 便所를 짓는다든지 이런 것 했을 적에 아주 撤去 … 곧 遲滯없이 異議를 말하지 못했다고 해서 撤去 請求할 수 없다 하면 이것//은 정말 所有者 保護하는 데 缺陷이 있다고 해서 이제 205조를 削除하기로 했는데 그런데 이제 그런 境遇에 인제 무엇인고 하니 205조를 살린다고 하면 自己 터를 넘어 가지고 自己 터 境界線을 넘어 가지고 自己 터에 와서 집을 진 다음에도 이제 곧 異議를 곧 申立못한다고 그럴 것 같으면 그 다음에 撤去해 달라고 말합니다.

　　그러나 이것을 별게 하면 이것을 못하고 어떻게 되는고 하니 損害賠償만 請求할 수가 있어요.

　　내 몇 坪 … 열坪을 占領하고 있으니까 그 돈을 좀 내어야겠다 요것밖에 못한다는 얘기입니다. 撤去는 못하게 되어요. 그러나 이것을 없애게 되면 어떻게 되는고 하니 結果가 … 한便으로는 撤去請求도 할 수 있고 내 땅에다 왔으니까 이것 이 便所 치어버려다오 할 수도 있고 또 寬容해서 撤去를 請求 안할 때에는 그것 있는 것으로 말미암은 損害賠償 … 205조에 損害賠償을 請求할 수 있습니다.

이것은 條文이 없더라도 條文이 없더라도 이 不法行爲에 관한 條文에 依해서요 條文에 依해서 당연히 됩니다. 이제 그것이 못되는 것처럼 이것을 없애면 제2항의 경우에 損害… 제2항에 경우와 같은 경우에 損害賠償을 請求할 수 없는 것처럼 이제 생각하시는 모양인데 朴永鍾 議員이 … 그 念慮는 조금도 없습니//다. 이 두 가지 … 205조를 205조를 그대로 둔다고 하면 어떤 경우가 생기는고 하니 우리 터를 넘어서 境界線을 넘어서 우리 땅에다가 집을 지었을 때 곧 異議를 못한 경우에는 撤去를 請求 못해요. 賠償 請求만 할 수 있어요. 그러나 이 205조를 없애는 경우에는 두 가지 權利가 있습니다 撤去를 해달라고 그럴 權利도 있고 또 寬大하게 그것을 그대로 둔다고 할 때에는 損害賠償 請求할 수 있습니다.

그것은 條文이 없더라도요 一般條文에 依해서 不法行爲 條文에 依해서 됩니다. 그것은 念慮 안 하셔도 됩니다.

○ 副議長(李在鶴) : 그러면 207조에 法制司法委員會에 修正案에 異議 없으시지요? (「없소」 하는 이 있음) 네, 通過됩니다.

제219조 (周圍土地通行權) ①어느土地와公路사이에그土地의用途에必要한通路가없는境遇에그土地所有者는周圍의土地를通行또는通路로하지아니하면公路에出入할수없거나過多한費用을要하는때에는그周圍의土地를通行할수있고必要한境遇에는通路를開設할수있다 그러나이로因한損害가가장적은場所와方法을選擇하여야한다
②前項의通行權者는通行地所有者의損害를補償하여야한다

Ⅱ. 案 제208조 어느土地와公路사이에그土地의用途에必要한通路가없는때에는그土地所有者는公路에出入하기爲하여周圍의土地를通行할수있고必要한境遇에는通路를開設할수있다 그러나그土地를通行또는通路로하지아니하면

아니되거나 過多한 費用을 要하는 境遇에 限한다 [제2항은 민법과 같다]

Ⅲ. **審議錄**, 139면 상단 ~ 하단

2. 現行法 및 判例, 學說　　　現行法 제210조와 同旨이나 그 제2항은 削除하였다.

3. 外國 立法例　　① 獨民 제917조　　어느土地와公路사이에그土地의用法에따른使用에必要한通路가없는때는土地所有者는이瑕疵가除去될때까지必要한道路를施設하기爲하여土地使用을認容[忍容]할것을隣地所有者에請求할수있다 必要道路의方向및使用權의範圍는必要한境遇에는判決에依하여이를定한다

必要道路를通한土地所有者에對하여그損害賠償으로써地代를支拂하여야한다 제912조제2항제2단제914조제916조는이를準用한다

② 中民 제787조　　土地가公路와適宜한聯關이없음으로因하여通常의使用을할수가없는때는土地의 所有者는圍繞地를通行함으로써公路에이를수있다 但通行地의[가]이로因하여받는損害에對하여償金을支拂하여야한다 //

前項의境遇에있어通行權을갖는者는通行에必要한範圍內에있어그圍繞地의損害가最少한場所및方法을選擇하여야한다

③ 滿民 제209조　　어느土地와公路사이에그土地의用法에따른使用에必要한通路가없는때는그土地의所有者는公路에이르기爲하여圍繞地를通行하며또必要한때는通路를開設할수있다

前項의通行및通路開設은通行權을갖는者를爲하여必要하고또圍繞地를爲하여損害가最小限인場所및方法을選擇할것이다

④ 滿民 제210조　　通行權을갖는者는通行所有者가받은損害에對하여償金을支拂하여야한다 償金은通路開設을爲하여生한損害에對한것을除外하고1年마다이를支拂할수있다

6. 審議經過　　① 通路開設에 있어서는 損害가 最少한 場所와 方法을 取하도록 함이 可하다.(中民 滿民 參照)

② 本條 제1항을 다음과 같이 修正한다.

「어느土地와公路사이에그土地의用法에必要한通路가없는境遇에그土地所有者는周圍의土地를通行또는通路로하지아니하면公路에出入할수없거나過多한費用을要하는때에는그周圍의土地를通行할수있고必要한境遇에는通路를開設할수있

다 그러나이로因한損害가가장적은場所와方法을選擇하여야한다」

　　7. 結 論 : 前記 修正案에 合意

Ⅳ. 법사위 수정안   (55) 제208조제1항을다음과같이修正한다　[그 내용은 앞의 Ⅲ. 6. ②]

Ⅴ. 意見書, 87면 ~ 88면 (崔栻)

　　[55] 草案 제207조 제208조는 各各 修正案에 贊成한다.

　　[이 유]   […] [88면]

　　(2) 案 제208조의 規定은 現行 民法 제210조 乃至 제213조의 所謂 袋地[垈地]의 通行權에 關한 3個 條文을 1個條로 한 것인데, 修正案 (55)는 案 제208조 제1항을 法條文의 體裁에 맞도록 [법사위 수정안 (55) 옮겨 적음]고 規定하는 것으로 修正案 (55)에 贊成하는 바이다.

Ⅷ. 제2독회, 속기록 제46호, 21면 상단

　　○ 法制司法委員長 代理(張暻根) :　[민법안 제208조 및 법사위 수정안 (55) 낭독]　이것은 지금 民法案 政府案과 다른 點은 前段은 字句修正이고요, 後段은 아까 말씀드린 것과 미찬가지입니다. 207조에 관해서 修正한 것과 마찬가지입니다. 그러나 이로 인한 損害가 가장 적은 場所와 方法을 選擇하여야 한다, 이 條件을 넣자는 것입니다. 아까 206조에 대해서도 그 修正案이 通過되었으니까 그것과 같은 意味로 이것을 通過시켜 주시면 좋겠습니다. 中國民法 787조 2항도 같은 趣旨의 立法입니다.

제220조 (分割, 一部讓渡와周圍通行權) ①分割로因하여公路에通하지못하는 土地가있는때에는그土地所有者는公路에出入하기爲하여다른分割者의土地를 通行할수있다 이境遇에는補償의義務가없다

　　②前項의規定은土地所有者가그土地의一部를讓渡한境遇에準用한다

Ⅱ. 案   제209조

Ⅲ. 審議錄, 140면 상단 ~ 하단

2. 現行法 및 判例, 學說   [의용민법] 제213조와 同一한 趣旨이다.

3. 外國 立法例   ① 獨民 제918조   어느土地와公路間의從來通路가 所有者의任意行爲로因하여廢止된境遇에있어서는必要道路를認[忍]容할義務를生치않는다 土地一部의讓渡로依하여讓渡된部分또는保留될部分이公路와의通路를 遮斷한境遇에있어서는從來道路가存在한部分의所有者는必要道路를認容할義務를 진다 同一所有者에屬하는數回의土地中一地의讓渡는一部讓渡와同一하다

② 中民 제789조   土地의一部의讓渡또는分割로因하여公路에通치못하는 土地있음에이를때는公路에通치못하는土地所有者는公路에이르기爲하여單只讓受 人또는다른分割者의所有地만을通行할수있다

前項의境遇에있어서는通行權을갖는者는償金을支拂할必要가없다

③ 滿民 제211조   草案과 同旨이다.

7. 結 論 : 原案에 合意

제221조 (自然流水의承水義務와權利) ①土地所有者는이웃土地로부터自然히 흘러오는물을막지못한다

②高地所有者는이웃低地에自然히흘러나리는[흘러내리는]이웃低地에서必 要한물을自己의正當한使用範圍를넘어서이를막지못한다

Ⅱ. 案   제210조   土地所有者는이웃土地로부터自然히流下하는물을막지못 한다

Ⅲ. 審議錄, 140면 下단 ~ 141면 上단

2. 現行法 및 判例, 學說   現行法 제214조와 同一하다.

3. 外國 立法例   ① 瑞民 제689조   土地所有者는高地에서自然히흘 러오는물特히雨水解雪또는圍障되지않은泉流를받을義務를진다 自然의水路를變 更하여隣人에損害를끼칠수없다

下位의土地로서必要한水流는그上位의土地에있어서는안될限界에있어서 만이를阻止할수있다

② 中民 제775조   高地에서自然히흘러오는물은低地의所有者는이를妨阻 할수없다

高地에서 自然히 흘러오는 물로써 低地를 爲하여 必要한 것인 때는 高地의 所有者는 設令 그 土地의 必要에 因하여 그 全部를 防堵할 수 없다

③ 滿民 제212조　　　草案과 同一하다.

[141면]　6. 審議經過　　①「流下하는」을「흘러오는」으로 字句修正한다.

② 中民 제775조 제2항 瑞民 제689조 제3항에 準하는 條項 新設 問題 ─ 高地에서 흘러오는 물이 低地에서 必要한 때에 그것을 高地에서 막을 수 없다는 것은 當然한 일이므로 이를 規定하여야 한다.

③ 本條 제2항을 다음과 같이 新設한다

「高地所有者는 이웃 低地에 自然히 흘러나[내]리는 이웃 低地에서 必要한 물을 自己의 正當한 使用範圍를 넘어서 이를 막지 못한다」

7. 結 論 : 前記 修正案에 合意

Ⅳ. 법사위 수정안　　　(56) 제210조「流下하는」을「흘러오는」으로 修正하고 제2항을 다음과 같이 新設한다 [그 내용은 앞의 Ⅲ. 6. ③]

Ⅴ. 意見書, 88면 ~ 89면 (崔栻)

[56] 草案 제210조에 제2항을 新設하는 修正案 (56)에 贊成한다.

[이 유]　　草案 제210조는 高地로부터의 自然的 排水에 對하여 低地의 所有者의 承水義務를 規定한 現行 民法 제214조에 該當하는 것인데, 修正案은 제2항을 新設하여 [89면] [법사위 수정안 (56) 후반을 옮겨 적음]라고 規定함으로써 高地 所有者와 低地 所有者間에 물의 使用範圍의 調節을 企圖하고 있는 것으로 相隣關係에 있어서의 細心하고 必要한 措置라 하겠다.

Ⅷ. 제2독회, 속기록 제46호, 21면 상단 ~ 중단

○ 法制司法委員長 代理(張暻根) : [민법안 제210조 및 법사위 수정안 (56) 낭독]　이 修正案 제1항은 그 流下한다는 漢文字 쓰는 // 것보다 흘러 내린다는 字句修正하는 것이 … 알기 쉬운 文句를 修正하자는 뜻이고, 제2항은 新設은 이것 제1항 이 條文을 보면 높은 土地에서 물 흘러가는 것을 이것을 막으려고 할 것 같으면 윗 土地가 困難하니까 물 흘러가는 것을 그대로 引用[忍容]해라 하는 것입니다. 제2항은 그것과 反對입니다. 또 싫을 적에 받는 수도 있지만 아래 土地가 … 아래 土地에 물을 좀 내려 보내 주어야 될 경우가 있습

니다. 必要한 때 … 이렇게 윗 土地에서 다 所用 없이 다 먹어버리고 써버리면 困難하다, 쓴 以後의 나머지는 이리로 내려보내 주어야 된다. 이 條文도 同時에 相人[相隣]關係를 規定하는 데에는 反對의 경우도 規定할 必要가 있기 때문에 瑞西民法 689조 2항 775조 2항 이러한 立法例에 따라서 이것을 規定하자는 것입니다.

제222조 (疏通工事權) 흐르는29)물이低地에서閉塞된때에는高地所有者는自費로疏通에必要한工事를할 수 있다

Ⅱ. 案　　　제211조　[다만 "流下하는물이…"라고 한다]

Ⅲ. 審議錄, 141면 상단 ~ 하단

　　2. 現行法 및 判例, 學說　　　現行法 제215조와 同一한 趣旨이나 現行法에 「事變으로因하여」로 規定한 것은 不必要하므로 削除하였다.

　　3. 外國 立法例　　① 中民 제778조　　水流가事變으로因하여低地에있어阻塞한때는高地의所有者는自己費用으로써疏通에必要한工事를할수있다　但그費用負擔에關하여다른慣習이있을때는그慣習이따른다

　　② 滿民 제213조　　草案과 同旨 //

　　7. 結 論 : 原案에 合意

제223조 (貯水, 排水, 引水를爲한工作物에對한工事請求權) 土地所有者가貯水, 排水또는引水하기爲하여工作物을設置한境遇에工作物의破損또는閉塞으로他人의土地에損害를加하거나加할念慮가있는때에는他人은그工作物의補修, 閉塞의疏通또는豫防에必要한請求를할 수 있다

Ⅱ. 案　　　제212조

Ⅲ. 審議錄, 141면 하단 ~ 142면 상단

---

29) 민법안 제211조 맨 앞의 '유하하는'은 나중의 정리과정에서 '흐르는'으로 바뀌었다. 앞의 민법 제210조의 '유하하는'이 '흘러오는'으로 수정된 것과 궤를 같이한다.

　2. 現行法 및 判例, 學說　　現行法 제216조와 同旨이다.

　3. 外國 立法例　　① 中民 제776조　　土地에關하여貯水排水또는引水를爲하여設置한工作物의破潰阻塞으로因하여損害를他人의土地에미치게되며또는損害시킬念慮가있는때는土地의所在[有]者는自己費用으로써必要한修繕疏通또는豫防을하여야한다　但그費用負擔에關하여다른慣習이있는때는그慣習에따른다

　　② 滿民 제214조　　草案과 同旨이다. [142면]

　7. 結 論 : 原案에 合意

제224조 (慣習에依한費用負擔) 前2조의境遇에費用負擔에關한慣習이있으면 그慣習에依한다

Ⅱ. 案　　제213조

Ⅲ. 審議錄, 142면 상단

　2. 現行法 및 判例, 學說　　現行法 제217조와 同一하다.

　3. 外國 立法例　　① 中民, 滿民은 各 該當 조항에 挿入되어 있다.

　7. 結 論 : 原案에 合意

제225조 (처마물에對한施設義務) 土地所有者는처마물이이웃에直接落下하지 아니하도록適當한施設을하여야한다

Ⅱ. 案　　제214조 [다만 "…簷牙물이이웃에…"라고 한다]

Ⅲ. 審議錄, 142면 상단 ~ 하단

　// 2. 現行法 및 判例, 學說　　現行法 제218조와 同一한 趣旨이다.

　3. 外國 立法例　　① 中民 제707조　　土地所有者는家葺또는其他工作物을施設하여雨水를直接相隣의不動産에注瀉시킬수없다

　7. 結 論 : 原案에 合意

제226조 (餘水疎通權) ①高地所有者는浸水地를乾燥하기爲하여또는家用이나
農, 工業用의餘水를疎通하기爲하여公路, 公流또는下水道에達하기까지低地
에물을通過하게할수있다

②前項의境遇에는低地의損害가가장적은場所와方法을選擇하여야하며損害
를補償하여야한다

Ⅱ. **案**　　제215조

Ⅲ. **審議錄**, 142면 下段 ～ 143면 上段

2. 現行法 및 判例, 學說　　現行法 제220조와 同一하다.(但「損害補償」
規定은 新設)

3. 外國 立法例 [143면]　　① 瑞民 제690조　　上位의土地에서排水가
되고있을境遇에從前에이미自然의流水를받고있던下位의土地의所有者는그물을
받아야하며이에對하여賠償을請求할수없다　下位의土地의所有者가前項의排水때
문에損害를받는境遇에는上位의土地의所有者가自費로써下位의土地에걸쳐서引水
를할뜻을請求할수있다

② 中民 제779조　　草案과 同一한 趣旨이다

③ 滿民 제215조　　草案과 同旨이다.

7. 結 論 : 原案에 合意

제227조 (流水用工作物의使用權) ①土地所有者는그所有地의물을疎通하기爲
하여이웃土地所有者의施設한工作物을使用할수있다

②前項의工作物을使用하는者는그利益을받는比率로工作物의設置와保存의
費用을分擔하여야한다

Ⅱ. **案**　　제216조

Ⅲ. **審議錄**, 143면 上段 ～ 下段

2. 現行法 및 判例, 學說　　現行法 제221조와 同旨이다. //

3. 外國 立法例　　① 中民 제780조 및 滿民 제216조는 草案과 同旨이다.

7. 結 論 : 原案에 合意

제228조 (餘水給與請求權) 土地所有者는過多한費用이나勞力을要하지아니하고는家用이나土地利用에必要한물을얻기困難한때에는이웃土地所有者에게補償하고餘水의給與를請求할수있다

Ⅱ. **案**   제217조

Ⅲ. **審議錄**, 143면 하단 ~ 144면 상단

　　2. 現行法 및 判例, 學說   現行法에는 規定 없고 新設 條文이다.

　　3. 外國 立法例   ① 中民 제783조   草案과 同一하다.

　　② 滿民 제217조   草案과 同一하다. [144면]

　　7. 結 論 : 原案에 合意

Ⅴ. **意見書**, 90면 ~ 91면 (崔栻)30)

　　[59] 草案 제217조, 제220조 乃至 제225조는 削除하는 것이 可하다.

　　[이 유]   草案은 隣地餘水請求權에 關한 제217조, 公有河川에서의 引水權에 關한 제220조, 用水妨害排除請求權에 關한 제221조, 用水權 承繼에 關한 제222조, 제220조·제221조·제222조와 다른 慣習이 있을 때의 規定인 제223조, 共用源泉 및 水道에 關한 제224조, 源泉이나 水道에 對한 工事로 因한 損害에 對해서의 賠償請求權 乃至 原狀回復請求權에 關한 제225조의 7個 條文을 新設하고 있다. 여기에 對해서는 다음의 二方面에 있어서의 理由로써 削除를 要望한다.

　　(1) 民法의 所謂 相隣關係라는 것은 서로 隣接하는 不動産所有權 相互間의 權利義務를 規定하는 것이다. 隣接 不動産이 各各 完全히 使用되기 위하여서 各 所有權의 內容을 一定한 範圍에서 制限하면 各所有者가 一定한 範圍에서 協力할 義務를 負擔하여야 할 것이다. 이것은 所有權이 消極的인 制限을 받을 뿐만 아니라 積極的인 義務를 包含한다고 말할 수 있다. 이 隣接하는 不動産所有權의 共存의 目的을 위하여 생기는 所有權 內容의 擴張과 制限이 相隣關係의 內容인 것이며, 特히 所有權의 法律에 의한 制限이 그 特色이다. 그러나 이 相隣關係의 規定에 있어 가장 留意하지 아니하면 안 될 것은 隨時로 一時的으로 생기는 利用의 調節을 위하여 無制限으로 所有權을 制限하게 되면 아직도 民法

───────────
30) 이는 현석호 수정안 기타 입법과정에 반영되지 못하였다.

의 主柱가 되어 있는 所有權을 有名無實化할 憂慮가 極히 濃厚하다는 것이다. 또 土地所有權 相互間에 利用의 調節이라는 目的은 自由契約에 의하여 地役權을 設定함으로써 達成할 수가 있고, 또 時代의 變遷에 依한 新事態에 現行法으로 不充分할 때에는 權利濫用의 法理에 의하여도 同 目的을 達成할 수가 있으므로, 相隣關係에서의 規定에 있어서는 全般的인 必要性이라는 條件下에 利用의 調節의 最小限度의 要求만을 法定해야만 될 것이라고 생각한다. 現行 民法을 이러한 點에 비추어서 볼 때, 물에 關한 相隣關係(제214조 乃至 제222조)를 除外한 全部는 獨逸에서의 게르만慣習法을 明文化한 것으로 全般的이고 長久한 時日을 經過하여 慣習化한 것들이다. 草案의 제224조 [규정내용 옮겨 적음]는 規定을 볼 때, 이것이 果然 土地所有權의 利用調節을 目的으로 하는 相隣關係에 屬할 것인가를 不問에 붙이더라도 相隣關係에서 規定하지 아니하면 안 될 必要性이 있을 것인가를 저으기[적이] 疑心하지 아니할 수 없다.

　　[91면] (2) 물에 關한 相隣關係(民法 214조 乃至 222조)를 現行法이 規定하고 있는 데 對하여, 獨法은 一般的인 規定을 避하고 各 地方實情에 맞는 取扱을 하기 위하여 各州法에다 一任하고 있는 態度가 可하다고 생각하나, 民法改正要綱에서, 大陸法系의 시스팀을 取하되 主로 獨民法에 依據한 「現行 民法의 規定을 基礎로 하여」「爲先 必要한 限度에 있어서」 改定 또는 新設한다는 改正方針도 있으므로 이것을 여기에서는 不問하기로 하나, 新設 7個 條文이 다 물에 關한 것이므로 亦是 論評이 必要하다고 생각한다.

　　土地所有權의 利用調節을 하는 相隣關係에서 流水 等을 取扱하고 있는 現行法의 態度로부터 推測컨대 流水라는 것을 土地의 一部(構成部分)로 取扱하고 있는 것 같은 印象을 받는다. 그러나 물에는 地表水와 地下水가 있는데, 前者는 公共用水로서 土地所有權의 內容이 아님은 分明하고, 後者 地下水는 이를 다시 細分하여, 地下流水, 地下溜水 및 岩石間 浸透水로 나눌 수 있다. 이 중 地下流水는 地表水 地下水의 差異는 있으나, 亦是 公共用水로서 土地所有權의 內容이 아니라 하지 아니하면 안 될 것이고 단지 地下溜水와 岩石間 浸透水만이 그렇다 할 것이다. 이러한 點으로부터 말하면, 流水나 泉源을 土地所有權에 關한 相隣關係에서 規定하여 姑息的인 取扱을 할 것이 아니고, 이것을 따로 統一的으로 規定하여, 물에 關한 關係가 混亂하고 있는 現狀態로부터 나아가서, 流水權·泉源權을 明確히 確立하는 方向을 取하는 것이 妥當하지 않을까 한다. 여

기에는 勿論 물에 關한 全國的인 慣習의 徹底한 調査라는 難事業이 隨伴해야
되지만.

以上의 (1)과 (2)로부터 前記 新設된 7個 條文의 削除를 要望한다.

제229조 (水流의變更) ①溝渠其他水流地의所有者는對岸의土地가他人의所有
인때에는그水路나水流의幅을變更하지못한다

②兩岸의土地가水流地所有者의所有인때에는所有者는水路와水流의幅을變
更할수있다 그러나下流는自然의水路와一致하도록하여야한다

③前2항의規定은다른慣習이있으면그慣習에依한다

Ⅱ. 案　　제218조

Ⅲ. 審議錄, 144면 상단 ~ 하단

2. 現行法 및 判例, 學說　　現行法 제219조와 同一한 趣旨이다.

3. 外國 立法例　　① 滿民 제218조　　草案과 同一하다.

② 中民 제784조 草案과 同一하다.

// 7. 結 論 : 原案에 合意

제230조 (堰의設置, 利用權) ①水流地의所有者가堰를設置할必要가있는때에
는그堰을對岸에接觸하게할수있다 그러나이로因한損害를補償하여야한다

②對岸의所有者는水流地의一部가自己所有인때에는그堰을使用할수있다
그러나그利益을받는比率로堰의設置保存의費用을分擔하여야한다[31]

Ⅱ. 案　　제219조

Ⅲ. 審議錄, 144면 하단 ~ 145면 상단

2. 現行法 및 判例, 學說　　現行法 제222조와 同一하다.

3. 外國 立法例　　① 中民 제785조　　水流地의所有者가防築을設置할
必要가있는때에는그防築을對岸에附着시킬수있다　但이로因하여生한損害에對하

---

31) 민법을 공포하는 관보에는 '設置'와 '保存' 사이에 쉼표가 들어 있지 않다.

여는 償金을 支拂하여야한다

　　對岸의 所有者는 水流地의 一部가그所有者에 屬할때는前項의防築을 使用할
수있다 但그受益程度에應하여該當防築의設置및保存費用을負擔하여야한다

　　제2항의境遇에있어서다른慣習이있는때는그慣習을따른다

　[145면]　7. 結 論 : 原案에 合意

제231조 （公有河川用水權）①公有河川의沿岸에서農,工業을經營하는者는이에利用하기爲하여他人의用水를妨害하지아니하는範圍內에서必要한引水를할수있다

②前項의引水를하기爲하여必要한工作物을設置할 수 있다

Ⅱ. 案　　　제220조

Ⅲ. 審議錄, 145면 상단

　// 2. 現行法 및 判例, 學說　　現行法에는 規定이 없고 新設 條文이다.

　7. 結 論 : 原案에 合意

Ⅴ. 意見書, 90면 ~ 91면 (崔栻)

　[59] 草案 제207조, 제220조 乃至 제225조는 削除하는 것이 可하다.[32]

제232조 （下流沿岸의 用水權保護）前條의引水나工作物로因하여下流沿岸의用水權을妨害하는때에는그用水權者는妨害의除去및損害의賠償을請求할수있다

Ⅱ. 案　　　제221조

Ⅲ. 審議錄, 145면 상단 ~ 하단

　// 2. 現行法 및 判例, 學說　　現行法에는 規定이 없고 新設 條文인바
過去 [朝鮮]高等法院 判例도 이렇게 되어 있다.

　7. 結 論 : 原案에 合意

---

32) 앞의 민법 제228조 Ⅴ.(436면 이하) 참조.

Ⅴ. **意見書**, 90면 ~ 91면 (崔栻)

[59] 草案 제207조, 제220조 乃至 제225조는 削除하는 것이 可하다.33)

제233조 (用水權의承繼) 農,工業의經營에利用하는水路其他工作物의所有者나蒙利者의特別承繼人은그用水에關한前所有者나蒙利者의權利義務를承繼한다

Ⅱ. **案**   제222조

Ⅲ. **審議錄**, 145면 하단 ~ 146면 상단

2. 現行法 및 判例, 學說   現行法에는 規定이 없고 新設 條文이다. [146면]

7. 結 論 : 原案에 合意

Ⅴ. **意見書**, 90면 ~ 91면 (崔栻)

[59] 草案 제207조, 제220조 乃至 제225조는 削除하는 것이 可하다.34)

제234조 (用水權에關한다른慣習) 前3조의規定은다른慣習이있으면그慣習에依한다

Ⅱ. **案**   제223조

Ⅲ. **審議錄**, 146면 상단

2. 現行法 및 判例, 學說   現行法에는 規定이 없고 新設 條文이다.

7. 結 論 : 原案에 合意

Ⅴ. **意見書**, 90면 ~ 91면 (崔栻)

[59] 草案 제207조, 제220조 乃至 제225조는 削除하는 것이 可하다.35)

---

33) 앞의 민법 제228조 Ⅴ.(436면 이하) 참조.
34) 앞의 민법 제228조 Ⅴ.(436면 이하) 참조.
35) 앞의 민법 제228조 Ⅴ.(436면 이하) 참조.

제235조 (共用水의用水權) 相隣者는그共用에屬하는源泉이나水道를各需要의 程度에應하여他人의用水를妨害하지아니하는範圍內에서各各用水할權利가 있다

Ⅱ. **案**　　제224조

Ⅲ. **審議錄**, 146면 상단 ~ 하단

　　2. 現行法 및 判例, 學說　　　現行法에는 規定이 없고 新設 條文이다.

　　7. 結 論 : 原案에 合意

Ⅴ. **意見書**, 90면 ~ 91면 (崔栻)

　　[59] 草案 제207조, 제220조 乃至 제225조는 削除하는 것이 可하다.36)

제236조 (用水障害의工事와損害賠償,原狀回復) ①必要한用途나收益이있는 源泉이나水道가他人의建築其他工事로因하여斷水,減水其他用途에障害가생 긴때에는用水權者는損害賠償을請求할수있다

　　②前項의工事로因하여飮料水其他生活上必要한用水에障害가있을때에는原 狀回復을請求할수있다

Ⅱ. **案**　　제225조

Ⅲ. **審議錄**, 146면 하단 ~ 147면 상단

　　[147면] 2. 現行法 및 判例, 學說　　　現行法에는 規定이없고 新設 條文이다.

　　3. 外國 立法例　　① 中民 제782조　　水源池또는우물所有者는他人이 工事로因하여그물을杜絶減少또는汚穢함에對하여損害賠償을請求할수있다　그물 이飮用이든지또는土地利用에必要한것인때는아울러原狀回復을請求할수있다　但 原狀回復이不能한때는그러하지아니하다

　　7. 結 論 : 原案에 合意

Ⅴ. **意見書**, 90면 ~ 91면 (崔栻)

　　[59] 草案 제207조, 제220조 乃至 제225조는 削除하는 것이 可하다.37)

---

36) 앞의 민법 제228조 Ⅴ.(436면 이하) 참조.

제237조 (境界標, 담의設置權) ①隣接하여土地를所有한者는共同費用으로通常의境界標나담을設置할수있다

②前項의費用은雙方이折半하여負擔한다 그러나測量費用은土地의面積에比例하여負擔한다

③前2항의規定은다른慣習이있으면그慣習에依한다

Ⅱ. **案**   제226조 [여기서는 제1항에서 '담'이 '墙垣'으로,[38] 제2항에서 '折半'이 '平分'으로[39] 되어 있다]

Ⅲ. **審議錄**, 147면 상단 ~ 하단

2. 現行法 및 判例, 學說   現行法 제223조, 제224조, 제225조, 제226조에 對應한다. //

3. 外國 立法例   ① 獨民 제919조   土地所有者는隣地所有者에對하여固定界標의設置를請求할수있다   또는界標가移動하며或은不明하게된때는共力하여修復을할것을請求할수있다   界標設置方法및手續은聯邦法에따라이를定한다 萬若이法律의規定이없는때는地方慣習에따른다

界標設置費用은當事者間의法律關係로因하여다른結果가생기지않는限當事者双方平分하여이를負擔한다

② 瑞民 제697조   土地의圍障에關한費用은土地所有者가이를負擔한다 但境界設備의共同에關한規定의適用을妨害하지아니한다

圍障의義務및方法에關하여서는州法의定하는바에依한다

③ 滿民 제219조   草案과 同一하다.

6. 審議經過   「墙垣」을 「담장」으로 字句修正한다.

7. 結 論 : 字句修正 外에 原案에 合意

제238조 (담의特殊施設權) 隣地所有者는自己의費用으로담의材料를通常보다良好한것으로할수있으며그높이를通常보다높게할수있고또는防火壁其他特殊施設을할수있다

---

37) 앞의 민법 제228조 Ⅴ.(436면 이하) 참조.

38) 민법 제239조까지의 '담'에 대하여 모두 같다.

39) 이 평분/절반 사이의 교차에 대하여는 민법 제254조 제2항에 관하여 뒤의 468면 이하도 참조.

Ⅱ. **案**　　제227조 [여기서는 '담'이 '墻垣(장원)'으로, '높이'가 '高'로 되어 있다]

Ⅲ. **審議錄**, 147면 하단 ~ 148면 상단

　2. 現行法 및 判例, 學說　　現行法 제227조, 제231조와 同旨이다.

　6. 審議經過　　「墻垣」을 「담장」으로 字句修正한다.

　7. 結 論 : 字句修正 外에 原案에 合意

제239조 (境界標等의共有推定) 境界에設置된境界標, 담, 溝渠等은相隣者의共有로推定한다 그러나境界標, 담, 溝渠等이相隣者一方의單獨費用으로設置되었거나담이建物의一部인境遇에는그러하지아니하다

Ⅱ. **案**　　제228조 [여기서는 각기 '담'이 '墻垣'으로 되어 있다]

Ⅲ. **審議錄**, 148면 상단 ~ 하단

　2. 現行法 및 判例, 學說　　現行法 제229조, 제230조와 同旨이다.(現行法 제231조 參照)

　　分割禁止에 關하여 現行法 제257조(草案 제259조) 參照.

　3. 外國 立法例　　① 獨民 제921조 //　　2個의土地가中間地, 畝畔, 地角, 溝渠, 土壁, 生離, 板壁, 其他兩地의利益에提供하는設置物로因하여相互分割된때는土地所有者는이設置物을共同으로使用할權利있는것으로推定한다 但이設置物이相隣者一方에만屬함에關하여外見上證跡있는때는그렇지않다

　　② 獨民 제922조　　相隣者가제921조에揭載한設置物의共同使用權을가지는때는各相隣者는그一方이共同使用權을害치않는範圍內에있어서設置物의性質에서生하는目的에따라이를使用할수있다 設置物保存費用은相隣者平分하여이를負擔한다 相隣者一方이設置物의存續에關하여利益을가지는때는그사람의同意없이이를除去하며또는變更할수없다 其他相隣者間의權利關係는共同關係에關한規定에따라이를定한다

　　③ 中民 제799조　　數人이한建築物을區分하여그一部를가진者는그建築物및그附屬의共同部分은各所有者의共有라고推定한다 그修繕費및其他의負擔은各所有者에있어그所有部分의價値에應하여이를分擔한다

④ 滿民 제220조   疆界線上에設置한界標圍障墻壁및溝渠는相隣者共有에
屬하는것으로推定한다

6. 審議經過   「墻垣」을「담장」으로 字句修正하고「그러나」의 다음에「境
界標,담장,溝渠等이相隣者一方의單獨費用으로設置되었거나」를 揷入한다.

7. 結 論 : 前記 修正 外에 原案에 合意

Ⅳ. 법사위 수정안   (57) 제228조中「그러나」의다음에「境界標,담장,溝渠等
이相隣者一方의單獨費用으로設置되었거나」를揷入한다.

Ⅷ. 제2독회, 속기록 제46호, 21면 중단 ~ 하단

○ 法制司法委員長 代理(張曍根) :   [민법안 제228조 및 법사위 수정안
(57) 낭독] 이것은 草案 227조를 보시면 알지만 그것과의 關係上 이것을 字句
修正하자는 것입니다. 227조에는 單獨費用으로써 그것을 設置//하는 境遇가 있
기 때문에 그런 境遇도 規定을 하자는 것입니다.

**제240조 (樹枝,木根의除去權) ①隣接地의樹木가지가境界를넘은때에는그所
有者에對하여가지의除去를請求할수있다**
 ②前項의請求에應하지아니한때에는請求者가그가지를除去할수있다
 ③隣接地의樹木뿌리가境界를넘은때에는任意로除去할 수 있다

Ⅱ. 案   제229조

Ⅲ. 審議錄, 149면 상단 ~ 하단

2. 現行法 및 判例, 學說   現行法 제233조와 同一하다. 草案 제2항은
新設이다.

3. 外國 立法例   ① 獨民 제910조   土地所有者는隣地에서侵入된樹
木또는灌木의뿌리를切截하며또는取得할수있다   가지가疆界線을蹂越하는境遇에
있어土地所有者가隣地占有者에對하여相當한期間을定하여그削除를催告하여도그
期間內에이를削除하지않는때亦是같다

가지또는뿌리가土地의使用을妨害치않은때는所有者는前項의權利를갖지
못한다

② 瑞民 第687조 제1항　　隣人은 突出한 樹枝 突入한 樹根이 그 所有權을 害하며 異議를 申込하여도 相當한 期間에 除去하지 아니하는 境遇에는 이를 裁斷하여 取去할 수 있다

③ 中民 第797조　　土地所有者는 隣地의 竹木의 枝根이 疆界를 踰越한 때는 竹木의 所有者에 對하여 相當한 期間에 이를 除去할 것을 請求할 수 있다

　　　　竹木의 所有者가 前項의 期間 內에 이를 剪除치 않을 때는 土地의 所有者는 越界된 枝根을 截取할 수 있다

　　　　越界 竹木의 枝根이 土地利用에 妨害가 없을 때는 前2항의 規定을 適用치 않는다 //

　　7. 結 論 : 原案에 合意

** 타인의 토지에 떨어진 과실의 귀속에 관한 규정 문제

Ⅱ. 案　　　제230조　樹木의 果實이 他人의 居住하는 隣地에 떠러[떨어]진 때에는 그 居住者가 이를 收取한다

Ⅲ. 審議錄, 149면 하단 ~ 150면 상단

　　2. 現行法 및 判例, 學說　　現行法에는 規定이 없고 新設 條文이다.

　　3. 外國 立法例　　① 獨民 第911조　　樹木 또는 灌木의 隣地에 落下된 果實은 그 土地의 果實로 看做한다　本條는 隣地가 公用에 提供된 때에는 이를 適用치 않는다

　　② 瑞民 第687조 제2항　　土地所有者가 建築物을 가지거나 또는 植物을 栽培한 地面에 樹枝의 突出을 認定하였을 때는 그 가지에 生긴 果實을 取得할 權利를 갖는다

　　③ 中民 第798조　　果實이 自然히 隣地에 落下된 때는 隣地에 屬하는 것으로 看做한다　但 隣地가 公用地인 때는 그렇지 않다

　　6. 審議經過　　「게루만」法의 「惡滴을 맛본 者는 善滴도 맛보아야 한다」라는 原則을 承繼한 것이다.

　　7. 結 論 : 原案에 合意

Ⅴ. 意見書, 89면 (崔栻)

[57] 草案 제230조는 削除하는 것이 可하다.

[이 유]   案 제230조는 新設 條文으로 獨民法 제911조에 該當하는 것이며 所謂 侵界果實에 關한 規定이다. 隣地에 落下한 果實은 何人에게 所屬하나에 關해서는 立法例가 나누어져 있다. 獨民法은 그 慣習에 由來하여 侵界果實은 落下한 隣地의 果實로 看做하고 있다(獨民 제911조). 우리 民法上은 何等의 規定이 없으므로 原則에 따라 이와는 反對로 解釋되고 있고 또 우리나라의 社會觀念上 그렇게 取扱하는 것이 妥當하다고 생각되므로, 案 제230조를 削除하는 것이 穩當하다 하겠다.

Ⅶ. 현석호 수정안   (12) 제230조를 削除한다

Ⅷ. 제2독회

1. 속기록 제46호, 21면 하단 ~ 22면 하단

○ 法制司法委員長 代理(張暻根) : [민법안 제230조 낭독] 여기에 대해서 玄錫虎 議員의 修正案은 이 條文을 削除하자는 것입니다. 그것은 무엇인고 하니 230조의 뜻은 樹木이 그 옆집에까지도 가지가 뻗쳤다든지 또는 그 뿌리가 그 옆집까지 왔다 하면 그 옆집에서 좀 不便하니까 그 옆집까지 뻗쳤으니까 不便하니까 同時에 좀 損害를 보지만 同時에 거기에서 果實 떨어지는 것은 옆집에서 먹는데, 거기에서 떨어지는 것은. 이것은 「게르만」法에 있는 것인데 惡德 [惡滴]을 … 좋지 못한 물방울을 받는 사람은 좋은 물방울도 받아먹는다, 그런 慣習으로써 이것 規定했는데 玄錫虎 議員은 이것이 우리 韓國에 明確한 慣習이 없다 이런 말씀입니다

오히려 東洋道德으로 본다면 저쪽에서 온 것은 그런 不便한 것은 여기에서 認[忍]容하고 과실은 우리 땅에 떨어지더라도 그 과일은 이렇게 뻗쳐온 과실에서 떨어진 과일은 갖다가 주는 것이 東洋道德에 맞지 않느냐. 이런 意味에서 修正案을 내셨는데 여기에 대해서는 이 條文과 같은 慣習이 있는 것도 明確하지 못하고 또 玄錫虎 議員의 말씀하시는 慣習이 또 있는 것도 明確히 認定할 수가 없습니다. 어느 것이 좋은지 [22면] 모르겠습니다. 判斷해 주시기 바랍니다. 그래서 玄錫虎 議員은 230조를 없애버리자는 것이고 法制司法委員會案은 그저 230조 있는 것을 그대로 通過시키자는 것입니다.

○ 副議長(李在鶴) : 玄錫虎 議員 말씀하시겠어요?

○ 玄錫虎 議員 : 이것 무엇 대단한 것이 아닙니다. 아까 그 워낙 物權에 있어서 큰 것이 져서 이것 이기나마나 한 것입니다. 그런데 事實에 있어서는 230조가 그 樹木이 옆에[의] 집으로 왔을 때에 그 樹木의 果實을 누가 먹느냐 이런 얘기인데 여기에 대해서는 獨逸民法에는 이렇게 되어 있습니다. 獨逸民法에 … 獨逸民法에는 이런데 獨逸사람들은 아마 대단히 영악한 모양인지 이렇게 하는데 우리나라에 있어서는 事實 現在 法에도 없고 慣習에 맡긴 것인데 이것을 하필 法에 規定해 가지고서 다른 데 이웃집에 과실의 가지가 넘어와서 가지가 넘어온 과실은 이쪽 집에서 따먹는다, 이것은 도무지 우리나라 慣習에 違反되고 뿐만 아니라 道德上에 재미없다 이것입니다. 그러니 이것은 구태여 法에 制定하지말고 慣習에 맡겨두자는 것이에요. 따먹는 慣習이 있는 때에는 따먹게 두고 또 돌려주는 때에는 돌리는 慣習을 두고 말이에요. 慣習에 맡기자 法으로 이렇게 일부러 나쁜 … 이렇게 너무 영악하게 이렇게 法으로 만들 必要가 없지 않느냐 이런 意味에서 削除하자는 것입니다.

(「議長」 하는 이 있음) //

○ 副議長(李在鶴) : 네, 鄭濬 議員 말씀하세요.

○ 鄭濬 議員 : 제가 말씀을 안 드려도 좋겠으나 玄錫虎 議員 修正案은 無條件 그동안 否決이 되었기 때문에 이 點만은 이것을 玄錫虎 議員의 削除하자고 하는 案 이대로 異議 없이 通過를 시키는 것이 좋을 줄 압니다. 이것 어린아이들 國民學校 댕기는 아이들에게도 이런 수수께끼가 있어요. 저 과일나무가 이웃집의 과일나무가 그 가지가 너희 집에 늘어졌을 적에 그 과일은 따서 어떻게 할것이냐 그 아이들 똑똑한 아이들의 對答은 그 과일은 따서 남의 … 主人의 집에 갖다 주어야 됩니다. 그러한 수수께끼도 있는 것입니다.

그러면 우리나라의 옛날부터 내려오면서의 그 道德心은 남의 것은 남에게 돌려보내 주어야 된다고 하는 이러한 精神을 가지고 내려왔는데 지금 民法 原案에는 남의 나무의 … 과일나무의 가지가 自己 집에 늘어졌을 적에 거기에 매달린 감이면 감 밤이면 밤은 自己네가 따먹을 수 있다 이렇게 해버린다는 이것은 앞으로의 이것 國民에게 좋지 않은 너무 이약스럽다고 할까요 인색하다고 할까 이러한 精神을 그대로 注入시켜 주는 나쁜 影響을 주는 것이라고 보니까 玄錫虎 議員의 修正案을 異議 없이 通過를 시키는 것이 좋을 줄 알아서 말씀을 드리는 것입니다.

○ 法制司法委員長 代理(張暻根) : 誤解가 있으신 것 같습니다. 어느 쪽으로 해도 좋은데요 이 230조 條文이 自己 이웃집 自己견으로 뻗힌 가지에서 따먹어도 좋다는 뜻이 아니라 자연히 떨어지//면 먹는다는 얘기입니다 (笑聲) 따서 먹으라는 얘기는 아닙니다

○ 副議長(李在鶴) :   法制司法委員會에서 어떠세요?

○ 法制司法委員長 代理(張暻根) : (議席에서) 法制司法委員會에서도 原案대로 … 政府 原案대로 하자는 것입니다.

○ 副議長(李在鶴) :   이것 法制司法委員會에서 諒解를 안 하시니 結局 表決하는 수밖에 없는데 오늘은 表決이 안 되겠습니다. 그러므로 오늘 會議는 이것으로 散會하고 來日 午前 10時에 開議하겠습니다.

2. 속기록 제47호, 3면 중단 ~ 하단

○ 副議長(趙瓊奎) : […] 230조 表決하겠습니다. […] 230조 玄錫虎 議員의 修正案은 이 條文 全體를 削除하자는 것입니다. […] 46次 本會議에서 表決만이 남았기 때문에 內容을 잘 모르실 것 같습니다. 條文 한 번 朗讀해 드//리겠습니다. [민법안 제230조 낭독] 이것은 原案이고요 玄錫虎 議員의 修正案은 이 條文을 削除하자는 것입니다. 그러면 이 玄錫虎 議員의 修正案이 可하신 분 擧手해주세요. 條文削除에요 … (擧手 表決) 表決 結果를 發表합니다. 在席 103人, 可에 54票, 否에 한 票도 없이 玄錫虎 議員의 修正案이 可決되었습니다.

제241조 (土地의深掘禁止) 土地所有者는隣接地의地盤이崩壞할程度로自己의 土地를深掘하지못한다 그러나充分한防禦工事를한때에는그러하지아니하다

Ⅱ. 案   제231조

Ⅲ. 審議錄, 150면 상단 ~ 하단

2. 現行法 및 判例, 學說   現行法에는 規定 없고 新設 條文이다.

3. 外國 立法例   ① 獨民 제909조   土地는隣地의地盤이必要한支持를잃을것같은方法으로掘穿할수없다 但他에充分한防禦工事를한때는그렇지않다

② 瑞民 제685조   掘鑿및建築을함에있어所有者는地盤에動搖또는危險을주거나또는現在의建築物을損害함으로써隣地를侵害할수없다

相隣權의規定에違反한建築에對하여는突出建築에關한規定을準用한다

　③ 中民 제794조　　土地所有者가土地를開屈하며또는建築을한때는이로因하여隣地의地盤을動搖케하며또는危險을發生케하며또는隣地의工作物로하여금損害를받게할수없다 //

　7. 結 論 : 原案에 合意

Ⅴ. 意見書, 89면 (崔栻)

　[58] 草案 제231조는 不必要하다.40)

　[이 유]　　案 제231조는 [조문 인용] 規定하는 新設 條文인데 獨民法 제909조에 該當하는 것이다. 勿論 그 趣旨에는 贊同하는 바이나, 이 條文이 없더라도 所有權에 基하는 物權的 請求權인 所有物妨害除去請求權 및 所有物妨害豫防請求權을 行使하여 同一한 結果를 얻을 수 있으므로 구태여 案 제231조를 新設할 必要가 없을 것 같다.

제242조 (境界線附近의建築) ①建物을築造함에는特別한慣習이없으면境界로부터半메터41)以上의距離를두어야한다

　②隣接地所有者는前項의規定에違反한者에對하여建物의變更이나撤去를請求할수있다　그러나建築에着手한後1年을經過하거나建物이定成42)된後에는損害賠償만을請求할 수 있다

Ⅱ. 案　　제232조　[제1항은 "…特殊한慣習이없으면…", 제2항 본문은 "…建物의變更이나撤廢를…"이라고 한다]

Ⅲ. 審議錄, 150면 하단 ～ 151면 상단

　2. 現行法 및 判例, 學說　　現行法 제234조와 同旨이나 現行法은 1尺5寸으로 規定한 것을 草案은 半「메터」로 規定하였다.

　[151면]　7. 結 論 : 原案에 合意

---

40) 이 의견은 현석호 수정안 기타에 반영되지 아니하였다.
41) 관보에 실린 민법에는 '미터'라고 하지 않고 '메터'라고 하고 있다. 아래 제243조 등에서도 마찬가지이다.
42) '完成'의 오기인 것으로 여겨진다.

제243조（遮面施設義務）境界로부터2메터以內의距離에서이웃住宅의內部를 觀望할수있는窓이나마루를設置하는境遇에는適當한遮面施設을하여야한다

Ⅱ.案　　제233조

Ⅲ.審議錄, 151면 상단
　2. 現行法 및 判例, 學說　　現行法 제235조와 同旨이다.
　7. 結論 : 原案에 合意

제244조（地下施設等에對한制限）①우물을파거나用水, 下水또는汚物等을貯 置할地下施設을하는때에는境界로부터2메터以上의距離를두어야하며貯水池, 溝渠또는地下室工事에는境界로부터그깊이의半以上의距離를두어야한다
　②前項의工事를함에는土砂가崩壞하거나下水또는汚液이이웃에흐르지아니 하도록適當한措處를하여야한다

Ⅱ.案　　제234조

Ⅲ.審議錄, 151면 상단 ~ 하단
　// 2. 現行法 및 判例, 學說　　現行法 제237조, 제238조와 同旨이다.
　7. 結論 : 原案에 合意

제2절　所有權의取得

제245조[43]（占有로因한不動産所有權의取得期間）①20年間所有의意思로平 穩,公然하게不動産을占有하는者는登記함으로써그所有權을取得한다
　②不動産의所有者로登記한者가10年間所有의意思로平穩,公然하게善意이 며過失없이그不動産을占有한때에는所有權을取得한다

Ⅰ.法編委　　1. 의사록　　（一）民法總則要綱　　[…]　　(15) 取得時

---
43) 민법을 공포하는 관보에는 제145조로 되어 있음.

效의 規定은 總則篇[編]에서 除外하고 物權篇[編] 所有權 取得에 規定할 것 全員 贊成으로 各 原案대로 可決하다[44]

(二)　物權法要綱

○ 姜柄順 起草委員　　　(四) 1. 20年間 所有의 意思로써 平隱하고 公然하게 他人의 不動産을 占有한 者가 公示催告節次에 依하여 法院의 除權判決을 얻어 登記를 한 때에는 時效로 因하여 그 不動産의 所有를 取得한다

2. 正當한 權利 없이 所有者로서 登記된 者가 10年間 所有의 意思로써 平隱하고 公然하게 그 不動産을 占有하고 그 占有가 惡意 없고 過失이 없이 始作한 때에는 時效로 因하여 그 不動産의 所有權을 取得한다 […]

右 原案을 可決通過하다

2. 編纂要綱　　總　　則　　(14) 取得時效의 規定은 總則篇에서 除外하고 物權篇 所有權取得에 規定할 것

物權法要綱　　　　五. 所有權

4. 所有權의 取得에 있어서 時效에 依한 所有權의 取得에 關한 規定을 左와 如히 세울 것

ㄱ. 20年間 所有의 意思로써 平穩하고 公然하게 他人의 不動産을 占有한 者가 公示催告節次에 依하여 法院의 除權判決을 얻어 登記를 한 때에는 時效로 因하여 그 不動産의 所有權을 取得한다.

ㄴ. 正當한 權利 없이 所有者로서 登記된 者가 10年間 所有의 意思로써 平穩하고 公然하게 그 不動産을 占有하고 그 占有가 惡意 없고 過失이 없이 始作한 때에는 時效로 因하여 그 不動産의 所有權을 取得한다.

Ⅱ. 案　　　제235조 20年間所有의意思로平穩, 公然하게不動産을占有하는者는法院의判決을얻어登記함으로써그所有權을取得한다

不動産의所有者로登記한者가10年間所有의意思로平穩, 公然하게善意이며過失없이그不動産을占有한때에는所有權을取得한다

---

44) 민법안에서 (i) 의용민법에서와 같이 총칙편에 시효에 관한 일반규정 및 취득시효와 소멸시효 각각에 대한 규정을 두지 아니하고, 소멸시효에 대하여는 총칙편에, 취득시효에 대하여는 물권편에 각기 규정을 둔 것, (ii) 시효원용에 관한 의용민법의 규정을 민법안에서 채택하지 아니한 것 각각에 대한 국회의 제1독회 및 제2독회에서의 논의에 대하여는 앞의 총칙편 285면 내지 295면 참조.

Ⅲ. **審議錄**, 151면 하단 ~ 153면 상단

    2. 現行法 및 判例, 學說   現行法 제162조와 同旨이나 제1항 중 「法院
의判決을얻어」는 現行法에는 없고 現行法의 「他人의 物」을 草案은 「動産」「不
動産」으로 分離하여 規定하였다.

    3. 外國 立法例 [152면]   ① 獨民 제900조   土地所有權을取得하지
않고所有者로써[서]土地登記簿에登記된者는그登記가30年間成立하고또그期間내
自己를爲하여그土地를占有하였을때는所有權을取得한다 30年의期間은動産의取
得時效의境遇와같은方法으로서[써]計算한다 右期間은登記의正常함에對한異議가
土地登記簿에登記되었을때는그進行을停止한다

        어느者를爲하여그者에屬하지않는他의權利가土地登記簿에登記되고또權
利있음으로써土地를占有할수있는境遇또는이權利의實行이占有에關한規定에依하
여保護되는境遇에는前項의規定을準用한다 權利의順位는登記로써標準으로한다

    ② 獨民 제927조   土地가30年間他人의自主占有에있는때는그土地所有
者는公示催告手續에依하여그權利를除斥시킬수있다 이占有期間은動産의取得時
效에關한期間의計算에따라이를計算한다 所有權者가土地登記簿에登記된때는所
有者는死亡或은失踪하여또는土地登記簿에所有者의同意를얻어할登記를3年間하
지않는境遇에限하여公示催告手續을할수있다

        除斥判決을얻은者는土地登記簿에所有者로시登記함으로因하여所有權을
取得한다

        除斥判決의言渡前에第3者가所有者로서또는그所有權에基因하여土地登記
簿의正當함에關하여異議를登記한때는判決은第3者에對하여그効力이生하지않
는다

    ③ 瑞民 제661조   權利없는者가所有者로서土地登記簿에登記된때에는그
者가善意로써10年間繼續하여平穩히그土地를占有한때는그所有權은爾後取消되지
아니한다

    ④ 瑞民 제662조   30年間繼續하여平穩히土地登記簿에登記되지아니한
土地를所有者로서占有한者는所有權의登記를請求할수있다

        그所有者가土地登記簿에明白하지아니하거나또는3年間의占有期間의始初
에   死亡하였거나또는失踪을宣告되어있는土地의占有者는前項과같은//要件밑에

서같은權利를갖는다

　　　本件의登記는官廳의公告에對하여定하여진期間에異議가申立되지아니하
거나또는申立된異議가却下된境遇에裁判官의命令에依하여만行한다

　　　⑤　中民　제769조　　　所有의意思로써20年間平穩히繼續하여他人의未登記
의不動産을占有한者는　登記를請求하여所有者가될수있다

　　　⑥　中民　제770조　　　所有의意思로써10年間平穩히繼續하여他人의未登記
의不動産을占有하고其占有者의最初善意로하거나또는無過失인때는登記를請求
하여所有者가될수있다

　　　⑦　滿民　제224조　　　30年間所有의善意로써平穩公然하게他人의未登錄의
不動産을占有한者가法院의許可를얻어登錄簿의所有權의登錄을한때는時效로因하
여그不動産의所有權을　取得한다.

　　　登錄한不動産所有者가死亡하여또는失踪의宣告를받으며其他登錄簿上分
明치않은境遇에있어서前項과同一한要件을具備한때亦是같다

　　　⑧　滿民　제225조　　　權利없이登記簿에所有者로登錄된者가10年間所有의意
思로써平穩公然하게그不動産을占有하여그占有當時善意이고過失이없었을때는時
效로因하여그不動産의所有權을取得한다

　　6. 審議經過　　　① 時效取得에 있어서「法院의 判決을 얻어」야 하는 問題
— [153면] 前所有者의 登記를 抹消함에는 亦是 體制上「法院의 判決」이 있어
야 하지 않을까라는 意見도 있으나 그러나 所有者 自身이 所在不明인 때에는
公示送達에 依하여 移轉登記를 命하는 裁判을 받으면 足하고 無主의 不動産은
제242조 제2항에 依하여 國有가 되기 때문에 問題가 없다. 未登記인 境遇에는
保存登記에 依하고 旣登記인 境遇에도 當然히 登記請求權이라는 實體的 權利에
依하여 判決을 얻게 되는 것이므로 草案의「判決을 얻어」라는 것은 必要 없는
規定이다.

　　뿐만 아니라 原所有者가 時效에 依하여 그 所有權이 移轉되었다는 것을 스
스로 是認하고 移轉登記에 協力하는 境遇에는「法院의 判決」을 얻을 必要가 없
는 것이다.

　　또 이와는 딴 問題이나 不動産取得時效에 있어서는 占有만이 아니라 登記
까지도 要件으로 하는 獨逸民法主義에 相當한 理由가 있으나 草案은 登記와 占
有가 具備한 때에는 10年을 取得時效로 하고 占有만인 境遇에는 그 取得時效를

20年으로 하여 折衷主義를 採擇하고 있는 것이다.

② 本條 제1항 중 「法院의判決을얻어」를 削除키로 合意한다.

7. 結 論 : 前記 修正 外에 原案에 合意

Ⅳ. 법사위 수정안   (58) 제235조제1항중 「法院의判決을얻어」를 削除한다

Ⅴ. 意見書

1. 91면 ~ 92면 (崔栻)

[60] 取得時效에 關한 規定을 總則編에 規定하지 않고 本節에 規定한 것에 贊成한다.

[이 유]   現行法 總則 제6장 時效에서 權利의 消滅時效와 並行하여 規定되어 있는 取得時效를 消滅時効로부터 分離하여 本節에서 規[92면]定하여 所有權의 取得原因의 하나로 하고 또 時效援用制度와도 分離시키게 되었다.

元來 羅馬法에서는 取得時效, 訴權의 消滅時效는 各各 別個의 制度로서 發達하였고, 그 原理에 있어서도 共通하지 않은 것이 存在하는데, 中世 註釋學派에 있어 하나의 上級 類概念下에 統合되게 되어 그 概念下에 權利의 取得時效와 權利의 消滅時效라는 二種 概念으로 大別된 것이 佛民法을 通하여 우리 民法에 規定化된 것이다. 獨逸에 있어서는 싸뷔니의 反擊에 의하여 이것이 再分離되어 獨民法에서는 取得時効는 物權編에 規定되고 總則編에는 羅馬法의 訴權의 消滅時效에 該當하는 것이, 윈트샤이트에 의하여 請求權의 時効 (Anspruchsverjährung)라는 觀念으로 고치어서 規定되게 된 것이다. 理論的으로 妥當하다고 생각되는 獨民法의 制度에 따르는 것으로 適當하다고 생각된다.

2. 93면 (金曾漢)

[62] 草案 제235조 제1항 중 「法院의 判決을 얻어 登記함으로써」를 削除하고, 同條 제2항을 다음과 같이 修正한다.

「10年間 所有의 意思로 平穩, 公然하게 善意이며 過失없이 不動産을 占有한 者는 그 所有權을 取得한다」

[이 유]   不動産에 關한 物權變動을 빠짐없이 登記에 依하여 表象하려고 하는 理想에서 말한다면, 占有만으로 因한 不動産의 取得時效를 認定하는 것은 妥當한 것이라고 할 수 없고, 또 그렇게 하고 있는 現行 民法의 解釋에 關하여 困難한 問題가 許多하게 일어나는 것은 事實이다. 그렇지만 本 意見書가

物權變動에 關하여 意思主義를 取한다면, 唯獨 取得時效로 因한 物權變動에 있어서만 登記 없이는 效力을 發生하지 않는다고 하는 것은 均衡이 맞지 않는다. 或 取得時效制度의 存在理由를, 眞正한 權利 없이 公示方法만이 갖추어진 狀態가 長期間 繼續하였을 때에는 그 公示方法의 背後에 眞正한 權利가 있는 것으로 取扱하자는 데에 있는 것이라고 생각한다면, 不動産의 公示方法은 占有가 아니라 登記이므로, 占有를 基礎로 하여 時效取得을 認定할 것이 아니라 登記를 基礎로 하여야 할 것이다. 그렇지만 —그리고 近代法理論은 所有權은 時效消滅하지 않는 것이라고 하지만— 甲 所有의 不動産을 乙이 長期間 所有의 意思로 占有함으로써 所有權을 取得한다는 것은, 實質的으로 甲이 自己의 權利 위에 잠잤기 때문에 그 權利를 喪失하는 것을 意味한다. 換言하면 他人이 所有의 意思로 占有함을 長期間 放置하는 것은 權利者가 그 權利 위에 잠자는 것이라고 할 수 있다. 그러므로 그 占有를 基礎로 하여 時效(占有者에게는 取得時效, 權利者에게는 實質的으로 消滅時效)의 效果를 認定하는 것은 決코 理論上도 不當하다고 할 수 없다.

Ⅵ. 현석호 수정안　　　(13)　제235조제1항中「法院의判決을얻어登記함으로써」

를削除하고同條제2항을다음과같이修正한다

　　　「10年間所有의意思로平穩公然하게善意이며過失없이不動産을占有한者는 그所有權을取得한다」

Ⅶ. 辯協, 자료집, 40면 하단 ~ 41면 상단

草案 제235조 右條文을 다음과 같이 修正한다.

「20年間所有의意思로平穩公然하게不動産을占有하는者는其所有權을取得하기爲한登記를請求할수있다」

[41면] [理 由]　　草案 제177조는 當事者의 法律行爲로 因한 物權의 得失變更은 登記를 함으로써 其의 效力이 生하는 것으로 規定한바 此는 物權的 效力이 生하지 아니한다는 것이다. 그러나 當事者의 意思表示에 依한 債權的 效力을 生함으로써 所有權移轉登記를 請求할 수 있다.

그러나 草案 제235조의 境遇는 何等 當事者의 債權的 意思表示가 有한 것도 아니요 다만 一定한 要件이 具備하는 占有라는 事實만이 要求되는바 該 占有者는 債權上 登記請求權을 取得하지 못하므로 相對方이 自進하여 取得者에

對한 所有權移轉登記를 行하여 주지 아니하는 限 占有者는 所有權移轉登記의 履行을 訴求할 수 없다. 그리고 또 登記가 無함으로써 形式主義에 依한 物權 卽 所有權도 取得하지 못하므로 物權的 登記請求權도 없는 것이다.

如上 單純한 占有라는 事實만으로써는 理論上 債權的 또는 物權的登記請求權이 無하므로 20年間 所有의 意思로 平穩公然하게 不動産을 占有한 者에게는 所有權을 取得하기 爲한 法定登記請求權을 賦與함이 妥當하다고 思料하는 바이다.

그러나 萬一에 意思主義를 採擇한다면 「20年間所有의意思로써平穩公然하게不動産을占有하는者는其所有權을取得한다」라고 規定할 것이다.

Ⅷ. 제2독회, 속기록 제47호, 3면 하단 ~ 5면 상단

○ 法制司法委員長 代理(張暻根) : [민법안 제235조, 법사위 수정안 (58) 및 현석호 수정안 (13) 낭독] 이것은 저 235조에 이제 읽은 바와 마찬가지로 그 獨逸民法에서는 不動産의 取得時效에 관해서는 占有와 登記 兩쪽을 要件으로 합니다, 占有만 가지고 되는 것이 아니라. 왜 그런고 하니 權利의 表象이 占有만이 아니라 登記까지도 表象이 되어 있으니까 特히 이번에 어제 決定한 바와 마찬가지로 登記가 … 登記에다가 더 效力을 더 强하게 해서 形式主義를 採擇한 지금에 와서는 더욱 그러한 [4면] 느낌이 있습니다. 動産에 대해서는 占有만이 이제 權利의 表象이 되는 것이므로 그 取得時效에 대해서는 要件으로 하는 것은 어떤 期間동안 占有를 繼續하는 것만으로 要件으로 할 수 있습니다마는 不動産에 관해서는 占有만 가지고는 안 된다 어떤 期間 … 거기에는 登記가 더 그 누가 權利者라는 것을 參酌하는 것이기 때문에 占有權도 이것을 必要로 한다 이것이 제일 獨逸民法의 立場이고 이것이 제일 妥當한 立場입니다.

그런데 現行法은 이것이 混同이 되어 가지고 動産과 마찬가지로 不動産도 占有만 가지고 어떤 期間 占有만 繼續하는 … 登記는 且置하고 占有만 가지고 그 要件으로 했던 것입니다. 그런데 지금 이 草案의 立場은 中間折衷的인 立場을 取했습니다. 登記를 占有化된 登記를 占有와 꼭같이 不動産의 取得時效의 絶對的인 條件으로는 하지를 않았습니다. 從前과 같이 하지는 않았지마는 同時에 제2항에 있어서 取得時效를 짧게 하고 短期 取得時效하며는 이것은 登記를 要件으로 했습니다. 登記까지 있는 境遇에는 딴 條件과 合해서 있는 境遇에는

普通 때 20年으로 時效가 完成되는 것을 10年이면 된다 하는 것으로 했습니다. 그래서 多少間 그 獨逸民法까지는 가지는 안 했지마는 中間的인 것을 取했다는 것을 여기서 말씀드립니다.

　여기에 저 「法院의 判決을」은 이것은 滿洲民法의 224조에 그렇게 規定되어 … 그렇게 되어 있는 것을 아마 따른 것 같습니다마는 이//것은 우리나라 지금 法制度로 보면 이 저 非訟事件手續法 같은 것이라든지 보면 이 公示催告에 의한 法院判決節次를 要件으로 하지 않습니다. 卽 所有權 時效가 取得이 된 때에 原所有者 以前 그것 때문에 結局 잃어버린 取得時效 때문에 잃어버린 그 所有者에 관해서 除權判決節次를 밟는 것이 獨逸民法規定 獨逸非訟事件手續法에 規定이 되어 있는데 우리는 그런 制度가 없습니다. 그런 制度가 없는데도 不拘하고 여기에 그냥 그만 判決 … 法院의 判決을 얻어야 取得時效가 된다 하는 것은 이것은 좀 하는 制度가 없는데도 不拘하고 그 制度가 있는 데와 마찬가지의 그 規定을 따온 것은 이것은 좀 錯誤的인 것으로 생각이 됩니다.

　그래서 여기는 이제 그 제1항에 要件만 完成될 것 같으면 그 時效가 完成되는 것으로써 해야 된다 해서 이 제1항에 대해서 法制司法委員會로부터 이제 말씀한 것과 마찬가지의 「法院의 判決을 얻어」라는 것을 削除하자는 것이 그 要件이올시다. 저 法制司法委員會의 修正案이올시다.

　그리고 이제 「法院의 判決을 얻어 … 」 玄錫虎 議員의 修正案은 제235조 제1항 中「法院의判決을얻어登記함으로써」그「登記함으로써」까지를 아주 削除하자 그것입니다. 그 前半은 우리 法制司法委員會案과 같지마는 이 後半은 요전에 그 形式主義를 取하지 않는 結果로써 이런 修正案을 내신 것 같습니다. 그러니까 당연히 이것은 結局 法制司法委員會案과 同一한 歸結에 到達되리라고 생각합니다. 그리고 제2항을 다음과 같이 修正한다 이것//입니다. [현석호 수정안 (13) 재차 낭독] 이것은 무엇인고 하니 지금 … 이 草案의 立場과 다른 것은 草案은 이제 20年 … 20年은 普通 時效取得에는 占有만 가지고 되지마는 이제 10年 短期 時效取得하려면 登記까지 必要하다 하는 것으로 이제 折衷案을 만들었는데 이것을 玄錫虎 議員께서는 登記라는 것은 이제 短期取得時效의 要件으로도 할 必要가 없다, 不動産取得時效에 있어서는 占有만으로 動産과 같이 占有만으로 하자 하는 趣旨의 修正案이올시다.

　그러나 아까 말씀드린 바와 마찬가지로 不動産의 權利의 表象 누가 所有者

인가 一應 取得하는 그 材料로써 登記라는 것이 占有보다도 더 重要한 作用을 하고 있으니까 獨逸民法처럼 가지는 않는다 하더라도 占有 外에 登記까지 한 境遇에 限해서 時效期間을 短縮해서 成立시키는 것이 趣旨에 맞을 뿐만 아니라 登記를 어제 決定한 바와 마찬가지로 意思主義로 하지 않고 形式主義로 하는 그러한 우리 이 本會議에서 決定한 바와 符合되는 그런 趣旨를 같이 貫徹할려고 할 것 같으면 이 法制司法委員會가 支持하는 제2항 草案 제2항 그대로 하는 것이 좋다고 民法案審議 小委員會에서는 생각하고 있는 것입니다.

○ 副議長(趙瓊奎) : 玄錫虎 議員 說明하시겠어요? 네, 說明 그만 두세요. 그러면 235조 表決하겠습니다.

여기에는 玄錫虎 議員의 修正案과 法制司法委員會의 修正案 그리고 原案이 있습니다. 1항 2항이 있는데요 1항부터 먼저 表決하고 그 다음에 2항을 하도록 하겠습니다. 說明하시겠어요?

○ 玄錫虎 議員 : (의석에서) 修正案은 抛棄하겠습니다.

○ 副議長(趙瓊奎) : […] 玄錫虎 議員의 修正案은 表決하지 않습니다.

제246조 (占有로因한動産所有權의取得期間) ①10年間所有의意思로平穩, 公然하게動産을占有한者는그所有權을取得한다

②前項의占有가善意이며過失없이開始된境遇에는5年을經過함으로써그所有權을取得한다

Ⅰ. **法編委**   1. 의사록   物權法要綱   제5. 所有權
○ 姜柄順 起草委員   (四) […]   3. 10年間 所有의 意思로써 平隱하고 公然하게 他人의 動産을 占有한 者는 時效로 因하여 그 動産의 所有權을 取得한다

4. 5年間 所有의 意思로써 平隱하고 公然하게 他人의 動産을 占有한 者 始初에 있어서 惡意 없고 過失이 없을 때에는 時效로 因하여 所有權을 取得한다
右 原案을 可決通過하다

2. 編纂要綱   物權法要綱   五. 所有權 […]   4. 所有權의 取得에 있어서 時效에 依한 所有權의 取得에 關한 規定을 左와 如히 세울 것

[…]

ㄷ. 10年間 所有의 意思로써 平穩하고 公然하게 他人의 動産을 占有한 者는 時效로 因하여 그 動産의 所有權을 取得한다.

ㄹ. 5年間 所有의 意思로써 平穩하고 公然하게 他人의 動産을 占有한 者가 그 占有의 始初에 있어서 惡意 없고 過失이 없었을 때에는 時效로 因하여 그 動産의 所有權을 取得한다.

Ⅱ. 案　　　제236조

Ⅲ. 審議錄, 153면 上段 ~ 下段

2. 現行法 및 判例, 學說　　　現行法 제162조 제1항에 該當하는바 草案은 「動産」「不動産」을 分離하고 있다.

3. 外國 立法例 //　　① 獨民 제937조　　10年間動産에關하여自主占有를한者는所有權을取得한다

取得者가自主占有取得當時善意가아닌때또는其後所有權이自己에屬하지않음을아는때는時效로因하여所有權을取得치못한다

② 瑞民 제728조 제1항　　5年間間斷없이平穩히所有者로서善意로他人의動産을占有한者는取得時效에依하여그所有者가된다

③ 中民 제768조　　所有의意思로써5年間平穩公然히他人의動産을占有한者는그所有權을取得한다

④ 滿民 제226조　　20年間所有의意思로써平穩且公然히他人의動産을占有한者는時效에依하여其動産의所有權을 取得한다

⑤ 滿民 제227조　　10年間所有의意思로써平穩公然하게他人의動産을占有한者가그占有當時善意無過失이었을때는時效로因하여그動産所有權을取得한다

6. 審議經過　　① 獨民은 草案 제1항에 該當하는 規定을 가지고 있고 瑞民은 제2항에 該當하는 規定이 없다.

② 中民은 獨民과 같이 「平穩公然」만을 規定하고 「善意無過失」은 規定하지 않았다.

7. 結 論 : 原案에 合意

Ⅴ. 意見書, 92면 (崔栻)

[61] 動産所有權의 取得時效期間을 現行 民法의 2分之1로 短縮한 것에 贊成한다.

[이 유]　　　現行 民法 제162조 1항에서 惡意 또는 有過失의 占有에 의한 動産所有權의 取得時効期間을 20年으로 規定하고 善意·無過失의 境遇에는 解釋上 10年으로 取扱하고 있었는데, 草案에서는 그 제236조 1항에서 惡意 또는 有過失의 境遇를 10年으로, 제2항에서 善意·無過失의 境遇를 5年으로 各各 短縮하여 規定하고 있다. 現行 民法 制定時에 比하여 經濟的·社會的 事情의 變遷이 懸隔하고 特히 動産에 있어서 資本主義 經濟의 發展에 따라 그 移動이 時間的으로 頻繁의 度를 加하고 또 그 流通의 場所的 範圍가 擴大해 가고 있어 現行法의 20年·10年으로는 現在의 實情에 비추어 不適當하므로 10年·5年으로 短縮했다고 볼 수 있을 것으로 妥當한 態度라고 하겠다.

제247조 (所有權取得의遡及效,中斷事由) ①前2조의規定에依한所有權取得의效力은占有를開始한때에遡及한다
②消滅時效의中斷에關한規定은前2조의所有權取得期間에準用한다

Ⅱ. **案**　　제237조

Ⅲ. **審議錄**, 154면 상단

2. 現行法 및 判例, 學說　　草案 제1항은 現行法 제144조에 對應하고 제2항은 現行法 제164조에 該當한다.

3. 外國 立法例　　① 滿民 제228조　　前4조의取得時效의效力은그起算日로遡及한다

消滅時效의中斷및停止에關한規定은取得時效에이를準用한다

6. 審議經過　　本 草案 제2항에 自然中斷(現行法 제164조[45])에 關한 規定을 包含하지 아니한 것은 自然中斷은 法定中斷과 그 性質이 相異하여 時效의 要件인 占有 自體의 缺陷이므로 이러한 要件 自體의 缺陷이 있는 境遇에 時效가 中斷되는 것은 法의 規定이 必要 없이 當然한 事由일 뿐만 아니라 萬一 法

---

45) 의용민법 제164조 : "제162조의 규정에 의한 시효는 점유자가 임의로 그 점유를 중지하거나 타인에 의하여 그 점유를 빼앗긴 때에는 중단된다."

定中斷과 同一하게 規定하면 그 自然中斷의 效力도 草案 제161조의 適用을 받아 當事者 및 그 承繼人間에만 미치는 것으로 誤解되기 쉬운 까닭이다. 그러므로 草案 제2항의 規定은 安當하다.

　　7. 結 論 : 原案에 合意

제248조 （所有權以外의財産權의取得時效）　前3조의規定은所有權以外의財産權의取得에準用한다

Ⅱ. 案　　　제238조

Ⅲ. 審議錄, 154면 下段

　　2. 現行法 및 判例, 學說　　　現行法 제163조와 同一한 趣旨이다.

　　3. 外國 立法例　　　① 中民 제772조　　　前4조의規定은所有權以外의財産權取得에이를準用한다

　　　　② 滿民　제229조　　　前5조의規定은所有權以外의財産權取得에이를準用한다

　　7. 結 論 : 原案에 合意

제249조 （善意取得）　平穩,公然하게動産을讓受한者가善意이며過失없이그動産을占有한境遇에는讓渡人이正當한所有者가아닌때에도卽時그動産의所有權을取得한다

Ⅱ. 案　　　제239조

Ⅲ. 審議錄, 154면 下段 ~ 155면 下段

　　[155면] 2. 現行法 및 判例, 學說　　　現行法 제192조와 同一한 趣旨이다.

　　3. 外國 立法例　　　① 獨民 제932조　　　제929조에따라된讓渡에依하여取得者는物件이讓渡人에屬하지않는것이라도取得所有權을取得한다　但本條에依하여所有權을取得할當時取得者가善意가아닌때는그렇지않다　제129조제2항의境遇에있어서는取得者가讓渡人에서占有를取得할境遇에限하여本條를適用한다

所有者는物件이讓渡人에屬하지않음을아는때또는重大한過失로因하여이
를아지못하는때에는善意가아닌것으로看做한다

② 獨民 제933조   제930조에따라讓渡된物件이所有者에게屬하지않는境
遇에있어物件이讓渡人에서引渡된때는取得者는所有權을取得한다 但取得者가그
取得當時善意가아닌때는그렇지않다

③ 獨民 제934조   제931조에따라讓渡된物件이讓渡人에屬하지않는境遇
에있어서는取得者는讓渡人이그物件의間接占有者인때는請求權讓渡로依하여所有
權을取得한다

其他의境遇에있어서는物件의占有를第3者에서取得한때에所有權을取得한
다 但請求權讓渡當時또는占有取得當時取得者가善意가아닌때는그렇지않다

④ 瑞民 제933조   善意로서動産에對하여所有權또는制限附物權의讓渡를
받은者는그動産의讓渡를할수있는것이라는뜻의委任없이讓渡人에게寄託된境遇에
있어서그取得이保護된다

⑤ 佛民 제2279조 제1항   動産에있어서는占有는權原에同等한效力이있
다고한다

(參照)

⑥ 獨商 제366조 //   商人이自己의商業을함에當하여自期에屬하지않는
動産을讓渡하며또는借入하였을때는無權利者로부터權利를承繼하는者에關한民法
의規定을準用한다 所有者를爲하여物을延分하는權能을讓渡人또는質權設定者가
가진것을取得者가善意로믿었을때도그러하다 物에對하여第3者의權利를負擔시킨
때는無權利者로부터權利를承繼하는者에關한民法의規定을準用한權利를留保하지
않고物을處分하는權能을讓渡人또는質權設定者가가진것을善意로믿었을때도그러
하다

問屋運送取扱人倉庫營業者및運送人의法定質權은善意의保護에關하여는
제1항에따라契約에因하여取得되었는質權의境遇와같다

⑦ 中民 제801조   動産의讓受人이動産을占有하여占有에關한規定의保護
를받은때는假令讓渡人이所有權을移轉할權利가없을때라할지라도讓受人은아직그
所有權을取得한다

⑧ 滿民 제230조   平穩하고公然하게動産을讓受한者가善意이고過失이없
었을때는그物件이讓渡人所有에屬하지않은때라도그所有權을取得한다

6. 審議經過　　「卽時取得」이라는 現行 用語는 「卽時取得時效」를 意味하는 것 같아서 마치 取得時效의 一種 같은 語感을 주므로 이 用語를 止揚하고 公信의 原則의 一適用인 것을 表示하기 爲하여 「善意取得」이라고 붙이기로 合意하였다.

7. 結 論 : 原案에 合意

V. 意見書, 94면 (崔栻)

[63] 動産의 卽時取得의 規定(草案 제239조 乃至 제241조)을 「所有權의 取得」의 節에 規定한 點에 贊成한다.

[이 유]　　이 制度는 게르만法을 그 起源으로 하는 것으로, 卽 一定의 動産이 第3者의 占有에 歸하면 原所有者의 追求力이 制限된다는 立場으로부터 發達한 것이지만, 近代法에 있어서는 이 制度는 動産物權의 表象(占有)을 信賴한 者를 保護하여 物權을 取得케 하려는 意義를 갖는 것으로 所謂 公信의 原則에 의한 動産物權의 變動이라고 觀念한다. 이 立場에서 보면 卽時取得은 取得하는 占有의 效果가 아니고, 讓渡人에게 있었던 占有의 效果라고 생각하지 아니하면 안되게 된다.

近代法에서의 立場에서 各國의 이 制度에 對한 立法例를 보면 佛民法은 時效의 章에 規定하고, 獨民法은 動産所有權의 得喪의 章에 規定하고, 瑞西民法과 우리 民法은 占有의 章에 規定을 두고 있다. 佛民法의 態度는 公信의 原則에 의한 物權變動을 取得되는 占有의 效果로 보는 것으로서 沿革的인 意味에서는 그렇다고 하겠지만, 現代法의 立場으로서는 正當하다 하지 못할 것이다. 瑞西民法은 占有와 登記를 倂行하여 規定하여 占有를 公示와 公信의 兩原則을 中心으로 하여 規定하고 있으니까 占有의 公信力의 規定을 占有의 章 下에 두는 것이 正當하다. 占有를 占有訴權 中心으로 規定하는 우리 民法이 卽時取得의 規定을 占有의 章 下에 두는 것은 穩當치 아니하며 오히려 佛民法의 態度에 接近하고 있다고 할 것이다. 編別이 瑞西民法과 다른 우리 民法으로서는 獨民法과 같이 公信의 原則을 物權 取得의 態樣으로서 規定하는 것이 適當할 것이라고 생각되는데, 草案이 이 態度를 採擇하기로 한 것에 對하여 贊意를 表한다.

제250조 (盗品,遺失物에對한特例) 前條의境遇에그動産이盗品이나遺失物인
	때에는被害者또는遺失者는盗難또는遺失한날로부터2年內에그物件의返還을
	請求할수있다 그러나盗品이나遺失物이金錢인때에는그러하지아니하다

Ⅱ. 案		제240조

Ⅲ. 審議錄, 156면 상단 ~ 하단
	2. 現行法 및 判例, 學說		現行法 제193조와 同一한 趣旨이다.
	3. 外國 立法例		① 獨民 제935조		物件이盗品或은遺失品其他所有
者意思에依하지않고占有를喪失한物品인때는제932조乃至제934조의規定으로依하
여所有權을得함이없다		所有者가間接占有者인境遇에있어서는占有者가右와同一
하게占有를喪失한때에는亦是同一하다
		前項의規定은金錢또는無記名證券및公共의競爭手續으로依하여讓渡된物
件에關하여는이를適用치않는다
	② 瑞民 제934조 제1항		動産을竊取되었거나또는喪失하였거나또는其他
自己의意思에反하여이를잃은占有者는그取得者에對하여5個年間그返還을請求할
수있다
	③ 瑞民 제935조		金錢또는無記名證券은占有者가自己의意思에反하여喪
失되는境遇이라도善意의取得者에對하여返還을請求할수없다
	④ 佛民 제2279조 제2항		그러나物을遺失하며또는盗取를當한者는그遺
失또는盗取의日로부터起算하여3年間은그物을現在所持하는者에對하여이의所有
權을取戻할請求를할수있다		但그所持한者는自己에게其物을언게한者에對하여償
還을設求할수있다
	⑤ 中民 제803조		遺失物을拾得한때는그所有者에게通知하여야한다 所
有者를알지못하거//나또는所有者의所在不明한때는찾아가도록催告의揭示를하고
또는警察署或은自治機關에報告하여야한다 報告時에는그物件을合하여提出하여
야한다
	⑥ 滿民 제231조		前條의境遇에있어動産이盗品또는遺失物인때는被害者
또는遺失主는盗難또는遺失時부터2年間讓受人에對하여그物件의返還을請求할수
있다 但金錢에關하여는그렇지않다
	6. 審議經過		草案이 但書를 新設하여 金錢을 例外로 한 것은 進步的이

다. 無記名債券을 但書에 包含시키지 않았는바 그것은 草案 제515조, 제505조
에 無記名債券의 即時取得에 關하여 本 規定보다 더 强力한 公信의 原則의 規
定이 있으므로 本條에서 規定할 必要가 없기 때문이다.

  7. 結 論 : 原案에 合意

V. 意見書, 95면 (崔栻)

  [64] 草案 제240조 但書 中「金錢」다음에「이나 無記名證券」을 挿入한
다.[46)]

  [이 유]   現行 民法 제193조는 그 제192조의 適用을 받지 않는 例外의
動産으로서 遺失物과 盜品을 規定하고 있는데, 이것은 沿革的인 由來를 가진
例外로서 各國의 立法例가 採擇하고 있는 바이나, 動産 特히 商品去來의 安全
敏活을 阻害하는 바 크다. 極히 流通性을 保障할 必要가 至大한 金錢에 있어서
제193조의 適用을 排除해야지 되겠어서 解釋으로 그렇게 取扱해 온 것을 제193
조에 該當하는 案 240조의 但書로 明文化한 데 對해서는 勿論 贊成하는 바이
나, 金錢에 못지않게 그 流通性을 保障해 줄 要請이 强한 無記名證券도 金錢과
같이 取扱함이 妥當할 것이다.

  有價證券인 無記名證券은 小切手法 제21조에 의하여(商法 제519조, 小切
手法 제21조) 救濟를 받을 方途도 있으나 有價證券이 아닌 無記名證券에는 이
條文을 適用할 수 없을 것이고, 또 그 適用을 받는 無記名證券이라도 惡意 또는
重大한 過失이 있을 境遇에는 亦是 適用되지 아니할 것이므로, 案 제240조 但
書 中에 無記名證券을 挿入하는 것이 좋을 것 같다.

제251조 (盜品,遺失物에對한特例) 讓受人이盜品또는遺失物을競賣나公開市場에서또는同種類의物件을販賣하는商人에게서善意로買受한때에는被害者또는遺失者는讓受人이支給한代價를辨償하고그物件의返還을請求할수있다

Ⅱ. 案   제241조

Ⅲ. 審議錄, 156면 하단 ~ 157면 상단

---

46) 이는 현석호 수정안 기타 심의과정에서 반영되지 않았다.

2. 現行法 및 判例, 學說　　現行 제194조와 同一하다.

[157면] 3. 外國 立法例　　① 瑞民 제934조 제1항　　動産을 竊取되었거나또는喪失하였거나또는其他自己의意思에反하여이를잃은占有者는그取得者에對하여5個年間그返還을請求할수있다

② 瑞民 제934조 제2항　　物이公賣되였거나또는市場에있어서또는同一種類의商品을去來하는商人에依하여讓渡된境遇에는第一및그後의善意의取得者에對하여는그支拂되는代價를賠償하지아니하면그返還을請求할수없다

③ 佛民 제2280조　　萬若竊取當하고또遺失한物의現在의占有者가市會또는市場에있어이를사고또는公賣에있어이를사고또는이와같은物을販賣하는商人으로부터이를산때는原來의所有者는그占有者에게그를買入한代價를償還하지않으면自己에게그物을返還시킬수없다

④ 滿民 제232조　　草案과 同一하다.

7. 結 論 : 原案에 合意

제252조 (無主物의歸屬) ①無主의動産을所有의意思로占有한者는그所有權을取得한다

②無主의不動産은國有로한다

③野生하는動物은無主物로하고飼養하는野生動物도다시野生狀態로도라가면[47)無主物로한다

Ⅱ. 案　　제242조

Ⅲ. 審議錄, 157면 상단 ~ 하단

// 2. 現行法 및 判例, 學說　　現行法 제239조와 제195조 參照.

3. 外國 立法例　　① 獨民 제958조 제1항　　無主의動産의自主占有를하는者는그物件의所有權을取得한다

② 獨民 제960조 제1항　　野獸는野生하는사이는無主物로한다 動物園에있어서의野獸및池其他의取圍된私有水에있어서의魚類는無主物이아니다

③ 中民 제802조　　所有의意思로써無主의動産을占有한때는그所有權을取

---

47) 민법을 공포하는 관보에 '돌아가면'으로 되어 있지 않다.

得한다

　　④ 滿民 제233조　　　草案 제1항, 제2항과 同一하나 草案 제3항의 規定은 없다

　　7. 結論 : 原案에 合意

Ⅴ. 意見書, 95면 (崔栻)

　　[65] 草案 제242조 제3항 中「野生하는 動物은 無主物로 하고」를 削除하고「野生動物도」를「野生動物이」로 修正한다.[48]

　　[이 유]　　　「野生하는 動物은 無主物로 하고」라는 것은 誤謬는 아니나 規定 없이도 當然한 것을 特히 法條文에 贅言한다는 것은 避하는 것이 좋겠기로 削除하는 것이 可當하고, 이에 따라「野生動物도」를「野生動物이」로 自然히 修正하게 될 것이다.

제253조 (遺失物의所有權取得) 遺失物은法律에定하는[49]바에依하여公告한後 1年內에그所有者가權利를主張하지아니하면拾得者가그所有權을取得한다

Ⅱ. 案　　　제243조　　[다만 "…法律의定한바에依하여公告한後1年以內로…"라고 한다]

Ⅲ. 審議錄, 157면 하단 ~ 158면 상단

　　[158면] 2. 現行法 및 判例, 學說　　　現行法 제240조와 同一하다. 遺失物法 水難救護法 參照

　　3. 外國 立法例　　① 獨民 제965조　　　遺失物을發見하며또는占有한者는遺失者또는所有者其他受取權者에遲滯없이이를通知하여야한다

　　　　拾得者가受取權者를알수없고또는그居所를알지못할때는拾得의事實및受取權者의搜査에必要한事情을遲滯없이警察官署에屆[届]出하여야한다 物件의價格[이]3「말크」以下인때는屆[届]出함을要치않는다

　　② 獨民 제966조 以下 各 條文 參照

　　③ 中民 제803조　　　遺失物을拾得한때는그所有者에게通知하여야한다 所

---

48) 이는 현석호 수정안 기타 심의과정에 반영되지 않았다.

49) 이는 나중의 조문정리과정에서 채택된 듯하다.

有者를알지못하거나또는所有者의所在不明한때는찾아가도록催告의揭示를하고또
는警察署或은自治機關에報告하여야한다 報告時에는그物件을合하여提出하여야
한다

　　④ 中民 제804조 以下 제807조까지 參照

　　7. 結 論 : 原案에 合意

제254조 （埋藏物의所有權取得）　埋藏物은法律에定한바에依하여公告한後1年
內에그所有者가權利를主張하지아니하면發見者가그所有權을取得한다　　그러
나他人의土地其他物件으로부터發見한埋藏物은그土地其他物件의所有者와發
見者가折半하여取得한다

Ⅱ. 案　　　제244조 [다만 그 단서의 말미는 "物件의所有者와發見者가平分取
　　得한다"로 되어 있다]

Ⅲ. 審議錄, 158면 하단 ～ 159면 상단

　　2. 現行法 및 判例, 學說　　現行法 제241조와 同一하다. 遺失物法 제13
조 參照.

　　3. 外國 立法例　　① 獨民 제984조　　多年間埋沒하며그所有者를알수
없는物件(埋藏物)을發見하고發見의結果이를占有하였을때그物件의所有權의一半
은發見者이를取得하여他의一半은그物件을包藏한者이를取得한다

　　② 中民 제808조　　埋藏物을發見하여占有한때는所有權을取得한다 但埋
藏物이他人이所有하는動産또는不動産中에있어發見한것인때는그動産또는不動産
의所有者와發見者와는各埋藏物의折半을取得한다

　　6. 審議經過　　「平分」을 「折半하여」로 字句修正한다.

　　7. 結 論 : 字句修正 外 原案에 合意

Ⅳ. 법사위 수정안　　　(59) 제244조中「平分取得」을「折半하여取得」으로修正
　　한다50)

---

50) 그러나 상린관계에서 경계표 또는 담의 설치비용을 부담하는 비율에 관한 민법 제237조
　　제2항에서는 민법안 제226조 제2항에서 '평분하여 부담한다'고 정하고 있는 것에 대하여
　　아무런 수정안이 제출되지 아니하였다. 그러나 나중의 조문정리과정에서 이는 "절반하여
　　부담한다"로 수정된 것으로 추측된다.

Ⅷ. **제2독회**, 속기록 제47호, 5면 중단

　　○ 法制司法委員長 代理(張暻根) : [민법안 제244조와 법사위 수정안 (59) 낭독]　　이것은 字句修正에 不過한 것입니다.

제255조 （文化財의國有） ①學術,技藝또는考古의重要한材料가되는物件에對하여는제252조제1항및前2조의規定에依하지아니하고國有로한다

　　②前項의境遇에拾得者,發見者및埋藏物이發見된土地其他物件의所有者는 國家에對하여適當한報償을請求할수있다

Ⅱ. **案**　　제245조

Ⅲ. **審議錄**, 159면 상단

　2. 現行法 및 判例, 學說　　現行法에 規定이 없고 新設 條文이다.

　3. 外國 立法例　　日本「文化財保護法」57조~65조 參照

　7. 結 論 : 原案에 合意

제256조 （不動産에의附合） 不動産의所有者는그不動産에附合한物件의所有權을取得한다 그러나他人의權原에依하여附屬된것은그러하지아니하다

Ⅱ. **案**　　제246조 [다만 단서는 "…그러나他人의權限에依하여…"라고 한다]

Ⅲ. **審議錄**, 159면 상단 ~ 하단

　// 2. 現行法 및 判例, 學說　　現行法 제242조와 同一하다.

　3. 外國 立法例　　① 獨民 제946조　　動産이土地와附合하여土地의同體的構成部分으로된때는土地所有權은그動産에미친다

　　② 中民 제811조　　動産의附合으로因하여不動産의重要成分이된때는不動産의所有者는動産의所有權을取得한다

　　③ 滿民 제234조　　不動産所有者는그不動産의從物로서이에附合한物件의所有權을取得한다 但別段의慣習이있는때는그慣習을따른다

　　　前項의規定은他人의權原에依하여附屬시킨物件에關하여이를適用치않

는다

　　6. 審議經過　　① 「權限」을 「權原」으로 修正하기로 合意한다.

② 「그러하지아니한다」를 「그러하지아니하다」로 字句修正한다.51)

　　7. 結 論 : 前記 字句修正 外에 原案에 合意

Ⅳ. **법사위 수정안**　　　(60) 제246조중「權限」을「權原」으로修正한다

Ⅶ. **辯協**, 자료집, 41면 상단 ~ 하단

　　　草案 제264[246]조를 다음과 같이 수정한다.

　　　(1) 不動産의 所有者는 不動産에 附合한 物件의 所有權을 取得한다.

　　　(2) 善意로써 占有한 土地에 施設한 建物 以外의 工作物의 施設 當時의 價格이 其時의 土地價格보다 顯著히 多額인 境遇에는 工作物의 所有者는 該 土地의 所有權을 取得한다.

　　　(3) 前2항의 規定은 權限에 依하여 附屬 또는 施設한 境遇에는 適用하지 아니한다

　　　[理 由]　　右 修正案 中 (1) 및 (3)항은 草案 本文과 相異한 바 無하나 (2)항을 主로 하여 修正한 것이다. 過去의 社會現象으로서 他人의 所有 土地를 買受 其他 原因으로 因하여 占有한 者가 該 占有地上에 莫大한 費用으로써 建物 以外의 工作物을 施設하였다가 不意에 土地所有者가 變動하면서 // 該 工作物의 施設을 無視하고 其의 撤去를 訴求하는 등 例가 許多하였음에 鑑하여 土地所有者에게는 草案 제251조에 依한 損害를 賠償하는 他方 該 土地의 所有權은 工作物施設者가 取得함이 妥當하다고 思料하는 바이다.

　　「參考 建物에 對하여서는 地上權에 關한 것으로서 別段의 規定을 設하였음」

Ⅷ. **제2독회**, 속기록 제47호, 5면 중단 ~ 하단

　　○ 法制司法委員長 代理(張暻根) : 　[민법안 제246조 및 법사위 수정안 (60) 낭독] 이것은 우리 法律用語로서 「權限」과 「權源[原]」과 「權能」과 「權利」와 이것 다 … 區別해서 쓰는 것입니다.

　　이 「權限」은 어떤 法人의 機關이 行動을 하면 그 法人의 行爲로서 效力이 生한다든지 代理人이 本人을 위해서 行動했을 때에는 그 本人//의 行爲로서 效

_____
51) 이미 민법안 제246조에 '그러하지아니하다'로 되어 있다.

力이 生한다고 하는 것은 權限이라고 하고 이것은 그런 것이 아니라 어떤 行動을 하는 原因된 그것을 붙일 수 있는 權限 … 賃借人이 自己 賃借한 建物에다가 무엇을 附屬物을 붙일 수 있는 權限이라든지 土地의 地上權者가 그 土地에다가 植木을 하는 그런 原因된 正當化하는 境遇에는 이것을 갖다가 「權源」이라고 하는 것입니다.

獨逸民法에서도 「權限」은 「콤피텐스」"Kompetenz"라고 했고 「權源[原]」은 「랙트스티텔」"Rechtstitel"[52]이라고 해서 區別했습니다.

그래서 이 述語를 區別하기 위해서 權源[原]으로 고치자고 하는 것입니다.

제257조 (動産間의附合) 動産과動産이附合하여毁損하지아니하면分離할수없거나그分離에過多한費用을要할境遇에는그合成物의所有權은主된動産의所有者에게屬한다　附合한動産의主從을區別할수없는때에는動産의所有者는附合當時의價額의比率로合成物을共有한다

II. **案**　　　제247조

III. **審議錄**, 159면 下段 ～ 160면 下段

2. 現行法 및 判例, 學說　　　現行法 제243조, 제244조와 同一한 趣旨이다.

3. 外國 立法例　　① 獨民 제947조　　數個의動産이相互結合하여一物로되어各其同體的構成部分을이룬때는從來의所有者는그物件을共有한다　그持分은物件이附合當時가진價格의比率에應하여이를定한다

前項의境遇에있어一物이主物로認定되는때는그物件의所有者는單獨所有權을取得한다

② 中民 제812조　　動産이他人의動産과附合하여毁損하지않으면分離할수없든가또는分離에關하여費用을要함이過大한때는各動産의所有者는그動産附合時의價格에應하여合成物을共有한다

前項의附合한動産으로서主物로看做할수있는것인때는該主物의所有者는合成物의所有權을取得한다

③ 滿民 제235조　　動産이他人의動産과附合하여毁損함이아니면이를分離

---

52) 당시의 국회 본회의 속기록에서 외국어가 원문으로 기재된 드문 예이다.

할수가없음에이른때는그合成物의所有權은主로된動産所有者에屬한다   分離를爲하여過分의費用을要할때亦是같다   附合한動産에關하여主從의區別을할수없는때는動産所有者는그附合當時에있어서의價格比率에應하여合成物을共有한다 //

7. 結 論 : 原案에 合意

제258조 (混和) 前條의規定은動産과動産이混和하여識別할수없는境遇에準用한다

Ⅱ. 案   제248조 [다만 "…混和하여分離할수없는境遇에…"라고 한다]

Ⅲ. 審議錄, 160면 하단 ~ 161면 상단

2. 現行法 및 判例, 學說   現行法 제245조와 同一하다.

3. 外國 立法例   ① 獨民 제948조   數個의動産이相互混合하여또는融和하여分離할수없는때는제947조의規定을準用한다 融和또는融和한物件의分離에關하여不相當한費用을要하는때는不分離와同一하다

② 中民 제813조   動産과他人의動産과混合하여識別할수가없든가또는識別에關하여費用을要함이過大한때는前條의規定을準用한다

③ 滿民 제236조   前條의規定은動産이他人動産과融和하여識別할수없음에이를境遇에이를準用한다

[161면]   6. 審議經過   ① 「分離」를 「識別」로 字句修正.

② 萬一 「分離」라는 用語를 期於코 使用한다면 獨民 제948조 中民 제813조와 같이 分離에 關하여 過大費用을 要하는 境遇도 規定하여야 한다.

7. 結 論 : 前記 字句修正 外에 原案에 合意

Ⅳ. 법사위 수정안   (61) 제248조중「分離」를「識別」로修正한다

Ⅷ. 제2독회, 속기록 제47호, 5면 하단

○ 法制司法委員長 代理(張暻根) : [민법안 제248조 및 법사위 수정안 (61) 각 낭독] 法制司法委員會에서는「分離」를「識別」로 修正하자는 것입니다. 文句가「分離」보다도「識別」한다는 用語가 더 明確한 것입니다. 萬一 이「分離」라는 文句를 그대로 使用하려면 獨逸民法 제948조나 中國民法 제813조와 같이

分離에 關해서 過大한 費用을 要하는 경우에 關해서 또 規定을 하는 結果가 생기게 되는 것입니다. 그래서 이것을 이렇게 하자고 하는 것입니다.

제259조 (加工) ①他人의動産에加工한때에는그物件의所有權은原材料의所有者에게屬한다   그러나加工으로因한價額의增加가原材料의價額보다顯著히多額인때에는加工者의所有로한다

②加工者가材料의一部를提供하였을때에는그價額은前項의增加額에加算한다

Ⅱ. **案**   제249조 [다만 제2항은 "…材料를提供하였을때…"라고 한다]

Ⅲ. **審議錄**, 161면 상단 ~ 하단

2. 現行法 및 判例, 學說   現行法 제246조와 同一 趣旨이다.

3. 外國 立法例   ① 獨民 제950조   1個또는數個의材料를加工또는改造하여새로운動産을製作한者는그物件의所有權을取得한다 但加工또는改造의價格이材料의價格보다顯著히적은때는그렇지않다 書記號繪畵印刷彫刻其他類似의表面上의工作도亦是物件의加工으로看做한다

材料위存在하는權利는新物위의所有權取得과同時에消滅한다

② 中民 제814조   他人의動産에加工한때는그加工物의所有權은材料의所有者에屬한다 但加工으로因하여增加된價値가顯著히材料의價値를超過한때는그加工의所有權은加工者에屬한다

③ 滿民 제237조   他人의動産에加工한때는그加工物所有權은材料所有者에屬한다 但加工//으로因하여生한價格이顯著하게材料價格을超過한때는加工者가그物件의所有權을取得한다

加工者가材料의一部를提供한때는그價格에加工으로因하여生한價格을加한것이他人의材料價格을超過하는때에限하여加工者가그物件의所有權을取得한다

6. 審議經過   제2항 中「材料」를「材料의一部」로修正.

7. 結論 : 前記 修正 外에 原案에 合意

Ⅳ. **법사위 수정안**   (62) 제249조제2항中「材料」를「材料의一部」로修正한다

Ⅷ. **제2독회**, 속기록 제47호, 6면 상단

○ 法制司法委員長 代理(張暻根) : ［민법안 제249조 낭독］ 法制司法委員會 修正案은 제249조 제2항 中「材料」를「材料의一部」로 修正하자는 것입니다. 이것이 더 正確합니다. 現行法 제246조 제2항이나 滿洲民法 제237조 제2항도 이렇게 正確히 規定했습니다.

제260조 (添附의效果) ①前4조의規定에依하여動産의所有權이消滅한때에는 그動産을目的으로한다른權利도消滅한다

**　②動産의所有者가合成物, 混和物또는加工物의單獨所有者가된때에는前項 의權利는合成物, 混和物또는加工物에存續하고그共有者가된때에는그持分에 存續한다**

Ⅱ. 案　　　제250조

Ⅲ. 審議錄, 161면 하단 ～ 162면 상단

　2. 現行法 및 判例, 學說　　現行法 제247조와 同一하다.

　3. 外國 立法例　　① 獨民 제949조　　제946조乃至제948조의規定으로 因하여物件의所有權이消滅한때는그物件위에存在하는他權利도亦是消滅한다 負擔을加한物件의所有者가[162면]共有를取得한때는負擔을加하는權利는그物件에 代身하여生한持分위에存在한다 負擔을진物件의所有者가單獨所有者가單獨所有 者로된때는負擔을加하는權利는그合成物위에存在한다

　　③ 滿民 제238조　　草案과 同一하다.

　7. 結 論 : 原案에 合意

제261조 (添附로因한求償權) 前5조의境遇에損害를받은者는不當利得에關한 規定에依하여補償을請求할수있다

Ⅱ. 案　　　제251조

Ⅲ. 審議錄, 162면 상단 ～ 하단

　2. 現行法 및 判例, 學說　　現行法 제248조와 同一하다.

3. 外國 立法例　　① 獨民 제951조　　　제946조乃至제950조의規定으로 因하여權利喪失을받은者는權利變更으로因하여利益을받은者에對하여不當利得의 返還에關한規定에따라償金을請求할수있다 但原狀回復은이를請求할수없다

　　　　　不法行爲에基因한損害賠償義務에關한規定과費用의償還및設備의收去에 //關한規定은이로因하여影響을받지않는다　　제946조제947조의境遇에있어附合이 主物占有者로因하여생기지않았을때는所有者에대한占有者의收去權에關한規定에 따라收去를許容한다

　　② 中民 제816조　　　草案과 同旨이다.

　　③ 滿民 제239조　　　草案과 同一하다.

　　7. 結 論 : 原案에 合意

제3절　共同所有

Ⅱ. 案　　　제3절 共有

Ⅴ. 意見書, 96면 내지 106면 (金曾漢)

　　[66] 「共有」라는 節名을 「共同所有」로 하는 同時에, 그 中에 共有, 合有, 總 有의 3類型을 規定한다.

　　[이 유]　　　1. 序 言

　　近代法은 原子論的으로 人間을 抽象的이고 獨立的인 人格(權利能力)으로 把握하고 多數人이 한 개의 組織體를 이루고 한 개의 單一體로서 社會活動을 할 때에는, 이것을 個人에 準하여 亦是 人格으로 把握한다. 이것이 法人이다. 數人이 共同으로 活動하되 아직 單一的인 組織體를 이루지 못할 때에는, 이것 을 한 개의 人的 結合體로 把握하지 않고, 단지 多數 個人 相互間의 契約關係로 把握한다. 이것이 組合이다.

　　그리고 法人과 組合의 槪念을 「로마」法에서 取하였다. 그러나 「로마」法上 의 組合(societas)은 現行 民法上의 組合과는 달라서 組合員間에 何等 共同의 目 的이 없고, 一組合員이 他組合員의 意思에 依하여 拘束을 받는 일이 全然히 없 으며, 各組合員은 언제든지 組合關係를 終了시킬 自由를 가졌었다. 그러므로 그 것은 獨立한 個人의 多數에 不過하지 何等 團體性 乃至는 單一性이 없었으며,

그러한 意味에서 人的 結合이라고 부를 수는 없는 것이다.

그러나 人間은 서로 千態萬樣의 結合關係를 맺고 사는 것이며 社會에는 千態萬樣의 人的 結合體가 存在하는 것이어서, 이 모든 人的結合體를 法人과 組合이라는 두 개의 範疇로 把握해 버릴 수는 없다. 「게르만」法學者들은 法人과 組合이라는 두 形態의 中間에 位置하는 千態萬樣의 人的 結合體를 「權利能力 없는 社團」과 「合手的 組合」이라는 두 개의 類型으로 나누었다. 그리고 이 「權利能力 없는 社團」과 「合手的 組合」이라는 類型은 現代社會에도 無數히 많다는 것을 學者들은 모두 是認하고 있다.

그러므로 人的 結合 形態는 ①法人 ②權利能力 없는 社團 ③合手的組合 ④組合의 4類型으로 나누어진다.

한편 共同所有라는 것은 一物에 對한 權利主體가 單一人이 아니라 複數人인 形態를 意味하는 것이므로, 共同所有의 類型은 그 主體인 人的 結合의 類型에 따라서 決定된다. 그러한 意味에서 共同所有形態는 人的 結合形態의 物權法에의 反映이다. 그[97면]런데 上述과 같이 人的 結合에 4個의 類型이 있으므로 그 各各에 相應하여 4個의 共同所有形態가 있게 된다. 人的 結合의 4類型 中 法人은 個人에 準하여 把握된 것이고, 그 所有形態도 個人에 있어서와 마찬가지로 單獨所有이므로, 共同所有의 類型에서 除外되고, 結局 共同所有形態에는 權利能力 없는 社團에 있어서의 總有, 合手的 組合에 있어서의 合有, 組合에 있어서의 共有의 3類型이 있는 것으로 된다.

그런데 우리 民法의 草案은 權利能力 없는 社團에 關한 規定을 두지 않았고, 共有의 節 中에 合有에 關하여 3個의 條文을 두었으나(草 262~264조), 總有와 合有를 區別하지 못하고 兩者를 混同하고 있다. 權利能力 없는 社團에 關하여는 이미 民事訴訟法 및 朝鮮不動産登記令도 이것을 認定하고 있을 뿐만 아니라, 過去에 權利能力 없는 社團에 關聯된 訴訟事件이 無數히 많았음에 비추어, 이것을 民法에 明定함이 可할 것이고, 草案의 「共有」라는 節名은 이것을 「共同所有」로 하는 同時에 그 中에 總有, 合有, 共有의 3類型을 規定하여야 할 것이다.

2. 人的 結合 및 共同所有에 關한 學說 및 立法史

「로마」法 繼受 後 學者들은 「게르만」法上의 多彩로운 人的 結合을 「로마」法上의 法人과 組合의 두 類型으로, 또 「게르만」法上의 多彩로운 共同所有形

態를 亦是「로마」法上의 法人의 單獨所有와 持分的 共有라는 두 類型으로 把握하려고 하였다. 그러나 이러한 槪念强制가 結局은 無理한 것임을 깨닫고,「로마」法上의 槪念으로 把握할 수 없는「게르만」法上의 人的結合形態 및 共同所有形態를 別個의 槪念으로 說明하려고 努力하게 되었다. 처음에는「게르만」法에 獨特한 形態를 통틀어서 하나로 把握하려고 하였으나, 後에 Beseler는 이에 다시 두 개의 類型을 區別하여야 함을 發見하고, Gierke는 이것을 祖述하여「게르만」法 固有의 團體法論 및 共同所有理論을 完成하였다.

　Gierke는「게르만」法上의 團體人을 Genossenschaft(實在的 綜合人)와 Gemeinschaft zur gesamten Hand(合手的 組合)의 두 類型으로 把握하고, 이 各 類型의 共同所有形態를 Gesamteigentum(總有) 및 Eigentum zur gesamten Hand(合手的 共有)라고 부른다. Gierke 以後로는 그의 所說은 Hübner, Schwerin, Planitz 等 거의 모든 獨逸 私法學者들 間에 通說로 되었다. 日本에서도 共同所有의 類型으로는 Gierke의 總有, 合有의 槪念이 그대로 通用되고 있다고 하여도 過言이 아니다(註1).

　그럼에도 不拘하고, 現行 各國 法典에 合有에 關하여 規定하고 있는 것은 瑞西 뿐이고(瑞民 652~654조, ―다만 瑞西民法은 이것을 Gesamteigentum이라고 부르고 있다), 總有에 關하여 規定하고 있는 나라는 없다(註2). 獨逸民法은 組合, [98면] 共同相續 等에 關하여 實質的으로는 合有에 該當하는 規定을 하였지만, 共同所有의 1類型으로 持分的 共有와 並立하여 規定하지는 않았다. 그러면 獨逸學者間에서 뿐만 아니라 日本學者間에서까지 通說로 確立되어 있는 總有, 合有의 區別이 어찌하여 獨·瑞의 民法典에 規定되지 않았을까. 그것은 獨·瑞의 民法典이 모두 Gierke의 共同所有理論이 널리 普及되기 前에 制定되었기 때문이다. 卽 Gierke의 獨逸私法論(Deutsches Privatrecht) 제2권이 發刊된 것이 1905年인데, 獨逸民法典은 1896年에, 瑞西民法은 1907年에 公布된 것임을 생각할 때 這間의 事情을 알 수 있을 것이다. 그러나 Gierke의 所說은 그 後 半世紀餘에 걸쳐 이미 通說로서 確立하여 있는 것이다. 獨·瑞 兩民法典은 實로 Gierke의 所說이 確立 乃至 普及하기 以前에「게르만」固有法上의 共同所有形態를 單一的으로 把握하려고 하였던 時代의 遺物인 것이다(註3).

　3. 權利能力 없는 社團과 合手的 組合 및 總有와 合有

　그러면 權利能力 없는 社團과 合手的 組合 및 總有와 合有가 各各 어떠한

것인가. 前述한 바와 같이 人的結合形態나 共同所有形態는 千態萬樣이므로, 여
기서 먼저 그 各 類型의 理想型을 찾아 보기로 하자.

① 權利能力 없는 社團

權利能力 없는 社團은 實質的으로는 法人인 社團과 같은 組織을 가지고 또
法人인 社團과 마찬가지로 單一體로서 社會生活上의 1單位로서 活動하는 團體
이며, 萬若에 法이 法人의 自由設立主義를 採用하면 當然히 法人으로서 法律上
의 人格을 取得할 수 있을 터임에도 不拘하고, 法이 法人의 設立에 關하여 許可
主義 또는 準則主義를 採用하기 때문에 이러한 形式上의 理由로 法人格을 取得
하지 못하는 團體이다.

獨逸民法은 權利能力 없는 社團에 關하여 組合에 關한 規定을 適用할 것으
로 한다(同法 54조). 그러나 이것은 全然히 權利能力 없는 社團의 本質에 어그
러지는 것이다(註4). 權利能力 없는 社團은 組合과 그 本質이 같은 것이 아닐
뿐만 아니라, 組合과 「社團法人」과의 中間物도 아니다. 人的結合의 諸形態는,
團體로서의 單一性이 보다 더 强하냐, 各 個成員의 多數性이 보다 더 强하냐에
따라 社團과 組合의 두 類型으로 나누이며, 社團 中에서 形式上 法人格을 가진
것이 社團法人, 法人格을 가지지 않은 것이 權利能力 없는 社團인 것이다. 그러
면 여기서 問題가 되는 것은 權利能力 없는 社團의 內部的 및 外部的 法律關係
에 對하여 어떠한 範圍로 社團法人에 關한 法規가 適用되느냐이다.

社團法人의 設立에 關한 規定은 特定의 社團이 權利能力을 取得함에 必要
한 要件을 定하는 것이므로 權利能力 없는 社團에[99면]는 適用되지 않는다. 그
러나 社團 그 自體의 設立에 關한 理論은 社團法人에 있어서나 權利能力 없는
社團에 있어서나 마찬가지이며, 그 設立行爲는 어느 것에 있어서나 마찬가지로
合同行爲이다.

權利能力 없는 社團은 組織的 單一體이므로 權利能力 없는 社團에는 그 組
織을 定하는 定款이 있어야 한다. 그 記載事項에 關하여는 社團法人의 定款에
準하여야 할 것이다.

社員總會는 必要 且 最高의 機關이며, 總會의 召集, 決議의 方法等에 關하
여 定款에 特別한 規定이 없을 때에는 社團法人의 總會에 關한 規定에 따라야
할 것이다. 理事는 執行機關인 同時에 代表機關이고, 理事의 行爲는 社團의 行
爲가 된다. 理事는 定款의 規定에 따라서 代表權을 가지는 것이므로, 定款이 代

表權을 制限할 때에는 理事는 이에 따라야 하되, 그 代表權의 制限은 이로써 善意의 第3者에 對抗하지 못한다. 理事는 代表機關이므로, 그가 業務執行에 關하여 他人에게 損害를 加한 때에는 權利能力 없는 社團은 그 賠償의 責任을 져야 한다.

權利能力 없는 社團은 그 社員에 對하여 出資請求權을 가지고, 또 그 代表者인 理事의 行爲에 依하여 債權・物權・無體財産權 等을 取得하고, 第3者에 對하여 債務를 負擔한다. 이러한 權利能力 없는 社團의 財産은 社團 自體의 財産이고, 各 社員의 個人財産으로부터 獨立한 目的財産이다. 그러면 이 目的財産은 누구에게 歸屬하는 것이냐. 權利能力 없는 社團의 總有에 屬하는 것이다. 이 總有에 關하여는 後述한다.

權利能力 없는 社團이 社團으로서 組織的 單一性을 가지는 限, 그 債務에 對한 責任에 關하여도 社團의 財産에 그쳐야 한다. 따라서 各社員은 出資를 限度로하는 有限責任을 負擔할 뿐이다.

權利能力 없는 社團이 訴訟當事者能力을 가짐은 民事訴訟法 제46조가 明定하는 바이다. 權利能力 없는 社團이 그 自身의 名義로 登記할 수 있느냐. 法이 特히 그것을 할 수 있을 것으로 定하는 境遇(朝鮮不動産登記令 제2조의4)를 除外하고는, 이것을 否定하여야 할 것이다. 社團 名義로 登記를 할 수 없는 境遇에는 그 代表者 名義로 登記를 하여야 한다. 그러나 그 境遇에도 名義人과 權利能力 없는 社團과 사이에 權利의 信託的 讓渡가 있는 것이라, 如前히 權利는 社團에 屬하고 있는 것이고, 따라서 權利能力 없는 社團의 債權者는 그 財産의 形式的 名義人이 누구이든지 그 財産을 差押할 수 있고, 反對로 形式的 名義人의 債務者가 그 權利를 差押한 境遇에는, 權利能力 없는 社團은 第3者異議의 訴를 提起할 수 있다.

權利能力 없는 社團의 社員과 社團과의 關係는 團體的 法律關係에 依하여 支配된다. 各 社員은 社員總會에서 各自 1票의 表[票][100면]決權을 가진다. 그러나 各 社員은 社團의 解散을 請求할 權利는 없다. 또 權利能力 없는 社團은 社員의 脫退 또는 死亡으로 解散하지 않는다(註5).

② 合手的 組合

社團은 多數의 成員이 共同의 目的下에 單一的 組織體를 이루고 各個成員의 個性은 그 組織體 속에 沒入되어 버린 人的結合形態인 데 對하여, 組合은 比

較的 少數人 間에 이루어지는 人的結合形態로, 아직 單一的인 團體라는 性格이 强하지 않고, 오히려 各個 成員은 그 個性을 뚜렷이 지닌 채 그 各個 成員 間의 契約으로 맺어지고 있는 關係이다. 그러나 組合에도 「로마」法上의 組合(Societas)과 「게르만」法上의 合手的 組合을 區別할 수 있으니, 前者는 團體性이 全無한 것이고 後者는 多少의 團體性을 가진 것이다.

Societas에 있어서는 共同의 目的이 없으며 各 組合員이 何等 他組合員의 意思에 依하여 拘束을 받는 일이 없으나, 合手的 組合에 있어서는 共同의 目的이 있고 各 組合員은 他 組合員의 意思에 依하여 强力한 拘束을 받는다. Societas에 있어서는 各 組合員은 언제든지 組合員의 共有物에 對한 持分의 分割을 請求할 수 있고, 그로써 組合關係를 終了시킬 수 있으나, 合手的 組合에 있어서는 全員一致로써가 아니면 組合關係를 終了시킬 수 없고, 各 組合員은 持分의 分割을 請求할 수 없음은 勿論 脫退하는 自由도 없다. Societas에 있어서는 各 組合員은 共有物에 對한 持分을 處分하는 自由를 가지고 있으나, 合手的 組合에 있어서는 持分의 處分은 禁止된다.

民法上의 組合은 Societas이기보다도 오히려 合手的 組合이라고 하는 것이 近來의 通說이다. 卽 組合의 業務執行에 關하여 多數決이 行하여 진다든가(民 670조 1항, 草 698조 2항), 組合員의 어떤 者가 除名되거나 脫退하더도 그 組合員은 同一性을 가지고 存續한다든가(民 679~681조, 草 709~712조), 組合에 對한 債權과 組合員에 對한 債權이 分明히 區別된다든가(民 677조, 草 696조), 組合이 解散하면 團體와 마찬가지로 淸算節次가 行하여진다든가(民 685조 以下, 草 714조 以下)는 모두 組合에 團體性이 있음을 말하는 것이다. 그리고 持分處分의 自由를 認定하지 않고(民 677조, 草案 706조1항) 組合財産의 分割請求를 禁止하고(民 676조 2항, 草案 706조 2항) 있는 點에 있어서 合手的 組合의 基本的 特色을 지니고 있다.

③ 總有와 合有

[101면] (가) 總 有

總有는 法人格 없는 團體가 物을 所有하는 境遇에 있어서의 共同所有形態이다. 總有에 있어서는 管理·處分과 같은 支配的 權能은 團體 全體에 屬하고, 使用·收益과 같은 經濟的 權能은 各個의 成員에 屬하여, 이 團體의 全體的 權能과 成員의 個別的 權能이 團體의 組織的 統制에 依하여 綜合統一되어 所有權

의 全內容을 實現한다. 그러므로 目的物의 管理 또는 處分에 關하여는 成員 全體의 同意 또는 團體의 規約에 基한 多數決에 依하여야 한다. 또 各 成員은 團體가 定한 方法에 따라서 使用·收益하여야 한다. 成員이 團體의 規則에 違反하여 使用·收益한 때에는, 團體는 團體의 規則에 따라서 그 行爲의 停止 및 損害의 賠償을 請求할 수 있다. 또 어느 成員의 越權行爲가 다른 成員의 使用收益權의 行使를 妨害하는 結果로 될 때에는, 各 成員은 各自가 가지는 個別權의 侵害로서 그 者에 對하여 그 行爲의 停止 및 損害의 賠償을 請求할 수 있다. 萬若에 成員 以外의 第3者가 成員의 使用收益權을 侵害한 때에는 團體는 團體로서 그 侵害의 排除 및 損害賠償을 請求할 수 있을 뿐만 아니라, 各 成員도 個別權의 侵害를 理由로 하여, 各自 獨立하여 그 侵害行爲의 排除 및 損害의 賠償을 請求할 수 있다.

團體 成員이 가지는 使用, 收益의 權能은 그 成員인 身分에 隨伴하여 그 身分의 得喪에 따라서 取得 또는 喪失되므로, 그 身分을 떠나서 相續 또는 讓渡의 目的이 될 수 없다. 또 管理·處分의 權能은 團體의 全體的權能에 屬하므로, 各 成員은 分割請求權을 가지지 않는다.

(나) 合 有

合有는 合手的 組合이 物 또는 財産을 所有하는 境遇에 있어서의 共同所有 形態이다. 이것을 共有와 比較하여 說明한다면, 共有는 1個의 所有權을 量的으로 分割하여 그 分數的 一部를 各 共有者에게 分屬시키는 것이다. 各 共有者는 그 持分에 對하여 完全한 所有權을 가지며, 各 共有者는 各各 獨立하고 있어서, 서로 結合하여 一體를 이루는 일이 없다. 따라서 所有權이 各 共有者에게 完全히 分割歸屬되어 버리고, 分割할 수 없이 한 덩어리채 一體로 結合된 共有者 全員에게 單一的으로 歸屬될 아무것도 없다. 또 共有의 客體는 物에 限하고, 財産이 一體로서 共有의 客體가 될 수는 없다.

이에 對하여 合有의 客體는 物인 수도 있으나 흔히 어떤 特別財産인 수가 많다. 合有는 多數權利者가 人的으로 結合되어서 一體로서, 一體로서의 特別財産을, 그 一體로서의 特別財産에 對한 支配를 通하여 그때그때에 그 特別財産에 包含되는 個個의 物을 不分割的으로 支配하는 形態이다. 卽 A도 權利를 가지고 B도 權利를 가지고 C도 權利를 가진다는 것이 아니라, [102면] ABC가 共同으로 1個의 權利를 가지고 共同으로 이를 行使하는 것이다.

合有에 있어서도 各 權利者는「持分」을 가진다. 이 持分權은 多數權利者 全體에 屬하는 總體權에 對하여, 各個 權利者에게 屬하는 個別權이다. 持分權의 客體는 直接的으로는 一體로서의 特別財産이고, 다음에 間接的으로 그 特別財産에 包含되는 各個의 物에 미친다. 그러나 이 持分權은 다른 權利者들과 結合하여 一體를 이루고 있는 總體權者로서의 地位와 內部的으로 結合되어 있기 때문에, 그 持分權도 따로따로 獨立하여 있는 것이 아니라 서로 結合하여 있는 것이다. 따라서 各 權利者의 持分의 處分은 全然히 禁止되는 것이 本來의 原則이다. 따라서 合有關係의 存續中은 成員의 持分權은 期待的 乃至 潛在的인 것이다. 合有財産의 全部 또는 一部의 處分은 오로지 全員一致로써만 할 수 있고, 各 成員은 持分이나 合有物의 分割을 請求하지 못한다. 全員一致로 合有物을 分割하고 合有關係를 終了시킬 때에는 顯在的으로 되어 그때에는 共有物의 分割에 있어서와 같게 된다(註6).

4. 權利能力 없는 社團에 關한 規定을 두어야 하는 理由

現行 民法이 法人을 그 目的에 따라 營利法人과 公益法人으로 나눈 것을 草案이 營利法人과 非營利法人으로 하였기 때문에 權利能力 없는 社團이 成立할 餘地가 없다고 생각한다거나, 草案이 그렇게 한 것이 權利能力 없는 社團의 成立을 막으려는 意圖에서 나온 것이라고 생각한다면, 그것은 잘못이다. 獨逸民法이 草案과 마찬가지로 法人을 營利法人과 非營利法人으로 나누면서 權利能力 없는 社團에 關하여 規定하고 있는 것을 보더라도 알 수 있을 것이다. 法人의 設立에 關하여 自由設立主義를 取하지 않는 限, 權利能力 없는 社團의 成立은 不可避한 것이고, 또 法이 排斥하려고 할 何等의 必要가 없는 것이다. 法人의 自由設立主義를 取하지 않는 限 結局 團體의 殆半은 權利能力 없는 社團으로 머무를 것이다.

그러면 權利能力 없는 社團은 어떠한 理由로 생기는 것일까. 여러 가지 境遇를 생각할 수 있을 것이다. ①權利能力을 取得할 必要性을 別로 느끼지 않는 境遇. 例컨대 社交俱樂部 等. ②社員의 變更이 頻繁하기 때문에 法人이 되어 登記를 하게 되면 도리어 節次上 煩雜하게만 될 터이기 때문에 오히려 權利能力 없는 社團인 채로 있는 便이 便利한 境遇. 例컨대, 各種 學會, 同窓會, 學生會 等. ③現行法上 營利를 目的으로 하는 것도 아니고 公益을 目的으로 하는 것도 아니기 때문에 法人格을 取得할 수 없는 境遇. 例컨대, 政治的 또는 職業的 團

體 等. ④營利와 非營利에 亘한 各種의 事業을 目的으로 하려고 할 때에 營利法人 또는 公益法人(또는 非營利法人)의 어느 것으로 確定되어 버리는 것이 오히려 不利 乃至 不便한 境遇. 例컨대 [103면] 各種의 經濟團體. ⑤設立經過 中의 團體(werdende Gesellschaft). — 이 中 草案이 주릴[원문대로] 수 있는 唯一의 原因은 ③뿐이다.

　이와 같이 權利能力 없는 社團은 決코 例外的 存在가 아니라 實로 無數히 存在하는 것인 만큼 그 準據法規를 밝혀 두는 것이 좋을 것이며, 準據法規가 없으면 더욱 紛糾를 助長할 것이다. 從來 宗中 乃至 宗中財産을 圍繞한 訴訟事件이 많았던 것도 宗中의 性格과 宗中이 宗中財産을 所有하는 關係가 어떠한 類型의 共同所有냐의 問題가 明確치 않았던 데에 基因하는 바도 적지 않았으리라고 생각된다(註7).

　그리고 또 이미 民事訴訟法과 朝鮮不動産登記令이 權利能力 없는 社團에 對하여 各各 當事者能力 및 登記能力을 附與하고 있는데 가장 基本的 法典인 民法이 이에 關하여 아무런 規定을 두지 않는 것은 不備라는 非難을 免치 못할 것이다.

5. 總有·合有 不區別의 不合理性

　草案 제262조 제1항은 「어느 地域의 住民 親族團體 其他 慣習上 數人이 物件을 所有하는 때에는 合有로 한다」고 한다. 그러나 同 規定이 例示하고 있는 地域의 住民이나 親族團體의 共同所有는 合有가 아니라 總有라고 부르는 形態이다. 總有·合有의 槪念은 前述한 바와 같이 現在에 있어서는 거의 通說로서 確立되어 있다고 하여도 過言이 아니다. 그렇거늘 무슨 까닭으로 從來 總有라고 불러온 것을 合有라고 부르려고 하는가. 무슨 까닭으로 總有·合有의 區別이 明確하여진 오늘날 그 區別이 不分明하였던 時代의 用語法으로 돌아가려고 하는 것인가(註8).

　또 草案이 「慣習上」 存在하는 共同所有만을 合有라고 規定하려고 하는 理由는 무엇인가. 人爲的으로 成立하는 共同所有形態로서 共有라는 範疇로는 到底히 把握할 수 없는 것이 얼마든지 있을 터인데—權利能力 없는 社團과 合手的 組合의 所有關係는 모두 이에 該當한다—그런 것은 어떻게 하려는 것인가. 오히려 草案 262조 2항이 規定하는 바와 같이 慣習上의 共同所有는 제1차로 慣習의 規律을 받으며 그 慣習의 內容은 比較的 明確하기 때문에, 民法이 이것을

規定할 必要는 거의 없는 것이 아닐까. 民法이 規定할 必要가 있는 것은 人爲的으로 成立하는 共同所有關係이다. 人爲的인 團體에 權利能力 없는 社團과 合手的 組合의 두 類型이 있음에 相應하여 人爲的으로 成立하는 共同所有形態로 總有와 合有의 두 類型으로 나누어짐은 前述한 바이다.

草案대로 하면 草案이 「合有」라고 부르는 것은 慣習上 存在하는 總有만을 意味하는 것이고, 그 「合有」에 關하여는 제1차로 慣習에 依하므로, 草案 263·264의 兩조는 實際上 거의 必要 없는 것이기는 하되, 或 兩조가 存在意義를 가지는 수가 [104면] 있다고 하더라도, 제264조는 合有에 있어서의 合手性의 原則을 規定한 것으로 總有에는 適用될 수 없는 것이다. 卽 總有에 있어서는 管理處分은 社員總會의 決議에 依하는 것이 原則이어서 「全員의 同意」를 要求할 수 없는 것이 普通이고, 또 總有에 있어서는 保存行爲도 團體의 規律에 依하여야 할 것이지 各自가 自由로이 할 수 있는 것이 아니다.

6. 結 語

結論으로서, 本會는 權利能力 없는 社團(어떤 目的財産이 法人格은 없으면서 實質的으로 權利主體로서의 機能을 가지는 수도 있으므로 權利能力 없는 財團과 함께)에 關한 規定을 둘 것과, 物權編 제3장 제3절을 「共同所有」로 하고 그 中에 共有에 關한 規定 以外에 總有 및 合有에 關한 規定을 包含시킬 것을 提議한다. 試案은 다음과 같다.

① 權利能力 없는 社團에 關하여　　總則編 제3절[장] 제1절 末尾에 「法人이 아닌 社團 또는 財團에 關하여는 本章의 規定을 準用한다」라는 條文을 新設한다.

② 總有 및 合有에 關하여　　草案 제262조 乃至 제264조 代身에 다음의 7조를 둔다.

제262조「法律의 規定 또는 契約에 依하여 數人이 組合體로서 物件을 所有하는 때에는 合有로 한다 合有者의 權利는 合有物 全部에 미친다

　　合有에 關하여는 제1항의 法律 또는 契約에 依하는 外에 以下 3조에 依한다」(註9)

제263조「合有物을 處分 또는 變更함에는 合有者 全員의 合意가 있어야 한다 그러나 保存行爲는 各自가 할 수 있다」(註10)

제264조「合有者는 合有者 全員의 同意없이 合有物에 對한 持分을 處分하

지 못한다

合有者는 合有物의 分割을 請求하지 못한다」(註11)

제264조의2 「合有는 組合體의 解散 또는 合有物의 讓渡로 因하여 終了한다

合有物의 分割에 關하여는 共有物의 分割에 關한 規定을 準用한다」(註12)(註13)

제264조의3 「法人이 아닌 社團의 團體員이 集合體로서 物件을 所有할 때에는 總有로 한다

總有에 關하여는 社團의 定款 其他의 規約에 依하는 外에 以下 2조의 規定에 依한다」 [105면]

제264조의4 「總有物의 管理 및 處分은 社員總會의 決議에 依한다.

各團體員은 定款 其他의 規約에 따라 總有物을 使用收益할 수 있다」

제264조의5 「總有物에 對한 團體員의 權利義務는 團體員의 資格을 取得 喪失함으로써 取得 喪失된다」

註1. 石田・物權法論 507頁 [以]下, 我妻・物權法 210頁 以下, 末川・物權法 345頁.

註2. 滿洲民法도 亦是 合有에 關해서만 規定하고 總有에 關하여는 規定하지 않았었다.

註3. 拙稿 「共同所有形態의 類型論」(法曹協會雜誌 2卷 3號 20頁 以下) 參照.

註4. 獨民이 그렇게 規定한 것은 獨民法 制定當時에 去來의 安全과 國家政策의 見地에서 法人의 自由設立主義를 排斥하는 同時에, 登記 또는 免許로 容易하게 法人格을 取得할 수 있음에도 不拘하고 그것을 하지 않고 國家의 監督을 벗어나려고 하는 社團에 對하여는 社團法人에 準한 取扱을 拒否하려는 것이었다. 그러나 이 見解가 옳지 않은 것은 오늘날 누구나 是認하고 있는 바이다.

註5. 石田文次郎, 「權利能力 없는 社團」(法學論叢 31卷 2號 157頁 以下) 參照.

註6. 前揭 拙稿 參照.

註7. 前 朝鮮高等法院 判事 高橋隆二의 統計에 依하면 昭和7年 8月부터 同 15年 6月에 이르는 8年間에 朝鮮高等法院判決에 나타난 事案 中 宗中 또는 門中을 當事者로 하는 事件數가 117件이었다고 한다(司法協會雜

誌 19卷 10,11號 867頁). 그러니 下級審까지 合하면 더욱 큰 數字로
될 것이다.

註8. [朝鮮]高等法院 判例는 昭和 2·9·23 判決錄 321頁 以來 수많은 判
例에서 宗中財産을 宗中의 「合有」에 屬한다고 判示하여 왔다. 그러나
高等法院 判例도 宗中을 權利能力 없는 社團으로 規定하고 있고, 宗
中財産의 管理 및 處分은 慣習 또는 宗規에 依하되 宗規에 定함이 없
고 慣習이 不分明한 때에는 宗會를 열어 出席者의 過半數에 依한다고
하고 있으므로, 그 共同所有關係는 合有가 아니라 總有임은 明白하다
(野村調太郎 「宗中에 關한 法律關係」(司法協會雜誌 18卷 11號 990頁
以下) 參照). 그럼에도 不拘하고 高等法院 判例가 이것을 合有라고 부
르고 있는 것은 共有가 아닌 共同所有形態를 漠然하게 合有라고 總稱
하는 用語法이다.

註9. 瑞民 652조, 653조 1항, 草案 262조 2항 參照. [106면]

註10. 草案 264조, 瑞民 653조 2항 參照.

註11. 草案 263조 2항, 706조, 瑞民 653조 3항 參照.

註12. 瑞民 654조 參照.

註13. 이와 같이 規定하게 되면 草案 696조의 「共有」는 「合有」로 고치고,
同 706조는 削除하여야 할 것이다.

Ⅴ. 현석호 수정안   (14) 제2편제3장제3절의節名「共有」를「共同所有」로修正
한다

Ⅷ. 제2독회, 속기록 제47호, 6면 상단 ~ 중단

○ 法制司法委員長 代理(張暻根) :   제3절 「共有」 여기에 대해서 玄錫虎 議
員의 修正案이 있습니다. 「共有」를 「共同所有」로 고치자는 것입니다, 제3절의
名稱을 … 왜 그러냐 하면 제3절의 內容을 보면 「共有」만이 아니라 「合有」 이
런 것까지도 規定되어 있습니다. 그러니까 그것까지 全部 다 합친 意味에 있어
서 「共有」보다도 「共同所有」가 正確하다고 하는 것입니다. 저도 … 이 民法典
小委員會에서도 그것이 正確하다고 생각해서 여기에 反對하지 않습니다. 다만
草案이 그 規定의 大部分이 「共有」니까 「共有」로 하고 나머지는 거기에 附屬된
것이니까 「共有」로 하자고 한 것으로 생각해서 그대로 法//制司法委員會에서는

通過를 시켰는데 이러한 正確한 修正案이 나올 것 같으면 이렇게 고쳐도 … 玄錫虎 議員의 修正案대로 해도 좋다고 생각됩니다.

　　○ 副議長(趙瓊奎) : 法制司法委員會에서도 玄錫虎 議員의 修正案에 異議 없는 것 같습니다. 그러면 玄錫虎 議員의 修正案대로 異議 없으시죠?　　(「異議 없소」 하는 이 있음)　　그러면 通過합니다.

제262조 （物件의共有） ①物件이持分에依하여數人의所有로된때에는共有로한다

　　②共有者의持分은均等한것으로推定한다

Ⅱ. 案　　제252조

Ⅲ. 審議錄, 162면 하단 ~ 163면 상단

　　2. 現行法 및 判例, 學說　　現行法 제249조, 제250조와 同一한 趣旨이나 若干 改良되었다.

　　[163면] 3. 外國 立法例　　① 獨民 제741조　　數人의共同으로한개의權利를가진境遇에있어法律에別다른規定이없는때는本節의規定을適用한다 (部分共同)

　　② 獨民 제742조　　共同關係者의持分에疑心이있을때에는平等으로한다

　　③ 獨民 제1008조　　一物의所有權이分數的으로數人에屬할때에는제1009조乃至제1011조의規定을適用한다

　　④ 瑞民 제646조　　一物이數人에依하여一部分式[씩]所有되고그物의外部的分割이없는境遇에는이數人을共有者라고한다

　　　　別段의作定이없는境遇에는이들은平等의所有分으로서共有者인것으로한다

　　⑤ 中民 제817조　　數人이그持分에應하여一物에對하여所有權을가진때는共有者로한다 各共有者의持分이明白치않은때는均等한것으로推定한다

　　⑥ 滿民 제240조　　草案과 同一하다.

　　7. 結 論 : 原案에 合意

第263條 (共有持分의處分과共有物의使用, 收益) 共有者는그持分을處分할수 있고共有物全部를持分의比率로使用, 收益할수있다

Ⅱ. 案 제253조

Ⅲ. 審議錄, 163면 상단 ~ 164면 상단

// 2. 現行法 및 判例, 學說   使用에 關하여서는 現行法 제249조에規定이 있는바 處分收益에 關하여서는 規定이 없다. 草案이 이를 新設한 것은 學說上의 結論을 明示한 것으로 妥當하다.

3. 外國 立法例   ① 獨民 제747조   各共同關係者는그持分을處分할수있다 共同關係의目的의全部의處分은共同關係者共同으로써만이를할수있다

② 獨民 제743조   各共同關係者의持分에相應하는果實의持分은共同關係者에歸屬한다

各共同關係者는다른共同關係者의共同使用을妨害하지않는限度에있어서共同關係의目的을使用할수있다

③ 瑞民 제648조 제1항   各共有者他人의權利를侵害하지않은限에있어서物의使用및收益을하는權利를갖는다

④ 中民 제818조   各共有者는그持分에應하여共有物의全部에對하여使用收益權을갖는다

⑤ 中民 제819조   各共有者는自由로그持分을處分할수있다 共有物이處分變更및負擔의設定은共有者全體의同意를얻어야한다

⑥ 滿民 제241조   제1항과 草案 前段과 同一하다.

⑦ 滿民 제242조   草案 後段과 同一하다.

[164면] 7. 結 論 : 原案에 合意

第264條 (共有物의處分, 變更) 共有者는다른共有者의同意없이共有物을處分하거나變更하지못한다

Ⅱ. 案 제254조

Ⅲ. 審議錄, 164면 상단 ~ 하단

2. 現行法 및 判例, 學說　　現行法 제251조에는 處分을 규정하지 않았다. 現行法대로 하여도 充分한 것인바 草案은 當然한 것을 다시 規定한 것이다.

3. 外國 立法例　　① 獨民 제747조 後段　　共同關係의目的의全部의處分은共同關係者共同으로써만이를할수있다

② 瑞民 제648조 제2항　　物을讓渡하거나또는物에負擔을課하거나또는物의用法을變更할려면共有者全員의合意가있어야한다　　但共有者全員이이와같은合意를하였을境遇에는그러하지아니하다

③ 中民 제819조 後段　　共有物의處分變更및負擔의設定은共有者全體의同意를얻어야한다

④ 滿民 제243조　　草案과 同一하다. //

6. 審議經過　　處分이라 함은 權利 全部를 處分하는 것이고 變更이라함은 共有物의 物質的 變更을 意味하는 것으로서 이를 同一한 條文에 規定한 點에는 若干 異議가 있을 수 있다.

7. 結 論 : 原案에 合意

제265조 (共有物의管理,保存)　共有物의管理에關한事項은共有者의持分의過半數로써決定한다　그러나保存行爲는各自가할수있다

Ⅱ. 案　　제255조 [다만 본문은 "…持分의過半數로決定한다"라고 한다]

Ⅲ. 審議錄, 164면 下段 ~ 165면 上段

2. 現行法 및 判例, 學說　　現行法 제252조와 同一한 趣旨이다. (本條에 對한 特例 現行法 제670조 參照)

3. 外國 立法例　　① 獨民 제744조　　共有關係의目的의管理는共同關係者가共同하여이를行한다　各共同關係者는다른共同關係者의同意없어도目的의保存에必要한處分은이를할수있다 또이와같은處分에關하여미리다른共同關係者의同意를求할수있다

② 獨民 제745조　　共同關係의目的의性質에適應한普通의管理및利用은多數決로써이를決한다　多數決의計算은持分의大少에따라서이를行한다 [165면]

　　各共同關係者는合意또는多數決에依하여管理및利用을確定하지않는限公

平한判斷에따라總共同關係者의利益에適應하는管理및利用을請求할수있다

目的의顯著한變更은이를決議하거나또는請求할수없다 各共同關係者의持分에相應한收益部分에關한各共同關係者의權利는그共同關係者의同意없이는이를侵害할수없다

③ 瑞民 제647조 제3항   耕作의變更大修繕等의重要한管理行爲에關하여서는共有者의過半數이며또그物의過半部分을代表하는者의決議가있어야한다

④ 中民 제820조   共有物은契約에別段의約定이있는境遇를除外한共有者이를共同으로管理한다   共有物의簡易한修繕및其他의保存行爲는各共有者單獨으로이를할것이다   共有物의改良은共有者의過半數이고또는그持分의合計가過半數인者의同意를經由하지아니하면이를할수없다

⑤ 滿民 제244조   共有物管理에關한事項은共有者의持分에應하여그過半數로써이를決定한다 但保存行爲는各共有者가이를할수있다

6. 審議經過   中民은 共有物의 改良도 規定하고 있는바 改良은 管理의 一種이므로 草案이 妥當하다.

7. 結 論 : 原案에 合意

제266조 (共有物의負擔) ①共有者는그持分의比率로共有物의管理費用其他義務를負擔한다

②共有者가1年以上前項의義務履行을遲滯한때에는다른共有者는相當한價額으로持分을買受할수있다

Ⅱ. 案   제256조

Ⅲ. 審議錄, 165면 상단 ~ 166면 상단

// 2. 現行法 및 判例, 學說   現行法 제253조는 제2항에서 「1年內」라고 規定한 것을 草案은 「1年以上」이라고 規定하였다. 內容은 同一하다.

3. 外國 立法例   ① 獨民 제748조   各共同關係는그持分에應하여서다른共同關係者에對하여共同關係의目的의負擔이나또는保存管理및共同使用의費用을負擔할義務를진다

② 瑞民 제649조제1항   共有때문에생기거나또는共有物에關하는管理費

用租税및其他의賦課는別段의作定없는境遇에는各共有者그持分에應하여이를負擔
한다

　　③ 中民 제822조　　共有物의管理費및其他負擔은契約에別段約定이있는境
遇를除外한外各共有者에있어그持分에應하여이를分擔할것이다

　　　共有者中의1人이共有物의負擔에關하여支拂을하며그分擔될部分을超過한
때는其他共有者에對하여그各己分擔된部分에應하여償還을請求할수있다

　　④ 滿民 제245조　　草案과 同一하나 제2항에 草案은「1年以上」으로 되
어 있고 本條에는「1年以內」로 되어 있다. [166면]

　6. 審議經過　　① 제1항 中「其他義務를負擔한다」라는 表現에는 若干
異議가 있다. 卽 이 境遇의 義務라 함은 公租 公課 等 費用을 意味하는 것인바
이와 같이 義務라고 하면 費用 以外의 어떠한 義務가 있는 것 같은 疑問을 일
으키기 때문이다.

　　②「買取」를「買受」로 字句修正.

　7. 結 論 : 前記 修正53) 外의 原案에 合意

** 공유지분 특정승계인의 채권 승계에 관한 민법안 제257조 삭제

Ⅱ.　案　　제257조 共有者가다른共有者에게對하여共有物에關한債權이있는때
　　에는그特別承繼人에對하여도辨濟를請求할수있다

Ⅲ.　審議錄, 166면 상단 ～ 하단

　2. 現行法 및 判例, 學說　　現行法 제254조와 同一한 趣旨이다.

　3. 外國 立法例　　① 獨民 제746조　　共同關係者가共同關係의 目的의
管理및利用에關하여決定을하였을때에는그決定事項은그特定承繼人을爲하여또이
에對하여效力이있다

　　② 獨民 제1010조 제2항　　제755조제756조에定한請求權은土地登記簿에
이를登記한境遇에限하여共有者의1人의特定承繼人에對하여그效力이있다

　　③ 滿民 제246조　　共有者가共有物에關하여他共有者에對하여債權을가지
는때는그特定承繼人에對하여도亦是辨濟를請求할수있다 //

---

53) 이는 법사위 수정안에 오르지 못하였으나 나중의 조문정리과정에서 반영된 것으로 보인다.

6. 審議經過   本條는 獨民 제1010조와 같은 登記制度가 있으면 可하지만, 그러한 制度 없이 本條와 같은 規定을 두는 것은 不可하고 特히 草案이 先取特權制度를 廢止하면서 本條와 같은 擔保物權을 認定함은 立法上 不均衡할 뿐만 아니라 草案이 現行法 제259조에 對應하는 規定을 設定하지 아니한 態度와도 그 權衡을 失하므로 本條 全文 削除함에 合意.

7. 結 論 : 全文 削除키로 合意

Ⅳ. **법사위 수정안**   (63) 제257조를 全文削除한다

Ⅷ. **제2독회**, 속기록 제47호, 6면 중단 ~ 하단

○ 法制司法委員長 代理(張暻根) : [민법안 제257조 낭독] 여기에 대해서 法制司法委員會는 제257조를 全文 削除하자는 것입니다. 그것은 왜 그런고 하니 共有持分의 讓受人에 不測의 損害를 끼칠 念慮가 있습니다 이대로 하면 … 그러기 때문에 이 瑞西民法이라든지 中國民法이라든지 이러한 257조와 같은 規定이 없습니다. 이러한 規定은 共有持分의 讓受人에게 不測의 損害를 끼칠 念慮가 있습니다.

다만 獨逸民法에는 이런 것을 規定했는데 이런 것을 規定한 代身에 먼저 登記를 해야 된다고 그랬습니다.

그런 債權은 … 登記도 하지 않고 이런 것을 한다는 것은 不測의 登記 안 된 債權의 行使를 當하므로 讓受人은 참 억울한 立場이 됩니다. 더구나 이 本 草案이 先取得[特]//權制度를 廢止했습니다. 그런데 이러한 條文을 둘 것 같으면 꼭 先取得權의 한 種類를 또 認定하는 것과 같습니다. 登記를 안 하고도 優先辨濟權을 가진다 이러한 結果가 생기게 되므로 登記 없이 優先辨濟를 받는 第3者가 代行할 수 있는 이런 것을 없애는 趣旨에도 違反된다고 생각합니다. 그러기 때문에 이것을 削除하자고 하는 것이 法制司法委員會의 修正案입니다.

제267조 (持分抛棄等의境遇의歸屬) 共有者가그持分을抛棄하거나相續人없이 死亡한때에는그持分은다른共有者에게各持分의比率로歸屬한다

Ⅱ. **案**   제258조

Ⅲ. **審議錄**, 166면 하단 ~ 167면 상단

　2. 現行法 및 判例, 學說　　　現行法 제255조와 同一한 趣旨이다.

　3. 外國 立法例　　　① 滿民 제247조　　　草案과 同一하다. [167면]

　6. 審議經過　　　本條는 草案 제242조(無主物國有)에 對한 特例이다.

　7. 結 論 : 原案에 合意

제268조 (共有物의 分割請求) ①共有者는共有物의分割을請求할수있다 그러나5年內의期間으로分割하지아니할것을約定할수있다

　②前項의契約을更新한때에는그期間은更新한날로부터5年을넘지못한다

　③前2항의規定은제25조,제239조의共有物에는適用하지아니한다

Ⅰ. **法編委**　　　1. 의사록　　　物權法要綱　　　제5. 所有權

　○ 姜柄順 起草委員　[…]　(5) […]54) 共有物의 分割에 있어서 國家重要 産業이나 其他 公共使用에 害가 있을 때에는 適當한 制限을 加할 것」(追加)

　右 原案을 可決通過하다

　2. 編纂要綱　　　　物權法要綱　　　五. 所有權

　　ㅁ. 共有의 規定에 있어서 共有에 關한 規定을 左와 如히 세울 것

　　「共有物의 分割에 있어서 國家重要産業이나 其他 公有使用에 害가 있 을 때에는 適當한 制限을 加할 것」55)

Ⅱ. **案**　　　제259조

Ⅲ. **審議錄**, 167면 상단 ~ 하단

　2. 現行法 및 判例, 學說　　　現行法 제256조, 제257조와 同一한 趣旨이다.

---

54) 이 (5)항의 앞부분은 "地方의 住民 親族團體(宗中) 其他 慣習上 總合體를 이루고 있는 數人 이 그 關係에 있어서 物件을 所有할 때에 이를 總有라 한다"라는 것이다. 이에 대하여는 뒤 의 민법 제275조 Ⅰ. 1.도 참조. 「민법전편찬요강」에서 이 항목은 그 앞의 "時效에 의한 所有 權의 取得에 관한 規定"에 대한 항목 일부로 다루어지고 있다. 그러나 議事錄에서는 정당하 게도 별도의 항목으로 취급되고 있다. 이것이 별도의 항목으로 다루어져야 한다는 것은 內 容의 點 외에도 「민법전편찬요강」 자체에 이 항목에 대하여 별도의 導入文("共有의 規定에 있어서 共有에 관한 規定을 左와 如히 세울 것")이 붙어 있다는 점에 비추어서 그러하다.

55) 이 편찬요강 항목은 이례적으로 민법안에 전혀 반영되지 아니하였다.

3. 外國 立法例   ① 獨民 제749조제1항   各共同關係者는언제든지共同關係의廢止를請求할수있다

② 瑞民 제650조   各共有者는共有解除를請求하는權利를갖는다 但法律行爲에依하거나또는物이繼續된目的提供되기때문에共有의解除를할수없는境遇에는그러하지아니하다

共有의解除는法律行爲에依하여10個年以內의期間이를禁할수있다

共有의解除는不適當한時期에請求할수없다

③ 中民 제823조   各共有者는어느때나共有物의分割을請求할수있다 但物件의使用目的으로因하여分割이不能이든가또는契約이不分割의期限을約定한때는그렇지않다 //

前項의契約에定하는不分割의期間은5年을超過할수없다 5年을超過한때에는短縮하여5年으로한다

④ 滿民 제248조 ⑤ 滿民 제249조   草案과 同一하다.

7. 結 論 : 原案에 合意

제269조 (分割의方法) ①分割의方法에關하여協議가成立되지아니한때에는共有者는法院에그分割을請求할수있다

②現物로分割할수없거나分割로因하여顯著히그價額이減損될念慮가있는때에는法院은物件의競賣를命할 수 있다

Ⅱ. 案   제260조

Ⅲ. 審議錄, 167면 하단 ~ 168면 상단

2. 現行法 및 判例, 學說   現行法 제258조와 同一한 趣旨이다.

3. 外國 立法例   ① 中民 제824조   共有物의分割은共有者의協議한方法에依하여이를行한다 分割方法에關하여協議決定할수없는때는法院은어느共有者의申請으로因하여左記의分配를할것을命할수있다

(i) 原物로써各共有者에分配한다

[168면] (ii) 共有物을賣却하여代金으로써各共有者에分配한다

(iii)   原物로써分配하는境遇에있어共有者中그持分에應하여分配를받을수

없는것이있는때는金錢으로써이를補償할수있다

② 滿民 제250조   草案과 同一하다.

7. 結 論 : 原案에 合意

** **현행법 제259조[56]를 삭제한 문제** — 草案 제257조를 本 小委員會에서 削除한 理由[57]와 同一한 理由에 依하여 現行法 제259조에 對應하는 規定은 必要 없으므로 削除한 것이 當然하다.

** **현행법 제260조[58]를 삭제한 문제** — 參加의 機會를 주어도 意見陳述의 機會를 가지는 것밖에는 何等의 實益이 없기 때문이다.

제270조（分割로因한擔保責任）共有者는다른共有者가分割로因하여取得한物件에對하여그持分의比率로賣渡人과同一한擔保責任이있다

Ⅱ. 案   제261조

Ⅲ. 審議錄, 163면 상단 ~ 하단

2. 現行法 및 判例, 學說   現行法 제261조와同一하다. //

3. 外國 立法例   ① 獨民 제757조   共同關係의廢止에際하여共同關係의目的을共同關係의한사람에게分配하였을때에權利의瑕疵또는物件의瑕疵가있으면다른共同關係者는賣主와같은擔保의責任을진다

② 中民 제825조   各共有者는다른共有者가分割로因하여取得한物件에對하여그持分에應하여賣主와同一한擔保責任을진다

---

56) 의용민법 제259조 : "① 공유자의 1인이 다른 공유자에 대하여 공유에 관한 채권을 가지는 때에는 분할에 있어서 채무자에게 귀속될 공유물의 부분으로써 그 변제를 하게 할 수 있다. ② 채권자가 위의 변제를 받기 위하여 채무자에게 귀속될 공유물 부분을 매각할 필요가 있는 때에는 그 매각을 청구할 수 있다."

57) 앞의 491면 이하 참조.

58) 의용민법 제260조 : "① 공유물에 대하여 권리를 가지는 자 및 각 공유자의 채권자는 자신의 비용으로 분할에 참가할 수 있다. ② 전항의 경우에 의하여 참가를 청구하였음에도 불구하고 그 참가를 기다리지 아니하고 분할을 한 때에는 그 분할은 이로써 참가를 청구한 자에게 대항할 수 없다."

③ 滿民 제251조   草案과 同一하다.

7. 結 論 : 原案에 合意

** **현행법 제262조[59]를 삭제한 이유** ─ 그러한 事項은 規定할 必要 없기 때문이다.

** **현행법 제263조[60]를 삭제한 이유** ─ 現行法 제263조는 入會權에 關한規定인바 同條의 趣旨는 草案 제262조에 包含되어 있다.

제271조 (物件의合有) ① 法律의規定또는契約에依하여數人의組合體로서物件을所有하는때에는合有로한다 合有者의權利는合有物全部에미친다

②合有에關하여는前項의規定또는契約에依하는外에다음3조의規定에依한다

Ⅱ. **案**   제262조   어느地域의住民, 親族團體其他慣習上集合體로서數人이物件을所有하는때에는合有로한다

合有物에對한權利의得失變更및合有者의權利, 義務에關하여는慣習에依하는外에以下2조의規定에依한다

Ⅲ. **審議錄**, 168면 하단 ~ 169면 하단

[169면] 2. 現行法 및 判例, 學說   現行法에는 規定 없고 新設 條文이나 現行法 제263조[61]의 趣旨를 包含시킨 것이다.

3. 外國 立法例   ① 中民 제827조   法律規定에依하여또는契約에依하여一公同關係를結成한數人이그公同關係에基因하여一物을共有하는때는公同共

---

59) 의용민법 제262조 : ① 분할이 종료한 때에는 각 분할자는 그 받은 물건에 관한 증서를 보존하여야 한다. ② 공유자 일동 또는 그 중의 수인에 분할된 물건에 관한 증서는 그 물건의 최대 부분을 받은 자가 이를 보존하여야 한다. ③ 전항의 경우에 최대 부분을 받은 자가 없는 경우에는 분할자의 협의로 증서의 보존자를 정하고 만일 협의가 이루어지지 않은 때에는 법원이 이를 지정한다. ④ 증서의 보존자는 다른 분할자의 청구에 좇아 그 증서를 사용하여야 한다.

60) 의용민법 제263조 : 공유의 성질을 가지는 入會權에 대하여는 각 지방의 관습에 따른 외에 본절의 규정을 적용한다.

61) 앞의 주 60의 의용민법 제263조 참조.

有者로한다 各公同共有者의權利는公同共有物의全部에미친다

　　② 中民 제828조　　　公同共有者의權利義務는그公同關係를規定한法律또는
契約에依하여이를定한다

　　　　前項의法律또는契約에別般規定이있는境遇를除外한外公同共有物의處分
및其他權利行使에關하여는公同共有者全體의同意를얻어야한다

　　③ 滿民 제252조　　　어느地方의住民 親族團體其他慣習上總合體를맺는數
人이그關係에基因하여1個의物件을所有하는때는이를總有者로한다

　　　　總有者의權利및義務에關하여는慣習에따르는外以下2조의規定을適用한다

　　※ 商法 判例 入會權 認定

　　7. 結 論 : 原案에 合意

Ⅴ. 현석호 수정안[62]　　　(15) 제262조를다음과같이修正한다

　　　　法律의規定또는契約에依하여數人이組合體로서物件을所有하는때에는合
有로한다 合有者의權利는合有物全部에미친다

　　　　合有에關하여는前項의法律의規定또는契約에依하는外에以下3조의規定에
依한다

Ⅷ. 제2독회, 속기록 제47호, 6면 하단 ~ 10면 상단

　　○ 法制司法委員長 代理(張暻根) :　[민법안 제262조 및 현석호 수정안
(15) 각 낭독]　그리고 236조 以下 쭉 딴 條文이 또 나옵니다.

　　[7면] 이것은 지금 本 草案에 比해서 대단히 正確합니다. 즉 共有 以外의
合有 이런 것을 좀더 分明히 規定을 했는데 이것은 瑞西民法 先進國家의 法律
의 規定에 따라서 이것을 했는데 民法 … 法制司法委員會에서는 草案의 規定이
좀 不滿足하지만 草案을 全部 다 뜯어 고치는 것이 무엇하다 해서 그대로 뒀는
데 지금 玄錫虎 議員으로부터 더 正確하게 規定한 이러한 修正案이 나온 以上
에는 玄錫虎 議員의 修正案대로 이것을 通過시키는것이 좋을 것 같습니다.

　　○ 副議長(趙瓊奎) :　[…] 玄錫虎 議員 나와서 說明하세요.

　　○ 玄錫虎 議員 :　簡單히 하겠습니다. 지금 이 共同所有에 對해서 張暻根
議員으로부터서 262조 修正案에 異議가 없다고 그렇게 말씀해서 異議가 없는데
왜 또 說明하느냐 여러분이 꾸중을 하시는 것 같은데 異議가 없다 하더라도 여

---

62) 그 이유에 대하여는 앞의 475면 이하에 인용하는 『민법안의견서』 (66)항의 관련 이유 참조.

기에 對한 修正의 理由가 적어도 우리가 民法典을 審議하는 데 있어서 어떻게
해서 修正이 되었느냐는 記錄에 남아 있어야 될 것입니다.

　　그런 意味에서 簡單히 말씀드리겠는데, 뿐만 아니라 262조뿐 아니라 262조
에 따라서 그 다음에 63조 4조 5조 또 그 다음에 또 몇 조 몇 조 몇 조 몇 조
있고 그 다음에 이렇게 해서 여러 條文이 있습니다. 그래서 이것 한꺼번에다 決
定이 되어야 됩니다. // 그러기 때문에 여기에 對한 것을 그 다음 條文이 한꺼
번에 表決이 될 것 같습니다.

　　이 大體로 共同所有에 關해서는 이 共同所有의 形態가 여러 가지 있습니다.
이 여러 가지 있는 이 狀態를 過去 學者들은 벌써 오래 前부터 共同所有의 形
態가 所謂 共有가 있고 所謂 合有가 있고 總有가 있다 세 가지 區分이 있다는
것을 벌써 몇십年前부터 學說로는 認定이 되어 있습니다. 그러나 現在까지는
어느 나라 民法에 있어서도 그 學說은 學說대로 있으면서도 그것을 法律로써
規定化한 데는 없습니다. 그러나 오늘날 우리가 大韓民國에서 民法典을 만드는
데 있어서 各國의 學者들이 認定한 學說을 비로소 처음 法文化해서 하는 것입
니다.

　　그렇기 때문에 이것은 우리 民法典으로서 大端히 意義가 있고 다른 나라
一般 다른 나라의 民法典에 앞서서 그렇게 法文化한다는 것은 大端히 重大한
意義가 있고 劃期的이라고 생각합니다. 그런 意味에 있어서 이것은 亦是 우리
記錄에 남겨두는 것이 좋다고 생각해서 말씀을 드리는 것입니다.

　　첫째로 이 共同所有의 形態로 보아서는 共同所有라고 하는 것을 다시 말할
것도 없이 한 個의 物體에 對해서 그 權利의 主體가 複數이다 한 사람 以上이
나[다] 이것이 共同所有의 槪念인데 그런 境遇가 적어도 한 너덧까지 된다고
봅니다. // 첫째는 普通 말하는 몇 사람이 한 가지 物件을 가진다는 普通 말하
는 共同共有가 있고 그 다음에는 權利能力 없는 社團 말하자면 요전 제가 말씀
드렸습니다만 同窓會라든지 이런 等等의 團體가 가지는 이런 所有의 形態 그것
이 말하자면 總有라고 말하는 거고 그 다음에 所謂 그 合有 卽 組合이라고 學
者들이 말합니다만 所謂 合數[手]的인 組合이라는것이 獨逸말을 갖다가 우리
指摘해서 말하는 것인데 獨逸 原語로 말할 것 같으면 「아이젠튼쯔─로게잔테르
한트63)」라 말하자면 合數的인 組合으로 이러한 것을 말한 것을 合有라고 하는

---

63) 아마도 Eigentum zur gesamten Hand(합수적 공유)를 가리키는 듯하다.

것이고 그 다음 法人 여러 사람이 法律的인 資格을 가진 法人이 가지는데 이 法人이 가지는 物件은 勿論 이것은 몇 사람이 關係하지만 한 個의 人體로 보니깐 다시 더 말할 것이 없고 그것을 빼고 보면 普通 말하는 公[共]有 合有 總有 이런 세 가지로 分明히 나누어지는 것입니다.

이것을 現行 民法에서는 共有에 對해 가지고 合有하고 總有하고 그런 區別 없이 나왔습니다. 다만 學說에 依해서 慣例로서 그것을 다 認定해 왔는데 이런 民法草案에서는 進一步해 가지고 合有까지는 認定을 했습니다. 共有하고 合有를 認定했는데 그러나 合有까지는 認定했지만 合有와 總有가 分明히 다른데도 不拘하고 거기에까지는 區別 못했다 말입[8면]니다. 그러니깐 이번 거기에까지 나왔을 바에는 分明히 더 合有와 總有를 區別해서 이 法律關係를 明確히 하는 것이 좋다 그런 意味에서 이 修正案이 나오게 된 것입니다.

그렇기 때문에 다시 말하면 62[262]조에 있어서는 이것이 62[262]조서부터 아주 63[263]조 죽 하니깐 한번 읽어드립니다. […] 共有와 合有와 總有가 무엇이 다르냐 간단히 말씀드리면 共有라고 하는 것은 卽 말하면 소위 持分權을 가지고 持分的인 固有[共有] 그 어떤 物件 하나에 대해서 몇 사람이 各自의 持分을 가지는 것은 共有라고 합니다. 한데 合有라고 하는 것은 어느 몇 사람의 組合體의 形態로 되어가지고서 그 組合體로서 상당히 鞏固한 團體가 됩니다. 그 團體에서는 持分을 가지지 않고 어디까지나 그 合有者의 全體가 同意를 하지 않으면 分割//할 수도 없고 處分할 수도 없고 꼭 그 合有한 사람이 全部의 意思가 맞아야만 處分도 하고 分割할 수 있다 이런 것입니다. 이것이 合有가 됩니다.

또 總有라고 하는 것은 그보다는 조금 弱하고 모든 몇 사람의 集合體로써 한 社團法人이 아닌가 集體團[集團體]로써의 總有가 되는데 그때에는 總有된 사람의 그 物件은 處分할 때는 全體 사람의 合意는 必要치 않다. 적어도 그것은 社團法人의 形式으로 보아서 過半數의 決議만 있으면 處分할 수 있다 그러니까 거기에 대한 이 合有와 總有가 分明이 分揀이 되는 것입니다.

그런데 民法 草案에 볼 것 같으면 264조에서 全部 合有와 總有를 통틀어 합해 가지고 그놈을 통틀어서 全體가 共有하고 있으면 處分할 수 없다. 이렇게 되니까 대단히 困難하게 됩니다.

그래서 이 세 가지를 區分해서 合有인 경우에는 全體가 同意를 하지 않으

면 處分도 할 수 없고 分割도 할 수 없고 總有인 경우에는 그 過半數가 決議하
면 그렇게 할 수 있다 이렇게 分明히 해놓은 것입니다.

　　가령 一例를 들어서 말하면 우리가 宗中財産 … 李泳熙 議員이 宗中財産에
대해서 修正案도 냈습니다마는 이러한 것으로 해서 거의 다 解決될 겁니다. 이
宗中財産이라 하는 이것이 소위 우리가 말//하는 總有라고 하는 것입니다. 그런
데 만약 이번에 이런 修正案이 없고 보면 264조 原案대로 할 것 같으면 그 門
中財産 같은 것도 門中에 있는 宗氏들이 전부 한 사람도 反對하지 않아야만 處
分할 수 있게 이렇게 됩니다. 그러니까 이것 대단히 矛盾이 있다 뿐만 아니라
또 高等法院의 判例로 보더라도 그 宗中財産에 있어서는 그것도 그 過半數의
決議로써 處分할 수 있다 이렇게 判例로도 認定해 온 것입니다.

　　그런 意味에서 이 共有와 合有와 總有를 세 가지 區分해서 이 몇 가지의
條文을 이렇게 全面的으로 新設하자는 이것입니다. 이러기 때문에 이것을 表決
의 便宜를 위해서라도 따로 따로 할 것이니까 한꺼번에 제가 낸 修正案을 전부
다 읽어드리고 여기에 대해서는 一括해서 表決해 주시기 바랍니다

　　○ 副議長(趙瓊奎)：　여기에 또 修正案이 있습니다 그런데 262조부터 263
조 64조 또 65조를 同時에 表決해야 되겠는데 여기에 또 다른 修正案이 하나
있어요. 264조 李泳熙 議員의 修正案64)이 있습니다 그렇기 때문에 李泳熙 議員
하고 한번 打合을 해 주셔야겠는데 …

　　○ 李泳熙 議員：　(의석에서) 내가 玄 議員한테 質問을 하고난 뒤에 말씀
드리겠습니다.

　　[9면] […] 방금 玄 議員께서 合有 共有 總有에 대한 充分한 說明이 있었습
니다. 저는 法律專門家가 아니라서 무슨 意味인가 모르겠습니다마는 이 合有에
대한 說明이 있었는데 저는 이렇게 생각을 합니다. 이 合有에 있어서 全體가 合
意하지 않을 것 같으면 處分할 수가 없다 分割도 할 수 없다 이런 一文이 規定
되어 가지고 있습니다. 政府原案도 그렇고 또한 玄錫虎 議員의 修正案도 이렇
게 規定이 되어가지고 있습니다. 그렇다고 하면 어떤 先山의 祠堂을 하나 모시
기 위해서 여러 사람들이 合有를 해가지고 있을 때에 그 合有의 財産을 處分할
경우가 생깁니다. 이 處分할 경우는 어떤 경우인가 하면 萬若에 道路가 난다든
지 또는 堤防이 된다든지 이것을 移轉하지 않으면 아니 될 그런 경우가 있을때

---

64) 민법안 제264조에 대한 이영희 의원 외 21인의 修正案은 뒤의 504면을 보라.

에 合有라고 해서 總意를 가지지 않으면 안 된다고 規定을 지었다고 하면 이 物件에 대해서는 어디까지라도 合有에 대한 處分을 할 수 없는 길밖에 없을 것입니다. 그렇다고 하면 共有·總有·合有에 대해서 說明이 계셨는데 學者의 여러분 學者의 말씀하는 것도 이것을 規定하여야 한다는 말씀도 들었습니다. 萬若에 이 合有에 있어서 處分하는 데에 어떤 規約을 만들어 가지고 過半數라든지 이러한 분으로써서 處分할 수 있게 된다고 하면 總有라든지 共有와 다른 點이 없습니다. //

그렇지만 만약에 제가 말씀드린 바와 같이 어떤 先生님을 하나 모시기 爲해서 여러 사람이 모여서 돈을 내어서 어떠한 집을 하나 지었다가 그 집이 道路에 들어간다든지 堤坊[堤防]에 들어간다든지 이러한 境遇가 생길 때에 이것을 處分을 못하는 길밖에 없습니다 萬若에 이러한 處分을 할 수 있는 길이 어느 法條文에 있다고 하면 내가 구태여 이것을 修正하려고 할 必要性을 느끼지 않습니다마는 萬若에 이 문제가 제가 말씀드리는 것과 같이 祠堂이라든지 宗中에 무슨 여러 사람이 모여서 우리 할아버지의 어떠한 碑閣을 하나 세우자 이러한 문제가 있었을때에 이 사람들이 세우는 碑閣이라든지 祠堂 또한 여러 가지의 이러한 合有物이 어떠한 道路가 난다든지 堤坊[堤防]이 생긴다든지 할 때에 이것을 處分은 어떻게 하느냐 이것을 한번 말씀해 주시면 感謝하겠습니다.

○ 副議長(趙瓊奎):　 玄錫虎 議員 答辯해주세요

○ 玄錫虎 議員:　 지금 李泳熙 議員의 修正案이 264조의 但書를 修正하는데 保存行爲는 各自가 할 수 있는 그 集合體에 規約이 있는 때에는 그 規約에 依하여 合有物을 處分할 수 있다 이렇게 되어 있는데 元來가 아까 제가 말씀드렸습니다마는 이 宗中財産이라든지 이것이 合有物을 세우자는 趣旨입니다. 이러한 總有라는 것입니다. 이것이 判例上으로도 그렇게 되어 있습니다. 그러니까 그것은 반드시 全體가 同意를 하지 않더라도 過半數의 決議를 할 수 있는 이러한 것입니다. 그러니까 이러한 문제는 自然//히 解決이 됩니다.

그리고 萬若에 지금 말하는 지금 財産인데 堤防이 된다든지 道路가 된다든지 公共事業에 必要해서 不得已 處分할 때에 萬若에 同意를 안 하면 어떻게 하느냐 이러한 문제가 公的인 문제로서 公用徵收라든지 이러한 문제가 公的인 문제로서 公用徵收라든지 다른 法規에서 處理하는 方案이 있을 것입니다. 그러니까 이러한 것은 반드시 이 點도 마찬가지입니다.

○ 副議長(趙瓊奎) : 委員長 答辯해주세요

○ 法制司法委員長 代理(張暻根) : 이것은 結局 一貫되는 條文이 되어서 나중에 玄錫虎 議員 修正案이 또 나중에 나옵니다마는 265조 앞에 다음의 네 條文을 新設한다는 중의 맨 첫째 條文에 이것이 있습니다.

合有는 組合體의 解散 또는 合有物의 讓渡로 因하여 終了한다

이것을 보시면 李泳熙 議員께서도 잘 아실 줄 압니다. 合有物 自體는 讓渡할 수 있는 것입니다. 合有物에대한 持分을 못하는 것이지 合有物에 대한 各自의 持分과 持分의 讓渡와 合有物 全體를 통틀어가지고 딴 데에 讓渡하는 것과 딴 문제입니다. 合有物의 持分의 讓渡는 264조에는 玄錫虎 議員 修正案과 마찬가지로 全員 同意가 없으면 그 持分은 讓渡 못해요. 그러나 合有物 自體는 大槪 통털어가지고 이 物件을 받어[팔아]버린다든지 讓渡하는 이것은 다 할 수 있는 것입니다. 그 讓渡하는 것은 慣習에 依해서라든지 規約에 依해서 할수있는 거에요. 그러니까 李泳熙 議員과 같이 念慮하실 必要가 없습니다. 李泳[10면]熙 議員께서 條文을 이것을 만들지 않더라도 이것이 當然히 될 수 있는 것입니다. 이것은 念慮 안 하셔도 됩니다.

○ 副議長(趙瓊奎) : 그러면 李泳熙 議員 修正案 撤回하시지요.

○ 李泳熙 議員 : (의석에서) 네 …

○ 副議長(趙瓊奎) : 그러면 法制司法委員會에서 玄錫虎 議員의 修正案에 대해서 異議 없는 것 같습니다. 그러면 262조 263조 64조 65조까지 全部 다 修正됩니다. 한번 朗讀할까요? 朗讀 必要 없으시지요?　　(「네!」 하는 이 있음) 네 … 그러면 이 條文으로 玄錫虎 議員 修正案에 對해서 異議 없으시지요? (「異議 없소」 하는 이 있음) 네, 그러면 通過되었습니다.

제272조 (合有物의處分, 變更과保存) 合有物을處分또는變更함에는合有者全員의同意가있어야한다 그러나保存行爲는各自가할수있다

Ⅱ. 案　　　제263조 合有者의權利는合有物全部에미친다

　　　　　　合有者는合有物의分割을請求하지못한다

Ⅲ. 審議錄, 169면 하단

2. 現行法 및 判例, 學說   現行法에는 規定 없고 新設 條文이다.

3. 外國 立法例   ① 中民 제827조(後段)   草案 제262조 外國 立法例 參照.

② 中民 제829조   公同關係存續中各公同共有者는그公同共有物의分割을 請求할수없다

③ 滿民 제253조   草案과 同一하다.

7. 結 論 : 原案에 合意

Ⅵ. 현석호 수정안[65]   (16) 제263조를다음과같이修正한다

合有物을處分또는變更함에는合有者全員이合意가있어야한다 그러나保存 行爲는各自가할수있다

Ⅷ. 제2독회, 속기록 제47호, 6면 하단 ~ 10면 상단[66]

제273조 (合有持分의處分과合有物의分割禁止) ①合有者는全員의同意없이合有物에對한持分을處分하지못한다
②合有者는合有物의分割을請求하지못한다

Ⅱ. 案   제264조 合有者는全員의同意없으면合有物을處分하거나變更하지못한다 그러나保存行爲는各自가할수있다

Ⅲ. 審議錄, 169면 하단 ~ 170면 상단

2. 現行法 및 判例, 學說   現行法에는 規定 없고 新設 條文이다.

3. 外國 立法例   ① 中民 제828조   草案 제262조 外國 立法例 參照.

② 滿民 제254조   草案과 同一하다.

7. 結 論 : 原案에 合意

Ⅵ-1. 현석호 수정안[67]   (17) 제264조를다음과같이修正한다

合有者는全員의同意없이合有物에對한持分을處分하지못한다

---

65) 그 이유에 대하여는 앞의 475면 이하에 인용하는 『민법안의견서』의 관련 이유 참조.

66) 민법 제271조에 관한 앞의 497면 이하에서의 제2독회 논의 참조.

67) 그 이유에 대하여는 앞의 475면 이하에 인용하는 『민법안의견서』의 관련 이유 참조.

合有者는合有物의分割을請求하지못한다

Ⅵ-2. 民法案에 對한 修正案 (李泳熙 議員 外 21人)[68]

제264조中但書를다음과같이修正한다

그러나保存行爲는各自가할수있고그集合體의規約이있는때는그規約에依
하여合有物을處分할수있다

Ⅷ. 제2독회, 속기록 제47호, 6면 하단 ~ 10면 상단[69]

제274조 (合有의終了) ①合有는組合體의解散또는合有物의讓渡로因하여終了한다

②前項의境遇에合有物의分割에關하여는共有物의分割에關한規定을準用한다

Ⅵ. 현석호 수정안[70]　　　(18) 제265조앞에다음의4條文을新設한다

제○조 合有는組合體의解散또는合有物의讓渡로因하여終了한다

合有物의分割에關하여는共有物의分割에關한規定을準用한다

[…]

Ⅷ. 제2독회, 속기록 제47호, 6면 하단 ~ 10면 상단[71]

제275조 (物件의總有) ①法人이아닌社團의社員이集合體로서物件을所有할때에는總有로한다

②總有에關하여는社團의定款其他契約에依하는外에다음2조의規定에依

68) 이 이른바 '이영희 수정안'은 [제3대 국회] 제26회 국회 정기회의 속기록, 제42호(부록), 109면 하단에 수록되어 있고, 그의 수정안 제출 이유는 앞의 500면 이하에서 실은 이영희 의원 제2독회 발언 참조. 그러나 이 부분 이영희 수정안은 앞의 502면에서 보는 대로 본회의 석상에서 결국 철회되었다.
69) 민법 제271조 이하에 관한 앞의 497면 이하에서의 제2독회 논의 참조.
70) 현석호 수정안 (14) 내지 (18)을 실질적으로 뒷받침하는 『민법안의견서』부분에 대한 앞의 475 이하 참조.
71) 민법 제271조 이하에 관한 앞의 497면 이하에서의 제2독회 논의 참조.

한다

제276조 （總有物의管理,處分과使用,收益） ①總有物의管理및處分은社員總會의決議에依한다

②各社員은定款其他의規約에좇아總有物을使用,收益할 수 있다

제277조 （總有物에關한權利義務의得喪） 總有物에關한社員의權利義務는社員의地位를取得喪失함으로써取得喪失된다

Ⅰ. **法編委**　　1. 의사록　　　　　物權法要綱　　　제5. 所有權

○ 姜柄順 起草委員 […]　　　(5)「地方의 住民 親族團體(宗中) 其他 慣習上 總合體를 이루고 있는 數人이 그 關係에 있어서 物件을 所有할 때에 이를 總有라 한다」

右 原案을 可決通過하다

2. 編纂要綱　　　　　　物權法要綱　　　五. 所有權

4. […] ㅁ. 共有의 規定에 있어서 共有에 關한 規定을 左와 如히 세울 것　「地方의 住民, 親族團體(宗中) 其他 慣習上 總合體를 이루고 있는 數人이 그 關係에 있어서 物權을 所有할 때에 이를 總有라 한다.」

Ⅵ. **현석호 수정안**[72]　　　(18) 제265조앞에다음의4條文을新設한다 […]

제○조 法人이아닌社團의團體員이集合體로서物件을所有할때에는總有로한다

　　總有에關하여는社團의定款其他規約에依하는外에以下2조의規定에依한다

제○조 總有物의管理및處分은社員總會의決議에依한다

　　各社員은定款其他의規約에따라總有物을使用收益할수있다

제○조　　總有物에關한團體員의權利義務는團體員의資格을取得喪失함으로써取得喪失된다

Ⅷ. **제2독회**, 속기록 제47호, 6면 하단 ～ 10면 상단[73]

---

72) 민법 제275조 내지 제277조가 되는 현석호 수정안 (14) 내지 (18)을 실질적으로 뒷받침하는 『민법안의견서』 부분에 대하여는 앞의 475면 이하 참조.

73) 민법 제271조 이하에 관한 앞의 497면 이하에서의 제2독회 논의 참조.

제278조 (準共同所有) 本節의規定은所有權以外의財産權에準用한다 그러나 다른法律에特別한規定이있으면그에依한다

Ⅱ. **案**   제265조 [다만 단서는 "다른法令에特別한規定이있으면…"으로 되어 있다]

Ⅲ. **審議錄**, 170면 상단 ~ 하단

2. 現行法 및 判例, 學說   現行法 제264조와 同一한 趣旨이다.

3. 外國 立法例   ① 中民 제831조   本節의規定은所有權以外의財産權에關하여數人이共有하며또는公同共有//하는境遇에이를準用한다

② 滿民 제255조   本節의規定은數人이所有權以外의財産權을가지는境遇에이를準用한다

6. 審議經過   「法令」을「法律」로 字句修正하였다.

7. 結 論 : 字句修正 外에 原案에 合意.

Ⅳ. **법사위 수정안**   (64) 제269조中「法令」을「法律」로修正한다

Ⅷ. **제2독회**, 속기록 제47호, 10면 상단

○ 法制司法委員長 代理(張暻根) :   [민법안 제265조 및 법사위 수정안 (64) 각 낭독] 이것은 뭐 當然합니다. 法令이라 하면 命令도 들어 있는데 命令을 가지고 法律인 民法案보다 優先할 수 없습니다. 그래서 이것은 法律로 고치는 것이 正確하다고 해서 字句修正을 提案한 것입니다.

제4장 地上權

제279조 (地上權의內容) 地上權者는他人의土地에建物其他工作物이나樹木을 所有하기爲하여그土地를使用하는權利가있다

Ⅱ. **案**   제266조

Ⅲ. **審議錄**, 170면 하단 ~ 171면 상단

2. 現行法 및 判例, 學說　　現行法 제265조와 同一한 趣旨이다. (參照) 現行法 제605조(草案 제601조)

3. 外國 立法例　　① 獨民 제1012조　　土地는이에加한負擔으로因하여 利益을받을者에게地面의上下에있어서工作物을所有하는權利를付與하는方法에依하여이에負擔을加할수있다權利는이를讓渡또는相續할수있다

② 中民 제832조　　地上權이라함은他人의土地上에建築物또는其他의工作物또는竹木을가지[171면]는것을目的으로하여그土地를使用하는權利를말한다

③ 滿民 제256조　　地上權者는他人의土地위에建築物其他工作物을所有하기爲하여그土地를使用할權利를갖는다

7. 結 論 : 原案에 合意

V. **意見書**, 107면 (金振雄)

[67] 地上權을 强化하기 爲한 新設 諸規定에 贊成한다. […]

[이 유]　　地上權은 他人의 土地에 建物이나 工作物을 建築하거나 또는 樹木을 所有하기 爲하여 土地를 使用하는 權利이다.

이와 같은 用益物權은 어느 程度 所有權의 權能이나 契約自由의 原則을 制限하게 되는 限이 있더라도 그의 內容을 擴充强化시켜야 한다는 것이 社會的인 要請이므로 이와 같은 要請에 副應하여 用益物權의 內容을 强化하려는 草案의 態度는 當然한 것으로 贊成되는 것이다.[74] […]

VII. **辯協**, 자료집, 41면 하단

草案 제266조 내지 제5항을 다음과 같이 新設한다

(1) 土地所有者의 承諾에 依하여 施設한 建物에 對한 登記가 有한 時는 地上權이 設定된 것으로써 第三者에 對抗할 수 있다

(2) 他人의 承諾을 얻어 其의 所有權에 墳墓를 設置한 者는 他의 土地에 對하여 墳墓로부터 四方 3間의 地域에 地上權이 設定된 것으로 본다.

(3) 他人의 土地에 其의 承諾이 없이 墳墓를 設한 者가 10年間 平穩公然히 墳墓의 基地를 占有하였을 時에도 또한 前項과 같다.

(4) 前2항의 地上權은 登記가 無히 第三者에 對抗할 수 있다.

[理 由]　　前記 項은 土地所有者의 承諾에 依하여 建物을 設置하였으나

---

74) 민법안의 개별 조항에 대한 의견은 아래 민법의 각 관련 조항 참조.

土地所有權者가 變動하면 新所有者가 建物의 撤去를 訴求하는 事例가 頗多하였으므로 該 建物에 對한 登記가 有하면 地上權이 設置한것으로 하여서 建物을 保護하는 他方 土地所有權을 惡用하는 弊習을 一掃하고자 하는 바이다.

　　前記 (3)~(5)항은 從來 墳墓地에 對한 地上權을 慣習으로써 認定하던바 今般 民法 制定으로서 慣習이 廢止되는 故로 此를 成文함이 妥當하다고 思料하는 바이다.

제280조 (存續期間을 約定한 地上權) ①契約으로 地上權의 存續期間을 定하는 境遇에는 그 期間은 다음 年限보다 短縮하지못한다

　　1. 石造,石灰造,煉瓦造또는이와 類似한 堅固한 建物이나 樹木의 所有를 目的으로 하는 때에는 3年

　　2. 前號以外의 建物의 所有를 目的으로 하는 때에는 15年

　　3. 建物以外의 工作物의 所有를 目的으로 하는 때에는 5年

　　②前項의 期間보다 短縮한 期間을 定한 때에는 前項의 期間까지 延長한다

Ⅰ. **法編委**　　　1. 의사록　　　物權法要綱

　　○ 姜柄順 起草委員　　　제6. 地上權

　　(1) 地上權의 存續期間을 建築物 其他 工作物의 利用에 適當한 期間을 保障하도록 修正할 것(强行規定)　　　[…]

　　右 可決通過하다

　　2. 編纂要綱　　　物權法要綱　　　六. 地上權

　　　1. 地上權의 存續期間을 建築物 其他 工作物의 利用에 適當한 期間을 保障하도록 修正할 것(强行規定)

Ⅱ. **案**　　　제267조

Ⅲ. **審議錄**, 171면 상단 ~ 하단

　　2. 現行法 및 判例, 學說　　　現行法에는 規定 없고 新設 條文이다. 民施 제44조 參照, 日本 借地法 제2조 參照.

　　3. 外國 立法例 //　　　① 滿民 제257조　　　契約으로써 地上權의 存續期間

을定하는境遇에그期間은石造混凝土造煉瓦造또는이에恰似한堅固한建築物의所有
를目的으로한때에는3年堅固치않는建築物의所有를目的으로하는때는15年建築物
以外의工作物의所有를目的으로하는때에는5年以下가될수없다

　　　　前項의期間보다짧은期間으로써地上權을設定하였을때에는그期間은이를
前項의期間으로伸長한다

　6. 審議經過　　　現行法에는 規定이 없으므로 契約에 依하여 存續期間을
自由로 定하게 되었었다. 그러나 地上權者를 保護하기 爲하여 日本의 規定과
같이 最短存續期間을 定할 必要가 있으므로 本條를 新設하게 된 것이다.

　7. 結 論 : 原案에 合意

Ⅴ. 意見書. 107면 ~ 108면 (金振雄)

　　[67] 地上權을 强化하기 爲한 新設 諸規定에 贊成한다. […]

　　[이 유]　　　[…]　　　草案의 內容을 槪觀하여 보면

　　첫째로 草案 第267조와 第268조가 契約으로 地上權의 存續期間을 定하는
境遇에 있어서의 最短存續期間을 規定하여 堅固한 建物이나 樹木의 所有를 目
的으로 하는 境遇는 3年 其他의 建物의 所有를 目的으로 하는 境遇는 15年 建
物 以外의 工作物의 所有를 目的으로 하는 境遇는 5年으로 定하였고 地上權 設
定 當時에 工作物의 種類와 構造를 定하지 아니한 때에는 15年을 地上權 最短
存續期間으로 規定하였다. 또 地上權設定契約을 更新하였을 때도 更新한 날로
부터 案 第267조의 最短存續期間보다 短縮할 수 없도록 規定하였다. 따라서 契
約으로 3年이나 5年이나 또는 10年을(建物의 所有를 [108면] 目的으로 하는 境
遇) 地上權의 存續期間으로 定한 것이 有效냐 또는 無效냐 하는 問題는 草案에
있어서는 全혀 問題가 되지 아니하여 當然히 建物 工作物의 種類에 따라 最短
存續期間이 決定되게 規定하고 있다.

제281조 (存續期間을約定하지아니한地上權) ①契約으로地上權의存續期間을
定하지아니한때에는그期間은前條의最短存續期間으로한다

　　②地上權設定當時에工作物의種類와構造를定하지아니한때에는地上權은前
條第2호의建物의所有를目的으로한것으로본다

Ⅱ. 案　　제268조

Ⅲ. 審議錄, 171면 下段 ~ 172면 上段

　　2. 現行法 및 判例, 學說　　現行法 제268조 제2항에 對應하는 條文이다.
　　　[172면] (參照) 日本 借地法 제2조 제1항.

　　3. 外國 立法例　　① 滿民 제258조　　契約으로서 地上權의 存續期間을
定하지않은때에는堅固한建築物의所有를目的으로한것은6年堅固치않은建築物의
所有를目的으로하는것은3年建築物以外의工作物의所有를目的으로하는것은10年
으로한다　但工作物이이期間의滿了前에朽廢하였을때에는地上權은이로因하여消
滅한다　契約으로써地上權을設定하였을境遇에工作物의種類및構造를定하지아니
한때에는地上權은堅固하지아니한建築物의所有를目的으로한것으로看做한다

　　7. 結 論 : 原案에 合意

Ⅴ. 意見書, 107면 ~ 108면 (金振雄)[75]

제282조 (地上權의讓渡, 賃貸) 地上權者는他人에게그權利를讓渡하거나그權利의存續期間內에서그土地를賃貸할수있다

Ⅱ. 案　　　제269조 [다만 "그러나設定行爲로이를禁止한때에는그러하지아니하
　　　다"라는 단서가 붙어 있다]

Ⅲ. 審議錄, 172면 上段 ~ 下段

　　2. 現行法 및 判例, 學說　　現行法에는 規定 없고 新設 條文이다.
　　3. 外國 立法例　　① 中民 제838조 //　　地上權者는그權利를他人에게
讓渡할수있다　但契約에다른約定이있거나또는다른慣習이있는때에는그렇지않다

　　6. 審議經過　　① 現行法에 있어서도 地上權의 讓渡性과 賃貸借性에 對
하여 解釋上 同一한 結論에 到達하고 있는바 이것을 明文으로 規定한 것은 좋
은 것이다.

　　　② 그러나 但書에 關하여서는 그것을 登記事項으로 하지 않는 限(現行 登

---

75) 앞의 민법 제280조 Ⅴ.(509면) 참조.

記法은 이러한 事項을 登記事項으로 하지 않고 있다) 이러한 登記事項 아닌 것은 第3者에 對抗하지 못하는 것이므로 이러한 禁止規定은 不動産物權에 關한 大原則에 背反되고 또 對抗力이 있는 듯한 誤解를 가지고 볼 憂慮가 있으므로 不當하다. 다만 當事者間의 債權的 效力으로는 이러한 特約이 있을 수 있으나 物權法에 이러한 債權的 效力만을 規定할 必要는 없다.

　③ 但書를 削除하기로 合意

　7. 結 論 : 前記 修正案 外에 原案에 合意

Ⅳ. 법사위 수정안　　　(65) 제269조중但書를削除한다

Ⅴ. 意見書, 108면 (金振雄)

　[67] 地上權을 强化하기 爲한 新設 諸規定에 贊成한다. […]

　[이 유]　　[…] 둘째로 草案에 依하면 제269조에 地上權者는 設定行爲로 禁止한 때를 除外하고는 權利의 存續期間 內에서 그 權利를 讓渡하거나 土地를 賃貸할 수 있도록 하였다. 이와 같은 新規定은 現行法下에서도 學說上으로나 判例上으로도 認定되어 있는 것이므로 새로운 規定이라고는 할 수 없다. 修正案이「그러나 設定行爲로 이를 禁止한 때에는 그러하지 아니하다」라는 同條 但書를 削除한 것은 土地所有者의 權能을 너무나 制限拘束한 것이므로 贊成할 수 없다. […]

Ⅷ. 제2독회, 속기록 제47호, 10면 중단

　○ 法制司法委員長 代理(張暻根) :　[민법안 제269조 및 법사위 수정안 (65) 각 낭독] 이것은 賃貸禁止事項을 特約을 한 境遇라도 이것은 賃貸禁止事項을 登記事項으로 하기 前에는 이것은 第3者에 대해서 對抗할 수 없도록 해야 됩니다. 그러니까 이런 條文을 하면 登記事項은 지금 아직 現在하고 있지 않습니다. 登記事項으로 하고 있지 않는데도 不拘하고 이런 特約을 第3者에 效力을 發生케 할 수가 없습니다. 中國民法 838조는 이런 但書와 같은 것이 있습니다. 이것은 아마 中國民法에서 賃貸禁止事項을 登記事項으로 한 것이 아닌가 推測이 됩니다. 中國의 登記法을 제가 調査를 하지 못해서 資料가 없어서 調査를 못했습니다마는 하여튼 間에 이것은 登記事項을 하기 前에는 이런 것이 있을 수가 없습니다.

**제283조 (地上權者의更新請求權,買受請求權) ①地上權이消滅한境遇에建物
其他工作物이나樹木이現存한때에는地上權者는契約의更新을請求할수있다
②地上權設定者가契約의更新을願하지아니하는때에는地上權者는相當한價
額으로前項의工作物이나樹木의買受를請求할수있다**

Ⅰ. **法編委** 1. 의사록 物權法要綱

○ 姜柄順 起草委員 제6. 地上權 (2) 地上權者에게 契約更新請求
權, 工作物買收請求權을 認定하는 規定을 세울 것

工作物買收請求權은 地上權設定者에게도 認定할 것 […]

右 可決通過하다

2. 編纂要綱 物權法要綱 六. 地上權

2. 地上權者에게 契約更新請求權, 工作物買收請求權을 認定하는 規定을
세울 것

Ⅱ. **案** 제270조 [다만 제2항은 "…樹木의買取를請求할수있다"라고 한다]

Ⅲ. **審議錄**, 172면 하단 ~ 173면 하단

2. 現行法 및 判例, 學說 現行法에는 規定이 없고 新設 條文이다. (現
行法 제269조 參照)

[173면] 3. 外國 立法例 ① 獨逸 「地上權에 關한 命令」제31조 (參照)

② 中民 제840조 地上權者의工作物이建築物인境遇에地上權이存續期間
의完了로消滅하였을때에는土地所有者는當該建築物의時價에應하여이를補償하여
야한다 但契約에다른約定이있는때에는그約定에따른다

土地所有者는地上權存續期間의完了前에地上權者에對하여建築物을使用
할만한期間內에서地上權의期間을延長할것을請求할수있다 地上權者가延長을拒
絶하였을境遇에는前項의補償을請求할수없다

③ 滿民 제259조 地上權이消滅한境遇에工作物이있는때에는地上權者는
契約의更新을請求할수있다

地上權設定者가契約의更新을希望하지아니하는때는地上權者는相當한價
格으로써工作物을買受할것을請求할수있다

④ 滿民 제262조 地上權의消滅前工作物이滅失하였을境遇에殘存期間을

超過하여存續될工作物의建築에對하여地上權設定者가遲滯없이異議를말하지아니
한때에는地上權은工作物滅失의날로부터起算하여堅固한建築物에關하여는3年間
堅固치않이한建築物에關하여서는15年間建築物以外의工作物에關하여는5年間存
續한다 但殘存期間이이보다긴때에는그期間에依한다

　⑤ 日本 借地法 제4조, 제6조, 제7조 (參照)

　6. 審議經過　 //　① 「買取」를 「買受」로 字句修正(本 草案 제256조의 字
句修正과 同一).76)

　② 제1항 中 「消滅한境遇에」의 다음에 「建築[物]其他」를 揷入한다.

　7. 結 論 : 前記 字句修正 外에 原案에 合意

Ⅳ. **법사위 수정안**　　(66) 제270조제1항中「消滅한境遇에」의다음에「建築[物]
其他」를揷入한다

Ⅴ. **意見書**, 107면 ~ 109면 (金振雄)

　[67] […] 草案 제270조 제2항에 다음과 같이 但書를 新設한다.

　「그러나 地上權設定者가 前項의 建物 其他 工作物이나 樹木의 買取를
願하지 아니할 때는 地上權設定者는 地上權者에 對하여 當該 土地의 買取를 請
求할 수 있다. […]

　[이 유]　　[…]　[108면] […]　셋째로 案 제270조는 […]고 規定하였다.
이 規定은 現行法과 判異하게 地上權을 强化한 規定이라 할 것이다.

　從來의 規定에 依하면 地上權設定期間이 滿了되어 地上權이 消滅하면 地上
權者는 建物 其他 工作物이나 樹木을 收去하여 土地를 原狀에 回復하여야 하며
萬若에 地上權設定者가 相當한 價格으로 當該 工作物이나 樹木을 買取하려 할
때는 相當한 理由 없이 이를 拒否할 수 없도록 規定되어 있다.

　어느 面으로 보면 現行法도 當然하다고도 할 수 있다. 契約에 依하여 他人
의 土地를 使用하는 者가 使用契約期間이 滿了되면 土地를 原狀으로 回復시켜
놓는 것이 當然하기도 할 것이며 土地의 價値를 增大시키기 爲하여 또는 地上
에 設置되어 있는 工作物이나 樹木의 價値의 減少를 妨止하기 爲하여 地上權設
定者가 當該 工作物이나 樹木을 買取할 수 있다는 것도 當然하다고 할 수 있는
것이다. 그러나 이와 같은 制度는 다만 土地의 所有者인 地上權設定者만을 考

76) 이 수정의견에 대하여는 앞의 민법 제266조 주 53(491면) 참조.

慮한 것이지 用益權者인 地上權者의 境遇는 그리 考慮하지 아니한 것이라 할 것이다. 勿論 地上權者에게도 相當한 理由가 있으면 地上權設定者의 買取權을 排除하고 工作物이나 樹木을 收去할 수 있다고 하지만 이와 같은 消極的인 收去權만 가지고는 地上權을 充分히 保護하였다고는 할 수 없는 것이다.

바야흐로 時代는 公共福祉를 爲한 社會的 機能을 充分히 發揮하지 못하는 所有權者보다는 用益權者를 保護하려 하고 있다. 그렇다면 所有權者보다도 用益權의 作用을 擴充强化하는 方向으로 立法되어야 할 此時에 建物 其他 工作物이나 樹木을 土地[109면]로부터 收去함으로써 發生하는 價值의 減少를 막음으로써 나아가서는 地上權者의 投資를 保障獎勵하기 爲하여 地上權者가 契約更新을 請求할 수 있거나 不然이면 地上權設定者에게 當該 工作物이나 樹木의 買取를 請求할 수 있도록 한 것은 進一步한 立法이라 할 것이다.

그러나 案대로만 한다면 境遇에 따라서는 一方的으로 所有權者의 權能만을 實質的으로 剝奪하는 結果를 招來하게 되기도 할 것이다. 卽 地上權設定者가 地上權 消滅 後 所有 土地를 別途로 利用 또는 處分하려 하여도 地上에 建築된 巨大한 建物을 買取할 수 없는 나머지 얼마 되지 아니하는 地料만을 받음으로써 所有權의 權能을 實質的으로 剝奪當하고마는 境遇도 發生할 것이다. 따라서 用益權者인 地上權者의 權益을 擴充强化하면서도 地上權設定者인 所有權者의 境遇도 較量히여 地上權者로 하여금 土地를 買取케 할 수도 있게 함이 穩當한 立法態度라 할 것이다. […]

Ⅷ. 제2독회, 속기록 제47호, 10면 하단

○ 法制司法委員長 代理(張暻根) : [민법안 제270조 낭독] 여기에 대해서 法制司法委員會 修正案은 「(66)제270조제1항中「消滅한境遇에」이 다음에「建物其他」를 揷入한다」 그랬는데 이것은 잘못 되었습니다. 이 修正案이 이 원체 이 印刷해 온 中에는 그 建物 其他라는 文句가 없어서 이런 修正案을 냈는데 나중에 政府案으로부터 이 文句가 빠졌다고 왔습니다. 그래서 우리가 修正案을 내려는 것과 마찬가지 文句가 政府 原案에 있는 것으로 되어 있습니다. […] 그래서 이 修正案을 내지 않고 原案을 通過하면 됩니다. 報告만 드립니다

제284조 (更新과存續期間) 當事者가契約을更新하는境遇에는地上權의存續期

間은更新한날로부터제280조의最短存續期間보다短縮하지못한다 그러나當
事者는이보다長期의期間을定할 수 있다

Ⅱ. **案**   제271조 [다만 본문은 "…제267조의制限期間보다短縮하지못한다"
라고 한다]

Ⅲ. **審議錄**, 173면 하단 ~ 174면 상단

  2. 現行法 및 判例, 學說   現行法에는 規定이 없고 新設 條文이다.

  3. 外國 立法例   ① 滿民 제260조   當事者가契約을更新할境遇에는
地上權의存續期間을更新時부터起算하여堅固한建築物에關하여는3年堅固치않은
建築物에關하여서는15年建築物以外의工作物에關하여서는5年으로한다 이境遇에
는제258조제1항但書의規定을準用한다

      當事者가前項의期間보다長期間을約定하였을때이는그約定을좇는다

  ② 日本 借地法 제5조 (參照)

  6. 審議經過 [174면]   「制限期間」을 「最短存續期間」으로 字句修正(本
草案 제268조 參照)

  7. 結 論 : 前記 字句修正 外에 原案에 合意

Ⅳ. **법사위 수정안**   (67) 제271조中「制限期間」을「最短存續期間」으로修正
한다

Ⅷ. **제2독회**, 속기록 제47호, 10면 하단

  ○ 法制司法委員長 代理(張暻根) : [민법안 제271조 및 법사위 수정안
(67) 각 낭독] 이것은 本 草案 268조 이 用語에도 이런 期間을 最短存續期間이
라고 했습니다. 어떤 條文에 있어서는 最短存續期間이라 하고 또 이 條文에 있
어서는 制限期間이라고 하고 같은 것을 딴 用語로 쓰는 것은 옳지 못함으로서
文句의 統一을 期하기 爲해서 이 修正案을 提案하는 것입니다.

제285조 (收去義務,買受請求權) ①地上權이消滅한때에는地上權者는建物其
他工作物이나樹木을收去하여土地를原狀에回復하여야한다

    ②前項의境遇에地上權設定者가相當한價額을提供하여그工作物이나樹木의

買受를請求한때에는地上權者는正當한理由없이이를拒絶하지못한다

Ⅱ. 案		제272조 [다만 제2항은 “…工作物이나樹木의買取를請求한때…”라
고 한다]

Ⅲ. 審議錄, 173면 하단 ~ 174면 상단

2. 現行法 및 判例, 學說		現行法 제269조와 同一한 趣旨이나 그 제2항
은 削除하였다.(法例 제2조 參照)

3. 外國 立法例		① 獨逸	「地上權에 關한 命令」(1919年 1月 15日
公布) 제34조, 제27조 參照.

② 中民 제839조		地上權이消滅하였을때에는地上權者는그工作物과竹木
을收去할수있다 但土地를原狀回復하여야한다

		前項의境遇에있어서土地所有者가時價로서工作物또는竹木을購買할때에
地上權者는이를拒絶할수없다

③ 滿民 제263조		地上權이消滅하였을때에는地上權者는土地를原狀에回
復하여그工作物을收去할수있다	但地上權設定者가相當한價格을提供하고自己가
이를買取할것을請求하는때에는地上權者는正當한理由없이이를拒絶할수없다

④ 日本 借地法 제4조 제2항 參照

6. 審議經過 [174면]		① 地上權 消滅 前의 工作物 滅失에 關하여 滿民
제262조는 規定이 있는바 草案은 그 規定이 없다. 그러나 그것은 地上權者를
過度히 保護하는 感이 있으므로 草案의 規定 程度가 適當하다.

② 「買取」를 「買受」로 字句修正 (本草案 제256조, 제257조 參照).

7. 結 論 : 字句修正[77) 外에 原案에 合意.

제286조 (地料增減請求權) 地料가土地에關한租稅其他負擔의增減이나地價의 變動으로因하여相當하지아니하게된때에는當事者는그增減을請求할수있다

Ⅰ. 法編委		1. 의사록		○ 姜柄順 起草委員		제6. 地上權

---

77) 이 자구수정은 법사위 수정안의 내용이 되지 못하였다. 다만 민법안의 ‘買取’는 나중의 정
리과정에서 ‘買受’로 변경되어 위 심의 결과대로 되었음은 앞의 민법 제266조, 제283조 등
의 경우와 같다.

(3) 地上權의 當事者 雙方에게 地代增減請求權을 認定할 것

右 可決通過하다

2. 編纂要綱　　　　　　物權法要綱　　　六. 地上權

3. 地上權의 當事者 雙方에 地代增減請求權을 認定할 것

Ⅱ. 案　　　제273조

Ⅲ. 審議錄, 174면 下段 ~ 175면 上段

2. 現行法 및 判例, 學說　　現行法에는 規定이 없고 新設 條文이다.

3. 外國 立法例　　① 滿民 제264조　　地代가그土地에對한租稅其他負擔의增減또는土地價格의昻低에依하여또는相隣土地의地代에比較하여不相當함에이르렀을때에는當事者는將來에對한地代의增減을請求할수있다　但一定한期間地代를增加치않는다는特約이있는때에는그特約을좇는다

② 日本 借地法 제12조 參照 [175면]

7. 結 論 : 原案에 合意

Ⅴ. 意見書, 109면 (金振雄)

[67] 地上權을 强化하기 爲한 新設 諸規定에 贊成한다. […]

[이 유]　　[…]　　넷째로 案 제273조는 地料에 關하여 規定하였다. 現行法下에 있어서는 地代(地料)는 永小作權에 關한 規定과 賃貸借에 關한 規定을 準用하였었으며 地代의 增減은 慣習에 따라 地主가 一方的으로 引上할 수 있었으나 案에 依하면 諸般 事情의 變更에 따라 當事者는 地料의 增減을 請求할 수 있도록 規定하였다. 當然한 規定이라 할 것이다.

제287조 (地上權消滅請求權)　地上權者가2年以上의地料를支給하지아니한때에는地上權設定者는地上權의消滅을請求할수있다

Ⅱ. 案　　　제274조

Ⅲ. 審議錄, 175면 上段 ~ 下段

2. 現行法 및 判例, 學說　　現行法 제266조(제276조 準用)와 同旨이다.

3. 外國 立法例　　① 中民 제836조　　地上權者가地代를滯納함이2年分

의總額에達하였을때는다른慣習이있는境遇를除外하고土地所有者는그地上權을取消할수있다

　　　前項의取消는地上權者에對한意思表示로써이를하여야한다

　　②　滿民　제265조　　　地上權設定者는地上權者가繼續하여2年以上의地代의支拂을遲滯하였을때에限하여地上權의消滅을請求할수있다 //

　　6. 審議經過　　②　中民은 本條에 있어서「取消할수있다」고 規定하였고滿民은「消滅을請求할수있다」고 規定하고 있는바 物權의 消滅規定이고 將來에向하여서만 效力을 生하는 것이므로 本草案대로 좋다.

　　7. 結 論 : 原案에 合意

Ⅴ. 意見書, 107면 및 109면 (金振雄)

　　[67]　[…]　　　草案 제274조 中「地料를 支給하지」다음에「아니하거나제270조 제2항 但書의 規定에 따르지 아니할 때에는」을 揷入한다.

　　[이 유]　　[…]　[109면] 다섯째 […] 前述한 바와 같이 案 제270조 제2항 다음에 但書를 新設 規定케 되는 境遇[78]에 地上權者가 同 但書에 따라 土地를 買取하지 아니하면 當然히 地上權은 消滅되어야 할 것이므로 地上權消滅事由로서 土地를 買取치 않는 境遇를 追加하여야만 地上權設定者와 地上權者間의均衡을 取할 수 있게 될 것이다. […]

제288조 (地上權消滅請求와抵當權者에對한通知) 地上權이抵當權의目的인때또는그土地에있는建物,樹木이抵當權의目的이된때에는前條의請求는抵當權者에게通知한後相當한期間이經過함으로써그效力이생긴다

Ⅱ. 案　　제275조

Ⅲ. 審議錄, 175면 하단 ~ 176면 상단

　　2. 現行法 및 判例, 學說　　現行法에는 規定이 없고 新設 條文이다.

　　3. 外國 立法例　　①　滿民　제266조　　　前條의請求는地上權이抵押權의目的이된境遇또는그土地위의建築物이典權또는抵押權의目的이된때는典權者또는

---

78) 앞의 민법 제283조 Ⅴ.(513면) 참조. 그러나 이러한 수정 제안은 우선 현석호 수정안에 받아들여지지 아니하였고, 따라서 논의된 바 없다.

低押權者에게通知한後相當한期間을經過함으로서效力이發生한다 [176면]

　　7. 結 論 : 原案에 合意

Ⅴ. 意見書, 107면, 109면 (金振雄)

　　[67] 地上權을 强化하기 爲한 新設 諸規定에 贊成한다. […]

　　[이 유]　　　[…] [109면] […]　　　여섯째 案 제275조는 地上權設定者가 地上權의 消滅을 請求할 時에는 當該 地上權에 對한 抵當權者나 當該 土地에 있는 建物 樹木에 對한 抵當權者에 對하여 미리 通知를 하고 相當한 時日이 經過한 後라야만 地上權消滅請求가 效力을 發生한다는 新設規定이다. 抵當權者를 保護하기 爲한 當然한 規定이다.

제289조 (强行規定)　제28조乃至제287조의規定에違反되는契約으로地上權者에게不利한것은그效力이없다

Ⅰ. 法編委　　1. 의사록　　　物權法要綱

　　○ 姜柄順 起草委員　　　제6. 地上權　　　(1) 地上權의 存續期間을 建築物 其他 工作物의 利用에 適當한 期間을 保障하도록 修正할 것(强行規定) […]

　　右 可決通過하다

　　2. 編纂要綱　　　　　物權法要綱　　　六. 地上權

　　　1. 地上權의 存續期間을 建築物 其他 工作物의 利用에 適當한 期間을 保障하도록 修正할 것(强行規定)

Ⅱ. 案　　　제276조

Ⅲ. 審議錄, 176면 상단 ~ 하단

　　2. 現行法 및 判例, 學說　　　現行法에는 規定이 없고 新設 條文이다.

　　3. 外國 立法例　　① 滿民 제267조　　　제257조및제259조乃至제265조의規定에相反하는契約條件으로서地上權者에對하여不利한條件은이를定하지않은것으로看做한다

　　② 日本 借地法 제11조 參照

　　6. 審議經過　　① 地上權을 爲한 强行規定이다.

② 本條에서 揭記한 草案 제267조, 제268조 等은 그 條文 自體가 强行規定이고 제270조는 强行規定임을 明示할 必要가 있으나 이를 明示하지 않았고 제271조는 그 自體가 强行規定이고 제272조, 제273조는 强行規定으로 할 必要가 있으나 이를 明示하지 않았//다. 따라서 제270조, 제272조, 제273조, 제274조는 强行規定임을 規定할 必要가 있으나 그 外는 强行規定으로 規定하지 않아도 좋은 것이다.

③ 本條의 規定은 重複되는 感이 있으나 더욱 明白히 하는 意味에서 原案에 合意.

7. 結 論 : 原案에 合意

Ⅴ. 意見書, 109면 (金振雄)

[67] 地上權을 强化하기 爲한 新設 諸規定에 贊成한다. […]

[이 유]   […] [109면] […]   일곱째 案 제276조는 地上權者를 案에서 規定하고 있는 地上權에 關한 規定보다 不利하게 할 수 없다는 地上權者의 保護規定이다. 新設規定이기는 하나 地上權者의 保護를 强調하는 規定에 不過한 것이며 安當한 規定이라 하겠다.

제290조 (準用規定) 제203조, 제204조, 제206조乃至제244조의規定은地上權者間또는地上權者와隣地所有者間에이를準用한다

Ⅱ. 案   제277조

Ⅲ. 審議錄, 176면 하단

2. 現行法 및 判例, 學說   現行法 제267조와 同一한 趣旨이다.

3. 外國 立法例   ① 滿民 제275조   제204조, 제205조, 제584조, 제585조, 제595조, 제606조, 제629조및제630조의規定은地上權에이를準用한다

7. 結 論 : 原案에 合意

※ 本法 施行 前에 設定된 地上權에 關하여 附則에서 硏究되어야 할 것이다.[79)]

Ⅴ. 意見書, 110면 (金振雄)

---

79) 이에 대하여는 아래 민법 부칙 제2조, 특히 그 단서 및 제9조 참조.

[68] 草案 제277조를 다음과 같이 修正한다.[80)]

「제201조, 제202조의 規定은 地上權에, 제204조 乃至 제234조의 規定은 地上權者間 또는 地上權者와 隣地所有權者間에 이를 準用한다」.

[이 유]　　　　案 제277조에 依하면 案 제201조 案 제202조 案 제204조 乃至 제234조의 準用을 規定함에 있어 物權的請求權과 相隣關係를 混同하여 規定하였다.

卽 案 제201조는 所有物返還請求權에 關한 規定이요, 案 제202조는 所有物妨害排除請求權과 所有物妨害豫防請求權에 關한 規定이므로 이와 같은 物權的請求權은 地上權이라는 物權에 準用되는 것이며, 案 제204조 乃至 제234조는 相隣關係에 關한 規定이므로 이것이 準用되는 것은 地上權者 相互間 또는 地上權者와 隣地所有者間이 될 것이다. 반드시 前記한 바와 같이 修正되어야 한다. 案 제277조는 案 作成時의 誤記였을 것으로 생각된다.

✱✱ 영소작권 제도의 폐지에 관하여

Ⅰ. **法編委**　　1. 의사록　　　物權法要綱

　○ 姜柄順 起草委員　　　제7. 永小作權　　　土地改革의 精神에 비추어 永小作權에 關한 規定은 全部 이를 削除할 것

　右 可決通過하다

　2. 編纂要綱　　　　物權法要綱　　　七. 永小作權

　　土地改革의 精神에 비추어 永小作權에 關한 規定은 全部 이를 削除할 것

Ⅲ. **審議錄**, 177면 상단

　※ 草案이 永小作權 關係 條文을 削除한 理由 ― 農地改革法이 施行되어 特別 例外를 除外하고 小作關係가 없어졌으므로(農地改革法 제17조) 이에 關한 規定은 必要 없다.

　그러한 例外에 關하여서도 賃貸借에 關한 規定이 適用되고 뿐만 아니라 日本이 封建時代의 農地關係에서 近代的 農地關係로 轉化하는 歷史的 遺物을 繼承할 必要는 없다.

---

80) 이는 현석호 수정안 기타 입법과정에 반영된 흔적을 찾기 어렵다.

V. 意見書, 112면 (金振雄)

[71] 草案이 永小作權에 關한 規定을 두지 아니한 點에 贊成한다.

[이 유] 永小作權은 他人의 土地를 使用하여 耕作이나 牧畜을 할 수 있는 權利이다.

그러나 從前에도 小作關係라는 것도 永小作權에 依한 것은 거의 없었다고 하여도 過言이 아니었을 뿐 아니라 建國 後 農地改革法의 制定으로 耕者有田의 原則이 嚴格히 規定되었고 特히 同法 제17조 本文은 「農地는 小作 賃貸借 또는 委託經營 等 行爲를 할 수 없다」라고 規定하고 있으므로 農地 耕作을 爲한 永小作權이라는 制度는 法律上 있을 수 없게 되었다. 그리하여 草案도 農地改革法에 발맞추어 永小作權에 關한 制度를 전혀 規定하지 않았다. 牧畜을 爲하여 他人의 土地를 使用하는 方途는 딴 方法으로도 可能한 것이므로 草案의 態度는 安當한 것으로 생각된다. 다만 附記하여 둘 것은 農地改革 後에도 事實上으로는 公公然하게 小作 또는 이에 類似한 慣行이 行해지고 있다는 것이다. 따라서 이와 같은 慣行에 對하여서는 別途로 立法措置를 講究하여야 할 것으로 생각된다.

VIII. 제1독회

1. 속기록 제29호, 5면 하단, 8면 상단 및 하단

○ 法制司法委員長 代理(張暻根): 民法案 審議를 實際로 擔任한 民法案審議小委員會의 委員長으로서 民法案審議結果를 報告드리겠습니다 […] 첫째로 財産編에 관하여 말씀드리면 […]

제2편 物權 中 […] (3) 從來의 永小作權制度 이것은 日本에만 있고 우리 韓國에는 實際로 行해지지 않았기 때문에(現行法 제270조 以下) 이것은 廢止한 것입니다. […]

2. 속기록 제30호, 7면 상단

○ 法典編纂委員會 委員長(金炳魯): […] 그 外에 永小作權 같은 것은 오늘날까지 日本法이 있고 外國法에도 많이 作成되어 있습니다마는 事實上으로 過去에 우리가 우리나라에 可謂 없어요. 그 可謂 뭐 全然히 없다고 해도 可할 만한 그러한 空文이 되고 말았습니다. 그래서 그런 것은 다 빼버리고 그저 우리나라 現實에 適應하고 또 從前에 내려오던 慣例에 鑑해서 가장 適切하다는 것을 갖다가 編纂 立案하게 된 것입니다. […]

제5장　地役權

V. 意見書, 111면 (金振雄)

[69] 地役權에 關한 草案의 規定에는 贊成한다.

[이 유]　　地役權은 一定한 目的을 爲하여 他人의 土地를 自己 土地의 便益에 利用하는 權利이다.

元來 地役權은 羅馬法에 淵源하는 制度이며 現行 民法의 規定은 羅馬法을 繼承한 佛蘭西民法에서 導入한 것이다. 特히 現行 民法의 前身인 日本 舊民法은 거의 全的으로 佛蘭西民法과 同一한 것이었다. 그런데 佛蘭西民法 제2편 제4장 地役權의 內容을 보면 地役權을 나누어 自然地役(Servitudes naturelles) 法定地役(Servitudes légales) 및 「約定地役」乃至「人爲地役」(Servitudes établies par le [S. du fait] de l'homme)으로 規定하고 있으나 自然地役이나 法定地役에 關한 規定은 現行 民法 및 草案의 所有權의 限界問題에 該當하는 것이며 人爲地役만이 草案의 地役權에 該當하는 것이 된다. 現行 民法이나 草案이 佛蘭西民法의 規定을 全的으로 模倣하지 아니한 點은 妥當하다.

草案은 現行 民法과 거의 全的으로 同一하게 規定하고 있으므로 詳細히 論及하지 않기로 한다. 다만 오늘날 地役權의 效能은 거의 發揮되고 있지 않음을 附記하여 둔다.

제291조 (地役權의內容) 地役權者는一定한目的을爲하여他人의土地를自己土地의便益에利用하는權利가있다

II. 案　　제278조

III. 審議錄, 177면 상단 ~ 하단

2. 現行法 및 判例, 學說　　現行法 제280조와 同一한 趣旨이나 但書는 削除되었다.

3. 外國 立法例　① 獨民 제1018조　　土地는다른土地의現所有者가特殊한目的에이를使用하거나또는그土地에對하여어떤行爲를하지못하게하거나또는承役地의所有權에依據하여다른土地에對하여서發生한權利의行使를除外하는方法

에依하여다른土地所有者의利益을爲하여이에負擔을加할수있다

② 瑞民 제730조　甲地는乙地의利益을爲하여甲地所有者가乙地所有者를爲하여一定한侵害를許容하지못할것또는乙地所有者의利益을爲하여어느一定한範圍에關하여甲地의所有權을行使할수없음에依하여負擔을加할수있다

作爲의義務는從屬的으로만地役權에結合시킬수있다

③ 佛民 제686조　所有者는그所有物上에또는그所有物이便益에供키爲하여任意의地役權을設定할수있다　但設定의役務는사람의負擔으로또는사람의便益에供키爲//하여賦課되는것이아니라不動産의負擔및便益을爲하여서만賦課되어야할것이고또이役務는公序에違反하지않아야한다

前項에依하여設定된地役權의行使및範圍는이를設定한法律行爲에依하여이를定하고法律行爲의作定이없을때에는以下의規則에依한다

④ 中民 제851조　地役權이라함은他人의土地를自己土地의便宜를爲하여提供하는權利를말한다

⑤ 滿民 제283조　地役權者는一定한目的에따라他人의土地를自己土地의便益에提供하는權利를갖는다

6. 審議經過　現行法 但書를 削除한 것은 强行法規에 違反하지 못하는 것은 當然한 事理이므로 妥當하다.

7. 結 論 : 原案에 合意

제292조 (附從性) ①地役權은要役地所有權에附從하여移轉하며또는要役地에對한所有權以外의權利의目的이된다　그러나다른約定이있는때에는그約定에依한다

②地役權은要役地와分離하여讓渡하거나다른權利의目的으로하지못한다

Ⅱ. 案　제279조

Ⅲ. 審議錄, 177면 하단 ~ 178면 상단

2. 現行法 및 判例, 學說　現行法 제281조와 同一한 趣旨이다.

3. 外國 立法例 [178면]　① 中民 제853조　地役權은要役地로부터分離하여이를讓渡하거나其他權利의目的物로할수없다

② 滿民 제284조　　　地役權은要役地의所有權에隨從하여이와같이移轉하고 또는要役地위에있는所有權以外의權利의目的인것으로한다　　但契約에서別다른約定이있는때에는그렇지않다

地役權은要役地로부터分離하여이를讓渡하거나또는다른權利의目的으로 할수없다

7. 結 論 : 原案에 合意

제293조 (共有關係, 一部讓渡와不可分性) ①土地共有者의1人은持分에關하여 그土地를爲한地役權또는그土地가負擔한地役權을消滅하게하지못한다
②土地의分割이나土地의一部讓渡의境遇에는地役權은要役地의各部分을爲 하여또는그承役地의各部分에存續한다　그러나地役權이土地의一部分에만關 한것인때에는다른部分에對하여는그러하지아니하다

Ⅱ. **案**　　　제280조

Ⅲ. **審議錄**, 178면 상단 ~ 하단

// 2. 現行法 및 判例, 學說　　　現行法 제282조와 同旨이다.

3. 外國 立法例　　　—草案 제2항에 對하여—

① 佛民 제700조　　　要役地가分割된때에는地役權은各部分을爲하여存續한 다　但이에因하여承役地의負擔을加重케할수없다　따라서例컨대通行權에對하여는 共有者는모두同一한個所에對하여그權利를行使하여야한다

② 瑞民 제743조　　　要役地가分割된때에는地役權은通常모든部分의利益을 爲하여存續한다

前項의境遇에地役權의行使가狀況上一部分만에局限될때에는承役者는其 他部分에關하여는地役權의抹消를請求할수있다

土地登記簿管理者는前項의請求를權利者에게通知하고權利者는1個月以內 에異議申立을하지아니하는境遇에는抹消한다

③ 滿民 제285조　　　土地共有者의1人은그持分에關하여그土地를爲하여또 는그土地위에있는地役權을消滅시킬수없다

土地의分割또는그一部의讓渡의境遇에있어서는地役權은그各部分을爲하

여또는그各部分上에있다　但地役權의性質上土地의一部分만이에關할때는그렇지
않다

　　7. 結　論 : 原案에　合意

제294조 (地役權取得期間81)) 地役權은繼續되고表現된것에限하여제245조의
**　規定을準用한다**

Ⅱ. 案　　　제281조

Ⅲ. 審議錄, 179면　상단

　　2. 現行法 및 判例, 學說　　　現行法 제283조와 同一한 趣旨이다.
　　3. 外國 立法例　　① 佛民 제690조　　　繼續또한表現인地役權을法律行
爲또는3年의占有에因하여이를取得한다
　　② 中民 제852조　　　地役權은繼續하며또한表現할때限하여時效로取得할수
있다
　　③ 滿民 제286조　　　地役權은繼續또表現된것에限하야時效로이를取得할수
있다
　　7. 結　論 : 原案에　合意

제295조 (取得과不可分性) ①共有者의1人이地役權을取得한때에는다른共有
**　者도이를取得한다**
**　　②占有로因한地役權取得期間의中斷은地役權을行使하는모든共有者에對한**
**　事由가아니면그效力이없다**

Ⅱ. 案　　　제282조 [다만 前段/後段으로 구성되어 있다]

Ⅲ. 審議錄, 179면　상단 ～ 하단

　// 2. 現行法 및 判例, 學說　　　現行法 제284조와 同一하다.

---

　81) 이 조항은 지역권의 취득시효기간을 정하는 것이 아니므로, 그 규정 내용상 '지역권의 취
　　　득시효'가 되었어야 할 것이다(민법 제248조 표제 참조).

3. 外國 立法例　　① 滿民 제287조 제1항, 제3항　　土地共有者의1人
이時效로地役權을取得하였을때에는다른共有者亦是이를取得한다

地役權을行使하는共有者가數人인境遇에그中1人에對하여取得時效의停止
의原因이있어도時效는各共有者를爲하여進行한다

6. 審議經過　　後段을 제2항으로 修正한다.

7. 結 論 : 前記 修正 外에 原案에 合意

Ⅳ. **법사위 수정안**[82)]　　　(68) 제282조後段을同條제2항으로한다

Ⅷ. **제2독회**, 속기록 제47호, 11면 상단

○ 法制司法委員長 代理(張暻根) : [민법안 제282조 낭독] 法制司法委員會
의 修正案은 이 後段을 同條 제2항으로 하는 것이 옳다는 것입니다.

**제296조 (消滅時效의中斷,停止와不可分性) 要役地가數人의共有인境遇에그1
人에依한地役權消滅時效의中斷또는停止는다른共有者를爲하여效力이있다**

Ⅱ. **案**　　　제283조

Ⅲ. **審議錄**, 179면 하단 ～ 180면 상단

2. 現行法 및 判例, 學說　　現行法 제292조에 對應하는 條文이다.

3. 外國 立法例　　[180면] ① 佛民 제709조　　地役權을가진不動産이
數人의共有에屬할때에는그1人의權利行使는各共有者를爲하여時效中斷의效力을
갖는다

② 滿民 제286조　　草案과 同一하다.

6. 審議經過　　① 現行法 제284조 제3항(取得時效 停止에 關한 規定)[83)]
을 草案이 削除한 理由 — 草案은 所有權 取得에 關하여 取得時效의 理念을 排
除하고 따라서 所有權取得[時效]期間의 中斷에 關하여서도 消滅時效의 中斷만
을 準用하였고 停止에 關한 規定을 準用하지 않았다(草案 제237조 제2항). 따라서
現行法 제284조 제3항의 取得時效의 停止에 關한 問題는 일어나지 아니한다.

---

82) 법규정의 체제를 수정한 매우 드문 예이다.

83) 의용민법 제284조 제3항 : "지역권을 행사하는 공유자가 수인 있는 경우에는 그 1인에 대
하여 시효정지의 원인이 있더라도 시효는 각 공유자를 위하여 진행한다."

　　7. 結 論 : 原案에 合意

제297조 （用水地役權） ①用水承役地의水量이要役地및承役地의需要에不足한때에는그需要程度에依하여먼저家用에供給하고다른用途에供給하여야한다 그러나設定行爲에다른約定이있는때에는그約定에依한다

　　②承役地에數個의用水地役權이設定된때에는後順位의地役權者는先順位의地役權者의用水를妨害하지못한다

Ⅱ. 案　　　제284조

Ⅲ. 審議錄, 180면 상단 ~ 하단

　　2. 現行法 및 判例, 學說　　現行法 제285조와 同一하다.
　　7. 結 論 : 原案에 合意

제298조 （承役地所有者의義務와承繼） 契約에依하여承役地所有者가自己의費用으로地役權의行使를爲하여工作物의設置또는修繕의義務를負擔한때에는承役地所有者의特別承繼人도그義務를負擔한다

Ⅱ. 案　　　제285조

Ⅲ. 審議錄, 180면 하단 ~ 181면 상단

　　2. 現行法 및 判例, 學說　　現行法 제286조와 同一하다.
　　3. 外國 立法例　　① 中民 제855조　　地役權者가權利를行使하기爲하여施設을하였을때에는그施設을維持할義務가있//다　承役地의所有者는前項의施設을使用할수있다　但地役權이行使에妨害가되는때에는그렇지않다

　　　　前項의境遇에있어서承役地의所有者는그受益의程度에應하여그施設을維持하는費用을分擔하여야한다

　　② 滿民 제289조　　契約에依하여承役地의所有者가그費用으로써地役權의行使를爲하여工作物을設置하거나또는그修繕을할義務를負擔하였을때에는그義務는承役地所有者의特定承繼人亦是이를負擔한다

7. 結 論 : 原案에 合意

제299조 (委棄에依한負擔免除) 承役地의所有者는地役權에必要한部分의土地所有權을地役權者에게委棄하여前條의負擔을免할수있다

Ⅱ. **案**   제286조

Ⅲ. **審議錄**, 181면 上段 ~ 下段

  2. 現行法 및 判例, 學說   現行法 제287조와 同一하다.
  3. 外國 立法例   ① 滿民 제290조   草案과 同一하다. //
  7. 結 論 : 原案에 合意

제300조 (工作物의共同使用) ①承役地의所有者는地役權의行使를妨害하지아니하는範圍內에서地役權者가地役權의行使를爲하여承役地에設置한工作物을使用할수있다
  ②前項의境遇에承役地의所有者는受益程度의比率로工作物의設置,保存의費用을分擔하여야한다

Ⅱ. **案**   제287조

Ⅲ. **審議錄**, 181면 下段 ~ 182면 上段

  2. 現行法 및 判例, 學說   現行法 제288조와 同一하다.
  3. 外國 立法例   ① 滿民 제291조   草案과 同一하다. [182면]
  7. 結 論 : 原案에 合意

제301조 (準用規定) 제214조의規定은地役權에準用한다

Ⅱ. **案**   제288조

Ⅲ. **審議錄**, 182면 上段

2. 現行法 및 判例, 學說　　現行法에는 規定이 없고 新設 條文이다.

3. 外國 立法例　　① 中民 제858조　　제767조의規定은地役權에이를準用한다

② 滿民 제292조　　제205조의規定은地役權에이를準用한다

7. 結 論 : 原案에 合意

제302조 （特殊地役權） 어느[느]地域의住民이集合體의關係로各自가他人의土地에서草木,野生物및土砂의採取,放牧其他의收益을하는權利가있는境遇에는慣習에依하는外에本章의規定을準用한다

Ⅰ. 法編委　　1. 의사록　　物權法要綱

○ 姜柄順 起草委員　　제8. 地役權

「地方住民이 總合的으로 他人의 土地에서 草木 野生物 또는 土砂의 採取 放牧 其他의 收益을 하는 權利를 가진 境遇에는 慣習에 依하는 外에 本章의 規定을 準用한다」

本件에 關하여서는 成文 後에 適宜 再檢討하기로 하다

2. 編纂要綱　　　　物權法要綱　　八. 地役權

總有의 性質을 띄지 아니한 收益權(入會權)에 關하여 左와 如히 規定할 것

「地方住民이 總合的으로 他人의 土地에서 草木 野生物 또는 土砂의 採取, 放牧 其他의 收益을 하는 權利를 가진 境遇에는 慣習에 依하는 外에 本章의 規定을 準用한다」

Ⅱ. 案　　제289조

Ⅲ. 審議錄, 182면 상단 ~ 하단

// 2. 現行法 및 判例, 學說　　現行法 제294조에 對應하는 規定이다.

3. 外國 立法例　　① 滿民 제293조　　草案과 同一하다.

6. 審議經過　　① 本條의 權利는 慣習에 依하여 發生하는 것이 아니냐의 問題 — 慣習에만 依하는 것이 아니고 契約에 依하여서도 發生할 수 있는 것으로서 承役地만이 있고 要役地가 없는 境遇이다. 一種의 特殊地役權인 것이다.

7. 結 論 : 原案에 合意

제6장 傳貰權

Ⅰ. **編纂要綱**   債權法 各論   제2장 契約   제7절 賃貸借

20. 傳貰에 關한 規定을 둘 것

Ⅱ. **案**   제6장 傳貰權

Ⅲ. **審議錄**, 182면 하단 ~ 183면 상단

1. 現行法 및 判例, 學說   現行法에는 規定이 없고 明治45年 3月 8日 [朝鮮]高法 判決 「傳貰에 依한 家屋 使用의 權利」에 關한 判例가 있다.

[183면] 2. 外國 立法例   ① 中民 제911조에서 제927조까지 (各 本條文 下에 揭記) 農耕地 不排除

② 滿民 제294조에서 제311조까지 (各 本條文 下에 揭記) 農耕地 不排除

3. 審議經過   傳貰權은 物權이므로 登記하지 아니하면 效力이 생기지 아니한다(本 草案 제177조). 從來에 慣行되어 왔던 傳貰權은 債權의 一種인 賃貸借와 消費貸借의 結合體에 不過한 것이며 登記가 勵行되지 아니하는 韓國의 實情으로서는 物權인 本章의 傳貰權制度가 充分히 利用될는지는 多少 疑問이나 賃貸借에 物權的 效力을 附與할 必要를 느꼈던 過去의 實情으로 보나 또는 家屋과 金錢의 相互貸借라는 庶民層의 有無相通의 慣行에 關한 法律關係를 明確히 하여 法律制度化하는 意味에서 本章의 新設은 妥當하다고 본다(不動産登記法에 本 民法 施行과 同時에 傳貰權設定登記에 關한 規定을 新設하여야 하겠다).

登記를 하지 아니함으로써 本章의 傳貰權(物權)은 아니라도 從來 慣行의 傳貰契約으로서는 그 效力이 있을 것이며 이러한 債權關係에도 可及的 本章의 規定이 類推適用될 것이다. (債權的 性格에 反하지 않는 限)

Ⅴ. **意見書**

1. 112면 (金振雄)

제6장 傳貰權 附 永小作權

[70] 傳貰權을 物權으로 規定하는 데에 對하여는 贊成할 수 없으며[84] 傳貰

契約으로 債權編에 規定함이 可하다. (理由는 債權編 [151]에서 說明한다)

2. 184면 ~ 186면 (朱宰璜)

Ⅶ. 현석호 수정안 (19) 제2편제6장「傳貰權」의章全文을削除한다85)

(34) 제3편제2장제7절「賃貸借」다음에「傳貰」의節을新設하고다음의3條文을新設한다

제○조 傳貰는當事者一方이相對方에對하여不動産을使用收益하게할것을約定하고相對方이이에對하여傳貰金을支給할것을約定함으로써그效力이생긴다

제○조 傳貰의傳貰借人은期限에借用不動産을返還하고傳貰貸人은傳貰金을返還하여야한다

傳貰金에關한前項의權利는그不動産에關하여생긴債權으로본다 이에反하는約定은그效力이없다.

제○조 傳貰에關하여法律의規定또는慣習法이없으면前節의規定을準用한다

Ⅷ-1. 제1독회

1. 속기록 제30호, 6면 하단 ~ 7면 상단

○ 法典編纂委員會 委員長(金炳魯) : […] 그 다음에 物權에 가서 몇 가지 말씀하면 거기에 特別히 傳貰權이라는 것을 우리나라에 坊坊曲曲이 널리 施行된 것이 아니었는데 그것을 特定物權으로서 냈나 이런 或 생각을 하시는 이가 계실 것입니다만 傳貰라는 制度가 이 京城이 제일 오래 또 널리 實施되어 왔고 있어 왔고 其他의 지금 近來의 傾向을 보면 各 地方에도 都市에는 많이 이 制度가 차차 자꾸 施行이 되어 갑니다. 各 地方에도 各 都市生活하는 사람들은 … 그런 必要가 있을 뿐더러 이것이 外國法을 갖다 또 거기에 比較해서 보면 外國의 用益權이라는 것이 여러 나라 法에 있는데 그 物權의 卽 말하자면 使用收益한 權利 所有權이 아니고 使用收益한 權利를 갖는 契約입니다.

이런 用益物權이라는 것이 많이 있는데 그 가운데에는 또 複雜한 性質도

---

84) 또한 김증한이 『민법안의견서』의 의견을 받아서 민법안공청회에서 물권으로서의 전세권 제도를 두는 것에 반대하고 나아가 채권편의 임대차에 관한 규정 다음에 전세에 관한 규정을 두는 것을 주장하고 있다. 민법안심의자료집, 93면 하단 ~ 94면 중단 참조.

85) 채권적 전세에 관한 규정을 두는 문제에 대하여는 『민법안의견서』, 184면 이하의 주재황 의견을 포함하여 債權編의 임대차계약과 관련하여 뒤의 906면 이하 참조.

있고 다른 우리나라 立法하려고 하는 다른 契約과 或은 二重 되는 境遇도 많이 있어요 다른 나라 法制와 … 하고 [7면] 또 中國의 이것은 中國 古有부터 내려오는 것인데 典權이라는 權利가 있어요. 民法 가운데에 典權이라는 權利가 있는데 그것의 內容인즉 우리나라 傳貰하고 비슷한 것이에요 … 하고 또 우리나라의 傳貰라는 것을 過去에 보면 어떻게 取扱해 왔느냐 하면 傳貰하는 게 무슨 한 個의 物權이 아니니까 한쪽으로는 賃貸借契約을 形式이라고 하고 해가지고 한쪽으로는 抵當權이라는 物權을 갖다가 거기다가 混同해서 傳貰라는 效果를 버젓이 維持해 내려왔단 말이에요. 그런 것보다 앞으로도 많이 利用되는 그런 것이라고 認定된 以上에는 完全히 傳貰權이라는 한 物權的 完全한 效果를 주는 것이 좋겠다, 이래서 傳貰權이라는 것을 한 特定의 物權으로 立案하게 된 것입니다.

2. 속기록 제32호, 13면 중단, 16면 상단, 18면 하단 ~ 19면 중단

○ 玄錫虎 議員 : […] 本 議員은 이 民法案의 原案과 修正案에 대해서 大體로 贊成하는 句節이 많습니다마는 個中에는 몇 個에 대해서는 反對하는 意見을 가지고 있습니다. […] [16면] 그러나 다만 이 物權變動에 있어서의 形式主義를 採擇했다는 이 點과 傳貰權을 物權으로써 規定한다는 이 點에 대해서는 本 議員은 이 學者들의 意見과 마찬가지로 反對하는것입니다. […] [18면 하단] 그 다음에 物權論에 있어서 傳貰權을 物權으로 했다 傳貰權을 … 이것은 傳貰權 … 傳貰라는 것이 우리나라의 占有의 한 가지 特異의 習慣인 것입니다. 이 傳貰라는 것이 또 이것이 우리나라의 實情 … 慣習이지만 全國的으로 다 있는 것도 아니고 主로 이 서울에서 있는 한 가지의 말하자면 特殊한 것이고 이 근자에 있어서는 또 이 傳貰라는 自體가 서울에 있어서도 또 過去의 벌써 몇 해 前의 慣習보다도 또 많이 變遷되고 또 오늘날 現在도 또 變遷되고 있어요.

이 傳貰를 이것은 過去에 말하자면 우리나라의 判例라든지 法曹界의 解釋으로 보아서는 역시 一種의 賃貸借契約이다 이렇게 보는 것입니다. 一種의 賃貸借契約인데 이것은 特殊한 賃貸借契約으로서 恒常 判例로써 이것을 좀 어려운 것은 解決해 나왔던 것입니다. 그런데 그런 判例로서 解決하기 어려웠으니까 차라리 이것을 物權으로 해 가지고서 傳貰權者를 완전히 保護해 주자, 이런 趣旨에서 나온 것은 그 意圖는 잘 알 수가 있어요. 그러나 구태여 이것을 말하자면 物權으로 하지 않아도 이 債權으로 認定하면서도 그 傳貰權者를 保護할

수가 얼마든지 있지 않느냐. 그 法性質上으로 보아서는 [19면] 말하자면 傳貰라
는 그 性質上으로 보아서는 法律性質로 보아서는 어디까지나 이것은 말하자면
賃貸借契約이라 그 말이에요 賃貸借契約 … 즉 말하면 債權의 性質이에요 그
債權의 그 本質로 보아서는 그 債權의 性質을 그 權利者를 擁護하기 위해서 구
태여 法律의 本質을 고쳐가면서 物權으로 規定할 必要는 없지 않는가 즉 말하
자면 이것을 이 學者의 意見과 마찬가지로 차라리 그렇다면 一種의 有名契約으
로 … 債權에 있어서 한 가지 債權으로 規定하고 賃貸借契約과 別道[別途]로
말하자면 傳貰契約이란 한 가지의 말하자면 有名契約 … 有名債權으로해서 認
定을 해야 되고 그 不動産에 대한 말하면 債權으로서 不動産에 起因한 債權으
로 이렇게 認定해 주어서 그 不動産에 대한 留置權을 認定한다든지 이런 方法
으로 하면 얼마든지 할 수 있다는 것이에요. 또 그뿐만 아니라 좀 手續이 거북
할는지 모르지만 그렇지 않더라도 가령 이 賃貸借契約 … 傳貰를 낸 사람이 그
傳貰文에 대해서 차라리 抵當權을 設定할 수 있는 것이라 그 말이에요 그렇기
때문에 이것은 구태여 그 法律의 本質에 벗어나가면서 物權으로 規定할 必要는
없고 한 가지의 特殊한 轉用債權으로서 債權契約을 債權編에다 넣어두는 것이
좋지 않을까 이렇게 생각하는 것입니다

　　또 뿐만 아니라 現在에 있어서 傳貰의 慣習이 말이야 慣習이 많이 달라진
것입니다 지금은 … 過去에 있어서는 傳貰로 하며는 집 한 채라든지 或 한 집
을 통채로 한다든지 或은 말하자면 舍//廊채는 舍廊채로 한다든지 이렇게 해서
傳貰로 하는 것이 많이 있었고요. 또 過去에 있어서는 傳貰면 傳貰 정말 그 집
값에 원 半이라든지 6割이라든지 이렇게 傳貰를 주고 그 利子도 서로 안 물고
나중에 그 집이 비워줄 때에 그 元金을 찾아가고 이것이 원 傳貰의 元來의 本
質인데 오늘날에 와서는 多少 그 말이 달라요.

　　집 房 한 間 가지고도 傳貰 놓는다 말입니다. 이래 가지고 그 傳貰라는 것
이 그러면 傳貰의 돈을 百萬圓이면 百萬圓 5萬圓이면 5萬圓을 낼 때 그것을 나
중에 찾아가지만 그동안에 그 利子 비슷하게 해가지고 까먹는 사람이 있에요
假令 5萬圓 傳貰로 들었다 하고 實地에 있어서 한 달에 원 2萬圓이나 萬圓씩
이렇게 까서 들어가는 이러한 여러 가지의 變形되는 傳貰가 지금 많이 流行이
되고 있는 것입니다.

　　그렇기 때문에 이것을 우리나라에 全般的인 全國的인 慣行도 아닐 뿐 아니

라 서울에서만 있는 特殊한 性質의 것이고 또 뿐만 아니라 그것조차 많이 慣行
이 變質되어 간다 이것을 구태여 이 法律 本質上에 그 規定에 性質에 違反해가
면서 物權으로 規定할 必要는 없지 않는가

債權編에 있어서 한個 有名契約으로 存置하면서 救護할 길이 救濟할 길이
얼마든지 있지 않는가 이런 點에 있어서 이것을 反對하는 것입니다

3. 속기록 제33호, 16면 중단, 17면 상단

○ 孫文璟 議員 : 여러 議員 先輩께서 民法案에 對해서는 말씀이 많이 계
셨기 때문에 簡單히 제가 贊成하지 않는 곳만 말씀드리겠습니다. […] [17면]
그 다음에 또 한 가지 말씀드릴 것은 이 傳貰權 문제입니다. 이 傳貰權은 原案
에 物權編에다가 制定을 했지마는 이것은 學者들도 말씀하고 있습니다마는 이
것은 事實 實質的으로 困難한 문제가 생길 것입니다.

첫째 무엇이냐 하며는 所有權을 侵害하는 그러한 條文 같아요. 또한 制約
을 받습니다 所有權이 … 權利 中에는 가장 重要한 權利는 所有權입니다. 그 所
有權을 制約을 시키고 또한 그것을 侵害할 만한 이러한 조항을 넣었다고 한 것
은 이것은 事實上 困難할 것입니다. 10年 동안 말이지 10年 동안 움직이지 못
하고 또한 지금 先例를 볼 것 같으면 都市를 中心한 문제가 많습니다.

서울을 볼 것 같으면 貰房에 들어 있다 말이에요. 그 사람이 돈이나 많이
있고 넉넉해서 그 집을 // 빌린 것이 아니에요. 사실 貧寒한 사람이 없는 사람
이 그 집을 빌리게 된다 말이야. 할 때 비워내라 할 것 같으면 비워낼 수 없단
말이야. 이러한 여러 가지 重大한 문제가 있기 때문에 이러한 傳貰權을 認定할
것 같으면 混亂이 일어나게 됩니다. 옥신각신 싸움도 나고 말이지 社會문제도
일어나고 여러 가지 문제가 있다 말이야. 하기 때문에 이것은 債權編에다가 認
定을 해가지고 賃貸借契約으로서 말이야 作定하는 것이 좋지 않은가 이렇게 생
각합니다.

Ⅷ-2. 제2독회

1. 속기록 제47호, 11면 상단 ~ 13면 하단

○ 法制司法委員長 代理(張暻根) : 다음에 제6장 傳貰權 … […] 여기에
對해서 玄錫虎 議員께서는 이것을 全部 이 全章을 削除하자는 것입니다. 그 理
由는 傳貰權을 物權으로 해서 너무 過多히 强力히 傳貰權者를 擁護하는 것은

옳지 못하다 從來의 慣習과 마찬가지로 一種의 賃貸借와 類似한 債權關係로서
規定해서 債權編에 規定하는 것이 좋다 하는 그러한 提案입니다. 그래서 玄錫
虎 議員께서는 제2장 제1편 6장의 여러 條文을 全部 完全히 削除하는 代身에
債權編에 몇 個 條文을 넣자는 … 아래에 나온 것이 있습니다. … 여기에 對해
서는 法制司法委員會로서는 이 傳貰權을 많이 檢討했습니다마는 原草案 … 政
府草案은 너무 過多히 傳貰權者를 擁護했기 때문에 도리어 그렇게 傳貰者權의
權力이 强하다고 할 것 같으면 傳貰해서 빌려주는 사람이 없을 것이로다, 建物
所有者가 도리어 그렇게 家屋을 零細民에게 活用시키는 집 없는 사람들에게 집
을 가지게 하는 것도 너무 不便할 것이로다 하는 이런 趣旨下에서 傳貰權을 物
權으로 하기는 하되 너무 傳貰權만 家屋 所有者보다 傳貰權만 擁護하는 그런
規定은 많이 削除하고 修正을 했습니다. … 法制司法委員會에서 그런 程度라고
할 것 같으면 玄錫虎 議員께서 말씀하시는 것과는 달라지지 않느냐 原政府草案
에 比할 것 같으며는 많이 緩和되었습니다. 또 하나는 賃貸借가 있고 傳貰權이
있다 하며는 우리가 賃貸借는 債權債務關係로 하고 傳貰權은 物權關係로 하는
것이 當事者가 이러한 두 가지 形態中에서 고르고 싶은 대로 고르도록 傳貰權
者가 賃貸借로 하고 싶으면 賃貸借로 할 수 있고 좀더 强하게 物權으로 만들고
싶을 것 같으면 傳貰權으로 할 수 있고 이렇게 두 가지 形態로 만들어서 設置
해 놔 가지고 契約當事者들이 어떤 것을 하나 選擇하도록 하는 것이 이 法律制
度로서 좋지 않느냐 이런 意味에서 본 草案의 根本的인 立場에 賃貸借는 그때
債權債務關係로 넣고 傳貰權은 物權으로서 놔두는 同時에 너무 傳貰權者를 擁
護하는 規定만 修正 擴大하는 이 法制司法委員會의 立場을 저희는 아직도 固持
하고 있습니다.

　　이 玄錫虎 議員의 修正案보다는 이 物權으로 그대로 두고 法制司法委員會
의 修正案과 같이 各條文에 따라서 傳貰權者를 過度히 擁護하는데 卽 所有者에
게 좀 억울한 것이 가는 것을 修正하는 方針이 좋지 않은가 이렇게 생각되고
있습니다.

　　○ 副議長(趙瓊奎) :　玄錫虎 議員 說明하시겠어요? 나와서 說明하세요 修
正案에 대한. //

　　○ 玄錫虎 議員 :　이 傳貰문제에 대해서는 亦是 어제 決定된 物權變動에
있어서의 意思主義냐 形式主義냐 하는 거와 비등한 程度로 이번 民法典 中에서

… 民法典 財産編 中에서도 가장 중요한 項目의 하나입니다.

　　原來 이 傳貰라고 하는 것이 大體로 이 主로 서울에서만 많이 行해지고 있는 制度인 것입니다. 그러나 오늘날에 와서는 차차 이 釜山이라든지 大邱라든지 이런 大都市에서도 若干 이런 慣習이 늘어가는 形便인 것입니다.

　　그래서 이 傳貰에 대해서 이것을 過去에 있어는 이것이 勿論 物權도 아니고 賃貸借契約의 特殊한 賃貸借契約이다 이렇게 認定해서 裁判을 해 내려온 것이 事實입니다. 그러면 이번 民法典을 起案하는 데 있어서 特殊한 賃貸借로 해서 말하면 相當히 거북스럽게 判例를 만들어 왔으나 此際에 傳貰權者 直接 傳貰 얻어들은 사람을 더 保護하기 위해서 物權으로 하는 것이 어떻겠느냐 그래서 상당히 果敢하게 여기에서는 起草한 것이라고 생각합니다.

　　한데 저는 이 傳貰權를 物權으로 規定하지 말고 이 賃貸借 從前에 特殊한 賃貸借契約으로 하던 것을 다시 더 좀 修正을 해서 一種의 有名契約 말하면 한 個의 그 契約形態로써 賃貸借와 마찬가지로 한個의 形態로써 이것을 債權編에 두는 것이 가장 現實에도 맞지 않는가 이런 意味로 修正案을 낸 것입니다.

　　[12면] 첫째 傳貰權이 物權으로서 規定될 必要가 없다 物權으로 規定되는 것이 不適當하다는 理由를 몇 가지 먼저 말씀을 드리겠습니다.

　　大體로 이 慣習上으로 보더라도 이 傳貰라 하는 것이 全國的인 이러한 慣習도 아닌 것이고 서울에만 限해서만 特別히 있는 慣習일 뿐만 아니라 또 이것이 그 傳貰라 하는 것이 過去에 있어서는 말하면 집이면 主로 집에 대한 문제인데 집 온채 한채를 갖다가서 傳貰로 드는 것은 過去의 慣習인데 오늘날에 와서는 차츰차츰 그런 慣習法이 또 달라집니다. 집 온채로 傳貰로 얻는 것이 아니라 房 한間을 傳貰로 얻는 사람이 상당히 많이 생긴다 말입니다.

　　또 뿐만 아니라 이 傳貰를 얻는 것도 過去처럼 처음에 傳貰金을 百萬圓이면 百萬圓을 내고 傳貰를 나갈 때 百萬圓을 받아가는 것이 아니고 오히려 이것은 얼마 처음 先補助金 대는 셈으로 假令 2萬圓이고 3萬圓 내고 그것을 利子와 代身해서 한 달에 3萬圓이고 4萬圓씩 까가는 이러한 慣習이 차츰차츰 더 늘어져 가고 있는 事實입니다.

　　그러니까 이런 것으로 보아서 이것은 物權으로 規定하는 것은 대단히 適當하지 않다, 더우기 物權行爲에있어서는 登記를 必要로 한다 이렇게 되어 있으니까 그 房 한 間을 가지고서는 登記할 수가 없습니다.

事實上에 있어서 그러니까 이런 것으로 보더라//도 物權으로 規定하는 것이 適當치 않다 이런 것이 한 가지 理由가 되고 또 아까 말씀드린 慣行이 차츰차츰 變更되었다는 이런 事實도 한 가지 理由가 될 것이고 또 이 그 性質로 보아서 이것은 亦是 어디까지나 特殊한 賃貸借契約의 性質이지 元來가 物權의 性質이 되지 않는 것입니다.

우리는 物權이라는 이러한 特殊한 말하면 强力한 權利는 될 수 있으면 이 數를 줄이고 될 수 있는 대로 참 法定主義를 … 物權主義입니다마는 될 수 있는 대로 그 範圍를 줄이는 것이 이것이 原則이라고 생각합니다. 하기 때문에 이것은 어디까지나 債權的 性質이다 이런 말씀이고 또 뿐만 아니라 이것이 債權으로서도 能當히 이것을 傳貰權者를 保護할 수 있다 이런 것입니다.

왜 그러냐 하면 그 債權契約에 가서 한 가지 典型이 되어서 卽 말하면 有名契約으로써 그러한 그 規定을 넣어서 그 傳貰權者를 얼마든지 保護할 길이 있다 그것입니다. 物權으로만 保護할 必要가 있는 것이 아니다, 이것입니다.

지금 張暻根 議員은 物權으로 해서 傳貰權者를 너무 많이 保護했기 때문에 그 所有者의 權限이 내[너]무나 말하면 保護를 받지 못한다 이런 結果에 대해서 많은 修正을 했다고 합니다마는 그럴 바에는 物權으로 할 必要가 없지 않느냐 이것입니다. 또 뿐만 아니라 傳貰權者를 가령 이 修正案대로 하더라도 傳貰權者를 많이 擁護를 해준다 保護를 해준다 // 이렇게 되며는 事實에 있어서는 傳貰權 傳貰 얻어드는 사람의 利益을 보도록 하는 것이 아니라 結果에 있어서는 도로 損害가 난다, 이것입니다. 왜냐하면 傳貰를 주는 사람과 傳貰를 얻어드는 사람 사이에 이것이 物權으로서 판다 하며는 반드시 登記를 해야 될 것입니다. 그러면 登記를 해야 한다는 이러한 번잡한 手續을 좀처럼 해서 그 所有者가 要求하지 않습니다. 또 왜냐하면 이것이 物權으로 되며는 傳貰權이 物權으로 되며는 物權은 그야말로 排他性이 있는 것이다. 그러면 그 傳貰 얻어 드는 期限이 期限안에 가령 2年이고 3年이고 있다 합시다. 그동안에 집이 팔려서 다른 사람에게 간다 이렇게 될 때에 그때에 있어서 그 사가지고 간 사람한테 대해서도 對抗을 합니다. 나는 언제든지 3年 期限이 있으니까 3年 동안은 내가 들어 있을 수 있다, 이렇게 主張할 權利가 생기게 됩니다 그러면 그 傳貰權者는 大端히 좋은 것 같지만 그렇게 拘束을 받는 … 傳貰는 우리가 大體로 보며는 大部分의 경우에는 집을 팔려고 내놓았다가 좀처럼 팔리지 않을 때에 臨時로

傳貰를 주는 경우가 제일 많습니다 그래서 팔려 넘어가며는 傳貰가 全然 없어지는데 이럴 때에 傳貰權者가 제일 거북한 것입니다. 傳貰돈을 찾아내지 못하고 집을 내어놓아야 된다, 이런 경우가 제일 困難한데 그 경우에는 지금 債權契約으로 제가 내어놓은 修正案대로 하며는 그 돈을 받지 못하며는 집을 붙들고 있을 이러한 [13면] 權限을 우리가 여기에 賦與해 주는 그것으로써 傳貰權者를 能當히 保護할수 있습니다.

　　그렇지 않고 기어이 그것을 物件[權]으로 해 가지고 다른 사람 사 가지고 간 사람한테 對해서도 對抗할 權限을 주게 된다고 할 것 같으면 집을 傳貰 줄 사람이 없을 것입니다. 왜냐하면 나중에 팔아먹지를 못하기 때문에 … 판 때에 있어서 傳貰 준 사람이 나가지도 않을 집을 누가 사 가지고 갈 사람이 없다 말이에요.

　　그러기 때문에 이것은 所有者가 이러한 拘束을 받아가면서 傳貰를 주지 않고 어디까지나 物權的인 傳貰契約에 應하지 않게 됩니다. 그렇다고 하며는 傳貰를 얻어들고 싶은데 傳貰를 줄 사람이 주지 않으면 오히려 傳貰를 들고 싶어하는 사람에 對한 保護가 되지 않고 오히려 그 사람한테 不利한 結果가 된다 이러한 結論이 내리게 됩니다.

　　또 뿐만 아니라 지금 張暻根 議員 말씀이 傳貰를 物權으로 하고 싶은 사람은 物權으로하고 債權으로 하고 싶은 사람은 債權으로 해라 이러한 말씀인데 이것은 傳貰라는 한 가지의 槪念을 가지고 物權傳貰가 있고 債權傳貰가 있다 이것 대단히 혼란을 가져오는 것입니다 不必要한 혼란을 가졌습니다.

　　그러니까 사실상에 있어서 이 物權的인 傳貰를 만들어 주어보아야 결국에 있어서 이것이 空文化되고 死文化될 뿐입니다. 그럴 바에는 구태여 // 이럴 必要가 없지 않느냐 하는 意味에서 이것은 어디까지나 과거의 判例에 비추어 보아서 그 判例에 不便하던 것을 한개 한개의 傳貰契約으로서 認定해 주면서 거기에 대한 賃貸借보다도 더 强한 權利를 賦與해서 救할 길이 얼마든지 있고 이것이 우리 社會 慣行上에 있어서도 가장 適合한 것이다. 이렇게 보기 때문에 저는 이 傳貰權에 대한 章을 전부 다 그만두고 그 外에 다시 가서 제 修正案 4項目에 있습니다. 여기에서 즉 말하면 제3편 제2장 제7절 賃貸借의 다음 項目에 傳貰라 하는 節 한 가지 두어 가지고 거기에 가서 條文을 한서너 가지만 넣어 두면 그 傳貰權者를 保護할 만한 規定이 넉넉히 들어가게 되고 아무 差異가 없게 되는 것입니다.

그런 意味에서 이것을 修正을 提案한 것이니까 여러분이 이것은 그야말로 우리가 흔히 보는 傳貰라는 槪念을 다 아시고 社會實相을 볼 때에 이렇게 하는 것이 아무 異議 없을 뿐만 아니라 사실은 物權이라는 傳貰는 空文化되고 말 것이기 때문에 여기에 대한 것을 이 修正案대로 贊成해주시기 바랍니다.

그리고 이 審議上 한꺼번에 表決이라든지 이런 것을 迅速하게 하기 위해서는 제 修正案이나 지금 이것이 19項目입니다 34項目을 同時에 解決해야 될 것입니다. 그래서 34項目을 여기서 … 이것 지금 民法典에 있어서 起草者로서는 굉장히 참 劃期//的인 한 개의 改定이라고 내놓았습니다마는 정말 이것은 實情에 맞지 않는 것이라고 생각합니다. 과거의 不便은 한개의 債權契約으로써 능히 解決할 수 있는 것을 구태여 物權으로 만들어서 物權的인 傳貰가 있고 또 債權的인 傳貰가 있고 이렇게 해서 混亂을 일으킬 필요가 조금도 없다고 생각합니다. 여러분이 충분히 考慮해 주시기 바랍니다.

2. 속기록 제48호, 1면 하단 ~ 5면 하단

○ 副議長(李在鶴) : 그러면 議事日程 제3항을 上程합니다.

제6장 傳貰權인데 玄錫虎 議員의 修正案에는 이것을 削除하고 債權編에다 이것을 넣자는 것입니다. […] [2면] 그러면 表決하겠습니다 제6장 이 傳貰權인데 이것이 지금 物權編에 들어 있는데 여기서 削除하고 債權編에 한 서너조 넣자 하는 것입니다. 그러면 玄錫虎 議員의 修正案 이 傳貰權을 削除하자는 것을 表決합니다. (擧手 表決) 在席 111人, 可에 4, 否에 없습니다. 未決입니다. 玄錫虎 議員 말씀하시겠어요? 가만히 계세요. 이거 저 修正案과 原案과 한번 물어본 뒤에 다 未決되며는 發言權을 드릴 수가 있는데 … (場內 騷然) 저 이 修正案과 原案을 물어가지고 그것이 다 未決이 되어야 發言權을 드릴 수가 있습니다. 別 道理가 없습니다. 그러면 제6장 그대로 存置하자는 것을 表決합니다. (擧手 表決) 在席 115人, 可 35票, 否에 한票도 없이 또 未決입니다. 다 未決이어서 한 번 討論할 수가 있습니다. 玄錫虎 議員 말씀해주시기 바랍니다.

○ 玄錫虎 議員 : 너무 자주 올라와서 未安합니다. 지금 이 傳貰權에 대해서는 어제 제가 대강 說明을 드렸습니다마는 아직도 若干 議員 여러분께서 誤解가 계신 것 같아서 다시 한 번 더 말씀드립니다. 이 傳貰權을 物權으로 해 가지고서 傳貰權者를 保護하겠다, 이것이 原案의 趣旨인 것입니다. 그러나 傳貰權

을 物權으로 하는 以上에는 반드시 登記를 해야 되는데 事實에 있어서 登記하기가 퍽 어렵습니다. 傳貰 주는 사람이 // 登記까지 내서 傳貰權을 設定해 주는 사람이 아마 없을 것입니다. 그러면 結局 이것은 物權으로 해보아도 物權으로는 成立이 안 되고 結局에 가서는 賃貸借契約 普通으로 많이 하는 賃貸借契約으로밖에 되지 않는데 賃貸借契約으로 해서는 이 傳貰權者 保護하는 데 弱하다 이런 말씀입니다. 그렇기 때문에 이 事實上 物權으로 認定해보았자 그것이 空文化되고 말 것이고 結局은 賃貸借로 되기 때문에 賃貸借 되며는 도로 傳貰權을 保護하려던 그 趣旨가 傳貰權者를 더 弱化시킨다 이런 結果가 되기 때문에 애당초부터 이것은 物權으로 말고 傳貰契約이라는 債權編에다가서 過去에 賃貸借契約으로서 保護할 수 없었던 것을 따로 傳貰契約이라는 것을 契約을 하나 따로 新設을 해 가지고서 그 傳貰權者를 保護하자 이것입니다.

　여러분이 얼른 생각하시기는 物權에서 이것이 안 되면 傳貰權者를 保護하지 못하지 않나 이렇게 생각하시겠지만 事實은 그런 것이 아니고 債權編에 傳貰契約이라는 한 個의 契約을 줘서 그 傳貰權者에 대해서 傳貰契約의 特殊한 그 義務를 주고 權限을 줘서 卽 말하면 留置權을 認定하자는 것입니다. 그 留置權이란 무엇인가 하며는 傳貰든 사람이 傳貰期間 內에 … 傳貰期間이 되어서 나갈 때에 그 傳貰 준 돈을 못 받을 때에라도 賃貸契約으로 할 것 같으면 結局은 집을 내줘야 됩니다. 집은 내주고 나중에 傳貰값은 받는 것은 別途로 訴訟을 한다든지 別途로 하는데, 이번에 제가 생각하고 있는 것은 傳貰契約이라고 하는 그 留置權을 認定을 해주며는 그 傳//貰 든 사람이 나갈 때에 傳貰값을 안 내면 그 집을 딱 붙들고 앉았을 權限을 주자 이것입니다. 그렇게 되면 結局 傳貰 든 사람은 언제든지 傳貰를 내놓을 때에는 傳貰값을 받아가지고 갈 수 있는 이러한 權利를 賦與해줘야 됩니다. 萬若 이렇지 않고 物權을 딱 이렇게 해놓으면 物權은 事實上 되지 않고 普通 賃貸借밖에 되지 않는데 賃貸借 될 때에는 傳貰 든 사람이 나갈 때에 傳貰金을 꼭 못 받고도 나가는 수가 있다 이 말이에요. 그러니까 이렇게 해서 傳貰權者를 保護하자 이것입니다. 이렇기 때문에 이것이 지금 原案대로 갈 것 같으면 그야말로 欲巧反拙로 傳貰權者를 保護하려고 하던 것이 傳貰權者를 不利하게 만드는 이러한 結果가 事實上에 나타나게 됩니다. 그렇기 때문에 이것을 期於코 제 修正案대로 通過해 줘야 되겠다고 생각해서 다시 한 번 더 말씀드립니다. 또 뿐만 아니라 民法 全體의 精神을 보더라도

物權이라고 하는 것은 될 수 있는 대로 制限해서 적게 하자는 것입니다. 그렇기 때문에 現行에 있던 先取特權이라든지 不動産質權이라든지 이러한 過去의 物權을 이번에 많이 없애 버렸에요. 이러면서 하필 이런 性質上이라든지 事實上의 利益을 보든지 必要치 않은 것을 구태여 物權으로 할 必要가 없다 이러한 民法 全體의 精神으로 보더라도 그렇고 事實上의 利害문제로 보더라도 傳貰權을 保護하는 意味에서 꼭 이렇게 해야 된다고 생각하는데 다시 한 번 考慮해주시기 바랍니다.

○ 副議長(李在鶴) : 張暻根 議員 말씀하세요

○ 法制司法委員長 代理(張暻根) : 이것 좀 深甚히 [3면] 考慮할 必要가 있다고 생각합니다. 이것 집을 … 例를 들어서 3層 事務室이나 3層 집을 하나 3千萬圜을 들여가지고 傳貰金을 주어 가지고 3年 동안을 傳貰를 했다고 합시다. 그때에 그 傳貰 빌리는 사람이 이 3年 동안만은 萬一 그 建物所有者가 딴 사람에게 판다고 하더라도 새 사람에게 대해서도 3年 동안 그대로 滿了될 때까지 내가 빌려 가지고 있어야겠다, 이렇게 하려면 이것은 物權으로 해야 됩니다. 傳貰權을 物權으로 해서 하며는 1年半 있다가 所有者가 바뀌더라도 새 所有者에 대해서는 物權에 있어서는 追及權이 있습니다. 새 所有者에 대해서도 對抗을 하고 나머지 1年半 동안 이제 傳貰로서 빌려주어야 할 理由가 있습니다. 그런 것이 우리 經濟生活에 있어서 必要하다 그 말씀이에요. 必要한 때에 그러한 일을 우리 法制度는 길을 열어 주어야 합니다.

　그런데 인제 玄錫虎 議員께서는 조그마한 인제 작은 집을 조그마한 집을 하나 傳貰로서 빌린다든가 또는 집 中의 한 칸 두 칸 一部分을 빌릴 때에 이것을 物權으로 하려고 할 것 같으면 대단히 不便 … 傳貰權者만을 保護하고 집所有者에게는 대단히 不便한 이런 것은 困難하지 않느냐? 이것 대단히 錯誤를 일으키신 것 같아요. 그런 때도 物權인 傳貰權으로 못하고 딴것으로 생각해서 傳貰關係로 만들 수 있습니다. 當事者가 自由選擇할 수 있어요. 인제 그 새로 산 所有者가 바뀌더라도 追及을 시키려고 하며는 傳貰權이라는 物權設定契約을 하는 것이고 萬一 그것이 좋지 않다고 하며는 이것은 賃貸借契約으로 하거//나 賃貸借契約에 類似한 無名契約을 할 수가 있는 것입니다.

　그러나 우리나라로서는 物權的으로 所有者가 바뀌더라도 그 집 빌린 사람이 그 權利를 主張할 수 있는 物權이라는 制度도 하나 만들어놓고 또 그렇게 하지 못하는 賃貸借와 같은 債權關係도 하나 만들어가지고 우리 國民이 自由選擇하도록 해야 됩니다. 이것은 꼭 全部 債權關係밖에는 하는 方法이 없도록 한다는 것은 나는 옳지 못하다고 생각합니다.

만일의 境遇에 傳貰할 적에는 집을 빌릴 적에는 物權밖에는 方途가 없다는 前提라며는 玄錫虎 議員이 말씀하시는 것같이 여러 가지 不便한 點도 있습니다. 그러나 우리나라로서는 法制度로서는 두 가지 … 物權에 의하는 方法 債權에 의하는 方法 두 가지로 나눠서 當事者가 自由選擇하도록 하는 것이 조금도 나는 나쁘지 않다고 생각합니다. 또 이렇게 해야 나는 되리라고 생각합니다.

그러면 이런 것은 아마 玄錫虎 議員께서 말씀하실 수가 있을 것이에요. 傳貰金을 한꺼번에 주라고 할 것 같으면 그것은 傳貰 … 物權契約이 아니냐 그것은 當事者가 物權契約으로 못한다고 하며는 됩니다. 債權契約으로 … 債權契約으로 한다 하면 그것은 賃貸借契約은 인제 다시 賃貸借金을 주어야 한다 한꺼번에 주고 賃借料를 안 주고 있는 것은 저 뭣인고 하니 傳貰밖에 안 된다.

그러나 그것은 債權契約으로 한다면 賃貸借에 類似한 無名契約 … 우리 債權編은 … 債權編에 제1장으로부터 여러 章에 무슨 契約 무슨 契約 … 賃貸借契約이니 賃借契約이니 賣買契約이 請負//契約이니 다 있습니다. 그러나 物權과 달라서 物權은 뭣을 法律에 規定한 것 以外에는 形態를 認定할 수 없지만 債權은 그 여러 章이 規定된 그 以外에도 마음대로 契約을 할 수가 있습니다. 마음대로 여러 가지 形態로 만들 수 있어요. 賃貸借는 꼭 아니지만 賃貸借에 類似한 債權契約인 傳貰契約을 만들 수가 있을 것이에요.

그러니까 이것을 두 가지 方法을 設定해 놓고 또 國民이 願하는 대로 選擇하라는 그 길을 우리는 認定해 주어야 될 줄 압니다. 더구나 작은 집보다도 이제 큰집 같은 데에 대해서는 집을 빌릴 적에 3年 동안에 5千萬圓이라는 傳貰金을 주어 가지고 빌릴 적에 이것은 所有者가 바뀔 것 같으면 1年도 못 되어 가지고 이것 또 봇짐 싸가지고 나가야 된다, 이런 方法밖에 아무리 契約을 하려고 해도 契約方途가 없다 할 것 같으면 대단히 困難할 줄 압니다.

○ 副議長(李在鶴) : 그러면 表決합니다. (「議長!」 하는 이 있음) 얘기하시겠어요? 尹亨南 議員 말씀하세요.

○ 尹亨南 議員 : 玄錫虎 議員 修正案에 贊成하는 意味에서 말씀을 올리고 지금 張暻根 議員 말씀한데 몇 가지 反對말씀 올려야겠습니다. 傳貰를 이 物權

編에다 해 놓으면 當事者가 物件[權]만 契約을 하든지 債權契約을하든지 그것은 自由選擇에 의하여 할 수 있습니다, 그것은 괜찮다, 또한 3千萬圜짜리 傳貰에 들어가지고 3年 동안 들었다가 3年 동안에 萬一 所有者가 바뀌더라도 새로 그 집을 산 사람에게 對抗할 權利를 주려면 이 物權으로 해야 한다, [4면] 그런 趣旨를 말씀하셔서가지고 傳貰權者를 保護하려면 이 傳貰權을 物件[權]編에다가 規定해야 한다, 그런 趣旨의 말씀을 하셨습니다. 그러나 지금 張暻根 議員이 例를 든 3千萬圜을 傳貰를 해가지고 3年 동안 산다는 그런 그 傳貰權은 極히 드문 例고 大部分의 지금 우리가 從來에 알고 있는 傳貰權이라는 것은 돈 없는 사람들 세간房살이하는 사람들 이런 사람들이 많이 있습니다. 그러면 우리가 왜 이것이 傳貰權을 物件編에다가 꼭 規定해야 되느냐 物件編으로서의 規定을 하면 傳貰權者의 保護를 많이 할 수 있다, 그런 趣旨에서 傳貰權者를 많이 保護하기 위해서 이것을 했다, 지금 그런 趣旨의 얘기인데 우리가 이 法律을 만들어 가지고서 傳貰權者를 保護하는 方向으로 이것을 規定하려고 할 것 같으면 登記를 해 가지고 또 나중에 最終段階에가서 競賣까지 부쳐가지고 傳貰金을 받을 수 있는 그런 保護를 똑같이 받아야 할 것입니다. 自由狀態에 맡겨가지고 하고 싶은 사람은 하고 하고 싶지 않은 사람은 안 하고 돈 많은 사람은 말하자면 3千萬圜짜리나 그런 큰 金額을 가지고 傳貰를 들어 가시고 사는 사람 말하자면 돈 많은 사람은 이런 保護할 수 있는 길을 열게 해가지고 物權編에다가 規定해야 한다 돈 적은 사람은 … 登記하고 싶지 않은 사람 或은 登記費用이 많이 들어가지고 登記하기가 어려운 사람 이런 사람은 登記하지 않고 賃貸借契約을 해가지고 傳貰를 얻어서 할 수가 있다.

　　그러면 돈 없는 사람은 保護를 안 해도 좋고 돈 많은 사람은 物權의 規定이 物權의 效力이 가//져오는 傳貰權의 保護를 받도록 해 보자 그러한 立法을 한다는 것은 우리 國會로서 도저히 있을 수 없는 것이고 惡[弱]한 사람 돈 없는 사람 이런 사람을 될 수 있는 대로 保護할 수 있는 그런 方向으로 우리가 立法을 해야 할 것입니다. 그리고 이 傳貰權 原案을 볼 것 같으면 여러 가지 保護하는 規定이 있습니다. 傳貰權者를 많이 保護하고 있습니다.

　　거기에 傳貰權의 目的物이 바뀔 때에 어떻게 한다든지 그 目的物을 修理할 때에 어떻게 한다든지 여러 가지 保護하는 規定이 있는데 여기에 지금 物件[權]編에서 保護하는 이런 規定은 이것을 債權編에 옮겨가지고 傳貰權은 別途로 規

定하고 동시에 賃貸借契約을 各 規定이 重要하다는 … 充分히 그 賃貸契約 그 傳貰契約 그것으로써 여러 가지 規定할 수 있는 것입니다 例를 들면는 傳貰期間中에 所有權者가 바뀌는 境遇에 優先的으로 傳貰權者가 自己에게 買收할 權限을 달라고 그런 契約도 할 수 있는 것이고 또 傳貰權者가 살고 있는 동안에 修理한 費用을 어떻게 한다든지 하는 것 거기에 所要한 費用을 어떻게 處理한다든지 하는 것을 아까 張暻根 議員이 애기한 바와 마찬가지로 自由의 原則에 의해 가지고 充分히 規定할 수 있는 것입니다. 萬一 이대로 이것을 한다며는 傳貰權의 이것을 登記를 해야 한다. 物權의 成立은 登記를 하지 않으면 안 되고 그 變動될 登記를 해야 效力이 생기는 것이고 하기 때문에 登記에 많은 時間과 費用이 걸립니다. 그리고 最終段階에 가 가지고 이것을 競賣에 부친다 競賣하는데에도 이것 相//當한 費用이 드는 것입니다. 그러므로 해서 아까 玄錫虎 議員이 指摘한 바와 마찬가지로 이것 實地로 이 傳貰權者의 保護를 目的으로 한 이 傳貰權이 實地 運營에 있어 가지고 傳貰權者를 保護하는 것이 아니고 오히려 그 傳貰權者를 괴롭히는 그런 方向으로 이것이 나갈 憂慮도 있는 것이고 아까 張暻根 議員이 例를 든 그러한 많은 金額을 傳貰權을 내 가지고 그 사람을 保護한다는 그러한 趣旨의 立法이라는 것은 할 수 없는 것이고 우리가 될 수 있는대로 많은 層의 사람들을 保護하는 立法을 해야 한다는 立場에서 이 傳貰權은 物權編에서 빼고 債權編에 옮기는 것이 妥當하다고 이사람은 생각하는 것이올시다.

　(「議長」 하는 이 있음)

　○ 副議長(李在鶴) : 安 議員 말씀하세요.

　○ 安峻錡 議員 : 지금 尹亨南 議員께서는 傳貰權을 物權으로서 認定함으로써 經濟的 强者를 보아준다고 하는 것 같은 印象을 주는 말씀을 하셨는데 이 傳貰權이라고 하는 것이 所在[有]權者보다는 普通의 境遇에 있어서 經濟的으로 弱한 處地에 놓여 있는 것입니다.

　그렇다고 하면 所有權者에 對해서 自己의 權利를 保護할 수 있는 이와 같은 從來에 있어서는 이 賃借權이라든지 其他로 因해서 그런 것이 亦是 保護되어 왔지만 그러나 亦是 이것이 慣行的으로 한 個의 物權的인 性格을 띠어 왔던 것은 事實이올시다. 여기에다가 登記하는 길을 許容하고 그래서 所有權者에 對抗해[5면]서 우리는 이것을 保護할 必要가 있는 것입니다. 張暻根 議員께서 說

明하신 바와 같이 當事者의 自由意思에 依해서 가령 적은 房 한 間 얻어쓰고 있다든지 또는 큰 집을 얻어쓰고 있는 境遇라 하더라도 當事者間의 合意에 依해서 이것을 債權的인 保護를 받을 수 있는 境遇가 있고 또 物權的인 保護를 받을 수 있는 兩길을 더 넣는 것이 오히려 現實에 맞고 經濟的인 所有權보다 弱한 사람을 保護하는 길이라고 생각해서 저는 政府原案에 贊成하는 바이올시다.

　　○ 副議長(李在鶴)　:　金達鎬 議員 …

　　○ 金達鎬 議員 : 傳貰權을 새로 物權으로 新設하느냐 안하느냐 하는 問題에 對해서는 지금 國會에 나와 계시는 李仁 議員이라든지 本議員도 法典編纂委員會에서 여러 專門家와 같이 長時日 동안 檢討를 했던 것입니다. 그 論議한 內容으로 말하면 要約해서 말하면 지금 張 議員이 이 座席에서 紹介한 바와 같이 當事者의 意思에 좇아 가지고 債權的 그 性格을 띠우게 하려면 그렇게 해 두는 것이고 좀더 나아가서 強力한 物權的 保護를 받기 爲해서는 이와 같은 傳貰權이라고 하는 物權을 新設하는 것이 借家人 等으로 하여금 더 保護할 수 있다. 이와 같은 것을 우리는 豫見해 가지고 그래서 이것을 草案에 집어넣었던 것입니다.

　　그러하오니 萬若 傳貰權을 두면 도리어 賃借人을 保護하려는 데 어긋난 結果가 나온다는 생각은 어떻게 좀 잘못 생각하는 것이 아닌가 저는 이렇게 생각합니다.

　　萬若 그 契約 內容에 있어서 賃借契約 或은 傳貰契約 이런 것이 생기게 되는데 登記를 하//지 않고 傳貰契約을 해 가지고 그것이 物權으로서 成立이 못 된다 하는 境遇에도 그 때는 아마 賃借契約으로 解釋할 그런 餘裕가 있는 것입니다.

　　요전에 우리가 通過시킨 가령 … 그 契約 自體가 無效라고 認定될 境遇에도 無效行爲의 意味의 轉換이라고 하는 것이 이번 國會에서 通過된 것이고 하니 賃借人이 집을 빌릴려고 할 때 가령 物權的 手續을 하기 困難하다고 해서 그것을 안 한다고 하더라도 지금 玄 議員이 말씀하신 賃借人으로서의 權利는 保障이 되는 것입니다.

　　그렇기 때문에 賃借人과 賃貸人의 意思에 좇아 가지고 이것을 物權化할 具體的 必要가 있을 적에는 이 規定에 依해서 法의 保護를 받아라, 이것입니다. 그래서 우리 法典編纂委員會에서는 이 問題를 圍繞해서 相當한 議論이 많이 나왔지만 亦是 新設함으로써 이 條文을 新設함으로써 借家人의 權益을 保障할 수

있다. 이와 같은 結論을 내려서 이 條文을 넣은 것입니다. 그러니까 이것을 우리 國會에서 通過시켜야 될 것입니다.

　　○ 副議長(李在鶴) :　表決하겠습니다. […] 玄錫虎 議員의 修正案 傳貰權을 削除하자는 것입니다. […] (擧手 表決) 在席 102人, 可에 28票, 未決입니다. 兩次 未決로 玄錫虎 議員의 修正案은 廢棄됩니다. 이 削除하자는 것이 廢棄되었으니까 當然히 이것이 存置되어야 할 것입니다. (「그렇지 않아요」 하는 이 있음) 그렇지 않아요? 그러면 表決해 볼까요? (「表決해요」 하는 이 있음) 그러면 이것을 存置하는 것을 묻습니다. (擧手 表決) 在席 105人, 可에 63票, 否에 없습니다. 可決되었습니다

제303조 (傳貰權의內容) ①傳貰權者는傳貰金을支給하고他人의不動産을占有하여그不動産의用途에좇아使用, 收益할權利가있다
　　②農耕地는傳貰權의目的으로하지못한다

Ⅱ. 案　　　제290조

Ⅲ. 審議錄, 183면 상단 ~ 하단

　2. 現行法 및 判例, 學說　　本章의 規定은 全部 新設 條文이다.

　3. 外國 立法例　　① 中民 제911조　　典權이라稱함은典價를支拂하고他人의不動産을占有하여使用및收益하는//權利를말한다

　　② 滿民 제294조　　典權者는典價를支拂하여他人의不動産을占有하며또그用法에따라使用및收益하는權利를갖는다

　6. 審議經過　　제2항은 農地改革法上 當然한 規定이다(中民, 滿民에는 제2항의 規定이 없다).

　7. 結論 : 原案에 合意

제304조 (建物의傳貰權, 地上權, 賃借權에對한效力) ①他人의土地에있는建物에傳貰權을設定한때에는傳貰權의效力은그建物의所有를目的으로한地上權또는賃借權에미친다

②前項의境遇에傳貰權設定者는傳貰權者의同意없이地上權또는賃借權을消滅하게하는行爲를하지못한다

Ⅱ. 案 제291조

Ⅲ. 審議錄, 183면 하단 ~ 184면 상단

3. 外國 立法例 ① 獨民 제1031조 用益權者는土地의用益權과같이所有權의取得에關한제926조의規定에따라土地의從物위에用益權을取得한다

[184면] ② 滿民 제295조 他人의土地上에있는建築物에典權을設定할때는그效力은建築物의敷地의地上權또는賃借權에미친다

前項의境遇에있어서는典權設定者는典權者의同意없이는地上權을消滅시키며또는賃貸借를終了시킬수없다

7. 結 論 : 原案에 合意

제305조 (建物의傳貰權과法定地上權) ①垈地와建物이同一한所有者에屬한境遇에建物에傳貰權을設定한때에는그垈地所有權의特別承繼人은傳貰權設定者에對하여地上權을設定한것으로본다 그러나地料는當事者의請求에依하여法院이이를定한다

②前項의境遇에垈地所有者는他人에게그垈地를賃貸하거나이를目的으로한地上權또는傳貰權을設定하지못한다

Ⅱ. 案 제292조 垈地와建物이同一한所有者에屬하는境遇에建物에對하여傳貰權을設定한때에는그垈地所有權의特別承繼人에對하여도建物에對한傳貰權의效力이있다 [제2항은 "…垈地所有者및그特別承繼人은…"이라고 한다]

Ⅲ. 審議錄, 184면 상단 ~ 185면 상단

3. 外國 立法例 ① 滿民 제296조 // 建築物과그敷地가同一한所有者에屬한境遇에있어서建築物만에典權을設定한때에는典權設定者는以後그建築物과敷地와의所有者를달리하는境遇에關하여地上權을設定한것으로看做한다 但地代는當事者의請求에依하여法院이이를定한다 (草案 제1항)

② 滿民 제297조 前條의境遇에있어서는典權設定者는第3者에對하여建

築物의敷地에 地上權을 設定하거나또는이를 賃貸하지못한다 (草案 제2항)

6. 審議經過　　① 本條 제1항이 垈地의 承繼人에 對하여 傳貰權의 效力이 있다고만 規定하였고 地代 其他 法律關係를 明白히 하는 規定이 없는 點 ―

② 物權은 物件(本條에서는 建物)에 對하여만 미치는 것인데 本條와 같이 承繼人에 對하여 傳貰權의 效力이 있다고 規定하였음은 不適當하다는 點 ―

本條 제1항 「垈地所有者의 特別承繼人에 對하여도 建物에 對한 傳貰權의 效力이 있다」 함은 첫째로 建物에 對한 物權인 傳貰權이 土地所有者에게까지 그 效力이 미친다는 것은 立法의 文言上 不當할 뿐더러(차라리 土地所有者에 對하여 傳貰權으로써 對抗할 수 있다 라고 하는 것이 正確한 表現일 것이다) 垈地의 特別承繼人 卽 土地所有者는 間接的으로 傳貰建物의 存立을 忍容하면서 地代 其他 請求權도 없고 또 어떠한 法律關係로써 이러한 忍容을 하여야 하는 것인지 그 法律關係를 規律할 規準이 없으므로 建物所有者와 垈地所有者 間에 法定地上權을 認定함으로써 法律關係의 明確을 期하는 滿民 제296조의 立法態度가 오히려 妥當하다고 본다.

[185면] ③ 本條 제1항을 다음과 같이 修正하기로合意

「垈地와建物이同一한所有者에屬한境遇에建物에對하여傳貰權을設定한때에는그垈地所有權의特別承繼人은傳貰權設定者에對하여地上權을設定한것으로본다 그러나地料는當事者의請求에依하여法院이이를定한다」

(註) 草案 제356조는 現行法 제388조 法定地上權 規定을 改正하여 地上權 設定의 請求權을 認定한 데 不過하나 本條의 規定에는 地上權設定請求權만 認定한다면 傳貰權設定者가 이 請求權을 行使하지 않는 境遇에는 傳貰權者가 損害를 입는 結果를 招來하므로 當然히 地上權이 設定된 것으로 보는 것이 妥當하다.

④ 제2항에 關한 問題　　제1항에서 特別承繼人이 地上權을 設定한 것으로 看做하기로 修正하였으므로 제2항에서는 「特別承繼人」을 削除하여야 한다.

⑤ 제2항 中 「및그特別承繼人은」을 「는」으로 修正함에 合意.

7. 結論 : 前記 修正 外에 原案에 合意

Ⅳ. **법사위 수정안**　　(69) 제292조제1항中「그垈地所有權의特別承繼人에對하여도建物에對한傳貰權의效力이있다」를「그垈地所有權의特別承繼人은傳貰

權設定者에對하여地上權을設定한것으로본다　그러나地料는當事者의請求에
依하여法院이이를定한다」로修正하고제2항中「및　特別承繼人」을削除한다

Ⅷ.　**제2독회**, 속기록 제48호, 5면 하단

　　○　副議長(李在鶴)　:　[…]　제6장 이　傳貰權에는　法制司法委員會의　修正案
밖에 없습니다.　[…]　네, 그러면 제6장은 그대로　通過시키지요.　法制司法委員會
修正案대로　通過시킵니다.

제306조　（傳貰權의讓渡, 賃貸等）　傳貰權者는傳貰權을他人에게讓渡또는擔保
로提供할수있고그存續期間內에서그目的物을他人에게轉傳貰또는賃貸할수있
다　그러나設定行爲로이를禁止한때에는그러하지아니하다

Ⅱ.　**案**　　　제293조　[다만 그 본문은 "…讓渡또는擔保에提供할수있고…"라고
되어 있다]

Ⅲ.　**審議錄**, 185면 상단 ~ 하단

　　3.　外國 立法例　　①　中民 제915조 제1항　　典權存續中은典權者는典
物을他人에게轉典하거나또는賃貸할수있다　但契約에別般의約定이있거나또는別
般의慣習이있을때는그約定또는慣習에//依한다

　　②　中民 제917조　　典權者는典權을他人에게讓渡할수있다

　　　　前項의讓受人은典權設定者에對하여典權者와同一한權利를取得한다

　　③　滿民 제306조　　典權者는그權利의範圍內에있어서典物을他人에게轉典
할수있다　이境遇에있어서는轉典을하지않으면生하지않을不可抗力에因한損害에
關하여도또한그責任이있다

　　6.　審議經過　　①　滿民 제306조, 中民 제915조는 轉傳貰할 수 있음을 規
定하였는바 草案도 그 趣旨를 明白히 함이 可하다.

　　②　「他人에게」의 다음에 「轉傳貰또는」를 揷入한다.

　　③　「그러하지아니한다」를 「그러하지아니하다」로 字句修正.86)

───────────

86)　『민법안심의록』은 여기서도, 그리고 앞의 민법안 제246조(민법 제256조)에서도 민법안
　　이 거기에서 각기 "…그러하지아니한다"라고 되어 있음을 전제로 심의하고 있다. 그러나
　　[제3회 국회] 제26회 국회정기회의 속기록, 제42호(부록), 3면 이하에서 수록되어 있는 바

7. 結 論 : 前記 字句修正 外에 原案에 合意[87]

Ⅳ. **법사위 수정안**　　(70)　제293조中「他人에게」의다음에「轉傳貰또는」을揷入한다

Ⅷ. **제2독회**, 속기록 제48호, 5면 하단[88]

제307조 (傳貰權讓渡의效力) 傳貰權讓受人은傳貰權設定者에對하여傳貰權讓渡人과同一한權利義務가있다

Ⅱ. **案**　　제294조 [다만 제2항으로 "傳貰權의讓渡는讓渡人이傳貰權設定者에게通知하거나傳貰權設定者가이를承諾함이아니면이로써傳貰權設定者其他第3者에게對抗하지못한다"라고 되어 있다]

Ⅲ. **審議錄**, 185면 하단 ~ 186면 상단

[186면] 3. 外國 立法例　　① 中民 제917조 제2항　　前項의讓受人은典權設定者에對하여典權者와同一한權利를取得한다 (草案 제2항의 該當 規定은 없다).

② 現行 民法 제612조 參照

6. 審議經過　　① 本條의 物權은 登記하지 아니하면 效力이 生하지 아니하는데 草案 제2항은 意義가 없지 아니한가의 問題 — 傳貰權은 賃借權과 달라서 物權의 一種이므로 當然히 讓渡性과 賃貸性을 具有하는 것이며 이것을 草案은 明文으로 再確認한 데 不過한 것인바 그 讓渡는 登記함으로 效力이 生하는 것이며 이 外에 따로 對抗要件을 要求하지 않는 것이 本 草案의 立場이므로 本條 제2항에 現行法의 債權讓渡에 準하여 따로 對抗要件을 規定한 것은 物權과 債權의 讓渡의 差異를 看過한 것이고 妥當치 않다고 본다 (中民 滿民도 別途로

에 따르는 한, 이들은 모두 "…그러하지아니하다"라고 되어 있다.

87) 단서("그러나設定行爲로이를禁止한때에는그러하지아니하다")에 대하여, 지상권에 관한 민법안 제269조(민법 제282조)의 심의에서는 그러한 설정행위를 등기할 수 있는 방안이 없다는 이유로 이를 삭제한 바 있다. 앞의 510면 참조.

88) 전세권 규정에 대하여는 앞의 550면에서 보는 대로 법사위 수정안이 일괄하여 채택·통과되었다. 이하 민법 제319조까지 마찬가지이다. 아래에서는 이 점을 따로 지적하지 않기로 한다.

對抗要件을 規定치 않았다).

　② 제2항을 削除함에 合意

　7. 結 論 : 前記 修正 外에 原案에 合意

Ⅳ. **법사위 수정안**　　　(71) 제294조中제2항을削除한다

第308條 (轉傳貰等의境遇의責任) 傳貰權의目的物을轉傳貰또는賃貸한境遇에 는傳貰權者는轉傳貰또는賃貸하지아니하였으면免할수있는不可抗力으로因한 損害에對하여그責任을負擔한다

Ⅱ. **案**　　　第295條 傳貰權의目的物을賃貸한境遇에는傳貰權者는賃貸하지아니 하였으면免할수있는不可抗力으로因한損害에對하여도그責任을負擔한다

Ⅲ. **審議錄**, 186면 상단 ~ 하단

　// 3. 外國 立法例　　① 中民 제916조　　典權者는典物이轉典또는賃貸 에因하여받은損害에對하여賠償의責任을진다

　② 滿民 제306조 後段　　草案 제293조 外國 立法例 參照.

　③ 現行法 제348조 參照

　6. 審議經過　　「目的物을」과「傳貰權者는」의 다음에 各各「轉傳貰또는」 을 挿入한다로 修正.

　7. 結 論 : 前記 修正 外에 原案에 合意

Ⅳ. **법사위 수정안**　　　(72) 제295조中「目的物을」과「傳貰權者는」다음에「轉傳 貰또는」을各挿入한다

** 목적물 양도시 전세권설정자의 통지의무 및 전세권자의 매수청구권에 관한 민법안 제296조

Ⅱ. **案**　　　제296조 傳貰權設定者가그目的物을他人에게讓渡할境遇에는미리傳 貰權者에게通知하여야한다

　　　前項의境遇에傳貰權者가相當한期間內에同一한價額으로買受할것을要請

한때에는傳貰權設定者는正當한理由없이이를拒絶하지못한다

Ⅲ. **審議錄**, 186면 하단 ~ 187면 하단

[187면] 3. 外國 立法例   ① 中民 제919조   典權設定者가典物의所有權을他人에게讓渡하는境遇에있어典權者가同一한價額을提供하여買取할것을申出한때는典權設定者는正當한理由없이이를拒絶할수없다

② 滿民 제311조   제204조제205조제268조乃至제274조의規定은典權에이를準用한다

③ 滿民 제268조 (準用)   地上權設定者가地上權의目的인土地에關하여第3者와賣買契約을締結하였을境遇에地上權者가스스로이를買收할것을請求하였을때에는地上權設定者는正當한理由없이이를拒絶할수없다

6. 審議經過   ① 제1항의 意義 如何 — 제1항을 設한 것은 제2항의 買收請求權 行使의 機會를 주기 爲함인바 이 通知義務에 違反한 境遇에는 損害賠償義務가 있는 것을 밝힌 結果가 된다.

② 全文 削除함이 妥當하다

張暻根[89] — 그러나 傳貰權은 物權的 效力이 있으므로 그 目的物이 他人에//게 讓渡되더라도 傳貰權도 그대로 進[追]及하여 效力을 持續하므로 本條는 不必要하다. 또 滿民이 本條와 같은 買收請求權의 規定을 가진 것은 地上權에 關하여 同一한 趣旨의 規定을 가졌으므로 均衡上 그렇게 한 것이며 本 草案에서는 地上權에 關하여 이러한 買收請求權을 規定하지 아니하였으므로 傳貰權者에만 이러한 買收請求權을 認定할 理由는 더욱 없다.

7. 結 論 : 全文 削除키로 合意

Ⅳ. **법사위 수정안**   (73) 제296조를 全文削除한다

제309조 (傳貰權者의維持, 修繕義務) 傳貰權者는目的物의現狀을維持하고그通常의管理에屬한修繕을하여야한다

Ⅱ. **案**   제297조 [다만 "…그通常管理에屬한修繕을…"라고 한다]

---

89) '민법안심의소위원회'의 위원이 『심의록』에서 그 實名을 드러낸 극히 드문 예이다.

Ⅲ. **審議錄**, 187면 하단 ~ 188면 상단

　　3. 外國 立法例　　① 獨民 제1041조　　用益權者는物件의經營上의現狀으로서그를保存하여야한다　修繕및改作은物件의通常의保存에屬하는限度에있어서만이를하여야한다

　　② 瑞民 제755조　　用益權者는物의占有使用및收益을할權利를갖는다

　　　　用益權者는物을管理한다

　　　　用益權者는그權利를行使함에있어善良한管理者의注意를하여야한다

　　③ 滿民 제298조　　典權者는管理의費用을支拂하고그其他不動産의負擔을맡는다

　　　　(草案 제299조, 제612조, 제60조, 제5조 參照)

　　　　(現行法 제103조 1항, 606조, 제608조 參照) [188면]

　　6. 審議經過　　通常管理 ─ 保存行爲보다 若干 범위가 넓은 것으로서 妥當하다(獨民 제104조 1[제1041조], 現行法 제1033조[대리인의 권한에 관한 의용민법 제103조] 1호 2호 參照)

　　7. 結 論 : 原案에 合意

** 목적물의 관리비용 등 부담에 관한 민법안 제298조

Ⅱ. **案**　　제298조 傳貰權者는그目的物의管理費用및公課金을負擔한다

Ⅲ. **審議錄**, 188면 상단 ~ 하단

　　3. 外國 立法例　　① 滿民 제298조　　草案 제297조 外國 立法例 參照

　　6. 審議經過　　① 公課金에 關하여 地上權의 境遇와의 均衡問題 ─ 土地를 地上權의 目的物로 한 境遇와 傳貰의 目的物로 한 境遇를 比較하여 보면(建物을 所有하기 爲하여는 地上權을 設定할 수도 있고 傳//貰權을 設定할 수도 있다) 前者에 있어서는 公課金이 地上權設定者의 負擔으로 되어 있는 데 反하여(草案 제273조) 後者에 있어서는 草案 本條에 依하여 傳貰權者의 負擔으로 되어 있는 것이 그 均衡을 失한 것이 아닌가 疑問이 不無하다.

　　　　大槪의 境遇에는 傳貰에 있어서 그 使用의 密度가 弱할 것을 理由로 할

지 모르나 前記 例와 如히 建物 所有를 目的으로 하는 境遇는 兩者의 使用密度
가 同一할 뿐더러 傳貰에 있어서는 普通 短期임에 比하여 地上權에 있어서는
比較的 長期인 點을 考慮할 때에는 도로혀 傳貰에 있어서만 公課金을 傳貰權者
이 負擔하는 理由를 理解하기 困難하다. 傳貰에 關한 現行 慣習을 勘案할 때 傳
貰權者가 家屋稅 等 目的物에 對한 公課金을 내는 例는 稀少한 것 같으며 따라
서 傳貰金도 이것을 前提로 하여 定하는 것 같다. 뿐만 아니라 國家에 對한 關
係에 있어서는 傳貰權設定者가 이를 納付하고 傳貰權者로부터 求償하는 形式이
되는 것이며 또 傳貰期間과 公課金의 賦課期間이 合致되지 않을 때의 傳貰期間
에 該當하는 公課金額의 算出의 煩雜性 等을 考慮하더라도 公課金을 傳貰權者
에게 負擔시키는 것은 法律關係를 錯雜化시키는 結果를 招來한다.

　　　또 本條의 管理費用에 關하여서는 이미 前條에서 維持 및 通常管理에
屬한 修繕義務를 傳貰權者에게 賦課하고 있으므로 따라서 傳貰權者가 保存 및
通常管理 費用을 負擔할 것은 當然한 理致이므로 本條에서 다시 이를 規定함은
重複을 犯하는 것이 될 뿐더러 前條에서는「通常 管理」로 되어 있고 本條에서
는「管理」로 되어 있는 關係로 그 負擔의 範圍에 있어서 兩條가 相異되는 感을
주므로 이에 關한 本條 規定은 削除함이 可하다.

　　② 本條를 削除하기로 合意

　　7. 結 論 : 本條는 削除키로 合意

Ⅳ. **법사위 수정안**　　　(74) 제298조를 全文削除한다

제310조 (傳貰權者의償還請求權) ①傳貰權者가目的物을改良하기爲하여支出
한金額其他有益費에關하여는그價額의增加가現存한境遇에限하여所有者의選
擇에좇아그支出額이나增加額의償還을請求할수있다

　　②前項의境遇에法院은所有者의請求에依하여相當한償還期間을許與할수
있다

Ⅱ. **案**　　　제299조 [다만 제1항은 "傳貰權者가目的物의保存,改良에關하여有
益費를支出한때에는…"라고 한다]

Ⅲ. **審議錄**, 188면 하단 ~ 189면 하단

[189면] 3. 外國 立法例 ① 獨民 제1049조 用益權者가支出義務없는費用을物件에對하여加하였을때에는所有者는事務管理의規定에따라서償還의責任을진다

用益權者는自己가物件에設置한設備를收去할수있다

② 獨民 제682조 乃至 제684조 參照

③ 中民 제927조 典權者가有益費用을支拂함에因하여典物의價格을增加시키거나또는제921조의規定에依하여再築또는修繕한때는典物請求時에現存한利益의限度內에있어서償還을請求할수있다

④ 滿民 제309조 典權者가典物에關한有益費를支出한때는그價格의增加한現存한境遇에있어典權設定者의選擇에따라그消費한金額또는增加額을償還시킬수있다 但法院은典權設定者의請求에依하여이에相當한期限을許與할수있다

// 6. 審議經過 ①「保存改良에 關하여」의 問題 保存費用에 關하여서는 이미 草案 제297조에 依하여 傳貰權者의 負擔으로 되어 있으므로 本條는 이와 抵觸이 된다. 따라서 占有에 關한 草案 제192조 제2항과 같이 改良에 關한 有益費라고 規定함이 解釋上 異議를 남길 憂慮가 없다.

②「目的物의保存,改良에關하여 有益費를支出한때에는그價格」을 「目的物을改良하기爲하여支出한金額其他有益費에關하여는그價額」으로 修正키로 合意.

7. 結 論 : 前記 修正 外에 原案에 合意

Ⅳ. **법사위 수정안** (75) 제299조제1항中「目的物의保存,改良에關하여有益費를支出한때에는그價格의增加가」를「目的物을改良하기爲하여支出한金額其他有益費에關하여는그價額의增加가」로修正한다

제311조 (傳貰權의消滅請求) ①傳貰權者가傳貰權設定契約또는그目的物의性質에依하여定하여진用法으로이를使用,收益하지아니한境遇에는傳貰權設定者는傳貰權의消滅을請求할수있다

②前項의境遇에는傳貰權設定者는傳貰權者에對하여原狀回復또는損害賠償을請求할수있다

Ⅱ. **案** 제300조 傳貰權者가그目的物의用途를變更하거나그管理에關한注意

를懈怠함으로因하여目的物의現狀에顯著한毀損을加한때에는傳貰權設定者는 傳貰權의消滅을請求할수있다　[제2항은 민법과 같다]

Ⅲ. **審議錄**, 189면 하단 ~ 190면 상단

2. 現行法 및 判例, 學說　　現行法 제594조 參照 (草案 제606조, 제597 조 參照)

3. 外國 立法例　　① 獨民 제1050조　　用益權의通常行使로因하여物件 의變更또는毀損에關하여는用益權者는그責任을지지않는다

② 中民 제922조　　典權存續中典權者의過失에因하여典物의全部또는一部 의滅失을이룬때는[190면]典權者는典價의限度內에있어서그責任을진다

但故意로또는重大한過失에因하여滅失을이룬때는典價로써損害의賠償에 充當하는外萬若不足이있으면이도賠償하여야한다

③ 草案 제599조, 제606조 參照

6. 審議經過　　① 草案은 契約不履行의 一部의 境遇만을 規定하였고 「顯著한」이라는 不適當한 用語가 使用되고 있으므로 草案 제599조의 體制를 參酌하여 修正함이 可하다.

② 제1항을 다음과 같이 修正한다.

「傳貰權者가傳貰權設定契約또는그目的物의性質에依하여定하여진用法으 로이를使用收益하지아니한境遇에는傳貰權設定者는傳貰權의消滅을請求할수 있다」.

7. 結論 : 前記 修正案에 合意

Ⅳ. **법사위 수정안**　　(76) 제300조제1항을다음과같이修正한다. [그 내용은 Ⅲ. 6. ②]

제312조 (傳貰權의存續期間) ①傳貰權의存續期間은10年을넘지못한다 當事 者의約定期間이10年을넘는때에는이를10年으로短縮한다

②傳貰權의設定은이를更新할수있다　그期間은更新한날로부터10年을넘지 못한다

Ⅱ. **案**　　제301조

Ⅲ. **審議錄**, 190면 상단 ~ 하단

　3. 外國 立法例　　① 中民 제912조　　典權의設定期限은30年을넘지못한다 30年을넘을때는短縮하여30年으로한다

　　② 滿民 제299조　　典權의期間은3年以上30年以下로한다 그期間이3年未滿인것은이를3年으로伸長하며30年을超過한것은이를30年으로短縮한다

　7. 結 論 : 原案에 合意

제313조 （傳貰權의消滅通告） 傳貰權의存續期間을約定하지아니한때에는各當事者는언제든지相對方에對하여傳貰權의消滅을通告할수있고相對方이이通告를받은날로부터6月이經過하면傳貰權은消滅한다

Ⅱ. **案**　　제302조

Ⅲ. **審議錄**, 190면 하단 ~ 191면 상단

　3. 外國 立法例　　① 中民 제924조　　典權에關하여期限을定하지않을때는典權設定者는언제든지原典價로써典[191면]物을請戻할수있다　但典權設定後30年을經過하여도請戻하지않을때는典權者는直時典物의所有權을取得한다

　　② 滿民 제301조　　典權이期間의定함이없는때典權設定者는典權設定後3年을經過한後언제든지典價를提供하여典物의請戻를請求할수있다

　　　前項의請戻請求權은典權設定時부터30年을經過한 때는消滅한다

　　　[기간 약정 없는 임대차계약의 존속기간에 관한] 草案 제624조 參照

　7. 結 論 : 原案에 合意

제314조 （不可抗力으로因한滅失） ①傳貰權의目的物의全部또는一部가不可抗力으로因하여滅失된때에는그滅失된部分의傳貰權은消滅한다

　　②前項의一部滅失의境遇에傳貰權者가그殘存部分으로傳貰權의目的을達成할수없는때에는傳貰權設定者에對하여傳貰權全部의消滅을通告하고傳貰金의返還을請求할수있다

Ⅱ. **案**   제303조 [다만 제2항은 "前項一部滅失의境遇에傳貰權者가그現存部
　　　分으로…"라고 한다]

Ⅲ. **審議錄**, 191면 상단 ~ 하단

　 // 3. 外國 立法例   ① 中民 제920조   典權存續中典物이不可抗力
에因하여全部또는一部의滅失이되었을때는그滅失한部分에關하여典權이나請戻權
은모두消滅한다

　　② 滿民 제307조   典權의一部가滅失한境遇에있어典權設定者가殘存部分
의請戻를請求할때는그滅失한部分의價格의比率에따라減額한典價를提供함으로써
足하다

　　6. 審議經過   제3항 中「現存部分」을「殘存部分」으로 字句修正(草案
제616조 제2항 參照).

　　7. 結 論 : 前記 字句修正 外에 原案에 合意

Ⅳ. **법사위 수정안**   (77) 제303조제2항中「現存部分」을「殘存部分」으로修正
　　한다

제315조 (傳貰權者의損害賠償責任) ①傳貰權의目的物全部또는一部가傳貰權
　者에責任있는事由로因하여滅失된때에는傳貰權者는損害를賠償할責任이있다
　　②前項의境遇에傳貰權設定者는傳貰權者에對하여傳貰權이消滅한後傳貰金
　으로써損害의賠償에充當하고剩餘가있으면返還하여야하며不足이있으면다시
　請求할수있다

Ⅱ. **案**   제304조 [다만 민법 제315조 제1항의 '손해'는 여기서 '一切의損
　　　害'로, 제2항의 '傳貰權이消滅한後'는 여기서 '傳貰權의消滅을通告한後'로
　　　되어 있다]

Ⅲ. **審議錄**, 191면 하단 ~ 192면 상단

　　[192면] 3. 外國 立法例   ① 中民 제922조   典權存續中典權者의過
失에因하여典物의全部또는一部의滅失을이룬때는典權者는典價額의限度內에있어

서그責任을진다 但故意로또는重大한過失에因하여滅失을이룬때는典價로써損害
의賠償에充當하는外萬若不足이있으면이도賠償하여야한다

　　6. 審議經過　　①「一切의」는 損害賠償義務의 範圍에 關하여 一般의 境
遇보다 加重하는 듯한 誤解를 일으킬 憂慮 있다.「一切의」를 削除한다

　　② 제2항 中「傳貰權者에對하여傳貰權의消滅을通告한後」를「傳貰權이消滅
된後」로 修正한다.

　　─理由─　　　　草案의 規定대로 하면 제1항의 全部滅失의 境遇에도 消滅通
告를 하여야 한다는 誤解를 招來한다.

　　7. 結 論 : 前記 修正 外에 原案에 合意

Ⅳ. **법사위 수정안**　　　(78) 제304조제1항中「一切의」를削除하고제2항中「傳貰
　　權者에對하여傳貰權의消滅을通告한後」를「傳貰權이消滅된後」로修正한다

** 유전세계약의 금지에 관한 민법안 제305조

Ⅱ. **案**　　　제305조 傳貰權滿期前의契約으로傳貰金의返還에가름하여傳貰權者
　　에게傳貰權目的物의所有權을取得하게하거나競賣以外의方法으로그目的物을
　　處分하게하지못한다 同一한目的物에他人의物權이設定된境遇에는傳貰權의
　　滿期後에도前段과같다

Ⅲ. **審議錄**, 192면 상단 ～ 하단
　　3. 外國 立法例　　　草案 제328조(流質契約의 禁止) 立法例 參照
　　6. 審議經過　　　傳貰權者가 經濟的 弱者이고 그 設定者가 强者인 것이 實
情이므로 强者 保護 規定을 設定할 必要가 없으므로 削除함이 可하다
　　7. 結 論 : 全文 削除키로 合意

Ⅳ. **법사위 수정안**　　　(79) 제305조를全文削除한다

제316조 (原狀回復義務,買受請求權) ①傳貰權이그存續期間의滿了로因하여
　　消滅한때에는傳貰權者는그目的物을原狀에回復하여야하며그目的物에附屬시
　　킨物件은收去할수있다 그러나傳貰權設定者가그附屬物件의買受를請求한때

에는 傳貰權者는 正當한 理由없이 拒絶하지못한다

　②前項의 境遇에 그 附屬物件이 傳貰權設定者의 同意를 얻어 附屬시킨것인때에는 傳貰權者는 傳貰權設定者에 對하여 그 附屬物件의 買受를 請求할수있다 그 附屬物件이 傳貰權設定者로부터 買受한것인때에도같다

Ⅱ. 案　　제306조 [다만 여기서는 민법 제316조 제1항 단서 및 제2항 전단의 '買受'가 '買取'로 되어 있다. 제2항 후단에는 그대로 '買受'이다]

Ⅲ. 審議錄, 192면 하단 ~ 193면 상단

　[193면]　6. 審議經過　　① 草案 제256조, 제270조, 제272조에 비추어 本條 中 제1항 [단서], 제2항 [전단] 「買取」를 各 「買受」로 字句修正.[90]

　7. 結論 : 字句修正 外에 原案에 合意

제317조 (傳貰權의消滅과同時履行) 傳貰權이 消滅한때에는 傳貰權設定者는 傳貰權者로부터 그 目的物의 引渡 및 傳貰權設定登記의 抹消登記에 必要한 書類의 交付를 받는 同時에 傳貰金을 返還하여야한다

Ⅱ. 案　　제307조

Ⅲ. 審議錄, 193면 상단 ~ 하단

　// 7. 結論 : 原案에 合意

제318조 (傳貰權者의競賣請求權) 傳貰權設定者가 傳貰金의 返還을 遲滯한때에는 傳貰權者는 競賣法의 定한바에 依하여 傳貰權의 目的物의 競賣를 請求할수있다

Ⅱ. 案　　제308조

　傳貰權設定者가 傳貰金의 返還을 遲滯한때에는 傳貰權者는 競賣法의 定한바에 依하여 傳貰權目的物의 競賣를 請求할수있다

Ⅲ. 審議錄, 193면 하단

---

90) '買取'를 '買受'로 修正하는 문제에 대하여는 앞의 491면, 513면 등도 참조.

6. 審議經過   本條는 傳貰權 新設의 特徵인 것으로 原案은 妥當하다.

7. 結 論 : 原案에 合意

제319조 (準用規定) 제213조, 제214조, 제216조乃至제244조의規定은傳貰權者間또는傳貰權者와隣地所有者및地上權者間에이를準用한다

Ⅱ. 案   제309조

Ⅲ. 審議錄, 193면 하단 ~ 194면 상단

[194면] 3. 外國 立法例   ① 滿民 제311조   제204조, 제205조, 제268조乃至제274조의規定은典權에이를準用한다

7. 結 論 : 原案에 合意

제7장   留置權

제320조 (留置權의內容) ①他人의物件또는有價證券을占有한者는그物件이나有價證券에關하여생긴[91]債權이辨濟期에있는境遇에는辨濟를받을때까지그物件또는有價證券을留置할權利가있다

②前項의規定은그占有가不法行爲로因한境遇에適用하지아니한다

Ⅰ. 法編委   1. 의사록   제10회 [1949년] 5월 14일 於大法院會議室

○ 姜柄順 起草委員   제9. 留置權

(1) 有價證券에 對하여도 有體物에 있어서와 같이 留置權의 成立을 認定할 것 […]

原案대로 可決하다

2. 編纂要綱   物權法要綱   9. 留置權   [내용은 1.의 (1)]

Ⅱ. 案   제310조   [다만 제1항은 3차례에 걸쳐 "…有價證券또는其他物件…"이라고 한다]

---

91) 법사위 수정안에서의 '生긴'은 후의 조문정리과정에서 수정된 듯하다.

Ⅲ. **審議錄**, 194면 상단 ~ 195면 상단

// 2. **現行法 및 判例, 學說**   現行法 제295조와 同一趣旨이나 草案은 有價證券을 追加하였다.

3. **外國 立法例**   ① 獨民 제273조   債務者가그債務의原因과同一의 法律關係에依하여債權者에對하여이미辨濟期에達한請求權을가지는境遇에있어서 債務關係로別段의結果를發生치않은限債務者는自己에돌아갈給付를받을때까지는 그負擔하는給付를할것을拒絶할수있다―留置權

目的物을引渡하여야할債務를지는者가그目的物에加한費用또는目的物로 發生한損害에對하여이미辨濟期에達한請求權을갖는때亦是같다   但債務者가故意 로加한不法行爲로因하여그目的物을取得한때는그렇지않다

債務者는擔保를提供하여留置權의行使를除斥할수있다   擔保證人으로因한 擔保의提供은이를許容치않는다

② 中民 제928조   債權者가그債務者에屬하는動産을占有하는境遇에左記 各號의要件을具備하는때는辨濟를받지않는동안이를留置할수있다

1. 債權이이미辨濟期에이르렀을때
2. 債權의發生이該動産과牽聯關係를가진것
3. 그動産이不法行爲로占有된것이아닌때

③ 滿民 제312조   他人의物件또는有價證券占有者가그物件또는有價證券 에關하여生긴債權을가진때는그債權의辨濟를받을때까지그物件또는有價證券을留 置할수있다   但그債權이辨濟期에있지않는때는그렇지않다

前項의規定은占有가不法行爲로始作된境遇에는이를適用하지않는다

[195면] 6. **審議經過**   ①「有價證券또는其他物件」에 關한 問題 ― 無記 名債權은 動産으로 보고 物件으로 取扱할 수 있으나 其他 有價證券은 반드시 物件의 槪念에 包含되는 것이 아니므로 本條에서「有價證券또는其他物件」이라 함은 不正確하다.

② 債權과의 牽聯關係를 더 明白히 하기 爲하여「그有價證券이나其他物件 에關한債權」을「그物件이나有價證券에關하여生긴債權」이라고 修正함이 可하다.

③ 제1항을 다음과 같이 修正한다   「他人의物件또는有價證券을占有한 者는그物件이나有價證券에關하여生긴債權이辨濟期에있는境遇에는辨濟를받을때

까지그物件또는有價證券을留置할權利가있다」

　　7. 結　論 : 前記　修正案에　合意

Ⅳ. 법사위 수정안　　(80)　제310조제1항을다음과같이修正한다 [그 내용은 Ⅲ. 6. ③]

Ⅴ. 意見書, 116면 ~ 117면 (金曾漢)

　　[73] 留置權의 目的物을 草案은 「他人의 有價證券 또는 其他 物件」이라고 하고, 修正案은 「他人의 物件 또는 有價證券」이라고 하였으나, 單純히 「他人의 物件」이라고 함이 可하다.

　　[이 유]　　草案의 用語法은 有價證券도 物件이라 함을 前提로 한 것이고, 修正案의 用語法은 有價證券은 物件이 아니라 함을 前提로 한 것이다. 생각컨대 有價證券이라는 證券 自體는 物件임에 틀림없으나, 다만 그것이 어떤 權利를 化體하고 있어서 그 權利의 移轉·行使가 證券의 占有와 結合되어 있다는 點에 特異한 點이 있는 것이다. 有價證券을 留置하는 境遇에는 有價證券이라는 物件을 留置함으로써 有價證券의 性質上 그 權利의 移轉·行使가 抑止 當하는 것이다. 따라서 留置權의 目的物은 證券이라[117면]는 物件이고, 그 權利의 移轉·行使를 抑止 當하는 것은 그 附隨的 結果라고 할 수 있다. 그렇다면 有價證券을 物件이 아닌 것으로 보고 있는 修正案의 用語法은 穩當치 않으며, 또 草案과 같이 特別히 「有價證券 또는 其他」라고 하지 않더라도, 卽 單純히 「物件」이라고만 하더라도 有價證券도 包含될 수 있는 것이다. 或是 有價證券의 特異性 때문에 그것이 留置權의 目的物이 될 수 있느냐에 關하여 論議될 餘地가 있다면, 오히려 그 問題는 解釋에 一任하는 것이 妥當할 것이다.

Ⅷ. 제2독회, 속기록 제48호, 5면 하단 ~ 6면 상단

　　○ 法制司法委員長 代理(張暻根) :　[민법안 제310조 및 법사위 수정안 (80) 낭독] 그 草案의 文句는 마치 有價證券이 全部 動産의 範疇에 들어가는 것 같은 印象을 주게 됩니다. 그래서 이것을 文句를 고쳐서 「物件또는有價證券」 이런 式으로 고치자는 것입니다. 또 그 다음에 「證券에關한債權」이라고 하면 [6면] 不分明합니다. 「證券에 關하여 생긴 債權」으로 이렇게 槪念을 명확히 하기 위해서 字句修正하자는 것입니다.

제321조 (留置權의 不可分性) 留置權者는 債權全部의 辨濟를받을때까지留置物 全部에對하여그權利를行使할수있다

Ⅱ. **案**　　제311조

Ⅲ. **審議錄**, 195면 상단 ~ 하단

　2. 現行法 및 判例, 學說　　現行法 제296조와 同一하다.

　3. 外國 立法例　　① 中民 제932조　　債權者는그債權에對하여全部辨濟를받지않는동안은留置物件의全部에對하여그留置權을行使할수있다

　② 滿民 제313조　　草案과 同一하다 //

// 7. 結論 : 原案에 合意

제322조 (競賣, 簡易辨濟充當) ①留置權者는 債權의辨濟를받기爲하여留置物을競賣할수있다

　②正當한理由있는때에는留置權者는鑑定人의評價에依하여留置物로直接辨濟에充當할것을法院에請求할수있다　이境遇에는留置權者는미리債務者에게通知하여야한다

Ⅴ. **意見書**, 117면 (金曾漢)

　[74] 草案은 留置權者에게 競賣權을 認定하지 않았으나, 이를 認定함이 可하다.

　[이 유]　　草案은 質權과 抵當權에 關하여는 競賣權을 明文으로 規定하였으나(案 327조 1항, 案 353조 1항) 留置權에 關하여는 이것을 規定하지 않는 것으로 보아, 留置權者에게는 競賣權을 認定하지 않으려는 趣旨로 解釋된다. 現行法에 있어서도 留置權者가 競賣權을 가지느냐의 與否에 關하여는 論議가 있는 바이지만, 大多數의 說은 이것을 肯定한다. 그 理由는 留置權者가 오래 修繕代金이나 運送賃의 辨濟를 받지 못하는 境遇에도 單只 留置할 수 있음에 不過하다고 하는 것은 不便할 뿐만 아니라 目的物이 長期의 保管에 不適한 境遇에도 競賣權을 認定하지 않는 것은 不當하기 때문이다. 같은 理由로, 民法 草案이 質權과 抵當權에 關하여 競賣權을 明定한다면 留置權에 關하여도 이것을 明定

함이 可하다고 생각한다.

Ⅶ. 현석호 수정안92)　　(20) 제311조다음에다음의條文을新設한다

제○조 留置權者는債權의辨濟를받기爲하여留置物을競賣할수있다

正當한理由있는때에는留置權者의鑑定人의評價에依하여○○質物로直接辨濟에充當할것을法院에請求할수있다 이○○境遇에는留置權者는미리債務者에게通知하여야한다

Ⅷ. 제2독회, 속기록 제48호, 6면 상단 ~ 하단

○ 法制司法委員長 代理(張暻根)： [민법안 제311조 및 현석호 수정안 (20) 낭독] 이것 草案에는 이런 條文이 없는데 그것은 理由가 競賣法에 있습니다. 競賣法에 의하면 留置權者가 그 留置物을 競賣할 수 있다 하는 것입니다. 그러나 이것을 民法 自體에다 規定하는 것이 좋다 하는 趣旨에서 玄錫虎 議員이 修正案을 낸 것입니다.

法制司法委員會에서는 競賣法에도 있으니까 結果에는 競賣할 수 있으니까 마찬가지라고 草案의 立場을 支持했습니다마는 이 民法 自體에 規定하는 것이 事實上은 옳습니다. 또 抵當權이나 이런 데 대해서도 抵當權者가 競賣를 請求할 수 있다 하는 것도 民法 自體에 規定하면서 留置權者에게는 競賣할수 있다 하는 것을 民法에 規定 안 하고 競賣法에만 맡겼다는 것보다는 // 이 玄錫虎 議員 修正案대로 하는 것이 形式上 알맞습니다. 그렇기 때문에 法制司法委員會로서는 구태여 玄錫虎 議員의 이 修正案에 대해서 反對하지 않습니다.

제323조 (果實收取權) ①留置權者는留置物의果實을收取하여다른債權보다먼저그債權의辨濟에充當할수있다 그러나果實이金錢이아닌때에는競賣하여야한다

②果實은먼저債權의利子에充當하고그剩餘가있으면元本에充當한다

Ⅰ. 法編委　　1. 의사록　　제10회 (1949년) 5월 14일 於大法院會議室

物權法要綱　　○ 姜柄順 起草委員　　제9. 留置權 […]

---

92) 민법을 공포하는 관보에는, 현석호 수정안 (20)에 있던 제2항의 '○○質物'은 '留置物'로 수정되었고, '이○○境遇'의 ○○ 부분은 나와 있지 않다.

(2) 留置權者에게 留置物의 果實에 對한 競賣請求權을 認定할 것

原案대로 可決하다

2. 編纂要綱   物權法要綱   9. 留置權 [내용은 위 1.의 (2)]

Ⅱ. 案   제312조

Ⅲ. 審議錄, 195면 下段 ~ 196면 上段

2. 現行法 및 判例, 學說   現行法 제297조와 同一하나 제1항 中 但書는 新設 條項이다.

3. 外國 立法例   ① 中民 제935조   債權者는留置物件에서生기는果實을收得하여그債權의辨濟에充當할수있다

② 滿民 제314조   草案과 同一하다.

[196면] 6. 審議經過   제1항 但書는 現行法에는 그 規定이 없으나 從來 學說上 認定되던 것으로 草案 規定은 妥當하다.

7. 結 論 : 原案에 合意

제324조 (留置權者의善管義務) ①留置權者는善良한管理者의注意로留置物을 占有하여야한다

②留置權者는債務者의承諾없이留置物의使用,貸與또는擔保提供을하지못한다 그러나留置物의保存에必要한使用은그러하지아니하다

③留置權者가前2항의規定에違反한때에는債務者는留置權의消滅을請求할 수 있다

Ⅱ. 案   제313조

Ⅲ. 審議錄, 196면 上段 ~ 下段

2. 現行法 및 判例, 學說   現行法 제298조와 同旨이다.

3. 外國 立法例   ① 瑞民 제896조(後段)   債權者가引受한義務또는物件의引渡前또는引渡할때債務者가한指定또는公共秩序에衝突하는境遇에留置權을行使할수없다

② 中民   제933조   債權者는善良한管理者의主意로留置物을保管하여야

한다

③ 滿民 제315조   草案과 同一하다.

// 7. 結 論 : 原案에 合意

제325조 (留置權者의償還請求權) ①留置權者가留置物에關하여必要費를支出
한때에는所有者에게그償還을請求할수있다

　②留置權者가留置物에關하여有益費를支出한때에는그價額의增加가現存한
境遇에限하여所有者의選擇에좇아그支出한金額이나增加額의償還을請求할수
있다 그러나法院은所有者의請求에依하여相當한償還期間을許與할수있다

Ⅱ. 案   제314조 [다만 제2항 본문은 "…그價格의增加가…償還하게할수있
　　다"라고 한다]

Ⅲ. 審議錄, 196면 하단 ~ 197면 상단

　2. 現行法 및 判例, 學說   現行法 제299조와 同一하다.

　3. 外國 立法例   ① 獨民 제273조(제2항)   目的物을引渡하여야할債
務를지는者가그目的物에加한費用또는目的物로發生한損害에對하여이미辨濟期에
達한請求權을갖는때亦是같다 但債務者가故意로加한不法行爲로因하여그目的物
을取得한때는그렇지않다

　　② 中民 제934조   債權者가留置物件을保管하기爲하여支拂한必要費는그
物件의所有者에對하여償還請求을할수있다

　③ 滿民 제316조   草案과 同一하다.

　[196면] 6. 審議經過   草案 제299조의 體制에 비추어

　① 제2항 中「價格」을「價額」으로 修正.

　② 제2항 中「을償還하게할수있다」를「을償還을請求할수있다」로 字句修正.

　7. 結 論 : 修正案대로 合意

Ⅳ. 법사위 수정안   (81) 제34조제2항中「價格」을「價額」으로「增加額을償還
　　하게할수있다」를「增加額의償還을請求할수있다」로修正한다

Ⅷ. 제2독회, 속기록 제48호, 6면 중단

○ 法制司法委員長 代理(張暻根) : [민법안 제314조 및 법사위 수정안 (81) 낭독] 이렇게 字句修正을 하자는 것입니다. 이것은 이 草案의 192조 299조 를 보면 이런 경우에 「價格」이라 안 하고 「價額」이라는 正確한 文句를 썼습니다. 어떤 條文에 있어서는 꼭 같은 內容을 價格이라 하고 어떤 條文에서는 「價額」이 라 하고 … 그래서는 안 될 테니까 이것을 다 「價額」으로써 고치자는 것입니다. 또 그 다음 字句修正도 192조 299조와 같은 用語를 쓰자는 것이올시다.

제326조 (被擔保債權의消滅時效) 留置權의行使는債權의消滅時效의進行에影響을미치지아니한다

Ⅱ. 案　　　제315조

Ⅲ. 審議錄, 197면 상단 ~ 하단

　　2. 現行法 및 判例, 學說　　　現行法 제300조와 同一하다.

　　3. 外國 立法例　　① 滿民 제317조　　　草案과 同一하다.

　　7. 結 論 : 原案에 合意

제327조 (他擔保提供과留置權消滅) 債務者는相當한擔保를提供하고留置權의消滅을請求할수있다

Ⅱ. 案　　　제316조

Ⅲ. 審議錄, 197면 하단 ~ 198면 상단

　　2. 現行法 및 判例, 學說　　　現行法 제301조와 同一하다.

　　3. 外國 立法例　　① 獨民 제273조(제3항)　　　債務者는擔保를提供하여留置權의行使를除斥할수있다 擔保證人으로因한擔保의提供은이를許與치않는다

　　　　② 瑞民 제898조(제1항 但書)　　　債權者가充分한擔保를가지지않는때에限한다

　　　　③ 中民 제937조　　　債務者가債務辨濟를爲하여이미相當한擔保를提供한때는債權者의留置權은消滅한다

④ 滿民 제318조　　　草案과 同一하다.

[198면]　7. 結　論 : 原案에 合意

제328조 (占有喪失과留置權消滅) 留置權은占有의喪失로因하여消滅한다

Ⅱ. **案**　　　제317조

Ⅲ. **審議錄**, 198면 상단

　2. 現行法 및 判例, 學說　　　現行法 제302조와 同一한 趣旨이나 現行法의 但書[93]는 削除되었다.

　3. 外國 立法例　　① 中民 제938조　　　草案과 同一하다.

　② 滿民 제319조　　　草案과 同一하다.

　6. 審議經過　　　現行法 但書에 關하여서는 從來 學說上 當然한 事理인 것으로 認定되어 왔다. 따라서 이러한 規定이 없더라도 同一 結論이 되므로 草案이 이를 削除한 것은 妥當하다.

　7. 結　論 : 原案에 合意

** 선취특권 제도를 인정하지 아니한 것에 대하여

Ⅰ. **法編委**　　　1. 의사록　　物權法要綱　　제10. 先取特權

(1) 先取特權의 種類와 內容을 時代의 需用과 實情에 適應토록 是正할 것 條文 作成 後 再檢討키로 決議하다

(2) 不動産에 對한 民法上의 先取特權은 이를 削除할 것

表決한 結果 可否同數이므로 議長이 否로 決定하여 可決하다[94]

　2. 編纂要綱　　　物權法要綱　　　10. 先取特權

　先取特權의 種類와 內容을 時代의 需用과 實情에 適應토록 是正할 것

---

93) 의용민법 제302조 단서 : "다만 제298조 제2항의 규정에 의하여 임대 또는 質入을 한 경우에는 그러하지 아니하다."

94) 原文에는 "可決하다"라고 되어 있으나, 이는 그 내용에 비추어 "否決하다"의 誤記가 아닌지 의심스럽다. 「민법전편찬요강」에서도 이 (2)의 항목은 보이지 않는다.

例 ― 雇人의 給料, 公吏의 職務上의 過失

Ⅲ. **審議錄**, 198면 상단 ~ 하단

　※ 先取特權 制度를 廢止한 問題

　立法例

　　① 獨民은 제590조, 제647조, 제559조, 제585조, 제704조에 法定質權 (先取特權에 該當하는 制度)의 規定이 있고 先取特權制度//는 없다.

　　② 瑞債法 제272조, 제451조, 제491조도 法定質權이 있을 뿐 先取特權은 없다.

　　③ 瑞民 제834조, 제846조도 不動産에 對한 것만 法定抵當權을 規定하였다.

　　④ 佛民은 제2095조 以下에서 抵當權의 一種으로 先取特權을 認定하였다.

　　⑤ 中民 ⑥ 滿民은 共히 先取特權制度가 없다.

　※ 學說에 依하면 他 債權者에 對하여 豫想外의 威脅을 주고 또 이 制度가 公示의 原則에 例外가 되기 때문에 先取特權은 그 意義를 喪失하고 있는 것이다.

　※ 따라서 先取特權制度의 廢止는 安當하다.

Ⅴ. **意見書**, 113면 ~ 116면95)

　1. 113면 ~ 115면 (金曾漢)96)

　[72] 先取特權이라는 擔保物權의 種類를 廢止한 것에 贊成한다.

　[이 유]　　民法 草案은 擔保物權의 一種으로서의 先取特權을 全的으로 廢止하였다. 本來 先取特權制度의 趣旨는 弱小 債權者의 保護에 있는 것인데 弱小 債權者의 保護의 必要가 더욱 切實한 우리나라의 現實에 비추어 草案의 態度가 安當하냐는 자못 問題될 수 있을 것이다.

　草案이 先取特權을 廢止한 理由는, (Ⅰ)豫想하지 못한 곳에서 先取特權者 가 나타나서 다른 擔保權者에게 不測의 損害를 끼치는 것은 近代法이 極度로 嫌惡하는 바일 뿐만 아니라, (Ⅱ)少數의 例外를 除外하고는 從來에 있어서 現行 法上의 先取特權이 거의 實效性이 없는 것이었고, (Ⅲ)多數의 少額債權者가 容 易하게 優先權을 主張할 수 있게 함으로써 空然히 競賣代金의 配當만 複雜하게

―――――――――
95) 이 부분은 '제7장 留置權 附 先取特權'라는 제목을 달고 있다.
96) 김증한은 민법안공청회에서 『의견서』에서와 같은 의견을 피력하고 있다. 민법안심의자료 집, 94면 중단 ~ 95면 하단 참조.

만든다는 等에 있는 것으로 推測된다. 그러므로 草案은 現行法이 認定하는 先取特權 中 지금까지도 實效性을 가졌던 것만은 法定質權 또는 法定抵當權으로 存續시키고 擔保物權의 特別의 種類로서의 先取特權은 이것을 廢止하는 것이 可하다고 생각한 것 같다.

생각컨대 現行 民法의 先取特權이 實效性을 가지지 못하였던 것이 嚴然한 事實일진대 그것을 그대로의 모습으로 踏襲한다는 것은 無意味한 것이다. 지금까지 實效性이 있었던 種類의 先取特權은 實質的으로 草案에서도 認定되는 것이므로 先取特權이라는 擔保物權의 種類를 廢止한다고 해서 弱小 債權者의 保護가 從來보다도 疎忽히 될 것은 아니다. 結局 우리가 取할 수 있는 길은 先取特權制度를 存續시키되 그것을 보다 實效性 있는 것으로 改容하는 것과, 先取特權制度를 廢止하고 特別히 保護할 必要가 있는 債權에 對하여는 特別法에 依하여 個別的으로 優先辨濟權을 認定하는 것의 둘이다. 그러나 從來의 先取特權이 너무도 實效性이 없고 弊端만 있는 制度이었던 만큼 그것을 基礎로 하면서 그러한 缺點이 없는 새로운 物權을 創設한다는 것[114면]은 갑자기 想像하기 困難하다. 그러므로 結局 後者를 擇한 草案의 態度가 妥當한 것이 아닐까 생각한다. 民法典이 擔保物權의 一種으로서의 先取特權을 認定하지 않는다고 해서 特別法이 特殊의 債權에 對하여 優先辨濟權을 주는 것을 막는 것은 아니므로 草案의 態度가 그것으로 先取特權制度를 擴張하려는 最近의 各國의 趨勢에 逆行하는 것이라고는 할 수 없다.

그러나 民法에 先取特權에 關한 規定이 全的으로 없어지게 됨으로써 困難이 생기는 것은 商法上의 先取特權 및 特別法上의 優先辨濟權의 通則이 없어지게 되므로 그러한 優先辨濟權과 다른 擔保權과의 順位를 定하는 規定이 없게 된다는 點이다. 그러므로 草案대로 通過되어 그것이 施行되게 될 때에는 優先辨濟權을 規定하는 各 條文에 順位에 關한 問題도 함께 規定하여야 할 것이다. 草案은 現行 民法上의 先取特權 中 實效性 있는 것은 모두 認定하였다. 卽 다음과 같다.

① 不動産賃貸人의 法定質權 이것은 現行 民法의 不動産賃貸의 先取特權에 該當한다. 不動産賃貸人이 賃貸借에 關한 債權에 依하여 賃借人 所有의 一定의 動産을 執留(差押)함으로써 成立한다. 그 效力은 普通의 債[質]權과 同一하다. 이것은 다시 土地賃貸人의 法定質權과 建物賃貸人의 法定質權의 둘로

나눌 수 있다.

(가) 土地賃貸人의 法定質權(草 638조)   이것은 大體로 現行 民法의 土
地賃貸人의 先取特權(民 313조 제1항)에 該當하는 것이다. 이 法定質權의 目的
物은 (I)賃借地에 附屬된 賃借人의 所有物, (II)賃借地의 使用의 便宜에 使用된
賃借人의 所有物 및 (III)그 土地의 果實이다.

(나) 建物賃貸人의 法定質權(草 640조)   이것은 大體로 現行 民法의 建
物賃貸人의 先取特權(民 313조 2항)에 該當하는 것이다. 다만 民法은 「建物의
賃貸人」이라고 하고 있는 것을 草案은 「建物 其他 工作物의 賃貸人」이라고 하
고 있다. 目的物은 그 建物 其他 工作物에 附屬된 賃借人 所有의 動産이다.

② 土地賃貸人의 法定抵當權(草 639조)   이것은 現行 民法에 該當하는
것이 없는 것을 草案이 創設한 것이다. 이것이 認定되는 債權은 「土地賃貸人의
辨濟期를 經過한 最後 2年의 借賃債權」이고 目的物은 「그 地上에 있는 賃借人
所有의 建物」이다. 이 法定抵當權도 目的物을 執留함으로써 成立하며, 그 效力
은 普通의 抵當權과 同一하다.

③ 不動産工事의 受給人의 抵當權設定請求權(草 658조)   이것은 現行
民法의 不動産工事의 先取特權(327조)과 같은 趣旨의 것이며, 獨·瑞의 立法을
본받은 것이다. 被擔保債權은 受給人의 報酬에 關한 債權이며, 目的物은 그 工
事한 不動産이다. 이 抵當權은 土地賃貸人의 法定抵當權과 같이 執留로써 成立
하는 것이 아니라, 設定을 請求하여 相對方이 이에 應하[115면]여 抵當權을 設
定함으로써(卽 草案은 物權變動에 關하여 形式主義를 取하므로) 비로소 成立하
는 것이다. 그러나 本 意見書와 같이 意思主義를 取한다면 이 請求權은 形成權
으로 보아야 할 것이고 따라서 請求權을 行使하면 相對方의 應諾을 기다리지
않고 곧 抵當權이 設定된다고 解釋하여야 할 것이다.

2. 115면 ~ 116면 (金基善)

[72]에 對한 附見   先取特權이라는 擔保物權의 種類를 廢止한 것에 反
對한다.

[이 유]   先取特權은 債權者가 債務者의 財産에 對하여서 다른 一般의
債權者는 勿論 質權, 抵當權의 擔保權者보다도 優先하여서 辨濟를 받는 것이다.
이러한 權利를 物權으로 할 것이냐 債權으로 할 것이냐의 差는 있을 수 있을지
언정 佛蘭西民法과 獨逸民法은 모두 認定하고 있다. 그러므로 日本民法도 이에

關하여서 先取特權을 規定한 것은 周知의 事實이다.

債權의 辨濟를 保障하는 擔保物權은 先取特權에 依하여서 그 所期의 目的을 達成하지 못하는 境遇가 있게 된다. 擔保物權이 債權者平等의 原則에 依하지 않고 完全히 債權의 滿足을 받기 爲하여서 先取特權의 廢止論이 擡頭하는 것도 一理가 없지도 않다.

그러나 이 理由만으로써 廢止함은 不當하다고 생각한다. 왜냐하면 最近에 이르러서는 先取特權을 廢止하기는커녕 社會政策 乃至 經濟政策的 觀點에서 先取特權을 廣範圍로 强化하려는 傾向으로 나아가고 있다. 가까운 例로서는 終戰後의 日本은 雇人給料의 先取特權에 있어서 從來의 金額의 制限을 撤廢하여 零細層인 雇人을 더욱 保護하기로 規定을 修正하였다. 經濟的 强者인 約定擔保權者를 保護하는 것도 重要하겠지만 國民의 大多數를 占하는 經濟的弱者인 零細民을 保護하는 것이 民主主義 法律理念에 適合할 것이다.

또 先取特權의 廢止論者는 零細民의 保護를 民法典의 先取特權으로써 하지 않고 勞動法 其他의 特別法으로써 規定하면 無[116면]妨하다고 하나 이것은 民法의 一般私法性을 理解하지 못한 데 基因한 것이다. 民法上의 先取特權은 特別法의 適用이 없는 境遇에 이것을 適用하는 것인즉 零細民의 保護에는 特別法만으로써는 充分하지 않다. 이를 沒理解하여 先取特權의 規定을 全廢하는 것은 現代의 法律思潮에 逆行하는 現象밖에 되지 않는다. 一般의 先取特權은 今日은 勿論 將來에 있어서도 그 存在意義가 充分히 있다고 생각한다. 一般의 先取特權이 抵當權과 若干의 矛盾이 있더라도 이것은 不可避之事이므로 兩者를 適切히 調節함이 社會實情에 適合할 것이다. 그리고 社會政策的 意義가 적은 特別先取特權은 더욱 嚴格한 要件 下에서만 그의 存立을 許함이 可할 것이다.

一部의 人士는 零細層이 先取特權을 實地로 主張하는 境遇가 稀少하므로 民法上의 先取特權에 關한 規定은 有名無實化하기 때문에 오히려 削除함이 妥當하다고 主張하나 이 見解는 너무나 不當하다. 왜냐하면 이것은 零細層은 法律에 對한 知識의 缺乏으로 因하여 先取特權의 內容은 勿論 그 存在를 모르는 까닭인즉 法律은 모름지기 萬民의 利益을 爲한 것이라면 旣存의 先取特權을 널리 알려서 惠澤을 줌이 그의 使命일 것이다. 先取特權을 圓滑히 運用할 것 같으면 이 權利야말로 零細民을 救濟하는 妙法이 될 수 있을 것이다.

제8장 質 權

제1절 動産質權

Ⅰ. **法編委**   1. 의사록   物權法要綱   제11. 質權

(1) 質權에 關한 總則의 節 中에 動産質權에만 該當하는 조항은 이를 動産質權의 節에 옮길 것

原案대로 可決하다

(2) 質權은 將來의 債權을 擔保하기 爲하여 이를 設定할 수 있다는 規定을 세울 것

○ 元澤淵 委員 : 經濟的 活動을 阻害하므로 不可하다

表決 結果 原案 否決되다

(3) 法定質權에 關한 規定을 세울 것

表決 結果 原案 否決되다

2. 編纂要綱   物權法要綱   十一. 質權

1. 質權에 關한 總則의 節 가운데 動産質權에만 該當하는 조항은 이를 動産質權의 節에 옮길 것

Ⅴ. **意見書**, 118면 (金曾漢)

[76] 草案이 質權 總則의 規定을 動産質權에 關한 規定 속에 包含시켜서 規定한 點에 贊成한다.

[이 유]   現行 民法이 質權總則으로 規定하고 있는 바는 沿革的으로 보더라도 動産質에 關하여 發達한 것일 뿐만 아니라, 權利質은 動産質과 性質이 다른 點이 많아서 現行 民法 제362조 제2항도 權利質에 質權總則(제1節)의 規定을 「準用」한다고 하고 있다. 그러므로 質權總則의 節을 獨立시키지 않고 이것을 動産質의 節에 包含시키고, 動産質에 關한 規定 中 適當한 것은 權利質에 準用할 것으로 한(案 344조) 草案의 態度는 至當하다.

제329조 (動産質權의內容) 動産質權者는債權의擔保로債務者또는第3者가提

供한動産을占有하고그動産에對하여다른債權者보다自己債權의優先辨濟를받
을權利가있다

Ⅱ. 案　　제318조

Ⅲ. 審議錄, 198면 하단 ~ 199면 상단

　　[199면]　2. 現行法 및 判例, 學說　　現行法 제342조와 同一한 趣旨이다.

　　3. 外國 立法例　　① 獨民 제1204조　　動産은債權의擔保로債權者가그
物에對하여辨濟를받을權利를갖인方法에依하여이에負擔을附加할수있다

　　　　質權은將來의債權또는條件附債權에對하여이를設定할수있다

　　② 瑞民 제891조　　質權者는債務不履行의境遇에質物의賣得金으로부터辨
濟를받을權利를갖는다

　　　　質權은債權과利息執行費및延滯利息을擔保한다

　　③ 佛民 제2073조　　動産質은目的物인物件에對하여他債權者에優先하여
辨濟를받을權利를債權者에게附與한다

　　④ 中民 제884조 ⑤ 滿民 제320조　　草案과 同一하다.

　　7. 結 論 : 原案에 合意

제330조 (設定契約의要物性) 質權의設定은質權者에게目的物을引渡함으로써
　　그效力이생긴다

Ⅱ. 案　　제319조

Ⅲ. 審議錄, 199면 하단

　　2. 現行法 및 判例, 學說　　現行法 제344조와 同旨이다.

　　3. 外國 立法例　　① 獨民 제1205조　　前示

　　② 瑞民 제884조　　前示

　　③ 佛民 제2071조　　質契約이라함은債務者가債務의擔保로서物件을自己
의債權者에게引渡하는契約을말한다

　　④ 中民 제322조 제1항 ⑤ 滿民 제885조　　草案과 同一하다.

　　7. 結 論 : 原案에 合意

제331조 (質權의目的物) 質權은讓渡할수없는物件을目的으로하지못한다

Ⅱ. **案**　　제320조

Ⅲ. **審議錄**, 199면 하단 ～200면 상단

[200면] 2. 現行法 및 判例, 學說　　現行法 제343조와 同一하다.

7. 結 論 : 原案에 合意

제332조 (設定者에依한代理占有[97]의禁止) 質權者는設定者로하여금質物의占有를하게하지못한다

Ⅱ. **案**　　제321조

Ⅲ. **審議錄**, 200면 상단 ～ 하단

2. 現行法 및 判例, 學說　　現行法 제345조와 同一한 趣旨이다.

3. 外國 立法例　　① 獨民 제1253조　　質權은質權者가質物을質權設定者또는所有者에게返還하였을때에는消滅한다 //

質權存續의留保는無效이다　質權設定者또는所有者가質物을占有하였을때에는債權者는質物을返還한것으로推定한다　債權設定後에있어서質權設定者또는所有者에서質物의占有를取得한第3者가質物을占有하였을때도또한같다

② 瑞民 제884조　　動産은債權者에質物의占有를移轉함에依하여서만質入할수있다　但法律上例外를認定하는境遇에는그렇지않다

善意인質物受取人은質入人이그物을處分할權利를갖지않는境遇에있어서도質權을取得한다　但그보다前의占有에依하여第3者가權利를가진境遇에는그렇지않다

質權은質入人이物에對한全權을留保하는問題은成立치않는다

③ 佛民 제2076조　　如何한境遇임을不問하고先取得權은債權者또는當事者의合意인第3者가質物의引渡를받고이를繼續하여占有하는境遇에限하여그質物上에存在한다

---

97) 민법은 의용민법의 '대리점유'라는 용어를 채택하지 아니하고 '간접점유'라고 부른다(앞의 민법 제194조 참조). 그러나 이는 표제상 용어에까지 관철되지 못하였다.

④ 中民 제885조 제2항 ⑤ 滿民 제323조   草案과 同一하다.

7. 結 論 : 原案에 合意

제333조 (動産質權의順位) 數個의債權을擔保하기爲하여同一한動産에數個의 質權을設定한때에는그順位는設定의先後에依한다

Ⅱ. 案   제322조

Ⅲ. 審議錄, 200면 하단 ~ 201면 상단

[201면] 2. 現行法 및 判例, 學說   現行法 제355조와 同一하다

3. 外國 立法例   ① 獨民 제893조   數多의質權이同一物上에存在하
는境遇에는質權者는그等級에따라서辨濟를받는다   質權의等級은設定時에依하여
定한다

② 滿民 제324조   草案과 同一하다.

7. 結 論 : 原案에 合意

제334조 (被擔保債權의範圍) 質權은元本, 利子, 違約金, 質權實行의費用, 質物 保存의費用및債務不履行또는質物의瑕疵로因한損害賠償의債權을擔保한다 그러나다른約定이있는때에는그約定에依한다

Ⅱ. 案   제323조

Ⅲ. 審議錄, 201면 상단 ~ 하단

// 2. 現行法 및 判例, 學說   現行法 제346조와 同一 趣旨이다

3. 外國 立法例   ① 獨民 제1210조(前段)   質權은그質權의現時의狀
態特히利息및違約金을擔保한다

② 中民 제887조 ③ 滿民 제326조   草案과 同一하다.

7. 結 論 : 原案에 合意

제335조 (留置的效力) 質權者는前條의債權의辨濟를받을때까지質物을留置할

수있다 그러나自己보다優先權이있는債權者에게對抗하지못한다

Ⅱ. 案　　　제324조

Ⅲ. 審議錄, 201면 下段 ~ 202면 上段

　　2. 現行法 및 判例, 學說　　　現行法 제347조와 同一하다

　　3. 外國 立法例　　① 佛民 제2082조　　　質物의所持人이質物을濫用치않는限債務者는質權으로서擔保한債務의元[202면]本및利息,費用을全部辨濟한後가아니면質物의返還을請求할수없다.

　　　　　債務者가債權者에게質契約을締結한後에同一債權者에對하여다시他債務를約하고그債務가最初의債務의辨濟期에滿期에達할때에는그質物로써後債務의辨濟에充當할特約이없는때라할지라도債權者는이두債權의全部의辨濟를받을때까지質物을留置할수있다.

　　② 滿民 제327조　　　草案과 同一하다.

　　7. 結 論 : 原案에 合意

제336조 (轉質權) 質權者는그權利의範圍內에서自己의責任으로質物을轉質할
　　　수있다 　이境遇에는轉質을하지아니하였으면免할수있는不可抗力으로因한損
　　　害에對하여도責任을負擔한다

Ⅱ. 案　　　제325조

Ⅲ. 審議錄, 202면 上段 ~ 下段

　　2. 現行法 및 判例, 學說　　　現行法 제348조와 同一하다

　　3. 外國 立法例　　① 瑞民 제887조　　　質權者는質入人의同意를받은境遇에限하여質物을다시質入할수있다 //

　　② 中民 제891조　　　質權者는質權存續中自己의責任으로써第3者에轉賣할수있다 그轉賣로因하여받은不可抗力의損失에對하여도또한責任을져야한다.

　　③ 滿民 제328조　　　草案과 同一하다.

　　7. 結 論 : 原案에 合意

제337조 (轉質의 對抗要件) ①前條의 境遇에 質權者가 債務者에게 轉質의 事實을 通知하거나 債務者가 이를 承諾함이 아니면 轉質로써 債務者, 保證人, 質權設定者 및 그 承繼人에게 對抗하지 못한다

②債務者가 前項의 通知를 받거나 承諾을 한 때에는 轉質權者의 同意없이 質權者에게 債務를 辨濟하여도 이로써 轉質權者에게 對抗하지 못한다

Ⅰ. **法編委**   1. 의사록   物權法要綱   제11. 質權 […]

(4) 轉質의 對抗要件에 關하여 規定을 세울 것

「轉質을 한 境遇에는 債務者에게 對하여 轉質의 事實을 通知하거나 또는 그 債務者가 이를 承認하지 아니하면 그 債務者, 保證人, 質權設定者 및 그 承繼人에 對하여 轉質의 事實을 對抗할 수 없다

民法 제468조[98]의 規定은 前項의 境遇에 이를 準用한다

債務者가 제1차의 通知를 받았거나 또는 承認을 한 때에 轉質權者의 同意 없이 債權者에게 辨濟하드[더]라도 이를 轉質權者에게 對抗하지 못한다」

原案대로 可決하다

2. 編纂要綱   物權法要綱   十一. 質權 […]

2. 轉質의 對抗要件에 對하여 規定을 세울 것 [내용은 앞의 1. (4)]

Ⅱ. **案**   제326조

Ⅲ. **審議錄**, 202면 하단 ~ 203면 상단

2. 現行法 및 判例, 學說   現行法에는 規定이 없고 이에 關하여서는 學說이 區區하다.

3. 外國 立法例   ① 瑞民 제887조   質權者는 質入人의 同意를 받은 境遇에 限하여 質物을 다시 質入할 수 있다

② 滿民 제329조   前條의 境遇에 있어서 제438조의 規定에 따라 債務者의 轉質의 事實을 通知하거나 또는 그 債務者가 이를 承認치 아니하면 이로써 그 債務者, 保證人, 質權設定者 및 그 承繼人에 對抗할 수 없다

제439조의 規定은 前項의 境遇에 이를 準用한다

---

98) 의용민법 제468조는 채권양도에서 통지 또는 승낙의 효과를 정한 것으로서, 민법 제451조에 상응한다.

債務者가제1항의通知를받거나또는承認하였을때에는轉質權者의同意없이 한辨濟는이로써그轉質權者에對抗할수없다

6. 審議經過   本條와 같은 規定이 없는 現行法에 있어서는 解釋上 異論 이 많었[았으]므로 本條가 明文으로 이를 解決한 것은 妥當하다.

7. 結 論 : 原案에 合意

Ⅴ. **意見書**, 119면 ~ 120면 (金曾漢)

[78] 草案 제326조를 新設한 데 贊成한다.

[이 유]   草案은 轉質의 境遇에 轉質을 債務者 等에 對抗하기 爲한 要 件과 그 要件을 갖춘 때에는 債務者가 轉質權者의 同意 없이 債務를 辨濟하여 도 이로써 轉質權者에게 對抗하지 못한다는 뜻을 明定하였다(草 326조). 이것 은 明文의 規定이 없는 現行法 [120면] 下에서도 그와 같게 解釋되고 있는 것 이지만 明文으로써 이것을 規定한 것은 適切하다.

제338조 (競賣,簡易辨濟充當) ①質權者는債權의辨濟를받기爲하여質物을競 賣할수있다

②正當한理由있는때에는質權者는鑑定者의評價에依하여質物로直接辨濟에 充當할것을法院에請求할수있다   이境遇에는質權者는미리債務者및質權設定 者에게通知하여야한다

Ⅱ. **案**   제327조

Ⅲ. **審議錄**, 203면 상단 ~ 204면 상단

2. 現行法 및 判例, 學說   現行法 제354조는 草案 제2항과 同一한 趣旨 이다. //

3. 外國 立法例   ① 獨民 제1221조   質物이去來所市勢또는市場價格 을가진때에는質權者는質物賣却에對하여公의權限을가진商事中介人또는公의競賣 에對하여權限을가진사람에依하여時價로서任意로이를賣却할수있다

② 獨民 제1228조   質權者가質物에因하여辨濟를받으려면質物의賣却에 依한다

質權의 全部또는一部에關하여辨濟期到來하였을때에는質權者는곧質物을
賣却할수있다

債務의 目的이金錢이아닌때에는그債權이金錢債權으로變하였을때에質物
을賣却할수있다

③ 獨民 제1235조   質物의賣却은公의競賣의方法에依하여이를하여야한다

質物이去來所時勢또는市場價格을가진때에는제1221조의規定을適用한다

④ 佛民 제2078조   債權者는債務의辨濟가없는境遇에있어도質物을處分
할수없다   但債權者는鑑定人의한評價에따라債務의限度에있어서그質物이代物辨
濟로써自己에게歸屬할것또는이를競賣에附할수있다는裁判上의命令을얻을수있다

前項의方式을具備치않고債權者에게質物을取得又는處分할수있음을許하
는約款은언제나無效로한다

⑤ 中民 제893조(제1항)   質權者는債權이이미辨濟期에到達하였으나辨
濟를받지못하였을때는質物을競賣하여그賣渡하여얻은代金에對하여辨濟를받을수
있다

⑥ 滿民 제330조   草案과 同一(但「및質權設定者」가 없음)하다.

[204면] 7. 結 論 : 原案에 合意

**제339조 (流質契約의禁止) 質權設定者는債務辨濟期前의契約으로質權者에게
辨濟에가름[원래대로]하여質物의所有權을取得하게하거나法律에定한方法에
依하지아니하고質物을處分할것을約定하지못한다**

Ⅱ. 案   제328조

Ⅲ. 審議錄, 204면 상단 ~ 하단

2. 現行法 및 判例, 學說   現行法 제349조와 同一한 趣旨이다.

3. 外國 立法例   ① 獨民 제1229조   質權者가賣却權의發生의合意로
써辨濟를받지않는다든지또는適當한時期에辨濟를받지아니할때에는質權者에質物
의所有權을歸屬시키고또는이를移轉할것을約定하여도無效이다

② 瑞民 제894조   質權者가辨濟를받지않은境遇에는質物은그所有者로서
質權者에게歸屬한다는趣旨의契約은無效하다

③ 佛民 제2078조(제2항)   前項의方式을具備치않고債權者에게質物을取得又는處分할수있음을許하는約款은언제나無效로한다

④ 中民 제893조(제2항)   債權이이미辨濟期에到達하였으나辨濟치않을때는質物의所有權은質權者//에게移屬할것을約定한境遇에는그約定은無效로한다

⑤ 滿民 제331조   草案과 同一하다.

7. 結論 : 原案에 合意

Ⅴ. 意見書, 121면 (金曾漢)

[80] 草案 제328조(流質特約의 禁止)의 規定에 贊成한다.

[이 유]   動産의 讓渡擔保의 有效性이 判例法上 確立하여 있는 오늘날에 있어서는 流質契約 禁止의 趣旨는 實際上 貫徹될 수 없으며, 오히려 特定의 流質契約이 暴利行爲로 될 때에는 그것을 理由로 하여 이것을 無效로 함이 至當할 것이니, 流質契約을 形式的 一律的으로 無效로 하는 것이 果然 妥當하냐는 매우 疑問이다. 그러나 流質契約의 禁止는 「로마」法 以來의 原則이고 佛·獨·瑞의 民法이 모두 繼承하고 있는 것인 만큼, 窮迫한 狀態에 있는 債務者가 暴利行爲의 犧牲이 되는 것을 防止하려는 精神을 尊重하여 이 規定을 存置하는데에 一應 贊成한다.

제340조 (質物以外의財産으로부터의辨濟) ①質權者는質物에依하여辨濟를받지못한部分의債權에限하여債務者의다른財産으로부터辨濟를받을수있다

②前項의規定은質物보다먼저다른財産에關한配當을實施하는境遇에는適用하지아니한다 그러나다른債權者는質權者에게그配當金額의供託을請求할수있다

Ⅱ. 案   제329조

Ⅲ. 審議錄, 204면 하단 ~ 205면 상단

2. 現行法 및 判例, 學說   現行法에는 規定 없고 抵當權에 關한 現行法 제394조와 類似한 趣旨의 規定이다.

3. 外國 立法例   ① 滿民 제332조   草案과 同一하다. [205면]

7. 結論 : 原案에 合意

V. 意見書, 116면 (金曾漢)

[77] 現行法 제394조의 規定을 草案이 그 제329조에 規定하고, 抵當權에 이를 準用하고 있는 點에 贊成한다.

[이 유] 現行 民法은 擔保權者의 一般財産에 對한 執行을 制限하는 規定을 抵當權에 關해서만 두고(民 394조), 質權에 關해서는 두지 않았으나, 草案은 그와 꼭 같은 內容의 規定을 質權에 關하여 規定하고(草 329조), 抵當權에 關하여 同 條文을 準用하였다(草 361조). 그 結果 다음과 같은 差異가 생긴다.

(가) 現行 民法에 있어서는 質權者가 質物을 競賣하지 아니하고 먼저 債務者의 一般財産에 對하여 執行을 하더라도 債務者는 勿論 一般債權者도 이에 對하여 異議를 말할 수 없으나, 草案에 依하면 質物의 價値가 充分함에도 不拘하고 一般財産에 執行을 할 때에는 一般債權者는 이에 對하여 異議를 말할 수 있다.

(나) 質物의 代價에 앞서서 다른 財産의 代價를 配當하는 境遇에는 現行 民法에 있어서나 草案에 依하거나 質權者는 債權 全額으로 配當에 加入하게 되는데, 이 境遇에 現行 民法에 依하면 다른 債權者가 質權者에게 그 配當金額의 供託을 請求할 수 없으나 草案에 依하면 그것을 할 수 있다.

草案의 이 修正은 獨民訴 777조와 趣旨가 같은 것이며 大體로 適切한 것이라고 하겠다.

제341조 (物上保證人의求償權) 他人의債務를擔保하기爲한質權設定者가그債務를辨濟하거나質權의實行으로因하여質物의所有權을잃은때에는保證債務에關한規定에依하여債務者에對한求償權이있다

II. 案 제330조

III. 審議錄, 205면 상단 ~ 하단

2. 現行法 및 判例, 學說 現行法 제351조와 同一 趣旨(現行法 제372조에 依하여 抵當權에 準用)이다.

3. 外國 立法例 ① 獨民 제1225조 質權設定者가人的債務者가아닌 境遇에있어서는質權者에辨濟한限度에있어서債權은質權設定者에移轉한다 保證人에關한제774조는이境遇에이를準用한다

② 滿民 제333조   草案과 同一하다. 草案 제361조, 제432조 以下 參照[99]

7. 結 論 : 原案에 合意

제342조 (物上代位) 質權은質物의滅失,毁損또는公用徵收로因하여質權設定者가받을金錢其他物件에對하여도이를行使할수있다 이境遇에는그支給또는引渡前에押留하여야한다

Ⅱ. 案   제331조

Ⅲ. 審議錄, 205면 하단

2. 現行法 및 判例, 學說   現行法에서는 제350조에 依하여 제304조를 準用하였다.

3. 外國 立法例   ① 中民 제899조   動産質權은質物의滅失로因하여消滅한다 滅失로因하여賠償金을받을수있는때는質權者는賠償金에對하여取得할수있다

② 滿民 제325조   草案과 同一하다.

6. 審議經過   「執留」를 「押留」로 字句修正(草案 제160조에 對한 審議經過 參照).

7. 結 論 : 字句修正 外 原案에 合意

제343조 (準用規定) 제249조乃至제251조,제321조乃至제325조의規定은 動産質權에準用한다

Ⅱ. 案   제332조   제193조,제239조乃至제241조,제312조의規定은動産質權에準用한다

Ⅲ. 審議錄, 205면 하단 ~ 206면 상단

---

99) 민법안 제361조는 저당권에 민법안 제330조를 준용하는 내용을 포함하고 있으며(앞의 2. 말미 참조), 민법안 제432조 이하는 보증인의 주채무자에 대한 구상권에 관하여 정하고 있다. 따라서 이들은 만주국민법 제333조와 전적으로 무관한 규정으로서, 이들을 '외국 입법례'에서 인용할 이유는 없다고 할 것이다. 따라서 "草案 제361조 …"는 別行으로 되었어야 할 것이다.

[206면] 2. 現行法 및 判例, 學說 現行法 제350조와 同一하다.

3. 外國 立法例 ① 獨民 제1227조, 제1215조, 제1026조 參照

② 滿民 제334조 草案과 同一하다.

6. 審議經過 ① 本條가 草案 제311조, 제313조, 제314조의 規定을 動産質權에 準用하지 않는 것은 不適當하다.

② 本條를 다음과 같이 修正함이 可하다.

「제312조」를 「제311조乃至제314조」로 修正하기로 合意

7. 結 論 : 修正案대로 合意

Ⅳ. 법사위 수정안 (82) 제332조中「제312조」를「제311조乃至제314조」로修正한다[100)

Ⅴ. 意見書, 120면 (金曾漢)

[79] 草案 제332조 中「제193조」다음에「제201조 제202조」를 揷入한다.

[이 유] 草案은 占有의 繼續을 質權의 對抗要件으로 한다는 뜻의 現行民法 제352조와 質物의 占有를 喪失한 때에는 占有回收의 訴에 依하여서만 그것을 回復할 수 있다는 뜻의 現行 民法 제353조에 該當하는 規定을 두지 않았다. 제352조에 該當하는 規定을 두지 않은 것은 草案이 物權變動에 關하여 形式主義를 取한 當然한 結果이다. 卽 形式主義下에서는 質權의 對抗要件이라는 것은(卽 對抗要件 없는 物權이라는 것은) 無意味한 것이고, 質權이 있느냐 없느냐 兩者 中의 하나가 있을 수 있을 뿐이다. 占有를 喪失하면, 占有回收의 訴에 依하여 質物의 占有를 回復함으로써 質物의 占有가 繼續하였던 것으로 看做받게 되는(草 183조 2항) 境遇를 除外하고는, 消滅하는 것이라고 보는 수밖에 없다. 다음에 제353조에 該當하는 規定을 두지 않음으로써 어떠한 差異가 생기느냐. 아무런 差異도 생기지 않는다. 왜냐 하면 草案이 質權에 關하여 所有物返還請求權에 關한 規定(案 201조)을 準用하지 않았고 따라서 質權에 基한 返還請求權은 認定되지 않고 그 結果 質物의 占有를 喪失한 境遇에 그것을 回復하는

---

100) 그러나 민법안 제332조로 준용되는 규정에서 점유회수의 소에 관한 제193조를 삭제하자는 것이 법사위 수정안 (82)의 내용으로 제시되어 있지 아니하다. [제3대 국회] 제26회 국회정기회의 속기록 제42호(부록), 89면 상단 참조. 그럼에도 국회의 제2독회에서 장경근은 그것에 대하여 설명하고 있고(아래 Ⅵ. 587면 이하), 민법을 공포하는 관보에도 제343조에서 제193조는 자취를 찾을 수 없다.

길은 오로지 占有返還請求權(草 193조)이 있을 뿐이기 때문이다. ─ 結局 이 點에 있어서는 草案도 現行 民法과 아무런 差異가 없게 되는데 이래서는 動産質權의 物權性을 甚히 減殺하게 되므로 正當한 態度라고 할 수 있겠는지 매우 疑心스럽다(我妻 物權法 87頁, 獨民 1227조 參照).

　　草案 제332조는 前述한 바와 같이 所有物返還請求權에 關한 規定(草 201조)을 準用하지 않을 뿐만 아니라, 所有物妨害排除 및 豫防請求權에 關한 規定(草 202조)도 準用하지 않고 있다. 제201조를 準用하지 않는 것에도 贊成할 수 없음은 前述한 바와 같지만, 特히 제202조를 準用하지 않는 것은 千萬不當하다고 생각한다.

Ⅶ. 현석호 수정안　　(21)　제332조中「제193조」다음에「제201조, 제202조」를 揷入한다

Ⅷ. 제2독회, 속기록 제48호, 6면 하단 ~ 7면 상단

　　○ 法制司法委員長 代理(張暻根) : [민법안 제332조, 법사위 수정안 (82) 및 현석호 수정안 (21) 각 낭독] 이렇게 두 가지 修正案이 나왔습니다. 먼저 法制司法委員會 修正案부터 說明 말씀을 올리면 이 動産質權에 關해서는 依例히[으레] 動産質權者는 占有者인 까닭에 이 草案 193조를 準用 안 하더라도 당연히 適用이 됩니다. 適用이 되니까 이 準用文句를 할 必要가 없다고 생각합니다. 그래서 193조를 削除하자는 것입니다. 占有權者로서 占有回收의 訴訟을 할 수가 있으니까 이것은 빼자는 것입니다. 그 「312조」를 「311조 乃至 314조」로 修正한다는 것은 이것 311조는 不可分性에 關한 規定이고 313조는 善良한 管理者의 注意義務 314조는 費用償還請求權 이것 等을 다 여기에 準用할 必要가 있습니다. 그런데 이것이 빠졌습니다. 그러니까 이것을 規定할 必要가 있습니다. 그리고 玄錫虎 議員의 修正案은 제201조, 202조를 揷入하자고 그랬는데 그것은 무엇인고 하니 193조가 있으니까 거기에 201조, 202조를 揷入하자는 것입니다 왜냐하면 193조는 占有回收의 訴訟인데 그것만이 아니라 所有返還請求權에 관한 201조, 202조 妨害除去 妨害豫防請求權에 관한 202조 이것을 準用하자 하시는 것인데 이것은 準用을 안 하더라도 準用을 안 하더라도 占有權[7면]者이니까 動産質權者는 占有에 관한 該當 規定이 當然히 適用이 됩니다.

　　그러니까 그 程度로써 充分하지 않은가 하기 때문에 이 玄錫虎 議員의 修

正案에 대해서는 法制司法委員會 民法審議小委員會로서는 反對意見을 가지고 있습니다.

　　○ 副議長(李在鶴) :　玄錫虎 議員 어떻게 하시겠어요? 玄錫虎 議員 撤回하지요 …

　　○ 玄錫虎 議員 :　(의석에서) 네

　　○ 副議長(李在鶴) :　玄錫虎 議員께서는 撤回하셨습니다. 그러면 法制司法委員會 修正案밖에 안 남았는데, 여기에 異議 없으세요? (「異議 없소」하는 이 있음) 네, 異議 없으시면 法制司法委員會의 修正案이 通過되었습니다.

제344조 (他法律에依한質權) 本節의規定은다른法律의規定에依하여設定된質權에準用한다

Ⅰ. 法編委　　　　　1. 의사록　　　제11. 質權

(3) 法定質權에 關한 規定을 세울 것

表決 結果 原案 否決되다

Ⅱ. 案　　　제333조

Ⅲ. 審議錄, 206면 상단 ~ 하단

2. 現行法 및 判例, 學說　　　現行法에는 規定이 없다.

3. 外國 立法例 //　　① 滿民 제335조(제1항)　　　草案과 同一하다.

6. 審議經過　　「생긴」을 「設定된」으로 字句修正(草案 제363조 參照).

7. 結 論 : 字句修正 外에 原案에 合意

Ⅳ. 법사위 수정안　　　(83) 제333조中「생긴」을「設定된」으로修正한다

Ⅴ. 意見書, 121면 (金曾漢)

[81] 草案 제333조 및 제363조를 削除한다.[101]

[이 유]　　右 兩條는 民法의 質權 및 抵當權에 關한 規定을 다른 法律의 規定에 依하여 設定된 質權 또는 抵當權에 準用할 것을 規定하고 있다. 그러나 民法은 私法의 基本法이므로 그것은 規定이 없어도 當然한 것이고, 準用한다는

---

101) 이는 현석호 수정안 기타 심의과정에 반영되지 아니하였다.

뜻을 規定하려면 特別法에 規定하는 것이 옳을 것이다.

Ⅷ. **제2독회**, 속기록 제48호, 7면 상단

○ 法制司法委員長 代理(張暻根) : [민법안 제333조 및 법사위 수정안 (83) 낭독]   이것은 字句修正입니다마는 이것 獨逸民法의 法定質權과 같이 當然發生의 質權을 意味하는 것으로서 誤解되기가 쉽습니다 생긴다 하는 文句로 하면 … 그러니까 이 設定에 의해서 質權設定한 경우 이런 데도 準用해야 되는 것이니까 法定質權만 아니라는 것을 이것 分明히 하기 위해서 字句修正하자는 것입니다.

** **부동산질권의 폐지**

Ⅲ. **審議錄**, 198면 하단

　不動産質權을 廢止한 問題 ─

　立法例　　不動産質權에 關하여서는 獨民, 瑞民, 中民, 滿民, 모다[두] 規定이 없고 佛民은 제2085조 以下 日民은 제356조 [이하]에 그 規定이 있다.

　※ 不動産質權制度는 金融業者가 獨立한 今日에 있어서는 擔保로서 抵當權制度를 많이 利用하고 不動産의 收益까지 하는 不便한 不動産質權制度를 利用하는 事例가 稀少하고 따라서 그 經濟的 作用이 別無하다. 그러므로 草案이 不動産質權制度를 廢止한 것은 安當하다. 뿐만 아니라 受益權까지 保存시킬 必要가 있을 때에는 讓渡擔保에 依하여서도 그 目的을 達成할 수 있는 것이다.

Ⅴ. **意見書**, 118면 (金曾漢)

　[75] 草案이 不動産質權에 關한 規定을 削除한 點에 贊成한다.

　[이 유]　　不動産質은 現代의 經濟實情에 비추어 適合치 아니한 것이어서 現在에 있어서도 거의 存在하지 않는 것이므로 草案이 이것을 廢止한 것은 至當하다.

제2절　權利質權

제345조 (權利質權의 目的) 質權은財産權을그目的으로할수있다　그러나不動

産의使用,收益을目的으로하는權利는그러하지아니하다

Ⅱ. 案　　　제334조

Ⅲ. 審議錄, 206면 하단 ~ 207면 상단

2. 現行法 및 判例, 學說　　現行法 제362조와 同一한 趣旨이나 不動産
質權制度를 廢棄한 結果 現行法 제2항102)은 削除되었고 同時에 但書가 新設되
었다.

3. 外國 立法例　　① 獨民 제1273조(제1항)　　　質權은權利를그目的으
로할수있다

② 瑞民　제890조(제1항)　　　債權또는其他의權利는讓渡할수있는境遇에限
하여入質할수있다

③ 佛民　제2081조　　　債權으로서質權의目的으로삼았을境遇에있어서그質
權이利息을生할때[207면]에는質權者는그利息을自己債權의利息에充當한다

　　　債權質로서擔保된債務가利息을生하지않는때에는前項의充當은債務의元
本에對하여이를行한다

④ 中民　제900조　　　讓渡할수있는質權및그他의權利는어느것이나債權의目
的物로할수있다

⑤ 滿民 제336조　　　草案과 同一하다.

7. 結 論 : 原案에 合意

제346조 (權利質權의設定方法) 權利質權의設定은法律에다른規定이없으면그
權利의讓渡에關한方法에依하여야한다

Ⅰ. 法編委　　　　　　1. 의사록　　　物權法要綱　　　제11. 質權　[…]
(5) 權利質權에 있어서 아래와 같은 規定을 세울 것　　　[…]
　　라. 其他의 財産權을 質權의 目的으로 하는 境遇에 있어서는 다른 法令
에 別段의 規定이 없는 限 그 權利의 讓渡에 關한 規定에 依하여 質權을 設定

---

102) 의용민법 제362조 제2항 : "전항의 질권에는 본절의 규정 외에 앞 3절[질권 총칙, 동산질,
　　부동산질]의 규정을 준용한다."

함으로써 그 效力을 發生한다

條文 作成 後 再檢討키로 決定한다

2. 編纂要綱　　　　　　物權法要綱　　十一. 質權　[…]

3. 權利質權에 있어서 아래와 같은 規定을 세울 것　[…]

ㄹ. 其他의 財産權을 質權의 目的으로 하는 境遇에 있어서는 다른 法令에 別段의 規定이 없는 限 그 權利의 讓渡에 關한 規定에 依하여 質權을 設定함으로써 그 效力을 發生한다.

Ⅱ. 案　　제335조

Ⅲ. 審議錄, 207면 상단 ~ 하단

2. 現行法 및 判例, 學說　　現行法에는 規定이 없다.

3. 外國 立法例　　① 獨民 제1274조　　權利質의設定은權利의讓渡에關한規定에좇아이를한다 權利의讓渡에關하여物의引渡를必要로한때는제1205조1206조의規定을適用한다 //

讓渡할수없는權利에는質權을設定할수없다

② 中民 제902조　　權利質權의設定은本節에規定있는境遇를除한外그權利의讓渡에關한規定에依하여이를하여야한다

③ 滿民 제342조　　權利質權의質權設定은本法그他의法令에規定있는境遇를除한外그權利의讓渡에關한規定에따라이를함으로因하여그效力을發生한다

6. 審議經過

7. 結 論 : 原案에 合意

제347조 (設定契約의要物性) 債權을質權의目的으로하는境遇에債權證書가있는때에는質權의設定은그證書를質權者에게交付함으로써그效力이생긴다

Ⅱ. 案　　제336조

Ⅲ. 審議錄, 207면 하단 ~ 208면 상단

2. 現行法 및 判例, 學說　　現行法 제336조와 同一하다.

3. 外國 立法例　　① 瑞民 제900조(제1항)　　契約證書가存在하지않고

또는 單只債務證書만存在한債權의質入에는書面으로서質契約을하고또債務證書가
存在하는境遇에는이를引渡하여야한다

[208면] ② 中民 제904조 債權으로서[써]目的物로한質權의設定은書面
으로서[써]이를하여야한다 質權의證書가있는때는아울러그證書를質權者에交付하
여야한다

③ 滿民 제337조 指名債權으로써質權의目的으로하는境遇에있어서그債
權의證書있을때에는質權의設定은資格者에그證書의交付를함으로因하여效力을發
生한다

7. 結 論 : 原案에 合意

**제348조 (抵當債權에對한質權과附記登記) 抵當權으로擔保한債權을質權의目
的으로한때에는그抵當權登記에質權[設定]의附記登記를하여야그效力이抵當
權에미친다**

Ⅰ. **法編委**   1. 의사록   物權法要綱   제11. 質權 [⋯]
(5) 權利質權에 있어서 아래와 같은 規定을 세울 것

가. 指名債權者에 對하여 質權을 設定한 境遇에 그 債權에 抵當權이 附
隨된 때에는 質權者가 그 抵當權의 登記에 質權設定의 附記登記를 하여야만 質
權의 效力이 抵當權에도 미친다 [⋯]

原案대로 可決하다

2. 編纂要綱   物權法要綱   十一. 質權
3. 權利質權에 있어서 아래와 같은 規定을 세울 것 [내용은 앞의 1.
(5) 가.]

Ⅱ. **案**   제337조

Ⅲ. **審議錄**, 208면 상단 ~ 하단
2. 現行法 및 判例, 學說   現行法에는 規定이 없다.
3. 外國 立法例   ① 滿民 제338조   抵押權으로써擔保하는債權을質
權의目的으로하였을境遇에있어質權者가그抵押權의登錄에그趣旨를附記하였을때
에限하여質權의效力은抵押權에미친다 //

7. 結論 : 原案에 合意

제349조 (指名債權에 對한 質權의 對抗要件) ① 指名債權을 目的으로한 質權의 設定은 設定者가 제450조의 規定에 依하여 第三債務者에게 質權設定의 事實을 通知하거나 第三債務者가 이를 承諾함이 아니면 이로써 第三債務者 其他 第3者에게 對抗하지 못한다

   ② 제451조의 規定은 前項의 境遇에 準用한다

Ⅱ. **案**   제338조

Ⅲ. **審議錄**, 208면 하단 ~ 209면 상단

   2. **現行法 및 判例, 學說**   現行法 제364조와 同一한 趣旨이나 現行法 제2항은 削除되고103) 草案 제2항은 新設되었다. (參照) 改名國債를 目的으로한 質權改造에 關한件(1904年 ~ 法律 제17호) ([朝鮮]民事令 제1조에 依하여 依用)

   3. **外國 立法例**   ① 獨民 제1280조   讓渡契約으로써 讓渡할수있는入質은 債權者가 이를 債務者에게 通知하였을 境遇에 限하여 有效로한다

   ② 中民 제907조   質權의 目的인 債權의 債務者가 質權設定의 通知를 받은 境遇에 있어 質權設定者 또는 質權者의 一方에 對하여 辨濟를 할때에는 他方이 同意를 하여야 한다

   [209면]   他方이 同意치 않을때에는 債務者는 그 辨濟를 爲한 給付物을 供託하여야 한다

   ③ 滿民 제339조   草案과 同一하다.

   6. **審議經過**   ① 現行法 제2항 記名株式에 關한 項을 削除한 問題104) — 商法 제207조에 規定이 있으므로 現行法 제364조 제2항에 對應하는 規定이 必要 없게 되는 것이다. 따라서 同項의 削除는 安當하다.

   7. **結論** : 原案에 合意

---

103) 의용민법 제364조 제2항 : "전항의 규정은 기명의 주식에는 이를 적용하지 아니한다."
104) 『의사록』에는 그 외에 "(6) 株式에 對한 質權에 關한 規定은 改正 商法에 取扱되어 있으므로 民法에서는 이를 削除할 것"이라는 항목도 "原案대로 可決하다"라고 되어 있다.

제350조 (指示債權에對한質權의設定方法) 指示債權을質權의目的으로한質權의設定은證書에背書하여質權者에게交附[交付]함으로써그效力이생긴다

Ⅰ. 法編委   1. 의사록   物權法要綱   제11. 質權 [⋯]

　(5) 權利質權에 있어서 아래와 같은 規定을 세울 것 [⋯]

　　　나. 指圖式의 證券債權을 質權의 目的으로 하는 境遇에 있어서 質權의 設定은 그 證券에 裏書를 한 後 이를 質權者에게 交付함으로써 그 效力을 發生한다 [⋯]

　　　原案대로 可決하다

　2. 編纂要綱   物權法要綱   十一. 質權 [⋯]

　　　3. 權利質權에 있어서 아래와 같은 規定을 세울 것 [⋯] [내용은 위의 1. (5) 나.]

Ⅱ. 案   제339조

Ⅲ. 審議錄, 209면 상단 ~ 하단

　　2. 現行法 및 判例, 學說   現行法 제366조와 同旨(但 對抗要件)이다.

　　3. 外國 立法例   ① 獨民 제1292조   手形其他의 裏書에 依하여 讓渡할 수있는證書의入質에關하여는債權者및質權者의合意및裏書있는證券의引渡로써 足하다

　　　② 瑞民 제901조(제2항)   其他의有價證券의境遇에는裏書또는讓渡의意思表示있는證券의引渡를하//여야한다

　　　③ 中民 제908조 ④ 滿民 제340조   草案과 同一하다.

　　7. 結論 : 原案에 合意

제351조 (無記名債權에對한質權의設定方法) 無記名債權을目的으로한質權의設定은證書를質權者에게交付함으로써그效力이생긴다

Ⅰ. 法編委   1. 의사록   物權法要綱   제11. 質權 [⋯]

　(5) 權利質權에 있어서 아래와 같은 規定을 세울 것 [⋯]

　　　다. 無記名式의 證券債權을 質權의 目的으로 하는 境遇에 있어서 質權의

設定은 質權者에게 그 證券을 交付함으로써 그 效力을 發生한다

原案대로 可決하다

2. 編纂要綱   物權法要綱   十一. 質權

3. 權利質權에 있어서 아래와 같은 規定을 세울 것 [내용은 앞의 1. (5) 다.]

Ⅱ. 案   제340조

Ⅲ. 審議錄, 209면 下段 ~ 210면 上段

2. 現行法 및 判例, 學說   現行法에는 規定이 있[없]다.

3. 外國 立法例   ① 獨民 제1293조   無記名債權證書를目的으로하는 質權에關하여서는動産에關한規定을適用한다

② 瑞民 901조(제1항)   無記名債權의質入은質權者에게證券을引渡함으로 써할수있다 [210면]

③ 中民 제908조   質權者가無記名債權으로써目的物로하였을때에는그證 券을質權者에交付함으로因하여質權設定의效力을發生한다 그他의有價證券으로 써目的物로하였을때에는아울러裏書의方法에依하여이를하여야한다

④ 滿民 제341조   草案과 同一하다.

6. 審議經過   現行法에 있어서는 제86조 제3항[105)]에 依하여 一般的으 로 無記名債權에 關한 것을 解決하였으나 草案은 이를 各 該當 條項에 規定을 둠으로써 解決하고 있다.

7. 結 論 : 原案에 合意

제352조 (質權設定者의權利處分制限) 質權設定者는質權者의同意없이質權의 目的된權利를消滅하게하거나質權者의利益을害하는變更을할수없다

Ⅰ. 法編委   1. 의사록   物權法要綱   제11. 質權   […]

(5) 權利質權에 있어서 아래와 같은 規定을 세울 것 […]

마. 質權設定者는 質權者의 同意 없이는 質權의 目的이 된 權利를 消滅

---

105) 의용민법 제86조 제3항 : "무기명채권은 이를 동산으로 간주한다."

596 제2편 物 權

또는 變更할 수 없다

原案대로 可決하다

2. 編纂要綱　　　　物權法要綱　　十一. 質權

3. 權利質權에 있어서 아래와 같은 規定을 세울 것 [내용은 1. (5) 마.]

Ⅱ. **案**　　제341조　質權設定者가質權者의同意없이質權의目的된權利를消滅하게하거나質權者의利益을害하는變更을하여도質權者에게對抗하지못한다

Ⅲ. **審議錄**, 210면 상단 ~ 하단

2. 現行法 및 判例, 學說　　現行法에는 規定이 없고 新設이다.

3. 外國 立法例　　① 滿民 제343조　　質權設定者는質權者의同意가있지않으면質權의目的인權利를削減케하며//또는이에質權의利益을害할變更을加할수없다

6. 審議經過　　① 本條에는 「對抗하지못한다」라고 規定되어 있는바, 第三債權[務]者는 質權設定者가 行한 債權의 抛棄 또는 免除 等을 主張할 수 있다고 解釋될 餘地가 있으므로 本條를 質權者뿐만 아니라, 第三債務者에게까지도 債權 抛棄또는 免除 等의 效力이 생기지 못한다는 强行規定으로 만드는 것이 妥當할 것이며, 따라서 本條의 「對抗하지못한다」를 滿民 제343조와 같이 「削減하게 하거나 利益을 害하는 變更을 할 수 없다」로 修正함이 妥當할 것이다.

② 「變更을하여도質權者에게對抗하지못한다」를 「變更을할수없다」로修正함에 合意하였다.

7. 結 論 : 修正案에 合意

Ⅳ. **법사위 수정안**　　(84)　제341조中「變更을하여도質權者에게對抗을하지못한다」를「變更을할수없다」로修正한다

Ⅷ. **제2독회**, 속기록 제48호, 7면 중단

○ 法制司法委員長 代理(張暻根) :　[민법안 제341조 및 법사위 수정안 (84) 낭독. 별다른 설명 없음]

제353조 (質權의目的이된債權의實行方法) ①質權者는質權의目的이된債權을

直接請求할수있다

　②債權의目的物이金錢인때에는質權者는自己債權의限度에서直接請求할수
있다

　③前項의債權의辨濟期가質權者의債權의辨濟期보다먼저到來한때에는質權
者는第三債務者에對하여그辨濟金額의供託을請求할수있다　이境遇에質權은
그供託金에存在한다

　④債權의目的物이金錢以外의物件인때에는質權者는그辨濟를받은物件에對
하여質權을行使할수있다

Ⅱ. 案　　　제342조

Ⅲ. 審議錄, 210면 하단 ～ 211면 하단

　　[211면] 2. 現行法 및 判例, 學說　　　現行法 제367조와 同一하다.

　　3. 外國 立法例　　① 獨民 제1282조　　　제1228조제2항의要件이發生하
였을때는質權者는債權을推尋할수있다　債務者는質權者에對하여서만給付를할수
있다　金錢債權에關하여서는質權者는그辨濟에必要한限度內에있어서만이를推尋
할수있다　質權者가債權을推尋할權利를가졌을때는支拂대신으로金錢質權을自己
에게讓渡할것을請求할수있다

　　　　　質權者는債權에關하여前項에揭記한以外의處分을하는權利를갖지않는다
但제1277조에따라債權에關하여辨濟를請求하는權利는이에關하여妨害되지않
는다

　　② 獨民 제1281조　　　債務者는質權者및債權者에게共同으로써만給付를行
할수있다　質權者및債權者는各自의債務者에對하여兩者의共同에對하여서給付할
것을請求할수있다　質權者및債權者는또給付代身으로兩者를爲하여債務의目的物
을供託하거나또는物件이供託에不適當할때는이를裁判上選任된保管人에게交付할
것을請求할수있다

　　③ 獨民 제1287조　　　債務者가제1281조제1282조의規定에따라給付를行하
였을때에는給付와同時에質權者는給付의目的을取得하고質權者는그目的에對하여
質權을取得한다　給付가土地의所有權을讓渡함에있을때에는質權者는保全抵當權
을取得한다

　　④ 中民 제909조　　　質權이無記名證券手形또는그他裏書에依하여讓渡되는

證券으로써目的物로하였을때에는그擔保하는債權이設使아직辨濟期에到達치아니
하였어도質權者는證券上받아야할給付를收取할수있다　證券의債務者에미리通知
할必要가있고또한通知할權利를갖는때에는債務者도또한單只質權者에對하여서만
給付를할수있다 //

　　　⑤　中民　제910조　　　質權이有價證券으로써目的物로하였을때에는該證券에
附屬한利息證券定期金期金證券또는利益分配證券이벌써質權에交付되었을때에限
하여그質權의效力은이들의附屬한證券에미친다

　　　⑥　滿民　제344조　　　草案과　同一하다.

　　7. 結　論 : 原案에　合意

제354조 (同前) 質權者는前條의規定에依하는外에民事訴訟法에定한執行方法　　에依하여質權을實行할수있다

Ⅱ. 案　　　제343조

Ⅲ. 審議錄, 211면 하단 ~ 212면 상단

　　2. 現行法 및 判例, 學說　　　現行法 제368조와 同一하다.

　　3. 外國 立法例　　①　獨民　제1277조　　　質權者는別段의規定이없는限强
制執行에關한規定에따라執行名義에依하여서만質權의目的인權利에關하여辨濟를
請求할수있다　제1229조및제2항의規定은이로因하여影響을받지않는다

　　[212면] 7. 結　論 : 原案에　合意

제355조 (準用規定) 權利質權에는本節의規定外에動産質權에關한規定을準用　　한다[106)]

Ⅱ. 案　　　제344조

Ⅲ. 審議錄, 212면 상단 ~ 하단

---

106) 이에 대하여는, 질권에 관하여 총칙을 앞세우는 의용민법의 태도를 포기하고 먼저 동산질
　　권에 관하여 규정을 두기로 한 태도와 관련하여 앞의 제8장 제1절 I. 1.(575면)도 참조.

2. 現行法 및 判例, 學說   現行法 제362조 제2항과 同一한 趣旨이다.

3. 外國 立法例   ① 獨民 제1273조(제2항)   權利質에關하여서는제1274조乃至제1296조에依하여別段의結果를發生하지않은限動産質에關한規定을準用한다 제1208조및제1213조제2항의規定은이를適用할수없다

② 瑞民 제899조(제2항)   이러한權利에對한質權은別段의規定이없는限動産質의規定에따른다

③ 滿民 제336조(제2항)   前項의質權에는本節에規定있는境遇를除한外前節의規定을準用한다 //

7. 結 論 : 原案에 合意

第9장   抵當權

제356조 (抵當權의內容) 抵當權者는債務者또는第3者가占有를移轉하지아니하고債務의擔保로提供한不動産에對하여다른債權者보다自己債權의優先辨濟를받을權利가있다

Ⅱ. **案**   제345조

Ⅲ. **審議錄**, 212면 下段 ~ 213면 上段

2. 現行法 및 判例, 學說   現行法 제369조와 同一한 趣旨이나 現行法 제2항[107]은 削除하였다. (草案 제362조 參照)

(參照) 外國人의抵當權에關한件(1899年 法律 제67호 ~ [朝鮮]民事令 제1조에서 依用)

3. 外國 立法例   ① 獨民 제1113조(제1항)   土地는이것에加한負擔에因하여利益을받는者에對하여其者가갖고있는債權을履行하기爲하여一定의金額을土地에서支拂할方法에依하여이것에負擔을加한수가있다

② 佛民 제2114조   書入質이라함은1個의義務의辨償에이바지한不動産에對한1個의對物權을말한다

---

107) 의용민법 제369조 제2항 : "지상권 및 영소작권도 저당권의 목적으로 할 수 있다. 이 경우에는 이 장의 규정을 준용한다." 아래 Ⅲ.의 6. 審議經過도 참조.

書入質은그性質上不可分인것이고辨償에이바지한모든不動産에對하여아울러그不動産의各個에關하여그各部分에對하여完全히存在하는것으로한다 書入質은그不動産이如何한사람의手中에移轉함을不問하고이에追及하는것으로한다

③ 中民 제816조 抵當權이라稱함은債務者또는第3者가占有를移轉치않고擔保로提供한不動産에對하여그賣渡하여取得한代金으로써辨濟를받을수있는權利를말한다

④ 滿民 제345조(제1항) 抵押權者는債務者또는第3者가占有를옮기지않고債務의擔保提供한不動産에關하여다른債權者에앞서自己의債權의辨濟를받을수있는權利를갖는다

6. 審議經過 現行法 제369조 제2항 中 永小作權은 우리나라에 없고 地上權, 傳貰權에 關하여서는 草案 제362조 제2항에 規定이 있다.

7. 結 論 : 原案에 合意

제357조 (根抵當) ①抵當權은그擔保할債務의最高額만을定하고債務의確定을將來에保留하여이를設定할수있다 이境遇에는그確定될때까지의債務의消滅또는移轉은抵當權에影響을미치지아니한다
②前項의境遇에는債務의利子는最高額中에算入한것으로본다

Ⅰ. 法編委 1. 의사록 제12. 抵當權

(3) 根抵當權에 關한 規定을 세울 것

「抵當權은 其 擔保할 最高全額만을 定하고 債權의 確定은 將來에 保留하여 이를 設定할 수 있다

債權의 設定에 이르기까지의 期間에 있어서의 債權의 消滅 또는 移轉은抵當權의 效力에 影響을 미치지 아니한다

債權의 利子는 제1항의 最高全額 中에 이를 算入한다」

[마지막 항을]「債權의 利息附인 때에는 그 利息은 제1항의 最高全額 中에算入한다」고 修正하고 爾餘는 原案대로 可決하다

2. 編纂要綱 物權法要綱 十二. 抵當權 […]

3. 根抵當에 關한 規定을 세울 것 [내용은 앞의 1. (3)]

Ⅱ. **案** 제346조 抵當權은그擔保할債務의最高額을定하고將來確定될債務를
擔保하기爲하여도이를設定할수있다 이境遇에는債務의利子는最高額中에算
入한것으로본다

Ⅲ. **審議錄**, 213면 상단 ~ 하단

  2. 現行法 및 判例, 學說   現行法에는 規定이 없고 新設이다(但 判例
學說上으로는 認定되어 왔다).

  3. 外國 立法例 //   ① 獨民 제1190조   抵當權은土地가擔保할最高
額만을定하고其他債權의確定을留保할方法에依하여이를設定할수있다

    債權이利息附인때는利息은前項의最高額中에算入한다

    本條의抵當權은이를保全抵當權으로서土地臺帳에明示치않는때라도保全
抵當權으로看做한다

    本條의境遇에있어서는債權은債權의讓渡에關한通則에따라이를讓渡할수
있다 債權이이規定에따라讓渡된때는抵當權의讓渡는除斥된다

  ② 滿民 제356조   抵押權은그擔保할最高額만을定하고債權의確定을將來
에保留하여이것을設定할수있다 이境遇에있어서는그確定할때까지의債權의消滅
또는移轉은抵押權에影響을미치지않는다

    債權이利息附인데는그利息은前項의最高金額中에이것을算入한다

  6. **審議經過**   ① 滿民 제356조 제1항 後段에 該當하는 規定에 關한 問
題 — 現行 根抵當制度도 同 後段과 같이 運營되고 있고 또 立法上 明確히 規
定하는 것이 좋다.

  ② 本條를 다음과 같이 修正함에 合意

    「抵當權은그擔保할債務의最高額만을定하고債務의確定을將來에保留하여
이를設定할수있다 이境遇에는그確定될때까지의債務의消滅또는移轉은抵當權에
影響이없다

    前項의境遇에는債務의利子는最高額中에算入한것으로본다」

  7. 結 論 : 修正案에 合意

Ⅳ. **법사위 수정안**   (85) 제346조를다음과같이修正한다 [내용은 Ⅲ. 6. ②]

Ⅴ. **意見書**, 129면 (金曾漢)

[91] 草案이 根抵當을 成文化한 것(제346조)에 贊成한다.

[이 유]　　現行 民法에 明文의 規定이 없으나 判例法이 이미 確立한 根抵當의 制度를 草案이 成文化한 것은 至當한 態度라고 하겠다. 다만 草案이 「將來 確定될 債務를 擔保하기 爲하여도 이를 設定할 수 있다」고 한 것을 修正案이 「債務의 確定을 將來에 保留하여 이를 設定할 수도 있다」로 고쳤는데, 오히려 草案대로 두는 것이 나을 것으로 생각된다. 修正案이 제1항 後段으로 이 境遇에는 그 確定될 때까지의 債務의 消滅 또는 移轉은 抵當權에 影響이 없다고 追加한 것은 없어도 無妨하지만 있는 便이 親切할는지 모른다.

Ⅷ. **제2독회**, 속기록 제48호, 7면 중단

　　○　法制司法委員長 代理(張暻根) :　[민법안 제346조 및 법사위 수정안 (85) 낭독] 좀 더 명확히 하기 위해서 한 字句修正입니다.

제358조 (抵當權의效力의範圍) 抵當權의效力은抵當不動産에附合된物件과從物에미친다 그러나法律에特別한規定또는設定行爲에다른約定이있으면그러하지아니하다

Ⅰ. **法編委**　　　　1. 의사록　　　物權法要綱　　　제12. 抵當權

　　(1) 抵當權의 效力은 抵當物에 附加하여 一體된 物件에 미칠 뿐만 아니라 그 從物에도 미친다는 規定을 세울 것　[…]

　　原案대로 可決하다

　　2. 編纂要綱　　　　物權法要綱　　　十二. 抵當權　[내용은 1. (1)]

Ⅱ. **案**　　　제347조 抵當權의效力은抵當不動産에附合된物件에미친다108) [단서는 민법 제358조에서와 같다]

Ⅲ. **審議錄**, 214면 상단 ~ 하단

　　2. 現行法 및 判例, 學說　　　現行法 제370조와 同一한 趣旨이다.

　　3. 外國 立法例　　① 獨民 제1120조　　　土地에서 分離된 産出物및 其他의

---

108) 민법안 제347조는 드물게도 「편찬요강」에 좇지 않았다. 그러나 법사위 수정안에 의하여 그 대로 되었다.

成分이제954조乃至제957조에따라土地로부터分離함에關하여土地의所有者或은自主占有者以外者의所有에歸치않는限抵當權은이에미친다　土地의從物에關하여서도亦是같다　但土地所有者의所有에歸치않는從物은그렇지않다.

　　② 瑞民　제805조(제1항)　　　不動産擔保는모든構成部分및모든從物을包括하여土地의負擔이된다.

　　③ 中民　제862조(제1항)　　　抵當權의效力은抵當權의從物및그에따른權利에미친다

　　④ 滿民　제346조　　　抵押權은契約에別段의定함이있는境遇를除外하고그抵押物에附加하여이것과一體를이룬物件에미친다.

　　6. 審議經過　　① 附合物에만 抵當權이 미치고 從物 特히 抵當權 設定 後 從物이 된 // 物件에 對하여는 抵當權이 미치지 않는 것으로 解釋될 念慮가 있으므로 瑞民 제805조 제1항, 中民 제862조 제1항, 滿民 제346조 제2항 等 立法例에 좇아 從物도 包含시키도록 修正함이 可하다.

　　② 現行法[의] 「附加하여一體를이룬物件」이라는 文言에 對하여 草案은 「附合된物件」으로 規定하였는바, 從來의 學說上으로 보아 現行法 下에서 「附合된物件」과 大差가 없으므로 槪念의 明確을 期하는 意味에서 草案이 妥當하다.

　　③ 다음의 修正案에 合意

　　　「附合된物件」 다음에 「과從物」을 揷入한다.

　　7. 結 論 : 修正案에 合意

Ⅳ. **법사위 수정안**　　　(86) 제347조中「附合된物件」다음에「과從物」을揷入한다

Ⅷ. **제2독회**, 속기록 제48호, 7면 하단

　　○ 法制司法委員長 代理(張暻根) :　[민법안 제347조 및 법사위 수정안 (86) 낭독] 이것은 現行法 370조에는 從物을 規定하지 아니한 관계로 抵當權 設定 當時의 從物은 물론 原則에 의해서 抵當權의 效力의 範圍 안에 듭니다마는 設定 後에 從物로 된 物權[件]에 대해서는 學說上 異論이 많습니다.

　　그러므로 이 設定 後에 從物이 된 것 그것까지에도 抵當權이 미치도록 하지 아니하면 抵當權의 效力이 減殺됩니다. 그러므로 瑞西民法 85조나 中國民法 862조 2항, 滿洲民法 346조 等의 그 立法例에 따라서 이 從物까지도 規定하자는 것입니다. 이렇게 되면 學說上 異議 많던 것이 다 解決이 됩니다.

제359조 (果實에對한效力) 抵當權의效力은抵當不動産에對한押留가있은後에 抵當權設定者가그不動産으로부터收取한果實또는收取할수있는果實에미친다 그러나抵當權者가그不動産에對한所有權, 地上權또는傳貰權을取得한第3者에 對하여는押留한事實을通知한後가아니면이로써對抗하지못한다

Ⅱ. **案**　　제348조

Ⅲ. **審議錄**, 214면 하단 ~ 215면 상단

　　2. 現行法 및 判例, 學說　　　現行法 제371조와 同一한 趣旨이다.

　　3. 外國 立法例　　① 獨民 제1121조　　　土地의産出物및其他의成分이債權者의利益을爲하여假差押되기前에讓渡되고또土地로부터搬出되였을때에는그擔保는消滅한다

　　　　　　　前項의境遇에있어서讓渡가搬出前에생긴때에는그取得者는債權者에對하여抵當權에關하여善意였다는것을主張할수없다　取得者가物件을土地로부터搬出한때는그搬出前에한假差押은取得者가搬出當時假差押에關하여善意치않은때에만이에對하여그效力을갖는다

　　② 中民 제863조　　　抵當權의效力은抵當物의差押後에抵當物에서分離한天然果實에미친다

　　③ 中民 제864조　　　抵當權의效力은抵當物의差押後에抵當權設定者가抵當物에關하여收取할수있는法定果實에미친다　但抵當權者는抵當物을差押한事情을法定果實을辨濟할義務者에게通知하지않으면이에對抗할수없다

　　④ 滿民 제347조　　　抵押權은抵押物의差押이있은後抵押權設定者가抵押物에關하여收取할수있는果實에및[미친]다

　　　　　　　但法定果實에關하여는抵押權者가抵押權을差押한것을그辨濟義務者에게通知하지않으면이것으로서辨濟義務者에게對抗할수없다

　　6. 審議經過　　　①「執留」를「押留」로 字句修正(本 草案 제160조 參照).

　　② 果實에 關하여서는 天然果實만을 意味하고 法定果實은 包含하지 않는다는 것이 判例 通說이다. 法定果實에對하여는 現行法 제304조(草案 제331조)의 物上代位에 依하여 押留를 要件으로 한다는 것이 通說이다.

　　7. 結 論 : 字句修正 外 原案에 合意

제360조 (被擔保債權의 範圍) 抵當權은 元本, 利子, 違約金, 債務不履行으로因한 損害賠償및抵當權의實行費用을擔保한다　그러나遲延賠償에對하여는元本의 履行期日을經過한後의 1年分에限하여抵當權을行使할수있다

Ⅱ. **案**　　　제349조 抵當權은元債務, 利子, 遲延賠償및抵當權實行費用을擔保한다
　　　　[단서는 "…元債務의履行期日을…"라고 한다]

Ⅲ. **審議錄**, 215면 상단 ~ 216면 상단

　// 2. 現行法 및 判例, 學說　　　現行法 제374조와 同一하다.

　3. 外國 立法例　　① 獨民 제11118조[제1118조]　　抵當權에因하여土 地또는債權의法定利息과告知및土地에關하여辨濟를請求하기爲한訴追의費用을擔 保한다

　② 獨民 제1119조(제1항)　　債權이無利息인때또는그利率이5分以下인때 에는抵當權은同順位또는그以下의債權者의同時없어도土地로하여금5分以內의利 息을擔保케할수가있다

　③ 瑞民 제818조　　不動産擔保權은債權者에對하여다음의債權을擔保한다

　　1. 元本債權　　2. 執行費用과延滯利息

　　3. 破産開始또는擔保物換價請求때에辨濟期에이른3年間의利息과最近利 　　　息期日以來發生한利息 처음에合意된利率은5分以上에增加하여後位의 　　　抵當權者에不利益을줄수없다

　④ 滿民 제348조　　抵押權者가利息其他의定期金을請求할權利를갖는때는 그滿期로된最後의2年分에關하여서만그抵押權을行使할수있다 但그以前의定期金 에關하여도滿期後抵押權의登錄에附記를한때에는그登錄한때부터이것을行使하여 도無妨하다

　　　前項의規定은抵押權이債務의不履行에因하여생긴損害의賠償을請求할權 利를갖는境遇에있어서그最後의2年分에關하여도亦是이것을適用한다 [216면] 但 利息其他의定期金과通算하여2年分을넘을수없다

　6. 審議經過　　① 草案은 現行法과 比較할 때 最後 1年分 利子는 履行期 日을 지난 最後 1年分에 限하고 이 以上은 特別登記함으로써 複[被]擔保範圍에 들게 한 것이 現行法인데 草案은 이를 採擇하지 않음으로써 一般債權者의 保護 를 圖謀하였다.

② 本條 中 「元債務」를 「元本」으로 修正한다.

③ 本條 中 「元債務」를 「元本」으로, 「遲延賠償및抵當權」을 「違約金, 債務不履行으로因한損害賠償및抵當權」으로 各各 修正한다.

7. 結 論 : 修正案에 合意

Ⅳ. **법사위 수정안**　(87) 제349조中「元債務」를「元本」으로「遲延賠償및抵當權」을「違約金, 債務不履行으로因한損害賠償및抵當權」으로各修正한다

Ⅷ. **제2독회**, 속기록 제48호, 7면 하단

○ 法制司法委員長 代理(張暻根) :　[민법안 제349조 및 법사위 수정안 (87) 낭독. 별다른 설명 없음]

제361조 (抵當權의處分制限) 抵當權은그擔保한債權과分離하여他人에게讓渡하거나다른債權의擔保로하지못한다

Ⅱ. **案**　제350조

Ⅲ. **審議錄**, 216면 상단 ~ 하단

2. 現行法 및 判例, 學說　　現行法 제375조와 參照.

3. 外國 立法例　① 獨民 제1153조　　債權의讓渡와같이抵當權은新債權者에게移轉한다

債權은抵當權과같이하지않으면이를讓渡할수없다

② 瑞民 제832조　　抵當된土地가讓渡되는境遇에는그擔保負擔및債務者의責任은別段의定함//이없는限變更을받지않는다

新所有者가擔保한債權에對하여債務를引受한때에는舊債務者를債務를免한다

但債權者가舊債務者에對하여1年內에書面으로써이를債務者로할것을希望하는意思를表示하는境遇에는그렇지않다

③ 中民 제870조　　抵當權은債權에서分離하여이를讓渡하거나또는其他債權의擔保로하지못한다

④ 滿民 제349조(제1항)　　抵押權者는그權利의範圍內에서抵押權을다른

債權의抵押으로하고또同一의債務者에對한다른債權者의利益을爲하여그抵押權或
은其順位를讓渡하거나또는이것을抛棄할수있다

　　6. 審議經過　　　[被]擔保債權과 抵當權을 같이 移轉할 수 있는 것과 債權
과 分離하여 抵當權만 移轉할 수 없다는 두 가지 點을 立法으로 解決하는 意味
에서 本 草案은 安當하다.

　　7. 結 論 : 原案에 合意

Ⅴ. 意見書. 124면 ~ 125면 (金曾漢)

　　[84] 草案 제350조를 削除하고 現行法 제375조와 같은 趣旨의 規定을 둔다.

　　[이 유]　　　　近代 抵當權이 獨立의 原則을 取함에도 不拘하고, 草案이 現
行 民法 제375조가 認定하고 있는 程度의 附從性의 緩和까지도 封鎖하여 버리
고 附從性을 徹底하게 强化하였다는 것은 近代 抵當法의 趨勢에 逆行하는 것이
고 明白히 不當하다고 아니할 수 없다. 勿論 우리나라의 抵當法이 우리 經濟界
의 實情을 無視하고 外國의 發達한 抵當法을 본받을 수는 없을 것이다. 例컨대
順位確定의 原則은, 債務者가 언제나 不利한 條件으로 金融을 얻어야 한다는
不合理를 除去할 수 있다고 하지만, 順位上昇의 原則을 傳統으로 가지고 있는
우리나라에 있어서는 後順位抵當權의 設定은 早晚間 그 順位가 上昇할 것이 豫
定되어 있기 때문에 可能한 것이라 함이 實情일 것이다. 그렇다면 順位確定의
原則이 아무리 合理的이라 할지라도, 이것을 採用하면 도리어 우리 經濟界에
混亂을 惹起하고 또 後順位抵當權의 設定을 ―따라서 不動産이 가지는 擔保價
値의 充分한 活用을― 막아 버리는 結果가 되기 쉬우므로, 이것을 採用하기 어
렵다. 그렇지만 現行 民法 以上으로 附從性을 强化한 趣旨가 어디에 있는지 理
解할 수 없다. 卽 現行 民法은 附從性을 原則으로 하면서도, 그 제375조는 轉抵
當(抵當權附債權의 質入으로서가 아니라 [125면] 目的物을 再次 抵當에 넣는
것으로서의)과, 同一債務者에 對한 다른 債權者의 利益을 爲하여 抵當權 또는
그 順位만을 讓渡 또는 抛棄하는 것을 認定함으로써, 附從性을 緩和하고 있다.
그런데 草案은 附從性을 緩和하는 方向과는 正反對로 그것을 徹底히 强化하여,
「抵當權은 그 擔保한 債權과 分離하여 他人에게 讓渡하거나 다른 債權의 擔保
로 하지 못한다」고 規定한다(草 350조). 現行 民法 제375조가 그다지 많이 活
用되고 있지 아니함은 事實일는지 모르나, 全然히 利用되지 않는다는 것은 아

니며, 또 그것을 踏襲한다고 어떤 弊端이 있을 것도 아니다. 또 더러는 現行法 제375조가 實際로 必要한 경우도 있을 수 있다. 그렇다면 무엇 때문에 近代 抵當權의 趨勢에 逆行하면서까지 轉抵當이나 抵當權 또는 그 順位의 讓渡 또는 抛棄의 길을 막으려고 하는 것인가. 오히려 草案 제350조를 削除하고 現行 民法 제375조와 同旨의 規定을 두는 것이 妥當할 것이다.

VI. 현석호 수정안   (22) 제350조를다음과같이修正한다109)

　　　抵當權者는그抵當權으로써다른債權의擔保로할수있다 또同一한債務者에對한다른債權者의利益을爲하여그抵當權이나그順位를讓渡하거나또는이를抛棄할수있다

　　　前項의境遇에抵當權者가數人을爲하여그抵當權의處分을한때에는그利益을받는者의權利의順位는抵當權의登記에附記한前後에依한다

VIII. 제2독회, 속기록 제48호, 8면 상단 ~ 하단

　　○ 法制司法委員長 代理(張暻根) ： [민법안 제350조 및 현석호 수정안 (22) 낭독] 여기에 대해서는 이것은 獨逸民法에 의해서 獨逸民法의 그 抵當權의 그 獨立地位를 賦與하자는 그런 主義를 따서 修正하자는 것이 玄錫虎 議員의 修正案이올시다.

　　여러분 아시다시피 從前에 우리 現行法은 그 抵當權의 獨立性을 認定 안했습니다 即 債權과 運命을 같이하는 債權의 附從性 所謂 債權이 없어질 것 같으면 사라지고 거기에 붙어만 다니는 것으로서 거기에 規定을 했습니다. 勿論 經濟生活이 굉장히 發達된 나라에서는 이러한 獨立性이 必要하게 되리라고 생각합니다마는 우리의 지금 經濟實情으로 보아서는 抵當權의 獨立性을 이렇게 認定할 必要는 없다고 생각합니다. 따라서 法制司法委員會로서는 政府原案을 支持하고 이 玄錫虎 議員의 修正案에 대해서 反對意見을 가지고 있습니다.

　　○ 副議長(李在鶴) ： 玄錫虎 議員 說明하세요.

　　○ 玄錫虎 議員 ： 이 抵當權 문제에 있어서는 抵當權의 獨立性과 附從性에 대해서 문제가 되는 것입니다. // 지금 張暻根 議員 말씀은 抵當權은 債權과 어디까지든지 分離할 수 없는 이런 그 附從性을 가지기 때문에 그 附從性을 더 徹底化해 가지고서 이렇게 아주 이렇게 規定하는 것이 좋다 하는 말씀인데 事

---

109) 이는 의용민법 제375조와 전적으로 같은 내용이다.

實上에 있어서는 이런 經濟事情이 發達이 되고 또 이 抵當權이 많이 말하자면 行使가 되는 이 마당에 있어서는 오히려 그 附從性보다도 차라리 抵當權이라는 한 個의 그 物權에 대한 이 獨立性을 차츰차츰 賦與해 가는 게 옳지 않느냐 이렇게 正反對로 생각하는 것입니다. 現在 現行 民法에 있어서도 그렇게 지금 되어 가지고 있습니다. 現行 民法 375조에 있어서는 「抵當權者는其抵當權者로서 다른債權의擔保로할수있고또同一한債務者에대한다른債務者의利益을위하여其抵當權이나그順位를讓渡하거나이를抛棄할수있다　前項의境遇에抵當權者가數人을 위하여其抵當權의處分을한때는其利益을받는者의權利의順位는抵當權의登記에附記한前後에依한다」 이렇게 해서 375조에 지금 現行 民法에서 認定하던 것을 이번 草案에서는 正反對로 그렇게 認定 안 하자는 것입니다.

　　그런데 勿論 이 點에 대해서는 見解의 差異일 것입니다마는 오히려 이 抵當權의 附從性을 더 철저히 하는 것보담은 이 社會의 經濟狀態에 비추어 보아서 이만한 程度에 … 말하자면 抵當權 自體로서의 獨立性을 좀 賦與해 주는 것이 實際에 妥當하다 이러한 見解입니다.

　　이 點에 대해서는 勿論 見解의 差異일 것입니다마는 現行法에도 이렇게 되어 와서 이러한 慣習이 勿論 많이 施行되는 것은 아닙니다. 하지마는 // 이런 境遇가 없지 않아 있는 것입니다. 하기 때문에 이것을 法律로써 아주 싹 막아버리는 것보담은 차라리 그냥 存續해 두는 것이 좋다 이런 생각에서 말씀드리는 것입니다

　　○ 副議長(李在鶴) : 말씀 없으시면 表決하겠습니다. 제350조 玄錫虎 議員의 修正案은 玄錫虎 議員께서 撤回하시겠다고 합니다. 그러므로 제350조는 政府原案밖에 남아 있지 않습니다. 그러면 이것은 당연히 可決됩니다. 政府原案대로 可決됩니다.

** 유저당 금지에 관한 규정을 둘 것인지의 문제

Ⅱ. 案　　　제351조 抵當債權의辨濟期前의契約으로그辨濟에가름하여抵當權者에게抵當物의所有權을取得하게하거나競賣以外의方法으로抵當物을處分하게하지못한다 同一한目的物에他人의物權이設定된境遇에는抵當債權의辨濟期後에도前段과같다

Ⅲ. **審議錄**, 216면 하단 ~ 217면 하단

[217면] 2. 現行法 및 判例, 學說   現行法에는 規定이 없고 新設 條文
이다.

3. 外國 立法例   ① 獨民 제1149조   所有者는債務가自己에對하여辨
濟期에있지않는限辨濟를爲하여土地所有權의移轉을請求하거나또는強制執行以外
의方法에依하여土地의讓渡를할權利를債權者에게讓渡할수없다

② 瑞民 제816조(제2항)   債權者가辨濟를받지않는때는擔保物이所有物
로債權者에歸屬한다는뜻의契約은無效로한다

③ 中民 제873조(제2항)   債權이이미辨濟期에達하여도辨濟를아니할때
에는抵當物의所有權은抵當權者에게移屬하게될것을約定하였을境遇에는그約定은
無效로한다

6. 審議經過   ① 本條 後段의 規定은 同一한 抵當不動産에 對한 他人의
物件 例컨대 地上權이 設定되어 있는 境遇 그 地上權者를 保護코저 하는 趣旨
인 듯하나 地上權이 抵當權보다 後順位인 때에는 競賣에 依하여 地上權이 消滅
되어 競落人의 所有에 歸하는 것이며 地上權이 抵當權보다 先順位에 設定된 때
에는 抵當權은 地上權의 制約을 받음으로써 競賣되더라도 地上權이 붙어서 競
落人의 所有權에 追及하는 것 卽 物權으로서 追及하는 것이므로 本條 後段은
不必要한 規定이라고 생각된다. 獨民 제114//9조 제2항, 中民 제873조 제2항이
모두 本條 前段의 趣旨와 같은 規定을 하면서도 本條 後段과 같은 規定을 하지
않았다.

② 本條 後段을 削除한다.

7. 結 論 : 修正案에 合意

Ⅳ. **법사위 수정안**   (88) 제351조中後段을削除한다

Ⅴ. **意見書**, 129면 (金曾漢)

[90] 草案 제351조의 規定(流抵當의 禁止)을 削除한다.

[이 유]   草案과 같은 立法例가 없는 바는 아니되, 流質契約의 禁止까
지도 그 妥當性이 問題視되고 있는 오늘날, 現行 民法에도 禁止되지 아니하고
오히려 判例法에 依하여 그 有效性이 確認되고 있는 抵當直流契約을 草案이 禁

止하려고 하고 있는 것은 하나의 時代錯誤라 아니할 수 없다.

Ⅵ. 현석호 수정안   (23) 제351조를 削除한다

Ⅷ. 제2독회, 속기록 제48호, 8면 하단 ~ 9면 상단

○ 法制司法委員長 代理(張暻根) : [민법안 제351조, 법사위 수정안 (88) 및 현석호 수정안 (23) 낭독] 이 後段만은 아마 錯誤로 起草者의 過誤로서 後段이 잘못된 것 같습니다. 이것은 物權의 順位에 登記順位에 關係된 文句인데 그것 當然한 것인데 이것은 잘못된 것 같습니다.

그리고 이제 前段까지 削除하느냐 하는 것이 兩 修正案의 意見對立인데 이것은 抵當直流의 禁止에 關한 規定입니다. 여기는 이것은 事實上 351조 前段과 같은 規定을 해도 좋고 안 하더라도 큰 關係는 없습니다. 351조 全部 削除하자는 案에 대해서 法制司法委員會로서는 反對意見이 없습니다.

[9면] ○ 副議長(李在鶴) : 그러면 玄錫虎 議員의 全文削除에 異議 없으세요? (「異議 없소」하는 이 있음) 네, 그대로 通過합니다.

제362조 (抵當物의補充) 抵當權設定者의責任있는事由로因하여抵當物의價額이顯著히減少된때에는抵當權者는抵當權設定者에對하여그原狀回復또는相當한擔保提供을請求할수있다

Ⅱ. 案   제352조

Ⅲ. 審議錄, 217면 하단 ~ 218면 상단

2. 現行法 및 判例, 學說   現行法에는 規定이 없고 新設 條文이다.

3. 外國 立法例   ① 獨民 제1133조   土地의 毀損에 因하여 抵當權의 强固가害되는때에는債權者는所有者에對하여危險의除去에關하여相當의期間을指定할수있다 土地의修繕또는他의抵當權을設定함에因하여危險을除去치않는때에는債權者는이期間의經過後卽時土地에關하여辨濟를請求할수가있다 但債權이無利息이고또辨濟期에있지않는때에는債權者는支拂時부터辨濟期에이르기까지의法定利息을算入하면債權額에達할金額만을取得할수가있다

② 獨民 제1134조   土地所有者또는第3者가土地를毀損하고抵當權의强固

를害할念慮가있는方法에依하여土地를取扱한때에는債權者는그廢止를請求할수
있다

　　　　所有者가前項의取扱을한때는裁判所는債權者의申請에因하여危險의除去
에必要한處置를命令하여야한다　所有者가第3者의關與또는其他의加害行爲에對하
여必要한豫防을懈怠함에因하여危害를生할念慮가있는때도또한같다

　　③ 瑞民 제809조　　　價格이減少되었을境遇에는債權者는그請求權의保全또
는原狀回復을債權[務][218면]者에請求할수있다　價格이減少의危險이있는境遇에
도債權者는保全을請求할수있다

　　　　裁判官으로부터指定된期間에請求에應함이없을때는債權者는그利益의保
全에充分한債務의辨濟를請求할수있다

　　④ 中民 제872조　　　抵當物이價値가減少되었을때에는抵當權者는抵當權設
定者에對하여抵當物의原狀回復또는減少價格에相當한擔保의提供을請求할수있다

　　　　抵當物의價値가抵當權設定者의責任에歸하지않는事由에因하여減少되었
을때에는抵當權者는單只抵當權設定者가損害賠償을받을수있는限度內에있어서만
擔保의提供을請求할수있다

　　⑤ 中民 제871조　　　抵當權設定者의行爲가抵當物의價値를減少시킴에足한
때에는抵當權者는그行爲의停止를請求할수있다　急迫한事情이있을때에는抵當權
者는스스로必要한保全處分을할수있다

　　　　前項의請求또는處分에因하여發生한費用은抵當權設定者가이를負擔한다

　7. 結 論 : 原案에 合意

Ⅴ. 意見書, 127면 (金曾漢)

　　[87] 草案 제352조의 規定에는 贊成한다.

　　[이 유]　　現行 民法에는 增擔保에 關한 規定이 없기 때문에, 解釋上 抵
當權의 侵害 있는 境遇에 增擔保의 特約이 없어도 增擔保를 請求할 수 있느냐
가 問題가 됨에 비추어, 草案이 抵當權設定者에게 責任 있는 事由로 擔保價値
가 顯著하게 減少된 境遇에는 特約이 없더라도 擔保價値의 復舊를 請求할 수
있을 것으로 規定한 것은 適切하다고 하겠다.

제363조 (抵當權者의競賣請求權, 競買人) ①抵當權者는그債權의辨濟를받기

爲하여抵當物의競賣를請求할수있다

②抵當物의所有權을取得한第3者도競賣人이될수있다

Ⅱ. **案**　　제353조　　[다만 제1항 말미가 "申請할수있다"로 되어 있다]

Ⅲ. **審議錄**, 218면 상단 ~ 하단

2. 現行法 및 判例, 學說　　現行法 제387조, 제390조와 同一한 趣旨이다.

3. 外國 立法例　　① 獨民 제1147조　　土地그他抵當權이미치는目的物에關하여辨濟를請求하려면强制執行의手續에依한다

②　中民　제873조(제1항)　　抵當權者는債權이이미辨濟期에達하였을지라도辨濟를받지않을때에는法院에對하여抵當物을競賣하여그賣渡代金으로써辨濟를받을것을申請할수있다

③ 滿民 제350조　　抵押權者는그債權의辨濟를받기爲하여抵押物을競賣할수있다

6. 審議經過　　제1항 中「申請」을「請求」로 修正한다. (草案 제8조 제308조 參照)

7. 結論 : 前記 字句修正 外 原案에 合意

Ⅳ. **법사위 수정안**　　(89) 제353조제1항中「申請할수있다」를「請求할수있다」로修正한다

Ⅷ. **제2독회**, 속기록 제48호, 9면 상단

○ 法制司法委員長 代理(張暻根) :　[민법안 제353조 및 법사위 수정안 (89) 낭독] 字句修正입니다. 이것은 草案의 8조와 38조 等과 文句를 같이 統一하기 爲해서 提案한 것입니다.

제364조 (第三取得者의辨濟) 抵當不動産에對하여所有權,地上權또는傳貰權을取得한第3者는抵當權者에게그不動産으로擔保된債權을辨濟하고抵當權의消滅을請求할수있다

Ⅱ. **案**　　제354조

Ⅲ. **審議錄**, 218면 하단 ∼ 219면 상단

  2. 現行法 및 判例, 學說   現行法에는 規定 없다(現行法 제377조 參照).

  6. 審議經過   滌除制度의 代身에 設置한 規定이다.

  7. 結 論 : 原案에 合意

** 척제제도 및 대가변제제도를 인정하지 아니한 것에 대하여

Ⅰ. **法編委**   1. 의사록   物權法要綱   第十二. 抵當權   […]

  (4) 滌除의 制度는 이를 削除할 것

  原案대로 可決하다

  2. 編纂要綱   物權法要綱   十二. 抵當權

     4. 滌除의 制度는 이를 消[削]除한다.

Ⅲ. **審議錄**, 219면 상단

  「滌除制度」를 採擇하지 않는 理由 —

  ① 同 制度를 採擇한 立法例 (佛民, 日民)

  ② 同 制度를 採擇치 않은 立法例 (中民, 滿民)

  ③ 第三取得者의 保護에 偏重하여 抵當物의 價格 昂騰을 기다리는 抵當權
者에게 廉價로 抵當物을 評價하여 辨濟를 받거나 增價競賣請求를 하지 않을 수
없는 重壓을 加함으로써 擔保權의 本來의 任務를 充分히 發揮치 못하게 하고
있으므로 本 制度는 採擇치 않는 것이 妥當하다.

  ④ 草案 제354조 等의 規定을 活用[함]에 依하여 從來의 滌除制度 및 代價
辨濟制度에 代하겠다는 것이 本 草案의 態度라고 思料된다.

Ⅴ. **意見書**, 122면 ∼ 124면

  1. 122면 (金曾漢)

  [82] 草案이 滌除制度를 廢止한 點에 贊成한다.110)

  [이 유]   本來 滌除制度는 抵當不動産 위에 地上權·永小作權·또는 所

---

110) 김증한은 민법안공청회에서 그 공청사항 제11항("저당권에 관한 척제제도 폐지에 관하
    여")에 논의하면서 『민법안의견서』에서의 의견과 같은 취지를 말하고 있다. 민법안심의자
    료집, 96면 상단 ∼ 중단 참조.

有權을 取得한 者를 爲하여 認定되는 것으로, 地上權이나 永小作權이 抵當權의 實行으로 말미암아 覆滅 當하거나 第三取得者가 抵當權의 實行으로 말미암아 目的物을 喪失하게 되는 것을 防止하기 爲하여 認定되는 것이다. 그러나 地上權·永小作權은 實際로 거의 存在하지 않으므로, 이 制度가 地上權者나 永小作權者에 依하여 利用되는 일은 없고, 우리나라에서 用益權으로서의 두터운 保護가 가장 切實히 要望되는 賃借權을 爲하여는 이 制度가 認定되지 않는다. 그 結果 이 制度는 抵當權을 廉價로 消却하려는 目的을 가진 第三取得者에 依하여서만 利用되고 있는 것이 實情이며, 이것은 抵當權에 對하여 不當한 重壓을 加함으로써 그 實效性을 甚히 減殺하는 作用을 하고 있다. 그러므로 草案이 滌除의 制度를 廢止하고, 第三取得者는 被擔保債權 全額을 辨濟하고서만 抵當權을 消滅시킬 수 있게 한(草 354조) 것은 抵當權의 實效性을 維持하기 爲하여 至極히 妥當한 일이다.

2. 122면 ~ 123면 (金基善)

[82]에 對한 附見　　草案이 滌除制度를 廢止한 點에 反對한다.

[이 유]　　抵當權設定者로부터 抵當不動産에 對하여서 一定한 權利를 取得한 者 卽 第三取得者는 抵當權設定者가 抵當權者에게 債務[123면]를 履行하지 않는 限 그 取得한 所有權 其他의 權利를 喪失하게 될 危險에 處하여 있다. 이 不利한 地位로부터 第三取得者를 救濟保護하려는 方法으로서 代價辨濟와 滌除의 制度가 있다.

今般 草案에서 代價辨濟와 滌除制度를 모두 廢止하고 草案 제354조를 新設함으로써 第三取得者를 어느 程度로 保護된 것인지 大端히 疑心하지 않을 수 없다. 滌除가 오늘날 金融의 王者的 地位에 있는 抵當權을 侵害함으로 因하여 그 進步發展에 惡影響을 끼치는 것인즉 이의 廢止도 생각 안 되는 바 아니나 그렇게 되면 抵當權만을 保護하는 나머지 第三取得者의 利益은 전혀 無視 當하는 結果를 招來한다. 今般의 草案을 볼진대 地上權이 從來에 比하여서 問題가 되지 아니할 程度로 强化되고 債權으로서의 賃借權이 地上權에 가까울 程度로 强化되어 있음을 容易하게 發見할 수 있다. 이와 같은 境遇에 있어서의 利用權은 强化되어 있음에도 不拘하고 抵當不動産의 第三取得者의 利用權은 全혀 無視抹殺하려는 것은 同一 法典內에 있어서 너무나 不均衡에 치우치게 되어 不統一이라는 非難을 免하지 못하게 될 것이다.

　　抵當權은 目的物의 利用을 拘束하지 않고서 그 價値를 目的으로 하여 오로지 目的物로부터 優先的 辨濟를 받는 데 汲汲하는 權利이므로 所有權 地上權과 같이 目的物의 使用 收益을 目的으로하는 用益權과 倂存할 수 있다. 그러나 다만 이 境遇에는 兩 權利 中 如何한 權利가 다른 權利에 對하여 優位할 것이냐가 問題이다. 勿論 物權法의 一般原則에 依하여서 決定할 것이지마는 이곳에서 言及하고자 하는 바는 抵當權이 利用權에 優位하였을 때이다. 抵當權의 實行方法인 競賣에 依하여서 第三取得者의 利用權을 完全히 度外視할 만한 强力한 理由가 있을까. 抵當權者의 利益을 해치지 않는 範圍 內에서 第三取得者의 利用權을 保存維持함이 社會經濟上 必要하다. 이 意味에 있어서 滌除制度로 因하여 抵當權을 해치는 程度를 最少限度에 그치도록 立法措置를 取함이 必要하다. 一例를 들면 第三取得者가 申込한 金額이 不足하여 競賣한 結果 오히려 그 金額보다 不足한 境遇에는 10分之1의 增價로써 스스로 不動産을 買受하는데 있어서 그 增價比率을 2分之1로 한다는 것과 같은 것이다.

　　要컨대 滌除制度를 廢止할 것이 아니고 旣存 規定을 修正함이 適切하다.

　　3. 124면 (金曾漢)

　　[83] 草案이 代價辨濟制度111)를 廢止한 點에 贊成한다.

　　[이 유]　　代價辨濟制度는 그 利用 與否가 抵當權者의 意思에 달려 있기 때문에 滌除制度처럼 抵當權에 對한 壓迫이 되지는 않지만, 그만큼 第三取得者의 地位를 安定시키는 作用은 적으며, 그 結果 實際로 別로 利用되지 않았었다. 그러므로 이 制度를 廢止하고, 抵當權者가 自己 意思로 債務를 減免하여 주는 것은 別問題이되 그렇지 아니한 限 原則的으로 第三取得者는 被擔保債權 全額을 辨濟하고서만 抵當權을 消滅시킬 수 있게 한 草案은 適切한 立法이라고 하겠다.

제365조 (抵當地上의建物에對한競賣請求權) 土地를目的으로抵當權을設定한後그設定者가그土地에建物을築造한때에는抵當權者는土地와함께그建物에對하여도競賣를請求할수있다　그러나그建物의競賣代價에對하여는優先辨濟를

---

111) 의용민법 제378조 : "저당부동산에 대하여 소유권 또는 지상권을 매수한 제3자가 저당권자의 청구에 응하여 그 저당권자에게 그 대가를 변제한 때에는 저당권은 그 제3자를 위하여 소멸한다."

받을權利가없다

Ⅱ. **案**　　제355조 [다만 그 본문은 "…抵當權者는必要한境遇에限하여土地
와함께…"라고 한다]

Ⅲ. **審議錄**, 219면 상단 ~ 하단

// 2. 現行法 및 判例, 學說　　現行法 제389조와 同一하다.

3. 外國 立法例　　① 中民 제877조　　草案과 同一하다.

② 滿民 제352조　　抵押權設定後그設定者가抵押地에建築物을築造할때는
抵押權者는土地와같이이것을競賣할수있다　但그優先權은土地의賣得金에關하여
서만이것을行使할수있다

6. 審議經過　　① 本條 中「必要한境遇에限하여」는 削除함이 可하다. 이
러한 制限이 있으면 法院의 判定을 받아야 할 것이고 또 그렇게 된다면 迅速한
擔保權의 實行이라는 原則과 背馳하여 도리어 遲延을 免하지 못하게 되며 따라
서 抵當權者를 保護하겠다는 本條의 趣旨는 有名無實하게 된다

②「必要한境遇에限하여」를 削除한다.

③「申請」을「請求」로 字句修正한다.

7. 結 論 : 修正案에 合意

Ⅳ. **법사위 수정안**　　(90) 제355조中「必要한境遇에限하여」를削除하고「申請
할수있다」를「請求할수있다」로修正한다

Ⅷ. **제2독회**, 속기록 제48호, 9면 상단 ~ 중단

○ 法制司法委員長 代理(張暻根) : [민법안 제355조 및 법사위 수정안
(90) 낭독]　　이 申請할 수 있다를 請求할 수 있다고 고치자는 것은 아까 말
씀드린 바와 마찬가지 理由에서 字句修正하자는 것이고 그 必要한 境遇에 限하
여를 削除하자는 것은 現行法 389조와 같//은 立法입니다마는 必要한 境遇에
限하여가 없습니다. 萬一 必要한 境遇에 限하여가 … 必要한 境遇에 限하여 …
必要한 境遇에 있느냐 必要한 境遇에 該當하느냐 않느냐 이것은 法院에서 이것
을 判定한다고 하면 時日이 걸리므로 抵當權 保護의 趣旨에는 有名無實하게 되
는 까닭에 이것을 없애자는 것입니다.

제366조 (法定地上權) 抵當物의競賣로因하여土地와그地上建物이다른所有者
에屬한境遇에는土地所有者는建物所有者에對하여地上權을設定한것으로본다
그러나地料는當事者의請求에依하여法院이이를定한다

Ⅰ. **法編委**   1. 의사록   物權法要綱   第十二. 抵當權
　(2) 法定地上權이 適用되는 範圍를 擴張할 것
　　例 同一 所有者에 屬한 土地 及 建物에 對하여 抵當權을 設定한 境遇에
있어서 競賣의 結果 그 土地와 建物이 各各 競落人을 달리하게 된 때에도 建物
의 競落人은 地上權을 取得한다
　　原案대로 可決하다
　2. 編纂要綱   物權法要綱   十二. 抵當權
　　2. 法定地上權의 適用되는 範圍를 擴張할 것 [그 '예'는 앞의 1. (2)]

Ⅱ. **案**   제356조 抵當物의競賣로因하여土地와그地上建物이各所有者에屬한
　　境遇에는建物所有者는土地所有者에對하여地上權의設定을請求할수있다

Ⅲ. **審議錄**, 219면 하단 ~ 220면 하단
　2. 現行法 및 判例, 學說   現行法 제388조(草案 제292조 修正[112] 參照)
와 同一하다.
　3. 外國 立法例   ① 中民 제876조(제1항)   土地및그土地上의建築物
이同一人의所有에屬하고다만土地또는建築物만으로써抵當權을設定하였을境遇에
는抵當物의競賣時에는이미地上權이設定된것으로看做한다   그地代는當事者間의
協議로써이를定한다
　　② 滿民 제351조(제1항)   土地및그위에存在하는建築物이同一의所有者
에屬하는境遇에있어서그土地또는建築만을抵押으로한때에는抵押權設定者는競賣
의境遇에關하여地上權을設定한것으로看做한다
　　6. 審議經過   ① 本條를 다음과 같이 修正한다.
　　　「抵當物의競賣로因하여土地와그地上建物이各所有者에屬한境遇에는土地
所有者는建物所有者에對하여地上權을設定한것으로본다   그러나地代는當事者의
請求에依하여法院이이를定한다」

---

　112) 이에 대하여는 민법 제305조 Ⅲ.(548면 이하) 참조.

(理由) 草案은 「請求할수있다」로 規定하였는바 이것은 請求에 依하여 地上權 設定의 效果를 發生하는 形成權이라고 생각되므로 結果에 있어서는 같으나 形成權 行使의 不便한 節次만 더하는 것이 되고 建物所有者와 土地所有者 間의 法律關係에 不明確한 狀態를 繼續시킴은 妥當치 않는 것이다. (草案 제292조 修正案 參照)

7. 結 論 : 修正案에 合意

Ⅳ. 법사위 수정안　　(91) 제356조를다음과같이修正한다 [내용은 Ⅲ. 6. ①]

Ⅴ. 意見書, 125면 ～ 126면 (金曾漢)

[85] 法定地上權에 關하여는 草案 제356조나 修正案 (91) 代身에 現行法 제388조 程度로 規定한다.

[이 유]　　法定地上權에 關하여 草案은 「… 建物所有者는 土地所有者에 對하여 地上權의 設定을 請求할 수 있다」고 하고, 修正案은 「 … 土地所有者는 建物所有者에 對하여 地上權을 設定한 것으로 본다」고 한다. 이 點은 修正案이 낫다. 特히 物權變動에 關하여 意思主義를 取할 때에는 「請求할 수 있다」로 할 必要가 없다.

그러나 草案이나 修正이나, 建物이 抵當權 設定 當時부터 存在하였느냐 그 後에 建設되었느냐를 묻지 아니한다. 이 點이 現行 民法과의 重要한 差異點이다. 現行 民法은 文面上으로도 建物이 抵當權 設定 當時부터 存在하였을 것을 要求하고 있고, 判例가 法定地上權을 認定하는 範圍를 擴張하려고 努力하여 왔음에도 不拘하고 이 要件만은 嚴守하고 있는 것이다. 法定地上權의 成立에 關한 이 制限이 抵當土地의 利用을 妨害하는 一大 障碍가 되어 있는 것은 事實이다. 그렇지만 草案과 같이 이 制限을 撤廢하여 버린다면, 抵當權과 用益權과의 調和라는 問題에 있어서 用益權의 保護에 너무 치우치는 反面에 抵當權에 對한 重大한 壓迫이 되지 않을 수 없다. 草案 제352조는 「抵當權設定者의 責任 있는 事由로 因하여 抵當物의 價格이 顯著히 [126면] 減少된 때에는 抵當權者는 抵當權設定者에 對하여 그 原狀回復 또는 相當한 擔保提供을 請求할 수 있다」고 規定하지만, 이것은 抵當權者의 不斷의 監視와 請求의 節次를 要求하는 것이므로, 이것으로도 法定地上權으로 因한 抵當權의 機能의 弱化를 到底히 顧補할 수는 없을 것으로 생각된다. 現行 民法上의 法定地上權이 抵當權 設定 後의 建

物을 爲하여는 認定되지 않는다는 制限이 抵當土地의 利用을 妨害하는 一大 障
碍가 되어 있는 것은 事實이지만, 抵當土地의 利用에 依하여 抵當權이 被害를
입는 일이 없을 만큼 抵當權이 價値權으로서 獨立하여 있지 못한 오늘날, 그 制
限을 撤廢하는 것이 抵當權에 對한 甚大한 重壓이 되어 抵當權의 機能을 極度
로 弱化시킨다는 것이 嚴然한 事實일진대, 이 制限을 撤廢하려고 하는 草案의
態度는 到底히 許容될 수 없다. 또 草案이 規定하는 抵當權이 다른 點에 있어서
는 顯著한 後進性을 지니고 있으면서, 法定地上權에 關해서만 價値權으로서의
完全한 獨立을 前提로한 規定을 한다는 것은 矛盾이 아닐 수 없다. 그러므로 現
行 民法이 認定하고 있는 制限을 그대로 踏襲하는 外에는 道理가 없을 것이다.

Ⅷ. **제2독회**, 속기록 제48호, 9면 중단 ~ 하단

○ 法制司法委員長 代理(張暻根) :   [민법안 제356조 및 법사위 수정안
(91) 낭독]   이 조항 修正에 對한 理由는 이렇습니다. 草案은 現行法 388조의
地上權 設定한 것으로 看做한다 이것을 請求할 수 있다로 規定한 것입니다. 이
草案이 … 이것은 當事者가 希望도 아니하는데 왜 地上權 設定으로 아주 본다
이렇게 看做한다고 할 必要가 없지 않느냐 하는 데 根據가 있는 것 같습니다마
는 建物所有者가 地上權 設定을 願하지 않을 리가 없습니다. 왜 그러냐 하면 地
上權 設定이 안 될 것 같으면 不法으로 이 그 建物을 남의 所有地에 가지고 있
게 되는 것[이]//므로 撤去하지 않을 수 없게 되는 것입니다.

그리고 둘째로 그렇다면 請求라는 不必要한 節次를 必要로 할 必要 없이
그냥 抵當權 設定한 것으로 본다 하는 것이 더 簡明하다는 것입니다.

그 다음에 建物所有者 對 土地所有者 間의 法律關係를 明確히 해야 됩니다.
이렇게 修正해야 地上權으로서 認定이 되니까 그 地上權에 따라서 地料를 支拂
하고 또 地上權者로서 權利가 있고 또 設定者로서 權利關係가 있게 됩니다. 그
냥 그대로 가지고 있을 수 있다고 하면 그 法律關係가 어드러한[어떠한] 法律
關係인지 明確치 않고 그래서 이렇게 修正하자는 것입니다.

제367조 (第三取得者의費用償還請求權) 抵當物의第三取得者가그不動産의保
存,改良을爲하여必要費또는有益費를支出한때에는제203조제1항,제2항의
規定에依하여抵當物의競賣代價에서優先償還을받을수있다

Ⅱ. **案**　　　제357조　抵當物의第三取得者가그不動産의保存改良에關하여有益費를支出한때에는제192조제2항의規定에좇아抵當物의競賣代價에서優先償還을받을수있다

Ⅲ. **審議錄**, 220면 하단

2. 現行法 및 判例, 學說　　　現行法 제391조와 同一한 趣旨이다(但「必要費」도 包含).

3. 外國 立法例　　① 滿民 제353조　　抵押物上에權利를取得한者가必要費또는有益費를支出한때는제196조의區別에따라抵押物의賣渡金으로서第一면저그償還을받을수있다

6. 審議經過　　①「改良에關하여」를「改良을爲하여必要費또는」으로 修正한다.

②「제92[192]조제2항」을「제92[192]조제1항제2항」으로 修正한다.

(理由) 草案 제192조 제299조와 같이 保存을 爲한 費用은 必要費이므로 이 文句를 揷入함이 可하다.

7. 結論 : 修正案에 合意

Ⅳ. **법사위 수정안**　　(92)　제357조中「改良에關하여」를「改良을爲하여必要費또는」으로「제192조제2항」을「제192조제1항제2항」으로各修正한다

Ⅷ. **제2독회**, 속기록 제48호, 9면 하단 ~ 10면 상단

○ 法制司法委員長 代理(張暻根) : 　[민법안 제357조 및 법사위 수정안 (92) 낭독]　이것은 아마 이 草案이 좀 錯覺을 일으킨 것 같습니다. 保有[存]을 爲한 費用은 必要費이고 改良을 爲한 費用은 有益費입니다. 그런데 이 保存을 爲한 費用은 必要費인데, 草案 192조 299조를 보셔도 아십니다, 그러니까 本條文은 修正할 必要가 있습니다. 따라서 現行法 391조나 이런 條文과 같이 保存 改良을 爲한 必要費 또는 // 有益費로 修正해야 됩니다.

제368조 (共同抵當과代價의配當,次順位者의代位) ①同一한債權의擔保로數個의不動産에抵當權을設定한境遇에그不動産의競賣代價를同時에配當하는때에는各不動産의競賣代價에比例하여그債權의分擔을定한다

②前項의抵當不動産中一部의競賣代價를먼저配當하는境遇에는그代價에서 그債權全部의辨濟를받을수있다　이境遇에그競賣한不動産의次順位抵當權者 는先順位抵當權者가前項의規定에依하여다른不動産의競賣代價에서辨濟를받 을수있는金額의限度에서先順位者를代位하여抵當權을行使할수있다

Ⅱ. 案　　　제358조

Ⅲ. 審議錄, 221면 상단 ~ 하단

2. 現行法 및 判例, 學說　　　現行法 제392조와 同一한 趣旨이다.

3. 外國 立法例　　① 獨民 제1132조　　一의債權에對하여數個의土地에 抵當權을設定한때에는──總括抵當──各土地債權의全部를擔保한다　債權者는隨意 各土地에關하여債權의全部또는一部의辨濟를請求할수있다

債權者는債權額을各土地에配當하고그配當金額에對하여서만各土地가擔 保할것을定할수가있다

이配當에關하여서는제875조제876조제878조의規定을準用한다

② 中民 제875조　　같은債權의擔保로써數個의不動産上에抵當權을設定하 고各個不動産의負擔하는金額을限定하지아니하였을때에는抵當權者는各個不動産 의賣渡代金에關하여債權의全部또는一部의辨濟를받을수있다

③ 滿民 제354조　　草案과 同一하다. //

6. 審議經過　　本條의 境遇에는 次順位抵當權者가 있는 區分에 따라 競 賣를 實施하거나 또는 一括하여 競賣實施하는 境遇라도 各 次順位抵當權者 있 는 區分에 따라 그 競賣代價를 分配算出(鑑定價格에 依한 按分 等으로)하도록 競賣法에 規定을 設하거나 또는 執行法院에서 이렇게 運營하여야 할 것이다.

7. 結 論 : 原案에 合意

** 저당물이 멸실한 경우에 관한 민법안 제359조

Ⅱ. 案　　　제359조 抵當權은抵當物의滅失로因하여消滅한다

抵當物의滅失로因한損害賠償을받을境遇에는各抵當權의順位에쫓아[좇 아]그賠償金에서債權의辨濟를받는다

Ⅲ. 審議錄, 221면 하단 ~ 222면 상단

2. 現行法 및 判例, 學說　　現行法 제372조에 依하여 제304조를 準用하였다(本條 제2항에 對應).

3. 外國 立法例　　① 中民 제881조　　草案과 同旨이다.

[222면] 6. 審議經過　　① 本條 제1항은 當然한 것으로 規定의 必要 없고 제2항은 草案 제361조에 依하여 제331조(物上代位)가 準用되어 있으므로 本條는 必要 없는 것이다.

② 本條는 全文 削除키로 合意

7. 結 論 : 本條 削除키로 合意

Ⅴ. 意見書, 127면 ~ 128면 (金曾漢)

[88] 修正案이 草案 제359조를 削除한 데는 贊成이며, 草案 제360조는 不必要하다.113)

Ⅷ. 제2독회, 속기록 제48호, 10면 상단

○ 法制司法委員長 代理(張暻根) : [민법안 제359조 낭독] 法制司法委員會의 修正案은 全文을 削除하자는 것입니다. 제1항은 이것은 當然한 規定이고 또 제2항은 草案 361조에 依해서 331조 卽 物上代位에 關한 規定이 準用되고 있는 까닭에 이것 必要 없습니다.

제369조 (附從性) 抵當權으로擔保한債權이時效의完成其他事由로因하여消滅한때에는抵當權도消滅한다

Ⅱ. 案　　제360조

Ⅲ. 審議錄, 222면 상단 ~ 하단

2. 現行法 및 判例, 學說　　現行法 제396조114)와 同一한 趣旨이나 現行法은 抵當權이 單獨으로는 消滅하지 않는다는 것을 明示하였다.

---

113) 그 이유에 대하여는 뒤의 민법 제369조에 관한 뒤의 624면 이하 참조.
114) 의용민법 제396조 : "저당권은 채무자 및 저당권설정자에 대하여는 그 담보하는 채권과 동시에가 아니면 시효로 인하여 소멸하지 아니한다."

3. 外國 立法例   ① 獨民 제1181조(제1항)   債權者가土地에關하여 辨濟를받은때는抵當權은消滅한다

② 中民 제880조   抵當權으로써擔保된債權의請求權이벌서[원문대로]時效에因하여消滅한境遇에있어서抵當權者가消滅時效의完成後5年間其抵當權을實行치않는때에는其抵當權은消滅한다

7. 結 論 : 原案에 合意

V. 意見書, 127면 ~ 128면 (金曾漢)

[88] 修正案이 草案 제359조를 削除한 데는 贊成이며, 草案 제360조는 不必要하다.

[이 유]   同條는 「抵當權으로 擔保한 債權이 時效의 完成 其他 事由로 因하여 消滅한 때에는 抵當權도 消滅한다」고 規定한다. 그러나 現行 民法이나 草案이 規定하는 抵當權이 獨立性을 가지지 못하고 擔保物權에 共通한 性質로서 附從性을 가지고 있음은 規定 全體의 趣旨로부터도 窺知할 수 있거니와 草案 제345조나 現行 民法 제369조에 「債務의 擔保로」라고 있음에 비추어 보[128면]더라도 明白하다. 그렇다면 抵當權이 被擔保債權의 消滅로 因하여 消滅함은 擔保物權 共通의 消滅原因으로서 當然한 일이다. 따라서 獨・瑞와 같이 抵當權에 獨立性을 附與하여 債權이 消滅하더라도 登記가 抹消되지 않는 限 抵當權은 消滅하지 않을 것으로 한다든가(獨民 1183조, 瑞民 801조 1항), 獨民과 같이 債權이 時效消滅하더라도 抵當權은 物的 有限責任으로서 存續할 것으로(獨民 223조 1항) 하려면 別問題이거니와, 抵當權에 附從性을 認定하는 以上 抵當權이 被擔保債權의 消滅로 因하여 消滅할 것을 規定할 必要는 全然히 없다. 또 質權에 關하여는 質權이 債權의 消滅로 因하여 消滅한다는 規定을 두지 않고 抵當權에 關해서만 그것을 두는 것도 均衡이 맞지 않는다. 或是 起草者는 同條의 反對解釋으로 抵當權은 被擔保債權이 時效消滅하지 아니한 동안에 單獨으로 消滅時效에 걸리지 않는다는 原則을 세우고, 現行 民法 제396조와 같은 特則을 認定하지 아니함을 規定하려고 한 것인지도 모르겠다. 萬若에 그러한 意圖라 하더라도 草案 제360조는 適當치 않고, 오히려 抵當權뿐만 아니라 一般的으로 擔保物權은 被擔保債權이 時效消滅하지 아니한 동안에 單獨으로 消滅時效에 걸리지 않는다는 뜻을 總則編 消滅時效의 章에 規定하는 것이 適當할 것이다.

제370조 (準用規定) 第214條,第321條,第333條,第340條,第341條및제 342조의規定은抵當權에準用한다

Ⅱ. **案**   제361조   제311조,제322조,제329조,제330조및제331조의規定은抵 當權에準用한다

Ⅲ. **審議錄**, 222면 하단

　　2. 現行法 및 判例, 學說   現行法 제372조와 同旨이다

　　3. 外國 立法例   ① 獨民 제1123조 제1124조(參照)(物上代位)

　　② 瑞民 제804조 제806조(參照)(物上代位)

　　③ 滿民 제358조   草案과 同旨이다.

　　7. 結 論 : 原案에 合意

Ⅴ. **意見書**, 128면 (金曾漢)

　　[89] 草案 제361조로써 準用되는 條文에 제202조를 加한다.

　　[이 유]   抵當權은 占有를 隨伴하는 權利가 아니므로 抵當權에 基한 返 還請求權이라는 것은 있을 수 없으나, 抵當權의 侵害에 對하여 物權的 請求權 으로서 妨害除去 및 豫防請求權을 認定하여야 함은 物權으로서 當然한 일이며, 現行法의 解釋에 있어서도 異論이 없는 바이다. 그러므로 草案이 抵當權에 準 用할 條文 中에 제202조를 加하지 아니한 것은 明白한 失手이다(本 意見書 [79][115] 參照).

Ⅴ. **현석호 수정안**   (24) 제361조中「제311조」앞에「제202조」를揷入한다

Ⅷ. **제2독회**, 속기록 제48호, 10면 상단

　　○ 法制司法委員長 代理(張暻根) : ［민법안 제361조 및 현석호 수정안 (24) 낭독］ 이것은 妨害條件[除去] 및 豫防停[豫防請求]權에 關한 規定을 揷入 하자는 것인데 法制司法委員會로서 反對意見이 없습니다.

제371조 (地上權,傳貰權을目的으로하는抵當權) ①本章의規定은地上權또는 傳貰權을抵當權의目的으로한境遇에準用한다

---

115) 앞의 586면 이하.

②地上權또는傳貰權을目的으로抵當權을設定한者는抵當權者의同意없이地
上權또는傳貰權을消滅하게하는行爲를하지못한다

Ⅱ. 案   제362조 [다만 제2항은 "…消滅하게할行爲를…"이라고 한다]

Ⅲ. 審議錄, 223면 상단 ~ 하단

// 2. 現行法 및 判例, 學說   草案 제1항은 現行法 제369조 제2항에 該
當하는 것이나 草案 제2항은 現行法 제398조에 該當된다. (草案 제341조 ― 質
權設定者의 權利處分制限 ― 제291조 參照)

3. 外國 立法例   ① 滿民 제357조   地上權耕種權또는質權을抵押으
로한者는抵押權者의同意가있지않으면그權利를消滅시킬수없다

地上權者또는土地의典權者或은賃借人이그地上에있는建築物上에抵押權
을設定한境遇에있어서抵押權者의同意가있지않으면그地上權或은典權을消滅시키
거나또는賃貸借를終了시킬수없다

6. 審議經過   제2항 中「消滅하게할」을「消滅하게하는」으로 字句修正
한다.(草案 제291조 제2항 參照)

7. 結 論 : 字句修正[116] 外 原案에 合意

제372조 (他法律에依한抵當權) 本章의規定은다른法律에依하여設定된抵當權
에準用한다

Ⅰ. 法編委   1. 의사록   物權法要綱   제12. 抵當權
(5) 法定抵當權에 關한 規定을 세울 것
例「本章의 規定은 法律의 規定에 依하여 生한 抵當權에 이를 準用한다」
原案을 撤回하다

Ⅱ. 案   제363조

Ⅲ. 審議錄, 223면 상단 ~ 하단
2. 現行法 및 判例, 學說   現行法에는 規定이 없고 新設 條文이다.

---

116) 이는 나중의 조문정리단계에서 민법에 반영되었다.

3. 外國 立法例   ① 中民 제883조   本章의抵當權의規定은前條의抵
當權및法定抵當權에이것을準用한다

② 滿民 제359조   草案과 同一하다.

7. 結 論 : 原案에 合意

V. 意見書, 121면 (金曾漢)

[81] 草案 제333조 및 제363조를 削除한다.117)

** 저당권에서 단기임대차의 보호에 관한 규정의 필요 여부

Ⅲ. 審議錄, 223면 하단

現行法 제395조118)(短期賃借權의 保護) 削除한 理由 — 草案 제610조에 依
하면 賃借權者가 登記를 要求할 수 있고 또 草案은 傳貰權을 物權으로 創設하
였으므로 短期賃借權의 保護에 關한 規定은 不必要한 것으로 思料된다. 뿐만
아니라 現行法 제395조는 抵當權者를 詐害하는 데에 惡用될 憂慮가 있는 것이다.

V. 意見書, 126면 ~ 127면 (金曾漢)119)

[86] 短期賃貸借의 保護에 關한 規定(現行 民法 제395조와 같은 趣旨)을 適
宜 挿入한다.

[이 유]   草案은 現行 民法 제395조와 같은 短期賃貸借 保護의 規定을
두지 않았다. 그 趣旨가 那邊에 있는지? 抵當權 設定 後에 登記된 賃借權은 期
間의 長短을 不問하고 一切 競落人에게 對抗할 수 없다는 趣旨라면, 法定地上
權에 있어서와는 反對로 抵當權과 用益權과의 調和라는 問題에 있어서 用益權
의 保護가 너무 薄弱하게 될 뿐더러, 同一 問題에 關하여 態度의 一貫性을 잃게
된다. 態度의 一貫性을 지니게 하려면, 오히려 登記된 不動産賃借權은 第3者에
게 對抗할 수 있다는 一般原則(草 610조 2항)에 따라 長期의 賃貸借도 登記하
면 —抵當權 設定 後에 登記된 境遇에도— 競落人에 對抗할 수 있다는 趣旨라

117) 그 '이유'에 대하여는 민법 제344조(민법안 제333조) V.(앞의 588면 이하) 참조.
118) 의용민법 제395조 : "제602조에 정한 기간을 넘지 아니하는 임대차는 저당권의 등기 후에
등기한 것이라도 이로써 저당권자에 대항할 수 있다. 다만 그 임대차가 저당권자에 손해를
미치는 때에는 법원은 저당권자의 청구에 의하여 그 해제를 명할 수 있다."
119) 이는 현석호 수정안 기타 심의과정에 반영되지 아니하였다.

고 解釋하여야 할 것이나, 이렇게 解釋하려면 登記의 優先力은 登記의 順序에 依하는 것인데 後에 登記된 賃借權이 어떻게 먼저 登記된 抵當權에 對抗할 수 있느냐는 問題가 생긴다. 이 問題는 적어도 從來의 解釋에 있어서는 否定되어 온 것이 事實이다. 그렇지만 價値權으로서의 抵當權과 用益權과는 서로 兩立할 수 있는 것이라는 理論에 徹底한다면 後에 登記된 用益權이 먼저 [127면] 登記된 價値權과 共存할 수 있다는 理論이 나올 수 없는 것은 아니다. 萬若에 短期 賃貸借 保護의 規定을 두지 않는 趣旨를 이렇게 解釋한다면 態度의 一貫性은 지켜지지만, 法定地上權에 關하여 存在하였던 抵當權의 壓迫이라는 問題가 그대로 여기에도 있게 된다. 그러므로 期間의 長短을 不問하고 對抗할 수 있다고 하는 것은 抵當權에 對한 不當한 壓迫이 되므로 取할 수 없고, 期間의 長短을 不問하고 對抗할 수 없게 하는 것은 用益權의 保護를 너무 弱하게 하는 것이므로 또한 取할 수 없고 結局 現行 民法 제395조의 程度로 短期의 賃貸借에 限하여 保護를 하는 것이 適切할 것이다.

** 양도담보에 관한 규정을 둘 것인지 문제

Ⅶ-1. 공청회, 자료집, 95면 하단 ~ 96면 상단

○ 金曾漢 : […] 그 다음에 第8項 讓渡擔保制度의 不設置에 關하여. 讓渡擔保에 關하여 草案이 아무런 言及도 하지 않았는데 이것이 어떠냐 言及하지 아니한 草案에 贊成합니다. 讓渡擔保라는 制度는 現行法에 없지만 從來에 判例 法上 그 有效性이 確認되어 온 制度입니다. 그렇지만 讓渡擔保라는 것이 有效 하다는 것이 確認되어 왔을 뿐이지 讓渡擔保의 그 契約內容 그리고 그 性質 等에 關해서 明白하게 되어 있는 것은 반드시 아닙니다. 여러 가지 그 類型이 있고 또 그것을 法的으로 어떻게 說明하느냐에 關해서도 여러 가지 問題가 많습니다. 그리고 그뿐만 아니라 讓渡擔保는 現行 民法이나 草案이 原則으로 取하고 있는바 有[流]質契約의 禁止 그리고 質權 設定에 있어서는 반드시 質物의 占有를 質權者에게 移轉해야 한다는 原[96면]則에 違背하는 그것을 벗어나는 制度인 것입니다. 따라서 有償[流質]契約의 禁止라든가 質權 設定에 있어서는 占有를 移轉해야 된다는 原則을 한편에서 세우고 있으면서 그것과 兩立할 수

없는 오히려 그것을 벗어나서 말하자면 한 個의 脫法行爲의 性質을 가진 制度를 또 다른 部分에서 規定한다는 것도 좀 均衡이 맞지 않는 問題이고 이럭저럭해서 그저 두지 않는 것이 賢明하다고 생각합니다. […]

제 3 편

債　權

제3편 債權

제1장 總則

Ⅰ. 編纂要綱

債權總則　　債權法 編序에 關한 方針

1. 原則的으로 現行 民法의 編序에 依準할 것

2. 債務의 引受에 關한 規定을 모아 제5절로 하고 이것을 제4절 債權讓渡의 다음에 둘 것

3. 제5절 債權의 消滅을 제6節로 하고 從來 同節 제1관에 屬하던 供託에 關한 規定을 抽出하여 따로 1款을 두어 이것을 제2관으로 하고 相殺 以下의 款을 順次 1款式[씩] 드리도록 할 것 […]

債權法各論　　編序에 關한 方針

1. 大體로 現行 民法의 編序方針에 依할 것 […]

Ⅱ. 案　　제3편　債權　　제1장　總則

제1절　債權의 目的

제373조 (債權의 目的) 金錢으로 價額을 算定할수없는것이라도 債權의 目的으로 할수있다

Ⅱ. 案　　제364조

Ⅲ. 審議錄, 224면 상단

2. 現行法 및 判例, 學說　　現行法 제399조와 同一하다.

3. 外國 立法例　　① 中民 제199조　　債權者는 債의 關係에 基因하여 債

務者에對하여給付를請求할수있다

　　　　給付는財産價格을갖는것에만限하지않는다 不作爲도또한給付일수도있다
　　② 滿民 제360조(前段)　　　債權은金錢으로推算할수없는것일지라도이것을
그目的으로할수있다
　　7. 結 論 : 原案에 合意

**제374조 (特定物引渡債務者의善管義務) 特定物의引渡가債權의目的인때에는
債務者는그物件을引渡하기까지善良한管理者의注意로保存하여야한다**

Ⅱ. 案　　　제365조

Ⅲ. 審議錄, 224면 하단

　　2. 現行法 및 判例, 學說　　現行法 제400조와 同一한 趣旨이다.
　　3. 外國 立法例　　① 中民 제219조　　債權의行使債務의履行은誠實및
信用의方法에依하여야한다
　　② 滿民 제361조　　草案과 同一하다.
　　7. 結 論 : 原案에 合意

**제375조 (種類債權) ①債權의目的을種類로만指定한境遇에法律行爲의性質이
나當事者의意思에依하여品質을定할수없는때에는債務者는中等品質의物件으
로履行하여야한다
　　②前項의境遇에債務者가履行에必要한行爲를完了하거나債權者의同意를얻
어履行할物件을指定한때에는그때로부터그物件을債權의目的物로한다**

Ⅱ. 案　　　제366조

Ⅲ. 審議錄, 224면 하단 ～ 225면 상단

　　[225면] 2. 現行法 및 判例, 學說　　現行法 제401조와 同一趣旨이다.
　　3. 外國 立法例　　① 獨民 제243조　　債權의目的은指示한種類만으로
써한때에는債務者는中等의種類및品質을가진物件을給付하여야한다

前項의 境遇에있어 債務者가物의 給付를함에 必要한行爲를完了한때는債務
關係는그物에對하여서만存在한다

② 瑞債 第71조 債務의 目的物이다만種類만에依하여決定되었을때에는
法律關係로因하여別般結果를發生치않는限選擇權은債務者에屬한다 但債務者는
中等의品質以下의物件을提供할수없다

③ 中民 第200조 ④ 滿民 第362조 草案과 同一하다.

7. 結 論 : 原案에 合意

제376조 (金錢債權) 債權의目的이어느種類의通貨로支給할것인境遇에그通貨 가辨濟期에强制通用力을잃은때에는債務者는다른通貨로辨濟하여야한다

Ⅰ. 編纂要綱 제1절 債權의 目的 1. 제402조 1항 2항은 削除할 것[1]

Ⅱ. 案 제367조

Ⅲ. 審議錄, 225면 상단 ~ 하단

// 2. 現行法 및 判例, 學說 現行法 제402조 제2항과 同一한 趣旨이다.

3. 外國 立法例 ① 獨民 第245조 金錢債務가特種의通貨로써支拂
하게되는境遇에있어그通貨가辨濟期에있어通用의效力을잃은때는債務者는通貨의
種類를作定치않은것으로써의支拂을하여야한다

② 中民 第201조 特種의通用貨幣의給付로써債의目的으로한境遇에있어
그貨幣가給付期에이르러通用의效力을잃은때는他種의通用貨幣를給付하여야한다

---

1) 의용민법 제402조 제1항 및 제2항은 금전채권에 관한 규정으로서, 제1항은 "채권의 목적물
이 금전인 때에는 채무자는 그 선택에 좇아 각종의 통화로써 변제를 할 수 있다. 그러나
特種의 통화의 급부로써 채권의 목적으로 한 때에는 그러하지 아니하다", 제2항은 "채권의
목적인 특종의 통화가 변제기에 강제통용의 효력을 상실한 때에는 채무자는 다른 통화로
써 변제를 할 수 있다"고 정한다. 그리고 동조 제3항은 위의 규정을 외국 통화의 급부로써
채권의 목적으로 한 때에 준용하고 있다. 이 중에서 의용민법 제402조 제2항의 규정은 민
법전편찬요강과는 달리 민법안 제367조(민법 제376조)로 이어지고 있다(한편 외화채권에
대하여는 민법안 제368조 제2항(민법 제377조 제2항)으로). 또한 의용민법 제402조 제1항
도 그 내용·용어 등이 민법안 제368조(민법 제377조) 제1항에서 외화채권에 관하여 남아
있다. 그렇게 보면 민법전편찬요강이 의용민법 제402조 제1항, 제2항을 삭제한다고 한 것
은 그 후의 입법작업에서 실제로 어떠한 의미를 가지는지 의문이 없지 않다.

③ 滿民 제363조(제2항)　　　特種이[의]通貨의給付로써債權의目的으로한境
遇에있어그通貨가辨濟期에있어强制通用의效力을잃은때는債務者는他의貨幣로써
辨濟하여야한다

　　7. 結　論 : 原案에　合意

제377조 (外貨債權) ①債權의目的이다른나라通貨로支給할것인境遇에는債務
者는自己가選擇한그나라의各種類의通貨로辨濟할수있다
　　②債權의目的이어느種類의다른나라通貨로支給할것인境遇에그通貨가辨濟
期에强制通用力을잃은때에는그나라의다른通貨로辨濟하여야한다

Ⅱ. 案　　　　제368조

Ⅲ. 審議錄, 225면 하단 ～ 226면 상단

　　[226면]　2. 現行法 및 判例, 學說　　　現行法 제402조와 同一한 趣旨이다.
　　3. 外國 立法例　　① 滿民 제363조(제3항)　　　前條2항의規定은外國의
通貨의給付로써債權의目的으로한境遇에이를準用한다
　　7. 結　論 : 原案에　合意

제378조 (同前) 債權額이다른나라通貨로指定된때에는債務者는支給할때에있
어서의履行地의換金市價에依하여우리나라通貨로辨濟할수있다

Ⅰ. 編纂要綱　　　제1절 債權의 目的
　　2. 民法 제403조의 爲替時勢에 關하여 履行地 以外에 履行期도 標準으로
하는 것을 原則으로 하되 債務者가 遲滯한 境遇에는 債權者의 選擇에 依하여
支拂하는 날의 時勢에 依한 請求도 認定하도록 할 것

Ⅱ. 案　　　　제369조　債權額이다른나라通貨로指定된때에는債務者는履行地의換
金市價에依하여우리나라通貨로辨濟할수있다

Ⅲ. 審議錄, 226면 상단 ～ 227면 상단

　　// 2. 現行法 및 判例, 學說　　　[의용민법] 제403조와 同一한 趣旨이다.

3. 外國 立法例   ① 獨民 제244조   外國의通貨로써明示된金錢債務를內國에있어辨濟케될지라도內國의通貨로써支拂을할수있다 但外國의通貨로써할것을契約한때는그렇지않다

前項의換價는支拂의當時履行地의市場價格으로써그標準으로한다

② 瑞債 제84조   金錢債務는內國通貨로써이를支拂하여야한다 契約에있어서決定한特殊한通貨가支拂地에있어서法定時勢가없을때에는債務金額은履行期에있어서의그價格에依하여內國通貨로써이를支拂할수있다 但實物로써語言또는이에類似한附加言을使用하여契約의文言그대로의履行을特約하였을境遇에있어서는그러하지아니하다

③ 中民 제202조   外國의通用貨幣로써給付額을定한때는債務者는給付時의給付地의市價에비추어中華民國의通用貨幣로써이를給付할수있다 但外國의通用貨幣로써給付할것을約定한境遇에는그러하지아니하다

④ 滿民 제364조   外國의通貨로써債權額을指定한때는債務者는그履行地에있어 履行期의爲替時勢에依하여滿洲國의通貨로써辨濟할수있다 債務者가支拂을遲滯한때는債權者는그選擇에依하여履行期또는支拂日의爲替時勢에따라滿洲國의通貨로써이것을支拂할것을請求할수있다 //

6. 審議經過   ① 「債權者는」의 다음에 「支拂할때에있어서의」를 揷入한다.
「給付時의市勢」, 「履行期의時勢」에 關하여 兩論이 있으나 給付時의 市價가 多數說이며 獨民, 中民도 給付時의 市價를 採擇하고 있다.

7. 結論 : 修正案에 合意

Ⅳ. **법사위 수정안**   (94) 제369조중「債權者는」의다음에「支給할때에있어서의」를揷入한다

Ⅴ. **意見書**, 132면 (朱宰璜)

[92] 修正案 (94)에 贊成한다.

[이 유]   草案 제369조는 債權額을 外國通貨로 指定하였을 境遇에 債務者는 履行地의 換金市價에 依하여 韓國通貨로 辨濟할 수 있다고 規定하였으나, 履行地에 있어서의 何時의 換金市價에 依할 것인지를 明白하게 規定하지 않고 있으므로 疑問의 餘地를 남겨 놓았는데, 修正案이 「支給할 때에 있어서의」 履行地의 換金市價에 依할 것으로 修正한 것은 妥當한 措置이다. 現行 民法 제

403조에도 標準時期에 關한 規定이 缺如되어 있어 學者 間에 履行期를 標準으로 할 것이냐 現實的으로 履行을 하는 때를 標準으로 할 것이냐에 關하여 若干의 論爭이 있으나, 多數說은 債務者는 現實的으로 履行을 할 때에 있어 外國의 通貨에 依할 것이냐 內國의 通貨에 依할 것이냐를 選擇할 自由가 있으므로 後說을 取하고 있으며, 修正案의 內容은 이에 符合된다.

「支給할 때」를 標準으로 할 것을 明定한 外國 立法例 ― 獨民 제244조.

Ⅷ. 제2독회, 속기록 제48호, 10면 중단

○ 法制司法委員長 代理(張暻根) : [민법안 제369조 및 법사위 수정안 (94) 낭독] 이것은 履行期說보다는 瑞西債務法 84조는 履行期說을 取하고 있읍니다마는 履行期說보다는 給付할 때의 價値에 의하자는 給付時說 이것은 獨逸民法 244조 中國民法 202조가 採擇하고 있는 制度인데 그 給付時說이 좋습니다. 그래서 債務者가 履行을 할 때 卽 給付時에 內國의 通貨에 의하느냐의 與否를 選擇할 自由를 가지고 있는 까닭에 이 給付時說이 좋습니다. 當事者 特約 있는 때에 本條가 排除됨은 當然합니다. 이 規定 自體가 369조 自體가 任意規定인 까닭에 獨逸民法 瑞西民法 中國民法 같은 規定이 없어도 같은 結果가 됩니다. 그래서 이 給付時說에 의한다는 것을 解釋上 명백히 밝히기 위해서 이렇게 條文을 修正하자는 것입니다.

제379조 (法定利率) 利子있는債權의利率은다른法律의規定이나當事者의約定이없으면年5分으로한다

Ⅰ. **編纂要綱**2)   제1절 債權의 目的

3. 重利는 禁止할 것

4. 約定利率이 一定한 率을 超過할 時는 債務者에게 期限前 辨濟權을 認定할 것

Ⅱ. **案**   제370조

Ⅲ. **審議錄**, 227면 상단 ~ 하단

---

2) 이 요강 항목은 민법안, 나아가 민법에 반영되지 않았다.

2. 現行法 및 判例, 學說　　現行法 제404조와 同一하다.

3. 外國 立法例　　① 獨民 제246조　　法律또는法律行爲로因하여利息을生할債務에關하여別段의意思表示없을때는그利率은年4分으로한다

② 瑞債 제73조(제1항)　　債務가利息의支拂을目的으로하고그利率이契約, 法律또는慣行의어느것에依하여도作定되지아니하였을때에는年5分의利息을支拂하여야한다

③ 中民 제203조　　利息을支拂할債務에關하여그利率을約定치않고또依據할法律이없을때는年利100分의5로한다

④ 滿民 제365조　　利息을生할債權에있어別段의意思表示가없을때는그利率은年5分으로한다

// 6. 審議經過　　現行法 제405조의 法定重利[3]는 草案에서는 採擇하지 않았다.

7. 結 論 : 原案에 合意

Ⅴ. 意見書

1. 133면 (朱宰璜)

[93] 草案 제370조 中의 法定利率의 率에 贊成한다.

[이 유]　　案 제370조는 法定利率을 年 5分으로 規定하여 現行 法定利率을 그대로 따랐다. 本條는 契約 또는 法律의 規定에 依하여 利子를 生할 債務에 있어 그 利率이 約定되어 있지 않을 境遇에만 適用될 것임은 勿論이다.

現在의 우리나라의 經濟事情으로 보아, 法定利率을 年 5分로 規定한다는 것이 너무도 低利率이어서 現實에 맞지 않는다는 一面은 있으나, 將次 이 異常的인 經濟事情이 漸次 安定될 것이라는 期待下에 一國의 民法典이란 安定된 社會環境을 前提로 하여 規定되는 基本的 私法典이라는 性格에 鑑하여 他國의 立法例에 準하여 年 5分의 法定利率規定을 一應 支持하는 바이다. 約定利率의 法的 制限을 規定하는 現行「利息制限令」은 그때그때의 社會實情에 비추어 經濟界의 理論家와 實務家들의 愼重한 合同的 檢討下에 現實에 符應할 수 있도록 改正할 수도 있을 것이다.

立法例에 나타난 法定利率로서는, 現行 商法 年 6分(제514조), 獨民 年 4分

---

3) 의용민법 제405조 : "이자가 1년분 이상 연체된 경우에 채권자로부터 최고를 하여도 채무자가 그 이자를 지급하지 아니한 때에는 채권자는 이를 원본에 산입[원어는 組入]할 수 있다."

(제246조), 瑞債 年 6分(제73조), 中民 年 5分(제23조) 等.

2. 133면 내지 138면 (鄭範錫)

[93]에 對한 附見   草案 제370조를 다음과 같이 修正한다.

「利子 있는 債權의 利率은 다른 法律의 規定이나 當事者의 約定이 없으면
大統領令으로 定하는 바에 依한다」

[이 유]   1. 民法草案 제370조는 現行 民法 제404조에 該當하는 것으로
서 큰 修正 없이 採擇된 것이며 民法案 中 修正案에도 修正 없이 通過된 것이
며 本 研究會에서도 絶對 多數로 原案과 같이 通過된 것이다. [134면]

2. 別表(1) 서울市物價指數累年對照表에 依하면 1910年 7月의 都賣物價를
100으로 할 때 中日事變 나던 해인 1937年의 指數가 「206點18」이다. 그동안 2
餘年 每年 變化가 있고 大槪는 指數가 上昇되어 왔으나 1割 內外 程度의 變動
을 보이고 있다. 이러한 經濟常況일 때 年 5分의 利率이라 해도 큰 矛盾이 없을
것 같다.

3. 別表(2)에 依하면 1939年 6月末 現在 京城 組合 銀行의 金利를 보면 그
最低의 것으로 日本 不動産 1錢7厘 有價證券 1錢3厘, 商品 1錢4厘, 信用 1錢3
厘, 當座貸越 1錢4厘, 商業어음及損어음 1錢2厘이었다.

그리고 銀行 組合의 一般으로부터 받아들이는 預金 中 定期預金 据置預金
이 最高利率이었었는데 1939年頃 年 4分 乃至 5分(?) 內外로 記憶된다. 이러한
金利關係에 現行 民法 제404조의 年5分 利率은 別 矛盾 없었다.

4. 그러나 解放後 物價의 上昇은 해마다 달마다 놀랄 程度이다. 卽 別表(1)
에 依하면 1936年을 100으로 할 때,

　　　　　1945年 8月이　　1,752點00　　　1947年 1月이　　29,761點00

　　　　　同 7月이　　　38,797點30　　　同 12月이　　　58,305點20

이며 그 動亂 其他로 物價의 上昇은 정말 天文 數字的이다. 6·25 動亂 前 아
직까지 日帝의 商品이 남아 있을 1947年 中에도 1月에 29,761 價格 商品이 同
年 12月에는 約 倍인 58,305의 價格이 되었으니 다른 要素를 다 捨象할 때
1947年 中에는 利率이 年 10割이 되어야 돈 貸付했다가 利息을 받고 利益을 보
는 것보다 損害를 겨우 免할 程度이다. 그러니 1950年 以後의 數年 사이의 經
濟變動과 따라서 年 5分란 金利의 不合理性은 指摘 說明할 必要조차 없다. 그
렇다면 現在 及 가까운 未來에 物價의 安定을 바랄 수 있겠는가? 大端히 섭섭

한 答이나 肯定하기에는 너무나 힘든다. 따라서 年 5分이란 金利는 適當히 고쳐야 한다.

5. 別表(3)에 依하면 銀行의 貸付金利가 利息制限令에 依해 더 올릴 수 없기에 1955年 8月 1日 것을 最後로 올리지 못하고 있으며 그것이 現行利率인데 年 2割 或은 2割에서 조금 不足된 것이다. 銀行利率이 年 2割까지 가는데 年 5分의 現行利率를 그대로 받아들임은 不可하다. 그리고 銀行 組合에서 一般에게 받아들이는 預金에 對한 利率이 年 5分을 넘고 있는[135면]데 現行 民法 제404조를 民法草案제370조로 그대로 年 5分를 繼續하려 함은 잘못이다.

뿐만 아니라 銀行 貸付利率이 너무나 낮다 해서 利率을 올리느라고 法案을 냈으나 成功을 못했단 말을 들었는데 萬一 이 말이 事實이라면 年 2割도 猶不足이거든 年 5分를 固執해야 되겠는가.

6. 이러한 矛盾性 卽 利率을 年 5分으로 定함으로써 오는 上記의 諸種의 不合理性을 本 研究會에서도 이 제370조 討議 時에 全員이 認定한 것으로 記憶된다. 그런데 絶對多數로 無修正通過시키는 데 몇 가지 理由가 있었다.

(1) 外國서는 金利가 低下되어 가고 있는데 우리나라만 金利를 올릴 수 없다는 것 或 大端 困難하다는 것이다. 1956年 北美 미시간州 및 都市에서 銀行 預金利率을 零點5 上昇시켜 年 2分에서 2分5厘이든가(?) 2分5厘에서 3分이든가 되는 廣告를 筆者가 여러 번 보고 왔다.

1919年의 獨逸은 말할 것도 없고 戰爭 其他의 原因으로 金利가 올라야 할 때 卽 經濟事情이 金利上昇을 要求하는데 無理하게 抑制함으로써 오는 損이 더 많을 때는 올려야 하며 外國서도 그러했을 줄 아나 實際로 統計表를 調査해서 主張할 時間이 없었음을 遺憾으로 생각한다.

(2) 金利의 높음은 確實히 자랑 아닐 것이다. 美國서 貸付金 金利(銀行)는 年 6分 前後란 말을 들었다. 이것이 事實이라면 우리나라 金融機關의 利率과 좋은 對照가 된다. 卽 우리나라 銀行은 年 2割도 不足해서 올리려고 하고 있으니 銀行利率도 그 事情 如何를 莫論하고 銀行利率 低下의 線을 걸어야 하지 않을까?

萬一 그것이 不可能일 때 一方 卽 銀行利率은 올리고 民間人의 法定利率은 내리는 것 或은 現狀維持시키는 데 安當性이 있을까? 外國人이 이런 것을 알면 卽 外國人에 對해서 高利率이 부끄럽기에 金融의 總本山인 銀行團의 利率은 몇

倍 올랐는데 民間人의 法定利率은 現狀維持라면 더 큰 嘲笑거리가 안 될까? 事實인즉 高利 與否에 體面 問題가 結付되는 것이 아니고 具體的인 經濟的 事情에 어느 程度 適當한 立法을 했는가가 問題일 것이다.

(3) 現在는 矛盾이 있으나 이제 곧 物價安定이 올 것이니 其時에 高利率이 困難하니 現狀維持하자는 理論이 있을 수 있다. 法은 언제나 未來를 생각[하]고 規律 立法해야 하는 것이다. 그러나 언제나 同時에 現在를 잊어서는 안 된다. 于先 現在를 規律하고 그 餘力이 있을 때 未來까지 包含해야 하며 萬一 未來를 包含 못 시키는 때는 必要한 때 立法하면 될 것이다. 況[136면]且 가까운 將來란 것이 몇 달이 될지 幾年이 될지 모르는 이 境地에서 어찌 將來만 생각할 수 있겠는가?

(4) 제370조에 依하면 다른 法律에 規定이 없을 때 또는 當事者의 約定이 없을 境遇니 이런 境遇는 至極히 稀少할 것이며 當事者가 約定을 하면 되지 않느냐는 意見이 있을 수 있다. 設使 稀少한 境遇라도 그를 規律하는 法을 制定하는데 疎忽히 或은 矛盾 있게 하라는 법은 없다. 뿐만 아니라 法律이 生活化됨이 極히 적은 우리 國民들의 그 私法生活面에 이 條文이 適用되는 것이 반드시는 稀少하지 않을 것이다.

(5) 佛蘭西民法의 例를 보더라도 1世紀 有半을 지나도록 그 法이 適用되는 理由는 亦是 將來를 생각하고 立法했고 따라서 그대로 適用되어 왔다고 主張될 법하다.

그러나 筆者가 듣기에는 佛蘭西民法도 隨時로 一部分씩 修正되어 왔으며 其外 特別法, 學說, 判例들이 어울려 이 제19세기 初의 大法典을 2世紀 後半期까지 살리느라고 애써왔음을 들었다. 따라서 우리 新民法이 佛民法 以上의 것이 됨을 願하나 그 部分 部分의 修正은 우리 民法典의 輕重에는 반드시는 關係 없다.

7. 以上으로써 現行法의 法定利率이며 民法草案의 法定利率인 年 5分는 不合理하니 고쳐야 한다. 그렇다면 어떠한 利率이어야 하느냐는 經濟或은 金融專門家들이 해야 할 것이다. 또한 至今 實情이 하나의 利率로 數十年을 지탱하지 못할 우려가 있다. 그러기에 이 法定利率의 制定을 大統領令에 委任하고 政府는 金融專門家의 意見을 들어 適切한 利率을 大統領令으로 定해야 될줄 믿는다. 따라서 上記와 같은 修正案을 쓰게 된 것이다.

[137면]　別表 (1)　　　　　　서울市物價指數累計對照表

朝鮮銀行調査部 發行 1948年經濟年報

◎ 1910年 7月 都賣物價를 100.00으로 함

1911	111.66	1912	117.81
1913	120.28	1914	113.19
1915	106.36	1916	124.38
1917	172.73	1918	235.31
...			
1930	180.74	1931	145.01
...			
1937	206.18		

◎ 1936을 100.00으로 함

1937	116.31	1938	139.25
...			
1943	215.09	1944	241.12
1945. 8	1,752.00	1946. 1	5,301.00
1946. 12	25,563.00	1947. 1	29,761.00
1947. 7	38,797.30	1947. 12	58,305.20

[138면]　別表 (2)

1938年 12月 金融團이 結成되어 同金融團의 協定利率이 作成된 것으로 1939年 6月末 現在 京城 組合 銀行 金利는

貸出金	最高	最低
不動産	28厘	17厘
有價證券	23	13
商品	23	14
信用	28	13
當座貸越	28	14
商業어음과 換어음	24	12

別表 (3)　　　　　　　　　　一般銀行貸出金利

[韓國銀行 調査月報 4289年 3月 88號 (26)]

	一般貸付	當座貸越	延滯貸付 年利
1950. 7. 1	3.9	4.1	20%
1951. 4. 1	5.0	5.2	20%
1951. 10. 1	5.0	5.2	20%
1953. 5. 21	5.0	5.2	20%
1955. 8. 1	5.0	5.2	20%

제380조 (選擇債權) 債權의目的이數個의行爲中에서選擇에좇아確定될境遇에 다른法律의規定이나當事者의約定이없으면選擇權은債務者에게있다

Ⅱ. 案   제371조

Ⅲ. 審議錄, 227면 하단 ~ 228면 상단

2. 現行法 및 判例, 學說   現行法 제406조와 同一하다.

3. 外國 立法例   ① 獨民 제262조   數個의給付中그하나를履行하여 야할때는그選擇權은다른意思表示없을때는債務者에屬한다

② 瑞債 제72조   債務가數個의給付中어느것이나一個를할것을目的으로 한때는法律關係로부터別段의結果를發生치않는限選擇權은債務者에屬한다

③ 佛民 제1190조   그選擇은負債者에屬하는것이라한다 但그選擇을明白 히債主에附與한때는格別하다

④ 中民 제208조   數個의給付中에서하나를選定할수있을때는그選擇權은 債務者에屬한다   但法律에別段의規定이있든가또는契約에別單의約定이있을때는 그렇지않다

⑤ 滿民 제367조   債權의目的이數個의給付中選擇에依하여定케되는때는 그選擇權은債務者에屬한다

[228면]   7. 結 論 : 原案에 合意

Ⅶ. 辯協, 자료집, 41면 하단 ~ 42면 상단

草案 제371조 中「債權의 目的이 數個의 行爲 中」을「債權의 目的이 數個 中」이라고 修正한다.4)

[42면] [理 由]   右記 兩 條文은 選擇債權에 關한 規[定]인바 選擇債權 이라 함은 數個의 目的 中에서 1個의 目的을 選擇함으로써 債權의 目的이 特定 되는 것을 指稱한다. 그런 故로 選擇債權에는 數個의 行爲가 有한 것이 아니라 數個의 目的이 有할 뿐이다. 債務者의 行爲로서는 1個 있을 뿐인바 다만 1個의 行爲의 目的이 數個가 되어 있는 其 중에서 1個의 目的을 爲하여 選擇하는 것 이다. 例컨대 鷄 1首 酒 1甁 中 其 어느것이든지 選擇하여야 할 境遇에 債務者

---

4) 또한 민법안 제376조에 대하여도 같은 취지에서 그 중「債權의目的을選擇할數個의行爲 中」을「選擇할 債權의 目的의 數個 中」으로 修正할 것을 제안하고 있다. 이에 대하여는 뒤 의 민법 제385조 Ⅶ.(650면) 참조.

의 行爲는 오직 一(하나)이 있을 뿐이오 다만 其 行爲의 對象이 鷄 1首 酒 1甁
으로서 數個가 있을 따름이다.

제381조 (選擇權의移轉) ①選擇權行使의期間이있는境遇에選擇權者가그期間
內에選擇權을行使하지아니하는때에는相對方은相當한期間을定하여그選擇을
催告할수있고選擇權者가그期間內에選擇하지아니하면選擇權은相對方에게
있다

②選擇權行使의期間이없는境遇에債權의期限이到來한後相對方이相當한期
間을定하여그選擇을催告하여도選擇權者가그期間內에選擇하지아니할때에도
前項과같다

Ⅰ. **編纂要綱**　　제1절　　債權의 目的　　5. 選擇權의 移轉은 選擇權의
行使에 關하여 期間의 作定이 있는 境遇나 그렇지 않은 境遇를 區別하여
따로 規定할 것

Ⅱ. **案**　　제372조 [다만 제2항은 없다]

Ⅲ. **審議錄**, 228면 상단 ~ 하단
　　2. 現行法 및 判例, 學說　　現行法 제408조에 該當하나 現行法에 比較하
여 草案 規定이 더 正確하다.
　　3. 外國 立法例　　① 獨民 제264조　　選擇權을가진債務者가强制執行
着手前에選擇을하지않는때는債務[權]者는自己의選擇에依하여給付의하나에對하
여强制執行을할수있다　但債務者는債務[權]者가스스로選擇한給付의全部또는一
部를受取치않은동안은他의給付의하나를履行하여債務를免할수있다
　　　選擇權을가진債務[權]者가遲滯에있을때는債務者는相當한期間을定하여
選擇權의實行을催告할수있다　//　債務[權]者가正當한時期에選擇을하지않았을때
는이期間의經過後는選擇權은債務者에게屬한다
　　② 中民 제210조(제1항 제2항)　　選擇權에있어 行使期間의定함이있을境
遇에있어 該期間內에行使치않을때는그選擇權은他方의當事者에移屬한다
　　　選擇權에關하여行使期間의定함이없을境遇에있어債權이辨濟期에이르렀

을때는選擇權없는當事者는相當한期間을定하여他方의當事者에對하여그選擇權을 行使할것을催告할수있다

③ 滿民 제369조 選擇權의行使에關하여期間의約定이있을境遇에選擇權 者를[選擇權을]가진當事者가그期間內에이것을行使치않을때는相對便은相當한期 間을定하여그期間內에選擇을할趣旨를催告할수있다 萬若選擇權을가진當事者가 그期間內에選擇을하지않을때는그選擇權은相對便에屬한다

選擇權의行使에關하여期間의約定없는境遇에있어債權의期限이到來한後 相對便으로부터相當한期間을定하여催告를하여도選擇權을가진當事者가그期間內 에選擇을하지않을때亦是前項과같다

6. 審議經過 ① 제2항으로 다음과 같이 新設한다.

「選擇權行使의期間이없는境遇에있어債權의期限이到來한後相對方으로부 터相當한期間을定하여그選擇을催告하여도選擇權者가그期間內에選擇하지아니할 때에도前項과같다」

7. 結 論 : 修正案에 合意

Ⅳ. 법사위 수정안 (95) 제372조中제2항으로다음과같이新設한다 [내용은 Ⅲ. 6.]

Ⅷ. 제2독회, 속기록 제48호, 10면 중단

○ 副議長(李在鶴) : 364조부터 379조까지는 法制司法委員會의 修正案밖 에 없습니다. 法制司法委員會 修正案에 異議 없으시면 그냥 그대로 다 通過시 키지요. (「네 異議 없소」하는 이 있음) 네, 그러면 379조까지는 法制 司法委員會의 修正案대로 通過 시킵니다.

제382조 (當事者의選擇權의行使) ①債權者나債務者가選擇하는境遇에는그選 擇은相對方에對한意思表示로한다
②前項의意思表示는相對方의同意가없으면撤回하지못한다

Ⅱ. 案 제373조 債權者나債務者가選擇하는境遇에는相對方에對한意思表示 로한다 前項의意思表示는撤回하지못한다

Ⅲ. **審議錄**, 229면 상단

　　2. 現行法 및 判例, 學說　　제407조에 該當하나 草案 제2항은 現行法에
는「相對方의承諾없으면取消할수없다」라고 規定되어 있다.

　　3. 外國 立法例　　① 獨民 제263조(제1항)　　前條의選擇權은相對便에
對한意思表示에依하여이것을行한다

　　② 中民　제209조(제1항)　　債權者또는債務者가選擇權을갖는때는他方의
當事者에對하여意思表示로써이를하여야한다

　　③ 滿民　제368조　　債權者또는債務者가選擇을할境遇에있어그選擇은相對
便에對한意思表示에依하여이것을한다

　　前項의意思表示는相對便에同意가있지않으면이것을撤回할수없다

　　6. 審議經過　　제2항 중「意思表示는」다음에「相對方의同意가없으면」
을 揷入한다.

　　7. 結 論 : 修正案에 合意

Ⅳ. **법사위 수정안**　　(96) 제373조제2항中「意思表示는」다음에「相對方의同
　　意가없으면」을揷入한다

Ⅷ. **제2독회**, 속기록 제48호, 10면 중단5)

제383조 (第3者의選擇權의行使) ①第3者가選擇하는境遇에는그選擇은債務者 및債權者에對한意思表示로한다

②前項의意思表示는債權者및債務者의同意가없으면撤回하지못한다

Ⅰ. **編纂要綱**　　제1절　　債權의 目的

　　6. 選擇權을 가진 第3者의 選擇의 意思表示는 債權者 及 債務者의 同意 없
이는 撤回할 수 없도록 定할 것

Ⅱ. **案**　　제374조　　第3者가選擇하는境遇에는債務者및債權者에對한意思表示
　　로한다　[제2항은 민법과 같다]

---

5) 앞 646면의 제381조 Ⅷ. 참조. 그리고 제1항에서 "그選擇은"이 삽입되었는데, 이는 나중의
　조문정리과정에서 행하여진 것으로 추측된다.

Ⅲ. **審議錄**, 229면 상단 ～ 하단

　　// 2. 現行法 및 判例, 學說　　　現行法 제409조와 同一하다.

　　3. 外國 立法例　　① 中民 제209조(제2항)　　　第3者가選擇을할때는債權者및債務者에對한意思表示로써이를하여야한다

　　② 滿民 제370조　　　草案과 同一하다.

　　7. 結 論 : 原案에 合意

제384조 (第3者의選擇權의移轉) ①選擇할第3者가選擇할수없는境遇에는選擇權은債務者에게있다

　　②第3者가選擇하지아니하는境遇에는債權者나債務者는相當한期間을定하여그選擇을催告할수있고第3者가그期間內에選擇하지아니하면選擇權은債務者에게있다

Ⅰ. **編纂要綱**　　　제1절 債權의 目的

　　7. 第3者가 選擇을 하지 않는 境遇에 關한 規定을 둘 것

Ⅱ. **案**　　　제375조

Ⅲ. **審議錄**, 229면 하단 ～ 230면 상단

　　[230면] 2. 現行法 및 判例, 學說　　　現行法 제409조 제2항과 同一하다.

　　3. 外國 立法例　　① 中民 제210조(제4항)　　　第3者가選擇을하는境遇에있어第3者가選擇할수없든가또는이것을願치않을때는選擇權은債務者에屬한다

　　② 滿民 제371조　　　草案과 同一하다.

　　6. 審議經過

　　7. 結 論 : 原案에 合意

제385조 (不能으로因한選擇債權의特定) ①債權의目的으로選擇할數個의行爲中에처음부터不能한것이나또는後에履行不能하게된것이있으면債權의目的은殘存한것에存在한다

　　②選擇權없는當事者의過失로因하여履行不能이된때에는前項의規定을適用

하지아니한다

Ⅰ. **編纂要綱**　　제1절 債權의 目的　　8. 債權者에게 選擇權이 있는 境遇
에 그 過失로 因하여 給付가 不能이 된 境遇에 關한 規定을 둘 것

Ⅱ. **案**　　제376조 債權의目的으로選擇할數個의行爲中에서처음부터不能한것이
나또는後에履行不能하게된것이있으면債權의目的은現存한것으로確定한다

選擇權없는當事者의過失로因하여履行不能이되거나選擇權있는債權者의
過失로因하여履行不能이된때에는前項의規定을適用하지아니한다

Ⅲ. **審議錄**, 230면 상단 ~ 231면 상단

2. 現行法 및 判例, 學說 //　　제410조와 同趣旨이나 제2항에 있어서 「選
擇權 있는 債權者의 過失로 因한 履行不能」을 揷入하고 있다

3. 外國 立法例　　① 獨民 제265조　　給付의하나가처음부터不能이든
가또는後에이르러不能케된때는債務關係는그殘存하는給付에對하여存在한다　但
給付가選擇權을갖지않는當事者의責任에돌아갈事由로因하여不能케된때는그렇지
않다

② 中民 제211조　　數種의給付中처음부터給付不能든가또는爾後給付不能
케된것이있을때는債의關係는單只6)殘餘의給付만에關하여存在한다　但그不能의事
由가選擇權없는當事者에있어責任을지게되는때는그렇지않다

③ 滿民 제372조　　債權의目的이될給付中처음부터不能한것또는後에이르
러不能케된것이있을때는債權은그殘存하는것에關하여存在한다　選擇權을가지지
않는當事者의過失로因하여給付가不能케된때또는債權者가選擇權을가진境遇에있
어그過失로因하여給付가不能케된때는前의規定을適用치않는다

6. 審議經過　　① 제2항 中 「되거나選擇權있는債權者의過失로因하여履
行不能이」를 削除한다.　　理由 ― 選擇權 있는 債權者의 過失로 因한 境遇는
自己 손으로 自己 權利를 害하는 境遇이므로 제1항의 境遇와 같이 殘存한 것으
로 債權이 確定되는 것으로 함이 公平한 것이다. (草案 제616조 參照)

[231면]　② 제1항 中 「現存한것으로確定한다」를 「殘存한것에存在한다」로

---

6) 『심의록』 전반에 걸쳐 특히 '3. 외국 입법례'에 인용되어 있는 외국법 조항에서 '단지(但
只)'에는 '單只'라는 한자를 쓰고 있다.

修正한다.　　理由 — 殘存한 것이 2個 以上 있는 境遇는 아직 確定되지 아니
하기 때문이다.

　　7. 結 論 : 前記 修正案에 合意

Ⅳ. 법사위 수정안　　(97)　제376조제1항中「現存한것으로確定한다」를「殘存
한것에存在한다」로修正한다　제2항中「되거나選擇權있는債權者의過失로因하
여履行不能이」를削除한다

Ⅶ. 辯協, 자료집, 42면 상단

　　草案 제376조 中「債權의目的을選擇할數個의行爲中」을「選擇할債權의目的
의數個中」으로 修正한다.

　　[理 由]　　同條의 立法趣旨는 債權의 目的이 數個가 有한 中 一部의 滅
失로 因하여 滅失部分에 對한 履行이 不能하게 된 境遇에 어서도 債權은 消滅
되지 아니하며 따라서 殘存한 目的에 依하여 債權이 存在하는 同時에 債權의
目的이 特定(例컨대 2個 中 1個가 不能하면 他1個에 依하여 特定되는것)하는
境遇도 有하고 不能된 目的을 除外한 其 餘在의 目的에 依하여 範圍가 縮小(例
컨대 3個 中 1個가 不能하면 2個로 目的의 範圍가 局限되는 것)되는 境遇가 有
함을 規定하는 데 있는 것으로 解釋되는 것이다. 故로 不能된 境遇에 있어서「
債權의目的」을 主觀的으로 삼고[아] 債權의 目的은 殘存한 것에 存在한다기보
다「債權」을 主觀으로 삼고[아] 其의 存在를 明定함이 立法趣旨에 適合하다고
思料하는 바임.

Ⅷ. 제2독회, 속기록 제48호, 10면 중단[7]

제386조 (選擇의遡及效) 選擇의效力은그債權이發生한때에遡及한다 그러나 第3者의權利를害하지못한다

Ⅰ. 編纂要綱　　제1절　　債權의 目的　　9. 411조 但書를 削除할 것[8]

Ⅱ. 案　　제377조 [다만 본문은 "…그債權의發生한때…"라고 한다]

---

7) 앞 646면의 제381조 Ⅷ. 참조.
8) 이 항목에 대하여는 아래 Ⅲ. 6. 참조.

Ⅲ. 審議錄, 231면 상단

2. 現行法 및 判例, 學說　　　現行法 제411조와 同一하다.

3. 外國 立法例　　① 獨民 제263조(제2항)　　어떠한給付가選擇되었을때는債務는처음이給付에對하여存在한것으로看做한다

② 中民 제212조　　選擇의效力은債의發生時에遡及한다

③ 滿民 제373조　　選擇은債權發生時에遡及하여그效力을發生한다

6. 審議經過　　本條 但書는 거의 無意味한 것이나 無害한 것이므로 存置한다.

7. 結 論 : 原案에 合意

Ⅴ. 意見書, 139면 (朱宰璜)

[94] 草案 제377조 但書를 削除한다.

[이 유]　　本條 但書는 現行 民法 제411조 但書를 그대로 踏襲한 것이다. 民法案은 物權變動에 있어 形式主義를 採用하고 있으나 우리 研究會가 그 點에 있어 案에 贊成치 않고 現行法대로 意思主義를 踏襲함이 可하다는 意見을 가지고 있으므로(本 要綱 [43] 參照), 意思主義體制를 前提로 하고 本條 但書를 考察할 때, 前記 現行 民法 제41조 但書를 無用의 規定이라고 보는 學者들의 一致된 意見을 여기에 그대로 引用할 수 있을 것이다. 卽 案 제377조 本文에 依하여 選擇의 效果는 遡及하지마는 (1)그 債權的 效果가 遡及하는 限에 있어서는, 債權은 排他的 效力이 없는 故로 第3者의 權利가 害를 받을 理 없으며, (2)選擇債權의 特定과 同時에 그 目的物에 對한 所有權도 遡及的으로 移轉한다는 前提에 立脚한다 하더라도 選擇債權의 發生을 目的으로 하는 契約의 締結時와 選擇權 行使時와의 間에 該 目的物에 關한 物權을 取得한 第3者가 있다며는 兩者의 關係는 物權의 對抗要件 有無에 依하여만 解決될 問題인 故로이다.

物權變動에 있어 形式主義를 取하는 것을 前提로 한다며는 物權的 效力의 遡及이라는 것을 普通 생각할 수 없는 故로 本 但書의 規定은 더욱 無意味한 것이 되어 버릴 것이다.

제2절   債權의效力

제387조 (履行期와履行遲滯) ①債務履行의確定한期限이있는境遇에는債務者
는期限이到來한때로부터遲滯責任이있다   債務履行의不確定한期限이있는境
遇에는債務者는期限이到來함을안때로부터遲滯責任이있다

②債務履行의期限이없는境遇에는債務者는履行請求를받은때로부터遲滯責
任이있다

Ⅱ. **案**   제378조

Ⅲ. **審議錄**, 231면 하단 ~ 232면 상단

2. 現行法 및 判例, 學說   現行法 제412조와 同一趣旨이다.

3. 外國 立法例   ① 獨民 제284조(제2항)   曆에따라給付의時期를約
定한境遇에있어서債務者가이約定된時期에給付를하지않을때는催告를要하지않고
遲滯의責任을진다   給付에關하여告知를要하고또한給付時가告知後曆에따라計算
하는方法에依하여定하여진때와亦是같다

② 獨民 제271조(제1항)   給付를할時期에關하여作定이없을때또는事情
으로因하여이것을할수없을때는債務者는곧給付를請求할수있고債務者는곧給付를
할수있다

③ 瑞債 제75조   履行의時期가契約또는法律關係의性質에依하여決定되
지아니할때는履行은卽時로이를行하거나또는請求할수있다

④ 中民 제229조   給付에確定期間[限]있을때는債務者는期限滿了時부터
遲滯의責任을진다

給付에確定期限이없을때는債務者는債權者가給付를請求할수있을때에催
[232면]告를하여도給付를하지않았을경우에있어催告를받은때부터遲滯의責任을
진다

⑤ 滿民 제374조   草案과 同一하다.

7. 結 論 : 原案에 合意

제388조 (期限의利益의喪失) 債務者는다음各號의境遇에는期限의利益을主張

하지못한다

1. 債務者가擔保를損傷,減少또는滅失하게한때
2. 債務者가擔保提供의義務를履行하지아니한때

Ⅱ. 案　　　제379조

Ⅲ. 審議錄, 232면 상단 ～ 하단

2. 現行法 및 判例, 學說　　現行法 제137조와 同一하다.

3. 外國 立法例　①佛民 제1188조　　負債者의家資分散을한때또는契約에依하여그債主에附與한것의擔保를自己의所爲에依하여減少한때는그負債者는이미期限의利益을主張할수없다

②滿民 제375조　//　草案과 同一하다.

6. 審議經過　　本條는 滿民과 같이 現行 總則編의 規定을 債權編으로 옮긴 것이다. 破産宣告를 規定하지 아니한 것은 破産法 제17조9)에 規定이 있기 때문이다. (草案 제146조 審議經過 參照)

7. 結論 : 原案에 合意

제389조 (强制履行) ①債務者가任意로債務를履行하지아니한때에는債權者는그强制履行을法院에請求할수있다　그러나債務의性質이强制履行을하지못할것인때에는그러하지아니하다

②前項의債務가法律行爲를目的으로한때에는債務者의意思表示에가름할裁判을請求할수있고債務者의一身에專屬하지아니한作爲를目的으로한때에는債務者의費用으로第3者에게이를하게할것을法院에請求할수있다

③그債務가不作爲를目的으로한境遇에債務者가이에違反한때에는債務者의費用으로써그違反한것을除却하고將來에對한適當한處分을法院에請求할수있다

④前3항의規定은損害賠償의請求에影響을미치지아니한다

---

9) 의용파산법 제17조 : "기한부 채권은 파산선고시에 변제기에 도달한 것으로 간주한다." 이는 1962년 법률 제998조로 제정·시행된 우리 파산법의 제16조와 같은 내용이다. 일본의 구파산법은 2005년 1월 1일에 폐지되었는데, 위 의용파산법의 규정은 새로운 파산법 제103조 제3항으로 이어진다.

Ⅰ. **編纂要綱**   제2절 債權의 效力   10. 414조 2항 3항을 削除하고 民事訴訟法에 此를 規定할 것10)

Ⅱ. **案**   제380조   [제1항 및 제4항은 민법 제389조 제1항 및 제4항과 같다]   前項의 債務가法律行爲를目的으로한때에는債務者의意思表示에가름할裁判을請求할수있고債務者의一身에專屬하지아니한어느行爲를目的으로한때에는債務者의費用으로第3者에게그行爲를하게할것을法院에請求할수있다

그債務가어느行爲를하지아니할것을目的으로한境遇에債務者가이에違反한때에는債務者의費用으로써그違反한것을除却하고將來에對한適當한處分을法院에請求할수있다

Ⅲ. **審議錄**, 232면 하단 ～ 233면 상단

2. 現行法 및 判例, 學說 [233면]   現行法 제414조와 同一한 趣旨이나 條文作成이 改良되었다.

3. 外國 立法例   ① 瑞債 제98조(제1항)   債務者가作爲의義務를질때에는債權者는損害賠償의請求權을留保하고債務者의費用으로써給付를提供시킬수있다

② 瑞債 제98조(제2항)   債務者가不作爲의義務를질때에는債務者는單只그義務에違反함으로써만損害를賠償하여야한다

前項以外의債權者는違法狀態의除去를請求하고또債權者의費用으로써그를除去할權限을받을수있다

③ 中民 제227조   債務者가給付를하지않든가또는完全한給付를하지않을때는債權者는法院에强制執行을申請할수있다 但損害의賠償을請求할수있다

④ 滿民 제376조   債務者가任意로債務의履行을하지않을때는債權者는그强制履行을法院에請求할수있다 但債務의性質이이것을許容치않을때는그렇지않다

前項의規定은損害賠償의請求에支障이없다

7. 結 論 : 原案에 合意

Ⅴ. **意見書**, 139면 ～ 140면 (朱宰璜)

[95] 草案 제380조 제2항 中「어느 行爲」를「作爲」로「그 行爲를」을「이를」

---

10) 이는 민법안에 반영되지 아니하였다.

로, 또 同條 제3항 中「어느 行爲를 하지 아니할 것을」을 「不作爲를」로 각 修正한다.

　　[이 유]　　이것은 表現技術上의 問題이다.「어느 行爲를 하지 아니 할 것을 目的으로 한 境遇」라는 것을 「不作爲를 目的으로 한 境遇」라고 表現하는 것이 簡明하다는 것이다.「不作爲」라는 術語를 使用한다며는 同條 2항 中의 「行爲」를 「作爲」로 修正함이 좋을 것이다. 作爲·不作爲라는 現行 民法上의 術語는 이미 우리에게 完全히 익은 用語라고 볼 수 있다.

Ⅵ. 현석호 수정안　　(25) 제380조제2항中「어느行爲」를「作爲」로「그行爲를」을「이를」로,同條제3항中「어느行爲를하지아니할것을」을「不作爲를」로各各修正한다

Ⅷ. 제2독회, 속기록 제48호, 10면 하단

　　○ 法制司法委員長 代理(張暻根) :　그러면 제380조. 제380조에 대해서는 玄錫虎 議員의 修正案이 있습니다. 여기에 대해서는 이것 表現用語의 문제에 不過한 것이므로 法制司法委員會에서는 反對가 없습니다. 그러면 380조에 대한 玄錫虎 議員의 修正案 通過시켜 주셨으면 좋겠습니다.

　　○ 副議長(李在鶴) :　그러면 380조에 玄錫虎 議員의 修正案에 異議 없으세요? (「네」 하는 이 있음)　네, 通過시킵니다

제390조 (債務不履行과損害賠償) 債務者가債務의內容에좇은履行을하지아니한때에는債權者는損害賠償을請求할수있다　그러나債務者의故意나過失없이履行할수없게된때에는그러하지아니하다

Ⅰ. 編纂要綱　　제2절 債權의 效力　　11. 金錢債務 以外의 債務에 關하여 履行遲滯 또는 不完全履行이 있는 때에는 債務者의 故意過失이 있는 境遇에 限하여 損害賠償義務를 認定하도록 할 것[11]

Ⅱ. 案　　제381조 [다만 본문은 "…債務의內容에適合한履行을하지아니하면…"이라고 한다]

───────────

11) 이 요강 항목은 민법의 입법과정에 반영되지 않은 듯하다.

Ⅲ. **審議錄**, 233면 상단 ~ 234면 상단

// 2. 現行法 및 判例, 學說   現行法 제415조와 同一한 趣旨이다.

3. 外國 立法例   ① 獨民 제280조   給付가債務者의責任에돌아갈事由로因하여不能케된때는債務者는債權者에對하여不履行으로因한損害賠償의責任을진다

一部不能의境遇에있어他의一部의履行이債權者의利益이되지않을때는債權者는可能한部分의給付를拒絶하여全部不履行으로因한損害賠償을請求할수있다 契約에基因한解除權에關한제346조,제356조의規定은이境遇에이를準用한다

② 瑞債 제97조   債務者가그債務를全然또는正當히履行할수없는때에는債務者는自己의責任에돌아갈何等의過失이없음을證明하지않는限이로서發生한損害에對하여賠償을하여야한다

③ 中民 제226조   債務者의責任에돌아갈事由로因하여給付不能이된때는債權者는損害賠償을請求할수있다

前項의境遇에있어給付가一部不能인境遇에그他의部分의履行이債權者에利益없을때는債權者는該部分의給付를拒絶하여全部不履行의損害賠償을請求할수있다

④ 滿民 제377조   草案과 同一한 趣旨이다.

[234면] 7. 結 論 : 原案에 合意

제391조 (履行補助者의故意,過失) 債務者의法定代理人이債務者를爲하여履行하거나債務者가他人을使用하여履行하는境遇에는法定代理人또는被用者의故意나過失은債務者의故意나過失로본다

Ⅰ. **編纂要綱**   제2절 債權의 效力   12. 履行補助者의 過失에 對하여 債務者는 自己의 故意過失과 同一한 責任을 지도록 할 것

Ⅱ. **案**   제382조

Ⅲ. **審議錄**, 234면 상단 ~ 하단

2. 現行法 및 判例, 學說   現行法에는 直接 該當하는 條文 없고 新設

條文이다.

3. 外國 立法例　　① 獨民 제278조　　債務者는그法定代理人및債務의 履行을爲하여使用한사람의過失에對하여自己의過失과同一의範圍內에있어그責任 을진다 이境遇에있어서는제276조제2항의規定을適用한다

② 瑞債 제101조　　家族勞動者또는使用人等의補助者로하여금債務의履行 또는債務關係에基因한權利를行使시키는者는假令그權限을갖는境遇에도補助者가 그事務의遂行에있어서惹起한損害를相對方에게賠償하여야한다

③ 中民 제224조　　債務者의 代理人또는使用人이債의履行에關하여 故意 또는過失이있었을때는債務者는自己의故意또는過失과同一의責任을져야한다　//　 但當事者間에別段約定이있을때는그렇지않다

④ 滿民 제378조　　草案과 同一하다.

※ 商法 제560조, 제577조, 제590조, 제592조, 제617조, 제766조 參照

7. 結 論 : 原案에 合意

V. 意見書, 140면 ~ 141면 (朱宰璜)

[96] 草案 제382조의 規定에 贊成한다.

[이 유]　　本條는 學說上의 所謂「履行補助者의 故意·過失로 因한 債務 者의 責任」에 關한 規定이며, 現行法의 解釋上 判例나 學說에서 이미 承認하고 있는 것을 明文化한 것이라고 볼 수 있다. 本條가 所謂 債務者의 履行補助者의 過失만이 아니라 債務者의 法定代理人의 過失에 對하여도 債務者의 責任을 規 定한 것은 여러 나라의 立法例에 따른 것이라고 하겠다(例, 獨民 제278조, 中民 제224조, 滿民 제378조). 現行法上 履行補助者의 過失에 關하여 債務者의 責任 을 認定하는 規定은 商法에는 比較的 많이 있으나(商法 560조, 577조, 590조, 592조, 617조, 766조[12] 등) 民法에는 一般的인 規定이 없고, 單只 復任權(제105 조) 寄託(658조 2항)에 關하여 이에 關聯되는 規定이 있을 뿐이므로, 往時에는 履行補助者의 過失은 債務者 自身의 過失이 아니라는 前提下에 債務者의 責任

---

12) 의용상법 제560조는 '운송취급인'(우리 상법의 운송주선인)은 "자기 또는 그 사용인이 … 운송에 관한 주의를 게을리한 것을 증명하지 아니하면" 운운하여 규정하고 있다(우리 상 법 제115조 해당). 본문에 인용되어 있는 다른 의용상법 조항들도 ―우리 상법에서와 같 이― 물품운송인의 책임, 여객운송인의 여객 및 수하물에 대한 책임, 창고업자의 보관책 임, 해상운송인의 책임에 관하여 마찬가지이다.

을 否定하는 傾向에 있었으며, 履行補助者의 過失로 因한 債務者의 責任에 關
하여 現行 民法 제715조를 類推適用하여 債務者는 履行補助者의 選任監督에 關
하여 過失이 없음을 立證함으로써 責任을 免할 수 있다고 解釋하였었다. 그러
나 日政年號 昭和 4年에 日本大審院이 「使用者인 債務者는, 그 履行에 關하여
被用者의 不注意로 因하여 生한 結果에 對하여 債務의 履行에 關한 一切의 責
任을 回避할 수 없다고 하지 않을 수 없다. 왜냐하면, 債務者는 被用者의 行爲
를 利用하여 그 債務를 履行하려는 것이며, 그 範圍內에서의 被用者의 行爲는
卽 債務者의 行爲 그 自體인 故로이다」라고 判示한 以來, 學說도 이에 呼應하
여 履行補助者에게 故意·過失이 있는 限 債務者의 選任·監督에 過失이 없어
도 債務者의 責任을 認定하는 理論을 擧皆 支持하게 되었으며, 그 理論的 根據
로서 或은 「債務者는 債權者에 對하여 履行의 責任이 있으며, 履行을 하지 않
는 以上 그 責任을 免할 수가 없으므로, 이 責任은 他人으로 하여금 履行의 任
에 當하게 함으로써 輕減 또는 加重될 理가 없다」고 하고, 或은 「何人이라도 自
己의 利益에 있어 補助者를 使用하여 [141면] 그 者의 行爲로써 經濟上의 利益
을 받는 者는 境遇에 따라 不利益의 結果에 對한 危險을 負擔함은 社會 見解上의
衡平에 適合한다」든가, 或은 「民法 제45조에 規定된 債務不履行으로 因한 損害
賠償責任의 要件으로서의 債務者의 責에 歸할 事由란, 債務者의 故意·過失, 또
는 信義則上 이와 同視할 수 있는 事由를 意味하는 것이며 履行補助者의 故
意·過失은 바로 이 同視할 수 있는 事由에 該當한다」고 說明하고 있다(日政
昭和10年에 朝鮮高等法院도 前示 日本大審院의 判旨와 同趣旨의 判例를 내고
있다―昭和 10.6.28).

　　上述한 바와 같이 現行法上의 判例나 學說 및 本 民法案의 規定은, 履行補
助者의 過失을 要件으로 하고 있는데(同旨 獨民 제278조), 이에 反하여 瑞西債
務法은 履行補助者의 過失에 基因치 아니한 損害에 對하여도 債務者의 責任을
認定하고 있음은(제101조) 아무리 相對方의 保護를 爲함이라 하더라도 우리의
法的 感情에 反하는 것이라고 하지 않을 수 없을 것이다.

　　債務者는 債務의 履行에 際한 法定代理人 또는 履行補助者의 故意·過失에
關하여 債權者에게 그 責任을 지지 아니한다는 뜻의 所謂 免責의 特約을 할 수
있을 것인가. 이 點에 關하여 다른 立法例에는 肯定的인 明文規定이 있는데(獨
民 278조 後段, 瑞債 101조 2항, 中民 224조 但書), 이를 明示하지 아니한 우리

民法案 規定下에서도 同一하게 解釋할 수 있을 것이다.

　案은 不法行爲에 關하여 被用者에 對한 使用者의 求償權을 規定하고 있는데(案 제749조 3항), 本案에는 이에 對應하는 규정이 없다. 그러나 法定代理人이나 履行補助者에 對한 債務者의 求償權을 否認하는 趣旨가 아님은 勿論이다.

　本條의 趣旨를 넓히며는 債權者가 自己에 屬하는 權能의 行使에 있어서 使用하는 者(所謂 利用補助者—例, 賃借人의 目的物 利用에 있어서의 妻·子)의 故意·過失로 因하여 債務者가 損害를 받았을 境遇에 債權者의 責任을 肯定할 수도 있을 것이다. 現行法下에서도 判例·學說은 다 같이 이를 認定하고 있다. 이런 境遇에 있어서의 債權者의 責任을 明文化한 立法例로서는 前示 瑞西債務法 제101조 제1항을 들 수 있다.

제392조 (履行遲滯中의 損害賠償) 債務者는自己에게過失이없는境遇에도그履行遲滯中에생긴損害를賠償하여야한다　그러나債務者가履行期에履行하여도損害를免할수없는境遇에는그러하지아니하다

Ⅰ. **編纂要綱**　　제2절 債權의 效力　　13. 債務者遲滯 中에 生한 損害에 關하여는 不可抗力에 對하여도 責任을 지도록 할 것

Ⅱ. **案**　　제383조 [다만 단서의 말미가 '그러하지아니한다'로 되어 있다]

Ⅲ. **審議錄**, 234면 하단 ~ 235면 상단

　2. 現行法 및 判例, 學說　　現行法에는 規定 없고 新設 條文이다.

　3. 外國 立法例　　① 瑞債제103조(제2항)　　債務者는自己에何等의過失이없이遲滯가發生하였다는事實또는適時에債務를履行하여도事實에依하여給付의目的物이債權者에게不利한影響을미치지아니할수없었다는事實을證明하였을때에는前項의責任을免할수있다

　[235면]　② 中民 제231조　　債務者가遲延한때는債權者는이에對하여遲延으로因하여發生된損害의賠償을請求할수있다

　　前項의債務者는遲延中에있어不可抗力으로因하여發生한損害에對하여도亦是責任을져야한다　但債務者[가]設使給付를遲延치않았을지라도損害의發生을免할수없었음을證明한때는그렇지않다

③ 滿民 제379조   草案과 同一하다.

6. 審議經過   「그러하지아니한다」를 「그러하지아니하다」로 修正한다.
(草案 제127조, 제193조, 제313조, 제380조, 제381조 等 參照)

7. 結 論 : 前記 字句修正 外에 原案에 合意

Ⅳ. **意見書**, 142면 (朱宰璜)

[97] 草案 제383조의 規定에 贊成한다.

[이 유]   現行法에는 이러한 明文規定이 없는데, 解釋上 草案 本條와 同一한 解釋을 하여 왔던 것이다. 本條는 理論上 當然한 것을 明文化한 것임에 不過하다. 왜냐하면, (1)遲滯가 債務者의 歸責事由로 因한 것인 境遇에, 그 遲滯 中에 不可抗力으로 生한 損害도 結局은 債務者의 歸責事由로 因하여 生한 損害라고 볼 수 있으며, (2)그러나 그 損害가 設使 債務者가 履行期에 履行하였더라도 免할 수 없는 損害일 境遇에는, 그 損害와 그 遲滯 間에는 因果關係가 없는 것인 故로, 債務者는 그 損害를 賠償할 責任이 없을 터이기 때문이다.

同旨 立法例, 獨民 제287조, 瑞債 제103조, 中民 제231조 2항.

제393조 (損害賠償의範圍) ①債務不履行으로因한損害賠償은通常의損害를그 限度로한다

   ②特別한事情으로因한損害는債務者가그事情을알았거나알수있었을때에限하여賠償의責任이있다

Ⅰ. **編纂要綱**   제2절 債權의 效力   15. 履行不能의 境遇에 있어서의 損害賠償額 算定時期에 關한 規定을 둘 것[13]

Ⅱ. **案**   제384조

Ⅲ. **審議錄**, 235면 상단 ~ 하단

2. 現行法 및 判例, 學說   現行法 제416조와 同一하다.

3. 外國 立法例 //   ① 獨民 제252조   賠償할損害中에는잃은利益을 包含한다 事物의一般的進步에따라또는特別한情況特히이미한設計또는準用에따

---

13) 이 요강 항목은 그 후의 입법과정에 반영된 자취를 찾기 어렵다.

라豫期할수있었을利益은이것을잃은利益으로看做한다

② 佛民 제1149조　　　債權者에게支拂하여야할損害賠償은一般的으로그加害된損失과奪取된利益으로한다　但以下의例外및變更은그러하지않다

③ 中民 제216조　　　損害賠償은法律에別段規定이있든가또는契約에別段約定이있을境遇를除한外債權者의받은損害및잃은利益의補充으로써限度로하여야한다

　　　普通의事情에依하여또는旣定의計劃設備또는그他特別의事情에依하여豫期할수있었을利益을잃은利益으로看做한다

④ 滿民 제380조　　　草案과 同一하다.

7. 結論 : 原案에 合意

제394조 (損害賠償의方法) 다른意思表示가없으면損害는金錢으로賠償한다

Ⅱ. 案　　　제385조

Ⅲ. 審議錄, 235면 하단 ~ 236면 상단

2. 現行法 및 判例, 學說　　　現行法 제417조와 同一하다.

[236면] 3. 外國 立法例　　　① 獨民 제251조　　　原狀回復이不能한때또는債權者에對하여賠償이不充分한때는賠償義務者는金錢으로써賠償하여야한다

　　　原狀回復이不相當한費用을要할때는賠償義務者는金錢으로써賠償할수있다

② 中民 제213조　　　損害賠償의責任을질때는法律에다른規定이있든가또는契約에다른約定이있을境遇를除한外他方을損害賠償前의原狀에回復하여야한다

　　　原狀을回復키爲하여金錢을給付할때는損害發生한때부터利息을加給한다

③ 中民 제214조　　　原狀을回復할境遇에있어債權者로부터相當한期限을定하여催告받은後期限을經過하여도回復을하지않을때는債權者는金錢으로써그損害를賠償할것을請求할수있다

④ 中民 제215조　　　原狀을回復할수없든가또는回復에關하여顯著히重大한困難이있을때는金錢으로써그損害를賠償하여야한다

⑤ 滿民 제381조　　　草案과 同一하다.

7. 結 論 : 原案에 合意

제395조 (履行遲滯와塡補賠償) 債務者가債務의履行을遲滯한境遇에債權者가
相當한期間을定하여履行을催告하여도그期間內에履行하지아니하거나遲滯後
의履行이債權者에게利益이없는때에는債權者는受領을拒絕하고履行에가름한
損害賠償을請求할수있다

Ⅰ. **編纂要綱**   제2절 債權의 效力   14. 塡補賠償은 遲滯 後의 給付가
債務者에게 利益이 없는 때에 限定하는 規定을 둘 것

Ⅱ. **案**   제386조

Ⅲ. **審議錄**, 236면 下段 ~ 237면 上段
2. 現行法 및 判例, 學說   現行法에는 없고 新設 條文이다.
3. 外國 立法例   ① 瑞債 제107조   双務契約에있어서債務者가遲滯
에있는境遇에는債權者는債務者에게對하여追履行을爲하여相當한期間을定하거나
또는權限있는官廳으로하여금指定케할權利가있다

前項의期間滿了에이르러도아직履行이없을때에는債權者는繼續하여그履
行을遲延에因한損害賠償의請求와같이訴求할수있다   但遲滯없이그意思를表示할
境遇에는前段의規定에代身하여또는追給付를抛棄하고不履行에因하여發生한損害
의賠償을請求하거나또는契約을解除할수있다

② 中民 제232조   遲滯後의給付가債權者에利益없을때는債權者는그給付
를拒絕할수있다 그리고不履行으로因하여發生한損害를請求할수있다

[237면] 6. 審議經過   現行法에는 없으나 從來 學說上 認定되어 왔다.
7. 結 論 : 原案에 合意

제396조 (過失相計) 債務不履行에關하여債權者에게過失이있는때에는法院은
損害賠償의責任및그金額을定함에이를參酌하여야한다

Ⅱ. **案**   제387조

Ⅲ. **審議錄**, 237면 상단 ~ 하단

2. 現行法 및 判例, 學說   現行法 제418조와 同旨이다.

3. 外國 立法例   ① 獨民 제254조   損害의 發生에 關하여 被害者의 過
失이있을때는 賠償의責任및그範圍는그때의事情特히損害의原因에主로어느當事者
에있었는가를 斟酌하여이것을定한다

　　　　被害者의過失로因하여債務者가알지못한또는알수없었을重大한損害의危
險에關하여債務者에注意를줄것을또는損害를避함과또는이것을減少할것을怠慢한
때亦是같다 이境遇에있어서제278조의規定을準用한다

② 中民 제217조   損害의發生또는擴大에因하여被害者도關與하여過失있
을때는法院은賠償金額을輕減든가또는이를免除할수있다

　　　　重大한損害原因이債務者에미처알수없었을境遇에있어被害者가미리그注
意를喚起치않든가또는損害의避免또는減少를怠慢히한때는關與하여過失있었든것
으로한다

③ 滿民 제382조   草案과 同一이다 //

7. 結 論 : 原案에 合意

**제397조 （金錢債務不履行에對한特則）①金錢債務不履行의損害賠償額은法定
利率에依한다   그러나法令의制限에違反하지아니한約定利率이있으면그利率
에依한다**

　　**②前項의損害賠償에關하여는債權者는損害의證明을要하지아니하고債務者
는過失없음을抗辯하지못한다**

Ⅱ. **案**　　　제388조 [다만 제1항은 "金錢債務不履行의損害額은"으로 시작한다]

Ⅲ. **審議錄**, 237면 하단 ~ 238면 상단

2. 現行法 및 判例, 學說   제419조에 該當하는 條文이나 本 草案은 改
善되어 있다

3. 外國 立法例   ① 獨民 288조   金錢債務는遲滯에있는동안은이에
年4分의利息을付한다 債權者가他의法律上의原因에基因하여이보다높은利息을請

求할수있을때는繼續하여이利息을支拂하여야한다

　　　前項의規定은其他의損害賠償의請求를妨害치않는다

　　②　瑞債제106조　　債權者가遲延利息에依하여賠償받은그以上의損害를받았을때에는債務者는自己의責任에돌아갈何等의過失이없음을證明하지않은限그以上의損害에對하여서도亦是賠償의義務를진다

　　　前項의超過損害를미리評價할수있는境遇에는判事는이미主請求權에關한判決에있어서賠償을確定할수있다

　　[238면]　③　佛民　제1153조　　一定金額支拂에限한債務에있어서는그履行의遲延으로發生한損害賠償은法律로써定한利息에對한責任에있어서만成立한다但商事및保證에關한特別規定의適用을妨害치않는다

　　　이損害賠償은債權者側의損失에關한何等證明을要하지않고支拂하여야하는것으로한다그는支拂催告日字以後가아니면負擔되지않는다　但法律上當然히이를進行하게하는境遇에는그렇지않다

　　　遲延中의債務者가惡意로써債權者에게이遲延과關係없는別途의損害를加하였을때는債權者는債權의遲延利息과別個의損害賠償을取得할수있다

　　④　中民　제233조　　遲延된債務가金錢의支拂로써目的으로한때는債權者는法定利率에依하여計算한遲延利息을請求할수있다　但約定利率이이보다高率인때는그約定利率에따른다

　　　利息에對하여는遲延利息을支拂함을要하지않는다

　　　前2항의境遇에있어債權者가其代의損害있었음을證明한때에는倂合하여賠償을請求할수있다

　　⑤　滿民　제383조　　草案과 同一.

　6. 審議經過　　現行法 제405조의 法定重利는 草案에서는 採擇하지 않았다.

　7. 結 論 : 原案에 合意

제398조 (賠償額의豫定) ①當事者는債務不履行에關한損害賠償額을豫定할수있다

　②損害賠償의豫定額이不當히過多한境遇에는法院은適當히減額할수있다

　③損害賠償額의豫定은履行의請求나契約의解除에影響을미치지아니한다

④違約金의約定은損害賠償額의豫定으로推定한다

⑤當事者가金錢이아닌것으로써損害의賠償에充當할것을豫定한境遇에도前4항의規定을準用한다

Ⅰ. **編纂要綱**   제2절 債權의 效力   19. 民法 420조 1항 後段[14]을 削除하고 損害賠償豫定額이 顯著히 不當하다고 認定하는 때에는 裁判所는 適當한 範圍에서 減少할 수 있도록 할 것

Ⅱ. **案**   제389조 [다만 민법 제398조 제5항은 없다]

Ⅲ. **審議錄**, 238면 상단 ~ 239면 상단

// 2. 現行法 및 判例, 學說   現行法 제420조 및 제421조와 同旨이다.

3. 外國 立法例   ① 獨民 제340조   債務者가債務를履行하지않는境遇에對하여違約金을約定한때에는債權者는履行대신違約金을請求할수있다   債權者가違約金의請求를債務者에게通知하였을때는履行의請求를할수없다

債權者는不履行으로因한損害賠償의請求權을가진때는損害賠償의最少額으로서違約金을請求할수있다   이境遇에있어서其他의損害를主張하는것을妨害하지않는다

② 獨民 제343조   有效로된違約金이不當히多額인때는債務者의請求에依하여判決로써適當한額으로低減할수있다   이判決은債務者의財産上의利益뿐만아니라모든正當한利益을斟酌하여야한다   이미違約金을支拂한때에는이를低減할수없다

前項의規定은제335조,제342조의境遇外에어떠한行爲를하고또는하지아니한것에對하여違約金을約定한境遇에이를適用한다

③ 瑞債 제163조(제1항)   (本條 제1항과 同旨)

④ 瑞債 제163조 제2항 제3항   (本條 제2항과 同旨)

⑤ 佛民 제1152조 [239면]   合意에있어서그履行함을懈怠한者는損害賠償의名義로써一定한金額의支拂을作定하였을때에는그金額보다많은或은적은金額을當事者에게給與하지못하는것으로한다

---

14) 의용민법 제420조 제1항 : "당사자는 채무의 불이행에 관하여 손해배상의 액을 예정할 수 있다. 이 경우에는 법원은 그 액을 증감할 수 없다."

⑥ 滿民 제384조   當事者는債務의不履行에關하여損害賠償으로서一定金額을支拂할것을미리約定할수있다 이境遇에있어서는法院은其額을增減할수없다

損害賠償의豫定은履行의請求또는契約의解除를妨害하지않는다

違約金의約定은이를損害賠償의豫定으로推定한다

⑦ 滿民 제385조   前條의規定은當事者가金錢이아닌것으로써損害의賠償에充當할趣旨를豫定한境遇에이를準用한다

6. 審議經過   ① 現行法 제421조 滿民 제385조의 規定에 該當하는 境遇(金錢 以外의 方法에 依한 損害賠償)에 關하여 規定을 設함이 可하다.

② 제5항을 다음과 같이 新設한다

「當事者가金錢이아닌것으로써損害의賠償에充當할것을豫定한境遇에前4항의規定을準用한다」

7. 結 論 : 修正案에 合意

Ⅳ. 법사위 수정안   (98) 제389조中제5항을다음과같이新設한다 [그 내용은 위의 Ⅲ. 6. ②]

Ⅴ. 意見書[15]

1. 142면 ~ 143면 (朱宰璜)

[98] 草案 제389조 제2항 中「境遇에는」다음에「債務者의 請求에 依하여」를 挿入한다.

[이 유]   案 本條 제2항은「損害賠償의 豫定額이 不當히 過多한 境遇에는 法院은 適當히 減額할 수 있다」고 規定함으로써,「法院은 그 額을 增減할 수 없다」는 現行 民法 제420조 제1항의 規定과 對立하고 있다. 現行法下에서도 金錢을 目的으로 하는 債務에 있어서는 그 不履行에 關한 損害賠償의 豫定額이 不當하게 過多한 境遇에는 法院이 相當 程度 減額할 수 있으며(利息制限令 제4조), 그 外에도 그 豫定이 相對方의 無思慮・窮迫을 利用하였거나 또는 그 額이 不當하게 過多한 境遇에는 公序良俗에 違反되는 法律行爲가 되어 無效로 될 수 있는 것은 勿論이다. 案 本條는 社會政策的 見地에서 볼 때 極히 安當한 立法임

---

15) 여기서 제기된 의견들, 특히 2.에 대하여 현석호 수정안 기타 입법과정에서 아무런 대응 내지 반응이 없었음은 위약금약정에 관한 현금의 입법론적 논의가 활발한 사실에 비추어 보면 흥미로운 일이라고 하지 않을 수 없다.

은 贅言을 要치 않는다. 案 本條는 瑞西債務法(제163조 3항)의 規定과 같이 債務者의 請求 없이 法院의 減額權을 認定하였으나 債務者의 不平도 없는데 法院이 自進하여 減額할 必要까지는 없는 것으로 생각되므로, 獨民法(제343조 1항)의 例에 따라 債務者의 請求에 依하여만 法院이 減額할 수 있도록 하자는 것이다.

2. 143면 ~ 145면 (鄭範錫)

[98]에 對한 附見　　　草案 제389조 제2항을 다음과 같이 修正한다.

「損害賠償의 豫定額이 不當할 境遇에는 當事者의 請求에 依하여 法院은 適當히 加減할 수 있다」

[이유]　　　1. 民法草案 제389조는 現行 民法 제420조에 該當하는 것이며 現行法에 依하면 그 제1항에 「當事者는 債務의 不履行에 對하여 損害賠償의 額을 豫定할 수 있다. 이 境遇에는 裁判所는 其額을 增減할 수 없다」라고 規定되어 있다.

이 條文으로 말미암아 債權者는 債務不履行의 事實을 證明하면 損害의 發生 及 그 額을 證明하지 않고 豫定賠償額을 請求할 수 있다. 따라서 債務者가 實際의 損害額이 豫定額보다 적음을 擧證하여 그 減額을 請求할 수 없으며 債權者가 그 實際의 損害額이 더 큼을 擧證하드라도 增額을 請求할 수 없는 것이다. 그뿐만 아니라 損害賠償額의 豫定額은 裁判所로서 이에 增減을 加할 수 없는 것이다. 佛蘭西民法 제1152조와 同趣旨의 것으로 契約의 效力으로 當然한 事理이며 契約自由의 原則의 具體的인 一內容이며 歷史的인 意義를 가진 것이라고 말할 수 있다.

그러나 債權者 債務者가 形式的인 自由 平等은 勿論이오 實質的인 自由 平等을 前提로 한 이 規定은 實際에 있어서 債權者 債務者 間의 甚大한 經濟的 地位의 差로 債權者가 債務者를 不當하게 壓迫하는 手段으로 利用되는 것이었다. 그러므로 이 賠償額이 甚히 過多하므로 그 豫定額대로 損害賠償을 함이 善良의 風俗에 反하는 것으로 認定될 때 裁判所는 이 契約을 無效한 것으로 取扱할 수 있음은 勿論이다. 그러나 信義誠實의 原則에 依해서 或은 公序良俗에 反한다는 理由로써 無效로 宣言하기에는 그 實情이 不足되고 그렇다고 損害賠償 豫定額은 過多한 境遇는 얼마든지 있을 수 있다.

2. 이러한 現象이 非單 한 나라에서만 일어나는 것이 아니므로 그 後의 立法의 趨勢는 이러한 缺點을 免하려고 했으니 卽 그 [144면] 賠償豫定額이 甚히

過多할 때는 裁判所는 適當히 減額을 命할 수 있는 規定을 하게 이르렀다(獨民 343조, 瑞債 163조 3항). 民法草案 제389조는 바로 獨逸 瑞西의 民法과 同趣旨의 것으로 現行 民法에 比해서 一段의 進步를 보았다고 할 수 있다.

3. 우리는 이것으로 滿足할 수 있는 것일까? 債權者가 經濟的 優位者로서 賠償額을 債務者에게 過多하게 課할 때 틀림없이 이것을 抑制하고 減額하는 方法이 必要하다. 그러나 同時에 債務者가 經濟的 優位者로서 賠償額의 豫定이 너무나 過少할 때 같은 뜻으로 우리는 그 賠償額의 過少를 抑制하고 增額하는 方法이 있어야 하지 않을까? 經濟的 優位者니 무엇이니 等을 論하는 것보다도 具體的으로 當事者의 契約關係를 살펴보고 그 萬一 過多할 때는 減額해야 하고 그 萬一 過少할 때는 增額시키는 것이 正義 아닐까? 裁判所로서는 債務者를 不公平하게 擁護해도 不可할 것이며 同時에 債權者를 不公平하게 擁護해도 또한 不可한 것이다. 裁判所는 어디까지나 不偏不黨하여 當事者間에 利害를 公平하게 配分함에 그 目的이 있는 것이다. 다만 過去에 있어서는 債權者가 大槪의 境遇에 强하여 損害賠償額이 過多한 境遇였으니 獨逸 瑞西의 立法이 그 過多한 境遇에 減額할 수 있게만 規定했음이오 결코 債權者만 抑制하는 데 目的이 있는 것이 아니다. 우리나라의 實情을 살펴볼 때 損害賠償豫定額으로 大槪 契約金額의 或은 契約物 價格의 1割 乃至 數割까지이다. 그러나 우리나라 物價指數의 一部變動을 보면 別表(1)과 같다. 卽 1947年에 100하던 物件이 萬一 衣料品을 例로 들면

1949年	241	1951年	2,626	1952年	4,553
1953年	10,055	1954年	17,959		
1955年	29,769	1956年	33,171		

이와 같은 變遷을 보이고 있다. 萬一 5年間 或은 10年間 年賦로 金錢 或은 物品을 給付하기로 하고 그 履行遲滯時에 損害賠償額을 定했을 境遇 或은 其他 生起할 수 있는 境遇를 생각할 때 이와 같은 物價의 變動—暴騰이 甚할 때는 損害賠償額은 大槪의 境遇는 過少일 때일지 모른다. 이러한 不公平을 免하는 方法은 裁判所에게 過多한 損害賠償額은 [145면] 勿論 過少의 境遇에도 亦是 調節할 수 있게 해야 될 것이다. 이러한 理由로써 附見과 같이 草案 제389조를 訂正한다.

2.[4.] 이러한 附見 意見에 硏究會 出席員이 그 理論은 是認하나 他國에 없

다는 理由로 贊同할 수 없다고 하는 분이 있었다고 생각된다.

佛蘭西의 民法의 趣旨와 反對된 것을 獨民法이 規定할 때 他國에 그런 例는 없었을 것이다. 언제나 새로운 現象에 對應하는 規定은 過去에 있을 수 없는 것이다. 따라서 他國의 例의 有無로써 이 規定 訂正의 是認 與否는 不可하다. 우리는 至今 大韓民國의 立法을 생각해야 될 것이다.

別表(1)

全國小賣物價指數   (韓國銀行 調査月報, 4289年 3月 제88호, 物價—51)

	總指數	飮食品	衣料品	雜品
1949(1)	197.8	186.4	241.3	169.6
1950(2)	531.5	546.8	660.9	286.6
1951(3)	2,128.5	2,164.0	2,626.0	1,121.5
1952	5,243.6	6,325.4	4,553.8	1,680.9
1953	7,618.8	8,129.3	10,055.5	3,131.0
1954	10,319.5	9,543.4	17,959.1	4,770.9
1955	17,483.3	16,805.2	29,769.3	7,114.8
1956(2)	18,485.2	17,393.3	33,171.0	8,540.7

(1) 8都市 平均   (2) 8都市 平均   (3) 6都市 平均

Ⅷ. **제2독회**, 속기록 제48호, 10면 하단

○ 法制司法委員長 代理(張暻根) : 그 다음에 389조에 修正案이 있습니다. 이것 읽을까요 389조 … 法制司法委員會의 修正案 … (「必要 없어요」 하는 이 있음) 그러면 889[389]조의 修正案에 대해서는 法制司法委員會의 修正案밖에 없습니다.

○ 副議長(李在鶴) : 法制司法委員會의 修正案에 異議 없으세요? (「네」 하는 이 있음)   네, 通過합니다

제399조 (損害賠償者의代位) 債權者가그債權의目的인物件또는權利의價額全部를損害賠償으로받은때에는債務者는그物件또는權利에關하여當然히債權者를代位한다

Ⅱ. **案**   제390조

Ⅲ. **審議錄**, 239면 상단 ~ 하단

// 2. 現行法 및 判例, 學說   現行法 제422조와 同一趣旨이다.

3. 外國 立法例   ① 獨民 제255조   物또는權利의喪失에關하여損害
賠償의責任을지는사람은賠償權利者가그物의所有權에基하여또는第3者에對한權
利에基因하여가진請求權의讓渡에對하여서만賠償할義務를진다

② 滿民 제386조   草案과 同一하다.

7. 結 論 : 原案에 合意

제400조 (債權者遲滯) 債權者가履行을받을수없거나받지아니한때에는履行의 提供있는때로부터遲滯責任이있다

Ⅱ. 案   제391조

Ⅲ. 審議錄, 239면 하단 ~ 240면 상단

2. 現行法 및 判例, 學說   現行法 제413조와 同一趣旨이다.

3. 外國 立法例   ① 獨民 제293조   債權者는提供된給付를受取치않
을때遲滯의責任을진다

② 瑞債 제91조 [240면]   債權者가適當히提供된給付의受領을不當히拒
絶하였을때또는그義務인準備行爲를不當히拒絶하여債務者의債務履行을不可能하
게하였을때에는遲滯의責任을진다

③ 中民 제234조   債權者가이미提供된給付에對하여受領을拒絶하든가또
는受領할수없을때는提供한때부터遲滯의責任을진다

④ 滿民 제387조   草案과 同一하다.

7. 結 論 : 原案에 合意

Ⅴ. 意見書, 146면 ~ 147면 (朱宰璜)

[99] 債權者遲滯에 關하여는 草案과 같이 債權編 總則章에 一般的인 規定
(제391조 乃至 제394조)을 둠과 아울러, 債權者에의 受領義務를 認定하는 規定
은 個別的으로 賣買나 都給에서 規定하기로 한다. 草案 제392조 中「그 責任
있는 事由가 없으면」을「故意 또는 重大한 過失이 없으면」으로 修正한다.

[이 유]   近時 學者 間에는「債權이란 當該債權을 發生시키는 社會的
目的의 達成을 共同目的으로 하는 一個의 法律關係 卽 債權關係의 안에 包攝되

는 것이라고 보고, 兩當事者는 信義則의 要求하는 바에 따라 給付의 實現에 協力하여야 할 것이므로, 債權者는 信義則의 要求하는 程度의 協力을 하여야 할 法律上의 義務가 있다」고 主張하여, 原則的으로 債權者 一般에 「受領義務」를 認定하여야 할 것이라고 하고, 債權者가 故意・過失로써 受領遲滯에 빠진 境遇를 債權者遲滯라고 把握하여 債權者의 受領義務라는 一種의 債務의 不履行의 效果를 이에 課하여, 損害賠償請求權, 契約解除權 等을 債務者에게 賦與하고자 하고 있다. 그러나 現行 民法下에서의 支配的인 學說은 同法이 이 債權者遲滯에 關하여 單 一個의 條文(제413조)을 두고 있어, 債權者의 有責事由를 要件으로 하고 있지 아니할 뿐만이 아니라, 債權을 行使한다는 것은 債權者의 權利이며 그 義務가 아니라는 前提下에 債權者의 受領義務를 原則的으로 認定할 수는 없다는 見地에서, 債權者遲滯의 要件으로서 債權者의 故意・過失을 要求하지 않는 同時에 그 效果로서 前示와 如한 債務者의 契約解除權이나 債權者의 遲滯로 因한 損害의 賠償請求權 같은 것을 認定하지 않고 있는 것이다. 案의 제391조 乃至 제394조의 規定은, 從來의 通說이 樹立한 債權者遲滯의 效果를 成文化한 것이며, 亦是 債權者의 有責事由를 要件으로 하지 않는 獨民法上의 債權者遲滯에 關한 規定에 매우 恰似한 規定이다(獨民 제293조, 제300조, 제301조, 제304조 參照). 但 現行法下에서의 通說이나 獨民法(제300조)에 依하며는 公平의 觀念上 受領遲滯 後에는 債務者의 責任은 輕減되어 單只 故意 또는 重過失에 對하여만 責任을 지도록 되어 있음에 反하여, 제392조는 輕過失일 때에도 債務者가 責任을 진다는 規定을 두었는데, 이는 亦是 獨民法式으로 修正함이 可하다(萬若 이를 修正치 않는다면 同條는 削除함이 可할 것이다. 同條는 草案 제383조 前段의 適用을 排除한다는 趣旨에서 設置한 것인지는 모르나, 都大體 債務者의 辨濟의 提供이 없으면 債權者遲滯가 成立하지 않는 것이며(案 제391조) 債務者의 辨濟提供이 있는 以上 案 제383조 前段의 適用은 當然히 있을 수 없게 되는 까닭이다). [147면]

우리의 慾心을 말한다면, 新民法을 制定하는 此際에 民法典속에 原則的으로 債權者의 受領義務를 認定하는 規定을 新設하고 싶으나, 이는 權利 一般의 性格에 깊이 關聯되는 問題이므로, 一應 여기서는 案의 方針에 따라가는 바이다(案 제527조 後文의 規定16)은, 債權者遲滯 後의 履行不能이 不可抗力으로 因하

---

16) 이는 대가위험에 관하여 채권자부담주의를 정하는 민법 제538조의 제1항 후단("채권의 수령

는 境遇에도 이를 債權者의 責任 있는 事由와 同一視한다는 趣旨를 明白히 한
것인바, 이를 案 제383조 前文과 關聯시켜 考察할 때 債權者의 受領義務라는 것이
前提로 되어 있는 것 같은 感을 준다. 其項에 關한 意見을 參照할 것).

　　　受領義務를 認定하는 規定을 賣買나 都給의 部分에 個別的으로 設置하자는
것은 獨民法의 立法例에 따르는 것인데, 詳細는 後出 各 該當 意見을 參照할 것.

제401조 (債權者遲滯와債務者의責任) 債權者遲滯中에는債務者는故意또는重大한過失이없으면不履行으로因한모든責任이없다

Ⅰ. **編纂要綱**　　　제2절 債權의 效力　　　16. 債權者遲滯 中에는 債務者는 故意 또는 重大한 過失이 있는 境遇에 限하여 責任을 지도록 하고 利息을 生한 債權인 境遇에는 利息을 支拂할 義務가 없도록 할 것

Ⅱ. **案**　　　제392조 債權者遲滯中에는債務者는그責任있는事由가없으면不履行으로因한모든責任이없다

Ⅲ. **審議錄**, 240면 상단 ~ 하단

　　2. 現行法 및 判例, 學說　　　現行法에는 規定이 없고 新設 條文이다.

　　3. 外國 立法例　　　① 獨民 제300조　　　債權者가遲滯에있는동안은債務者는다만故意및重過失에對하여만그責任//을진다　　다만種類에依하여作定된物件에對하여債務를지는境遇에있어서는危險은債權者가提供된物件으로受取치않으므[음으]로因하여遲滯에있을때부터債權者에移轉한다

　　② 中民 제237조　　　債權者의遲滯中에있어서는債務者는單只故意또는重大한過失에만그責任을진다

　　③ 滿民 제388조　　　債權者가遲滯中에있는동안은債務者는故意또는重大한過失이있지않으면不履行으로因하여發生할一切의責任을지지않는다

　　6. 審議經過　　　現行法에는 없으나 從來 學說上 認定되어 온 것이다.

　　7. 結論 : 原案에 合意

Ⅴ. **意見書**, 146면 ~ 147면 (朱宰璜)[17]

　　지체 중에 당사자 쌍방의 책임 없는 사유로 이행할 수 없게 된 때에도 같다")을 가리킨다.
17) 그 내용은 앞의 670면 수록.

Ⅵ. **현석호 수정안**　　(26)　제392조中「그責任있는事由가없으면」을「故意또는
重大한過失이없으면」으로修正한다

Ⅷ. **제2독회**, 속기록 제48호, 10면 하단

○ 法制司法委員長 代理(張暻根) :　그 다음에 392조에 대해서 … 392조에
대해서 玄錫虎 議員의 修正案이 있는데 여기에 대해서도 法制司法委員會의 反
對가 없습니다.

第402조 (同前) 債權者遲滯中에는利子있는債權이라도債務者는利子를支給할 義務가없다

Ⅰ. **編纂要綱**18)

Ⅱ. **案**　　　제393조

Ⅲ. **審議錄**, 240면 하단 ~ 241면 상단

2. 現行法 및 判例, 學說　　現行法에는 規定이 없고 新設 條文이다.

3. 外國 立法例　　① 獨民 제301조　　利息을付한金錢에對하여는債務
者는債權이遲滯에있는동안은利息을支拂[240면]함으로[을]要하지않는다

② 中民 제238조　　債權者의遲延中에있어서는利息을支拂치않아도된다

③ 滿民 제389조　　利息을生할債權에있어서는債權者가遲滯에있는동안은
債務者는利息을支拂함을要하지않는다

6. 審議經過　　新設 條文이나 從來 學說上 認定되던 것이다.

7. 結論 : 原案에 合意

第403조 (債權者遲滯와債權者의責任) 債權者遲滯로因하여그目的物의保管또 는辨濟의費用이增加된때에는그增加額은債權者의負擔으로한다

Ⅰ. **編纂要綱**　　제2절 債權의 效力　　17. 債權者遲滯의 境遇에 債權者로

---

18) 이 부분 편찬요강 항목에 대하여는 앞의 민법 제401조 Ⅰ.(672면) 뒷부분 참조.

하여금 給付物의 提供保管[원래대로]에 關한 必要費用을 賠償하도록 할 것

Ⅱ. 案　　　제394조

Ⅲ. 審議錄, 241면 상단 ～ 하단

2. 現行法 및 判例, 學說　　　現行法에는 規定이 없고 新設 條文이다.

3. 外國 立法例　　① 獨民 제304조　　債務[者]는債權者의遲滯의境遇에있어서는效果없었던提供과債務의目的物의保存및維持에對하여消費한費用의賠償을請求할수있다

② 中民 제240조 // 債權差押命令을받은第三債權[務]者가差押後에처음으로그債權者에對하여債權을取得한때는그取得한債權으로써差押을받은債權과相殺를할수있다19)

③ 滿民 제390조　　草案과 同一하다.

7. 結 論 : 原案에 合意

제404조 (債權者代位權) ①債權者는自己의債權을保全하기爲하여債務者의權利를行使할수있다 그러나一身에專屬한權利는그러하지아니하다

②債權者는그債權의期限이到來하기前에는法院의許可없이前項의權利를行使하지못한다 그러나保全行爲는그러하지아니하다

Ⅱ. 案　　　제395조 [다만 제1항 단서는 "그러나一身에專屬된權利는그러하지아니하다"라고 한다]

Ⅲ. 審議錄, 241면 하단 ～ 242면 상단

2. 現行法 및 判例, 學說　　　現行法 제423조와 同一趣旨이다

3. 外國 立法例　　① 佛民 제1166조　　그러나債權者는債務者의一身에專屬한것을除하고그權利및訴權을行使할수있다

② 中民 제242조　　債務者가그權利의行使를怠慢한때는債權者는債權을保存키爲하여自己의[242면]名義로써그權利를行使할수있다 但債務者의一身에專屬하는것은그렇지않다

---

19) 이 중화민국민법 조항이 민법 제403조와 어떠한 관련이 있는지 알기 어렵다.

③ 中民 제243조   前條의債權者의權利는債務者가遲滯의責任을질때가아
니면行使할수없다 但전혀債務者의權利를保全하는行爲를하는것은그렇지않다

④ 滿民 제391조   草案과 同一하다.

7. 結 論 : 原案에 合意

Ⅶ. **辯協**, 자료집, 42면 상단 ~ 하단

// 草案 제395조 제1항 中「保存」을「保全」으로 修正함[20]

[理 由]   「保存」과「保全」은 其의 槪念을 달리하는 것인바 保存이라 함
은 權利의 消滅 및 變更을 防止하기 爲한 行爲를 意味하는 것이다. 本條 規定의
代位權 行使는 債務者가 自己 債權의 滿足을 얻기 爲한 것이므로 此는「保全」
이오 權利의 消滅變更의 防止를 爲한 것이 아니므로「保存」이 아니다.

改正 民事訴訟法 草案에는「證據保全」으로서 假執留 假處分이 規定된 바
此等 規定의 所謂「保全」은 强制執行의 滿足을 얻기 爲한 것이요 權利의 消滅
變更을 防止하기 爲한것이 아니다. 如此한 規定의 例를 參考하여「保全」으로
修正한다.

**제405조 (債權者代位權行使의通知) ①債權者가前條제1항의規定에依하여保
全行爲以外의權利를行使한때에는債務者에게通知하여야한다**

　　**②債務者가前項의通知를받은後에는그權利를處分하여도이로써債權者에게
對抗하지못한다**

Ⅰ. **編纂要綱**   제2절 債權의 效力   20. 債權者가 債權者代位權의 行使
에 着手한 때에는 債務者에게 이를 通知하도록 하고 前項의 通知를 받은
以後의 債務者의 權利處分은 債務者가 債權者에게 對抗할 수 없도록 할 것

Ⅱ. **案**   제396조

Ⅲ. **審議錄**, 242면 상단 ~ 하단

2. 現行法 및 判例, 學說   現行法에는 規定이 없고 新設 條文이다.

---

20) 이는 법사위 수정안 기타에도 반영된 바가 없다. 그러나 후의 조문정리과정에서 민법안 제
395조 제1항의 '保存'은 '保全'으로 수정되어 민법으로 공포되었다.

　　3. 外國 立法例　　① 滿民 제392조　　　債權者가前條제1항의權利行使에 着手한때는이것을債務者에通知하여야한다　但保存行爲는그렇지않다

　　　　　債務者가前項의通知를받은後에한權利의處分은이것으로써債權者에對抗 할수없다

　　7. 結 論 : 原案에 合意

제406조 (債權者取消權) ①債務者가債權者를害함을알고財産權을目的으로한 法律行爲를한때에는債權者는그取消및原狀回復을請求할수있다　그러나그行 爲로利益을받은者나轉得한者가그行爲또는轉得當時에債權者를害함을알지못 한境遇에는그러하지아니하다

**　　②前項의訴訟은債權者가取消原因을안21)날로부터1年, 法律行爲있은날로 부터5年內에提起하여야한다**

Ⅰ. **編纂要綱**　　제2절 債權의 效力　　21. 詐害行爲取消權의 內容을 法律 　　行爲의 取消 以外에 原狀回復을 包含하는 것으로 할 것

　　　　22. 債務者取消權의 時效期間을 短縮할 것

Ⅱ. **案**　　제397조

Ⅲ. **審議錄**, 242면 하단 ～ 243면 상단

　　2. 現行法 및 判例, 學說　　現行法 제424조 및 제426조에 該當하는 條文 이다.

　　3. 外國 立法例　　① 佛民 제1167조 제1항　　債權者는그의이름에있어 그權利를害하여債務者에依하여하게된行爲를攻[243면]擊할수있다

　　② 獨民 特別法　　「債務者法律行爲取消에關한法律」(參照)

　　③ 中民 제244조　　債務者의한無償行爲가害를債權에미칠때는債權者는法 院에이가取消를申請할수있다

---

21) 민법안에서, 어떠한 사실 등을 '안' 때 또는 '안 날'이라고 하는 경우에는 모두 이를 모두 '알은'이라고 하고 있다. 이는 법사위 수정안 등에서 수정항목에 들어 있지 않은 것이 일반 이다. 그러나 마지막의 조문정리과정에서 모두 '안'으로 수정되어 민법의 조항에 들어 갔다. 이하에서는 민법안 조문에서의 '알은'에 대하여는 다른 특별한 사정이 없는 한 일절 따로 지 적하지 않기로 한다.

債務者가한有償行爲가行爲時에있어債權者의權利에損害있음을明知한때는受益者도亦是受益時에있어그事情을알았을때에限하여債權者는法院에이가取消를申請할수있다

債務者의行爲가財産으로써目的으로하지않을때는前2항의規定을適用치않는다

④ 中民 제245조   前項의取消權은債權者가取消原因을안때부터1年間行使치않든가또는行爲時부터10年을經過한때는消滅한다

⑤ 滿民 제393조   債權者는債務者가그債權者를害함을알면서한行爲의取消및原狀의回復을請求할수있다   但그行爲로因하여利益을받은사람또는轉得者가그行爲또는轉得의當時債權者를害할事實을알지못한때는그렇지않다

前項의規定은財産權을目的으로하지않은法律行爲에는이것을適用치않는다

⑥ 滿民 제394조   前條제1항의請求는訴訟으로써만이것을할수있다

前項의訴訟은債權者가取消의原因을알때부터1年行爲時부터10年以內에이것을提起하여야한다 //

6. 審議經過   ① 草案이「原狀回復」을 揷入한 것은 改良된 것이다. 從來 判例도 그렇게 되어 있다.

② 제1항 中「原狀回復을」의 다음에「法院에」를 揷入한다.

7. 結 論 : 修正案에 合意

Ⅳ. **법사위 수정안**   (99) 제397조제1항中「原狀回復을」의다음에「法院에」를 揷入한다.

Ⅷ. **제2독회**, 속기록 제48호, 11면 상단

○ 法制司法委員長 代理(張暻根) : 그 다음에 제397조로부터 509조까지에 397조로부터 509조까지에 法制司法委員會만의 修正案이 있습니다.

○ 副議長(李在鶴) : 509조까지에 法制司法委員會의 修正案에 異議 없으세요? (「異議 없소」하는 이 있음)   네, 그러면 法制司法委員會의 修正案대로 通過합니다.

제407조（債權者取消의效力）前條의規定에依한取消와原狀回復은모든債權者 의利益을爲하여그效力이있다

Ⅱ. 案　　　제398조

Ⅲ. 審議錄, 243면 하단

　　2. 現行法 및 判例, 學說　　　現行法 제425조와 同一하다.

　　3. 外國 立法例　　① 滿民 제395조　　　草案과 同一하다.

　　7. 結 論 : 原案에 合意

제3절　數人의債權者및債務者

제1관　總　則

제408조（分割債權關係）債權者나債務者가數人인境遇에特別한意思表示가없 으면各債權者또는各債務者는均等한比率로權利가있고義務를負擔한다

Ⅱ. 案　　　제399조　　　債務者는平等한比率로權利가있고義務를負擔한다

Ⅲ. 審議錄, 243면 하단 ～ 244면 상단

　　[244면]　2. 現行法 및 判例, 學說　　　現行法 제427조와 同一하다.

　　3. 外國 立法例　　① 獨民 제420조　　　數人이可分給付를負擔하며또는 數人이可分給付를請求할수있는境遇에있어疑問되는것은各債務者는平等의比例로 써義務를지고各債權者는平等의比例로서權利를갖는다

　　② 中民 제271조　　　數人이同一의債務를負擔하거나또는同一의債權을갖는 境遇에그給付가不可分하거나또는法律에別般의規定이있거나또契約에別般의約定 이있는때以外에는各其平等히이를分擔또는分受하여야한다　그給付가本來는不可 分하였으나變하여可分하게되었을때에도亦是그렇다

　　③ 滿民 제396조　　　草案과 同一하다.

　　7. 結 論 : 原案에 合意

제2관　不可分債權과不可分債務

제409조（不可分債權） 債權의目的이그性質또는當事者의意思表示에依하여不可分인境遇에債權者가數人인때에는各債權者는모든債權者를爲하여履行을請求할수있고債務者는모든債權者를爲하여各債權者에게履行할수있다

Ⅱ.**案**　　제400조 [다만 "債權의目的이그性質또는當事者의意思表示로因하여不可分인境遇"로 시작한다]

Ⅲ.**審議錄**, 244면 하단 ~ 245면 상단

2. 現行法 및 判例, 學說　　現行法 제428조와 同一하다.

3. 外國 立法例　　① 獨民 제431조　　數人이不可分給付를負擔하는때는連滯[帶]債務者로써그責任이있다

② 瑞債 제308조(參照)

③ 佛民 제1222조　　不可分의負債을合同하여契約한各人은假令連滯[帶]하여義務를契約하지않은때라할지라도負債의全部를擔任한다

④ 中民 제293조 제1항　　給付가不可分인때에는各債權者는單只債權者全體를爲하여서만給付를請求할수있다　債務者도亦是債權者全體에對하여서만給付를할수있다

⑤ 滿民 제397조　　草案과 同一하다.

[245면] 7. 結論 : 原案에 合意

제410조（一人의債權者에생긴事項의效力） ①前條의規定에依하여모든債權者에게效力이있는事項을除外하고는不可分債權者中一人의行爲나一人에關한事項은다른債權者에게效力이없다

②不可分債權者中의一人과債務者間에更改나免除있는境遇에債務全部의履行을받은다른債權者는그一人이權利를잃지아니하였으면그에게分給할利益을債務者에게償還하여야한다

Ⅱ.**案**　　제401조

Ⅲ. **審議錄**, 245면 상단 ~ 하단

　2. 現行法 및 判例, 學說　　　現行法 제429조에 該當하는 條文이다.

　3. 外國 立法例　　① 獨民 제432조(제1항)　　　數人이不可分給付를請求할權利를갖는때는그사람들이連帶債權者가아닌限債務者는總債權者에對하여共同으로서만給付를하며또各債權者는總債權者를爲하여서만給付를請求할수있다

　　② 中民 제293조(제2항)　　　前項의規定을除外하고債權者中의一人과債務者와의間에發生한事項의利益또는不利益은他債權者에對하여서는效力을發生치않는다

　　③ 滿民 제398조　　　草案과 同一하다.

　// 7. 結論 : 原案에 合意

제411조 (不可分債務와準用規定) 數人이不可分債務를負擔한境遇에는제413
　　조乃至제415조,제422조,제424조乃至제427조및前條의規定을準用한다

Ⅱ. **案**　　제402조

Ⅲ. **審議錄**, 245면 하단

　2. 現行法 및 判例, 學說　　　現行法 제430조와 同一한 趣旨이다.

　3. 外國 立法例　　① 獨民 제431조　　　草案 제400조 外國 立法例(參照)

　　② 中民 제292조　　　數人이同一의債務를負擔하거나또는같은債權을가진境遇에있어서給付가不可分인때에는제293조의規定을除外하고連帶債務또는連帶債權에關한規定을準用한다

　　③ 滿民 제399조　　　草案과 同一하다.

　7. 結論 : 原案에 合意

제412조 (可分債權,可分債務에의變更) 不可分債權이나不可分債務가可分債
　　權또는可分債務로變更된때에는各債權者는自己部分만의履行을請求할權利가
　　있고各債務者는自己負擔部分만을履行할義務가있다

Ⅰ. **編纂要綱**　　제4편　多數當事者의　債權關係　　제2관　不可分債權　及　不可分債務　　23. 不可分債權이　可分債權이　된　境遇에　關한　規定을　둘　것

Ⅱ. **案**　　제403조

Ⅲ. **審議錄**, 246면　상단

2. 現行法　및　判例, 學說　　現行法　제431조와　同一한　趣旨이다.

3. 外國　立法例　　① 中民　제291조(後段)　　草案　제399조　立法例　參照

② 滿民　제400조　　草案과　同一하다.

7. 結　論 : 原案에　合意

제3관　連帶債務

제413조 (連帶債務의內容) 數人의債務者가債務全部를各自履行할義務가있고債務者一人의履行으로다른債務者도그義務를免하게되는때에는그債務는連帶債務로한다

Ⅱ. **案**　　제404조

Ⅲ. **審議錄**, 246면　상단 ～ 하단

// 2. 現行法　및　判例, 學說　　現行法　제432조와　同一하다.

3. 外國　立法例　　① 瑞債　제43조(제1항)　　多數債務者間에있어서의連帶를債務者가債權者에對하여各別히全債務의履行에關하여責任을진다는뜻의意思表示를하는境遇에成立한다

② 佛民　제1120조　　그러나사람은第3者를爲하여그者의行爲를諾約하여受合할수있다　但그第3者가拘束을保持함은拒絶하는때는受合을한者또는追認시킴을諾約한者에對하여賠償을妨害치않는다

③ 中民　제292조　　數人이同一의債務를負擔하고債權者에게對하여各者全部給付의責任을負擔함을明示하였을때에는連帶債務로한다

前項의明示가없을때에는連帶債務의成立은法律에規定있는境遇에限한다

④ 滿民　제401조　　草案과　同一하다.

7. 結 論 : 原案에 合意

제414조 （各連帶債務者에對한履行請求） 債權者는어느連帶債務者에對하여또는同時나順次로모든連帶債務者에對하여債務의全部나一部의履行을請求할수있다

Ⅱ. 案　　제405조

Ⅲ. 審議錄, 246면 하단 ~ 247면 상단

[247면] 2. 現行法 및 判例, 學說　　現行法 제432조와 同一하다.

3. 外國 立法例　　① 獨民 제421조　　數人이1個의給付를하여야할債務를진境遇에있어各人이全部의給付를하여야할義務를지고債務者가1回만의給付를請求할수있을때는債權者는任意로各債務者에對하여全部또는一部의給付를請求할수있다　이境遇에있어서는全部의給付를한때까지總債務者의債務는存續한다

② 瑞債 제144조　　債權者는自己의選擇에따라總債務者로부터債權의一部만을또는全部를請求할수있다　總債務者는全債權이消滅한때까지그義務를진다

③ 中民 제293조　　連帶債務의債權者는債務者中의一人또는數人或은그全員에對하여同時에또는前後하여全部또는一部의給付를請求할수있다

連帶債務가全部履行되지않는동안은全體의債務者는連帶債務를負擔한다

④ 滿民 제402조　　草案과 同一하다.

7. 結 論 : 原案에 合意

제415조 （債務者에생긴無效取消22)） 어느連帶債務者에對한法律行爲의無效나取消의原因은다른連帶債務者의債務에影響을미치지아니한다

Ⅱ. 案　　제406조

Ⅲ. 審議錄, 247면 하단

2. 現行法 및 判例, 學說　　現行法 제433조와 同一하다.

---

22) ‘無效’와 ‘取消’ 사이에 쉼표 등이 찍혀 있지 않다.

3. 外國 立法例   ① 滿民 제403조   草案과 同一하다.

7. 結 論 : 原案에 合意

제416조 (履行請求의絶對的效力) 어느連帶債務者에對한履行請求는다른連帶債務者에게도效力이있다

Ⅱ. **案**   제407조

Ⅲ. **審議錄**, 247면 下端 ~ 248면 上端

2. 現行法 및 判例, 學說   現行法 제434조와 同一하다.

3. 外國 立法例   ① 獨民 제424조 [248면] 連帶債務者의一人에對한債權의遲滯는다른債務者에對하여도亦是그效力을갖는다

② 佛民 제1204조   負債者中의一人에對하여한義務執行의要求는債主의他負債者에對하여이에같은要求를執行함이無妨하다

③ 滿民 제404조   草案과 同一하다.

7. 結 論 : 原案에 合意

제417조 (更改의絶對的效力) 어느連帶債務者와債權者間에債務의更改가있는때에는債權은모든連帶債務者의利益을爲하여消滅한다

Ⅱ. **案**   제408조 [다만 "어느連帶債務者와債權者사이에"로 시작한다]

Ⅲ. **審議錄**, 248면 上端 ~ 下端

2. 現行法 및 判例, 學說   現行法 제435조와 同一하다.

3. 外國 立法例   ① 滿民 제405조   連帶債務者의一人과債權者間에更改가있을때에는債權은總債務者의利益을爲하여消滅한다 //

7. 結 論 : 原案에 合意

제418조 (相計의絶對的效力) ①어느連帶債務者가債權者에對하여債權이있는

境遇에그債務者가相計한때에는債權은모든連帶債務者의利益을爲하여消滅
한다

②相計할債權이있는連帶債務者가相計하지아니한때에는그債務者의負擔部
分에限하여다른連帶債務者가相計할수있다

Ⅱ. 案   제409조 [다만 제1항은 "모든連帶債務者의利益으로消滅한다"로 끝
난다]

Ⅲ. 審議錄, 248면 하단 ~ 249면 상단

  2. 現行法 및 判例, 學說   現行法 제436조와 同一趣旨이다.

  3. 外國 立法例   ① 獨民 제422조   連帶債務者의一人의辨濟는他債
務者를爲하여그效力을發生한다代物辨濟供託및相殺에關하여亦是같다

      連帶債務者의一人이가진債權은他債務者이로써相殺에採用할수없다

  ② 中民 제277조   連帶債務者中의一人이債權者에게對하여債權을가졌을
때에는他債務者는그債務者가負擔할部分에限하여相殺을主張할수있다

  ③ 滿民 제406조 [249면]   草案과 同一하다.

  7. 結 論 : 原案에 合意

제419조 (免除의絶對的效力) 어느連帶債務者에對한債務免除는그債務者의負
    擔部分에限하여다른連帶債務者의利益을爲하여效力이있다

Ⅱ. 案   제410조 [다만 "다른連帶債務者의利益으로效力이있다"로 끝
난다]

Ⅲ. 審議錄, 249면 상단 ~ 하단

  2. 現行法 및 判例, 學說   現行法 제437조와 同一하다.

  3. 外國 立法例   ① 獨民 제423조   債權者및連帶債務者의一人이約
定한免除는契約當事者가全債務關係를消滅하게하는意思를갖는때는他의債務者에
對하여도亦是그效力을갖는다

      ② 佛民 제1285조(參照)

      ③ 中民 제276조(제1항)   債務者가連帶債務者中의一人에對하여債務를

免除하였으나債務全部에對한消滅의意思表示가없는때에는그債務者가負擔할部分
을除外하고는他債務者는그責任免을치[責任을免치]못한다 //

　　④ 滿民 제407조　　草案과 同一하다.

　　7. 結 論 : 原案에 合意

제420조 (混同의絶對的效力) 어느連帶債務者와債權者間에混同이있는때에는 그債務者의負擔部分에限하여다른連帶債務者도義務를免한다

Ⅱ. 案　　　제411조

Ⅲ. 審議錄, 249면 하단 ~ 250면 상단

　　2. 現行法 및 判例, 學說　　　[의용민법] 제438조에 該當하는 條文인바
現行法은 「辨濟한것으로看做한다」고 規定한 것을 「負擔部分에限하여義務를免
한다」고 規定하였다.

　　3. 外國 立法例　　① 佛民 제1301조　　　主負債者에있어成立한混同은그
保證人의利益이된다

　　　保證人에있어成立한混同은主된義務의消滅을惹起하지않는다

　　　債主에있어成立한混同그債主의負債者였던部分만이아니면그連帶의共同
負債者에利益되지않는다

　　② 中民 제274조　　　連帶債務者中의一人이辨濟代物辨濟供託相殺로써또는
混同하였을때에는[250면]他債務者도亦是그責任을免한다

　　③ 滿民 제408조　　草案과 同一하다.

　　7. 結 論 : 原案에 合意

제421조 (消滅時效의絶對的效力) 어느連帶債務者에對하여消滅時效가完成한 때에는그負擔部分에限하여다른連帶債務者도義務를免한다

Ⅰ. 編纂要綱　　　제3관 連帶債務　　24. 連帶債務者의 一人을 爲하여 消滅時
　　效가 完成한 境遇에 民 제439조의 效力은 債務者의 抗辯을 기다려 發生하
　　도록 하고 時效의 抗辯을 할 수 있는 債務者가 그 抗辯을 하지 아니하는 동

안은 다른 債務者도 그 抗辯을 할 수 있도록 할 것23)

Ⅱ. 案   제412조

Ⅲ. 審議錄, 250면 상단 ~ 하단

  2. 現行法 및 判例, 學說   現行法 제439조와 同旨이다.

  3. 外國 立法例   ① 獨民 제425조(제2항)   前項의 規定은 特히 告知,
遲滯, 過失, 連帶債務者의 一人에 關하여 發生한 給付不能消滅時效그 中斷및 停止債權
債務의 混同및 確定判決에 關하여 이를 適用한다

    ② 中民 제276조(제2항)   前項의 規定은 連帶債務者中의 一人에 關하여 消
滅時效가 이미 完成하였을때에 이를 準用한다 //

    ③ 滿民 제409조(제1항)   連帶債務者의 一人을 爲하여 消滅時效가 完成하
였을 境遇에 그 債務가 時效의 抗辯을 申立하였을때에는 그 債務者의 負擔部分에 關하여
서는 他債務도 亦是 그 義務를 免한다

  7. 結 論 : 原案에 合意

제422조 (債權者遲滯의 絶對的效力) 어느 連帶債務者에 對한債權者의 遲滯는 다른 連帶債務者에게도 效力이 있다

Ⅰ. 編纂要綱   제3관 連帶債務   25. 連帶債務者의 一人에 對한 債務
[權]者의 遲滯는 他債務者에 對하여도 그 效力을 生하도록 할 것

Ⅱ. 案   제413조

Ⅲ. 審議錄, 250면 하단 ~ 251면 상단

  2. 現行法 및 判例, 學說   現行法에는 없고 新設 條文이다.

  3. 外國 立法例   ① 獨民 제424조   草案 제407조 立法例 參照

---

23) 이 편찬요강 항목은 민법안 기타에 채택되지 아니하였다. 그리고 의용민법 제439조와 같은
  민법 제421조의 문언에 비추어 뒤집어보면, 민법 제421조가 어느 연대채무자에 대한 소멸
  시효의 완성만으로 다른 연대채무자도 부분적이기는 하지만 바로 채무를 면한다고 정하는
  것은 —이른바 시효원용에 관한 규정의 삭제 등과 아울러— 적어도 입법자 의사의 확인이
  라는 점에는 적지 않은 의미가 있다고 하겠다.

② 中民 제278조　　　債權者가連帶債務者中의一人에對하여遲延하였을때에는他債務者의利益을爲하여서도亦是그效力을發한다

③ 滿民 제410조　　　草案과 同一하다.

[251면] 6. 審議經過　　　現行法에는 없으나 從[來] 學說上 그렇게 認定되어 온 것이다.

7. 結 論 : 原案에 合意

제423조 (效力의相對性의原則) 前7조의事項外에는어느連帶債務者에關한事項은다른連帶債務者에게效力이없다

Ⅱ. 案　　　제414조　前7조의事項外에는어느連帶債務者에게關한事項은다른連帶債務者에게效力이없다

Ⅲ. 審議錄, 251면 상단 ~ 하단

2. 現行法 및 判例, 學說　　　現行法 제440조와 同一하다.

3. 外國 立法例　　① 中民 제279조　　　連帶債務者中의一人에關하여서發生한事項은前5조의規定또는契約에別般의規定이있는境遇를除外하고는그利益또는不利益을他債務者에게對하여서는그效力을미치지않는다

② 滿民 제411조　　　草案과 同一하다. //

7. 結 論 : 原案에 合意

제424조 (負擔部分의均等) 連帶債務者의負擔部分은均等한것으로推定한다

Ⅱ. 案　　　제415조 [다만 말미가 "負擔部分은平等으로推定한다"고 되어 있다]

Ⅲ. 審議錄, 251면 하단 ~ 252면 상단

2. 現行法 및 判例, 學說　　　現行法에는 없고 新設 條文이다.

3. 外國 立法例　　① 獨民 제426조(제1항 前段)　　　連帶債務者相互間에있어서는別段의作定이없는限平等의比例로써債務를진다

② 中民 제280조　　　連帶債務者相互間에있어서는法律에別般의規定이있거

나또는契約에別般의約定이있는境遇를除外하고平均으로義務를分擔하여야한다
但債務者中의一人이單獨이責任을負擔하여할事由로써發生한損害및支拂한費用은
그債務者가分擔한다

　③ 滿民 제412조　　　 草案과 同一하다.

　6. 審議經過　　 [252면]　 新設 條文이나 從來 學說上 當然한 것으로 認
定된 것이다.

　7. 結 論 : 原案에 合意

제425조 (出財債務者의求償權) ①어느連帶債務者가辨濟其他自己의出財로共
　同免責이된때에는다른連帶債務者의負擔部分에對하여求償權을行使할수있다
　　　②前項의求償權은免責된날以後의法定利子및避할수없는費用其他損害賠償
　을包含한다

Ⅱ. **案**　　 제416조

Ⅲ. **審議錄**, 252면 상단 ~ 하단

　2. 現行法 및 判例, 學說　　 現行法 제442조와 同旨(但「出捐」)이다.

　3. 外國 立法例　　① 中民 제281조　　 連帶債務者中의一人이辨濟또는
其他의行爲로因하여他債務者로하여금같이그責任을免하게하였을때에는他債務者
에게對하여그各者가分擔하는部分및免責時日부터의利息의償還을請求할수있다

　　　　 前項의境遇에있어서求償權者는求償의範圍內에있어서債權者의權利를承
受한다 但債權者의利益을害할수없다

　② 滿民 제413조　　 草案과 同一하다. //

　7. 結 論 : 原案에 合意

제426조 (求償要件으로서의通知) ①어느連帶債務者가다른連帶債務者에게通
　知하지아니하고辨濟其他自己의出財로共同免責이된境遇에다른連帶債務者가
　債權者에게對抗할수있는事由가있었을때에는그負擔部分에限하여이事由로免
　責行爲를한連帶債務者에게對抗할수있고그對抗事由가相計인때에는相計로消

滅할債權은그連帶債務者에게移轉된다

②어느連帶債務者가辨濟其他自己의出財로共同免責되었음을다른連帶債務者에게通知하지아니한境遇에다른連帶債務者가善意로債權者에게辨濟其他有償의免責行爲를한때에는그連帶債務者는自己의免責行爲의有效를主張할수있다

Ⅱ. 案   제417조

Ⅲ. 審議錄, 252면 하단

　2. 現行法 및 判例, 學說   現行法 제443조와 同一趣旨이다.

　3. 外國 立法例   ① 滿民 제414조   草案과 同一하다.

　7. 結論 : 原案에 合意

제427조 (償還無資力者의負擔部分) ①連帶債務者中에償還할資力이없는者가있는때에는그債務者의負擔部分은求償權者및다른資力이있는債務者가그負擔部分에比例하여分擔한다 그러나求償權者에게過失이있는때에는다른連帶債務者에對하여分擔을請求하지못한다

②前項의境遇에償還할資力이없는債務者의負擔部分을分擔할다른債務者가債權者로부터連帶의免除를받은때에는그債務者의分擔할部分은債權者의負擔으로한다

Ⅱ. 案   제418조 [다만 제1항 단서는 "그러나求償權者에게過失이있으면"으로 시작한다]

Ⅲ. 審議錄, 253면 상단 ~ 하단

　2. 現行法 및 判例, 學說   現行法 제444조 제445조와 同一[趣]旨이다.

　3. 外國 立法例   ① 獨民 제426조(제1항 前段) 草案 제415조 外國 立法例(參照)

　② 中民 제282조(제1항은 草案과 同一)   前項의境遇에있어서는他債務者中의一人이그分擔하여야할部分에關하여이미免責되었을때에도亦是前項의比例分擔의規定에依하여그責任을負擔하여야한다

③ 滿民 제415조   連帶債務者中에償還할資力이없는者가있을때에는그償還할수없는部分은求償者및其他의資力있는者가各者의部分部分에比例하여이를分에擔[分擔]한다 但求償者側에過失이있을때에는他債務者에對하여그分擔을請求할수없다

7. 結 論 : 原案에 合意

** 의용민법 제441조와 같이 연대채무자 중 1인의 파산에 관한 규정을 두는 문제

Ⅲ. 審議錄, 253면 하단

現行法 제441조(破産의 境遇)에 該當하는 조항을 削除한 것은 破産法 제24조24)에 同一한 規定이 있으므로 不必要한 까닭이다.

제4관 保證債務

제428조 (保證債務의內容) ①保證人은主債務者가履行하지아니하는債務를履行할義務가있다
②保證은將來의債務에對하여도할수있다

Ⅱ. 案   제419조

Ⅲ. 審議錄, 253면 하단 ~ 254면 상단

2. 現行法 및 判例, 學說   現行法 제446조에 該當하나 제2항은 新設 條文이다. 草案 제346조(根抵當) 參照.

3. 外國 立法例   ① 獨民 제765조(제1항 제2항)   保證契約에因하여 保證人은第3者의債權者에對하여第3者의債務를履行할義務를진다

保證은將來또는條件附債務에關하여도이를할수있다

---

24) 의용파산법 제24조 : "수인이 각자 전부의 이행을 할 의무를 지는 경우에 그 전원 또는 그 중 수인이 파산의 선고를 받은 때에는 채권자는 파산선고시에 가지는 채권의 전액에 관하여 각 파산재단에 대하여 파산채권자로서 그 권리를 행사할 수 있다." 이는 1962년 우리 파산법의 제19조와 같은 내용이다. 일본 파산법의 개폐에 대하여는 앞의 주 9(653면) 참조.

② 瑞債 제492조　　保證契約에因하여保證人은主債務者인第3者의債權者에對하여이第3者의債務의履行의責任을진다

③ 瑞債 제494조(제2항)　　主債務가效力을發生하는境遇에對하여保證은亦是將來의債務또는條件附債務에對하여도이를成立시킬수있다

④ 中民 제739조 [254면]　　保證人[保證]이라함은當事者의一方이他方의債務者가債務를履行하지않을때그代身履行의責任을負擔할것을約定하는契約을말한다

⑤ 滿民 제416조　　保證人은主債務者가그債務를履行치않을때에그를履行할責任을진다

⑥ 滿民 제417조　　保證은將來의債務에對하여서도이를作定할수있다

6. 審議經過　　① 제2항은 現行法에 規定이 없으나 從來 學說上 規定하여야 할 것으로 認定된 것이다.

② 條件附 債務 期間附 債務도 「將來의 債務」에 包含되는 것으로 解釋되므로 本條의 規定은 그 文言대로 可하다. ([근저당에 관한] 草案 제346조 參照)

7. 結 論 : 原案에 合意

Ⅴ. 意見書, 147면 (金基善)

[100] 草案 제419조 제2항을 新設한 데 贊成한다.

[이 유]　　保證債務는 主債務의 存在를 前提로 한다. 保證債務의 前提인 主債務 中에 將來의 債務가 包含되느냐에 對하여서 獨逸民法 제765조 2항은 이를 明言하였는데도 不拘하고 現行 民法에는 그러하지 않아 論議가 없지 않았다. 그러나 이를 認定한 것이 從來의 判例이고 通說이었다. 草案 제419조 2항에 있어 將來의 債務에 對하여서 保證할 수 있다고 規定한 것은 從來 이를 認定한 判例 學說을 成文化함으로써 그에 對한 疑惑 紛爭을 一掃하였다.

제429조 (保證債務의範圍) ①保證債務는主債務의利子, 違約金, 損害賠償其他主債務에從屬한債務를包含한다

②保證人은그保證債務에關한違約金其他損害賠償額을豫定할수있다

Ⅱ. 案　　제420조

Ⅲ. **審議錄**, 254면 상단 ~ 하단

2. 現行法 및 判例, 學說　　現行法 제447조와 同一한 趣旨이다.

3. 外國 立法例 //　　① 獨民 제767조　　保證人의 義務는 主債務의 各時의 成分을 標準으로한다 特히 主債務가 主債務者의 過失또는 遲滯에 依하여 變更한때 亦是 同一하다　但 保證人의 義務는 保證을 引受한後 主債務者가한 法律行爲에 因하여 擴張되지않는다

保證人을 主債務者로부터 債權者에게 賠償할 告知및 訴追의 費用에 關하여그 責任을진다

② 中民 제740조　　保證債務는 契約에 別段의 作定이있는 境遇를 除外하고 主債務의 利息違約金損害賠償및 其他主債務에다른 負擔을 包含한다

③ 滿民 제418조　　草案과 同一하다.

7. 結 論 : 原案에 合意

제430조 (目的,形態上의附從性) 保證人의 負擔이 主債務의 目的이나 形態보다 重한때에는 主債務의 限度로減縮한다

Ⅱ. **案**　　제421조

Ⅲ. **審議錄**, 254면 하단 ~ 255면 상단

2. 現行法 및 判例, 學說　　現行法 제448조와 同一하다.

3. 外國 立法例 [255면]　　① 獨民 제767조(제1항)　　草案 제420조 立法例 參照

② 中民 제741조　　保證人의 負擔이 主債務者에 比하여 重할때에는 主債務의 限度까지 減縮하여야한다

③ 滿民 제419조　　草案과 同一하다.

7. 結 論 : 原案에 合意

제431조 (保證人의條件) ①債務者가保證人을세울義務가있는境遇에는그保證人은行爲能力및辨濟資力이있는者로하여야한다

②保證人이辨濟資力이없게된때에는債權者는保證人의變更을請求할수있다
③債權者가保證人을指名한境遇에는前2항의規定을適用하지아니한다

Ⅱ. 案   제422조

Ⅲ. 審議錄, 255면 상단 ~ 하단

　2. 現行法 및 判例, 學說   現行法 제450조와 同一한 趣旨이다.

　3. 外國 立法例 //   ① 獨民 제239조(제1항)   保證人은供與할擔保
의價格에相當하는財産을所有하고또國內에普通裁判籍을가진때에는適格이있다

　② 滿民 제420조   債務者가保證人을세울義務를負擔할境遇에는그保證人
은左의條件을具備한者라야한다

　　1. 行爲能力者일것   2. 辨濟의資力을가질것

　　3. 債務의履行地를管轄하는高等法院의管轄區域內에住所를갖거나또는假
　　　住所를定하였을것

　　保證人이前項제2호또는제3호의條件을缺함에이르렀을때는債權者는前項
의條件을具備한者로서이에代身할것을請求할수있다

　　前2항의規定은債權者가保證人을指名하였을境遇에는이를適用치않는다

　7. 結 論 : 原案에 合意

Ⅴ. 意見書, 148면 (金基善)

　[101] 草案 제422조에는 現行法 제450조 제1항 제3호에 該當하는 義務的
保證人의 資格要件에 關한 規定을 缺하나 그에 贊成한다.

　[이 유]   保證人이 될 資格에 對하여서는 何等 制限이 없을지라도 保證
人을 세우는 義務가 있는 者는 반드시 一定한 要件을 具備한 者로 하여금 세워
야 한다. 그 一定한 要件 中 草案은 現行法 제450조 1항 3호[25] 即 債務履行地
를 管轄하는 高等法院의 管轄 內에 住所를 가지거나 또는 假住所를 定하였을
것은 從來 그다지 意義 있는 規定이 되지 못하였다. 大體로 保證人을 세우는 境
遇는 債權者가 一定한 者를 保證人으로 特定하였었고 또 債務者가 保證人을 세
우는 境遇는 比較的 頻繁히 相從하는 隣近者로 하기 때문에 上記의 要件은 必

───────────

　25) 이 제3호 규정은 일본에서 1947년 법률 제222호(제2차 대전 후 특히 친족편·상속편의 대
　　개정을 가져왔고, 통칙의 제1조 및 제2조가 추가되었다)로 삭제되었다.

要하지 않다. 적어도 債務의 履行地를 管轄하는 高等法院의 管轄 內에 住所가
없더라도 隨意隨時로 假住所는 無制限으로 設置할 수도 있기 때문이다.

第432조 (他擔保의提供) 債務者는다른相當한擔保를提供함으로써保證人을세울義務를免할수있다

Ⅱ. **案**			제423조 債務者는다른相當한擔保를提供하여保證人세울義務를免할
수있다

Ⅲ. **審議錄**, 255면 하단 ~ 256면 상단

　2. 現行法 및 判例, 學說 [256면]		現行法 제451조와 同一한 趣旨이나
草案이 改良된 것이다.

　3. 外國 立法例		① 滿民 제421조		債務者가前條의條件을具備한保
證人을세울수없는때에는他但[擔]保를提供하여이에代身할수있다

　7. 結 論 : 原案에 合意

**第433조 (保證人과主債務者抗辯權) ①保證人은主債務者의抗辯으로債權者에
게對抗할수있다**
　　②主債務者의抗辯抛棄는保證人에게效力이없다

Ⅰ. **編纂要綱**		제4관 保證債務		26. 主債務者의 抗辯權의 抛棄는 保證
人에 對하여는 效力이 없는 것으로 할 것

Ⅱ. **案**		제424조

Ⅲ. **審議錄**, 256면 상단 ~ 하단

　2. 現行法 및 判例, 學說		現行法에는 規定이 없고 新設 條文이다

　3. 外國 立法例		① 獨民 제768조		保證人은主債務者가가진抗辨[원
문대로]을主張할수있다 但債務者가死亡할境遇에있어서는保證人은그相續人이單
只制限的으로그債務에任할것을主張할수없다

　　保證人은主債務者가抗辨을抛棄함으로依하여이를잃지않는다

② 瑞債 제506조(제1항) // 保證人은그義務의種類에依하여如斯한抗辨의主張이除外되지않는限主債務者에歸屬하는抗辨으로써債權者에對抗하는權利를갖고義務를진다

③ 佛民 제2036조　　保證人은主債務者에屬하며또債務에附着한一切의抗辨으로써債務者에對抗할수있다

　　　　前項에不拘하고保證人은債務者의一身에專屬한抗辨으로서는對抗할수없다

④ 中民 제742조　　主債務者가有한抗辨은保證人도이를主張할수있다　主債務者가그抗辨을抛棄하였을때에있어서保證人은그抗辨을主張할수있다

⑤ 滿民 제422조　　草案과 同一하다.

6. 審議經過　　現行法에 規定이 없으나 從來 學說上 當然한 것으로 認定된 것이다.

7. 結 論 : 原案에 合意

제434조 (保證人과主債務者相計權) 保證人은主債務者의債權에依한相計로債權者에게對抗할수있다

Ⅱ. 案　　제425조

Ⅲ. 審議錄, 256면 하단 ~ 257면 상단

2. 現行法 및 判例, 學說　　現行法 제457조 제2항과 同一하다.

3. 外國 立法例　① 獨民 제770조(제2항) [257면]　　債權者가辨濟期에達한主債務者의債權에對한相殺에因하여辨濟를받게되는때는亦是同一하다

② 滿民 제423조　　草案과 同一하다.

7. 結 論 : 原案에 合意

제435조 (保證人과主債務者의取消權等) 主債務者가債權者에對하여取消權또는解除權이나解止權이있는동안은保證人은債權者에對하여債務의履行을拒絶할수있다

Ⅱ. 案   제426조 [다만 "…解止權이있으면保證人은…"으로 되어 있다]

Ⅲ. 審議錄, 257면 상단 ~ 하단

　　2. 現行法 및 判例, 學說   現行法에 規定이 없고 新設 條文이다.

　　3. 外國 立法例   ① 獨民 제770조(제1항)   保證人은主債務者가그債
務의原因인法律行爲를取消할權利를가진때는債務의辨濟를拒絕할수있다

　　② 滿民 제424조   草案과 同一하다. //

　　6. 審議經過   「解止權이있으면」을 「解止權이있는동안은」으로 修正한다.

　　7. 結 論 : 修正案에 合意

Ⅳ. 법사위 수정안   (100)   제426조中「解止權이있으면」을「解止權이있는동
안은」으로修正한다

Ⅴ. 意見書, 148면 ~ 149면 (金基善)

　　[102] 草案 제426조의 新設에 贊成한다.

　　[이 유]   이 條文은 主債務者가 그 債務[權]者에 對하여 取消權 또는 解
除權이나 解止權을 갖고 있을 때 保證人은 債務[權]者에 對하여 債務의 履行을
拒絕할 수 있다는 規定이다. 獨逸民法 제770조 1항에는 다만 取消權에 限하여
이와 同一한 規定을 두고 있다.

　　萬若 保證人에게 그와 같은 履行拒絕權을 付與하지 않을 것 같으면 不得已
保證人이 辨濟하는 수밖에 없다. 保證人이 辨濟한 然後에 主債務者가 取消權,
解除權, 解止權을 行使하는 境遇에는 保證人은 債權者에 對하여서 前日의 辨濟
를 不當利得返還請求를 하게 되어 債權者와 保證人 間의 法律關係가 複雜化하
게 된다. 또 이에 反하여 主債務者가 取消權, 解除權, 解止權을 行使하지 않을
境遇에는 保證人은 主債務者에게 求償權을 行使할 當時 主債務者가 無資力이면
保證人이 單獨으로 損[149면]害를 입는 不合理한 結果가 되고 만다. 그러므로
마땅히 保證人에게 前記와 같은 履行拒絕權을 付與함이 正當하다. 이곳의 解止
權은 現行法上의 告知權을 意味한다.

Ⅷ. 제2독회, 속기록 제48호, 11면 상단[26)]

---

26) 국회 제2독회에서의 심의는 민법안 제379조에서 제509조까지 일괄하여 법사위 수정안을
　　채택하는 것으로 이루어졌다. 이에 대하여는 앞의 민법 제406조 Ⅷ.(677면) 참조.

제436조 (取消할수있는債務의保證) 取消의原因있는債務를保證한者가保證契約當時에그原因있음을안境遇에主債務의不履行또는取消가있는때에는主債務와同一한目的의獨立債務를負擔한것으로본다

Ⅱ. **案**　　제427조 [다만 "…그原因있음을알은때에는主債務의不履行또는取消의境遇에主債務와…"로 되어 있다]

Ⅲ. **審議錄**, 257면 하단

2. 現行法 및 判例, 學說　　現行法 제449조에 該當하는 規定인바 現行法은 無能力者의 境遇에 關하여 規定하였다.

3. 外國 立法例　　① 中民 제743조　　保證人은錯誤또는行爲能力의欠缺로서無效인債務에對하여그事情을알고保證을하였을때에는그保證은有效이다

7. 結論 : 原案에 合意

Ⅴ. **意見書**, 145면 (金基善)[27]

[103] 草案 제427조 中「 … 본다」를「 … 推定한다」로 修正한다.

[이 유]　　草案 本條는 現行法 제449조와 同一한 것이며 다만 用語上으로「推定한다」를「본다」로 고친 데 不過하다. 그러나「본다」 함은 看做로 誤認할 수 있으므로 現行法과 같이「推定한다」로 修正함이 妥當하다고 생각한다.

제437조 (保證人의催告,檢索의抗辯) 債權者가保證人에게債務의履行을請求한때에는保證人은主債務者의辨濟資力이있는事實및그執行이容易할것을證明하여먼저主債務者에게請求할것과그財産에對하여執行할것을抗辯할수있다 그러나保證人이主債務者와連帶하여債務를負擔한때에는그러하지아니하다

Ⅱ. **案**　　제428조

Ⅲ. **審議錄**, 257면 하단 ~ 258면 하단

[258면] 2. 現行法 및 判例, 學說　　現行法 제452조, 제453조, 제454조와 同一한 趣旨이다.

---

27) 이는 현석호 수정안의 내용이 되지 못하였다.

3. 外國 立法例   ① 獨民 제771조   保證人은債權者가主債務者에對
하여한强制執行이그效果가發生치아니함에이를때까지는債務의辨濟를拒絶할수
있다

② 中民 제745조   保證人은債權者가主債務者의財産에關하여强制執行을
하여서無效果로되기까지는債權者에對하여辨濟를拒絶할수없다

③ 中民 제753조   保證에關하여期間을定하지않[아니]하였을때에는保證
人은主債務의辨濟期가到來한後에있어서1個月以上의相當한期限을定하여債權者
에게對하여그期間內에主債務者에對하여裁判上의請求를하라는催告를할수있다

債權者가前項의期間內에主債務者에對하여裁判上의請求를하지않았을때
에는保證人은그責任을면한다

④ 瑞債 제495조   單純한保證人은保證受諾後에이르러主債務者가破産에
陷入한때또는債權者의過失없이債務取立의效果없었을때또는스위스國內에있어서
이에對한訴求를할수없음에이르러비로서支拂을請求當하는것으로한다

保證한債權이保證의設定以前또는이와同時에質權에依하여擔保되었을때
는單純한保證人은主債務者가破産에陷入치않고그리고質物이主債務者의破産을
기다리지않고換價할수있는限債權者에對하여먼저質物의處分을할//것을請求할수
있다

⑤ 佛民 제2023조   檢索을請求한保證人은主債務者의財産을債權者에指
示하며또檢索을함에充分한金額을立替하여야한다

檢索을請求할保證人은主債務者의財産으로서履行地의國王裁判所의管轄
外에있는것係爭財産그債務에關하여抵當權이設定되는財産으로서債務者의占有에
있지않은것을指示할수없다

⑥ 滿民 제425조   保證人은債權者로부터請求를받았을때에는主債務者에
辨濟의能力이있고또執行이容易함을證明하고先次로債務者의財産에對하여執行할
것을請求할수있다

⑦ 滿民 제426조   保證人이主債務者와連帶하여債務를負擔하였을때에는
前條에定한權利를갖지않는다

6. 審議經過   現行法의 催告의 抗辨[辯]制度는 不必要한 制度를 規定하
였던 것을 草案은 檢索의 抗辨과 合하여 主債務者의 辨濟資力 있는 事實과 그
執行이 容易한 事實을 證明하여야만 抗辨權을 行使할 수 있게 한 것으로 妥當

하다.

　　7. 結 論 : 原案에 合意

제438조 (催告, 檢索의懈怠의效果) 前條의規定에依한保證人의抗辨[辯]에不拘하고債權者의懈怠로因하여債務者로부터全部나一部의辨濟를받지못한境遇에는債權者가懈怠하지아니하였으면辨濟받았을限度에서保證人은그義務를免한다

Ⅱ. 案　　　제429조 [여기서는 '抗辯'으로 되어 있다]

Ⅲ. 審議錄, 258면 하단 ~ 259면 상단

　　[259면] 2. 現行法 및 判例, 學說　　現行法 제455조의 規定과 同一한 趣旨이다.

　　3. 外國 立法例　　① 中民 제746조(제4호)　　4. 主債務者의財産이그債務를辨濟함에不足할때

　　　② 中民 제753조(제2항)　　(前條 立法例 參照)

　　　③ 滿民 제427조　　草案과 同一하다.

　　7. 結 論 : 原案에 合意

제439조 (共同保證의分別의利益) 數人의保證人이各自의行爲로保證債務를負擔한境遇에도제408조의規定을適用한다

Ⅱ. 案　　　제430조

Ⅲ. 審議錄, 259면 상단 ~ 260면 상단

　　// 2. 現行法 및 判例, 學說　　現行法 제456조와 同一하다.

　　3. 外國 立法例　　① 獨民 제769조　　數人이同一債務를保證한때는共同으로이를引受하지아니한때라도各自連帶로그責任을진다

　　　② 瑞債 제497조　　同一可分의主債務를共同으로保證한多數의保證人은그持分에關하여單純한保證人으로서爾餘의保證人의持分에關하여는副證人으로서그

責任을진다

　　多數의保證人이明示的으로主債務者와같이또는相互間에있어連帶責任을
引受한때는各自가共同保證人에對한比例的의求償權을留保하고主債務에關하여그
責任을진다

　　保證人이自己外數人의保證人이同一의主債에關하여義務를질것을前提로
하여保證을受諾하고그리고債權者가이前提를알수있는境遇에있어이前提가發生치
않을때는右의保證人은免責되는것으로한다

　　③ 獨民 제2025조[28]　　　相續財産占有者가處罰될行爲에依하여相續財産에
屬한것을取得하거나또는相續財産에屬한物을法의禁한私力으로써取得한때는그者
는法律行爲에因한損害賠償에定한規定에따라責任진다　　但善意의相續財産占有者
는相續人이物의占有를이미事實上取得한境遇에限하여法의禁하는私力에對하여本
條에따라그責任을진다

　　④ 滿民 제429조　　　數人의保證人이있는境遇에는그保證人이各其別個의行
爲로써債務를負擔하였을境遇에있어서도제396조의規定을準用한다　　但그保證人中
辨濟할資力없는者가있을때에는그辨濟不可能한部分에對하여서는他保證人이連帶
하여그辨濟에對한責任을진다 [260면]

　　7. 結 論 : 原案에 合意

제440조 (時效中斷의保證人에對한效力) 主債務者에對한時效의中斷은保證人에對하여그效力이있다

Ⅱ. 案　　　제431조

Ⅲ. 審議錄, 260면 상단 ~ 하단

　　2. 現行法 및 判例, 學說　　　現行法 제457조 제1항에 該當하는 規定이나
「履行의請求」가 削除되었다.

　　3. 外國 立法例　　① 中民 제747조　　　主債務者에對하여履行을請求하

---

28) 이는 아마도 프랑스민법 제2025조("수인이 동일한 채무에 대하여 동일한 채무자의 보증인
　　이 된 때에는 각 보증인은 채무 전액에 대하여 책임을 진다")를 든다는 것이 착오로 독일
　　민법 제2025조를 참조한 것으로 여겨진다.

거나其他時效를中斷할行爲를하였을때에는保證人에對하여서도亦是그效力을發生한다

② 滿民 제428조　　　主債務者에對한履行의請求其他消滅時效의中斷은保證人에對하여서도그效力을發生한다

6. 審議經過 //　　　現行法 中民 滿民에 規定된 「履行請求」를 削除하였는바 「履行請求」는 時效中斷의 一事由에 不過하므로 不必要하다고 하여 이를 削除한 것으로 思慮된다.

7. 結 論 : 原案에 合意

제441조 (受託保證人의求償權) ①主債務者의付託으로保證人이된者가過失없이辨濟其他의出財로主債務를消滅하게한때에는主債務者에對하여求償權이있다

②제425조제2항의規定은前項의境遇에準用한다

Ⅱ. 案　　　제432조

Ⅲ. 審議錄, 260면 하단 ~ 261면 상단

2. 現行法 및 判例, 學說　　　現行法 제459조와 同一한 趣旨이나 現行法에는 「裁判言渡를 받은」 境遇가 揷入되어 있다. 「裁判言渡를 받은」 境遇는 草案 제433조 제1호에 規定하였다.

3. 外國 立法例　　　① 獨民 제775조　　　保證人이主債務者의委託을받아保證한때또는保證人이保證을引受함으로事務管理의規定에따라主債務者에對하여受任者의權利를갖는때는그保證人은左의境遇에있어主債務者에對하여保證의負責을請求할수있다

1. 主債務者의財産關係가甚히減損한때
2. 保證을引受한後主債務者가그住所營業所또는居所를變更함으로主債務者에對한訴追가甚히困難한때
3. 主債務者가債務의履行에關한遲滯에있을때
4. 債務者가保證人에對하여履行에關한執行力있는判決의言渡를받은때

債務者가아직辨濟期에이르지않을때는主債務者는負責에代替하여擔保를

提供할수있다

② 中民 제749조 [261면]   保證人이債權者에對하여辨濟한後에는債權者
의主債務者에對한債權은그辨濟의限度內에있어保證人에게移轉한다

③ 中民 제750조(次條 下 提[揭]記)

④ 滿民 제430조   保證人이主債務者의委託을받고保證을하였을境遇에自
己의出捐으로써債務를消滅시켰을때에는그保證人은主債務者에對하여求償權을갖
는다

제413조제2항의規定은前項의境遇에이를準用한다

7. 結 論 : 原案에 合意

제442조 (受託保證人의事前求償權) ①主債務者의付託으로保證人이된者는다
음各號의境遇에主債務者에對하여미리求償權을行使할수있다

1. 保證人이過失없이債權者에게辨濟할裁判을받은때

2. 主債務者가破産宣告를받은境遇에債權者가破産財團에加入하지아니
한때

3. 債務의履行期가確定되지아니하고그最長期도確定할수없는境遇에保證
契約後5年을經過한때

4. 債務의履行期가到來한때

②前項제4호의境遇에는保證契約後에債權者가主債務者에게許與한期限으
로保證人에게對抗하지못한다

Ⅱ. 案   제433조

Ⅲ. 審議錄, 261면 상단 ~ 262면 상단

// 2. 現行法 및 判例, 學說   現行法 제460조와 同一한 趣旨이나 草案
제1호는 現行法 제459조에 該當하고 제3호의 「5年」이 現行法에서는 「10年」으
로 되어 있다.

3. 外國 立法例

① 佛民 제2032조   保證人은다음에揭記한境遇에있어는辨濟를하기以前
에있어서도債務者로부터賠償을받기爲하여이에對하여訴求할수있다

　　1. 保證人이 辨濟를 爲하여 裁判上訴求를 받은때

　　2. 債務者가 破産하며 또는 家資分散에 빠진때

　　3. 債務者가 特定期間中에 保證人을 免責할義務를진때

　　4. 債務者가 約定期間의 到來에 依하여 辨濟期에 達한때

　　5. 主義務가 確定의 辨濟期를 갖지않은 境遇에 있어 10年을 經過한때　　但後見 의 經過에 있음과같이 主義務가 特定時期以前에 消滅하게할수있을 性質의 것이아닌때는 그러하지않다

② 中民 제750조　　　保證人이 主債務者의 委託을받고 保證하였을 境遇에 左記 各號中 1個의 事情이 있을때에는 主債務者에 對하여 그 保證責任의 除去를 請求할수 있다

　　1. 主債務者의 財産이 顯著히 減少하였을때

　　2. 保證契約成立後 主債務者의 住所營業所 또는 居所에 變更이 있어 이에 對하 여 辨濟를 請求함에 困難을 發生하였을때

　　3. 主債務者가 債務의 履行을 遲延하였을때

　　4. 債務者가 確定判決에 依하여 保證人으로하여금 辨濟시킬수있을때 主債務 가 아직 辨濟期에 達하지않을때에는 主債務者는 相當한 擔保를 保證人에게 提供하고 保證責任의 除去에 代身할수있다

③ 滿民 제431조 [262면]　　　保證人이 主債務者의 委託을받고 保證을하였을 때에는 그 保證人은 左記境遇에 있어서 主債務者에 對하여 미리 求償權을 行使할수 있다

　　1. 主債務가 破産宣告를받고 債權者가 그 財團의 配當에 加入치 아니하였을때

　　2. 債務가 辨濟期에 있을때　　擔保契約後 債權者가 主債務者에게 許與한 期限 은 이로써 保證人에게 對抗할수없다

　　3. 保證人이 過失없이 債權者에게 辨濟할 裁判의 言渡를 받았을때

　　4. 債務의 辨濟期가 不確定이고 또 그 最長期까지도 確定할수없는 境遇에 保證 契約後 10年을 經過하였을때

　7. 結 論 : 原案에 合意

Ⅴ. 意見書, 149면 (金基善)

　[104] 草案 제433조 제1항 제3호 「保證契約 後 5年을 經過한 때」는 妥當

하다.

　　[이 유]　　　草案 本條는 現行法 제460조 1항 3호의 10年을 5年으로 短縮
하였을 뿐이다. 現行法을 制定한 지 이미 70餘年을 經過한 오늘날에 있어서는
交通, 遞信機關이 極度로 發達하였는 만큼 70餘年 前에 規定한 期間은 오늘날
의 社會實情에 適合하지 않으므로 5年으로 短縮함이 正當하다고 생각한다.

**제443조 (主債務者의免責請求) 前條의規定에依하여主債務者가保證人에게賠
　　償하는境遇에主債務者는自己를免責하게하거나自己에게擔保를提供할것을保
　　證人에게請求할수있고또는賠償할金額을供託하거나擔保를提供하거나保證人
　　을免責하게함으로써그賠償義務를免할수있다**

Ⅱ．**案**　　　제434조 [다만 말미는 "保證人을免責하게하여그賠償義務를免할수
　　있다"라고 한다]

Ⅲ．**審議錄**, 262면 상단 ~ 하단

　　2. 現行法 및 判例, 學說　　　現行法 제461조와 同一하다.

　　3. 外國 立法例 //　　① 滿民 제432조　　前條의規定에依하여主債務者
가保證人에게對하여賠償할境遇에있어서債權者가全部의辨濟를받지아니할동안은
主債務者는保證人으로하여금擔保를提供시키거나또는債務者에對하여自己에게免
責을얻도록하라는趣旨의請求를할수있다

　　　　前條의規定에依하여賠償할境遇에主債務者는그賠償할金額을供託하고擔
保提供하며또는保證人에게免責을얻게하고그賠償의義務를免할수있다

　　7. 結 論 : 原案에 合意

**제444조 (付託없는保證人의求償權) ①主債務者의付託없이保證人이된者가辨
　　濟其他自己의出財로主債務를消滅하게한때에는主債務者는그當時에利益을받
　　은限度에서賠償하여야한다**

　　**②主債務者의意思에反하여保證人이된者가辨濟其他自己의出財로主債務를
　　消滅하게한때에는主債務者는現存利益의限度에서賠償하여야한다**

③前項의境遇에主債務者가求償한날以前에相計原因이있음을主張한때에는 그相計로消滅할債權은保證人에게移轉된다

Ⅱ. 案　　　제435조 [다만 제2항은 "…現在利益의限度에서…"라고 한다]

Ⅲ. 審議錄, 262면 하단 ~ 263면 상단

2. 現行法 및 判例, 學說 [263면]　　現行法 제462조와 同一한 趣旨이다.

3. 外國 立法例　　滿民 제433조　　草案과 同一하다.

7. 結 論 : 原案에 合意

제445조 (求償要件으로서의通知) ①保證人이主債務者에게通知하지아니하고 辨濟其他自己의出財로主債務를消滅하게한境遇에主債務者가債權者에게對抗 할수있는事由가있었을때에는이事由로保證人에게對抗할수있고그對抗事由가 相計인때에는相計로消滅할債權은保證人에게移轉된다

②保證人이辨濟其他自己의出財로免責되었음을主債務者에게通知하지아니 한境遇에主債務者가善意로債權者에게辨濟其他有償의免責行爲를한때에는主 債務者는自己의免責行爲의有效를主張할수있다

Ⅱ. 案　　　제436조 [다만 제1항에서 "…主債務者가債權者에게對抗할수있는事 由가있는때에는…"으로 되어 있다]

Ⅲ. 審議錄, 263면 상단 ~ 하단

2. 現行法 및 判例, 學說　　現行法 제463조 제1항(現行法 제443조—草案 제417조에 該當—準用)에 該當한다.

// 3. 外國 立法例　　① 滿民 제434조(제1항)　　제414조(連帶債同[務] 에關한規定)의規定은保證人에게準用한다

6. 審議經過　　① 제1항 中「事由가 있는」을「事由가 있었을」으로,「그 事由」를「이 事由」로,「對抗事由」를「그 對抗事由」로,「그 相對로」를「相對로」 로 字句修正한다. (草案 제417조 參照)

② 本條는 草案 제417조를 準用하는 代身 明確을 期하기 爲하여 直接 規定 한 것이다.

7. 結　論 : 前記 修正 外 原案에 合意

Ⅳ. 법사위 수정안　　　(101)　제436조제1항中「債權者에게對抗할수있는事由가 있는때에는」을「債權者에게對抗할수있는事由가있었을때에는」으로修正한다

Ⅷ. 제2독회, 속기록 제48호, 11면 상단29)

제446조 （主債務者의保證人에對한免責通知義務）主債務者가自己의行爲로免責하였음을그付託으로保證人이된者에게通知하지아니한境遇에保證人이善意로債權者에게辨濟其他有償의免責行爲를한때에는保證人은自己의免責行爲의有效를主張할수있다

Ⅱ. 案　　　제437조 [다만 "…그付託으로保證人이된者에게通知하지아니하여 保證人이…"로 되어 있다]

Ⅲ. 審議錄, 263면 하단 ~ 264면 상단

2. 現行法 및 判例, 學說　　　現行法 제463조 제2항과 同一趣旨이다.

3. 外國 立法例　　　① 滿民 제434조(제2항) [264면]　　　保證人이主債務者의委託을받고保證을하였을境遇에있어서善意로써辨濟其他免責을爲한出捐을하였을때는제414조제2항의規定은主債務者에게도準用한다

7. 結　論 : 原案에 合意

제447조 （連帶,不可分債務의保證人의求償權）어느連帶債務者나어느不可分債務者를爲하여保證人이된者는다른連帶債務者나다른不可分債務者에對하여그負擔部分에限하여求償權이있다

Ⅱ. 案　　　제438조 [다만 "…爲하여保證한者는…"이라고 한다]

Ⅲ. 審議錄, 264면 상단 ~ 하단

2. 現行法 및 判例, 學說　　　現行法 제464조와 同一하다.

---

29) 앞의 민법 제406조 Ⅷ. 참조.

3. 外國 立法例   ① 滿民 제435조   連帶債務者또는不可分債務者의
一人을爲하여保證을한者는他債務者에對하여서는그負擔部分에對하여서만求償權
을갖는다 //

7. 結 論 : 原案에 合意

**제448조 (共同保證人間의求償權) ①數人의保證人이있는境遇에어느保證人이
自己의負擔部分을넘은辨濟를한때에는제444조의規定을準用한다**

**②主債務가不可分이거나各保證人이相互連帶로또는主債務者와連帶로債務
를負擔한境遇에어느保證人이自己의負擔部分을넘은辨濟를한때에는제425조
乃至제427조의規定을準用한다**

Ⅱ. 案   제439조

Ⅲ. 審議錄, 264면 하단 ~ 265면 상단

2. 現行法 및 判例, 學說   現行法 제465조와 同一趣旨이다.

3. 外國 立法例   ① 滿民 제436조   數人의保證人이있을때主된債務
가不可分함으로써또는各保證人이相互또는主된債務者와連帶하여債務를負擔하였
으므로因하여一人의保證人이全額其他自己의負擔部分을超過하는金額을辨濟하였
을때에는제413조乃至제415조의規定을準用한다

前項의境遇以外에保證人의一人이金額其他自己의負擔部分을超過하는額
을辨濟하였을때에는제433조의規定을準用한다 [265면]

7. 結 論 : 原案에 合意

** **신원보증에 관한 규정을 민법에 두는 문제**

Ⅰ. **編纂要綱**   제3절 수인의 채권자 및 채무자   27. 身元保證에 關한
規定을 民法 中에 둘 것[30]

---

30) 그러나 이 항목에 대하여는 그 후 민법의 제정과정에서 검토된 자취를 찾을 수 없다. 주지
하는 대로 신원보증법은 이미 1957년 10월에 법률 제449호로 제정되었다(같은 달 시행).

** 연대보증에 연대채무에 관한 규정을 준용하는 의용민법 제458조와 같은 규 정을 두는 문제

Ⅲ. **審議錄**, 265면 상단

※ 現行法 제458조를 削除한 理由

現行法 제458조(連帶債務에 關한 規定 準用)와 같은 規定을 草案이 設하지 아니한 것은 附從性의 理論으로 거의 같은 結果에 歸着하고 다만 現行法 제434 조의 準用으로 因하여 連帶保證人에 對한 請求가 主債務者에 效力이 미치기로 되는바 이것은 安當한 立法이라 할 수 없으므로 이러한 準用은 하지 않는 것이 可하다. 따라서 草案의 態度는 安當한 것이다

제4절 債權의讓渡

** 지시채권 등에 관한 규정을 두는 문제

Ⅲ. **審議錄**, 267면 상단

※ 指示債權 無記名債權 記名式所持人[出]給債權의 讓渡에 關하여서는 草 案은 別節을 設하여 제499조 以下와 제514조 以下에 規定하고 있다.

제449조 （債權의讓渡性）①債權은讓渡할수있다 그러나債權의性質이讓渡를 許容하지아니하는때에는그러하지아니하다

②債權은當事者가反對의意思를表示한境遇에는讓渡하지못한다 그러나그 意思表示로써善意의第3者에게對抗하지못한다

Ⅱ. **案**   제440조

Ⅲ. **審議錄**, 265면 상단 ~ 하단

2. 現行法 및 判例, 學說   現行法 제466조와 同一하다.

3. 外國 立法例   ① 獨民 제398조   債權은債權者와어느사람과의契 約에依하여이를그사람에게移轉할수있다   契約의締結과同時에新債權者는舊債權

者에代身하는것으로한다

　② 獨民 제399조　　債權은그內容을變更하지아니하면舊債權者以外의사람
에給付를하지못할때또는債務者와의合意에依하여禁한때는이를讓渡할수없다

　③ 瑞債 제164조 //　　債權者는法律合意또는法律關係의性質이이를妨害
치않는限그의가진債權을債務者의承諾없이第3者에讓渡할수있다

　　　讓渡의禁止를包含치않는債務承認書를믿고債權을取得한第3者에對하여債
務者는讓渡를禁할것의合意있는뜻의抗辯으로써對抗할수없다

　④ 中民 제294조　　債權者는債權을第3者에讓渡할수있다　但左記債權은그
렇지않다

1. 債權의性質에依하여讓渡할수없는것
2. 當事者의特約에依하여讓渡할수없는것
3. 債權의差押을禁止되어있는것
　　前項제2호의讓渡하지못할特約은이로써善意의第3者에對抗할수없다

　⑤ 滿民 제437조　　草案과 同一하다.

7. 結 論 : 原案에 合意

**제450조 (指名債權讓渡의對抗要件) ①指名債權의讓渡는讓渡人이債務者에게
通知하거나債務者가承諾하지아니하면債務者其他第3者에게對抗하지못한다
②前項의通知나承諾은確定日字있는證書에依하지아니하면債務者以外의第
3者에게對抗하지못한다**

Ⅱ. 案　　제441조 [다만 제1항에서 "記名債權의讓渡는…", 또한 제2항에서
"…確定日附있는證書에依하지아니하면…"이라고 한다]

Ⅲ. 審議錄, 265면 하단 ~ 266면 상단

2. 現行法 및 判例, 學說　　現行法 제467조와 同一趣旨이다.
　[266면] 指名債權을 記名債權이라 稱하였다.

3. 外國 立法例　　① 瑞債 제167조　　讓渡者또는取得者가讓渡를債務
者에通知한以前에債務者가善意의舊債權者또는輾轉讓渡된境遇權利에있어後順位
의取得者에辨濟를한때는有效하게債務를免한다

② 中民 제297조   債權의讓渡는讓渡人또는讓受人이債務者에通知하지아
니하면債務者에對하여效力을發生하지않는다

讓受人이讓渡人의作成한讓渡證書를債務者에提示한때는通知와同一의效
力을갖는다

③ 滿民 제438조   草案과 同一하다.

6. 審議經過   제1항 中「記名債權」을「指名債權」으로 字句修正한다(草
案 제338조31) 參照).

7. 結 論 : 前記 修正 外에 原案에 合意

Ⅳ. 법사위 수정안   (102) 제441조제1항中「記名債權」을「指名債權」으로修
正한다

Ⅷ. 제2독회, 속기록 제48호, 11면 상단32)

**제451조 (承諾,通知의效果) ①債務者가異議를保留하지아니하고前條의承諾
을한때에는讓渡人에게對抗할수있는事由로써讓受人에게對抗하지못한다   그
러나債務者가債務를消滅하게하기爲하여讓渡人에게給與한것이있으면이를
回收할수있고讓渡人에對하여負擔한債務가있으면그成立되지아니함을主張
할수있다**

**②讓渡人이讓渡通知만을한때에는債務者는그通知를받은때까지讓渡人에對
하여생긴事由로써讓受人에게對抗할 수 있다**

Ⅱ. 案   제442조

Ⅲ. 審議錄, 266면 상단 ~ 267면 상단

// 2. 現行法 및 判例, 學說   現行法 제468조와 同一하다.

3. 外國 立法例   ① 獨民 제404조   債務者는債權讓渡의當時舊債權
者에對[抗]할수있었을抗辯으로써新債權者에게對抗할수있다

② 獨民 제406조 및 제407조 (參照)

---

31) 지명채권에 대한 질권의 대항요건에 관한 규정(민법 제349조)으로 '지명채권'이라는 용어
   를 쓰고 있다.
32) 앞의 민법 제406조 Ⅷ.(677면) 참조.

③ 瑞債 第169조　　　債務者가讓渡를안當時이미讓渡人의債權에對抗하는抗辯이存在하는때는債務者는讓受人에게對하여도또한이를主張할수있다

債務者의反對債權이讓渡된債權도다[보다]後에辨濟期가到來하지않할境遇에는前項의時期에있어아직辨濟期가到來하지않을때라도債務者는이를相殺에供與할수있다

④ 中民 第299조　　　債務者가通知를받은當時에讓渡人에對抗할수있을事由는모두이로써讓受人에게對抗할수있다

債務者가通知를받은때에讓渡人에對하여債權을가진境遇에있어그債權의辨濟期가讓渡된債權보다먼저또는同時에到來한것일때는債務者는讓受人에對하여相殺를主張할수있다

⑤ 滿民 第439조　　　草案과 同一하다.

[267면]　7. 結 論 : 原案에 合意

제452조 (讓渡通知와禁反言) ①讓渡人이債務者에게債權讓渡를通知한때에는 아직讓渡하지아니하였거나그讓渡가無效인境遇에도善意인債務者는讓受人에게對抗할수있는事由로讓渡人에게對抗할수있다
②前項의通知는讓受人의同意가없으면撤回하지못한다

Ⅰ. **編纂要綱**　　　제4절 債權의 讓渡　　　28. 讓渡人이 債務者에 對하여 債權의 讓渡를 通知한 때에는 設使 아직 讓渡치 않았거나 또는 讓渡가 無效인 境遇일지라도 債務者는 그 讓受人에 對抗할 수 있는 事由를 가지고 讓渡人에게 對抗할 수 있도록 規定할 것

Ⅱ. **案**　　　第443조

Ⅲ. **審議錄**, 267면 상단

2. 現行法 및 判例, 學說　　　現行法에는 規定이 없고 新設 條文이다. (제93조, 草案 제102조[33] 參照)

3. 外國 立法例　　　① 中民 第298조　　　讓渡人이이미債權의讓與를債務

---

33) 의용민법 제93조 및 민법안 제102조는 모두 心裡留保에 관한 규정이다.

者에通知한때는設令아직讓渡를하지않고또는讓渡가無效이라도債務者는讓受人에
對抗할事由로써讓渡人이[에게]對抗할수있다

　　　前項의通知는讓受人의同意를얻지않으면取消할수없다

　　6. 審議經過　　　Estopel(禁反言)의 原則을 明文化한것으로 妥當한 것이
다.(草案 제102조 參照)

　　7. 結 論 : 原案에 合意

V. 意見書, 150면 (金基善)

　　[105] 草案 제443조의 新設은 贊成하되 그 規定 中「善意인」을「善意이며
過失 없는」으로 修正한다.

　　[이 유]　　　本條는 現行法은 勿論 滿洲民法에도 없는 債務者 保護의 規定
이다. 그러나 獨逸民法 제409조에 이와 同一趣旨의 規定이 있다. 通知者가 讓渡
하지 아니하였는 境遇에는 債權者, 讓受人 間에 全혀 意思表示가 없었던 境遇
이고 無效인 境遇에는 通知者가 無能力이라든가 錯誤로 因하여 意思表示를 한
境遇이다. 債務者가 通知의 不眞正을 알면서 惡意로 債務者를 害하는 境遇에는
이 權利를 認定하지 않음이 當然하므로 債務者의 善意를 必要로 하였다. 債務
者의 善意만으로써 債務者를 保護하는 것은 債務者인 讓渡人에게 너무나 苛酷
한 바가 있기 때문에 無過失을 要件으로 添加함이 좋을 것이다.

　　債權者가 債務者에 對한 讓渡의 通知를 撤回하려면 반드시 讓受人의 同意
가 있어야 한다. 왜냐하면 債務者가 讓受人에 對하여서 이미 取得한 法律的 地
位를 다시 害치지 않기 爲하여서이다.

제5절 債務의引受

I. 編纂要綱

　　債權法 編序에 關한 方針 […]　　2. 債務의 引受에 關한 規定을 모아 제5
절로 하고 이것을 제4절 債權讓渡의 다음에 둘 것 […]

　　　제5절 債務의 引受　　29. 債務引受에 關한 詳細한 規定을 둘 것

II. 案　　　제5절 債務의引受

Ⅲ. 審議錄, 267면 하단

　제5절　債務의 引受 (本節 新設)

Ⅴ. 意見書, 150면 ~ 151면 (金基善)

　[106] 草案 제3편 제1장 「제5절」(債務의 引受)을 新設한 것에 贊成한다.

　[이 유]　　債務의 引受는 債務의 同一性을 維持하면서 債務를 債務者로부터 引受人[151면]에게 移轉시키는 契約이다. 債務를 그대로 引受人에게 移轉시키는 契約이므로 債務의 交替에 依한 更改와 다르다.

　古代 로마法에 있어서는 債權을 特定人 間의 法鎖로 생각하였기 때문에 債權者, 債務者 어느 一方이라도 變更하면 債權의 同一性이 喪失된다고 하여 債權의 讓渡와 債務의 引受를 認定하지 않았다. 그러나 近代 經濟社會에 있어서 債權이 그 財産性을 增大하여 감에 따라서 有體財産과 같이 널리 賣買 其他의 去來의 目的이 됨으로써 그 移轉은 經濟上 重要한 役割을 하게끔 되었다. 그리하여서 獨逸民法과 瑞西債務法은 債權의 讓渡는 勿論 債務의 引受를 規定하였으나 現行法은 오직 債權의 讓渡만을 規定하고 債務의 引受는 規定하지 않았다. 後日에 이르러서 債務의 引受는 判例와 學說로써 認定하였다.

　今般의 草案은 從來의 判例와 學說을 全 7個조로써 體系的으로 成文化한 것이다. 卽 草案 제444조는 債務의 引受는 債權者와 新債務者와의 契約으로써 이루어짐에 關한 規定이고 同 제445조 乃至 제448조는 萬若 舊債務者와 新債務者와의 間에 契約이 締結되었을 때에는 債權者의 承認에 依하여서 그 效力이 發生된다는 것에 關한 規定이고 同 제449조와 제450조는 債務引受의 性質로부터 當然히 나타나는 引受의 效力에 關한 規定이다.

제453조 (債權者와의契約에依한債務引受) ①第3者는債權者와의契約으로債務를引受하여債務者의債務를免하게할수있다　그러나債務의性質이引受를許容하지아니하는때에는그러하지아니하다
　②利害關係없는第3者는債務者의意思에反하여債務를引受하지못한다

Ⅱ. 案　　제444조 [다만 제1항은 "第3者는債權者에對한契約으로債務를引受하여…"라고 한다]

Ⅲ. 審議錄, 267면 하단 ~ 268면 상단

　2. 現行法 및 判例, 學說　　　제5절 「債務의引受」는 그 全部가 新設 條文
이다.

　3. 外國 立法例　　① 獨民 제414조　　債務는債權者와의契約에依하여
第3者가舊債務者에代身하는方法으로써第3者이를引受할수있다

　② 瑞債 제175조　　債務者의義務를引受할것을債務者에約束한者는債權者
에對한辨濟에依하여債權者의同意를얻어또는債務者에代身하여스스로債務者로됨
에依하여債務者를債務로부터免除하게하는義務를진다

　　　債務者가引受人에對하여債務引受契約의基礎로된義務를履行하지않는限
債務者는引受人에對하여前項의義務의履行을請求할수없다

　　　舊債務者의免責이實現되지않을때는舊債務者는債務者로부터擔保를請求
할수있다

　③ 中民 제300조　　第3者가債權者와契約을締結하여債務者의債務를引受
한때는그債務는契約成立의때에있어該第3者에移轉한다

　④ 滿民 제440조　　草案과 同一하다. [268면]

　6. 審議經過　　① 本條는「免責的 引受」를 規定한 것으로서 從來 學說上
認定된 것을 明文化한 것이다. 本節은 全部 免責的 債務引受에 關한 規定이고
重疊的 債務引受 또는 履行引受에 關하여는 規定치 않았다.

　② 제2항은 第3者의 辨濟(草案 제460조 제2항 現行法 제414조 제2항)에 準
하여 規定한 것이다.

　③ 「에對한」을 「와의」로 字句修正한다.

　7. 結 論 : 前記 字句修正[34] 外 原案에 合意

제454조 （債務者와의契約에依한債務引受） ①第3者가債務者와의契約으로債
務를引受한境遇에는債權者의承諾에依하여그效力이생긴다
　②債權者의承諾또는拒絕의相對方은債務者나第3者이다

---

34) 이 6. ③의 점은 법사위 수정안의 한 항목이 되지 못하고 나중에 조문정리과정에 반영되어
　 현행과 같이 되었다.

Ⅱ. **案**　　제445조　[다만 제1항은 "第3者가債權者에對한契約으로債務를引受하여…"라고 한다]

Ⅲ. **審議錄**, 268면 상단 ~ 하단

　　2. 現行法 및 判例, 學說　　　現行法에는 없고 新設 條文이다.

　　3. 外國 立法例　　① 獨民 제415조(제1항)　　　第3者가債務의引受를債務者와約束한때는債權者의追認에依하여그效力을發生한다　追認은債務者또는第3者債가[가債]務의引受를債權者에通知한後이를할수있다　追認없을때까지는當事者는契約을變更또는破棄할수있다　追認을拒絶한때는債務의引受없는것으로看做한다

　　② 瑞債 제176조　　　債務引受人이舊債務者에代身하여이를債務로부터免責하게하며債務關係//에들어가는것은債務引受人과債權者과의契約에依하여發生한다

　　　　引受人의申込은引受人또는그受權으로서舊債務者가債權者에게引受를通知함에依하여이를할수있다

　　　　債權者의承諾表示는明示的으로하며또는事情에依하여成立된다　債權者가何等의留保없이引受人으로부터辨濟를受領하며또는其他의債務的行爲에同意한때는承諾을表示한것으로推定한다

　　③ 中民 제301조　　　第3者가債務者와契約을締結하여그債務를引受한때는債權者의承諾을얻지않으면債權者에對하여效力을發生하지않는다

　　④ 中[滿]民 제441조　　　草案과 同一하다.

　　6. 審議經過　　① 本條에 該當하는 規定이 없는 現行法 下에서도 本條와 다음 조와 같은 結果의 學說이 있다.(現行法 제114조 類推 獨民 제415조 參照)

　　　　舊債務者의 免責을 明文으로 나타내지 않았으나 債權者의 承認을 要하는 것으로 보아 本條는 重疊的 引受에 關한 規定이 아니고 免責的 引受에 關한 規定임이 分明하다.

　　② 「에對한」을 「와의」로 字句修正한다.

　　7. 結論 : 前記 字句修正35) 外에 原案에 合意

Ⅶ. **辯協**, 자료집, 42면 하단 ~ 43면 상단

---

35) 전주 참조.

草案 제445조를 다음과 같이 修正한다.

(1) 第三者는 債務者에 對한 契約으로써 債務를 引受할 수 있다.

(2) 前項의 境遇에는 제528조 내지 제530조의 規定을 準用한다.

草案 제446조 및 제447조는 削除할 것이다.

[이 유]   右記 修正案 (1)항은 第三者와 債務者 間의 契約으로써 債務를 引受할 수 있음을 規定한 것이다. 이제 右 引受契約의 性質을 檢討하면 第三者의[와] 債務者 間의 契約으로써 債務者가 免責하지 아니하고 第三者가 重疊的으로 債務를 負擔하는 境遇 有할 것인바 如此한 境遇는 이것이 第三者를 爲한 契約에 該當하는 것이라 함은 學說 判例가 一致한 바이다. 그리고 債務者와 第三者 間의 契約으로서도 또한 免責的일 引受가 有할 것인바 如此한 境遇에 債務者는 第三者에게 對하여 새로운 權利 卽 債權을 取得하는 것이 아니오 從來의 債務를 第三者가 引受하는 것인 故로 純粹한 第三者를 爲한 契約이라고 稱할 수는 없으나 如此한 契約에 類似한 것이라 함은 否定할 수 없다. 그런 故로 第三者와 債務者 間의 債務引受契約을 爲하여서는 第三者를 爲한 契約에 關한 規定인 제528조 제529조 및 제530조를 準用함으로써 足할 것이며 따라서 제445조 제446조 및 제447조의 규정과 제528조 내지 제530조의 規定을 對照하여 보면 殆히 同一한 것으로서 二重規定에 歸着되는 故로 제446조 및 제447조는 削除하고 제[43면]528조 내지 제530조 規定을 準用할 것이다.

제455조 (承諾與否의催告) ①前條의境遇에第3者나債務者는相當한期間을定하여承諾與否의確答을債權者에게催告할수있다

②債權者가그期間內에確答을發送하지아니한때에는拒絶한것으로본다

Ⅱ. 案   제446조 [다만 제2항은 "…確答을發送하지아니하면…"이라고 한다]

Ⅲ. 審議錄, 268면 下段 ~ 269면 下段

[269면] 2. 現行法 및 判例, 學說   現行法에는 없고 新設 條文이다. (現行法 제114조(草案 제216[126]조) 參照)

前條의 審議經過를 參照

3. 外國 立法例   ① 獨民 제415조(제2항)   債務者는第3者가一定한

期間內에追認할것을催告할때는債權者는그期間內에만追認할수있다　債權者가追認을하지않는때에는別段의意思表示없는때는引受人은債務者에對하여正當한時期에債權者에辨濟할義務를진다債權者가追認을拒絶한때亦是같다

② 瑞債 제177조(제1항)　　債權者의承諾은언제라도이를할수있다 但引受人또는舊債務者는債權者에對하여一定期間을指定하며이를經過함에도債權者의意思表示없을때는承諾은拒絶한것으로看做할수있다

③ 中民 제302조　　前條의債務者또는引受人은相當한期限을定하여債權者에對하여承認의肯否를該期限內에確答할것을催告할수있다

期限을넘어도確答이없을때는承諾을拒絶한것으로看做한다

債權者가承認을拒絶한때는債務者또는引受의契約을取消할수있다

④ 滿民 제442조　　草案과 同一하다.

6. 審議經過　　① 제1항 中「發送하지아니하면」을「發送하지아니한때에는」으로 字//句修正한다.(草案 제126조 後段 參照)

② 本條 제2항에 依한 承認 與否의 確答은 반드시 催告者에게 할 必要가 없고 前條 제2항에 依하여 第3者 또는 債務者 兩者 中 어느 便에 하여도 可하다고 解釋되는 것이다.

7. 結 論 : 前記 字句修正[36] 外에 原案에 合意

제456조 (債務引受의撤回,變更) 第3者와債務者間의契約에依한債務引受는債權者의承諾이있을때까지當事者는이를撤回하거나變更할수있다

Ⅱ. **案**　　제447조 [다만 "…債權者의承諾이없는동안…"이라고 한다]

Ⅲ. **審議錄**, 269면 하단

2. 現行法 및 判例, 學說　　現行法에는 없고 新設 條文이다.

3. 外國 立法例　　① 獨民 제415조(제1항 3段)　　草案 제445조 立法例 參照

② 中民 제302조(제3항)　　債權者가承認을拒絶한때는債務者또는引受의契約을取消할수있다

---

36) 법사위 수정안에는 채택되지 않았으나, 조문정리과정에서 현행과 같이 되었다.

③ 滿民 제443조   草案과 同一하다.

6. 審議經過   ①「承認이없는동안」을「承認이있을때까지」으로 字句修正한다.(草案 제129조 獨民 제415조 제1항 제3단 參照)

②「各當事者」를「當事者」로 字句修正.

7. 結 論 : 前記 字句修正 外에 原案에 合意

Ⅳ. 법사위 수정안   (103)   제447조中「債權者의承認이없는동안各當事者는」을「債權者의承認이있을때까지當事者는」으로修正한다

Ⅷ. 제2독회, 속기록 제48호, 11면 상단37)

제457조 (債務引受의遡及效) 債權者의債務引受에對한承諾은다른意思表示가 없으면債務를引受한때에遡及하여그效力이생긴다 그러나第3者의權利를侵害 하지못한다

Ⅱ. 案   제448조   [다만 단서가 "그러나第三者의權利를害하지못한다"로 되어 있다38)]

Ⅲ. 審議錄, 270면 상단

2. 現行法 및 判例, 學說   現行法에는 없고 新設 條文이다.

3. 外國 立法例   ① 滿民 제444조   草案과 同一하다.

7. 結 論 : 原案에 合意

Ⅴ. 意見書, 151면 (金基善)

[107] 草案 제448조 但書에 贊成한다.

[이 유]   債務의 引受契約은 債權者가 이를 承認함에 있어서 別段의 意思表示를 하지 않는 以上 債務의 引受가 成立한 때에 遡及하여서 그 效力이 發生하므로 第3者의 權利를 侵害할 憂慮가 없지 않다. 債務의 引受時에서 債權者의 承認時까지의 사이에 第3者가 債權에 對하여서 어떠한 權利를 取得하였을

---

37) 앞의 민법 제406조 Ⅷ.(677면) 참조.

38) 민법에서도 제133조 단서, 제386조 단서, 제548조 제1항 단서, 제1015조 단서에서 보는 대로 일반적으로 여기 민법안의 문언이 채택되고 있다.

境遇에 承認의 遡及的 效力으로 因하여 第3者의 權利를 保護할 必要上 當然한
規定이다.

제458조 (前債務者의抗辯事由) 引受人은前債務者의抗辯할수있는事由로債權 者에게對抗할수있다

Ⅱ. **案**　　제449조

Ⅲ. **審議錄**, 270면 상단 ~ 하단

　2. 現行法 및 判例, 學說　　現行法에는 없고 新設 條文이다.

　3. 外國 立法例　　① 獨民 제417조(제1항 前段)　　引受人은債權者에
對하여債權者및舊債務者間의法律關係에基因한抗辯을對抗할수있다

　　② 瑞債 제179조(제1항)　　債務關係에依한抗辯은舊債務者와같이新債務
者도亦是이를할수있다

　　③ 中民 제303조　　債務者가그法律關係에依하여債權者에게對抗할수있을
事由는引受人도또한이로써債權者에對抗할수있다　　但債務者에屬한債權으로서相
殺를할수없다

　　引受人의그債務引受의法律關係에依하여債務者에對抗할수있을事由는이
로써債權者에對抗할수없다

　　④ 滿民 제445조　　草案과 同一하다.

　7. 結 論 : 原案에 合意

제459조 (債務引受와保證,擔保의消滅) 前債務者의債務에對한保證이나第3者 가提供한擔保는債務引受로因하여消滅한다 그러나保證人이나第3者가債務引 受에同意한境遇에는그러하지아니하다

Ⅱ. **案**　　제450조

Ⅲ. **審議錄**, 270면 하단 ~ 271면 상단

　2. 現行法 및 判例, 學說　　現行法에는 없고 新設 條文이다.

3.　外國　立法例　　　① 獨民　제418조(제1항) [271면]　　　　債務의引受에因
하여債權을爲하여設定된保證및質權은消滅한다　　債權을爲하여抵當權을設定한境
遇에있어서債權者가抵當權을抛棄한때亦是같다　　右의規定은保證人또는債務引受
의當時擔保目的物이屬한者가債務의引受를承諾한때는이를適用치않는다

② 瑞債　제178조(제2항)　　　第3者의供託한擔保또는保證人은擔保提供者또
는保證人이債務引受에同意한境遇에限하여繼續하여債權者에對하여그責任을진다

③ 中民　제304조　　　債權者에從屬된權利는債務의引受에依하여그存在를妨
害하지않는다　但債務者와分離하지못할關係있는것은그렇지않다

第3者가債權에關하여한擔保는該第3者가債務의引受에對하여이미承認을
한境遇를除外하고債務의引受에依하여消滅한다

④ 滿民　제445조　　　草案과　同一하다.

6.　審議經過　　　債務引受契約에　依한　主債務者의　更迭으로　因하여　保證
人이나　物上保證人의　利益을　害하여서는　아니되므로　本條의　規定은　妥當하다.

7.　結　論 : 原案에　合意

제6절　債權의消滅

제1관　辨　濟

**제460조 (辨濟提供의方法) 辨濟는債務內容에좇은現實提供으로이를하여야한
다　그러나債權者가미리辨濟받기를拒絶하거나債務의履行에債權者의行爲를
要하는境遇에는辨濟準備의完了를通知하고그受領을催告하면된다**

Ⅱ.　案　　　제451조　[다만 본문이 "辨濟는債務內容에適合한現實提供을하여야
한다"라고 한다]

Ⅲ.　審議錄, 271면　상단 ~ 하단

// 2.　現行法 및 判例, 學說　　現行法 제493조와　同一趣旨이다.　(參照)
草案2[39])

---

39) 이 '草案2'가 무엇을 가리키는지 불명이다.

3. 外國 立法例　　① 獨民 제294조　　　給付는債權者에對하여現實의提供을하지않으면그效力이없다

② 獨民 제295조　　　債權者가債務者에對하여給付를受取치않을것을表示하며또는給付를하기爲함에債權者의行爲를要할때特히債權者스스로債務의目的物을引取하여야할境遇에있어서는言辭上의提供으로써充分하다

③ 中民 제235조　　　債務者가債務의本旨에依하여給付의提供을實行치아니한때는提出의效力이發生치않는다　　但債權者가미리受領을拒絶하는意思를表示하였든가또는給付가同時에債權者의行爲를必要로할때는債務者는給付를準備한事實을債權者에通知하여提供에代身할수있다

④ 滿民 제447조　　　草案과 同一하다.

7. 結 論 : 原案에 合意

제461조 (辨濟提供의效果) 辨濟의提供은그때로부터債務不履行의責任을免하게한다

Ⅱ. 案　　　제452조

Ⅲ. 審議錄, 272면 상단

2. 現行法 및 判例, 學說　　　現行法 제492조와 同一한 趣旨이다.

3. 外國 立法例　　① 中民 제309조(제1항)　　　債務의本旨에依하여債權者또는其他受領權을가진사람에對하여辨濟를하고그受領을한때에는債權關係는消滅한다

② 滿民 제448조　　　草案과 同一하다.

7. 結 論 : 原案에 合意

제462조 (特定物의現狀引渡) 特定物의引渡가債權의目的인때에는債務者는履行期의現狀대로그物件을引渡하여야한다

Ⅱ. 案　　　제453조

Ⅲ. **審議錄**, 272면 상단 ~ 하단

   2. 現行法 및 判例, 學說   現行法 제483조와 同一趣旨이다.

   3. 外國 立法例   滿民 제449조 草案과 同一하다.

   7. 結 論 : 原案에 合意

제463조 (辨濟로서의他人의物件의引渡) 債務의辨濟로他人의物件을引渡한債務者는다시有效한辨濟를하지아니하면그物件의返還을請求하지못한다

Ⅱ. **案**   제454조

Ⅲ. **審議錄**, 272면 하단 ~ 273면 상단

   2. 現行法 및 判例, 學說   現行法 제475조와 同一하다.

   3. 外國 立法例   ① 佛民 제123조(參照)

   ② 滿民 제450조   債務者가他人의物을引渡한때는다시有效한辨濟를하지않으면그物의返還을請求할수가없다 [273면]

   7. 結 論 : 原案에 合意

제464조 (讓渡能力없는所有者의物件引渡) 讓渡할能力없는所有者가債務의辨濟로物件을引渡한境遇에는그辨濟가取消된때에도다시有效한辨濟를하지아니하면그物件의返還을請求하지못한다

Ⅱ. **案**   제455조 [다만 "…때에는…境遇에도…"라고 한다]

Ⅲ. **審議錄**, 273면 상단 ~ 하단

   2. 現行法 및 判例, 學說   現行法 제476조와 同一趣旨이다.

   3. 外國 立法意見   ① 佛民 제1238조(參照)

   ② 滿民 제451조   草案과 同一하다. //

   7. 結 論 : 原案에 合意

제465조 (債權者의善意消費,讓渡와求償權) ①前2조의境遇에債權者가辨濟로 받은物件을善意로消費하거나他人에게讓渡한때에는그辨濟는效力이있다

②前項의境遇에債權者가第3者로부터賠償의請求를받은때에는債務者에對하여求償權을行使할수있다

Ⅱ. **案**　　제456조 [다만 제1항은 "…그辨濟는有效로한다"로 되어 있다]

Ⅲ. **審議錄**, 273면 하단

2. 現行法 및 判例, 學說　　現行法 제477조와 同一趣旨이다.

3. 外國 立法例　　滿民 제452조　草案과 同一하다.

7. 結 論 : 原案에 合意

제466조 (代物辨濟) 債務者가債權者의承諾을얻어本來의債務履行에가름하여 다른給與를한때에는辨濟와같은效力이있다

Ⅱ. **案**　　제457조

Ⅲ. **審議錄**, 273면 하단 ~ 274면 상단

[274면] 2. 現行法 및 判例, 學說　　現行法 제482조와 同一趣旨이다.

3. 外國 立法例　　① 獨民 제364조(제1항)　　債權者가債務의目的인給付以外의給付를代物辨濟로서受領한때는債務關係는消滅한다

② 中民 제319조　　債權者가他種의給付를首領하고作定된給付에代身한때는그債權의關係는消滅한다

③ 滿民 제453조　　草案과 同一하다.

6. 審議經過　　現行法의 「給付」라는 用語에 對하여 草案은 各種의 用語를 使用하고 있는바 行爲(草案 제371조, 제476조 等) 履行 (草案 제469조, 제470조 등) 本條에서는 「給與」의 用語를 使用하였다.

7. 結 論 : 原案에 合意

제467조 (辨濟의場所) ①債務의性質또는當事者의意思表示로辨濟場所를定하

지아니한때에는特定物의引渡는債權成立當時에그物件이있던場所에서하여야
한다

②前項의境遇에特定物引渡以外의債務辨濟는債權者의現住所에서하여야한
다 그러나營業에關한債務의辨濟는債權者의現營業所에서하여야한다

Ⅰ. 編纂要綱   제6절 債權의 消滅   제1관 辨濟

30. 辨濟의 場所가 去來의 性質上 作定될 수 있는 것인 境遇에는 民法 제
484조에 依하지 않고 이에 依할 것

31. 民法 제484조의 境遇에 營業에 關한 債權의 辨濟는 債權者의 現時의
營業所에서 하도록 할 것

Ⅱ. 案   제458조 債務의性質또는當事者의意思表示로辨濟場所의定한바이없
으면特定物의引渡는債權成立當時에그物件있던場所에서하여야한다   [제2항
은 위 민법 조항과 같다]

Ⅲ. 審議錄, 274면 상단 ~ 275면 상단

// 2. 現行法 및 判例, 學說   現行法 제484조와 同一趣旨이나 草案은
제1항에서 債務의 性質을 揷入하였고 제2항 中 但書를 新設하였다.

3. 外國 立法例   ① 獨民 제269조(제1항)   給付를할場所를作定하지
않았을때또는그때의事情특히債務關係의性質로因하여이것을作定할수없을때는債
務關係發生의當時債務者의住所가存在튼[하던]場所에서이것을하여야한다

② 獨民 제270조   金錢을給付의目的으로하는경우에있어서다른意思表示
가없을때는債務者는自己의危險및費用으로써債權者의住所에送達하여야한다

債權이債權者의營業에基因하여發生한境遇에있어서債權者가그住所以外
에營業所를가질때는그營業所로써前項의住所에代身한다

前2항의境遇에있어債務關係의發生後債權者가그住所또는營業所를變更하
기때문에送達의費用또는危險을增加한때는債權者는제1의境遇에있어서는費用의
增額제2의境遇에있어서는危險을負擔하여야한다   但給付地에關한規定은이로因하
여影響을받지않는다

③ 佛民 제1247조   辨濟는合意에依하여指定된場所에있어서이를執行하
여야한다 萬若그場所를指定치않은때는辨濟는特定으로서作定된物體에關한때는

義務時에있어서그目的인物의所在場所에서이를하여야 한다

　　④ 瑞債 제74조 [275면]　　　履行의場所는當事者의明示的合意또는事情에
依하여推定될意思로써이를決定한다

　　　別段의規定이없을때는左記原則을適用한다

　　1. 金錢債務는債權者가履行當時에그住所를가진地에서支拂하여야한다

　　2. 特定의物件이債務의目的인때에는그物件이契約締結當時에存在한場所에
　　　서이를引渡하여야한다

　　3. 其他의債務는그發生當時에債務者가그住所를가진場所에서이를履行하여
　　　야한다

　　　債權者가債務의成立後그債務의履行을請求할수있는住所를變更하여이로
써債務者에게莫甚한부담을發生시켰을때에는債務者는原住所에있어서債務를履行
할權利를가진다

　　⑤ 中民 제314조　　　辨濟地는法律에別段의規定이있거나또는契約에別般의
約定이있거나또는別般의慣習있거나또는債權의性質或은其他의事情에依하여決定
할수없는境遇를除外하고左記各號의規定에依하여야한다

　　1. 特定物의給付를目的으로한때에는契約締結時의그物의所在地에서이를한다

　　2. 其他의債權은債權者의住所에서이를한다

　　⑥ 滿民 제454조　　　草案과 同一하다.

　　6. 審議經過　　　「의定한바이없으면」을 「를定하지아니한때에는」으로 字句
修正한다.

　　7. 結 論 : 前記 字句修正[40] 外에 原案에 合意

제468조 (辨濟期前의辨濟) 當事者의特別한意思表示가없으면辨濟期前이라도 債務者는辨濟할수있다 그러나相對方의損害는賠償하여야한다

Ⅱ. 案　　　제459조 [다만 "…辨濟期間前이라도…"라고 한다]

Ⅲ. 審議錄, 275면 하단

　　2. 現行法 및 判例, 學說　　　現行法에는 없고 新設 條文이다.

─────────
40) 이는 법사위 수정안에 반영되지 않았으나, 후에 조문정리과정에서 민법의 규정이 되었다.

3. 外國 立法例   ① 瑞債 제81조   契約의內容또는性質또는事情으로
因하여當事者의別般의意思가發生하지않는限債務者는履行期前이라도債務를履行
할수있다   但債務者는中間利息을控除할權利는없다   그러나合意또는慣行이中間
利息의控除를認定하는境遇에는그러하지아니하다

② 中民 제316조(後段)   反對의意思表示가없는때는債務者는期限前에辨
濟를할수있다

③ 滿民 제455조   草案과 同一하다.

6. 審議經過   「辨濟期間前」을「辨濟期前」으로 字句修正한다.

7. 結 論 : 前記 字句修正[41] 外에 原案에 合意

제469조 (第3者의辨濟) ①債務의辨濟는第3者도할수있다 그러나債務의性質 또는當事者의意思表示로第3者의辨濟를許容하지아니하는때에는그러하지아 니하다

②利害關係없는第3者는債務者의意思에反하여辨濟하지못한다

Ⅱ. 案   제460조

Ⅲ. 審議錄, 275면 하단 ~ 276면 하단

[276면] 2. 現行法 및 判例, 學說   現行法 제474조에 同一趣旨이다.

3. 外國 立法例   ① 獨民 제267조   債務者스스로給付할것을要하지
않을때는第3者가이것을할수있다   이境遇에있어債務者의承諾을要하지않는다   債
務者가異議를申立한때는第3者의給付를拒絶할수있다

② 瑞債 제68조   債務者[는]給付함에있어그本人임을必要로하는境遇에
만스스로債務를履行하는義務를 진다

③ 佛民 제1236조   義務는共同義務者또는保證人과같이보다이에關係있
는各人으로부터辨濟할수있다

義務에關係없는第3者가負債者의名으로써그辨濟를위하여이를행하며또는
그第3者가自己의名으로써이를行한때는債主의權利에代替치않은때에는義務에關
係없이第3者라할지라도그義務를 辨濟할 수 있다

---

41) 전주 참조.

④ 佛民 제1237조　　作爲의義務는債主가그負債者가스스로그義務를履行함에對하여利益을가진때는第3者에있어서債主의意望에反하여이를辨濟할수없다

⑤ 中民 제311조　　債權의辨濟는第3者가이를할수있다　但當事者에別段의約定이있거나또는債權性質에依하여第3者가辨濟할수없는것인때는그러하지 않다

　　　債第3者의辨濟에關하여債務者에異議있는때에는債權者는그辨濟를拒絶할수가있다　但第3者가債權履行에關하여利害關係를가진때는債權者는拒//絶할수없다

⑥ 滿民 제455조　　草案과 同一하다.

7. 結 論 : 原案에 合意

제470조 (債權의準占有者에對한辨濟) 債權의準占有者에對한辨濟는辨濟者가 善意이며過失없는때에限하여效力이있다

Ⅱ. 案　　제461조

Ⅲ. 審議錄, 276면 하단 ~ 277면 상단

2. 現行法 및 判例, 學說　　現行法 제478조에 該當하는 條文이나 草案은 「善意」外에 「過失없는때에」를 挿入하였다.

3. 外國 立法例　　① 佛民 제1240조　　債主를占有하는者에게善意로써한辨濟는假令그占有者의後에이를褫奪됨이있다할지라도有效하다

② 中民 제310조(제2호)　　受領者가債權의準占有者인때에는債務者가그債權者가아닌것을알지못하는境遇에限하여辨濟의效力을갖는다

③ 滿民 제457조　　債權의準占有者에對한辨濟는辨濟者가善意인때에限하여效力을갖는다

6. 審議經過　　無過失의 要件을 明示하지 아니한 現行法 제478조 下에서도 判例와 學說이 無過失을 要하는 것으로 기울어져 있었으므로 草案이 明文으로 善意에 關하여 無過失을 要하도록 規定한 것은 妥當하다.

7. 結 論 : 原案에 合意

제471조 (領收證所持者에對한辨濟) 領收證[42]을所持한者에對한辨濟는그所持

---

42) 민법안 제462조에서의 '領受證'은 민법 제471조에서 '領收證'이 되었다. 이 자구수정은 비

者가辨濟를받을權限이없는境遇에도效力이있다　그러나辨濟者가그權限없음
을알았거나알수있었을境遇에는그러하지아니하다

Ⅰ. **編纂要綱**　　　제6절 債權의 消滅　　　제1관 辨濟

32. 受取證書의 持參人에 對한 辨濟에 對하여 債權의 準占有者에 對한 辨
濟와 同一한 效力을 認定할 것

Ⅱ. **案**　　　제462조

Ⅲ. **審議錄**, 277면 상단 ~ 하단

2. 現行法 및 判例, 學說　　　現行法 제480조와 同一趣旨이다.
3. 外國 立法例　　① 獨民 제370조　　　受取證書의持參人은辨濟受領의
權限이있는것으로看做한다　但辨濟者가如斯한權限없는것을알만한事情이있는때
는그러하지않다

② 中民 제309조(제2항)　　　債權者의署名한領收證을所持하는사람은領受
權을가진사람으로看做한다　但債務者가이미그領受할權利없는것을알았거나또는
過失에因하여알지못한때에는그러하지아니하다

③ 滿民 제458조　　　草案과 同一하다. //
7. 結 論 : 原案에 合意

제472조 （權限없는者에對한辨濟） 前2조의境遇外에辨濟받을權限없는者에對
한辨濟는債權者가利益을받은限度에서效力이있다

Ⅱ. **案**　　　제463조

Ⅲ. **審議錄**, 277면 하단 ~ 278면 상단

록 『심의록』에서는 꾸준히 지적되고 있으나(후술의 관련 조항들 참조) 법사위 수정안에는
일절 반영되지 않았다. 이 수정은 국회 심의 종반에 행하여진 조문 정리의 과정에서 민법
의 내용이 되었다. 이는 민법안에서 여기저기 채택된 '領收' 또는 '領收證'이라는 용어에
대하여 일반적으로 말할 수 있다. 즉 민법은 마지막의 정리과정에서 예외 없이 민법안의
'領受'라는 용어 대신 '領收'를 채택하고 있다. 예를 들면 민법안 제465조(제474조. 이하 괄
호 안은 민법 조항), 제511조(제520조), 제579조(제590조) 등이 그러하다. 이 자료집에서는
이 점에 대하여 아래에서 다시 언급하지 아니하기로 한다.

2. 現行法 및 判例, 學說　　現行法 제479조와 同一趣旨이다.

3. 外國 立法例　　① 佛民 제1241조(但書)　　但負債者에있어서그辨濟한物이債主의利益이되는趣旨를證明하는때는格別하다

② 中民 제310조(제3호)　　前2號의境遇를除外하고債權者가따라서利益을받은限度內에있어서辨濟의效力을가진다

③ 滿民 제459조　　草案과 同一하다.

[278면] 7. 結 論 : 原案에 合意

** 압류된 채권의 변제에 관한 규정(의용민법 제481조 참조)을 둘 것인지에 대하여

Ⅲ. 審議錄, 285면 하단 ~ 286면 상단

補 遺

草案이 現行法 제481조(差押債權의辨濟)[43]와 같은 規定을 하지 않은 것은 妥當하다.

(理由) [286면]　　民訴法의 債權差押의 效力에 關한 規定(取立命令, 轉付命令)에 依하여 差押債權者는 保護받으며 이 外에 他 方法을 認容하는 듯한 規定을 設함은 不必要한 混亂을 招來하는 까닭이다.

제473조 (辨濟費用의 負擔) 辨濟費用은다른意思表示가없으면債務者의負擔으로한다　그러나債權者의住所移轉其他의行爲로因하여辨濟費用이增加된때에는그增加額은債權者의負擔으로한다

Ⅱ. 案　　제464조

Ⅲ. 審議錄, 278면 상단 ~ 하단

---

43) 의용민법 제481조 : "① 지급의 금지를 받은 제3채무자가 자신의 채권자에 변제를 한 때에는 압류채권자는 그 받은 손해의 한도에서 다시 변제를 할 것을 제3채무자에게 청구할 수 있다. ② 전항의 규정은 제3채무자로부터 그 채권자에 대한 구상권의 행사를 방해하지 아니한다."

2. 現行法 및 判例, 學說　　現行法 제486조와 同一趣旨이다.

3. 外國 立法例　　① 獨民 제270조(제3항)　　　(草案 제458조 立法例 參照)

② 佛民 제1248조　　辨濟의費用은負債者의負任이다

③ 中民 제317조　　債務辨濟의費用은法律의別段의規定이있거나또는契約에別段의約定이있는境遇를除外하고債務者가負擔한다 但債權者의住所變更또는其他의行爲에因하여辨濟費用의增加를일으킨때에는그增加한費用은債權者가負擔한다

③ 滿民 제461조　　草案과 同一하다. //

7. 結 論 : 原案에 合意

제474조 (領收證請求權) 辨濟者는辨濟를받는者에게領收證을請求할수있다

Ⅱ. 案　　제465조

Ⅲ. 審議錄, 278면 下段 ～ 279면 上段

2. 現行法 및 判例, 學說　　現行法 제486조와 同一趣旨이다.

3. 外國 立法例　　① 獨民 제368조　　債權者는請求에因하여給付의受領에對하여書面에依한受領의承認을交付하여야한다

債務者가이와다른形式의受取證書를交付시킴에關하여法律上의利益을가진때는債務者는그形式의收取證書의交付를請求할수있다

② 瑞債 제88조(제1항)　　辨濟를履行한債務者는受取證書를請求할權利를갖고債務를完濟하였을境遇에는債務證書의返還또는그效力을喪失케할것을請求할수있다

③ 中民 제324조　　辨濟者는辨濟를受領한사람에對하여領受證書의交付를請求할수있다

④ 滿民 제462조　　草案과 同一하다. [279면]

6. 審議經過　　「領受證」을 「領收證」으로 字句修正한다. (草案 제462조 參照)

7. 結 論 : 前記 字句修正 外 原案에 合意

제475조 (債權證書返還請求權) 債權證書가있는境遇에辨濟者가債務全部를辨
濟한때에는債權證書의返還을請求할수있다 債權이辨濟以外의事由로全部消
滅한때에도같다

Ⅰ. **編纂要綱**   제6절 債權의 消滅   제1관 辨濟

33. 債權證書의 返還請求權을 辨濟 以外의 事由에 依하여 債權이 消滅한
境遇에도 認定할 것

Ⅱ. **案**   제466조

Ⅲ. **審議錄**, 279면 상단 ~ 하단

2. 現行法 및 判例, 學說   現行法 제487조와 該當하는 條文이나 後段은
新設한 것이다.

3. 外國 立法例   ① 獨民 제371조   債權의證書있는境遇에있어서는
債務者는受取證書와같이그證書의返還을請求할수있다 債權者가證書를返還할수
없는것을主張한때는債務者는債務消滅의公의認證있는承認書를請求할수있다

② 瑞債 제88조(제1항)   (草案 제465조 立法例 參照)

③ 中民 제308조   債權全部가消滅한때는債務者는負債의證書의返還또는
抹消를請求할수있다 單只一部만이消滅하거나또는負債證書上에債權者의他權의
權利를記載하고있는債務者는消滅의事由를證書에記入할것을請求할수있다

負債證書를返還할수없는事情또는記入할수없는事情있는것을債權者가主
張하는때는債務消滅의交正[公認]證書의交付를請求할수있다

③ 滿民 제463조 //   草案과 同一하다.

7. 結 論 : 草案에 合意

제476조 (指定辨濟充當) ①債務者가同一한債權者에對하여같은種類를目的으
로한數個의債務를負擔한境遇에辨濟의提供이그債務全部를消滅하게하지못하
는때에는辨濟者는그當時어느債務를指定하여그辨濟에充當할수있다

②辨濟者가前項의指定을하지아니할때에는辨濟받는者는그當時어느債務를
指定하여辨濟에充當할수있다 그러나辨濟者가그充當에對하여卽時異議를한

때에는그러하지아니하다

③前2항의辨濟充當은相對方에對한意思表示로써한다

Ⅱ. 案　　　　제467조 [다만 제1항은 "…辨濟의提供이그債務全部를消滅하게하지
못한때에는…"으로 되어 있다]

Ⅲ. 審議錄, 279면 하단 ~ 280면 상단

2. 現行法 및 判例, 學說　　　現行法 제488조와 同一趣旨이다.

3. 外國 立法例　　① 獨民 제366조(제1항)　　債務者가債權者에對하여
數個의債務關係에基因하여同種의給付를할義務를負擔한경우에있어서債務者가한
給付가總債務를消滅시킴에不足한때는[280면]債務者가給付時에指定한債務는消
滅한다

② 佛民 제1253조　　數個의負債있는負債者는그辨濟하는때에있어서如何
한負債를辨濟할려고希望하는가를申述하는權利가있다

③ 瑞債 제86조　　債務者가數個의債務를같은債權者에게辨濟하여야할때
에는辨濟當時에있어서어떤債務를消却하고자하는가를表示할權利를갖는다

前項의意思表示가없을때는辨濟는이를債權者가그受取證書中에記載한債
務에充當한다 但債務者가卽時異議를申立한때에는그러하지않다

④ 中民 제321조　　한사람에對하여數種의債務를負擔하고給付의種類가같
은境遇에있어서辨濟者가提供한給付가全部의債務額을辨濟함에不足한때는辨濟者
는辨濟時에있어서그充當할債務를指定한다

③ 滿民 제464조　　草案과 同一하다.

6. 審議經過　　「消滅하게하지못한때에는」을 「消滅하게하지못하는때에는」
으로 字句修正한다.

7. 結 論 : 前記 字句修正[44] 外 原案에 合意

제477조 (法定辨濟充當) 當事者가辨濟에充當할債務를指定하지아니한때에는
다음各號의規定에依한다

1. 債務中에履行期가到來한것과到來하지아니한것이있으면履行期가到來

---

44) 법사위 수정안에는 채택되지 않았으나, 조문정리과정에서 현행과 같이 되었다.

한債務의辨濟에充當한다

2. 債務全部의履行期가到來하였거나到來하지아니한때에는債務者에게辨濟利益이많은債務의辨濟에充當한다

3. 債務者에게辨濟利益이같으면履行期가먼저到來한債務나먼저到來할債務의辨濟에充當한다

4. 前2號의事項이같은때에는그債務額에比例하여各債務의辨濟에充當한다

Ⅱ. **案**　　제468조

Ⅲ. **審議錄**, 280면 상단 ~ 281면 상단

// 2. 現行法 및 判例, 學說　　現行法 제489조와 同一趣旨이다.

3. 外國 立法例　　① 獨民 제366조(제2항)　　債務者가前項의指定을하지않은때는먼저辨濟期에있는債務萬若數個의債務가辨濟期에있는때에는債權者때문에擔保적은債務或時擔保가同一인때는日附가빠른債務日附가같은때는債務額에따라債務는消滅한다

② 佛民 제1256조　　萬若受取證書에秋毫도充用의事項을記載치않은때는그같은期限到來한負債中에서負債者의當時이를辨濟함에對하여最多의利益을가진者에그辨濟를充用치않을수없다 萬若그렇지않은때는假令期限未到來의負債보다다[負債보다]다시輕緩한것일지라도이미期限到來의負債에그辨濟를充用치않을수없다 萬若數個의負債가同一의性質의것인때는最舊의것에充用하며또諸事의相同한때는批准하여充用을한다

③ 瑞債 제87조　　償却에關한有效한意思表示없이또受取證書에있어서記載가없을때에는辨濟는이를履行期가到達한債務에充當하고履行期에達한債務가數個있을때에는其中債務가最初에推尋을받은債務에充當하고推尋을받지않은때에는먼저履行期에達한債務에充當한다

數個의債務가同時에履行期에達하였을때에는各債務의金額에比例하여充[281면]當한數個의債務가全部履行期에到達하지아니하였을때에는辨濟는債權者에게供與함에가장弱小한債務에充當한다

④ 中民 제322조　　辨濟者가前條의指定을하지않은때는左記의規定에依하여그充當할債務를作定한다

1. 債務로서이미辨濟期에到達한것을最先에充當한다

2. 債務가어느것이고이미辨濟期에到達하였거나또는어느것이고아직辨濟
期에到達하지않은때는債務의擔保가最小한것을最先에한다 擔保가같
은때에는債務者가辨濟에因하여利益의얻음이가장많은것을最先에充
當한다 利益의얻음이같은때에는먼저期限到來한債務에最先에充當한다
3. 利益을얻는것및辨濟期어느것이고같은때에는각比例에따라그一部에充
當한다
③ 滿民 제464조   草案과 同一하다.
7. 結 論 : 原案에 合意

제478조 (不足辨濟의充當) 一個의債務에數個의給與를要할境遇에辨濟者가그 債務全部를消滅하게하지못한給與를한때에는前2조의規定을準用한다

Ⅱ. 案   제469조 [다만 민법의 '給與'가 모두 '履行'으로 되어 있다]

Ⅲ. 審議錄, 281면 상단 ~ 하단

// 2. 現行法 및 判例, 學說   現行法 제490조와 同一趣旨이다.
3. 外國 立法例   ① 滿民 제464조   草案과 同一하다.
6. 審議經過   「履行을」을 「給與를」로 字句修正한다. (草案 제457조 參照)
7. 結 論 : 前記 字句修正 外에 原案에 合意

Ⅳ. 법사위 수정안   (104) 제469조와제470조제1항中「履行을」을「給與를」으
로修正한다

Ⅷ. 제2독회, 속기록 제48호, 11면 상단45)

제479조 (費用,利子,元本에對한辨濟充當의順序) ①債務者가一個또는數個의 債務의費用및利子를支給할境遇에辨濟者가그全部를消滅하게하지못한給與를 한때에는費用,利子,元本의順序로辨濟에充當하여야한다
②前項의境遇에제477조의規定을準用한다

---
45) 앞의 민법 제406조 Ⅷ.(677면) 참조.

Ⅱ. **案**　　　제470조 [다만 민법의 '給與'가 여기서는 모두 '履行'으로 되어 있다]

Ⅲ. **審議錄**, 281면 하단 ~ 282면 상단

2. 現行法 및 判例, 學說　　現行法 제491조와 同一趣旨이다.

3. 外國 立法例　　① 獨民 제367조(제1항)　　債務者가元本外에利息및
費用을支拂할경우에있어서그債務의全部를消滅시킴에不足한給付를한때는이로서
順番으로費用利息및元本에充當하여야한다

[282면] ② 佛民 제1254조　　利息을生하며또는年金賦額을生하는負債있
는負債者는債主의承諾을얻지않으면그行한辨濟를年金또는利息으로부터먼저元金
에充用할수없다 또元金과利息과에對하여한辨濟라할지라도 그全部가아닌것은于
先利息에充用한다

③ 瑞債 제85조(제1항)　　債務者는利息또는費用을延滯하지않은境遇에限
하여一部辨濟를元本에充當할수있다

④ 中民 제323조　　辨濟期에提供한給付는먼저費用에充當하고다음에는利
子에充當하고다음에는元本에充當하여야한다 그前2조의規定에依하여債務에充當
할때亦是같다

⑤ 滿民 제467조　　草案과 同一하다.

6. 審議經過[46]　　제1항 中「履行을」을「給與를」로 字句修正한다. (草案
제457조 參照)

7. 結論 : 前記 字句修正 外에 原案에 合意

Ⅳ. **법사위 수정안**　　(104) 제469조와제470조제1항中「履行을」을「給與를」으
로修正한다

Ⅷ. **제2독회**, 속기록 제48호, 11면 상단[47]

제480조 (辨濟者의任意代位) ①債務者를爲하여辨濟한者는辨濟와同時에債權
者의承諾을얻어債權者를代位할수있다
②前項의境遇에제450조乃至제452조의規定을準用한다

---

46) Ⅲ.의 6., 7. 및 Ⅳ.와 Ⅴ.는 앞의 민법 제478조의 같은 個所 참조.
47) 앞의 민법 제406조 Ⅷ.(677면) 참조.

Ⅰ. **編纂要綱**   제6절 債權의消滅   제1관 辨濟

　34. 民法 499조의 境遇에 同 467조 以外에 同 468조도 準用하도록 할 것

Ⅱ. **案**   제471조 [다만 제2항은 "前項의境遇에제442조와제443조의規定을 準用한다"라고 한다]

Ⅲ. **審議錄**, 282면 상단 ～ 하단

　// 2. 現行法 및 判例, 學說   現行法 제499조와 同一趣旨이다.

　3. 外國 立法例   ① 獨民 제268조(제3항)   第3者가辨濟한때는債權은그사람에移轉한다 但債權者의不利益이될때에는이것을主張할수없다

　② 佛民 제1249조 (草案 제458조 立法例 參照)

　③ 中民 제313조   제297조및제299조의規定은前條의權利의代位行使에이를準用한다

　⑤ 滿民 제468조   草案과 同一하다.

　6. 審議經過   제2항 中「제442조와」를「제441조乃至」로 字句修正한다.

　7. 結 論 : 前記 字句修正 外에 原案에 合意

Ⅳ. **법사위 수정안**   (105)   제471조제2항中「제442조와」를「제441조乃至」로 修正한다

Ⅷ. **제2독회**, 속기록 제48호, 11면 상단48)

제481조 (辨濟者의法定代位) 辨濟할正當한利益이있는者는辨濟로當然히債權者를代位한다

Ⅱ. **案**   제472조

Ⅲ. **審議錄**, 282면 하단 ～ 283면 상단

　2. 現行法 및 判例, 學說   現行法 제500조와 同一趣旨이다.

　[283면] 3. 外國 立法例   ① 獨民 제426조(제2항)   連帶債務者의一

---

48) 앞의 민법 제406조 Ⅷ.(677면) 참조.

人이債務를辨濟하며또다른債務者에對하여求償權을가진때는다른債務者에對한債權은辨濟者에移轉한다

　② 獨民 제774조　　保證人이債權者에게辨濟한限度에있어서主債務者에對한債權者의債權은保證人에移轉한다　이移轉은債權의不利益으로되는때는이를主張할수없다

　　　　主債務者및保證人間에成立된法律關係에基因한主債務者의抗辯은이에因하여影響을받지않는다

　　　　共同保證人相互關係에있어는제426조에따라서만그責任을진다

　③ 佛民 제1251조　　左의各人의利益으로써는當然히代替하는것으로한다

　　　제1　自己스스로債主로서그先取特權또는書入質을爲하여自己에게優先되는他의債主에게辨濟한者의利益에있어서

　　　제2　不動産의獲得者로서不動産을書入質로取得한債主의辨濟에그獲得의代金을使用한者의利益에있어서

　　　제3　他人과같이또는他人을爲하여負債의辨濟한目錄의利益을받은相續人의利益에있어서

　④ 中民 제312조　　債權의履行에關하여利害關係를가진第3者가辨濟를한때는그限度에應하여債權者의權利에關하여自己의名義로써代位行使할수있다　但債權者의利益을害할수없다

　⑤ 滿民 제469조　　草案과 同一하다. //

　7. 結 論 : 原案에 合意

제482조 (辨濟者代位의效果, 代位者間의關係) ①前2條의規定에依하여債權者를代位한者는自己의權利에依하여求償할수있는範圍에서債權및그擔保에關한權利를行使할수있다

　②前項의權利行使는다음各號의規定에依하여야한다

　1. 保證人은미리傳貰權이나抵當權의登記에그代位를附記하지아니하면傳貰物이나抵當物에權利를取得한第3者에對하여債權者를代位하지못한다

　2. 第三取得者는保證人에對하여債權者를代位하지못한다

3. 第三取得者中의一人은各不動産의價額에比例하여다른第三取得者에對
하여債權者를代位한다

4. 自己의財産을他人의債務의擔保로提供한者가數人인境遇에는前號의規
定을準用한다

5. 自己의財産을他人의債務의擔保로提供한者와保證人間에는그人員數에
比例하여債權者를代位한다 그러나自己의財産을他人의債務의擔保로提
供한者가數人인때에는保證人의負擔部分을除外하고그殘額에對하여各
財産의價額에比例하여代位한다 이境遇에그財産이不動産인때에는제1
號의規定을準用한다

Ⅱ. 案 제473조

Ⅲ. 審議錄, 283면 하단 ~ 284면 상단

2. 現行法 및 判例, 學說 現行法 제501조와 同一趣旨이다.

[284면] 3. 外國 立法例 ① 中民 제313조 (草案 제471조 立法例 參照)

② 滿民 제470조 草案과 同一하다.

7. 結 論 : 原案에 合意

제483조 (一部의代位) ①債權의一部에對하여代位辨濟가있는때에는代位者는
그辨濟한價額에比例하여債權者와함께그權利를行使한다

②前項의境遇에債務不履行을原因으로하는契約의解止또는解除는債權者만
이할수있고債權者는代位者에게그辨濟한價額과利子를償還하여야한다

Ⅱ. 案 제474조 [다만 제2항은 "…債務不履行을原因으로하는契約解除는債
權者만할수있고…"라고 한다]

Ⅲ. 審議錄, 284면 상단 ~ 하단

2. 現行法 및 判例, 學說 現行法 제502조와 同一趣旨이다.

3. 外國 立法例 ① 佛民 제1252조(但書) 但그代替는債主가單只一
部만辨濟를받은때는그債主를害할수없다 이境遇에있어서그債主는 一部分의辨濟
만을自己에게한者에優先하여그要求할//것의殘餘를爲하여自己의權利를執行할수

있다

② 滿民 제471조　　草案과 同一하다.

6. 審議經過　　제3항 中「契約解除」를「契約의解止또는解除」로 字句修正한다. (草案 제532조 以下 參照)

7. 結論 : 前記 字句修正 外에 原案에 合意

Ⅳ. **법사위 수정안**　　(106) 제474조제2항中「契約解除」를「契約의解止또는解除」로修正한다

Ⅷ. **제2독회**, 속기록 제48호, 11면 상단49)

제484조 （代位辨濟와債權證書,擔保物）　①債權全部의代位辨濟를받은債權者는그債權에關한證書및占有한擔保物을代位者에게交付하여야한다

②債權의一部에對한代位辨濟가있는때에는債權者는債權證書에그代位를記入하고自己가占有한擔保物의保存에關하여代位者의監督을받아야한다

Ⅱ. **案**　　제475조

Ⅲ. **審議錄**, 284면 하단 ~ 285면 상단

2. 現行法 및 判例, 學說　　現行法 제502조와 同一趣旨이다.

3. 外國 立法例　　① 滿民 제472조　　草案과 同一하다.

[285면] 7. 結論 : 原案에 合意

제485조 （債權者의擔保喪失,減少行爲와法定代位者의免責）　제481조의規定에依하여代位할者가있는境遇에債權者의故意나過失로擔保가喪失되거나減少된때에는代位할者는그喪失또는減少로因하여償還을받을수없는限度에서그責任을免한다

Ⅱ. **案**　　제476조

---

49) 앞의 민법 제406조 Ⅷ.(677면) 참조.

Ⅲ. **審議錄**, 285면 상단 ～ 하단

　2. 現行法 및 判例, 學說　　現行法 제504조와 同一趣旨이다.

　3. 外國 立法例　　① 滿民 제473조　　草案과 同一하다. //

　7. 結 論 : 原案에 合意

제486조 （辨濟以外의方法에依한債務消滅과代位） 第3者가供託其他自己의出財로債務者의債務를免하게한境遇에도前6조의規定을準用한다

Ⅰ. **編纂要綱**　　제6절 債權의消滅　　제1관 辨濟

　35. 第3者가 供託 其他 自己의 出捐으로써 債權者에게 그 債務를 免케 한 境遇에도 代位辨濟에 關한 規定을 準用하도록 할 것

Ⅱ. **案**　　제477조

Ⅲ. **審議錄**, 285면 하단

　2. 現行法 및 判例, 學說　　現行法에는 規定 없고 新設 條文이다.

　3. 外國 立法例　　① 滿民 제474조　　草案과 同一하다.

　7. 結 論 : 原案에 合意

제2관 供 託

Ⅰ. **編纂要綱**　　債權法 編序에 關한 方針　[…]

　3. 제5절 債權의 消滅을 제6절로 하고 從來 同節 제1관에 屬하던 供託에 關한 規定을 抽出하여 따로 1款을 두어 이것을 제2관으로 하고 相殺 以下의 款을 順次 1款式[씩] 드리도록 할 것　[…]

제487조 （辨濟供託의要件,效果） 債權者가辨濟를받지아니하거나받을수없는 때에는辨濟者는債權者를爲하여辨濟의目的物을供託하여그債務를免할수있다 辨濟者가過失없이債權者를알수없는境遇에도같다

Ⅱ. 案   제478조

Ⅲ. 審議錄, 286면 상단 ~ 하단

   2. 現行法 및 判例, 學說   現行法 제494조와 同一趣旨이다.

   3. 外國 立法例   ① 獨民 제372조   債權者가金錢有價證券其他의證券과高價品의受領에關하여遲滯에있는때는債務者는債權者를爲하여이를公의供託所에供託할수있다

        債權者의一身上에있는他의理由에因하여또는債權者의過失에因하지않고債權者를確知할수없기때문에債務를履行할수없거나또는이를安全히履行할수없는때또한같다

   ② 瑞債 제92조(제1항)   債權者遲滯의境遇에있어서는債務者는債務의目的物을債權者의危險및費用으로써供託하고이로써自己의義務를免脫할權利를갖는다

   ③ 瑞債 제96조   債權者의一身上에存在한其他의理由로써또는債務者의過失없이債權者의不明에因하여債權者또는代理人에對하여債務인給付를履行할수없게한때는債務者는債權者遲滯의境遇와같이供託또는取還의權利가 있다

   ④ 佛民 제1257조 //   萬若債主가그辨濟를收取함을拒否하는때는負債者로부터債主에게現實의供陳을하며債主가이를受諾함을拒否함에있어서는供陳한金額또는物件을附託할수있다

   ⑤ 中民 제326조   債權者가受領을遲滯하고또는어느사람이債權者인가를確知할수가없어給付하기어려운때는辨濟者는그給付物을債權者를爲하여供託할수가있다

   ⑥ 中民[滿民] 제475조   草案과 同一하다.

   7. 結論 : 原案에 合意

제488조 (供託의 方法) ①供託은債務履行地의供託所에하여야한다
   ②供託所에關하여法律에特別한規定이없으면法院은辨濟者의請求에依하여供託所를指定하고供託物保管者를選任하여야한다
   ③供託者는遲滯없이債權者에게供託通知를하여야한다

Ⅱ．**案**　　　제479조 [다만 제2항은 "供託에關하여…"로 시작한다]

Ⅲ．**審議錄**, 286면 하단 ～ 287면 하단

　　2．現行法 및 判例, 學說　　現行法 제495조와 同一趣旨이다.

　　3．外國 立法例 [287면]　　① 獨民 제374조　　供託은債務履行地의供
託所에이를하여야한다 債務者가他의場所에供託한때는이에因하여생긴損害를債權者
에게賠償하여야한다 債務者는遲滯없이債權者에게供託의通知를하여야한다 右
의通知를懈怠한때는損害賠償의責任을진다 通知할수없는때에는이를하지않아도
좋다

　　② 佛民 제1259조　　附託이有效하기爲하여서는裁判官이이를許可할必要
가없다 左의諸件으로써足하다

　　　　제1．그附託을하기前에그供陳한物을附託할日時및場所를指示하는催促狀
을債主에게送達할것

　　　　제2．負債者가附託物을收取하기爲하여法律上에指示한預所에그供陳한物
을그附託日에이르기까지의利息과같이交付하여物을手放할것

　　　　제3．裁判所附役員에있어서그供陳한種品의性質債主가이를收受의拒否또
는債主의出席치않은것및그附託의調書를作成할 것

　　　　제4．債主側에있어서出席치않은境遇에있어서는附託의調査를그附託物을
引取할催促狀과같이그債主에게送達할것

　　③ 瑞債 제92조(제2항)　　供託의場所는債務履行地의判事가이를指示하여
야한다 但商品은判事의指定을기다리지않고이를倉庫에供託할수있다

　　④ 中民 제327조　　供託은辨濟地의提存所[＝供託所]에있어서이를하여야
한다 提存所없는때에는該地의初級法院은辨濟者의申請에因하여提存所를指定하
거나또는供託物을保管하는사람을選任하여야한다

　　　　供託者는供託한後直時債權者에通知하여야한다 通知를怠慢하여損害를생
기게한때는賠償의責任을負擔한다 但通知할수없는때는그러하지않다

　　⑤ 滿民 제476조　　草案과 同一하다. //

　　6．審議經過　　제2항 中「供託에關하여」를「供託所에關하여」로 字句修
正한다. (錯誤로 因한 落字인 듯함)

　　7．結 論：前記 字句修正 外 原案에 合意

Ⅳ. **법사위 수정안**   (107) 제479조제2항中「供託에關하여」를「供託所에關하여」로修正한다

Ⅷ. **제2독회**, 속기록 제48호, 11면 상단50)

제489조（供託物의回收）①債權者가供託을承認하거나供託所에對하여供託物을받기를通告하거나供託有效의判決이確定되기까지는辨濟者는供託物을回收할수있다 이境遇에는供託하지아니한것으로본다

②前項의規定은質權또는抵當權이供託으로因하여消滅한때에는適用하지아니한다

Ⅱ. **案**   제480조 [다만 제1항 전단은 "…辨濟者는供託物을도로回收할수있다"로 끝나며, 제2항은 "…傳貫權, 質權또는抵當權이供託으로因하여消滅한境遇…"라고 한다]

Ⅲ. **審議錄**, 287면 하단 ~ 288면 상단

2. 現行法 및 判例, 學說   現行法 제496조에 該當하는 條文이나 草案에는 「供託物을받기를通告하거나」을 揷入하였다.

3. 外國 立法例   ① 獨民 제376조   債務者는供託物을取還할수있다 다음의境遇에있어서는債務者는取戾할수없다

    1. 債務者가供託所에對하여取戾權을抛棄한다는意思表示를한때

    2. 債權者가供託所에對하여供託物을受領한다는意思表示를한때

    3. 債權者및債務者間에내린供託을有效로하는確定判決이供託所에呈示된때

    ② 獨民 제379조(제3항)   債務者가供託物을取戾한때는供託을하지않은것으로看做한다

    ③ 佛民 제1262조   負債者가그供陳및附託을適當有效한것이라고宣言하는裁定事件의힘을얻어裁判을얻은때는이미債主에承諾있는것이라할지라도그共同負債者또는그保證人의損害에있어서그附託物을引取할수없다

    ④ 瑞債 제94조   債務者는債權者가供託物受領의意思를아직表示하지않

은期間또는供託의結果로써債權이消滅하지않은期間供託物을取還할權利가있다

　　　　取還과同時에債權은그에따른모든權利와같이再次그效力을發生한다

　　⑤ 滿民 제477조　　　債權者가供託을受諾치않거나또는供託을有效로宣言한判決이確定치않은동안은辨濟者는供託物을取戻할수가있다 이境遇에있어서는供託을하지않은것으로看做한다

　　　　前項의規定은供託에因하여質權또는抵當權이消滅한境遇에는이를通用치않는다

　　6. 審議經過　　① 제2항의「傳貰權」은 擔保物權이 아니므로 錯誤로 揷入된 것으로 思料하며 削除함이 可하다. 傳貰權을 目的으로 하는 抵當權의 趣旨라면 抵當權의 槪念에 包含된다

　　② 제2항 中「傳貰權」을 削除한다.

　　7. 結 論 : 前記 字句修正 外 原案에 合意

Ⅳ. 법사위 수정안　　　(108) 제48조제2항中「傳貰權」을削除한다

Ⅷ. 제2독회, 속기록 제48호, 11면 상단51)

제490조 (自助賣却金의供託) 辨濟의目的物이供託에適當하지아니하거나滅失또는毀損될念慮가있거나供託에過多한費用을要하는境遇에는辨濟者는法院의許可를얻어그物件을競賣하거나市價로放賣하여代金을供託할수있다

Ⅰ. 編纂要綱　　　제6절 債權의消滅　　　제2관 供託

　　36. 給付의 目的物이 供託에 適當치 않거나 毀損 또는 滅失의 念慮가 있거나 또는 供託을 하는 데 過分한 費用을 要할 境遇에 裁判所의 許可를 얻어 債務者 自身이 이를 賣却하여 代價를 供託하는 便法을 認定할 것

Ⅱ. 案　　　제481조

Ⅲ. 審議錄, 288면 하단 ~ 289면 상단

　　2. 現行法 및 判例, 學說　　　現行法 제497조에 同一趣旨이나, 草案은「市

---

51) 앞의 민법 제406조 Ⅷ.(677면) 참조.

價로放賣」하는 경우를 揷入하였다.

3. 外國 立法例　　① 獨民 제383조(제1항)　　辨濟의目的物인動産이供託에適當치않은때는債務者는債權者의受領遲滯에는履行地에서이를競賣하고그代價를供託할수있다 제372조제2단의境遇에있어서物의腐敗의憂慮가있거나또는그保存에關하여過分의費用을要하는때亦是같다

② 瑞債 제93조　　物件의性質에依하여또는去來의性質에依하여供託이不可能한境遇또는物件이滅失毁損할危險이있는境遇또는保存費用或은多額의保管費用을要하는境遇에는債務者는豫告를한後判事의承諾을얻어物件을公賣하여그賣得金으로供託할수있다

物件이取引所價格또는市場價格을가진때또는費用에比例하여價格이僅少할때에는그賣却은公賣임을要하지않는다　또豫告를하지않고判事의許可을받을수있다

③ 中民 제331조　　給付物이供託에適當치않거나또는毁損滅失의憂慮있거나또는供託에關하여드는費用이過多한때는辨濟者는辨濟地의初級法院에競賣를申請하여그代價를供託할수있다

④ 中民 제332조 [289면]　　前條의給付物에關하여市價있는때는所轄法院은辨濟者에對하여市價로서賣却하고그代價를供託함을許可할수있다

⑤ 滿民 제478조　　辨濟의目的物이供託에適當치않거나또는그物에關하여滅失或은毁損의憂慮있는때는辨濟者는法院의許可를얻어서이를競賣하고그代金을供託할수가있다 그物의保存에關하여過分의費用을必要하는때亦是같다

6. 審議經過　　腐敗하기 쉬운 物件 等을 번잡하고 時間을 要하는 競賣의 方法에 依하는 것을 避하기 爲하여 草案이 瑞民 제93조의 立法例에 따라 市價放賣의 方法을 取한 것은 妥當하다.

7. 結 論 : 原案에 合意

제491조 (供託物受領과相對義務履行) 債務者가債權者의相對義務履行과同時에辨濟할境遇에는債權者는그義務履行을하지아니하면供託物을受領하지못한다

Ⅱ. 案　　제482조

Ⅲ. **審議錄**, 289면 상단 ~ 하단

  2. 現行法 및 判例, 學說　　現行法 제498조와 同一趣旨이다.

  3. 外國 立法例　　① 獨民 제373조　　債務者가債權者의給付에對하여서만給付를할境遇에있어서는債務者는債權者가反對給付를履行하지않으면供託物을受取할수없는것으로할수있다 //

  ② 中民 제329조　　債權者는언제든지供託物을받을수있다 債務者의辨濟가債權者의給付에對하여이를하는것인때는債權者가反對給付를하지않거나또는相當의擔保를提出치않은동안은供託物의受取를阻止할수있다

  ③ 滿民 제479조　　債務者가債權者의給付에對하여辨濟를할境遇에있어서는債權者는그給付를하지않으면供託物을받을수가없다

  7. 結 論 : 原案에 合意

Ⅴ. **意見書**, 152면 (金基善)52)

  [108] 草案 제3편 제1장 제6절의 債權의 消滅에 있어서 제482조 中「相對義務」를「反對義務」로 […] 修正하는 것에 贊成한다.

  [이 유]　　「相對義務」는 日常上의 用語로서 不適當할 뿐만 아니라 무엇을 意味하는지 그 뜻이 不明하기 限이 없다. 오히려 이를「反對義務」로 修正함이 用語上으로 보아 適合할 것이다. […]

제3관 相 計

제492조 (相計의要件) ①雙方이서로같은種類를目的으로한債務를負擔한境遇에그雙方의債務의履行期가到來한때에는各債務者는對等額에關하여相計할수있다 그러나債務의性質이相計를許容하지아니할때에는그러하지아니하다

  ②前項의規定은當事者가다른意思를表示한境遇에는適用하지아니한다　그러나그意思表示로써善意의第3者에게對抗하지못한다

Ⅱ. **案**　　제483조 [다만 제1항 본문은 "雙方이서로目的이같은種類의債務를負擔한境遇에그雙方의履行期가到來한때에는各債務者는對等額으로相計할수

---

52) 뒤의 민법 제492조 Ⅴ.(747면)와 합하여 같은 하나의 항목을 이룬다.

있다"로 되어 있다]

Ⅲ. **審議錄**, 289면 하단 ~ 290면 하단

2. **現行法 및 判例, 學說** [290면]　　現行法 제505조와 同一趣旨이나 現行法에는 「相殺하여그債務를免할수있다」를 草案은 「相計할수있다」로 規定하였다.

3. **外國 立法例**　　① 獨民 제387조　　兩者가서로同種의目的을가진給付를負擔하는境遇에있어서各當事者가그받을給付를請求하고또그負擔한給付를할수없는때는自己의債權과相對者의債權과를相殺할수있다

② 佛民 제1289조　　萬若2人相互에負債者가되는때그2人사이에相殺의成立이되는것으로以下의明記하는바의方法과境遇에있어2個의負債를消滅시킨다

③ 瑞債 제120조(제1항)　　2人이서로金額其他目的物의種類를같이하는給付에對하여債務를負擔하는境遇에있어서双方의債權이辨濟期에있는때에는各自는其債務를其債權과相殺할수있다

④ 瑞債 제126조　　債務者는미리相殺를할것을抛棄할수있다

⑤ 中民 제334조　　두사람이서로債務를負擔하여그給付의種類가相同하며또어느것이고辨濟期에到達한때는各그債務로서他方의債務와서로相殺할수있다 但債務의性質에依하여相殺할수없는때는그러하지 않다

⑥ 滿民 제480조　　草案과 同一하다.

// 7. **結 論** : 原案에 合意

Ⅴ. **意見書**, 152면 (金基善)

[108] 草案 제3편 제1장 제6절의 債權의 消滅에 있어서 […] 現行法의 「相殺」를 「相計」로 修正하는 것에 贊成한다.

[이 유]　　[…] 그리고 또 現行法에 있어서의 「相殺」라는 用語는 우리나라의 慣用語가 아니고 日語이므로 이에 適合한 用語가 「相計」이니 「相計」로 修正함이 當然한 措置일 것이다.

Ⅷ. **제1독회**, 속기록 제34호, 9면 하단, 10면 하단 ~ 11면 상단

○ 邊鎭甲 議員 : […] 그 다음에 이것은 이 討論에서 말씀할 것도 아닐 것 같습니다마는 用語에 대해서 우리 民法뿐이 아니라 모든 法典에 共通되는

얘기가 많이 있습니다. // […] [10면 하단] 그래서 用字에 있어서는 疑問 나는 點이 많이 있는 것입니다.

쉽게 얘기하면 債權編에 있는 「相殺」 서로 상字 죽일 살字 「相殺」를 日本 法典에도 다 相殺로 쓰여져 가지고 있습니다. 그런데 「相殺」이라고 하는 말은 從來에 우리가 있는 말인데 이것을 「相計」라고 하고 … 相計라고 하는 말도 없 는 것은 아닙니다. 없는 것은 아니지만 相計라고 專用으로 쓰[11면]던 말이 있 지 않느냐 그 外에 더러 많이 있습니다마는 이러한 點에 있어서 앞으로 法司委 員會에서든지 이 法典을 完成하는 데 있어서 그러한 面에도 더 한층 考慮를 해 주신다고 하면 錦上添花格이 되지 않느냐 이렇게 생각해서 부질없는 말을 여쭈 었습니다.

제493조 (相計의方法, 效果) ①相計는相對方에對한意思表示로한다 이意思表 示에는條件또는期限을붙이지못한다
　　②相計의意思表示는各債務가相計할수있는때에對等額에關하여消滅한것으 로본다

Ⅱ. 案　　　제484조[다만 제1항 후단은 "…條件또는期限을附加하지못한다", 제2항은 "…各債務가相計할수있은때에對等額으로消滅…"이라고 한다]

Ⅲ. 審議錄, 290면 하단 ~ 291면 상단

　2. 現行法 및 判例, 學說　　現行法 제506조와 同一趣旨이다.

　3. 外國 立法例　　① 獨民 제388조　　相殺는相對者에對한意思表示에 依하여이를한다 但條件또는期限을부칠[붙인]意思表示는無效로한다

　　② 獨民 제389조　　相殺는双方의債務가서로相殺에適當한때에遡及하여그 對等額에關하여債務를消滅하게할效力을가진다

　　③ 佛民 제1290조　　相殺는負債者의아[알]지못하는때라할지라도法律의 힘만에依하여當然히成立하는것으로한다 但2個의負債는그서로같이存在한때에있 어그各自의量額의相當高에차는데까지相互消滅한다

　　④ 瑞債 제124조(제1항 제2항)　　相殺는債務者가그相殺의權利를行使하 려는意思를債權者에表示한때에만發生한다

　　　前項의 境遇에있어서 債權과 反對債權과는이로써 相殺함에 適合하는때에 遡及하여 消滅한것으로 看做한다

　　⑤ 中民 제335조(제1항) [291면]　　相殺는 意思表示로써 他方에對하여이를 하여야한다　그 相互間의 債權의 關係는 最初相殺를할수있는때에 遡及하고 相殺할 數額에應하여 消滅한다

　　⑥ 滿民 제481조　　草案과 同一하다.

　　7. 結論 : 原案에 合意

제494조 (履行地를달리하는債務의相計) 各債務의履行地가다른境遇에도 相計할수있다　그러나相計하는當事者는相對方에게相計로因한損害를賠償하여야한다

Ⅱ. 案　　제485조

Ⅲ. 審議錄, 291면 상단 ~ 하단

　　2. 現行法 및 判例, 學說　　現行法 제507조와 同一趣旨이다.

　　3. 外國 立法例　　① 獨民 제391조(제1항)　　双方의債權이履行地또는 引渡地를달리하는때라도相殺를할수있다　但相殺를할當事者는相對者가相殺의結果所定의場所에서給付를受領하거나또는이를할수없기때문에받은損害를賠償하여야한다

　　② 佛民 제1296조　　萬若2個의負債가同一의場所에서辨濟할것이아닌때는 移送의費用을計算//하지않으면그相殺로써對抗할수없다

　　③ 中民 제336조(제1항)　　辨濟地가같지않은債務도相殺를할수있다　但相殺를하는사람은他方에對하여相殺에因하여생긴損害를賠償하여야한다

　　④ 滿民 제482조　　草案과 同一하다.

　　7. 結論 : 原案에 合意

제495조 (消滅時效完成된債權에依한相計) 消滅時效가完成된債權이그完成前에相計할수있었던것이면그債權者는相計할수있다

Ⅱ. 案 제486조

Ⅲ. 審議錄, 291면 하단 ~ 292면 상단

2. 現行法 및 判例, 學說 現行法 제508조와 同一趣旨이다.

3. 外國 立法例 ① 獨民 제390조(後段) 時效에因하여消滅한債權
이그消滅以前에相殺에適當하였을때는相殺할수있다

② 瑞債 제120조(제3항) [292면] 時效에因하여消滅된債權이其時效消滅
前에他의債權과相殺할수있었을때에는이를相殺에供與할수있다

③ 中民 제337조 債權의請求權이時效에因하여消滅할때라하여도時效完
成前에그債務가이미相殺에適合하였던때는相殺를할수있다

④ 滿民 제483조 草案과 同一하다.

7. 結 論 : 原案에 合意

제496조 (不法行爲債權을受動債權으로하는相計의禁止) 債務가故意의不法行 爲로因한것인때에는그債務者는相計로債權者에게對抗하지못한다

Ⅱ. 案 제487조

Ⅲ. 審議錄, 292면 상단 ~ 하단

2. 現行法 및 判例, 學說 現行法 제509조와 同一趣旨이나 現行法의
「不法行爲」를 草案은 「故意의不法行爲」로 하였다.

3. 外國 立法例 ① 獨民 제393조 故意로한不法行爲에因하여생긴
債權에對하여서는相殺할수없다 //

② 中民 제339조 故意의不法行爲에因하여負擔한債權에關하여서는그債
務者는相殺를主張할수없다

③ 滿民 제484조 債務가不法行爲에因하여생긴것인때는債務者는相殺로
債權者에對抗할수없다

6. 審議經過 草案은 現行法과 달리 獨民 中民의 立法例에 따라 故意의
不法行爲로 因한 것에만 限하였는데 이것은 辨濟를 받을 수 없는 債權者가 不
法行爲를 함으로써 滿足하고자 함을 防止하는 立法趣旨로 包含되어 있으므로

故意로 因한 경우에만 限한 것이다. 그러나 不法行爲의 被害者에는 故意 또는 過失로 因한 것을 不問하고 辨濟에 依한 損害의 塡補를 받게 하고자 하는 點에 立法趣旨의 重點을 둔다고 하면 現行法을 支持하는 結果가 된다. 不法行爲債權을 自動債權으로 하는 相計의 禁止도 學說上 通說로 되어 있는바 이 點은 草案이 明文化하지 않았다.

　　7. 結 論 : 原案에 合意

제497조 (押留禁止債權을受動債權으로하는相計의禁止) 債權이押留하지못할 것인때에는그債務者는相計로債權者에게對抗하지못한다

Ⅱ. 案　　　제488조 [다만 민법의 '押留'를 '執留'라고 한다]

Ⅲ. 審議錄, 292면 하단 ~ 293면 상단

　　[293면] 2. 現行法 및 判例, 學說　　現行法 제510조와 同一趣旨이다.

　　3. 外國 立法例　　① 獨民 제394조　　債權이差押을禁한것인때에는그債權에對하여서는相殺를할수없다 疾病互助金救濟互助金或은遺族扶助積立金特히鑛山勞動者積立金및鑛山勞動者組合債立金부터받을수있는取立金에對하여는自己가負擔한出資金으로相殺할수있다

　　② 佛民　　제1293조(제3호)　　差押할수없다고申述된養料로써原由로하는負債

　　③ 瑞債 제125조 (제2호)　　債權者및그家族의扶養때문에絶對로必要한扶養請求權및賃金債權과같은그特別한性質에因하여事實的履行을必要로하는義務

　　④ 中民 제338조　　差押을禁止한債權에關하여서는그債務者는相殺를主張할수없다

　　⑤ 滿民 제485조　　草案과 同一하다.

　　6. 審議經過　　「執留」를 「押留」로 字句修正한다. (字句統一. 草案 제160조 參照)

　　7. 結 論 : 前記 字句修正[53] 外에 原案에 合意

---

53) 법사위 수정안으로 되지 못하고 조문정리과정에서 받아들여졌다.

제498조 (支給禁止債權을受動債權으로하는相計의禁止) 支給을禁止하는命令을받은第三債務者는그後에取得한債權에依한相計로그命令을申請한債權者에게對抗하지못한다

Ⅱ. 案　　제489조

Ⅲ. 審議錄, 293면 상단 ~ 294면 상단

// 2. 現行法 및 判例, 學說　　現行法 제511조와 同一하다.

3. 外國 立法例　　① 獨民 제392조　　債務者가債權者로부터差押을받은後그債權者에對하여債權을取得한때또는그債權이差押債權보다後에辨濟期에達한때는債務者는그債權으로써差押債權에對하여相殺할수없다

② 佛民 제1298조　　相殺는第3者가獲得한權利를害할수없다 故로負債者인者가第3者로부터自己의手元에한拂渡差押後에債主가된때에는그差押人의害에있어相殺로써對抗할수없다

③ 中民 제341조　　第3者에對하여給付할것을約定한債務者는그債務로써他方의當事者의自己에對한債務와相殺를할수있다

④ 滿民 제486조　　草案과 同一하다.

[294면] 7. 結 論 : 原案에 合意

제499조 (準用規定) 제476조乃至제479조의規定은相計에準用한다

Ⅱ. 案　　제491조

Ⅲ. 審議錄, 294면 상단 ~ 하단

2. 現行法 및 判例, 學說　　現行法 제513조와 同一하다.

3. 外國 立法例　　① 獨民 제396조　　當事者의一方이相殺에適當한數個의債權을가진때에는相殺를하는當事者는相殺를할債權을指定할수있다　이指定을하지않고相殺를한때또는相對者가遲滯없이異議를말한때에는제366조제2항의規定을準用한다

相殺를하는當事者가相對者에對하여元本外에利子및費用을支拂할境遇에있어서는제367조의規定을準用한다

② 佛民 第1297조   同人에있어서負擔한數個의負債가있을때는그相殺에
關하여第千256조에있어充用을爲하여作定된規則에따라야한다

③ 中民 제342조   제32조乃至제323조의規定은相殺에이를準用한다

④ 滿民 제487조   草案과 同一하다. //

7. 結 論 : 原案에 合意

제4관　更　改

제500조 (更改의要件,效果) 當事者가債務의重要한部分을變更하는契約을한
때에는舊債務는更改로因하여消滅한다

Ⅰ. **編纂要綱**   제3관 更改   37. 民法 513조 2항을 削除할 것

Ⅱ. **案**   제491조 當事者가債務의重要한部分을變更하는契約을한때에는舊債
務는이로因하여消滅한다

Ⅲ. **審議錄**, 294면 下段 ~ 295면 上端

2. 現行法 및 判例, 學說   現行法 제513조 제1항과 同一하나 現行法 제
2항은 草案이 이를 採擇하지 않았다.

3. 外國 立法例   ① 佛民 제1271조   更改는 左에記載하는3個의方法
으로되는것이다

　제1. 負債者의그債主에대하여新負債를契約하며그新負債의舊負債에代身
하며舊負債의消滅하는때

　제2. 新負債者의舊負債者에代身하여그舊負債者의債主로부터免除된때

　제3. 新約務의效力에依하여新債主의舊債主에代身하여舊負債者의그舊債
主에對하여免除된때

② 滿民 제488조   草案과 同一하다.

[295면] 6. **審議經過**   ① 現行法 제2항54)과 같은 規定을 草案이 設하지

---

54) 의용민법 제513조 제2항 : "조건부 채무를 무조건 채무로 하고, 무조건 채무에 조건을 붙
이고, 또는 조건을 변경함은 채무의 要素를 변경하는 것으로 간주한다. 채무의 이행에 갈
음할 환어음을 발행하는 것도 또한 같다."

아니한 것은 妥當하다.

　　(理由)　　條件附 債務를 無條件 債務으로 하고 無條件 債務를 條件附 債務로 하며 또 條件을 變更하는 것은 반드시 債務의 重要部分의 變更을 意味하는 것이 아니고 各 境遇에 따라서 그 與否가 決定될 것이다. 또 履行에 代身하여 爲替手形을 發行하는 것도 更改로 規定하였지만 一般的으로는 履行을 爲하여 發行하는 것으로 볼 것이며 特히 履行에 對하여 發行하는 境遇에는 이를 更改로 볼 것이 아니고 代物辨濟로 보아야 할 것이다. 따라서 草案의 態度는 妥當하다.

　　② 「이로因하여」를 「更改로因하여」로 字句修正한다.(次條와의 關係上)
　　7. 結 論 ： 字句修正55) 外에 原案에 合意

Ⅳ. **법사위 수정안**　　(109) 제491조 中 「이로因하여」를 「更改로因하여」로 修正한다

Ⅷ. **제2독회**, 속기록 제48호, 11면 상단56)

제501조 （債務者變更으로因한更改） 債務者의變更으로因한更改는債權者와新債務者間의契約으로이를할수있다　그러나舊債務者의意思에反하여이를하지못한다

Ⅱ. **案**　　제492조 [다만 본문은 "債務者가變更되는更改는"으로 시작한다]

Ⅲ. **審議錄**, 295면 상단 ~ 하단

　　2. 現行法 및 判例, 學說　　現行法 제514조와 同一하다.
　　3. 外國 立法例　　① 佛民 제1271조(제2호) (草案 제491조 立法例 參照)
　　② 佛民 제1274조　　新負債者의代身한更改는처음의負債者의協合없이成立할수있다
　　③ 滿民 제489조　　草案과 同一하다. //
　　6. 審議經過　　本條 但書는 草案 제444조 제2항, 제460조 제2항과 同一

---

55) 이는 조문정리단계에서 채택되었다.
56) 앞의 민법 제406조 Ⅷ.(677면) 참조.

趣旨이다.

    7. 結 論 : 原案에 合意

제502조 (債權者變更으로因한更改) 債權者의變更으로因한更改는確定日字있는證書로하지아니하면이로써第3者에게對抗하지못한다

Ⅱ. **案**   제493조 債權者가變更되는更改는確定日附있는證書로하지아니하면 第3者에對抗하지못한다

Ⅲ. **審議錄**, 295면 하단 ~ 296면 상단

    2. 現行法 및 判例, 學說   現行法 제515조와 同一하다.

    3. 外國 立法例   ① 滿民 제490조   草案과 同一하다.

    6. 審議經過   ①「第3者에」를「第3者에게」로 字句修正한다. (草案 제487조 제488조 제489조 參照)

    [296면] ② 債務者 變更의 更改는 債權者와 新債務者間의 契約으로 되지만 本條의 債權者 變更의 更改는 新舊債權者및 債務者 間의 3者의 契約으로써 되는 것인바 이것은 債權讓渡와 類似하므로 確定日附 證書가 있어야 第3者에 對抗할 수 있는 것이다. (草案 제441조 제2항 參照) 제2의 更改契約 當事者의 通謀로 제2의 更改契約에 依한 新債務者를 害하는 것을 防止하기 爲한 것이다.

    7. 結 論 : 前記 字句修正[57] 外에 原案에 合意

제503조 (債權者變更의更改와債務者承諾의效果) 제451조제1항의規定은債權者의變更으로因한更改에準用한다

Ⅱ. **案**   제494조   제442조제1항의規定은債權者가變更되는更改에準用한다

Ⅲ. **審議錄**, 296면 상단

    2. 現行法 및 判例, 學說   現行法 제516조와 同一하다.

    3. 外國 立法例   ① 滿民 제491조   제439조제1항의規定은債權者의

---

57) 이는 나중의 조문정리단계에서 채택되었다.

交替에因한更改에이를準用한다

　　7. 結 論 : 原案에 合意

제504조 (舊債務不消滅의境遇) 更改로因한新債務가原因의不法또는當事者가 알지못한事由로因하여成立되지아니하거나取消된때에는舊債務는消滅되지아 니한다

Ⅱ. 案　　　제495조

Ⅲ. 審議錄, 296면 상단 ~ 하단

　　// 2. 現行法 및 判例, 學說　　　現行法 제517조와 同一하다.

　　3. 外國 立法例　　　滿民 제492조　　　草案과 同一하다.

　　7. 結 論 : 原案에 合意

제505조 (新債務에의擔保移轉) 更改의當事者는舊債務의擔保를그目的의限度 에서新債務의擔保로할수있다　　그러나第3者가提供한擔保는그承諾을얻어야 한다

Ⅱ. 案　　　제496조 [다만 "更改의當事者는舊債務에提供된擔保를"로 시작한다]

Ⅲ. 審議錄, 296면 하단 ~ 297면 상단

　　2. 現行法 및 判例, 學說　　　現行法 제518조와 同一趣旨이다.

　　3. 外國 立法例 [297면]　　　① 佛民 제1279조　　　新負債者의代함에依하
여更改가成立된때에는債權의原始의先取特權및書入質權은新負債者의財産에移轉
할수없다

　　② 滿民 제493조(前段)　　　更改의當事者는舊債務의目的의限度에서그債務
의擔保에提供한質權또는抵押權을新債務에옮길수가있다

　　7. 結 論 : 原案에 合意

제5관 免 除

제506조 (免除의要件, 效果) 債權者가債務者에게債務를免除하는意思를表示한때에는債權은消滅한다 그러나免除로써正當한利益을가진第3者에게對抗하지못한다

Ⅱ. **案**　　제497조　債權者가債務者에게債務를免除하는意思를表示하면債權은消滅한다 그러나債權이第3者의權利의目的인때에는免除로써그第3者에게對抗하지못한다

Ⅲ. **審議錄**, 297면 상단 ~ 하단

2. 現行法 및 判例, 學說　　現行法 제519조와 同一趣旨이나 草案 但書는 現行法에는 規定이 없다.

3. 外國 立法例　　① 獨民 제397조　　債權者가契約에依하여債務者에對하여債務를免除한때에는債務關係는消//滅한다 債權者와債務者와의契約에因하여債務關係가成立하지않는것을承認한때亦是같다

② 佛民 제1282조　　(以下 參照)

③ 中民 제343조　　債權者가債務者에對하여그債務를免除할意思를表示한때는債權의關係는消滅한다

④ 滿民 제494조　　債權者가債務者에對하여그債務를免除할意思를表示한때는債權의關係는消滅한다

6. 審議經過　　① 本條 但書는 新設인바 이것은 規定이 없어도 同一한 結果를 認定하지 아니할 수 없는 當然한 것이며 한걸음 더 나아가서 第3者가 債權 自體에는 權利가 없으나 그 債權의 存續을 基礎로 하여 正當한 利益을 가지고 있는 境遇 예컨대 賃借地上의 建物에 저당권을 가지고 있는 境遇에는 그 賃借權을 抛棄함은 公序良俗에 反하는 것이므로 이것을 할 수 없다고 하는 것이 現行法 下에서도 判例로 되어 있느니만치 本條 但書는 「그러나免除로써正當한利益을가진第3者에게對抗하지못한다」로 修正함이 可할 것이다.

② 本條 但書를 다음과 같이 修正한다. [그 내용은 위 ① 말미 참조]

7. 結論 : 前記 修正案에 合意

Ⅳ. 법사위 수정안　　(110) 제497조中但書를다음과같이修正한다 [그 내용은 위 6. ① 말미]

Ⅴ. 意見書, 152면 ～ 153면 (金基善)

　　[109] 草案 제497조의 免除를 單獨行爲로 하지 않고 契約으로 修正하고58) 同條 但書를 新設하였음에 贊成한다.

　　[이 유]　　現行法은 免除를 單獨行爲로 規定하였으나 이를 單獨行爲로 하면 債務者가 免除를 願하지 않는데도 不拘하고 免除를 當하는 不合理한 結果가 생기게 된다. 이러한 不合理한 結果 發生을 防止하기 爲하여서 獨逸民法 제397조와 같이 免除를 單獨行爲로 하지 않고 契約으로 하는 것이 가장 適合할 것이다.

　　[153면] 草案 제497조 但書는 現行法 獨逸民法에 없는 規定이다. 免除를 한 債權에 對하여 第3者가 質權 其他의 權利를 取得하고 있는 境遇에 限하여서는 免除를 가지고서 第3者에게 對抗하지 못하게 하였다. 萬若 對抗을 하게 하면 第3者는 不測의 損害를 받게 되기 때문에 이와 같은 規定을 두었다.

Ⅷ. 제2독회, 속기록 제48호, 11면 상단59)

제6관 混 同

제507조 (混同의要件,效果) 債權과債務가同一한主體에歸屬한때에는債權은 消滅한다 그러나그債權이第3者의權利의目的인때에는그러하지아니하다

Ⅱ. 案　　제498조

Ⅲ. 審議錄, 298면 상단 ～ 하단
　　2. 現行法 및 判例, 學說　　現行法 제520조와 同一하다.
　　3. 外國 立法例　　① 佛民 제1300조　　萬若債主인分限및負債者인分限의同一의人에併合한때는2個의債權을消滅시키는權利의混同있는것으로한다

──────────
58) 이는 현석호 수정안 기타에 반영되지 아니하였다.
59) 앞의 민법 제406조 Ⅷ.(677면) 참조.

② 瑞債 제118조(제1항 제2항)   債權者와債務者外의資格이同一人에合
一하는때에는債權은이를消滅한것으로看做한다 混同을取消한때에는債權은復活
한다

③ 中民 제344조   債權과그債務가같은한사람에게歸屬한때는債權關係는
消滅한다 但그債權이他人의權利의目的이거나또는法律의別段의規定이있는때는
그러하지않다

④ 滿民 제495조   草案과 同一하다.

// 7. 結 論 : 原案에 合意

제7절 指示債權

V. 意見書, 153면 ~ 154면 (徐燉珏)

제7절 指示債權   제8절 無記名債權

[110] 指示債權·無記名債權에 關하여 指示債權·無記名債權의 兩者를 「證
券債權」으로 하여 그 題名을 「제7절 證券債權」으로 하고 指示債權은 제7절의
「제1관」으로서 無記名債權은 제7절의 「제2관」으로서 規定한다.

[이 유]   指示債權과 無記名債權은 어음·手票·貨物引換證·船荷證
券·倉庫證券·株券·抵當證券·乘車券 等의 證券債權으로서, 이러한 것에 關
한 規定은 民法·商法 其他 單行法에 散在하고 있다. 從來의 依據民法[60]에 있
는 證券債權에 關한 規定은 不備할 뿐만 아니라 依據民法과 依據商法과는 規律
하는 態度를 달리하고 있다. 依據民法은 證券의 立場에서 規律하지 아니하고
證券에 化體되어 있는 權利의 方面에서 觀察하는데 依據商法은 正面으로부터
證券의 立場에서 規律하고 있다. 具體的으로 相違하는 例를 들면 依據民法에서
는 無記名證券을 動産으로 看做하였으므로 無記名證券의 善意取得은 民法 제
192조 以下의 動産의 卽時取得의 規定에 依하는 것이나, 依據商法에서는 無記
名證券도 指示證券과같이 小切手法 제21조의 善意取得의 規定에 依하게 된다
(商法 519조). 兩者 間에는 各各 取得要件과 效果가 다르다. 같은 矛盾은 指示

---

60) '의거민법(依據民法)'은 바로 뒤의 '依據商法' 등과 아울러 의용민법 등에 대한 서돈각 특
유의 용어법인 듯하다.

證券의 裏書에도 있다. 依據民法에서는 裏書는 第3者對抗要件에 不過하고(民法 469조), 讓渡 自體는 當事者의 意思表示만으로 되는 것이나, 依據商法에서는 裏 [154면]書는 讓渡方法이지 對抗要件이 아니다(商 519조·手形法 11조 以下). 그 外에도 直接 間接 民·商法間에 矛盾하는 點이 적지 아니하다. 民法草案에 서는 指示債權과 無記名債權에 關한 別個 節을 두어서 證券債權이라는 立場에 서 必要한 最少限度의 規定을 두고 民·商 兩法間의 矛盾撞着한 面을 없도록 하였다는 點은 大贊成이다. 證券債權에 關한 民法草案 제499조 乃至 제517조의 內容은 所謂 滿洲民法의 제496조 乃至 제514조의 規定과 거의 같다. 그런데 法 律을 工夫한 사람들에게는 指示債權·無記名債權을 證券債權이라고 表示하지 아니하여도 알 수 있는 것이나, 一般大衆의 理解를 돕기 爲하여는 前記한 바와 같이 「제7절 證券債權」이라 標題하고 「제1관 指示債權」 「제2관 無記名債權」으 로 明示하여 規定하는 것이 좋다.

제508조 (指示債權의讓渡方式) 指示債權은그證書에背書하여讓受人에게交付하는方式으로讓渡할수있다

Ⅱ. 案 제499조

Ⅲ. 審議錄, 298면 하단 ~ 299면 상단

2. 現行法 및 判例, 學說 現行法 제469조와 同一하다.

3. 外國 立法例 ① 獨民 제792조(제2항) 指圖人은讓渡를禁할수있다 讓渡禁示는指圖證書上明確히認定되는때또한引受또는給付를하기前에指圖人이그讓渡禁止를被指圖人에通知한때에만被指圖人에對하여그效力을갖는다

② 瑞債 제969조 證書의內容또는性質上別段의結果를生하지않는限裏書한證書의引渡와같이裏書人의權利는取得者에移轉한다

③ 中民 제716조(제1항 제2항) 受取人은指圖證券를第3者에讓渡할수있다 但指圖人이指圖證券의讓渡禁止의記載를한때는그러하지않다

前項의讓渡는裏書로써이를하여야한다

④ 滿民 제496조 草案과 同一하다.

[299면] 7. 結 論 : 原案에 合意

제509조 (還背書)[61] ①指示債權은그債務者에對하여도背書하여讓渡할수있다 ②背書로指示債權을讓受한債務者는다시背書하여이를讓渡할수있다

Ⅱ. **案**   제500조 指示債權의債務者에對하여도背書로讓渡할수있다 背書로 指示債權을讓受한債務者는다시背書로讓渡할수있다

Ⅲ. **審議錄**, 299면 상단 ～ 하단

　　2. 現行法 및 判例, 學說   現行法에는 規定이 없고 手形法 제11조 제3 항과 同一趣旨이다.

　　3. 外國 立法例   ① 瑞債 제968조   裏書는모든境遇에있어서手形에 關한規定에따라이를한다

　　② 中民 제712조(제1항)   指圖人이그受取人에對한債務를辨濟하기爲하 여指圖證權을交付한때는그債務는被指圖人이給付를한때에消滅한다

　　③ 中民 제713조(前段)   被指圖人은指圖人에對하여債務를질때라도그指 圖된給付를引受하며또는給付할義務가있다

　　④ 滿民 제497조   裏書는證券의債權者에對하여도이를할수있다 裏書에 依하여證券債權을讓受한債務者는또다시裏書에依하여이를讓渡할수있다 //

　　7. 結 論 : 原案에 合意

제510조 (背書의方式) ①背書는證書또는그補充紙에그뜻을記載하고背書人이 署名또는記名捺印함으로써이를한다 　　②背書는被背書人을指定하지아니하고할수있으며또背書人의署名또는記名 捺印만으로할수있다

Ⅱ. **案**   제501조 背書는證書또는그補充紙에事由를記入하고背書人이記名捺 印한다 [제2항은 위 민법 조항과 같다]

Ⅲ. **審議錄**, 299면 하단 ～ 300면 상단

---

61) 전단과 후단으로 된 민법안 제500조가 민법 제509조의 제1항과 제2항으로 변경되고 또한 　　각 문장이 조금 바뀌게 된 경위에 대하여 알 수 있는 자료는 찾을 수 없다. 아마도 나중의 　　조문정리과정에서 일어난 일이 아닌가 추측해 볼 따름이다.

2. 現行法 및 判例, 學說   現行法에는 規定이 없고 手形法 제13조와 同
一趣旨이다. (商法 제519조 參照)

(參照) 「商法中署名할境遇에關한法律」(1900年 法律 제7호 ─ [朝鮮]民事令
제1조에 依하여 依用)

3. 外國 立法例   ① 滿民 제498조   裏書는證券또는이와統合한補箋
에이를記載하며裏書人署名함에依하여이를한다   裏書는被裏書人을指定하지않고
이를하거나또는單只裏書人의署名만으로써이를할수있다

[300면] 6. 審議經過   제1항 및 제2항 中「記名捺印」을「署名또는記名
捺印」으로 修正한다.

7. 結 論 : 前記 修正 外에 原案에 合意

Ⅳ. **법사위 수정안**   (111) 제501조中「記名捺印」을「署名또는記名捺印」으로
修正한다

Ⅷ. **제2독회**, 속기록 제48호, 11면 상단62)

**제511조 (略式背書의處理方式) 背書가前條제2항의略式에依한때에는所持人
은다음各號의方式으로處理할수있다**
   1. 自己나他人의名稱을被背書人으로記載할수있다
   2. 略式으로또는他人을被背書人으로表示하여다시證書에背書할수있다
   **3. 被背書人을記載하지아니하고背書없이證書를第3者에게交付하여讓渡할
   수있다**

Ⅱ. **案**   제502조   背書가前條제2항의略式으로된때에는所持人은다음의方式
으로處理할수있다 [각 호는 위 민법 규정과 같다]

Ⅲ. **審議錄**, 300면 상단 ~ 하단
2. 現行法 및 判例, 學說   現行法에는 規定이 없고 手形法 제14조 제1
항과 同一趣旨이다. (商法 제519조 參照)
3. 外國 立法例   滿民 제498조   裏書가前條제2항의白地式의方法에

---
62) 앞의 민법 제406조 Ⅷ.(677면) 참조.

依한것인때는所持人은自己또는他人의名稱으로써白紙를補充할수있다 또白地式에依하여또는他人을表示하여다시證券을裏書할수있다   또白紙를補充하지않고또는裏書을하지않고서證券의交付만으로써이를第3者에讓渡할수있다 //

　　7. 結 論 : 原案에 合意

제512조 (所持人出給背書의効力) 所持人出給의背書는略式背書와같은効力이 있다

Ⅱ. 案　　제503조

Ⅲ. 審議錄, 300면 하단 ~ 301면 상단

　　2. 現行法 및 判例, 學說　　現行法에는 規定이 없고 手形法 제12조 제3항과 同一趣旨이다. (商法 제519조에 準用)

　　3. 外國 立法例　　① 滿民 제500조　　持參人拂의裏書는白地式裏書와同一의効力을갖는다

　　[301면] 7. 結 論 : 原案에 合意

제513조 (背書의資格授與力) ①證書의占有者가背書의連續으로그權利를證明하는때에는適法한所持人으로본다 最後의背書가略式인境遇에도같다
　　②略式背書다음에다른背書가있으면그背書人은略式背書로證書를取得한것으로본다
　　③抹消된背書는背書의連續에關하여그記載가없는것으로본다

Ⅱ. 案　　제504조 證書의占有者가背書의連絡으로그權利를證明하면適法한所持人으로본다 [그 다음은 위 민법 규정과 같다]

Ⅲ. 審議錄, 301면 상단

　　2. 現行法 및 判例, 學說　　現行法에는 規定이 없고 手形法 제16조 제1항(小切手法 제19조 參照)과 同一趣旨이다. (商法 제519조에 準用)

　　3. 外國 立法例　　① 滿民 제501조　　草案과 同一하다.

6. 審議經過   ① 제1항과 제3항 中「連絡」을「連續」으로 字句修正한다.

7. 結 論 : 前記 字句修正外 原案에 合意

Ⅳ. **법사위 수정안**   (112) 제504조中「連絡」을「連續」으로 修正한다

Ⅷ. **제2독회**, 속기록 제48호, 11면 상단63)

제514조（同前─善意取得）누구든지證書의適法한所持人에對하여그返還을請
求하지못한다   그러나所持人이取得한때에讓渡人이權利없음을알았거나重大
한過失로알지못한때에는그러하지아니하다

Ⅱ. **案**   제505조 [본문은 "…證書의適法한所持人에게…", 단서는 "…讓渡
人의權利없음을…"로 되어 있다]

Ⅲ. **審議錄**, 301면 상단 ~ 하단

   // 2. 現行法 및 判例, 學說   現行法에는 規定이 없고 手形法 제16조
제2항과 同一趣旨이다. (小切手法 제21조 參照)

   3. 外國 立法例   ① 滿民 제502조   草案과 同一하다.

   7. 結 論 : 原案에 合意

제515조（移轉背書와人的抗辯）指示債權의債務者는所持人의前者에對한人的
關係의抗辯으로所持人에게對抗하지못한다   그러나所持人이그債務者를害함
을알고指示債權을取得한때에는그러하지아니하다

Ⅱ. **案**   제506조 [다만 본문은 "證書의債務者는"으로 시작한다]

Ⅲ. **審議錄**, 301면 하단 ~ 302면 상단

   [302면] 2. 現行法 및 判例, 學說   現行法 제472조 手形法 제17조와 同
一趣旨이다. (小切手法 제22조 參照)

   3. 外國 立法例   ① 獨民 제792조(제3항)   被指圖人이指圖를그取得

---

63) 앞의 민법 제406조 Ⅷ.(677면) 참조.

者에對하여引受하는때는自己및指圖證書受取人間에成立하는法律關係에基한抗辯
으로써取得者에對抗할수없다　　其他指圖의讓渡에關하여는債權讓渡에關한規定을
準用한다

　　② 滿民 제503조　　　草案과 同一하다.

　　6. 審議經過　　「證書」를 「指示債權」으로 字句修正한다.

　　7. 結 論 : 前記 字句修正 外에 原案에 合意

Ⅳ. **법사위 수정안**　　　(113) 제506조中「證書」를「指示債權」으로修正한다

Ⅷ. **제2독회**, 속기록 제48호, 11면 상단[64]

제516조 (辨濟의場所)　證書에辨濟場所를定하지아니한때에는債務者의現營業所를辨濟場所로한다　營業所가없는때에는現住所를辨濟場所로한다

Ⅱ. **案**　　　제507조 [다만 후단은 "…住所를…"로 되어 있다]

Ⅲ. **審議錄**, 302면 상단 ~ 하단

　　2. 現行法 및 判例, 學說　　　現行法에는 規定이 없고 商法 제516조 제2항
과 同一한 趣旨이다. (草案 제458조 參照) //

　　3. 外國 立法例　　① 滿民 제504조　　　草案과 同一하다.

　　6. 審議經過　　　後段 中「住所」를「現住所」로 修正한다. (草案 제458조와
文言을 一致하게 하기 爲한 것이다).

　　7. 結 論 : 前記 字句修正 外에 原案에 合意

Ⅳ. **법사위 수정안**　　　(114) 제507조中「住所」를「現住所」로修正한다

Ⅷ. **제2독회**, 속기록 제48호, 11면 상단[65]

제517조 (證書의提示와履行遲滯)　證書에辨濟期限이있는境遇에도그期限이到來한後에所持人이證書를提示하여履行을請求한때로부터債務者는遲滯責任

---

64) 앞의 민법 제406조 Ⅷ.(677면) 참조.
65) 앞의 민법 제406조 Ⅷ.(677면) 참조.

이있다

Ⅱ. 案   제508조

Ⅲ. 審議錄, 302면 하단 ~ 303면 상단

  2. 現行法 및 判例, 學說   現行法에는 規定이 없고 商法 제517와 同一
趣旨이다. (手形法 제38조 參照)

  3. 外國 立法例   ① 滿民 제505조   草案과 同一하다.

  [303면] 7. 結 論 : 原案에 合意

제518조 (債務者의調査權利義務) 債務者는背書의連續與否를調査할義務가있
으며背書人의署名또는捺印의眞僞나所持人의眞僞를調査할權利는있으나義務
는없다   그러나債務者가辨濟하는때에所持人이權利者아님을알았거나重大한
過失로알지못한때에는그辨濟는無效로한다

Ⅱ. 案   제509조 債務者는背書의連絡與否를調査할義務가있고背書人의印章
    의眞僞나所持人의眞僞를調査할義務는없다 [단서는 위 민법 규정과 같다]

Ⅲ. 審議錄, 303면 상단 ~ 하단

  2. 現行法 및 判例, 學說   現行法 제470조와 同一趣旨이다. (手形法 제
40조 제3항 參照)

  3. 外國 立法例   ① 滿民 제506조   債務者는裏書의連續의整否를調
查할義務있어도裏書人의署名및所持人의眞僞를調査할義務를지지않는다 但債務
者가辨濟의當時所持人이權利者가아닌것을알았을때또는重大한過失에依하여이를
알지못한때에는그의辨濟를無效로한다 //

  6. 審議經過   ① 本條 前段을 다음과 같이 修正한다.

    「債務者는背書의連續與否를調査할義務가있으며背書人의署名또는捺印의
眞僞나所持人의眞僞를調査할權利는있으나義務는없다」

      (草案 제504조 제501조 參照)

  7. 結 論 : 前記 字句修正 外에 原案에 合意

Ⅳ. 법사위 수정안   (115) 제509조前段을다음과같이修正한다 [그 내용은 앞의 Ⅲ. 6. ①]

Ⅴ. 意見書, 154면 ~ 155면 (徐燉珏)

　　[111] 修正案 (115)에서 草案 제509조를 修正하여 債務者에게 背書人의 署名 또는 捺印의 眞僞나 所持人의 眞僞를 調査할 權利가 있다고 明文으로 規定하고 있으나, 修正案 (115) 中「權利는 있으나」를 削除한다.

　　[이 유]　　　證券債務者를 保護하기 爲하여 依據民法[66]에서는 指示債權의 債務者는 그 證書의 所持人과 그 署名, 捺印을 調査할 權利는 있어도 그 義務는 없다라고 規定한다(民法 470조 本文). 卽 債務者는 眞僞를 調査할 權利를 가지고 있으므로 必要하다고 認定되는 調査를 爲하여 相當한 期間 辨濟를 遲延하여도 履行遲滯의 責任을 負擔하지 아니한다. 그러나 手形法 제40조 3항과 小切手法 제35조에는 支拂人은 裏書의 連續의 與否를 調査할 義務는 있어도 裏書人의 署名을 調査할 義務는 없다고 規定하여 上述한 民法의 規定과 같은 趣旨를 한층 强化하고 있다. 따라서 裏書連續에 關한 形式的 資格을 調査할 權利와 義務는 있어도 그 實質的 資格의 調査에 對하여는, 支拂人은 所持人의 無權利者임을 立證하여 支拂을 拒絶하는 것이 可能하나, 所持人에게 그 權利者임을 立證시킬 수 없다. 왜냐하면 手形法 제16조 1항에서 形式的 資格者는 實質的 資格者이라고 推定되는 까닭이다. 이것과 關聯하여 民法草案 제54조에서 手形法 제16조 제2항과 같이 形式的 資格者를 實質的 資格者로 推定하는 規定이 있으므[155면]로, 債務者에게 調査權이 있다고 하여, 債權者에게 實質的 資格의 立證을 要求할 수 없다. 또 債務者가 調査權을 가진다고 하더라도 履行遲滯를 排除할 수 있는 것은 아니다. 形式的 資格을 가지지 아니하는 證券의 所持人도 實質的 權利者일 때에는 그 者의 請求에 對하여 債務者는 履行遲滯로 될 수 있다는 것은 當然하므로, 調査權이라 하여도 消極的 意味에 지나지 않는다. 또 債權者가 實質的 權利를 證明하였을 때 또는 債務者가 請求者의 無權利를 證明하지 못할 때에는 請求時부터 遲滯責任을 負擔하여야 한다. 그러므로 債務者가 調査權을 가진다고 하여도 그 權利의 行使는 自己의 危險에서 하는데 不過하다. 따라서 指示債權과 無記名債權의 證券性·流通性을 强化하여 手形法·小切手法의

---

66) 앞의 주 60 참조.

規定과 같이 하는 意味에서 修正案 (115) 中에 있는 「權利는 있으나」라는 文句를 削除하는 것이 좋다.

Ⅷ. **제2독회**, 속기록 제48호, 11면 상단67)

제519조 (辨濟와證書交付) 債務者는證書와交換하여서만辨濟할義務가있다

Ⅱ. **案**   제510조

Ⅲ. **審議錄**, 303면 하단 ~ 304면 상단

  2. 現行法 및 判例, 學說   現行法에는 規定이 없고 手形法 제39조 제1항과 同一趣旨이다. (草案 제466조 參照)

  3. 外國 立法例   ① 獨民 제785조   被指圖人은指圖證書와引渡하여야만給付를할義務를진다

  ② 瑞債 제966조   有價證券에依하여債務者는證書의交付에對하여서만給付를할義務를진다

  ③ 滿民 제507조   草案과 同一하다. [304면]

  7. 結 論 : 原案에 合意

제520조 (領收의記入請求權) ①債務者는辨濟하는때에所持人에對하여證書에領收를證明하는記載를할것을請求할수있다
②一部辨濟의境遇에債務者의請求가있으면債權者는證書에그뜻을記載하여야한다

Ⅱ. **案**   제511조 [다만 제1항은 "…領受를證明하는記入을請求할수있다"로, 제2항은 "…證書에그事由를記入하여야한다"로 각 끝난다]

  2. 現行法 및 判例, 學說   現行法에는 規定이 없고 手形法 제39조와 同一趣旨이다.

  3. 外國 立法例   ① 滿民 제508조   草案과 同一하다.

---

67) 앞의 민법 제406조 Ⅷ.(677면) 참조.

7. 結 論 : 原案에 合意

제521조 (公示催告節次에依한證書의失效) 滅失한證書나所持人의占有를離脱한證書는公示催告의節次에依하여無效로할수있다

Ⅱ. 案　　　제512조

Ⅲ. 審議錄, 304면 상단 ~ 하단

// 2. 現行法 및 判例, 學說　　現行 民法施行法 제57조 商法 제518조 (本條와 次條에 該當) (商法 제230조 參照)

3. 外國 立法例　　① 瑞債 제971조　　有價證券이紛失된때에는判事는 그無效를宣告할수있다

喪失의當時로는喪失을發見한當時에있어서그有價證券에關하여權利를가진者는無效의宣告를申請할수있다

② 中民 제718조　　指圖證券이滅失하고盜難을當하거나滅失한때는法院은所持人의申請에依하여公示催告手續에依하여無效를宣告할수있다

③ 滿民 제509조　　草案과 同一하다.

7. 結 論 : 原案에 合意

제522조 (公示催告節次에依한供託, 辨濟) 公示催告의申請이있는때에는債務者로하여금債務의目的物을供託하게할수있고所持人이相當한擔保를提供하면辨濟하게할수있다

Ⅱ. 案　　　제513조

Ⅲ. 審議錄, 304면 하단 ~ 305면 상단

[305면] 2. 現行法 및 判例, 學說　　現行法에는 規定이 없고 商法 제518조와 同一趣旨이다.

3. 外國 立法例　　① 滿民 제510조　　草案과 同一하다.

7. 結 論 : 原案에 合意

제8절 無記名債權[68]

제523조 (無記名債權의讓渡方式) 無記名債權은讓受人에게그證書를交付함으로써讓渡의效力이있다

Ⅱ. **案** 제514조

Ⅲ. **審議錄**, 305면 상단 ~ 하단

2. 現行法 및 判例, 學說 現行法 제178조와 同一趣旨이다. (現行法 제86조 제3항參照)

3. 外國 立法例 // ① 瑞債 제978조 有價證券으로써證書의文言또는方式에依하여그때마다의所持人은權利者를認定함이明白한것은이를無記名證券으로看做한다 但債務者는裁判所또는警察의支拂禁止를받은때는支拂할수없다

② 中民 제719조 無記名債權이라고稱함은所持人이發行人에對하여그記名된內容에依하여給付를請求할수있는證券을말한다

③ 滿民 제511조 草案과 同一하다.

7. 結 論 : 原案에 合意

제524조 (準用規定) 제514조乃至제522조의規定은無記名債權에準用한다

Ⅱ. **案** 제515조

Ⅲ. **審議錄**, 305면 하단 ~ 306면 하단

2. 現行法 및 判例, 學說 現行法 제473조 參照 제472조 準用

3. 外國 立法例 ① 獨民 제794조 [306면] 發行人은無記名債權證書가竊取遺失其他의原因에依하여發行人의意思에依하지않고流通함에이를때라도그責任을진다

無記名債權證書는發行人의死亡또는能力喪失後의發行에因하여그效力에影響을받지않는다

② 獨民 제796조 發行人은單只發行에效力에關하여또는證書부터當然히

---

68) 이에 대하여는 일반적으로 앞의 759면에 인용된 『의견서』 [110]의 徐燉珏 견해도 참조.

發生하는 抗辯또는 發行人이 直接所持人에 對하여가진 抗辯만으로써 所持人에 對抗할 수있다

③ 獨民 제799조   所持人의 意思에 反하여 占有를 喪失하며또는 減失한 無記名債權證書는 證書에 反對의 定함이없을때는 公示催告의 手續에 依하여이를 無效로할 수있다   但利息證券定期金證券利益配當證券또는 一覽拂無利息의 債權證書는이를 除外한다

發行人은 請求에 依하여 舊所持人에 對하여 公示催告의 開始또는 支拂停止에 必要한 報告를하며 또는 必要한 證明書를 發行할 義務가있다   證明書發行의 費用은 原所持人이이를 負擔하며 또는 前拂하여야한다

④ 中民 제723조   無記名證券의 所持人이 給付를 請求할 境遇에있어서는 證券을 發行人에 返還하여야한다   發行人이 前項의 規定에 依하여 證券을 回收한때는 所持人이該證券에 關하여 處分의 權利없을때라도아직 證券의 所有權을 取得한다

③ 中民 제725조   無記名證券이 遺失하며 盜難또는 減失한때는 法院은 所持人의 申請에 依하여 公示催告手續에 依하여 無效를 宣言할수있다

前項의 境遇에있어 發行人은 所持人에 對하여 公示催告實施에 關한 必要한事項을 告知하고또그 證明에 必要한 材料를 供給하여야한다

④ 滿民 제512조   草案과 同一하다. //

7. 結 論 : 原案에 合意

제525조 (指名所持人出給債權) 債權者를 指定하고所持人에게도 辨濟할것을 附記한 證書는 無記名債權과같은 效力이있다

II. 案   제516조

III. 審議錄, 306면 하단

2. 現行法 및 判例, 學說   現行法 제471조와 同一한 趣旨이다. 제472조 準用

3. 外國 立法例   ① 獨民 제808조 제1항   證書에 債權者를 指定하였으나證書에 매진[원래대로]給付는 各所持人에게이를할수있는뜻을 定한때에는 債務者는所持人에게 給付를하여그 債務를 免할수있다   但所持人은 給付를 請求할權利를

갖지않는다

  ② 滿民 제513조   草案과 同一하다.

  7. 結論 : 原案에 合意

제526조 (免責證書) 제516조,제517조및제520조의規定은債務者가證書所持人에게辨濟하여그責任을免할目的으로發行한證書에準用한다

Ⅱ. 案   제517조

Ⅲ. 審議錄, 307면 상단

  2. 現行法 및 判例, 學說   現行法에는 規定이 없고 新設 條文이다.

  3. 外國 立法例   ① 滿民 제514조   草案과 同一하다.

  7. 結論 : 原案에 合意

Ⅴ. 意見書, 155면 (徐燉珏)

  [112] 草案 제517조가 草案 제509조를 準用하지 아니한 點에 贊成한다.

  [이 유]   草案 제517조는 資格證券(Legitmationspapier)에 關한 規定이다. 資格證券은 本質的으로는 權利의 存在를 直接 左右할 힘을 가지지 아니하는 證據證券인 데 不拘하고, 有價證券같이 事實上 讓渡할 수 있고, 善意의 債務者(發行者)를 保護하기 爲하여 債務者는 證券所持人에 義務를 履行함으로써 免責의 效力을 發生하는 證券이다. 또 債務者側으로 봐서 免責證券이라고도 한다. 이러한 證券에 對하여 形式的 資格者에 對한 債務者의 免責力에 關한 規定을 準用하는 立法例(滿洲民法 제514조)도 있으나, 免責證券에는 背書가 잘 行하여지지 아니할 뿐만 아니라, 證券所持人에 對한 義務履行은 性質上 當然히 免責의 效力을 發生하는 것이므로, 草案 제517조가 形式的 資格者에 對한 債務者의 免責力에 關한 規定인 草案 제509조를 準用하지 아니한 點에 贊成한다.

제2장 契約

I. 編纂要綱

債權法各論　　編序에 關한 方針

1. 大體로 現行 民法의 編序方針에 依할 것

제1절 總 則

제1관 契約의成立

제527조 (契約의請約의拘束力) 契約의請約은이를撤回하지못한다

I. **編纂要綱**　　제1관 契約의 成立　　1. 契約의 申込은 承諾期間의 作定의 有無에 不拘하고 撤回할 수 없도록 하고, 承諾의 期間을 定하지 않고 한 契約의 申込에 對하여도 제521조 2항에 準하여 相當한 期間 內에 承諾의 通知를 發하지 않는 때에는 申込의 效力은 喪失하는 것으로 할 것

2. 527조[69]를 削除할 것

3. 525조를 削除할 것[70]

II. **案**　　제518조　　契約의要請은이를撤回하지못한다

III. **審議錄**, 307면 상단 ~ 하단

// 2. 現行法 및 判例, 學說　　現行法 제521조 제1항, 제524조 參照

3. 外國 立法例　　① 獨民 제145조　　契約의申込者는申込에依하여拘束된다　但미리拘束을除斥한때는그렇지않다

---

69) 의용민법 제527조 : "① 청약의 철회의 통지가 승낙의 통지를 발한 후에 도달하더라도 통상의 경우에는 그 전에 도달하였을 때에 발송되었음을 알 수 있는 때에는 승낙자는 지체 없이 청약자에 대하여 그 연착의 통지를 발할 것을 요한다. ② 승낙자가 전항의 통지를 게을리한 때에는 계약은 성립하지 아니한 것으로 간주한다." 이는 민법 제528조와도 관련이 있을 것이나, 위 민법 조항은 "승낙의 기간을 정한 계약의 청약"이 있었던 경우에 대한 것이다.

70) 이에 대하여는 뒤의 782면 이하 참조.

② 瑞債 제3조   他人의契約의締結을申込하고또承諾에對한其間을定한者
는그滿了에이르기까지申込에拘束된다 承諾의表示가右其間의滿了以前에到達되
지않은때는申込人은拘束을免한다

③ 中民 제154조   契約의申込者는申込에依하여拘束을받는다 但申込의
當時이미拘束을받지않을聲明을하든가또는其事情또는事件의性質에依하여當事者
가그拘束을받을意思가없는것으로認定할수있을境遇에는그렇지않다 物品의賣價
를標定하여陳列한때는申込으로看做한다 但價格品目表의寄送은申込으로看做치
않는다

④ 滿民 제515조   草案과 同一하다.

7. 結 論 : 原案에 合意

V. 意見書, 156면 (玄勝鍾)[71]

[113] 草案 제518조 中「要請」을「請約」으로 修正한다(以下 本意見 中 同
一하다).

[이 유]   現行 民法에서 使用하는「申込」이라는 用語에 갈음하여, 草案
에서는「要請」이라는 用語를 使用하고 있는데,「申込」이라는 用語가 우리의 固
有의 말이 아닐 뿐더러 使用하기에도 어색하니, 그것에 該當하는 우리 自身의
用語를 찾아낼 必要가 있음은 勿論이거니와, 草案이 使用하고 있는「要請」이라
는 用語는 그 意味가, 또 그 語感이 너무 抽象的이어서, 반드시 契約을 締結하
자는 意思를 가지고서 하는 意思表示만이 아니라, 좀 더 넓은 內容의 것을 請하
는 듯한 印象을 주어, 오퍼어(offer) 卽「特定의 內容을 가진 契約을 締結하려고
하는 意思를 가지고 他人에 對하여서 하는 意思表示」라는 意味에 完全히 들어맞
는 表現이라고는 생각되지 않는다. 特定의 內容을 가진 契約을 締結할 것을 他
人에게 請한다는 意味에서「請約」이라는 用語가 가장 適合한 것으로 생각된다.

VI. 현석호 수정안   (27) 제518조中「要請」을「請約」으로修正한다(以下同一
하다)

VIII. 제2독회, 속기록 제48호, 11면 상단

○ 法制司法委員長 代理(張暻根) :   [민법안 제518조 및 현석호 수정안

---

71) 민법안 제518조에 대한『의견서』의 태도에 대하여는 뒤 776면 이하의 [114]항, 특히 그 2.
및 3.도 참조.

(27) 낭독] 이것은 以前에는 契約의 申込이라는 것인데 承諾에 대한 申込 申込
을 이것을 用語가 適當한 用語가 없어서 普通 要請으로 그대로 되었는데 이 請
約이라는 用語를 만드는 것이 대단히 便利합니다. 그래서 이 玄錫虎 議員의 修
正案에 積極 贊成합니다.

　　○ 副議長(李在鶴) :　　玄錫虎 議員의 修正案에 異議 없으세요? (「네」 하는
이 있음) 네, 그대로 通過합니다.

제528조 (承諾期間을定한契約의請約) ①承諾의期間을定한契約의請約은請約
者가그期間內에承諾의通知를받지못한때에는그效力을잃는다

　　②承諾의通知가前項의期間後에到達한境遇에普通그期間內에到達할수있는
發送인때에는請約者는遲滯없이相對方에게그延着의通知를하여야한다　그러
나그到達前에遲延의通知를發送한때에는그러하지아니하다

　　③請約者가前項의通知를하지아니한때에는承諾의通知는延着되지아니한것
으로본다

Ⅱ. 案　　　제519조

Ⅲ. 審議錄, 307면 下段 ~ 308면 下段

　　[308면] 2. 現行法 및 判例, 學說　　　現行法 제521조 제2항, 제522조와
同一趣旨이다.

　　3. 外國 立法例　　① 獨民 제148조　　　申込者가承諾의期間을定한때는
그期間內에承諾하여야한다

　　② 獨民 제149조　　　承諾의通知가延着하여도平常의輸送에依하면正當한時
期에到着하였을것이며또申込者도亦是이를認定하지않으면않된[안되는]때에는申
込者는通知를받은後遲滯없이相對方에對하여그延着의通知를發하여야한다　但미
리遲延의通知를發한때는그러하지않다　申込者가이通知를遲延하였을때는承諾을
延著되지않은것으로看做한다

　　③ 瑞債 제5조　　　申込의期間을定하지않고서隔地者에한때는申込人은回答
이正當또適時에發한것으로하여그到達을期待할수있을時間에이르기까지申込에拘
束된다　申込人은이境遇에있어그申込의適時에相對方에到達한것으로假定할수있

다 適時에發送된承諾의表示가右의時期以後에이르러비로소申込人에到達한때는
申込人은拘束됨을願하지않을때는遲滯없이그뜻을通知할義務를진다

④ 中民 제158조 //　　申込에承諾其間을定한때는其期限內에承諾을하지
않으면그拘束力을잃는다

⑤ 中民 제159조　　承諾의通知가그傳達의方法에按하여平常의事情에依하
면相當한時期內에到達할것이遲著한때는申込者는相對方에對하여直時遲著의通知
를發送하여야한다　申込者가前項의通知를怠慢한때는其承諾은遲著되지않은것으
로看做한다

⑥ 滿民 제516조　　草案과 同一하다.

7. 結 論 : 原案에 合意

V. 意見書, 157면 ~ 158면 (玄勝鍾)

[114] 現行 民法 제521조에 該當하는 草案 제518조는 그 表現이 現行 民法
과는 다르지만 無妨하다.

[이 유]　　現行 民法 제521조는「承諾의 期間을 定하여서 한 契約의 申
込은 이를 取消할 수 없다. 申込者가 前項의 期間 內에 承諾의 通知를 받지 아
니한 때에는 申込은 그 效力을 잃는다」라고 規定하고 있는데, 案 제518조에서는
그 中「承諾의 期間을 定하여서 한」을 削除하고,「申込」을「要請」으로「取消」를
「撤回」로 바꾸어 쓰고, 제2항의 規定을 案 제519조 1항에서 規定하고 있다.

1.「承諾의 期間을 定하여서 한」을 草案에서 削除한 點을 考察컨대, 첫째로
草案은 承諾의 期間을 定한 契約의 請約에 關하여는 그 제519조에서, 또 承諾
의 期間을 定하지 아니한 契約의 請約에 關하여는 그 제520조에서 一括하여 規
定하고, 제518조는 請約에 關한 總則的 規定이라는 性格을 가지게 하였는데, 이
點은 現行 民法보다도 體系의 面에서 더 優秀한 點이라고 하겠다.

둘째로, 現行民法 제521조는 동 제524조가 承諾의 期間을 定하지 않고서
한 請約의 拘束力을 規定하고 있음에 對立되는 規定이었으므로「承諾의 期間을
定하여서 한」이라는 制限的 文句가 必要하였지만, 草案 제520조는 現行民法 제
524조와는 달리 請約의 拘束力의 方向에서 規定하지 아니하고 거꾸로 請約의
承諾適格의 方向에서 規定하고 있으므로(註), 그러한 制限的 文句는 不必要하
게 된다. 萬一 草案에서 그런 制限的인 文句를 두게 된다면, 그 反對解釋으로

承諾의 期間을 定하지 않고서 한 契約의 請約은 承諾을 함에 必要한 相當한 期間의 經過를 기다릴 必要 없이 언제든지 撤回할 수 있다는 不合理한 解釋이 理論上은 나올 수 있게 될 것이다.

要는 契約의 請約은 承諾期間의 有無에 關係없이 一律的으로 撤回하지 못하게 하고, 所定期間 또는 相當한 期間의 經過로 請約의 承諾適格을 喪失케 한 草案의 態度는, 所定期間 또는 相當한 期間이 經過하기 前에 請約을 撤回함으로써 承諾者에게 損害를 입히는 것을 防止하는 一便, 所定期間 또는 相當한 期間이 經過한 다음에도 要請者가 撤回하지 아니하면 언제까지나 承諾할 수 있게 함으로써 請約者를 不當하게 오랫동안 拘束하는 弊端을 除去하는 것이며, 衡平의 原理에 符合하는 것이다. [158면]

2. 「申込」을 「要請」으로 修正한 點에 對하여는 [113]項 參照.

3. 「取消」를 「撤回」로 修正한 것은 當然한 일이다. 여기에 「取消」가 案 제133조 以下의 取消가 아니고, 請約을 한 者가 그 請約의 效力을 將來에 對하여 消滅시키는 것이기 때문이다. 請約者가 無能力 또는 詐欺·强迫 等을 理由로하여, 그 請約을 取消하는 境遇에는 本條를 適用하는 것이 아니다.

4. 現行民法 제521조 제2항을 草案에서는 제519조 제1항에서 規定한 것은 前述한 바와 같이 案 제518조가 請約에 關한 總則的 規定이 되었으며, 또 案 제519조가 承諾의 期間을 定한 契約의 請約을 一括하여 規定하고 있으므로, 이 條文에 包含시킴은 體系上 妥當한 方法이다.

(註) 案 제520조는 承諾期間을 定하지 아니한 請約은 請約者가 相當한 期間 內에 承諾의 通知를 받지 못한 때에는 그 效力을 잃는다고 規定하였다. 現行民法 제524조에 依하면, 적어도 理論上은, 承諾期間을 定하지 아니한 請約의 承諾適格은 請約 自體를 撤回하지 아니하는 限 몇年이고 繼續된다고 볼 수도 있는데, 이것은 請約의 趣旨라든가 去來慣行 또는 信義誠實의 原則에 立脚하여 考察할 때에는 妥當하지 못한 것이므로, 事實上은 相當한 期間이 經過하면 請約의 承諾適格을 喪失하고, 따라서 承諾을 하여도 契約은 成立하지 않는다고 解釋되고 있다. 그런 點에서 案 제520조가 上述한 바와 같이, 相當한 期間이 經過한 後에는 要請의 承諾適格性을 失效케 한 것은 卓見이라고 하겠다. 承諾에 關하여는, 草案이 商法 제508조와 마찬가지로 發信主義를 取하고 있었는데, 修正案에서는 到達主義로 되었다. 이 修正案은 案 제519조 제1항과 步調를 맞춘

것이며, 또 案 제106조의 原則的 規定과도 一致시키기 爲한 修正이라고 思料되는데, 民法의 一貫된 態度를 爲하여 贊同하는 바이다.

제529조 (承諾期間을定하지아니한契約의請約) 承諾의期間을定하지아니한契約의請約은請約者가相當한期間內에承諾의通知를받지못한때에는그效力을잃는다

Ⅰ. **編纂要綱**   제1관 契約의 成立[72]   1. […] 承諾의 期間을 定하지 않고 한 契約의 申込에 對하여도 제521조 2항에 準하여 相當한 期間 內에 承諾의 通知를 發하지 않는 때에는 申込의 效力은 喪失하는 것으로 할 것

Ⅱ. **案**   제520조 承諾의期間을定하지아니한契約의要請은이를받은者가相當한期間內에承諾의通知를하지아니하면그效力을잃는다

Ⅲ. **審議錄**, 308면 下段 ~ 309면 上段

   2. 現行法 및 判例, 學說   現行法 제524조와 同一한 趣旨이나 現行法에 「取消할수있다」를 「效力을잃는다」로 規定하였다. (商法 제508조 제1항 參照)

   3. 外國 立法例   ① 滿民 제517조   草案과 同一하다.

   [309면] 6. 審議經過   本條 中「이를받은者가」를「要請者가」로 修正하고 「通知를하지아니하면」을 「通知를받지못한때에는」으로 字句修正한다.

   (理由) 現行法과 같이 受任[受信]主義[73]를 明白히 할 必要가 있기 때문이다.

   7. 結 論 : 前記 字句修正 外에 原案에 合意

Ⅳ. **법사위 수정안**   (118) 제521條中「이를받은者가」를「要請者가」로「通知를하지아니하면」을 「通知를받지못한때에는」으로修正한다.

Ⅴ. **意見書**, 157면 ~ 158면 (玄勝鍾)[74]

---

72) 계약의 성립에 관한 편찬요강 항목 전체에 대하여는 앞의 민법 제527조 Ⅰ.(773면) 참조.

73) 이 『審議錄』에서의 '受信主義'의 용어에 대하여는 뒤의 민법 제540조 Ⅲ. 6. ② 말미(794면) 참조.

74) 현승종의 민법안 제521조에 대한 견해는 앞의 776면 이하에서 본 『의견서』[114]항도 참조.

Ⅷ. **제2독회**, 속기록 제48호, 11면 상단

○ 副議長(李在鶴) :　520조에 法制司法委員會의 修正案에 異議 없으세요?
(「네」 하는 이 있음) 네, 通過합니다.

제530조 (延着된承諾의效力) 前2조의境遇에延着된承諾은請約者가이를새請約으로볼수있다

Ⅱ. **案**　　제521조 [다만 "…遲延된承諾은…"이라고 한다]

Ⅲ. **審議錄**, 309면 상단 ~ 하단

2. 現行法 및 判例, 學說　　現行法 제523조와 同一하다. (商法 제508조 제2항 參照)

3. 外國 立法例　　① 獨民 제150조　　遲滯한承諾은새로운申込으로看做한다

② 中民 제160조 제1항　　遲滯한承諾은새로운申込으로看做한다

③ 滿民 제518조　　草案과 同一하다. //

7. 結 論 : 原案에 合意

제531조 (隔地者間의契約成立時期) 隔地者間의契約은承諾의通知를發送한때에成立한다

Ⅱ. **案**　　제522조

Ⅲ. **審議錄**, 309면 하단 ~ 310면 상단

2. 現行法 및 判例, 學說　　現行法 제526조 제1항과 同一하다.

3. 外國 立法例　　① 瑞債 제10조　　隔地間에있어서成立된契約의效力은承諾의表示가發送에附한때부터發生한다　明示의承諾을必要하지않을때는契約의效力은申請의受領과같이發生한다

② 滿民 제519조　　草案과 同一하다.

[310면] 7. 結 論 : 原案에 合意

제532조 (意思實現에 依한 契約成立) 請約者의 意思表示나 慣習에 依하여 承諾의
通知가 必要하지 아니한 境遇에는 契約은 承諾의 意思表示로 認定되는 事實이 있는
때에 成立한다

Ⅱ. **案**   제523조

Ⅲ. **審議錄**, 310면 상단 ~ 하단

  2. 現行法 및 判例, 學說   現行法 제526조 제2항과 同一趣旨이다.

  3. 外國 立法例   ① 獨民 제151조   取引上의 慣習에 依하여 承諾의 通
知를 必要치 않든가 또는 申込者가 通知를 받을 것을 抛棄한 때도 契約은 承諾만에 依하여
成立하고 이를 通知할 必要없다   이 境遇에 있어서는 申込의 消滅時期는 申込 또는 其他
의 情況에 依하여 認知할 申込者의 意思에 따라 이를 定한다

  ② 瑞債 제6조   行爲의 特別한 性質 또는 其他의 事情에 依하여 明示의 承諾을
期待할 수 없을 때는 申込이 相當한 期日內에 拒絶되지 않는 限 契約은 이를 拒絶된 것으로
看做한다

  ③ 中民 제161조 제2항   常[慣]習에 依하여 또는 그 事件의 性質에 依하여 承
諾에 關하여 通知에 必要없는 境遇에는 相當한 時期內에 承諾을 하였다고 認定할 事實이
있을 때는 其契約은 成立한다

  ④ 滿民 제520조   草案과 同一하다. //

  7. 結論 : 原案에 合意

제533조 (交叉請約) 當事者間에 同一한 內容의 請約이 相互 交叉된 境遇에는 兩請
約이 相對方에게 到達한 때에 契約이 成立한다

Ⅴ. **意見書**, 160면 (玄勝鍾)

  [116] 交叉請約에 關한 規定을 草案 제523조 다음에 다음과 같이 成文化
한다.

  「當事者間에 同一한 內容의 請約이 相互 交叉된 境遇에는 兩 請約이 相對
方에게 到達한 때에 契約이 成立한다.」

  [이 유]   무릇 契約은 請約과 承諾이라는 2個의 意思表示가 合致함으로

써 成立함이 普通이다. 그러나 契約은 그밖에도 이른바 意思의 實現과 交叉請約에 依하여서도 成立한다고 보는 것이 妥當할 것인데, 이와 같은 境遇는 請約과 承諾의 結合과는 多少 그 모습을 달리한다. 그러므로 草案도 意思의 實現에 依한 契約의 成立에 關하여는 案 제523조에 規定을 두고 있으나, 交叉請約에 關하여는 現行 民法과 마찬가지로 規定을 두지 않고 있다. 그러나 現行 民法下에서도 交叉請約에서는 2個의 意思表示가 客觀的으로 同一한 內容을 가지고 있으며, 또 兩 表意者는 서로 相對方과 그 同一한 內容을 가지고 契約을 締結하려는 意思를 가지고 있으니까, 交叉請約으로 契約을 成立시킬 만한 要件은 充足되었다고 할 수 있으니, 交叉請約에 依한 契約의 成立을 肯定하자는 것이 近者의 學者의 多數說로 되어 있다. 또 實際的인 面에서 보더라도, 그와 같은 事實이 생기는 것은 敏活한 去來界에서 일어나는 것이고, 따라서 그 事實에 依하여 契約의 成立을 認定하는 것은 去來界의 需要에 應하고 當事者의 意思에도 들어맞을 것이다. 그러니 이것을 繼續하여 學說에 맡기지 말고 成文化함이 좋을 것이다. 다만 交叉要請에 依하여 契約이 成立하는 時期가 問題인데, 後의 請約을 承諾이라고 보는 것이 아니니까, 兩 意思表示가 到達한 때에 契約이 成立한다고 보는 것이 正當할 것이다. 따라서 案 제522조는 適用되지 않는다.

Ⅵ. 현석호 수정안   (28) 제523조다음에다음의條文을新設한다

제○조   當事者間에同一한內容의請約이相互交叉된境遇에는兩請約이相對方에게到達한때에契約이成立한다

Ⅷ. 제2독회, 속기록 제48호, 11면 중단

○ 法制司法委員長 代理(張暻根) : [현석호 수정안 (28) 낭독] 이것 交叉申込 지금으로 말하면 交叉請約입니다. 交叉請約에 관한 規定인데 이것은 條文에 없더라도 學術上 이러한 解明에 到達했습니다마는 이것을 明文化하자는 趣旨의 修正입니다. 이 玄錫虎 議員의 修正案에 대해서 法制司法委員會에서 異議가 없습니다.

제534조 (變更을加한承諾) 承諾者가請約에對하여條件을붙이거나變更을加하여承諾한때에는그請約의拒絶과同時에새로請約한것으로본다

Ⅱ. 案 제524조

Ⅲ. 審議錄, 310면 下段 ～ 311면 上段

2. 現行法 및 判例, 學說 現行法 제528조와 同一趣旨이다.

3. 外國 立法例 ① 獨民 제150조 제2항 申込을擴張制限또는變更
하는承諾은그申込의拒絶과함께새로申込을한것으로看做한다

② 中民 제160조 제2항 申込을擴張制限또는變更하여承諾을하였을때는
申込을拒絶하고새로운申込을한것으로看做한다

③ 滿民 제521조 草案과 同一하다.

7. 結 論 : 原案에 合意

** 청약자의 사망 또는 능력상실의 경우에 대하여 예외를 인정하는 규정(의용
민법 제525조)의 가부

Ⅰ. 編纂要綱 제2장 契約 제1절 總則 제1관 契約의 成立
[…] 3. 525조를 削除할 것

Ⅲ. 審議錄, 311면 上段

補 遺

① 현행법 제525조[75]와 같은 規定을 草案이 設하지 아니한 것은 去來의 安
全을 圖謀한 것이다. 獨民 滿民도 이와 같다.

② 懸賞廣告에 關하여는 契約各則에서 이를 規定하였다. (제667조 以下)[76]

Ⅴ. 意見書, 158면 ～ 159면 (玄勝鍾)

[115] 草案이 現行 民法 제525조를 削除한 데 贊成한다.

[이 유] 現行 民法 제525조는 [159면] 「제97조 제2항의 規定은 申込者
가 反對의 意思를 表示하거나 또는 그 相對方이 死亡 或은 能力喪失의 事實을
알은 때에는 이를 適用하지 아니한다」라고 規定하여, 請約의 效力發生과 當事

---

75) 그 규정의 내용에 대하여는 아래 『의견서』 [115]항을 볼 것.

76) 의용민법에서 '계약의 성립'과 관련하여 규정되어 있는 현상광고의 처리 문제에 대하여는
전형계약으로서의 현상광고에 관한 뒤의 927면 이하 참조.

者의 死亡 또는 能力喪失과의 關係를 다루고 있다. 請約도 一의 意思表示이니까, 現行 民法 제97조 1항의 原則에 따라 到達에 依하여 效力이 發生함은 勿論이다. 그러나 本條는 現行法 제97조 2항의 「表意者가 通知를 發한 後에 死亡하거나 또는 能力을 喪失하여도 意思表示는 이로 因하여 그 效力이 妨害되지 아니한다」라고 한 同條 제1항에 對한 注意的인 規定에 例外를 定하고 있다. 卽, 請約者가 請約의 通知를 發한 後 그것이 到達되기 前에 死亡하거나 또는 그 能力을 喪失하더라도 請約은 完全하게 效力을 發生한다는 것이 제97조 2항의 意思表示 一般의 原則에서 오는 歸結이다. 그러나 本條는 그것에 對한 例外를 定하여 그와 같은 事實이 있더라도, 請約者가 反對의 意思를 表示하였거나 또[는] 請約受領者가 請約者가 請約의 到達 以前에 死亡하거나 또는 能力을 喪失한 것을 請約 到達時에 안 境遇에는 請約은 그 效力을 發生하지 않는다고 하였다. 前者의 例外는 請約者의 意思를 尊重한 것이며, 後者의 例外는 請約受領者가 請約 到達時에 請約者의 死亡이나 또는 能力喪失의 事實을 알았다고 치면 그 請約을 信賴하고 承諾하기 爲한 準備를 한다는 일도 없을 것이므로 그 效力을 否定한 것이다. 따라서 請約이 到達한 後 相對方이 承諾의 意思表示를 發信하기 前에 請約者가 死亡하거나 또는 能力을 喪失한 境遇에는 本條는 適用되지 아니한다. 이 境遇에는 請約者가 그 點에 關하여 特別의 意思表示를 한 境遇에는 그것에 따르고, 그렇지 않은 境遇에는 一般의 理論에 따라 解決하여야 한다. 이렇게 보아오면, 結局 本條를 適用할 수 있는 境遇라는 것은 請約의 發信後 到達前에 請約者가 死亡하거나 能力을 喪失한 境遇에나 適用되게 되는데, 그런 境遇는 極히 드물 것이니 本條의 適用範圍는 極히 좁아진다. 그런 特殊한 稀有의 境遇를 爲하여 原則을 除外하는 例外規定을 둘 必要는 없을 것이다. 또 請約者가 反對意思를 表示한 境遇에는 本條가 없더라도 勿論 그 意思는 尊重된다. 獨逸民法 제153조도 「請約者가 承諾前에 死亡하거나 또는 行爲能力을 喪失하여도 契約은 이로 因하여 그 成立을 妨害되지 않는다. 그러나 請約者의 別段의 意思를 推認하여야 할 때에는 그러하지 아니하다」라고 規定하고 있다. 以上을 綜合컨대, 草案이 現行 民法 제525조에 該當하는 規定을 두지 않고, 現行 民法 제97조 제2항에 該當하는 案 제106조 제2항만을 둔 것에 贊成한다.

제535조 (契約締結上의 過失) ①目的이不能한契約을締結할때에그不能을알았
거나알수있었을者는相對方이그契約의有效를믿었음으로因하여받은損害를賠
償하여야한다   그러나그賠償額은契約이有效함으로因하여생길利益額을넘지
못한다

　②前項의規定은相對方이그不能을알았거나알수있었을境遇에는適用하지아
니한다

Ⅰ. **編纂要綱**　　제2절　債權의 效力

18. 所謂 契約締結上의 過失의 責任에 關한 規定을 둘 것[77]

Ⅴ. **意見書**, 161면 ~ 162면 (玄勝鍾)

[117] 契約締結上의 過失(culpa in contrahendo)의 規定을 草案 제524조 다음
에 다음과 같이 成文化한다.

「目的이 不能한 契約을 締結할 때에 그 不能을 알았거나 알 수 있었을 者
는 相對方이 그 契約의 有效를 믿었음으로 因하여 받은 損害를 賠償하여야 한
다. 그러나 그 賠償額은 契約이 有效하므로 因하여 생길 利益額을 超過하지 못
한다.

前項의 規定은 相對方이 그 不能을 알았거나 알 수 있었을 境遇에는 適用
하지 아니한다」

[이 유]　　이 契約締結上의 過失에 關하여는 일찍이 예에링이 提唱하였
으며 그 後의 學者들의 贊同을 얻게 된 것이다. 契約의 內容이 契約締結의 當初
부터 客觀的으로 不能한 境遇, 다시 말하면 原始的 不能의 境遇에 關한 規定이
다. 賣買 其他의 有償契約에서는 契約의 內容의 一部가 原始的으로 不能한 境
遇에도 契約은 全部에 걸쳐서 有效하게 成立하며, 다만 問題는 擔保責任으로
處理되는 일도 있지만(案 제563조 參照), 契約의 內容의 全部가 不能한 境遇에
는 그것을 目的으로 하는 債務는 成立할 수 없으며 그 契約은 無效가 되지 않
을 수 없다. 따라서 當事者는 損害賠償債務도 負擔하지 않게 된다. 그러나그와
같이 無效한 契約을 締結하는 데 過失이 있는 者는 相對方에 對하여 그 契約을
有效하다고 誤信하였기 때문에 입은 損害를 賠償할 義務만이라도 負擔시키지
않는다면, 衡平을 甚히 잃는 結果가 된다. 무릇 社會에서 살고 있는 수많은 사

---

77) 그러나 이 항목은 민법안에 반영되지 아니하였다.

람 가운데서 特히 特定의 사람을 골라서 契約關係에 들어가려고 하는 以上, 社會의 一般人에 對한 責任 卽 不法行爲上의 責任보다는 훨씬 무거운 責任을 질 머지게 되는 것도 當然한 일이라고 하여야 할 것이다. 그렇다고 하면 過失로 因하여 無效한 契約을 締結한 者는 相對方이 그 契約을 有效한 것이라고 誤信하였기 때문에 입은 損害를 賠償할 責任이 있다는 理論이 생기게 될 것이다. 現行 民法에는 이것에 關한 規定이 없지만, 近者의 學說은 去來에 있어서의 信義誠實의 原則을 理由로 하여 契約締結上의 過失이 있는 者에게 損害賠償義務를 負擔시키는 데 거의 一致하고 있다. 勿論 이 責任을 묻는 데 不法行爲의 理論을 適用할 수도 있을 것이다. 더욱이 案 제743조가 不法行爲의 要件으로 違法行爲을 들고 있으니, 不法行爲의 成立을 認定할 수 있을 것이다. 그러나 信義誠實의 原則을 理由로 하는 契約上의 責任으로 하여, 그 擧證責任, 履行補助者의 責任 等에 關하여도 一般의 不法行爲보다 무거운 責任을 지우는 것이 훨씬 더 適切하리라고 생각된다. 契約締結上의 過失에 依한 責任을 認定하는 要件으로는, 契約의 一方의 當事者가 契約의 內容이 客觀的으로 不能한 것을 過失로 알지 못하고, 相對方은 善意·無過失한 것[162면]이 必要하다. 또 그 效果로서는, 過失 있는 當事者는 相對方이 그 契約을 有效하다고 誤信하였기 때문에 입은 損害, 다시 말하면 消極的 契約利益 또는 信賴利益만을 賠償할 責任을 진다. 卽, 目的物을 檢分하러 간 데 使用한 費用, 代金支拂을 爲하여 받은 融資에 對한 利息, 第3者로부터의 有利한 請約을 拒絶하였음으로 말미암아 생긴 損害 等을 賠償하면 된다. 履行利益 또는 積極的 契約利益, 卽 目的物의 利用이라든가 轉賣에 依한 利益 等은 包含하지 않는다. 그러나 信賴利益이 지나치게 多額인 境遇에는 履行利益을 限度로 할 것은 勿論이다. 獨逸民法도 그 제306조에서는 「目的이 不能한 契約은 無效이다」라고 規定하고, 이어서 그 제307조에서는 以上과 같은 內容의 條文을, 따라서 前記의 新設을 바라는 條文과 같은 內容의 것을 規定하고 있다. 瑞西民法에는 그와 같은 規定은 없지만, 學說은 一般的으로 그것을 認定하고, 判例도 亦是 그것에 따르는 傾向을 보이고 있다. 衡平의 原理의 實現이라는 見地에서나 또는 一致된 學說과 先進 立法例를 따른다는 意味에서나 契約締結上의 過失에 關한 規定을 新設함이 옳을 것이다.

Ⅵ. 현석호 수정안   (29) 제524조다음에다음의條文을新設한다

제〇조　目的이不能한契約을締結할때에그不能을알았거나알수있었을者는相對方이그契約의有效를믿었으므로因하여받은損害를賠償하여야한다　그러나그賠償額은契約이有效함으로因하여생길利益額을超過하지못한다

前項의規定은相對方이그不能을알았거나알수있었을境遇에는適用하지아니한다

Ⅷ. 제2독회, 속기록 제48호, 11면 중단

○ 法制司法委員長 代理(張暻根) : [현석호 수정안 (29) 낭독] 이것도 草案에 없는 條文인데 所謂 獨逸의 有名한 學者「예－링」이 말한「쿨파 인 콘트라헨도」契約의 締結에 있어서의 過失이 있는 때에 그 責任 規定을 한 것입니다. 이것은「예－링」이 提唱한 以後에 學說上으로서도 그러한 解釋이 나옵니다. 이것을 明文으로 하자는 것입니다. 여기에도 法制司法委員會의 異議가 없습니다.

제2관　契約의效力

제536조 (同時履行의抗辯權) ①雙務契約의當事者一方은相對方이그債務履行을提供할때까지自己의債務履行을拒絶할수있다　그러나相對方의債務가辨濟期에있지아니하는때에는그러하지아니하다

②當事者一方이相對方에게먼저履行하여야할境遇에相對方의履行이困難할顯著한事由가있는때에는前項本文과같다

Ⅰ. **編纂要綱**　債權法各論　4. 當事者의 一方이 相對方에 對하여 먼저 給付를 하여야 할 境遇에 있어서 相對方의 財産이 契約締結 後 顯著히 減少하여 反對給付를 하기 어려운 念慮가 있는 境遇에 給付拒絶權을 認定할 것

Ⅱ. **案**　제525조 [다만 제2항은 "顯著한事由가있는때에는前項前段과같다"로 끝난다]

Ⅲ. **審議錄**, 311면 상단 ~ 312면 상단

2. 現行法 및 判例, 學說　現行法 제533조 제1항과 同一한 趣旨이며 草

案 제2항은 新設 條項이다.

3. 外國 立法例　　① 獨民 제320조 //　雙務契約으로因하여義務를지는사람은反對給付있을때까지自己의債務의給付를拒絶할수있다　但相對便에앞서給付를할義務를지는때는그러하지않다　數人에對하여給付를할境遇에있어全部의反對給付있을때까지는相對便의各人에돌아갈部分의給付를拒絶할수있다　이境遇에있어서는제273조제3항의規定을適用한다　相對方의一部의給付를한境遇에있어서는事情에依하여特히延滯될部分이比較的僅少함에依하여反對給付의拒絶이信義에反할때는이를拒絶할수없다

② 獨民 제321조　雙務契約當事者의一方이相對便에앞서給付를할義務를지는境遇에있어契約締結後相對便의財産이顯著히減少하고反對給付를받을수없을念慮있을때는反對給付를하고또는擔保를提供할때까지自己의債務의給付를拒絶할수있다

③ 瑞債 제82조　雙務契約에있어서相對方에게履行을請求하고자하는者는自己의債務를미리履行하였거나또는履行을提供하여야한다　但契約의內容또는性質에依하여自己의債務를爾後에履行하게된境遇에는그러하지아니하다

④ 瑞債 제83조　雙務契約에있어서一方의當事者가支拂不能에이르렀을때特히破産되거나또는過失없이差押을當하여또그財産狀態의惡化로因하여相對方의請求權을危險하게함과같은境遇에는相對方은反對給付에對한擔保의供與가있을때까지自己의給付를保留할수있다　相對方이相當한期間內에自己請求에對한擔保의供與를받지않을때에는契約을解除할수있다

⑤ 佛民 제1612조　賣主가代金의支拂을하지않은境遇에있어서는賣主가買主에對하여代金의支拂에對하여期限을許與하지않는限賣主는目的物을引渡할必要가없다

⑥ 中民 제263조 제1항　契約으로因하여서로債務를지는境遇에는他方의當事者가反對給付를하지않는時에는自己의給付를拒絶할수없다　但自己가먼저給付를할義務있을때는그러하지않다

[312면]　⑦ 滿民 제523조　草案 제1항과 同一하다.

6. 審議經過　제2항은 獨民 제321조 瑞債 제83조에 좇은 新設 規定인바 履行期를 달리한 雙務契約의 境遇에 衡平의 原則에 依據한 事情變更의 原則을 適用한 것으로서 妥當하다.

7. 結 論 : 原案에 合意

V. 意見書, 162면 ~ 163면 (玄勝鍾)

[118] 草案이 제525조 제2항을 新設한 것은 贊成하되, 同項의 法文 中「前段」을「本文」으로 修正하여야 한다.[78]

[이 유]   本項은 草案에서 新設된 것이며, 現行 民法에는 없는 規定이다. 그러나 假令 賣買契約의 例를 든다면 賣買契約에 있어서 賣渡人이 먼저 目的物을 移轉하고 買受人은 그 後 1個月이 지난 다음에 代金을 支給하기로 되어 있는 境遇와 같은 때에, 그 契約을 締結한 後에 買受人의 財産狀態가 惡化하여 期限 到來 後에 있어서의 賣渡人의 請求가 實效를 거둘 수 없는 때에는, 賣渡人으로 하여금 無條件 買受人의 請求에 應하게 하는 것은 衡平의 原理에 어긋나는 일이 된다. 이것을 救濟하기 爲[163면]하여 前例에서 賣渡人에게 同時履行의 抗辯權을 준 것이 本項의 規定이다. 一種의 事情變更의 原則을 適用한 規定이며, 衡平의 原理를 實現한 規定으로서 至當한 것이다. 參考삼아 附言하면, 前例의 境遇를 救濟하는 方法으로는, 草案과 같이 同時履行의 抗辯權만을 附與하는 方法 以外에도, 賣渡人은 買受人으로 하여금 擔保를 提供시키고 그것을 提供할 때까지 自己의 債務의 履行을 拒絶하는 方法도 있겠고(獨逸民法 제321조, 瑞西債務法 제83조 제1항), 또는 相對方이 相當한 期間 內에 擔保를 提供하지 아니하는 때에는 先履行義務者는 契約을 解除하는 方法도 있을 것이다(瑞西債務法 제83조 제2항).

「前段」을「本文」으로 修正함은 本項의「前段」이 但書에 對한 本文을 意味하고 있기 때문이다.

제537조 (債務者危險負擔主義) 雙務契約의當事者一方의債務가當事者雙方의 責任없는事由로履行할수없게된때에는債務者는相對方의履行을請求하지못 한다

I. 編纂要綱   제2관 契約의 效力   5. 534조, 535조를 削除하고 雙務契

---

78) 이 '前段'을 '本文'으로 수정하여야 한다는 점은 현석호 수정안에는 오르지 못하였으나 뒤의 조문정리과정에 반영되었다.

約 當事者의 一方의 責任으로 돌릴 수 없는 事由로 因하여 履行不能이 된 때에는 債務者가 危險을 負擔하는 것을 原則으로 하고, 다만 債權者의 責任으로 돌릴 수 있는 事由로 因하여 履行不能이 된 때 및 債權者가 受領 遲滯 中에 있는 동안에 當事者 雙方의 責任으로 돌릴 수 없는 事由로 因하여 履行不能이 된 때에 限하여 債權者로 하여금 危險을 負擔케 하도록 할 것

Ⅱ. **案**　　제526조

Ⅲ. **審議錄**, 312면 상단 ~ 313면 상단

2. 現行法 및 判例, 學說　　現行法 제536조 제1항과 同一한 趣旨이다.

3. 外國 立法例　　① 獨民 제323조 제1항　　雙務契約當事者의一方은 自己의負擔하는當事者雙方의責任에돌아갈事由에依하여不能케된때에는反對給付의請求權은갖지않는다

② 瑞債 제185조　　特別한關係또는合意가例外를두지않는限物의利益및危險은契約의締結과同時에取得者에移轉한다　　讓渡할物을種類에依하여서만決定할때는다시그物을分割하여이를送付하여야할때에發送에부쳐야한다　　停止條件下에締結한契約의境遇에있어서는讓渡物의利益및危險은條件의成就停止條件下에締結한契約의境遇에있어서는讓渡物의利益및危險은條件下의成就로써비로소取得者에移轉한다

③ 瑞債 제119조 제2항, 제220조, 獨民 제446조, 제447조, 佛民 제1316조, 제1137조, 제1583조 (參照)

④ 佛民 제1138조 제1항　　物件을引渡한債務는契約當事者의單只그承諾만으로써完成한것이다

⑤ 中民 제266조　　雙方의當事者에責任에돌아가지않을事由로因하여一方의給付를全部不能케한때는他方은反對給付를할義務를免한다　萬一 單只一部만이不能한때는그比例에應하여反對給付를減少하여야한다

⑥ 滿民 제524조　　草案과 同一하다.

6. 審議經過　　現行法 제534조 제535조의 特定物에 關한 債權者危險負擔主義를 止揚하고 獨民에 좇아 債務者危險負擔主義로 한 것이다. 物權變動에 있어서 意思主義를 採擇하는 現行法下에서는 賣買契約의 當事者間에는 契約과

同時에 所有權 移轉의 效力이 生하여 一應 買主에 그 危險負擔이 있다고 主張할 條件이 있음에도 不拘하고 債務者負擔을 支持하는 學說이 많았던바 草案이 登記(제177조)와 引渡(제179조)로 物權變動의 效力이 生하는 主義를 採擇한 以上 더욱 危險負擔에 있어[313면]서 債務者主義를 採擇할 論據가 强化되는 것이다. 現行法下에서도 當事者의 契約에 依하여 賣買契約과 同時에 買主의 所有權의 移轉이 保留되는 境遇도 있는 것을 理由로 하여 特定物에 關한 債權者危險負擔主義를 反對하는 學說이 있다. 따라서 草案의 態度는 安當하다. (獨民, 中民, 滿民도같다)

　7. 結 論 : 原案에 合意

Ⅴ. 意見書, 163면 ~ 164면 (玄勝鍾)

　[119] 案 제526조가 雙務契約에 있어서의 危險負擔에 關하여 債務者主義로 一貫한 點에 贊成한다.

　[이 유]　　現行 民法은 제536조에서, 雙務契約에서 생기는 債務者의 債務가 當事者 雙方의 責任 없는 事由로 因하여 履行할 수 없이 된 때에는 債務者는 反對給與를 받을 權利가 없다고 規定함으로써 危險負擔에 關하여 債務者主義를 原則으로 하고 있으면서도, 同 제534조에서는 그 原則에 對한 例外規定을 만들어놓고 있다. 卽 同條는 特定物에 關한 物權變動을 目的으로 하는 雙務契約의 境遇에 그 特定物이 債務者의 責任으로 돌릴 수 없는 事由로 因하여 滅失 또는 毁損한 때에는 그 危險은 債權者가 負擔한다고 規定하였다.[79] 무릇 雙務契約에 있어서의 危險負擔에 關하여 債務者主義를 取하느냐 債權者主義를 取하느냐는 로마法 以來로 그 態度가 一貫되어 있지 않다. 그러나 雙務契約에 있어서 當事者의 一方이 그 債務를 履行할 수 없으면 相對方도 亦是 그 債務를 履行할 必要가 없다고 보는 것이 도리어 兩 當事者의 普通의 意思에도 들어맞고 衡平의 觀念과도 合致하는 것이라고 볼 수 있다. 그런데 現行 民法에서는 一定한 範圍에서 債權者主義를 取하고 있기 때문에, 學者들은 그것을 說明하기에 相當한 困難을 느꼈었다. 또 合理的으로 說明할 수도 없는 制度였다. 草案이 現行 民法의 이와 같은 不合理性을 버리고 그 제526조에서 債務者危險負擔主義를

---

79) 한편 의용민법 제535조는 "정지조건부 쌍무계약의 목적물이 조건의 성취 여부 미정인 동안에 멸실한 경우"에는 제534조를 적용하지 아니하나(제1항), "물건이 채무자에게 책임 없는 사유로 훼손된 때에는 그 훼손은 채권자의 부담으로 돌아간다"고 정한다(제2항).

一貫한 것은 當事者의 意思를 바로 把握한 것이며 債權法의 指導理念인 衡平의
原理에도 들어맞는 것이다. 參考로 附言하면, 獨逸民法도 모든 雙務契約에 關하
여 債務者主義를 採擇하고 [164면] 있다(獨逸民法 제323조, 제446조 參照).

**제538조 (債權者歸責事由로因한履行不能) ①雙務契約의當事者一方의債務가
債權者의責任있는事由로履行할수없게된때에는債務者는相對方의履行을請求
할수있다　　債權者의受領遲滯中에當事者雙方의責任없는事由로履行할수없게
된때에도같다**

　　**②前項의境遇에債務者는自己의債務를免함으로써利益을얻은때에는이를債
權者에게償還하여야한다**

Ⅰ. **編纂要綱**　　　제2관 契約의 效力[80]

Ⅱ. **案**　　　제527조

Ⅲ. **審議錄**, 313면 상단 ~ 하단

　　2. 現行法 및 判例, 學說　　　現行法 제536조 제2항과 同一趣旨이나 草案
제1항 後段은 新設 條文이다.

　　3. 外國 立法例　　① 獨民 제324조 제1항　　　雙務契約當事者의一方이
負擔하는給付가相對便에돌아갈事由에依하여不能케된때는反對給付의請求權을잃
지않는다　　但給付를免케됨으로因하여取得하고또는故意로取得할것을怠慢한價格
을計算하여야한다

　　② 中民 제267조　　　當事者의一方이他方의責任에돌아갈事由로因하여給付
할수없음에이르렀을때는反對給付를請求할수있다　　但그給付義務를免케됨으로因
하여얻은利益또는얻었을利益은모두請求할수있는反對給付中으로부터이를控除하
//여야한다

　　③ 滿民 제525조　　　草案과 同一하다.

　　6. 審議經過　　　제1항 後段은 現行法下에서도 같은 解釋上 結果에到達한
學說이 많던 것을 明文化한 것이다.

---

80) 앞의 민법 제537조 Ⅰ.의 5. 후반부(789면)를 볼 것.

7. 結 論 : 原案에 合意

Ⅴ. 意見書, 164면 (玄勝鍾)

　　[120] 案 제527조 제1항 後段을 新設한 데 贊成한다.

　　[이 유]　　[119]에서 본 바와 같이 草案은 雙務契約에 있어서 債務者危險負擔主義로 一貫하고 있으나, 債權者에게 過失이 있는 境遇에까지 債務者에게 危險을 負擔시키고자 하는 것은 勿論 아니다. 債權者에게 過失이 있는 境遇에는 그 責任을 債權者에게 묻는 것이 公平하기 때문에, 本條 제1항 前段은 그 點에서 債務者主義를 制限하고 있다. 그런데 그 後段은「債權者의 受領遲滯 中 當事者 雙方의 責任 없는 事由로 履行할 수 없게 된 때에도 같다」고 規定하고 있는데, 受領遲滯는 債權者의 歸責事由로 因한 受領拒絶 또는 受領不能이라고 解釋되니까([99]81) 參照), 本項 前段의「債權者의 責任 있는 事由로 履行할 수 없게 된」境遇라고 말할 수 있으니, 當然한 規定이라고 하겠다. 또 本項 後段은 案 제392조([99] 參照)의 一般原則을 契約에 適用한 것이다.

제539조 (第3者를爲한契約) ①契約에依하여當事者一方이第3者에게履行할것을約定한때에는그第3者는債務者에게直接그履行을請求할수있다

　　②前項의境遇에第3者의權利는그第3者가債務者에對하여契約의利益을받을意思를表示한때에생긴다

Ⅱ. 案　　　제528조

Ⅲ. 審議錄, 313면 下段 ~ 314면 上段

　　2. 現行法 및 判例, 學說　　現行法 제537조와 同一하다.

　　3. 外國 立法例　　① 獨民 제328조 제1항　　契約에依하여第3者가直接給付를請求하는權利를取得하는效力으로써第[314면]3者에게給付를約束할수있다

　　② 瑞債 제117조 제2항　　第3者또는그權利承繼人은當事者雙方의意思또는慣行에依하여認定되었을때에도自己自身이履行을請求할수있다

　　③ 佛民 제1120조　　그러나사람은第3者를爲하여그者의行爲를諾約하며受合할수있다 但그3者가約束을保持함을拒絶하는때는受合을한者또는承認시킴을諾

_____
81) 앞의 민법 제400조 Ⅴ.(670면 이하) 참조.

約한者에對하여賠償을妨害치않는다

④ 中民 第269조 제1항   契約으로써第3者에對하여給付를할것을約定한 때는申込者는債務者에第3者에對하여給付를할것을請求할수있다 그第3者도亦是 債務者에對하여直接給付를請求할權利를갖는다

⑤ 滿民 第526조   契約에依하여當事者도第3者로하여금一方에對하여直 接어떤給付를請求할權利를取得케할수있다

前項의契約은第3者가債務者에對하여그契約은利益을享受할意思表示함으 로써그效力을發生한다

7. 結 論 : 原案에 合意

V. 意見書, 164면 ~ 165면 (玄勝鍾)

[121] 草案 제529조의 新設을 贊成하며, 또 제528조 다음에 다음의 條文을 新設한다.

「前條의 境遇에 契約의 相對方은 債務者에 對하여 第3者에게 履行할 것을 請求할 수 있다」

제529조 中「前條」를「제528조」로 修正한다.

[이 유]   [⋯] // 또 草案은 諾約者에 對한 第3者의 履行請求權(제528 조)과 第3者에 對한 諾約者의 催告權(제529조)을 規定하고 있으나, 諾約者가 第 3者에 對하여 履行할 것을 要約者가 請求할 수 있는 權利는 規定하지 않고 있 다. 이 諾約者에 對한 要約者의 請求權은 當然한 것이며 疑心할 餘地가 없는 것 이지만, 草案으로서는 그 規定을 두는 것이 均衡上 좋을 것이며, 獨逸民法도 亦 是 그와 같은 規定을 두고 있음은(제335조) 좋은 立法例가 된다.

제540조 (債務者의第3者에對한催告權) 前條의境遇에債務者는相當한期間을 定하여契約의利益의享受與否의確答을第3者에게催告할수있다   債務者가그 期間內에確答을받지못한때에는第3者가契約의利益을받을것을拒絶한것으로 본다

Ⅰ. 編纂要綱   제2관 契約의 效力   6. 제537조의 境遇에 債權者가 第3 者에 對하여 그 契約利益의 享受 與否를 確答하도록 催告할 수 있는 權利

를 認定하고 所定期間 內에 그 確答이 없는 境遇에는 이를 拒絶한 것으로 看做하는 規定을 두도록 할 것

Ⅱ. 案		제529조 [다만 그 전단은 "…相當한期間을定하여그期間內에契約의 利益을받을與否의確答을…"이라고 한다]

Ⅲ. 審議錄, 314면 상단 ~ 315면 하단

// 2. 現行法 및 判例, 學說		現行法에는 規定 없고 新設 條文이다.

3. 外國 立法例	① 中民 제269조 제2항 제3항		第3者가前項의契約 에依하여그利益을享受할意思를表示치않는限當事者는그契約을變更또는이를取消 할수있다	第3者가當事者의一方에對하여그契約의利益을享受함은願치않는것을表 示하였을때는처음부터그權利를取得치않는것으로看做한다

② 滿民 제527조		草案과 同一하다.

6. 審議經過		① 前條 제2항에 依하여 第3者의 享受의 意思表示가 있 을 때까지는 當事者間의 法律關係가 不確定狀態에 놓여 있게 되므로 債務者에 게 이러한 狀態로부터 免하기 爲한 方法을 許與함이 可하므로 本條의 新設은 妥當하다. (滿民 제527조)

② 無能力者 및 無權代理人의 本人은 特히 保護할 必要가 있으므로 草案 (제14조, 제126조)(제446조도 같다)이 確答에 있어서 發[315면]信主義를 取하였 으나 第3者를 爲한 契約의 境遇나 草案 제541조의 解除權의 境遇는 이와 事情 을 달리하므로 確答에 있어서 受信主義를 採擇한 것은 妥當하다.

③ 前段 中「그期間內에」를 削除하고 (草案 제126조 제14조 參照) 原案에 合意하였다.

7. 結 論 : 修正案에 合意

Ⅳ. 법사위 수정안		(117) 제529조中「그期間內에」를削除한다

Ⅴ. 意見書, 164면 ~ 165면 (玄勝鍾)

[121] 草案 제529조의 新設을 贊成하며, […]82)

[이 유]		現行 民法에 依하면 第3者를 爲하여서 하는 契約에 있어서 第 3者는 債務者 卽 諾約者에 對하여 直接 그 履行을 請求할 수 [165면] 있으며,

---

82) 이 부분에 대하여는 민법 제539조에 관한 『의견서』 121항의 다른 부분(793면) 참조.

第3者의 權利는 그 第3者가 諾約者에 對하여 契約의 利益을 享受할 意思를 表示한 때에 發生하는데, 第3者는 契約에 아무런 定함도 없는 境遇에는 그 權利가 時效로 消滅할 때까지는 언제든지 受益의 意思表示를 할 수 있다. 그러나 그와 같이 하면, 諾約者의 義務를 長期間 不確定한 狀態에 놓아두게 되어 妥當한 것이 못되므로, 草案이 그 제529조에서 諾約者에게 第3者에 對한 催告權을 附與한 것은 妥當한 規定이라고 하겠다. […]

Ⅷ. **속기록** 제48호, 11면 하단

○ 法制司法委員長 代理(張暻根)：　[민법안 제529조 및 법사위 수정안 (117) 낭독]　이것은 前段의 文句와 重複이 되니까 削除를 해도 좋습니다.

제541조 (第3者의權利의確定) 제539조의規定에依하여第3者의權利가생긴 後에는當事者는이를變更또는消滅시키지못한다

Ⅱ. **案**　　제530조

Ⅲ. **審議錄**, 315면 상단 ~ 하단

2. 現行法 및 判例, 學說　　現行法 제538조와 同一趣旨이다.

3. 外國 立法例　① 瑞債 제112조 제3항　前項의境遇에있어서第3者가그權利를行使하려고하는意思를債務者에게表示하였을때에는債權者는以後다시금債務者의義務를免除할수없다

② 中民 제269조 제2항　草案 제529조 立法例 參照

③ 滿民 제528조　草案과 同一하다. //

7. 結 論 : 原案에 合意

제542조 (債務者의抗辯權) 債務者는제539조의契約에基한抗辯으로그契約의 利益을받을第3者에게對抗할수있다

Ⅱ. **案**　　제531조 ["…제528조의契約에基因한抗辯으로…"라고 한다]

Ⅲ. **審議錄**, 315면 하단

2. 現行法 및 判例, 學說   現行法 제539조와 同一趣旨이다.

3. 外國 立法例   ① 獨民 제334조   契約에基한抗辯은諾約者도또이 것으로써第3者에對抗할수있다

② 中民 제270조   前條의債務者는契約으로부터發生한一切의抗辯으로써 受權하는第3者에對抗할수있다

③ 滿民 제529조   草案과 同一하다

7. 結 論 : 原案에 合意

제3관   契約의解止, 解除

제543조 (解止,解除權) ①契約또는法律의規定에依하여當事者의一方이나雙 方이解止또는解除의權利가있는때에는그解止또는解除는相對方에對한意思表 示로한다
　　②前項의意思表示는撤回하지못한다

Ⅱ. 案   제532조

Ⅲ. 審議錄, 316면 상단 ~ 하단

2. 現行法 및 判例, 學說   現行法 제540조와 同一한 趣旨이다.

3. 外國 立法例   ① 獨民 제349조   解除는相對便에對한意思表示에 依하여이것을한다

② 獨民 제329조   前2조에定한解除權에關하여는契約上의解除權에關한 제346조乃至제356조의規定을準用한다   解除權이相對便의責任에돌아가지않을事 由로因하여發生한때는相對便은不當利得에關한規定에따라서만그責任을진다

③ 佛民 제1183조   解除의未必條件이라함은그條件이完成한때는義務의 廢止를하며그義務의存在치않은때와同一의景狀에事物을復舊시키는것을말한다 解除의未必條件은義務의執行을停止치않고單只그未必條件에定한事故가發生하는 境遇에있어서는債主로하여금그收受한것을返還할義務를負擔하게한다

④ 中民 제258조 (제1항) (제3항)   解除權의行使는地方의當事者에對하 여意思表示로써이것을하여야한다

契約解除의意思表示는取消할수없다

③ 滿民 제530조   契約또는法律의規定에依하여當事者의一方이解除權을
가지는때는그解除//는相對便에對한意思表示에依하여이를한다   前項의意思表示
는이를撤回할수없다

6. 審議經過   ① 繼續的 契約關係에 있어서 將來에 對하여서만 效力이
생하는 境遇를 現行法에 있어서는 遡及的 效力을 가진 境遇와 同一하게 「解除」
라는 用語를 使用하였고 學者는 이를 區分하기 爲하여 告知, 解約 等의 用語를
使用하였던바 草案이 이를 區別하여 「解止」와 「解除」라는 用語를 使用한 것은
妥當하다.

② 「權限이있는때」를 「權利를가진때」로 字句修正함이 可하다.

7. 結 論 : 前記 字句修正 外에 原案에 合意

Ⅳ. **법사위 수정안**   (118) 제532조中「權限」을「權利」로修正한다

Ⅴ. **意見書**, 165면 ~ 166면 (玄勝鍾)

[122] 「解止」라는 新用語의 使用을 贊成한다.

[이 유]   草案은 解止와 解除의 2用語를 槪念上 明確히 區分하여 使用
하고 있다. 契約의 當事者의 一方의 意思表示로 法律上의 效力이 發生한다는
點에서는 兩者가 共通하지만, 解止는 賃貸借・雇傭・委任・組合 等의 繼續的
契約關係를 終了시키는 데 使用되며(案 제624조,제625조 等), 契約의 效力을 將
來에 對하여 消滅시킨다(案 제539조). 이에 對하여 解除는 旣存의 契約의 效力
을 遡及的으로 消滅시켜 契約이 처음부터 없었던 것과 마찬가지 法律效果를 發
生시키는 것이다. 따라서 解除의 境遇에는 契約의 各 當事者는 그 相對方에 對
하여 原狀回復의 義務를 負擔하게 된다(案 제537조). 現行 民法은 解止를 解約
이라고 하여(제617조, 제618조 等) 區分해서 使用한 境遇도 있지만, 解除와 混
用하여 解止의 境遇도 解除라고 表現[166면]함으로써 混雜을 일으키고 있었는
데, 草案이 이것을 正確하게 區分하여 使用한 것은 그 長點의 一이라고 하겠다.

Ⅷ. **제2독회**, 속기록 제48호, 11면 하단

○ 法制司法委員長 代理(張暻根) : [민법안 제532조 낭독] 제532조 中「權
限」을 「權利」로 修正하자는 法制司法委員會의 修正案이올시다.

제544조 (履行遲滯와解除) 當事者一方이그債務를履行하지아니하는때에는相對方은相當한期間을定하여그履行을催告하고그期間內에履行하지아니한때에는契約을解除할수있다 그러나債務者가미리履行하지아니할意思를表示한境遇에는催告를要하지아니한다

Ⅰ. **編纂要綱** 제3관 契約의 解除 7. 541조, 542조의 解除權은 債務不履行이 債務者의 故意 또는 過失에 基因하는 境遇에 限하여 行使할 수 있는 것으로 할 것83)

Ⅱ. **案** 제533조

Ⅲ. **審議錄**, 316면 下段 ~ 317면 下段

　　2. 現行法 및 判例, 學說　　現行法 제541조와 同一趣旨이나 草案 但書는 新設이다.

　　3. 外國 立法例　　① 獨民 제326조　　雙務契約當事者의一方이負擔하는給付에關하여遲滯에있을때는相對便은[317면]相當한期間을定하여이期間經過後는給付의受取를拒絕할趣旨를通知할수있다　이期間의經過後는正當한時期에있어서給付없을때는不履行으로因한損害를請求또는契約을解除할수있다　이境遇에있어履行의請求를할수없다　그리고期間經過前에一部의履行없을때는前條제1항제2단의規定을準用한다　契約의履行이遲滯로因하여相對便의利益이되지않을때는相對便도期間을指定할것없이前項의權利를갖는다

　　② 瑞債 제107조 제2항　　前項의期間滿了에이르러도아직履行이없을때에는債權者는繼續하여그履行을遲延에因한損害賠償의請求와같이訴求할수있다　但遲滯없이그意思를表示할境遇에는前段의規定에代身하여또는追給付를抛棄하고不履行에因하여發生한損害의賠償을請求하거나또는契約을解除할수있다

　　③ 瑞債 제108조 (제1호)　　左記의境遇에는追履行에對한期限의指定을要치아니한다 [1.]債務者의行爲에因하여指定이無用함이明白한境遇

　　④ 中民 제254조　　契約當事者의一方이給付를遲延한때는他方의當事者는相當한期間을定하여그 履行을催告할수있다 萬若期間內에履行치않을때는그契約

---

83) 의용민법 제541조 및 제542조는 민법 제544조 및 제545조에 대응하는 것이다. 여기에서 이 편찬요강 항목은 그 후의 입법과정에 반영되지 아니하였다. 그러나 해석론으로서 그와 같이 풀이되고 있음은 물론이다.

을解除할수있다

③ 滿民 제531조　　　 但書만 없고 前段은 草案과 同一하다

6. 審議經過　　 本條 但書의 境遇 卽 債務者가 미리 履行하지 아니할 意思를 表示한 境遇라도 明文이 없는 現行法下에서는 催告를 要하는 것으로 解釋하는 것이 判//例通說이다. (口頭催告로 足하다는 學說도 있다) 本條 但書는 瑞債 제108조 제1호의 立法例에 따른 것이다.

7. 結論 : 原案에 合意

V. 意見書, 166면 (玄勝鍾)

[123] 案 제533조 但書를 新設한 데 贊成한다.

[이 유]　　 本條는 履行遲滯를 原因으로 하는 契約解除의 要件을 規定하고 있다. 原則的으로 債務의 履行遲滯者에 對하여 相對方은 相當한 期間을 定하여 그 履行을 催告하고 그 期間內에 履行을 하지 아니한 때에 契約을 解除할 수 있지만, 債務者가 미리 履行할 意思를 表示한 境遇에는 催告할 必要가 없다는 것이 但書의 規定하는 바다. 債務者가 미리 履行을 拒絶한 境遇에는, 그래도 債務者가 催告에 應하여 그 意思를 돌려 履行할 境遇도 생각할 수 있으니까 催告는 必要하다고 하는 것이 從來의 通說이며, 判例가 取하는 態度이다. 그러나 이 境遇에 債權者는 自己가 負擔하는 債務의 履行을 提供할 必要는 없다고 解釋되고 있는데, 따라서 債權者는 口頭로라도 催告만 하면 된다. 그렇다고 하면 實際的인 問題가 債權者가 解除를 하기까지에 아무런 督促도 하지 않는다는 境遇는 別로 없으니, 催告는 그리 問題視할 必要가 없는 것이라고 생각된다. 따라서 本條 但書는 法律問題를 複雜하게 하는 것을 避하게 할 뿐더러 信義則에도 反하는 것이 아니니, 妥當한 또 當然한 規定이라고 생각된다. 參考삼아 附言하면, 瑞西債務法은 그 제108조 1호에서 債務者의 態度로 보아 催告가 부질없는 일이 될 것이 明白한 境遇에는 催告는 不必要하다고 規定하고 있는데, 이 規定의 解釋으로서는 債務者가 遲滯에 빠진 다음 飜意의 餘地가 없을 程度로 確定的으로 履行拒絶의 意思를 表示한 때에는 催告는 必要 없다고 하고 있다.

VII. 辯協, 자료집, 43면 상단

草案 제533조 제2항을 다음과 같이 新設한다

「經濟的事情의變更으로因하여債權의行使와義務의履行이顯著히其의均衡을

失하였을境遇에는相對方에對한意思表示로써契約을解除할수있다」

　　[理　由]　　個人主義的 見解에 依하면 當事者 間의 合意는 債權關係를 規律하는 最高의 規範인 故로 當然히 該 契約을 遵守하여야 한다는 原則이 生한다. 그러나 財物의 交換 및 分配는 社會 全體的으로 움직이고 있는 것인바 個人 間의 契約이 社會 全體的으로 볼 때 經濟的 事情의 變更으로 因하여 契約의 意味와 目的이 喪失되어 權利의 行使와 義務의 履行이 信義誠實의 原則에 違反하여 財物의 交換 및 分配가 其의 均衡을 失함이 顯著한 境遇에 該 契約을 維持시킬 必要가 無하므로 當事者에게 解除權을 付與함이 妥當하다고 思料하는 바이다.

　　參考　　日本의 立法例를 보면 日本 改正民法 제1조에 信義誠實의 原則을 規定한바 當事者의 契約이 經濟的 事實의 變更으로 因하여 權利의 行使와 義務의 履行이 其 均衡을 失한 바 顯著한 경우에는 解約할 수 있음을 判例로써 認定하고 있다. 그러나 我國 民法草案에 있어서는 如此한 原則을 明文으로써 規定함이 妥當하다고 思料하는 바이다.

제545조 (定期行爲와解除) 契約의性質또는當事者의意思表示에依하여一定한時日또는一定한期間內에履行하지아니하면契約의目的을達成할수없을境遇에當事者一方이그時期에履行하지아니한때에는相對方은前條의催告를하지아니하고契約을解除할수있다

Ⅱ. 案　　제534조

Ⅲ. 審議錄, 317면 下段 ～ 318면 上段

　　2. 現行法 및 判例, 學說　　現行法 제542조와 同一하다.

　　3. 外國 立法例　　① 獨民 제361조　　雙務契約當事者의一方이確定된時期또는確定된期間內에給付를할것을約束한境遇에있어疑心스러울때는相對便은그確定된時期또는確定된期間內에給付없을때에는契約을解除할수있다

　　② 中民 제255조　　草案과 同一하다.

　　③ 滿民 제532조　　草案과 同一하다.

　　[318면] 7. 結 論 : 原案에 合意

제546조 (履行不能과解除) 債務者의責任있는事由로履行이不能하게된때에는 債權者는契約을解除할수있다

Ⅱ. **案**　　제535조　履行의全部또는一部가債務者의責任있는事由로不能하게된 때에는債權者는契約을解除할수있다

Ⅲ. **審議錄**, 318면 상단 ~ 하단

2. 現行法 및 判例, 學說　　現行法 제543조와 同一하다.

3. 外國 立法例　　① 獨民 제325조　　雙務契約當事者의一方이負擔한 給付가自己의責任에돌아갈事由에依하여不能케된때는相對便은不履行으로因한損 害賠償을請求또는契約을解除할수있다　一部不能에있어서는他의一部의履行이相 對便의利益이되지않을때는제280조제3항의規定에따라全部不履行으로因한損害는 賠償을請求또는契約의全部를解除할수있다　그리고損害賠償의請求權또는解除權 을行使치않고제323조의境遇에關하여定한權利를主張할수있다　제283조의境遇에 있어서期間의經過前에給付를하지않든가또는이時期에一部의給付를하지않을때亦 是같다

② 中民 제256조　　債權者는제226조의事情있을때[= 채무자에게 책임 있는 사유로 인하여 급부불능이 된 때]는그契約을解除할수있다

③ 滿民 제533조　　債務의履行이不能케된때는債權者는契約의解除를할수 있다 //

6. 審議經過　　① 本 草案과 同一한 現行法 제543조 下에서도 一部不能 인 境遇에 殘部의 履行으로 契約의 全目的을 達成할 수 없는 境遇에 限하여 全 契約의 解除를 할 수 있고 不然인 境遇(履行이 可分的인 境遇)에는 그 不能部 分에 關하여 一部解除할 수만 있다는 學說이 有力하며(信義誠實의 原則 適用) 獨民 제325조 제1항, 中民 제256조에 同旨의 立法例가 있다. 이러한 信義原則 에 依據한 解釋的 餘地를 남기기 爲하여서는 本條의 「全部또는一部」라는 文言 은 不適當한 것이다. (滿民 제523조 參照)

② 本條 中 「履行의全部또는一部가」를 削除하고 「事由로」의 다음에 「履行 이」를 揷入한다.

7. 結論 : 修正案에 合意

Ⅳ. **법사위 수정안**   (119) 제525조中「履行의全部또는一部가」를削除하고「責
任있는事由로」의다음에「履行이」를揷入한다.

Ⅴ. **意見書**, 167면 (玄勝鍾)

   [124] 修正案 (119)가 草案 535조를 修正한 것에 贊成한다.

   [이 유]   案 제535조는 履行不能으로 因한 契約解除에 關한 規定인데,
修正案은 「履行의 全部 또는 一部가」를 削除하였다. 생각건대 履行의 全部가
債務者의 歸責事由로 不能하게 된 때에 債權者가 契約을 解除할 수 있음은 勿
論이요 「履行의 全部」라는 文句는 不必要한 것이다. 草案이 「履行의 全部」라는
文句를 둔 것은 「履行의 … 一部」가 不能한 境遇를 집어넣기 爲하여서 隨伴된
文句일 것이다. 다음에 「履行의 一部가」 債務者의 責任 있는 事由로 不能한 境
遇를 考察컨대, 契約을 解除함에는 信義誠實의 原則에 立脚한 制限을 받아야
한다. 卽, 債務의 內容이 可分이며 一部의 履行이 不能하더라도 殘部의 履行이
可能한 境遇에는 原則的으로 不能한 部分만의 解除가 許容된다. 다만 殘部의
履行으로는 契約의 全目的을 達成할 수 없을 때에만 全部의 解除를 할 수 있다.
또 債務의 內容이 不可分한 것이라 하더라도, 그 不能한 部分이 全體에 比하여
輕微한 것이고, 그 不能으로 因하여 아직도 契約의 目的을 達成할 수 없는 程度
에 이르지 않는 境遇에는 解除를 不許하며, 다만 不能한 部分에 對한 損害賠償
을 請求할 수 있을 따름이다. 이와 같이 一部의 履行不能에 對한 契約의 解除가
信義則에 依한 制限을 받게 되니 「履行의 … 一部가」도 亦是 不必要한 文句가
된다. 따라서 修正案의 態度에 贊成한다.

Ⅷ. **제2독회**, 속기록 제48호, 12면 상단

   ○ 法制司法委員長 代理(張暻根) :   [민법안 제535조 및 법사위 수정안
(119) 낭독] 이것은 一部 分離[不能]行爲인 경우에 殘部의 履行으로서는 契約
의 目的을 達成할 수 없는 경우에 限해서 全契約의 解除를 할 수 있고 그렇지
않은 경우 즉 一部分 남은 部分에 대해서는 履行이 可能한 경우에는 그 不能部
分에 關하여만 一部 解除할 수 있다는 것이 有力한 지금 學說입니다. 그러니까
그런 解釋의 餘地를 남겨두기 위해서 이렇게 字句修正하자는 것입니다.

제547조 (解止,解除權의不可分性) ①當事者의一方또는雙方이數人인境遇에는契約의解止나解除는그全員으로부터또는全員에對하여하여야한다

②前項의境遇에解止나解除의權利가當事者一人에對하여消滅한때에는다른當事者에對하여도消滅한다

Ⅱ. **案**　제536조 [다만 제2항은 "…解止나解除의權限이…"라고 한다]

Ⅲ. **審議錄**, 318면 하단 ~ 319면 상단

2. 現行法 및 判例, 學說　現行法 제544조와 同一趣旨이다.

3. 外國 立法例　① 獨民 제356조　當事者의一方또는双方數人이있을境遇에있어서는解除는그全員부터또는그全員에對하여만이를할수있다　解除權이權利者의한사람에對하여消滅한때는他權利者에對하여도消滅한다

② 中民 제258조제2항　契約當事者의一方이數人있을때는前項의意思表示는그全體에있어또는그全體에對하여이것을하여야한다

③ 滿民 제535조　草案과 同一하다.

6. 審議經過　「權限이」를 「權利가」로 字句修正한다. (草案 제532조에서도 修正)

7. 結論: 前記 字句修正 外 原案에 合意

Ⅳ. **법사위 수정안**　(120) 제536조中「權限」을「權利」로修正한다

Ⅷ. **제2독회**, 속기록 제48호, 12면 상단

○ 法制司法委員長 代理(張暻根): [민법안 제536조 낭독]　法制司法委員會의 修正案은 제536조 제2항 中「權限」을 「權利」로 修正하자는 것입니다. 아까 말씀드린 바와 마찬가지로 또 草案 제532조 條文과 같은 趣旨입니다.

제548조 (解除의效果,原狀回復義務) ①當事者一方이契約을解除한때에는各當事者는그相對方에對하여原狀回復의義務가있다　그러나第3者의權利를害하지못한다

②前項의境遇에返還할金錢에는그받은날로부터利子를加하여야한다

Ⅱ. **案**   제537조 [다만 제1항 단서는 없다]

Ⅲ. **審議錄**, 319면 하단 ~ 320면 상단

2. 現行法 및 判例, 學說   現行法 제545조와 同一한 趣旨이나, 現行法
제1항 中 但書「第3者//의 權利를害하지못한다」는 削除되었다. (現行法 제3항은
草案 제540조에 該當)

3. 外國 立法例   ① 獨民 제346조   契約當事者의一方이그保留한解
除權을行使한때는各當事者는서로그受取한給付를返還하는義務를진다 이미給付
한勞務아울러物件의使用의委任에關하여는그價格을補償하며또는契約에있어反對
給付를金錢으로써作定한때는이것을支拂하여야한다

② 獨民 제347조   毀損消滅또는그他의原因에基因한返還의不能으로因한
損害賠償의請求權은給付의受領後의解除의境遇에있어는權利拘束發生後의所有者
및占有者의關係에對하여適用되는規定에따라이것을作定한다 收益의返還또는報
償을求하는請求權또는費用賠償에對한請求權에있어도또한같다 金錢은受領時부
터利息을附加하여야한다

③ 瑞債 제109조   契約을解除한者는約定한反對給付를拒絶하고또이미給
付한物件의返還을請求할수있다

前項以外에契約을解除한者는債務者가自己의責任에돌아갈何等의過失이
없음을證明하지않는限契約의消滅에因하여發生한損害의賠償을請求할權利를갖
는다

④ 中民 제259조   契約解除에있어當事者双方의原因回復義務는法律에다
른規定있든가또는契約에다른約定있는境遇를除한外左記의規定에依한다

1. 他方으로부터受領한給付物은이것을返還하여야한다
2. 受領한給付가金錢인때는受領時부터의利息을附加하여이것을償還하여
   야한다
3. 受領한給付가勞務인때또는物의使用인때는受領時의價格에依하여金錢
   으로써이것을賠償하여야한다
4. 受領한給付物이果實을行한때는이것을返還하여야한다 [320면]
5. 返還하는物件에關하여이미必要또는有益한費用을支出한때는他方이返
   還을받을時에얻은利益의限度內에있어그返還을請求할수있다

6. 返還할物件이毁損滅失하던가또는그他의事由로因하여返還할수없음에
이르렀을때는그價格을償還하여야한다

⑤ 滿民 제536조 (제1항, 제3항)　　　草案과 同一하다.

6. 審議經過　　① 現行法 제545조 제1항 但書와 같은 規定을 草案은 設
하지 않았다. 草案은 遡及效에 對한 制限으로 草案 제128조 제377조 但書에 同
旨의規定을 하였으므로 本條 제1항 但書로 이를 挿入하는 것이 立法의 均衡上
可할 것이다. 草案이 現行法 제545조 제1항 但書는 物權變動의 公示의 原則이
있는 關係로 거의 不必要한 것으로 본 結果라고 思料되나 그렇다고 하면 前記
草案 제128조 제377조 但書도 같이 規定하지 아니하였어야 할 것일 뿐만 아니
라 債權에 關係되는 解除의 遡及效에 關하여는 前記 但書와 같은 規定이 適用
될 事例가 있을 수도 있다. (4249年 5月 8日 (日本) 大審院 判例 參照) (草案
제128조, 제377조 參照)

② 本條 제1항 但書를 다음과 같이 新設한다

「그러나第3者의權利를 害하지못한다」

7. 結 論 : 前記 修正外 原案에 合意

Ⅳ. **법사위 수정안**　　(121) 제537조제1항但書를다음과같이新設한다 [그 내
용은 앞의 Ⅲ. 6. ②]

Ⅷ. **제2독회**, 속기록 제48호, 12면 중단

○ 法制司法委員長 代理(張暻根) :　[민법안 제537조 및 법사위 수정안
(121) 낭독]

○ 副議長(李在鶴) :　異議 없으세요? (「異議 없소」 하는 이 있음)　通過합
니다.

제549조 (原狀回復義務와同時履行) 제536조의規定은前條의境遇에準用한다

Ⅱ. **案**　　　제538조

Ⅲ. **審議錄**, 320면 상단 ~ 하단

2. 現行法 및 判例, 學說　　現行法 제546조와 同旨이다.

3. 外國 立法例   ① 獨民 제348조   解除로因하여發生하는各當事者의義務는相互바꿔履行하여야한다　이境遇에있어제320조,제322조의　規定을準用한다

② 滿民 제537조   草案과 同一하다.

7. 結 論 : 原案에 合意

제550조 (解止의效果) 當事者一方이契約을解止한때에는契約은將來에對하여 그效力을잃는다

Ⅱ. 案   제539조

Ⅲ. 審議錄, 320면 下段 ~ 321면 上段

2. 現行法 및 判例, 學說   現行法에서 個別的으로 規定하였던 것을 (現行法 제620조, 제630조, 제652조, 제684조) 草案은 一括規定한 것이다.

7. 結 論 : 原案에 合意

제551조 (解止,解除와損害賠償) 契約의解止또는解除는損害賠償의請求에影響을미치지아니한다

Ⅱ. 案   제540조 [다만 "請求에影響이없다"로 끝난다]

Ⅲ. 審議錄, 321면 上段 ~ 下段

2. 現行法 및 判例, 學說   現行法 제545조 제3항과 同一한 趣旨이다.

3. 外國 立法例   ① 獨民 제325조   (草案 제535조 立法例 參照)

② 瑞債 제109조 제2항   (草案 제537조 立法例 參照)

③ 佛民 제1184조   双務의契約에있어서는双方中一方이그約務를履行치않는境遇를爲하여恒//常解除의未必條件을暗暗裡에含蓄한것이라한다　이境遇에있어서는當然히契約을解除치않는다　그約務의執行을얻지않는一方者는合意執行을할수있음에있어서는他一方者에게合意의執行을强制하며또는損害의賠償을얻어그合意의解除를追求함은自由로한다　그解除는裁判所에이를追求치않을수없다　그

리고그景況에따라被告人에게猶豫를附與할수있다

④ 中民 제260조　　解除權의行使는損害賠償의請求를妨害치않는다

⑤ 滿民 제536조 (제3항)　　　解除權의行使는損害賠償의請求를妨害치않는다

7. 結 論 : 原案에 合意

제552조 (解除權行使與否의催告權) ①解除權의行使의期間을定하지아니한때에는相對方은相當한期間을定하여解除權行使與否의確答을解除權者에게催告할수있다

②前項의期間內에解除의通知를받지못한때에는解除權은消滅한다

Ⅱ. **案**　　제541조 解除權의行使에定한期間이없는때에는相對方은相當한期間을定하여그期間內에解除權行使與否의確答을解除權者에게催告할수있다 [제2항은 위 민법 규정과 같다]

Ⅲ. **審議錄**, 321면 하단 ~ 322면 상단

2. 現行法 및 判例, 學說　　現行法 제547조와 同一趣旨이다.

3. 外國 立法例 [322면]　　① 獨民 제355조　　行[解]除權의行使에關하여期間의作定없을때는相對便은權利者에對하여權利의行使에關하여相當한期間을定할수있다 萬若그期間內에解除의通知를하지않았을때는解除權은消滅한다

② 中民 제257조　　行[解]除權의行使에關하여期間을作定치않았을때는他方의當事者는相當한期間을定하여解除權者에對하여解除하느냐않느냐를期間內에確答할것을催告할수있다

③ 滿民 제538조　　草案과同一하다

6. 審議經過　　「그期間內에」를 削除한다. (草案 제126조와 제529조 修正參照)

7. 結 論 : 前記 字句修正 外 原案에 合意

Ⅳ. **법사위 수정안**　　(122) 제541조中「그期間內에」를削除한다

Ⅷ. **제2독회**, 속기록 제48호, 12면 중단

○ 法制司法委員長 代理(張暻根) : [민법안 제541조 낭독] 法制司法委員
會修正案은 제541조 中 「그期間內에」를 削除하자는 것입니다. 아까 말씀드린
바84)와 마찬가지입니다.

제553조 (毀損等으로因한解除權의消滅) 解除權者의故意나過失로因하여契約
　의目的物이顯著히毀損되거나이를返還할수없게된때또는加工이나改造로因하
　여다른種類의物件으로變更된때에는解除權은消滅한다

Ⅱ. 案　　　제542조

Ⅲ. 審議錄, 322면 상단 ~ 하단
　2. 現行法 및 判例, 學說　　　現行法 제548조 제1항과 同一趣旨이다.
　3. 外國 立法例　　① 獨民 제351조(前段)　　權利者가그受取한目的物
의重大한毀損消滅또는其他의不能에對하여그責任이있을때는解除權은消滅한다
　② 獨民 제352조　　權利者가그受取한것을加工또는改造함으로因하여他種
類의物件으로變케한때는解除權은消滅한다
　③ 獨民 제350조　　權利者가受取한目的物이事變으로因하여損失한때는解
除權은消滅치않는다
　④ 中民 제262조　　解除權을갖는者가自己의責任에돌아갈事由로因하여그
受領한給付物을毀損滅失케하고또는그他의事情으로因하여返還할수없음에이르게
하였을때는解除權은消滅한다　　受領한給付物에對하여加工또는改造로因하여그種
類를變케한때또한같다
　⑤ 滿民 제539조　　草案과 同一하다
　6. 審議經過　　現行法 제548조 제2항85)은 同條 제1항의 解釋上 當然한
結果이므로 草案이 이를 規定치 않는 것은 妥當하다.
　7. 結 論 : 原案에 合意

---

84) 민법안 제529조에 대한 법사위 수정안 (117)(앞의 794면) 참조.
85) 의용민법 제548조 제2항 : "계약의 목적물이 해제권을 가지는 자의 행위 또는 과실에 의하
　　지 아니하고 멸실 또는 훼손된 때에는 해제권은 소멸하지 아니한다."

第2節　贈　與

제554조 (贈與의意義) 贈與는當事者一方이無償으로財産을相對方에授與하는
　　意思를表示하고相對方이이를承諾함으로써그效力이생긴다

Ⅱ. **案**　　　제543조 [다만 "…財産을相對方에給與하는意思를…"이라고 한다]

Ⅲ. **審議錄**, 323면 상단 ～ 하단

　2. 現行法 및 判例, 學說　　　現行法 제549조와 同一하다.

　3. 外國 立法例　　① 獨民 제516조(제1항)　　어떤사람이自己의財産으
로他人을利得시키는出捐은當事者가無償으로이를할것에意見이一致하였을때에는
이를贈與로한다

　② 瑞債 제239조(제1항)　　贈與라는것은어떤사람이自己의財産으로써反
對給付를받지않고他人을利得시키는一切의生前出捐을말한다

　③ 中民 제406조　　贈與는當事者의一方이財産을無償으로他方에給與하는
意思表示를하고他方의受諾을얻음으로因하여效力을生한다

　④ 滿民 제540조　　草案과同一하다

　// 6. 審議經過　　① 「給與」를 「授與」로 字句修正한다.(「給與」는 現行法
에 있어서의 「給付」에 對應하는 用語로 使用하고 있으므로 草案 제457조의 用
語와의 混同을 避하기 爲한 것이다)

　② 現行法에 「自己의財産」을 草案이 「財産」으로 한 것은 妥當하다. 現行法
下에서도 他人의 財産을 贈與의 目的으로 할 수 있다고 解釋되어 왔다. (但 判
例 反對)

　　他人의 所有物을 贈與의 目的으로 한 때에는 草案 제548조가 있는 外에
贈與의 性質에 反하지 않는 限 賣買에 關한 規定이 準用될 것이다.

　7. 結 論 : 前記 字句修正 外 原案에 合意

Ⅳ. **법사위 수정안**　　(123) 제543조中「給與」를「授與」로修正한다

Ⅴ. **意見書**, 167면 ～ 168면 (玄勝鍾)

　[125] 草案 제543조의 規定에 贊成한다.

　[이 유]　　現行 民法은 贈與의 目的物을 贈與者의 「自己의 財産」에 局限

하고 있는데(제549조), 草案은 그 制限을 削除하였다. 무릇 贈與契約은 그 契約에 依하여 贈與者가 相對方에 對하여 目的物을 移轉할 債務를 負擔하면 充分하지, 그 契約과 同時에 目的物의 所有權이 移轉하는 것을 必要로 하는 것은 아니다. 따라서 第3者의 所有에 屬하는 特定物을 贈與하는 契約에서도 贈與者는 原則的으로 그 目的物을 取得하여 그것을 相對方에게 移轉하는 債務를 負擔한다고 볼 것이니 草案의 態度가 優秀하다.

Ⅷ. **제2독회**, 속기록 제48호, 12면 중단

○ 法制司法委員長 代理(張暻根) : [민법안 제543조 낭독] 法制司法委員會修正案은 제543조 中「給與」를「授與」로 修正하자는 것입니다. 給與는 本 草案의 現行法에서의「給付」한다는 述語로서 그와 같은 意味의 述語로서 이미 使用하고 있습니다. 이것을 給與로 쓰면 그것과 딴 것을 같은 用語로 쓴다면 槪念에 混同을 招來합니다. 그래서 이것을 고치자는 것입니다.

제555조 (書面에依하지아니한贈與와解除) 贈與의意思가書面으로表示되지아니한境遇에는各當事者는이를解除할 수 있다

Ⅱ. **案** 제544조

Ⅲ. **審議錄**, 323면 하단 ~ 324면 상단

2. 現行法 및 判例, 學說 現行法 제550조 本文과 同一한 趣旨이다. 現行法 但書의 趣旨는 草案 제547조에 規定하였다.

3. 外國 立法例 ① 獨民 제518조 贈與의方法에依하여어떤給付를約定한契約이有效함에는裁判上또는公證上의書面이必要하다 前項의方式의欠缺은約束한給付의履行으로써이를補充할수있다

② 瑞債 제243조 贈與의約束을有效하게함에는書面의方式을必要로한다 土地또는土地上의存在하는物權이贈與의目的物인때는贈與를有效하게함에는公的證書의作成을必要로한다 贈與約束이履行된때에는그關係는이를現實贈與로判斷하는것으로한다

③ 佛民 제931조 모든生存中의贈與의證書를契約의通常의法式으로써公

證人의面前에있어서이를作成하며그리고그細字의正本을存續하여야하며萬若그러하지아니할때는無效로한다

[324면] ④ 中民 제408조　　贈與物이아직交付되지않은期間은贈與者는그贈與를取消할수있다　　그一部가이미交付되었을때에는그아직交付되지않은部分에對하여이를取消할수있다　前項의規定은證書를作成한贈與또는道德上의義務를履行하기爲하여贈與한境遇에는이를適用하지않는다

④ 滿民 제541조(前段)　　書面에依하지않는贈與는各當事者가이를解除할수있다

6. 審議經過　　現行法의「取消」라는 用語는 意思表示에 關한 瑕疵를 原因으로 하는 것과 混同의 念慮가 있으므로 草案이「解除」라고 規定한 것은 妥當하다.

7. 結 論 : 原案에 合意

제556조 (受贈者의行爲와贈與의解除) ①受贈者가贈與者에對하여다음各號의 事由가있는때에는贈與者는그贈與를解除할수있다

1. 贈與者또는그配偶者나直系血族에對한犯罪行爲가있는때
2. 贈與者에對하여扶養義務있는境遇에이를履行하지아니하는때
②前項의解除權은解除原因있음을안날로부터6月을經過하거나贈與者가受贈者에對하여容恕의意思를表示한때에는消滅한다

I. **編纂要綱**　　제2절 贈與　　8. 贈與契約에 關하여 特別取消原因을 認定할 것

II. **案**　　제545조

III. **審議錄**, 324면 상단 ~ 325면 상단

2. 現行法 및 判例, 學說　　現行法에는 規定이 없고 新設 條文이다.

3. 外國 立法例　　① 獨民 제530조　　贈與는受贈者가重大한過誤로因하여贈與者또는其近親에對하여重大한意思에責任을진때에는이를取消할수있다 贈與者의相續人은受贈者가故意또는不法히贈與者를殺害하거나或은贈與의取消를

妨害한때에만取消權을갖는다

② 佛民 제995조   生存中의贈與는左이記한바에境遇가아니면忘恩의原由
를爲하여이를廢止할수없다

제1 受贈者가贈與者의生命에對하여害를하였을때

제2 受贈者가贈與者에對하여苛虐犯罪또는至重한凌辱을加하였을때

제3 受贈者가贈與者에養料를拒否할때

③ 瑞債 제249조   現實贈與및履行된贈與約束에있어서는贈與者는다음의
境遇의贈與를撤回및受贈者가아직그利得을喪失하지않는限贈與한物件의返還을請
求할수있다

④ 中民 제416조   受贈者가贈與者에對하여左記事情의1이있는때에는贈
與者는그贈與를取消할수있다

  1. 贈與者또는그最近에親屬에對하여故意의侵害의行爲있고刑法에依하여
     處罰의明文있는때

  2. 贈與者에對하여扶養의義務를지고있으나이를行하지아니할때

    前項의取消權은贈與者가取消原因있는것을안때부터1年內에行使아니한때
에는消滅한다 贈與者가受贈者에對하여이미宥恕의表示를한때에도또한같다

  7. 結 論 : 原案에 合意

V. 意見書, 168면 ~ 169면 (玄勝鍾)

    [126] 草案 제545조 및 제546조의 新設에 贊成하되, 제545조 中 제2항을
新設하여 「前項의 境遇에 贈與者는 受贈者에 對하여 이미 履行한 贈與의 目的
이 現存하는 限度에서 그 返還을 請求할 수 있다」라고 規定하고, 제545조 2항
中 「前項」을 「제1항」으로, 제547조 中 「前3조」를 「제544조 및 제546조」로 修正
한다.86)

    [이 유]   贈與에 關하여 草案은 그 제545조에서 受贈者가 贈與者 또는
그 配偶者나 直系血族에 對하여 忘恩行爲가 있는 때에는 贈與者에게 贈與契約
의 解除權을 附與하고, 또 제546조에서 贈與契約 後에 贈與者의 財産狀態에 顯
著한 變動이 있어 贈與契約을 履行하면 贈與者의 生計에 重大한 影響을 미칠
境遇에는 亦是 贈與者에게 贈與契約의 解除權을 附與하고 있다. 이 兩 條文은

---

86) 이 [126]항에서 민법안에 수정을 가하자는 의견은 현석호 수정안에 반영되지 않았다.

衡平의 原理에 立脚하여 新設된 것이다. 受贈者의 忘恩行爲에 依한 解除權을 規定한 제545조는 獨逸民法 제530조 및 제532조, 瑞西債務法 제249조 等과 類似한 規定이고, 贈與者의 財産狀態의 惡化로 因한 解除權을 規定한 제546조는 獨逸民法 제519조, 瑞西債務法 제250조 等과 類似한 것이다.

그런데 案 제547조는 제544조 乃至 제546조에 依하여 贈與契約이 解除된 境遇를 一律的으로 다루고 있다. 法律問題의 簡素化를 爲하여는 妥當하다고 하겠으나, 제545조의 趣旨를 徹底하게 實現하고자 하는 立場에 선다면, 제547조는 [169면] 境遇를 區分하여 規定짓는 것이 妥當하지 않을까 생각된다. 即, 제544조의 境遇에 이미 履行한 部分에 對하여는 影響을 미치지 않는다고 規定한 것은 제544조의 立法趣旨가 口頭라든가 暗默과 같은 極히 簡易한 方法으로 意思表示를 하는 때에는 或은 輕率히 하여 後悔를 하는 일이 없다고 할 수도 없으며, 또는 贈與의 眞意가 明確하지 않기 때문에 後日에 紛爭이 일어날 것을 免할 수도 없다는데 있을 것이므로, 當然한 規定이라고 하겠다. 또 제546조의 境遇에 解除가 이미 履行한 部分에 對하여는 影響을 미치지 않는다고 規定한 것도 제546조의 趣旨가 贈與者의 生計를 維持시킴으로써 社會的·經濟的인 落伍者를 내지 않겠다는 데 있는 것이니, 生計가 아직도 破綻에 빠지지 않았을 때에 또 그러한 憂慮가 없을 때에 履行한 部分까지를 返還시킬 必要는 없을 것이니 妥當하다고 하겠다. 그러나 問題는 제545조, 即 忘恩行爲로 因한 解除의 境遇에 있다. 贈與者가 贈與를 한 後에 受贈者가 忘恩行爲를 한 境遇에는 제545조 1항과 同一한 趣旨에서 受贈者가 얻은 利得이 殘存하는 範圍 內에서 그 利得을 返還시키는 것이 衡平의 觀念에 合致할 것이다. 이 點 獨逸民法은 제531조 2항에서 贈與의 撤回가 있을 때에는 不當利得의 返還에 關한 規定에 따라 贈與한 目的物의 返還을 請求할 수 있다고 規定하고 瑞西債務法 제249조에서는 受贈者가 아직 그 利得을 喪失하지 않는 限 贈與한 物件의 返還을 請求할 수 있다고 規定하고 있다.

제557조 (贈與者의財産狀態變更과贈與의解除) 贈與契約後에贈與者의財産狀態가顯著히變更되고그履行으로因하여生計에重大한影響을미칠境遇에는贈與者는贈與를解除할 수 있다

Ⅰ. **編纂要綱**87)

Ⅱ. **案**   제546조

Ⅲ. **審議錄**, 325면 상단 ~ 하단

    2. 現行法 및 判例, 學說   現行法에는 規定 없고 新設 條文이다.

    3. 外國 立法例

    ① 獨民 제528조제1항   贈與者가贈與를實行하면自己의生計를維持하며
또는親族配偶者또는前配偶者에對하여法律上負擔할扶養의義務를履行할수없는때
에는受贈者에對하여不當利得返還의規定에따라贈與物返還을請求할수있다

    ② 瑞債 제25조(제1항, 제2항)   約束後에이르러贈與者의財産狀態의變化
를생긴까닭에贈與가심히負擔이//加重하여진境遇

    ③ 中民 제418조   贈與者에關하여贈與約定後에있어서그經濟狀態에顯著
한變更있고贈與로因하여그生計에重大한影響이있든지또는그扶養義務에履行에妨
礙있는때는贈與의履行을拒絶할수있다

    7. 結 論 : 原案에 合意

Ⅴ. **意見書**, 168면 ~ 169면 (玄勝鍾)88)

제558조 (解除와履行完了部分) 前3조의規定에依한契約의解除는이미履行한
    部分에對하여는影響을미치지아니한다

Ⅱ. **案**   제547조

Ⅲ. **審議錄**, 325면 하단 ~ 326면 상단

    2. 現行法 및 判例, 學說   現行法 제550조 但書와 同一하다.

    3. 外國 立法例   ① 獨民 제528조(제1항)   贈與者가贈與를實行하면
自己의生計를維持하며또는親族配偶者또는前配偶者에對하여法律上負擔할扶養의

---

87) 증여계약에 관하여 特別取消原因을 인정한다는 편찬요강 항목에 대하여는 앞의 민법 제
    556조 Ⅰ.(812면) 참조.

88) 앞의 812면 이하에서 보는 대로, 이『의견서』[126]항의 내용 중에는 민법안 제546조에 대
    한 것도 포함되어 있다.

義務를履行할수없는때에는受贈者에對하여不當利得返還의規定에따라贈與物返還을請求할수있다　但受贈者는生計에必要한額數를支拂하여返還을免할수있다　受贈者의義[326면]務에對하여는제706조의規定및親族의算料義務에關한제1613조의規定및贈與者死亡의境遇에있어서는제1615조의規定도準用한다

　　② 中民 제408조　　　贈與物이아직交付되지않는期間은贈與者는그贈與를取消할수있다　그一部가이미交付되었을때에는그아직交付되지않는部分에對하여이를取消할수있다　前項의規定은證書를作成한贈與또는道德上의義務를履行하기爲하여贈與한境遇에는이를適用하지않는다

　　③ 滿民 제541조(但書)　　　但履行이끝난部分에對하여서는그러하지않다

　　7. 結 論 : 原案에 合意

V. 意見書, 168면 ~ 169면 (玄勝鍾)[89]

제559조 (贈與者의擔保責任) ①贈與者는贈與의目的인物件또는權利의瑕疵나欠缺에對하여責任을지지아니한다　그러나贈與者가그瑕疵나欠缺을알고受贈者에게告知하지아니한때에는그러하지아니하다
　　②相對負擔있는贈與에對하여는贈與者는그負擔의限度에서賣渡人과같은擔保의責任이있다

Ⅱ. 案　　　제548조

Ⅲ. 審議錄, 326면 상단 ~ 327면 상단

　　2. 現行法 및 判例, 學說　　　現行法 제551조와 同一하다.

　　3. 外國 立法例　　① 獨民 제523조　　　贈與者는故意로權利의瑕疵를告知하지않는때는이로因하여생긴損害를受贈者에게賠償할義務를진다　贈與者가後에있어서取得할目的物의給付를約定한境遇에있어서그物의取得當時贈與者가瑕疵를알고또는重大한過失로因하여이를告知하지아니한때에는受贈者는權利의瑕疵에基因한不履行으로因하여생긴損害賠償을請求할수있다　贈與者의擔保義務에對하여는제433조제1항제434조乃至제437조제44조제2항乃至제4항제441조乃至제444조

89) 앞의 812면 이하에서 보는 대로 이『의견서』[126]항의 내용 중에는 민법안 제547조에 대한 것도 포함되어 있다.

의規定을準用한다

② 瑞債 제248조(제1항) 贈與者는贈與로因하여受贈者에게生한損害가 故意또는重大한過失로基因한境遇에만受贈者에對하여그責任을진다

③ 中民 제411조 贈與의物件또는權利에瑕疵가있어도贈與者는擔保의責任을지지않는다 但贈與者가故意로그瑕疵를告知하지않고또는그瑕疵없는것을保證한때에는受贈者에게瑕疵로因하여생긴損害에對하여賠償의義務를진다

④ 中民 제414조 負擔을附加한贈與에對하여그贈與의物件또는權利에瑕疵있는때에는贈與者는受贈者의負擔의限度內에있어서賣主와同一의擔保責任을진다

⑤ 滿民 제542조 草案과 同一하다.

[327면] 6. 審議經過 제1항 中「그러하지아니한다」를「그러하지아니하다」로 字句修正한다. (草案 제444조 等 參照)[90]

7. 結 論 : 前記 字句修正 外 原案에 合意

Ⅴ. 意見書, 172면 (玄勝鍾)

[131] 草案 제548조 제1항 中「告知하지 아니한」을「알리지 아니한」으로, 草案 제548조 제2항 中「相對負擔」을「負擔」으로 […] 修正하고 […](以下 本意見 中 同一하다).[91]

제560조 (定期贈與와死亡으로因한失效) 定期의給與를目的으로한贈與는贈與者또는受贈者의死亡으로因하여그效力을잃는다

Ⅱ. 案 제549조

Ⅲ. 審議錄, 327면 상단 ~ 하단

2. 現行法 및 判例, 學說 現行法 제552조와 同一한 趣旨이다.

3. 外國 立法例 ① 獨民 제520조 贈與者가定期給付에依한扶助를約束한때에는그義務는贈與者의死亡으로因하여消滅한다 但約束보다相違한結果가생긴때에는그러하지않다

---

90) 이는 조문정리과정에서 반영되었다.

91) 이 항목에는 이유가 붙어 있지 않다.

② 瑞債 제252조　　　贈與者定期給付의義務를진때는別段의作定이없는限그義務는義務者의死亡과같이消滅한다

③ 中民 제415조　　　定期給付贈與는贈與者또는受贈者의死亡으로因하여그效力을喪失한다 但贈與者에게反對의意思表示있었을때에는그러하지않다

④ 滿民 제543조　　　草案과同一하다.

// 7. 結論 : 原案에 合意

제561조 (負擔附贈與) 相對負擔있는贈與에對하여는本節의規定外에雙務契約 에關한規定을適用한다

Ⅱ. 案　　　제550조

Ⅲ. 審議錄, 327면 하단

2. 現行法 및 判例, 學說　　　現行法 제553조와 同一하다.

7. 結論 : 原案에 合意

제562조 (死因贈與) 贈與者의死亡으로因하여效力이생길贈與에는遺贈에關한 規定을準用한다

Ⅱ. 案　　　제551조

Ⅲ. 審議錄, 327면 하단 ~ 328면 상단

[328면] 2. 現行法 및 判例, 學說　　　現行法 제554조와 同一하다.

3. 外國 立法例　　① 瑞債 제245조(제2항)　　實行이贈與者의死亡을條件으로하는贈與는死亡處分에關한規定에따른다

② 滿民 제544조　　　草案과 同一하다.

7. 結論 : 原案에 合意

제3절 賣 買

제1관 總 則

제563조 (賣買의意義) 賣買는當事者一方이財産權을相對方에게移轉할것을約定하고相對方이그代金을支給할것을約定함으로써그效力이생긴다

Ⅱ. 案　　제552조

Ⅲ. 審議錄, 328면 상단 ~ 하단

// 2. 現行法 및 判例, 學說　　　現行法 제550조와 同一하다.

3. 外國 立法例　　① 佛民 제1582조(제1항)　　賣買라는것은當事者의一方이어떠한物을引渡할義務를지고相對方이이에그代金을支拂할義務를지는合意를말한다

② 中民 제345조　　賣買라稱함은當事者의一方은財産權을他方에移轉하고他方은代金을支拂할것을約定하는契約을말한다　當事者가目的物및그代金에關하여相互同業한때에는賣買契約은곧成立한다

③ 滿民 제545조　　草案과 同一하다.

7. 結 論 : 原案에 合意

제564조 (賣買의一方豫約) ①賣買의一方豫約은相對方이賣買를完結할意思를表示하는때에賣買의效力이생긴다
　　②前項의意思表示의期間을定하지아니한때에는豫約者는相當한期間을定하여賣買完結與否의確答을相對方에게催告할수있다
　　③豫約者가前項의期間內에確答을받지못한때에는豫約은그效力을잃는다

Ⅱ. 案　　　제553조 [다만 제2항은 "…相當한期間을定하여그期間內에賣買完結與否의確答을…"이라고 한다]

Ⅲ. 審議錄, 328면 하단 ~ 329면 상단

[329면] 2. 現行法 및 判例, 學說　　　現行法 제556조와 同一趣旨이다.

3. 外國 立法例   ① 佛民 제1589조(제1항)   賣買의豫約은目的物과 代金에關하여當事者雙方의相互의同意있는때에는賣買의效力을가진다

② 滿民 제546조   草案과 同一하다.

6. 審議經過   제2항 中「그期間內에」를 削除한다. (草案 제14조, 제126 조, 제5129[529]조 等 修正 參照)

7. 結 論 : 前記 字句修正 外 原案에 合意

Ⅳ. **법사위 수정안**   (124) 제553조中「그期間內에」를削除한다

Ⅷ. **제2독회**, 속기록 제48호, 12면 하단

○ 法制司法委員長 代理(張暻根) : [민법안 제553조 낭독] 法制司法委員 會 修正案은「그期間內에」를 削除하자는 것입니다. 아까와 마찬가지로92) 이것 은 削除하더라도 意味가 通합니다.

제565조 (解約金) ①賣買의當事者一方이契約當時에金錢其他物件을契約金, 保證金等의名目으로相對方에게交付한때에는當事者間에다른約定이없는限當 事者의一方이履行에着手할때까지交付者는이를抛棄하고受領者는그倍額을償 還하여賣買契約을解除할수있다
②제551조의規定은前項의境遇에이를適用하지아니한다

Ⅱ. **案**   제554조 賣買의當事者一方이契約當時에金錢其他物件을相對方에게 交付한때에는이를契約金또는保證金으로推定한다

契約金또는保證金은違約金의約定으로본다

Ⅲ. **審議錄**, 329면 상단 ~ 330면 상단

// 2. 現行法 및 判例, 學說   現行法 제557조에 對應하는 條文이나 그 趣旨가 다르다.

3. 外國 立法例   ① 瑞債 제158조(제1항, 제3항)   契約締結時에賦與 한手附金은이를保證金으로看做하고解約金으로看做하지않는다

解約金으로約定한때에는交付者는支拂額을抛棄하고受額者는倍額을償還

---

92) 민법 제540조(민법안 제529조)에 대한 법사위 수정안 (117)항(앞의 794면 이하) 참조.

하여契約을解除할수있다

② 佛民 제1590조   賣買의豫約의手附金으로서締結된때에는手附의受者
는그를喪失함으로써手附의受者는그倍額을返還함으로써契約의각當事者는自由로
이이를解除할수있다

6. 審議經過   ① 本條는 現行法과 달리하여 契約 當時 授受한 金錢 其
他 物件을 解約手附金으로 하지 않고 違約金(損害賠償의 豫定으로 推定 — 本
草案 제389조)으로 하였다. 그러나 우리나라의 賣買去來의 實際가 이미 契約金
으로 保證金 等의 名目으로 賣買當時 授受한 境遇에는 이를 抛棄 또는 倍額償
還함으로써 契約을 解除할 수 있는 約定解除權 留保를 意味하는 것으로 慣習에
익어졌기 때문에 現行法과 同趣旨로 本條를 修正함이 可하다. 따라서 이 境遇
는 約定解除權이므로 現行法 제557조 제2항과 같은 趣旨도 아울러 規定함이 妥
當[330면]할 것이다.

② 本條를 다음과 같이 修正한다.

「① 賣買의當事者一方이契約當時에金錢其他物件을契約金保證金等의名
目으로相對方에게交付한때에는當事者間에다른約定없는限當事者의一方이履行
에着手할때까지交付者는이를抛棄하고受領者는그倍額을償還하여賣買契約을解除
할수있다.

② 제540조의規定은前項의境遇에이를適用하지아니한다」

7. 結 論: 修正案에 合意

Ⅳ. **법사위 수정안**   (125) 제554조를다음과같이修正한다 [그 내용은 앞의
Ⅲ. 6. ②]

Ⅴ. **意見書**, 169면 ~ 170면 (玄勝鍾)

[127] 草案 제554조의 態度는 妥當하다.

[이 유]   現行 民法 제557조에서는 手附는 買受人이 賣渡人에게 交付하
는 境遇만을 規定하고 있다. 勿論 그것이 普通의 境遇이겠[170면]지만, 거꾸로
賣渡人이 買受人에게 交付하는 境遇도 있으니, 草案이 「賣買의 當事者의 一方
이 … 相對方에 交付한 때에는」으로 規定한 것은 妥當하다. 또 本條가 「契約金」
또는 「保證金」이라는 用語를 使用한 것은 우리 社會의 慣用語를 活用한 것이므
로 贊成한다.

Ⅷ. **제2독회**, 속기록 제48호, 12면 하단 ~ 13면 상단

○ 法制司法委員長 代理(張暻根) : ［민법안 제554조 및 법사위 수정안 (125) 낭독］ 이것은 지금 現行法과 비슷하게 만들자는 것입니다. 이 修正案은 … 草案은 이제 契約金 같[13면]은 것을 냈을 적에 그것을 契約金을 履行着手 하기 前에 契約金을 抛棄하거나 판 사람은 … 또 산 사람은 倍額을 償還해서 판 사람은 倍額을 返還해 가지고 解除할 수 있다 卽 解除權 留保의 性質을 띤 다 이렇게 지금 그렇게 慣習으로 되어 있었는데 이것을 없애자 卽 倍額償還이 나 契約金을 抛棄하고 解除하는 權利를 없애자는 것이 草案의 立場인데 이것을 지금 慣習上으로 그렇게 되어 있으니까 이것은 現行法과 마찬가지로 이러한 條 文을 만드는 것이 좋겠다는 趣旨에서 法制司法委員會 修正案을 낸 것입니다.

제566조 (賣買契約의費用의負擔) 賣買契約에關한費用은當事者雙方이均分하 여負擔한다

Ⅱ. **案**　　　제555조 ［다만 "當事者雙方이平均負擔한다"로 끝난다］

Ⅲ. **審議錄**, 330면 상단 ~ 하단

2. 現行法 및 判例, 學說　　　現行法 제558조와 同一하다.

3. 外國 立法例　　　① 瑞債 제188조　　　別段의合意를하지않는때또는別 段의慣習없는때에는賣主는引渡의費用特히計量및檢重의費用을負擔하고買主는이 에對하여證書作成및引受의費用을負擔한다

② 中民 제378조　　　賣買費用의負擔을法律에別段의規定이있든가또는 契 約의別段의約定이있든가또는別段의慣習있는境遇를除하고는다음의規定에依한다

1. 賣買契約의費用은當事者雙方에서平均히負擔한다
2. 權利移轉의費用目的物의辨濟地까지運送하는費用및交付의費用은賣主 에있어서負擔한다
3. 目的物受領의費用登記의費用및 辨濟地以外의場所에送付하는 費用은 買主에있어서負擔한다

③ 滿民 제547조 //　　　草案과 同一하다.

6. 審議經過　　本條의 「賣買에關한費用」은 賣買契約 締結에 要하는 費用을 意味하고 그 履行에 必要한 費用 例컨데 登記費用 引渡費用 等은 本條에 規定하는 바가 아니다. (그러나 判例는 登記費를 本條의 費用에 該當한다고 하였다)

7. 結 論 : 原案에 合意

第567條 (有償契約에의準用) 本節의規定은賣買以外의有償契約에準用한다 그러나그契約의性質이이를許容하지아니하는때에는그러하지아니하다

Ⅱ. 案　　　제556조

Ⅲ. 審議錄, 330면 하단 ~ 331면 상단

2. 現行法 및 判例, 學說　　現行法 제559조와 同一하다.

3. 外國 立法例　　① 中民 제347조　　草案과 同一하다.

② 滿民 제548조　　本節의規定은賣買以外의有償契約에이를準用한다.

// 7. 結 論 : 原案에 合意

제2관　賣買의效力

第568條 (賣買의效力) ①賣渡人은買受人에對하여賣買의目的이된權利를移轉하여야하며買受人은賣渡人에게그代金을支給하여야한다

②前項의雙方義務는特別한約定이나慣習이없으면同時에履行하여야한다

Ⅱ. 案　　　제557조 [다만 제1항은 "賣主는買主에게對하여…買主는賣主에게…"로 되어 있다]93)

Ⅲ. 審議錄, 331면 상단 ~ 하단

2. 現行法 및 判例, 學說　　現行法에는 規定이 없고 新設 條文이다.

3. 外國 立法例　　① 獨民 제433조(제1항)　　賣買契約에依하여物의賣

---

93) 계약당사자에 대한 이러한 호칭은 매매계약에 관한 민법안 제584조까지 그대로이다.

主는買主에그物을引渡하고또한그物上의所有權을取得시킬義務를진다

② 瑞債 제184조(제1항) 賣買契約으로因하여賣主는賣買의目的物을買主에引渡하고또한이物上에있어서의所有權을取得시킬義務를지고買主는賣主에代價를支拂할義務를진다 別段의合意또는慣習이없는限賣主및買主는그給付를同時에引換으로履行하여야한다

③ 佛民 제1602조 // 賣主는如何한義務를지는가를明瞭히表示하여야한다不分明또는曖昧한約款은모든賣主의不利로解釋한다

④ 佛民 제1650조 買主의重要한義務는賣買契約에있어서作定된날및場所에있어서代金을支拂함에있다

⑤ 佛民 제1612조 買主가代金의支拂을하지않는境遇에있어서는賣主가買主에對하여代金에支拂에對하여期限을許與하지않는限賣主는目的物을引渡할必要가없다

⑥ 中民 제369조 賣買의目的物과그代金의交付와는法律의別段의規定이있든가또는契約의別段의約定이있든가또는別段의慣習이있는境遇를除하고는同時에이를하여야한다

7. 結論 : 原案에 合意

V. 意見書

1. 170면 (玄勝鍾)

[128] 草案 제557조 제1항 다음에 다음과 같은 항을 新設한다.

「買受人은 賣買의 目的物을 受領할 義務가 있다」

따라서 同條 제2항 中「前項」을「前2항」으로 修正한다.

[이 유] 本條는 賣買契約에서 생기는 賣渡人과 買受人의 當然한 義務를 規定한 것이며, 案 제552조에서 當然히 생각할 수 있는 規定이다. 그런데 賣買契約의 項目에서 買受人의 受領遲滯에 關한 規定을 두기로 하였으므로([99] 參照) 前記와 같이 修正하였다. 賣渡人과 더불어 買受人의 義務를 規定하는 本條에 一括 規定하는 것이 妥當하다고 思料되므로, 本條에 買受人의 受領義務를 包含시켰다. 무릇 賣買는 賣渡人과 買受人의 信賴에 立脚한 一種의 協同體를 構成하는 것이며, 그 內容의 實現도 大概는 兩 當事者가 協力하지 않으면 完成할 수 없는 것이니까, 買受人에게도 信義誠實의 原則이 要求하는 程度로 給

與의 實現에 協力하여야 할 法律上의 義務가 있다고 생각하여야 할 것이다. 따라서 買受人은 給與를 受領하여야 할 法律上의 義務를 負擔하며, 그 不受領은 마치 賣渡人이 履行하지 않는 境遇와 마찬가지로 債務不履行이라고 보아야 할 것이다. 獨逸民法 제433조 2항도 이것을 規定化하고 있다.

2. 172면 (玄勝鍾)

[131] […] 草案 제557조 中「賣主」를「賣渡人」으로「買主」를「買受人」으로 […] 修正하고 […] (以下 本意見 中 同一하다).94)

Ⅵ. 현석호 수정안 (30) 제557조제1항中「賣主」를「賣渡人」으로「買主」를「買受人」으로各各修正하고(以下同一하다)95)同條제1항다음에제2항을다음과 같이新設하고同條제2항中「前項」을「前2항」으로修正한다

　買受人은賣買의目的物을受領할義務가있다

Ⅷ. 제2독회, 속기록 제48호, 13면 상단 ～ 중단

○ 法制司法委員長 代理(張暻根) : [민법안 제557조 및 현석호 수정안 (30) 낭독] 그런데 이 제2항은 撤回하시지요 … 이 제2항은 撤回하시는 것으로 보고 나머지에 대해서 … 撤回한 나머지에 대해서는 法制司法委員會에서 異議가 없습니다. //

用語를 고치자는 것입니다. 賣主 買主 하면 판 사람인지 산 사람인지 잘 알기가 어려우니까「賣渡人」「買受人」이렇게 하면 판 사람과 산 사람을 區別하기 좋다고 해서 이 用語를 修正하자는 것입니다.

제2항 新設하자는 것을 撤回했습니다. 그 다음에는 全部 提案하신 대로 修正案대로 通過하자는 것입니다.

제569조 (他人의權利의賣買) 賣買의目的이된權利가他人에게屬한境遇에는賣渡人은그權利를取得하여買受人에게移轉하여야한다

---

94) 이 항목에는 이유가 붙어 있지 않다.

95) 뒤의 Ⅷ.에서 보는 대로, 민법안에서의 '賣主'를 '賣渡人'으로, '買主'를 '買受人'으로 수정하는 현석호 수정안 (30)은 '以下同一하다'라는 괄호 안 부분을 포함하여 국회 본회의에서 채택되었다. 이 자료집에서도 이하에서는 민법안의 다음부터의 조문에서 '賣主' 또는 '買主'라고 된 부분이 이와 같이 수정된 것에 대하여는 더 이상 지적하지 아니한다.

II. **案**　　제558조

III. **審議錄**, 331면 下段 ~ 332면 上段

　　2. 現行法 및 判例, 學說 [332면]　　現行法 제560조와 同一趣旨이다.

　　3. 外國 立法例　　① 佛民 제1599조　　他人의物의賣買는이를無效로하고買主가그目的物이他人에屬하고있는것을알지못한때는損害賠償의義務가생긴다

　　② 滿民 제549조　　草案과 同一하다.

　　7. 結論 : 原案에 合意

제570조 (同前—賣渡人의擔保責任) 前條의境遇에賣渡人이그權利를取得하여買受人에게移轉할수없는때에는買受人은契約을解除할수있다　그러나買受人이契約當時그權利가賣渡人에게屬하지아니함을안때에는損害賠償을請求하지못한다

II. **案**　　제559조

III. **審議錄**, 332면 上段 ~ 下段

　　2. 現行法 및 判例, 學說　　現行法 제561조와 同一하다.

　　3. 外國 立法例　　① 獨民 제439조(제1항)　　權利의賣主는買主가賣買契約締結의當時權利의瑕疵를안때에는그責任을//지지않는다

　　② 滿民 제550조　　草案과 同一하다.

　　7. 結論 : 原案에 合意

제571조 (同前—善意의賣渡人의擔保責任) ①賣渡人이契約當時에賣買의目的이된權利가自己에게屬하지아니함을알지못한境遇에그權利를取得하여買受人에게移轉할수없는때에는賣渡人은損害를賠償하고契約을解除할수있다

　　②前項의境遇에買受人이契約當時그權利가賣渡人에게屬하지아니함을안때에는賣渡人은買受人에對하여그權利를移轉할수없음을通知하고契約을解除할수있다

Ⅱ. **案**　제560조

Ⅲ. **審議錄**, 332면 하단 ~ 333면 상단

　2. 現行法 및 判例, 學說　　現行法 제562조와 同一하다.

　3. 外國 立法例　① 滿民 제551조　　草案과 同一하다.

　[333면] 7. 結 論 : 原案에 合意

제572조 (權利의一部가他人에게屬한境遇와賣渡人의擔保責任) ①賣買의目的이된權利의一部가他人에게屬함으로因하여賣渡人이그權利를取得하여買受人에게移轉할수없는때에는買受人은그部分의比率로代金의減額을請求할수있다

　②前項의境遇에殘存한部分만이면買受人이이를買受하지아니하였을때에는善意의買受人은契約全部를解除할수있다

　③善意의買受人은減額請求또는契約解除外에損害賠償을請求할 수 있다

Ⅱ. **案**　제561조

Ⅲ. **審議錄**, 333면 상단 ~ 하단

　2. 現行法 및 判例, 學說　　現行法 제563조와 同一하다.

　3. 外國 立法例　① 佛民 제1636조　　買主가目的物의一部의追奪을받은境遇에있어서全部와比較하여그追奪된部分없이는買主가目的物을買受하지않는結果를生하였을때는買主는賣買를解除할수있다

　② 滿民 제552조 //　　草案과 同一하다.

　7. 結 論 : 原案에 合意

제573조 (前條의權利行使의期間) 前條의權利는買受人이善意인境遇에는事實을안날로부터, 惡意인境遇에는契約한날로부터1年內에行使하여야한다

Ⅱ. **案**　제562조

Ⅲ. **審議錄**, 333면 하단 ~ 334면 상단

2. 現行法 및 判例, 學說　　現行法 제564조와 同一하다.

3. 外國 立法例　　① 滿民 제553조　　原案과 同一하다.

[334면]　7. 結論 : 原案에 合意

제574조 (數量不足, 一部滅失의境遇와賣渡人의擔保責任) 前2조의規定은數量을指定한賣買의目的物이不足되는境遇와賣買目的物의一部가契約當時에이미滅失된境遇에買受人이그不足또는滅失을알지못한때에準用한다

Ⅱ. 案　　제563조 [다만 "…數量을指示한賣買…"라고 한다]

Ⅲ. 審議錄, 334면 상단

2. 現行法 및 判例, 學說　　現行法 제565조와 同一하다.

3. 外國 立法例　　① 滿民 제554조　　草案과 同一하다.

7. 結論 : 原案에 合意

제575조 (制限物權있는境遇와賣渡人의擔保責任) ①賣買의目的物이地上權, 地役權, 傳貰權, 質權또는留置權의目的이된境遇에買受人이이를알지못한때에는이로因하여契約의目的을達成할수없는境遇에限하여買受人은契約을解除할수있다 其他의境遇에는損害賠償만을請求할수있다

②前項의規定은賣買의目的이된不動産을爲하여存在할地役權이없거나그不動産에登記된賃貸借契約이있는境遇에準用한다

③前2항의權利는買受人이그事實을안날로부터1年內에行使하여야한다

Ⅱ. 案　　제564조

Ⅲ. 審議錄, 334면 상단 ~ 335면 상단

// 2. 現行法 및 判例, 學說　　現行法 제566조와 同一하다.

3. 外國 立法例　　① 佛民 제1638조　　賣買의目的인土地上에不表見의地役權이附着하고또한그에何等의表示없었던境遇에있어서買主가그附着을안때는買受하지않았을것으로推定될程度로重要한때는買主는契約의解除를請求할수있다

但損害賠償의請求만을함도妨害하지않는다

　　② 瑞債 제196조　　　　賣買의目的物의一部만이買主로부터追奪된境遇또는賣渡한物에對하여賣主그責任을질物上負擔있는境遇에는買主는契約의解除를要求할수없다　單純히追奪로因하여自己에生한損害의賠償만을請求할수있다　但買主가一部追奪을豫見하였드라면契約을締結하지않았을것을事情에依하여推定할수있는때는買主는契約의解除를請求할수있다

　　　　　　前項의境遇에있어서買主는賣買의目的物이아직追奪되지않는限그間에收取한利益과같이이를賣主에返還하여야한다

　　③ 滿民 제555조　　　　草案과 同一하다.

　　[335면] 7. 結　論 : 原案에　合意

Ⅴ. 意見書, 172면　(玄勝鍾)

　　[131]　[…]　草案　제564조　中「傳貰權」을　削除한다(以下　本意見　中　同一하다).96)

제576조 (抵當權,傳貰權의行使와賣渡人의擔保責任) ①賣買의目的이된不動産에設定된抵當權또는傳貰權의行使로因하여買受人이그所有權을取得할수없거나取得한所有權을잃은때에는買受人은契約을解除할수있다

　　②前項의境遇에買受人의出財로그所有權을保存한때에는賣渡人에對하여그償還을請求할수있다

　　③前2項의境遇에買受人이損害를받은때에는그賠償을請求할 수 있다

Ⅱ. 案　　　　제565조

Ⅲ. 審議錄, 335면　상단 ~ 하단

　　2. 現行法 및 判例, 學說　　　現行法 제567조와 同一趣旨이다.

　　3. 外國 立法例　　① 瑞債 제192조　　　　賣主는第3者가契約締結의當時이미存在한權原에基因하여賣買의目的物의全部또는一部가買主로부터追奪되지않는것에對하여擔保하여야한다　買主가契約締結當時에있어서追奪의危險을안때에는

---

96) 이 항목에는 별다른 이유가 붙어 있지 않다.

賣主는明示的으로義務를受諾한限度에있어서만擔保하여야한다   擔保義務의廢棄
또는制限에關한合意는賣主가故意로第3者의權利를告知하지않는境遇에는이를無
效로한다

　　② 滿民 제557조　　　賣買의目的인不動産上에存在하는抵押權의行使로因하
여買主가그所有權//을取得할수없거나또는이를喪失한때에는그買主는契約의解除
를할수있다　　買主가出捐을하여서그所有權을保存한때에는賣主에對하여그出捐의
償還을請求할수있다　前2조어떠한境遇에있어서도買主가損害를받은때에는그賠償
을請求할수있다

　　6. 審議經過　　　① 現行法이 「先取特權또는抵當權」이라 規定하였던 것을
本 草案은 「抵當權또는傳貰權」으로 規定하였다.

　　② 本條가 現行法과 다른 點은 先取特權 代身에 傳貰權을 規定하였는바 草
案에서 先取特權制度는 이를 採擇하지 않았고 傳貰權者는 草案 제308조에 依하
여 競賣請求權이 있으므로(이 點 傳貰權者는 優先辨濟를 받을 權利는 없으나
競賣請求에 關한 限 擔保物權과 類似하다) 本條의 立法은 安當하다.(滿民은 傳
貰權에 該當하는 典權制度를 採擇하였으나 典權者의 競賣請求權은 認定하지 아
니한 關係로 本條에 對應하는 滿民 제557조에 典權을 規定하지 않았다)

　　7. 結 論 : 原案에 合意

V. 意見書, 172면 (玄勝鍾)

　　[131]　[…] 草案 제565조 中 「目的 된」을 「目的이 된」으로 [···] 修正한다
(以下 本意見 中 同一하다).97)98)

제577조 (抵當權의目的이된地上權,傳貰權의賣買와賣渡人의擔保責任) 前條의 規定은抵當權의目的이된地上權또는傳貰權이賣買의目的이된境遇에準用한다

Ⅰ. 編纂要綱　　　제3절 賣買　　　9. 抵當權의 目的이 되는 地上權을 賣買의
目的으로 한 境遇에도 그 抵當權의 行使로 因하여 그 地上權 또는 永小作
權을 取得하지 못하거나 이를 喪失한 境遇에 567조를 準用하는 規定을

---

97) 이 항목에는 이유가 붙어 있지 않다.
98) 한편 이 수정 항목은 뒤에 조문정리과정에서 반영되었다.

두도록 할 것

Ⅱ. **案**　　　제566조 [다만 민법에서 ‘目的이된’의 부분은 두 번 모두 ‘目的된’
으로 되어 있다]

Ⅲ. **審議錄**, 335면 하단 ~ 336면 상단

2. 現行法 및 判例, 學說　　　現行法에는 規定이 없고 新設 條文이나 學說
上 本條와 同一한 結論에 到達하고 있다. [336면] (草案 제362조 參照)

3. 外國 立法例　　　① 滿民 제558조　　　草案과 同一하다.

6. 審議經過　　　「目的된境遇에」를 「目的이된境遇에」로 字句修正한다.

7. 結 論 : 原案에 合意

Ⅷ. **제2독회**, 속기록 제48호, 13면 중단

○ 法制司法委員長 代理(張暻根) : [민법안 제566조 낭독] 여기에 對해서
法制司法委員會의 修正案은 … 아! 이것 잘못 되었습니다. 이것은 修正案을 撤
回합니다. 文句가 원체 있는 것을 「프린트」를 잘못 보았던 것입니다.99)

제578조 （競賣와賣渡人의擔保責任) ①競賣의境遇에는競落人은前8조의規定
에依하여債務者에게契約의解除또는代金減額의請求를할수있다
　　②前項의境遇에債務者가資力이없는때에는競落人은代金의配當을받은債權
者에對하여그代金全部나一部의返還을請求할수있다

---

99) 이에는 약간의 곡절이 있다. 앞의 『심의록』에도 나와 있지 않으나, 민법안심의소위원회는
애초 민법안 제566조가 “前條의規定은目的이된地上權또는傳貰權이賣買의目的이된境遇에準用
한다”라고 되어 있는 것을 전제로 하여서 거기의 ‘目的이된 地上權’ 앞에 ‘抵當權의’을 삽입
한다는 수정안을 제안하였던 것이다. 이는『민법안의견서』, 203면 이하에 ‘부록’으로 수록
되어 있는 「民法草案과 修正案과의 對照」 중에 위와 같은 법사위 수정안이 그 (126)항으로
올라 있는 것에서 확인될 수 있다(위 의견서, 부록 83면 하단). 그러나 사실은 민법안 제
566조에는 애초부터 법사위 수정안대로 ‘抵當權의’가 들어 있었다. 장경근은 본문의 『정기
국회 속기록』에서 보는 대로 이러한 사실을 국회 제2독회의 심의석상에서 비로소 발견하
고 그 수정안 (126)항을 철회하였던 것이다. 그런데 민법안은 물론이고 법사위 수정안, 현
석호 수정안 등이 전체적으로 수록되어 있는『[제3대 국회] 제26회 국회정기회의 속기록
제42호 (부록)』에는 위 원래의 법사위 수정안 (126)항은 아예 빠져 있고, 뒤의 민법안 제
576조에 대하여 나온 법사위 수정안이 그 (126)항으로 수록되어 있다. 이하 본 자료집에서
의 법사위 수정안 항목 번호는 위『속기록 제42호 (부록)』에 따른다.

③前2항의境遇에債務者가物件또는權利의欠缺을알고告知하지아니하거나
債權者가이를알고競賣를請求한때에는競落人은그欠缺을안債務者나債權者에
對하여損害賠償을請求할수있다

Ⅱ. **案**   제567조 [다만 제1항은 "强制競賣의境遇에는"으로 시작한다]

Ⅲ. **審議錄**, 336면 상단 ~ 하단

  2. 現行法 및 判例, 學說   現行法 제568조와 同一이다.

  3. 外國 立法例 //   ① 滿民 제559조   强制執行法拍賣法其他法令의
規定에依해서만[하는]競賣의境遇에있어서는競落人은前9조의規定에依하여債務
者에對하여契約의解除를하고또는代金의減額을請求할수있다

      前項의境遇에있어서債務者가無資力한때에는競落人은代金의配當을받은
債權者에對하여그代金의全部또는一部의返還을請求할수있다

      前2항의境遇에있어서債務者가物또는權利의欠缺을알고이를申立하지않고
또債權者가이를알고競賣를請求한때에는競落人은그過失者에對하여損害賠償의請
求를할수있다

  6. 審議經過   ① 제2항 中「債務者의」를「債務者가」로 字句修正한다.

  ② 本條의 强制競賣는 民訴法에 依한 所謂 强制競賣와 擔保物權 行使로서
의 競賣法에 依한 所謂 任意競賣를 包含하는 것이다. 따라서 다음과 같이 修正
함이 可하다.

  ③ 제1항 中「强制競賣」를「競賣」로 字句修正하[한]다.

  7. 結論 : 前記 字句修正 外에 原案에 合意

Ⅳ. **법사위 수정안**   (126) 제567조제1항中「强制競賣」를「競賣」로修正한다

Ⅷ. **제2독회**, 속기록 제48호, 13면 하단

  ○ 法制司法委員長 代理(張暻根) : [민법안 제567조 낭독] 여기에 對해서
法制司法委員會의 修正은 제567조 제1항 中「强制競賣」를「競賣」로 修正하자는
것입니다. 이 草案文句대로 하면 任意競賣는 包含하지 않는 것입니다. 卽 任意
競賣라고 하는 것은 抵當權에 依해서 申請하는 任意競賣, 이것은 반드시 그런
뜻입니다. 그래서 이것은 誤解 사지 않기 爲해서 强制競賣를 競賣로 修正하자
는 것입니다.

제579조 (債權賣買와賣渡人의擔保責任) ①債權의賣渡人이債務者의資力을擔保한때에는賣買契約當時의資力을擔保한것으로推定한다

　　②辨濟期에到達하지아니한債權의賣渡人이債務者의資力을擔保한때에는辨濟期의資力을擔保한것으로推定한다

Ⅱ. **案**　　　제568조 [다만 제2항은 "辨濟期에이르지아니한債權"으로 시작한다]

Ⅲ. **審議錄**, 336면 하단 ~ 337면 상단

　　[337면] 2. 現行法 및 判例, 學說　　現行法 제569조와 同一이다.

　　3. 外國 立法例　　① 獨民 제438조　　債權의賣主가債務者의支拂能力을擔保한때에는疑義있는때는讓渡의當時에支拂能力만을擔保한것으로한다

　　② 中民 제352조　　債權의賣主는債務者의支拂能力에對하여契約의別段의約定있는境遇를除外하고는擔保의責任을지지않는다

　　　　賣主가債務者의支拂能力에對하여擔保責任을진때에는債權移轉時의債務者의支拂能力을擔保한것으로推定한다

　　③ 滿民 제564조　　債權의賣主가債務者의資力을擔保한때에는契約當時에있어서의資力을擔保한것으로推定한다　辨濟期에到來하지않는債權의賣主가債務者의將來의資力을擔保한때에는辨濟期의資力을擔保한것으로推定한다

　　7. 結 論 : 原案에 合意

제580조 (賣渡人의瑕疵擔保責任) ①賣買의目的物에瑕疵가있는때에는제575조제1항의規定을準用한다　그러나買受人이瑕疵있는것을알았거나過失로因하여이를알지못한때에는그러하지아니하다

　　②前項의規定은競賣의境遇에適用하지아니한다

Ⅱ. **案**　　　제569조 [다만 위 민법 제1항 단서는 없다]

Ⅲ. **審議錄**, 337면 상단 ~ 338면 상단

　　// 2. 現行法 및 判例, 學說　　現行法 제570조와 同一趣旨이다.

　　3. 外國 立法例　　① 獨民 제459조　　物의賣主는買主에對하여危險이

買主에移轉한當時物의價格或은物의通常의使用또는契約上豫定한使用에對한適性
을消滅또는減少시킬瑕疵없는것을擔保한다　價格또는適性의顯著하지않는減少는
이를不問한다

　　　賣主는또物이危險移轉의當時保證한性質을가진것을擔保한다

　　② 佛民 제1642조　　　賣主는明白한瑕疵또는買主에있어서스스로確認하여
얻는瑕疵에對하여그責任을지지않는다

　　③ 佛民 제1643조　　　賣主는隱蔽된瑕疵에對하여스스로알수가없었던때라
도그責任을진다　但이境遇에있어서도何等擔保의責任을지지않는뜻으로約定한때
에는그러하지않다

　　④ 滿民 제560조 (제1항 前段) (제3항)　　　賣買에目的物의瑕疵있는때에는
제555조의規定을準用한다

　　　前2항의規定은强制執行法拍賣法其他法令의規定에依해서만[하는]競賣의
境遇에는이를適用하지않는다

　　[338면] 6. 審議經過　　① 本條는 現行法 제570조의 規定에 있어서의「
隱蔽된瑕疵」라는 文言을 削除하였는바 이러한 規定으로서는 買主가 그 瑕疵를
알았거나 또는 過失로 因하여 알지 못한 境遇도 本條를 適用을 할 수 있는 것
으로 잘못 解釋될 念慮가 不無하므로 現行法 또는 滿民 제560조와 같이 要件을
詳細히 規定하도록 修正함이 可하다. 本條가 草案 제564조 제1항만 準用한 것
은 제2항은 準用할 必要 없고 제3항의 準用 代身에 草案 제570조를 設한 것이다.

　　② 本條 제1항 但書를 다음과 같이 新設한다.

　　「그러나買主가瑕疵있는것을알었거나過失로因하여이를알지못한때에는그
러하지아니하다」

　　7. 結 論 : 前記 修正案 外 原案에 合意

Ⅳ. **법사위 수정안**　　(127)　제569조제1항中但書를다음과같이新設한다 [그
내용은 Ⅲ. 6. ②]

Ⅷ. **제2독회**, 속기록 제48호, 13면 하단 ~ 14면 상단

　　○ 法制司法委員長 代理(張暻根) :　[민법안 제569조 및 법사위 수정안
(127) 낭독]　　이것은 왜 그런고 하니 草案은 現行法 507조에 依해서 소위 隱
蔽된 瑕疵라는 그 文句를 썼는데 이 隱蔽된이라는 文句가 草案에는 없습니다.

그러면 隱蔽된다는 것은 무슨 뜻인고 하니 善[14면]意의 無過失을 意味하는 것인데 산 사람이 처음에 살 적에 그런 瑕疵가 흠재비가 있는 것을 몰랐고 또 모르는 데 對해서 過失이 없었다. 이것을 했는데 萬一 이것을 省略하면 어떻게 되는고 하니 善意無過失하지 않은 때 惡意 때도 瑕疵을 請求할 수 … 흠재비 있는 것을 알고 산 때에도 나중에 이것 瑕疵가 있다고 고쳐달라고 그렇게 主張할 念慮가 있습니다.

그러니까 善意 無過失을 要件으로 해서만 산 사람의 權利를 認定하도록 하기 위해서 이 但書를 넣자는 것입니다.

제581조 (種類賣買와賣渡人의擔保責任) ①賣買의目的物을種類로指定한境遇에도그後特定된目的物에瑕疵가있는때에는前條의規定을準用한다

②前項의境遇에買受人은契約의解除또는損害賠償의請求를하지아니하고瑕疵없는物件을請求할 수 있다

I. **編纂要綱** 제3절 賣買 10. 不特定物賣買의 境遇에도 570조를 準用하도록 할 것

II. **案** 제570조

III. **審議錄**, 338면 상단 ~ 하단

2. 現行法 및 判例, 學說 現行法에는 規定 없고 新設 條文이다.

3. 外國 立法例 ① 獨民 제480조(第1항) 種類로서만作定한物의買主는解除또는減額대신瑕疵없는物의引渡를請求할수있다

② 獨民 제459조 (前條 立法例 參照)

③ 中民 제346조 代金에關하여아직具體的으로아직約定하지않아도事情에依하여作定할수있는때에는代金이作定되어있는것으로看做한다

代金에關하여市價에依할것을約定한때에는目的物의辨濟時의辨濟地의市價로看做한다 但契約에別段의約定있는때는그러하지않다

④ 滿民 제561조 (제1항) (제2항) 賣買의目的物을指示하는데種類만으로서指示한境遇에있어서給付한目的物에瑕疵있는때는前條의規定을準用한다

前項의[外]의境遇에있어서買主는契約의解除또는損害賠償의請求를하지
않고다시瑕疵없는物로써交付할것을請求할수있다

　7. 結 論 : 原案에 合意

V. 意見書, 171면 (玄勝鍾)

　[129] 草案 제570조의 新設에 贊成한다.

　[이 유]　　本條는 案 제569조에 關한 從來의 學說 및 判例의 對立을 立
法으로 解決한 新設 條文이며, 獨逸民法 제480조, 瑞西債務法 제206조와 步調
를 같이하는 規定이다. 卽 賣渡人의 瑕疵擔保責任에 關한 現行 民法 제570조에
對하여, 多數 學說은 그것이 特定物의 賣買에 限하여서만 適用된다고 主張함에
對하여, 判例는 不特定物의 賣買에 關하여서도 적어도 一旦 履行이 있으면 該
條를 適用하여야 한다는 理論을 展開하였다. 이 學說과 判例의 理論에는 各各
簡單히는 首肯할 수 없는 難點이 있었는데, 草案은 이 對立된 問題를 解決하여
現行 民法 제570조에 該當하는 案 제569조를 多數 學說에 따라 特定物에 局限
하여 適用되는 것으로 할 意圖에서 不特定物의 賣渡人의 瑕疵擔保責任에 關하
여는 제570조를 新設하였다.

제582조 (前2조의權利行使期間) 前2조에依한權利는買受人이그事實을안날로부터6月內에行使하여야한다

II. 案　　제571조

III. 審議錄, 338면 하단 ~ 339면 상단

　2. 現行法 및 判例, 學說　　現行法에는 規定이 없고 新設 條文이다. 但
現行法 제570조에 依하여 準用된 現行法 제566조 제3항 代身의 規定이다.

　3. 外國 立法例　　① 中民 제365조　　買主가物에瑕疵있는것으로因하
여契約을解除하거나또는代金의減額을請[339면]求할수있는때는그解除權또는請
求權은物의交付後6個月間行使하지않을때에는消滅한다

　　　前項의規定은賣主가故意로瑕疵를告하지아니한때에는이를適用하지않
는다

② 滿民 第561조 (제3항)   前項의定한請求는買主가事實을안때로부터1年以內에이를하여야한다

7. 結 論 : 原案에 合意

제583조 (擔保責任과同時履行) 第536조의規定은제572조乃至제575조,제580조및제581조의境遇에準用한다

Ⅱ. 案   제572조

Ⅲ. 審議錄, 339면 상단 ~ 하단

2. 現行法 및 判例, 學說   現行法 제571조와 同一趣旨이다.

3. 外國 立法例   ① 獨民 제440조 (제1항)   賣主가제433조乃至제437조,제439조에따라負擔한義務를履行하지않는境遇에는買主의權利는제320조乃至제327조의規定에따라이를定한다

// ② 滿民 제562조   草案과 同一하다.

7. 結 論 : 原案에 合意

제584조 (擔保責任免除의特約) 賣渡人은前15조에依한擔保責任을免하는特約을한境遇에도賣渡人이알고告知하지아니한事實및第3者에게權利를設定또는讓渡한行爲에對하여는責任을免하지못한다

Ⅱ. 案   제573조

Ⅲ. 審議錄, 339면 하단 ~ 340면 상단

2. 現行法 및 判例, 學說   現行法 제572조와 同一하다.

3. 外國 立法例   ① 獨民 제476조   賣主의瑕疵擔保의義務를免除하거나 또는制限하는合意는賣主가故意로瑕疵를默秘한때에는이를無效로한다

② 瑞債 제199조   擔保義務의廢棄또는制限에關한合意는賣主가擔保瑕疵를하고故意로이를買主에告知하지아니한때에는無效이다

[340면] ③ 中民 제366조   特約으로써權利또는物에關한買主의瑕疵擔保

의 義務를 免除하고또는 制限한 境遇에있어서 賣主가 故意로 그 瑕疵를 告知하지아니한 때에는 그 特約은 無效이다

④ 滿民 제563조   草案과 同一하다.

7. 結 論 : 原案에 合意

제585조 (同一期限의推定) 賣買의當事者一方에對한義務履行의期限이있는때 에는相對方의義務履行에對하여도同一한期限이있는것으로推定한다

Ⅱ. 案   제574조

Ⅲ. 審議錄, 340면 상단 ~ 하단

2. 現行法 및 判例, 學說   現行法 제573조와 同一하다.

3. 外國 立法例   ① 瑞債 제213조 (제1항)   別段의時期를定하지않 는限代價는賣買目的物이買主의占有에移轉함과同時에그辨濟期가到來한다

② 中民 제370조 //   目的物의交付에對하여期限의作定있는때는그期限 은그代金交付의期限인것으로推定한다

③ 滿民 제565조   賣買의目的物의引渡에對하여期限있는때는代金支拂에 對하여도또한同一의期限을붙인것으로推定한다

7. 結 論 : 原案에 合意

제586조 (代金支給場所) 賣買의目的物의引渡와同時에代金을支給할境遇에는 그引渡場所에서이를支給하여야한다

Ⅱ. 案   제575조

Ⅲ. 審議錄, 340면 하단 ~ 341면 상단

2. 現行法 및 判例, 學說   現行法 제574조와 同一하다.

3. 外國 立法例   ① 佛民 제1651조   代金의支拂에對하여賣買當時에 있어서何等의作定없는때는買主는目的物이引渡할場所및時에있어서代金을支拂하 여야한다

② 中民 제371조   目的物과代金을同時에交付할때는代金은目的物交付場
所에있어서이를交付하여야한다

[341면] ③ 滿民 제566조   草案과 同一하다.

7. 結 論 : 原案에 合意

제587조 （果實의歸屬,代金의利子）賣買契約있은後에도引渡하지아니한目的
物로부터생긴果實은賣渡人에게屬한다   買受人은目的物의引渡를받은날로부
터代金의利子를支給하여야한다   그러나代金의支給에對하여期限이있는때에
는그러하지아니하다

Ⅱ. 案   제576조

Ⅲ. 審議錄, 341면 상단 ~ 하단

2. 現行法 및 判例, 學說   現行法 제575조와 同一하다.

3. 外國 立法例   ① 獨民 제446조 (제1항 後段)   그引渡時부터收益
은買主에屬하고또賣主는物의負擔을진다

② 滿民 제567조   아직引渡하지않는賣買의目的物이果實을生한때에는그
果實은買主에屬한다 買主는引渡한날부터代金의利息을支拂할義務를진다 但代金
의支拂에對하여期限있는때는그期限이到來할때까지는利息을支拂할必要는없다

// 7. 結 論 : 原案에 合意

제588조 （權利主張者가있는境遇와代金支給拒絶權）賣買의目的物에對하여權
利를主張하는者가있는境遇에買受人이買受한權利의全部나一部를잃을念慮가
있는때에는買受人은그危險의限度에서代金의全部나一部의支給을拒絶할수있
다 그러나賣渡人이相當한擔保를提供한때에는그러하지아니하다

Ⅱ. 案   제577조 [다만 본문은 "賣買의目的物에對하여權利를主張하는者있
어買受人이"로 시작한다]

Ⅲ. 審議錄, 341면 하단 ~ 342면 상단

2. 現行法 및 判例, 學說　　現行法 제576조와 同一하다.

3. 外國 立法例　　① 滿民 제568조 (제1항)　　草案과 同一하다.

// 7. 結 論 : 原案에 合意

제589조 (代金供託請求權) 前條의境遇에賣渡人은買受人에對하여代金의供託 을請求할 수 있다

Ⅱ. 案　　　제578조

Ⅲ. 審議錄, 342면 하단

2. 現行法 및 判例, 學說　　現行法 제578조와 同一趣旨이다.

3. 外國 立法例　　① 滿民 제568조 (제2항)　　草案과 同一하다.

7. 結 論 : 原案에 合意

** 매매 목적물에 담보물권 있는 경우의 대금지급거절권에 관한 규정(의용민법 제577조 참조)에 관한 문제

Ⅲ. 審議錄, 342면 상단

補 遺　　草案은 現行法 제577조[100](擔保物權이 있는 境遇에 滌除節次 終 了까지의 代金支給拒絶權)에 該當하는 規定을 設하지 않았다. 草案이 抵當權에 關하여 滌除制度를 採擇치 아니하였으므로 이에 關聯되는 規定을 設하지 아니 한 것은 當然하다.

제3관 還 買

제590조 (還買의意義) ①賣渡人이賣買契約과同時에還買할權利를保留한때에

---

[100] 의용민법 제577조 : "① 매수한 부동산에 대하여 저당권의 등기가 있는 때에는 매수인은 저당권소멸청구의 절차를 종료하기까지 그 대금의 지급을 거절할 수 있다. 그러나 매도인 은 매수인에 대하여 지체 없이 저당권소멸청구를 할 것을 청구할 수 있다. ② 전항의 규정 은 매수한 부동산에 대하여 선취특권 또는 질권의 등기가 있는 경우에도 이를 준용한다."

는그領收한代金및買受人이負擔한賣買費用을返還하고그目的物을還買할수
있다

②前項의還買代金에關하여特別한約定이있으면그約定에依한다

③前2항의境遇에目的物의果實과代金의利子는特別한約定이없으면이를相
計한것으로본다

Ⅱ. 案   제579조

Ⅲ. 審議錄, 342면 하단 ~ 343면 상단

2. 現行法 및 判例, 學說   現行法 제579조와 同一趣旨이나 제2항은 新
設 條文이다.

3. 外國 立法例   ① 獨民 제497조 (제1항 前段)   賣主가賣買契約에
있어서買戻權을保留한때는賣主가買主에對하여買戻權을行使할것을表示함으로써
買戻는成立한다

② 瑞債 제216조   土地를目的으로한賣買契約은그를有效하기爲하여는公
의證書作成이必要하다   豫約및買取權또는買還權을土地上에設定하는契約은그를
有하게하기爲하여公의證書를作成함이必要하다

先買契約은書面의方式으로써한때에는有效이다

③ 佛民 제1659조   買戻權이라는것은賣主가主된代金을返還하여또는제
1673조에規定한償還을하여賣買의目的物을取還할것을保留하는約款으로부터생기
는것을말한다

④ 中民 제379조   賣主가賣買契約에있어서買還의權利를保留한때에는그
受領한代金을返還하여그目的物을買效할수있다

[343면] 前項의買還의代金에對하여別段의契約있는때그特約에따른다.

原代金의利息과買主의目的物에對하여얻은利益은相互로相殺한것으로看
做한다

(滿民에는 賣買[還買]에 關한 規定이 없다)

6. 審議經過   ①「領受」를「領收」로 字句修正한다.(제462조 參照)

② 제3항의 新設은 中民 379조의 立法例에 따른바 賣買代金에 關하여 特約
을 할 境遇가 있으므로 그 效力을 認定하는 趣旨로서 妥當하다.

③ 現行法이 不動産에 對하여서만 買賣[還買]를 規定하였던 것[101]을 草案

은 그 範圍를 擴張하여 不動産에 限하지 아니한 것은 賣買[還買]制度가 債權擔保的 作用을 하는 데 비추어 擔保目的[物] 範圍의 擴張의 趣旨에서 妥當하다. (例 不動産 動産을 合한 工場을 目的으로 하는 事例 等 參考)

7. 結 論 : 前記 字句修正 外 原案에 合意

제591조 (還買期間) ①還買期間은不動産은5年,動産은3年을넘지못한다 約定期間이이를넘는때에는不動産은5年,動産은3年으로短縮한다

②還買期間을定한때에는다시이를延長하지못한다

③還買期間을定하지아니한때에는그期間은不動産은5年,動産은3年으로한다

Ⅱ. **案**   제580조 還買期間은5年을超過하지못한다 約定期間이이를超過한때에는5年으로短縮한다 [제2항은 위 민법과 같다]

還買期間을定하지아니한때에는그期間은5年으로한다

Ⅲ. **審議錄**, 343면 상단 ~ 하단

2. 現行法 및 判例, 學說   現行法 제580조와 同一趣旨이나 제1항의期間이 5年으로 短縮되었다. //

3. 外國 立法例   ① 獨民 제503조   買戾權은그保留의合意後土地에 對하여는3年內其他의物에이하여는3年內에만이이를行使할수있다

但買戾權行使에對하여期間을作成한때에는이로써法定期間을대신한다

② 佛民 제1660조   買戾權은5年을超過하는期間으로서約定할수없다

萬一이보다긴期間을約定한때는이를5年으로短縮한다

③ 中民 제380조   買還의期限은5年을超過할수없다 約定한期限이이보다 긴때에는短縮하여5年으로한다

7. 結 論 : 原案에 合意

Ⅴ. **意見書**, 171면 ~ 172면 (玄勝鍾)

[130] 草案 제580조 中「5年」을「不動産은 5年, 動産은 3年」으로 修正한다.

---

101) 의용민법 제579조 내지 제585조는 '買戾(매려)'라는 이름 아래 부동산의 환매에 대하여 규정하고 있다.

[이 유]　　現行 民法의 買戾制度는 不動産에 限하여 適用되었으나(現行 民法 제579조 參照), 草案에서는 그러한 制限文句를 두지 않았을 뿐더러, 案 제581조가 不動産還買의 境遇의 特殊事情을 別途로 規定한 것 等으로 미루어 보아, 還買制度는 不動産·動産의 區別없이 適用되는 것을 前提로 하고 있다. 그런데 草案 제580조에서 還買期間을 5年으로 定한 것은 現行 民法이 10年으로 定하고 있는 것에 比하면(제580조) 5年이 短縮되었는데, 그 理由는 賣渡人이 長期間 還買權을 行使할 수 있게 함으로써 賣買物件의 經濟的 利用에 障碍를 일으킬 憂慮가 있으므로 그 障碍를 可能한 限 적게 하자는 데 있는 것으로 생[172면]각된다. 이런 立法趣旨를 考慮할 때에 不動産의 還買期間을 5年으로 하는 것은 無妨하다고 하겠거니와, 動産의 還買期間까지도 5年으로 하는 것은 去來界에 있어서의 動産의 地位에 비추어 보아 지나치게 긴 感이 있으므로 3年으로 短縮하자는 것이 多數意見이다. 參考 삼아 附言하면, 獨逸民法 제503조에서는 不動産은 30年, 動産은 3年으로 되어 있다. 또 動産을 3年으로 함은 無妨하거니와, 不動産의 還買期間을 5年으로 함은 去來의 面만을 考慮한 것이며 不合理하게 期間이 짧은 것이다. 不動産의 買受人은 短期間 內에 還買를 當할 것이니, 不動産 自體의 社會的 價値·經濟的 價値 또는 質의 面을 向上시키려는 意慾은 全然 가지지 않게 되고, 短期間 內에 不動産 自體야 어떻게 되든 最大限의 收益만 하면 된다고 생각할 것이니, 不動産 自體의 保存價値의 向上을 爲하여 還買期間을 長期間으로 하여야 한다는 少數意見도 있었음을 附言하여 둔다.

Ⅵ. 현석호 수정안　　(31) 제580조中「5年」을「不動産은5年,動産은3年」으로修正한다

Ⅷ. 제2독회, 속기록 제48호, 14면 상단 ~ 중단

○ 法制司法委員長 代理(張暻根) : [민법안 제580조 및 현석호 수정안 (31) 낭독] 이것은 動産 不動産 差別을 안 지운 것이 草案의 立場인데 玄錫虎 議員 修正案은 動産은 좀 짧은 期間으로 하고 不動産은 긴 期間으로 하자는 것이 玄錫虎 議員의 修正案 趣旨올시다. 法制司法委員會에서도 여기에 對해서 異議가 없//습니다.

제592조 (還買登記) 賣買의目的物이不動産인境遇에賣買登記와同時에還買權
의保留를登記한때에는第3者에對하여그效力이있다

Ⅱ. 案　　제581조

Ⅲ. 審議錄, 343면 하단 ~ 344면 상단
　　2. 現行法 및 判例, 學說　　現行法 제581조 제1항과 同一趣旨이다.
　　[344면] 6. 審議經過　　現行法 제581조 제2항[102]에 該當하는 規定을 草
案에 設하지 아니한 것은 賃借權을 公示의 原則에 對한 例外를 認定하면서까지
還買權에 對抗시킬 必要가 없기 때문이다. 이 點은 抵當權者에 對한 短期賃借
權의 保護를 規定한 現行法 제395조를 草案이 採擇하지 아니한 것과 同一한 態
度이다.
　　7. 結論 : 原案에 合意

제593조 (還買權의代位行使와買受人의權利) 賣渡人의債權者가賣渡人을代位
하여還買하고저[자]하는때에는買受人은法院이選定한鑑定人의評價額에서賣
渡人이返還할金額을控除한殘額으로賣渡人의債務를辨濟하고剩餘額이있으면
이를賣渡人에게支給하여還買權을消滅시킬수있다

Ⅱ. 案　　제582조

Ⅲ. 審議錄, 344면 상단 ~ 하단
　　2. 現行法 및 判例, 學說　　現行法 제582조와 同一趣旨이다. //
　　7. 結論 : 原案에 合意

제594조 (還買의實行) ①賣渡人은期間內에代金과賣買費用을買受人에게提供
하지아니하면還買할權利를잃는다
　　②買受人이나轉得者가目的物에對하여費用을支出한때에는賣渡人은제203

조의規定에依하여이를償還하여야한다 그러나有益費에對하여는法院은賣渡
人의請求에依하여相當한償還期間을許與할 수 있다

Ⅱ. 案 제583조

Ⅲ. 審議錄, 344면 하단 ~ 345면 상단

2. 現行法 및 判例, 學說 現行法 제583조와 同一한 趣旨이다.
3. 外國 立法例 ① 佛民 제1673조(제1항) 買戾의約款을行使할야
하는者는主된代金外賣買의費用및正當한出費必要한修繕費및그元本의價値를增加
시킨費用을增加額의限度에있어서返還하여야한다 賣主는이러한모든義務를履行
한뒤가아니면目的物을受領할수없다
[345면] ② 獨民 제500조(前段) 買戾人은買戾前에賣買의目的物에對하
여費用을支出한때에는目的物이이로因하여增價한限度에있어서償還을請求할
수있다
③ 中民 제381조 賣買의費用을買主가支出한때에는買還人은買還의代金
과같이이를償還하여야한다
買還의費用은買還人이負擔한다
④ 滿民 제382조[103] 債務의不履行에關하여債權者에過失이있었을때에
는法院은損害賠償의責任및그金額을定함에있어이것을參酌하여야한다
7. 結 論 : 原案에 合意

제595조 (共有持分의還買) 共有者의一人이還買할權利를保留하고그持分을賣
渡한後그目的物의分割이나競賣가있는때에는賣渡人은買受人이받은또는받을
部分이나代金에對하여還買權을行使할수있다 그러나賣渡人에게通知하지아
니한買受人은그分割이나競賣로써賣渡人에게對抗하지못한다

---

103) 만주국민법 제382조는 여기에서 보는 바와 같이 채무불이행에서의 과실상계에 관한 규정
이다. 따라서『심의록』, 237면 하단에 인용되어 있는 대로(이『자료 집성』의 663면 참조) 이
는 민법안 제387조(민법 제396조)와 관련되는 것으로서, 還買와는 무관하다. 민법안 제583
조와 관련하여서는, 앞의 중화민국민법 제381조에 이어지는 동법 제382조("매수인이 목적
물의 개량을 위하여 지출한 비용 및 기타의 유익비용으로 가치를 증가시킨 때에는 還買人
은 이를 상환하여야 한다. 다만 현존하는 증가액에 한한다")를 특히 민법안 제583조 제2항
에 관한 '외국 입법례'로 인용하였어야 했을 것이다.

Ⅱ. 案   제584조

Ⅲ. 審議錄, 345면 상단 ~ 하단

   2. 現行法 및 判例, 學說   現行法 제584조와 同一趣旨이다. //

   7. 結論 : 原案에 合意

** 공유지분의 환매 특약이 있는 경우 매수인이 경락인이 된 때의 처리에 관한 규정(의용민법 제585조 참조)에 관한 문제

Ⅲ. 審議錄, 345면 하단

   補遺   現行法 제585조[104](共有持分의 還買特約 있는 境遇에 있어서 買主가 競落人이 된 때의 處理)에 該當하는 規定을 草案은 設하지 아니하였다. 共有持分의 還買權 있는 者에게 共有物 全體의 還買權을 認定함은 過하므로 草案의 態度는 妥當하다.

제4절 交 換

제596조 (交換의意義) 交換은當事者雙方이金錢以外의財産權을相互移轉할것을約定함으로써그效力이생긴다

Ⅱ. 案   제585조 [다만 "…財産權을互相移轉할것을約定…"이라고 한다]

Ⅲ. 審議錄, 345면 하단 ~ 346면 상단

   2. 現行法 및 判例, 學說   現行法 제586조제1항과 同一하다.

   3. 外國 立法例 [346면]   ① 獨民 제515조   交換에關하여는賣買에關한規定을準用한다

---

104) 의용민법 제585조 : "① 전조의 경우에 매수인이 부동산의 경매의 매수인이 된 때에는 매도인은 경매의 대금 및 제583조에서 정하는 비용을 지급하고 還買를 할 수 있다. 이 경우에는 매도인은 그 부동산 전부의 소유권을 취득한다. ② 다른 공유자로부터 분할을 청구함으로 인하여 매수인이 경락인이 된 때에는 매도인은 그 지분만에 대하여 환매를 할 수 없다."

②　瑞債　제237조　　　　交換契約에對하여는各契締當事者그約束을附與한物에對하여는賣主로서또約束을받은物에對하여는買主로서取扱받은意味에있어서賣買契約에關한規定을適用한다

③　佛民　제1702조　　　交換이라는것은當事者相互가相對者에對하여物을付與하는契約을말한다

④　中民　제398조　　　當事者双方이서로金錢以外의財産權을移轉할것을約定한때에는賣買에關한規定을準用한다

⑤　滿民　제569조(제1항)　　　草案과　同一하다.

6. 審議經過　　　「互相」을「相互」로　字句修正한다.（草案　제695조[105]　參照)

7. 結　論：前記　字句修正[106]　外에　原案에　合意

제597조（金錢의補充支給의境遇）當事者一方이前條의財産權移轉과金錢의補充支給을約定한때에는그金錢에對하여는賣買代金에關한規定을準用한다

Ⅱ.　案　　　제586조

Ⅲ.　審議錄, 346면　상단　~　하단

// 2. 現行法 및 判例, 學說　　現行法 제586조 제2항과 同一하다.

3. 外國 立法例　①　中民　제399조　　　當事者의一方이前條에規定한財産權의移轉및金錢을交付할것을約定한때에는그金錢의部分에對하여는賣買代金에關한規定을準用한다

②　滿民　제569조(제2항)　　　草案과　同一하다.

7. 結　論：原案에　合意

제5절　消費貸借

제598조（消費貸借의意義）消費貸借는當事者一方이金錢其他代替物의所有權

[105) 조합계약의 맨 앞머리 규정인 민법안 제695조는 "組合은二人以上이相互出資하여…"라고 규정하여 '相互'라고 한다.

[106) 이 점은 법사위 수정안이 되지 못하였고, 마지막의 조문정리단계에서 그와 같이 수정되었다.

을相對方에게移轉할것을約定하고相對方은그와같은種類, 品質및數量으로返
還할것을約定함으로써그效力이생긴다

Ⅰ. **編纂要綱**　　　제2장 契約　　　제5절 消費貸借
　　12. 消費貸借를 諾成契約으로 할 것

Ⅱ. **案**　　　제587조

Ⅲ. **審議錄**, 346면 下段 ～ 347면 下段
　　2. 現行法 및 判例, 學說　　　現行法 제587조와 同一趣旨이다. [347면] 但
現行法은 要物契約이나 草案은 諾成契約으로 하였다.
　　3. 外國 立法例　　　① 獨民 제607조(제1항)　　　消費貸借로因하여金錢또
는其他의代替物을受取한者는貸主에同種同品및同量의物을返還할義務를진다
　　② 瑞債 제312조　　　消費貸借契約으로因하여貸主는어떠한額數의金錢또는
其他代替할수있는物의所有權을讓渡할義務를지고借主는이에對하여同一數量및品
質에있어서의同一種類의物을返還할義務를진다
　　③ 佛民 제474조　　　消費貸借이라함은當事者의一方이相對方에對하여使用
으로因하여消費되는物의어떠한量을引渡하고相對方이同種同量의物을返還할義務
를지는契約을말한다
　　④ 中民 제474조　　　消費貸借이라稱함은當事者가一方은金錢또는其他의代
替物의所有權을他方에移轉하고他方은種類品質數量이같은物로써返還할것을約定
하는契約을말한다
　　⑤ 滿民 제570조　　　草案과 同一하다.
　　6. 審議經過　　　消費貸借를 要物契約으로 한 現行法 下에서는 大端히 不
便을 느꼈고 無名契約으로서의 諾成契約的 消費貸借의 效力을 認定하는 學說의
傾向//이었던 것을 草案이 이를 明文으로 規定한 것은 妥當하다.
　　7. 結 論 : 原案에 合意

Ⅴ. **意見書**
　　1. 172면 ～ 173면 (朱宰璜)
　　[132] 草案이 消費貸借를 諾成契約으로 한 點에 贊成한다.
　　[이 유]　　　로오마法의 影響을 받어 諸國의 立法例는 使用貸借・任置와

더불어 消費貸借를 要物契約으로 하여 왔는데(獨民 607조, [173면] 佛民 1892
조, 日民 587조) 理論上 消費貸借契約에 要物性을 賦與할 何等의 絶對的인 理
由가 없을 뿐만이 아니라, 去來의 實際에 있어 諾成的인 消費貸借를 成立시키
는 境遇가 거의 大部分일 뿐만이 아니라, 公正證書의 作成이나 擔保의 供與 等에
關하여도 諾威[成]契約으로 하는 것이 便宜한 것이다. 草案의 方針은 正當하다.

　　消費貸借를 諾成的으로 規定한 立法例로서는, 瑞債法 312조・滿民 570조.

　2. 173면 (朱宰璜)

　[133] 草案 제587조에 「金錢 其他 代替物의 所有權」이라고 表現한 것은 妥
當하다.

　[이 유]　　現行 民法 제587조에는 「金錢 其他의 物」이라고 되어 있으나
이 物은 代替物이어야 함은 說明의 必要도 없고, 消費貸借의 目的이 借主로 하
여금 自由로이 目的物을 消費處分케 함에 있으므로, 所有權을 移轉하는 뜻을
明白히 表現한 것도 亦是 그 表現이 正當한 것은 더 말할 것도 없다.

제599조 (破産과消費貸借의失效) 貸主가目的物을借主에게引渡하기前에當事者一方이破産宣告를받은때에는消費貸借는그效力을잃는다

Ⅱ. 案　　　제588조

Ⅲ. 審議錄, 347면 하단 ~ 348면 상단

　2. 現行法 및 判例, 學說　　現行法 제589조에 該當하는 規定이다.

　3. 外國 立法例　① 獨民 제610조　　借受物의供給을約定한者는別般
의意思表示없는때는相對方에財産關係가甚히毁損하여返還의請求權을危險시킴에
이른때는그約束을取消할수있다

　② 瑞債 제316조　　借主가契約締結後에이르러支拂不能이된때는貸主는消
費貸借의引渡를拒絶할수있다

　　　前項의權限은支拂無能力이이미契約締結以前에發生하였으나그後에이르
러비로소貸主이를안境遇에도또한貸主에屬한다

　③ 滿民 제571조　　草案과 同一하다.

　6. 審議經過 [348면]　　現行法에서는 消費貸借를 要物契約으로 한 關係

로 本條에 對應하는 現行法 제589조에는 消費貸借의 豫約에 關한 規定으로 되었던 것이다.

    7. 結論 : 原案에 合意

Ⅴ. 意見書, 172면 ~ 173면 (朱宰璜)

    [134] 草案 제588조에 贊成한다.

    [이 유]   本條는 現行 民法 제589조와 同趣旨이며 同條에 消費貸借의 豫約 云云한 것은 現行 民法이 消費貸借를 要物契約으로 規定하고 있는 데서 由來하는 것일 따름이다.

제600조 (利子計算의 始期) 利子있는消費貸借는借主가目的物의引渡를받은때로부터利子를計算하여야하며借主가그責任있는事由로受領을遲滯할때에는貸主가履行을提供한때로부터利子를計算하여야한다

Ⅰ. 編纂要綱   제5절 消費貸借   11. 利息 있는 消費貸借로서 目的物의 引渡가 없는 境遇에는 借主는 언제든지 契約을 解除할 수 있도록 할 것

Ⅱ. 案   제589조

Ⅲ. 審議錄, 348면 상단 ~ 하단

    2. 現行法 및 判例, 學說   現行法에는 規定이 없고 新設 條文이다.

    3. 外國 立法例   ① 滿民 제572조   利息附의消費貸借에있어서는利息은借主가目的物의引渡를받은때부터어느借主가그歸責事由로因하여그引渡를받지않는때는貸主가履行의提供을한때부터이를支拂하여야한다

    6. 審議經過   草案은 貸主와 借主 間의 利害調節과 借主의 地位保護를 爲하여 滿民의 立法例에 쫓아 本條 以下 數個條를 本節에 新設하였다. (제589조, 제590조, 제595조 乃至 제597조)

    // 7. 結論 : 原案에 合意

제601조 (無利子消費貸借와 解除權) 利子없는消費貸借의當事者는目的物의引

渡前에는언제든지契約을解除할수있다 그러나相對方에게생긴損害가있는때
에는이를賠償하여야한다

Ⅱ. 案 제591조 [다만 단서는 "그러나相對方의現實損害가있는때에는…"이
라고 한다]

Ⅲ. 審議錄, 348면 하단

2. 現行法 및 判例, 學說 現行法에는 없고 新設 條文이다.

3. 外國 立法例 ① 滿民 제573조 草案과 同一하다.

7. 結 論 : 原案에 合意

제602조 (貸主의擔保責任) ①利子있는消費貸借의目的物에瑕疵가있는境遇에
는제580조乃至제582조의規定을準用한다

②利子없는消費貸借의境遇에는借主는瑕疵있는物件의價額으로返還할수있
다 그러나貸主가그瑕疵를알고借主에게告知하지아니한때에는前項과같다

Ⅱ. 案 제591조

Ⅲ. 審議錄, 349면 상단

2. 現行法 및 判例, 學說 現行法 제590조와 類似하다.

3. 外國 立法例 ① 佛民 제1898조 消費貸借에있어서貸主는使用貸
借에關한제1891조에規定한義務를진다

② 中民 제476조 消費貸借의利息또는其他의報償있는것을約定한境遇에
있어서借用物에瑕疵있는때는貸主別로瑕疵없는物과引換하여야한다 但借主는또
한損害賠償을請求할수있다

消費貸借가無報償인境遇에있어서借用物에瑕疵가있는때에는借主는瑕疵
있는原物의價値에依하여貸主에返還하여야한다

前項의境遇에있어서貸主가故意로그瑕疵를告知하지않는때는借主는損害
賠償을請求할수있다

7. 結 論 : 原案에 合意

V. 意見書, 174면 (朱宰璜)

[135] 草案 제591조 제2항 中「告知하지 아니한 때에는」를「알리지 아니한 때에는」으로 修正한다.107)

[이 유]　　「告知」라는 用語가 從來「契約의 效力을 將來에 向하여만 消滅시키는 解約」의 意로 講學上 使用되어 온 까닭에 이 用語를 避하고자 하는 뜻에서이다. 本 意見書 [131]108) 參照.

제603조　(返還時期)　①借主는約定時期에借用物과같은種類,品質및數量의物件을返還하여야한다
②返還時期의約定이없는때에는貸主는相當한期間을定하여返還을催告하여야한다 그러나借主는언제든지返還할 수 있다

Ⅱ. 案　　제592조 [그러나 제1항, 제2항의 구별이 없다]

Ⅲ. 審議錄, 349면 상단 ~ 350면 상단

// 2. 現行法 및 判例, 學說　　제591조와 同一趣旨이다. 但 草案 前段은 現行法에 없다.

3. 外國 立法例　　① 獨民 제609조(제1항 제3항)　　借受物의返還時期를作定하지않은때는債權者또는債務者가解除를告한때에滿了한다 利息을約定하지않은때는債務者는解除를告하지않고返還할수있다

② 瑞債 제318조　　그償還에對하여一定한期限또는告知期間또는任意의催告에基因한辨濟期의어느便도作定하지않은消費貸借는最初의催告로부터6週間以內에이를償還하여야한다

③ 佛民 제1902조　　借主는借用物과同量同等의物을約定한時期에返還하여야한다

④ 佛民 제1900조　　返還에對하여期限을作定하지않은때는判事는事情에

---

107) 이는 현석호 수정안에 채택되지 않았다. [이유]에서 드는 '告知'의 의미는 민법에서는 채택되어 있지 않으므로(解止가 이에 해당한다) 이러한 의견이 적절하다고 하기는 어려울 것이다.

108) 앞의 민법 제559조 Ⅴ.(815면) 참조.

依하여借主에게猶豫期間을許與할수있다

　　⑤ 中民 제478조　　　借主는約定期間內에借用物과種類品質數量이같은物로返還하여야한다　返還期限을作定하지않은때는借主는언제든지返還할수있다　貸主도또한1個月以上의相當한期間을作定하고返還을催告할수있다

　　⑥ 滿民 제574조　　　當事者가返還의時期를指定치않은境遇에있어서는返還의催告는相當한期間을定하고이를하여야한다

　　[350면]　前項의境遇에있어서借主는언제든지返還을할수있다

　　7. 結 論 : 原案에 合意

제604조　(返還不能으로因한市價償還)　借主가借用物과같은種類, 品質및數量의物件을返還할수없는때에는그때의市價로償還하여야한다　그러나제376조및제377조제2항의境遇에는그러하지아니하다

Ⅱ. 案　　　제593조

Ⅲ. 審議錄, 350면 상단 ~ 하단

　　2. 現行法 및 判例, 學說　　　現行法 제592조와 同一趣旨이다.

　　3. 外國 立法例　　①佛民 제1903조(제1항)　　　借主가이를履行할수없는때는合意에依하여返還할時및場所를考慮하여作定한그物의價格을支拂하여야한다

　　② 中民 제479조　　　借主가種類品質數量이서로같은物로써返還할수없는때는그物의返還時返還地에있어서가진價値로서이를返還하여야한다

　　　　返還時또는返還地에對하여約定하지않은때는그物의契約時또는契約締結地에있어서의價値로써이를償還한다 //

　　③ 滿民 제575조　　　借主가種類品質및數量이같은物로써返還할수없게된境遇에는그時에있어서의物의價格을償還하여야한다　但제363조제2항의境遇에는그렇지않다

　　7. 結 論 : 原案에 合意

第605條 (準消費貸借) 當事者雙方이消費貸借에依하지아니하고金錢其他의代替物을支給할義務가있는境遇에當事者가그目的物을消費貸借의目的으로할것을約定한때에는消費貸借의效力이생긴다

Ⅱ. **案**　　　제594조

Ⅲ. **審議錄**, 350면 하단 ~ 351면 상단

　　2. 現行法 및 判例, 學說　　　現行法 제588조와 同一하다.

　　3. 外國 立法例　　① 獨民 제607조(제2항)　　消費貸借에因하지않고金錢또는其他의代替物에對하여債務를진者는爾後消費貸借로서金錢또는物에對하여義務를질것을債權者와約定할수있다

　　② 滿民 제576조　　草案과 同一하다.

　　[351면] 7. 結 論 : 原案에 合意

第606條 (代物貸借) 金錢貸借의境遇에借主가金錢에가름하여有價證券其他物件의引渡를받은때에는그引渡時의價額으로써借用額으로한다

Ⅱ. **案**　　　제595조

Ⅲ. **審議錄**, 351면 상단 ~ 하단

　　2. 現行法 및 判例, 學說　　　現行法에는 없고 新設 條文이다.

　　3. 外國 立法例　　瑞債 제317조(제1항)　　借主가合意한金額대신有價證券또는商品을受領한때에는그有價證券또는商品이引渡의時期및土地에있어서가졌던市場價格으로써消費貸借額으로看做한다

　　7. 結 論 : 原案에 合意

Ⅴ. **意見書**, 174면 (朱宰璜)

　　[136] 草案 제595조에 贊成한다.

　　[이 유]　　瑞西債務法 제317조에 이와 同趣旨의 規定이 있다.

　　金錢貸借의 境遇에 貸主가 借主의 弱한 地位에 乘하여 그 時價가 借用金額보다 過少한 有價證券 其他 物件을 借用金에 가름[갈음]하여 交付함으로써 巧

妙하게 利息制限에 關한 强行規定의 適用을 排除하고자 할 것을 憂慮하여 이에
對備한 規定이다. 案 제597조가 本條에 反하여 借主에게 不利한 것을 無效라고
規定한 것은 妥當하다.

제607조 (代物返還의 豫約) 借用物의 返還에 關하여 借主가 借用物에 가름하여 다
른 財産權을 移轉할것을 豫約한境遇에는그財産의豫約當時의價額이借用額및이
에붙인利子의合算額을넘지못한다

Ⅱ. 案   제596조

Ⅲ. 審議錄, 351면 하단

    2. 現行法 및 判例, 學說   現行法에 없고 新設 條文이다.
    7. 結 論 : 原案에 合意

Ⅴ. 意見書, 174면 ~ 175면 (朱宰璜)

    [137] 草案 제596조에 一應 贊成한다.

    [이 유]   本條는 그 立法例를 發見할 수 없다. 消費貸借의 當事者 間에
借主가 期限에 辨濟를 하지 않을 境遇에 흔히 그 擔保物權의 目的物 其他의 物
件의 所有權을 貸主에게 移轉할 것을 約定하는 境遇가 많은데 —代物辨濟의 豫
約—, 이러한 것은 從來 [175면] 讓渡擔保契約 乃至 流擔保契約에 關聯하여 그
效力이 云謂되어 온 것이다. 本條는 消費貸借에 있어서 借主의 窮迫한 狀態를
利用한 貸主로부터 借主를 保護하려고 하는 데 그 立法趣旨가 있을 것이나, 借
主가 借用物에 가름[갈음]하여 移轉할 것을 豫約한 다른 財産權의 豫約 當時의
價格이 그 借用額 및 이에 附加한 利子의 合算額을 超過해서는 안 된다고 規定
한 것은 事實上에 있어서 消費貸借에 있어 便宜한 擔保的 機能을 지지고 있는
代物辨濟의 豫約이 成立될 길을 封鎖하여 버리는 結果를 가져올 것이며, 그러
한 것은 나아가서는 消費貸借의 成立에 障碍를 이루고 그런 意味에서 借主에
不利한 것이 되지 않을까 憂慮한다. 移轉을 豫約한 그 財産權의 價格과 借用物
의 元利合算額 사이에 顯著한 差異가 生하는 不當한 境遇에는 이를 달리 處理
할 수 있는 法理가 없는 것이 아니니 더욱 疑問視된다. 本條의 規定에 違反한

當事者의 約定으로 借主에게 不利한 것은 草案 제597조에 依하여 無效로 되는데, 案 제596조에 反하는 代物辨濟의 豫約이라고 하더라도 그 完結權을 借主만이 保留하고 있는 境遇에는 借主에게 不利한 것이라고 볼 수 없으므로 案의 境遇에도 無效로 되지는 않을 것이다.

제608조 (借主에不利益한約定의禁止) 前2조의規定에違反한當事者의約定으로서借主에不利한것은還買其他如何한名目이라도그效力이없다

Ⅱ. **案**　　　제597조 [다만 "…借主의不利한것은讓渡擔保,還買其他如何한名義라도…"라고 한다]

Ⅲ. **審議錄**, 351면 하단 ~ 352면 상단

2. 現行法 및 判例, 學說　　現行法에는 없고 新設 條文이다.

3. 外國 立法例　①瑞債 제317조(제2항)　前項에違反하는約定은無效로한다

6. 審議經過　①本條의 新設은 草案 제98조, 제99조 等과 同一한 精神에서 나온 것으로서 妥當하다.

②本條 中「讓渡擔保」를 削除한다.

(理由) 草案은 讓渡擔保에 關한 規定을 設하지 아니하였으므로 이러한 用語를 突然 使用하는것은 槪念의 明確을 缺한다.

③「借主의」를 「借主에」로 字句修正한다.

7. 結論 : 前記 修正 外 原案에 合意

Ⅳ. **법사위 수정안**　(128) 제597조中「讓渡擔保」를削除한다

Ⅴ. **意見書**, 174면 및 175면 (朱宰璜)[109]

Ⅷ. **제2독회**, 속기록 제48호, 14면 중단

○ 法制司法委員長 代理(張暻根) : 그 다음에 [민법안] 제597조로부터 제634조까지 제634조까지는 法制司法委員會만의 修正案이 있습니다. 그리 크게

---

109) 앞의 853면 및 854면에서 본『의견서』(136)항 및 (137)항의 각 말미에서, 그 각 조문에 반하는 약정의 효력을 다루는 민법안 제597조에 관련한 언급 각 참조.

重要하지 않은데 …

　　○ 副議長(李在鶴) : 634조까지 法制司法委員會의 修正案에 異議 없에[어]
요? (「異議 없소」 하는 이 있음) 네, 그대로 通過합니다.

제6절　使用貸借

**제609조 (使用貸借의意義) 使用貸借는當事者一方이相對方에게無償으로使用,
收益하게하기爲하여目的物을引渡할것을約定하고相對方은이를使用,收益한
後그物件을返還할것을約定함으로써그效力이생긴다**

Ⅰ. **編纂要綱**　　제6절 使用貸借　　13. 使用貸借를 諾成契約으로 할 것

Ⅱ. **案**　　제598조

Ⅲ. **審議錄**, 352면 상단 ～ 353면 상단

　　2. 現行法 및 判例, 學說　　現行法 제593조와 同一趣旨이나 要物契約으
로 되어 다.

　　3. 外國 立法例　　① 獨民 제598조　　使用貸借契約으로因하여物의貸
主는借主에無償으로物의使用을시키는義務를진다

　　② 瑞債 제305조　　使用貸借契約으로因하여貸主는無償使用을爲하여物을
借主에引渡하고借主는使用을한後에物을貸主에返還할義務를진다

　　③ 佛民 제1875조　　使用貸借라함은當事者의一方이相對方에對하여어떤
物을使用하기爲하여이를引渡하고相對方이使用한後返還할義務를지는契約을말
한다

　　④ 佛民 제876조　　이貸借는本質的으로無償이다

　　⑤ 中民 제464조　　使用貸借이라함은當事者가一方을無償으로他方에貸與
하여使用시키고他方은使用後그物을返還할것을約定하는契約을말한다

　　⑥ 滿民 제577조　　草案과 同一하다.(諾成契約)

　　6. 審議經過　　現行法의 要物契約을 草案이 諾成契約으로 한 것에 關하
여서는 前節 제587조의 審議經過 參照.

7. 結論 : 原案에 合意

Ⅴ. 意見書, 175면 (朱宰璜)

[138] 草案이 使用貸借를 諾成契約으로 한 點에 贊成한다.

[이 유]   現行 民法上 使用貸借가 要物契約으로 規定되어 있는 것은, 로마法에 그 始源을 두고 있으며 理論的으로 要物契約으로 하지 않으면 안 될 理由가 있는 것이 아니며, 現實에 맞지도 않는다는 것은 說明할 必要도 없다.

제610조 (借主의 使用, 收益權) ①借主는契約또는그目的物의性質에依하여定하여진用法으로이를使用, 收益하여야한다

②借主는貸主의承諾이없으면第3者에게借用物을使用, 收益하게하지못한다

③借主가前2항의規定에違反한때에는貸主는契約을解止할 수 있다

Ⅱ. 案   제599조

Ⅲ. 審議錄, 353면 상단 ~ 354면 상단

2. 現行法 및 判例, 學說   現行法 제594조와 同一趣旨이다.

3. 外國 立法例   ① 獨民 제603조   借主는合意上의使用以外의使用을할수없다 또貸主의承諾없이物의使用을第3者에委付할수없다

② 獨民 제605조 (제2호)   借主가契約에違反하는使用을한때더욱權利없이第3者에使用을委付하고또는自己가負擔한注意를怠慢하여甚히物을害한다

③ 瑞債 제306조   借主는借用物에對하여契約에依하여作定한使用또는이에關한合意없는境遇에있어서는物의性質또는用途에依하여定하여지는使用만을할수있다

借主는他人으로하여금그物의使用을시킬수없다 //

前2항의規定에違反한때는借主는이에違反하지않아도事變이借用物에影響을주었을것을證明하지않는限事變에對하여도그責任을진다

④ 佛民 제1880조   借主는善良한家父의注意로써借用物의保管및保存의注意를하여야한다

借主는그物의性質및合意에依하여作定한用法에따라서만使用하여야한다

이에違反하여損害를發生시킨때는이를賠償할責任을진다

⑤　中民　제467조(제2항)　　　約定의方法없는때는借用物의性質에依하여서
定하여진方法으로서이를使用하여야한다

借主는貸主의同意를얻음이아니면第3者에借用物의使用을許諾할수없다

⑥　中民　제472조 (제2호)

借主가約定의方法또는物의性質에依하여진方法에違反하여借用物을使用
하고또는貸主의同意를얻지않고第3者에使用을許諾한때

⑦　滿民　제472조[110]　제578조　　　草案과　同一하다.

6.　審議經過　　①　草案　제533조는　解除에　關하여서만　規定하고　解止에
關하여서는　規定하지　않았으므로　本條　제3항의　解止에는　前記　제533조의　催告
의　節次가　必要　없는　것이다.

②　使用貸借(本條)　賃貸借(草案　제614조　제2항　제608조　제2항　等)　雇傭(제
649조　제3항　제650조　等)　委任(제674조　제2항　제68[354면]1조)　任置(제690조
제691조)　組合(제713조)　等　繼續的　契約關係에　있어서의　一方當事者의　債務不
履行은　相互의　信賴關係를　背反한　것이　되므로　催告를　要하지　않고　解止할　수
있도록　한　點은　理解할　수　있다. (草案　제533조　審議經過　參照)

7.　結　論 : 原案에　合意

V.　意見書, 176면 (朱宰璜)

[139]　草案　제599조　中「…用法으로」라는　表現은　草案　제96조　中의「用法
에　依하여」라는　表現과　關聯하여「用法에　따라」程度의　表現으로　統一한다.[111]

제611조 (費用의負擔) ①借主는借用物의通常의必要費를負擔한다
②其他의費用에對하여는제594조제2항의規定을準用한다

Ⅱ.　案　　　제600조　借主는借用物의必要費를負擔한다　有益費에對하여는제583
조제2항의規定을準用한다

---

110) 만주국민법 제472조는 변제자대위에 관한 규정으로서(앞 739면의 민법 제484조 Ⅲ. 3. ①
참조), 사용·대차와는 무관하다.

111) 민법안 제96조는 果實에 관한 것인데, 이 의견은 현석호 수정안에 채택되지 않았다.

Ⅲ. 審議錄, 354면 상단 ~ 하단

2. 現行法 및 判例, 學說　　現行法 제595조와 同一趣旨이나 現行法에는 「通常의 必要費」로 되어 있다.

3. 外國 立法例　　① 獨民 제601조(제1항 제2항 前段)　　借主는 借用物의 通常의 保存費를 負擔하고 또 動物의 貸借의 境遇에 있어서는 더욱 飼養料를 負擔한다

其他의 費用을 賠償하는 貸主의 義務는 事務管理의 規定에 쫓아 이를 作成한다

② 瑞債 제307조(제1항)　　借主는 物의 保存에 對한 通常의 費用을 負擔하고 動物을 借用한 境遇에 있어서는 特히 飼養의 費用을 負擔한다

③ 中民 제409조(제1항 제2항)　　借用物의 通常의 保管費用은 借主가 負擔한다 借用物이 動物인 때는 그 飼養費에 對하여도 또한 같다

④ 滿民 제579조(제2항)　　借主가 借用物에 對하여 通常의 必要費 以外의 費用을 支出한 때는 貸主는 제196조의 規定에 쫓아 이를 償還하여야 한다 但 有益費에 對하여는 法院은 貸借의 請求에 依하여 이에 相當한 期限을 許與할 수 있다 //

6. 審議經過　　本條 제1항 中 「必要費」를 「通常의 必要費」로 제2항 中 「有益費」를 「其他의 費用」으로 修正하다.

(理由)　　모든 立法例가 「通常의」 必要費로 規定한 것은 通常의 必要費 外에 特別한 또는 異例에 屬한 必要費가 있을 수 있고 따라서 後者를 제1항으로부터 除外하지 아니하면 借主의 負擔을 過重시키는 結果가 되므로 現行法과 立法例에 따라 前記와 같이 修正함이 可하다. 따라서 特別한 必要費는 有益費와 같이 取扱하여 償還시킬 것으로 이것을 包含시키기 爲하여 제2항의 「有益費」도 「其他의 費用」으로 修正함이 可하다.

7. 結論 : 前記 修正案에 合意

Ⅳ. 법사위 수정안

(130) 제600조제1항中「必要費」를「通常의 必要費」로 제2항中「有益費」를「其他의 費用」으로 修正한다

Ⅷ. 제2독회, 속기록 제48호, 14면 중단[112]

---

112) 그 심의내용에 대하여는 앞의 민법 제608조 Ⅷ.(855면 이하) 참조.

제612조 (準用規定) 제559조,제601조의規定은使用貸借에準用한다

Ⅱ. 案 제601조

Ⅲ. 審議錄, 354면 하단 ~ 355면 상단

　2. 現行法 및 判例, 學說　　現行法 제596조와 同一趣旨이다.

　3. 外國 立法例　① 獨民 제599조　　貸主는單只故意및重大한過失에
對하여서만그責任을진다

　② 獨民 제600조　　貸主가故意로權利의瑕疵또는借用物의欠缺을告知하지
아니한때에는借主[355면]에對하여이로因하여생긴損害를賠償할義務를진다

　③ 佛民 제1891조　　借用物에瑕疵가있어서使用하는者에게損害를發生시
킨때는貸主가그責任을알고이를借主에게告知하지않은때에限하여貸主는그責任을
진다

　④ 滿民 제580조　　제542조의規定은使用貸借에이를準用한다

　7. 結 論 : 原案에 合意

제613조 (借用物의返還時期) ①借主는約定時期에借用物을返還하여야한다
　②時期의約定이없는境遇에는借主는契約또는目的物의性質에依한使用,收益이終了한때에返還하여야한다　그러나使用,收益에足한期間이經過한때에는貸主는언제든지契約을解止할 수 있다

Ⅱ. 案　　제602조 [다만 제1항은 "借主는約定期限內에", 제2항 본문은 "期限의約定이없는때에는"으로 시작한다]

Ⅲ. 審議錄, 355면 상단 ~ 356면 상단

　2. 現行法 및 判例, 學說　　現行法 제597조와 同一趣旨이나 제3항은 新設이다.

　3. 外國 立法例　① 獨民 제604조(제1항, 제2항, 제3항) //　借主는貸借에對하여作定한時期에있어서借用物을返還하여야한다

　　　時期를作定하지아니한때에는借主는貸借의目的에쫓아使用을終止한때에返還하여야한다　但右의使用의用을終止하지않은以前이라도借主가右의使用할수

있었든時期를經過한때는貸主는直時返還을要求할수있다

貸借의期間을作定하지않고또는使用의目的으로부터이를作定할수없는때는貸主는언제든지返還을請求할수있다

② 瑞債 제309조(제1항) 使用貸借에對하여一定한存續期間의合意없는때는使用貸借는借主가契約에作定한使用을終止한때또는使用을終了할수있었던期間의經過와同時에終了한다

③ 瑞債 제310조 使用의繼續期間또는그目的도作用하지않고物을引渡한때는貸主는언제든지그返還을請求할수있다

④ 中民 제470조 借主는契約에作定한期限의滿了時에借用物을返還하여야한다

期限을作定하지않은때는貸借의目的에依하여使用完了한때에이를返還하여야한다 但相當한時期를經過하고借主의使用이이미完了한것으로推定할수있는때는貸主도또한返還의請求를할수있다 貸借에對하여期限을作定하지않고또는貸借의目的에依하여그期限을作定할수없는때는貸主는언제든지借用物의返還을請求할수있다

⑤ 滿民 제581조 當事者가使用貸借의期間을作定하지아니한때는使用貸借는借主가契約에作定한目的에쫓아使用또는收益을終止한때에終了한다 但그以前이라도使用또는收益함에充分한期間을經過한때는貸主는直時解約의申請을할수있다

當事者가使用貸借의期間또는使用或은收益의目的을作定하지아니한때는貸主는언제든지解約의申請을할수있다 [356면]

7. 結 論 : 原案에 合意

V. 意見書, 176면 (朱宰璜)

[140] 草案 제602조中「借主는 約定期限內에」를「借主는 約定期限에」로 修正한다.113)

[이 유] 案 제592조의 表現에 符合시키기 爲해서이다.

---

113) 이는 현석호 수정안 등이 되지 아니하였으나, 그 외에도 민법안 제602조는 나중의 조문정리과정에서 위 사항을 포함하여 민법에 반영된 구절이 여럿 있다.

제614조 (借主의死亡,破産과解止)　借主가死亡하거나破産宣告를받은때에는 貸主는契約을解止할수있다

I. **編纂要綱**　　　제6절 使用貸借　　　15. 599조의 境遇에 解約申込權만을 認定하도록 할 것114)

II. **案**　　　제603조

III. **審議錄**, 356면 상단 ~ 하단

　　2. 現行法 및 判例, 學說　　　現行法 제599조에 該當하는 條文이나 現行法은 破産을 規定하지 않았다.

　　3. 外國 立法例　　　① 獨民 제605조(제3호)　　　다음의境遇에있어서는貸主는貸借의解除를告知할수있다　　　3. 借主가死亡한때

　　② 瑞債 제311조　　　使用貸借는借主의死亡과同時에終了한다

　　③ 佛民 제1879조　　　使用貸借로부터생긴義務는貸與한者및借受한者의相續人에移轉한다　　　그러나借主를考慮하여그者에對하여서만貸與할境遇에있어서는 그相續人은貸借의目的物의使用收益을繼續할수없다

　　④ 中民 제472조(제4호)　　　다음에揭記한各號의事情에該當한때는貸主는契約을終止할수있다　　　4. 借主가死亡한때 //

　　⑤ 滿民 제582조　　　借主가死亡한때는貸主는解約의申請을할수없다

　　7. 結 論 : 原案에 合意

V. **意見書**, 176면 (朱宰璜)

　　[141] 草案 603조에 贊成한다.

　　[이 유]　　　使用貸借는 貸主와 借主 相互間의 信賴關係에 基礎를 둔 無償的인 貸借인 故로 借主가 死亡하거나 破産宣告를 받은 때에는 所謂 事情變更의 原理에 依하여 貸主에게 契約解止權을 賦與한 것이다. 現行 民法은 借主의 死亡을 使用貸借의 終了原因이 되어 있는데(제599조), 案이 解止權 發生原因에 不過하도록 規定한 것은 餘裕 있는 規定方式이다(同旨 立法例 獨民 605조 3호).

　　　　借主가 破産宣告를 받은 境遇에 關하여 規定을 둔 것은 새로운 立法例

---

114) 의용민법 제599조는 차주가 사망한 경우에는 계약이 그대로 효력을 잃는다고 규정하고 있었다.

이다.

제615조 (借主의原狀回復義務와撤去權) 借主가借用物을返還하는때에는이를 原狀에回復하여야한다 이에附屬시킨物件은撤去할 수 있다

Ⅱ. **案**　　제604조

Ⅲ. **審議錄**, 356면 下段 ~ 357면 上段

　　2. 現行法 및 判例, 學說　　現行法 제598조와 同一趣旨이다.

　　3. 外國 立法例　　① 獨民 제601조(제2항 後段)　　借主는物에附加한 設置物을收去할수있다.

　　② 中民　제469조(제3항)　　借主는借用物에對하여附加한工作物은를이를 取還할수있다 但借用物의原狀을回復하여야한다

　　③ 滿民 제583조　　草案과 同一하다.

　　[357면] 7. 結 論 : 原案에 合意

제616조 (共同借主의連帶義務) 數人이共同하여物件을借用한때에는連帶하여 그義務를負擔한다

Ⅰ. **編纂要綱**　　　　제6절 使用貸借　　14. 數人이 共同하여 使用貸借 契約을 締結한 境遇의 借用人의 義務는 連帶로 할 것

Ⅱ. **案**　　제605조

Ⅲ. **審議錄**, 357면 上段 ~ 下段

　　2. 現行法 및 判例, 學說　　現行法에는 없고 新設 條文이다.

　　3. 外國 立法例　　① 瑞債 제308조　　數人이共同으로1個의物을借用한 때에는連帶하여그責任을진다

　　② 佛民　제1887조　　數人이共同하여同一物을借用한때에는借主는連帶하 여貸主에對하여責任을진다

　　③ 中民 제471조　　數人이一物을共同借用한때는貸主에對하여連帶하여責

任을진다

　　④ 滿民 제584조　　　　數人이 共同하여어떤物을 借用한境遇에는 各自連帶하여
그義務를 負擔한다

　　// 　7. 結 論 : 原案에 合意

Ⅴ. 意見書, 177면 (朱宰璜)

　　[142] 草案 제605조에 贊成한다.

　　[이 유]　　　本條는 多數當事者의 債權關係는 原則的으로 分割債權關係로
된다는 現行 民法 및 本 民法案上의 理論(日民 427조, 案 399조)에 對하여 例外
를 規定한 것이며, 同趣旨의 立法例로서 瑞西債務法(308조) 및 佛蘭西民法
(1202조, 1887조)을 들 수 있다.

　　大多數의 境遇에 있어 目的物의 性質上 分割債權關係가 不合理할 境遇가
많을 것일 뿐만이 아니라, 使用貸借에 있어서의 貸主와 借主 間의 相互信賴關
係에 비추어 볼 때 共同의 借主에게 連帶義務를 負課하는 것이 妥當할 것이다.

제617조 (損害賠償, 費用償還請求의 期間) 契約또는目的物의性質에違反한使用, 收益으로因하여생긴損害賠償의請求와借主가支出한費用의償還請求는貸主가物件의返還을받은날로부터6月內에하여야한다

Ⅱ. 案　　　제606조

Ⅲ. 審議錄, 357면 하단 ~ 358면 상단

　　2. 現行法 및 判例, 學說　　　現行法 제600조와 同一趣旨이나 現行法의 「1
年」을 草案은 「6月」로 하였다.

　　3. 外國 立法例　　① 獨民 제606조(前段)　　　借用物의 變更또는 毀損에
基因한貸主의賠償請求權및費用賠償또는設置物收去의許諾에關한借主의請求權은
6個月의時效로因하여消滅한다

　　② 中民 제473조　　　貸主의借用物의받은損害에對하여借主에對한賠償請求
權借主의제466조所定에依한賠償請求權및其工作物取還權은6個月間行使하지아니
함으로因하여消滅한다

前項의期間은貸主에對하여는借用物의返還을받은때부터起算하며借主에對하여는貸借關係의終止한때부터起算한다

③ 滿民 제585조   契約의本旨에違反하는使用또는收益으로因하여생긴損害의賠償및借主가支出한費用의返還은貸主가借用物의返還을받은때부터1年以內에이를請求하여야한다

[358면] 6. 審議經過   本條에「有益費」로 되어 있는바 草案 제600조(修正115))에 依하여「通常의必要費以外의費用」卽 特別한 必要費와 有益費는 貸主로부터 返還을 받게 되어 있는 關係로「有益費」는「費用」으로 修正하여야 한다.

「有益費」를「費用」으로 修正한다.

7. 結論 : 前記 修正 外 原案에 合意

Ⅳ. **법사위 수정안**   (131) 제606조中「有益費」를「費用」으로修正한다

Ⅷ. **제2독회**, 속기록 제48호, 14면 중단116)

제7절 賃貸借

Ⅰ. **編纂要綱**   제7절 賃貸借   [16. 내지 18.117)]   19. 前3항 以外에 賃貸借制度를 社會政策的 考慮로써 現在의 社會實情에 符合하도록 全面的인 改編整理를 할 것

제618조 (賃貸借의意義) 賃貸借는當事者一方이相對方에게目的物을使用,收益하게할것을約定하고相對方이이에對하여借賃을支給할것을約定함으로써그效力이생긴다

---

115) 여기『심의록』에서의 '修正'이란 민법안심의소위원회의 심의 결과로 민법안에 대한 수정이 의결된 경우를 말하는 것으로 여겨진다. 이 항목에서 문제된 '수정'에 대하여는 앞의 859면 참조.

116) 이 부분 국회 본회의에서의 심의에 대하여는 앞의 민법 제608조 Ⅷ.(855면) 참조.

117) 그 제16항 및 제18항에 대하여는 뒤의 민법 제621조 및 제628조의 각 Ⅰ.(868면 및 876면) 참조. 한편 제17항은 "賃借物이 失火로 因하여 毁損滅失되어 債務不履行이 될 境遇에 있어서도 賃借人은 重過失에 對하여는 責任을 지도록 할 것"이라는 것인데, 민법 제정과정에서 검토된 흔적을 찾기 어렵다.

Ⅱ. 案 제607조

Ⅲ. 審議錄, 358면 상단 ~ 359면 상단

2. 現行法 및 判例, 學說 現行法 제601조와 同一하다.

3. 外國 立法例 ① 獨民 제535조 賃貸借契約에依하여賃貸人은賃借期間中賃貸物을使用시킬義務를진다

② 獨民 제581조 用益賃貸借契約에因하여用益賃貸人은用益賃借人에對하여賃借期間中賃貸物의使用및普通經濟의規則에따라收入物로認定된果實을收取하게할義務를진다 用益賃借人은用益賃貸人에合意上의借賃을支拂할義務를진다 用益賃借에關하여는賃貸借에關한規定을準用한다 但다음의16조에다[의]하여相違한結果를生한때는그러하지아니하다

③ 瑞債 제253조 // 使用賃貸借契約에因하여使用賃貸人은使用賃借人에있어한物件의使用을委任하고使用賃借人은이에對하여使用賃貸人에게使用賃借을支拂할義務를진다

④ 瑞債 제275조 用益權賃貸借契約에依하여用益賃貸人은用益賃借人의利用에供할수있는物또는權利를使用케하기爲하여아울러果實또는收益을收取하게하기爲하여引渡하고用益賃借人은이에對하여用益을借賃을支拂할義務를진다

用益借賃은金錢으로서이에充當하거나또는果實或은收益의一部로서이에充當할것으로한다

步合的用益賃貸借에對한用益賃貸人의權利에對하여는土地의慣習을留保한다

⑤ 佛民 제1709조 物의賃貸借라함은當事者의一方이相對方에對하여어떤物을一定期間用使收益시킬義務를지고相對方이이에對하여賃料를支拂할義務를질契約을말한다

⑥ 中民 제421조(제1항) 賃貸借라함은當事者의一方이物을他方에賃貸하여使用收益을시키고他方은賃金을支拂할것을約定하는契約을말한다

⑦ 滿民 제586조 草案과 同一하다.

[359면] 7. 結 論 : 原案에 合意

제619조 (處分能力,權限없는者의할수있는短期賃貸借) 處分의能力또는權限 없는者가賃貸借를하는境遇에는그賃貸借는다음各號의期間을넘지못한다

　　1. 植木,採鹽또는石造,石灰造,煉瓦造및이와類似한建築을目的으로한土地 의賃貸借는十年

　　2. 其他土地의賃貸借는5年

　　3. 建物其他工作物의賃貸借는3年

　　4. 動産의賃貸借는6月

Ⅱ. **案**　　　제608조

Ⅲ. **審議錄**, 359면 상단 ~ 하단

　　2. 現行法 및 判例, 學說　　　現行法 제602조와 同一趣旨이다.

　　3. 外國 立法例

　　① 佛民　제1429조 ⎤

　　②　〃　　제1430조 ⎬ 參照

　　③　〃　　제1718조 ⎦

　　④ 滿民 제587조　　　草案과 同一하다.

　　// 7. 結 論 : 原案에 合意

제620조 (短期賃貸借의更新) 前條의期間은更新할수있다　그러나그期間滿了 前土地에對하여는1年,建物其他工作物에對하여는3月,動産에對하여는1月內 에更新하여야한다

Ⅱ. **案**　　　제609조 [단서는 "그러나期間滿了前"으로 시작한다]

Ⅲ. **審議錄**, 359면 하단

　　2. 現行法 및 判例, 學說　　　現行法 제603조와 同一하다.

　　3. 外國 立法例　　① 佛民 제1429조, 제1403조, 제1708조 (參照)

　　② 中民 제449조(제2항)　　賃貸借契約의期限은2年을넘을수없다 2年을넘 을때는短縮하여2年으로한다

　　　　前項의期限은當事者이를更新할수있다

③ 滿民 제588조   草案과 同一하다.

7. 結 論 : 原案에 合意

제621조 (賃貸借의登記) ①不動産賃借人은當事者間에反對約定이없으면賃貸人에對하여그賃貸借登記節次에協力할것을請求할수있다
②不動産賃貸借를登記한때에는그때부터第3者에對하여效力이생긴다

Ⅰ. **編纂要綱**   제7절 賃貸借   16. 不動産賃借權은 第3者에 對하여 對抗할 수 있는 權利로 할 것

Ⅱ. **案**   제610조

Ⅲ. **審議錄**, 359면 下段 ~ 360면 下段

[360면] 2. 現行法 및 判例, 學說   現行法 제605조 제2항과 同一趣旨이나 草案 제1항은 新設 條文이다.

3. 外國 立法例   ① 瑞債 제260조   土地의使用賃貸借에있어서는賃貸借關係를土地登記簿에假登記할趣旨의合意를할수있다

前項의假登記는各新所有權者로하여금使用賃借人에使用賃貸借契約에依한土地의使用을效用할效力을가진다

② 滿民 제589조   不動産의賃借人에對하여그賃貸借의登錄을함에對하여協力할것을請求할수있다 不動産의賃借는이를登錄하는때는爾後그不動産에對하여物權을取得한者에對하여도그效力을發生한다

6. 審議經過   現行法 제605조에는 賃貸人의 登記協力義務까지는 規定하지 않았던 것을 草案은 제1항을 新設하여 物權의 移轉 또는 設定의 境遇와 같이 反對의 特約 없는 限 賃貸人은 賃貸借登記에 對한 協力義務 있음을 規定하였다. //

第3者에 對한 對抗力을 賦與함으로써 賃借人의 土地를 保護하기 爲하여 賃借權의 物權化的 傾向을 一層 强化한 것이라 하겠다.

7. 結 論 : 原案에 合意

Ⅴ. **意見書**, 177면 ~ 179면 (朱宰璜)

[143] 草案 제610조 中「當事者의 反對約定이 없으면」의 削除 與否에 關하여는 論議되었으나, 草案대로 存置시키기로 한다. 다만 建物의 賃貸借에 關하여는 短期의 것에 限하여 登記 없이 對抗力을 認定하는 規定을 둔다.

[이 유]   現行 民法에 依하면 不動産의 賃貸借는 이를 登記할 수는 있으나, 賃借人이 賃貸人에 對하여 當然히 登記請求權을 가지게 되는 것이 아니라 賃貸人이 任意로 登記에 同意할 때에만 登記가 可能한 것인데(605조), 案 本條는 當事者 間에 反對의 特定이 없는 限 賃借人에게 登記請求權을 認定하였다는 點에 있어 不動産利用者인 賃借人의 地位를 爲하여 進一步한 것은 [178면] 틀림없다. 그러나 賃貸人은 그 優勢한 地位를 利用하여 登記義務를 免하는 特約을 賃借人 間에 맺을 것이 明若觀火하므로, 實質的으로는 現行法의 態度에 比하여 賃借人의 地位保障을 爲한 改善이 있다고는 보기 어렵다. 그렇다고 하여 本條를 修正하여「不動産賃借人은 賃貸人에 對하여 모든 境遇에 當然히 登記請求權을 取得한다」고 規定한다는 것도 考慮의 餘地가 있는 問題이다. 왜냐하면, 첫째로 不動産賃借權의 物權化를 全面的으로 認定하는 것이 되어 民法案이 賃借權을 債權으로 構想한 體制에도 若干 맞지 않는 點이 있고, 둘째로 利用權者를 保護하려는 나머지 該 不動産所有權의 處分에 決定的인 障碍를 事實上 加하는 것이 되어 所有權에 對한 制限이 너무 强한 것 같고, 셋째로 그러므로 해서 그것을 念慮하는 不動産所有者로 하여금 他人에게 該 不動産을 利用케 하는 것(賃貸借)을 꺼리게 하는 것이 되어 利用하려는 者(賃借人)의 機會를 적게 할 것이며, 넷째로 設使 賃借人에게 登記請求權을 自動的으로 賦與한다 하더라도 賃貸人이 登記義務를 선선히 履行치 아니하는 限 結局 訴訟에 依하여 이를 强制할 수밖에 없는데 賃借人에게 그것이 必要한 資力이 없다면 登記請求權은 認定하나마나 한 것인 故로이다. 그러한 意味에서 우리는 案의 規定에 一應 贊成하여 두기로 한다.

그러나 不動産 特히 都市에 있어서의 建物의 賃借人의 地位를 保護하여 賃貸人이 該 建物을 第3者에게 讓渡하였을 境遇에도 賃借權을 登記 없이 그 第3者에 對抗케 할 必要性은 現下 住宅問題가 하나의 큰 社會問題임에 鑑하여 切實한 感이 있다. 그러므로 이런 境遇에 該 建物의 新取得者의 權利를 甚히 害하지 아니하는 限度 內에서 그리고 不動産에 對한 權利의 公示主義에 違背하지 아니하는 方法으로써 賃借權을 適宜 保護할 規定을 設置하는 것이 可하다고 본다. 이리하여 他國의 立法例를 參酌하여(日本의 借家法 1조, 獨民 571조 1항—
但 土地의 賃貸借에 關한 것임. 獨民은 建物을 獨立한 不動産으로 보지 않는 故
로. 그리고 986조 2항 參照. — 中民 425조 等) 賃借人이 一旦 該建物의 交付를
받으면 一定한 短期間(案 624조를 參酌하여 6月로 하는 것도 하나의 標準이 될
것이다)에 限하여 그 賃借權을 가지고 該建物의 新取得者에 對抗할 수 있게 할
必要가 있지 아니할까? 賃借人이 建物의 占有를 取得하고 있으므로, 그「占有」
가「登記」에 가름[갈음]하여 賃借權의 公示方法으로서의 機能을 하고 있다고
보자는 것이다. 이러한 提案은 登記에 依한 公示의 原則을 破壞하는 것이며 新
取得者에 對하여 不慮의 犧牲을 強要하는 것이라는 非難도 있을 수 있으나, 建
物賣買에 있어서 우리 社會의 慣例에 依하면 買主側에서 目的建物을 現地檢分
하는 것이 常例이므로, 賃借人에 依한 建物의 占有는 어느 程度의 公示役割을
할 수 있는 것이라고 볼 수 있을 것이다. 더욱이 建物의 一部分인 房을 賃借하
는 境遇에 그것의 賃貸借를 登記할 方法이 없으니, 占有에 公示力을 주[179면]
어야 할 必要性이 痛感된다. 農地改革法에 依하여 그 大部分이 死文化된 日政
時의 朝鮮農地令에도, 小作人은 小作農地를 地主로부터 引渡받은 後는 小作權
—農地의 賃借權—을 新地主에 對하여 一定期間 對抗할 수 있다고 되어 있었던
것이다. 그리고 次項 參照.

제622조 (建物登記있는借地權의對抗力) ①建物의所有를目的으로한土地賃貸借는이를登記하지아니한境遇에도賃借人이그地上建物을登記한때에는第3者에對하여賃貸借의效力이생긴다

②建物이賃貸借期間滿了前에滅失또는朽廢한때에는前項의效力을잃는다

Ⅰ. **編纂要綱**　　제7절 賃貸借　　16. 不動産賃借權은 第3者에 對하여 對
抗할 수 있는 權利로 할 것

Ⅱ. **案**　　제611조

Ⅲ. **審議錄**, 360면 하단 ~ 361면 상단
2. 現行法 및 判例, 學說　　現行法에는 없고 新設 條文이다.

3. 外國 立法例　　① 日本 (建物保護法 제1조 參照)

② 滿民 제590조　　草案과 同一하다.

6. 審議經過　　本節에는 賃借人의 地位 保護를 爲하여 많은 條文을 新設하였는바 地上權에 있어서의 地上權者 保護를 爲한 條文 新設과 그 精神을 같이하여 日本의 建物保護法 借地法 借家法 等의 立法例가 많이 參酌되었다. (本條도 그 中의 하나이다.)

7. 結 論 : 原案에 合意

V. 意見書, 179면 (朱宰璜)

[144] 草案 제611조에 贊成한다.

[이 유]　　이것은 日本의 「建物保護에 關한 法律」(제1조)의 例에 따른 規定이다. 이 法律에 依하면 建物의 所有를 目的으로 하는 地上權 또는 土地의 賃借權을 가지고 있는 者는 土地上에 登記된 建物을 所有하고 있으면 地上權이나 賃借權 自體의 登記 없이도 이를 가지고 第3者에 對抗할 수 있다고 되어 있는데, 우리 民法案은 地上權에 關하여는 規定을 두지 않고 다만 土地賃借權에 關하여만 規定하고 있는 것이다. 本條는 建物에 關하여 登記를 要求하고 있지마는, 이는 建物의 登記를 獎勵하는 效果는 있을지언정, 그 土地賃借權의 公示와는 何等의 關聯을 가지지 못한다. 왜냐하면 建物의 登記는 土地와는 全然 別箇의 登記簿로되어 있으므로 그 土地의 登記만으로는 그 地上에 登記된 建物이 있다는 것을—따라서 土地賃借權이 있다는 것을—全然 알 수 없는 故로이다. 그렇다면 이 條文은 實은 該 賃借土地를 그 위에 建物을 所有한다는 形式으로 「占有」하고 있는 事實에 登記에 가름[갈음]하는 公示力을 賦與한 것으로 되는 것이며, 案 제610조에서의 우리의 提案(前項 [143])에 하나의 根據를 提供하는 規定이라고 볼 수 있는 것이다. 登記 없이 對抗할 수 있는 이 土地賃借權의 存續期間에 對하여 制限이 없는 것은 우리의 考慮를 要求한다.

제623조 (賃貸人의義務) 賃貸人은目的物을賃借人에게引渡하고契約存續中그使用,收益에必要한狀態를維持하게할義務를負擔한다

II. 案　　　제612조 [다만 "賃貸人은約定한目的物을"로 시작한다]

Ⅲ. 審議錄, 361면 상단 ~ 하단

  2. 現行法 및 判例, 學說   現行法 제606조에 該當하는 條文이나 보다 그 範圍는 넓다.

  3. 外國 立法例   ① 獨民 제536조   賃貸人은契約上의使用에適한狀況에있어賃貸物을賃借人에委付하고또賃借期間中그狀況에있어이를維持하여야한다

  ② 瑞債 제277조(제1항)   用益賃貸人은用益賃貸物을—括하여用益賃貸에附한動産의全部와같이契約에定한使用및經營에適한狀態에있어用益賃借人에引渡할義務를진다

  ③ 瑞債 제294조   用益賃借人그의負擔한使用및保存에關한義務에甚히違反하여또催告를받음에도不拘하고用益賃借人의指定한相當한期間內에이를履行않는때는用益賃貸人은直接用益賃貸借契約을解除할수있다

  ④ 佛民 제1719조   賃貸人은何等의特別한約款이存在하지않는때라할지라도契約의性質上다음의義務를진다

    (1) 賃貸物을賃貸人에게引渡하는것

    (2) 賃貸借目的인使用에適當한狀態에있어賃貸物을保存하는것

    (3) 賃貸期間中賃借人으로하여금平穩히이를使用收益시키는것 //

  ⑤ 中民 제423조   賃貸人은約定한使用收益에合致하는賃貸物을賃借人에交付하고또賃貸借關係存續中그使用收益의約定에合한狀態를保持하여야한다

  ⑥ 中民 제428조   賃貸物이動物인때는그飼養費는賃貸人에있어負擔한다

  ⑦ 中民 제429조(제1항)   賃貸物의修繕은契約에別段의約定이있거나또는別段의習慣이있을境遇를除外하고賃貸에있어負擔한다

  ⑧ 滿民 제592조   賃貸人은賃貸物의使用또는收益에必要있는修繕을하는義務를진다

  6. 審議經過   ① 現行法 제606조 제1항은 賃貸人의 修繕義務를 規定하였는바 草案은 그 範圍를 넓혀서 本條를 新設하였다. 現行法下에서도 學說上 이미 本條와 같은 結論에 到達하였으므로 이를 明文化한 것은 妥當하다.

  ②「約定한」을 削除한다. (不必要한 字句이다)

  7. 結 論 : 前記 字句修正 外 原案에 合意

Ⅳ. **법사위 수정안**　　　(131) 제612조中「約定한」을削除한다

Ⅷ. **제2독회**, 속기록 제48호, 14면 중단[118]

제624조 (賃貸人의保存行爲, 忍容義務) 賃貸人이賃貸物의保存에必要한行爲를 하는때에는賃借人은이를拒絕하지못한다

Ⅱ. **案**　　　제613조

Ⅲ. **審議錄**, 361면 하단 ~ 362면 상단

　　2. 現行法 및 判例, 學說〔362면〕　　　現行法 제606조 제2항과 同一趣旨이다.

　　3. 外國 立法例　　① 佛民 제1724조(제1항)　　　賃貸借의繼續中賃貸物을緊急히修繕할必要있고또그期間滿了까지이를延期하지못할때는賃借人은이에因한如何한不便을입을때라할지라또그修繕의行使期間中賃貸物의一部를使用할수없는때라할지라도賃借人은그修繕을拒絕할수없다

　　② 中民 제429조(제2항)　　　賃貸人이賃貸物保存으로써하는必要行爲는賃借人은拒絕할수없다

　　③ 滿民 제593조　　　草案과 同一하다.

　　7. 結論 : 原案에 合意

제625조 (賃借人의意思에反하는保存行爲와解止權) 賃貸人이賃借人의意思에 反하여保存行爲를하는境遇에賃借人이이로因하여賃借의目的을達成할수없는 때에는契約을解止할수있다

Ⅱ. **案**　　　제614조

Ⅲ. **審議錄**, 362면 상단 ~ 하단

　　2. 現行法 및 判例, 學說　　　現行法 제607조와 同一趣旨이다.

---

118) 이에 대하여는 앞의 민법 제608조 Ⅷ.(855면) 참조.

// 3. 外國 立法例 ① 獨民 제542조(제1항) 賃貸物의契約上의使用의全部또는一部가正當한時期에供與하지않는때或은喪失할때는賃借人은告知期間을保留하여賃貸借關係의解除를告知할수있다

② 滿民 제593조(제2항) 賃貸人이賃借人의意思에反하여保存行爲를하려하는境遇에있어서이로因하여賃借人이賃借의目的을達成하지못한때에는賃借人은解約의申入을할수있다

7. 結 論 : 原案에 合意

제626조 (賃借人의償還請求權) ①賃借人이賃借物의保存에關한必要費를支出한때에는賃貸人에對하여그償還을請求할수있다

②賃借人이有益費를支出한境遇에는賃貸人은賃貸借終了時에그價額의增加가現存한때에限하여賃借人의支出한金額이나그增加額을償還하여야한다 이境遇에法院은賃貸人의請求에依하여相當한償還期間을許與할수있다[119]

Ⅱ. 案 제615조 [다만 제2항 전단은 "…그價格의增加가…"라고 한다]

Ⅲ. 審議錄, 362면 하단 ~ 363면 하단

2. 現行法 및 判例, 學說 現行法 제608조와 同一趣旨이다.

[363면] 3. 外國 立法例 ① 獨民 제547조(제1항) 賃貸人은賃借人이物에加入할必要費用을賠償하여야한다 但動物의賃借人은그飼養料를負擔하여야한다

其他의費用을賠償한賃貸人의義務는事務管理에關한規定에依하여이를定한다

② 中民 제430조 賃貸借關係存續中賃貸物의修繕이必要있어賃貸人이負擔할때는賃借人은相當한期限을定하여賃貸人에對하여修繕을催告할수있다 賃貸人이그期限內에修繕을하지않을때는賃借人은契約을終止하거나또는스스로修繕을行하며賃貸人에게그費用의償還을請求하거나或은賃金中에서이를控除할수있다

③ 中民 제431조(제1항) 賃借人이賃借物에對하여有益費用을支出하므로因하여該物의價値를增加시킬境遇에는賃貸人그事情을알고反對의表示를하지않

---

119) 민법을 공포하는 관보에는 전단, 후단의 두 문장이 띄어져 있지 않다.

는때는賃貸借關係終止한때에그費用을償還하여야한다　但그現存한增加額으로서
限度로한다

④ 滿民 제594조　　　賃借人이賃貸物에對하여賃貸人의負擔에屬한必要費를
支出한때는賃借人에對하여直接그償還을請求할수있다

賃借人이有益費를支出한때는賃貸人은賃貸終了한때에있어제196조제2항
의規定에따라그의償還을하여야한다

但法院은賃貸人의請求에依하여이에相當한期限을許與할수있다

6. 審議經過 //　　　제2항 中「價格」을「價額」으로 修正한다. (草案 제192
조 제299조 等 修正 參照)

7. 結 論 : 前記 字句修正[120] 外 原案에 合意

제627조 (一部滅失等과減額請求, 解止權)　①**賃借物의一部가賃借人의過失없
이滅失其他事由로因하여使用, 收益할수없는때에는賃借人은그部分의比率에
依한借賃의減額을請求할수있다**

②**前項의境遇에그殘存部分으로賃借의目的을達成할수없는때에는賃借人은
契約을解止할수있다**

Ⅱ. **案**　　　제616조

Ⅲ. **審議錄**, 363면 下段 ～ 364면 上段

2. 現行法 및 判例, 學說　　　現行法 제611조와 同一趣旨이다.

3. 外國 立法例　① 獨民 제537조(제1항)　　　賃貸物을賃借人에委付한
當時賃貸物의契約上의適合을廢絶또는減少시킬瑕疵를가진때또는賃借期間中에瑕
疵가생긴때는賃借人은右의適合이廢絶한사이에는借賃의支拂을免하고또그減少의
境遇에있어서는제472조제473조의規定에따라定한借賃의比率部分만을支拂하여야
한다

② 獨民 제542조(제1항)　　　前段 草案 제64조 立法例 參照

③ 佛民 제1722조　　　賃貸借期間中에있어賃貸物이偶然한事故에因하여全
部破壞된때는賃貸借는當然解除되고賃借物의一部分破壞되지않았을때는賃借人은

---

120) 이는 법사위 수정안에 반영되지 않았으나 나중의 조문정리과정에서 그렇게 되었다.

事情에因한賃料의減額또는賃貸借의解除를請求할수있다

　　　　但何時의境遇에있어서도損害賠償의義務를發生할수없다

　　④ 中民 제435조　　　賃貸借關係存續中賃借人의責任에돌아가지않는事由로
因하여賃借物의一[364면]部를滅失시켰을때는賃借人은滅失한部分에應하여賃金
의減額을請求할수있다

　　　　前項의境遇에있어서賃借人은그殘額部分에關하여賃借의目的을達하지못
할때에는契約을終止할수있다

　　⑤ 滿民 제595조　　　草案과 同一하다.

　　7. 結 論 : 原案에 合意

제628조 (借賃增減請求權) 賃貸物에對한公課負擔의增減其他經濟事情의變動으로因하여約定한借賃이相當하지아니하게된때에는當事者는將來에對한借賃의增減을請求할수있다

Ⅰ. **編纂要綱**　　　제7절 賃貸借　　　18. 賃借人[賃貸借]契約當事者에 對하여
　　賃料增減請求權을 認定할 것

Ⅱ. **案**　　　제617조

Ⅲ. **審議錄**, 364면 상단 ~ 하단

　　2. 現行法 및 判例, 學說　　　現行法에는 없고 新設 條文이다.

　　3. 外國 立法例　　　① 中民 제457조　　　耕作地의賃借人은不可抗力에因
하여그收益의減少또는皆無되었을때는賃金의減額또는免除를請求할수있다
前項의賃金減免請求權은미리抛棄하지못한다 //

　　② 滿民 제596조(제1항)　　　建築物의借賃이土地或은建物에對한租稅其他
負擔의增減에因하여土地或은建築物의價格의昂低에因하여또는比隣의建築物의借
賃에比較하여不相當함에이를때는當事者는將來를向하여賃借의增減을請求할수
있다

　　③ 日本 借地法 제12조　　　日本 借家法 제7조(參照)

　　7. 結 論 : 原案에 合意

Ⅴ. **意見書**, 180면 (朱宰璜)

[145] 草案 제617조에 贊成한다.

[이 유]　　　　案 本條는 案 제616조와 더불어 事情變更으로 因한 借賃의 增減을 規定한 것인데 本條는 現行法에 없는 新設 規定인 것이다(賃借物에 對한 公課는 賃借物의 必要費이므로 賃貸人의 負擔에 屬함은 勿論이다). 本條는 適切한 規定이며 賃借人이나 轉借人을 爲하여 强行性이 있다(案 제644조).

同趣旨 立法例 — 滿民 596조 1항.

** **차임 등에 관한 합의가 없는 경우에 대한 규정 문제**

Ⅴ. **意見書**, 183면 (朱宰璜)

[149] 草案 제617조 다음에 다음과 같은 規定을 新設한다.

「前5조의 境遇에 當事者間에 賣買價格121)에 關하여 協議가 成立되지 아니하는 때에는, 當事者는 그 價格의 決定을 法院에 請求할 수 있다」122)

[이 유]　　　　價格에 關하여 協議가 成立되지 아니할 境遇가 흔할 것이 豫想되기 때문이다.

제629조 (賃借權의讓渡,轉貸의制限) ①賃借人은賃貸人의同意없이그權利를讓渡하거나賃借物을轉貸하지못한다

②賃借人이前項의規定에違反한때에는賃貸人은契約을解止할수있다

Ⅱ. **案**　　　　제618조

Ⅲ. **審議錄**, 364면 하단 ~ 365면 상단

2. 現行法 및 判例, 學說　　　現行法 제612조와 同一趣旨이다.

3. 外國 立法例　　① 獨民 제549조(제1항)　　賃借人은賃貸人의承諾없으면賃貸物의使用을第3者에委付하며[거나]特히物을[365면]轉賣[貸]할수없다

---

121) 여기서 문제되고 있는 것은 매매계약이 아니므로 이는 착오인 것으로 보인다.

122) 그러나 이 항목에 대하여는 현석호 수정안 기타 민법의 구체적 입법과정에서 고려된 자취를 찾을 수 없다.

② 瑞債 제262조(제1항) 使用賃借人은이로因하여使用賃貸人에게不利益한變化를發生치않는限賃借物의全部또는一部를다시第3者에使用賃借하고또는使用賃借權을讓渡할權利를가진다

③ 佛民 제1717조 賃借人은그의權能의禁止없는限他에轉貸하고또는賃借權을讓渡할權利를가진다

轉貸또는賃借權의讓渡의權能은이를全部또는一部禁止할수있다 이禁止의約款은恒常嚴格히하여야한다

④ 中民 제443조 賃借人은賃貸人의承諾을얻지않으면賃借物을他人에轉貸할수없다 但賃借物이家屋인때는反對의約定있는境遇를除外하고賃借人은一部分을他人에게轉貸할수있다

賃借人이前項의規定에違反하여賃借物을他人에게轉貸할수있다賃借人이前項의規定에違反하여賃借物을他人에轉貸한때에는賃貸人은契約을終止할수있다

⑤ 滿民 제597조 草案과 同一하다.

7. 結 論 : 原案에 合意

제630조 (轉貸의效果) ①賃借人이賃貸人의同意를얻어賃借物을轉貸한때에는 轉借人은直接賃貸人에對하여義務를負擔한다 이境遇에轉借人은轉貸人에對한借賃의支給으로써賃貸人에게對抗하지못한다
②前項의規定은賃貸人의賃借人에對한權利行使에影響을미치지아니한다

Ⅱ. 案 제619조

Ⅲ. 審議錄, 365면 하단

2. 現行法 및 判例, 學說 現行法 제613조에 該當하는 條文이다.

3. 外國 立法例 ① 中民 제444조 賃借人이前條의規定에依하여賃借人을他人에轉貸한境遇에있어서도그賃貸人相互間의賃貸借關係는또한繼續한다

轉借人이責任을질事由에因하여생긴損害는賃借人이賠償의責任을진다

② 滿民 제598조 賃借人이適法으로賃借物을轉借한때는轉借人은賃貸人에對하여直接으로義務를진다이境遇에있어서는借賃의前拂로서賃貸人에對抗할수없다

前項의規定은賃貸人이賃借人에對하여그의權利를行使함을妨害치못한다

7. 結 論 : 原案에 合意

제631조 (轉借人의權利의確定) 賃借人이賃貸人의同意를얻어賃借物을轉貸한 境遇에는賃貸人과賃借人의合意로契約을終了한때에도轉借人의權利는消滅하 지아니한다

Ⅱ. 案　　　제620조 [다만 '때'와 '境遇'가 그 자리가 서로 바뀌었다]

Ⅲ. 審議錄, 366면 상단

2. 現行法 및 判例, 學說　　現行法에는 없고 新設 條文이다. (草案 제530 조 參照)

3. 外國 立法例　　① 滿民 제599조　　草案과 同一하다.

7. 結 論 : 原案에 合意

제632조 (賃借建物의小部分을他人에게使用케하는境遇) 前3조의規定은建物 의賃借人이그建物의小部分을他人에게使用하게하는境遇에適用하지아니한다

Ⅱ. 案　　　제621조

Ⅲ. 審議錄, 366면 상단 ~ 하단

2. 現行法 및 判例, 學說　　現行法에는 없고 新設 條文이다.

// 3. 外國 立法例　　① 中民 제443조(제1항 後段)　　賃借物이家屋인 때는反對의約定있는境遇를除外하고賃借人은그一部分을他人에게轉貸할수있다

② 滿民 제600조　　前3조및제607조의規定은建築物의賃借人이第3者로하 여금그의建築物의一部의使用을하게하였을境遇에는이를適用하지못한다

6. 審議經過　　　本條는 例컨대 建物 全部를 賃借한 者가 그 一部를 他人 에게 使用시키는 境遇를 規定하였는바 이 境遇에는 賃借人과 轉借人 사이에 賃 貸借 또는 使用貸借의 關係가 成立하나 轉貸借에 關한 前3조를 適用하지 않는 關係로 그 一部使用者와 賃貸人과의 사이에는 直接的인 法律關係는 發生하지

않는다.

　　7. 結 論 : 原案에 合意

Ⅴ. 意見書, 180면 ~ 181면 (朱宰璜)

　　[146] 草案 제621조에 贊成한다.

　　[이 유]　　　本條에서 「建物의 小部分을 他人에게 使用하게 하는 境遇」란 轉貸할 境遇만을 意味할 것인바, 賃借人의 轉貸權에 關하여는 各國의 立法例가 分岐되어 있다. 卽, 獨民(549조 1항), 日民(612조 1항)은 轉貸權을 認定치 않으며, 瑞債法(264조 1항)은 此를 認定하고, 佛民(1717조)은 反對約定이 없는 限 此를 認定한다. 民法案은 現行法과 同樣 賃借物의 轉貸를 認定하지 아니하나 (案 618조), 本條에서는 特히 建物의 小部分은 此를 轉貸할 수 있다고 規定함으로써 建物의 賃借人이 그 小部分을 他人에게 房貰 놓은 것을 認定하며 賃借人의 便宜와 賃借物의 經濟的 價値의 活用을 企圖하였으며, 이때에는 賃貸人과 轉借人 間에는 何等의 直接的 關係가 發生치 아니한다(案 621조는 案 619조의 適用을 排除하고 있다). 그러나 建物의 小部分의 轉貸借로 말미암아 賃貸人에 不利益한 變化를 招來하여 그것이 賃借人의 賃借物善管義務에 違反하는 結果가 될 때에는 賃借人은 解止權을 行使할 수 있을 것임은 勿論이다. 本條는 建物 1 棟 全部를 賃借人이 賃借한 境遇를 想定하고 있으나 建物의 一部를 賃借하고 있는 境遇라 할지라도 그 賃借物의 小部分을 轉貸할 境遇에도 適用이 있을 것이다. 本條와 同趣[181면]旨의 立法例로는 滿洲民法(600조)이 있다.

　　다른 나라 立法例는 볼 수 없으나, 本條 中「그 建物의 小部分을」의 다음에 「또는 臨時로」를 挿入하여 賃借物을 臨時로 他人에게 使用하게 하는 境遇에도 本條를 適用할 수 있게 하면 如何? 이러한 境遇에는 賃貸人에게 不利益될 危險性이 稀薄할 것인 故로이다.

제633조 (借賃支給의 時期) 借賃은 動産, 建物이나 垈地에 對하여는 每月末에, 其他 土地에 對하여는 每年末에 支給하여야 한다　그러나 收穫期 있는 것에 對하여는 그 收穫後 遲滯없이 支給하여야 한다

Ⅱ. 案　　　　　제622조

Ⅲ. **審議錄**, 366면 下段 ~ 367면 上段

  2. 現行法 및 判例, 學說   現行法 제614조와 同一하다.

  [367면] 3. 外國 立法例   ① 獨民 제551조, 제584조 (參照)

  ② 瑞債 제262조, 제286조 (參照)

  ③ 中民 제439조   賃借人은約定의期日에있어서賃金을支拂하여야한다 約
定없는때는習慣에依한다 約定도없고習慣도없는때는賃貸借關係期間의滿了한때
에이를支拂하여야한다 賃金이分期拂로된때는每期의滿了時에이를支拂하고賃借
物의收益에季節이있는때는收益季節終了時에이를支拂한다

  7. 結 論 : 原案에 合意

제634조 (賃借人의通知義務) 賃借物의修理를要하거나賃借物에對하여權利를 主張하는者가있는때에는賃借人은遲滯없이賃貸人에게이를通知하여야한다 그러나賃貸人이이이미이를안때에는그러하지아니하다

Ⅱ. **案**   제623조 [다만 본문은 "賃貸人에게通知하여야한다"로 끝난다]

Ⅲ. **審議錄**, 367면 上段 ~ 下段

  2. 現行法 및 判例, 學說   現行法 제615조와 同一하다.

  3. 外國 立法例   ① 獨民 제545조(제1항) // 賃借中에賃貸物의瑕疵가
顯著할때또는豫見할수없었든危險에對하여物을保護하기爲하여豫防이必要한때는
賃借人은遲滯없이이이를賃貸人에通知하여야한다

  ② 瑞債 제261조(제3항)   賃借物에있어使用賃借人의負擔에屬한修繕을
한境遇또는第3者가賃借物에對한權利를僭稱한때는使用賃借人은損害賠償을回避
하기爲하여直接이를使用賃貸人에게通知할義務를진다

  ③ 佛民 제1768조   農業用財産의賃借人은土地에對하여서한僭奪을所有
權者에通告할義務를진다萬若이를懈怠한때는모든費用및損害를責任진다이의通告
는裁判所의呼出에關하여場所의距離에따라作定된期間과同一期間內에하여야
한다.

  ④ 中民 제437조   賃貸借關係存續中賃借物의修繕에必要가있어서賃貸人

이負擔된때또는危害를防止함에爲하여設備의必要있을때또는第3者가賃借物에對
하여權利를主張하는때는賃借人은卽時로賃貸人에通知하여야한다 但賃貸人이이
미알게된때에는그러하지아니하다.

賃貸人이前項의通知를할것을아니한賃貸人으로하여금時機를잃지말고救
濟하지못한때는賃貸人은이로因하여생긴損害를賠償하여야한다.

⑤ 滿民 제602조   草案과 同一하다.

7. 結 論 : 原案에 合意

제635조 (期間의約定없는賃貸借의解止通告) ①賃貸借期間의約定이없는때에
는當事者는언제든지契約解止의通告를할수있다

②相對方이前項의通告를받은날로부터다음各號의期間이經過하면解止의效
力이생긴다

1. 土地,建物其他工作物에對하여는賃貸人이解止를通告한境遇에는6月,賃
借人이解止를通告한境遇에는1月

2. 動産에對하여는5日

Ⅱ. 案   제624조

Ⅲ. 審議錄, 368면 상단 ~ 369면 상단

2. 現行法 및 判例, 學說   現行法 제617조와 同一趣旨이다.

3. 外國 立法例   ① 獨民 제564조   賃借關係는이에關한作定된期間
의經過에依하여終了한다.

賃借期間을作定하지않았을때는各當事者는次條의規定에따라賃借關係의
解除를告知할수있다

② 獨民 제565조   土地에關하여는告知는4分의1曆年의終末에對하여서
만이를할수있다 이告知는늦어도4分의1年의제3業日에있어이를하여야한다 借賃
을定함에月로써된때는告知는曆月의終末에對하여만이를할수있다 告知는늦어도
그月의제15일에있어이를하여야한다 借賃을定함에週로써한때는告知는曆週의終
末에對하여만이를할수있다 이告知는늦어도그週의제1業日에있어이를하여야한다
動産에關하여는告知는늦어도賃貸借關係의終了된날以前3日에있어이를하여야한

다　土地또는動産의借賃을定한날로서한때는告知는다음의日에對하여各日이이를할수있다　제1항제1단및제2항의規定은法定期間을保留하여期日에앞서賃貸借關係의解除를告知할수있을境遇에도亦是이를適用한다

　　// ③　瑞債　제267조　　使用賃貸借의一定期間에關한明示또는默示의合意없는境遇에있어서는使用賃借人및使用賃貸人은各告知에依하여使用賃貸關係를解除할權利를가진다

　　　　契約에別段의規定없는境遇에있어서는各當事者는

1. 家具의設備없는生居事務所作業場賣店倉庫地下室穀倉廐舍및이에類似한境遇에있어서는土地의慣習에依한最近의支拂期日에對하여或은一定한土地慣習없는때는半年의使用賃貸借繼續期間終了에對하여雙方에있어서事前3箇月의告知期間을附하고

2. 家具의設備있는生居또는單獨의室또는住居用動産에對하여는1箇月의賃貸借繼續期間의終了를限으로事前2週間의告知期間을附하고

3. 其他의使用賃借動産에關하여는各任意의時期를限으로3日의告知期間을附하여契約解除의告知를할수있다

　　④　中民　제450조(제2항　제3항)　　期限의作定없는때는各當事者는언제든지契約을終止할수있다　但賃借人에有利한慣習있을때는그慣習에따른다

　　　　前項의契約의終止는慣習에依하여미리通知하여야한다　但不動産의賃金에對하여週半箇月또는1個月로서그支拂의期限을定한때는賃貸人은달력으로써週半個月또는1個月의末日을契約終止期로定하고또적어도1週半個月또는1個月前에이를通知하여야한다

　　⑤　滿民　제603조　　賃貸借에期間의作定있는境遇를除外하고各當事者는언제든지解約의申立을할수있다이境遇에있어서는賃貸借는解約申込後左의期間을經過함에因하여終了한다

1. 土地에對하여는1年

2. 建築物에對하여는賃貸人이解約의申込人이을하였을때6月賃貸借人이解約의申込을한때는3月

3. 貸席및動産에對하여는1日 [369면]

7. 結　論 : 原案에　合意

제636조 (期間의約定있는賃貸借의解止通告) 賃貸借期間의約定이있는境遇에
도當事者一方또는雙方이그期間內에解止할權利를保留한때에는前條의規定을
準用한다

Ⅱ. **案**		제625조

Ⅱ. **審議錄**, 369면 상단 ~ 하단

　　2. 現行法 및 判例, 學說		現行法 제618조와 同一하다.

　　3. 外國 立法例		① 中民 제453조		期間의作定있는賃貸借契約에對
하여當事者의一方은期限의滿了前에契約을終止할수있을것을約定한때는그契約의
終止는제450조제3항의規定에依[하여]미리通知하여야한다

　　② 滿民 제605조		草案과 同一하다. //

　　7. 結 論 : 原案에 合意

제637조 (賃借人의破産과解止通告) ①賃借人이破産宣告를받은境遇에는賃貸
借期間의約定이있는때에도賃貸人또는破産管財人은제635조의規定에依하여
契約解止의通告를할수있다
　　②前項의境遇에各當事者는相對方에對하여契約解止로因하여생긴損害의賠
償을請求하지못한다

Ⅱ. **案**		제626조 [다만 제1항에서 '때'와 '境遇'가 그 자리가 서로 바뀌었다]

Ⅱ. **審議錄**, 369면 하단 ~ 370면 상단

　　2. 現行法 및 判例, 學說		現行法 제621조와 同一하다.

　　3. 外國 立法例		① 瑞[債] 제266조		使用賃借人이破産된때는使用
賃貸人은相當한期限以內에延滯使用借賃과아울러그後의支拂期限에達할使用借賃
에對한擔保의供與를받지않은限使用賃貸를解除할權利를가진다

　　② 滿民 제606조		草案과 同一하다. //

　　7. 結 論 : 原案에 合意

제638조 (解止通告의轉借人에對한通知) ①賃貸借契約이解止의通告로因하여 終了된境遇에그賃貸物이適法하게轉貸되었을때에는賃貸人은轉借人에對하여 그事由를通知하지아니하면解止로써轉借人에게對抗하지못한다

②轉借人이前項의通知를받은때에는제635조제2항의規定을準用한다

Ⅱ. **案**　　　제627조

Ⅲ. **審議錄**, 370면 상단 ~ 하단

2. 現行法 및 判例, 學說　　　現行法에는 없고 新設 條文이다.

3. 外國 立法例　　①　滿民 제607조　　　解約申入에因하여終了될建築物 의轉貸借있는境遇에있어서賃貸借가終了될때는賃貸人은轉借人에對하여그趣旨의 通知를하지않으면그終了로써轉借人에對抗할수없다

　　　賃貸人이前項의通知를한때는轉貸借는그의通知한後6月을經過함에因하여 [終]了한다

6. 審議經過　　「終了된」을「終了되는」으로 字句修正한다. 解止通告期間 의 滿了 前에 轉借人에게 通知할수 있는 것을 明白히 하게 하기 爲한 것이다.

7. 結 論 : 字句修正[123] 外 原案에 合意

제639조 (默示의更新) ①賃貸借期間이滿了한後賃借人이賃借物의使用,收益 을繼續하는境遇에賃貸人이相當한期間內에異議를하지아니한때에는前賃貸借 와同一한條件으로다시賃貸借한것으로본다　그러나當事者는제635조의規定 에依하여解止의通告를할수있다

②前項의境遇에前賃貸借에對하여第3者가提供한擔保는期間의滿了로因하 여消滅한다

Ⅱ. **案**　　　제628조

Ⅲ. **審議錄**, 370면 하단 ~ 371면 하단

2. 現行法 및 判例, 學說　　　現行法 제619조와 同一趣旨이다. 但「이를알 고」가 削除되었고 現行法 제1항 但書는 草案 제629조에 規定이 있다. 제1항 中

---

123) 그러나 이는 법사위 수정안 기타 민법의 제정과정에 반영된 자료를 찾을 수 없다.

「推定한다」를 「본다」로 修正하였고 제2항 但書 「敷金은例外로한다」를 削除하였다.

3. 外國 立法例   ① 獨民 제568조   賃借人이賃貸期間의經過後物의 使用을繼續한境遇에있어서賃貸人또는賃借人이2週間內에相對方에對하여反對의 意思를表示않을때는賃貸借關係는期間을定하지않고다시賃貸借를한것으로看做한다

이意思表示의期間은賃借人에對하여는使用을繼續한때賃貸人에對하여는 使用의繼續을알게된때부터進行한다 [371면]

② 瑞債 제268조   使用賃貸借契約이期間을作定하여締結되고또그期間의 經過한後使用賃貸關係가使用賃貸人이를알고또는異議를申立치않고繼續된境遇또 는어느側에든지契約에作定한解約의告知를하지않는境遇에있어서別般의合意없는 때는契約은이를不正期間에對하여更新한것으로看做한다

③ 佛民 제1778조, 제1739조, 제1759조, 제1776조, 제1740조 (參照)

④ 中民 제451조   賃貸借의期限滿了後賃借人이또한賃借物의使用收益을 하고賃貸人이直後反對의意思를表示하지않은때는期限을定하지않고契約을繼續한 것으로看做한다

⑤ 滿民 제608조 (제1항 제3항)   賃貸借의期間滿了한後賃借人이賃借物 의使用또는收益을繼續하는境遇에있어서賃貸人이遲滯없이異議를述하지않으면前 賃貸借와同一의條件으로써다시賃貸借를한것으로看做한다前賃貸借에對하여當事 者가擔保를提供한때는그擔保는期間의滿了에因하여消滅한다   但敷金은그러하지 않이하다

⑥ 日本 借家法 제2조   當事者가賃貸借의期間을定한때에는當事者가期間 滿了前6―[月]乃至1年內에相對方에對하여更新拒絶의通知又는條件變更을하지아 니할때[아니하면]更新拒絶[更新하지아니한다는]趣旨의通知를하지아니할때는 期間滿了와同時에前賃貸借와同一의條件을가지고다시賃貸借契約을한것으로看做 한다

前項의通知를한때에있어서도[한경우에라도]期間滿了의後賃借人이建物 의使用또는收益을繼續하는때에있어서도[하는때에]賃貸人이遲滯없이異議를述하 였을[述하지아니하였을]때에는亦是前項과같다

⑦ 日本 借地法 제6조   借地權者借地權의消滅後土地의使用을繼續할때에

土地所有者가遲滯없이異議를述하였을[述하지아니하였을]때에는前契約과同一의 條件을가지고다시借地權을設定한것으로看做한다 이런境遇에있어서는前條제1항 의規定을準用한다 //

　　　　前項의境遇에있어서建物및土地所有者는제4조제1항但書에規定한事由가 없을때에는異議를述할수없다

　6. 審議經過　　① 現行法에서는 更新을 推定한 데 不過하였던 것을 本條 는 都市地帶의 住宅難 等을 考慮하여 (日本)借家法 제2조 및 借地法 제6조의 立法例에 따라 「更新한것으로본다」고 하였다.

　② 現行法 제2항 但書 「敷金」의 規定은 第3者가 提供한 擔保에 該當하지 않으므로 規定할 必要 없이 本條 제1항에 依하여 敷金(保證金)은 그대로 存在 한다.

　③ 現行法 제2항은 「當事者의提供한擔保」가 更新의 境遇에 消滅한다고 規 定한 것을 本條와 같이 第3者가 提供한 擔保만 消滅하는 것으로 規定하였다.

　④ 제1항 但書를 다음과 같이 新設한다.

　「그러나當事者는제624조의規定에依하여解止의通告를할수있다」

　—理由—　默示의 更新이 된 때에 그 期間도 제1항에 依하여 前賃貸借와 同一하게 되는 것이나 이 境遇에는 現行法 제619조 제1항 但書와 같이 草案 제 624조에 依하여 解止通告할 수 있게 함이 安當하기 때문이다.

　7. 結論：前記 修正案에 合意

Ⅳ. **법사위 수정안**　　　(133) 제628조제1항中但書를다음과같이新設한다 [그 내 용은 앞의 Ⅲ. 6. ④]

Ⅷ. **제2독회**, 속기록 제48호, 14면 중단[124]

** **계약 해지의 경우에는 법정갱신을 인정하는 민법안 제629조 문제**

Ⅱ. **案**　　　제629조　　前條의規定은제624조契約解止의境遇에準用한다

Ⅲ. **審議錄**, 371면 하단 ~ 372면 상단

---

124) 이에 대하여는 앞의 민법 제608조 Ⅷ.(855면) 참조.

[372면] 2. 現行法 및 判例, 學說　　　現行法에는 없고 新設 條文이다.

3. 外國 立法例　　① 滿民 제609조　　前條의規定은賃貸借가解約의申入에因하여終了한境遇에이를準用한다

6. 審議經過　　本條는 解止通告를 하여 草案 제624조의 期間이 滿了함으로써 賃貸借가 終了하는 境遇에도 默示의 更新을 通用코저 하는 것인바 解止의 通告까지 한 當事者에 對하여 默認制度를 認定하는 것은 矛盾될 뿐만 아니라 解止通告한 當事者에게 너무나 苛酷한 規定이 되므로 本條는 削除함이 可하다.

7. 結論 : 全文 削除한다

Ⅳ. **법사위 수정안**　　(134) 제629조를削除한다

Ⅷ. **제2독회**, 속기록 제48호, 14면 중단125)

제640조 （借賃延滯와解止） 建物其他工作物의賃貸借에는賃借人의借賃延滯額이2期의借賃額에達하는때에는賃貸人은契約을解止할수있다

Ⅱ. **案**　　제630조 [다만 "…3期의賃借額에達하는때…"로 되어 있다]

Ⅲ. **審議錄**, 372면 상단 ~ 하단

2. 現行法 및 判例, 學說　　　現行法에는 없고 新設 條文이다.

3. 外國 立法例 //　　① 獨民 제554조(제1항)　　賃借人이2期間經過하고借賃의全部또는一部의支拂에關한遲滯있을때는賃貸人은告知期間을保留하고賃貸借關係의解除를告知하여야한다

② 中民 제440조(제2항)　　賃借物이家屋인때는支拂遲延의賃金의總額이2期의賃金額에達하지않으면前項의規定에依하여契約을終止할수없다

③ 滿民 제610조(제1항)　　建築物의賃貸借에있어서는그支拂을懈怠한借賃의總額이2期의借賃額에達한境遇에限하여賃貸人은이에因하여解約의申込을할수있다

6. 審議經過　　① 本條에서 「3期」 延滯한 後에 비로소 解止할 수 있게 함은 賃貸人에게 苛酷하고 따라서 住宅賃貸를 回避하는 傾向을 助成할 念慮가

---

125) 이에 대하여는 앞의 민법 제608조 Ⅷ.(855면) 참조.

있을 뿐 아니라 賃借人의 借賃不履行의 惡弊를 是認助成할 念慮가 있으므로 獨民, 中民, 滿民의 立法例에 따라 「2期」의 延滯로 修正함이 可하다.

　　② 「3期」를 「2期」로 修正하고 「賃借人」을 「賃貸人」으로 修正한다.

　　7. 結 論 : 前記 修正 外 原案에 合意

Ⅳ. **법사위 수정안**　　(135) 제630조中「參期」를「貳期」로「賃借人」을「賃貸人」
　　으로 修正한다

Ⅷ. **제2독회**, 속기록 제48호, 14면 중단[126]

제641조 (同前) 建物其他工作物의所有또는植木,採鹽,牧畜을目的으로한土地 賃貸借의境遇에도前條의規定을準用한다

Ⅱ.　**案**　　제631조　建物其他工作物의所有또는植木,採鹽,收畜을目的으로한土地賃貸借에는借賃을每月支給하는境遇에는1年,其他의境遇에는2年以上의借賃을支給하지아니한때에限하여契約을解止할수있다

Ⅲ.　**審議錄**, 372면 하단 ~ 373면 상단

　　[373면] 2. 現行法 및 判例, 學說　　草案 제274조 제622조參照

　　3. 外國 立法例　　① 滿民 제610조(제2항)　　建築物其他의工作物의所有를目的으로하는土地의賃貸借에對하여는제265조의規定을準用한다

　　6. 審議經過　　① 本條는 賃貸人에게 너무 苛酷하며 每月 借賃 支給을 約定한 當事者의 本來의 契約趣旨에도 距離가 멀어지므로 建物 其他 工作物의 所有 等을 目的으로 하는 土地賃貸借에 限하여 規定하되 그 延滯期間도 前條에 準하여 2期로 短縮함이 可하다.

　　② 本條 中 「土地賃貸借」의 다음을 「의境遇에前條의規定을準用한다」로 修正한다.

---

126) 이에 대하여는 앞의 민법 제608조 Ⅷ.(855면) 참조. 이와 같이 법사위 수정안 (135)항도 일괄하여 국회 본회의에서 채택되었다. 그러나 그 수정안 중 "「임차인」을 「임대인」으로 수정한다"는 부분에 의하면 위 규정은 임대인이 차임을 연체한 경우를 규율하는 것이 되어 전혀 앞뒤가 맞지 않는다. 그리하여서인지 민법을 공포하는 관보에 이 부분 수정안은 전혀 반영되지 아니하였다.

7. 結 論 : 前記 修正案에 合意

Ⅳ. **법사위 수정안** (136) 제631조中「土地賃貸借에는借賃을每月支給하는境
遇에는1年,其他의境遇에는2年以上의借賃을支給하지아니한때에限하여契約
을解止할수있다」를「土地賃貸借의境遇에前條의規定을準用한다」로修正한다

Ⅷ. **제2독회**, 속기록 제48호, 14면 중단127)

제642조 (土地賃貸借의解止와地上建物等에對한擔保物權者에의通知) 前條의境遇에그地上에있는建物其他工作物이擔保物權의目的이된때에는제288조의規定을準用한다

Ⅱ. **案** 제632조 前條의解止는그地上에있는建物其他工作物이擔保物權의目
的된境遇에는賃貸人이그事由를擔保權者에게通知한後3月內에借賃의支給이
없는때에限하여解止의效力이생긴다

Ⅲ. **審議錄**, 373면 상단 ~ 하단

// 2. 現行法 및 判例, 學說 現行法에는 없고 新設 條文이다. 草案 제
275조(地上權의 境遇) 參照

3. 外國 立法例 ① 滿民 제611조 제266조의規定은前條제2항의境
遇에이를準用한다

6. 審議經過 ① 本條는 前段의 境遇에 地上權에 關한 草案 제275조를
準用하는 것이 立法의 均衡上 妥當하다. (滿民 제661조도 地上權에 關한 同法
제266조 準用)

② 本條를 다음과 같이 修正한다.

「前條의境遇에그地上에있는建物其他工作物이擔保物件[權]의目的이된때
에는제275조의規定을準用한다」

7. 結 論 : 前記 修正案에 合意

Ⅳ. **법사위 수정안** (137) 제632조를다음과같이修正한다 [그 내용은 Ⅴ.
6. ②]

---

127) 이에 대하여는 앞의 민법 제608조 Ⅷ.(855면) 참조.

Ⅷ. **제2독회**, 속기록 제48호, 14면 중단128)

제643조 (賃借人의 更新請求權, 買受請求權) 建物其他工作物의 所有또는 植木,
    採鹽, 牧畜을 目的으로한 土地賃貸借의 期間이 滿了한 境遇에 建物, 樹木其他地上
    施設이 現存한 때에는 제283조의 規定을 準用한다

Ⅱ. **案**   제633조 建物其他工作物의 所有또는 植木, 採鹽, 牧畜을 目的으로한 土
    地賃貸借의 期間이 終了한 境遇에 建物, 樹木其他地上施設이 現存한때에는 賃借
    人은 賃貸人에게 對하여 前賃貸借와 同一한 條件으로 契約을 更新할것을 請求할수
    있다 賃貸人이 前項의 請求를 拒否한때에는 賃借人은 賃貸人에게 그 建物, 樹木其
    他地上施設의 買取를 請求할수있다

Ⅲ. **審議錄**, 373면 하단 ~ 374면 상단
    [374면] 2. 現行法 및 判例, 學說   現行法에는 없고 新設 條文이다. 草
案 제270조(地上權의 境遇) 參照
    3. 外國 立法例   ① 滿民 제612조   建築物其他의 工作物의 所有를 目
的으로 하는 土地의 賃貸借終了의 境遇에 있어서 工作物存在한때에는 賃借人을 契約의
更新을 請求할수있다
        賃貸人이 契約의 更新을 바라지 아니하는때는 賃借人은 相當한 價格으로써 工
作物을 買取할것을 請求할수있다
    ② 滿民 제625조   제259조의 規定은 樹木의 栽植을 目的으로한 土地의 賃貸
借에 이를 準用한다
        前項의 賃貸借에 關한 契約을 更新할 境遇에 있어서는 그 賃貸借의 期間은 更新
한때부터 起算하여 5年으로한다 但 樹木이 이 期間滿了前 滅失한때는 賃貸借는 이에 因
하여 終了한다 當事者가 前項의 期間보다 긴 期間을 定한때는 그 그 作定에 따른다
    ③ 日本 借地法 제10조   第3者가 賃借權의 目的인 土地上의 建物其他借地
權者가 權原에 依하여 土地에 附屬시킨 物을 取得한때에 있어서는 賃借人이 賃貸權의 讓
渡또는 轉貸를 許하지 않을때는 賃貸人에 對하여 時價에 依하여 建物其他의 借地權者가

---
128) 이에 대하여는 앞의 민법 제608조 Ⅷ.(855면) 참조.

權原에依하여土地에附屬시킨物의買取를請求할수있다

6. 審議經過   ① 本條도 前條와 같이 立法上의 均衡을 取하기 爲하여 地上權에 關한 草案 제270조를 準用하는 것으로 修正함이 可하다.

② 本條 제1항「現存한때에는」의 다음을「제270조의規定을準用한다」로 修正한다.

③ 제2항을 削除한다.

7. 結 論 : 修正案에 合意

Ⅳ. **법사위 수정안**   (138) 제633조中「賃借人은賃貸人에게對하여」以下를「제270조의規定을準用한다」로修正하고제2항을削除한다

Ⅷ. **제2독회**, 속기록 제48호, 14면 중단129)

제644조 **(轉借人의賃貸請求權,買收請求權)** **①建物其他工作物의所有또는植木,採鹽,牧畜을目的으로한土地賃借人이適法하게그土地를轉貸한境遇에賃貸借및轉貸借의期間이同時에滿了되고建物,樹木其他地上施設이現存한때에는轉借人은賃貸人에對하여前轉貸借와同一한條件으로賃貸할것을請求할수있다** **②前項의境遇에賃貸人이賃貸할것을願하지아니하는때에는제283조제2항의規定을準用한다**

Ⅱ. **案**   제634조 [제1항은 위 민법과 같다] 賃貸人이前項의請求를拒否한때에는轉借人은賃貸人에게그建物,植木其他地上施設의買取를請求할수있다

Ⅲ. **審議錄**, 374면 하단 ~ 375면 상단

2. 現行法 및 判例, 學說   現行法에는 없고 新設 條文이다. 草案 제270조 (地上權) (參照)

3. 外國 立法例   ① 滿民 제613조   建築物其他의工作物의所有를目的으로한土地의賃借人이適法히그土地를轉貸할境遇에있어서賃貸借終了와아울러轉貸借도亦是終了하고또그地上[375면]에工作物存在할때는轉借人은賃貸人에對하여前轉貸借와同一한條件으로써自己에그土地를賃貸할것을請求할수있다 但그

---

129) 이에 대하여는 앞의 민법 제608조 Ⅷ.(855면) 참조.

期間에對하여는제260조의規定을準用한다

　　　賃貸人이賃貸를바라지않을때는前條제2항의規定을準用한다

　②　滿民　제624조　　　耕作採鹽또는牧畜을目的으로한土地의賃借人이適法히
그土地를轉貸할境遇에있어서償貸借의終了와아울러轉貸借도亦是終了하고또그地
上에工作物이存在한때는轉借人은賃貸人에對하여前條의權利를行使할수있다

　6. 審議經過　　　①　本條 제2항은 前條와 같이 立法의 均衡上 제270조 제2
항의 規定을 準用함이 可하다.

　②　제2항을 다음과 같이 修正한다.

　「前項의境遇에賃借人이賃貸할것을願하지아니하는때에는제270조제2항의
規定을準用한다」

　7. 結 論 : 修正案에 合意

Ⅳ. 법사위 수정안　　　(139)　제634조中제2항을다음과같이修正한다

　「前項의境遇에賃借人이賃貸를願하지아니하는때에는제270조제2항의規定을
準用한다」

Ⅷ. 제2독회, 속기록 제48호, 14면 중단130)

**제645조　（地上權目的土地의賃借人의賃貸請求權,買受請求權）　前條의規定은
地上權者가그土地를賃貸한境遇에準用한다**

Ⅱ. 案　　　제635조　　　前條의規定은地上權者가그土地를賃貸한境遇에準用한다

Ⅲ. 審議錄, 375면 상단 ~ 하단

　2. 現行法 및 判例, 學說 //　　　現行法에는 없고 新設 條文이다.

　3. 外國 立法例　　　①　滿民 제614조　　　草案과 同一하다.

　7. 結 論 : 原案에 合意

제646조（賃借人의附屬物買受請求權）①建物其他工作物의賃借人이그使用의

---

130) 이에 대하여는 앞의 민법 제608조 Ⅷ.(855면) 참조.

便益을爲하여賃貸人의同意를얻어이에附屬한物件이있는때에는賃貸借의終了
時에賃貸人에對하여그附屬物의買受를請求할수있다
  ②賃貸人으로부터買受한附屬物에對하여도前項과같다

Ⅱ. 案   제636조

Ⅲ. 審議錄, 375면 하단 ~ 376면 상단

    2. 現行法 및 判例, 學說   現行法에는 없고 新設 條文이다. 草案 제306
조 제2항(傳貰權) (參照)

    3. 外國 立法例   ① 滿民 제615조   建築物의賃貸借에있어서賃借人
이그建築物의使用을便益하게할目的으로[376면]賃貸人의同意를얻어서이에附屬
시킨物있을때는賃借人은賃貸借終了한境遇에있어서그當時에있어서의賃貸人에對
하여相當한價格으로써그의附屬物을買受할것을請求할수있다

       賃貸人으로부터買受한附屬物에對하여도亦是같다

    ② 日本 借家法 제5조 (參照)

    6. 審議經過   「買取」를 「買受」로 字句修正한다. (草案 256조, 270조,
272조 參照)

    7. 結 論 : 字句修正[131] 外 原案에 合意

Ⅴ. 意見書, 181면 ~ 182면 (朱宰璜)

    [147] 草案 제636조가 賃借人에게 買取請求權을 認定한 點은 贊成하되, 賃
貸人에게도 賣渡請求權을 認定하는 規定을 同條 제3항으로 다음과 같이 新設
한다.

    「前2항의 境遇에 賃貸人도 賃借人에게 對하여 그 附屬物의 賣渡를 請求할
수 있다」

    [이 유]   本條는 日本의 借家法(5조)의 趣旨와 同一하다.

    本條와 같은 規定이 없다면, 建物 其他 工作物의 賃借人이 自己의 費用으
로 賃借目的物에 附加한 것이 獨立的인 存在를 가지고 있는 境遇(例를 들면 미
다지門을 달았거나 店鋪에 商品陳列板을 붙인 境遇)에는 賃借人은 그 物의 所
有權을 保留하므로(案 제246조), 그런 物件을 賃借物에 附屬시킨 채 이를 賃貸

---

131) 이는 법사위 수정안에 반영되지 아니하고, 나중의 조문정리과정에서 고쳐졌다.

人에 返還하여 그 費用을 請求할 수 없을 것이다. 賃借人은 그 附加한 物件을 撤去하여 原狀回復을 시킬 權利와 義務가 있을 理致이며(案 제646조, 同 제604조), 有益費의 償還請求權은 있을 수 없다. 그러나 賃借人으로 하여금 그것을 撤去케 하는 것은 賃借人을 爲하여 不利益일 境遇가 있을 뿐만이 아니라, 社會經濟上 옳은 方法이라고도 볼 수도 없을 것이다. 그렇다고 하여 모든 境遇에 賃貸人에게 買取義務를 課하는 것은 賃貸人이 願하지 않는 境遇도 있을 것이므로 本條는 賃貸人의 同意를 얻어 附屬시킨 物件이나 그 者로부터 買受한 附屬物에 限定한 것이다.

　여기에 所謂 「附屬」의 意義에 關하여는 若干의 疑問이 있을 수 있다. 案 제246조에도 「附屬」이라는 用語가 使用되고 있[182면]는데, 그것은 同條의 「附合」과 同義語라고 보아야 할 것인바, 同條에서의 「附合」이란 不動産에 附着하여 이와 分離復舊시키는 것이 事實上 不可能하거나 또는 社會經濟上 顯著하게 不利한 程度에 이르는 것을 말할 것이며, (1)該 不動産에 附加하여 一體를 이루어 獨立的인 存在를 이루지 못하는 故로, 設使 權限에 依한 것이라 할지라도 그 者가 所有權을 保留할 수 없는 境遇와, (2)理論上 그 不動産과 別個의 存在를 가질 수 있어서 權限에 依하여 附合시킨 者가 獨立한 所有權을 保留할 수 있는 境遇의 兩 境遇가 있을 것인데, 案 제636조에 所謂 「附屬」은 後者의 境遇를 指稱하는 것일 것이다. 왜냐하면 이 附屬物은 買取請求權의 目的物이 되는 것인데 賣買란 所有權의 移轉을 目的하는 것이매 따라서 그 附屬物에 對한 賃借人의 所有權을 前提로 하는 것인 故로이다. 前者의 附屬物에 關하여는 賃借人은 賃貸人에 對하여 그 附合으로 因하여 生한 增加된 價格을 不當利得의 理論으로 追求하는 것이 妥當하다(本條는 建物 其他 工作物에 附屬한 物件에만 關한 것이므로 그 建物의 使用便益을 爲하여 小建物을 地上에 增築하였거나 周邊에 樹木을 심었을 境遇에는, 小建物・樹木은 本條의 適用目的物이라고 볼 수 없다. 그런 物件 等은 地上에 附屬된 物件인 故로이다. 그런 意味에서 土地의 賃貸借에 있어서도 本條와 同趣旨의 規定을 設置할 必要가 있지 않을까 생각된다). 前示 日本의 借家法에서는 「賃貸人의 同意를 得하여 建物에 附加한 疊・建具 其他의 造作이 있을 때에는 賃借人은 … 賃貸人에 對하여 그 造作을 買取할 것을 請求할 수 있다 云云」이라고 規定함으로써 그 附加物이 建物과는 獨立된 物件이라는 것을 例示하고 있는 것은 前記의 說明에 하나의 暗示를 주는 것 같다.

案 本條의 趣旨는 賃借人을 爲함과 社會經濟的 考慮에 있음은 이미 指摘한 바와 같거니와 案 本條는 賃借人은 買取請求權을 行使치 않고 附屬物을 撤去코져 할 때에 賃貸人이 그 附屬物의 存置를 願할 境遇에 對한 考慮를 하지 않고 있다.

賃借人의 買取請求權을 認定하는 以上 賃貸人에게도 賃借人에 對한 賣渡請求權을 賦與하는 것이 兩者의 利害의 均衡을 取하는 同時에 此亦 社會經濟上의 要求에 符合되는 것인 故로, 本條 제3항에 前示와 如한 조항의 揷入을 함이 可하다고 본다.

Ⅵ. 현석호 수정안   (32) 제636조제3항을다음과같이新設한다

前2항의境遇에賃貸人도賃借人에게對하여그附屬物의賣渡를請求할수있다

Ⅷ. 제2독회, 속기록 제48호, 14면 중단

○ 法制司法委員長 代理(張暻根) :   [민법안 제636조 및 현석호 수정안 (32) 낭독] 이것을 撤回하신다고 그러셨지요? 撤回한다 그랬지요?

○ 玄錫虎 議員 :   (의석에서) 네!

제647조 (轉借人의附屬物買受請求權) ①建物其他工作物의賃借人이適法하게 轉貸한境遇에轉借人이그使用의便益을爲하여賃貸人의同意를얻어이에附屬한 物件이있는때에는轉貸借의終了時에賃貸人에對하여그附屬物의買受를請求할 수있다

②賃貸人으로부터買受하였거나그同意를얻어賃借人으로부터買受한附屬物 에對하여도前項과같다

Ⅱ. 案   제637조

Ⅲ. 審議錄, 376면 상단 ~ 하단

2. 現行法 및 判例, 學說   現行法에는 없고 新設 條文이다.

3. 外國 立法例   ① 滿民 제616조 //   草案과 同一하다.

6. 審議經過   제1항 中「買取」를「買受」로 字句修正한다. (草案 256조, 270조, 272조 參照)

7. 結 論 : 字句修正[132) 外 原案에 合意

Ⅴ. 意見書, 182면 ~ 183면 (朱宰璜)

[148] 草案 제637조의 제3항으로 다음과 같이 新設한다.

「前2항의 境遇에 前條 제3항의 規定을 準用한다」

[이 유]　　前項 [147](案 제636조에 對한)의 理由를 參照할 것

Ⅵ. 현석호 수정안　　(33) 637조제3항을다음과같이新設한다 [그 내용은 Ⅴ.]

Ⅷ. 제2독회, 속기록 제48호, 14면 중단 ~ 하단

○ 法制司法委員長 代理(張暻根) : […] 그 다음에 63//7조 제3항을 다음과같이 新設한다 하는 것도 撤回하신다고 그러셨는데 …

○ 玄錫虎 議員 : (의석에서) 네!

제648조 (賃借地의附屬物,果實等에對한法定質權) 土地賃貸人이賃貸借에關한債權에依하여賃借地에附屬또는그使用의便益에供用한賃借人의所有動産및그土地의果實을押留한때에는質權과同一한效力이있다

Ⅱ. 案　　　제638조 [다만 "…그使用의便宜에供用한…"이라고 한다]

Ⅲ. 審議錄, 376면 하단 ~ 377면 상단

2. 現行法 및 判例, 學說　　現行法에는 없고 新設 條文이다. (現行法 제313조 제1항[133) 參照)

3. 外國 立法例　① 獨民 제559조　　土地의賃貸人은賃貸借關係에依據하여債權에關한土地에特來된賃借人의物에關한質權을갖는다　但將來의賠償請求權및當期및次期以後의賃借期間에對하여質權을主張할수없다　또이質權은差押을禁한物에미치지못한다

② 瑞債 제272조 [377면]　　不動産의使用賃貸人은支拂期限을經過한1年

---

132) 이는 법사위 수정안에 반영되지 아니하고, 나중의 조문정리과정에서 고쳐졌다.

133) 의용민법 제313조 제1항(이는 동산의 先取特權에 관한 규정이다) : "토지의 임대인의 선취특권은 賃借地 또는 그 이용을 위하여 하는 건물에 備附된 동산, 그 토지의 이용에 供하는 동산 및 임차인의 점유에 있는 그 토지의 과실 위에 존재한다."

의貸借및未經過의半年의貸賃에對하여賃貸場所에存在하고그의設備또는使用에屬한動産에關하여留置權을가진다

使用賃貸人의留置權은轉賃借人이가지고온物件에도미친다 但轉賃借人에對한轉賃貸人의權利의範圍를限度로한다

使用賃借人의債權者가差押을하지못할物件에對한留置權은發生하지않은것으로한다

③ 中民 제445조(제1항) 不動産의賃貸人은賃貸借契約에依하여생긴債權에對하여賃借人의物件으로써該不動産에놓여있는것에對하여留置權을가진다 但差押이禁止된物件은그러하지아니하다

④ 滿民 제629조 土地賃貸人은賃貸借關係로부터生한債權에關하여賃借地에備附하고또는그土地의利用에供한賃借人所有의動産및賃借人의占有한그土地의果實上에質權을갖는다

6. 審議經過 ① 本條는 先取得權을 一般的으로 認定하지 아니한 代身 個別的으로 獨民과 같은 法定質權을 認定한 一例이다.

② 「執留」를 「押留」로 字句修正한다. (草案 160조 修正 參照)

7. 結 論 : 字句修正 外 原案에 合意

Ⅴ. 意見書, 113면 ~ 114면 (金曾漢)[134]

[72] 先取特權이라는 擔保物權의 種類를 廢止한 것에 贊成한다.

[이 유] [⋯] 結局 우리가 取할 수 있는 길은 先取特權制度를 存續시키되 그것을 보다 實效性 있는 것으로 改容하는 것과 先取特權制度를 廢止하고 特別히 保護할 必要가 있는 債權에 對하여는 特別法에 依하여 個別的으로 優先辨濟權을 認定하는 것의 둘이다. 그러나 從來의 先取特權이 너무도 實效性이 없고 弊端만 있는 制度이었던 만큼, 그것을 基礎로 하면서 그러한 缺點이 없는 새로운 物權을 創設한다는 것[114면]은 갑자기 想像하기 困難하다. 그러므로 結局 後者를 擇한 草案의 態度가 妥當한 것이 아닐까 생각한다. [⋯] 草案은 現行 民法上의 先取特權 中 實效性 있는 것은 모두 認定하였다. 卽 다음과 같다.

① 不動産賃貸人의 法定質權 이것은 現行 民法의 不動産賃貸의 先取特權에 該當한다. 不動産賃貸人이 賃貸借에 關한 債權에 依하여 賃借人所有의

---

134) 『의견서』 [72]의 다른 부분에 대하여는 선취특권의 폐지에 관한 앞의 571면 이하, 민법 제649조, 제650조 및 제666조에 관한 뒤의 901면, 902면 및 919면 각 참조.

一定의 動産을 執留(差押)함으로써 成立한다. 그 效力은 普通의 債[質]權과 同一하다. 이것은 다시 土地賃貸人의 法定質權과 建物賃貸人의 法定質權의 둘로 나눌 수 있다.

　　　　　(가) 土地賃貸人의 法定質權(草 638조)　　　이것은 大體로 現行 民法의 土地賃貸人의 先取特權(民 313조 제1항)에 該當하는 것이다. 이 法定質權의 目的物은 (Ⅰ)賃借地에 附屬된 賃借人의 所有物, (Ⅱ)賃借地의 使用의 便宜에 使用된 賃借人의 所有物 및 (Ⅲ)그 土地의 果實이다. […]

Ⅷ. **제1독회**, 제29호, 8면 상단 ~ 하단

　　○ 法制司法委員長 代理(張暻根) :　　첫째로 財産編에 관하여 말씀드리면 […] // 제2편 物權 中 […] // (5) 先取特權制度(現行法 제303조 以下) 現行 民法에서 廣範하게 認定했던 것을 이로 말미암아서 一般債權者에 對한 不測의 損失을 미치게 하는 弊害를 止揚하는 同時에 特種의 債權의 優先辨濟權을 特히 認定할 必要가 있는 個別的 境遇에 限해서 法定質權이라든지(638조 640조) 法定抵當權 等을 認定하는 制度를 쓴 것입니다. 이것은 獨逸民法의 例에 따른 것입니다.

제649조 (賃借地上의建物에對한法定抵當權) 土地賃貸人이辨濟期를經過한最後2年의借賃債權에依하여그地上에있는賃借人所有의建物을押留한때에는抵當權과同一한效力이있다

Ⅰ. **속기록**　　　제10회　(1949년) 5월 14일 於大法院會議室

　　○ 姜柄順 起草委員　　　[…]　　　제12. 抵當權　　　(5) 法定抵當權에 關한 規定을 세울 것

　　例「本章의 規定은 法律의 規定에 依하여 生한 抵當權에 이를 準用한다」

　　原案을 撤回하다

Ⅱ. **案**　　　제639조

Ⅲ. **審議錄**, 377면 상단 ~ 하단

　　// 2. 現行法 및 判例, 學說　　　現行法에는 없고 新設 條文이다.

3. 外國 立法例　　① 滿民 제630조(제1항)　　土地의 賃貸人은 辨濟期에 이를 最後의 2年分의 賃借에 關하여 賃借人이 그 土地에 있어서 所有한 引築物上에 抵押權을 가진다

6. 審議經過　　本條는 前條와 마찬가지로 先取特權을 一般的 制度로 認定하지 아니한 代身에 個別的으로 瑞民, 佛民의 立法例에 따라 法定抵當權을 認定한 一例이다. 土地賃貸人은 그 地上의 建物과 特殊關係 卽 借賃의 擔保로 볼 수 있는 社會生活關係가 有하므로 이것을 基礎로 하여 그 建物로부터 優先辨濟를 받을 수 있도록 하는 것이 公平의 觀念에 適合한것이다.

　　※「執留」를「押留」로 字句修正한다. (草案 제106조 修正 參照)

7. 結 論 : 字句修正[135) 外 原案에 合意

V. 意見書, 113면 ~ 114면 (金曾漢)[136)

[72] 先取特權이라는 擔保物權의 種類를 廢止한 것에 贊成한다.

[이 유]　　[…] // [114면] 草案은 現行 民法上의 先取特權 中 實效性 있는 것은 모두 認定하였다. 卽 다음과 같다. […]

② 土地賃貸人의 法定抵當權(草 639조)　　이것은 現行 民法에 該當하는 것이 없는 것을 草案이 創設한 것이다. 이것이 認定되는 債權은「土地賃貸人의 辨濟期를 經過한 最後 2年의 借賃債權」이고 目的物은「그 地上에 있는 賃借人 所有의 建物」이다. 이 法定抵當權도 目的物을 執留함으로써 成立하며, 그 效力은 普通의 抵當權과 同一하다. […]

제650조 (賃借建物等의附屬物에對한法定質權) 建物其他工作物의賃貸人이賃貸借에關한債權에依하여 그 建物其他工作物에附屬한賃借人所有의動産을押留한때에는質權과同一한效力이있다

I. 속기록　　제11. 質權　　(3) 法定質權에 關한 規定을 세울 것

　　表決 結果 原案 否決되다

II. 案　　제640조

Ⅲ. **審議錄**, 377면 하단 ~ 378면 상단

[378면]   2. 現行法 및 判例, 學說   現行法에는 없고 新設 條文이다.
(現行法 제313조 제2항 參照)

3. 外國 立法例   ① 滿民 제631조   草案과 同一하다

6. 審議經過   本條도 草案 제638조, 639조와 같은 趣旨에서 先取特權 制度 不採擇에 따라 現行法 제313조 제2항 代身에 特殊關係 卽 借賃의 擔保로 볼 수 있는 社會生活關係가 有한 境遇에 法定質權을 認定하기 爲하여 新設된 것이다.

7. 結論 : 字句修正[137] 外 原案에 合意

Ⅴ. **意見書**, 113면 ~ 114면 (金曾漢)[138]

[72] 先取特權이라는 擔保物權의 種類를 廢止한 것에 贊成한다.

[이 유]   […] // [114면] 草案은 現行 民法上의 先取特權 中 實效性 있는 것은 모두 認定하였다. 卽 다음과 같다. […]

(나) 建物賃貸人의 法定質權(草 640조)   이것은 大體로 現行 民法의 建物賃貸人의 先取特權(民 313조 2항)에 該當하는 것이다. 다만 民法은 「建物의 賃貸人」이라고 하고 있는 것을 草案은 「建物 其他 工作物의 賃貸人」이라고 하고 있다. 目的物은 그 建物 其他 工作物에 附屬된 賃借人 所有의 動産이다. […]

제651조 (賃貸借存續期間) ①石造,石灰造,煉瓦造또는이와類似한堅固한建物 其他工作物의所有를目的으로하는土地賃貸借나植木,採鹽을目的으로하는土 地賃貸借의境遇를除한外에는賃貸借의存續期間은2年을넘지못한다 當事者의 約定期間이2年을넘는때에는이를2年으로短縮한다

②前項의期間은이를更新할수있다   그期間은更新한날로부터十年을넘지못 한다

Ⅱ. **案**   제641조 建物其他工作物의所有를目的으로한土地賃貸借의期間은石 造,石灰造,煉瓦造및이와類似한것에는3年,그外의建物에는15年,工作物에는5

---

137) 이는 민법안 제639조에서와 같이 '執留'의 용어와 관련되는 것으로 이해된다.

138) 『의견서』 [72]항에 대하여는 앞의 주 134 참조.

年未滿으로하지못한다

Ⅲ. 審議錄, 378면 상단 ～ 379면 상단

// 2. 現行法 및 判例, 學說   現行法에는 없고 新設 條文이다. (現行法 제604조, 제301조 修正 參照)

3. 外國 立法例   ① 中民 제449조   賃貸借契約의期限은2年을넘을수 없다 2年을넘을때는短縮하여2年으로한다

前項의期限은當事者이를更新할수있다

② 滿民 제619조   제257조, 제258조제260조乃至제262조및제267조의規 定은建築物其他의工作物의所有를目的으로한土地의賃貸借에이를準用한다

前項의規定은臨時設備其他一時使用을爲하여土地의賃貸借를한것이明白 한境遇에는이를適用하지않는다

③ 日本 借地法 제2조 (類似)

6. 審議經過   本條 乃至 제643조는 거의 地上權에 있어서의 存續期間 에 關한 規定과 類似하여 地上權에 比하여 短期間性을 가진 賃貸借의 性質에 適合치 아니할 뿐 아니라 이러한 規定을 設하면 賃貸人에 對한 不利益과 拘束 이 過大하여 土地를 容易히 他人에게 賃貸하지 않는 傾向을 助成할 念慮가 있 으므로 特히 長期間을 要하는 境遇에는 當事者가 地上權 設定의 方法을 取할 것이라는 實情을 考慮하여 前記 3조 代身에 現行法 제604조 (中民 제449조 同 旨)를 多少 修正하여 1조를 다음과 같이 設함이 妥當할 것이다.

제641조를 다음과 같이 修正한다.

「石造 石灰造 煉瓦造 또는 이와 類似한 堅固한 建物 其他 工作物의 所 有를 目的으로 하는 土地賃貸借나 植木採鹽을 目的으로 하는 土地賃貸借의 境 遇를 除한 外에는 賃貸借의 存續期間은 2年을 넘지 못한다 當事者의 約定期間 이 2年을 넘는 때에는 이를 2年으로 短縮한다.

前項의 期間은 이를 更新할 수 있다 그 期間은 更新한 날로부터 2年을 넘지 못한다」

Ⅳ. 법사위 수정안   (139) 제641조를다음과같이修正한다 [그 내용은 Ⅲ. 6. 말미]

Ⅴ. **意見書**, 183면 ~ 184면 (朱宰璜)

[150] 修正案 (140)(141)(142)139)가 賃貸借의 期間에 關한 規定을 修正한 것에는 贊成하되, 草案 제641조의 規定은 草案 제609조 다음에 둔다.

[이 유]　　　草案이 賃貸借의 最短期를 너무도 長期로 한 것을 案 제641조 는 修正 短縮하였다. 賃貸借의 存續期間을 過度하게 長期로 한다는 것은 賃借 物의 所有權에 對한 質的인 制限을 事實上 招來할 뿐만이 아니라 賃貸借의 締 結을 困難케 할 것이다. [184면] 그리고 案 제641조는 體制上 案 제609조에 連 續하여 設置함이 可하다.140)

Ⅷ. **제2독회**, 속기록 제48호, 14면 하단 ~ 15면 상단

○ 法制司法委員長 代理(張暻根) :　641조로부터 644조까지 法制司法委員 會만의 修正案이 있습니다.

○ 副議長(李在鶴) :　644조까지 法制司法委員會의 修正案에 異議 없으세 요? (「異議 없소」 하는 이 있음) [15면] 네, 그러면 그대로 通過합니다.

** **(1) 민법안 제642조 및 (2) 제643조 삭제**

(1)　Ⅱ. **案**

제642조 植木,採鹽을目的으로한土地賃貸借의期間은3年,牧畜을目的으로한土 地賃貸借의期間은10年未滿으로하지못한다

Ⅲ. **審議錄**, 379면 상단 ~ 하단

2. 現行法 및 判例, 學說　　現行法에는 없고 新設 條文이다.

3. 外國 立法例　　① 中民 제449조(제1항) (前條 立法例 參照)

② 滿民 제619조 (前條 立法例 參照) //

6. 審議經過　　全文 削除한다. (前條 審議經過 參照)

7. 結 論 : 全文 削除

---

139) 이들 법사위 수정안의 항목번호가 하나 더 많게 된 이유에 대하여는 앞의 주 99(830면) 참조.
140) 이 마지막의 민법안 제641조의 위치에 관한 『의견서』의 의견은 그 후의 입법과정에 반영 된 자취를 찾을 수 없다.

Ⅳ. **법사위 수정안**   (140) 제642조를削除한다

Ⅴ. **意見書**, 183면 (朱宰璜)[141]

Ⅷ. **제2독회**, 속기록 제48호, 14면 하단 ~ 15면 상단[142]

(2) Ⅱ. **案**

제643조   前2조의賃貸借期間을定하지아니하거나그期間보다짧은期間을定한
때에는그期間은前2조의制限期間의最短期間으로한다

Ⅲ. **審議錄**, 379면 하단

   2. 現行法 및 判例, 學說   現行法에는 없고 新設 條文이다.
   3. 外國 立法例   ① 中民 제449조(제1항) (草案 제641조 立法例 參照)
   ② 滿民 제619조 (草案 제641조 立法例 參照)
   6. 審議經過   全文 削除한다. (草案 제641조 審議經過 參照)
   7. 結 論 : 全文削除

Ⅳ. **법사위 수정안**   (141) 제643조를削除한다

Ⅴ. **意見書**, 183면 (朱宰璜)[143]

Ⅷ. **제2독회**, 속기록 제48호, 14면 하단 ~ 15면 상단[144]

제652조 (强行規定) 제627조,제628조,제631조,제635조,제638조,제64
조,제641조,제643조乃至제647조의規定에違反하는約定으로賃借人이나轉
借人에게不利한것은그效力이없다

Ⅱ. **案**   제644조   제616조,제617조,제620조,제624조,제627조,제630조,제631
   조,제633조乃至제637조,제641조乃至前條의規定에反하는約定으로賃借人이

---

141) 이에 대하여는 앞의 민법안 제641조에 대한 의견서 [150](앞의 903면)을 보라.
142) 이에 대하여는 앞의 민법안 제641조에 대한 제2독회 심의를 보라.
143) 이에 대하여는 앞의 민법안 제641조에 대한 의견서 [150](앞의 903면)을 보라.
144) 이에 대하여는 앞의 민법안 제641조에 대한 제2독회 심의(앞의 903면)를 보라.

나轉借人에게不利한것은그效力이없다

Ⅲ. 審議錄, 379면 하단 ~ 380면 상단

[380면] 2. 現行法 및 判例, 學說　　現行法에는 없고 新設 條文이다.

3. 外國 立法例　　① 滿民 제617조, 제601조, 제603조, 제2호前段, 제607조
제608조, 제610조및제612조乃至前條의規定에反한契約條件으로賃借人또는轉借人
에不利한것은이를定하지않은것으로看做한다

② 日本 借地法 제11조(參照) 日本 借家法 제6조(參照)

6. 審議經過　　「제641조乃至前條」를 削除한다.

　　— 제641조는 修正되어 賃借人의 利益에 關한 規定이 아니였음으로[아
니게 되었으므로] 또 그 다음의 條文은 削除되었으므로 이에 따르는 修正이다.

7. 結 論 : 前記 修正案에 合意

Ⅳ. 법사위 수정안　　(142) 제644조中「제641조乃至前條」를削除한다

Ⅷ. 제2독회, 속기록 제48호, 14면 하단 ~ 15면 상단[145]

제653조 (一時使用을爲한賃貸借의特例) 제628조, 제638조, 제64조, 제646
조乃至제648조, 제65조및前條의規定은一時使用하기爲한賃貸借또는轉貸借
인것이明白한境遇에는適用하지아니한다

Ⅱ. 案　　제645조

Ⅲ. 審議錄, 380면 상단 ~ 하단

// 2. 現行法 및 判例, 學說　　現行法에는 없고 新設 條文이다.

3. 外國 立法例　　① 滿民 제618조　　草案과 同一하다.

② 日本 借家法 제8조 (參照)

7. 結 論 : 原案에 合意

제654조 (準用規定) 제610조제1항, 제615조乃至제617조의規定은賃貸借에

---

145) 이에 대하여는 앞의 민법안 제641조에 대한 제2독회 심의(앞의 903면)를 보라.

이를準用한다

II. 案   제646조

III. 審議錄, 380면 하단 ~ 381면 상단

　2. 現行法 및 判例, 學說   現行法 제616조와 同一趣旨이다.

　3. 外國 立法例   ① 獨民 제556조(제1항)   賃借人은賃貸關係의終了
後賃貸物을返還하여야한다

　② 獨民 제558조   賃貸物의變更또는毁損에對한賃貸人에[의]賠償請求權
아울러費用賠償또는設置物取去의許諾에關한賃借人의請求權은6個月의時效에關
하여消滅한다   賃貸人의賠償請求權의時效는物의返還을얻은때부터進行하고賃借
人의請求權의時效는賃貸借關係의終了때부터進行한다.

　[381면]   物의返還에對한賃貸人의請求權이時效에因하여消滅한同時에賃貸人
의賠償請求權도亦是時效에因하여消滅한다

　③ 中民 제456조   賃借物의[이]받은損害에關하여는賃借人에對한賃貸人
의賠償請求權賃借人의費用償還請求權및工作物取戾權은언제든지2年間行使아니
함에因하여消滅한다

　　　　前項의期間은賃貸人에對하여서는賃貸物의返還을받은때부터起算하고賃
借人에對하여는賃貸借關係의終止한때부터起算한다

　④ 中民 제438조   賃借人은約定의方法에依하여賃借物의使用收益을하여
야한다   約定의方法이없는때는賃借物의性質에依하여作定한方法으로써이를하여
야한다

　　　　賃借人이前項의規定에違反하여賃借物의使用收益을하고賃貸人의阻止가
있어도繼續하여이를한때는賃貸人은契約을終止할수있다

　⑤ 滿民 제632조   草案과 同一하다

　7. 結 論 : 原案에 合意

** 채권적 전세에 관한 규정을 두는 문제

I. 編纂要綱   제7절   賃貸借   20. 傳貰에 關한 規定을 둘 것

V. 意見書, 184면 ~ 186면 (朱宰璜)

[151] 草案 제8절 賃貸借 다음에 「傳貰」라는 節을 新設하고 傳貰의 定義에 關한 規定, 傳貰에 關한 慣習法이 없을 때에는 賃貸借의 規定에 依한다는 趣旨의 規定 等 若干 數의 條文을 設置한다. 다음은 하나의 試案이다.

제○조   傳貰는 當事者 一方이 相對方에 對하여 不動産을 使用 收益하게 할 것을 約定하고, 相對方이 이에 對하여 傳貰金을 支給할 것을 約定함으로써 그 效力이 생긴다.

제○조   傳貰의 借主는 期限에 借用不動産을 返還하고 貸主는 傳貰金을 返還하여야 한다.

傳貰金에 關한 前項의 權利는 그 不動産에 關하여 생긴 債權으로 본다. 이에 反하는 約定은 그 效力이 없다.

제○조   傳貰에 關하여 法律에 規定이 없으면 慣習法에 依하고, 慣習法이 없으면 그 性質이 許하는 限 前節의 規定을 準用한다.

[이 유]   本 民法案은 제2편 物權編에 傳貰權이라는 章을 設置하여 이를 物權의 一種으로 하였다. 그러나 (1)傳貰는 慣習上 家屋의 一部를 目的으로 하는 境遇가 많은데, 그러한 境遇에는 物權의 對抗要件인 登記(民法案은 形式主義를 取하나 本 意見書에서는 意思主義를 取할 것을 主張하고 있는 것이다)의 履踐이 不可能하며, (2)傳貰의 慣行은 아직 全國에 普遍的으로 行하여지는 것이라고는 볼 수 없으며, (3)現行 傳貰의 慣行은 一種의 特殊한 賃貸借라고 볼 수 있는데 이를 改編하여 구태여 物權關係로 規定하여야 할 積極的인 理由를 發見할 수 없으며, (4)傳貰權者의 保護를 爲한 方策은 傳貰를 債權關係로 規定하면서도 어느 程[185면]度 可能하다는 것 等의 理由에서, 傳貰를 債權編에 典型契約의 一種으로 規定함이 可하다고 생각한다(本來 法典編纂委員會의 民法草案 編纂要綱에는 傳貰를 債權契約으로 하기로 했던 것이다146)).

傳貰의 慣行에 關하여는 아직 實態調査가 보잘만한 것이 없어서 그 內容이 分明치 않은 點이 많다.

그 槪念에 關하여 慣習調査報告書에 依하면, 傳貰란 家屋 「貸借의 境遇에 借主로부터 一定한 金額(家屋의 代價의 半額 乃至 七八分임을 通例로 함)을 家

---

146) 이는 바로 앞에서 인용한 「編纂要綱」 債權法各論 제20항을 가리키는 것이라고 하겠다.

主에 寄託하고 따로 借賃을 支拂함이 없이 家屋返戾時에 至하여 그 返戾를 받는 것」이라고 하고(243丁), 日政時의 法院判決에 依하면 「朝鮮에서의 傳貰契約은 傳貰權者로부터 相對方에 對하여 傳貰金을 交付하고 所定期間 相對方 所有의 家屋을 占有使用시키고 그 家賃 及 傳貰金의 利息은 相互 이를 相殺시키는 것을 內容으로 하는 雙務契約」이라고 하고 있으며(昭和18年 6月 22日 朝鮮高等法院 判決), 우리 大法院도 「近來 巷間에 流行하는 家屋의 傳貰契約은 一種의 賃貸借契約」이라고 判示하고 있는 것이다.(檀紀 4288年 1月 27日 判決, 大法院 判例集 10集 39丁). 여기에도 나타난 바와 같이 傳貰의 目的物은 主로 建物인 境遇가 많은 것 같은데 土地도 建物의 垈地로서는 그 建物과 同時에 傳貰의 目的物이 될 수 있겠으나, 建物과 關聯 없는 土地만의 傳貰는 없는 것 같다.

    傳貰는 京鄕 各地에서 慣行되고 있었다고는 하나 從來 主로 서울을 中心으로 盛行되어 온 것이라는데, 今般의 6·25動亂으로 아마 그 慣行이 相當히 各地에 傳布된 모양이고, 그 內容도 在來의 그것과 반드시는 同一하지 않을지 모른다. 傳貰는 元來 慣習上의 制度이니만큼, 傳貰契約의 存續期間, 解止의 豫告期間, 傳貰物의 通常必要費의 負擔關係, 傳貰權의 讓渡·轉傳貰·轉賃貸借 關係 等 其他 傳貰의 內容에 關하여 特別한 慣習法이 있으면 爲先 그 慣習法을 原則的으로 尊重하기로 하고, 慣習法이 分明치 않거나 欠缺되어 있을 때엔 賃貸借 一般에 關한 前節規定을 準用함이 可하지 않을까 생각하는 바이다. 試案에 傳貰金返還請求權을 傳貰目的物에 關하여 生한 債權이라고 看做한다고 規定하고자 한 것은 그 目的物의 第三取得者의 明渡要求에 對하여 借主의 目的物에 對한 留置權을 認定하여 이에 對抗케 하고자 한 것이다. 判例는 그 請求權은 目的物에 關하여 生한 債權이라고는 볼 수 없다고 하여 借主의 留置權을 認定하지 않고 있으나(이 點은 理論上 檢討의 餘地가 있다), 借主는 目的物의 價格의 半額 以上의 大金을 傳貰金으로 支給하고 있는 만큼, 그 者에게 留置權을 賦與함으로써 資金回收를 保障하여주는 것이 社會政策上 必要할 것으로 생각되는 故로, 留置權을 明示하는 規定을 두고자 하는 바이다(傳貰를 物權關係로서 規定코자 한 民法案의 立場에 反對하는 論說로서, 鄭熙喆 氏 「物權으로 登場한 傳貰權」(法政 10卷 5號)이 있으며, 傳貰[186면]慣行의 報告로서는 京城帝國大學 社會調査部法律學班 「傳貰慣行의 實際的 研究」(司法協會雜誌 23卷 4·5·7號)가 있다).

Ⅵ. **현석호 수정안**　　　(34)　제3편제2장제7절「賃貸借」다음에「傳貰」의節을新設하고다음의3條를新設한다

　第○條　傳貰는當事者一方이相對方에對하여不動産을使用收益하게할것을約定하고相對方이이에對하여傳貰金을支給할것을約定함으로써그效力이생긴다

　第○條　傳貰의傳貰借人은期限에借用不動産을返還하고傳貰貸人은傳貰金을返還하여야한다

　傳貰金에關한前項의權利는그不動産에關하여생긴債權으로본다이에反하는約定은그效力이없다

　第○條　傳貰에關하여法律의規定또는慣習法이없으면前節의規定을準用한다

Ⅷ. **제2독회**, 속기록 제48호, 15면 상단

　○ 法制司法委員長 代理(張暻根) : 그 다음에 玄錫虎 議員의 修正案이 있는데 이것은 제3편 제2장 제7절 「賃貸借」 다음에 「傳貰」의 節을 新設하고 다음의 3條文을 新設한다 하고 3條文을 적었는데 이것은 當然히 撤回하실 줄 압니다. 傳貰權이 物權으로서 認定되었으니깐 이것은 債權編에 적는 것은 撤回하시지요? (「네」 하는 이 있음) 玄錫虎 議員의 修正案이 제3편 제2장 제7절 「賃貸借」 다음에 「傳貰」의 節을 新設하고 다음 3條文을 新設한다. 이것은 當然히 撤回…

　○ 副議長(李在鶴) : 異議 없지요? (「없소」 하는 이 있음) 그대로 通過합니다.

第8節 雇 傭

제655조 (雇傭의意義) 雇傭은當事者一方이相對方에對하여勞務를提供할것을約定하고相對方이이에對하여報酬를支給할것을約定함으로써그效力이생긴다

Ⅱ. **案**　　　제647조

Ⅲ. **審議錄**, 381면 상단 ~ 382면 상단

　// 2. 現行法 및 判例, 學說　　　現行法 제623조와 同一하다.

3. 外國 立法例 ① 獨民 제611조 雇傭契約에因하여勞務를約定한者는그勞務를給付하고相對方은그約定한報酬를줄義務를진다

雇傭契約의目的은各種의勞務일수있다

② 瑞債 제319조(제1항) 雇傭契約에依하여勞務者는確定또는不定期間에對하여勞務를給付하고雇傭主는賃銀을支拂할義務를진다

③ 佛民 제1780조 (參照)

④ 中民 제482조 雇傭이라稱함은當事者가一方은一定의또는不定期間內에있어他方을爲하여勞務에服하고他方은報酬를給付할것을約定하는契約을말한다

⑤ 滿民 제633조 草案과 同一하다.

[382면] 7. 結 論 : 原案에 合意

제656조 (報酬額과그支給時期) ①報酬또는報酬額의約定이없는때에는慣習에依하여支給하여야한다

②報酬는約定한時期에支給하여야하며時期의約定이없으면慣習에依하고慣習이없으면約定한勞務를終了한後遲滯없이支給하여야한다

Ⅱ. 案 제648조

Ⅲ. 審議錄, 382면 상단 ~ 하단

2. 現行法 및 判例, 學說 現行法 제624조에 該當하는 조이나 草案은 이를 改良하였다.

3. 外國 立法例 ① 獨民 제612조(제2항) 報酬額에關하여作定없는 境遇에있어서는評價있는때는評價에相當한報酬或은이가없는때는慣習上의報酬를合意한것으로看做한다

② 獨民 제614조 報酬는勞務의給付後에이를支拂하여야한다 期間으로서作定한報酬는各期間이經過한後이를支拂하여야한다

③ 瑞債 제330조(前段) 雇主는合意或은慣習에依하여또는標準勞働契約或은勞働協約에있어서設定한賃金을支拂하여야한다

④ 瑞債 제333조 支拂에對한그보다짧은期間의合意또는慣習없는限賃金은

1. 勞働者및同一家屋內에居住않는雇人에對하여는每2週間에
2. 使用人에對하여는每個月에
3. 同一家屋內에居住하는雇人에對하여는每3個月에또는農業經營에있어서
  는每6個月에이를支拂하여야한다

  모든境遇에있어서賃金債權은雇傭契約의終了와같이辨濟期에到來한다

  // ⑤ 中民 제483조   事情에依하여報酬를받지않으면卽勞務에服從하지
않는것인때는報酬를줄것을承諾한것으로看做한다   報酬額을作定치않은때는價目
表의定함에依하여이를給付하고價目表없는때는慣習에依하여給付한다

  ⑥ 滿民 제634조   勞務者는그約定한勞務를終了한後가아니면報酬를請求
할수없다

  期間으로써作定한報酬는그期間經過後이를請求할수있다

7. 結 論 : 原案에 合意

제657조 (權利義務의專屬性) ①使用者는勞務者의同意없이그權利를第3者에
  게讓渡하지못한다
  ②勞務者는使用者의同意없이第3者로하여금自己에가름하여勞務를提供하
  게하지못한다
  ③當事者一方이前2항의規定에違反한때에는相對方은契約을解止할수있다

Ⅱ. 案   제649조 [다만 제2항은 "…自己를가름하여…"라고 한다]

Ⅲ. 審議錄, 382면 하단 ~ 383면 상단

  2. 現行法 및 判例, 學說   現行法 제625조와 同一하다.
  3. 外國 立法例   ① 獨民 제613조 [383면]   勞務給付의義務를진者
는스스로勞務를給付하여야한다 但別段의意思表示있는때는그러하지않다 또勞務
의請求權은別段의意思表示없는때는이를讓渡할수없다

  ② 瑞債 제327조   勞務者는合意에因하여또는事情에因하여別般의結果를
發生않는限約束의勞務를自身이給付하여야한다

  雇主의權利를他人에게讓渡하는것은前項과同一한留保下에이를除斥한다

  ③ 中民 제484조   使用者는被用者의同意를거치지않고는그勞務請求權을

第3者에讓渡할수없다　被用者는使用者의同意를거치지않고第3者로하여금代身勞
務에服從시킬수없다

　　　當事者의一方이前項規定에違反한때는他方은契約을終止할수있다

　　④　滿民　제635조　　　使用者는勞務者의同意없이는그權利를第3者에讓渡할
수없다　勞務者는使用者의同意없이는第3者로하여금自己에代身하여勞務에服從시
킬수없다　勞務者가前項의規定에反하여第3者로하여금勞務에服從시킬때는使用者
는解約의申込을할수있다

　　7. 結　論 : 原案에 合意

**제658조 (勞務의內容과解止權) ①使用者가勞務者에對하여約定하지아니한勞
務의提供을要求한때에는勞務者는契約을解止할수있다**

　　**②約定한勞務가特殊한技能을要하는境遇에勞務者가그技能이없는때에는使
用者는契約을解止할수있다**

Ⅱ. 案　　　제650조

Ⅲ. 審議錄, 383면 상단 ~ 하단

　　// 2. 現行法 및 判例, 學說　　　現行法에는 없고 新設 條文이다.

　　3. 外國 立法例　　① 中民　제485조　　　被用者가明示또는默示로그特殊
技能을가진것을保證한境遇에있어이種目의技能없는때는使用者는契約을終止할수
있다

　　7. 結　論 : 原案에 合意

**제659조 (3年以上의經過와解止通告權) ①雇傭의約定期間이3年을넘거나當事
者의一方또는第3者의終身까지로된때에는各當事者는3年을經過한後언제든
지契約解止의通告를할수있다**

　　**②前項의境遇에는相對方이解止의通告를받은날로부터3月이經過하면解止
의效力이생긴다**

Ⅱ. 案　　　제651조 [다만 제1항은 "…3年을超過하거나…"라고 한다]

Ⅲ. **審議錄**, 383면 하단 ～ 384면 상단

　[384면] 2. 現行法 및 判例, 學說　　現行法 제626조 同旨이다.

　3. 外國 立法例　　① 獨民 제624조　　어떤者의 終身間또는5年以上의期間으로서 雇傭關係를 締結한때는 勞務者는5年을經過한뒤에그解約을告知할수있다
그告知期間은6個月이라[로]한다

　② 瑞債 제351조　　一方當事者의終身또는10年以上의期間으로서 雇傭契約을締結한境遇에있어서는 勞務者는10年의經過後何時라도또損害賠償을할수없고6個月의解約期間을保持하여 契約을解除할수있다

　③ 滿民 제636조　　雇傭의期間이5年을超過하고또는當事者의一方或은第3者의終身間繼續될때는當事者의一方은5年을經過한後언제든지解約의申込을할수있다

　이境遇에있어서는雇傭은解約申込後3個月을經過함에因하여終了한다

　7. 結論 : 原案에 合意

제660조 (期間의約定이없는雇傭의解止通告) ①雇傭期間의約定이없는때에는當事者는언제든지契約解止의通告를할수있다

　②前項의境遇에는相對方이解止의通告를받은날로부터1月이經過하면解止의效力이생긴다

　③期間으로報酬를定한때에는相對方이解止의通告를받은當期後의1期를經過함으로써解止의效力이생긴다

Ⅱ. **案**　　제652조

Ⅲ. **審議錄**, 384면 상단 ～ 385면 상단

　// 2. 現行法 및 判例, 學說　　現行法 제627조 제1항, 제2항과 同一한 趣旨이다.

　3. 外國 立法例　　① 獨民 제620조, 제622조, 제623조 (參照)

　② 瑞債 제347조　　期間은作定치않고雇傭契約을締結한때와如斯한期間이勞務에明示된目的으로부터도分明치못할때는双方當事者로부터解約의告知를할수

있다

前項의 境遇에있어 契約또는 法律이別段의規間을作定하지않을때는 日傭人에있어서는解約의告知에屬하는1週間의終末에對하여 使用人에있어서는이에屬한1個月末에對하여 其他雇傭關係에있어서는이에屬하는제2週間末에對하여解約告知를할수있다

　　　　數人의雇主및勞務者에對하여相異한解約告知期間을合意할것을許치못한다

　　　③ 中民　제488조(제2항 前段)　　　雇傭에期間을作定치않고또勞務의性質또는目的에依하여그期間을作定할수없는때는各當事者는언제든지契約을終止할수있다

　　　④ 滿民　제637조(제1항 제2항)　　　當事者가雇傭의期間을作定치않을때는各當事者는언제든지解約의申込을할수있다　이境遇에있어서는雇傭은解約申込後2週間을經過함에因하여終了한다

　　　　期間으로써報酬를作定한境遇에있어서는解約申込은次期以後에對하여이를할수있다 [385면]

　　7. 結 論 : 原案에 合意

제661조 (不得已한事由와解止權) 雇傭期間의約定이있는境遇에도不得已한事由있는때에는各當事者는契約을解止할수있다　그러나그事由가當事者一方의過失로因하여생긴때에는相對方에對하여損害를賠償하여야한다

Ⅱ. 案　　　제653조

Ⅲ. 審議錄, 385면 상단 ~ 하단

　// 2. 現行法 및 判例, 學說　　　現行法 제628조와 同一趣旨이다.

　3. 外國 立法例　　① 瑞債 제352조(제1항 제2항)　　　重大한理由있는때는勞務者와雇主는언제든지直接契約을解除할수있다

　　　　特히道義上또는信義誠實의理由에依하여雇傭關係를引續시킬것을解除者에게强要하지못할一切의事情은이를重大한理由로看做한다

　　　② 瑞債 제353조(前段)　　　重大한理由가一方當事者가契約違反한行爲에있

는때는이當事者는雇傭關係부터發生한副收入의考慮下에完全한損害賠償을하여야
한다

　　③ 中民 第489조　　　當事者의一方에重大한事由있을때는그雇傭契約에假令
期限의作定있는때라도또한期限滿了前에이를終止할수있다

　　　　前項의事由가當事者의一方의過失에因하여發生한때는他方은이에對하여
//損害賠償을請求할수있다

　　④ 滿民 제638조　　　草案과 同一하다.

　　7. 結 論 : 原案에 合意

**제662조 (默示의更新) ①雇傭期間이滿了한後勞務者가繼續하여그勞務를提供
하는境遇에使用者가相當한期間內에異議를하지아니한때에는前雇傭과同一한
條件으로다시雇傭한것으로본다　그러나當事者는제660조의規定에依하여解
止의通告를할수있다**

　　**②前項의境遇에는前雇傭에對하여第3者가提供한擔保는期間의滿了로因하
여消滅한다**

Ⅱ. 案　　　　제654조 [다만 제1항에 단서는 없다]

Ⅲ. 審議錄, 385면 下段 ~ 386면 上段

　　2. 現行法 및 判例, 學說　　　現行法 제629조와 同一趣旨이다.

　　3. 外國 立法例　　① 獨民 제625조　　　雇傭期間의終了後勞務者가雇傭
關係를繼續하고또相對方이이를알고異議를述하지않은때는雇傭關係는不確定期間
伸長된것으로看做한다

　　② 瑞債 제346조　　　一定한期間에對하여成立한雇傭關係가이期間經過後双
方當事者에依하여[386면]暗默으로繼續된때는雇傭契約은이를同一期間에對하여
但最長1個年을限度로하여更新한것으로看做한다

　　　　契約解除에對하여미리解約告知를한境遇에있어當事者의双方이解約告知
를하지않을때는契約을更新한것으로看做한다

　　③ 滿民 제639조　　　雇傭의期間滿了後勞務者가繼續하여그勞務에服從하는
境遇에있어使用者가遲滯없이異議를하지않은때는前雇傭과同一한條件으로써다시

雇傭을한것으로推定한다 但各當事者는제637조의規定에依하여解約의申込을할수
있다

　　　前雇傭에關하여當事者가擔保를提供한때는그擔保는期間滿了로因하여消
滅한다 但身元保證金은그러하지아니하다

　6. 審議經過　　① 草案 제628조(賃貸借의 境遇) 제1항에 但書를 揷入한
것과 같은 理由로 本條 제1항에도 同趣旨의 但書를 揷入함이 可하다.

　② 제1항 但書를 다음과 같이 新設한다.

　「그러나當事者는제652조의規定에依하여解止의通告를할수있다」

　7. 結 論 : 前記 修正 外에 原案에 合意

Ⅳ. 법사위 수정안　　(143)　제654조제1항中但書를다음과같이新設한다 [그
내용은 Ⅲ. 6. ②]

Ⅷ. 제2독회, 속기록 제48호, 15면 상단 ~ 중단

　○ 法制司法委員長 代理(張暻根) :　[민법안 제654조 및 법사위 수정안
(143) 낭독]

　○ 副議長(李在鶴) :　法制司法委員會의 修正案에 異//議 없어요? (「없소」
하는 이 있음) 네, 通過합니다.

**제663조 (使用者破産과解止通告) ①使用者가破産宣告를받은境遇에는雇傭期
間의約定이있는때에도勞務者또는破産管財人은契約을解止할수있다**

　　②前項의境遇에는各當事者는契約解止로因한損害의賠償을請求하지못한다

Ⅱ. 案　　　제655조

Ⅲ. 審議錄, 386면 상단 ~ 하단

　// 2. 現行法 및 判例, 學說　　現行法 제631조와 同一하다. (草案 제626
조 參照)

　3. 外國 立法例　　① 滿民 제640조　　草案과 同一하다.

　7. 結 論 : 原案에 合意

제9절   都   給

제664조 (都給의 意義) 都給은 當事者 一方이 어느 일을 完成할 것을 約定하고 相對
方이 그 일의 結果에 對하여 報酬를 支給할 것을 約定함으로써 그 效力이 생긴다

Ⅱ. **案**   제656조

Ⅲ. **審議錄**, 386면 下段 ~ 387면 上段

   2. 現行法 및 判例, 學說   現行法 제632조와 同一하다.

   3. 外國 立法例 [387면]   ① 獨民 제631조(제1항)   請負契約에 因하
여 請負人은 約束한 일을 完成하고 注文者는 約束한 報酬를 줄 義務를 진다

   ② 瑞債 제363조   請負契約에 因하여 請負人은 어느 일을 完成할 義務를 지고
注文者는 報酬를 給付할 義務를 진다

   ③ 佛民 제1787조   他人에 對하여 어떤 일을 할 義務를 負擔하는 사람은 오로
지 自己의 勞動 또는 勞作을 提供하거나 또는 다시 材料도 提供할 것을 約束할 수 있다

   ④ 中民 제490조   請負라 稱함은 當事者가 一方은 他方을 爲하여 一定의 일을
完成하고 他方은 일의 完成을 기다려 報酬를 給付할 것을 約定하는 契約을 말한다

   ⑤ 滿民 제641조   草案과 同一하다.

   7. 結論 : 原案에 合意

제665조 (報酬의 支給時期) ①報酬는 그 完成된 目的物의 引渡와 同時에 支給하여
야 한다   그러나 目的物의 引渡를 要하지 아니하는 境遇에는 그 일을 完成한 後 遲滯
없이 支給하여야 한다
   ②前項의 報酬에 關하여는 제656조제2항의 規定을 準用한다

Ⅱ. **案**   제657조

Ⅲ. **審議錄**, 387면 上段 ~ 388면 上段

   // 2. 現行法 및 判例, 學說   現行法 제633조와 同一하다.

   3. 外國 立法例   ① 獨民 제641조(제1항)   報酬는 일을 받음과 同時에
이를 주어야 한다   일이 部分에 따라 받을 것이며 또 各部分에 對하여 報酬는 各部에 對하

여그引渡와同時에이를주어야한다

② 獨民 제646조   일의性質에因하여그받을必要가없는때는제638조, 제641조, 제644조, 제645[조]의境遇에있어서는일의完成은그받는것에代身하는것으로한다

③ 瑞債 제372조   注文者는일의引渡時에報酬를支拂하여야한다

일은數個의部分에노나[나누어]引渡하여야하며또部分에關하여報酬를定한때는各部分에對하여그引渡時에支拂을하여야한다

④ 中民 제491조   事情에依하여報酬를받지않으면이를完成하지못하는때는報酬를줄것을承諾한것으로看做한다 報酬額을作定않은때는價目表의定함에依하여이를給付하고價目表없는때는慣習에依하여給付한다

⑤ 滿民 제642조   報酬는일의目的物의引渡와同時에이를주어야한다 但物의引渡를必要로하지않을때는제634조제1항의規定을準用한다

[388면] 7. 結 論 : 原案에 合意

제666조 (受給人의目的不動産에對한抵當權設定請求權) 不動産工事의受給人은前條의報酬에關한債權을擔保하기爲하여그不動産을目的으로한抵當權의設定을請求할수있다

Ⅰ. **編纂要綱**   第9절 請負   21. 不動産工事의 請負人은 그 報酬에 關하여 該 不動産上에 抵當權을 가지도록 할 것

Ⅱ. **案**   제658조

Ⅲ. **審議錄**, 388면 상단 ~ 하단

2. 現行法 및 判例, 學說   現行法에는 없고 新設 條文이다. (現行法 제327조 參照)

3. 外國 立法例   ① 中民 제513조   請負한일이建築物或은其他土地上의工作物이거나또는이러한工作物의重大한修繕인때는請負人은請負關係에서생긴債權에關하여그일의施行되는注文者의不動産에對하여抵當權을가진다

② 滿民 제652조   草案과 同一하다.

6. 審議經過　　草案이 先取特權의 制度를 廢止함에 따라 現行法 제327조에 規定하였던 不動産工事의 先取得權에 代置하기 爲하여 本條를 新設한 것으로 본다 (草案 제638조, 제639조, 제640조 參照)

7. 結論 : 原案에 合意

Ⅴ. 意見書, 113면 ~ 115면 (金曾漢)[147]

[72] 先取特權이라는 擔保物權의 種類를 廢止한 것에 贊成한다.

[이 유] // [⋯] [114면] 草案은 現行 民法上의 先取特權 中 實效性 있는 것은 모두 認定하였다. 卽 다음과 같다. [⋯]

③ 不動産工事의 受給人의 抵當權設定請求權(草 658조)　　이것은 現行 民法의 不動産工事의 先取特權(327조)과 같은 趣旨의 것이며, 獨·瑞의 立法을 본받은 것이다. 被擔保債權은 受給人의 報酬에 關한 債權이며, 目的物은 그 工事한 不動産이다. 이 抵當權은 土地賃貸人의 法定抵當權과 같이 執留로써 成立하는 것이 아니라, 設定을 請求하여 相對方이 이에 應하[115면]여 抵當權을 設定함으로써(卽 草案은 物權變動에 關하여 形式主義를 取하므로) 비로소 成立하는 것이다. 그러나 本 意見書와 같이 意思主義를 取한다면 이 請求權은 形成權으로 보아야 할 것이고 따라서 請求權을 行使하면 相對方의 應諾을 기다리지 않고 곧 抵當權이 設定된다고 解釋하여야 할 것이다.

** 도급인의 목적물수령의무에 관한 규정을 두는 문제

Ⅴ. 意見書, 186면 (玄勝鍾)

[152] 都給人의 目的物受領義務에 關한 規定을 草案 제658조 다음에 다음과 같이 新設한다.

「都給人은 契約에 따라 完成된 目的物을 受領할 義務가 있다. 그러나 일의 性質上 受領을 要하지 아니하는 境遇에는 그러하지 아니하다」

[이 유]　　都給契約에 있어서 受給人은 約定한 일을 完成할 義務를 負擔하고 都給人은 그 일의 結果에 對하여 約定한 報酬를 支給할 義務를 負擔한다.

---

147) 의견서의 이 항목(및 여기서 인용된 것 외의 설명)에 대하여는 선취특권의 폐지에 관하여 앞의 571면 이하, 법정질권·법정저당권에 관하여 앞의 899면, 901면 및 902면 각 참조.

그러나 受給人이 그 일을 完成하더라도, 完成된 目的物을 都給人에게 引渡하여야 될 境遇에 都給人이 그것을 受領하지 않는다면 給契約의 內容의 實現은 完成되지 못할 것이다. 그러므로 信義誠實의 原則에 立脚하여 都給人에게 給與의 實現에 協力할 法律上의 義務를 負擔시켜야 할 것이다. 獨逸民法 제640조 1항도 大略 같은 趣旨의 것을 規定하고 있다. 本 意見書 [99] 및 [128]148) 參照.

Ⅵ. 현석호 수정안   (35) 제658조다음에다음의條文을新設한다

제○조 都給人은契約에따라完成된目的物을受領할義務가있다 그러나일의性質上受領을要하지아니하는境遇에는그러하지아니하다

Ⅷ. 제2독회, 속기록 제48호, 15면 중단

○ 法制司法委員長 代理(張暻根) : 제658조의 修正案 撤回하시지요? 이것 必要 없는 것으로 됩니다. 玄錫虎 議員! 658조 다음에 다음의 條文을 新設한다 하는 것 撤回하시지요?

○ 玄錫虎 議員 : (의석에서) 네!

○ 副議長(李在鶴) : 658조의 玄錫虎 議員의 修正案은 撤回됩니다 그러면 政府原案대로 됩니까?

○ 法制司法委員長 代理(張暻根) : 政府原案도 없지요. 新設 條文이니깐요 …

제667조 (受給人의擔保責任) ①完成된目的物또는完成前의成就된部分에瑕疵가있는때에는都給人은受給人에對하여相當한期間을定하여그瑕疵의補修를請求할수있다   그러나瑕疵가重要하지아니한境遇에그補修에過多한費用을要할때에는그러하지아니하다
②都給人은瑕疵의補修에가름하여또는補修와함께損害賠償을請求할수있다
③前項의境遇에는제536조의規定을準用한다

Ⅱ. 案   제659조 [다만 제1항은 "일이完成된目的物또는…"이라고 한다]

Ⅲ. 審議錄, 388면 하단 ~ 389면 하단

---

148) 채권자의 급부수령의무에 관한 『의견서』의 이들 항목에 대하여는 앞의 민법 제400조 Ⅴ.(670면 이하) 및 민법 제568조 Ⅴ.(823면) 각 참조.

2. 現行法 및 判例, 學說   現行法 제634조와 同一趣旨이다.

3. 外國 立法例   ① 獨民 제633조   請負人은 그 保證한 性質을 具備하고 또 價格 또는 通常 或은 契約上 豫定한 使用의 適性을 消滅 또는 減少할 瑕疵가 없는 일을 完成할 義務를 진다

일이 前項의 性質을 具備치 않은 때는 注文者는 瑕疵의 除去를 請求할 수 있다 但 過分의 費用을 必要로 하는 때는 請負人은 除去를 拒絶할 수 있다

請負人이 瑕疵의 除去에 關하여 遲滯에 있는 때에는 注文者는 스스로 이를 除去하고 또 이에 쓴 費用의 賠償을 請求할 수 있다

② 獨民 제634조   前條에 揭記한 種類의 瑕疵의 除去에 關하여 注文者는 請負人에 對하여 相當의 期間을 定하고 또 그 期間의 經過後는 瑕疵의 除去를 拒絶할 趣旨를 表示하여야 한다 일의 引渡前에 瑕疵가 나는 때는 注文者는 直時 期間을 指定할 수 있다 이 期間은 引渡에 關하여 作定한 期間前을 經過치 않아야 한다 이 期間經過後[389면]는 瑕疵가 正當한 時期에 除去되지 않은 때는 注文者는 契約의 解除―變換―또는 報酬―의 減少―減報[원문대로]를 請求할 수 있다 이 境遇에 있어서는 瑕疵除去를 請求할 수 없다

瑕疵의 除去가 不能하거나 또는 請負人이 이를 拒絶한 때 또는 變換 或은 減報의 請求의 卽時主張이 注文者의 特別의 利益에 其因하여 正當하다고 認定되는 때는 前項의 期間을 指定할 必要 없다 瑕疵가 일의 價格 또는 適合을 減殺함이 僅少한 때는 契約의 變換을 할 수 없다 變換 및 減報에 關하여는 賣買關한 제465조 乃至 제467조, 제469 乃至 제475조의 規定을 準用한다

③ 獨民 제635조   일의 瑕疵가 請負人의 責任에 歸할 事由에 基因한 때는 注文者는 變換 또는 減報에 代身하여 不履行에 因한 損害賠償을 請求할 수 있다

④ 瑞債 제368조   일의 注文者에 對하여 使用에 견디지 못하거나 或은 引取를 注文者에 要求하는 것을 正當하다고 할 수 없는 程度로 顯著한 瑕疵를 보이거나 또는 甚히 契約과 相違하는 때는 注文者는 引取를 拒絶하고 또 請負人의 過失 있는 때는 損害賠償을 請求할 수가 있다

瑕疵 또는 契約과의 相違가 前項과 같이 甚하지 않은 때는 注文者는 報酬에 關하여 일의 減少價格에 相當한 割引을 하거나 또는 請負人의 過度의 費用을 生기게 하지 않는 限 다시 일의 無償의 修補를 請求하고 또 請負人에 過失 있는 때는 損害賠償을 請求할 수가 있다

注文者의 土地上에 建設되어 그 性質上 相當치 못한 不利益으로서 하는 것이 아

니면이를撤去할수없는일에있어서는注文者는제2항에揭記한權利만을가진다

⑤ 中民 제493조   일에瑕疵가있는때는注文者는相當한期限을定하고請負人에이의修補를請求할수가있다   請求人이前項의期限內에修補치않는때는注文者가스스로修補를할수가있다 또請負人에對하여修補에必要한費用의償還을請求할수가있다 修補에必要한費用이過大한때는請負人은修補를拒絶할수가있다 前項의規定은이를適用치않는다 //

⑥ 滿民 제643조   일의目的物에瑕疵가있는때는注文者는請負人에對하여相當한期限을定하고瑕疵의修補를請求할수가있다   但瑕疵가重要하지않은境遇에있어서그修補가過分의費用을必要로하는때는그러하지않다 注文者는瑕疵의修補에代身하여또는그修補와같이損害賠償을請求할수가있다 이境遇에있어서는제523조의規定을準用한다

6. 審議經過   現行法에 없던 「完成前의成就된部分」에 瑕疵가 있는 境遇도 規定한 것은 妥當하다.

7. 結 論 : 原案에 合意

제668조 (同前―都給人의解除權) 都給人이完成된目的物의瑕疵로因하여契約의目的을達成할수없는때에는契約을解除할수있다 그러나建物其他土地의工作物에對하여는그러하지아니하다

Ⅱ. 案   제660조

Ⅲ. 審議錄, 389면 하단 ~ 390면 상단

2. 現行法 및 判例, 學說   現行法 제635조와 同一하다.

3. 外國 立法例   ① 獨民 제633조, 제634조, 제635조 (草案 제659조 立法例 揭記 參照)

[390면] ② 瑞債 제368조 (草案 제659조 立法例 揭記 參照)

③ 中民 제494조   請負人이前條제1항에決定한期限內에瑕疵를修補치않거나또는前條제3항의規定에依하여修補를拒絶하거나또는그瑕疵가修補할수없는것인때는注文者는契約을解除하거나또는報酬의減額을請求할수가있다 但瑕疵가重要하지않거나또는請負인일이建築物或은其他土地上의工作物인때는注文者는契約

을解除할수가없다

　　④ 滿民 제644조　　草案과 同一하다.

　7. 結 論 : 原案에 合意

제669조（同前─瑕疵가都給人의提供한材料또는指示에基因한境遇의免責）前
　2조의規定은目的物의瑕疵가都給人이提供한材料의性質또는都給人의指示에
　基因한때에는適用하지아니한다　그러나受給人이그材料또는指示의不適當함
　을알고都給人에게告知하지아니한때에는그러하지아니하다

Ⅱ. **案**　　제661조

Ⅲ. **審議錄**, 390면 上段 ~ 下段

　2. 現行法 및 判例, 學說　　現行法 제636조와 同一하다.

　// 3. 外國 立法例　　① 中民 제496조　　일의瑕疵가注文者의供給한
材料에依하여또는注文者의指示에依하여生길때는注文者는前3조에規定할權利가
없다　但請負人이其材料性質또는指示의不適當한것을明知하고注文者에告知하지
않는때는그러하지아니하다

　　② 滿民 제645조　　草案과 同一하다.

　7. 結 論 : 原案에 合意

제670조（擔保責任의存續期間）①前3조의規定에依한瑕疵의補修,損害賠償의
　請求및契約의解除는目的物의引渡를받은날로부터1年內에하여야한다
　　②目的物의引渡를要하지아니하는境遇에는前項의期間은일의終了한날로부
　터起算한다

Ⅱ. **案**　　제662조

Ⅲ. **審議錄**, 390면 下段 ~ 391면 下段

　2. 現行法 및 判例, 學說　　現行法 제637조와 同一하다.

　3. 外國 立法例 [391면]　　① 獨民 제638조 (제1항)　　일의瑕疵의除去

에關한注文者는請求權과瑕疵에基因하는變換減報또는損害賠償에關하여注文者가
가진請求權은6個月土地에關한勞務에對하여는1年建築에關하여는5年의時效에因
하여消滅한다　但請負人이故意로瑕疵를알리지않은때는그러하지아니하다　前段의
時效는일의引渡時부터進行한다

　　② 獨民 제646조 (草案 제657조 立法例 參照)

　　③ 瑞債 제371조　　일의瑕疵를理由로한注文者의請求權은이에相當한買主
의請求權과같은時效에因하여消滅한다　但不動産工作物에있어서의一切의瑕疵를
理由로하는注文者의請求權은請負人과일完成때문에勞務를給付한建築家또는技術
에對하여일引受後5年의結果와같이時效에因하여消滅한다

　　④ 佛民 제1792조　　定額으로써構築된建築物이構造의瑕疵에因하여全部
또는一部滅失한때는土地의瑕疵에基因하는境遇라할지라도建築技師및請負人은그
滅失에關하여10年間그責任을진다

　　⑤ 中民 제498조　　제493조乃至제495조에規定한注文者의權利는그瑕疵가
일의引渡한後1年을經過하고비로소發見된때에는主張할수가없다　일의其性質에依
하여交付를必要로하지않는때는前項의1年의期間은일의完成時부터起算한다

　　⑥ 滿民 제646조　　草案과 同一하다. //

　　7. 結 論 : 原案에 合意

제671조 (受給人의擔保責任─土地,建物等에對한特則) ①土地,建物其他工作
物의受給人은目的物또는地盤工事의瑕疵에對하여引渡後5年間擔保의責任이
있다　그러나目的物이石造,石灰造,煉瓦造,金屬其他이와類似한材料로造成된
것인때에는그期間을10年으로한다

　　②前項의瑕疵로因하여目的物이滅失또는毀損된때에는都給人은그滅失또는
毀損된날로부터1年內에제667조의權利를行使하여야한다

Ⅱ. 案　　　제663조 [다만 아래 Ⅲ. 6.을 보라]

Ⅲ. 審議錄, 391면 하단 ~ 392면 상단

　　2. 現行法 및 判例, 學說　　現行法 제638조와 同一하다.

　　3. 外國 立法例　　① 獨民 제638조(제1항) (草案 제662조 立法例 參照)

② 中民 제499조   일이建築物或은其他土地上의工作物이거나또이러한工作物의重大한修繕인때에는前條에定한期限은延長하여5年으로한다

③ 滿民 제647조   草案과 同一하다.

[392면] 6. 審議經過   제1항 中「建物[,]其他」를「建物其他」로「金屬,其他」를「金屬其他」로 修正한다.

7. 結 論 : 前記 修正[149] 外에 原案에 合意

Ⅴ. 意見書, 188면 ~ 189면 (玄勝鍾)

[156] 草案 제663조 제1항 中「煉瓦造,金屬,其他」를「煉瓦造 또는 金屬 其他」로 修正하고, 草案 제6[189면]80조 中「委任人에 對하여」다음에「그 費用및 이를」을 揷入한다.[150]

** 담보책임의 기간을 연장하는 약정과 관련하여 기간의 제한을 두는 규정(의용민법 제639조 참조)을 두는 문제

Ⅲ. 의견서, 393면 상단 ~ 하단

補遺 — 現行法 제639조[151]는 必要 없는 規定이므로 草案이 이를 規定//하지 않는 것은 安當하다.

제672조 (擔保責任免除의特約) 受給人은제667조,제668조의擔保責任이없음을約定한境遇에도알고告知하지아니한事實에對하여는그責任을免하지못한다

Ⅱ. 案   제664조

Ⅲ. 審議錄, 392면 상단

2. 現行法 및 判例, 學說   現行法 제640조와 同一(草案 제573조 參照)

---

149) 이들 사항은 조문정리과정에 반영되어 민법 제671조 제1항으로 공포되었다.

150) 그 이유는 『의견서』에 기재되어 있지 아니하다. 뒤의 민법안 제680조에 관한 사항은 제정과정에 반영되지 않았다. 뒤의 주 157(940면) 참조.

151) 의용민법 제639조 : "제637조 및 전조 제1항의 기간은 보증의 시효기간 내에 한하여 계약으로써 이를 伸長할 수 있다."

하다

3. 外國 立法例 ① 獨民 제637조 일의瑕疵의責任을가질請負人의 義務를免除하거나또는制限하는合意는請負人이故意로瑕疵를알리지않은때는無效 이다

② 滿民 제649조 草案과 同一하다

7. 結 論 : 原案에 合意

제673조 (完成前의都給人의解除權) 受給人이일을完成하기前에는都給人은損害를賠償하고契約을解除할수있다

Ⅱ. 案 제665조

Ⅲ. 審議錄, 392면 하단 ~ 393면 상단

2. 現行法 및 判例, 學說 現行法 제641조와 同一하다.

3. 外國 立法例 ① 獨民 제649조 注文書는일이完成하기까지는언 제든지契約의解除를告知할수있다 注文者가이告知를한때에는請負人은約束한報 酬를請求할수있다 但契約의消滅에因하여節約된費用또는勞力을他에使用함에因 하여取得한것或은惡意로取得을懈怠한것을計算하여야한다

② 瑞債 제377조 일이아직完成되지않은동안은注文者는언제든지벌써給 付된勞力의補償과請負人의損害의完全한補償을하고契約을解除할수가있다

③ 中民 제511조 일이完成치않은동안은注文者는언제든지契約을中止할 수가있다 但請負人에對하여契約終止에因하여생긴損害를賠償하여야한다

④ 滿民 제650조 請負人이일을完成치않은동안은注文者는언제든지契約 의解除를할수가있다 但이에因하여請負者에생긴損害를賠償하여야한다 //

7. 結 論 : 原案에 合意

제674조 (都給人의破産과解除權) ①都給人이破産宣告를받은때에는受給人또 는破産管財人은契約을解除할수있다 이境遇에는受給人은일의完成된部分에 對한報酬및報酬에包含되지아니한費用에對하여破産財團의配當에加入할수

있다

　②前項의境遇에는各當事者는相對方에對하여契約解除로因한損害의賠償을
請求하지못한다

Ⅱ. **案**　　　　제666조 〔다만 제1항 전단은 "…契約을解止할수있다"라고 한다〕

Ⅲ. **審議錄**, 393면 상단

　　2. 現行法 및 判例, 學說　　現行法 제642조와 同一하다.

　　3. 外國 立法例　　① 滿民 제651조　　　草案과 同一하다.

　　6. 審議經過　　제1항 中「解止」를「解除」로 修正한다. (제2항 參照)

　　7. 結 論 : 前記 字句修正 외 原案에 合意

Ⅳ. **법사위 수정안**　　　(143) 제666조제1항中「解止」를「解除」로修正한다

Ⅷ. **제2독회**, 속기록 제48호, 15면 중단

　　○ 法制司法委員長 代理(張暻根) :　〔…〕 제666조부터 제670조까지 修正案
이 있습니다. 法制司法委員會의 … 그리 … 用語의 字句修正만입니다.

제10절　懸賞廣告

Ⅰ. **編纂要綱**　　　債權法各論　　　編序에 關한 方針　　　2. 제9절 請負의 다
음에 제10절로서 懸賞廣告를 두고 以下 1節式〔씩〕 드릴 것

Ⅴ. **意見書**, 187면 (玄勝鍾)

　　[153] 草案이 懸賞廣告를 獨立的으로 規定하여 典型契約의 一種으로 한 點
에 贊成한다.

　　[이 유]　　　現行 民法이 「契約의 成立」의 款에서 規定하고 있는 懸賞廣告
에 關한 規定을 草案은 1個의 典型契約으로 만들어 獨立시키고 있다. 現行 民
法이 懸賞廣告를 「契約의 成立」의 款에서 規定한 것은 그 請約이 廣告라는 特
殊한 方法으로 成立하는 一種의 契約이라고 생각하였기 때문일 것인데, 그러나
請約이라는 點만에 觀點을 두지 말고 契約의 內容에 觀點을 돌려 考察한다면 都

給에 가까운 것이라고 할 수 있으니, 草案이 懸賞廣告를 「契約의 成立」의 款에 서 削除하고 獨立한 1個의 典型契約으로 하여 都給의 다음에서 獨立의 節을 設置하여 規定하고 있음은 妥當한 것이며, 獨逸民法의 態度와도 一致하는 것이다.

제675조 (懸賞廣告의意義) 懸賞廣告는廣告者가어느行爲를한者에게一定한報酬를支給할意思를表示하고이에應한者가그廣告에定한行爲를完了함으로써그效力이생긴다

Ⅱ. 案   제667조

Ⅲ. 審議錄, 393면 하단 ~ 394면 상단

  2. 現行法 및 判例, 學說   現行法 제529조와 同一趣旨이다.
  3. 外國 立法例   ① 獨民 제657조   一定한行爲의完了特히一定한製作에應하여一定한報酬를給與할것을廣告한者는그行爲를實行한者에게그報酬를給與할義務를진다行爲者가廣告를不知하고行爲를完了한때도亦是같다
  ② 瑞債 제8조(제1항)   優等懸賞또는懸賞廣告로서어떤給付에대하여어떠한報酬를給與할뜻을廣告한者는그의廣告에따라그의報酬를支拂하여야한다
  ③ 滿民 제653조   草案과 同一하다.
  6. 審議經過 [394면]   草案이 現行法에서 契約總則에 規定하였던(現行法 제529조 以下) 懸賞廣告를 他의 有名契約과 같이 獨民, 滿民의 立法例에 따라 各則에 1節을 設하여 規定한 것은 妥當하다.
  7. 結 論 : 原案에 合意

제676조 (報酬受領權者) ①廣告에定한行爲를完了한者가數人인境遇에는먼저그行爲를完了한者가報酬를받을權利가있다
     ②數人이同時에完了한境遇에는各各均等한比率로報酬를받을權利가있다그러나報酬가그性質上分割할수없거나廣告에一人만이報酬를받을것으로定한때에는抽籤에依하여決定한다

Ⅱ. 案   제668조

Ⅲ. **審議錄**, 394면 상단 ~ 하단

2. 現行法 및 判例, 學說   現行法 제531조와 同一趣旨이다. 現行法「分割하기不便할때」를「分割할수없거나」로 하였고, 現行法 제3항[152]은 探擇하지 않았다.

3. 外國 立法例   ① 獨民 제659조   廣告에定한行爲를完了한者數人있을때는最初에그行爲를完了한者만이報酬를받을權利를갖는다

數人이同時에右行爲를完了한때는平素의比率로써報酬를取得한다 但報酬가그性質上分割할수없는때또는廣告의內容에依하여一人만이이를받어야할때는抽籤으로서이를定한다

② 滿民 제655조   草案과 同一하다. //

6. 審議經過   現行法 제3항은 當然한 事理이므로 規定할 必要 없다.

7. 結 論 : 原案에 合意

제677조 (廣告不知의行爲) 前條의規定은廣告있음을알지못하고廣告에定한行爲를完了한境遇에準用한다

Ⅱ. **案**   제669조

Ⅲ. **審議錄**, 394면 하단 ~ 395면 상단

2. 現行法 및 判例, 學說   現行法에는 規定 없고 新設 條文이다.

3. 外國 立法例   ① 獨民 제657조   草案 제667조 立法例 參照

② 滿民 제656조   前3조의規定은廣告를不知하고廣告에定한行爲를完了한者있는境遇에이를準用한다

6. 審議經過   契約總則에 規定한 現行法 下에서는 兩說로 나누어 있으며 單獨行[395면]爲說에 依하면 承諾의 意思 없이 行爲를 完了한 境遇도 이에 該當한다는 結論에 到達하나 多數說인 契約說에 依하면 主觀的 合致 卽 承諾의 意思를 가지고 行爲를 完了하여야 된다는 結論에 到達한다. 現行法 下에 있어서도 現行法 제529조 以下의 規定은 單只 特殊의 要請方法(申込方法)에 의한

---

152) 의용민법 제531조 제3항 : "전 2항의 규정은 광고 중에 이와 다른 의사를 표시한 때에는 이를 적용하지 아니한다."

契約으로 懸賞廣告를 解釋함이 妥當하였던바 草案은 이를 契約各則에 規定함으로써 契約의 一種임을 밝힌 關係로 더욱 主觀的 一致 卽 承諾의 意思를 가지고 行爲를 完了하여야 한다는 結論에 到達한다. 따라서 要請153)(廣告) 있음을 알지 못하고 行爲를 한 境遇에는 本條와 같은 特別規定이 必要하게 된 것이다.

　　7. 結 論 : 原案에 合意

제678조 (優秀懸賞廣告) ①廣告에定한行爲를完了한者가數人인境遇에그優秀한者에限하여報酬를支給할것을定하는때에는그廣告에應募期間을定한때에限하여그效力이생긴다

　　②前項의境遇에優秀의判定은廣告中에定한者가한다　廣告中에判定者를定하지아니한때에는廣告者가判定한다

　　③優秀한者없다는判定은이를할수없다　　그러나廣告中에다른意思表示가있거나廣告의性質上判定의標準이定하여저[져]있는때에는그러하지아니하다

　　④應募者는前2항의判定에對하여異議를하지못한다

　　⑤數人의行爲가同等으로判定된때에는제676조제2항의規定을準用한다

Ⅱ. 案　　　제670조 [다만 제1항은 "…그廣告에應募期間을定하여야한다"라고 하고, 위 민법 제4항 및 제5항은 제3항 및 제4항이다]

Ⅲ. 審議錄, 395면 상단 ~ 396면 상단

　　2. 現行法 및 判例, 學說　　　제532조와 同一趣旨이다. 現行法은 「應募期間을 定하였을 때에 限하여 效力을 갖는다」라고 規定하였는바 草案은 이를 「應募期間을 定하여야 한다」로 規定하였다.

　　3. 外國 立法例　　① 獨民 제661조　　　優等者만에 報酬를 給與할廣告는 應募期間을定한때에限하여그效力을갖는//다

　　　　그期間에完了한應募가廣告에適合한것인가또應募者中何人의行爲가優等한것인가는廣告中에定한者이를制定한다　萬若制定者를定하지않았을때는廣告者이를制定한다　이制定은應募者를拘束한다

　　　　數人의行爲가同等한때는報酬의分配에關하여제659조제2항을適用한다　廣

───────────────

153) 민법안에서 민법의 '청약'은 '요청'이라고 지칭되었었다(예를 들면 그 제518조 등).

告者中에製作品의所有權을讓渡할것을定한때에만그讓渡를請求할수있다

② 滿民 제657조   草案과 同一하다.

6. 審議經過   ① 應募期間은 承諾期間에 該當되므로 그 期間을 定하지 아니한 때에는 優秀懸賞廣告 自體가 效力을 生하지 않는다는 趣旨를 獨民 제661조, 滿民 제657조 및 現行法 제532조와 如意[如히] 明文化하도록 本條 제1항을 修正함이 可하다.

② 「優秀」는 絶對的 標準에 依할 것이 아니고 相對的 觀念에 不過한 것이므로 別段의 意思表示 또는 懸賞廣告의 性質上 客觀的 標準이 定하여져 있는 境遇 以外에는 「優秀한 者가 없다」는 判定을 못한다는 것을 (現行法 下에서도 學說上 同一結果에 到達) 明文化하는 것이 可하다.

③ 제1항 中 「應募期間을定하여야한다」를 「應募期間을定한때에限하여그效力이생긴다」로 修正하다.

④ 제2항 다음에 제3항으로 다음과 같이 新設한다.

「優秀한者가없다는判定은이를할수없다 그러나廣告中에다른意思表示가있거나廣告의性質上判定의標準이定하여져있는때에는그러하지아니하다」

[396면] 7. 結 論 : 前記 修正案 外 原案에 合意

Ⅳ. 법사위 수정안   (145) 제670조제1항中「定하여야한다」를「定한때에限하여그效力이생긴다」로修正하고제3항을다음과같이新設한다 [그 內容은 Ⅲ. 6. ④]

Ⅷ. 제2독회, 속기록 제48호, 15면 하단

○ 法制司法委員長 代理(張暻根) :   [민법안 제670조 및 법사위 수정안 (145) 낭독] 이것은 왜 그런고 하니 廣告에서 장사를 해 놓고 그 다음에는 1等한 사람 없다 入賞한 사람 없다 해 가지고 속여먹는 境遇가 있으니까 이런 規定이 必要하다는 것입니다.

제679조 (懸賞廣告의撤回) ①廣告에그指定한行爲의完了期間을定한때에는그期間滿了前에廣告를撤回하지못한다

②廣告에行爲의完了期間을定하지아니한때에는그行爲를完了한者있기前에

는그廣告와同一한方法으로廣告를撤回할수있다

③前廣告와同一한方法으로撤回할수없는때에는그와類似한方法으로撤回할
수있다 이撤回는撤回한것을안者에對하여만그效力이있다

Ⅱ. 案 제671조

Ⅲ. 審議錄, 396면 상단 ~ 하단

2. 現行法 및 判例, 學說 現行法 제530조와 同一趣旨이다.

3. 外國 立法例 ① 獨民 제658조 廣告에그指定한行爲를完了하는
者가없는동안은이를取消할수있다 이取消는廣告와同一의方法으로써하고또는特
別의通知로써하지않으면그效力을發生하지않는다 廣告中에그取消權을抛棄함을
表示할수있다 行爲를完了할期間을定한때는別般의意思表示없는限取消權을抛棄
한것으로看做한다

② 滿民 제654조 廣告에그指定한行爲를完了하는者가없을때까지는前廣
告와同一의方法에依하여그廣告를撤回할수있다 但廣告中에撤回하지않을것을表
示한때는그렇지않다

前項에定한方法에依하여撤回할수없을境遇에는他의方法에依하여이를할
수있다 但그撤回는이를知得한者에對하여서만그效力을갖는다

廣告者가그指定한行爲를完了할期間을定한때는그撤回權을抛棄한것으로
//推定한다

7. 結 論 : 原案에 合意

제11절 委 任

제680조 (委任의意義) 委任은當事者一方이相對方에對하여事務의處理를委託 하고相對方이이를承諾함으로써그效力이생긴다

Ⅰ. 編纂要綱 제10절 委任 22. 委任, 準委任의 區別을 廢하고 法律
行爲가 아닌 事務處理를 委託하는 것도 委任으로 할 것

Ⅱ. 案 제672조

Ⅲ. **審議錄**, 396면 하단 ~ 397면 상단

　2. 現行法 및 判例, 學說　　現行法 제643조를 合한 것과 同一趣旨이다.

　3. 外國 立法例　　① 獨民 제662조　　委任은受諾에因하여受任者는委任者를爲하여無償으로委任事務를處理할義務를負擔한다

　② 瑞債 제394조　　委任의受諾에因하여受任者는自己에委任된事務또는勞務를契約에따라處理할義務를負擔한다

　　　　本法의特別한契約種類에屬하지않은勞務給付에關한契約은委任에關한規
[397면]定을따른다　報酬에關하여合意또는慣習있는때는이를給付하여야한다

　③ 佛民 제1984조　　委任또는委任狀이라함은當事者의一方이他方에對하여委任者를爲하여委任者의名儀로어떤事務를處理할權限을附與하는行爲를말한다

　④ 中民 제528조　　委任이라稱함은當事者의一方이他方에對하여事務의處理를委任하고他方이이를處理할것을約定하는契約을말한다

　⑤ 滿民 제658조　　草案과 同一하다.

　6. 審議經過　　① 草案은 現行法의 委任(現行法 제643조) 準委任 (現行法 제658조)의 兩者[154]를 合하여 規定하였다.

　② 獨民 제662조, 瑞債 제394조, 佛民 제1984조, 中民 제528조, 滿民 제658조의 立法例에 따른 것이다.

　7. 結 論 : 原案에 合意

Ⅴ. **意見書**, 187면 ~ 188면 (玄勝鍾)

　[154] 草案이 現行 民法上의 準委任(제656조)에 關한 規定을 獨立的으로 規定하지 아니하고 草案 제673조에서 一括하여 規定한 點에 贊成한다.

　[이 유]　　現行 民法은 제643조 以下에서 委任에 關한 規定을 하고, 그 제656조에서 準委任을 規定한 다음 委任에 關한 規定을 [188면] 準委任에 準用하고 있다. 그런데 現行法上에서 委任은 그 基本을 「法律行爲」를 하는 것을 委託하는 點에 두고 있고, 準委任은 「法律行爲」가 아닌 事務의 「委託」에 그 基本을 두고 있다. 따라서 이 兩者의 境遇를 綜合하면, 委任의 目的은 널리 事務의

---

154) 의용민법 제643조 : "위임은 당사자의 일방이 법률행위를 하는 것을 상대방에게 위탁하고 상대방이 이를 승낙함으로 인하여 그 효력이 발생한다."
　　동 제656조 : "본절의 규정은 법률행위가 아닌 사무의 위탁에 이를 준용한다."

處理의 委託이라고 말할 수 있을 것이다. 또 準委任에 關하여 委任에 關한 規定을 그냥 그대로 準用한다면, 구태여 兩者를 區分하여 規定할 必要 없이 案 제672조와 같이 一括하여 規定하는 것이 妥當하다.

제681조 (受任人의善管義務) 受任人은委任의本旨에따라善良한管理者의注意로써委任事務를處理하여야한다

Ⅱ. **案**   제673조 ["受任人은委任의本旨에依하여…"라고 한다]

Ⅲ. **審議錄**, 397면 상단 ~ 하단

    // 2. 現行法 및 判例, 學說   現行法 제644조와 同一하다.

    3. 外國 立法例   ① 中民 제535조   受任者가委任事務를處理하는때는委任者의指示에依하여自己의事務를處理함과같은程度의注意를하여야한다   報酬를받은때는善良한管理者의注意로써하여야한다

    ② 滿民 제659조   草案과 同一하다.

    7. 結 論 : 原案에 合意

제682조 (復任權의制限) ①受任人은委任人의承諾이나不得已한事由없이第3者로하여금自己에가름하여委任事務를處理하게하지못한다
    ②委任人이前項의規定에依하여第3者에게委任事務를處理하게한境遇에는제121조,제123조의規定을準用한다

Ⅰ. **編纂要綱**   제10절 委任   23. 特別한 事由가 있는 境遇에 受任者는 自己 대신 第3者로 하여금 委任事務를 處理케 할 수 있도록 規定할 것

Ⅱ. **案**   제674조

Ⅲ. **審議錄**, 397면 하단 ~ 398면 상단

    2. 現行法 및 判例, 學說 [398면]   現行法에는 없고 新設 條文이다.

    3. 外國 立法例   ① 獨民 제664조(제1항)   受任者는別般의意思表示가없는때는委任의執行을第3者에轉付할수없다

② 中民 제537조　　　受任者는 스스로 委任事務를 處理하여야한다 但委任者의 同意를받거나또는 別段의 慣習이있거나또는 不得已한事由있는때는 第3者로하여금 代身하여 處理하게할수가있다

③ 中民 제538조　　　受任者가 前條의規定에 違反하여 第3者로하여금代身으로 委任事務를處理하게하였을때는그第3者의行爲에關하여 自己의行爲에關한것과 同一의責任을負擔한다

受任者가前條의規定에依하여 第3者로하여금代身으로委任事務를處理하게하였을때는單只第3者의選任및그第3者에對한指示에關하여서만그責任을負擔한다

④ 滿民 제660조　　　草案과 同一하다.

7. 結 論 : 原案에 合意

V. 意見書, 188면 (玄勝鍾)

[155] 草案 제674조의 新設에 贊成한다.

[이 유]　　案 제674조는 受任人은 原則的으로 第3者로 하여금 自己를 가름[갈음]하여 委任事務를 處理케 하는 것을 禁하고 있다. 무릇 委任은 委任人과 受任人 사이의 信賴關係를 基礎로 하여 成立하는 것이므로, 事務의 處理 그 自體는 비록 그 一部分이라 할지라도 第3者에 맡겨서는 아니되며 受任者가 自身 그것을 하여야만 하는 것이 原則이다. 그러나 受任人이 그 委託받은 事務를 第3者에게 處理시키는 것을 事前에 委任人이 承諾하거나 또는 第3者에게 處理시키는 것이 不可避한 境遇에는 受任人은 自己가 委託받은 事務를 第3者로 하여금 處理시킬 수 있음은 當然한 일이다. 또 이 境遇에 受任人은 復受任人의 選任監督에 關한 責任을 져야 함(案 제116조의 準用)은 勿論이고, 復受任人의 權限에 關하여는 復代理人의 權限에 關한 規定(案 제118조)을 準用함은 當然하다. 瑞西債務法 제398조 3항[155]도 本條와 같은 趣旨를 規定하고 있다.

제683조 (受任人의 報告義務) 受任人은委任人의請求가있는때에는委任事務의 處理狀況을報告하고委任이終了한때에는遲滯없이그顚末을報告하여야한다

---

155) 스위스채무법 제398조 제3항 : "그[수임인]는 사무를 스스로 처리하여야 한다, 그러나 그가 제3자에게 위탁할 권한을 부여받았거나 제반 사정상 그렇게 할 긴박한 필요가 있는 경우 또는 대행(Vertretung)이 관행상 허용된다고 인정되는 경우에는 그러하지 아니하다."

Ⅱ. 案   제675조

Ⅲ. 審議錄, 398면 상단 ~ 하단

// 2. 現行法 및 判例, 學說   現行法 제645조와 同一하다.

3. 外國 立法例   ① 獨民 제666조   受任者는委任者에必要한報告를하고또請求에依하여委任事務의狀況을報告하며및[또한]委任의執行後에計算을하여야한다

② 瑞債 제400조   受任者는請求에依하여언제든지그事務執行에關한顚末을報告하고또事務執行의結果로서어떠한事由에依하여收取한一切의것을引渡할義務를負擔한다

受任者가金錢의引渡를遲滯하는때는이에利息을붙여야한다

③ 中民 제540조   受任者는委任事務進行의狀況을委任者에報告하여야한다 委任關係가終止한때는그顚末을明確히報告하여야한다

④ 滿民 제661조   草案과 同一하다.

7. 結論 : 原案에 合意

제684조 (受任人의取得物等의引渡, 移轉義務) ①受任人은委任事務의處理로因하여받은金錢其他의物件및그收取한果實을委任人에게引渡하여야한다

②受任人이委任人을爲하여自己의名義로取得한權利는委任人에게移轉하여야한다

Ⅱ. 案   제676조

Ⅲ. 審議錄, 399면 상단 ~ 하단

2. 現行法 및 判例, 學說   現行法 제646조와 同一하다.

3. 外國 立法例   ① 獨民 제667조   受任者는委任의執行에關하여取得한物件및委任事務의處理에關하여取得한物件을委任者에引渡하여야한다

② 瑞債 제400조   草案 제675조 立法例 揭記(參照)

③ 瑞債 제401조(제1항)   受任者가委任者의計算으로自己의名儀로써債權을取得한때는委任者가委任關係에基因하는自己의一切의義務를履行함과同時에

이러한債權은委任者에移轉한다

④ 佛民 제1993조　　受任者는그事務處理에關하여計算을하며또委任에因하여받은一切의것을委任者에引渡하여야한다　　그받은것이委任者에歸屬할것이아닌때라할지라도亦是같다

⑤ 中民 제541조　　受任者는受任事務의處理에因하여取得한金錢物品및果實을委任者에交付하여야한다

受任者가自己의名儀로委任者를爲하여取得한權利는委任者에移轉하여야한다 //

⑥ 滿民 제662조　　草案과 同一하다.

7. 結論 : 原案에 合意

제685조 (受任人의金錢消費의責任) 受任人이委任人에게引渡할金錢또는委任人의利益을爲하여使用할金錢을自己를爲하여消費한때에는消費한날以後의利子를支給하여야하며그外의損害가있으면賠償하여야한다

Ⅱ. 案　　　제677조

Ⅲ. 審議錄, 399면 하단 ~ 400면 상단

2. 現行法 및 判例, 學說　　現行法 제647조와 同一하다.

3. 外國 立法例　　① 獨民 제668조　　受任者가委任者에게引渡하여야하거나또는委任者를爲하여使用하여야할金錢을自己를爲하여使用하였을때는그使用時부터利息을붙여야한다

② 瑞債 제400조　　草案 제675조 立法例 揭記 參照

③ 佛民 제1996조　　受任者는自己를爲하여使用할金額에關하여서는그使用한날以後의利子를[400면]負擔한다

④ 中民 제542조　　受任者가自己의利益을爲하여委任者에交付하여야할金錢을使用하거나또는委任者의利益을爲하여使用하여야할金錢을使用하였을때는使用한날부터利子를支拂하여야한다　　萬若損害賠償있는때에는이도亦是賠償하여야한다

⑤ 滿民 제663조　　草案과 同一하다.

7. 結 論 : 原案에 合意

제686조 (受任人의報酬請求權) ①受任人은特別한約定이없으면委任人에對하여報酬를請求하지못한다

②受任人이報酬를받을境遇에는委任事務를完了한後가아니면이를請求하지못한다 그러나期間으로報酬를定한때에는그期間이經過한後에이를請求할수있다

③受任人이委任事務를處理하는中에受任人의責任없는事由로因하여委任이終了된때에는受任人은이미處理한事務의比率에따른報酬를請求할수있다

Ⅱ. 案   제678조

Ⅲ. 審議錄, 400면 상단 ~ 하단

// 2. 現行法 및 判例, 學說   現行法 제648조와 同一하다.

3. 外國 立法例   ① 獨民 제662조   草案 제672조 立法例 參照

② 瑞債 제394조(제3항)   草案 제672조 立法例 參照

③ 佛民 제1986조   委任은別段의合意없는限無償으로한다

④ 中民 제547조   報酬에關하여設使約束이없어도慣習에依하여또는委任事務의性質에依하여報酬를給與할것인때는受任者는報酬를請求할수있다

⑤ 中民 제548조   委任者가報酬를받을때는契約에別段의約定이있을境遇를除外하고委任關係가終止하고그顚末에關한明確한報告를한後가아니면給付를請求할수없다

委任關係가受任者의歸責事由에因하여事務處理가完了하기前에이미終了한때는受任者는그이미處理한部分에因하여報酬를請求할수있다

⑥ 滿民 제664조   草案과 同一하다.

7. 結 論 : 原案에 合意

제687조 (受任人의費用先給請求權) 委任事務의處理에費用을要하는때에는委任人은受任人의請求에依하여이를先給하여야한다

Ⅱ. **案**　　제679조

Ⅲ. **審議錄**, 401면 상단

2. 現行法 및 判例, 學說　　現行法 제649조와 同一하다.

3. 外國 立法例　　① 獨民 제669조　　委任者는受任者의請求에因하여
委任事務를處理함에必要한費用을前拂하여야한다

② 中民 제545조　　委任者는受任者의請求에因하여委任事務를處理함에必
要한費用을先拂하여야한다

③ 滿民 제665조　　委任事務를處理함에費用이必要한때는委任者는受任者
의請求에因하여이를前拂하여야한다

7. 結論 : 原案에 合意

제688조 (受任人의費用償還請求權等) ①受任人이委任事務의處理에關하여必
要費를支出한때에는委任人에對하여支出한날以後의利子를請求할수있다

②受任人이委任事務의處理에必要한債務를負擔한때에는委任人에게自己에
가름하여이를辨濟하게할수있고그債務가辨濟期에있지아니한때에는相當한擔
保를提供하게할수있다

③受任人이委任事務의處理를爲하여過失없이損害를받은때에는委任人에對
하여그賠償을請求할수있다

Ⅱ. **案**　　제680조

Ⅲ. **審議錄**, 401면 상단 ~ 402면 상단

// 2. 現行法 및 判例, 學說　　現行法 제650조와 同一하다.

3. 外國 立法例　　① 獨民 제670조　　受任者가委任의執行에關하여必
要하다고認定되는費用을支出하였을때는委任者는이를償還하여야한다

② 瑞債 제402조　　委任者는受任者가委任事務의正當한處理에關하여支出
한立替金및費用을利息과같이償還하고또그負擔한債務를免하게할義務를가진다

委任者는委任에基因하여發生한損害가自己의過失없이發生한것을證明할
수없는限受任者에對하여그損害에關하여責任을진다

③ 佛民 제1999조   委任者는受任者가委任을履行하기爲하여支出한立替金및費用을受任者에게償還하고또報酬를約定한때는受任者에게이를辨濟하여야한다

受任者에歸할過失없는때는委任者는事務가成就하지아니하였을때라할지라도그償還및辨濟의責任을免할수없다

또費用및立替金이이보다少額일수있는것을口實로그額을減少할수없다

④ 中民 제546조   草案과 同一하다.

[402면] ⑤ 滿民 제666조   草案과 同一하다.

7. 結 論 : 原案에 合意

Ⅴ. **意見書**, 188면 ~ 189면 (玄勝鍾)

[156] […][156) 草案 제6[189면]80조 中「委任人에 對하여」다음에「그 費用및 이를」을 挿入한다.[157)

제689조 (委任의相互解止의自由) ①委任契約은各當事者가언제든지解止할수있다

②當事者一方이不得已한事由없이相對方의不利한時期에契約을解止한때에는그損害를賠償하여야한다

Ⅱ. **案**   제681조

Ⅲ. **審議錄**, 402면 상단 ~ 하단

2. 現行法 및 判例, 學說   現行法 제651조와 同一하다.

3. 外國 立法例   ① 獨民 제671조(제1항)   委任者는언제든지委任을取消할수있다,受任者는언제든지委任의解除를告知할수있다

② 瑞債 제404조   委任은各當事者가언제든지이를撤回또는解約告知를할수있다 但不時에撤回또는解約告知를하였을때는解約을한當事者는相對側에發生한損害를賠償할義務를負擔한다

---

156) 이 앞부분은 도급에 관한 민법안 제663조(민법 제671조) 제1항에 관한 것이다(앞의 924면
    참조).

157) 이 항목은 이유를 붙이고 있지 않다. 또한 그 의견의 내용도 입법과정에 반영된 흔적이 없다.

// ③ 佛民 제2003조 (次條下 揭記 參照)

④ 中民 제549조   當事者의一方은언제든지委任契約을終止할수있다

當事者의一方이他方不利한時期에契約을終止한때는損害賠償의責任을負擔하여야한다 但그當事者의不歸責事由에因하여契約을終止치않을수없는境遇에이른때는그러하지않다

⑤ 滿民 제667조   草案과 同一하다.

7. 結 論 : 原案에 合意

제690조 (死亡,破産等과委任의終了) 委任은當事者一方의死亡또는破産으로 因하여終了한다 受任人이禁治産宣告를받은때에도같다

Ⅱ. 案   제682조

Ⅲ. 審議錄, 402면 하단 ~ 403면 상단

2. 現行法 및 判例, 學說   現行法 제653조와 同一하다.

3. 外國 立法例   ① 獨民 제672조(前段)   委任은別般의意思表示없는때는委任者의死亡또는能力의喪失에因하여消[403면]滅하지않는다

② 獨民 제673조(前段)   委任은別般의意思表示없는때는受任者의死亡에因하여消滅한다

③ 瑞債 제405조(제1항)   反對의合意가없는限또는事務의性質上當然히 이를規定할수없는限委任者또는受任者의死亡行爲無能力의發生및破産에因하여消滅한다

④ 佛民 제2003조   委任은다음의事由에因하여終了한다

(1) 受任者의解任

(2) 受任者의委任의抛棄

(3) 委任者또는受任者의自然死亡禁治産或은家資分散

⑤ 中民 제550조   委任關係는當事者의一方의死亡破産또는行爲能力의喪失에因하여消滅한다   但契約에別段의約定이있거나또는委任事務의性質에因하여消滅할수없는때는그러하지않다

⑥ 滿民 제668조   草案과 同一하다.

7. 結 論 : 原案에 合意

제691조 (委任終了時의緊急處理) 委任終了의境遇에急迫한事情이있는때에는 受任人,그相續人이나法定代理人은委任人,그相續人이나法定代理人이委任事 務를處理할수있을때까지그事務의處理를繼續하여야한다 이境遇에는委任의 存續과同一한效力이있다

Ⅱ. 案		제683조

Ⅲ. 審議錄, 403면 상단 ~ 404면 상단

// 2. 現行法 및 判例, 學說	現行法 제654조와 同一하다. 草案 後段은 新設이다.

3. 外國 立法例	① 獨民 제672조(後段)	委任이消滅하였을때에受 任者는急迫한事情있는때는委任者의相續人또는法定代理人이以後의處理를할수있 을때까지委任事務의處理를履行하여야한다 이境遇에는委任은아직存續하는것으 로看做한다

② 獨民 제673조(後段)	委任이消滅한때는受任者의相續人은遲滯없이그 死亡을委任者에通知하고또急迫한境遇에는委任者가以後의處理를할수있는때까지 委任事務의處理를續行하여야한다 이境遇에는委任은아직存續하는것으로看做한다

③ 瑞債 제405조(제2항)	但委任의消滅이委任者의利益을害할念慮있는 때는受任者그相續人또는代理人은그委任者그相續人또는代理人이스스로이를할수 있는때까지事務를繼續할義務를負擔한다

④ 佛民 제2010조	受任者가死亡한때는그相續人은委任者에게그뜻을通 知하며또當分間委任者의利益을爲하여必要한事務를處理하여야한다

⑤ 滿民 제669조	草案과 同一하다. [404면]

7. 結 論 : 原案에 合意

제692조 (委任終了의對抗要件) 委任終了의事由는이를相對方에게通知하거나 相對方이이를안때가아니면이로써相對方에게對抗하지못한다

Ⅱ. 案   제684조

Ⅲ. 審議錄, 404면 상단 ~ 하단

  2. 現行法 및 判例, 學說   現行法 제655조와 同一趣旨이다. （草案 제124조 參照）

  3. 外國 立法例   ① 獨民 제673조 （草案 제682조 外國 立法例 參照）

  ② 瑞債 제406조   委任者또는그相續人은受任者가委任消滅의通知를받기前에執行한事務에關하여委任이存續한것과같은義務負擔한다

  ③ 佛民 제2008조   受任者가委任者의死亡其他委任終了의事由를알지못하였을때는受任者가한行爲는이를有效인것으로한다

  ④ 中民 제552조 //   委任關係消滅의事由가當事者의一方에서發生한때는他方의그事由를알거나또는그事由를알수있는때까지의委任關係는存續하는것으로看做한다

  ⑤ 滿民 제670조   草案과 同一하다.

  7. 結 論 : 原案에 合意

제12절 任 置

제693조 （任置의意義）任置는當事者一方이相對方에對하여金錢이나有價證券其他物件의保管을委託하고相對方이이를承諾함으로써效力이생긴다

Ⅰ. 編纂要綱   제2장 契約   제11절 寄託

  24. 寄託을 諾成契約으로 할 것

  25. 旅店, 飮食店, 浴場 其他 客의 來集을 目的으로 하는 場屋의 主人이 客으로부터 寄託을 받은 境遇에 關하여 詳細한 特別規定을 둘 것[158]

Ⅱ. 案   제685조 ［다만 "…함으로써그效力이생긴다"라고 한다］

Ⅲ. 審議錄, 404면 하단 ~ 405면 상단

  2. 現行法 및 判例, 學說   現行法 제657조와 同一趣旨이나 現行法은 要

---

158) 이 (25)항에 대하여는 뒤에서 보기로 한다(뒤 952면 참조).

物契約이다.

　3. 外國 立法例　　① 獨民 제688조　　　寄託契約에因하여受託者는受取한動産을保管할義務를진다

　② 瑞債 제472조(前段)　　　寄託契約에因하여受寄者는寄託者에對하여그委託한動産을받고이를完[安]全[405면]한場所에保管하여야할義務를負擔한다

　③ 佛民 제1915조　　　一般的으로寄託이라함은物件의保管과그物을現物그대로返還할것을約束하고他人의物件을受取함으로써成立하는行爲를말한다

　④ 中民 제589조(제1항)　　　寄託이라稱함은當事者의一方이物件을他方에交付하고他方은이를保管할것을承諾하는契約을말한다

　⑤ 滿民 제671조　　　草案과 同一하다.

　7. 結 論 : 原案에 合意

제694조 (受置人의任置物使用禁止) 受置人은任置人의同意없이任置物을使用하지못한다

Ⅱ. 案　　　제686조 [다만 "…受置物을使用하지못한다"라고 한다]

Ⅲ. 審議錄, 405면 상단 ~ 하단

　2. 現行法 및 判例, 學說　　　現行法 제658조와 同一趣旨이다. (現行法에는 第3者로 하여금 保管케 하는 境遇를 規定하였으나 草案은 제693조에 依하여 委任에 關한 제674조를 準用한다)

　3. 外國 立法例　　① 獨民 제691조　　　受託者는別般의意思表示가없을때는受託物을第3者에게寄託하는權利를//갖지않는다　第3者에寄託할수있는境遇에있어서는受託者는그寄託에關하여自己의責任에歸할過失있는때에限하여그責任을진다 補助人의過失에關하여는제278조의規定에따라그責任을진다

　② 瑞債 제474조(제1항)　　　受託者는寄託者의同意를얻지않고는受託物을使用할수없다

　③ 佛民 제1930조　　　受託者는寄託者의明示또는推定의承諾이없으면受託物을使用할수없다

　④ 中民 제591조(제1항)

⑤ 滿民 제672조　　草案과 同一하다.

6. 審議經過　「受置物」을 「任置物」로 字句修正한다. (草案 제688조 제689조 參照)159)

7. 結 論 : 前記 字句修正 外 原案에 合意

제695조 (無償受取[置]人의注意義務) 報酬없이任置를받은者는任置物을自己財産과同一한注意로保管하여야한다

Ⅱ. 案　　제687조

Ⅲ. 審議錄, 405면 하단 ~ 406면 상단

2. 現行法 및 判例, 學說　　現行法 제659조와 同一하다.

3. 外國 立法例　① 獨民 제690조 [406면]　無償으로寄託을받은者는受託物의保管에關하여自己의財産에있어서와同一의注意를할責任을진다

② 中民 제590조　　受託者는受託物의保管에關하여自己의事務를處理함과同一의注意를하여야한다　그報酬를받는境遇에있어서는善良한管理者의注意로써이를하여야한다

③ 滿民 제673조　　無報酬로寄託을받은者는受託物의保管에關하여自己의財産에있어서와同一의注意를할責任을진다

6. 審議經過　「受置物」을「任置物」로 字句修正한다. (草案 제688조 제689조 參照)

7. 結 論 : 前記 字句修正 外 原案에 合意

제696조 (受置人의通知義務) 任置物에對한權利를主張하는第3者가受置人에對하여訴를提起하거나押留한때에는受置人은遲滯없이任置人에게이를通知하여야한다

Ⅱ. 案　　제688조 [다만 "…執留를한때에는…"이라고 한다]

---

159) 이는 법사위 수정안 등이 되지 못하였다. 그러나 뒤의 조문정리과정에서 받아들여졌다. 이하 임치에 관한 민법 제702조까지 마찬가지이다.

Ⅲ. **審議錄**, 406면 상단 ~ 하단

　2. 現行法 및 判例, 學說　　現行法 제660조와 同旨이다.

　3. 外國 立法例 //　　① 瑞債 제479조(제2항)　　受託者는前項의障害를
即時寄託者에通知하여야한다

　　② 中民 제604조　　第3者가寄託物에對하여權利를主張하는때는受託者에
對하여訴訟을提起하거나또는差押을한境遇를除外하고受寄者는卽時寄託物을寄託
者에返還하는義務를진다

　　　　第3者가訴訟을提起하거나또는差押을하였을때는受寄者는卽時寄託者에通
知하여야한다

　　③ 滿民 제674조　　草案과 同一하다.

　6. 審議經過　　「執留」를「押留」로 字句修正한다. (草案 제160조 修正 參照)

　7. 結 論 : 前記 字句修正 外 原案에 合意

**제697조 (任置物의性質,瑕疵로因한任置人의損害賠償義務) 任置人은任置物
의性質또는瑕疵로因하여생긴損害를受置人에게賠償하여야한다　그러나受置
人이그性質또는瑕疵를안때에는그러하지아니하다**

Ⅱ. **案**　　제689조

Ⅲ. **審議錄**, 406면 하단 ~ 407면 하단

　2. 現行法 및 判例, 學說　　現行法 제661조와 同一趣旨이나 現行法에는
任置人의 過失 없이 不知한 境遇가 規定되어 있다.

　[407면] 3. 外國 立法例　　① 獨民 제694조　　寄託者는寄託物의性質
에關하여發生한損害를賠償하여야한다　但寄託者가그性質을몰랐을때或은알수없
었을때또는이를受託者에通知하였을때또는通知하지아니하였어도受寄者가이를知
得하였을때는그러하지않다

　　② 瑞債 제473조(제2항)　　寄託者는寄託에因하여發生한損害가自己의何
等의過失이없음에不拘하고發生할것임을證明하지않는限受寄者에對하여그責任을
진다

③ 佛民 제1947조　　寄託者는寄託物을保管하기爲하여受奇者가支出한費用을償還하고寄託으로因하여受寄者側에發生한모든損害를賠償하여야한다

④ 中民 제596조　　受寄者가寄託物의性質또는瑕疵로因하여받은損害는寄託者이를賠償하여야한다　但寄託者가寄託物에危險을發生할性質或은瑕疵있음을寄託當時에過失이없이不知하였거나또는受寄者가이미그事實을得知하였을때는그러하지않다

⑤ 滿民 제675조　　寄託者는寄託物의性質또는瑕疵로因하여發生한損害를寄託者에賠償하여야한다　但寄託者가過失없이그性質或은瑕疵를不知한때또는受寄者가이를知得하였을때는그러하지않다

6. 審議經過　　現行法은 任置人이 過失 없이 任置物의 性質 및 瑕疵를 알지 못한 때에는 賠償責任이 없는 것으로 規定하였으나 任置物의 瑕疵 等으로 // 因한 損害는 任置人이 알았건 몰랐건 간에 受置人보다는 任置人이 負擔하는 것이 當然하므로 現行法의 態度는 不當하다. 따라서 이 點을 削除한 草案의 態度는 妥當하다. (佛民 제1947조의 解釋으로도 本 草案과 같은 結論에 到達하고 있다)

7. 結 論 : 原案에 合意

제698조 (期間의約定없[있]는任置의解止) 任置期間의約定이있는때에는受置人은不得已한事由없이그期間滿了前에契約을解止하지못한다　그러나任置人은언제든지契約을解止할수있다

II. 案　　제690조

III. 審議錄, 407면 하단 ~ 408면 상단

2. 現行法 및 判例, 學說　　제662조 제663조 제2항과 同一한 趣旨이다. (草案 제681조 參照)

3. 外國 立法例　　① 獨民 제696조(後段)　　期限을定한때는重大한事由있는때에限하여前에返還할수있다

② 獨民 제695조　　保管에關하여期限을定하였더라도寄託者는언제든지寄託物의返還을請求할수있다

③ 瑞債 제475조　　寄託者는保管에關하여一定한繼續期間의合意가있는境遇에도언제든지寄託物을其增額과같이返還할것을請求할수있다　但寄託者는受寄託者가合意한期間을考慮하여서支出한費用을補償하여야한다

④ 佛民 제1944조　　契約에있어서返還時期를作定하였을때에도寄託者의請求가있을때에는卽時寄託物을返還하여야한다　但受寄者의管理中에寄託物이返還또는轉置에對하여支拂停止또는異議의申立이있었을때에는그렇지않다 [408면]

⑤ 中民 제597조　　寄託物返還의期限에關하여約定이있을때에도寄託者는언제든지返還을請求할수있다

⑥ 中民 제598조(제2항)　　返還期限의約定이있을때는受寄者는不得已한事由가없는限期限의到來前에寄託物을返還할 수 없다

⑦ 滿民 제676조　　當事者가寄託의期間을定하였을때에도寄託者는언제든지解約의申込을할수있다

⑧ 滿民 제677조(제2항)　　期間을定하였을때는受寄者는不得已한事由아니면期間滿了前에解約의申込을할수없다

7. 結 論 : 原案에 合意

제699조 (期間의約定없는任置의解止) 任置期間의約定이없는때에는各當事者는언제든지契約을解止할수있다

Ⅱ. 案　　제691조

Ⅲ. 審議錄, 408면 상단 ~ 하단

2. 現行法 및 判例, 學說 //　　現行法 제663조 제1항과 同一하다.

3. 外國 立法例　① 獨民 제696조(前段)　　保管에關하여期限을定하지않았을때는受寄者는언제든지受寄物을返還할수있다

② 瑞債 제476조(제2항)　　保管에關하여期間을定하지아니하였을때에는受寄者는언제든지受寄物을返還할수있다

③ 中民 제598조(제1항)　　返還期限을定하지않았을때는受寄者는언제든지受寄物을返還할수있다

④ 滿民 제677조(제1항)　　當事者가受寄의期間을定하지않았을때는受寄

者는언제든지解約의申込을할수있다

　　7. 結 論 : 原案에 合意

제700조 (任置物의返還場所) 任置物은그保管한場所에서返還하여야한다 그러나受置人이正當한事由로因하여그物件을轉置한때에는現存하는場所에서返還할수있다

Ⅱ. 案　　　제692조

Ⅲ. 審議錄, 408면 하단 ~ 409면 상단

　　[409면]　2. 現行法 및 判例, 學說　　現行法 제664조와 同一하다.

　　3. 外國 立法例　　① 獨民 제697조　　寄託物의返還은그를保管할場所에있어서이를하여야한다 受寄者는寄託物을寄託者에게送致함을要하지않는다

　　② 瑞債 제477조　　受寄物은이를保管하여야할場所에서受託者의費用및危險으로서이를返還하여야한다

　　③ 佛民 제1943조　　契約에依하여返還의場所가作定되지아니하였을때에는返還은寄託地에서이를履行하여야한다

　　④ 中民 제600조　　寄託物의返還은物件을保管할場所에서이를行한다

　　　　受寄者다제592조에依하여또는제594조의規定에依하여寄託物을他處에轉置한때는物件의現在地에있어서이를返還할수있다

　　⑤ 滿民 제678조　　草案과 同一하다.

　　6. 審議經過　　「受置物」를 「任置物」로 字句修正한다. (草案 제688조 제689조 參照)

　　7. 結 論 : 前記 字句修正 外 原案에 合意

제701조 (準用規定) 제682조,제684조乃至제687조및제688조제1항,제2항의規定은任置에準用한다

Ⅱ. 案　　　제693조

Ⅲ. **審議錄**, 409면 下段 ～ 410면 上段

　　2. 現行法 및 判例, 學說　　　제665조와 同一하다.

　　3. 外國 立法例　　① 獨民 제691조　　受寄者는別段의意思表示가없을
때는受寄物을第3者에게寄託하는權利를갖지않는다　第3者에寄託할수있는境遇에
있어서는受寄者는그寄託에關하여自己의責任에歸할事實있는때에限하여그責任을
진다　補助人의過失에關하여는제278조의規定에따라그責任을진다

　　② 獨民 제693조　　受寄者가保管에關하여必要하다고認定되는費用을支出
한때는寄託者는이를償還하여야한다

　　③ 獨民 제698조　　受寄者가寄託金을自己를爲하여消費한때는그消費時부
터利息을附하여야한다

　　④ 獨民　제699조　　寄託者는約束한報酬를保管終了時에支拂하여야한다
期間으로서報酬를定한때는各期間이經過한後이를支拂하여야한다

　　　　保管이保管期限前에終了한때는受寄者는이미履行한保管의比率에應하여
報酬을請求할수있다　但報酬에關한合意가이와相違하는때는그러하지않다

　　⑤ 佛民 제1936조　　受寄者가寄託物로부터發生한果實을收取하였을때에
는이를返還하여야한[410면]다

　　　　受寄者는寄託한金錢의利息을負擔하지않는다　但그返還에關하여遲滯의責
任을負擔하게된以後의利息은그러하지않다

　　⑥ 中民 제592조　　受寄者는스스로寄託物을保管하여야한다　但寄託者의
同意를얻거나또는特別한慣習이있거나또는不得已한事由있을때는第3者로하여금
代身하여保管하게할수있다

　　⑦ 中民 제593조　　受寄者가前條의規定에違反하여第3者로하여금代身하
여寄託物의保管을하게하였을때는寄託物이이에依하여받은損害를賠償하여야한다
但設令第3者로하여금代身하여保管하게하지않았어도損害의발생은免할수없을것
을證明할수있을때는그러하지않다

　　　　受寄者가前條의規定에依하여第3者로하여금代身하여保管하게하였을때에
는다만第3者의選任및그第3者에對한指示에關하여서만責任을진다

　　⑧ 滿民 제683조　　草案과 同一하다.

　　7. 結 論 : 原案에 合意

제702조 (消費任置) 受置人이契約에依하여任置物을消費할수있는境遇에는消
   費貸借에關한規定을準用한다   그러나返還時期의約定이없는때에는任置人은
   언제든지그返還을請求할수있다

Ⅱ. **案**   제694조

Ⅲ. **審議錄**, 410면 상단 ~ 411면 상단

   // 2. 現行法 및 判例, 學說   現行法 제666조와 同一하다.

   3. 外國 立法例   ① 獨民 제700조   消費物이寄託되어그所有權을受
寄者에게移轉하고또한受寄者가同種同品量의物件을返還하는義務를진때는消費貸
借에關한規定을適用한다   寄託者가受寄者에게受寄消費物의消費를許容한때에는
受寄者가受寄物을受取하였을때부터消費物에關한規定을適用한다   但以上兩境遇
에있어서特別한意思表示가없을때는返還의時期및場所는寄託契約에關한規定에依
하여이를定한다

      有價證券의寄託에關하여는前項에揭載한種類의合意는明約있는때에限하
여그效力을갖는다

   ② 瑞債 제481조   受寄者는現品을返還함을不要하고單只同額의金錢을返
還함으로써足한것으로하는趣旨를明示的또는默示的으로合意하고金錢을寄託하였
을때에는利益및危險은受寄者에移轉한다

      封緘및鎖閉하지않고金額을引渡하였을때에는이를前項의意味에있어서의
暗默의合意있는것으로推定한다

      金錢以外의代替物또는有價證券이寄託되었을때에는受寄者는寄託者가權
能을明示的으로許與한境遇에限하여右記物件을處分할수있다

   ③ 佛民 제1932조   受寄者는受取한物件을現物그대로返還하여야한다   따
라서貨幣를寄託하였을때에는그價格의騰貴低落에關係없이寄託한때와같은種類로
써이를返還하여야한다

   ④ 中民 제602조   寄託物이代替物인境遇에있어서寄託物의所有權이受寄
者에移轉하고受寄[411면]者가그物件과種類品質數量이같은物件으로써返還할것
을約定한때는受寄者가그物件을受領한때부터消費貸借에關한規定을適用한다

   ⑤ 滿民 제684조   草案과 同一하다.

   6. 審議經過   「受置物」을 「任置物」로 字句修正한다. (草案 제688조, 제

689조 參照)

　　7. 結 論 : 前記 字句修正 外 原案에 合意

**　공중접객업자가 위탁받은 물건의 보관에 관한 규정을 두는 문제**

Ⅰ. **編纂要綱**　　제2장 契約　　제11절 寄託　　25. 旅店, 飮食店, 浴場 其他 客의 來集을 目的으로 하는 場屋의 主人이 客으로부터 寄託을 받은 境遇에 關하여 詳細한 特別規定을 둘 것160)

제13절 　組 合

제703조 (組合의意義) ①組合은2人以上이相互出資하여共同事業을經營할것을約定함으로써그效力이생긴다
　　②前項의出資는金錢其他財産또는勞務로할수있다

Ⅱ. **案**　　제695조

Ⅲ. **審議錄**, 411면 상단 ~ 412면 상단

　　2. 現行法 및 判例, 學說　　　現行法 제667조와 同一하다.

　　3. 外國 立法例　　① 獨民 제705조　　　組合契約에依하여組合員은서로 契約에定한法에依하여共同의目的을達成할것을努力하고特히合意上의出資를하여 야한다 //

　　② 獨民 제706조　　　組合員은別段의合意없는때는平等의出資를하여야한다 　　　　代替物또는消費物을出資의目的으로한境遇에있어서別段의意思表示가없 는때는組合員의共有에屬한다　評價額을附하여非貸借物또는非消費物을出資의目 的으로한境遇에있어서그評價가單只利益配當을爲한것만이아닐때도亦是같다

　　　　　組合員의出資는勞務의給付를그目的으로할수있다

---

160) 그러나 이러한 특별규정을 민법에 두려는 움직임은 민법의 입법과정에서는 이후 전혀 보
　　이지 않는다. 주지하는 대로 1962년 1월 법률 제1000호의 상법에서 공중접객업과 관련하여
　　그 업자가 고객으로부터 임치받은 물건의 보관으로 인한 책임에 관한 별도의 규정이 제152
　　조 이하에서 마련되었다.

③ 瑞債 제530조(제1항)   組合이란共同의勞力또는出資로써共同의目的을達成하기爲하여2人또는數人의契約에因한組合을말한다

④ 瑞債 제531조(제1항)   各組合員은金錢物品債權또는勞務等에依하여一定한出資를하여야한다

⑤ 佛民 제1832조   會社契約이란2人또는數人이그로부터發生한利益을分配할目的으로어느物件을共有함을合意하는契約을말한다

⑥ 佛民 제1833조   모든會社는適法한目的을가지고또當事者의共同利益을爲하여契約되어야한다

各社員은金錢또는其他財産또는各者의勞働을會社에出資하여야한다

⑦ 中民 제667조   組合이라稱함은2人以上이相互出資하여共同事業을經營할것을約定하는契約이다

前項의出資는金錢또는金錢以外의物件을그目的으로할수있다또는勞務로써이에代身할수있다

⑧ 滿民 제685조   組合契約은各當事者가出資하여共同의事業을經營할것을約定함으로因하여그效力을發生한다 出資는勞務로써그目的으로할수있다
[412면]

7. 結 論 : 原案에 合意

제704조 (組合財産의合有) 組合員의出資其他組合財産은組合員의合有로한다

Ⅱ. 案   제696조 [다만 "…組合員의共有에屬한다"라고 한다]

Ⅲ. 審議錄, 412면 상단 ~ 하단

2. 現行法 및 判例, 學說   現行法 제668조와 同一하다.

3. 外國 立法例   ① 獨民 제718조   組合員의出資및事務執行에依하여組合員이取得한目的物은組合員의共有인組合財産에屬한다 組合財産에屬한權利에依하여또는組合財産에屬한目的物의滅失毀損또는追奪에對한賠償으로서取得한것도亦是組合財産에屬한다

② 瑞債 제544조(제1항)   組合에讓渡되거나組合을爲하여取得된物權또는債權은組合契約에따라組合員의共有에屬한다

③ 佛民 제1832조   草案 제695조 立法例 參照
④ 中民 제668조   各組合員의出資및其他의組合財産은組合員全體의共同
共有로한다
⑤ 滿民 제686조   草案과 同一하다. //
7. 結 論 : 原案에 合意

V. 意見書, 189면 ~ 190면 (玄勝鍾)

[157] 草案 제696조 中「共有에 屬한다」를「合有로 한다」로 修正하고, 草案 제706조를 削除한다.

[이 유]   組合은 法人이 아니다. 따라서 組合 自體는 組合財産의 主體가 될 수 없다. 그러므로 案제696조는 組合財産은 組合員의 共有에 屬한다고 規定하였다. 그러나 組合은 共同事業을 營爲함을 目的으로 하는 一種의 團體임이 案 제698조・제702조・제710조 乃至 제712조・제714조 以下 等에 비추어 보아 明白하며, 組合財産은 이 團體의 目的을 達成하기 爲하여 存在하는 一種의 團體財産이다. 이 點은 本條에서 말하는 組合財産의 共有가 案 제252조 以下의 普通의 共有와는 달라서 다음과 같은 特色을 가지고 있다는 點에서도 明白하다. 卽, 1. 組合員은 組合員 全員의 同意 없이는 組合財産에 對한 持分을 處分하지 못한다(案 제706조 1항).

2. 組合員은 組合의 淸算 前에 組合財産의 分割을 請求하지 못한다(案 제706조 2항).

3. 組合員 中에 組合이 負擔하는 債務를 辨濟할 資力이 없는 者가 있는 때에는, 그 辨濟할 수 없는 部分은 다른 組合員이 平分하여 辨濟할 責任이 있다(案 제705조).

4. 組合債務者는 그 債務와 組合員에 對한 債權으로 相計하지 못한다(案 제708조).

組合이 가지는 債權에는 普通의 共有에 關한 規定이 準用되지 않고, 案 제263조가 適用되며 따라서 案 제399조에 依하여 當然히 組合員사이에 分割되는 것도 아니다. 그러므로 各 組合員은 組合債權의 一部라 하더라도 그것을 自己 個人의 權利[190면]로 여기고 單獨으로 받아낼 수는 없는 것이다. 또 一組合員이 脫退하더라도, 組合의 債權에 關하여 그 持分이 그 者에게 歸屬하는 것이 아니라, 組合의 債權은 그냥 그대로 殘存組合員에게 歸屬하되 이 境遇에 脫退組合員에게서 殘存組合員에게로 債權이 移轉한다고 解釋하여서는 아니된다.

이와 같이 總組合員의 共有는 普通의 共有와는 달라서 各 組合員의 持分은 甚한 制限을 받는다.

무릇 多數人이 共同하여 1個의 物件을 所有하는 關係, 卽 共同所有關係에는 大別하여 總有・合有(Eigentum zur gesamten Hand)・共有의 3者가 있거니와 ([[66] 參照), 組合財産의 共同所有關係를 보건대, 以上에서 본 바와 같이, 各 組合員은 組合財産에 對하여 各自 獨立한 所有權을 가지고 있으면서도 全員은 當分間 目的物의 共同의 目的에 利用하기 爲하여 拘束을 받기 때문에, 各 組合員의 權利는 이 共同의 目的이 終了할 때까지 潛在的인 存在를 가질 따름이다. 이 것은 곧 組合財産이 組合員의 合有에 屬하는 것을 意味하는 것이므로, 案제696조는 前述한 바와 같이 修正하여야 할 것이다.

또 案 제696조를 그와 같이 合有로 修正하면, 제706조의 規定의 內容은 合有에서 當然히 생겨나는 것이므로, 또는 合有 그 自體의 性質이므로(案 제263조・제264조 參照), 案 제706조는 不必要한 規定이 된다. 따라서 削除하여야 한다.

Ⅵ. 현석호 수정안   (36)   제696조中「共有에屬한다」를「合有로한다」로修正한다

Ⅷ. 제2독회, 속기록 제48호, 15면 하단

○ 法制司法委員長 代理(張暻根) :   [민법안 제696조 및 현석호 수정안 (36) 낭독]   요전의 그 「共有」와 合有와 總有를 나눈 玄錫虎 議員의 修正案을 通過시켜 주셨습니다. 따라서 이것도 玄錫虎 議員의 修正案을 通過시켜 주셔야 되겠습니다.

** 조합재산에 대한 지분의 처분 및 조합재산 분할청구 가부 등의 문제

Ⅱ. 案   제706조 組合員은組合員全員의同意없이組合財産에對한持分을處分하지못한다   組合員은組合의淸算前에組合財産의分割을請求하지못한다

Ⅲ. **審議錄**, 418면 상단 ~ 하단

2. 現行法 및 判例, 學說   現行法 제676조와 同一趣旨이나 제1항 中「對
抗할수없다」를 草案은「處分하지못한다」로 하였다.

3. 外國 立法例   ① 獨民 제719조(제1항)   各組合員은組合財産및이
에屬한目的物의持分을處分할수없다 또그分割을請求할權利를갖지않는다

② 瑞債 제542조 //   組合員은爾餘의組合員의同意를얻지않고第3者를組合에
加入시킬수없다 組合員이單獨히第3者를自己의所有分에關與하게하거나또는自己
의所有分을이에讓渡하였을때는이第3者는이에依하여爾餘의組合員과同意者로되
지않고特別히組合의事務를檢査할權利를享有하지않는다

③ 佛民 제1861조   各社員은他社員의同意없이會社에對한自己의所有分
에關하여第3者와會社契約을할수있다 社員은業務執行權가진때에도他社員의同意
를얻지않고는第3者를會社에加入시킬수없다

④ 中民 제683조   組合員은他組合員全體의同意를얻지않고는自己의持分
을第3者에게讓渡할수없다 但他組合員에게讓渡할때는그러하지않다

⑤ 中民 제682조(제1항)   組合員은組合淸算前에組合財産의分割을請求
할수없다

⑥ 滿民 제696조   草案과 同一하다.

7. 結 論 : 原案에 合意

Ⅴ. **意見書**, 189면 ~ 190면 (玄勝鍾)

[157] 草案 제696조 中「共有에 屬한다」를「合有로 한다」로 修正하고, 草
案 제706조를 削除한다.[161]

Ⅵ. **현석호 수정안**   (37) 제706조를削除한다

Ⅷ. **제2독회**, 속기록 제48호, 16면 상단

○ 法制司法委員長 代理(張暻根) : [민법안 제706조 및 현석호 수정안
(37) 낭독] 이 706조를 削除하자는 것입니다. 여기에 대해서도 合有로 하는 關
係로 이렇게 해도 좋으리라고 생각합니다.

---

161) 이 항목에 대하여는 그 이유를 포함하여 민법 제704조 Ⅴ.(앞의 954면 이하) 참조.

제705조 (金錢出資遲滯의責任) 金錢을出資의目的으로한組合員이出資時期를 遲滯한때에는延滯利子를支給하는外에損害를賠償하여야한다

Ⅱ. **案**   제697조 [다만 "…出資時期를遲延한때에는…"이라고 한다]

Ⅲ. **審議錄**, 418면 하단 ~ 419면 상단

  2. 現行法 및 判例, 學說   現行法 제669조와 同一하다.

  3. 外國 立法例   ① 佛民 제1846조(제1항, 제3항)   社員이會社에對 하여一定金額을出資할義務를지고이를履行하지않을때는그社員은當然히何等의催 告를받지않고그金額을支拂할날以後의이에對한利息의債務를진다

      利息만으로써는아직損害있을때는損失없을때까지前2항에規定한以上賠償 을하여야한다

  ② 滿民 제687조   草案과 同一하다. [413면]

  6. 審議經過   「遲延」을 「遲滯」로 字句修正한다. (草案 제378조, 제383 조, 제386조 參照)

  7. 結 論 : 前記 字句修正[162] 外 原案에 合意

제706조 (事務執行의方法) ①組合契約으로業務執行者를定하지아니한境遇에 는組合員의3分의2以上의贊成으로써이를選任한다

    ②組合의業務執行은組合員의過半數로써決定한다 業務執行者數人인때에 는그過半數로써決定한다

    ③組合의通常事務는前項의規定에不拘하고各組合員또는各業務執行者가專 行할수있다 그러나그事務의完了前에다른組合員또는다른業務執行者의異議 가있는때에는卽時中止하여야한다

Ⅱ. **案**   제698조

Ⅲ. **審議錄**, 413면 상단 ~ 414면 상단

  2. 現行法 및 判例, 學說   現行法 제670조와 同一趣旨이나 草案 제1항 은 新設이다.

---

162) 이는 법사위 수정안에 반영되지 않고, 후의 조문정리과정에서 채택되었다.

3. 外國 立法例 ① 獨民 제709조(제1항) 組合의事務執行은組合員共同으로이를하여야한다 各業務에關하여는總組合員이同意하여야한다

② 獨民 제710조(後段) 數人의組合員에業務의執行을委任하였을때는前條의規定을準用한다

③ 獨民 제711조 組合契約에依하여總組合員또는數人의組合員이業務執行權을갖고그各自//가業務執行을專行할수있을때는各業務執行者는他業務執行者의業務計劃에對하여異議를陳述할수있다 이境遇에있어서는그業務는이를中止하여야한다

④ 瑞債 제535조(제1항) 業務執行은契約또는決議로써이를一人의組合員또는數人의組合員或은第3者에게委任하지않았을때는總組合員에屬한다

⑤ 瑞債 제535조(제2항) 業務執行權이總組合員또는數人의組合員에屬한때는各業務執行者는他組合員의協力을바라지않고行爲할수있다 但業務執行權을가진他組合員은行爲의完了의以前의異議에依하여이를妨害할權利를갖는다

⑥ 佛民 제1859조(제1호) 各社員은서로他者를爲하여業務執行의權限을賦與한것으로看做한다 各社員이한行爲는他社員의同意없는때에도他社員의所有分에關하여效力이있다 但他社員또는그中一人은行爲를하기前에이에對하여異議를申立하는權利를갖는다

⑦ 佛民 제1857조 數人의社員이業務執行의業務를負擔한境遇에있어서그職責에關하여何等의制限이없고또는그中一人에對하여他者와共同히하지않고는行爲를할수없다는趣旨의表示가없을때는이러한社員은各業務執行의모든行爲를할수있다

⑧ 中民 제671조 組合의業務는契約에別段의約定이있는境遇를除外하고總組合員이共同으로이를執行한다 組合의通常事務는執行權을가진各組合員이이를單獨執行할수있다 但其他의執行權을가진組合中의一人이그組合員의業務執行行爲에對하여異議있는때에는그事務의執行을停止하여야한다

⑨ 滿民 제688조 組合契約으로業務執行組合員의過半數로써이를決定한다

組合契約으로業務의執行을委任한者數人인境遇에는그過半數로이를決定한다 [414면]

組合常務는前2항의規定에不拘하고各組合員또는各業務執行者이를專行할

수있다　但그終了前에他組合員또는業務執行者가異議를申立하였을때에는그러하
지않다

　　6. 審議經過　　　제1항은 新設인바 組合契約에 規定하지 않았더라도 組合
員 3分의2 以上으로써 業務執行者를 選定하게 한 것은 組合의 團體性을 强化함
으로써 그 業務執行의 圓滑을 期하는 意味에서 妥當하다.

　　7. 結 論 : 原案에 合意

V. 意見書, 190면 ～ 191면 (玄勝鍾)

　　[158] 草案 제698조 제1항과 제714조 제2항 사이의 均衡에 關하여는 疑問
이 있으나, 그대로 두기로 한다.

　　[이 유]　　　案 제698조 1항은 組合契約으로 業務執行者를 定하지 않은 境
遇에는 組合員의 3分의 2 以上의 贊成으로써 그 業務執行者를 選定한다는 規定
을 新設하였다. [157]에서 본 바와 같이 組合은 共同事業을 營爲함을 目的으로
하는 一種의 團體이며 그 團體가 所有하는 財産은 組合員의 合有에 屬한다. 財
産을 合有하는 團體는 게르만法上의 合手的 組合(Gemeinschaft [191면] zur gesamten
Hand, Gemeinderschaft)에 該當하는 것인데(合手的 組合은 人的結合關係에서 財産
上의 合有關係가 생기므로, 財産上의 結合關係에서 人的結合關係가 생기는 債
權法上의 組合과는 完全히 合致하는 것은 아니다), 本來 合手的 組合에서는 業
務執行은 全員一致의 方法에 依하였으나 組合에 있어서는 多少 그 成員의 數가
많아지고 또 全員의 完全한 意見의 一致도 求하기가 어려운 일이니, 따라서 業
務執行者의 選定方法에 있어서도 元來는 全員一致에 依하여야 할 것이나, 그것
이 期待難이니 過半數보다는 全員一致에 가깝지만, 그러나 完全한 全員一致가
아닌 3分의2의 多數決制를 採擇한 草案의 態度는 妥當하다고 하겠다.

　　　그런데 一便, 草案은 제714조 2항에서 組合이 解散하는 境遇에 淸算人은
組合員의 過半數의 多數決로 選定한다고 規定하였다. 이것은 제698조 1항의 3
分의 2에 比하면 너무 가볍게 다루어진 感이 있으며, 均衡上 再考할 餘地가 있
다. 業務執行者의 境遇보다도 淸算人의 境遇는 第3者에 對한 利害關係가 훨씬
더 深刻하여지는데, 淸算人의 選定을 業務執行者의 選定보다 더 容易하게 함은
組合에 對한 第3者의 關係를 輕視하는 規定이라고 볼 수밖에 없다. 그런 意味
에서는 제714조 2항의 過半數를 3分의2로 修正함이 妥當하겠지만, 草案이 過半

數로 定한 理由를 짐작컨대, 實際上의 問題로서 組合이 解散하게 되면 業務의 分量이 減少될 것이니, 그 點에서는 重要性도 減少될 것이며, 또 3分의2의 多數의 贊成을 얻기도 組合員의 出席에 對한 誠意關係 等으로 어려울 것이라는 點에 있을 것으로 思料되니, 그러한 點에서 多少 疑心을 품으면서도 兩 條文의 選出方法을 그냥 두기로 한다.

제707조 (準用規定) 組合業務를執行하는組合員에는제681조乃至제688조의 規定을準用한다

Ⅱ. 案   제699조

Ⅲ. 審議錄, 414면 상단 ~ 하단

2. 現行法 및 判例, 學說   現行法 제671조와 同一하다.

3. 外國 立法例   ① 獨民 제713조   業務執行員의權利義務는委任에 關한제664조乃至제670조의規定에따라이를定한다   但組合契約으로因하여이에相 異한結果를發生하는때는그러하지않다

② 瑞債 제540조(제1항)   本章의規定또는組合契約에別段의規定이없는 限業務執行組合員의爾餘의//組合員에對한關係에對하여서는委任에關한規定을適 用한다

③ 中民 제680조   제537조乃至제546조의委任에關한規定은組合員의組合 事務執行에이를準用한다

④ 滿民 제689조   草案과 同一하다.

7. 結 論 : 原案에 合意

제708조 (業務執行者의辭任, 解任) 業務執行者인組合員은正當한事由없이辭任 하지못하며다른組合員의一致가아니면解任하지못한다

Ⅱ. 案   제700조

Ⅲ. 審議錄, 414면 하단 ~ 415면 상단

2. 現行法 및 判例, 學說　　現行法 제672조와 同一하다.

3. 外國 立法例　　① 獨民 제712조　　組合契約에依하여一人의組合員에委任한業務執行權은重大한事由있을때는殘餘의組合員의一致또는組合契約에있어서多數決에依할것을定한境遇에는그多數決로써이를剝奪할수있다 //

重大한事由라함은主로重大한職務違反또는正整히事務를處理할能力이없음을말한다

重大한事由있는境遇에는組合員은스스로業務執行을辭任할수있다　此境遇에는委任에關한제671조제2항및제3항은이境遇에이를準用한다

② 瑞債 제539조　　組合契約에있어서의어느組合員에許與한業務執行의權限은重大한事由가없는限爾餘의組合員이이를剝奪또는制限할수없다

重大한事由있는때는組合契約으로別段의規定을한境遇에도爾餘의各組合은右權限을剝奪할수있다

業務執行者가重大한義務違反의責任을지는境遇또는善良한業務執行의能力을喪失한境遇에는特히이를重大한事由있는것으로한다

③ 佛民 제1856조(제1항)　　會社契約의特別約款에依하여業務執行의義務를負擔한社員은他社員의反對의意思表示가있는境遇에도그業務執行에屬한모든行爲를할수있다　但그者에詐欺行爲가있을때는그러하지않다

④ 中民 제674조　　組合員中의一人또는數人이組合事務의執行을委任받았을때는正當한事由있는境遇以外에는辭任할수없다

其他의組合員도또한이를解任하지못한다

前項의被委任者의解任은其他組合員의同意를얻지않고는이를行할수없다

⑤ 滿民 제690조　　組合契約으로一人또는數人의組合員에게業務執行을委任하였을때에는그組合員은正當한事由없이는辭任할수없다　또解任되지않는다　解任을行함에는他組合員의一致가있어야한다 [415면]

7. 結 論 : 原案에 合意

제709조 (業務執行者의代理權推定) 組合의業務를執行하는組合員은그業務執行의代理權있는것으로推定한다

Ⅰ. 編纂要綱　　　제12절　組合　　26. 組合의 業務를 執行하는 組合員은

그 業務의 執行에 關하여 代理權이 있는 것으로 推定하는 規定을 둘 것

Ⅱ. 案			제701조

Ⅲ. 審議錄, 415면 하단 ～ 416면 상단

　　2. 現行法 및 判例, 學說		現行法에는 없고 新設 條文이다.

　　3. 外國 立法例		① 獨民 제714조		組合契約에依하여一人의組合員
이業務執行權을가진때는別段의意思表示가없는때는第3者에對하여他組合員을代
理할權利를갖는다

　　　　② 瑞債 제543조(제3항)		各個의組合員에게業務執行權을委任할때는各
者에對하여組合또는全部의組合員을代理할權利를授與한것으로推定한다

　　　　③ 中民 제679조		組合員이組合事務의執行을委任받았을때는委任의本旨
에따라서組合事務를執行하는範圍內에있어서第3者에對하여他組合員을代表한다

　　　　④ 滿民 제691조		草案과 同一하다.

　　7. 結 論 : 原案에 合意

Ⅴ. 意見書, 191면 ～ 192면 (玄勝鍾)

　　[159] 草案이 제701조・제705조 및 제707조의 規定을 新設한 데 贊成한다.

　　[이 유]		1. 제701조의 新設에 對하여

　　組合의 業務의 執行에 關하여는 對內關係와 對外關係와를 區分할 수 있다.
現行 民法에서는 業務執行에 關하여 제670조[192면](草案 제698조 2항・3항에
該當)만을 두고, 對外關係 卽 組合代理에 關하여는 特別의 規定을 두지 않았기
때문에 그 제670조가 對內的인 業務執行만을 規定하는 것인가 或은 對外關係도
規定하는 것인가에 關하여 判例와 學說이 對立되고 있었다. 卽 通說에 依하면,
제670조는 組合業務의 執行만을 規定한 것이며, 組合代理에는 適用되지 않는
規定이다. 따라서 多數의 組合員 또는 業務執行者가 있는 境遇에는 그 過半數
로써 組合代理를 할 것이 아니라, 各 組合員 또는 各 業務執行者가 單獨으로 組
合代理를 할 수 있다고 解釋하여야 한다고 한다. 이에 對하여, 判例는 組合代理
에도 제670조가 適用된다고 한다. 그런데 草案은 제701조를 新設하여, 組合의
業務를 執行하는 組合員은 그 業務執行의 代理權이 있는 것으로 推定하고 있
다. 여기에서 그 代理權은 勿論 組合代理權을 意味하는 것이라고 解釋되는데,

이렇게 規定함으로써 學說과 判例의 對立을 折衷解決하고 있다. 卽, 組合의 業務를 執行하는 組合員은 組合代理權이 있다고 推定하였으나(本條), 組合員아닌 業務執行者는 組合代理에 關하여도 案 제698조 2항 後段이 適用된다고 解釋하여야 할 것이다. 案 제701조는 以上과 같이 從來의 學說과 判例의 對立을 解決하고 있다는 點에서 贊成하는 바이다. 또 大略 獨逸民法 제714조도 本條와 그 趣旨를 같이하고 있다. […]

제710조 (組合員의業務,財産狀態檢査權) 各組合員은언제든지組合의業務및財産狀態를檢査할수있다

Ⅱ. 案   제702조

Ⅲ. 審議錄, 416면 상단 ~ 하단

2. 現行法 및 判例, 學說   제673조와 同一趣旨이나 現行法의 「業務執行權이없더라도」는 削除되었다.

3. 外國 立法例   ① 獨民 제716조(제1항)   組合員은業務執行權을갖지아니한때에도組合의事務狀況을檢査하고組合帳簿其他의文書를閱覽하고및이에基하여組合財産의現狀에關하여一覽表를調製할수있다

② 瑞債 제541조(제1항)   業務執行으로부터除付된組合員은스스로組合事務의進行을調査하여組合의帳簿및文書를閱覽하여또는스스로共同財産의狀況에關한一覽表를作成할權利를갖는다

③ 中民 제675조   組合事務를執行할權利없는組合員은假令契約에反對의約定있는境遇에있어서도언제든지組合의事務및財産狀況을檢査할수있다   또는帳簿를査閱할수있다

④ 滿民 제692조   組合員은組合의業務를執行할權利를갖지아니한때도그業務및組合財産의狀況을檢査할수있다 //

7. 結 論 : 原案에 合意

제711조 (損益分配의比率) ①當事者가損益分配의比率을定하지아니한때에는各組合員의出資價額에比例하여이를定한다

②利益또는損失에對하여分配의比率을定한때에는그比率은利益과損失에共通된것으로推定한다

Ⅱ. 案　　제703조 [다만 제1항은 "…出資價額에應하여…"라고 한다]

Ⅲ. 審議錄, 416면 하단 ~ 417면 상단

　2. 現行法 및 判例, 學說　　제674조와 同一하다.

　3. 外國 立法例　　① 獨民 제722조　　組合員의損益分配의比率을定하지않았을때에는各組合員은그出資의種類및大小를不拘하고損益에關하여平等한持分을갖는다

　　　　利益또는損失에關하여만分配의比率을定하였을때는別段의意思表示없는限그比率은利益및損失에關하여通한것으로看做한다

　　② 瑞債 제533조　　別段의合意없는때는各組合員은그出資의種類및大小를不問하고利益및損失의分配에關하여平等의比率을갖는다

　　　　利益分配의比率만을合意한때또는損益分配의比率만을合意한때는이合意[417면]는利益과損失의雙方에對하여效力을갖는다　共同의目的을爲하여勞務를出資하여야하는組合員은利益의分配만에關與하고損失의分配에는關與하지아니한다는趣旨의合意를하여도無妨하다

　　③ 佛民 제1853조　　會社契約書에利益또는損失에關한各社員의分擔規定이없는때는各社員의所有分만으로써出資한社員에對하여는利益또는損失의分擔은가장小額의出資를한社員의分擔額에同等한것으로하고이를定한다

　　④ 中民 제677조(제1항, 제2항)　　損益分配의比率을約定하지아니하였을때는各組合員의出資額에應하여이를定한다

　　　　利益또는損失만에關하여約定한分配의比率은損益共同의分配比率인것으로看做한다

　　⑤ 滿民 제693조　　草案과 同一하다.

　7. 結 論 : 原案에 合意

제712조 (組合員에對한債權者의權利行使) 組合債權者는그債權發生當時에組合員의損失負擔의比率을알지못한때에는各組合員에게均分하여그權利를行使

할수있다

Ⅱ. **案**　　　제704조 [다만 "…各組合員에게平分하여…"라고 한다]

Ⅲ. **審議錄**, 417면 상단 ~ 하단

//　2. 現行法 및 判例, 學說　　　現行法 제675조와 同一하다.

3. 外國 立法例　　① 佛民 제1863조(前段)　　　社員은契約의相對方인債權者에對하여平等한金額및部分에關하여義務를진다

② 滿民 제694조　　　草案과 同一하다.

7. 結論 : 原案에 合意

제713조 (無資力組合員의債務와他組合員의辨濟責任) 組合員中에辨濟할資力없는者가있는때에는그辨濟할수없는部分은다른組合員이均分하여辨濟할責任이있다

Ⅰ. **編纂要綱**　　　제12절 組合　　　27. 組合員 中에 辨濟할 資力이 없는 者가 있을 때에는 그 辨濟할 수 없는 部分은 다른 組合員이 連帶하여 辨濟의 責任을 지도록 할 것

Ⅱ. **案**　　　제705조 [다만 "다른組合員이平分하여…"라고 한다]

Ⅲ. **審議錄**, 417면 하단 ~ 418면 상단

2. 現行法 및 判例, 學說　　　現行法에는 없고 新設 條文이다.

3. 外國 立法例　　① 獨民 제735조 [418면] 이境遇에있어서組合員의一人이그負擔한部分을補充할수없는때는各組合員은平等의比率로써그不足額을負擔하여야한다

② 滿民 제695조　　　組合員中에辨濟할資力이없는者가있을때에는그辨濟할수 없는部分은他組合員이連帶하여그를辨濟하여야한다

7. 結論 : 原案에 合意

Ⅴ. **意見書**, 191면 ~ 192면 (玄勝鍾)

[159] 草案이 제701조·제705조 및 제707조의 規定을 新設한 데 贊成한다.

[이 유]　　[…] [192면] […] 2. 제705조의 新設에 對하여.

組合은 權利의 主體가 아니다. 따라서 原則的으로는 債務의 主體가 될 수 없다. 그러므로 結局 組合의 債務는 組合員의 債務이며, 各 組合員은 無限責任을 지게 된다. 그러나 組合의 債務에 對하여 各組合員은 案 제704조에 定한 比率로 自己가 分擔한 債務에 對하여 無限責任을 지게 됨은 勿論이다. 그런데 組合員 中에 自己의 分擔部分을 辨濟할 資力이 없는 者가 있는 境遇에 그냥 내버려 둔다면 組合債權者가 損害를 입게 되므로, 債權者를 保護하기 爲하여 本條는 그와 같은 境遇에는 그 辨濟할 수 없는 部分은 다른 組合員이 平分하여 辨濟할 責任이 있다고 規定하였다. [157]에서도 論한 바와 같이, 組合은 어느 程度의 團體性을 가지고 있다는 點에 着眼할 때에, 그 團體性을 믿고 組合과 去來關係를 맺은 組合債權者를 保護한다는 見地에서 考察할 때에 本條의 規定은 妥當한 것이라고 하겠다. 獨逸民法 제735조 參照. […]

제714조 (持分에對한押留의效力) 組合員의持分에對한押留는그組合員의將來의利益配當및持分의返還을받을權利에對하여效力이있다

I. 編纂要綱　　제12절 組合

29. 組合員의 持分의 差押은 組合員이 將來利益 配當 및 持分의 拂戻를 請求하는 權利에 對하여도 效力을 가지도록 規定할 것

30. 組合員의 持分을 差押한 債權者에 對하여 그 組合員을 組合에서 脫退시키는 權利를 認定할 것163)

II. 案　　제707조

III. 審議錄, 418면 下段 ~ 419면 上段

[419면]　2. 現行法 및 判例, 學說　　現行法에는 없고 新設 條文이다. (商法 제90조164)) (合名會社의 境遇) (參照)

---

163) 이 편찬요강의 채권법각론 (30)항은 그 후의 입법과정에 반영된 자취를 찾기 어렵다. 뒤의 민법 제717조(민법안 제710조)에서 정하는 조합원의 비임의탈퇴사유 중에도 조합원 지분의 압류는 들어 있지 아니하다.

164) 의용상법 제90조는 합명회사에 관하여 다음과 같이 규정한다(1938년 법률 제72호로 추가) : "사원의 지분의 압류는 사원이 장래 이익의 배당 및 지분의 반환을 청구하는 권리에 대하

3. 外國 立法例   ① 獨民 제725조(제2항)   組合이 存續하는동안債權者는組合關係로부터 發生하는組合員의權利를主張할수없다   但利益配當의請求權은이를除外한다

② 中民 제695조   組合員의債權者는그組合員의持分에對하여差押을 申請할수있다 但2個月前에組合에通知하여야한다

前項의通知는그組合員의脫退의聲明인效力을갖는다

③ 滿民 제701조   草案과 同一하다.

6. 審議經過   「執留」를「押留」로 字句修正한다. (草案 제160조 修正 參照)

7. 結 論 : 原案에 合意

V. 意見書, 191면 ~ 193면 (玄勝鍾)

[159] 草案이 제701조·제705조 및 제707조의 規定을 新設한 데 贊成한다.

[이 유]   […] [192면] […] 3. 제707조의 新設에 對하여.

組合의 財産은 組合員의 合有에 屬한다([157] 參照). 組合財産은 共同目的을 爲하여 拘束을 받으며, 各組合員의 權利는 그 共同의 目的이 終了할 때까지 潛在的인 存在를 가질 따름이므로, 組合員의 持分에 對한 押留는 그 潛在的인 持分 自體에 [193면] 對하여는 效力이 없고, 다만 그 持分에서 流出되어 顯在的이 될 組合員의 將來의 利益配當에 對하여 그 效力을 가지거나 또는 主로 組合의 解散 時에 組合員이 가지게 될 持分의 返還을 받을 權利에 對하여서나 그效力을 가지게 된다. 組合財産의 合有性에서 오는 當然한 規定이다. 獨逸民法 725조 參照.

제715조 (組合債務者의相計의禁止) 組合의債務者는그債務와組合員에對한債權으로相計하지못한다

II. 案   제708조 [다만 "組合債務者는…"라고 한다]

III. 審議錄, 419면 상단 ~ 하단

여도 역시 그 효력을 가진다."

// 2. 現行法 및 判例, 學說   現行法 제677조와 同一하다.

3. 外國 立法例   ① 獨民 제719조(제2항)   組合財産에屬한債權에對하여그債務者는各組合員에對한債權으로相殺를對抗할수없다

② 中民 제682조(제2항)   組合員에對하여債務를負擔한者는組合員에對한債權으로써그가負擔한債務와相殺할수없다

③ 滿民 제697조   草案과 同一하다.

6. 審議經過   「組合」 다음에 「의」를 揷入한다.

7. 結論 : 前記 字句修正165) 外 原案에 合意

제716조 (任意脫退) ①組合契約으로組合의存續期間을定하지아니하거나組合員의終身까지存續할것을定한때에는各組合員은언제든지脫退할수있다 그러나不得已한事由없이組合의不利한時期에脫退하지못한다

②組合의存續期間을定한때에도組合員은不得已한事由가있으면脫退할수있다

Ⅱ. **案**   제709조

Ⅲ. **審議錄**, 419면 하단 ~ 420면 하단

[420면] 2. 現行法 및 判例, 學說   現行法 제678조와 同一하다.

3. 外國 立法例   ① 獨民 제723조 獨民 제724조 (參照)

② 瑞債 제546조   存續期間을定하지않고또는組合員의一人의終身間組合을締結하였을때는各組合員은6個月의期間을附하여解約告知를할수있다 但解約告知는誠意로써또適當한時時[時期]에이를하여야하고또每年決算을하는것으로하였을때는每業務年度末에있어서만이를할수있다 一定의存續期間을定하고締結한組合이그期間의滿了後暗默裡에繼續하는때는期間을定하지않고이를更新하는것으로看做한다

③ 佛民 제1869조   當事者의一人에意思에依한會社의解散은存續期間을定하지아니한會社에關하여서만發生하며總社員에對한廢棄의通知에依하여이를한

---

165) 이 자구수정은 법사위 수정안 등이 된 일이 없다. 나중의 조문정리과정을 통하여 민법의 내용이 되었다.

다 但그廢棄는忠實히施行하여야하고또適當하지않는期間에할수없다

　　④ 佛民 제1871조　　　　期間을定한會社에있어서는合意된期間內에는社員의
一人으로부터그解散을請求할수없다　　但他社員이約束을履行하지않고또는平素의
身病에依하여會社의事務를處理할수없는때其他이에類似한境遇等正當한理由있는
때는그렇지않다　　이境遇에있어서그理由의正當性의與否또그重大性의與否는判事
의裁定에依하여이를決定한다

　　⑤ 中民 제686조　　　　組合에關하여存續期間을定하지않고또는組合員中의一
人이終身으로써그存續期間으로함을明約하였을때에는各組合員은脫退를說明할수
있다　　但2個月前에他組合員에게通知하여야한다

　　　　前項의脫退는脫退가組合事務에對하여不利한時期에이를行할수없다 //

　　　　組合契約에있어서假令存續期間을定하였을때도組合員은自己의責任에歸
하지않는重大한事由가있을때에는또한脫退를聲明할수있다

　　⑥ 滿民 제698조　　　　草案과 同一하다.

　　7. 結 論 : 原案에 合意

제717조（非任意脫退）前條의境遇外에組合員은다음各號의事由로因하여脫退 된다

　　1. 死亡　　　2. 破産　　　3. 禁治産　　　4. 除名

Ⅱ. 案　　　　제710조

Ⅲ. 審議錄, 420면 하단 ～ 421면 하단

　　2. 現行法 및 判例, 學說　　　現行法 제679조와 同一하다.

　　3. 外國 立法例　　① 獨民 제736조 [421면]　組合契約에있어서組合員
의一人이告知하거나또는死亡하였을때또는그財産에關하여破産이開始하였을때는
組合은他組合員만으로써繼續할것을定하였을때는그러한事情이發生하였을때부터
그組合員은脫退한것으로看做한다

　　② 獨民 제727조　　　組合은一組合員의死亡에因하여解散한다　但組合契約
으로부터이와相違한結果를發生하는때는그러하지않다　前項의解散의境遇에있어
서는死亡한組合員의相續人은遲滯없이그死亡을他組合員에게通知하여야한다　또

急迫한境遇에있어서는他組合員이共同으로以後管理를할수있을때까지組合契約
으로써被相續人에委任한業務를續行하여야한다 他組合員도亦是自己에委任된義
務를暫時續行하는義務를진다 이境遇에있어서는組合은아직存續하는것으로看做
한다

　③ 獨民 제728조   組合은組合員의財産에關하여破産이開始한때는解散한
다 前條제2항제2단의規定은이境遇에이를適用한다

　④ 瑞債 제545조(제2호 제3호)   [2.] 組合員의一人이死亡하고또이境遇
에그相續人으로하여금組合을存續하게할趣旨를미리合意하지않았을때 [3.] 組合
員의一人의淸算配當分이强制換價處分을받게되었을때또는組合員의一人이破産에
빠지거나또는被後見人으로된때

　⑤ 佛民 제1865조   會社는左記事由에依하여終了한다

　　1. 契約으로서定한期間의滿了   2. 物件의消滅또는去來의完結

　　3. 社員의一人의死亡   4. 社員의一人의禁治産또는家資分散의宣告

　　5. 社員의一人또는數人이會社를存續시키지아니할趣旨의意思表示를하였
　　　을때

　⑥ 中民 제687조 //   前2조의規定에依하여脫退를聲明할수있는境遇를除
外하고組合은左記事項中의1로因하여脫退한다

　　1. 組合員이死亡하였을때   但契約에그承繼人이承繼할수있는것을明約
　　　하였을때는그렇지않다

　　2. 組合員이破産또는禁治産의宣告를받았을때

　　3. 組合員이除名되었을때

　⑦ 滿民 제699조   草案과 同一하다.

　7. 結 論 : 原案에 合意

제718조 (除名) ①組合員의除名은正當한事由있는때에限하여다른組合員의一
　致로써이를決定한다

　②前項의除名決定은除名된組合員에게通知하지아니하면그組合員에게對抗
하지못한다

Ⅱ. 案   제711조 [다만 제1항은 "…다른組合員의一致로이를決定한다"라고

한다]

Ⅲ. **審議錄**, 421면 하단 ~ 422면 상단

　2. 現行法 및 判例, 學說　　現行法 제680조와 同一하다.

　3. 外國 立法例　　① 獨民 제737조 [422면]　組合契約에있어서組合員의
一人이告知하였을때는組合은他組合員만으로써繼續할것을定한境遇에어느組合의
身上에關하여他組合員이제723조제1항제2단에따라告知를할수있을事情이발생하
였을때에는그組合員을除名할수있다　그除名權은他組合員의共同에屬한다　除名은
除名될組合員에對한意思表示에依하여이를한다

　　② 中民 제688조　　組合員의除名은正當한理由있는境遇에限한다　前項의
除名은他組合員全體의同意로서이를行할것이며除名된組合員에게이를通知하여야
한다

　　③ 滿民 제700조　　草案과 同一하다.

　7. 結 論 : 原案에 合意

**제719조 (脫退組合員의持分의計算) ①脫退한組合員과다른組合員間의計算은
脫退當時의組合財産狀態에依하여한다**

　**②脫退한組合員의持分은그出資의種類如何에不拘하고金錢으로返還할수
있다**

　③脫退當時에完結되지아니한事項에對하여는完結後에計算할수있다

Ⅱ. **案**　　　제712조 [다만 제1항은 "…依하여야한다"라고 한다]

Ⅲ. **審議錄**, 422면 상단 ~ 423면 상단

　// 2. 現行法 및 判例, 學說　　現行法 제681조와 同一하다.

　3. 外國 立法例　　① 獨民 제738조　　組合員이脫退하였을때는그組合
財産上의持分은他組合員에歸屬한다　他組合員은제732조의標準에따라脫退한組合
員이組合의使用에委付한目的物을返還하며共同債務를免除하고및組合이脫退當時
에解散하였을때는脫退한組合員이取得하여야할것을支拂할義務를진다　共同債務
가아직辨濟期에未到한때는組合員을이로부터免除하게하는代身으로擔保를提供케

할수있다

組合財産의價格은必要한境遇에는評價의方法에依하여이를推算하여야한다

② 獨民 제740조(前段)   脫退한組合員은그脫退當時에아직終了하지못한業務로부터發生한損害를分擔한다

③ 中民 제689조   脫退者와他組合員間의淸算은脫退當時의組合財産의狀況을그標準으로하여야한다

脫退者의持分은그出資의種類如何를不問하고組合은金錢으로써이를拂戾할수있다

組合事務가脫退當時에아직結了하지아니하였을때는結了後에있어서計算하고그損益을分配한다

④ 滿民 제703조   草案과 同一하다.

[423면] 7. 結 論 : 原案에 合意

제720조 (不得已한事由로因한解散請求) 不得已한事由가있는때에는各組合員은組合의解散을請求할수있다

Ⅱ. 案   제713조

Ⅲ. 審議錄, 423면 상단

2. 現行法 및 判例, 學說   現行法 제683조와 同一하다.

3. 外國 立法例   ① 獨民 제723조(제1항 前段[제1문 내지 제3문 제1호])   組合의存續期間을定하지않는때에는各組合員은언제든지契約의解除를告知할수있다   그存續期間을定한때에도重大한事由가있을때는期間經過前에告知할수있다   重大한事由라함은主로他組合員이故意또는重大한過失에因하여組合契約에依하여負擔한重大한義務에違反한때또는義務의履行이不能하게된境遇를말한다

② 滿民 제704조   草案과 同一하다.

7. 結 論 : 原案에 合意

** 조합의 목적인 사업의 성공 등을 해산사유로 규정할 것인지의 문제

Ⅲ. **審議錄**, 425면 상단

補 遺   ① 現行法 제682조는 組合의 目的인 事業이 成功 또는 成功不能한 때 解散한다고 規定하였는바 이는 草案이 그 제713조에서 規定한 不得已한 事由의 一例에 屬하므로 必要 없다고 하여 規定하지 않는 것으로 思料된다.

제721조 (清算人)①組合이解散한때에는清算은總組合員共同으로또는그들이選任한者가그事務를執行한다
②前項의清算人의選任은組合員의過半數로써決定한다

Ⅱ. **案**   제714조 [다만 제2항은 "前項清算人의選定은…"이라고 한다]

Ⅲ. **審議錄**, 423면 하단

2. 現行法 및 判例, 學說   現行法 제685조와 同一하다.

3. 外國 立法例   ① 獨民 제730조(제2항 後段)   組合契約으로이에相違한結果를發行하는때는그렇지않다[;] 이境遇에있어서業務의執行權은解散時부터總組合員의共同에屬한다

② 中民 제694조   草案과 同一하다.

③ 滿民 제705조   草案과 同一하다.

7. 結 論 : 原案에 合意

Ⅴ. **意見書**, 190면 ~ 191면 (玄勝鍾)

[158] 草案 제698조 제1항과 제714조 제2항 사이의 均衡에 關하여는 疑問이 있으나, 그대로 두기로 한다.[166]

제722조 (清算人의業務執行方法) 清算人이數人인때에는제706조제2항後段의規定을準用한다

---

166) 이에 대하여는 그 이유를 포함하여 민법안 제698조(민법 제706조) 제1항에 관하여 앞의 958면 이하.

Ⅱ. **案** 제715조

Ⅲ. **審議錄**, 423면 下段 ~ 424면 上段

[424면] 2. 現行法 및 判例, 學說 現行法 제686조와 同一하다.

3. 外國 立法例 ① 中民 제695조 淸算人이 數人있는때는 淸算人에 關한 決議는 過半數로써이를하여야한다

② 滿民 제706조 草案과 同一하다.

7. 結論 : 原案에 合意

제723조 (組合員인 淸算人의 辭任, 解任) 組合員中에서 淸算人을 定한때에는 제 **708조의 規定을 準用한다**

Ⅱ. **案** 제716조

Ⅲ. **審議錄**, 424면 上段 ~ 下段

2. 現行法 및 判例, 學說 現行法 제687조와 同一하다.

3. 外國 立法例 ① 中民 제696조 組合契約으로써 組合員中의 一人 또는 數人을 選任하여 淸算人으로 定하였을//때에는 제674조의 規定을 準用한다

② 滿民 제707조 組合契約으로 組合員中에서 淸算人을 選任하였을때에는 제690조의 規定을 準用한다

7. 結論 : 原案에 合意

제724조 (淸算人의 職務, 權限과 殘餘財產의 分配) ①淸算人의 職務및 權限에關하 **여는 제87조의 規定을 準用한다**
②殘餘財產은 各組合員의 出資價額에 比例하여 이를 分配한다

Ⅱ. **案** 제717조

Ⅲ. **審議錄**, 424면 下段 ~ 425면 上段

2. 現行法 및 判例, 學說 現行法 제688조와 同一하다.

3. 外國 立法例   ① 獨民 제734조   共同債務의支拂및出資의償還後 殘存하는財産은利益分配의比率에應하여組合員에歸屬한다

② 瑞債 제549조 제1항   共同債務의控除個個의組合員에對한그立替金및 費用의補償및財産出資의[425면]償還을完了한後에아직殘餘財産이있는때는이를 利益으로하여組合員間에分配하여야한다

③ 中民 제697조   組合財産은먼저組合債務를辨濟하여야한다 그債務가 아직辨濟期에이르지않거나또는訴訟中에있는때는그辨濟에必要한數額을組合財産 中에서分離하여이를保留하여야한다

前項에依하여債務를辨濟하거나또는必要한數額을分離한後그殘餘財産은 各組合員의出資를返還하여야한다

債務를辨濟하고또各組合員의出資를返還하기爲하여必要한限度內에서組 合財産을金錢으로交換할수있다

④ 中民 제699조   組合財産이組合債務를辨濟하고및各組合員의出資를返 還한後에도殘餘가있을때에는各組合員의받을利益分配의比率에應하여이를分配 한다

⑤ 滿民 제708조   草案과 同一하다.

7. 結 論 : 原案에 合意

** 해산의 비소급효에 관한 규정(의용민법 제684조 참조)을 둘 것인지의 문제

Ⅲ. **審議錄**, 425면 하단

補 遺 […]   ② 現行法 제684조(解散의 非遡及效)[167]의 規定은 解釋 의 性質上 當然한 事由이므로 草案이 이를 規定하지 아니한 것으로 思料된다. (草案 제539조 參照)

---

167) 의용민법 제684조 : "제620조의 규정은 조합계약에 이를 준용한다." 의용민법 제620조는 임대차에서 '해제'의 불소급효를 정한다. 즉 우리 민법으로 하면 임대차에서의 '해제'는 '해지'에 해당한다. 바로 뒤에서 들고 있는 민법안 제539조(민법 제550조)는 해지의 불소급 효를 정하는 것이다.

** 계에 관한 규정을 둘 것인지의 문제

Ⅴ. **意見書**, 193면 (玄勝鍾)[168]

[160] 組合과 關聯하여 草案이 稧에 關한 規定을 두지 않은 點에 贊成한다.

[이 유]   近年에 組合에 類似한 것에 稧라는 私法上의 特殊한 契約關係가 盛行되어 一時는 社會的・經濟的으로 尋常치 않은 問題를 일으키고 있었으며, 現在에도 그냥 存續하고 있다. 그러니 이 稧에 關한 規定을 民法典에 둘 것인가에 關하여는 于先 한번은 생각하여 볼 수 있는 問題이다. 그렇기 때문에 民議院 法制司法委員會에서 開催 豫定인 民法案公聽會의 公聽事項의 一로서 「稧에 關한 規定 不設置에 關하여」가 들어 있다. 그러나 稧가 大盛行을 이루었음은 事實이지만, 그것이 都會地를 主舞台로 하여 行하여지고 있는가 또는 農村에까지도 一般的으로 浸透되어 行하여지고 있는가가 첫째로 좀더 調査하여보아야 할 問題이고, 둘째로는 그 種類가 一・二에 그치지 않고 相當히 多數이며 또 그것이 現在에도 繼續 發達하는 過程 中에 있어 多樣의 發展을 보이고 있으므로 그 典型的 類型을 把握하기가 至極히 困難한 現狀이다. 要는 稧가 地域的 普通性을 가지고 있는지가 疑問이고, 또 아직도 流動하는 過程 中에 있기 때문에 永久性을 가지게 될 民法典 안에 그것에 關한 規定을 둠은 適合하지 않을 뿐더러 時期尙早라고 하겠다. 現在의 狀態에서는 特別法의 分野에 맡겨두고 民法典 中에는 規定하지 않음이 좋을 것이다.

제14절 終身定期金

제725조 (終身定期金契約의意義) 終身定期金契約은當事者一方이自己,相對方 또는第3者의終身까지定期로金錢其他의物件을相對方또는第3者에게支給할 것을約定함으로써그效力이생긴다

Ⅱ. **案**   제718조 [다만 "終身定期債權은…支給할것을約束함으로써…"라고 한다]

---

168) 현승종은 『의견서』에서 이와 같이 펼치고 있는 稧의 입법화에 관한 의견을 1957년 4월 6 일의 「민법안공청회」에서도 피력하고 있다. 민법안심의자료집, 96면 중단 ~ 97면 상단 참조.

Ⅲ. **審議錄**, 425면 하단 ~ 426면 상단

　2. 現行法 및 判例, 學說　　　現行法 제689조와 同一趣旨이다.

　3. 外國 立法例　　① 獨民 제759조 제1항　　　終身定期金을供與할義務를진者는別段의意思表示없을때는債權者의生存期間年金을支拂하여야한다

　　② 瑞債 제516조 제1항　　　終身定期金은定期金債權者定期金債務者,또는어떤第3者의終身間에對하여이를設定할수있다

　　③ 佛民 제1968조　　　終身定期金은一定額의金錢또는評價할수있는動産或은不動産에因하여有償名義에있어서設定할수있다

　　④ 佛民 제1973조 제1항　　　終身定期金은他人이그代金을給付하였을때라할지라도第3者를爲하여서이를設定할수있다

　　⑤ 中民 제729조　　　終身定期金이라稱함은當事者의一方이自己또는第3者의生存期間內에定[426면]期의金錢을他方또는第3者에給付할것을約定한契約을말한다

　　⑥ 滿民 제709조　　　終身定期金契約은當事者의一方이自己또는相對方또는第3者의死亡에이를때까지定期에金錢其他物을相對方또는第3者에給付할것을約束함으로因하여그效力을發生한다

　6. 審議經過　　① 「約束」을 「約定」으로 字句修正한다. (草案 제585조, 제647조, 제656조, 제695조 等 參照)

　　② 草案은 獨民, 佛民의 例에 따라 「債權者나第3者의終身까지」라고 規定하여 現行法의 「自己」를 削除하였다. 그러나 債務者 自身의 終身까지의 條件으로 하여서는 아니된다는 首肯할 만한 理由가 없으므로 (債務者 自身이 終身定期債務의 免脫을 爲하여 自殺하는 境遇에 關하여서는 草案 제722조 參照) 本條의 契約의 範圍를 좁게 할 必要 없어 瑞債法, 中民, 滿民의 例에따라 草案을 修正함이 可하다.

　　③ 「一方이」의 다음에 「自己,」를 揷入한다.

　　④ 契約各則의 各節에 規定한 各種 契約에서 一律的으로 發生하는데 本節만 唯獨 債權이라 함은 用語의 不統一을 意味한다.

　　⑤ 節 題目 「終身定期債權」을 「終身定期金」으로 修正한다.

　　⑥ 本條 中 「終身定期債權」을 「終身定期金契約」으로 修正한다. (節名 修正

參照)

7. 結 論 : 前記 修正 外에 原案에 合意

Ⅳ. **법사위 수정안**   (146)   제14절題目「終身定期債權」을「終身定期金」으로 修正한다

(147)   제718조中「終身定期債權」을「終身定期金契約」으로「約束」을「約定」으로修正하고「當事者一方이」다음에「自己,」를 揷入한다

Ⅷ. **제2독회**, 속기록 제48호, 16면 상단

○ 法制司法委員長 代理(張暻根) : 그 다음에 제10[14]절에 제목이 「終身定期債權」으로 되어 있는 것을 法制司法委員會의 修正案으로는「終身定期債權」을 「終身定期金」으로 修正하자는 것입니다. 字句修正입니다. […]   그 다음에 제718조로부터 제723조까지는 이거 뭐 字句修正에 屬하는 字句修正이올시다. 法制司法委員會만의 修正案인데 좋습니까? […]

제726조 (終身定期金의計算) 終身定期金은日數로計算한다

Ⅱ. **案**   제719조 [다만 "終身定期債權은…"이라고 한다]

Ⅲ. **審議錄**, 426면 상단 ~ 하단

// 2. 現行法 및 判例, 學說   現行法 제690조와 同一하다.

3. 外國 立法例   ① 佛民 제1980조   終身定期金은그所有者의生存한 日數의比例로써만所有者가이를所得한다 但前拂의合意있는때는그定期金의支拂 을받을期間은支拂을하여야할日以後取得한것으로한다

② 滿民 제710조   終身定期金은日割로써이를計算한다

6. 審議經過   「終身定期債權」을 「終身定期金」으로 字句修正한다. (節名 修正 參照)

7. 結 論 : 前記 字句修正 外 原案에 合意

Ⅳ. **법사위 수정안**   (148)   제719조中「終身定期債權」을「終身定期金」으로修 正한다

Ⅷ. **제2독회**, 속기록 제48호, 16면 상단169)

제727조 (終身定期金契約의解除) ①定期金債務者가定期金債務의元本을받은
境遇에그定期金債務의支給을懈怠하거나其他義務를履行하지아니한때에는定
期金債權者는元本의返還을請求할수있다　그러나이미支給을받을[받은]債務
額에서그元本의利子를控除한殘額을定期金債務者에게返還하여야한다
②前項의規定은損害賠償의請求에影響을미치지아니한다

Ⅱ. **案**　제720조 [다만 '定期債務者', '定期債務', '定期債權者'로 되어 있
다. 뒤의 Ⅲ. 6. 참조]

Ⅲ. **審議錄**, 426면 하단 ～ 427면 상단

[427면] 2. 現行法 및 判例, 學說　現行法 제691조와 同一하다.

3. 外國 立法例　① 佛民 제1977조　對價에因한終身定期金의設定을
받은者는設定者가그履行을爲하여約束한擔保를提供치않는限契約의解除를請求할
수있다

② 滿民 제712조　定期金債務者가定期金의元本을受理한境遇에있어서그
定期金의給付를怠慢또는其他의義務를履行치않는때는相對方은元本의返還을請求
할수있다　但旣往受理한定期金中에서그元本의利息을控除한殘額을債務者에返還
하여야한다

前項의規定은損害賠償의請求를妨害치않는다

6. 審議經過　제1항 中「定期債務者」를「定期金債務者」로,「定期債務」
를「定期金債務」로,「定期債權者」를「定期金債權者」로 各修正한다. (節名 修正
參照)

7. 結論 : 前記 修正 外 原案에 合意

Ⅳ. **법사위 수정안**　(149) 제720조中「定期債務者」를「定期金債務者」로「定期
債務」를「定期金債務」로「定期債權者」를「定期金債權者」로「定期債務者는元本
의返還을」을「定期金債權者는元本의返還을」으로修正한다170)

---

169) 앞의 민법 제725조 Ⅷ.(978면) 참조.
170) 이 수정안 내용 중 마지막의 "「定期債務者는元本의返還을」을「定期金債權者는元本의返還

Ⅷ. **제2독회**, 속기록 제48호, 16면 상단171)

제728조 (解除와同時履行) 제536조의規定은前條의境遇에準用한다

Ⅱ. 案   제721조

Ⅲ. **審議錄**, 427면 상단 ~ 하단

// 2. 現行法 및 判例, 學說   現行法 제692조와 同一하다.

3. 外國 立法例   ① 滿民 제712조   草案과 同一하다.

7. 結 論 : 原案에 合意

제729조 (債務者歸責事由로因한死亡과債權存續宣告) ①死亡이定期金債務者
의責任있는事由로因한때에는法院은定期金債權者또는그相續人의請求에依하
여相當한期間債權의存續을宣告할수있다
②前項의境遇에도제727조의權利를行使할수있다

Ⅱ. 案   제722조 [다만 ‘定期債務者’ 및 ‘定期債權者’라고 한다]

Ⅲ. **審議錄**, 427면 하단 ~ 428면 상단

2. 現行法 및 判例, 學說   現行法 제693조와 同一하다.

3. 外國 立法例   ① 中民 제733조 [428면]   死亡으로因하여定期金
契約을終止한境遇에도其死亡의事由가定期金債務者의責任에돌아갈때는法院은債
權者또는그繼承人의申請에따라그債權이相當한期間內에또한存續할것을宣告할수
있다

② 滿民 제713조   死亡이定期金債務者의責任에돌아갈事由에因한때에는
法院은債權者또는그相續人의請求에因하여相當한期間債權이存續할것을宣告할수

을」으로"의 부분은 민법안 제720조의 해당 부분을 잘못 읽은 것에 유래하는 점도 있는 것
으로 생각된다. 즉 위 민법안 해당 부분 자체가 "定期債權者는元本의返還을" 청구할 수 있
다고 되어 있는 것이다.

171) 앞의 민법 제725조 Ⅷ.(978면) 참조.

있다

　　前項의 規定은제71조에定한權利의行使를妨害치않는다

　　6. 審議經過　　① 「定期債務者」를 「定期金債務者」로, 「定期債權者」를 「定期金債權者」로 各 修正한다. (節名 修正 參照)

　　② 「事由에因한」을 「事由로因한」으로 字句修正한다[172]

　　7. 結論 : 前記 字句修正 外 原案에 合意

Ⅳ. 법사위 수정안　　(150) 제722조中「定期債務者」를「定期金債務者」로「定期債權者」를「定期金債權者」로修正한다

Ⅷ. 제2독회, 속기록 제48호, 16면 상단[173]

제730조 (遺贈에依한終身定期金) 本節의規定은遺贈에依한終身定期金債權에 準用한다

Ⅱ. 案　　　제723조

Ⅲ. 審議錄, 428면 상단 ~ 하단

　　2. 現行法 및 判例, 學說　　現行法 제694조와 同一하다.

　　3. 外國 立法例　　① 佛民 제1969조　　終身定期金은生前贈與또는遺言에依하여純粹히無償名儀로써設定할수있//다　　이境遇에는終身定期金은法律의定하는方式을具備하여야한다

　　② 中民 제735조　　本節의規定은終身定期金의遺贈에이를準用한다

　　③ 滿民 제714조　　本節의規定은終身定期金의遺贈에이를準用한다

　　6. 審議經過　　「終身定期債權」을 「終身定期金債權」으로 修正한다. (節名 修正 參照)

　　7. 結論 : 前記 字句修正 外 原案에 合意

Ⅳ. 법사위 수정안　　(151) 제723조中「終身定期債權」을「終身定期金債權」으로修正한다.

---

172) 이 부분은 법사위 수정안이 되지 못하였다. 그러나 나중의 조문정리단계에서 반영되었다.

173) 앞의 민법 제725조 Ⅷ.(978면) 참조.

Ⅷ. **제2독회**, 속기록 제48호, 16면 상단174)

제15절　和　解

제731조 (和解의意義) 和解는當事者가相互讓步하여當事者間의紛爭을終止할 것을約定함으로써그效力이생긴다

Ⅱ. **案**　　제724조

Ⅲ. **審議錄**, 428면 하단 ~ 429면 상단

　　2. 現行法 및 判例, 學說　　　現行法 제695조와 同一하다.

　　3. 外國 立法例　　① 獨民 제779조　　法律關係에因한當事者間의紛爭 또는不明確을相互讓步의方法에依하여除去하는契約은그契約의內容에따라確定한 것으로豫定한情況이事實에適合치않고또그때의事情을안때는紛爭또는不明確을發 生치아니하였을때는無[429면]效로한다　請求權의實行의不確定은法律關係의不明 確과같다

　　② 佛民 제2044조　　和解란當事者가旣往에發生한紛爭을停止또는將來發 生할紛爭을豫防할것을目的으로하는契約을말한다

　　③ 中民 제736조　　和解라稱함은當事者가相互에讓步하고紛爭을終止또는 紛爭의發生을防止함을約定하는契約을말한다

　　④ 滿民 제715조　　草案과 同一하다.

　　7. 結論 : 原案에 合意

제732조 (和解의創設的效力) 和解契約은當事者一方이讓步한權利가消滅되고 相對方이和解로因하여그權利를取得하는效力이있다

Ⅱ. **案**　　제725조

Ⅲ. **審議錄**, 429면 상단 ~ 하단

---

174) 앞의 민법 제725조 Ⅷ.(978면) 참조.

2. 現行法 및 判例, 學說   現行法 제696조와 同一趣旨이다.

3. 外國 立法例 //   ① 佛民 제2052조(제1항)   和解는當事者間에있어서는終審에있어서는旣判力을가진다

② 中民 제737조   和解는當事者의抛棄한權利로서消滅시키고當事者로서和解契約에定한權利를取得시킬效力을가진다

③ 滿民 제716조   當事者의一方이和解에依하여紛爭의目的인權利를가진것으로認定되고또는相對方이이를갖지않는것으로認定된境遇에는그者가從來이權利를갖지않는確證또는相對方이이를가진確證이나온때는그權利는和解로因하여그者의移轉또는消滅한것으로한다

7. 結 論 : 原案에 合意

제733조 (和解의效力과錯誤) 和解契約은錯誤를理由로하여取消하지못한다 그러나和解當事者의資格또는和解의目的인紛爭以外의事項에錯誤가있는때에는 그러하지아니하다

Ⅱ. 案   제726조 [다만 단서는 "…和解目的物에對하여重大한錯誤가있는때"라고 한다]

Ⅲ. 審議錄, 429면 하단 ~ 430면 상단

2. 現行法 및 判例, 學說   現行法에는 없고 新設條文이다.

3. 外國 立法例 [430면]   ① 佛民 제2052조   和解는當事者間에있어서는終身에있어서는旣判力을가진다   和解는法律의錯誤또는損害를理由로하여서이를攻擊할수없다

② 佛民 제2053조   前條제2항에不拘하고紛爭의當事者또는目的物에對하여錯誤있을때는和解는이를取消할수있다   詐欺또는强迫이있는모든境遇에있어서和解는이를取消할수있다

③ 獨民 제779조   草案 제724조 立法例 參照

④ 中民 제738조   和解는錯誤를理由로이를取消할수없다   但左記事項의一이있을때는그러하지않다

1. 和解의依據한書留[類]에對하여事後에僞造또는變造인것을發見한境遇

에는和解當事者가그僞造또는變造인것을알었더라면和解를안했었을것일때

2. 和解事件이法院의確定判決을經過함에當事者의雙方또는一方이和解의當時알지못한것인때

3. 當事者의一方이他方의當事者의資格에對하여또는重要한紛爭點에對하여錯誤있어和解를한때

6. 審議經過　　「和解目的物에對하여重大한錯誤」를「和解의目的인紛爭以外의事項에關하여錯誤」로 修正한다.

── 理由 ──　和解는 紛爭事項을 目的으로 하는 것이므로 紛爭事項에 錯誤가 있더라도 [430면] 前項의 創設的 效力이 있으므로 錯誤로 因한 取消에 依하여 이를 飜覆할 수 없는것은 當然하다. 그러나 紛爭 以外의 事項(當事者의 資格 또는 紛爭의 前提 或은 基礎 되는 事項 等은 이에 屬한다)에 關하여 錯誤가 있는 때에는 이것을 和解의 對象으로 한 것이 아니니만치 前條의 效力을 미치게 하는 것은 和解契約을 한 當事者의 本意에 反할 뿐 아니라 和解의 結果를 飜覆하는 것도 되지 않는다(和解의 對象이 아니므로). 따라서 本條는 이 趣旨에서 但書를 設定한 것인바 上記의 趣旨를 더욱 明白히 하기 爲하여 草案 但書를 修正함이 可하다 (獨民 제779조 參照).

7. 結 論 : 前記 修正 外 原案에 合意

Ⅳ. 법사위 수정안 　　(152)　제726조中「和解目的物에對하여重大한」을「和解의目的인紛爭以外의事項에」로修正한다

Ⅴ. 意見書, 194면 (玄勝鍾)

[161] 修正案 (153)[175]에 贊成한다.

[이 유]　　和解는 法律關係에 關하여 싸움을 하는 當事者가 서로 讓步하여 싸움을 그만둘 것을 目的으로 하는 契約이다. 그런데 當事者가 和解에 依하여 一旦 讓步한 것을 가지고 後에 다시 싸울 수 있게 한다면, 和解는 아무런 效果도 없는 것이 되어버리고 말게 된다. 그러므로 本條는 原則的으로 和解契約을 錯誤를 理由로 하여 取消하지 못하게 하였다. 그러나 무턱대고 錯誤는 어떠

---

175) 이 『의견서』에서 들고 있는 법사위 수정안 항목번호는 실제로는 1을 빼야 한다는 것에 대하여는 앞의 주 99(830면) 참조.

한 境遇에나 和解의 効力에 影響을 미칠 수 없다고 할 수는 없는 것이다. 本條 但書는 和解契約을 錯誤를 理由로 하여 取消할 수 있는 境遇로서 두 가지를 들고 있다. 첫째는 和解當事者의 資格에 錯誤가 있는 境遇이다. 假令 能力 없는 當事者를 錯誤로 能力이 있다고 誤信하고 和解契約을 맺은 境遇 또는 第3者를 當事者라고 誤信하고 和解契約을 締結한 境遇가 그 例가 될 것이다. 둘째로는 和解의 目的인 紛爭 以外의 事項에 錯誤가 있는 境遇에도 和解契約을 取消할 수 있다. 假令 紛爭의 對象이 된 事項이 아니고 그 紛爭의 對象인 事項의 前提 乃至 基礎라고 當事者가 豫定하고 따라서 和解에 있어서도 互讓의 內容이 되지 않고 紛爭도 疑心도 없는 事實이라고 豫定된 事項에 錯誤가 있는 境遇 같은 것이 그것에 屬할 것이다. 以上 兩 境遇에 和解를 取消할 수 있게 함은 當然한 일이다. 그런데 이 둘째의 境遇를 草案에서는 「和解目的物에 對하여 重大한 錯誤가 있는 때」라고 한 것을 修正案이 「和解의 目的인 紛爭 以外의 事項에 錯誤가 있을 때」로 修正하였다. 草案과 같이 和解에 依하여 決定된 目的物 自體에 對하여 當事者에 錯誤가 있는 境遇에 아무리 그 錯誤가 重大한 것이라 하더라도 그 和解를 取消시킨다면 和解契約의 基本的 効力을 喪失시키는 것이 되니, 修正案의 態度가 賢明한 것임은 再言을 要하지 않는다.

Ⅷ. **제2독회**, 속기록 제48호, 16면 중단

　　○ 法制司法委員長 代理(張暻根) : 　[민법안 제726조 및 법사위 수정안 (152) 낭독]

　　○ 副議長(李在鶴) : 　法制司法委員會의 修正案에 異議 없으세요? (「異議없소」 하는 이 있음) 네, 通過합니다.

** **신탁에 관한 규정을 민법에 두는 문제**

Ⅰ. **編纂要綱**　　　債權法各論　　　44. 信託에 關한 規定을 둘 것[176]

---

176) 이는 그것이 債權法各論의 한 항목인 점으로 보면 信託契約을 전형계약의 하나로 규정한다는 취지인 것으로 이해된다. 그러나 나아가 그것이 물권 귀속의 한 태양으로서 신탁을 규정한다는 의미도 있었다고 가정하더라도 그 중 어느 편도 그 후의 입법과정에서 고려될 흔적을 찾기 어렵다.

제3장   事務管理

제734조 (事務管理의內容) ①義務없이他人을爲하여事務를管理하는者는그事務의性質에좇아가장本人에게利益되는方法으로이를管理하여야한다

②管理者가本人의意思를알거나알수있는때에는그意思에適合하도록管理하여야한다

③管理者가前2항의規定에違反하여事務를管理한境遇에는過失없는때에도이로因한損害를賠償할責任이있다   그러나그管理行爲가公共의利益에適合한때에는重大한過失이없으면賠償할責任이없다

Ⅰ. **編纂要綱**   債權法各論   제3장 事務管理   31. 本人의 意思에 反하는 事務管理에 依하여 生한 損害에 對하여는 無過失責任을 認定할 것

Ⅱ. **案**   제727조

Ⅲ. **審議錄**, 430면 下段 ~ 431면 下段

2. 現行法 및 判例, 學說   現行法 제697조와 同一한 趣旨이나 제3항은 新設이다.

3. 外國 立法例   ① 獨民 제677조   委任또는義務없이他人을爲하여事務의管理를始作한者는本人의眞實한意思또는推知할수있는意思에따라서本人의利益에適合한方法에依하여그管理[431면]를할義務를진다

② 獨民 제678조   事務의管理가本人의眞實한意思또는推知할수있는意思에反하였든가管理人이이를알수있었을때는管理人은自己에過失없을때라할지라도그管理로因하여생긴損害를賠償할義務를진다

③ 獨民 제679조   事務의管理없을때는公益에關係있는本人의義務또는本人의法律上扶養義務를適當한時期에履行할수없을境遇에있어서는事務管理에反하는本人의意思는이를顧慮하지않는다

④ 瑞債 제419조   委任을받지않고他人을爲하여事務를處理하는것은그引受받은事務를本人의利益및推知할수있는意圖에適合한方法에依하여管理할義務를진다

⑤ 瑞債 제420조(제2항)　　　管理者가本人의明言한또는其他로因하여할수 있는意思에反하여事務管理를하고또本人의禁止가不德義또는違法이아닌때는事變 이管理者의干涉없어도發生하였음을證明하지않는限이에關하여도또한그責任을 진다

⑥ 佛民 제1372조(제1항)　　　그管理를하는者는所有者로부터附與된明白한 代理委任으로부터生할모든義務에服從하는것으로한다

⑦ 中民 제172조　　　委任을받지않고또義務없이他人을爲하여事務를管理할 때는本人의明示한또는推知할수있는意思에따라서本人에有利한方法으로써이를하 여야한다

⑧ 中民 제174조　　　管理者가本人의明示한또는推知할수있는意思에反하여 事務의管理를하였을때는그管理로因하여생긴損害에對하여過失없을때라할지라도 賠償의責任을저야한다　　前項의規定은그管理가本人을爲하여公益上의義務를다하 며또는그法定의扶養義務를履行하는것인境遇에는이를適用치않는다

⑨ 滿民 제717조(제1항제2항)　　　草案과 同一하다. (草案 제3항은 없음)

// 7. 結 論 : 原案에 合意

V. 意見書, 195면 ~ 196면 (玄勝鍾)

[162] 草案 제727조 제3항의 新設에는 贊成이며, 그 法文 中「前2항」을「前 項」으로 修正한다.

[이 유]　　　本條 제3항은 제1항과 제2항의 規定에 違反한 事務管理者에게 無過失責任을 지우고 있다. 그러나 제1항의 規定에 違反하는 事務管理者에게 無過失責任을 묻는다는 點에는 疑問이 있다. 卽, 그것이「義務 없이 他人을 爲 하여 事務를 管理하는」部分에 違反하는 事務管理者를 意味하는 것인지 或은 「그 事務의 性質에 좋아 가장 本人에게 利益되는 方法으로 管理하여야 한다」는 部分에 違反하는 事務管理者를 意味하는 것인지, 境遇를 나누어 考察할 必要가 있다. 于先 前者의 境遇에 違反한다면, 都大體 事務管理가 成立하지 않는다. 卽, 그 前者의 境遇라는 것은 事務管理의 成立要件에 關한 境遇인데, 成立要件에 違反하면 처음부터 事務管理는 成立하지 않으니 이 境遇까지도 事務管理者라고 하여 無過失責任을 물을 수는 없는 것이며, 不當利得 또는 不法行爲에 依한 責 任을 물을 수밖에 없다. 그렇다면 제1항에 違反하는 事務管理라 함은 一旦 成

立한 事務管理의 效果, 卽「그 事務의 性質에 좇아 가장 本人에게 利益되는 方法으로 管理하여야 한다」는 管理方法에 違反되는 事務管理者를 意味할 것이다. 그런데 이 境遇에 關하여 考察컨대, 一旦 有效하게 事務管理를 始作한 者는 本人에게 가장 利益되는 方法으로(案 제727조 1항) 管理를 適當한 時期까지 繼續할 義務가 있는데(案 제730조), 法律上 管理義務가 없는 者가 **他人을 爲하는 意思를 가지고** 그 他人의 事務를 管理하기 始作하였는데 後에 그 管理方法이 本人에게 가장 利益되는 方法이 못 된다고 하여 無過失責任을 묻는다면, 너무나 管理者에게 苛酷한 結果가 될 것이다. 또 그렇게 되면 누구나 섣불리 事務管理를 하려고 대들지도 않을 것이다. 事務管理는 本來가 社會共同生活에 있어서의 相互扶助의 理想에서 適法한 行爲라고 是認된 것이며, 또 그 理想에 立脚하여 獎勵하여야 할 制度인데, 그와 같은 責任을 負擔시킨다면 保護되어야 할 制度를 도리어 妨害하는 結果가 나타나게 되니 妥當하지 못하다. 그렇다고 管理方法이 가장 本人에게 利益되지 못하여 本人에게 損[196면]害를 입힌 境遇도 그것을 내버려두자는 것은 아니다. 一旦 事務管理를 開始한 以上은 管理者는「가장 本人에게 利益되는 方法으로 管理하여야」할 債務를 負擔하니, 그 管理方法에 違反하는 境遇는 債務不履行이 되므로, 一般의 債務不履行의 責任을(案 제381조) 묻는 것이 妥當하다고 생각된다.

다음에 제2항에 違反한 事務管理의 境遇를 考察컨대, 제2항도 亦是 一旦 成立한 事務管理의 方法에 關한 規定이라고 解釋되는데, 이 境遇도 現行 民法에서는 債務不履行의 責任만을 지우되 無過失責任까지는 지우지 않는 것으로 解釋되고 있다. 그러나 이 제2항에 違反하는 境遇는 제1항의 管理方法에 違反하는 境遇와는 區分하여 考察할 必要가 있다. 제2항에 違反하는 境遇, 卽 管理者가 本人의 意思를 알거나 알 수 있는데도 不拘하고 그 意思에 違反되는 方法으로 管理하여 本人에게 損害를 준 境遇는, 도리어 事務管理의 根本理念에도 背馳되는 것이며 本人에게도 抑鬱한 結果를 招來할 것이니, 이때에는 管理者에게 無過失責任을 묻는 것도 無妨하다고 思料된다. 外國의 立法例를 보건대, 獨逸民法 제678조도 本條 제2항에 違反하는 境遇에만 無過失責任을 묻고 있음은 좋은 參考가 될 것이다.

끝으로 本條 제3항 但書는 從來 判例와 學說이 是認하여 오던 것을 成文化하였다. 비록 管理方法이 本人의 意思에 違反된다 하더라도, 그 管理行爲가 公

共利益에 適合한 때에는 重大한 過失이 있는 境遇에만 管理者는 本人에 對하여 賠償責任을 지게 된다. 本人의 意思가 違法한 것이거나 公序良俗에 違反하는 것이면, 그 意思에 追從하여서는 아니됨은 勿論이다. 本 但書는 本 草案의 根本精神에도 符合하는(案 제2조 및 ③④[177] 參照) 至當한 規定이다. 獨逸民法 제679조도 같은 趣旨를 規定하고 있다.

제735조 (緊急事務管理) 管理者가他人의生命, 身體, 名譽또는財產에對한急迫한危害를免하게하기爲하여그事務를管理한때에는故意나重大한過失이없으면이로因한損害를賠償할責任이없다

Ⅱ. 案　　　제728조

Ⅲ. 審議錄, 431면 하단 ~ 432면 상단

　　2. 現行法 및 判例, 學說　　　現行法 제698조와 同一하다.

　　3. 外國 立法例　　① 獨民 제680조　　　事務管理가本人의急迫한危害를負케할것을目的으로하는때는管理人은惡意또는重大한過失에關하여서만그責任을진다

　　　　② 瑞債 제420조(제1항 但書)　　　但管理者가本人에對한急迫한損害를防止하기爲한때는管理者의責任은이를輕減하여判斷하여야한다

　　　　③ 中民 제175조　　　管理人이本人의生命身體또는財產上의急迫한危險을免除하기爲하여事務[432면]의管理를한때는그管理로因하여생긴損害는惡意또는重大한過失있는境遇를除外하고賠償의責任을지지않는다

　　　　④ 滿民 제718조　　　草案과 同一하다.

　　7. 結 論 : 原案에 合意

제736조 (管理者의通知義務) 管理者가管理를開始한때에는遲滯없이本人에게通知하여야한다 그러나本人이이미이를안때에는그러하지아니하다

---

177) 이것이 무엇을 가리키는 것인지 알기가 쉽지 않다. 혹은 『의견서』 맨 앞에 놓인 李恒寧 집필의 "草案 全體(財產編)의 總評" 중 '(二) 근본원리'의 '세째' 및 '네째'(의견서, 3면 ~ 4면) (앞의 50면)을 말하는 것인지도 모른다.

Ⅱ. 案			제729조

Ⅲ. 審議錄, 432면 상단 ~ 하단

2. 現行法 및 判例, 學說		現行法 제699조와 同一하다.

3. 外國 立法例		① 獨民 제681조(前段)		管理人이그管理를始作한
때는遲滯없이本人에通知하고또急迫한境遇가아닌때는本人의決定을받어야한다

② 中民 제173조(제1항 前段)		管理者가管理를開始한때는通知할수있는
境遇에限하여直時本人에通知하//여야한다

③ 滿民 제719조		草案과 同一하다.

7. 結 論 : 原案에 合意

제737조 (管理者의管理繼續義務) 管理者는本人,그相續人이나法定代理人이그
	事務를管理하는때까지管理를繼續하여야한다	그러나管理의繼續이本人의意
	思에反하거나本人에게不利함이明白한때에는그러하지아니하다

Ⅱ. 案			제730조

Ⅲ. 審議錄, 432면 하단 ~ 433면 상단

2. 現行法 및 判例, 學說		現行法 제700조와 同一趣旨이다.

3. 外國 立法例		① 滿民 제720조		草案과 同一하다.

[433면] 7. 結 論 : 原案에 合意

제738조 (準用規定) 제683조乃至제685조의規定은事務管理에準用한다

Ⅱ. 案			제731조

Ⅲ. 審議錄, 433면 상단 ~ 하단

2. 現行法 및 判例, 學說		現行法 제701조와 同一하다.

3. 外國 立法例		① 瑞債 제4204[424]조		本人이後에이르러事務管
理에對하여承認을얻을때는委任에關한規定을適用한다

② 中民 제173조(제2항) 제540조乃至제542조의委任에關한規定은事務管理
에이를準用한다

③ 滿民 제721조   草案과 同一하다.

// 7. 結 論 : 原案에 合意

제739조 (管理者의費用償還請求權) ①管理者가本人을爲하여必要費또는有益
費를支出한때에는本人에대하여그償還을請求할수있다

②管理者가本人을爲하여必要또는有益한債務를負擔한때에는제688조제2
항의規定을準用한다

③管理者가本人의意思에反하여管理한때에는本人의現存利益의限度에서前
2항의規定을準用한다

Ⅱ. **案**   제732조 [다만 제1항은 "…必要또는有益한費用을支出한때…"라고
한다]

Ⅲ. **審議錄**, 433면 하단 ~ 434면 상단

2. 現行法 및 判例, 學說   現行法 제702조와 同一趣旨이나 草案은 제1
항에서 必要費를 揷入하였다.

3. 外國 立法例   ① 獨民 제683조   事務의管理가本人의利益및本人
의眞實한意思또는推知할수있는意思에適合한때는費用에賠償에關하여受任者와同
一한請求權을가진다 제679조의境遇에있어서는管理人은事務의管理가本人의意思
에反한境遇라할지라도前段의請求權을가진다

② 瑞債 제422조(제1항)   事務處理의引受가本人의利益을爲하여必要한
때는本人은必要또는有益이고또事情에適宜한一切의費用을利息과함께管理者에賠
償하고또同一한限度에있어서管理者를그引受한債務로부터免責시키고또其他의損
害에對하여判事의裁量에따라管理者에賠償할수있다

[434면] ③ 瑞債 제423조(제2항)   本人은利得을收取한限에있어서만事務
管理者에對한賠償및事務管理者를免責시킬義務를진다

④ 佛民 제1375조   自己의事務를善良히管理된所有主는管理者가그所有
主의名義로서진義務를履行하며또管理者가引受한모든一身上의義務에關하여그管

理者에賠償하며더욱管理者가한모든有益또는必要한費額을그管理者에償還치않을
수없다

　　⑤ 中民 제176조　　　事務의管理가本人의利益이되며本人의明示한또는推知
할수있는意思에違反하지않는境遇에있어서管理者가本人을爲하여必要或은有益한
費用을支出하거나또는債務를負擔하거나또는損害를받은때는本人에對하여그費用
및支出한때부터의利息의償還또는그負擔한債務의辨濟또는그損害의賠償을請求할
수있다　　제174조제2항의規定의境遇는管理者는事務의管理가本人의意思에違反한
때라하여도前項의請求權을가진다

　　⑥ 滿民 제722조　　　草案과 同一하다.

　　6. 審議經過　　　現行法에 比하여 必要費를 本人에게 償還시키게 한 草案
의 態度는 妥當하다. (次條 參照)

　　7. 結 論 : 原案에 合意

제740조 (管理者의無過失損害補償請求權) 管理者가事務管理를함에있어서過失없이損害를받은때에는本人의現存利益의限度에서그損害의補償을請求할수있다

Ⅰ. **編纂要綱**　　　제3장 事務管理　　　32. 事務管理者의 權利로서 費用償還
　　請求 以外에 損害賠償請求權을 認定할 것

Ⅱ. **案**　　　제733조

Ⅲ. **審議錄**, 434면 상단 ~ 435면 상단

　　// 2. 現行法 및 判例, 學說　　　現行法에는 規定이 없고 新設 條文이다.

　　3. 外國 立法例　　　① 瑞債 제423조(제2항)　　　草案 제732조 立法例 參
照

　　　　② 中民 제176조(제1항 後段)　　　草案 제732조 立法例 參照

　　　　③ 中民 제177조　　　事務의管理가前條의規定에適合하지않는境遇에는本人
이管理하여얻은利益을享有할수있으나本人이負擔하는前條제1항의管理者에對한
義務는그얻은利益을限度로한다

④ 滿民 제722조(제2항 後段 제3항)　　管理者가 事務를 處理하기 爲하여 自己의 過失없이 損害를 받은때에는 本人에 對하여 그 賠償을 請求할수 있다　管理者가 本人의 意思에 反하여 管理를 했을때는 이로 因하여 本人이 받은 利益이 있을 限度에 있어서만 前3항의 規定을 適用한다

[435면]　7. 結 論 : 原案에 合意

V. 意見書, 196면 ~ 197면 （玄勝鍾）

[163] 草案 제733조의 新設에는 贊成하되, 그 法文 中「補償」을「賠償」으로 修正한다.[178]

[이 유]　이미 論한 바와 같이([162] 參照), 事務管理는 社會共同生活에 있어서의 相互扶助의 理想에 立脚한 制度이다. 그런데 이 理想을 좀더 積極的으로 實現하려면, 이 制度를 獎勵하기 爲한 좀더 積極的인 規定을 두어야 할 것으로 생각된다. 이러한 趣[197면]旨에 副應하여 草案이 新設한 條文이 本條이다. 現行 民法은 管理者가 事務管理의 費用의 償還을 請求할 수 있게 하였으나(제702조, 案 제732조 參照), 事務管理에 際하여 입은 損害의 賠償을 請求할 수 있다고까지는 規定하지 않았다. 다만 例外로서 檀紀4245年 制令 제23호「遺失物 其他의 物件에 關한 件」으로 依用된 遺失物法 제4조, 受難救護法 제24조 2항, 商法 제800조 以下의 海難救助에 關한 規定 中에 그 特例가 있을 따름이다. 그러나 事務管理의 適法性을 認定하는 以上 管理行爲로 因하여 管理者가 입은 損害를 管理者 自身에게 負擔시킨다는 것은 衡平에 어긋날 뿐더러 矛盾된 일이니, 事務管理上 避할수 없었던 損害의 賠償을 管理者가 本人에게 請求할 수 있게 하는 것이 適當할 것이다. 瑞西債務法 제422조도 이러한 損害賠償請求權을 認定하고 있다. 다만 案 제732조가 賠償範圍를 現存利益에 局限하였음은 本人과 管理者사이의 損益의 均衡을 取하려는 데 그 意圖가 있을 것이나, 損害의 全額을 償還시킴도 立法政策的으로는 一考의 餘地가 있다. 또 本條는 그 不當利得의 特殊規定이라고 하겠다.

끝으로 本條는「損害의 補償」이라는 用語를 使用하고 있으나,「補償」은 主로 公法上에서 使用될 뿐만 아니라, 草案 中에서도 다른 條文에서는 補償이라는 用語를 使用하지 않고 全部「賠償」이라는 用語를 使用하고 있으니 用語의

---

178) 이 의견은 현석호 수정안에 반영되지 않았다.

統一上 本條에서도 「補償」을 「賠償」으로 修正함이 좋을 것이다.

제4장 不當利得

제741조 (不當利得의內容) 法律上原因없이他人의財産또는勞務로因하여利益을얻고이로因하여他人에게損害를加한者는그利益을返還하여야한다

Ⅱ. **案**   제734조 [다만 "…他人에게損害를加한때에는…"이라고 한다]

Ⅲ. **審議錄**, 435면 상단 ~ 하단

    2. 現行法 및 判例, 學說   現行法 제703조와 同一한 趣旨이나 草案은 「利益이있는限度에서」를 削除하였다.

    3. 外國 立法例   ① 獨民 제812조   法律上의原因없이他人의給付또는其他의方法에因하여他人의費用으로써利益을받은者는이를返還할義務를진다 法律上의原因이後에消滅또는法律行爲의內容에따라給付의目的으로한結果가發生하지않았을때도또한같다

            契約에因하여한債務關係의成立또는不成立의承諾은이를給付로看做한다

    ② 瑞債 제62조   不當히他人의財産으로부터利得을얻은者는그利得을返還하여야한다   特히이義務는어떤者가아무런有效한原因이實現되지않고或은後에이르러消滅함에도不拘하고出損을받은境遇에있어서發生한다

    ③ 瑞債 제64조   返還은受領者의利益이返還請求의當時이미明白히現存치않는限이를請求할수없다   但受領者가利益을讓渡하며또讓渡에있어서善意가아닌境遇또는返還을豫期하여야할境遇는그러하지않다

    ④ 佛民 제1376조   自己가받아서는아니될것을錯誤에依하여또는故意로써收受한者는그不當//히引渡한者에이를返還할義務를지는것으로한다

    ⑤ 中民 제179조   法律上의原因없이利益을받아他人으로하여금損害를받게한때는그利益을返還하여야한다   法律上의原因이있었으나그後에이미存在치않은때도또한같다

    ⑥ 滿民 제724조   草案과 同一하다.

    6. 審議經過   現存利益의 返還原則에 關하여는 草案 제741조 제1항에

規定하였다.

　7. 結 論 : 原案에 合意

제742조 (非債辨濟) 債務없음을알고이를辨濟한때에는그返還을請求하지못한다

Ⅱ. 案　　　제735조

Ⅲ. 審議錄, 435면 하단 ~ 436면 상단

　2. 現行法 및 判例, 學說　　現行法 제705조와 同一趣旨이다.

　3. 外國 立法例　　① 獨民 제814조　　債務履行의目的으로써한給付는給付者가給付의義務를갖지아니한것을알때또는給付가德義上의義務또는禮儀에基하여하여질顧慮에適應할때는返還을請求할수없다

　[436면]　② 瑞債 제63조(제1항)　　自由意思로써存在하지않는債務의辨濟를한者는自己가債務에關하여錯誤있음을證明할수있는境遇에限하여이미給付한것의返還을請求할수있다

　③ 佛民 제1377조(제1항)　　萬若錯誤에依하여負債者라고信思하는者의 [가]1個의負債를辨濟한때는債主에對하여取戻의權利를갖는것으로한다

　④ 中民 제180조(제3호)[179]　　債務의辨濟를爲하여給付를하고給付때의給付에義務없음을明知한때

　⑤ 滿民 제725조　　草案과 同一하다.

　7. 結 論 : 原案에 合意

제743조 (期限前의辨濟) 辨濟期에있지아니한債務를辨濟한때에는그返還을請求하지못한다　그러나債務者가錯誤로因하여辨濟한때에는債權者는이로因하여얻은利益을返還하여야한다

Ⅱ. 案　　　제736조

---

179) 중화민국민법 제180조는 "급부에 관하여 다음의 사정 중 하나가 있는 때에는 반환을 청구할 수 없다"고 정하고, 이어서 그 사유를 각 호에서 열거하고 있다.

Ⅲ. **審議錄**, 436면 상단 ~ 하단

　　2. 現行法 및 判例, 學說　　　現行法 제706조와 同旨이다. //

　　3. 外國 立法例　　① 獨民 제813조(제2항 前段)　　　期限附債를期限前에履行한때는그返還을請求할수없다

　　② 中民 제180조(제2호)　　　債務가아직期限이到來하지않는債務에關하여辨濟하기爲하여給付하였을때

　　③ 滿民 제726조　　　草案과 同一하다.

　　7. 結 論 : 原案에 合意

제744조 （道義觀念에適合한非債辨濟） 債務없는者가錯誤로因하여辨濟한境遇에그辨濟가道義觀念에適合한때에는그返還을請求하지못한다

Ⅰ. **編纂要綱**　　제4장　不當利得　　34. 給付가 道德上의 義務를 履行한 것이거나 또는 善良한 風俗에 適應한 것인 때는 不當利得返還請求權이 없는 것으로 定할 것

Ⅱ. **案**　　　제737조

Ⅲ. **審議錄**, 436면 하단 ~ 437면 상단

　　2. 現行法 및 判例, 學說　　　現行法에는 規定이 없고 新設 條文이다.

　　3. 外國 立法例　　① 獨民 제814조 [436면]　　　草案 제735조 立法例 參照

　　② 瑞債 제63조(제2항)　　　辨濟가時效에因하여消滅한債務에關하여된때또는道德的義務의履行을爲하여된때는返還請求權은생기지않는다

　　③ 中民 제180조(제1호)180)　　　給付가道德上의義務를履行한것인때

　　④ 滿民 제727조　　　草案과 同一하다.

　　7. 結 論 : 原案에 合意

---

180) 앞의 주 179(995면) 참조. 한편 중화민국민법 제180조 제2호는 "채무자가 아직 기한이 도래하지 아니한 채무에 대하여 변제를 위하여 급부를 한 때"를 반환청구를 할 수 없는 사유의 하나로 정하고 있다.

Ⅴ. **意見書**, 198면 (玄勝鍾)

　　[164] 草案 제737조 및 제740조를 新設한 데 贊成한다.

　　[이 유]　　　1. 제737조의 新設에 대하여.

　　債務 없는 者가 錯誤로 因하여 債務가 있다고 誤信하고 辨濟한 境遇에는, 債權의 準占有者에 對한 辨濟(案 제461조), 領收證의 所持者에 對한 辨濟(案 제462조) 等 例外의 境遇를 除外하고는, 原則的으로 辨濟者는 相對方에 對하여 不當利得의 返還을 請求할 수 있다(案 제734조). 그러나 그 境遇에도 그 辨濟가 道義觀念에 適合한 때에는 그 返還을 請求하지 못한다는 것이 本條의 規定이다. 社會共同生活에 있어서 美風良俗을 維持하고 倫理的 義務를 可能한 限 消極的으로나마 實現케 하고자 하는 規定이므로 妥當한 것이다. 獨逸民法 제814조도 本條와 같은 趣旨의 것을 規定하고 있다. […]

제745조 (他人의 債務의 辨濟) ①債務者아닌者가錯誤로因하여他人의債務를辨濟한境遇에債權者가善意로證書를毀滅하거나擔保를拋棄하거나時效로因하여 그債權을잃은때에는辨濟者는그返還을請求하지못한다

　　②前項의境遇에辨濟者는債務者에對하여求償權을行使할수있다

Ⅱ. **案**　　　제738조 [다만 제1항은 "債權者아닌者가…"라고 한다]

Ⅲ. **審議錄**, 437면 상단 ~ 하단

　　2. 現行法 및 判例, 學說　　　現行法 제707조와 同一하다. //

　　3. 外國 立法例　　　① 佛民 제1377조(제2항)　　　그러나債主가그辨濟를 爲하여自己의證券을滅却한境遇에있어서는右의權利는止息한다 但그辨濟한者부터眞의負債者에對하여償還의訴求를할수있다

　　6. 審議經過　　　「債權者」를「債務者」로 字句修正한다. (誤植으로 認定된다)

　　7. 結 論 : 前記 字句修正 外 原案에 合意

Ⅳ. **법사위 수정안**　　　(153) 제738조제1항中「債權者아닌者」를「債務者아닌者」 로修正한다

Ⅷ. **제2독회**, 속기록 제48호, 16면 중단

○ 法制司法委員長 代理(張暻根) : 다음에 738조와 744조는 字句修正입니다.

제746조 (不法原因給與) 不法의原因으로因하여財産을給與하거나勞務를提供한때에는그利益의返還을請求하지못한다   그러나그不法原因이受益者에게만있는때에는그러하지아니하다

Ⅱ. 案   제739조

Ⅲ. 審議錄, 437면 하단 ~ 438면 상단

2. 現行法 및 判例, 學說   現行法 제708조와 同一하다.

3. 外國 立法例   ① 獨民 제817조   給付의受領者가그受領에因하여法律의禁止또는善良한風俗에反할事項을給付의目的으로할때는受領者는返還의責任을진다   給付者또[도]右의違反에關하여그責任을져야할때는給付者는返還請求權을갖지않는다   但어떤債[438면]務의負擔을給付의目的으로한때는그러하지아니하다   此種債務의履行을爲하여給付한것의返還은이를請求할수없다

② 瑞債 제66조   法律또는道德에背反하는結果를發生시킬目的으로써供與한物件은그返還을請求할수없다

③ 中民 제180조(제4호)[181]   不法한原因에依하여給付를한때   但不法한原因이單只受領者의一方에만存在할때는그러하지아니하다

④ 滿民 제728조   草案과 同一하다.

7. 結 論 : 原案에 合意

제747조 (原物返還不能한境遇와價額返還, 轉得者의責任) ①受益者가그받은目的物을返還할수없는때에는그價額을返還하여야한다

②受益者가그利益을返還할수없는境遇에는受益者로부터無償으로그利益의目的物을讓受한惡意의第3者는前項의規定에依하여返還할責任이있다

Ⅰ. 編纂要綱   제4장 不當利得   35. 利得의 目的을 無償으로 讓受한

---

181) 앞의 주 179 참조.

第3者에 對하여 그 返還義務를 認定할 것

Ⅱ. 案　　　　第740조 [다만 제1항은 "…그價格을返還하여야한다"라고 한다]

Ⅲ. 審議錄, 438면 상단 ~ 439면 상단

　　2. 現行法 및 判例, 學說 //　　　現行法에는 없고 新設 條文이다.

　　3. 外國 立法例　　① 獨民 제818조(제2항)　　　取得한것의返還의性質上不能한때또는受領者가他의理由에基因하여返還을할수없을때는그價格을賠償하여야한다

　　② 佛民 제1379조　　　그不當히收受한物이有形의不動産또는動産인때는이를收受한者그物이存在함에있어서는原品그대로이를返還하며또自己의過失에依하여그物이滅盡하며또는損壞하였음에는이의價格을返還할義務가있다　또그物을收受한者가惡意로써이를收受한때는意外의事故에依한그滅盡이라하더라도亦是이를擔保하여야한다

　　③ 中民 제181조(但書)　　　但그利益의性質또는其他의事情에依하여返還할수없을때는그價格을償還하여야한다

　　④ 中民 제183조　　　不當利得의受領者가그받은것을無償으로第3者에讓渡하고受領者가이로因하여返還義務를免한때는第3者는其免한返還義務의限度內에있어서返還의責任을진다

　　⑤ 中民[滿民] 제729조　　　受益者는그받은것을返還하여야한다　萬若이를返還할수없을때는그價格을返還하여야한다

　　6. 審議經過　　　本條와 같은 規定이 없는 現行法 下에서는 原物이 代替的인 境遇 이것[439면]이 滅失된 때에 關하여 同種의 다른 物件을 返還하여야 한다는 說과 價格을 返還하여야 된다는 說의 兩說이 있던 것을 本條의 新設로써 後說을 採擇한 것을 明確히 하였다.

　　7. 結論 : 原案에 合意

Ⅴ. 意見書, 198면 (玄勝鍾)

　　[164] 草案 제737조 및 제740조를 新設한 데 贊成한다.

　　[이 유]　　[…]　　2. 제740조의 新設에 對하여.

　　本條는 利得請求權의 範圍에 關한 規定이다. 제1항은 案 제734조의 「그 利

益을 返還하여야 한다」의 解釋上 나오는 結果이다. 即, 不當利得者는 原則的으로 于先 그 받은 目的物을 返還하여여햐 하고, 그것을 返還할 수 없는 境遇에는 그 目的物의 價格을 返還할 義務가 있다. 그 價格조차도 返還할 수 없는 境遇에는 제2항에 依하여 受益者로부터 無償으로 그 利益의 目的物을 讓受한 惡意의 第3者가 있으면 그 第3者가 目的物 그 自體 또는 그 價格을 返還할 責任을 진다. 그와 같은 惡意의 第3者를 保護할 必要는 없기 때문이며, 그와 같이 함으로써 衡平을 期할 수 있으므로 妥當한 規定이라고 하겠다. 獨逸民法 제818조 2항은 本條 제1항과 같은 趣旨의 規定을 두고 있으며, 同法 제822조는 本條 제2항과 같은 趣旨를 規定하고 있다. 또 本條는 利得請求權의 範圍에 關한 基本規定이므로, 本條를 基礎로 하여 다시 善意의 受益者와 惡意의 受益者는 各各 그 返還範圍를 달리하게 된다(案 제741조 參照).

제748조 (受益者의返還範圍) ①善意의受益者는그받은利益이現存한限度에서 前條의責任이있다

　　②惡意의受益者는그받은利益에利子를붙여返還하고損害가있으면이를賠償하여야한다

Ⅱ. **案**　　　제741조 [제1항은 "…그받은利益의現存한限度에서…", 제2항은 "…利子를附加하여返還…"이라고 한다]

Ⅲ. **審議錄**, 439면 상단 ~ 하단

　2. 現行法 및 判例, 學說　　　現行法 제703조 제704조와 同一趣旨이다.

　3. 外國 立法例　　① 獨民 제818조(제3항)　　　受領者의返還또는價格賠償의義務는受領者의利益이現存하지않는限度에있어서消滅한다

　　② 獨民 제819조(제1항)　　　受領者가受領當時法律上의原因의欠缺을알던가또는後에이를안때는受領者는受領時또는그欠缺을안때에있어서返還請求權이그때에訴訟繫屬되었음과한모양으로返還의義務를진다

　　③ 瑞債 제64조　　　草案 제734조 立法例 參照

　　④ 佛民 제1380조　　　萬若善意로써收受한者가그物을팔때는그賣拂의代金만을返還하여야한다

⑤ 佛民 제1378조   萬若그收受한者의側에서惡意있는때는그元金과辨濟의日로부터後의利息또는果實과를返還할것으로한다 //

⑥ 中民 제182조   不當利得의受領者가法律上의原因없음을알지못한境遇에있어서그받은利益이이미存在치않는때는返還또는價格償還의責任을질것을免한다   受領者가受領時에있어서法律上의原因없는것을알고또는그後이를알았을때는受領한때에얻은利益또는法律上의原因없음을안때에現存하는利益에利息을附加하여一括하여서償還하여야한다   萬若損害있을때는合하여이를賠償하여야한다

⑦ 滿民 제730조   草案과 同一하다.

6. 審議經過   現行法 제703조에는 現存利益의 返還을 規定하였던 것을 草案은 제734조에서 利益返還의 原則만을 規定하고 本條 제1항에서 利益現存의 限度 內에서 返還한다는 規定을 함으로써 合하여 現行法과 같이 하였으며 獨民 瑞債法 佛民 中民 滿民의 例에 좇는것이다.

7. 結 論 : 原案에 合意

제749조 (受益者의惡意認定) ①受益者가利益을받은後法律上原因없음을안때에는그때부터惡意의受益者로서利益返還의責任이있다

②善意의受益者가敗訴한때에는그訴를提起한때부터惡意의受益者로본다

Ⅰ. **編纂要綱**   제4장 不當利得   36. 受益者가 受益 後 法律上 原因이 없는 것을 안 때에는 爾後 惡意의 受益者로서 返還義務를 지도록 할 것

Ⅱ. **案**   제742조

Ⅲ. **審議錄**, 439면 下段 ~ 440면 上段

2. 現行法 및 判例, 學說 [440면]   現行法에는 規定이 없고 新設 條文이다. (草案 제186조 2항)

3. 外國 立法例   ① 獨民 제819조(제2항[제1항]은 前條 立法例 參照)   受領者가給付의受領에因하여法律의禁止또는善良한風俗에反한때는受領者는그給付때부터同一의義務를진다

② 中民 제182조(제2항)   前條 立法例 參照

③ 滿民 제731조　　　草案과 同一하다.

7. 結 論 : 原案에 合意

제5장　不法行爲

제750조 (不法行爲의內容) 故意또는過失로因한違法行爲로他人에게損害를加한者는그損害를賠償할責任이있다

Ⅰ. **編纂要綱**　　債權法各論　　제5장　不法行爲　　37. 權利侵害의 境遇뿐 아니라, 利益侵害의 境遇에도 不法行爲의 成立을 認定할 것

Ⅱ. **案**　　제743조

Ⅲ. **審議錄**, 440면 상단 ~ 441면 상단

　　2. 現行法 및 判例, 學說　　現行法 제709조와 同一趣旨이나 現行法의 「權利侵害」를 草案은 「違法行爲」로 改良하였다. (參照) 失火의責任에關한法律 (1899年 法律 67號)[182] //

　　3. 外國 立法例　　① 獨民 제823조　　故意또는過失로써他人의生命身體健康自由所有權또는其他의權利를不法히侵害한者는이에因하여發生한損害를他人에게賠償할義務를진다

　　　　他人의保護를目的으로하는法律에違反한者도亦是같은責任을진다 그法律에內容에依하면過失없이도이에違反할수있는境遇에는過失있는境遇에限하여賠償의義務를진다

　　② 瑞債 제41조　　他人에對하며[여]不法히損害를加한者는그故意또는過失을不問하고이를賠償할責任을진다　　他人에對하여善良한風俗에反한方法으로써故意로損害를加한者도또한損害賠償의責任을진다

　　③ 佛民 제1382조　　太凡何時[大凡何事]든지人의所爲이며他人에損害를生하게하는것은自己의過失에依하여그損害를일으킨者로써이를補償하는義務를진다

　　④ 佛民 제1383조　　各人은自己의所爲에있어生하게한損害뿐만아니라自

---

182) 일본의 이 법률이 민법안 제743조와 어떠한 관련을 가지는지 추측하기 어렵다. 한편 그 법률은 '1899년(明治32년) 법률 67호'가 아니라 同年 법률 제40호이다.

己의懈怠또는 疎忽에 依하여生하게한損害에關하여도또그責任을질것으로한다

⑤ 中民 第184조(제1항)　故意또는過失로써不法히他人의權利를侵害하였을때는損害賠償의責任을진다　故意로善良한風俗에背反한方法으로써他人에게損害를加하였을때도亦是그러하다

⑥ 滿民 제732조　草案과 同一하다. [441면]

6. 審議經過　現行法에서 「權利侵害」로 되었던 것을 「權利侵害」뿐만 아니라 「違法行爲」에 依하여 利益을 侵害한 境遇 全般을 包含시키는 것이 現時의 學說이므로 이에 따라 草案이 규정한 것은 타당하다.

7. 結 論 : 原案에 合意

V. 意見書, 199면 (金基善)

[165] 草案 제743조가 「違法行爲」라고 表現한 것에 贊成한다.

[이 유]　現行法에 있어서는 他人의 權利의 權利侵害[원문대로]를 가지고 그 成立要件의 하나로 하였다. 이곳에서 말하는 權利侵害를 반드시 所有權, 地上權, 質權, 抵當權, 特許權, 著作權, 親權, 解除權 乃至 各種의 債權과 같이 個別的인 權利의 侵害로 解釋할 憂慮가 있으므로 이것을 回避하기 爲하여서 權利侵害를 違法行爲로 明文으로써 表現하였음은 當然한 措置이라고 생각한다. 不法行爲를 반드시 上記한 바와 같은 他人의 權利를 侵害하였을 때에 限하여 成立한다고 하면, 特定의 行爲가 비록 反社會性, 即 違法性을 具有하고 있을지라도 何等 他人의 權利를 侵害한 바가 없으면 이는 不法行爲가 안 되고 만다. 이러한 不合理한 矛盾을 解決하기 爲하여서 從來의 判例와 學說은 權利侵害行爲를 個人에 對하여 法이 認容한 權利를 侵害하는 行爲에 限定하지 않고 違法行爲로 解釋하여 왔음은 周知의 事實이다.

權利侵害를 이와 같이 狹少하게 解釋하지 않고 廣義로 解釋하는 것은 從前의 個人主義·自由主義의 弊端을 除去하기 爲한 方策으로서이다. 要컨대 權利侵害를 違法行爲로 表現한 것은 世界 法律思潮에 順應한 것에 不過한 것이다.

제751조 (財産以外의損害의賠償) ①他人의身體, 自由또는名譽를害하거나其他精神上苦痛을加한者는財産以外의損害에對하여도賠償할責任이있다

②法院은前項의損害賠償을定期金債務로支給할것을命할수있고그履行을確

保하기爲하여相當한擔保의提供을命할수있다

Ⅰ. **編纂要綱**　　第5장 不法行爲　　41. 710조, 711조[183]의 損害賠償은 定期金으로 支拂할 수 있도록 하고 그 履行의 確保를 爲하여 擔保를 提供하도록 할 것

Ⅱ. **案**　　제744조 [다만 제2항은 "…損害賠償을定期債務로支給할것…"이라고 한다]

Ⅲ. **審議錄**, 441면 상단 ~ 하단

2. **現行法 및 判例, 學說**　　現行法 제710조[184]와 同一趣旨이나 제2항은 新設이다.

3. **外國 立法例**　　① 獨民 제847조　　身體또는健康을加害하였을境遇自由를剝奪하였을境遇에는被害者는財産以外의損害에關하여서도亦是公平한賠償을金錢으로써請求할수있다 이請求는讓渡또는相續할수있[없]다 但契約으로써이를承認하거나또는權利를拘束하게될[訴訟이繫屬되는]때에는그러하지아니하다

　　婦女에對하여風俗에關한重罰또는輕罰을犯하였을때또는詐欺或은脅嚇으로因하여또는服從關係를濫用하여婦女로하여금婚姻以外의交接을承認케하였을때에는婦女는前項의請求權을갖는다

　　② 獨民 제843조(제1항)　　身體또는健康을害함으로써被害者의業務能力을廢罷하거나또는減少하거나또는需用을增加시켰을때는被害者에게年金을支拂하고그損害를賠償하여야한다 //

　　　　獨民 제823조, 제824조, 제825조(參照)

　　③ 瑞債 제43조(제2항)　　損害賠償이定期金의形式에있어서約束되었을때에는同時에擔保提供의義務를債務者에게課하여야한다

　　④ 中民 제193조　　不法히他人의身體또는健康을侵害하였을境遇에이로因하여서勞動力을喪失또는減少하거나또는生活上의需要를增加하였을때에는被害者

---

183) 의용민법 제710조는 비재산적 손해의 배상에 관한 것이고, 제711조는 생명 침해의 경우 피해자의 근친자의 위자료청구권을 규정한 것이다(각 민법 제751조, 제752조에 대응한다).

184) 의용민법 제710조 : "타인의 신체, 자유 또는 명예를 해하는 경우와 재산권을 해하는 경우를 불문하고 전조의 규정에 의하여 손해배상의 책임을 지는 자는 재산 이외의 손해에 대하여도 그 배상을 하여야 한다."

에對하여 損害賠償의責任을저야한다

　　　前項의損害賠償은法院이當事者의申立에依하여定期金의支拂을定할수있다　但加害者에命하여擔保를提出시켜야한다

　　　⑤ 滿民 제733조　　他人의身體自由또는名譽를害한境遇이거나財産上의利益을害한境遇이거나를不問하고前條의規定에依하여損害賠償責任을진者는財産以外의損害에對하여서도賠償을하여야한다

　　　6. 審議經過　　① 제2항은 中民의 例에 따른 新設 規定인바 慰藉料를 一時給으로 하는 것보다 定期給으로 하는 것이 債務者는 勿論 債權者에게도 좋고 事理에 適合한 境遇가 많으므로 妥當한 立法이다.

　　　② 제2항 中「定期債務」를「定期金債務」로 修正한다. (제2장 제14절의 節名 修正 參照)

　　　7. 結論 : 前記 字句修正 外 原案에 合意

Ⅴ. 법사위 수정안　　(154)　제744조제2항中「定期債務」를「定期金債務」로修正한다

Ⅷ. 제2독회, 속기록 제48호, 16면 중단185)

제752조 (生命侵害로因한慰藉料) 他人의生命을害한者는被害者의直系尊屬,直系卑屬및配偶者에對하여는財産上의損害없는境遇에도損害賠償의責任이있다

Ⅱ. 案　　제745조 [다만 "…財産의損害없는境遇에도…"라고 한다]

Ⅲ. 審議錄, 442면 하단 ～ 443면 하단

　　[443면] 2. 現行法 및 判例, 學說　　現行法 제711조와 同一趣旨이나 現行法은「父母配偶者及子」로 規定한 것을「直系尊屬直系卑屬및配偶者」로 規定하였다.

　　　3. 外國 立法例　　① 獨民 제844조 제2항(前段)　被害者가被殺當時에法律의規定에依하여第3者에對하여養料의義務를負擔하거나또는이를負擔할수있는關係를갖고殺害로因하여第3者가養料의權利를喪失하였을때는賠償義務는被害者

---
185) 앞의 민법 제745조 Ⅷ.(998면).

가推知할수있는年齡間養料를供與하였을限度에있어서第3者에게年金을支拂하고 損害를賠償하여야한다

② 瑞債 제47조　　他人을致死케하였을境遇또는身體傷害의境遇에있어서 判事는特別한事情을考慮하여相當한金額을慰藉로서傷害者또는死者의親族에게付 與할것을宣告할수있다

③ 中民 제192조　　不法히他人을侵害致死케한者는喪葬費를支出한者에對 하여서도亦是損害賠償의責任을負擔하여야한다　被害者가第3者에對하여法定扶養 義務를질때에는加害者는그第3者에對하여서도亦是損害賠償의責任을負擔하여야 한다

// 7. 結 論 : 原案에 合意

제753조 (未成年者의責任能力) 未成年者가他人에게損害를加한境遇에그行爲 의責任을辨識할智能이없는때에는賠償의責任이없다

Ⅱ. 案　　제746조

Ⅲ. 審議錄, 442면 하단 ～ 443면 상단

2. 現行法 및 判例, 學說　　現行法 제712조와 同一하다.

3. 外國 立法例　① 獨民 제818[828]조(제1항, 제2항)　　滿7年이못된 幼兒는他人에게加한損害에關하여賠償의責任을지지않는다

7年以上18年以下의未成年者는加害行爲當時에責任의識別에必要한辨理心 없었을때에는他人에게加한損害에關하여그責任을지지않는다

② 瑞債 제19조(제3항)186)　　未成年者또는禁治産者는不法行爲로因한損 害賠償의義務를負擔한다

③ 瑞債 제49조187)　　人格上의關係에있어서侵害를받은者는相對方에過失

---

186) 이는 스위스채무법이 아니라 스위스민법의 제19조 제3항을 가리키는 것으로 이해된다. 그 조항은 위 법률에서 행위무능력에 관한 규정의 일부로서, "그들[미성년이거나 행위무능력 선고를 받았지만, 판단능력이 있는 사람]은 불법행위를 이유로 손해배상의무를 진다"고 정 한다.

187) 스위스채무법 제49조 제1항 : "인격을 위법하게 침해당한 사람은 침해의 중대함이 이를 정 당화하고 또한 그것이 달리 전보되지 아니하는 경우에는 위자(Genugtuung)로서 상당한 금 전의 급부에 대한 청구권을 가진다."

이있는때에는損害賠償의請求權을갖고또侵害및過失이特히重大함으로써그理由가
있다고認定될때에는慰藉로써相當한金額의給付의請求權을갖는다

　　　判事는右記給付代身으로또는그給付와同時에其他의慰藉를宣告할수있다

　　④ 中民 제187조(제1항)　行爲無能力者는制限行爲能力者가不法히他人의權
利를侵害하였을때에는行爲當時에識別能力있었을때에限하여그法定代理人과連帶
하여損害賠償의責任을진다　行爲當時에識別能力이없었을때에는그法定代理人의
損害賠償의責任을진다

　[443면]　⑤ 滿民 제734조　　草案과 同一하다.

　7. 結 論 : 原案에 合意

제754조 (心神喪失者의責任能力) 心神喪失中에他人에게損害를加한者는賠償 의責任이없다　그러나故意또는過失로因하여心神喪失을招來한때에는그러하 지아니하다

Ⅱ. 案　　　제747조

Ⅲ. 審議錄, 443면 상단 ～ 하단

　2. 現行法 및 判例, 學說　　現行法 제713조와 同一趣旨이나 제2항 中
「一時의」가 削除되었다.

　3. 外國 立法例　　① 獨民 제827조　　無意識狀態또는精神攪亂으로因
하여그意思를自由로決定할수없는狀態에있어서他人에게損害를加한者도賠償의責
任을지지않는다　暴飮또는此에類似한方法에依하여一時的으로이狀態에빠진者는
그間에不法히發生시킨損害에關하여過失의境遇와같은責任을진다　但何等의過失
없이이狀態에빠졌을때에는그러하지아니하다

　　② 中民 제187조　　제1항은 前條文 參照 //

　　③ 滿民 제735조　　草案과 同一하다.

　6. 審議經過　　本條 但書는 所謂 「原因에 있어서 自由로운 行爲」(actio
libera in causa)이며 刑法에 있어서와 같이 責任져야 한다.

　7. 結 論 : 原案에 合意

제755조 **(責任無能力者의監督者의責任)** ①前2조의規定에依하여無能力者에게責任없는境遇에는이를監督할法定義務있는者가그無能力者의第3者에게加한損害를賠償할責任이있다 그러나監督義務를懈怠하지아니한때에는그러하지아니하다

②監督義務者에가름하여無能力者를監督하는者도前項의責任이있다

Ⅱ. **案** 제748조 [다만 제1항 본문은 "…無能力者가第3者에加한…"이라고한다]

Ⅲ. **審議錄**, 443면 하단 ~ 444면 상단

2. 現行法 및 判例, 學說 現行法 제714조와 同一하다.

3. 外國 立法例 ① 獨民 제832조 未成年者또는精神上또는身體上의狀態로서監督을要하는者를監督하는法律上의義務를지는者는被監督者가不法히第3者에게加한損害를賠償하는責任을負擔한다 但監督義務者가그義務를懈怠치아니하였을때또는相當한監督을하였어도損害가發生하였을때에는그러하지아니하다 契約으로[444면]써監督義務者代理로監督하는者도亦是같은責任을진다

② 佛民 제1384조(제1항 제2항) 人은自己의所爲에依하여生하게한損害뿐만아니라自己가擔當치않을수없는各人또는自己가監守하는物의所爲에依하여生하게한損害에關하여서도亦是그責任을질것으로한다

父또는夫의死去後에있어서는母는自己와同居하는그幼年의子가生하게한損害의責任을질것으로한다

③ 中民 제187조 前條 立法例 參照

④ 滿民 제736조 草案과 同一하다.

7. 結論 : 原案에 合意

제756조 **(使用者의賠償責任)** ①他人을使用하여어느事務에從事하게한者는被用者가그事務執行에關하여第3者에게加한損害를賠償할責任이있다 그러나使用者가被用者의選任및그事務監督에相當한注意를한때또는相當한注意를하여도損害가있을境遇에는그러하지아니하다

②使用者에가름하여그事務를監督하는者도前項의責任이있다

③前2항의境遇에使用者또는監督者는被用者에對하여求償權을行使할수
있다

Ⅱ. **案**   제749조 [다만 제1항 본문은 "…그事務執行으로因하여…"라고 한다]

Ⅲ. **審議錄**, 444면 상단 ~ 445면 하단

// 2. 現行法 및 判例, 學說   現行法 제715조와 同一趣旨이나 現行法
의 「事業」을 「事務」로 「事業의執行에關하여」를 「事務執行으로因하여」로 修正하
였다.

3. 外國 立法例   ① 獨民 제831조   特定事業을爲하여他人을使用하
는者는他人이그事業의執行上第3者에게加한損害를賠償하여야할責任을진다 但使
用者가被用者의選任및使用者가機械또는器具를裝置하거나또는事業의執行을指圖
하여야할境遇에는그裝置또는指圖에關하여相當한注意를하였을때또는相當한注意
를하였어도損害가發生하였을때에는그러하지아니하다 契約으로因하여使用者代
理로前項제2단에揭記한行爲의監督을하는者도亦是같은責任을진다

② 瑞債 제55조   事業主는自己의使用人또는勞動者가그勞動또는事務를
執行함에있어惹起한損害에對하여事情에依하여이러한損害를豫防하기爲하여必要
한모든注意를하였다는事實또는如斯한注意를하였더라도亦是損害가發生하였을것
을證明하지않으면그責任을진다

事業主는損害를惹起한者에對하여그者가스스로損害賠償의義務있는限度
에있어서求償權을行使할수있다

③ 佛民 제1384조(제3, 4, 5항)   雇主및任用者는그雇人및被任用者가그
使用된職務에서生하게한損害의責任을질것으로한다

教師및工作者는그生徒및工作受業者가自己의監視를받는中間에生하게한
損害의責任을질것으로한다

父母敎師및工作者는그責任을生하게한所爲를防止하기不能하였다는뜻을
證함이아니면右에記할責任이있는것으로한다(제1, 2항은 前條 立法例 參照)

④ 中民 제188조 [445면]   被用者가職務의執行上不法히他人의權利를侵
害하였을때에는使用者는行爲者와連帶하여損害賠償의責任을진다 但被用者의選
任및그職務의執行에對한監督을하는데있어미리相當한注意를하였거나또는설사相
當한注意를加하였더라도亦是損害의發生을免할수없었을때에는使用者는賠償의責

任을지지않는다

　　　　被害者가前項但書의規定에依하여損害賠償을받을수없는때에도法院은그
申立에依하여使用者와被害者와의經濟狀況을斟酌하여使用者로하여금全部또는一
部의損害를賠償시킬수있다

　　　　使用者가被害를賠償하였을때에는不法行爲를한被用者에對하여求償權을
갖는다

　　　⑤ 滿民 제737조　　　어느事業을爲하여他人을使用하는者는被用者가그事業
의執行上第3者에게加한被害를賠償할責任을진다　但使用者가被用者의選任및그事
案의監督에關하여相當한注意를하였을때에는그러하지아니하다

　　　　使用者를代理하여事業을監督하는者도亦是前項의責任을진다

　　　　前2항의規定은使用者또는監督者로부터被用者에對한求償權의行使를妨害
하지않는다

　　　6. 審議經過　　　① 本條는 他人을 使用하여 自己의 活動範圍를 擴張한 者
는 그 擴張된 範圍에 있어서 報償責任(利益이 歸하는 곳에 損失이 歸한다는 理
念)을 立法한 것으로서 本條의 「事務執行으로因하여」라는 文句는 本來의 事務
執行 自體에 局限하는 것으로 解釋되기 쉬워서 너무 狹少하여 上記 報償責任의
精神에 背反되므로 「事務執行에關하여」로 修正함이 妥當하다.

　　　② 제1항 中 「事務執行으로因하여」를 「事務執行에關하여」로 修正한다. (제
34조 參照)

　　　③ 現行法의 「事業」을 草案이 「事務」로 한 것은 妥當하다.

　　　7. 結 論 : 前記 修正 外 原案에 合意

Ⅳ. 법사위 수정안　　　(155) 제749조제1항中「그事務執行으로因하여」를「그事
務執行에關하여」로修正한다

Ⅷ. 제2독회, 속기록 제48호, 16면 하단

　　　○ 法制司法委員長 代理(張暻根) : [민법안 제749조 및 법사위 수정안
(155) 낭독] 「因하여」라고 하는 것은 너무 좁습니다. 그러니까 事業者의 責任
을 좀 더 그 被用者에게 … 그 잘못한 것에 對한 損害賠償을 무는 責任을 더 지
우기 위해서 이것이 또 學說上 到達한 傾向입니다. 그래서 이것을 고치자는 것
입니다.

** 미성년자 등의 책임무능력 등의 경우에도 법원이 제반 사정을 고려하여 책임을 지울 수 있는 규정(민법안 제750조)을 두는 문제

Ⅰ. **編纂要綱**　　제5장 不法行爲　　39. 民 712조, 713조, 714조, 715조의 適用에 있어서 未成年者, 法定代理人, 心神喪失者 또는 使用者의 責任이 否定되는 境遇일지라도 衡平의 見地에서 必要한 境遇에는 行爲者 또는 使用者로 하여금 그 損害의 全部 또는 一部를 賠償케 할 것

Ⅱ. **案**　　제750조　　前4조의 規定에 依하여 未成年者, 心神喪失者, 監督義務者또는使用人에게損害賠償의責任이없는境遇에도法院은當事者의經濟狀態및其他事情을參酌하여그에게損害의全部또는一部의賠償을命할수있다

Ⅲ. **審議錄**, 445면 하단 ~ 446면 하단

　2. 現行法 및 判例, 學說　　現行法에는 規定이 없고 新設 條文이다.

　3. 外國 立法例　　① 獨民 제829조　　제823조乃至제826조의境遇에있어서他人에게加한損害에關하여그責任을負擔치않는者는그當時의사정特히當事者의關係上損害를賠償함이公平에適合하고또自己의生計를推持하고및法律上의養料의義務를履行할資力을갖는限은賠償의責任을진다　但監督義務를진第3者로부터損害의賠償을取得할수있는境遇에는그러하지아니하다

　　② 瑞債 제54조　　判事는判斷能力없는者가損害를惹起한境遇에있어서도公平의理由에依하여그者에對하여一部또는全部의損害賠償을言渡할수있다

　　　一時判斷力을喪失한者가그狀態에있어損害를惹起하였을境遇에는그狀態가自己의過失없이發生한事實을證明하지않으면이에對하여賠償의義務를진다

　　③ 中民 제187조(제3항)　　제747조 立法例 參照

　　④ 中民 제188조(제2항)　　제749조 立法例 參照 [446면]

　6. 審議經過　　本條는 加害者 本人이 責任能力이 없으므로 말미암아 損害賠償責任을 지지 아니하는 境遇에라도 當事者의 經濟狀態 및 其他 事情이 있는 때에는 加害者 本人에게 無過失賠償責任을 認定하자는 것이며 또 監督義務者 使用人도 監督義務를 懈怠하지 않거나 選任監督에 相當한 注意를 한 關係로 損害賠償責任이 없는 境遇에라도 前記 事情이 있는 때에는 監督義務者 使用人에게 無過失賠償責任을 認定하자는 것이다. 加害者인 被用者에게 故意 過失 等

의 不法行爲要件이 具備하여 被用者가 損害賠償責任을 지는 境遇에 限하여 使
用人이 草案 제749조(現行法 715조)의 規定에 依하여 損害賠償責任을 진다는
것이 通說이므로 本條에 「使用人」을 加한 것이 使用人 自身의 選任監督上 相當
한 注意를 하였음으로 因한 賠償責任 없는 境遇을 規定한 趣旨인지 또는 加害
者인 被用人에 故意 過失 等이 없어 責任 없음으로 말미암아 따라서 使用人도
責任 없는 境遇까지를 規定한 趣旨인지 條文의 文言으로서는 不分明하다. 現時
의 法學思潮에 依하면 個人主義에 胚胎하는 「自己責任의 原則」에서 團體主義에
胚胎하는 人類社會 共同生活에 있어서의 「損害의 適切한 負擔分配思想」의 傾向
으로 移行하는 趨勢를 보이고 있으나 本 草案이 責任無能力制度와 監督義務者
使用人에 있어서의 過失을 要하는 制度를 前 數條에서 認定하여 責任無能力者
또는 無過失者의 無責任을 規定하면서 本條에 와서 「當事者의 經濟狀態 其他
事情을 參酌하여」라는 外에 거의 境遇를 限定하는 條件 없이 「自己責任의 原則」
에 對한 全面的인 例外를 設하여 判事의 裁量에 依하여 無過失賠償責任을 認定
할 수 있게 한 것은 個人의 自由活動을 不當히 萎縮시키는 結果를 招來하며(不
法行爲制度에 있어서 加害行爲를 防止하는 것이 한 가지 重要한 機能으로 되어
있는 것이다) 더욱이 個人主義에 基礎를 두고 自由活動, 自由競爭을 强調하는
自由民主主義 經濟體制 下에서는 이러한 無過失責任主義의 全面的 採擇은 再考
의 餘地가 있을 뿐더러 工場, 鑛山 // 等에서 必要한 境遇에는 特別法에 依한
立法措置 其他의 方法으로 어떤 程度의 無過失責任을 認定할 수 있고 또 災害
保險制度에 依하여 損失負擔의 社會化를 期할 수 있는 것이다. 따라서 本條는
削除함이 可하다.

7. 結 論 : 全文 削除에 合意

Ⅳ. 법사위 수정안   (156) 제750조를 削除한다

Ⅴ. 意見書, 200면 ~ 201면 (金基善)

[167] 修正案 (157)[188]에 對하여는 反對하고 草案 제750조의 復活에 贊成
한다.

[이 유]   草案 제750조에 依하면 未成年者, 心神喪失者, 監督義務者 또
는 使用人에게 損害賠償責任이 없는 境遇에도 法院은 前記의 者로 하여금 被害

---

188) 이 『의견서』에서 적은 법사위 수정안의 항목번호에 대하여는 앞의 주 99(830면) 참조.

者 側에 對하여 損害의 全部 또는 一部를 賠償할 것을 命할 수 있다는데 이 規定이야말로 被害者를 救濟하려는 趣旨이다.

資本主義 法律이 經濟的 强者에게는 有利하고 經濟的 弱者에게는 그다지 惠澤을 입히지 못한다는 非難도 없지 않음에 비추어 [201면] 보아 이 規定은 現行法에 對하여 草案의 進步的 特色이라 아니할 수 없다. 그럼에도 不拘하고 이 規定을 削除한다는 것은 舊態依然의 保守的인 民法으로 돌아가는 以外에 아무것도 아니다. 이러한 理由에서 修正案 (157)을 反對하고 案 제750조를 復活하는 데 贊成한다.

Ⅷ. **제2독회**, 속기록 제48호, 16면 하단 ~ 17면 상단

○ 法制司法委員長 代理(張暻根) : [민법안 제750조 낭독] 이것은 所謂 無過失責任에 대한 規定인데 法制司法委員會의 修正案은 이것을 削除하자는 것입니다. [17면]

○ 副議長(李在鶴) : 異議 없으세요?

○ 法制司法委員長 代理(張暻根) : 이것은 未成年者나 心神喪失者라든지 이런 사람들은 결국 責任을 지우지 않는 것을 原則으로 하는 것인데 또 이것을 責任을 지운다 할 것 같으면 이것은 너무나 … 이제 損害賠償을 받는 사람에게는 좋지만 이 精神狀態가 없는 그 過失이 없는 者 또는 心神喪失者 이런 사람에게 損害賠償을 물린다는 것은 이것은 좀 苛酷하지 않은가 이런 意味로서 이것을 지우지 말자는 것입니다.

제757조 (都給人의責任) 都給人은受給人이그일에關하여第3者에게加한損害를賠償할責任이없다   그러나都給또는指示에關하여都給人에게重大한過失이있는때에는그러하지아니하다

Ⅱ. **案**   제751조 [다만 단서는 "都給人의重大한過失이있는때…"라고 한다]

Ⅲ. **審議錄**, 751면 하단

2. 現行法 및 判例, 學說   現行法 제716조와 同一趣旨이다.

3. 外國 立法例   ① 中民 제189조   請負人이請負事項의執行上不法히他

人의權利를侵害하였을때에는注文者는損害賠償의責任을지지않는다 但注文者가
注文또는指示에關하여過失이있었을때에는그러하지아니하다

　　6. 審議經過　　「都給人의」를「都給人에」로 字句修正한다.

　　7. 結 論 : 前記 字句修正[189] 外 原案에 合意

**제758조（工作物等의占有者, 所有者의責任）①工作物의設置또는保存의瑕疵로
因하여他人에게損害를加한때에는工作物占有者가損害를賠償할責任이있다
그러나占有者가損害의防止에必要한注意를懈怠하지아니한때에는그所有者가
損害를賠償할責任이있다**

　　②前項의規定은樹木의栽植또는保存에瑕疵있는境遇에準用한다

　　**③제2항의境遇에占有者또는所有者는그損害의原因에對한責任있는者에對
하여求償權을行使할수있다**

Ⅰ. **編纂要綱**　　제5장 不法行爲　　40. 民 717조의 제1항의 賠償責任者를
　　所有者로 할 것

Ⅱ. **案**　　제752조

Ⅲ. **審議錄**, 447면 상단 ~ 하단

　　2. 現行法 및 判例, 學說　　現行法 제717조와 同一하다. [相隣關係 規定
(草案 제206조 以下) 參照]

　　3. 外國 立法例　　① 獨民 제836조(제1항)　　建築物또는其他工作物의
破壞로因하여또는建物或은工作物의一部崩壞로因하여人을殺害하거나身體또는健
康을害하거나또는建物을毁損하였을境遇에는그毀損또는崩壞가設置或은保存의瑕
疵에基因할때에는土地의占有者는이로因하여發生한損害를被害者에게賠償하여야
한다 但占有者가危險을防止하기爲하여相當한注意를하였을때에는그러하지아
니하다

　　② 獨民 제837조　　權利를行使하기爲하여他人의土地上에서建築物또는工
作物을占有하는者는土地의占有者代身으로前條에定한責任을負擔한다

　　③ 瑞債 제58조　　建物또는其他工作物의所有者는그設備또는修繕에瑕疵

---

189) 이는 조문정리과정에서 반영되었다.

或은不完全한保存에因하여發生한損害를賠償하여야한다 所有者에對하여그損害
에關하여責任을가진第3者에對한求償權은이를所有者에留保한다 //

　　④ 佛民 제1384조(제1항)　　　草案 제748조 立法例 參照

　　⑤ 佛民 제1386조　　　建築物의所有者는그補理를하지않음에依하여또는그
造築의瑕疵에依하여建築物의崩壞가生한때는그崩壞에依하여生하게한損害의責任
을질것으로한다

　　⑥ 中民 제191조　　　土地上의建築物또는其他의工作物의設置또는保管에關
하여欠缺있으므로他人의權利에損害를加하였을때에는工作物의所有者는賠償의責
任을진다 但損害의發生을防止함에이미相當한注意를하였을때에는그러하지아니
하다

　　　　前項의損害의發生에關하여別로責任을負擔하여야할者가있을때에는損害
賠償할所有者는그責任을저야할者에對하여求償權을갖는다

　　⑦ 滿民 제738조　　　草案과 同一하다.

　7. 結 論 : 原案에 合意

**제759조 (動物의占有者의責任) ①動物의占有者는그動物이他人에게加한損害
　를賠償할責任이있다　그러나動物의種類와性質에따라그保管에相當한注意를
　懈怠하지아니한때에는그러하지아니하다**
　　②占有者에가름하여動物을保管한者도前項의責任이있다

Ⅱ. 案　　　제753조 [다만 제1항 단서는 "…動物의種類와性質에依하여…"라고
　　한다]

Ⅲ. 審議錄, 447면 하단 ~ 448면 하단

　　[448면] 2. 現行法 및 判例, 學說　　　現行法 제718조와 同一하다.

　　3. 外國 立法例　　① 獨民 제833조　　　動物이人間을殺害하거나또는그
自體或은健康을害하거나또는物件을毀損하였을때에는動物의保有者는이로因하여
發生한損害者에게賠償하여야한다

　　② 獨民 제834조　　　契約으로서動物의保有者代理로動物을監督하는者는動
物이前項에揭記한方法으로서第3者에게加한損害에關하여그責任을진다 但監督에

關하여相當한注意를懈怠하지아니하였을때또는相當한注意를하였어도損害가發生
하였을때에는그러하지아니하다

③　瑞債　제56조　　　動物이惹起한損害에對하여서는動物을保持하는者그保
管및監督에關하여事情에依하여必要한모든注意를하였다는事實또는如斯한注意를
하였더도亦是損害가發生하였을것을證明하지않으면그責任을진다　動物이他人또
는他人의動物에因하여刺戟을받았을때에는保持者는求償權을갖는다

獵獸가惹起한損害에對한責任은判決로서이를定한다

④　佛民　제1385조　　　獸類의所有者또는獸類를使用하는者는이를使用하는
동안에있어서는스스로그獸類를監守하였던가그徘徊하며또는逃逸하였든가를不問
하고그獸類가生하게한損害의責任을질것으로한다

⑤　中民　제190조　　　動物이他人에게損害를加하였을때에는그占有者는損害
賠償의責任을진다　但動物의性質및種類에依하여이미相當한注意로써管理하였거
나또는相當//한注意로써管理하였더라도亦是損害의發生을免할수없었을때에는그
러하지아니하다　動物이第3者또는他動物의挑動에因하여損害를他人에게加하였을
때에는그占有者는該第3者또는그他動物의占有者에對하여求償權을갖는다

⑥　滿民　제739조　　　動物의占有者는그動物이他人에게加한損害를賠償하여
야할責任을진다　但動物의種類및性質에따라相當한注意로써그保管을하였을때에
는그러하지아니하다

7. 結　論 : 原案에　合意

**제760조 （共同不法行爲者의責任）①數人이共同의不法行爲로他人에게損害를
加한때에는連帶하여그損害를賠償할責任이있다**

**②共同아닌數人의行爲中어느者의行爲가그損害를加한것인지를알수없는때
에도前項과같다**

③敎唆者나幇助者는共同行爲者로본다

Ⅱ. 案　　　제754조

Ⅲ. 審議錄, 448면 하단 ～ 449면 상단

2. 現行法 및 判例, 學說 [449면]　　現行法 제719조와 同一하다.

3. 外國 立法例   ① 獨民 제830조   數人이共同의不法行爲로써損害를加하였을때에는各그賠償의責任을진다   또同行爲中何人이그損害를發生시킨지를알수없었을때에도亦是같다   教師者및幇助者는此를共同行爲者로看做한다

② 瑞債 제50조(제1항)   數人이共同의過失로써損害를加하였을때에는各者는教唆者이거나加害者이거나幇助者이거나그如何를不問하고連帶하여그責任을진다

③ 中民 제185조   數人[이]共同하여不法히他人의權利를侵害하였을때에는連帶하여損害賠償의責任을진다   數人中의誰人이加害者임을알수없을때도亦是같다   發意者및幇助者는共同行爲者로看做한다

④ 滿民 제740조   草案과 同一하다.

7. 結 論 : 原案에 合意

제761조 (正當防衛, 緊急避難) ①他人의不法行爲에對하여自己또는第3者의利益을防衛하기爲하여不得已他人에게損害를加한者는賠償할責任이없다   그러나被害者는不法行爲者에對하여損害의賠償을請求할수있다

②前項의規定은急迫한危難을避하기爲하여不得已他人에게損害를加한境遇에準用한다

Ⅱ. 案   제755조

Ⅲ. 審議錄, 449면 상단 ~ 450면 상단

// 2. 現行法 및 判例, 學說   現行法 제720조와 同一趣旨이나 現行法의「權利」를「利益」으로 修正하였다.

3. 外國 立法例   ① 獨民 제227조   正當防衛로한行爲는이를不法으로하지않는다   正當防衛라는것은自己또는第3者로하여금現存의不法한侵害를免하기爲하여必要한防衛를말한다

② 獨民 제228조   自己또는第3者로하여금他人의物件으로부터發生하는急迫한危險을免하게하기爲하여그物件을毀損하거나또는破壞하더라도그損害가危險에對하여不相當하지않을때에는이를不法이라하지않는다   但行爲者가危險의發生에關하여責任이있는때에는그사람이損害賠償의義務를진다

③ 瑞債 제52조(제1항, 제2항)   正當防衛에있어서攻擊을防禦하는者는그
當時에攻擊者의一身또는財産에加한損害를賠償하지않는다   自己또는他人에對한
急迫한損害또는危險을避하기爲하여他人의財産을侵害한者는判事의裁量에依하여
損害를賠償하여야한다

④ 中民 제149조   現時의不法侵害에對하여自己또는他人의權利를防衛하
기爲하여한行爲에關하여서는損害賠償의責任을지지않는다   但必要한程度를넘었
을때에는相當한賠償의責任을져야한다

⑤ 中民 제150조   自己또는他人의生命身體自由또는財産上의急迫한危險
을避하기爲하여한行爲에關하여서는損害賠償의責任을지지않는다   但危險을避함
에必要하[450면]고또危險으로써發生한損害의程度를넘지않은때에限한다   前項의
境遇에그危險의發生에關하여行爲者의責任이있었을때에는損害賠償의責任을負擔
하여야한다

⑥ 滿民 제741조   草案과 同一하다.

6. 審議經過   ① 本條 제1항이 現行法에서 「權利侵害」로 規定한 것을
「利益防衛」로 修正한 點에 關하여는 草案 제743조 審議經過 參照.

② 제2항은 現行法 제1항의 規定을 一般化한 것으로 妥當하다.

7. 結 論 : 原案에 合意

제762조 (損害賠償請求權에있어서의胎兒의地位) 胎兒는損害賠償의請求權에
   關하여는이미出生한것으로본다

Ⅱ. 案   제756조

Ⅲ. 審議錄, 450면 상단 ~ 하단

2. 現行法 및 判例, 學說   現行法 제721조와 同一하다.

3. 外國 立法例   ① 獨民 제844조(제2항 後段) 이境遇에있어서는前條
제2항乃至제4항의規定을準用한다 第3者가加害當時에胎兒이었을때도亦是같다
(草案 제745조 立法例 參照 제2항 後段)

② 滿民 제742조   草案과 同一하다.

7. 結 論 : 原案에 合意

제763조 (準用規定) 제393조,제394조,제396조,제399조의規定은不法行 爲로因한損害賠償에準用한다

Ⅱ. 案   제757조 [다만 제384조는 준용되는 규정 중에 들어 있지 않다]

Ⅲ. 審議錄, 450면 하단 ~ 451면 상단

　2. 現行法 및 判例, 學說   現行法 제722조와 同一하다.

　3. 外國 立法例   ① 獨民 제846조   前2조의境遇에第3者가받은損害 의發生에關하여被害者側에도過失이있었을때에는第3者에[원문대로]請求權에關 하여제254조의規定을適用한다

　② 滿民 제743조   草案과 同一하다.

　[451면] 6. 審議經過   ① 不法行爲로 因한 損害賠償에 關하여 債務不 履行[에서 損害賠償의 範圍]에 關한 草案 제384조(現行法 제416조)와 同一하게 解釋하는 것이 學說의 거의 一致되는 바이므로 이를 明文化하기 爲하여 同條를 本條의 準用規定에 包含시키는 것이 可하다.

　② 本條 中「제385조」의 위에「제384조」를 揷入하고「제387조」를「제387 조및」으로 修正한다. (草案 제693조 參照)

　7. 結論：前記 修正 外 原案에 合意

Ⅳ. **법사위 수정안**   (157) 제757조中「제385조」前에「제384조」를 揷入한다

Ⅷ. **제2독회**, 속기록 제48호, 17면 상단

　○ 法制司法委員長 代理(張暻根)： [민법안 제757조 낭독] 法制司法委員 會의 修正案은 제757조 中「제385조」前에「제384조」를 揷入하자는 것입니다. 이 384조를 準用해야 될 것을 떨어진 것 같습니다. 그래서 이것을 여기에 넣어 야 할 必要가 있어서 揷入하자는 것입니다.

제764조 (名譽毀損의境遇의特則) 他人의名譽를毀損한者에對하여는法院은被 害者의請求에依하여損害賠償에가름하거나損害賠償과함께名譽回復에適當한 處分을命할수 있다

Ⅱ. 案 제758조

Ⅲ. 審議錄, 451면 상단 ~ 하단

2. 現行法 및 判例, 學說 現行法 제723조와 同一하다.

3. 外國 立法例 ① 中民 제195조 不法히他人의身體健康名譽또는自由를侵害하였을때에는被害者는財産上의損害가아닐지라도亦是相當한金額의賠償을請求할수있다 그名譽가侵害되었을때에는兼하여名譽를回復함에適當한處分을請求할수있다

前項의請求權은讓渡또는繼承할수없다 但金額으로써賠償하는請求權이이미契約으로써承諾되었거나또는이미訴訟이提起되었을때에는그러하지아니하다

③[②] 滿民 제744조 // 草案과 同一하다.

7. 結 論 : 原案에 合意

제765조 (賠償額의輕減請求) ①本章의規定에依한賠償義務者는그損害가故意또는重大한過失에依한것이아니고그賠償으로因하여賠償者의生計에重大한影響을미치게될境遇에는法院에그賠償額의輕減을請求할수있다

②法院은前項의請求가있는때에는債權者및債務者의經濟狀態와損害의原因等을參酌하여賠償額을輕減할수있다

Ⅰ. 編纂要綱 제5장 不法行爲 43. 損害가 故意 또는 重大한 過失에 依하여 生한 것이 아닌 境遇에 있어서 그 賠償이 債務者의 生計에 重大한 影響을 미치는 境遇에는 裁判所에 그 賠償額을 輕減할 수 있는 權利를 規定할 것

Ⅱ. 案 제759조 [다만 제1항은 "…重大한影響을받게될境遇에는…", 제2항은 "…經濟狀態및損害의原因…"이라고 한다]

Ⅲ. 審議錄, 451면 하단 ~ 452면 상단

2. 現行法 및 判例, 學說 現行法에는 없고 新設 條文이다.

3. 外國 立法例 ① 瑞債 제44조(제2항) 故意또는重大한過失없이損害를惹起한賠償義務者가賠償의給付에依하여窮迫에빠질때에는判事는이理由로

써도亦是賠償義務를輕減할수있다

[452면] 7. 結 論 : 原案에 合意

Ⅴ. 意見書, 201면 (金基善)

[168] 草案 제759조의 新設에 贊成한다.

[이 유]   賠償義務者에게 故意 또는 重大한 過失이 있으면 始終一貫하여 一次 定한 金額을 賠償케 함은 再論할 餘地가 없다. 그러나 草案 제759조는 賠償義務者에게 故意 또는 重大한 過失에 依하지 않고 오직 輕過失로 因하여 損害賠償義務가 發生하였을 境遇에 急作히 生活에 變動이 發生하여 그와 같은 損害賠償額을 支拂할 것 같으면 生計 維持가 困難한 特殊 事情이 있을 때에는 前日에 決定한 賠償額을 輕減하여 줄 것을 法院에 請求할 수 있게 하였다.

現行法에 있어서는 刑法과 달리 故意와 過失의 效力을 區別하지 않는 데에도 이 規定은 過失 中에서도 重過失과 輕過失과의 效力을 區別함이 그 異彩이다. 그리고 또 이것 亦是 財産法의 救貧性을 立法化한 것으로서 進步的 規定이다.

제766조 (損害賠償請求權의消滅時效) ①不法行爲로因한損害賠償의請求權은 被害者나그法定代理人이그損害및加害者를안날로부터3年間이를行使하지아니하면時效로因하여消滅한다

②不法行爲를한날로부터10年을經過한때에도前項과같다

Ⅰ. 編纂要綱   제5장 不法行爲   42. 不法行爲로 因한 損害賠償請求權의 時效期間을 短縮할 것

Ⅱ. 案   제760조

Ⅲ. 審議錄, 452면 상단 ~ 하단

2. 現行法 및 判例, 學說   現行法 제724조와 同一趣旨이나 제2항에서 現行法의 「20年」을 「10年」으로 하였다.

3. 外國 立法例   ① 獨民 제852조 제1항   不法行爲에因하여發生한 損害賠償請求權은被害者가損害및賠償義務를知得하였을때부터3年또는行爲當時

부터30年의時效로써消滅한다

　　② 瑞債 제60조 제1항　　　損害賠償또는慰藉의請求權은被害者가損害및賠償義務者를안날부터1年의時效로써消滅한다　但모든境遇에있어서加害行爲의日부터起算하여10年을經過함으로써消滅한다　但訴가刑法에있어서보다더長期間의時效를規定한犯罪的行爲에依하여提起된때에는民事上의請求權에對하여서도亦是이時效를適用한다

　　③ 中民 제97조 제1항 //　　　不法行爲로因하여發生한損害賠償請求權은請求權者가損害및賠償義務者를知得하였을때부터2年間行使치아니할때에는消滅한다　不法行爲時부터10年을經過하였을때에도亦是같다

　　④ 滿民 제745조　　　不法行爲에因한損害賠償請求權은被害者또는그法定代理人이損害및加害者를알었을때부터3年間이를行使하지아니하면그消滅時效가完成된다

　　　不法行爲時부터20年을經過하였을때도亦是같다

　7. 結 論 : 原案에 合意

** 「무과실책임」에 대하여 보다 일반적인 規定을 두는 問題

Ⅴ. 意見書, 199면 ~ 200면 (金基善)

　[166] 無過失責任理論의 認容에 關하여는 草案대로 民法에는 規定하지 아니하고 特別法에 一任하기로 한다.

　[이 유]　　不法行爲成立要件의 다른 하나는 加害者의 故意 또는 過失이다. 民法은 이를 所謂 過失主義라고 한다. 不法行爲의 成立에 [200면] 있어서過失主義를 取한 目的은 故意 또는 過失이 없는데도 不拘하고 如前히 不法行爲의 成立을 認定할 것 같으면 個人의 自由로운 活動에 支障을 招來할까 念慮하는데 있다. 로마法 以來 現行法을 爲始하여 各國 立法例는 이 主義에 依據하였다.

　　그러나 大規模의 企業과 交通機關의 發達에 따라서 危險事項이 激增한 오늘날에 있어서 加害者의 個人的 立場을 重視한 過失主義에만 依據할 것 같으면被害者는 甚히 不利한 地位에 處하게 된다. 그리하여서 이때에 不利한 被害者를 救濟하기 爲하여서 加害者의 故意,過失을 不要로 하였다. 이것을 過失主義에對하여 無過失主義라고 稱한다. 그러나 그렇다고 하여서 過失主義가 無過失主

義에 依하여 결코 그 地位를 喪失 顚倒되는 것은 아니다. 어디까지나 過失主義를 原則으로 하고 無過失主義를 例外로 한 데 不過하다.

　無過失主義에 依하여 加害者에게 損害賠償義務를 認定하자는 原則이 無過失責任主義이다. 無過失責任主義를 構成하는 諸理論으로서는 危險責任主義, 報償責任主義, 原因責任主義, 具體的公平主義 等이 있으나, 이곳에서는 그 可否에 論及하지 않기로 하고 例外的이나마 無過失責任主義를 認定하자는 것이 오늘날의 一般 法律思潮이다. 이와같이 個人主義, 自由主義를 土臺로 하여 形成한 草案에 있어서 極히 例外的인 無過失責任論을 不法行爲를 規定한 제5장에 記載함은 體制上 不當하다. 無過失責任主義를 具體的으로 必要한 境遇에 따라서 特別法 中에 規定함이 可할 것이다.

Ⅶ. 공청회, 자료집, 99면 상단 ~ 하단 (玄勝鍾)

　마지막으로 제12번에 가서 不法行爲에 있어서의 過失主義에 關하여 簡單히 말씀드려 두겠습니다.

　不法行爲를 構成하는 데 있어서 여러 가지 要件이 많습니다마는 그 가운데에서 그 不法行爲를 한 사람이 故意 또는 過失 그것을 알면서도 했다 하는 境遇 … 알지 못했지만 마땅히 알아야 될 處地에 있는 사람이 섣불리 잘못해 가지고 알지 못했다고 하는 境遇에 限해서만 現行民法은 또 草案은 不法行爲를 認定하고 거기에 대한 損害賠償請求權을 認定하고 있습니다.

　萬一 내게 아무런 過失도 없고 아무런 故意도 없는데도 不拘하고 他人에게 害를 입혔다고 해서 違法行爲를 했다고 해서 損害賠償責任을 지운다고 하면 이것 누가 社會에서 마음 놓고서 自由로이 活動할 수 있겠습니까? 섣불리 하다가 … 내가 느끼지 못한 … 내가 必要한 注意를 다 하더라도 알지 못하는 어떤 事實이 나타나서 相對方에게 또는 第三者에게 어떤 害를 입을 境遇가 생겨날 것을 두려워한다면 마음놓고 自由로히 活動을 할 수 없을 것이요, 따라서 社會의 發展이라는 것도 期하기가 困難합니다. //

　그런 意味에서 現行 民法이 所謂 不法行爲에 있어서의 過失主義를 取하고 있는데 다시 말하면 故意나 또는 過失이 있는 境遇에 限해서 不法行爲를 認定하고 있는데 最近에 내려와서 鐵道라든지 其他 여러 가지 大規模의 企業 交通機關 이런 것이 發達하게 되었습니다. 그런 것이 많이 나타나게 되면서 부터 必要한 注意를 하더라도 不得已 일어나는 損害가 생기게 됩니다. 이때에 이것을 어떻게 해 주어야만 될 것인가. 그와 같은 大規模의 企業이라든지 交通機關이 發達을 함에 따라서 느끼지 못한 여러 가지 危險이라는 것이 많이 생겨나는데 그런 境遇에 그것을 그런 企業體를 만들었기 때문에 交通機關을 만들어 놓았기 때문에 第三者가 損害를 입는 境遇에 第三者는 損害만 입고 꿀꺽 참아야 되고 거기에 대해서 一言半句의 抗議도 못하고 損害賠償도 받아낼 수 없다면 이것은 大企業을 가진 사람의 立場에서 볼 때에는 有利하지만 그 損害를 입은 사람의 立場에서 볼 때에는 不利한 結果를 招來하게 될 것입니다.

그렇기 때문에 그와 같은 境遇에는 本人에게 不法行爲를 한 사람에게 故意 나 過失이 없더라도 不法行爲를 認定하고 거기에 대한 損害賠償을 支配하도록 해야 한다는 것이 無過失責任 無過失責任主義라는것인데 우리 民法에서 現行 民法에서 또는 民法草案에서 過失主義를 維持하고 있고 無過失責任主義를 認定 하지 않고 있는 것에 贊成한다는 理由는 그와 같이 無過失責任이라는 것도 認 定해야 될 境遇가 많이 생겨 나지만서도 그러나 그와 같은 // 것은 特別法으로 서 얼마든지 밀어넣을 수 있는 것이고 民法草案 全體를 흐르고 있는 이 思想的 인 潮流라는 것은 어디까지나 다시 말하면 그 基本潮流라는 것은 어디까지나 自由主義 個人主義의 立場에 立脚해서 이루어진 法典인데 … 이 法典草案인데 … 여기에다가 自由主義 個人主義의 法思想과는 違背되는 無過失責任主義라는 것을 이 基本法 안에다가 집어넣는다는 것은 … 司[私]法의 基本法 안에다가 집어넣는다는 것은…… 司[私]法의 起草[基礎]法 안에다가 집어넣는다는 것은 民法 全體의 均衡과는 또는 潮流와는 들어맞지 않는 것이기 때문에 그와 같은 것은 지금 現在 우리가 適用받고 있는 것과 같이 特別法에다가 委任해 놓고 基 本法인 民法안에다가는 … 집어넣지않는 것이 妥當하리라고 생각합니다.

** 공무원의 불법행위에 관하여 특별규정을 두는 문제

I. **編纂要綱**   債權法各論   제5장 不法行爲   38. 官吏의 不法行爲 에 關하여 特別規定을 둘 것[190]

---

[190] 그러나 이 항목에 대하여는 그 후의 입법과정에서 논의 또는 문제된 흔적을 찾기 어렵 다. 아마도 1951년 9월 공포·시행된 국가배상법(법률 제231호)에 의하여 그 취지가 달 성되었을 것이다.

附　則

附　　則[1)]

제1조 （舊法의定義） 附則에서舊法이라함은本法에依하여廢止되는法令또는法
令中의條項을말한다

Ⅱ. **案**　　제1조　本附則에는本法을新法이라하고本附則으로廢止한法令을舊法
이라하고廢止하지아니한法令을存續法이라稱한다

Ⅲ. **審議錄.**[2)]　225면　상단

1. 審議經過　　本法에 依하여 廢止될 法令은 單一法律 또는 命令만이 아
니라 한 法令 中의 條項으로서 本法에 低[抵]觸되는 것은 廢止될 것이므로 그
趣旨 下에서 本條를 다음과 같이 字句修正한다.

「本條에서舊法이라함은本法에依하여廢止되는法令또는法令中의條項을말
한다」

---

1) 민법안 부칙에 대한 수정안은 법제사법위원회에서 제기된 것밖에 없다. 그런데 이 資料集
成이 의거하고 있는 [제3대 국회] 제26회 國會定期會議 速記錄, 제42호(附錄), 101면 하단
이하에 「附則修正案」으로 수록된 것은 별도의 油印物로 된 법제사법위원회 명의의 「民法
案中附則修正案」(이것 및 바로 뒤에서 말하는 「民法案中修正案」은 국회의 의사과에 보관
되어 있다)과 동일하다. 그런데 역시 별도의 油印物로 된 법제사법위원회의 「民法案中修
正案」(이것이 앞서 말한 油印物과 별도의 것임은 이 「民法案中修正案」에는 그 본문의 面數
가 1부터 80까지 매겨져 있는데, 앞서 말한 「民法案中附則修正案」에는 그러한 面數가 붙여
져 있지 않다는 데서 추단할 수 있다)에도 그 77면 이하에서 민법안 부칙에 대한 수정안을
담고 있다. 문제는 이 후자의 부칙 수정안은 전자의 부칙 수정안과 차이가 없지 않다는 것
이다. 우선 전자의 부칙 수정안은 항목번호가 1부터 새로 시작하여 모두 20개의 항목을 담
고 있는 데 반하여 후자의 부칙 수정안은 325항부터 시작하여 342항까지 모두 18개의 항
으로 되어 있다. 그리고 내용상으로도 다른 부분이 있다. 民法案審議錄의 내용이나 앞서
본 速記錄, 제42호(附錄), 101면 하단 이하에 수록되었다는 등의 사정으로 미루어 추측건
대, 후자가 부칙에 대한 법제사법위원회 수정안의 말하자면 「초벌」에 해당하고, 이에 다시
손보아서 최종적인 부칙 수정안으로 마련된 것이 전자라고 생각된다. 그러나 후자의 부칙
수정안도 참고할 점이 없지 않으므로, 이 資料集成에서는 전자가 후자와 다른 점이 있으면
이를 「예비수정안」이라고 하여 脚註에서 지적하기로 한다.

2) 이하에서 『심의록』이라고 함은 民法案審議錄의 上卷이 아니라 그 下卷을 가리킨다.

2. 結　論 : 前記 修正案에 合意

Ⅳ. 법사위 부칙수정안[3]   (1) 附則제1조를다음과같이修正한다

「本條에서舊法이라함은本法에依하여廢止되는法令또는法令中의條項을말
한다」

제2조 (本法의遡及效) 本法은特別한規定있는境遇外에는本法施行日前의事項 에對하여도이를適用한다　그러나이미舊法에依하여생긴效力에影響을미치지 아니한다

Ⅱ. 案　　제2조　新法은特別한規定있는境遇外에는新法施行前의事項에對하여
도이를適用한다　그러나이미舊法에依하여생긴效力에影響이없다

Ⅲ. 審議錄, 225면　상단

1. 審議經過　　① 「新法」을 「本法」으로 「影響이없다」를 「影響을미치지
아니한다」로 字句修正한다(以下 같다).

② 本條는 新民法의 遡及效를 規定한 것인바 舊法 下에서 舊法上의 效力을
期待하여 行한 法律行爲가 本法 施行으로 말미암아 本法에 依한 效力이 發生한
다는 것에 對하여서는 相當한 異議가 없을 수 없다. 그러나 原案은 本法의 劃一
的인 適用을 企圖한 것이고 로[또] 法律의 不遡及의 原則은 主로 刑事法에 適
用되는 原則이라는 것을 考慮하여 原案을 그대로 採擇한다.

---

3) 유감스러우나, 국회 본회의에서 이하에서 보는 민법안 부칙에 대한 법제사법위원회의 수
정안을 구체적으로 심의하고 이에 대하여 표결한 흔적을 찾을 수 없다. 제2독회 도중에 수
정안이 나온 것에 대하여는 개별적으로 표결하고 그렇지 않은 것에 대하여는 후에 일괄
표결하기로 결의한 바 있고, 이에 좇아 수정안이 제기되지 아니한 부칙 민법안은 일괄해서
제2독회를 통과하였다(속기록, 제62호, 4면 상단 참조). 그러나 그 직전에 정일형 의원 외
33인의 수정안 중 민법안 제986조에 제2항을 신설한다는 것(동 수정안 제41항)과 민법안
에 제1006조를 신설한다는 것(동 수정안 제51항)이 통과되고, 또 종중을 법제화하자는 이
영희 의원의 수정안이 철회된 후 바로 "민법의 [제]2독회는 끝났습니다" 하는 사회를 맡은
국회 부의장의 선언이 있었던 것이다(同 속기록, 3면 상단 이하). 다만 그 후 법제사법위원
장 대리 張暻根은 "이번에 附則까지 다 一括通過함에 따라서 附則까지 通過되었는데 …"라
고 말하고(同 속기록, 4면 중단), 이어서 민법의 시행시기에 관한 민법안 부칙 제32조에 대
한 법사위의 수정안(제20항)의 이유를 부연하여 설명하고 있다(그 내용은 뒤의 1040면 참조).

2. 結 論 : 前記 字句修正 外에 原案에 合意

Ⅳ. **법사위 부칙수정안**   (2) 附則제2조中「新法」을「本法」으로(以下같다)「影響이없다」를「影響을미치지아니한다」로字句修正한다

** 저촉되는 법규정 부분의 효력 상실에 관한 규정(민법안 부칙 제3조)을 두는 문제

Ⅱ. **案**   제3조   存續法中新法의規定에抵觸되는部分은新法施行의날로부터그效力을잃는다   그러나이미存續法에依하여생긴效力에影響이없다

Ⅲ. **審議錄**, 225면 하단

1. 審議經過   本條는 本法에 依하여 法令 全部는 廢止되지 않고 그 部分的 條項만이 廢止되는 境遇에 廢止되는 條項에 關하여 제1조, 제2조의 趣旨를 規定한 것인바 이러한 趣旨는 제1조 修正案과 제2조에 包含되었으므로 本條는 不必要한 것이다.

2. 結 論 : 本條는 削除키로 합의

Ⅳ. **법사위 부칙수정안**   (3) 附則第三條를全文削除한다

제3조 (公證力있는文書와그作成) ①公證人또는法院書記의確定日字印있는私文書는그作成日字에對한公證力이있다

②日字確定의請求를받은公證人또는法院書記는確定日字簿에請求者의住所, 姓名및文書名目을記載하고그文書에記簿番號를記入한後日字印을찍고帳簿와文書에契印을하여야한다

③日字確定을請求하는者는十圜의印紙를貼付하여야한다

④公正證書에記入한日字또는公務所에서私文書에어느事項을證明하고記入한日字는確定日字로한다

Ⅱ. **案**   제4조

Ⅲ. **審議錄**   225면 하단

1. 審議經過　　「日子」4)를 「日字」로 「納入」을 「貼付」로 字句修正한다.
2. 結　論 : 前記 字句修正 外 原案에 合意

Ⅳ. 법사위 부칙수정안　　(4) 附則제4조中「日子」를「日字」로「納入」을「貼付」로 字句修正한다

제4조 （舊法에依한限定治産者）　①舊法에依하여心身耗弱者또는浪費者로準禁治産宣告를받은者는本法施行日로부터本法의規定에依한限定治産者로본다
　　②舊法에依하여聾者, 啞者또는盲者로準禁治産宣告를받은者는本法施行日로부터能力을回復한다

Ⅱ. 案　　　제5조 [다만 '本法'이 모두 '新法'으로 되어 있다5)]

Ⅲ. 審議錄　　225면 하단 ～ 226면 상단

1. 審議經過 //
2. 結　論 : 原案에 合意

제5조 （夫의取消權에關한經過規定）舊法에依하여妻가夫의許可를要할事項에 關하여許可없이그行爲를한境遇에도本法施行日後에는이를取消하지못한다

Ⅱ. 案　　　제6조

Ⅲ. 審議錄, 226면 상단

1. 審議經過
2. 結　論 : 原案에 合意

---

4) 그런데 속기록, 제42호(附錄), 83면 하단 이하에 의하면, 민법안 부칙 제4조에는 모두 '日字'라고 되어 있다.

5) 이에 대하여는 앞의 법사위 부칙수정안 (2)의 괄호 안('以下같다') 참조. 아래에서는 이 점에 대하여 따로 설명하지 않는다.

** **제사 목적의 사단 또는 재단의 권리능력 상실(민법안 부칙 제7조 참조)에 관한 문제**

Ⅱ. **案**　　제7조　　祭祀를目的으로한社團또는財團은舊法에依하여法人으로設立한境遇에도新法施行의날로부터法人의資格을잃는다　　그러나다른法律에特別한規定이있으면그러하지아니하다

Ⅲ. **審議錄**, 226면 상단

1. 審議經過　　本條는 祭祀를 目的으로 하는 非營利法人은 認定하지 않는다는 趣旨인 草案 제31조에 依하면 非營利法人 中에서 祭祀를 目的으로 하는 것을 除外할 根據가 없고 또 團體를 構成하여 이미 團體的인 活動을 하는 法人으로부터 그 人格을 剝奪함은 人格 없는 法人을 人格 있는 法人에 準하여 取扱하자는 趨勢에도 背馳되므로 本條는 削除함이 妥當하다.

2. 結 論 : 本條는 削除키로 合意

Ⅳ. **법사위 부칙수정안**　　(5) 附則中제7조를全文削除한다

제6조 (法人의登記期間) 法人의登記事項에關한登記期間은本法施行日前의事項에對하여도本法의規定에依한다

Ⅱ. **案**　　제8조

Ⅲ. **審議錄**, 226면 상단

1. 審議經過
2. 結 論 : 原案에 合意

** **일정한 형을 선고받은 이를 법인 이사 등이 되지 못하는 규정(민법안 부칙 제9조 참조)을 두는 문제**

Ⅱ. **案**　　제9조　　資格停止以上의刑의宣告를받어그刑期中에있는者는法人의理事또는監事가되지못한다

Ⅲ. **審議錄**, 226면 상단 ~ 하단

// 1. 審議經過　　　本條는 資格停止 以上의 刑의 宣告를 받고 그 刑期 中에 있는 者는 法人의 理事, 監事가 되지 못한다고 하였는바 刑法에 依하면 有期懲役 또는 有期禁錮의 判決을 받은 者는 法人의 理事, 監事가 되는 것을 禁하고 있지 않고(刑 第43條 第2項) 또 一般 資格停止刑에 있어서는 刑法 第43條 各號의 資格停止刑을 選擇할 수 있게 하여 그때그때의 情狀에 따라 法人의 理事, 監事 될 資格을 剝奪할 수도 있고 剝奪하지 아니할 수도 있기 때문에 本條가 一律的으로 資格停止 以上의 刑을 받은 者에 對하여 法人의 理事, 監事될 資格을 剝奪한다는 것은 前記 刑法의 規定을 無視한 不當한 措置라 아니할 수 없다. 故로 削除한다.

2. 結論 : 本條는 削除키로 合意

Ⅳ. **법사위 부칙수정안**　　(6) 附則中第9條를 全文削除한다

제7조 (罰則에關한不遡及) ①舊法에依하여過料에處할行爲로本法施行當時裁判을받지아니한者에對하여는本法에依하여過怠料에處할境遇에限하여이를裁判한다

②前項의過怠料는舊法의過料額을超過하지못한다

Ⅱ. **案**　　　제10조

Ⅲ. **審議錄**, 226면 하단

1. 審議經過

2. 結論 : 原案에 合意

제8조 (時效에關한經過規定) ①本法施行當時에舊法의規定에依한時效期間을經過한權利는本法의規定에依하여取得또는消滅한것으로본다

②本法施行當時에舊法에依한消滅時效의期間을經過하지아니한權利에는本法의時效에關한規定을適用한다

③本法施行當時에舊法에依한取得時效의期間을經過하지아니한權利에는本
法의所有權取得에關한規定을適用한다

④제1항과제2항의規定은時效期間이아닌法定期間에이를準用한다

Ⅱ. 案　　제11조

Ⅲ. 審議錄, 227면 상단

1. 審議經過

2. 結論 : 原案에 合意

第9조（效力을喪失한物權）舊法에依하여規定된物權이라도本法에規定한物權
이아니면本法施行日로부터物權의效力을잃는다　그러나本法또는다른法律에
特別한規定이있는境遇에는그러하지아니하다

Ⅱ. 案　　제12조 [다만 본문은 "新法施行前에舊法에依하여…"라고 한다]

Ⅲ. 審議錄, 227면 상단

1. 審議經過

2. 結論 : 原案에 合意

第10조（所有權移轉에關한經過規定）①本法施行日前의法律行爲로因한不動産
에關한物權의得失變更은本法施行日로부터3年內에登記하지아니하면그效力
을잃는다

②本法施行日前의動産에關한物權의讓渡는本法施行日로부터1年內에引渡
를받지못하면그效力을잃는다

③本法施行日前의時效完成으로因하여物權을取得한境遇에도제1항과같다

Ⅱ. 案　　제13조 [다만 제1항은 "…1年內에登記하지아니하면物權의效力을잃
는다", 제2항은 "…6月內에引渡하지아니하면…", 제3항은 "…前2항과같다"
라고 한다]

Ⅲ. **審議錄**, 227면 상단 ～ 하단

1. 審議經過 ① 本條는 新民法이 物權變動에 關하여 새로이 形式主義를 採擇하였고 또 附則 제2조에 依하여 舊法에 依하여 생긴 效力에 影響이 없다고 規定하였으므로 本法 施行 後 一定한 期間 內에 新民法의 形式主義에 따른 節次를 밟을 것을 規定한 것이다. //

② 제1항에서 不動産의 境遇에 1年 內에 登記하여야 한다는 것을 規定하였는바 우리나라 現 實情이 登記를 잘 履行하지 않고 있고 또 本法의 形式主義가 一般 國民에게 周知, 勵行되기까지에는 相當한 期間이 있어야 할 것이다.

그러므로 第1項 中「1年」을「3年」으로 修正한다.

제2항은 動産에 關하여 제1항의 趣旨를 規定한 것인 바 前項 修正理由와 同一한 理由에 依하여「6月」을「1年」으로 修正한다.

③ 제1항, 제2항 中「物權의效力을잃는다」를「그效力을잃는다」로 字句修正한다.

④ 本條 제3항에는 動産의 境遇도 包含되어 있는바 動産의 時效取得에는 占有가 要件이므로 다시 引渡를 받을 餘地가 없다. 따라서 動産의 境遇는 削除함이 可하다. 제3항 中「前2항」을「제1항」으로 修正한다.

2. 結 論 : 前記 修正案에 合意

Ⅳ. **법사위 부칙수정안** (7) 附則제13조제1항中「1年」을「3年」으로제2항中「6月」을「1年」으로修正한다

(8) 附則제13조제1항,제2항中「物權의效力을잃는다」를「그效力을잃는다」로제3항中「前2항」을「제1항」으로修正한다

제11조 (舊慣에依한傳貰權의登記) 本法施行日前에⑹慣習에依하여取得한傳貰權은本法施行日로부터1年內에登記함으로써物權의效力을갖는다

Ⅱ. **案** 제14조 新法施行前에慣習에依하여傳貰權을取得한者는新法施行의 날로부터1年內에登記하지아니하면物權의效力을잃는다

---

6) 이하 민법 부칙에서 "본법시행일전에"로 시작하는 조항은 그에 대한 민법안이 모두 이와 같다. 아래에서 따로 설명하지 않기로 한다.

Ⅲ. **審議錄**, 227면 하단

　　1. 審議經過　　　本條를 다음과 같이 修正한다.

「本法施行前에慣習에依하여取得한傳貰權은本法施行의날로부터1年內에登記함으로써物權의效力을갖는다」

　　2. 結論 : 前記 修正案에 合意

Ⅳ. **법사위 부칙수정안**　　　(9) 附則제14조를다음과같이修正한다

「本法施行前에慣習에依하여取得한傳貰權은本法施行의날로부터1年內에登記함으로써物權의效力을갖는다」

제12조 (判決에依한所有權移轉의境遇)　訴訟으로附則제10조의規定에依한登記또는引渡를請求한境遇에는그判決確定의날로부터6月內에登記를하지아니하거나3月內에引渡를받지못하거나强制執行의節次를取하지아니한때에는物權變動의效力을잃는다

Ⅱ. **案**　　　제15조　訴訟으로前2조의規定에依한登記또는引渡를請求한境遇에는그判決確定의날로부터6月內에登記를하지아니하거나3月內에引渡를받지못한때에는物權의效力을잃는다

Ⅲ. **審議錄**, 227면 하단 ~ 228면 상단

　　1. 審議經過　　　本條 中「前2조」를「제13조」로, 「引渡를받지못한때에는」를[을]「引渡를받지못하거나强制執行의節次를取하지아니한때에는」로[으로], 「物權의效力을잃는[228면]다」를「物權變動의效力을잃는다」로 各 修正한다.

　　2. 結論 : 前記 修正案에 合意

Ⅳ. **법사위 부칙수정안**　　　(10) 附則제15조中「前2조」를「제13조」로「引渡를받지못한때에는」를「引渡를받지못하거나强制執行의節次를取하지아니한때에는」로「物權의效力을잃는다」를「物權變動의效力을잃는다」로各修正한다[7]

---

　　[7] 예비수정안 제334항은 "附則제15조中「引渡를받지못한때에는」을「引渡를받지못하거나强制執行의節次를取하지아니한때에는」으로修正한다"는 것이었다.

제13조 (地上權存續期間에關한經過規定) 本法施行日前에地上權設定行爲로定한存續期間이本法施行當時에滿了하지아니한境遇에는그存續期間에는本法의規定을適用한다　設定行爲로地上權의存續期間을定하지아니한境遇에도같다

Ⅱ. **案**　　　제16조

Ⅲ. **審議錄**, 228면　상단

　　1. 審議經過

　　2. 結　論 : 原案에　合意

제14조 (存續되는物權) 本法施行日前에設定한永小作權또는不動産質權에關하여는舊法의規定을適用한다　그러나本法施行日後에는이를更新하지못한다

Ⅱ. **案**　　　제17조　　新法施行前에設定한永小作權또는不動産質權에關하여는제13조제1항의規定外에는舊法의規定을適用한다　그러나新法施行後에이를更新하지못한다

Ⅲ. **審議錄**, 228면　상단 ~ 하단

　　1. 審議經過　　本條는 永小作權과 不動産質權만은 제13조 제1항에 依하여 登記를 함으로써 舊法에 依한 物權의 效力을 그대로 認定하자는 것인바 그렇다면 本法 施行 後에 特定人에 對하여서만 本法 規定에 依한 物權 以外에 不動産質權과 永小作權만은 存續시키자는 結果가 되고 뿐만 아니라 이 兩 物權에 對하여는 舊法의 規定을 適用한다 하였으므로 登記는 舊法 規定에 따라 對抗要件밖에 되지 않음으로써 本法이 이 登記를 成立要件으로 規定한 原則과도 正面으로 抵觸되는 것이다. 그러므로 原案이 永小作權과 不動産質權을 하나의 旣得權으로서 그 存續을 認定하려는 趣旨는 理解할 수 있으나 登記까지를 要求하여 本法에 依한 物權과 舊法 規定에 依하여 臨時로 特定人에게만 認定될 이 兩 物權과의 사이에 混同을 일으키게 한 點은 默過할 수 없는 것이다. 따라서 本條 中「제13조제1항의規定外에는」를[을] 削除하여 永小作權과 不動産質權은 全的으로 舊法 規定의 適用만을 받//게 하여 新民法에 依한 物權의 性格과 混同을 일으키는 것을 避함이 可하다.

2. 結 論 : 前記 修正案에 合意

Ⅳ. 법사위 부칙수정안   (11) 附則제17조中「제13조제1항의規定外에는」를 削除한다

제15조 (賃貸借期間에關한經過規定) 本法施行日前의賃貸借契約에約定期間이 있는境遇에도그期間이本法施行當時에滿了하지아니한때에는그存續期間에는 本法의規定을適用한다

Ⅱ. 案   제18조

Ⅲ. 審議錄, 228면 하단

1. 審議經過
2. 結 論 : 原案에 合意

제16조 (先取特權의失效) 本法施行日前에舊法에依하여取得한先取特權은本法 施行日로부터그效力을잃는다

Ⅱ. 案   제19조 新法施行前에舊法에依하여先取特權있는債權이라도新法施行 의날로부터先取特權의效力을잃는다

Ⅲ. 審議錄, 228면 하단

1. 審議經過   ① 제12조에 依하여 先取特權은 當然히 廢止되는 것이므로 本條는 不必要한 條文이나 제17조와의 體制上 規定을 設한 것 같다.

② 本文 中「先取特權있는債權이라도」를「取得한先取特權은」[으]로「先取特權의效力」을「그效力」으로 各 字句修正한다.

2. 結 論 : 前記 字句修正 外 原案에 合意

Ⅳ. 법사위 부칙수정안   (12) 附則제19조中「先取特權있는債權이라도」를 「取得한先取特權은」로「先取特權의效力」을「그效力」로字句修正한다

제27조[8] (廢止法令) 다음各號의法令은이를廢止한다

　　1. 朝鮮民事令제1조의規定에依하여依用된民法, 民法施行法, 年齡計算에關한法律

　　2. 朝鮮民事令과同令제1조에依하여依用된法令中本法의規定과抵觸되는法條

　　3. 軍政法令中本法의規定과抵觸되는法條

Ⅱ. 案　　　제31조　本法施行直前까지施行된다음法令은廢止한다

　　1. 舊民法　　　　　　　　2. 舊民法施行法

　　3. 朝鮮民事令中新法의規定과抵觸되는法條

　　4. 軍政法令中新法의規定과抵觸되는法條

Ⅲ. 審議錄, 231면 상단

　　1. 審議經過　　本條 各號를 다음과 같이 修正한다. [그 각호의 내용은 위 민법 부칙의 제1호 내지 제3호]

　　2. 結 論 : 前記 修正案에 合意

Ⅳ. 법사위 부칙수정안　　　(19)　附則제31조各號를다음과같이修正한다　[그 내용은 앞의 Ⅲ. 1.]

제28조 (施行日) 本法은檀紀4293年1月1日부터施行한다

Ⅱ. 案　　　제32조　本法은檀紀4286年　　月　　日로부터施行한다

Ⅲ. 審議錄, 231면 상단

　　1. 審議經過　　本條를 다음과 같이 修正한다.

　　「本法은4293年1月1日부터施行한다」

　　2. 結 論 : 前記 修正案에 合意

Ⅷ-1. 제1독회, 속기록 제30호, 15면 중단 ~ 하단, 17면 상단 및 20면 중단 ~ 하단

---

8) 부칙 제17조부터 제26조까지는 친족편·상속편의 규정에 대한 것이다.

○ 崔秉國 議員 ： [⋯] 그리고 附則 제32조를 다음과 같이 修正한다

「本法은 檀紀4292年8月15日부터 實[施]行한다」

역시 이번에 이 民法이 通過되어서 政府로서는 公布를 한다면 바로 實施를 公布한 날부터 하지 아니하고 近下 3年 後에 實施하도록 여기// 附則에 規定이 되어 있으니 이 時期를 어찌 3年 後에 實施를 하는 것인가? 여기 內容에 있어서는 물론 여러 가지 隘路가 있고 實情에 있어서 바로 公布 卽時로 實施하기가 어려우니까 물론 이러한 긴 時期를 要하리라고 하는 생각 밑에 이와 같이 된 줄 압니다마는 또는 아까 말과 같이 그 親戚 ⋯ 親族 가까운 그 집안 卽 家族끼리 結婚을 해서 子女를 낳아서 出生申告를 하기가 어렵고 또 數가 많으니까 이 것을 全國的으로 어떻게 整備를 ⋯ 긴 時日을 두고 하기 위해서 이랬는지는 모르겠습니다마는 都大體 法이 通過한 뒤에 3年 後에 實施한다는 것은 도저히 理解할 수가 없는 것입니다. 그럼으로써 이 實施를 어째 무슨 理由로다가 이렇게 길게 여기에다가 規定이 되어 있는가, 法으로써 여기에 대해서 充分히 答辯해 주시기 바랍니다. 以上으로 質問을 그치겠습니다. [⋯]

// [17면 상단] ○ 副議長(趙瓊奎) ： 다음에는 委員長 答辯해 주세요.

○ 法制司法委員長 代理(張暻根) ： 民法案의 審議小委員會에 質問하신 崔秉國 議員의 質問에 對해서 答辯 말씀 올리겠습니다. ⋯ [20면 중단] 그 다음에 물으신 것은 附則 32조의 이 民法은 法律이 되려고 할 것 같으면 4293年 1月 1日부터 施行한다, 이것은 너무나 늦지 않느냐? 이것은 法典을 通過시켜 3年 後에 適用시킨다는 것이 늦지 않으냐? 우리는 勿論 하루라도 좀 빨리 하고 싶습니다. 이것이 지금 오늘이 11月 6日입니다. 이것이 通過되어 가지고 政府에서 公布한다 하면 結局 年末 가량 될 것입니다. 年末 가량 되면 4291年 1月 1日서 4293年 1月 1日이라는 것은 2個年밖에 안 됩니다. 公布 後에 2個 年 後에 施行한다는 것인데 大法典의 公布 後 施行한다는 이것은 施行하는 例로서 짧은 것입니다. 例를 들어 말씀하면 獨逸民法은 1896年에 公布해서 1900年 1月 1//日부터 施行했습니다. 滿 4個 年 後에 公布한 後에 施行했습니다. 瑞西民法은 1907年에 公布해서 1912年에 施行되었습니다. 滿 5年 後에 施行되었습니다. 日本民法은 明治 29年에 公布해서 31年, 2年 後에 施行되었습니다. 이것은 왜 그러면 이렇게 늦게 하느냐? 두 가지 理由가 있습니다. 한 가지는 이 民法이라는 私法關係를 採用할려면 이 商法이니 이런 것이 關係가 많을 뿐 아니라 非訟事

件 … 手續法, 戶籍法 여기에 或은 關聯될 法令을 많이 고쳐야 됩니다. 이것 고 치는 데에 時間이 많이 걸리고요, 이것 하나만 가지고 되는 것이 아닙니다. 그 다음에는 참 아버지가 새 집으로 移舍 가면 妻子가 다 移舍 가는 것과 마찬가 지로 작은 여기에 關聯된 法令을 制定해야 됩니다. 그 다음에 또 하나는 判事나 辯護士나 法曹人을 爲해서 社會에서 이 法律의 槪略을 알아야 됩니다. 그래서 해야지 알지 못하고 곧 施行해 가지고 그 다음에 施行되면 나는 法律이 이런 줄 알았고 이러한 行動을 했는데 이것이 이렇다 不測의 損失을 招來합니다. 法 律이라는 것은 우리 民主國家의 法律은 먼저 國民이 다 알아서 理解시키고 納 得시킨 後에 이것이 施行하는 것이 原則입니다. 그렇기 때문에 이 2年 後로 한 것도 지금까지 大韓民國 樹立 後에 빨리 새 法을 우리나라 法으로 고치자는 그 러한 緊急性에 비추어서 短縮해서 2年 後로 만든 것입니다. 諒解해 주시기 바 랍니다.

Ⅷ-2. 제2독회, 속기록 제62호, 4면 중단 ~ 하단

○ 法制司法委員長 代理(張暻根) : [⋯] 여러분께서 알아 주셨으면 좋겠습 니다. 附則 제32조에 「本法은 檀紀4293年1月1日로부터施行한다」 施行날짜가 2 年 後로 되어 있습니다. 거의 滿 2年 … 이것은 어째서 이렇게 되었는고 하니 이 民法만 通過되어 가지고 施行이 안 됩니다. 이 戶籍法, 不動産登記法, 非訟 事件手續法 … 節次法, 人事訴訟節次法 이러한 附屬法이 通過되어야 이것이 通 過되는 關係가 있고 또 이러한 大法典에 대해서는 一般人에게 解說書도 나와야 하고 또 學者들의 著述도 나오고 大略 이 民法의 運營에 대해서 準備할 만하게 國民이 全體가 慣習이 되어야 합니다. 이 2年이라고 하는 것은 大法典 施行 準 備期間으로서는 他國에 比하면 대단히 짧은 便입니다. 우리로서는 이것이 좀 긴 느낌이 있습니다마는 一應 4293年 1月 1日로부터 施行한다로 // 그렇게 通 過된 것입니다. [⋯]

편자약력

서울대학교 법과대학 졸업
법학박사(서울대학교)
서울대학교 법과대학 교수
대법관
한양대학교 법학전문대학원 교수
현재 서울대학교 명예교수

주요저술

(著) 民法硏究 제 1 권, 제 2 권(1991), 제 3 권(1995), 제 4 권(1997),
    제 5 권(1999), 제 6 권(2001), 제 7 권(2003), 제 8 권(2005),
    제 9 권(2007), 제10권(2019)
    민법 Ⅰ: 계약법, 제 3 판(2020)(공저)
    민법 Ⅱ: 권리의 변동과 구제, 제 4 판(2021)(공저)
    민법 Ⅲ: 권리의 보전과 담보, 제 4 판(2021)(공저)
    민법입문(1991, 제 9 판 2023)
    민법주해 제 1 권(1992, 제 2 판 2022), 제 4 권, 제 5 권(1992),
    제 9 권(1995), 제16권(1997), 제17권, 제19권(2005)(분담 집필)
    註釋 債權各則(Ⅲ)(1986)(분담 집필)
    民法散考(1998)
    민법산책(2006)
    노모스의 드락(2019)

(譯) 라렌츠, 정당한 법의 원리(1986, 신장판 2022)
    츠바이게르트/쾨츠, 比較私法制度論(1991)
    로슨, 大陸法入門(1994)(공역)
    독일민법전 ─ 총칙·채권·물권(1999, 2021년판 2021)
    포르탈리스, 民法典序論(2003)
    독일민법학논문선(2005)(편역)
    존 로버트슨, 계몽 ─ 빛의 사상 입문(2023)

민법전 제정자료 집성 — 총칙·물권·채권

초판발행   2023년 7월 30일

편 자   양창수
펴낸이   안종만·안상준

편 집   김선민
기획/마케팅   조성호
표지디자인   이영경
제 작   고철민·조영환

펴낸곳   (주) **박영사**
              서울특별시 금천구 가산디지털2로 53, 210호(가산동, 한라시그마밸리)
              등록 1959. 3. 11. 제300-1959-1호(倫)
전 화   02)733-6771
f a x   02)736-4818
e-mail   pys@pybook.co.kr
homepage   www.pybook.co.kr
ISBN   979-11-303-4456-0   93360

정 가   64,000원